中国哲学社会科学学科年鉴
CHINESE ACADEMIC ALMANAC

CONTEMPORARY CHINA
HISTORY STUDIES
ALMANAC

中国社会科学院当代中国研究所 编

当代中国史研究年鉴
2022

中国社会科学出版社

图书在版编目（CIP）数据

当代中国史研究年鉴.2022／中国社会科学院当代中国研究所编.—北京：中国社会科学出版社，2023.4
ISBN 978-7-5227-1893-4

Ⅰ.①当… Ⅱ.①中… Ⅲ.①中国历史—现代史—研究—2022—年鉴 Ⅳ.①K270.7-54

中国国家版本馆 CIP 数据核字（2023）第 082557 号

出 版 人	赵剑英
责任编辑	姜阿平
特约编辑	王　越
责任校对	韩海超
责任印制	张雪娇

出　　版	中国社会科学出版社
社　　址	北京鼓楼西大街甲 158 号
邮　　编	100720
网　　址	http://www.csspw.cn
发 行 部	010-84083685
门 市 部	010-84029450
经　　销	新华书店及其他书店

印刷装订	北京君升印刷有限公司
版　　次	2023 年 4 月第 1 版
印　　次	2023 年 4 月第 1 次印刷

开　　本	787×1092　1/16
印　　张	67.5
插　　页	2
字　　数	1423 千字
定　　价	598.00 元

凡购买中国社会科学出版社图书，如有质量问题请与本社营销中心联系调换
电话：010-84083683
版权所有　侵权必究

《当代中国史研究年鉴》机构设置

《当代中国史研究年鉴》编委会
主　　任：李正华
副 主 任：宋月红　寇　伟
委　　员：（以姓氏笔画为序）
　　　　　王巧荣　王爱云　李　文　李海潮　张金才　欧阳雪梅　郑有贵　谭扬芳
主　　编：李正华

《当代中国史研究年鉴》编辑部
主　　任：谭扬芳　王　宇（执行）
编　　辑：（以姓氏笔画为序）
　　　　　石善涛　叶张瑜　刘鑫鑫　孙　辉　吴秀云　狄　飞　宋爱平　张　新　易海涛
　　　　　郑　珺　祝　佳　徐小宁　雷　枫

特约编辑：（以姓氏笔画为序）
　　　　　王　毅　尤丽娟　石　佳　冯　维　邢　军　毕研永　刘　洁　孙钦梅　李二苓
　　　　　李　夏　吴文红　张方慧　张　莉　张　静　陈　强　郑丽梅　贾子尧

编辑说明

为积极推进当代中国史学科"三大体系"（学科体系、学术体系、话语体系）建设，中国社会科学院当代中国研究所（文中统一称为当代中国研究所）于2022年启动《当代中国史研究年鉴》编纂工作。计划每年编纂出版一本，力求能全面反映当代中国史研究的年度发展状况，成为具有综合性、权威性、文献性特征的学科年鉴。

在栏目设置上，本卷年鉴在《中国哲学社会科学学科年鉴编纂出版规定（试行）》要求的基础上，根据本学科特点设置了重要文献、研究综述、学科建设、学术成果、学术动态、学科大事记、附录等栏目。

一、重要文献

主要收录本学科具有重大战略意义、指导价值或反映本学科的重大理论问题的重要文献。2021年是中国共产党成立100周年，为从党的百年伟大奋斗历程和在党的带领下取得的社会主义革命和建设伟大成就中汲取继续前进的智慧和力量，全社会开展了"四史"宣传教育活动，全党开展了党史学习教育活动。2021年度年鉴重要文献也围绕这个主题，主要收录了《中共中央印发〈通知〉：在全党开展党史学习教育》和《中办印发〈通知〉：在全社会开展党史、新中国史、改革开放史、社会主义发展史宣传教育》2个文件。

二、研究综述

研究综述，可以综合反映学科的发展情况与研究热点。本卷年鉴按当代中国史总学科和政治史、经济史、文化史、社会史、外交史、国史理论与方法等分学科撰写了2021年度学科发展研究综述，力求全面反映2021年度学科发展概况。本卷是此系列年鉴的开卷之作，有必要对学科的总体发展历程作一个历史回溯，因此，本卷特别撰写了学科发展历史研究综述，希望对新中国成立以来的学科发展脉络作一个大略的呈现。

三、学科建设

国史宣传教育，本卷系统梳理了当代中国研究所国史研究的使命职责，记述当代中国研究所在学科发展中具有权威性和影响力的学术研究成果，推动当代中国史学科建设，加强国内外交流互鉴，把握国内国际研究前沿，放眼国际视野，加强学术交流，体现了当代中国研究所国史研究国家队的作用。

基本文献史料，整理出当代中国史研究领域学者案头需要常备的基本文献史料，为从事当代中国史研究的学者提供参考。

科研项目，择选出与国史学科相关的488项课题，其中，国家社科基金重大项目68项，研究阐释党的十九届五中全会精神国家社科基金重大项目130项，国家社科基金年度项目187项、青年项目55项、西部项目21项以及教育部重大项目27项，供国史学者了解国史学科2021年的项目情况，有针对性地开展相关研究与项目申报。

四、学术成果

重点遴选出2021年各个分学科比较有影响力的著作和论文加以介绍，限于篇幅，部分内容只能以摘要甚至目录的形式呈现。

五、学术动态

学术活动简讯，收录2021年在中华人民共和国国史网、《中国社会科学报》、中共中央党史和文献研究院网等权威报刊、网站发布的当代中国史研究重要学术活动简讯。

会议综述，收录2021年在《当代中国史研究》、《马克思主义研究》、高校期刊社科版等刊登的当代中国史研究重要学术会议综述。

六、学科大事记

搜集、整理中共中央发布的党史学习教育和"四史"宣传教育的重要通知，有关部门开展的宣讲、总结大会、庆祝建党100周年等重大活动，当代中国研究所开展的重要学术活动和学术会议的报道、纪要、综述，以及党史、国史学界的重要成果、重要学术会议，力求全面、客观记录2021年度新中国史研究领域的重大活动、重大成果，展示当代中国史学科的发展脉络。2021年年鉴大事记在编写过程中，依据和参考的资料来源为《人民日报》、《光明日报》、中央人民政府网、中国共产党新闻网、学习强国网、党史学习教育网、求是网、中国社会科学网、中华人民共和国国史网，以及教育部直属的各高校网站等。

七、附录

研究机构和学会，重点介绍了7家国史研究机构和学会的基本情况与年度主要工作。希望在以后的年鉴编纂工作中，有更多专门从事当代中国史研究的机构和我们联系并能进入名录。

期刊，介绍2018年中国人文社会科学期刊评价结果（历史学与马克思主义理论），以及2021—2022中文社会科学引文索引（CSSCI）来源期刊目录（历史学与马克思主义理论)。

高校"中国史"学科建设,介绍"双一流"建设高校及学科名单(中国史)和全国高校学科评估结果(中国史)。

海外中国学研究,通过学者的一篇研究综述介绍2020年海外中国学学科发展现状,列举出1978年以来海外中国学研究大事记。

《当代中国史研究年鉴》编辑部
2022年7月

目　录

序言　为中国特色哲学社会科学事业立传 ………………………… 高培勇（1）

重要文献

中共中央印发《通知》：在全党开展党史学习教育 ……………………………（3）
中办印发《通知》：在全社会开展党史、新中国史、改革开放史、社会主义
　发展史宣传教育 …………………………………………………………（5）

研究综述

当代中国史研究综述（1949—2020） ……………………………………（9）
2021年度当代中国史研究综述 …………………………………………（36）
2021年度当代中国政治史研究综述 ……………………………………（57）
2021年度当代中国经济史研究综述 ……………………………………（80）
2021年度当代中国文化史研究综述 ……………………………………（102）
2021年度当代中国社会史研究综述 ……………………………………（121）
2021年度当代中国外交史研究综述 ……………………………………（136）
2021年度当代中国史理论与方法研究综述 ……………………………（155）

学科建设

国史宣传教育 ……………………………………………………………（175）
一、承国史研究职责使命 …………………………………………………（175）
二、研究、编纂和出版国史 ………………………………………………（176）
三、重责任担当 ……………………………………………………………（178）

四、建特色智库 …………………………………………………………………（186）
　　五、培养国史研究人才 …………………………………………………………（187）
　　六、增交流互鉴 …………………………………………………………………（187）

基本文献史料 ……………………………………………………………………（189）
　　一、经典著作编译 ………………………………………………………………（189）
　　二、领导人著作 …………………………………………………………………（189）
　　三、重要文献 ……………………………………………………………………（198）
　　四、传记回忆 ……………………………………………………………………（199）
　　五、年谱日记大事记 ……………………………………………………………（200）
　　六、档案文件 ……………………………………………………………………（201）
　　七、国史研究成果 ………………………………………………………………（205）
　　八、报纸期刊 ……………………………………………………………………（213）
　　九、数字资源 ……………………………………………………………………（214）

科研项目 …………………………………………………………………………（217）
　　一、国家社科基金重大项目 ……………………………………………………（217）
　　二、研究阐释党的十九届五中全会精神国家社科基金重大项目 ……………（220）
　　三、国家社科基金年度项目 ……………………………………………………（224）
　　四、国家社科基金青年项目 ……………………………………………………（233）
　　五、国家社科基金西部项目 ……………………………………………………（236）
　　六、教育部重大项目 ……………………………………………………………（237）

学术成果

著作选介 …………………………………………………………………………（241）
　　一、总论 …………………………………………………………………………（241）
　　二、政治史 ………………………………………………………………………（250）
　　三、经济史 ………………………………………………………………………（253）
　　四、文化与科技史 ………………………………………………………………（255）
　　五、社会史 ………………………………………………………………………（257）
　　六、国防与军事史 ………………………………………………………………（259）

七、外交史 …………………………………………………………………… (259)

八、地方史 …………………………………………………………………… (261)

九、人物研究 ………………………………………………………………… (262)

十、海外当代中国研究 ……………………………………………………… (263)

重点文章 …………………………………………………………………… (264)

一、总论 ……………………………………………………………………… (264)

 从新中国史中汲取继续前进的智慧和力量 ………………………… 姜　辉 (264)

 中国共产党百年来对建设社会主义现代化强国的探求和发展 …… 宋月红 (269)

 加强中华儿女大团结　汇聚民族复兴磅礴力量 …………………… 张星星 (277)

 共同富裕是中国共产党不懈追求的目标 …………………………… 李　文 (282)

二、政治史 …………………………………………………………………… (289)

 中国共产党政治建设的主要经验 …………………………………… 李正华 (289)

 百年党史上开展作风建设的一个典范
  ——新中国成立初期党领导开展的五次反对官僚主义的斗争 …… 曲青山 (305)

 一届全国人大华侨代表的选举产生和建言献策 …………………… 任贵祥 (313)

 一九五〇至一九五二年人民解放军之进驻西藏
  ——西藏和平解放70周年纪念 …………………………………… 张　皓 (327)

三、经济史 …………………………………………………………………… (351)

 中国共产党领导建设新中国的经济发展思想演进 ………………… 洪银兴 (351)

 中国共产党关于积累与消费关系的认识与实践 …………………… 武　力 (368)

 计划经济时代影响中共经济决策的主要因素 ……………………… 萧冬连 (377)

 "156项"建设项目对中国工业化的历史贡献 ……………………… 赵学军 (392)

四、文化史 …………………………………………………………………… (408)

 中国共产党百年文化成就 …………………………………………… 李文堂 (408)

 中国马克思主义哲学话语体系的百年探索 ………………………… 单传友 (418)

 百年中国文学的红色基因 …………………………………………… 吴义勤 (430)

 党的十九大以来培育和践行社会主义核心价值观研究述评 …… 刘　仓　杨　璐 (438)

五、社会史 …………………………………………………………………… (452)

 分野与整合：当代中国社会史学科边界再议 …………………… 宋学勤　杨宗儒 (452)

 新中国城市历史分期研究 …………………………………………… 何一民 (463)

 20世纪六七十年代上海黄浦江水系污染问题研究（1963—1976）…… 金大陆 (479)

— 3 —

劳动作为出路
　　　　——新中国成立初期动员中小学毕业生参加农业生产的问题史 ……… 常利兵（500）
六、外交史 ……………………………………………………………………………（524）
　　习近平外交思想理论体系探析 ………………………………… 杨洁勉（524）
　　新中国周边外交的历史逻辑论析 ……………………………… 王巧荣（539）
　　体育与中美关系的历史发展
　　　　——纪念"乒乓外交"50周年 ………………………………… 徐国琦（555）
　　20世纪60年代中国对中阿通航问题的处理与中阿交涉
　　　　——基于中国外交部档案的考察 …………………………… 张　安（569）
七、国史研究理论与方法 ……………………………………………………（583）
　　再谈国史分期问题 ……………………………………………… 朱佳木（583）
　　新中国史的叙事方式、问题把握与精神铸就 ………………… 李　捷（596）
　　关于中共党史学科定位与建设的若干思考 …………………… 杨凤城（607）

重要论文摘编 ………………………………………………………………（619）

国史图书目录 ………………………………………………………………（638）
　　一、总论 …………………………………………………………………（638）
　　二、史学理论 ……………………………………………………………（638）
　　三、政治史 ………………………………………………………………（638）
　　四、经济史 ………………………………………………………………（639）
　　五、文化与科技史 ………………………………………………………（640）
　　六、社会史 ………………………………………………………………（640）
　　七、国防与军事史 ………………………………………………………（641）
　　八、外交史 ………………………………………………………………（641）
　　九、地方史 ………………………………………………………………（642）
　　十、人物研究 ……………………………………………………………（642）
　　十一、口述史及史料 ……………………………………………………（642）
　　十二、海外观察 …………………………………………………………（643）

国史期刊论文目录 …………………………………………………………（644）
　　一、史学理论 ……………………………………………………………（644）

二、政治史 (645)
三、经济史 (648)
四、文化与科技史 (651)
五、社会史 (654)
六、国防与军事史 (658)
七、外交史 (659)

学术动态

学术活动简讯 (665)
 深刻总结经验为全面推进乡村振兴提供历史借鉴 (665)
 24集大型文献专题片《敢教日月换新天》启播 (667)
 用习近平总书记"七一"庆祝大会上的重要讲话精神指引新中国史编研事业的
  进一步发展
  ——国史学会学习习近平总书记在庆祝中国共产党成立100周年大会上的
   重要讲话座谈会在京召开 (669)
 建党百年与建设社会主义现代化国家成就和经验学术研讨会暨第二届中国当代政治史
  研究述评会在长沙召开 (671)
 "建党百年与新中国史研究：第二十一届国史学术年会"在上海召开 (673)
 当代中国研究所和国史学会在京联合举办学习党的十九届六中全会精神座谈会 (675)
 毛泽东等党史人物与百年大党理论研讨会在长沙召开 (677)
 学习贯彻习近平总书记在庆祝中国共产党成立100周年大会上的重要讲话精神
  座谈会召开 (679)
 "陈云与党的历史——庆祝中国共产党成立100周年"学术研讨会暨陈云思想生平
  研究会2021年年会在上海召开 (683)
 庆祝中国共产党成立100周年中共创建史学术研讨会在上海召开 (685)
 《当代中国史研究》召开七届二次编委会 (686)
 中国共产党百年红色文化研究学术研讨会在郴州召开 (688)
 中国共产党百年奋斗的重大成就和历史经验学术研讨会召开 (690)
 学习党史传承红色文化研讨会暨中国共产党革命精神系列读本出版座谈会举行 (693)

全面阐释中国人的百年追梦历程
　　——"庆祝中国共产党成立100周年暨《奋斗与梦想：近代以来中国人的百年追梦历程》出版研讨会"在京举行 (697)

会议综述 (699)

在世界百年未有之大变局中深刻理解中国共产党的百年奋斗历程
　　——"深入学习研讨党的十九届六中全会精神专家学者座谈会"会议综述 (699)

中国共产党与中华民族共同体建设学术会议综述 (706)

中国共产党一百年乡村建设宝贵经验
　　——"庆祝中国共产党成立100周年暨乡村建设宝贵经验与经典案例研讨会"会议综述 (710)

建党百年中国农村土地制度的嬗变规律、热点议题与未来展望
　　——"百年奋斗目标与农村土地问题高层研讨会"会议综述 (717)

廉政文化建设：百年探索与当代价值
　　——"廉政文化建设百年历程和高质量发展"会议综述 (725)

如何推进乡村振兴战略的有效实施
　　——2021年百年巨变与乡村振兴高端论坛会议综述 (733)

毛泽东对实现中华民族复兴的伟大贡献
　　——"毛泽东与民族复兴"国际学术会议综述 (742)

"百年大党的初心与使命：历程、成就与经验"学术研讨会暨第二届"中国共产党与中国道路"论坛综述 (744)

传承红色基因弘扬龙江"四大精神"系列理论研讨会会议综述 (752)

百年恰是风华正茂
　　——"庆祝中国共产党成立100周年"学术研讨会综述 (758)

坚持党的建设理论、制度与实践的有机统一
　　——"中国共产党百年党的建设：理论、制度与实践"学术研讨会综述 (767)

在深入开展党史学习教育中加强新中国史研究
　　——第二十一届国史学术年会综述 (771)

中国共产党百年历程的红色血脉、历史经验与未来启示
　　——"红色基因传承与中国共产党百年历程"学术研讨会综述 (776)

中国共产党的百年历程与中华民族伟大复兴
　　——"建党百年：道路探索与理论创新学术研讨会"综述 (780)

赓续红色血脉深入阐释伟大建党精神
　　——首届高校中国共产党伟大建党精神学术研讨会综述 …………………（784）
党的百年历程探索与理论创新
　　——"庆祝中国共产党成立100周年"高峰论坛综述 …………………（789）
庆祝中国共产党成立100周年中共创建史学术研讨会综述 ………………（798）
学习贯彻习近平总书记在庆祝中国共产党成立一百周年大会上的重要讲话精神
　　座谈会综述 ………………………………………………………………（804）
百年中共思想史研究的学术展望座谈会综述 …………………………………（807）
传承南梁精神培育时代新人学术研讨会综述 …………………………………（815）
百年大党的现代化求索
　　——"中国共产党与中国现代化"理论研讨会综述 ……………………（818）
中国共产党精神谱系与红色文化资源育人研讨会综述 ………………………（821）

学科大事记

………………………………………………………………………………………（825）

附录

研究机构和学会 ………………………………………………………………（967）
　一、当代中国研究所 ……………………………………………………………（967）
　二、北京大学中华人民共和国史研究中心 ……………………………………（973）
　三、当代上海研究所 ……………………………………………………………（975）
　四、当代安徽研究所 ……………………………………………………………（976）
　五、西藏自治区社会科学院当代西藏研究所 …………………………………（979）
　六、中华人民共和国国史学会 …………………………………………………（984）
　七、中国现代史学会 ……………………………………………………………（988）

期刊 ……………………………………………………………………………（991）
　一、2018年中国人文社会科学期刊评价结果（历史学与马克思主义理论）………（991）

— 7 —

二、2021—2022 中文社会科学引文索引（CSSCI）来源期刊目录
（历史学与马克思主义理论） …………………………………………（993）

高校"中国史"学科建设 …………………………………………………（996）
一、"双一流"建设高校及学科名单（中国史） ………………………（996）
二、全国高校学科评估结果（中国史） …………………………………（996）

海外中国学研究 …………………………………………………………（999）
一、2020 年海外中国学学科新进展综述 ………………………………（999）
二、海外中国学研究大事记 ……………………………………………（1009）

索　引 ……………………………………………………………………（1012）

Contents

Preface: Establishing a Biography for the Undertaking of Philosophy and Social Sciences
　　with Chinese Characteristics ……………………………………………… Gao Peiyong （1）

Important Literature

The Communist Party of China (CPC) Central Committee published a circular that organized
　　Party-wide activities to study Party history …………………………………………… （3）
The General Office of the CPC Central Committee issued a circular issued to promote the
　　learning of the histories of the Party, New China, the reform and opening-up, and socialist
　　development across Chinese society ………………………………………………… （5）

Research Overview

Research Overview Of New China History Studies (1949 – 2020) ………………… （9）
Research Overview Of New China History Studies in 2021 ……………………… （36）
Research Overview Of New China Political History in 2021 ……………………… （57）
Research Overview Of New China Economic History in 2021 …………………… （80）
Research Overview Of New China Cultural History in 2021 ……………………… （102）
Research Overview Of New China Social History In 2021 ………………………… （121）
Research Overview Of New China Diplomatic History In 2021 …………………… （136）
Research Overview Of New China History Theory In 2021 ……………………… （155）

Discipline construction

The Publicity And Education Of New China History …………………………… （175）
1. Undertaking The Responsibility And Mission Of New China History Studies ………… （175）

2. Research, Compilation And Publication Of New China History Studies ……………… (176)
3. Emphasize Responsibility And Accountability ……………………………………… (178)
4. Building Featured Think Tanks ……………………………………………………… (186)
5. Cultivating Qualified Personnel InNew China History Studies ……………………… (187)
6. Enhance Communication And Mutual Learning ……………………………………… (187)

Basic Literature and Historical Materials ……………………………………………… (189)
Compilation Of Classic Works ………………………………………………………… (189)
Party And State Leaders' Works ……………………………………………………… (189)
Important Literature …………………………………………………………………… (198)
Biography And Memories ……………………………………………………………… (199)
Chronicle, Diary AndTimeline ………………………………………………………… (200)
Archival Files …………………………………………………………………………… (201)
Research Achievements In ContemporaryChina History ……………………………… (205)
Newspapers And Journals ……………………………………………………………… (213)
Digital Resources ……………………………………………………………………… (214)

Research Project ………………………………………………………………………… (217)
1. Major Projects of the National Social Science Fund of China ……………………… (217)
2. Research and Interpretation of the Spirit of the Fifth Plenary Session of the 19th Central Committee of the Communist Party of China Major Project of the National Social Science Fund of China ……………………………………………………………… (220)
3. Annual Project of the National Social Science Fund of China ……………………… (224)
4. Youth Program of National Social Science Fund of China ………………………… (233)
5. Western Project of National Social Science Fund of China ………………………… (236)
6. Major Projects of the Ministry of Education ………………………………………… (237)

Academic Achievements

Selected Works …………………………………………………………………………… (241)
1. General Introduction ………………………………………………………………… (241)
2. Political History ……………………………………………………………………… (250)

Contents

3. Economic History ……………………………………………………………… (253)

4. Cultural and TechnologicalHistory ………………………………………… (255)

5. Social History ………………………………………………………………… (257)

6. National Defense and Military History …………………………………… (259)

7. Diplomatic History …………………………………………………………… (259)

8. Local history ………………………………………………………………… (261)

9. Character Studies …………………………………………………………… (262)

10. Overseas Contemporary China Studies …………………………………… (263)

Feature Articles …………………………………………………………………… (264)

1. Pandect ……………………………………………………………………… (264)

 Drawing Wisdom And Strength From The History Of New China To Continue
  Moving Forward ………………………………………………… Jiang Hui (264)

 The CPC's Exploration and Development of Building China into a Great Modern Socialist
  Country in the Past Century ………………………………… Song Yuehong (269)

 Strengthening the Great Unity of Chinese Sons and Daughters and Gathering the Mighty
  Force of National Rejuvenation ……………………………… Zhang Xingxing (277)

 Common Prosperity is the Unremitting Goal of the Communist Party of China …… Li Wen (282)

2. Political History ……………………………………………………………… (289)

 The Main Experience of Political Construction of the Communist Party of
  China ………………………………………………………………… Li Zhenghua (289)

 An Exemplar of Improving Party Members' Conduct in the CPC's One-Century History:
  Five Campaigns to Oppose Bureaucratism under the Leadership of the Party in the Early
  Days of the PRC ………………………………………………… Qu Qingshan (305)

 The Election of Overseas Chinese Deputies to the First National People's Congress and
  Their Suggestions ………………………………………………… Ren Guixiang (313)

 The Entry of the People's Liberation Army into Tibet from 1950 to 1952 …… Zhang Hao (327)

3. Economic History …………………………………………………………… (351)

 Review of the Evolution of the Economic Development Thoughts of the CPC in the
  Construction of New China ……………………………………… Hong Yinxing (351)

 The CPC's Understanding of and Practice about the Relationship Between Accumulation
  and Consumption ………………………………………………………… Wu Li (368)

The Main Factors Affecting the Economic Decision-making of the CPC during the Era of the Planned Economy .... Xiao Donglian (377)

Historical Contributions Made by "156 Projects" to China's Industrialization .... Zhao Xuejun (392)

4. Cultural History .... (408)

Centennial cultural achievements of the CPC .... Li Wentang (408)

A Century-old Exploration of the Discourse System of Chinese Marxist Philosophy .... Shan Chuanyou (418)

The "red" heritage of Centennial Chinese Literature .... Wu Yiqin (430)

A Review of the Studies on Cultivating and Practising Socialist Core Value since the 19th National Congress of the CPC .... Liu Cang Yang Lu (438)

5. Social History .... (452)

The Division and Integration: the Reconsideration of the Disciplinary Boundary of the Social History of Contemporary China .... Song Xueqin Yang Zongru (452)

Research on the Staging of New China City History .... He Yimin (463)

The Study on the Water Pollution of Huangpu River System in Shanghai (1963 – 1976) .... Jin Dalu (479)

Labor as Way Out——A Historical Study on the Issue of Mobilizing Primary and Secondary School Graduates for Agricultural Production in the Early Period of PRC .... Chang Libing (500)

6. Diplomatic History .... (524)

Exploring the Theoretical System of the Xi Jinping Thought on Diplomacy .... Yang Jiemian (524)

On the Historical Logic of New China's Peripheral Diplomacy .... Wang Qiaorong (539)

Role of Sports in the Historical Development of Sino-American Relations: An Essay in Commemoration of the 50th Anniversary of the Ping Pong Diplomacy .... Xu Guoqi (555)

China's Handling of the Sino Arab Navigation Issue and Sino Arab Negotiations in the 1960s: An Investigation Based on the Archives of the Chinese Ministry of Foreign Affairs .... Zhang An (569)

7. Theory and Method of NewChina History Studies .... (583)

Discussion on the Periodization of the History of the PRC Once Again .... Zhu Jiamu (583)

The Narrative Mode, Problem Grasp and Spirit Casting of the History of the People's Republic of China .... Li Jie (596)

Reflections on the Positioning and Construction of the Discipline of Communist
　　Party History ·· Yang Fengcheng（607）

Excerpts FromImportant Papers ································· （619）

Catalogue of Books in New China History ·························· （638）

1. General Introduction ··· （638）
2. Historical Theory and Materials ····································· （638）
3. Political History ··· （638）
4. Economic History ··· （639）
5. Cultural and Technological History ································· （640）
6. Social History ·· （640）
7. National Defense and Military History ······························ （641）
8. Diplomatic History ·· （641）
9. Local History ·· （642）
10. Character Studies ·· （642）
11. Oral History and Historical Materials ······························ （642）
12. Overseas Contemporary China Studies ····························· （643）

Catalogue ofPapers in Journals of New China History ·············· （644）

1. Historical Theory and Materials ····································· （644）
2. Political History ··· （645）
3. Economic History ··· （648）
4. Cultural and Technological History ································· （651）
5. Social History ·· （654）
6. National Defense and Military History ······························ （658）
7. Diplomatic History ·· （659）

Academic Trend

Academic Activity Newsletter ····································· （665）
　　Deeply Summarizing Experience To Provide Historical Reference For Comprehensively
　　　Promoting Rural Revitalization ································· （665）

— 5 —

24 Episodes Of Large-Scale Literature Feature Film "Making a New China" Aired ……（667）

Guiding The Further Development Of The Compilation And Research Of New China History With The Spirit Of Important Speech At The Ceremony Marking The Centenary Of The Communist Party Of China By Xi Jingping——The Symposium On Learning Important Speeches By ANHPRC Was Held In Beijing ……（669）

The Academic Seminar On The Achievements And Experiences Of The Centennial Founding Of The Communist Party Of China And The Construction Of a Socialist Modernized Country And The Second Review Conference On Contemporary Chinese Political History Research Was Held In Changsha ……（671）

The 21st National History Academic Annual Conference On The Centenary Of The Founding Of The Communist Party Of China And The Study Of New Chinese History Was Held In Shanghai ……（673）

The Institute Of Contemporary Chinese Studies And The Chinese Historical Society Jointly Held a Symposium In Beijing To Study The Spirit Of The Sixth Plenary Session Of The 19th Central Committee Of The Communist Party Of China ……（675）

The Symposium On Mao Zedong And Other Party History Figures And The Theory Of The Centennial National Congress Of The Communist Party Of China Was Held In Changsha ……（677）

The Symposium On Learning Important Speeches AtThe Ceremony Marking The Centenary Of The Communist Party Of China By Xi Jingping Was Held ……（679）

"Chen Yun And The Party's History——Celebrating The 100th Anniversary Of The Founding Of The Cpc" Academic Seminar And The 2021 Annual Conference Of Chen Yun's Thought And Life Research Association Were Held In Shanghai ……（683）

The Academic Seminar On The Founding History Of The CPC Was Held In Shanghai To Celebrate The 100th Anniversary Of The Founding Of The Communist Party Of China ……（685）

The Second Editorial Committee of the Seventh Session of *Contemporary China History Studies* was held ……（686）

The Centennial "Red" Revolutionary Culture Research Seminar of the CPC Held in Chenzhou ……（688）

The Academic Seminar on the Significant Achievements and Historical Experience of the Centennial Struggle of the CPC Held ……（690）

Seminar on Learning Party History and Inheriting "Red" Culture and Symposium on
　　Publishing *Series of the Revolutionary Spirit of the CPC* ……………………… (693)
Comprehensive Explanation of the Centennial Dream Chasing Process of Chinese
　　People——Celebrating the 100th Anniversary of the Founding of the CPC and the
　　Publishing Seminar of "*Struggle and Dream: Chinese Dream Pursuit for a Hundred
　　Years in Modern Times*" was held in Beijing ……………………………………… (697)

Conference Overview ……………………………………………………………………… (699)
　　Deeply Understanding the Centennial Struggle of the CPC in the World's Unprecedented
　　　　Great Change in a Century——Summary of the Conference of "Deeply Studying the
　　　　Spirit of the Sixth Plenary Session of the 19th CPC Central Committee" ……………… (699)
　　Summary of the Academic Conference on the CPC and the Construction of the
　　　　Chinese National Community …………………………………………………………… (706)
　　Salute The Classic, With The Original Aspiration And Mission To Summarize The Valuable
　　　　Experience Of The Cpc In Rural Constrution In The Past 100 Years: Summary Of The
　　　　Forum On Celebrating The 100th Anniversary Of The Founding Of The Communist Party
　　　　Of China And Seminar On Valuable Experience And Classic Cases Of Rural
　　　　Construction …………………………………………………………………………… (710)
　　The Evolution Law, HotIssues, and Future Prospects of China's Rural Land System during
　　　　the 100 - year-history of the Communist Party of China: A Summary of the "High-level
　　　　Forum on Centenary Goals and Rural Land Issues" ……………………………………… (717)
　　Construction of a Clean Government Culture: Centennial Exploration and Contemporary
　　　　Value-A Review of the Conference on "The Centennial Course and High-quality
　　　　Development of Clean Government Culture Construction" …………………………… (725)
　　Research On Strategies For Promoting Rural Revitalization——2021 Hundred-Year
　　　　Change And Rural Revitalization Forum Confernect Review ………………………… (733)
　　Mao Zedong's Great Contribution to Realizing the Revival of the Chinese Nation:
　　　　A Summary of the International Academic Conference on "Mao Zedong and
　　　　National Revival" ……………………………………………………………………… (742)
　　Summary of the Academic Seminar on "The Original Aspiration And Founding
　　　　Mission Of The Centennial CPC: History, Achievements and Experience" and the
　　　　Second Forum on "The CPC and the Chinese Road" ………………………………… (744)

Summary of the Series of Theoretical Seminars on Inheriting "Red" evolutionary culture and Promoting the "Four Spirits" of Longjiang ……………………………… （752）

Centennial Is In Its Prime——Summary Of The Academic Seminar on "Celebrating the 100th Anniversary of the Founding of the CPC" ………………………………… （758）

Integhration Of Theory, Institution And Practice Of Party Building: Summary Of The Conference On "Centenary Party Building Of CPC: Theory, Institution And Practice" ……………………………………………………………………………… （767）

Strengthening TheHistory Study Of New China During The In-depth Learning And Education Of CPC's History——Summary Of The 21st Academic Annual Conference On The History Of The PRC ……………………………………………………… （771）

The "Red" Revolutionary Culture, Historical Experience and Future Enlightenment of the Centennial Course of the CPC——- Summary of the academic seminar on "Red Gene Inheritance and the Centennial History of the CPC" …………………………… （776）

100 Years Journey Of The Communist Party Of China And The Great Rejuvenation Of The Chinese Nation——Review Of The Academic Conference Of 100 Years Since The Founding Of The Party: Exploration Fo The Road And Theoretical Innovation ……………… （780）

Carry Forward Our Revolutionary Traditions And Heritage And Deeply Explain The Great Party Building Spirit—— A Summary of the First Academic Seminar on the Great Party Building Spirit of the CPC in Colleges and Universities ………………………… （784）

ExplorationAnd Theoretic Innovations Of The Cpc In Its Century-Old History: Summary Of The Symposium On "Celebrating The 100 Years Of The Founding Of The Chinese Communisty Party" ……………………………………………………………… （789）

Overview Of The Symposium On History Of The Founding Of The CPC In Celebrating The Centenary Of The CPC ……………………………………………………………… （798）

Summary Of The Symposium On Studying And Implementation The Spirit Of Important Speech At The Ceremony Marking The Centenary Of The Communist Party Of China By Xi Jingping …………………………………………………………………………… （804）

A Review Of The Forum Of On "Academic Prespects For The Study Of The Ideological History Of The CPC During The Past Century" ………………………………… （807）

Summary of the Academic Seminar on Inheriting the Spirit of Nanliang and Cultivating Resources of the Era ………………………………………………………………… （815）

A Century old Party's Modernization——A Summary of the Seminar on the Theory of "The CPC and China's Modernization" …………………………………………… （818）

Summary of the Seminar on the Spiritual Pedigree of the CPC and the Education of Red Cultural Resources ……………………………………………………………… (821)

Discipline Chronicles

…………………………………………………………………………………… (825)

Appendix

Research Institutions And Societies ……………………………………………… (967)
  1. Institute of Contemporary China Studies, Chinese Academy of Social Sciences ……… (967)
  2. Peking University Center for the Study of the History of the People's Republic of China ………………………………………………………………………………… (973)
  3. Contemporary Shanghai Research Institute ……………………………………… (975)
  4. Contemporary Anhui Research Institute …………………………………………… (976)
  5. Contemporary Tibet Research Institute of the Academy of Social Sciences of the Tibet Autonomous Region ……………………………………………………………… (979)
  6. The Association of National History of the People's Republic of China …………… (984)
  7. Chinese Society of Modern History ………………………………………………… (988)

Periodical …………………………………………………………………………… (991)
  1. Evaluation Results of 2018 Chinese Journal of Humanities and Social Sciences (History and Marxist Theory) ……………………………………………………… (991)
  2. 2021-2022 Chinese Social Sciences Citation Index (CSSCI) List of Source Journals (History and Marxist Theory) ……………………………………………………… (993)

The Construction of the Discipline of "Chinese History" in Universities ……………… (996)
  1. List of "Double First Class" Construction Universities and Disciplines (Chinese History) …………………………………………………………………… (996)
  2. National University Discipline Evaluation Results (Chinese History) ……………… (996)

Overseas Chinese Studies Research ……………………………………………………（999）
  1. A Review of New Developments in Overseas Chinese Studies in 2020 ……………（999）
  2. Chronicles of Overseas Chinese Studies Research ………………………………（1009）

Index ……………………………………………………………………………………（1012）

序 言

为中国特色哲学社会科学事业立传

——写在《中国哲学社会科学学科年鉴》系列出版之际

（一）

2016年5月17日，习近平总书记《在哲学社会科学工作座谈会上的讲话》中正式作出了加快构建中国特色哲学社会科学的重大战略部署。自此，中国特色哲学社会科学学科体系、学术体系、话语体系的构建进入攻坚期。

2022年4月25日，习近平总书记在中国人民大学考察时强调指出，"加快构建中国特色哲学社会科学，归根结底是建构中国自主的知识体系"。这为我们加快构建中国特色哲学社会科学进一步指明了方向。

2022年4月，中共中央办公厅正式印发《国家哲学社会科学"十四五"规划》。作为第一部国家层面的哲学社会科学发展规划，其中的一项重要内容，就是以加快中国特色哲学社会科学为主题，将"中国哲学社会科学学科年鉴编纂"定位为"哲学社会科学学科基础建设"，从而赋予了哲学社会科学学科年鉴编纂工作新的内涵、新的要求。

从加快构建中国特色哲学社会科学到归根结底是建构中国自主的知识体系，再到制定第一部国家层面的哲学社会科学发展规划，至少向我们清晰揭示了这样一个基本事实：中国特色社会主义事业离不开中国特色哲学社会科学的支撑，必须加快构建中国特色哲学社会科学、建构中国自主的知识体系。加快构建中国特色哲学社会科学、建构中国自主的知识体系是一个长期的历史任务，必须持之以恒，实打实地把一件件事情办好。

作为其间的一项十分重要且异常关键的基础建设，就是编纂好哲学社会科学学科年鉴，将中国特色哲学社会科学事业的发展动态、变化历程记录下来，呈现出来。以接续奋斗的精神，年复一年，一茬接着一茬干，一棒接着一棒跑。就此而论，编纂哲学社会科学学科年鉴，其最基本、最核心、最重要的意义，就在于为中国特色哲学社会科学事业立传。

呈现在读者面前的这一《中国哲学社会科学学科年鉴》系列，就是在这样的背景之下，由中国社会科学院集全院之力、组织精锐力量编纂而成的。

（二）

作为年鉴的一个重要类型，学科年鉴是以全面、系统、准确地记述上一年度特定学科或学科分支发展变化为主要内容的资料性工具书。编纂学科年鉴，是哲学社会科学发展到一定阶段的产物。

追溯起来，我国最早的哲学社会科学年鉴——《中国文艺年鉴》，诞生于上个世纪30年代。党的十一届三中全会之后，伴随着改革开放的进程，我国哲学社会科学年鉴不断发展壮大。40多年来，哲学社会科学年鉴在展示研究成果、积累学术资料、加强学科建设、开展学术评价、凝聚学术共同体等方面，发挥着不可替代的作用，为繁荣发展中国特色哲学社会科学作出了重要贡献。

1. 为学科和学者立传的重要载体

学科年鉴汇集某一学科领域的专业学科信息，是服务于学术研究的资料性工具书。不论是学科建设、学术研究，还是学术评价、对外交流等，都离不开学科知识的积累、学术方向的辨析、学术共同体的凝聚。

要回答学术往何处去的问题，首先要了解学术从哪里来，以及学科领域的现状，这就离不开学科年鉴提供的信息。学科年鉴记录与反映年度内哲学社会科学某个学科领域的研究进展、学术成果、重大事件等，既为学科和学者立传，也为学术共同体的研究提供知识基础和方向指引，为学术创新、学派形成、学科巩固创造条件、奠定基础。学科年鉴编纂的历史越悠久，学术积淀就越厚重，其学术价值就越突出。

通过编纂学科年鉴，将中国哲学社会科学界推进学科体系、学术体系、话语体系建设以及建构中国自主知识体系的历史进程准确、生动地记录下来，并且，立此存照，是一件非常有意义的事情。可以说，学科年鉴如同学术研究的白皮书，承载着记录、反映学术研究进程的历史任务。

2. 掌握学术评价权的有力抓手

为学界提供一个学科领域的专业信息、权威信息，这是学科年鉴的基本功能。一个学科领域年度的信息十分庞杂，浩如烟海，不可能全部收入学科年鉴。学科年鉴所收录的，只能是重要的、有价值的学术信息。这就要经历一个提炼和总结的过程。学科年鉴的栏目，如重要文献（特载）、学科述评、学术成果、学术动态、统计资料与数据、人物、大事记等，所收录的信息和资料都是进行筛选和加工的基础上形成的。

进一步说，什么样的学术信息是重要的、有价值的，是由学科年鉴的编纂机构来决定。

这就赋予了学科年鉴学术评价的功能，所谓"入鉴即评价"，指的就是这个逻辑。特别是学科综述，要对年度研究进展、重要成果、学术观点等作出评析，是学科年鉴学术评价功能的集中体现。

学科年鉴蕴含的学术评价权，既是一种权力，更是一种责任。只有将学科、学术的评价权用好，把有代表性的优秀成果和学术观点评选出来，分析各学科发展面临的形势和任务、成绩和短板、重点和难点，才能更好引导中国特色哲学社会科学的健康发展。

3. 提升学术影响力的交流平台

学科年鉴按照学科领域编纂，既是该领域所有学者共同的精神家园，也是该学科领域最权威的交流平台。目前公认的世界上首部学术年鉴，是由吕西安·费弗尔和马克·布洛赫在1929年初创办的《经济社会史年鉴》。由一群有着共同学术信仰和学术观点的历史学家主持编纂的这部年鉴，把年鉴作为宣传新理念和新方法的学术阵地，在年鉴中刊发多篇重要的理论成果，催发了史学研究范式的演化，形成了法国"年鉴学派"，对整个西方现代史学的创新发展产生了深远影响。

随着学科年鉴的发展和演化，其功能也在不断深化。除了记载学术共同体的研究进展，还提供了学术研究的基本参考、学术成果发表的重要渠道，充当了链接学术网络的重要载体。特别是学科年鉴刊载的综述性、评论性和展望性的文章，除了为同一范式下的学者提供知识积累或索引外，还能够对学科发展趋势动向作出总结，乃至为学科未来发展指明方向。

4. 中国学术走向世界的重要舞台

在世界范围内，学科年鉴都是作为权威学术出版物而被广泛接受的。高质量的学科年鉴，不仅能够成为国内学界重要的学术资源、引领学术方向的标识，而且也会产生十分显著的国际影响。

中国每年产出的哲学社会科学研究成果数量极其庞大，如何向国际学术界系统介绍中国哲学社会科学研究成果，做到既全面准确，又重点突出？这几乎是不可能完成的任务。学科年鉴的出现，则使不可能变成了可能。高质量的学科年鉴，汇总一个学科全年最重要、最有代表性的研究成果、资料和信息，既是展示中国哲学社会科学研究成果与现状的最佳舞台，也为中外学术交流搭建了最好平台。

事实上，国内编纂的学科年鉴一直受到国外学术机构的重视，也是各类学术图书馆收藏的重点。如果能够站在通观学术界全貌之高度，编纂好哲学社会科学各学科年鉴，以学科年鉴为载体向世界讲好中国学术故事，当然有助于让世界知道"学术中的中国"、"理论中的中国"、"哲学社会科学中的中国"，也就能够相应提升中国哲学社会科学的国际影响力和话语权。

（三）

作为中国哲学社会科学研究的"国家队"，早在上世纪70年代末，中国社会科学院就启动了学科年鉴编纂工作。诸如《世界经济年鉴》《中国历史学年鉴》《中国哲学年鉴》《中国文学年鉴》等读者广为传阅的学科年鉴，迄今已有40多年的历史。

2013年，以国家哲学社会科学创新工程为依托，中国社会科学院实施了"中国社会科学年鉴工程"，学科年鉴编纂工作由此驶入快车道。至2021下半年，全院组织编纂的学科年鉴达到26部。

进入2022年以来，在加快构建中国特色哲学社会科学、贯彻落实《国家哲学社会科学"十四五"规划》的背景下，立足于更高站位、更广视野、更大格局，中国社会科学院进一步加大了学科年鉴编纂的工作力度，学科年鉴编纂工作迈上了一个大台阶，呈现出一幅全新的学科年鉴事业发展格局。

1. 哲学社会科学学科年鉴群

截至2023年5月，中国社会科学院组织编纂的哲学社会科学学科年鉴系列已有36部之多，覆盖了15个一级学科、13个二三级学科以及4个有重要影响力的学术领域，形成了国内规模最大、覆盖学科最多、也是唯一成体系的哲学社会科学学科年鉴群。

其中，《中国语言学年鉴》《中国金融学年鉴》《当代中国史研究年鉴》等10部，系2022年新启动编纂。目前还有将近10部学科年鉴在编纂或酝酿之中。到"十四五"末期，中国社会科学院组织编纂的学科年鉴总规模，有望超越50部。

2. 学科年鉴的高质量编纂

从总体上看，在坚持正确的政治方向、学术导向和价值取向方面，各部学科年鉴都有明显提高，体现了立场坚定、内容客观、思想厚重的导向作用。围绕学科建设、话语权建设等设置栏目，各部学科年鉴都较好地反映了本学科领域的发展建设情况，发挥了学术存史、服务科研的独特作用。文字质量较好，文风端正，装帧精美，体现了学科年鉴的严肃性和权威性。

与此同时，为提高年鉴编纂质量，围绕学科年鉴编纂的规范性，印发了《中国哲学社会科学学科年鉴编纂出版规定》，专门举办了年鉴编纂人员培训班。

3. 学科年鉴品牌

经过多年努力，无论在学术界还是年鉴出版界，中国社会科学院组织编纂的哲学社会科学学科年鉴系列得到了广泛认可，学术年鉴品牌已经形成。不仅成功主办了学术年鉴主编论坛和多场年鉴出版发布会，许多年鉴也在各类评奖中获得重要奖项。在数字化方面，学科年鉴数据库已经建成并投入使用，目前试用单位二百多家，学科年鉴编纂平台在继续推进中。

4. 学科年鉴工作机制

中国社会科学院科研局负责学科年鉴管理，制定发展规划，提供经费资助；院属研究单位负责年鉴编纂；中国社会科学出版社负责出版。通过调整创新工程科研评价考核指标体系，赋予年鉴编纂及优秀学科综述相应的分值，调动院属单位参与年鉴编纂的积极性。

学科年鉴是哲学社会科学界的学术公共产品。作为哲学社会科学研究的"国家队"，编纂、提供学科年鉴这一学术公共产品，无疑是中国社会科学院的职责所在、使命所系。中国社会科学院具备编纂好学科年鉴的有利条件：一是学科较为齐全；二是研究力量较为雄厚；三是具有"国家队"的权威性；四是与学界联系广泛，主管120家全国学会，便于组织全国学界力量共同参与年鉴编纂。

（四）

当然，在肯定成绩的同时，还要看到，当前哲学社会科学学科年鉴编纂工作仍有较大的提升空间，我们还有很长的路要走。

1. 逐步扩大学科年鉴编纂规模

经过40多年的发展，特别是"中国社会科学年鉴工程"实施10年来的努力，哲学社会科学系列学科年鉴已经形成了一定的规模，覆盖了90%的一级学科和部分重点的二三级学科。但是，也不容忽视，目前还存在一些学科年鉴空白之地。如法学、政治学、国际政治、区域国别研究等重要的一级学科，目前还没有学科年鉴。

中国自主知识体系的基础是学科体系，完整的学科年鉴体系有助于完善的学科体系和知识体系的形成。尽快启动相关领域的学科年鉴编纂，抓紧填补相关领域的学科年鉴空白，使哲学社会科学年鉴覆盖所有一级学科以及重要的二三级学科，显然是当下哲学社会科学界应当着力推进的一项重要工作。

2. 持续提高学科年鉴编纂质量

在扩张规模、填补空白的同时，还应当以加快构建中国特色哲学社会科学、建构中国自主的知识体系为目标，下大力气提高学科年鉴编纂质量，实现高质量发展。

一是统一学科年鉴的体例规范。学科年鉴必须是成体系的，而不是凌乱的；是规范的，而不是随意的。大型丛书的编纂靠的是组织严密，条例清楚，文字谨严。学科年鉴的体例要更加侧重于存史内容的发掘，对关乎学术成果、学术人物、重要数据、学术机构评价的内容，要通过体例加以强调和规范。哲学社会科学所有学科年鉴，应当做到"四个基本统一"：名称基本统一，体例基本统一，篇幅基本统一，出版时间、发布时间基本统一。

二是增强学科年鉴的权威性。年鉴的权威性，说到底取决于内容的权威性。学科年鉴是在对大量原始信息、文献进行筛选、整理、分析、加工的基础上，以高密度的方式将各类学术信息、情报传递给读者的权威工具书。权威的内容需要权威的机构来编纂，来撰写，来审定。学科综述是学科年鉴的灵魂，也是年鉴学术评价功能的集中体现，必须由权威学者来撰写学科综述。

三是要提高学科年鉴的时效性。学科年鉴虽然有存史功能，但更多学者希望将其作为学术工具书，从中获取对当下研究有价值的资料。这就需要增强年鉴的时效性，前一年的年鉴内容，第二年上半年要完成编纂，下半年完成出版。除了加快编纂和出版进度，年鉴的时效性还体现在编写的频度上。一级学科的年鉴，原则上都应当一年一鉴。

3. **不断扩大学科年鉴影响力**

学科年鉴的价值在于应用，应用的前提是具有影响力。要通过各种途径，让学界了解学科年鉴，接受学科年鉴，使用学科年鉴，使学科年鉴真正成为学术研究的好帮手。

一是加强对学科年鉴的宣传。"酒香也怕巷子深"。每部学科年鉴出版之后，要及时举行发布会，正式向学界介绍和推出，提高学科年鉴的知名度。编纂单位也要加大对学科年鉴的宣传，结合学会年会、学术会议、年度优秀成果评选等活动，既加强对学科年鉴的宣传，又发挥学科年鉴的学术评价作用。

二要在使用中提高学科年鉴的影响力。要让学界使用学科年鉴，必须让学科年鉴贴近学界的需求，真正做到有用、能用、管用。因此，不能关起门来编学科年鉴，而是要根据学界的需求来编纂，为他们了解学术动态、掌握学科前沿、开展学术研究提供便利。要确保学科年鉴内容的原创性、独特性，提供其他渠道提供不了的学术信息。实现这个目标，就需要在学科年鉴内容创新上下功夫，不仅是筛选和转载，更多的内容需要用心策划、加工和提炼。实际上，编纂学科年鉴不仅是整理、汇编资料，更是一项学术研究工作。

三是提高学科年鉴使用的便捷性。当今网络时代，要让学科年鉴走进千万学者中间，必须重视学科年鉴的网络传播，提高学科年鉴阅读与获取的便捷性。出版社要重视学科年鉴数据库产品的开发。同时，要注重同知识资源平台的合作，利用一切途径扩大学科年鉴的传播力、影响力。在做好国内出版的同时，还要做好学科年鉴的海外发行，向国际学术界推广我国的学科年鉴。

4. **注重完善学科年鉴编纂工作机制**

实现学科年鉴的高质量发展，是一项系统工程，需要哲学社会科学界的集思广益，共同努力，形成推动学科年鉴工作高质量发展的工作机制。哲学社会科学学科年鉴编纂，中国社会科学院当然要当主力军，但并不能包打天下，应当充分调动哲学社会科学界的力量，开展协调创新，与广大同仁一道，共同编纂好学科年鉴。

学科年鉴管理部门和编纂单位不仅要逐渐加大对学科年鉴的经费投入，而且要创新学科年鉴出版形式，探索纸本与网络相结合的新型出版模式，适当压缩纸本内容，增加网络传播内容。这样做，一方面可提高经费使用效益，另一方面，也有利于提升学科年鉴的传播力，进一步调动相关单位、科研人员参与学科年鉴编纂的积极性。

随着学科年鉴规模的扩大和质量的提升，可适时启动优秀学科年鉴的评奖活动，加强对优秀年鉴和优秀年鉴编辑人员的激励，形成学科年鉴工作良性发展的机制。要加强年鉴工作机制和编辑队伍建设，有条件的要成立专门的学科年鉴编辑部，或者由相对固定人员负责学科年鉴编纂，确保学科年鉴工作的连续性和编纂质量。

出版社要做好学科年鉴出版的服务工作，协调好学科年鉴编纂中的技术问题，提高学科年鉴质量和工作效率。除此之外，还要下大力气做好学科年鉴的市场推广和数字产品发行。

说到这里，可将本文的结论做如下归结：学科年鉴在加快构建中国特色哲学社会科学、建构中国自主知识体系中的地位和作用既十分重要，又异常关键，我们必须高度重视学科年鉴的编纂出版工作，奋力谱写哲学社会科学学科年鉴编纂工作新篇章。

重要文献

中共中央印发《通知》：在全党开展党史学习教育

新华社北京2月26日电　近日，中共中央印发《关于在全党开展党史学习教育的通知》，就党史学习教育作出部署安排。

《通知》指出，2021年是中国共产党成立100周年。为从党的百年伟大奋斗历程中汲取继续前进的智慧和力量，深入学习贯彻习近平新时代中国特色社会主义思想，巩固深化"不忘初心、牢记使命"主题教育成果，激励全党全国各族人民满怀信心迈进全面建设社会主义现代化国家新征程，党中央决定，在全党开展党史学习教育。

《通知》指出，中国共产党领导中国人民走过的百年历程，是光荣辉煌的一百年，也是艰苦卓绝的一百年；是奠基立业的一百年，也是开辟未来的一百年。在一百年的接续奋斗中，党领导人民创造了伟大历史，铸就了伟大精神，形成了宝贵经验，使中华民族迎来了从站起来、富起来到强起来的伟大飞跃，创造了中华民族发展史、人类社会进步史上的伟大奇迹。我们党作为世界上长期执政的最大政党，最有资格也最有底气向世人讲清楚党的过去、现在、未来，引导干部群众把党的历史学习好、总结好、传承好、发扬好。

《通知》指出，学习历史是为了更好走向未来。当前，我国正处于实现中华民族伟大复兴关键时期，世界正经历百年未有之大变局。在这一重大历史时刻，组织开展党史学习教育，对于总结历史经验、认识历史规律、掌握历史主动，对于传承红色基因、牢记初心使命、坚持正确方向，对于深入学习领会习近平新时代中国特色社会主义思想，进一步统一思想、统一意志、统一行动，建设更加强大的马克思主义执政党，在新的历史起点上奋力夺取新时代中国特色社会主义伟大胜利，具有重大而深远的意义。

《通知》指出，开展党史学习教育，要深入学习领会习近平总书记关于党史的重要论述，紧紧围绕学懂弄通做实党的创新理论，做到学史明理、学史增信、学史崇德、学史力行，引导广大党员干部增强"四个意识"、坚定"四个自信"、做到"两个维护"，不断提高政治判断力、政治领悟力、政治执行力，为全面建设社会主义现代化国家、实现中华民族伟大复兴中国梦而不懈奋斗。

《通知》指出，开展党史学习教育，要引导广大党员深刻铭记中国共产党百年奋斗的光辉历程，深刻认识中国共产党为国家和民族作出的伟大贡献，深刻感悟中国共产党始终不渝为人民的初心宗旨，系统掌握中国共产党推进马克思主义中国化形成的重大理论成果，学习传承中国共产党在长期奋斗中铸就的伟大精神,深刻领会中国共产党成功推进革命、建设、改革的宝贵经验。

《通知》强调,各级党委(党组)要把开展党史学习教育作为一项重大政治任务,高度重视、精心组织。要突出学党史、悟思想、办实事、开新局,注重融入日常、抓在经常,面向全体党员,以县处级以上领导干部为重点开展学习教育实践。要发扬马克思主义优良学风,把握正确导向,加强督促指导,营造浓厚舆论氛围,确保党史学习教育取得扎实成效。

——《中共中央印发〈通知〉：在全党开展党史学习教育》,《人民日报》2021年2月27日第1版。

中办印发《通知》：在全社会开展党史、新中国史、改革开放史、社会主义发展史宣传教育

新华社北京5月25日电　近日，中共中央办公厅印发《关于在全社会开展党史、新中国史、改革开放史、社会主义发展史宣传教育的通知》，对在中国共产党成立100周年之际开展"四史"宣传教育作出安排部署。

《通知》强调，要高举中国特色社会主义伟大旗帜，以马克思列宁主义、毛泽东思想、邓小平理论、"三个代表"重要思想、科学发展观、习近平新时代中国特色社会主义思想为指导，深入贯彻落实党的十九大和十九届二中、三中、四中、五中全会精神，增强"四个意识"、坚定"四个自信"、做到"两个维护"，围绕庆祝中国共产党成立100周年，在全社会广泛开展党史、新中国史、改革开放史、社会主义发展史宣传教育，普及党史知识，推动党史学习教育深入群众、深入基层、深入人心，引导广大人民群众深刻认识中国共产党为国家和民族作出的伟大贡献，深刻感悟中国共产党始终不渝为人民的初心宗旨，学习中国共产党推进马克思主义中国化形成的重大理论成果，传承中国共产党在长期奋斗中铸就的伟大精神，坚定不移听党话、跟党走，在全面建设社会主义现代化国家伟大实践中建功立业。

《通知》明确，要以学习宣传贯彻习近平新时代中国特色社会主义思想为主线，准确把握这一重要思想的理论逻辑、历史逻辑、实践逻辑，深入领会这一重要思想的历史地位和重大意义，不断增进政治认同、思想认同、理论认同、情感认同。深入学习领会习近平总书记关于党史、新中国史、改革开放史、社会主义发展史的重要论述，特别是在党史学习教育动员大会、庆祝中国共产党成立100周年大会上的重要讲话精神，及时跟进学、前后贯通学、联系实际学。要把握"四史"宣传教育内涵，注重内容上融会贯通、逻辑上环环相扣，引导广大人民群众特别是青少年弄清楚中国共产党为什么能、马克思主义为什么行、中国特色社会主义为什么好等基本道理，加深对党的历史的理解和把握，加深对党的理论的理解和认识。

《通知》指出，要组织好各项宣传教育活动。一是开展读书学史活动。开展"书映百年伟业"好书荐读活动，举办"红色经典·献礼百年"阅读活动，组织"强素质·作表率"读书活动，开展党建文献专题阅读学习活动。二是组织基层宣讲活动。广泛开展百姓宣讲，深入基层开展巡回宣讲，用小故事讲透大道理。举办形势报告会、"四史"专题宣讲等，邀

请领导干部带头作报告。三是开展学习体验活动。深入挖掘红色文化内涵，精心设计推出一批精品展览、红色旅游精品线路、学习体验线路。组织有庄严感和教育意义的仪式活动，开展文化科技卫生"三下乡"等社会实践活动。四是开展致敬革命先烈活动。结合烈士纪念日等重要纪念日及其他传统节日，组织开展祭扫烈士墓、敬献花篮、宣读祭文、瞻仰遗物等活动。开展"为烈士寻亲"专项行动，组织"心中的旗帜"等红色讲解员大赛，弘扬英雄精神。五是开展学习先进模范活动。集中宣传发布"3个100杰出人物"，开展党和国家功勋荣誉获得者、时代楷模等先进模范学习宣传活动。深入走访慰问老战士、老同志、老支前模范、烈士遗属等，帮助解决实际困难。六是开展红色家风传承活动。发挥文明家庭、五好家庭、最美家庭的示范带动作用，通过巡讲、主题展、快闪、家庭故事汇等方式讲述感人家风故事。七是开展全民国防教育活动。组织开展"迈向强国新征程·军民共筑强军梦"巡讲，组织军营开放活动，抓好高校和高中学生军训，依托国防教育基地进行红色研学，强化全民国防观念。八是组织群众性文化活动。组织美术展、优秀影视剧展播、优秀网络文艺作品展示等活动，开展知识竞赛、演讲比赛等活动。创新实施文化惠民工程，开展"唱支山歌给党听"群众歌咏、广场舞展演、"村晚"等活动。

《通知》强调，各地区各部门要始终把握正确导向，树立正确历史观，准确把握党史、新中国史、改革开放史、社会主义发展史的主题主线、主流本质，旗帜鲜明反对历史虚无主义。要突出青少年群体，把握青少年群体的特点和习惯，组织好青少年学习教育，厚植爱党爱国爱社会主义的情感，让红色基因、革命薪火代代传承。要丰富活动载体，发挥爱国主义教育基地作用，着力打造精品陈列，精心设计活动内容和载体，增强教育感染力。要用好网络平台，发挥融媒体优势，制作播出一批接地气、易传播、群众爱听爱看的网络文化产品和文艺作品。要加强统筹协调，把"四史"宣传教育同党史学习教育、"永远跟党走"群众性主题宣传教育活动等有机结合起来，相互促进、相得益彰。严格执行中央八项规定及其实施细则精神，坚决克服形式主义、官僚主义。加强安全管理，做好新冠肺炎疫情防控工作，确保宣传教育各项工作安全有序。

——《中办印发〈通知〉：在全社会开展党史、新中国史、改革开放史、社会主义发展史宣传教育》，《人民日报》2021年5月26日第1版。

研究综述

当代中国史研究综述（1949—2020）

当代中国史，又称中华人民共和国史、新中国史、国史、中国现代史或中国当代史等。"当代中国是历史中国的延续和发展"，当代中国史研究与中国古代、中国近代史研究相衔接，与中共党史研究密切相关而又相对独立。当代中国史研究工作是伴随1949年新中国成立而开始的；严格意义的当代中国史研究，或者把当代中国史作为一种学问、一个新的研究领域来进行研究，则是从1978年党的十一届三中全会作出改革开放的历史性决策而正式兴起，在1981年党的十一届六中全会通过《关于建国以来党的若干历史问题的决议》后发展起来，并逐步确立成为一门相对独立的学科。1990年5月，专门从事研究、编纂和出版当代中国史的当代中国研究所成立，全国性的学术团体中华人民共和国国史学会和专业刊物《当代中国史研究》先后创办，《当代中国》丛书等一系列研究著作以及多种工具书相继出版，当代中国史研究日渐成熟。开创中国特色社会主义新时代以来，习近平总书记关于党史、国史学习教育和"四史"宣传教育的重要论述，为当代中国史研究高质量发展提供了思想理论指引和根本遵循；加快构建学科体系、学术体系和话语体系，推进基础理论研究与应用对策研究融合发展，讲好中国故事、传播好中国声音，推动当代中国史研究日益丰富和创新发展。

一、新中国的成立与当代中国史研究的起源

1949年新中国的成立是划时代的伟大历史事件。习近平总书记在庆祝改革开放40周年大会上的讲话中明确指出："建立中国共产党、成立中华人民共和国、推进改革开放和中国特色社会主义事业，是五四运动以来我国发生的三大历史性事件，是近代以来实现中华民族伟大复兴的三大里程碑。"在庆祝中华人民共和国成立70周年大会上的讲话中强调，中华人民共和国的成立"这一伟大事件，彻底改变了近代以后100多年中国积贫积弱、受人欺凌的悲惨命运，中华民族走上了实现伟大复兴的壮阔道路"。新中国的成立，是中国有史以来最伟大的事件，掀开了中国历史新篇章。

新中国的成立，从根本上改变了中国人民命运，开辟了中国历史发展新纪元。1949年9月21日，毛泽东在中国人民政治协商会议第一届全体会议上的开幕词中指出："我们有一个共同的感觉，这就是我们的工作将写在人类的历史上，它将表明：占人类总数四分之一的

中国人从此站立起来了。"中华人民共和国的成立，标志着中国人从此站起来了，中国人民从此把命运牢牢掌握在自己手中。

新中国的成立，从根本上改变了中国的发展方向，国家的建设和发展走上社会主义道路。中国共产党人把马克思主义普遍原理同中国革命实际相结合，形成了新民主主义理论，指引中国由新民主主义向社会主义社会过渡，并为开创中国特色社会主义道路奠定了根本政治前提和制度基础。此后，在中国共产党的坚强领导下，全国各族人民沿着社会主义道路阔步前行，把一个积贫积弱、屡受侵略的半殖民地半封建的旧国家逐步建成一个繁荣富强、独立自主的社会主义国家，中国社会发生了翻天覆地的变化。

新中国的成立，从根本上改变了中华民族地位，开辟了实现中华民族伟大复兴的壮阔道路。实现了近代以来无数仁人志士为之奋斗的民族独立和人民解放的历史任务，从根本上改变了百年来中华民族受帝国主义侵略压迫的历史，中华民族实现了站起来的伟大历史飞跃，中华民族精神得到极大振奋，中华民族从此以崭新的姿态屹立于世界民族之林。①

当代中国史，是指新中国成立以来的历史，也就是新中国的成立、建设和发展的历史。这是中国共产党领导全国各族人民进行中国革命、建设和改革的历史，是马克思主义基本原理与新中国的具体实际相结合的历史，是人民的创业史、探索史和奋斗史。中华人民共和国的历史发展尽管时间还不长，但是它在中国历史上的划时代意义决定了其历史研究的重要价值。当代中国史研究以此为研究对象，逐渐形成一门与中国古代、近代历史研究相衔接而又相对独立的研究领域或学科。在中国古代史学中，以隔代修史为主，但在当代中国，情况与古代已有根本不同。新中国成立后，人民民主制度代替了封建专制制度，使当代人不能写当代史的禁忌失去了存在的理由；社会生活也发生了深刻变革，使当代人对当代史及其经验有了越来越强烈的需求；再加上资料积累、信息传播上的方便快捷，使当代人写当代史具有古代不可比拟的优越条件。这一切都使当代人不仅可以写当代史，而且需要写当代史。②

中国共产党历来高度重视对中国历史特别是中国近代史、中华人民共和国成立以来历史的学习和历史经验的总结。1954年9月15日，刘少奇在一届全国人大一次会议上作关于《宪法》草案的报告中指出，《宪法》草案是对于一百多年以来中国人民革命斗争的历史经验的总结，也是对于中国近代关于宪法问题的历史经验的总结，又是中华人民共和国成立以来新的历史经验的总结。制定《宪法》的过程，也是总结包括新中国历史经验的过程。③ 9月23日，周恩来在会上作政府工作报告，回顾和总结了中华人民共和国成立以来的建设和发展历程与成就，并阐明了中华人民共和国历史的发展方位与趋势。他说，在1949—1952

---

① 姜辉、龚云：《论中华人民共和国成立的伟大历史意义》，《光明日报》2019年5月29日。
② 朱佳木：《中华人民共和国史编研的若干基本问题》，当代中国出版社2019年版，第8—9页。
③ 刘少奇：《关于中华人民共和国宪法草案的报告》，《人民日报》1954年9月16日。

年间，中央人民政府按照《中国人民政治协商会议共同纲领》的规定，先后完成了全国大陆的统一，完成了土地制度的改革，进行了广泛的和深入的镇压反革命运动和各种民主改革运动，恢复了遭受长期战争破坏的国民经济，着重地发展了社会主义的国营经济和各种类型的合作社经济，初步地调整了公私营工商业之间的关系，这一切都为有计划地进行经济建设和逐步过渡到社会主义社会准备了必要的条件。随后，从1953年起，中华人民共和国开始实施经济建设第一个五年计划，着手系统地逐步地实现国家的社会主义工业化和对农业、手工业和资本主义工商业的社会主义改造。经济建设工作在整个国家生活中已经居于首要的地位。[①] 这些对中华人民共和国初期历史的论述，蕴含着中华人民共和国历史发展的主题与主线、主流与本质。

1955年7月，毛泽东在一届全国人大二次会议期间向郭沫若提出要为县团级干部编写一部中国历史书。在郭沫若的主持下，1956年2月成立了由陈寅恪、陈垣、范文澜、翦伯赞、尹达、刘大年等参加的中国历史教科书编辑委员会编审小组，随后，中国科学院历史研究第一、二、三所开始实施由郭沫若定名的《中国史稿》的研究和编写工作。[②] 然而，由于中华人民共和国的历史刚刚开始，这一史稿并没有将当代中国史纳入编写范围。随着中华人民共和国成立后波澜壮阔的历史发展，特别是土地改革、国民经济恢复和社会主义改造所带来的社会深刻变化，人们对当代中国史的认识和研究越来越多地予以重视。1956年6月26日，全国人大常委会副委员长黄炎培在第一届全国人大第三次会议全体会议上提出要"及时收集和保存建国史料"[③]。他从建国史料整理的重要性、紧迫性论及当代中国史研究的意义。意义一，记述国家建设历程，传承建国精神。他把建国比喻为建筑"一座空前伟大的建国大厦"，除了形象地描述建设的情景外，关注和思考的一个重要问题是这一大厦将怎样传给子子孙孙。他说，从开工那天起，一大群人发挥他们无比强度的劳动力和集体智慧，按照工程师的指挥，"执斧者趋而左，执锯者趋而右"，"每一个人一定感想到做这样伟大工程中的一个工人，多么兴奋！可是更深一层想：还会想到这大厦将传给子子孙孙的，那末，几十年、几百年、几千年，一代又一代的子孙们定将寻求到遥远的当初建筑图样在那里，施工细则在那里，他们还将寻求到遥远的当初工程用的斧在那里，锯在那里"。意义二，总结和宣扬中华人民共和国建设的历史成就。他比较新旧中国历史，以新中国的历史进步性说明了当代中国史史料乃至当代中国史研究的重要性。他说："千百年以前的一般文物，尚且被历史家们珍重保护，政府严厉禁止毁坏，而况今天新中国的革命是建成社会主义的社会，尤其

---

① 周恩来：《政府工作报告》，《人民日报》1954年9月24日。
② 王正：《里程碑式的史学巨著——写在〈中国通史〉与〈中国史稿〉出齐之日》，《人民日报》1994年10月4日。
③ 黄炎培：《及时收集和保存建国史料》，《人民日报》1956年6月28日。

是将通过和平的道路，消灭剥削和贫困，建成繁荣幸福的社会主义社会，是这样空前伟大的建国规模。""工、矿、农、林、牧、水利、铁道、交通运输、邮电、商业、科学、文化、教育、卫生等一切一切，数是数不尽的，都在逐步地进行社会主义建设、社会主义改造。特别是民族政策的伟大胜利，这般大、这般复杂的中国，这样多的民族已经团结成为一个相亲相爱如兄如弟的大家庭。""还不值得郑重记录起来吗？如果不好好用这番工夫，这些无比珍贵的历史资料虽然天天在产生，但有一部分天天在散失消灭。"意义三，探究中国建设"奇迹"的意义和发展道路的特点。他从中华人民共和国最初建设和发展的成就中已看到了中国社会制度和道路的国际影响。他说，土改是一件天大的大事，土改不仅是中国农民的翻身运动，而且具有伟大的国际意义。他还说，中国各民族的团结、经济建设和社会主义改造，在社会制度和我们不同的国家看来简直是"奇迹"，它们之所以派访华团，是要了解"那么大的国家，那么多的民族，用什么方法，使得大家快快活活地团结起来？用什么方法，从来没有闹过通货膨胀？特别是用什么方法使资本家欢欣鼓舞地一步一步接受社会主义改造？"意义四，揭示人民群众创造历史的主体地位和当代中国史的本质。他说："这些无比珍贵的历史资料，是无数劳动英雄的汗创造出来的。特别是在这长期革命中间，只有经过一幕又一幕的高度艰苦斗争，才会有这些创造。我们应该以无限悲壮、崇敬、激奋的心情认定这无比珍贵的历史资料中间不少是千千万万人民英雄的血。"黄炎培虽然不是马克思主义史学家，但他对当代中国史的认识却是唯物主义的，也由此提出了建国史料的整理这一关系当代中国史研究的基础性工作，无疑把当代中国史研究纳入历史认识和研究的视野之中。1959年4月29日，周恩来在中国人民政治协商会议全国委员会举行的茶话会上发表了题为《把知识和经验留给后代》的讲话，希望过了60岁的委员都能把自己的知识和经验留下来，作为对社会的贡献。他强调了收集和整理文史资料的必要性和紧迫性，认为戊戌以来是中国社会变动极大的时期，有关这个时期的历史资料要从各方面记载下来。其中，他还谈到中华人民共和国开国已经十年，如果不抓紧，有些史料就收集不到了。[①] 他的这一倡议促成了后来政协文史工作的实施，进而带动了对当代中国史史料的重视和研究工作的开展。

由于五四运动在中国民主革命中处于历史性转折的地位，对于当代中国史研究的倡导是与重视研究五四运动以后的历史结合在一起的。1958年7月5日，刘大年在《人民日报》发表题为《要着重研究"五四"运动以后的历史》的文章，提出把当代中国史研究包含在五四运动以后的历史研究范围之中。他谈到加强研究工作的办法和措施时提出，组织人力，编写分量较大的中国现代史、中华人民共和国史和有关的专门著作，有系统地整理"五四"以来的报刊和其他重要资料；因地制宜，设置现代史和党史的研究据点，如果能办到，可以

[①] 《周恩来统一战线文选》，人民出版社1984年版，第393页。

提请有关部门考虑建立全国性的现代史和党史研究的中心；"五四"以后的历史需要研究的题目很多，涉及的范围很广，最重要的是要着重研究毛泽东著作、中国共产党的建设、中国工人阶级、马克思主义思想与资产阶级思想的斗争、社会主义改造和社会主义建设等根本性和关键性的问题。

20世纪50年代中后期，中国史学界对在历史教学与研究中怎样"厚今薄古"进行了讨论。针对这一问题，翦伯赞认为："就历史学方面来说，厚今薄古只是说要以更多的力量、更大的注意来加强近代现代史的研究，并不是说我们就不要好好地研究古代史。"只要历史学家"建立无产阶级的辩证唯物主义和历史唯物主义的世界观，抱着古为今用的目的去研究古代史或传授古代史，这并不算厚古薄今"。他指出，应该着重讲授近代现代史，这不仅因为近代现代史具有比古代史更丰富更复杂的内容，可以帮助学生了解古代史，更重要的是近代现代史是我们当前的历史和接近我们当前的历史，具有重大的现实意义和教育意义。同时，他强调，历史研究是一种贯通古今的学问，为了更深入地阐明近现代史，必须在通史中给古代史以适当的篇幅，让学生能够知道我们的历史是通过了一些怎样迂回曲折的进程走到现在的。① 在这里，中国"近代现代史"这一复合性概念包含了中华人民共和国的历史，是对当代中国史研究的另一种倡导。而且，他强调，从思想上解决"厚今薄古"的问题，必须做一个历史唯物主义的自觉的信徒。②

郭沫若对于当代中国史研究的倡导，是主张把当代中国史纳入中国通史之列的。1959年4月8日，郭沫若发表《关于目前历史研究中的几个问题》，从史学理论与方法的角度倡导当代中国史研究。对于历史研究，他指出，必须用马克思列宁主义的方法，即辩证唯物主义和历史唯物主义的方法。对于中国通史编纂，他说，一部中国通史，是中国整个社会的全面发展史。应以马克思列宁主义的观点编写出一部完整的中国通史。研究历史的目的，是要用大量的史料来具体阐明社会发展的规律。研究历史当然要有史料，并根据辩证唯物主义和历史唯物主义的方法加以处理研究。在史料中，与民族的发展、经济的发展、文化的发展等有关的史料是头等重要的，应该尽量搜集，优先整理。应该特别重视有关经济方面的问题，这些方面的史料的搜集和整理，应该放在最重要的地位。其中，关于当代中国史研究，他提出：（一）编写典型个案史，如工矿企业史、公社史、机构史，并且尽可能把它们写好，这是很有价值的、大有可为的。同时，要处理好工矿史、公社史等和通史、专业史等的关系。工矿史、公社史不能代替通史、专业史，除提供典型之外，主要在提供材料；通史、专业史离不开工矿史和公社史，是在此基础上的总结、提高，使局部的东西成为更全面的东西。

---

① 《翦伯赞史学论文选集》，人民出版社1980年版，第33页。
② 《翦伯赞史学论文选集》，人民出版社1980年版，第36页。

（二）中国古代修史的优良传统有继承的必要。历史研究的范围应该扩大，历史工作者也应研究中华人民共和国成立后所进行的"五大运动""三大改造"。① 这些对于当代中国史研究的倡导，一方面是马克思主义史学理论的发展，把当代中国史研究确立为中国历史的重要研究对象，并提出了一些研究方法；另一方面也是对当时当代中国史研究工作的一种反映，或者说这些倡导是以当代中国史研究工作的初步实施为认识基础的。

当代中国史区别于中国古代史、近代史以及其他国家的历史，其本质在于，它是中国共产党领导人民在马克思主义中国化理论成果的指导下，进行社会主义现代化建设的历史进程。中华人民共和国的建立是在中国共产党的领导下，将马克思主义基本原理与中国革命具体实际相结合，取得新民主主义革命胜利的必然结果；中华人民共和国的建设和发展同样是在中国共产党的领导下进行的，是中国共产党的领导和执政史，因此也是马克思主义基本原理与中国革命、建设和改革的具体实际相结合的历史。以不断发展着的马克思主义为指导，规定了这一历史发展的基本方位，马克思主义中国化则成为这一历史发展的一条基本规律。中国共产党把马克思主义基本原理同中国实际和时代特征结合起来，领导全国各族人民取得革命、建设和改革的伟大胜利，开创和发展了中国特色社会主义，从根本上改变了中国人民和中华民族的前途命运。

当代中国史研究，作为以中华人民共和国史为研究对象的历史研究领域或学科，既具有史学研究的一般规律性，又具有自身特殊性。从古至今，历史研究的意义与功能在于，究天人之际，通古今之变，反映历史面貌，总结历史经验，探索历史发展规律。邓小平指出："要懂得些中国历史，这是中国发展的一个精神动力。"② 在当代中国史研究中，使主观认识符合客观实际，求当代中国史之实之真，首先必须以马克思主义基本理论为指导，正确理解和全面掌握马克思主义中国化的科学理论成果。因为它们不仅是当代中国史的内在组成部分，是当代中国史研究的重要内容，而且是指导当代中国史发展的思想基础，是当代中国史研究应当坚持和贯彻的指导思想。离开这一点，当代中国史研究就会是盲目的、支离破碎的；否定这一点，当代中国史研究将会陷入"历史虚无主义""个人英雄主义""价值中立"等唯心史观的泥潭。因此，要做到科学研究当代中国史，马克思主义对当代中国史研究的指导地位与其他哲学社会科学一样，是不可动摇的。坚持马克思主义对于当代中国史研究的指导地位，是一项任重而道远的科学工作。只有在当代中国史研究的整个过程中始终坚持马克思主义基本原理，坚持社会主义方向，才能使当代中国史研究沿着正确的发展道路走向繁荣和发展。

---

① 郭沫若：《关于目前历史研究中的几个问题》，《人民日报》1959年4月8日。
② 《邓小平文选》第3卷，人民出版社1993年版，第358页。

研究历史须有一个正确的历史观。坚持马克思主义对当代中国史研究的指导地位，最根本也是最直接的就是要全面贯彻唯物史观。列宁指出："马克思的历史唯物主义是科学思想中的最大成果"[①]，"是唯一科学的历史观"。[②] 毛泽东也指出："马克思和恩格斯综合了人类认识史的积极的成果，特别是批判地吸取了黑格尔的辩证法的合理的部分，创造了辩证唯物论和历史唯物论这个伟大的理论，才在人类认识史上起了一个空前的大革命。"[③] 唯物史观一经传到中国，就在中国引起了真正意义上的思想革命和解放。习近平总书记指出："在革命、建设、改革各个历史时期，我们党运用历史唯物主义，系统、具体、历史地分析中国社会运动及其发展规律，在认识世界和改造世界过程中不断把握规律、积极运用规律，推动党和人民事业取得了一个又一个胜利。历史和现实都表明，只有坚持历史唯物主义，我们才能不断把对中国特色社会主义规律的认识提高到新的水平，不断开辟当代中国马克思主义发展新境界。"[④]

唯物史观与以往历史理论的根本不同主要在于，它强调从社会关系体系和物质生产考察人类社会的一切历史，主张物质生产是一切社会现象的根源和决定因素，经济的要件是历史上唯一的物质的要件；它尊重人民群众的历史主体性，指出人民群众是历史的主人，是历史的真正创造者。因此，研究当代中国史，就必须从中国国情和社会历史条件出发，围绕中国社会不同历史发展阶段的社会主要矛盾来展开，并以是否满足社会生产力的发展要求为衡量历史发展与否及其发展程度的基本尺度；同时，人民民主专政的国体决定，研究当代中国史尤其要把中国共产党的领导、人民群众的历史主体地位及其首创精神具体地、历史地统一起来。这样，把唯物史观贯彻到当代中国史研究中所遵循的基本立场、观点和方法，就形成历史唯物主义的国史观和方法论，表现为社会主义史观、共产党执政史观和人民民主史观及其方法论的总和。坚持这样的国史观和方法论，才能从根本上坚持当代中国史研究的正确方向，并通过当代中国史研究，科学构建当代中国史研究的理论与方法论体系，从而以当代中国史研究的丰富学术成果，为探索社会主义建设规律和共产党执政规律提供历史依据和智力支持。

二、改革开放前当代中国史研究的起步与开展

当代中国史称为中国现代史，是在中国现代史与近代史分期问题上引起并提出来的。早在1947年，范文澜在华北新华书店出版的《中国近代史》上编第一分册前言和目录中，把

---

① 《列宁选集》第2卷，人民出版社1995年版，第311页。
② 《列宁选集》第1卷，人民出版社1995年版，第10页。
③ 《毛泽东选集》第1卷，人民出版社1991年版，第303—304页。
④ 《习近平在中共中央政治局第十一次集体学习时强调　推动全党学习和掌握历史唯物主义　更好认识规律更加能动地推进工作》，《人民日报》2013年12月5日。

1840年以后的中国社会定义为半殖民地半封建社会，把1840—1919年的中国历史划为中国近代史的旧民主主义革命时期，把1919年五四运动以后的历史称为中国近代史的新民主主义革命时期。也就是说，他认为1840—1949年是中国近代史。

1951年6月由胡乔木执笔写成的《中国共产党的三十年》，是新中国成立以来第一部完整叙述中国共产党成立30年历史的简明党史文本。全书将党的30年的历史分为四个历史阶段：（一）党的成立和第一次国内革命战争（1921—1927）；（二）第二次国内革命战争（1927—1937）；（三）抗日战争（1937—1945）；（四）第三次国内战争和中华人民共和国的成立（1945—）。尽管是写党史，但它对新中国成立初期的历史及党的方针、政策进行了论述，由此开创了中共党史研究当代中国史的先河，并为之后的中共党史和当代中国史研究和文本书写开创了全新范例。主要表现在：一是进行中共党史和当代中国史研究要以党的历史决议为遵循。这就要求，研究论述党的会议、重要事件、相关历史人物要始终坚持以历史决议为根本依据。二是采用历史分期法研究党史、国史。三是研究中共党史和当代中国史要注重总结党的历史经验，充分发挥历史资政育人的功能。

随着土地改革、社会主义改造的进行以及第一个五年计划的提前完成，中华人民共和国成立初期的历史逐渐被纳入我国社会科学研究的视野，特别是成为中国历史研究的对象，当代中国史研究在20世纪50年代中后期起步，并开展了多方面的研究工作。

1956—1958年初，国务院科学规划委员会制定了十二年（1956—1967）哲学社会科学规划（草案），提出了历史学的15项重要问题和23项重要著作，其中包括要编写当代中国史。为此，翦伯赞还著文建议成立一个机构，专做此事，并且使这个机构成为常设机构，专管现代史的记录，先按年编出长编，再写成各种专著。① 此后，历史研究所第三所成立了一个专门机构，并准备在五年内写出一部当代中国史。② 1958年6月2日，中国科学院哲学社会科学部召开由北京地区各研究单位参加的大会。会上，经济研究所提出五年内计划完成的专著中就包括对毛泽东有关财政、互助合作、资本主义工商业改造思想的研究和工业化、农业集体化、社会主义建设总路线的研究。③

与此同时，出现了一大批当代中国史专题史料，较有代表性的如：《土地改革重要文献资料汇集》（人民出版社1951年版）、《三反五反文辑》（人民出版社1952年版）、《土地改革重要文献与经验汇编》（上下册）（中南军政委员会土地改革委员会编印1953年）、《中国农业合作化运动史料》（生活·读书·新知三联书店1959年版）、《中华人民共和国对外关系文件集1949—1950》（第1集，至1965年出齐10集）（世界知识出版社1957年版）。

---

① 翦伯赞：《兴无灭资，发展历史科学》，《人民日报》1958年3月18日。
② 《中国科学院哲学社会科学部召开插红旗大会》，《人民日报》1958年6月4日。
③ 《中国科学院哲学社会科学部召开插红旗大会》，《人民日报》1958年6月4日。

当代中国史编纂和研究成果中，通史性的成果如：1958年前后中国人民大学编写的《中华人民共和国史纲》①，南开大学历史系编写出版的4册《中华人民共和国大事记（1949—1959年）》（河北人民出版社，1958—1960年）②，河北北京师范学院历史系三年级63名同学和5名年轻教师"参阅了1500多篇文件"编写出版的《中华人民共和国史稿》③（人民出版社1958年版）。专门史方面的成果如：《中华人民共和国发展国民经济的第一个五年计划（1953—1957）》（人民出版社1955年版）、《中华人民共和国农业税史稿——从1928年革命根据地创立新的农业税制度到1958年农村人民公社化》（财政出版社1959年版）、《中国人民解放战争和新中国五年简史》（中共中央宣传部等1955年），以及中国人民大学编写的"九年来的北京商业""徐水人民公社调查""北京市斋堂经济调查""河北省武安县八个乡的调查"等材料。④

中华人民共和国成立后的少数民族社会历史调查和民族识别工作，促进了民族地区社会历史研究的开展。为宣传新中国的民族政策，消除民族隔阂，促进民族团结，1950年到1952年，中央人民政府派赴西北、西南、中南、东北、内蒙古地区的民族访问团，对一些少数民族或民族地区的情况进行了初步调查。中华人民共和国成立前，除汉族和一些少数民族外，我国绝大多数民族处于封建农奴制社会、奴隶社会甚或原始社会后期。但是，如果以民族、部族相区分，则是不利于民族平等和团结的实现的。在民族识别工作中，毛泽东在1953年中共中央讨论《关于过去几年内党在少数民族中进行工作的主要经验总结》时指出："科学的分析是可以的，但政治上不要去区分哪个是民族，哪个是部族或部落。"为大规模地开展少数民族社会历史调查，1956年6月，全国人大民族委员会和中央民族事务委员会共同召开了全国少数民族社会历史调查工作会议，制订了调研提纲和工作计划。这一工作至1964年基本结束，先后由全国人大民族委员会和中国科学院哲学社会科学部民族研究所主持。据不完全统计，调查组前后共写出调查资料340多种、2900多万字；整理档案资料和文献摘录100多种、1500多万字。以此为基础，从1958年起，着手编写《中国少数民族简史丛书》、《中国少数民族简志丛书》和《中国少数民族自治地方概况丛书》。这些调查和研究成果奠定了新中国民族地方史研究的基础，也为民族识别、民族区域自治提供了科学认识基础和现实依据。

1956—1961年间，李新在主持编写高教部要求的中国现代史提纲过程中，针对当时高教部将中国现代史定位为1919—1949年的划分方法，主张1919年以后，中国新民主主义革

---

① 《人民大学师生完成大批学术作品》，《人民日报》1958年10月9日。
② 张星星：《中华人民共和国史的研究现状》，《当代中国史研究》2008年第2期。
③ 里凡：《评"中华人民共和国史稿"》，《人民日报》1959年2月28日。
④ 《人民大学师生完成大批学术作品》，《人民日报》1958年10月9日。

命兴起了，但中国半殖民地半封建的社会性质并没有改变，不能称为中国现代史的开端，只有中华人民共和国的历史才能称为中国现代史。① 因此，他们根据高教部的任务所编写的1919—1949年历史教材，在1959年由高教出版社出版时，书名并不叫《中国现代史》，而是称为《中国新民主主义革命时期通史》。② 这在当时认识并不统一的条件下，事实上是坚持了中华人民共和国史即为中国现代史的观点。

这一时期值得一提的研究成果还有当代中国史课程多有设立。当时，中国科学院河北省分院历史研究所、天津部分高等院校教师编写和发表了《中华人民共和国史讲授提纲（初稿）》③。北京师范大学历史系、四川大学历史系等开设了"中华人民共和国史"课程。④

关于当代中国史研究成果学术争鸣的开展。1959年2月28日，《人民日报》发表了署名"里凡"的《评"中华人民共和国史稿"》书评。这则书评认为，科学阐述和总结新中国头十年的历史，是一项十分重要的和具有重大政治意义的工作。同时，在肯定该史稿的教学参考材料价值的基础上，提出了针对该史稿缺陷的一些初步意见。首先，从史稿的体例和内容看，它只是依靠对一些现成材料的摘录，而不是依靠对新中国成立以来历史深入的和系统的研究而写成的。其次，作为一部中华人民共和国的历史，应该根据新中国成立近十年来的各个重要历史事件在历史发展中所起的作用，给予其恰当的科学地位，作出实事求是的估价；而不应该不分轻重主次地简单罗列一些历史现象，或者不加分析地加上一些任意的评断。再次，史稿另一个比较显著的缺陷是在一些地方对党和国家的政策作了不够妥当的解释，对国内生活中的某些问题的描述也不确切。最后，史稿中措辞不当，语义不清的地方很多，文字粗糙。此后不久，南开大学历史系崔陈华也在《人民日报》上著文说，这是一篇好的书评，它明确地指出了史稿的根本弱点，不仅对该书作者及广大读者有帮助，而且对当时正在编写历史作品的单位也有所启发。他同时指出，书评是抱着与人为善的态度，批评又是认真严肃的。⑤ 由此也表明，《中华人民共和国史稿》在当时还是引起了相当的关注，并产生了一定影响的，而且针对该史稿的学术争鸣形成了有利于学术健康发展的导向和氛围。

总之，这一时期当代中国史研究工作的开展和研究成果的取得，适应了当时思想文化建

---

① 李新著，陈铁健整理：《流逝的岁月——李新回忆录》，山西人民出版社2008年版，第351—352页。

② 李新著，陈铁健整理：《流逝的岁月——李新回忆录》，山西人民出版社2008年版，第360—361页。

③ 发表于《历史教学》1959年第1、2、3期。参见张星星《中华人民共和国史的研究现状》，《当代中国史研究》2008年第2期。

④ 《在教学大改革中的北京师范大学》，《人民日报》1958年7月19日；周祖佑：《结合实际，结合专业，四川大学加强基础课》，《人民日报》1959年1月20日。

⑤ 崔陈华：《多发表这样的书评》，《人民日报》1959年3月8日。

设和中国历史学发展的需要，但数量很少，很薄弱，很多成果是对一些材料的摘录、对一些历史现象的简单罗列，而不是对新中国成立以来历史的深入系统的研究。1958年4月4日，有人在《人民日报》发文指出："中华人民共和国成立快九周年了，在我国十二年哲学社会科学规划中规定要写中华人民共和国史，但这个项目，我们究竟已经做了多少工作呢？再说，我们现在到底有几个高等学校开出了中华人民共和国史的课程呢？拿历史教学、研究工作的实际情况来同我们伟大祖国的飞跃发展相比，简直是太不相称了！"同时，当代中国史研究也不可避免地存在着一定的历史局限性，特别是"大跃进"运动对历史研究工作的影响，如《河北日报》上曾发表诗歌，将河北北京师范学院历史系的《中华人民共和国史稿》称作"历史创作的卫星"。[①] 尽管如此，在当代中国史研究的学术发展史上，这一时期堪称开创时期，并在唯物史观的指导下形成了初兴的局面。科学意义上的当代中国史研究虽然在后来出现曲折，也曾一度中断，但为改革开放以来中国历史学通过拨乱反正恢复和发展当代中国史研究，提供了一定的学术认知和研究基础。

三、改革开放和社会主义现代化建设新时期当代中国史研究的发展

当代中国史学科的形成发展是时代变动、思想解放和学术发展的共同要求和必然结果。1978年中共十一届三中全会的召开，在中华人民共和国历史上具有重要的转折意义，开启了改革开放和社会主义现代化建设新时期。随着马克思主义思想路线、政治路线和组织路线的恢复和发展，以及大量冤假错案的昭雪平反，科学研究领域许多禁区被打破，有关中共党史和当代中国史上的许多重大问题被提出，如何评价毛泽东及毛泽东思想、如何评价"文化大革命"以及中华人民共和国成立以来的历史成为亟待研究的重大历史问题和理论课题。

1979年9月29日，叶剑英在庆祝中华人民共和国成立三十周年大会上作了题为"光荣伟大的三十年"的讲话，对新中国成立三十年以来的历史经验作了初步的概括总结。讲话"高度评价了毛泽东、周恩来、朱德等老一辈革命家的不朽功绩，全面回顾了建国三十年来的战斗历程，深刻批判了林彪、'四人帮'反革命集团蓄意制造和推行的极左路线，初步总结了社会主义革命和社会主义建设的基本经验"[②]。讲话将中华人民共和国成立以来的三十年概括为"光荣伟大的三十年"，"是中国人民同国内外敌对势力进行复杂斗争的三十年，是经历了曲折道路而取得社会主义革命和社会主义建设巨大胜利的三十年"，同时认为："走过的道路并不平坦，既有过比较顺利的发展，也有过严重的挫折。同全国人民作出的艰苦努力相比，同社会主义制度应当发挥的优越性相比，我们的成就很不够。我们必须认真地

---

① 里凡：《评"中华人民共和国史稿"》，《人民日报》1959年2月28日。
② 《邓小平年谱（1975—1997）（上）》，中央文献出版社2004年版，第562页。

总结经验教训，努力取得更大的成就。"① 这个"基本估价"对于正确认识新中国三十年历史，廓清当时理论界存在的许多历史迷雾、澄清历史是非发挥了积极作用，被誉为"进行社会主义建设新长征的伟大的纲领性文件"，"在全国和全世界引起了极其强烈的反响"②。讲话为"全党正确总结历史经验，特别是澄清新中国成立以来的一些重大是非问题奠定了基础"③。

1981年6月27日，中共十一届六中全会通过《关于建国以来党的若干历史问题的决议》（简称第二个《历史决议》）。这一历史决议回顾和总结建党特别是新中国成立以来革命、建设和改革的历史进程，在新的历史条件下回答了什么是毛泽东思想及其活的灵魂，为什么要坚持和发展毛泽东思想，以及怎样区分毛泽东晚年的错误与毛泽东思想等理论与实践问题，奠定了正确评价毛泽东的历史地位、坚持和发展毛泽东思想的理论与方法论基础，成为马克思主义中国化发展史上具有继往开来意义的重要历史文献。"它至少取得同1945年党的历史决议一样的成功"④，"标志着在党的指导思想上胜利地完成了拨乱反正的历史任务"⑤，"奠定了改革开放的政治基础"⑥。这篇历史文献讲的虽是党的历史问题，但同时也是事关国家和民族兴衰荣辱的重大历史问题，也是当代中国史。第二个《历史决议》通过后，当代中国史研究以反思"文化大革命"教训、深入总结新中国历史经验为任务契机，打开了探讨新情况、解决新问题的生动局面。当代中国史学科由此迎来第一个重要的发展机遇期。

一批具有开拓性的著作开始问世。1983年王学启等主编的《中国社会主义时期史稿》（第1卷）出版（之后又陆续出版了3卷），打破了当代中国史研究的沉寂状态，是开拓中国社会主义时期历史研究的新成果。1982年和1985年，由新华通讯社国内资料组编写的《中华人民共和国大事记（1949—1980）》及其续篇《中华人民共和国大事记（1981—1984）》也由新华出版社相继出版。1985年，柳随年、吴群敢主编的《中国社会主义经济简史》（黑龙江人民出版社）在社会主义经济史这一新的领域中做了开拓性尝试，是国内研究当代中国经济史较早较完整的著作。

从1983年开始，国家有组织地启动全面反映当代中国史的大型系列丛书《当代中国》

---

① 叶剑英：《在庆祝中华人民共和国成立三十周年大会上的讲话》，《人民日报》1979年9月30日。
② 廖盖隆：《党史探索——历史经验和建设社会主义的道路问题》，中共中央党校出版社1983年版，第72—73页。
③ 齐鹏飞主编：《中华人民共和国史》，中国人民大学出版社2009年版，第285页。
④ ［英］理查德·伊文思：《邓小平传》，田山译，国际文化出版公司2013年版，第289页。
⑤ 《关于建国以来党的若干历史问题的决议》（注释本），人民出版社1983年版，第1页。
⑥ 《坚守底线 推进变革——纪念〈关于建国以来党的若干历史问题的决议〉发表30周年》，《中国改革》2011年第10期。

的编纂工作。早在1978年1月，时任中国社会科学院院长的胡乔木在该院制订科研计划和规划的动员会上讲话，第一次郑重地提出"要赶快着手研究"中华人民共和国成立以后的历史。他说："现代历史，我们已经有了鸦片战争以后的，民国以后的，以至五四以来的历史研究，但是，中华人民共和国成立以后的历史，现在还没有着手认真地进行研究，要赶快着手研究。"① 9月13日，胡乔木在全国哲学社会科学规划会议预备会上，对编写《中华人民共和国史》提出了具体指导意见。他指出："我国的革命和建设，什么时候发展得顺利，什么时候发展得不顺利，中间的规律是什么？这就是社会科学研究的对象。"② 要根据马克思列宁主义、毛泽东思想的基本原理，"总结建国以来正反两方面的经验"。③ 在胡乔木看来，加强当代中国史研究是加强马克思主义研究的重要任务之一，理所应当在中国社会科学研究领域中占有一席之地。这表明，当代中国史研究同中共党史研究差不多在同一时期被提上了研究日程，受到了中国社会科学院的重视。1982年，胡乔木在青年社会科学工作者座谈会上再次提议，组织力量编写若干专著，对新中国成立以来各条战线的历史经验作出有科学价值的总结。

在胡乔木的倡议下，中央书记处批准立项，中国社会科学院制定了编写出版《当代中国》大型丛书的具体方案，组织力量落实丛书的编纂工作。1984年8月，《当代中国》丛书第一批成果《当代中国的经济体制改革》《当代中国的气象事业》出版问世，受到了学术界的高度关注，被认为是具有标志性意义的成果。④ 1999年6月丛书全部出版，时任中共中央总书记、国家主席江泽民指出，该丛书"为我们研究有中国特色社会主义的伟大事业的发展进程、经验和规律，为在广大干部和群众中开展爱国主义、集体主义、社会主义思想教育，提供了丰富的史料和生动的教材"⑤。

这套丛书按部门、行业、省市、专题分卷，从1983年启动，历经10余年，先后动员10万多名学者和干部参与编写，共152卷、211册，总计约1亿字，内有3万多幅图片。《当代中国》丛书涵盖的主要是各卷成书以前该地区、部门业务本身的发展和成就。其中部门行业卷包括国家政法社会生活、国民经济领域、科技文教、对外交往和国防军事等方面，对各项事业的阐释，既有纵向的发展历程，也给予横向拓展，全方位勾勒出事业的概貌。各省、自治区、市卷是本地区以经济建设为中心的社会主义建设史，有概述，有国计民生各专业门类的发展状况，有些地方卷还记述了下属市、地区的发展情况。专题综合卷所阐述的是

---

① 《当代中国史研究》1999年第5、6期合刊。
② 程中原：《胡乔木与中国社会科学院（续）》，《中共党史资料》2007年第2期。
③ 程中原：《胡乔木与中国社会科学院（续）》，《中共党史资料》2007年第2期。
④ 刘国新：《关于中华人民共和国史的研究》，《理论视野》2009年第10期。
⑤ 《〈当代中国〉丛书暨电子版完成总结大会在京举行》，《人民日报》1997年7月1日。

对社会主义事业至关重要的某些专门领域或重大历史过程，如当代中国的土地改革、抗美援朝、当代中国人口、当代中国的经济体制改革等。① 它的规模之宏伟庞大和利用档案资料之丰富确凿，包含内容之全面系统，在当代中国出版史上都是空前的，被誉为"目前世界上第一部最完整、最权威的中华人民共和国史和世界人民了解当代中国国情的最经典的信息库"②。各个编写单位不仅查遍自己尚存的和新增的资料档案，还大力征集资料，所征集到的资料，少的有360余万字，多者达9600余万字。③ 这一方面为在书中使用大量原始资料创造了条件，并且这些资料"多是经过反复的多方的核实"④。可以说，《当代中国》丛书本身既是当代中国史研究的重要成果，又为当代中国史研究提供了翔实的权威的资料。另一方面，这种全国范围内按照行业、部门、省市、专题来征集和整理当代中国史资料的过程，就是一次全面而深入的当代中国史资料普查工作，对于推动当代中国史研究这一学科的形成和发展都是至关重要的：既积累了大量的原始资料，又在全国范围内形成了初具规模的以当代中国史和中共党史研究为职业的研究队伍。很多地区和行业的当代中国史研究机构和人员就是这一时期建立和组织起来的。

专门性的当代中国史研究机构、学术团体也开始设立。1990年6月14日，时任中央党史领导小组组长的杨尚昆和副组长胡乔木、薄一波联名向中央报告，提出："建国已40余年，新中国成立以来的历史已占党的历史的大部分，而至今对于新中国成立以来国家和党的历史的研究工作都极为薄弱，亟须有计划有组织有领导地予以加强。"同年，经中共中央批准，以《当代中国》丛书编辑部为基础，正式组建成立了专事当代中国史研究和编纂的当代中国研究所。该所建立后，先后成立了以出版当代中国史研究成果为主要任务的当代中国出版社，创办了从事当代中国史研究、教育和宣传的国家一级学术性团体——中华人民共和国国史学会，以及专门研究当代中国史的刊物《当代中国史研究》、《国史研究参考资料》和《国史研究通讯》等，为当代中国史研究提供了重要的阵地、资源和人才队伍。这一切，标志着当代中国史作为一门新兴学科，正式登上了学术舞台。⑤ 此后，当代中国史研究和编纂工作开始步入有组织、有计划、有领导的新发展阶段。当代中国史这门新学科也从此进入了一个创立并逐步发展的新阶段。⑥

1992年，在邓力群的主持下，当代中国研究所办公会议决定撰写《中华人民共和国

---

① 邓力群主编：《中华人民共和国国史百科全书（1949—1999）》，中国大百科全书出版社1999年版，第44页。
② 刘鲁风：《宏伟的史册 历史的画卷——评介〈当代中国〉丛书》，《出版工作》1986年第1期。
③ 刘国新：《关于中华人民共和国史的研究》，《理论视野》2009年第10期。
④ 吴家珣：《〈当代中国〉丛书编辑出版工作的回顾》，《当代中国史研究》1994年第4期。
⑤ 朱佳木：《国史研究的现状与前景》，《教学与研究》2002年第1期。
⑥ 程中原：《中华人民共和国史研究的回顾和前瞻》，《当代中国史研究》2004年第5期。

史》，即后来的《国史稿》。2001年，中共中央书记处讨论并原则同意当代中国研究所《2001—2004年科研规划》，"要求当代所集中力量，突出重点，各项工作围绕国史编撰进行，确保成果是有权威的、经得起历史考验的，是精品；强调我们的国史是党领导人民群众的奋斗史、国家的发展史，与党史有密切的联系，写国史要继承发扬我国历史上修史的传统，也要为全党全国工作的大局服务，也要资政育人"。① 根据这一规划，当代中国研究所积极推动编写中央赋予的一项首要任务——多卷本的《国史稿》。2012年9月，当代中国研究所编撰的五卷本《中华人民共和国史稿》，经中央最终批准出版。《国史稿》撰写历时20年之久，凡五卷150余万言。《序卷》概述了新中国成立前中华民族发展史，尤其是中国共产党成立以来领导中国人民进行新民主主义革命和建立新国家的历史进程；第一至四卷记录了从1949年10月中华人民共和国开国大典到1984年10月中共十二届三中全会的历史。《国史稿》在重大问题的把握、历史线索的勾勒、重要事件的记述、经验教训的总结、主要观点的准确性、历史资料的可靠性等方面，都是一部具有权威性的当代中国史著作。它围绕当代中国史的主线，全面、系统地再现了60多年来中华民族在探索社会主义发展道路上所取得的伟大成就和所遭遇到的曲折，深刻总结了中国社会主义建设过程中的经验和教训。《国史稿》在论及1956—1966年新中国开始全面建设社会主义的十年时指出："这十年，是正确与错误、成功与挫折错综交织的十年，是犯了严重错误又取得伟大成就的十年。"② 具体来讲，这些错误主要是：在发展生产力上急于求成；在生产关系上急于过渡，片面追求"一大二公三纯"；在阶级斗争问题上犯了绝对化、扩大化的错误。而造成这些错误的原因，《国史稿》给予了深入分析，认为："从50年代中期开始，由于中国革命和建设取得一连串的胜利，使中国共产党内的骄傲情绪急剧膨胀起来。这种骄傲情绪同全国人民强烈要求尽快改变落后面貌的愿望结合在一起，在1958年'大跃进'运动中，不顾国情国力，片面强调高速度，要求在短期内改变'一穷二白'的面貌。这种经济建设上急于求成的情绪和做法"，"不但使经济建设受到严重损失，而且也助长了'左'的指导思想的发展"。③ 对于"文化大革命"的认识，《国史稿》一方面强调了它"不是任何意义上的革命或者社会进步"④，坚持了《关于建国以来党的若干历史问题的决议》的基本观点；另一方面又将"文化大革命"运动和"文化大革命"时期区别开来。《国史稿》并对于以往当代中国史著作中

---

① 《中央书记处批准当代中国研究所三年科研规划》，《中国社会科学院报》2002年1月29日。
② 当代中国研究所：《中华人民共和国史稿》第2卷，人民出版社、当代中国出版社2012年版，第412页。
③ 当代中国研究所：《中华人民共和国史稿》第2卷，人民出版社、当代中国出版社2012年版，第416页。
④ 当代中国研究所：《中华人民共和国史稿》第3卷，人民出版社、当代中国出版社2012年版，第1页。

论述薄弱的地方，给予了较为深入的阐述。如关于少数民族历史的发展、关于人民解放军在当代中国史发展进程中的地位和作用等。《国史稿》的出版，标志着中华人民共和国终于有了系统的整体史记载。时任中共中央文献研究室主任的冷溶认为，"它的出版，对于系统学习研究新中国的历史，宣传新中国的辉煌成就，总结我们党领导社会主义革命、建设、改革的经验，坚定中国特色社会主义信念，具有重要的意义"。①

其间，《国史稿》课题组组织研究人员围绕史稿的写作进行专题研究，出版了近10部专著，主要有：《大中小学国史教育现状研究》《中国工业化与中国当代史》《三线建设与西部开发》《当代人与当代史探究》《中国的成功之路》《邓小平与一九七五年整顿》《改革开放的酝酿与起步》《转折时代——1976—1981年的中国》等，在当代中国史研究的一些领域和专题方面处于前沿地位。

这一时期，以新中国成立40周年、50周年、60周年纪念等为契机，当代中国史这门新兴学科快速发展，学术影响力和社会影响力不断扩大。加之中共党史研究的重心转移到新中国成立以后，这就使当代中国史研究工作取得了较多的成果，有关当代中国史方面的档案材料陆续以各种形式公布，相关的研究成果逐渐积累，其中有些专题已经达到可以同国外同行学者开展学术对话的水准。当代中国史研究也开始具有了基本的学术规模，初步形成了比较完整的学科框架，学科规范化和体系化步伐加快。

一大批当代中国史著作陆续问世。其中，既有系统叙述新中国成立以来历史过程的各种版本的"当代中国史"，又有就当代中国史中某一事件、某一人物、某一领域开展的专题研究。影响较大的有河南人民出版社出版的《1949—1989年的中国》（4卷本），即林蕴晖的《凯歌行进的时期》、丛进的《曲折发展的岁月》、王年一的《大动乱的时代》和王洪模等的《改革开放的历程》。靳德行主编的《中华人民共和国史》，何理主编的《中华人民共和国史》，郭彬蔚的《中华人民共和国史纲（1949—1982）》也有很大影响。此后还有王希良主编的《中华人民共和国史》，陈明显等编著的《中华人民共和国史》，庞松、陈述编著的《中华人民共和国简史》，吴本祥主编的《中华人民共和国史》，周兴旺编著的《中国当代史》，张静如主编的《中华人民共和国发展史》（6卷），张树军等编著的《中华人民共和国六十年实录：1949—2009》（5卷），郑谦主编的《中华人民共和国史》（6卷），刘国新等编著的《中华人民共和国史长编》（9册）等一系列当代中国史研究成果。专题史研究也有很大进展，如政治史方面有，刘建军等《新中国根本政治制度研究》，俞可平主编《中国政治发展30年（1978—2008）》；经济史方面有，赵德馨主编的《中华人民共和国经济史》，刘仲藜主编的《新中国经济60年》；法制史方面有，张晋藩主编《中国法制60年：1949—

---

① 冷溶：《更好地用党史国史教育全党和人民》，《人民日报》2012年12月19日。

2009》；军事史方面有，姜廷玉主编《新中国国防和军队建设60年》；外交史方面有，谢益显的《中国当代外交史（1949—2009）》，等等。此外，城市史、农村史、卫生医疗史、环境保护史、民族史、华侨史、文化教育史、体育史、文艺史、科技史等领域也有不少成果呈现。有史料价值的口述史、回忆录在这一时期越来越引起重视。如人民出版社出版《彭德怀自述》《李岚清教育访谈录》；当代中国出版社推出"当代中国口述史"丛书，即《毛泽东与林彪反革命集团的斗争》（汪东兴）、《十年风雨纪事——我在北京工作的一些经历》（吴德）、《从"童怀周"到审江青》（汪文风）等；中国社会科学出版社出版《中国知青口述史》；解放军出版社出版《张震回忆录》。据相关统计，仅2009年出版的有关"新中国"的书即有450余种，有关"60年"的书460余种，有关"改革开放"的书360余种。仅以上部分，2009年出版的有关当代中国史的书就在800种以上，加上各阶段史、各事件史、各专题史的书，如有关各地"解放"的书就有70种以上，有关新中国水利电力事业发展的书就有40种以上，2009年出版的有关当代中国史的书有1000种以上。相关的论文发表达上万篇，丛书也推出了20多种。①

大量"通鉴""年鉴""实录""编年""辞典"等当代中国史工具书也开始出版。较有代表性的是有林主编的《中华人民共和国史通鉴》（全4册），按新中国发展的四个时期编写，比较全面系统地收集了各类重大事件、典章制度、大事记和文献资料，是一部中华人民共和国46年发展的大实录。徐达深主编的《中华人民共和国实录》（全5卷，共10册）也是具有代表性的成果。此外还有邓力群主编的《中华人民共和国国史百科全书（1949—1999）》，李立安主编的《中华人民共和国年鉴》，廖盖隆主编的《新中国编年史》，朱建华、郭彬蔚主编的《中华人民共和国史辞典》，张晋藩等主编的《中华人民共和国大辞典》，倪忠文等编写的《中华人民共和国建设史手册》，冯登岗等主编的《新中国大事辑要》，刘鲁风等主编的《中华人民共和国要事录（1949—1989）》等。

自2002年起，当代中国研究所集中力量编写并陆续出版编年史书《中华人民共和国史编年》，以全面反映新中国各个领域的重大史事，为研究当代中国史提供了翔实可靠的史料。《国史编年》有纲，有目，有图片，一年为一卷，其实质是编年史，是当代人写的"实录"，是国家的年谱。②对条目的出条原则，不仅突出当代中国史发展的主线，而且平衡各部分、各地区、各层面。并将国际所发生的对中国具有重大影响的事件以及中国对外关系列为首位，将当代中国史放在当代世界的大范围内加以考察，"以此作为国内大事的政治背景，揭示了当代中国与世界的互动关系"③。例如，通过对抗美援朝战争与国内"镇压反革

---

① 周一平、刘春红：《2009年中华人民共和国研究综述》，《中共银川市委党校学报》2011年第2期。
② 朱佳木：《当代史工作文稿》，2010年，第146页。
③ 史言：《说说〈国史编年〉的基本特点》，《中国社会科学报》2009年8月13日。

命"运动、"三反"运动、"五反"运动之间关系的考察,从而得出了"国际形势在很大程度上影响了当代中国的政治走向,而中国政治局势的变化又影响到远东乃至世界两大阵营的政治格局"①的认识。

档案、文献资料的挖掘和整理受到重视。《建国以来毛泽东文稿》从80年代开始与读者见面,90年代最终出齐。《三中全会以来重要文献选编》、《十二大以来重要文献选编》(3册)也在80年代后期由人民出版社出版发行。中国社会科学院和中央档案馆合编的大型中华人民共和国经济史料丛书《中华人民共和国经济档案资料选编(1949—1952)》(12卷)于1989年出版,之后又出版"续编(1953—1957)"9卷和"续编(1958—1965)"10卷。90年代后,又集中出版了一批文献资料,如中央文献研究室编辑的多卷本《建国以来重要文献选编》(20册)、《十三大以来重要文献选编》(3册)、《十四大以来重要文献选编》(3册),中国民主法制出版社出版的《人民代表大会文献选编》等。个人文集、文选等也大量编辑出版,如《毛泽东文集》(6—8卷)、《周恩来选集》、《周恩来年谱(1949—1976)》、《周恩来经济文选》、《周恩来外交文选》、《刘少奇选集》、《刘少奇年谱》、《朱德选集》、《邓小平文选》、《陈云文选》等,不仅开拓了老一辈革命家思想研究的广泛空间,也为当代中国史研究提供了重要资料依据。

当代中国史被纳入国民教育体系。改革开放以来,各高等院校陆续开设了中华人民共和国史课程,高等教育出版社出版了一系列通用教材。如何沁主编的全国统编教材《中华人民共和国史》(1997年版),吴本祥主编的《中华人民共和国史》(1999年版),《中华人民共和国史》编写组编写的"2000年马克思主义理论研究和建设工程重点教材"《中华人民共和国史》,2001年张岂之主编、高等教育出版社出版的面向21世纪课程教材和教育部历史学科"九五"规划教材《中国历史·中华人民共和国卷》,2003年王桧林主编、高等教育出版社出版的《中国现代史》(第二编下)。2006年,高等院校实行课程改革,进一步设立了包括中华人民共和国史在内的"中国近现代史纲要"课程,促进了中华人民共和国史内容进入高等院校共同课教学。2001年,中国社会科学院研究生院依托当代中国研究所设立中华人民共和国国史系,先后招收硕士、博士研究生。中国人民大学于2004年自主设立了当代中国史专业,其他许多高等院校也在相关学科下陆续设立了中华人民共和国史研究方向。硕士、博士研究生教育的发展,为当代中国史研究培养了大批新生力量。

同时,关于当代中国史基本问题的研究,也形成了若干具有创新性的认识成果。

例如,优先发展重工业战略是向社会主义提前过渡根本原因的观点,受到越来越多的重视,成为关于向社会主义提前过渡问题的主流观点。这一重要观点集中体现在朱佳木所著的

---

① 史言:《说说〈国史编年〉的基本特点》,《中国社会科学报》2009年8月13日。

《由新民主主义向社会主义的提前过渡与优先发展重工业的战略选择》①。该文把向社会主义提前过渡的思想与优先发展重工业的战略选择，以及苏联答应对新中国以重工业为重点的"一五"计划给予全面援助这三件事联系起来考察，提出提前向社会主义过渡的主要和直接的原因在于，编制第一个五年计划时选择了优先发展重工业的工业化战略，并得到了苏联给予援助的允诺。这一新情况使得毛泽东、刘少奇等领导人原先设想的先着重发展农业和轻工业，并相应先搞二三十年新民主主义的老思路，已经不能适应客观形势发展的需要了。如再坚持，只能是丧失历史机遇，延迟工业化的时间。因此，提前过渡的建议并非为了搞社会主义而搞社会主义，而是从加快发展中国生产力出发的，客观上也使中国用了比先行工业化国家短得多的时间建立起了独立完整的工业体系，为改革开放后的高速发展奠定了物质基础。这一观点为人们按照事情的本来面貌探寻和找出提前过渡的真实原因，正确评价当代中国历史上这个具有深远意义的重大事件，提供了一个新的认识视角。

再如，改革开放前后两个历史时期是一个有机整体的观点，成为正确认识新中国60年历史的主旋律。2009年是新中国成立60周年。新中国60年的历史以中共十一届三中全会为界，大致可以划分为前后两个30年。在纪念新中国成立60周年之际，尽管把前后两个时期的历史加以割裂和对立的错误倾向一时甚嚣尘上，但正确认识和处理改革开放前后两个30年的历史关系，始终是国史学界的主旋律。改革开放前为改革开放提供了必要的物质条件和经验，奠定了根本政治前提和制度基础。因此，我们既不能用前一个时期去否定后一个时期，也不能用后一个时期去否定前一个时期。②

四、新时代当代中国史研究的繁荣发展

党的十八大以来，党中央从中国特色社会主义事业总体布局的高度，重视加快构建中国特色哲学社会科学，把繁荣发展哲学社会科学作为建设社会主义文化强国的一项重大而紧迫的任务进行谋划部署。习近平总书记对国史给予前所未有的重视，不仅把党史、国史并提，而且多次强调要加强国史学习，正确认识国史，汲取国史经验，还就如何正确看待改革开放前后两个历史时期关系、正确评价毛泽东等历史人物、准确把握党史、国史的主流与本质、反对批驳历史虚无主义思潮等重大历史问题发表了一系列重要论述。2019年7月，中共中央"不忘初心、牢记使命"主题教育领导小组印发《关于在"不忘初心、牢记使命"主题教育中认真学习党史、新中国史的通知》，要求把学习领悟党史、国史作为牢记党的初心和

---

① 朱佳木：《由新民主主义向社会主义的提前过渡与优先发展重工业的战略选择》，《当代中国史研究》2004年第5期。
② 朱佳木：《正确认识国史是建设社会主义核心价值体系的必然要求和重要途径》，《毛泽东邓小平理论研究》2007年第12期；《新中国60年的历史是一个光辉的整体》，《中直党建》2009年第8期。

使命的重要途径，组织引导党员、干部认真学习党史、国史，了解党史、国史的重大事件、重要会议、重要文件、重要人物，了解我们党领导人民进行艰苦卓绝的斗争历程，了解中国近代以来170多年的斗争史、我们党98年的奋斗史、新中国70年的发展史，了解我们党的光荣传统、宝贵经验和伟大成就，在深入学习和不断领悟中，弄清楚我们从哪里来、往哪里去，弄清楚艰苦卓绝是什么、是怎么来的，做到知史爱党、知史爱国，做到常怀忧党之心、为党之责、强党之志。按照中央要求，各地区、各部门、各单位把学习党史、国史作为主题教育重要内容，不断增强守初心、担使命的思想和行动自觉。2020年1月，习近平总书记在全党开展"不忘初心、牢记使命"主题教育总结大会的讲话中郑重提出，各级党组织和广大党员、干部"要把学习贯彻党的创新理论作为思想武装的重中之重，同学习马克思主义基本原理贯通起来，同学习党史、新中国史、改革开放史、社会主义发展史结合起来"的号召。此后，全党全国开展党史学习教育，以及新中国史、改革开放史、社会主义发展史宣传教育。这些重要论述阐明了学习党史、国史的重要性及其战略意义，对于新时代推进当代中国史研究和当代中国史学科发展，具有十分重要的指导意义。

在党中央坚强领导下，新时代当代中国史工作呈现蓬勃发展局面，当代中国史研究与编纂形成多方面的研究成果。其中，"中央马克思主义理论研究和建设"工程重点教材《中华人民共和国史》和当代中国研究所著的《新中国70年》具有较强的代表性。

2013年，《中华人民共和国史》由高等教育出版社、人民出版社联合出版。该书记述了中华人民共和国从成立到党的十八大以来全面深化改革的历史进程。对于共和国历史分期问题，该书提出了三个时期、七个阶段的观点，认为1956年社会主义改造基本完成和1978年中共十一届三中全会将共和国的历史分为三个历史时期：新中国从新民主主义向社会主义过渡时期，探索建设社会主义时期，以及开创、坚持和发展中国特色社会主义、建设社会主义现代化时期；七个阶段是：1949年10月中华人民共和国成立到1956年社会主义改造基本完成、从1956年社会主义改造基本完成到1966年5月"文化大革命"开始前、从1966年5月"文化大革命"开始到1976年10月粉碎"四人帮"、从1976年10月粉碎"四人帮"到1982年9月中共十二大召开前、1982年9月中共十二大召开到1989年6月中共十三届四中全会前、1989年6月中共十三届四中全会到2002年11月中共十六大召开前、21世纪中国进入全面建设小康社会到加快推进社会主义现代化建设的新的发展阶段，反映了中国共产党和各族人民为建设富强民主文明和谐的人民共和国，实现中华民族伟大复兴而不懈奋斗的历史；反映了中国共产党领导人民在探索中国特色社会主义道路的过程中，艰苦奋斗、百折不挠，克服各种困难和挑战，写下可歌可泣宏伟篇章的历史。该书在重视政治史、经济史、外交史和军事史等传统研究领域的基础上，同时关注文化史和社会史，每一章都辟有专节或专目来阐述相关时期文化和社会的发展状况，尽可能地反映了文化与社会生活的丰富多彩和时代变迁。该书可作为高等院校历史专业的基础课教材，也可供思想政治教育、中共党史等相关专业学生学习当代中国史使用。

《新中国70年》是中央交办、当代中国研究所承担的重大项目，2019年在新中国成立70周年之际，经党中央批准，由当代中国出版社出版。该书坚持以马克思主义唯物史观为指导，把习近平总书记关于党史、国史的重要论述精神深入贯彻到撰写工作中，使得该书具有很高的政治站位，思想性突出。第一，该书内容比较全面。它把新中国70年的历史放到中华民族5000多年文明史、中国人民近代以来170多年斗争史、中国共产党近百年奋斗史中来观察和书写，详细书写从1949年新中国成立到2019年新时代中国特色社会主义事业新征程的70年历史，是迄今为止涵盖时间最长的新中国史著作之一，比较完整地展现了中国共产党领导全国各族人民进行社会主义革命、建设、改革的磅礴历程，中华民族迎来从站起来、富起来到强起来的伟大飞跃。第二，该书突出了新中国史的主题与主线。为人民谋幸福、为民族谋复兴、为世界谋大同，是中国共产党人的初心使命。新中国70年发展中，中国共产党人努力奋斗、践行初心使命而进行的伟大斗争，就是新中国史的主题与主线。第三，在历史分期上，该书把新中国70年的发展史分为探索篇（1949—1978）、改革篇（1978—2012）、强国篇（2012—2019），鲜明地体现了新中国70年历史发展的主题和主线。在探索篇中，这本书改变了以往当代中国史著作1956—1966年、1966—1978年两个阶段的划分方式，把1956—1978年合并为一个阶段，作为社会主义建设的艰辛探索和曲折发展阶段，有利于人们准确把握1956—1978年这20多年间社会主义建设探索这一历史本质特征。第四，关于党的十八大以来以习近平同志为核心的党中央领导推进新时代中国特色社会主义事业的历史，学界尚没有完整而权威的记述。该书在"强国篇"中把中国特色社会主义进入新时代以来的历史作为单独一个历史阶段进行全面论述，并且把全面建设社会主义现代化强国作为新时代的核心主题。可以说，就2012—2019年这段历史的梳理而言，该书是目前最具权威性的一本著作。第五，该书明确了新中国史上三件大事及其重大意义。三件大事，即2019年9月3日习近平总书记在中共中央党校（国家行政学院）中青年干部培训班开班式上发表重要讲话中所强调的，"成立中华人民共和国、实行改革开放、推进新时代中国特色社会主义事业"。这三件大事，亦即《新中国70年》探索篇、改革篇、强国篇重点记述的内容。与此同时，该书如实反映党在领导社会主义建设探索中的曲折和失误，客观地呈现中国共产党从错误中吸取教训，从错误中获得正确认识，从而坚决纠正错误的历史，实事求是地把新中国在曲折中前进的发展道路完整地展现于人们面前。在《新中国70年》出版之际，当代中国研究所配套编写了《中华人民共和国简史（1949—2019）》，作为《新中国70年》的简明读本。该书讲述中华人民共和国70年发展历程，阐释马克思主义在中国的伟大实践以及在中国语境中的运用，总结新中国成立70年来的宝贵经验及对后人的启示，证明社会主义是人类社会具有光明未来的一种选择。该书出版后,《人民日报》和《中国日报》发表评论认为,这是关于中华人民共和国史方面最权威、最简明的著作。

在专题史研究方面,当代中国研究所组织编写的"中华人民共和国史研究"丛书(6卷本)于2016年出版,计有《中华人民共和国政治史》《中华人民共和国经济史》《中华人民共和国文化史》《中华人民共和国社会史》《中华人民共和国外交史》《中华人民共和国史研究的理论与方法》。该套丛书是全国高校首套从多维度阐述中华人民共和国史的系列教材。2019年,当代中国史学界围绕新中国70年的历史经验又推出了一大批专题著作,如《新中国社会建设70年》《新中国70年社会救助研究》《中国国家监察体制的历史与变革》《中华人民共和国立法史(1949—2019年)》《新中国民法70年》《中华人民共和国农村治理70年》《中国文化治理现代化之路》《两岸关系40年历程(1979—2019)》等,为当代中国史研究及其学科体系建设奠定了重要基础。

2020年全党全国掀起了学习"四史"的热潮。当代中国史学界以此为契机通过各种方式总结、回顾新中国史研究取得的成就,总结经验与反思不足,深入开展新中国史教育,推出了一大批高质量、有影响的当代中国史研究成果。这一年恰逢当代中国研究所成立30周年,该所特别推出了"中华人民共和国史研究文库",为本所及国内外从事新中国史研究的专家学者提供发表学术成果的平台,第一辑集中推出了包括《新中国政治发展论略》《新中国经济发展的理论与实践研究》《中国是怎么走上成功之路的》《当代中国史编研理论与方法论稿》等在内的30本当代中国史著作。"十三五"国家重点图书出版规划项目《中华人民共和国经济与社会发展研究丛书(1949—2018)》(共14册),也在2020年由华中科技大学出版社出版,该书比较全面地反映了新中国经济社会发展的整体面貌。为推动当代中国史学习教育、普及新中国历史知识,当代中国研究所与北京出版集团联合推出了大众读物"中华人民共和国史小丛书"。该丛书用"大家写小书"的方法,以新中国重要典章制度、共和国标志、重要事件、重要领域、重大工程、时代人物、行业历史、社会变迁八大系列为专题内容,用短小精悍的篇幅立体反映新中国的伟大历史和光辉成就,更好发挥当代中国史学科的存史、资政、育人、护国作用,每年不断向社会推出新成果。这套丛书自2017年起,规划5年出版100册。同时,以《大国追梦》《文献中的百年党史》《中国梦·中国道路》《为什么是中国》《足迹:共和国记忆》《中国共产党为什么能》《细节的力量:新中国的伟大实践》《信仰的力量》等为代表的"四史"学习推荐读物和中宣部2020年主题出版重点出版物,对当代中国史学习教育也起到了推动作用。

中国改革开放史研究取得重要进展。特别是在改革开放40周年前后,学术界推出了不少有分量的著作。综合性论著方面,中共中央党史和文献研究院与人民出版社组织编写的32卷本"中国改革开放全景录"丛书(人民出版社),生动展现了我国改革开放40年所取得的辉煌成就。中国人民大学中共党史党建研究院组织编写的"中国改革开放40年"丛书（中共党史出版社），按照改革开放历史发展演进的阶段，分设经济、政治、文化、社会、生态文明、外交和执政党建设等七个专题，系统地回顾总结了中国改革开放40年的光辉历程、辉煌成就和丰富经验。中国社会科学院组织出版的18本的"改革开放研究"丛书则按照更细致的专题，梳理了改革开放的一些重要层面。原中共中央党史研究室科研管理部组织编写、中共党史出版社出版的《改革开放实录》（第二辑）也在2018年出版，是了解地方改革开放史不可多得的资料书。此外，中国国家博物馆著、上海教育出版社出版的《中国改革开放40年》，纵向式展示改革开放以来中国特色社会主义事业的伟大实践和光辉业绩，尤其注重反映党的十八大以来党中央治国理政新理念、新思想、新战略。

新时代当代中国史研究和当代中国史学科建设取得突出成绩。一是习近平总书记关于党史、国史重要论述的研究取得阶段性成果。党的十八大以来，中共中央党史和文献研究院、当代中国研究所等部门纷纷组织编写习近平总书记关于党史、国史的重要论述摘编，其中包括公开出版及部分内部发行的报告、讲话、文章和批示等文献，其中当代中国研究所编、题为《习近平关于党史新中国史论述摘编》的资料集，内容摘自习近平总书记2005年1月7日至2020年5月11日期间，公开出版及部分内部发行的报告、讲话、文章和批示等文献，分18个专题，共计810段论述，主要涵盖学习研究宣传党史、国史的历史观和方法论，学习研究宣传党史、国史的重大意义，党史、国史的主题和主线、主流和本质，中国特色社会主义发展史，改革开放史，党和国家建设的成就与经验，党史、国史上的领袖人物，党史、国史上的英模和先进人物，党史、国史上的重大事件，新中国政治史，新中国经济史，新中国文化史，新中国社会史，新中国生态文明建设史，新中国国防和军队建设史，新中国"一国两制"和台港澳史，新中国外交和国际关系史，以及反对和抵制历史虚无主义等部分。《十八大以来重要文献选编》、《毛泽东早期文稿》、《习近平谈治国理政》（3卷）、《习近平关于全面深化改革论述摘编》、《习近平关于全面从严治党论述摘编》、习近平《论党的宣传思想工作》等一系列党史档案文献编辑出版，进一步夯实了当代中国史研究的文献基础，为当代中国史研究的创新发展创造前提条件。

二是反对和抵制历史虚无主义。针对历史虚无主义思潮披着学术的外衣在当代中国史研究领域提出的种种错误观点，党史、国史学界组织召开学术会议，在各大报刊公开撰写发表理论研究文章，揭露批驳历史虚无主义的政治本质和错误。例如，自2013年起，当代中国研究所主办的"中国社会科学院马克思主义当代中国史理论论坛"，每年召开一次，到2019年连续召开七届。自2015年起，中国社会科学院历史学部、马克思主义研究学部联合主办的"唯物史观与马克思主义史学理论论坛"每年召开一次。这两个论坛都专设"反对历史虚无主义"主题，组织广大马克思主义史学理论工作者，对历史研究领域尤其是当代中国史研究领域的历史虚无主义进行全面批驳。中国社会科学院还陆续组织出版了《还历史的本原》（中国社会科学出版社2014年版）、《历史虚无主义的破产》（当代中国出版社2017年版）等研究文集，针对历史虚无主义在中共党史研究、当代中国史研究和毛泽东思想研究中所提出的种种错误观点，有的放矢，从历史事实出发，用历史唯物主义的立场和方法，摆事实讲道理，有理有论有据地加以批驳。与此同时，越来越多的干部群众加入自觉抵制历史虚无主义的队伍中来，一些长期宣扬历史虚无主义的网站、自媒体遭到人们的唾弃，反对历史虚无主义的斗争取得了重大胜利，"历史虚无主义正在破产"。

三是当代中国史研究重大问题取得突破并在教材建设中被采纳。例如，中共党史主题主线由建立中国共产党、成立中华人民共和国、实行改革开放三件大事发展为建立中国共产党、成立中华人民共和国、实行改革开放、推进新时代中国特色社会主义事业四件大事，由此直接决定中共百年党史的分期划分为新民主主义革命时期、社会主义革命和建设时期、改革开放和社会主义现代化建设新时期、中国特色社会主义新时代四大时期。再如，根据把握主流与本质的要求，当代中国史学界把社会主义革命和建设时期由1949—1956年社会主义制度建立、1956—1966年社会主义建设探索、1966—1976年"文化大革命"三个时段重新划分为1949—1956年社会主义制度建立、1956—1976年社会主义建设艰辛探索两个时段，等等。自2018年起，党史、国史研究的这些重大突破在教育部统编中小学历史教材、中央马克思主义理论研究和建设工程国史教材、思想政治教育教材中被采纳，推进了对大中小学生开展正确的党史、国史教育。

四是当代中国史研究领域不断向纵深拓展。（一）改革开放史研究呈异军突起之态势。近年来，在具体地、历史地认识和把握改革开放前后两个历史时期关系的基础上，以及利用改革开放40周年的契机，改革开放史在中共党史、当代中国史研究领域中得到显著关注，在宏观与微观研究领域、研究视野和方法方面都取得较大进展，特别是出现了新的历史思辨方式与视角，如引入社会记忆史、心态史、情感史、身体史、影像史等新的研究视角。此外，文化科技史、生态环境史、艺术史等一些新兴学科或跨学科领域逐渐成为新的学术增长点。（二）社会史研究日益活跃。[①] 与21世纪前十年中国当代社会史研究"十分薄弱"[②] 的情形相比，越来越多的学者投入社会史研究中，区域社会史、社会文化史、医疗社会史、城市社会史、性别史、日常生活史等新的研究领域不断开拓。（三）一些传统重点研究课题创新研究视角，不断提出研究新观点。

五是当代中国史研究方法不断创新。（一）概念史研究有新的进展。近些年来，概念史

---

① 李文等：《2010—2012年中华人民共和国社会史研究述评》，《教学与研究》2013年第12期。
② 李文海：《发展与推动中国当代社会史研究》，《河北学刊》2012年第2期。

研究越来越受到当代中国史学界的关注，如有学者对"马克思主义史学中国化"①"小康社会"概念的演变、"三农"概念的新提法、"中国特色社会主义"概念的演进逻辑、"三通"概念的首次完整明确提出等，进行了梳理、辨析或考订。（二）跨学科的综合研究方法受到当代中国史学界广泛关注，有学者指出，新中国史涵盖诸多领域的丰富内容，必须多学科推进研究，形成多学科交叉的治学新路径。②（三）口述史学方法越来越受到重视。当前，口述史的内容几乎涉及当代中国史的各个层面，为当代中国史研究提供了新的历史证据、研究视角与解释范式。但口述历史的理论和方法问题却一直是当代中国史研究的一个难题，左玉河认为，口述文本之真与历史之真之间有着较远的距离，中间有着多重阻隔，历史学者应该着力发掘记忆之真而减少记忆呈现的阻隔，无限逼近历史的真实。③周晓虹从社会学角度出发，分析了经由亲历者口述的个体记忆能够超越个体的限制成为带有共同体一致的精神特征的集体记忆，以及集体记忆是如何建构起来的问题。④

当代中国史研究跟随时代的步伐前进，进入一个繁荣发展的时期。同时也应该看到，当代中国史研究和学科建设尽管取得了长足进步，但仍然存在一些不利于其发展的问题，主要是当代中国史学科的自身建设还相对滞后于当代中国史研究的实践，历史叙事仍落后于历史现实，当代中国史学的创新能力和应对错误思潮的辨别能力、分析能力还显得欠缺。当代中国史研究成果尽管有了一定的规模，研究领域也在不断拓展，但有分量的成果相对较少，建立在史实基础上的理论分析偏弱，也有不少研究存在公式化、概念化和低水平重复的问题，学科体系、学术体系及话语体系构建仍然任务较重。造成这一局面的原因主要是，研究者的马克思主义历史科学的理论素养不够、功底不扎实，运用唯物史观指导当代中国史研究的能力不足，掌握和运用于当代中国史研究中的理论与方法比较单一，这不仅直接影响对当代中国史研究的深化，而且严重制约着创新能力的培养和提高。

当代中国史研究加快构建"三大体系"，走向成熟和全面繁荣发展，一是坚持科学理论指导。在当代中国史研究中之所以要坚持以马克思主义为指导，坚持历史唯物主义的立场、观点和方法，是因为马克思主义是科学的世界观和方法论，中国革命、建设和改革的实践是在马克思主义的指导下进行和不断发展的。在当代中国史研究中不以历史唯物主义而以别的什么主义为指导，就不可能抓住当代中国史的本质与主流，不可能揭示当代中国史的发展规律。二是以爱国主义、社会主义为旗帜和主旋律。这是由当代中国史的内涵和面貌所决定

---

① 宋月红：《"马克思主义史学中国化"概念之辨正》，《中国社会科学报》2020年4月28日。
② 《弘扬北大革命传统，大力加强"四史"教育，跨学科协力开创"四史"教学研究的新局面》，《北京大学校报》2020年11月5日。
③ 左玉河：《历史记忆、历史叙述与口述历史的真实性》，《史学史研究》2014年第4期。
④ 周晓虹：《口述历史与集体记忆的社会建构》，《天津社会科学》2020年第4期。

的，也是当代中国史教育实现其资政育人目的、功能与作用所要求的。为此，当代中国史研究应坚持为人民服务和为社会主义服务的"二为"方向，站在人民、国家和社会主义的立场上来研究和宣传当代中国史。以爱国主义和社会主义为主线，搜集、整理和挖掘反映民族团结、祖国统一、人心凝聚的思想和精神，推动国家富强、社会进步、人民幸福的思想和精神，以及一切用诚实劳动创造美好生活的思想和精神等的史实，用以进一步激发广大人民群众建设国家的爱国热情和投身社会主义现代化建设的创造力，不断增强中华民族的凝聚力。三是着眼于新的实践和新的发展。当代中国的发展建设是当代中国史研究的对象和范围，是当代中国史研究的立足点，舍此则当代中国史研究就失去了自身价值。同时，当代中国史研究的内容又是极为丰富和广泛的，必须把历史的发展和发展着的历史统一起来，并根据社会实践的需要、党和国家工作大局的需要以及人民群众物质和文化生活的需要来协调整个当代中国史研究工作，分清主次和轻重缓急。当代中国史研究应当在遵循历史研究的认识规律与特点、坚持以常规研究为基础研究的前提下，围绕我们正在进行的改革发展稳定中的实际问题和我们正在做的事情确立主攻方向和研究课题；当代中国史成果应当及时反映我国社会主义物质文明、政治文明和精神文明的最新发展；当代中国史宣传要紧密结合中国社会的思想实际和生产生活实际，增强针对性，善于用事实说话、用典型说话、用群众熟悉的语言和群众喜闻乐见的方式增强实效性。四是加强学科意识，增强当代中国史研究的学科自觉和理论自觉。当代中国史研究，以研究内容定位，可以分为思想史、制度史和实践史研究等，也可以分为政治史、经济史、文化史、社会史、外交史以及生态史研究等；从研究角度上说，可以形成若干具有认识论与方法论意义的学科分支领域，如当代中国史哲学、当代中国史研究的理论与方法、史料学、编纂学、史志学、口述史学、历史地理学等，又如通史性研究、分期史研究、专门史研究和比较研究等。而且，这些学科分支领域既具有一定的相对独立性，又内在地联系在一起。比如，思想史、制度史和实践史研究中，思想与制度为实践提供认识基础和制度规范，实践检验并丰富与发展相应的思想和制度；政治史、经济史、文化史、社会史、外交史，以及生态史本来就是一体化地统一于当代中国史的总体之中的。再比如，地方史不仅具有专门史性，而且与国家层面上的国史研究形成"央地关系"。这是历史的局部与整体的关系。而且，地方史中具有国家意义、普遍意义和典型意义的历史内涵，是当代中国史研究无论在广义或狭义上都不可缺少的重要内容。同时，专门史、地方史研究不可能离开当代中国史的整体性、通史性研究。

  当前，当代中国史研究尚处在初期，基本理论与方法需要进一步发展和完善。尽管已有不少相关研究围绕学科基础理论问题进行了探讨，但仍缺乏系统深入的科学阐释，严重影响了当代中国史学科定位的清晰化和学科体系的完备。当代中国史研究者需进一步从当代中国史学科自身发展的要求出发，提高对当代中国史学理论和方法重要性的认识，深化对当代中国史概念、属性、基本范畴、研究范式等问题的研究，使当代中国史学的理论与方法既能反映传统历史学科的一般理论要求，又能借鉴各学科的有益经验，并体现出当代中国史的研究特点，建立健全当代中国史研究的学科体系。其一，当代中国史史料学。以记载当代中国史史实的文献、档案和口述资料为主要研究对象，在当代中国史研究中处于基础性的地位。没有对当代中国史史料的整理、甄别与运用，当代中国史研究将成为无源之水、无本之木；没有对当代中国史史料系统而翔实的掌握，当代中国史研究将可能是片面的和难以深入的。其二，当代中国史编纂学。以当代中国史编纂及其方法为研究对象，探索当代中国史编纂的规律与特点。其三，当代中国史研究理论与方法。以如何认识和研究当代中国史为基本内容，是衡量当代中国史研究这一学科发展程度的重要标志，也是推动当代中国史研究不断发展的重要认识来源和理论基础，包括历史哲学意义上的国史观、国史本体论、认识论和方法论。国史观是国史哲学的核心内容，并与国史本体论、认识论和方法论一起构成国史哲学的基本体系。马克思主义国史观是以唯物史观为思想理论基础的历史观。其四，当代中国史学史。以当代中国史研究这一学科的发展史为研究对象，总结本学科建设经验，预测学科发展趋势。其五，比较当代中国史学。用比较的方法，一方面，比较历史问题，认识历史事物的一般性和特殊性，把握历史发展的复杂性和多样性；另一方面，把本国史与国别史、世界史联结起来，认识本国历史发展所处的历史方位、历史阶段及其特征，以及本国历史发展对世界历史发展的作用与贡献。当代中国史研究的这些分支学科或领域的发展互为条件、相辅相成。只有各个分支学科或领域在发展上相互促进，才能推动当代中国史研究全面、协调和可持续发展。为此，需要遵循当代中国史研究的规律，系统总结当代中国史研究的历史经验，借鉴历史学和其他学科的理论与方法，逐步建构起比较完整的当代中国史研究的理论与方法体系。

（作者：当代中国研究所　宋月红、孙钦梅）

2021年度当代中国史研究综述

2021年是中国共产党成立100周年,中共中央在全党开展党史学习教育和在全社会开展"四史"宣传教育,号召广大党员干部通过学习,做到知史爱党、知史爱国。以此为契机,当代中国史研究延续了2019年以来的研究高潮。当代中国史研究的持续繁荣,是新时代哲学社会科学大发展大繁荣在当代中国史领域的具体体现。2021年度当代中国史研究的特点主要表现为:一是《中华人民共和国简史》《改革开放简史》等重要著作出版;二是第三个历史决议、脱贫攻坚、全面建成小康社会等紧扣时政的热点问题研究成果丰富;三是新时代研究逐渐成为研究重点;四是多点开花,多个领域的研究得到深化。

一、关于树立正确党史观的研究阐释

自习近平总书记于2021年2月20日在党史学习教育动员大会上首次明确提出要"树立正确党史观"以来,学界围绕这一问题展开了热烈探讨。此前,杨凤城曾提出,习近平总书记关于党史的许多重要论述,可以归纳为为什么要重视党史(即党史的功能与作用)、研究和书写什么样的党史(即关注和解答哪些重大问题)和怎样研究党史(党史方法论),构成了"习近平党史观"[1]。2021年2月以来,学界围绕"树立正确党史观"的研究阐释,回答了一系列基本问题。关于树立正确党史观的根本遵循,宋月红认为,习近平总书记关于党史的系列重要论述坚持马克思主义唯物史观,以马克思主义中国化的历史发展为根本依据和思想基础,揭示了党的历史发展的主题主线、主流本质,彰显出推进党史学习研究、宣传教育的丰富意义和价值,是树立正确党史观的根本遵循。[2] 他认为,正确党史观是坚持将马克思主义关于历史科学的基本理论与方法具体运用到对党史的认识和研究中,把党的理想信念、初心使命同中国人民和中华民族的前途命运紧密结合起来,把党的自我革命和推动社会革命统一起来,深刻反映了历史逻辑、理论逻辑和实践逻辑,探索和揭示了共产党执政规律、社会主义建设规律和人类社会的发展规律。[3]

---

[1] 杨凤城:《习近平党史观与中共党史研究》,《中共党史研究》2020年第1期。
[2] 宋月红:《树立正确党史观的根本遵循》,《前线》2021年第9期。
[3] 宋月红:《论树立正确党史观》,《机关党建研究》2021年第5期。

关于树立正确党史观的路径选择，宋学勤认为，要坚持本体论和方法论两个维度，本体论包括党史是什么、党史学是什么，这些问题的答案决定了学习党史的意义；方法论则包括如何学习、研究党史，这反映、影响着对党史本体论的理解。[①] 与之相似的，是有学者分析提出弄清中共如何看待自己的历史，是树立正确党史观的重要途径。左玉河以第一个历史决议为例，认为其回顾了党的奋斗历程，总结了党的历史经验，不仅树立了科学总结党的历史经验的楷模，而且集中体现了中共对待自己历史的科学态度。[②] 关于如何树立正确党史观，李毅认为正确的党史观不是天生的，也不是自然而然形成的，人的正确思想是在思想斗争实践中得来的，因此树牢正确党史观，必须旗帜鲜明反对历史虚无主义，要加强思想引导和理论辨析，站在党和人民立场、真理立场全面深刻认识党的历史，准确把握党的历史发展的主题主线、主流本质，更好地正本清源、固本培元。[③] 关于正确党史观在实践中的运用，江金权认为党史学习教育要以正确党史观为指导，具体体现为要全面、历史、辩证、发展地看待百年党史。[④]

姜辉在"树立正确党史观"的基础上提出了"树立正确国史观"。他认为，学习研究国史（即当代中国史），要树立正确国史观，要紧紧抓住"新中国史就是一部矢志践行初心使命，为中国人民谋幸福、为中华民族谋复兴的历史"这个主题主线、主流本质，以习近平总书记的一系列相关重要论述为根本遵循，以党关于历史问题的决议和党中央有关精神为依据，正确认识和科学评价其中的重大事件、重要会议、重要人物，进一步坚定历史自信、增强历史自觉。[⑤]

通过上述梳理可知，学界对树立正确党史观的根本遵循、基本内涵、路径选择等问题已有了一定研究，但在更深入细化和更系统完整方面还显不够。例如正确党史观不仅内蕴着唯物史观的科学历史观和方法论，也有着自身的新范畴、新表述，这些还有待进一步阐释界定。再如，正确党史观生成的现实逻辑即反对历史虚无主义已在多篇研究成果中均有提及，但其生成的理论逻辑、历史逻辑还有待进一步深入。

二、《中华人民共和国简史》和《改革开放简史》的出版问世

2021年8月，经中共中央批准，中共中央宣传部组织有关单位编写的《中华人民共和

[①] 宋学勤：《树立正确党史观的路径选择》，《人民论坛》2021年第22期。
[②] 左玉河：《如何树立正确党史观？——重读〈关于若干历史问题的决议〉》，《历史评论》2021年第5期。
[③] 李毅：《正本清源，树牢正确党史观》，《马克思主义研究》2021年第4期。
[④] 江金权：《用正确党史观指导党史学习教育》，《旗帜》2021年第6期。
[⑤] 姜辉：《从新中国史中汲取继续前进的智慧和力量》，《求是》2021年第11期。

国简史》《改革开放简史》正式出版。① 这两本书均为开展"四史"宣传教育的重要用书，是 2021 年当代中国史研究领域的代表性成果。

《中华人民共和国简史》由中共中央宣传部指导、当代中国研究所编写而成。此前，当代中国研究所于 2019 年即新中国成立 70 周年时编撰出版的《新中国 70 年》和《中华人民共和国简史：1949—2019》②，为本书的写作奠定了坚实基础。《中华人民共和国简史》坚持马克思主义唯物史观和实事求是原则，以习近平新时代中国特色社会主义思想为指导，在充分占有历史资料的基础上，去伪存真、去粗取精，注意充分吸收学界最新研究成果，并多次征求有关部门意见，科学、准确、全面地阐释历史。全书共 7 章 40 节，突出特点是将新时代依照时间顺序划分为两章。各章题目依次为"新中国成立和社会主义基本制度的确立（1949—1956）""社会主义建设的艰辛探索和曲折发展（1956—1978）""改革开放与中国特色社会主义的开创（1978—1992）""建立社会主义市场经济体制和把中国特色社会主义全面推向 21 世纪（1992—2002）""全面建设小康社会与新的形势下坚持和发展中国特色社会主义（2002—2012）""中国特色社会主义进入新时代和实现中华民族伟大复兴的中国梦（2012—2017）""决胜全面建成小康社会和开启全面建成社会主义现代化强国新征程（2017—2021）"。

《中华人民共和国简史》记述了 1949 年 10 月至 2021 年 7 月这 70 多年间，中国共产党团结带领全国各族人民在经济、政治、文化、社会、生态文明建设以及国防和军队、"一国两制"和祖国统一、外交、党的建设等各方面取得的伟大成就和宝贵经验，突出展示了中共十八大以来，在以习近平同志为核心的党中央坚强领导下，中国实现了第一个百年奋斗目标，在中华大地上全面建成了小康社会，历史性地解决了绝对贫困问题，各项事业取得了历史性成就、发生了历史性变革，正在向着全面建成社会主义现代化强国的第二个百年奋斗目标——实现中华民族伟大复兴的中国梦迈进。该书在编写上突出了以下几个方面。一是中华人民共和国史是一部改天换地的中国共产党治国理政史。二是中华人民共和国史是一部气壮山河的国家发展和民族复兴史。三是中华人民共和国史是一部真挚动人的中国人民奋斗史。四是中华人民共和国史是一部中国人民对世界和平发展的贡献史。有学者认为，该书对于帮助我们树立正确国史观，修好坚持和发展中国特色社会主义的必修课，更加自觉地牢记"国之大者"，坚持以史为鉴、开创未来具有重要意义。③

---

① 本书编写组：《中华人民共和国简史》，人民出版社、当代中国出版社 2021 年版；本书编写组：《改革开放简史》，人民出版社、中国社会科学出版社 2021 年版。

② 当代中国研究所：《新中国 70 年》，当代中国出版社 2019 年版；当代中国研究所：《中华人民共和国简史：1949—2019》，当代中国出版社 2019 年版。

③ 李毅：《一部气壮山河的国家发展和民族复兴史——读〈中华人民共和国简史〉》，《人民日报》2021 年 10 月 8 日。

《改革开放简史》由中央宣传部组织中国社会科学院有关专家学者编写而成。全书叙述的时间为1977年4月至2021年7月,共设置七章。前五章分别为"改革开放拉开大幕""改革开放全面展开""改革开放开创新局面""改革开放在科学发展中深化""改革开放进入新时代",阐明了改革开放拉开大幕到全面展开、开创新局、在科学发展中深化、新时代全面推进的伟大历程。最后两章为"坚定不移全面深化改革"和"坚定不移扩大高水平对外开放"。这两章既是对新时代改革开放的系统回顾,又是对继续推进改革开放事业的宣示。

全书以习近平新时代中国特色社会主义思想为指导,全面贯彻习近平总书记关于"四史"的重要论述,以改革开放以来党中央精神为依据,突出改革开放的重大事件、历史背景、主要举措、意义效果,注重史料和数据来源的权威性、可靠性,侧重于思想史、制度史呈现和体制机制变迁。同时,在编写过程中力求体现出改革开放的特色与历史感,在通俗化和可读性上下功夫,避免了平铺直叙。全书忠实记录和阐释了党领导人民不断走向新的革命征程的自我觉醒历史,党勇于革命、善于革命、不断把马克思主义基本原理与中国具体实际相结合的理论创新与实践创新的历史,党领导改革开放、推进中国特色社会主义事业、推动实现中华民族伟大复兴的历史。该书在编写上突出了以下几条基本脉络。一是在路径探索上,改革呈现先农村后城市、先经济后政治的基本特点;对外开放呈现由点到面、有条不紊的基本特点。二是在具体领域上,从以经济体制改革为主发展为统筹推进"五位一体"总体布局、协调推进"四个全面"战略布局。三是在目标定位上,从有计划的商品经济发展为建立社会主义市场经济体制。四是在具体手段上,从发展是硬道理转变为科学发展,再到高质量发展。五是在美好蓝图上,从小康构想的提出发展到全面建成小康社会的实现,再到乘势而上开启全面建设社会主义现代化国家新征程。① 有学者认为,《改革开放简史》反映了改革开放从开启新时期到跨入新世纪、从站上新起点到进入新时代的波澜壮阔的伟大历程,是一部权威历史教科书和完整准确反映改革开放全景的信史。②

此外,2021年出版的改革开放通史著作还有谢伏瞻、蔡昉主编的《中国改革开放:实践历程与理论探索》,该书按照改革开放推进的时间顺序和理论逻辑这一统一体例,突出重要事件和关键历程,完整呈现了改革开放全貌,揭示了中国改革开放的成功经验。③

三、关于中国特色社会主义新时代的研究

中共十八大以来,中国特色社会主义进入新时代。新时代是当代中国史上具有历史性变革意

---

① 王怀乐:《一曲气壮山河的奋斗之歌——读〈改革开放简史〉》,《炎黄春秋》2021年第11期。
② 赵江林、孟书强:《一部启迪新阶段新征程的好历史教科书——学习〈改革开放简史〉》,《人民日报》2021年10月11日。
③ 谢伏瞻、蔡昉主编:《中国改革开放:实践历程与理论探索》,中国社会科学出版社2021年版。

义的伟大时代。近年来，新时代成为当代中国史研究新的重点领域。2021年习近平总书记在庆祝中国共产党成立100周年大会上的讲话和中共十九届六中全会通过的第三个决议，都把中共十八大以来的历史作为百年党史的第四个阶段。这一点在当代中国史编研中有充分体现，当代中国研究所2019年编写的《新中国70年》，把中共十八大以来的历史单独命名为"强国篇"。2021年出版的《中国共产党简史》和《中华人民共和国简史》，又把新时代历史划分为2012—2017年、2017—2021年两个历史时段。姜辉编写的《新时代中国特色社会主义的世界意义》同样是一部强调新时代重要性的理论著作，其特点是全面阐释了中国特色社会主义新时代的世界意义。①

2021年还出版了一系列关于新时代的史料，例如《十九大以来重要文献选编》中册②。该书收入从2019年3月十三届全国人大二次会议至2020年10月党的十九届五中全会这段时间内的重要文献，共79篇，约51万字。其中，有15篇重要文献是第一次公开发表。另外，人民出版社还推出了《中国共产党第十九届中央委员会第六次全体会议文件汇编》③。

习近平新时代中国特色社会主义思想既是当代中国史研究的指导思想，其产生、发展及实践历程同时也是新时代研究的重点和热点问题。2021年，相关资料出版颇多，主要有《论中国共产党历史》④《论把握新发展阶段、贯彻新发展理念、构建新发展格局》⑤《论坚持人民当家作主》⑥《习近平关于全面从严治党论述摘编（2021年版）》⑦《习近平关于注重家庭家教家风建设论述摘编》⑧《习近平关于网络强国论述摘编》⑨《习近平关于尊重和保障人权论述摘编》⑩等。辅导读物及研究著作主要有《习近平新时代中国特色社会主义思想学习问答》⑪《习近平外交思想学习纲要》⑫《习近平法治思想学习纲要》⑬《深入学习贯彻习近平

---

① 姜辉：《中国特色社会主义新时代的世界意义》，江西人民出版社2021年版。
② 中共中央党史和文献研究院编：《十九大以来重要文献选编》中册，中央文献出版社2021年版。
③ 《中国共产党第十九届中央委员会第六次全体会议文件汇编》，人民出版社2021年版。
④ 习近平：《论中国共产党历史》，中央文献出版社2021年版。
⑤ 习近平：《论把握新发展阶段、贯彻新发展理念、构建新发展格局》，中央文献出版社2021年版。
⑥ 习近平：《论坚持人民当家作主》，中央文献出版社2021年版。
⑦ 中共中央党史和文献研究院编：《习近平关于全面从严治党论述摘编（2021年版）》，中央文献出版社2021年版。
⑧ 中共中央党史和文献研究院编：《习近平关于注重家庭家教家风建设论述摘编》，中央文献出版社2021年版。
⑨ 中共中央党史和文献研究院编：《习近平关于网络强国论述摘编》，中央文献出版社2021年版。
⑩ 中共中央党史和文献研究院编：《习近平关于尊重和保障人权论述摘编》，中央文献出版社2021年版。
⑪ 中共中央宣传部：《习近平新时代中国特色社会主义思想学习问答》，学习出版社、人民出版社2021年版。
⑫ 中共中央宣传部、中华人民共和国外交部：《习近平外交思想学习纲要》，人民出版社、学习出版社2021年版。
⑬ 中共中央宣传部、中央全面依法治国委员会办公室：《习近平法治思想学习纲要》，人民出版社、学习出版社2021年版。

总书记关于工人阶级和工会工作的重要论述》①《习近平法治思想概论》②。

  摆脱贫困一直是困扰全球发展和治理的突出难题,我国打赢脱贫攻坚战为全球减贫事业作出了突出贡献,这是新时代的重大成就。2021年2月25日习近平在全国脱贫攻坚总结表彰大会上宣布我国脱贫攻坚战取得全面胜利后,关于脱贫攻坚的经验总结、成果巩固成为学界的研究热点。《人间奇迹——中国脱贫攻坚统计监测报告》(2021年中宣部主题出版重点出版物)一书以全国农村贫困监测调查统计、脱贫攻坚普查和各部门、各地区扶贫实践为基础,分全国篇、部门篇、地区篇、统计资料篇,通过翔实数据多方位呈现脱贫攻坚成就。③《消除贫困:中国的承诺》(2021年中宣部主题出版重点出版物)一书通过描述中国脱贫攻坚的相关举措和中国的脱贫标准,概括了中国大规模减贫取得的成效,分析了原因并总结了中国减贫事业对全球减贫的意义。该书还深入分析了2020年消除绝对贫困后中国扶贫开发事业的发展方向,提出了相对贫困的实质内涵和缓解对策,阐明了其与乡村振兴战略和城镇化的关系等。④《诗在远方:闽宁经验纪事》(2021年中宣部主题出版重点出版物)一书生动记述了从20世纪90年代中期开始,党中央确定福建对口帮扶宁夏脱贫后,闽宁双方25年来相互协作的经验和启示。⑤《中国脱贫攻坚精神》一书从宏观层面梳理1949年到2020年中国共产党领导扶贫开发、打赢脱贫攻坚战的历史,重点论述了新时代习近平总书记关于治理贫困的思想与实践、中国消除贫困背后的制度分析,深刻阐释和总结了中国消除贫困的国际影响与世界意义。⑥张占斌认为中国特色脱贫攻坚制度体系对脱贫攻坚任务的完成起了重要作用,这一体系主要由责任体系、政策体系、投入体系、东西部扶贫协作制度体系、动员体系、监督考核体系构成。⑦

  农村贫困人口全部脱贫,为实现全面建成小康社会目标任务作出了关键性贡献。继脱贫攻坚之后,全面建成小康社会、建设社会主义现代化强国等问题成为新时代研究的热点。由于已全面建成小康社会,关于这一问题的研究,相关学者多着力于阐释意义和总结经验。多位学者围绕全面建成小康社会的世界意义进行了阐释,有学者认为全面建成小康社会的世界历史意义主要体现在打破了西方资本主义历史叙事的垄断,探索出一条后

---

① 全国总工会课题组著:《深入学习贯彻习近平总书记关于工人阶级和工会工作的重要论述》,中国工人出版社2021年版。
② 《习近平法治思想概论》编写组:《习近平法治思想概论》,高等教育出版社2021年版。
③ 《人间奇迹》编写组编:《人间奇迹——中国脱贫攻坚统计监测报告》,中国统计出版社2021年版。
④ 汪三贵等著:《消除贫困:中国的承诺》,中国人民大学出版社2021年版。
⑤ 刘建明:《诗在远方:闽宁经验纪事》,宁夏人民出版社、福建人民出版社2021年版。
⑥ 武力、王爱云主编:《中国脱贫攻坚精神》,华中科技大学出版社2021年版。
⑦ 张占斌:《中国特色脱贫攻坚制度体系:历史逻辑、实践特征和贡献影响》,《理论视野》2021年第7期。

发国家摆脱"学徒状态"、开启中国式现代化的新道路,并在人类发展史中开启了一种全新文明类型的可能性。① 有学者从世界减贫意义、世界经济意义、世界政治意义对全面建成小康社会进行了评价,认为这彰显中国特色社会主义制度优越性,扩大科学社会主义影响力和感召力,推动国际制度格局变革和21世纪世界社会主义复兴。②

关于全面建成小康社会的经验,有学者总结为五条:要始终坚持党的全面领导、要始终坚持以人民为中心、要始终坚持实事求是、要始终坚持高质量发展、要始终坚持改革开放。③ 有学者提出,全面建成小康社会的伟大征程,充分彰显了中国共产党的斗争精神。④ 有学者总结回顾新中国成立以来全面建成小康社会的探索历程,概括了党在这一实践中形成的关于执政党建设的基本经验,即在思想建设方面,坚持理论创新是执政党建设的不竭动力;在组织建设方面,拥有广泛的群众基础和先进的党员队伍是执政党建设的重要课题;在自身建设方面,发展党内民主,培育优良作风,增强拒腐防变和抵抗风险的能力,以永葆党的先进性和纯洁性是执政党建设的根本保证。⑤

在实现全面建成小康社会的第一个百年奋斗目标后,如何实现建成社会主义现代化强国的第二个百年奋斗目标成为学界讨论的又一个热点。宋月红研究了中共百年来对建设社会主义现代化强国的探求和发展,认为中国建设社会主义现代化强国具有深厚历史底蕴、广泛现实基础和时代发展进步要求。⑥ 另有学者梳理了中共矢志现代化强国的百年历程,认为这昭示着中国共产党人的初心和使命,雄辩地证明着社会主义的制度优势,持续书写着中国贡献、中国智慧和中国方案,始终映衬着中国共产党人关乎人类发展的大视野、大格局。⑦ 国家发展改革委政策研究室总结了中共领导经济建设的成就,提炼了七条经验:坚持党对经济工作的全面领导,坚持以人民为中心的发展思想,坚定不移贯彻新发展理念,完善和发展中国特色社会主义制度,不断推进实践基础上的理论创新,发扬自力更生、艰苦奋斗的优良传统,坚持科学决策和创造性应对。作者认为这些经验对建设现代

---

① 陈良斌、汤敏:《摆脱贫困与全面建成小康社会的世界历史意义——基于马克思主义思想史的视角》,《科学社会主义》2021年第6期。
② 张立国、臧红岩:《百年变局下全面建成小康社会的世界历史意义》,《广西社会科学》2021年第9期。
③ 姜淑萍:《深刻理解和把握全面建成小康社会的历史性成就和重大意义》,《经济社会体制比较》2021年第6期。
④ 何玲玲:《全面建成小康社会充分彰显党的斗争精神》,《中国社会科学报》2021年12月9日。
⑤ 葛世林:《全面建成小康社会进程中执政党建设的基本经验》,载周宇宏主编《马克思主义学刊》第9卷第1辑,首都经济贸易大学出版社2021年版。
⑥ 宋月红:《中国共产党百年来对建设社会主义现代化强国的探求和发展》,《马克思主义研究》2021年第11期。
⑦ 石建国:《中国共产党矢志现代化强国的百年历程及其启示》,《邓小平研究》2021年第5期。

化强国弥足珍贵。①

回顾中共十八大以来的十年，中国社会方方面面都出现了一系列有别于以往时期的明显变化，党和国家事业取得了全方位、开创性的成就，实现了深层次、根本性的变革。打赢脱贫攻坚战、实现第一个百年奋斗目标等就是代表性成就。随着新时代历史继续向前延伸，新时代的阶段性特征也愈益显著，引发国内外学者对新时代越来越多的关注，相关研究还将继续深化。

四、关于三个历史决议及历史经验的研究阐释

2021年11月，中共十九届六中全会召开并审议通过《中共中央关于党的百年奋斗重大成就和历史经验的决议》（以下简称《决议》）。该决议成为党史上继1945年、1981年的两个历史决议后的第三个历史决议。这三个历史决议成为2021年度的研究重点和热点。

关于第三个历史决议的定位，曲青山认为，《决议》是一篇马克思主义的纲领性文献；是新时代中国共产党人牢记初心使命、坚持和发展中国特色社会主义的政治宣言；是以史为鉴、开创未来、实现中华民族伟大复兴的行动指南。②关于《决议》将起到的历史作用，李正华认为，《决议》有助于增强全党继续前进的勇气和力量，有助于全党倍加珍惜党和人民共同创造的精神财富、有利于党加强自我建设、推进自我革命，有助于全党更好地牢记初心使命。③关于第三个历史决议的创新点，金民卿认为是中共突破了中国传统的修史模式，勇于并能够为自己修史。第三个历史决议是中国共产党人认识、把握、总结、书写历史的一个典范文本，不仅具有重大的政治和历史意义，而且具有重要的历史观和方法论意义。④

第三个历史决议的制定，引发了学界对前两个历史决议的继续深化研究。曲青山总结回顾了前两个历史决议的制定背景、主要内容和重要意义，认为这两个历史决议为我们正确对待党的历史、科学运用党的历史提供了马克思主义的世界观和方法论，为我们坚决做到"两个维护"树立了光辉典范，为我们在新的历史起点上承前启后、继往开来提供了重要启示。⑤宋月红认为，第二个历史决议将革命史观与现代化发展史观统一于认识和把握党和国

---

① 国家发展改革委政策研究室：《为建成社会主义现代化强国不懈奋斗——中国共产党领导经济建设的成就和经验》，《宏观经济管理》2021年第8期。

② 曲青山：《〈中共中央关于党的百年奋斗重大成就和历史经验的决议〉的重大意义》，《百年潮》2021年第12期。

③ 李正华：《在总结经验中开启新征程——认真学习党的十九届六中全会精神》，《光明日报》2021年11月18日。

④ 金民卿：《党的历史书写与经验总结的典范文献——〈中共中央关于党的百年奋斗重大成就和历史经验的决议〉的历史观和方法论意蕴》，《马克思主义理论学科研究》2021年第12期。

⑤ 曲青山：《两个"历史决议"的制定背景、主要内容和重要意义》，《党建》2021年第11期。

家历史发展之中、体现了贯彻中国革命建设改革的历史逻辑与马克思主义中国化理论成果科学体系的有机统一、坚持历史发展的阶段性与连续性的统一，深刻蕴含着党关于党史、新中国史的认识论和方法论。① 还有学者对参与决议起草的关键人物邓力群展开研究，丰富了对决议的起草经过的细节把握。作者认为邓力群积极酝酿并直接参与起草第二个历史决议，在决议通过后，不仅传达贯彻决议的精神，而且受中央委托，以决议精神为指导，组织编纂《当代中国》丛书，创建当代中国研究所，编纂出版《中华人民共和国史稿》，为开拓当代中国史研究作出了重要贡献。②

第三个历史决议公布后，有学者对三个历史决议贯通起来进行研究。石仲泉认为前两个历史决议对成就党的百年辉煌起到了定海神针作用，第三个历史决议又是引领党向第二个百年奋斗目标奋进的行动指南。三个历史决议是党不懈奋进接续实现中华民族伟大复兴的引领指针。③ 还有学者认为，运用历史思维，准确把握三个历史决议制定通过的时间点、深刻领会三个历史决议中的历史分期、深刻体悟三个历史决议的历史延续性，是学习领会好第三个历史决议的重要途径。④

聚焦总结中共百年奋斗重大成就和历史经验，是中共中央对制定第三个历史决议提出的明确要求，也是决议的主要内容之一。因此，与三个历史决议的研究热潮相伴而行的，是2021年度关于党和国家历史经验的总结研究的兴起。李正华总结了中共百年政治建设的历史经验，即必须坚守正确政治方向，必须坚定维护党中央权威和集中统一领导，必须尊崇党章、完善并严格执行各项制度，必须营造良好政治生态，必须紧扣民心这个最大的政治。他认为，这些经验是中国共产党从胜利走向胜利的重要法宝。⑤ 龚云将百年党史的经验总结归纳为四条：必须坚持理论指导、必须坚持信仰为本、必须坚持人民至上、必须勇于自我革命。正是这四条基本经验，确保中国共产党面对形势的不断变化始终有效应对挑战，不断发展。⑥ 王爱云研究了习近平总书记关于"江山就是人民、人民就是江山"的重要论述，认为这一论述是对中国共产党百年历史各个阶段人民思想与实践的高度概括，是中国共产党百年成功的根本所在，是中国共产党百年经验的关键之处。⑦ 关于中共总结历史经验的基本方

---

① 宋月红：《"第二个历史决议"的认识论和方法论——基于党史、新中国史理论之研究》，《世界社会主义研究》2021年第7期。
② 徐轶杰：《邓力群与〈关于建国以来党的若干历史问题的决议〉》，《当代中国史研究》2021年第5期。
③ 石仲泉：《三个历史决议：百年复兴的引领指针》，《中国纪检监察》2021年第23期。
④ 刘洁：《运用历史思维　学好历史决议》，《中国社会科学报·社科院专刊》2021年11月19日。
⑤ 李正华：《中国共产党政治建设的主要经验》，《马克思主义研究》2021年第3期。
⑥ 龚云：《贯穿百年党史的四条宝贵经验》，《历史评论》2021年第3期。
⑦ 王爱云：《"江山就是人民，人民就是江山"重要论述的历史实践》，《中国井冈山干部学院学报》2021年第4期。

法，吴德刚归纳为七条：重视以马克思主义为指导总结历史经验，重视在成功和失败中总结正反两方面历史经验，重视在应对风险挑战中总结历史经验，重视在开拓创新实践中总结历史经验，重视在把握历史大势中总结历史经验，重视在发扬民主中总结历史经验，重视在集中学习中总结历史经验。[1]

随着中国国力和影响力的日益上升，总结中国共产党的百年历史经验也引起国际社会的广泛关注。俄罗斯联邦共产党中央委员会主席久加诺夫认为，中国共产党的百年成就与经验包括五个方面：一是战胜日本侵略者，统一中国并进而成立中华人民共和国；二是通过实行改革开放，开创了中国特色社会主义道路；三是在苏联和东欧社会主义事业遭遇摧毁之际，毫不动摇地坚持社会主义制度并取得巨大成就；四是中国的成功在全世界范围为社会主义开辟了新前景；五是在全球资本主义危机不断深化的背景下，中国经济发展一枝独秀，展示了中国发展模式的优势。[2] 法国鲁昂—诺曼底大学教授让—努马·迪康热认为，中国特色社会主义道路毫无疑问是社会主义道路，中国取得的瞩目成就表明，通往社会主义的道路有多种可能，中国经验值得认真思考、总结与借鉴，尤其应该引起全球马克思主义者的重视。[3]

五、当代中国史"三大体系"建设取得新进展

2021年，当代中国史学科体系、学术体系、话语体系建设有序推进。明确学科属性是学科建设的题中之义，围绕当代中国史学科属性，学界展开了进一步探讨。由于当代中国史学科兼具较强的政治性和学术性，对于它的属性，向来有不同的意见。2013年，国务院学位委员会第六届学科评议组编写的《学科授予和人才培养一级学科简介》明确规定，当代中国史属于中国史一级学科下面的"中国现代史"。然而，学术界对此的看法不尽一致：第一种观点认为当代中国史属于历史学；第二种观点认为当代中国史属于马克思主义理论学科；第三种观点认为当代中国史属于政治学；第四种观点认为当代中国史同时具有以上几个学科的特性，是一门交叉学科。

随着2021年党史学界酝酿成立一个包括党史、党建、马克思主义中国化在内的一级学科，并提议将当代中国史作为二级学科纳入其中，本就存有争议的当代中国史学科属性问题更加充满不确定性。杨凤城撰文解释了如此设置的理由，即党史学科和当代中国史学科同具有鲜明的意识形态属性，在研究时段和研究对象上高度重合，同处一个一级学科内更有利于

---

[1] 吴德刚：《中国共产党总结历史经验的基本方法》，《党的文献》2021年第6期。
[2] [俄] 根纳季·安德列耶维奇·久加诺夫著，陈爱茹译：《百年中国共产党的历史贡献》，《世界社会主义研究》2021年第12期。
[3] [法] 让—努马·迪康热著，彭姝祎译：《基于社会主义发展史维度对中国道路的思考》，《世界社会主义研究》2021年第12期。

形成合力和优势，从而促进学科发展。① 2021年12月，国务院学位委员会下发《关于对〈博士、硕士学位授予和人才培养学科专业目录〉及其管理办法征求意见的函》，拟将"中共党史党建"列入法学门类一级学科，标志着这一提议迈出从设想到实施的一大步。

成立"中共党史党建"一级学科，不仅牵涉党史、党建等学科的归属，也关系到当代中国史学科的学科归属，学界对此高度关注。2021年12月30日，北京师范大学举办中共党史党建一级学科建设研讨会。会上，张润枝表示，中共党史学科的建设和发展，既是一个理论问题，也是一个实践问题，在中国共产党成立100周年的重大历史节点，国家正式设立中共党史党建一级学科，可谓正当其时。王炳林提出，中共党史党建一级学科建设要从内涵发展、外延发展、目标追求等三个方面着手努力。多位学者认为，成立中共党史党建一级学科，既是继承发扬中国共产党重视党史党建工作的优良传统和全面从严治党的现实要求，更是紧密围绕党和国家工作大局，坚持把以史为鉴、资政育人作为根本任务的迫切要求。② 也有学者认为，只有将党史归属历史学，将研究对象和研究内容扩大为"大党史"，才能改变传统党史学者的局限，保证学术性与政治性的统一。③ 至于"中共党史党建"一级学科的成立对当代中国史学科的影响，有学者认为，将来当代中国史很有可能成为中共党史党建一级学科下的二级学科，如此，则当代中国史学科现有的学术建制将面临调整。④ 尽管当代中国史学科属性迄今还未完全明朗，但笔者相信，明朗化是大趋势，一旦明确了属性，学科建设也必将取得更大进展。

除学科体系建设之外，当代中国史研究的话语体系在2021年度也得到极大丰富。学术界围绕习近平总书记在"七一"重要讲话中提出的"两个创造""两个结合"重大论断的研究阐释，极大地丰富了当代中国史研究的话语体系，增强了我们对当代中国实践的解读能力和宣传能力。

习近平总书记指出："我们坚持和发展中国特色社会主义，推动物质文明、政治文明、精神文明、社会文明、生态文明协调发展，创造了中国式现代化新道路，创造了人类文明新形态。"姜辉认为，中国式现代化以全新文明形态拓展了人类文明发展进步的广阔空间，为人类作出了巨大贡献：一是历史性解决了千百年来困扰中国人民的绝对贫困问题；二是带领14亿多中国人民进入现代化国家行列，从而改写了世界现代化的版图；三是为广大发展中

---

① 杨凤城：《关于中共党史学科定位与建设的若干思考》，《中国党史研究》2021年第1期。
② 张杰：《推进中共党史党建一级学科建设》，中国社会科学网 http://www.cssn.cn/mkszy/mkszy_xkzx/202201/t20220106_5387145.shtml。
③ 李金铮：《中共党史回归历史学科的正当性》，《江海学刊》2021年第4期。
④ 储著武：《新时代加强中华人民共和国史学科建设的思考》，《高校马克思主义理论教育研究》2021年第6期。

国家提供实现现代化的全新选择，重塑现代化性质和方向，拓展人类现代化途径。① 李文对中国式现代化进行了历史考察，认为百年党史就是一场以国家现代化为目标的接力赛，从以毛泽东为核心的中共第一代领导集体提出的"四个现代化"，到以邓小平为核心的中共第二代领导集体提出现代化建设"三步走"发展战略，再到以习近平为核心的中共新一代领导集体作出全面建设现代化国家的新安排，都是"中国式"现代化的阶段性目标。这些阶段性目标确保了国家战略的连续性、稳定性，体现出中国共产党与时俱进的现代化认识和始终如一的使命担当。② 2021年10月14—15日，中国社会科学杂志社举办以"中国式现代化新道路"为主题的"学术中国"国际高峰论坛。于沛在会上指出，中国式现代化是发展中国家的现代化，是彻底改变世界面貌的超大规模的现代化。钱乘旦强调，中国正在走一条自己的路，一条以人为中心的现代化之路。③

学界还围绕"人类文明新形态"进行了研究阐释。杨金海认为，人类文明新形态的提出，极大地丰富和发展了马克思主义关于人类文明发展的理论。马克思和恩格斯一生孜孜以求的目标就是要扬弃资本主义旧文明，实现美好的社会主义和共产主义新文明，但对于如何实现新文明，并未给出回答。中国共产党领导人民在实践中创造的"中国式现代化新道路"科学回答了"什么是人类新文明形态，如何建设人类文明新形态"等重大理论问题，标志着中华文明在历经古代辉煌、近代衰落后，将再次走向辉煌，标志着世界资本主义文明历经辉煌后开始走向式微和世界社会主义在历经艰难曲折后开始走向辉煌。④ 陈金龙认为人类文明新形态有以下基本特征：是以人民为中心的文明形态，是协调发展的文明形态，是和平方式发展的文明形态，是遵循人类文明发展规律的文明形态。⑤

与此同时，国际社会也高度关注"解码"中国式现代化道路的成功秘诀，逐渐摒弃从"政治体制"的宏观视角观察中国的研究路径，开始采用"治理"和"善治"的中微观视角解释中国改革开放四十多年来取得的经济成就以及近年来在全面脱贫、抗击新冠疫情方面取得的瞩目成绩。俄罗斯学者佩切里察认为，中国共产党拥有的460多万个基层党组织是它能建立起高效治理体系的重要一环，在抗疫过程中，共产党员"以自己的

---

① 姜辉：《中国式现代化道路的鲜明特征和重大意义——深入把握习近平书记提出的"两个创造"的重大论断》，《财贸经济》2021年第8期。

② 李文：《中国的现代化是中国共产党的一场接力赛——写在中国共产党即将迎来百年华诞之际》，《山西大学学报（哲学社会科学版）》2021年第3期。

③ 中国社会科学杂志社史学部：《2021年历史学学科研究发展报告》，《中国社会科学报》2022年1月10日。

④ 杨金海：《人类文明新形态提出的深远历史意义》，《思想理论教育导刊》2021年第7期。

⑤ 陈金龙：《人类文明新形态的基本特征》，《东南大学学报（哲学社会科学版）》2021年第5期。

道德和政治示范作用，鼓舞了全体中国人民"。① 阿根廷解放党前党主席的塞尔希奥·奥蒂斯指出，中国共产党百年来取得的成就，成为包括阿根廷解放党在内的拉美共产党学习的榜样和前进的目标。阿根廷解放党将不断汲取中国的成功经验，以实现自身的发展与进步。②

习近平总书记指出："必须继续推进马克思主义中国化，坚持把马克思主义基本原理同中国具体实际相结合、同中华优秀传统文化相结合。""两个结合"的重大论断，集中反映了新时代中国共产党人对马克思主义发展规律的深刻把握。黄坤明认为，这一重大论断科学阐明了习近平新时代中国特色社会主义思想的理论内涵和重大意义，表明了它在马克思主义发展史、中华文明发展史上的重要地位。③ 姜辉认为，马克思主义与中华优秀传统文化和中华文明之所以能够结合，是因为它们之间有着内在的契合性，都具有开放性、辩证性和与时俱进特征，要实现"两个结合"，就必须创造性转化与创新性发展中华优秀传统文化。④ 韩庆祥认为，习近平"两个结合"重大论断，深化了对马克思主义中国化的认识，未来要推进"两个结合"，必须从"历史方位""社会主要矛盾""根本问题""中国道路"四个方面理清"中国具体实际"的内涵，确定好"结合点"。⑤

日本政界学界也高度关注习近平"两个结合"重要论述。日本前驻华大使宫本雄二指出，"两个结合"旨在用中华优秀传统文化来进一步扩充"中国特色"的内涵，以推进马克思主义中国化。东京外国语大学教授篠田英朗指出，"两个结合"的提出，说明中国共产党将来不可能放弃中华文明和马克思主义，不可能接受被欧美主导的国际社会所同化。⑥

"两个创造"和"两个结合"重大论断在国内外，尤其在国际社会产生的影响，说明我国哲学社会科学的话语能力、话语体系有了明显提升。未来当代中国史学界应当继续将研究专长与重大现实问题融合起来，提炼出易为国际学术界接受理解的标识性概念，切实打造国际话语权。

六、关于当代中国史分期及其方法论问题

历史是一门关于时间的科学，对历史进行断限、分期，是历史编撰的一个重要的理论和

---

① 戢炳惠：《俄罗斯各界对百年中国共产党成功之道的解读》，《国外理论动态》2021年第4期。
② ［阿根廷］塞尔希奥·奥蒂斯著，楼宇、张贝贝译：《百年中国共产党的历史经验及启示》，《世界社会主义研究》2021年第10期。
③ 黄坤明：《习近平新时代中国特色社会主义思想实现了马克思主义中国化新的飞跃》，《人民日报》2021年11月22日。
④ 姜辉：《"两个结合"是马克思主义中国化的必然途径》，《当代中国史研究》2021年第5期；姜辉：《时代课题的拓展与马克思主义中国化新的飞跃》，《治理研究》2021年第6期。
⑤ 韩庆祥：《全面深入理解"两个结合"的核心要义和思想精髓》，《马克思主义研究》2021年第10期。
⑥ 李晓倩：《日本社会各界评价习近平"七一"讲话的若干观点》，《国外理论动态》2021年第4期。

实践问题。唯其重要，当代中国史学界对于分期问题历来看法不一，主要有"四分法"、"五分法"、"六分法"和"八分法"等几种观点。"四分法"是《关于建国以来若干历史问题的决议》的分期方法，把当代中国史分为1949—1956年、1956—1966年、1966—1976年及1976年以来的时期。"五分法"在"四分法"的基础上，将1949—1956年这段时期以新民主主义向社会主义过渡为分界，分为1949—1952年和1953—1956年两个阶段，其他分期不变。所谓"六分法"，是在"五分法"的基础上，将1976年以来的时期以1978年十一届三中全会召开为界限，分为1976—1978年的历史转折时期和1978年以后的社会主义现代化建设新时期，其他部分不变。

以上三种分期均是改革开放初期对于当代中国史的分期方法，随着历史自身的发展延伸，这些分期方式必然需要调整。"八分法"和新"五分法"就是近年来出现的新的分期方法，主要增加了对改革开放新时期的分期断限。其中，"八分法"将当代中国史分为1949—1952年、1953—1956年、1956—1966年、1966—1976年、1976—1978年、1978—1992年、1992—2002年，以及2003年以来的时期。"新五分法"由朱佳木在2009年提出，将当代中国史分为1949—1956年的结合中国实际学习苏联社会主义建设道路的时期、1956—1978年的探索中国社会主义建设道路的时期、1978—1992年的开创中国特色社会主义建设道路的时期、1992—2002年的开创中国特色社会主义道路新局面的时期、2003年以来的中国特色社会主义建设进入新的发展阶段等五个时期。①

诚如朱佳木所指出的："对于尚在成长、变动中的历史，分期、断限所依据的标准还要受到历史进程本身的影响。"随着当代中国史的发展，朱佳木在2021年修订了原来的观点，认为当代中国史应当按照1949—1956年、1956—1978年、1978—1992年、1992—2012年，以及2013年以来的时期进行划分。与他此前的观点相比，新的分期法主要是将第四个时期的下限从2002年改为2012年，将新时代单列为一个时期加以突出。他认为，从历史的实际发展来看，2003年科学发展观的提出并未改变一段时期以来过分突出速度的经济发展模式，故2003年不宜作为两个历史时期的分界点。与此相应，2013年以来国家各个方面均有重大变化，社会主要矛盾也发生变化，历史正进入一个超越改革开放前和改革开放后的新时代，是历经"正题"和"反题"之后的"合题"，应当被视为当代中国史上的第五个时期，即"中国特色社会主义道路更加成熟和定型的时期"。②

2021年7月1日，习近平总书记在庆祝中国共产党成立100周年大会上的讲话，依据实现中华民族伟大复兴的主题将百年党史分为"新民主主义革命时期""社会主义革命

---

① 朱佳木：《论中华人民共和国史研究》，《中国社会科学》2009年第1期。
② 朱佳木：《再谈国史分期问题》，《当代中国史研究》2021年第2期。

和建设""改革开放和社会主义现代化建设""新时代中国特色社会主义"四个时期。11月11日,党的十九届六中全会审议通过的《中共中央关于党的百年奋斗重大成就和历史经验的决议》,同样将百年党史分为新民主主义革命时期、社会主义革命和建设时期、改革开放和社会主义现代化建设新时期、中国特色社会主义新时代四个历史时期,分别指向1921—1949年、1949—1978年、1978—2012年、2012年以来等几个时段,其中后三个时期就是对当代中国史的分期。李捷等认为,这一分期方法反映出各阶段的鲜明时代特征,三个阶段分别对应中国人民和中华民族在中国共产党带领下从站起来、富起来到强起来的历程。①

其实,2021年出现的当代中国史分期新提法,无论是"三个阶段"论,还是"五个阶段"论,其中的共识都在于把中国特色社会主义新时代作为一个独立时期来把握,突出了新时代在党史、国史上的重要地位。笔者认为,新时代作为党实现第一个百年奋斗目标、开启全面建设社会主义现代化国家新征程的时代,作为更加接近中华民族伟大复兴目标的时代,其在当代中国史上的独特地位毋庸置疑,将其作为一个独立时期来进行把握,已基本成为学界共识。与此同时,作为正在发展中的、开放的历史,当代中国史的分期也必将随着历史自身的发展而发展,不可能一成不变。

此外,学界对当代中国史研究的方法路径也进行了思考和探索。董国强认为,目前中青代当代中国史研究者普遍认可"新史学"的理念和方法,但在具体实践中,还存在过分依赖档案资料的问题。他表示,相比其他学科,当代中国史学科的突出特点是极有必要采用多学科交叉研究的方法,不应把档案作为唯一信息来源,应该重视口述采访的方式。在进行口述采访时,应注意以下几点:一是要有明确的问题意识和内容侧重;二是不能预期每次访谈都能获得有效信息;三是事先草拟一个问题清单;四是访谈收获取决于不同的访谈对象。② 武力从运用史料的角度谈当代中国史研究的方法路径,他认为,善用史料是研究好当代中国史的前提,不但要用好地方政府档案、部门档案和企业档案,还要善用已公开出版的资料汇编、新中国成立以来各级政府新修的地方志,以及个人文集和回忆录等。③ 宋学勤和杨宗儒则反思了当代中国史研究的"碎片化"现象,以"个案"和"区域研究"为特点的中国当代社会史研究,沉溺于地方史料的堆积和"地方性知识"的描述,缺乏对各类社会现象背后蕴含的社会变迁的宏观分析和理论抽象,将来应该尝试回归"大历史"和"总体史"取向,从以下几方面入手:一是科学运用马克思主义方法论,

---

① 李捷、陈金龙、程美东:《新中国史的科学史观、核心问题与精神传承》,《马克思主义理论学科研究》2021年第9期。

② 董国强:《中国当代史研究方法论两题》,《中共党史研究》2021年第1期。

③ 武力:《学习研究百年党史,应从用好史料入手》,《文献与数据学报》2021年第1期。

培养整体性思维方法;二是合理借鉴与吸收"总体史"的问题意识;三是努力打通政治史与社会史研究界限,如此才能还原历史的完整面向。①

七、其他热点问题

2021年度除以上重大理论热点问题之外,当代中国史上的一些传统重要议题仍然受到学界关注,不断有新的成果问世。限于篇幅原因,仅以几个重点问题举例。

优先发展重工业是新中国成立后着眼党和国家事业发展全局作出的战略部署,社会主义工业化研究一直是当代中国史领域长盛不衰的议题。2021年,有学者从国际关系角度探讨东北亚局势对新中国工业空间布局的影响,认为新中国成立初期东北地区工业自南向北迁移是受抗美援朝战争影响的结果;20世纪50年代156项工程的布局采取"在沿海地区的工业一般不扩建不新建"的方针,主要是出于国防备战的考量;60年代开始的三线建设布局侧重于中西部地区,是中苏关系破裂所致的国际局势紧张的结果。因此,东北亚地缘关系对新中国工业布局产生了重要影响。②"向苏联学习"是社会主义工业化研究中的一个难以忽视的面向,有学者以太原钢铁厂为个案,探析了1949—1955年中国工厂接受苏联技术的过程。文章认为,起初,太原钢铁厂盲目崇拜日、英、美等国技术,排斥苏联专家。此后该厂从政治工作、技术工作和组织工作等方面加强宣传和推广苏联技术,逐渐实现由日本技术向苏联技术转变,劳动生产率得到显著提升。③

工人群体是工业化研究的重要对象。游正林以"郝建秀工作法"的总结与推广过程为例,研究了新中国成立初期国营企业贯彻依靠工人阶级的思想的实践经过,探讨了旧社会的旧工人如何转变为新社会的新工人的问题。④王元周则以北京的建筑工人和工会为例,深入研究了新中国成立后工人的组织过程和建筑行业的体制转变。他认为,建筑工会采取的一系列措施使得建筑业成为国民经济的一个部门,建筑工人开始向产业工人转化。工会组织建筑工人的过程,不仅塑造了建筑工人的阶级意识,也推动了建筑工人的身份转化,推动了全行业经营管理体制的变化,是中国社会大变革过程的缩影。⑤在关于工人群体的研究中,还有学者以工资问题为切入点,认为1956—1957年北京市第二次工资改革实践说明,国家工业

---

① 宋学勤、杨宗儒:《社会史研究更应凸显"总体史"意识》,《历史评论》2021年第5期。
② 黄巍:《东北亚局势视域下新中国三次工业布局的规划与调整》,《当代中国史研究》2021年第1期。
③ 卫磊:《1949—1955年太原钢铁厂推广苏联技术初探》,《当代中国史研究》2021年第1期。
④ 游正林:《合作型劳动关系的形成——"郝建秀工作法"的总结与推广过程及其意义》,《中共党史研究》2021年第5期。
⑤ 王元周:《北平接管后建筑工人的组织过程与建筑业的体制转变(1949—1952)》,《社会科学研究》2021年第5期。

化的重工业路径无法因应工资水平提高后带来的购买力的突增，使得调控工资增幅成为平衡消费品供求关系与维护国民经济稳定运行的必由选择。①

除社会主义工业化问题之外，集体化时期的农村问题也是广受学界关注的议题。有学者对1954—1956年间农业生产合作社的干部来源进行了考察，认为农业生产合作社最初依靠县、区自上而下地派遣干部，但很快就面临干部短缺，解决办法是从贫下中农中选拔一批骨干，经过短期培训，成为生产合作社基层干部。这些贫下中农干部是集体化时期农村基层干部的"蓄水池"，不仅使农业合作化运动快速推进，而且进一步夯实了党的执政基础。②还有学者以贵州省为例，对农业生产合作社勤俭办社的实态进行了中微观考察，认为发展农村副业、开展多种经营、减少非生产性的开支、反对铺张浪费等勤俭办社的措施，有效活跃了农村经济，增加了社员收入和社会财富，巩固和发展了农业生产合作社。③

这方面的研究中亦不乏视野宏阔，以特定问题为入口，探讨计划经济下的城乡关系、工农关系的精品之作。有学者研究了新中国成立初期农村养猪业"向社会主义过渡"的经过。该文认为，传统的农村养猪业是一种与种植业密切结合的"粮猪经济"，新中国成立后，这种模式面临向社会主义过渡的问题，由此牵涉国家与农民的关系、城乡关系、工农业关系。对此，作者均进行了贯通的思考与审视，可谓"以小见大"。④有学者研究了作为农村主体的农民，聚焦新中国成立初期培育"新农民"的过程，认为中国共产党主要是通过识字教育、思想改造、建立巩固农村基层党组织、发挥典型示范作用、开展政治运动等方式来践行乡村"人的塑造"，推动了乡村文化的重塑，最大限度凝聚了群众力量，同时巩固了农民对于党和国家及社会主义道路的政治认同。⑤此外，还有学者从推广普通话运动、建设农村有线广播站、开展农民扫盲运动、解决农村饮水安全问题等不同角度开展对集体化时期农村的研究，深化了对中国共产党基层治理能力以及农业农村现代化进程的细节性认识。⑥

---

① 徐鹏：《一九五六至一九五七年北京的第二次工资改革实践》，《党史研究与教学》2021年第3期。
② 常明：《农业生产合作社干部研究（1954—1956年）》，《当代中国史研究》2021年第3期。
③ 范连生：《合作化时期农业生产合作社勤俭办社的历史考察——以贵州为中心》，《当代中国史研究》2021年第6期。
④ 肖安森：《新中国成立初期湖南郴县专区养猪业经济效益考察》，《中共党史研究》2021年第4期。
⑤ 张建梅：《新中国成立初期培育新农民研究（1949—1956）》，《毛泽东邓小平理论研究》2021年第11期。
⑥ 崔明海：《1956—1960年推广普通话运动在农村的开展及其影响》，《当代中国史研究》2021年第4期；马瑞：《新中国成立后农村有线广播站的初期建设》，《当代中国史研究》2021年第2期；范兴旺：《新中国三次农民扫盲运动及其历史意义（1949—1960）》，《毛泽东邓小平理论研究》2021年第11期；韩广富、张新岩：《新中国解决农村饮水安全问题研究》，《当代中国史研究》2021年第5期。

一定的学术问题意识总是产生于学者所处的特定历史环境。在当前我国抗击新冠疫情取得历史性成就的情况下，疫病灾害史继续引起许多学者的关注，涌现了许多研究成果。2021年出版的《为了万家灯火：中国共产党百年抗灾史》（2021年中宣部主题出版重点出版物），是首部全面呈现中国共产党抗灾史的原创著作。该书精选了若干典型的重大灾害事件，从应急管理学的角度深入剖析各个时期防灾救灾方面的思想演变和进步。该书彰显了党在应灾中所体现出的人民至上理念、举国体制模式、对口支援模式、多元治灾体系等独特优势，反映了我国抗灾制度体系的日趋完善以及处置灾害类突发事件能力的日渐强大。[1] 有学者从"精神"的角度开展疫病史研究，引入符号学的方法，很好地运用了跨学科的研究方法，对余江县血吸虫病防治"第一面红旗"符号的形成与发展经过进行了历史考察。[2] 有学者研究了新中国成立初期重庆市卫生防疫体系的建立与肃清匪特、民主建政的关系，指出重庆的卫生防疫措施既保障了人民群众的生命健康，也进一步巩固了群众对党和政府的高度认可。[3] 还有学者以容易快速传播疾病的铁路为切入点，探讨新中国成立前后铁路卫生防疫工作的基本经验。[4] 这些研究对当下抗击新冠疫情工作具有很强的资鉴意义，但普遍偏重上层政策的实施，忽略下层的反应，未来可适当加强在这方面的研究。

2021年是西藏和平解放70周年，相关的研究成果颇丰。张皓对1950—1952年人民解放军进驻西藏进行了研究，提出由于西藏特殊的地理环境和民族宗教因素，进军西藏是一项特殊的战备任务，进军部队接受了精心的政治训练。他们在政治上执行正确的民族政策和宗教政策，实行民族区域自治，搞好统一战线；在经济上实行生产自给；在交通上构建运输网；在军事上进驻交通要道和边防前哨，从而构建一套新型的中国西南边疆的国防体系，不仅实现了中国大陆的统一，也改变了西藏"有边无防"的历史。[5] 有学者侧重于阐释中国共产党治理西藏的成功经验，即牢牢抓住西藏工作的主要矛盾和特殊矛盾，坚定的原则性和策略的灵活性相统一，始终以人民为中心，铸就"老西藏精神"，从政治、经济、文化等一切方面建设治理西藏。[6] 关于西藏和平解放的历史意义，既有研究已相当丰富，有学者在此基础上提出，青藏高原地区是亚欧大陆中东部的"水源"和"冷源"，其自然环境要素的变化

---

[1] 陈安、陈樱花、韩玮著：《为了万家灯火：中国共产党百年抗灾史》，浙江科学技术出版社2021年版。
[2] 刘玉山：《新中国成立初期余江县根除血吸虫病"第一面红旗"符号的形成与发展》，《毛泽东邓小平理论研究》2021年第9期。
[3] 鲁克亮、李晓朋：《1950—1952重庆防疫网的构建》，《当代中国史研究》2021年第3期。
[4] 黄华平：《新中国成立前后人民铁路卫生防疫事业的创建》，《当代中国史研究》2021年第1期。
[5] 张皓：《一九五〇至一九五二年人民解放军之进驻西藏——西藏和平解放70周年纪念》，《党史研究与教学》2021年第4期。
[6] 朱晓明：《中国共产党何以能和平解放西藏、建设治理西藏》，《当代中国史研究》2021年第4期。

会对我国东部地区产生重要影响。因此，西藏和平解放有效构筑起国家生态安全屏障。① 此外，还有学者对西藏和平解放研究进行了学术述评，指出，未来该领域应从以下几方面努力：一是从西藏地方发展史和党史、新中国史的多重维度展开，关注西藏人民在经济社会发展中做出的努力；二是从中华民族发展史的高度阐释西藏和平解放的意义，引导树立正确的国家观；三是从国际视野出发，对海外有关攻击、诋毁其进步意义的言论和历史虚无主义思潮进行有力批驳。②

改革开放史研究在2021年也不断推进。有学者对改革开放史的热点问题——凤阳县农村改革"大包干"提出新见。经过考证得出，从1979年2月至1980年7月，凤阳县委推行的"大包干"是包干到组，1980年8月后的"大包干"则主要是包干到户，因此，不能将凤阳"大包干"与包产到户、包干到户等概念合为一事。③ 80年代的乡镇企业也是改革开放史研究较多的问题，萧冬连对乡镇企业异军突起的原因进行了深入分析，认为乡镇企业的兴起是农民对城乡二元体制的自我突围；财政分权体制下基层政府有扶持乡镇企业发展的强劲动力；长期短缺的经济和局部市场的形成是乡镇企业发展的天赐良机；充足而廉价的土地和劳动力是乡镇企业独有的两大资源优势；独特的经营机制和产权结构使乡镇企业在与国有企业竞争中处于优势。在这些因素的共同作用下，出现了乡镇企业繁荣发展的历史景观。④

八、下一步展望

总体而言，2021年当代中国史学科整体发展态势良好，"三大体系"建设稳步推进，研究成果呈现重点突出、亮点纷呈的特点，研究热度持续升温。从2021年度国家社科基金和教育部重大项目批准立项的情况来看，有关当代中国史的国家社科基金年度项目有187项、青年项目有55项、西部项目有21项、教育部重大项目有27项，成果十分丰富。尤其是教育部重大项目中，当代中国史项目占比高达44%，反映出高校科研人员参与当代中国史研究的巨大热情。此外，多种当代中国史史料也在2021年出版。除上文提及的史料之外，新出版的史料还包括《新中国小三线建设档案文献整理汇编》（第一辑全8册）⑤、《新时代研

---

① 廉湘民：《西藏和平解放的伟大意义》，《当代中国史研究》2021年第4期。
② 靳康康：《西藏和平解放研究的回顾与思考》，《当代中国史研究》2021年第5期。
③ 李嘉树："'大包干'政策内涵的历史流变——基于安徽省凤阳县的考察"，《中共党史研究》2021年第4期。
④ 萧冬连：《乡镇企业"异军突起"的历史和机制分析》，《中共党史研究》2021年第5期。
⑤ 徐有威主编：《新中国小三线建设档案文献整理汇编》（第一辑全8册），上海科学技术文献出版社2021年版。

究生教育研究资料汇编（2010—2020）》、《杨树达日记》[①]、《顾廷龙日记》[②]，口述史料主要有《我的父辈在抗美援朝中》[③]《雪域珍档——22位老兵的进藏记忆》[④]《激情岁月的记忆：聚焦三线建设亲历者》[⑤]《破茧——上海产业转型发展与城市更新访谈录》[⑥]等。这些既反映了当前当代中国史研究的热度，也为下一步的深化研究提供了持续支撑。

但是必须看到的是，当代中国史研究起步较晚，与建成具有中国特色的当代中国史学科体系、学术体系、话语体系还有相当距离。站在新的历史起点上，当代中国史学科应从以下几个方面发力。

第一，加快推进中国特色社会主义新时代研究。就当代中国史研究现状而言，对社会主义革命与建设时期的研究因起步较早，相对比较成熟。改革开放至今也有40多年历程，积累了深厚的发展经验，总结改革开放历程与经验的相关研究已成当代中国史新热点，产生了许多研究成果。相较而言，对中国特色社会主义新时代的研究最为薄弱，深度和广度均亟待拓展。与此同时，作为我国发展新的历史方位，作为承前启后、继往开来的时代，中国特色社会主义新时代的研究意义和价值又特别重大，这就决定了新时代研究兼具起步晚、基础弱、任务重、潜力大等特点。当代中国史学界应加快对新时代的研究，将其作为主要发力点。

第二，加强当代中国史通史的研究与编撰。通史著作是当代中国史研究的集大成著作，也是学术理论界和广大人民群众学习研究当代中国史的重要参考书，对于推进该领域研究具有重大意义。当代中国研究所作为党中央批准成立的专门从事当代中国史研究的唯一国家级学术机构，拥有一批专业化程度高的研究队伍，先后参与组织编撰《当代中国》丛书、《中华人民共和国史稿》、《新中国70年》、《中华人民共和国简史》等通史著作[⑦]。其中，《当代中国》丛书是20世纪八九十年代由当代中国研究所参与组织编撰出版的大型当代中国史百科全书。该丛书按照部门、行业、地区专题设卷，所覆盖的时段从1949年至20世纪80年代，共出版152卷、210册，总字数1亿字。2012年，由当代中国研究所集体编撰的5卷本《中华人民共和国史稿》出版。该书的研究时段为1949—1984年，对社会主义革命与建设时期以及改革开放初期均有着翔实深刻的论述，但由于编撰年代

[①] 王战军主编：《新时代研究生教育研究资料汇编（2010—2020）》，中国科学技术出版社2021年版；杨树达著、杨柳岸整理：《杨树达日记》，中华书局2021年版。

[②] 顾廷龙著，李军、师元光整理：《顾廷龙日记》，中华书局2021年版。

[③] 王太和主编：《我的父辈在抗美援朝中》，中共党史出版社2021年版。

[④] 萧清著：《雪域珍档——22位老兵的进藏记忆》，西藏人民出版社2021年版。

[⑤] 吕建昌、莫兴伟主编：《激情岁月的记忆：聚焦三线建设亲历者》，上海大学出版社2021年版。

[⑥] 上海产业转型发展研究院编：《破茧——上海产业转型与城市更新访谈录》，上海书店出版社2021年版。

[⑦] 当代中国研究所：《中华人民共和国史稿》，当代中国出版社2012年版。

较早，缺乏对1984年以后的改革开放历程及中国特色社会主义新时代的书写。2019年，《新中国70年》一书出版。2021年，当代中国研究所集体编写的《中华人民共和国简史》及参与撰写修改的《改革开放简史》正式出版。这两部书是党史学习教育的重要参考材料和面向全社会开展"四史"宣传教育的重要用书，是关于新中国史的最新权威读本。目前，由当代中国研究所集体编撰的八卷本当代中国史著作正在有序撰写中，该书出版后，当是一部体例恢宏、内容全面而翔实的当代中国史通史。这些通史著作的编撰出版，将有力推动当代中国史研究的整体进程。

第三，创新研究手段，积极探索跨学科和数字化的当代中国史研究路径。当前，国家大力提倡建设多学科交叉融合的"新文科"，当代中国史研究中虽不乏跨学科研究的成功实践，但跨学科方法还未成为当代中国史学界的共识性思维方法，尚未内化为其有机组成部分。深入理解当代中国，仅有纵向历史思维远远不够，还须学习借鉴社会科学的方法来加强对横断面的理解。因此，当代中国史研究的进一步深化，离不开研究者知识体系的更新和研究视野的拓展。研究者除掌握史学研究方法之外，还应广泛借鉴政治学、经济学、社会学、心理学等社会科学的研究方法。

研究手段的更新还应包括以建设当代中国史史料数据库为主要抓手的数字化文科建设。资料是学术创新的重要条件，在传统时代，穷尽资料是历史学家梦寐以求而又遥不可及的目标。到了信息社会，海量史料通过数字化形式存储，过去只可能为少数人私藏的珍稀史料现在有望被全体研究者共享，"穷经"或许不再需要"皓首"。目前，当代中国史基本史料已实现数字化，但与其他学科的数字化程度相比还存在一定差距。未来应加强当代中国史史料征集力度并将之数字化，建成专题性的、特色鲜明的大型数据库，以利研究工作的开展。

第四，努力创新当代中国史研究的话语体系，实现更高程度的基础研究与应用研究融合发展。当代中国史学科与现实国情紧密相连，相比其他断代史的存史资政功能，当代中国史研究更要发挥护国作用，推动基础研究与应用研究融合发展。具体说来，就是要创新话语体系，用学术语言讲好新中国成立70余年来党带领人民建设社会主义的伟大实践，让国际上越来越多的人认识到中国特色社会主义道路的正确性。目前，中国人民对党领导中国经济社会发展所取得的成就高度认可，但在国际上如何讲好中国故事仍显办法不多，根本上在于没有有效构建基于中国现实国情且能够有效解释中国特色社会主义实践的学术话语体系。为此，研究者应将现实关怀融入科学研究之中，一方面夯实基础研究，以之为应用研究的后盾；另一方面以"经世致用"为价值取向，通过自己的研究回答好"时代之问"，为构建中国特色当代中国史"三大体系"添砖加瓦。

（作者：当代中国研究所　刘　洁）

2021 年度当代中国政治史研究综述

2021 年度当代中国政治史研究，在中国共产党治国理政研究、社会主义民主政治研究、行政与司法制度研究、政治人物研究、国防与军事史研究等方面均得到了推进与深化，围绕改革开放史研究、干部研究、政治运动与事件研究、纪念史研究等热点也涌现了一系列研究成果。

总体而言，2021 年度当代中国政治史研究有几方面特点。一是研究中更加重视对中国特色的概括总结，习近平新时代中国特色社会主义思想对研究起到了理论引领的作用，对中国特色的研究更为深入，对中国共产党治国理政的研究受到高度重视。二是研究视角与研究方法更为多样化，多学科理论与方法的引入是发展趋势，研究的国际视野更加明显。三是当代中国政治史研究思路不断创新，地方史料与宏观研究问题的结合使研究具有新意，理论性与历史性的结合使研究具有深度，宏观研究与微观研究还应取长补短。

一、中华人民共和国政治史学科研究进展

（一）中国共产党治国理政研究

中国共产党领导，是中国特色社会主义最本质的特征。在中国共产党成立 100 周年之际，中共十九届六中全会通过《中共中央关于党的百年奋斗重大成就和历史经验的决议》，总结了中国共产党的百年奋斗重大成就和历史经验。《中华人民共和国简史》作为"四史"宣传教育的权威读本，对中国共产党治国理政的实践与成效进行了全景展现。在时代背景下，对中国特色社会主义与中国共产党治国理政的研究，具有更重要的理论意义与现实意义。

1. 中国特色社会主义道路与中国共产党的治国理政智慧

中国特色社会主义是长期以来的研究热点，首先体现在一批学者围绕中国特色社会主义进行了研究综述。康晓强指出，"中国共产党领导是中国特色社会主义最本质的特征"这一重大论断，是习近平对中国特色社会主义最本质特征问题的深刻把握和精辟表达，学术界围绕这一重大论断进行了深入研究阐释。他通过研究综述，对学界讨论的这一重大论断的依据

和意义进行了梳理。① 赵静、夏银平考察了21世纪以来俄罗斯学界关于中国特色社会主义道路和成就的研究,指出这些研究以俄罗斯国家改革的需要和发展道路的探索为研究出发点;以经济为重点兼及多领域研究;重要研究方法是与俄罗斯历史和现实进行纵横比较;大多数学者肯定了中国特色社会主义的成就,肯定中国特色社会主义的社会主义性质,认可中国特色社会主义的世界影响。②

陈晋分析了中国特色社会主义道路,论述了中国道路从哪里来、中国道路给中国人民带来了什么、西方道路为什么不适合中国等几个问题。③ 张宏志论述了中国特色社会主义理论与实践相互推动、不断发展的历史逻辑,指出这一历史逻辑反映了中国共产党坚持把马克思主义普遍真理与中国实际相结合、通过解决前进中的问题不断推进马克思主义中国化的历史进程。④ 曹普研究了社会主义初级阶段理论的提出、深化和新发展,指出社会主义初级阶段理论是中国共产党在反思"什么是社会主义、怎样建设社会主义"、开创和拓展中国特色社会主义道路过程中取得的重大认识成果,是中国特色社会主义理论大厦的基石。⑤

唐亚林考察了中国共产党领导国家治理的经验,指出中国共产党领导国家治理的价值基础是人民利益与人民意志的坚守,动力基础是人民需求与人民生活的满足,主体基础是人民主体与人民力量的依靠,制度基础是人民参与和人民协商的实现,绩效基础是人民满意与人民抉择的遵循。⑥ 贺东航论述了中国共产党领导国家成长的复线逻辑,指出中国共产党是现代中国成长的核心领导力量,革命逻辑、现代化逻辑与民族复兴逻辑是理解现代中国最重要的线索。⑦ 高晓林、黄冰琼对海外学者关于中国共产党治国理政智慧的研究进行了梳理与评析,指出这些研究中总结的中国共产党治国理政的智慧有:坚持党的领导,加强党的建设;坚持人民至上的执政理念;坚持立足国情,选择适合中国的执政策略;坚持继承中华优秀传统文化的同时借鉴他国优秀文明成果;坚持以经济建设为中心;坚

---

① 康晓强:《国内学界关于"中国特色社会主义最本质的特征"重大论断的依据和意义研究综述》,《党的文献》2021年第6期。
② 赵静、夏银平:《本世纪以来俄罗斯学界关于中国特色社会主义研究的几个主要特点》,《党的文献》2021年第6期。
③ 陈晋:《关于中国特色社会主义道路的几个重大问题》,《党的文献》2021年第5期。
④ 张宏志:《中国特色社会主义理论和实践不断发展的历史逻辑》,《党的文献》2021年第5期。
⑤ 曹普:《1978—2021:社会主义初级阶段理论的提出、深化和新发展》,《科学社会主义》2021年第5期。
⑥ 唐亚林:《以人民为中心的治理观:中国共产党领导国家治理的基本经验》,《中国行政管理》2021年第7期。
⑦ 贺东航:《中国共产党领导国家成长的复线逻辑——一项历史政治学的考察》,《东南学术》2021年第4期。

持改革开放；坚持依法治国等。① 王鸿铭在考察 70 多年来美国学界中国政治研究范式转变的基础上，提出理解中国政治的核心要素是中国共产党，中国政治研究需要找回中国共产党，中国共产党的群众路线、民主集中制等是研究中国政治实践的途径。②

2. 中国共产党治国理政的具体方式

五年规划是中国共产党治国理政的重要方式，一批学者围绕五年规划的特征与优势等方面进行了研究。尹俊、徐嘉系统研究了中国十三个五年规划的历程与规划治理的理论逻辑，指出中国特色的五年规划制度是一种弹性规划制度，主要通过适应性宏观计划和激励性目标治理，动员政府、市场、社会等多方面力量共同实现国家目标，是国家治理体系的重要组成部分，也是国家治理能力现代化的重要标志。③ 郭旭红、武力指出，五年规划的战略目标体现了"一张蓝图绘到底"的社会主义制度优势，主要内容表现了党以人民为中心的执政理念，制定方式彰显了党治国理政能力的逐步提高，实施效果展现了党治国理政效能的逐步提升。④ 丁忠毅分析了编制实施五年规划的治理效能和优势，指出坚持以有效的过程治理促进长周期治理绩效的合意，促进接续发展和治理创新的有机统一，促进积极政府与有效市场的优势互补，是编制实施五年规划的治理效能和优势；坚持党的领导、人民当家作主和依法治国的有机统一，整体性治理思维和方法论的遵循，全过程人民民主机制的运用则提供了重要保障。⑤ 林木西指出，中国特色的中长期发展规划制度的特征是发展战略、发展规划、年度计划相互衔接、相互作用，以及中长期规划的科学化、规范化、民主化和法治化；其中的"中国经验"是加强党中央集中统一领导、建立贯彻新发展理念的目标治理机制、健全统一规划体系。⑥

有多篇论文以民主集中制为主题，对中国共产党成立百年以来的民主集中制进行了梳理，并根据民主集中制的发展历程，概括总结了历史经验。刘仓、杨璐指出的历史经验包括：民主集中制事关党的生命和国家的前途；要完整准确地把握民主集中制的整体内涵；民主集中制与党的实践、理论和制度创新相结合；民主集中制与国家制度相结合；贯彻执行民

---

① 高晓林、黄冰琼：《海外关于中国共产党治国理政智慧的认识与评析》，《当代中国史研究》2021年第2期。

② 王鸿铭：《70年来美国学界中国政治研究的范式转变及其问题——兼论"以中国共产党为方法"的中国政治研究》，《教学与研究》2021年第7期。

③ 尹俊、徐嘉：《中国式规划：从"一五"到"十四五"》，北京大学出版社2021年版。

④ 郭旭红、武力：《从五年规划看中国共产党治国理政的基本经验》，《华中师范大学学报（人文社会科学版）》2021年第4期。

⑤ 丁忠毅：《编制和实施五年规划：中国共产党治国理政的重要方式》，《思想理论教育导刊》2021年第4期。

⑥ 林木西：《中长期规划是中国共产党治国理政的重要方式》，《经济学动态》2021年第5期。

主集中制是全党的共同政治责任。① 王春玺、贺群指出的历史经验包括：在推进国家治理现代化过程中必须始终贯彻执行民主集中制；贯彻执行民主集中制的关键是把握好民主与集中的动态平衡；维护党中央权威和集中统一领导是贯彻民主集中制的必然要求。② 寇鸿顺、申浩良指出的历史经验包括：正确认识与处理民主和集中的辩证关系，把握民主和集中的动态平衡；夯实党内民主，充分调动广大党员的积极性、主动性、创造性；坚决维护党中央权威和集中统一领导；坚持集体领导与个人分工负责相结合；推进民主集中制制度化、规范化。③ 除上述学者总结了历史经验以外，许耀桐指出，百年来，中国共产党对民主集中制的发展体现了六大特点，作出了十个重大创新。④

中国共产党的政治建设与自我革命也是研究重点。李正华指出，中国共产党政治建设的主要经验是：必须坚守正确政治方向，必须坚定维护党中央权威和集中统一领导，必须尊崇党章、完善并严格执行各项制度，必须营造良好政治生态，必须紧扣民心这个最大的政治。⑤ 姜辉指出，中国共产党探索跳出历史周期率的历史，就是一部接续推进党的建设伟大工程、不断增强治国理政能力的历史，就是一部全面从严治党、不断进行自我革命的历史。⑥ 曲青山考察了中国共产党在1950—1955年反对官僚主义的斗争，指出其历史经验是：坚定斗争决心，充分认识反对官僚主义的极端重要性；做好长期斗争的思想准备，坚持不懈地反对官僚主义；结合不同时期的中心工作，增强反对官僚主义的针对性和实效性；探索完善治本之策，在建构反对官僚主义制度体系上下功夫。⑦ 张甲哲、肖贵清研究了中国共产党纪律检查机构在改革开放初期的恢复重建，指出党的各级纪律检查机构有力地严肃党纪、整顿党风，有效地维护了党的纯洁性和先进性，为党领导改革开放和社会主义现代化建设事业的顺利进行提供了重要的保证。⑧

---

① 刘仓、杨璐：《中国共产党百年历程与民主集中制的建构》，《高校马克思主义理论研究》2021年第2期。
② 王春玺、贺群：《中国共产党民主集中制建设的百年历程及主要经验》，《新视野》2021年第3期。
③ 寇鸿顺、申浩良：《中国共产党民主集中制建设的百年历程及其经验》，《中州学刊》2021年第9期。
④ 许耀桐：《中国共产党发展民主集中制的百年历程》，《中共中央党校（国家行政学院）学报》2021年第1期。
⑤ 李正华：《中国共产党政治建设的主要经验》，《马克思主义研究》2021年第3期。
⑥ 姜辉：《百年大党跳出历史周期率的成功道路》，《北京大学学报（哲学社会科学版）》2021年第5期。
⑦ 曲青山：《百年党史上开展作风建设的一个典范——新中国成立初期党领导开展的五次反对官僚主义的斗争》，《党的文献》2021年第3期。
⑧ 张甲哲、肖贵清：《改革开放初期中国共产党纪律检查机构的恢复重建》，《党的文献》2021年第4期。

3. 关于国家治理现代化的研究

中共十九届四中全会作出关于坚持和完善中国特色社会主义制度、推进国家治理体系和治理能力现代化若干重大问题的决定以来，学界关于国家治理体系和治理能力现代化的研究进一步走向深入。

张占斌、薛伟江对当代中国国家治理进行了系统研究，从国家治理总论、国家治理源流论、国家治理主体论、国家治理战略论、国家治理实践论和国家治理保障、国家治理成效论等多方面进行了分析和归纳。[1] 魏礼群主编的论文集以国家治理现代化的 70 年回顾和新时代展望为主题，吸收了 2019 年治理现代化论坛和第八届中国行政改革论坛两个学术会议的发言与相关论文，从新中国国家治理现代化的历程和经验、新时代国家治理现代化的路径和任务、行政改革与国家治理现代化三个方面进行了深入论述。[2] 吕德文对作为国家治理基石的基层治理进行了系统研究，对"三农"问题、美好生活、脱贫攻坚、基层秩序、基层减负、干部担当、治理现代化等问题进行了深入论述。[3]

在乡村治理方面，林辉煌通过研究党组织在村庄治理中的作用机制，指出党组织在村庄治理中是非常特殊且重要的治理主体之一，中国共产党以"核心"的身份介入治理体系中，发挥着联结、统筹和引领国家与社会关系的作用。他还对当前村庄治理与党建的状况及问题进行了讨论。[4] 赵树凯对"治国理政"语境下的乡村治理百年探索进行了研究，指出如何建立充满活力、高效有序的乡村治理体系，是中国现代化进程的重要挑战，在这个过程中，需要继续借鉴农村改革的根本经验，尊重农民的首创精神和选择权利，不仅是农村改革的根本经验，也是乡村治理的根本经验。[5]

在城市治理方面，王德福在田野调查的基础上，对城市社区治理进行了全面研究，对业主自治、精细治理、社区治理现代化等多个方面进行了细致考察。[6] 郭圣莉等对新中国成立初期的城市管理体制进行了研究，考察了城市管理体制建立的实际过程，并应用国家政权建设理论，从政府角色、职能与结构角度解释了新管理体制的特征及其构建的合理性，指出中国共产党在国家政权建设过程中，把改造和重组社会作为自身的使命，带来了城市政府职能的扩张。[7] 袁则文从现代国家建构的视角对城市街道办事处进行了系统研究，梳理了街道办

---

[1] 张占斌、薛伟江：《当代中国国家治理概论》，中共中央党校出版社 2021 年版。
[2] 魏礼群等：《国家治理现代化：70 年回顾和新时代展望》，国家行政管理出版社 2021 年版。
[3] 吕德文：《基层中国：国家治理的基石》，东方出版社 2021 年版。
[4] 林辉煌：《构造"核心"：村庄治理中的党组织》，《开放时代》2021 年第 4 期。
[5] 赵树凯：《乡村治理的百年探索：理念与体系》，《山东大学学报（哲学社会科学版）》2021 年第 4 期。
[6] 王德福：《治城：中国城市及社区治理探微》，广西师范大学出版社 2021 年版。
[7] 郭圣莉、张良、刘晓亮：《新中国成立初期我国城市管理体制的建立及其层级结构研究》，《上海行政学院学报》2021 年第 3 期。

事处的历史起源与形态流变、制度属性与权力、制度机理与政治功能及其实际运作，指出了街道办事处本质上是中国现代国家构建中国家权力对城市基层社会的政治嵌入机制，它的演变与中国现代国家建构的战略变动关系紧密。①

此外，从中国工会作为国家治理参与者的理论视角，吴建平对改革开放以来中国工会的制度变迁进行了系统梳理与深入研究，论述了改革开放以来中国工会在两个层面的制度变迁，一是中国工会作为整体所发生的角色与职责的变迁，二是中国工会内部的结构分化和整合所带来的变迁。②

（二）社会主义民主政治研究

中国的全过程人民民主，实现了过程民主和成果民主、程序民主和实质民主、直接民主和间接民主、人民民主和国家意志相统一，是全链条、全方位、全覆盖的民主，是最广泛、最真实、最管用的社会主义民主。全过程人民民主理论的提出，促使社会主义民主政治研究进一步推进。中共中央党史和文献研究院编辑的习近平《论坚持人民当家作主》在2021年出版，为社会主义民主政治研究提供了理论依据。

1. 全过程人民民主研究与当代中国政治制度总论

对全过程人民民主的研究和阐释是学界的研究热点。宋月红论述了全过程人民民主的思想基础与实践遵循，并指出了新时代发展全过程人民民主的基本遵循与重要举措。③ 樊鹏指出，全过程人民民主能够有效维护人民广泛真实权利，有利于巩固和发展国家治理能力，有利于更好维护发展共识，追求社会和谐稳定与社会活力相统一。④ 张君指出，全过程人民民主内含着权力和权利两条基本线索，人民群众既可以在政治生活中参与行使国家权力，也能够在基层社会事务中实现充分的自我管理；人民代表大会制度是全过程人民民主的主渠道；公共政策过程的民主化是我国形成和发展全过程人民民主的主要着力点。⑤ 江泽林指出，全过程人民民主的重大理念，赋予了人民代表大会制度和中国人民政治协商会议制度（简称"两会制"）更加鲜明的民主价值，"两会制"民主是全过程人民民主的重要制度形态，人民政协作为专门协商机构的性质定位，是"两会制"民主成熟定型的重要标志。⑥

当代中国政治制度一直是当代中国政治史学科的研究重点。李正华等对中国特色社会主义政治制度建设进行了系统研究，指出政治体制和政治文明建设必须坚持从中国的实际出

---

① 袁则文：《现代国家建构视野下的街道办事处制度研究》，中国社会科学出版社2021年版。
② 吴建平：《改革开放以来中国工会的制度变迁》，社会科学文献出版社2021年版。
③ 宋月红：《发展全过程人民民主的思想基础和实践遵循》，《国家治理》2021年第Z6期。
④ 樊鹏：《全过程人民民主：具有显著制度优势的高质量民主》，《政治学研究》2021年第4期。
⑤ 张君：《全过程人民民主：新时代人民民主的新形态》，《政治学研究》2021年第4期。
⑥ 江泽林：《"两会制"民主视域下的人民政协——全过程人民民主的重要政治制度》，《中国社会科学》2021年第12期。

发，围绕党的中心任务来展开，朝着全面深化改革的总目标来加强；必须着眼于中国的实际，坚持党的领导、人民当家作主和依法治国的有机统一；必须与时代同步伐，稳步推进中国特色政治制度的完善和发展。① 刘维芳考察了改革开放以来中国政治制度建设的历程与成就，指出要继续高度重视政治制度建设在国家制度建设中的重要地位；要进一步坚持和完善政治制度各方面的建设；政治制度建设既要注重规章制度的制定，也应重视制度在国家治理中所发挥的具体效能，以及规章制度与治理能力的契合程度；领导干部应切实强化政治意识和制度意识，带动全党全社会自觉尊崇制度、严格执行制度、坚决维护制度。② 曾峻对政治体制改革的中国路径进行了深入研究，考察了新中国政治制度的缘起与演化、新时期政治体制改革的开启与推进、新时代政治体制改革的拓展与深化、理论与实践的三重来源及其整合、多元目标的平衡与中国式诠释、渐进策略与改革的基本经验、政治体制改革的成效与展望。③

2. 根本政治制度与基本政治制度研究

我国的根本政治制度是人民代表大会制度。黎堂斌对改革开放以来人大制度的发展进行了系统研究，梳理了人大制度恢复重建、活跃探索、稳定发展、创新推进的过程，并分析了影响人大制度变迁的主要因素、推动人大制度发展的经验、人大制度建设存在的问题，以及完善人大制度的方向。④ 黄宇菲梳理了全国人民代表大会组织法的发展历程，指出全国人大组织法的制定、修改和实施，从法律上保障和发展人民民主，从制度上推动和促进全过程人民民主，对于坚定不移走中国特色社会主义政治发展道路、推进国家治理体系和治理能力现代化有着重要的、基础性的法治意义。⑤ 任贵祥从华侨代表的角度对一届全国人大进行研究，考察了一届全国人大华侨代表的选举产生，以及华侨代表在一届全国人大共召开的五次会议上的履职和建言献策情况，指出1949—1956年是新中国历史上党和国家根本政治制度的奠基开创时期，也是华侨与党和国家政治关系最密切的时期之一。⑥ 何俊志研究了地方人大的职能问题，指出自1979年县级以上地方各级人大设立常委会以来，中国地方各级人大及其常委会在整体职能得到长足发展的同时，各项具体职能之间也呈现了非均衡发展的状态，省级人大常委会的职能变迁呈现出整体增长和局部波动的态势；在内容分布上表现出了

---

① 李正华、沈雁昕、李夏：《中国特色社会主义政治制度建设》，河北人民出版社2021年版。
② 刘维芳：《改革开放以来中国政治制度建设的历程及启示》，《中国井冈山干部学院学报》2021年第1期。
③ 曾峻：《政治体制改革的中国路径》，经济科学出版社2021年版。
④ 黎堂斌：《改革开放以来人大制度发展》，江苏人民出版社2021年版。
⑤ 黄宇菲：《全国人民代表大会组织法的发展历程和法治意义》，《中国法律评论》2021年第2期。
⑥ 任贵祥：《一届全国人大华侨代表的选举产生和建言献策》，《中共党史研究》2021年第2期。

五项强职能与五项弱职能的明显分化。① 在普选的人民代表大会召开前，各界人民代表会议是地方民主建政的主要形式，陈芸对新中国成立初期乌鲁木齐市各族各界人民代表会议的实践进行了考察，指出各界人民代表会议循序渐进地培育了人民的民主自觉，贯彻了党的民族政策，实现了向人民代表大会的演进，最终完成了乌鲁木齐市的民主建政，为提高党在新疆的执政能力积累了宝贵经验。②

我国的基本政治制度包括中国共产党领导的多党合作和政治协商制度、民族区域自治制度、基层群众自治制度。

关于中国共产党领导的多党合作和政治协商制度，闫小波等学者围绕中国共产党1948—1949年的建政进行了考察。李甜甜、闫小波对"新政治协商会议"改名为"中国人民政治协商会议"的过程进行了考证与分析。③ 赖静萍、闫小波指出从1949年6月"新政协筹备会"到1949年9月"中国人民政治协商会议"，不仅是"改名"，而且是"易姓"，其背后的动因是中国共产党论定的未来国家的国体——人民民主专政不可动摇，中国共产党在建政实践中成长起来的政体——人民代表大会制度不可逆向。④ 金文考察了1949—1954年的人民政协功能定位，指出政协既扮演着本身固有的角色"人民政协机关"，又临时扮演了国家最高权力机关的角色"人民政权机关"，在功能定位上经历了从"代行"到"回归"的发展过程。⑤ 池步云从体制创设、协商路径等方面，考察了1949—1956年人民政协民主协商的实践，并指出人民政协创立初期的民主协商，为社会主义协商民主的孕育和生成奠定了重要的实践、制度和理论基础。⑥ 胡荣荣对新型政党制度进行了系统研究，指出应加强中国共产党的领导，保持政治发展正确方向；健全多党合作运行机制，推动执政党建设和参政党建设互相促进；健全协商民主程序机制，发挥人民政协制度效能。⑦

由于2021年是西藏和平解放70周年，因此围绕民族区域自治制度的研究主要体现在对西藏和平解放的研究中。万金鹏、刘文珍指出，学界围绕西藏和平解放70年来中国共产党

---

① 何俊志：《中国省级人大常委会的职能变迁：路径与模式》，《政治学研究》2021年第1期。
② 陈芸：《新中国成立初期乌鲁木齐市各族各界人民代表会议的历史考察》，《当代中国史研究》2021年第5期。
③ 李甜甜、闫小波：《"新政治协商会议"改名为"中国人民政治协商会议"考议》，《党的文献》2021年第1期。
④ 赖静萍、闫小波：《接续抑或更张：从"新政协"到"人民政协"》，《吉林大学社会科学学报》2021年第2期。
⑤ 金文：《从"代行"到"回归"——新中国成立初期人民政协功能定位的历史考察》，《江苏师范大学学报》2021年第2期。
⑥ 池步云：《1949—1956年人民政协民主协商的实践逻辑及其当代价值》，《江西社会科学》2021年第2期。
⑦ 胡荣荣：《"中国之治"与新型政党制度研究》，河北人民出版社2021年版。

的西藏政策进行了持续研究,研究议题丰富,形成了可观的学术成果,他们在学术述评中,指出中国共产党西藏政策研究的主要议题和领域有:中国共产党西藏政策的决策机制、决策过程;中国共产党西藏工作的宝贵经验;历史上各时期党中央关于西藏工作的思想;新时代党的治藏方略;党在西藏的民族政策;党在西藏的宗教政策;党维护西藏稳定的政策;对口援藏政策等。① 张皓对1950—1952年人民解放军进驻西藏进行了研究,指出第18军在政治上执行正确的民族政策和宗教政策,实行民族区域自治,搞好统一战线;在经济上实行生产自给;在交通上构建运输网;在军事上进驻交通要道和边防前哨,构建了一套新型的中国西南边疆的国防体系。② 朱晓明指出中国共产党成功地建设治理西藏的历史经验是:牢牢抓住西藏工作的主要矛盾和特殊矛盾;坚定的原则性和策略的灵活性相统一;始终以人民为中心;铸就了"老西藏精神";从政治、经济、文化等一切方面建设治理西藏。③

关于基层群众自治制度,东秀萍对中国农村基层民主建设进行了系统研究,论述了中国农村基层民主建设的内涵和特点、实践基础与理论基础、现状与发展路径,总结了革命、建设和改革开放阶段农村基层民主建设的成功经验。④

3. 人民民主专政研究

我国的国体是工人阶级领导的,以工农联盟为基础的人民民主专政。一批学者从工农联盟、工人阶级等角度进行了研究。张杨研究了1964—1966年三线建设初期党和政府协调工农关系的尝试,指出工农联盟是我国无产阶级专政的基础,但新中国成立后工农之间的互动受到阻碍,三线建设为工农关系发展创造了新契机,为协调工农关系提供了试验场地。⑤ 常江潇、周晓虹通过对洛阳矿山机器厂员工的口述史访谈,对新中国工人阶级劳动传统的形成进行了研究,考察了如何促成工人对现代工业生产秩序和劳动纪律的认知与服膺,以及如何通过动员技术培养工人阶级的"主人翁"意识、塑造以集体主义为核心的劳动态度、锻造劳动的意义感、完成社会主义"新工人"的塑造。⑥ 张欣对农民问题地位表述的变化进行了研究,指出在改革开放以来的官方叙述中,对于农民问题的重要性,出现了由"基本问题"

---

① 万金鹏、刘文珍:《西藏和平解放70年来中国共产党西藏政策研究述评》,《党的文献》2021年第5期。
② 张皓:《一九五〇至一九五二年人民解放军之进驻西藏——西藏和平解放70周年纪念》,《党史研究与教学》2021年第4期。
③ 朱晓明:《中国共产党何以能和平解放西藏、建设治理西藏》,《当代中国史研究》2021年第4期。
④ 东秀萍:《中国农村基层民主建设研究》,人民日报出版社2021年版。
⑤ 张杨:《三线建设初期党和政府协调工农关系的尝试(1964—1966)》,《开放时代》2021年第5期。
⑥ 常江潇、周晓虹:《新中国工人阶级劳动传统的形成——以洛阳矿山机器厂为例》,《社会学研究》2021年第4期。

向"根本问题"的变化,这一变化背后的原因包括农民问题长期处于重要地位、探索农民问题的历史实践与经验,以及城乡发展一体化的现实要求。①

(三) 行政与司法制度研究

1. 行政制度研究

行政制度研究的热点包括机构改革、行政区划等。颜德如、李过论述了改革开放以来机构改革的"中国模式",指出在机构改革的探索中,在改革动力、改革背景、改革内容、改革路径和改革策略等方面,形成了具有中国特色的改革经验;机构改革的进程则实现了多重逻辑演进,其与改革经验共同构成了机构改革的"中国模式"。②张可云、李晨对新中国70年行政区划调整进行了研究,指出行政区划是国家权力分配和政策制定的基础,是行政管理的基本空间单元,行政区划调整的主要特征是:不同时期行政区划调整的主导目标不同、同一时期不同区域行政区划调整的重点不同、行政级别越高的政区调整频率越低、行政区划调整的空间尺度不断细化以及行政层级调整趋向扁平化。③侯桂红对1978—2002年的地区行署制度进行了系统研究,梳理了地区行署制度的沿革,并考察了各级政府在行政决策执行、监督检查、公文传递处理、人事管理和财政财务等方面的运作机制。④

对政府过程的研究,也是行政制度研究的一项热点。李甜甜、闫小波指出,当代中国政府过程中的政治性加权现象是指在现行的法律、法规或规章中并无相关的授权条款,而是通过上级文件、通知、党政领导的指示等授予下级公权部门职权的现象。他们通过对建政初期警察职权的研究,考察了政治性加权的历史背景、理据、体现、生成逻辑等方面。⑤李良玉提出了通过政务信息流通的视角研究中国当代史的路径,指出分析政务信息流通的方法,有助于了解某个事件或者某项运动的政治运作的起因和过程;有助于理解各个政治主体之间的关系;有助于发现特定时期的政治生态是否健康;有助于揭示社会政治的理性程度。他还指出,可以使用信息流、信息场、信息岛的概念构建对历史事物的分析模型。⑥王怀乐指出,文件政治是中国共产党治国理政的重要方式,政治文件的形成可以视为"议题建构"的过

---

① 张欣:《从"基本问题"到"根本问题":改革开放以来农民问题地位表述的变化》,《广东党史与文献研究》2021年第5期。
② 颜德如、李过:《改革开放以来机构改革的经验塑造、逻辑演进及其展望》,《理论探讨》2021年第3期。
③ 张可云、李晨:《新中国70年行政区划调整的历程、特征与展望》,《社会科学辑刊》2021年第1期。
④ 侯桂红:《地区行署制度研究(1978—2002)》,社会科学文献出版社2021年版。
⑤ 李甜甜、闫小波:《中国政府过程中政治性加权现象之生成——基于建政时期警察职权的考察》,《学海》2021年第4期。
⑥ 李良玉:《政务信息、流通方向及其不对称性——研究中国当代史的一种路径》,《江苏师范大学学报》2021年第5期。

程，政治文件的落实可以视为"认同聚合"的过程；文件政治不仅为国家发展定向，还实现了对政党权力的规训和对个人意志的约束，文件政治要在法治的框架内发展。①

2. 法治建设研究

对法治建设的研究体现在立法体制、司法建设等方面。陈俊等系统研究了中国的立法体制，对中国立法体制中的党领导立法及相关问题、人民代表大会主导立法问题、政府立法问题、中央与地方的立法权限划分问题、公众参与立法问题、区域地方立法协调问题进行了详细考察。②柯新凡对新中国司法建设进行了研究，指出新中国司法建设逐步实现了从新民主主义到社会主义、从破除旧司法系统到确立新司法体系、从筛选旧司法人员到重组新型司法队伍的重大历史性转换，具有重要的现实启示。③梁琳系统地梳理了新中国法制中的苏联因素，指出苏联对中华人民共和国法制的影响体现在各个领域：在立法方面，1954年宪法参考、借鉴了苏联宪法，多个部门法也或多或少地参照了苏联法律；在司法方面，新中国的司法理念、法院体制、审判制度、检察制度都有移植自苏联的痕迹；在法学教育和法学理论方面也深受苏联影响。④刘春田对中华人民共和国著作权施行30年以来的著作权制度进行了深入研究，考察了著作权保护30年发展的基本原理、历史沿革、发展规律等。⑤张金才对习近平法治思想进行了研究，指出习近平法治思想是全面依法治国的根本遵循和行动指南，深刻回答了新时代为什么实行全面依法治国、怎样实行全面依法治国等一系列重大问题，鲜明的政治性、深远的战略性、坚定的人民性、严密的系统性和强烈的实践性是习近平法治思想的显著特征。⑥

（四）政治人物研究

在政治人物研究方面，学术成果主要集中在对毛泽东、邓小平的研究。

对毛泽东思想的研究涵盖了一些重要理论问题。张放研究了毛泽东对改造社会关系的理论思考与实践探索，指出毛泽东关于改造社会关系的具体思考可以归纳为三个核心问题：资源之间如何协调整合，实现可持续发展，顺利完成所有制过渡，消除城乡、职业、分配等诸差异；在建设进程中，如何保持社会主义理想和共产主义信仰不褪色，坚持社会主义价值不动摇；如何践行人民民主，将处于压迫结构中的人解放出来，消除人与人之间的

---

① 王怀乐：《政治动员视角下的文件政治——中国共产党治国理政方式的一种研究》，《广西师范大学学报》2021年第2期。
② 陈俊等：《中国的立法体制研究》，经济科学出版社2021年版。
③ 柯新凡：《新中国司法建设的重大历史性转换及现实启示》，《毛泽东邓小平理论研究》2021年第7期。
④ 梁琳：《新中国法制中的苏联因素》，《社会科学研究》2021年第5期。
⑤ 刘春田：《中华人民共和国著作权法三十年》，知识产权出版社2021年版。
⑥ 张金才：《习近平法治思想的显著特征》，《党的文献》2021年第5期。

等级关系。① 朱益飞对毛泽东关于维护党中央权威和集中统一领导的思想进行了考察，指出在社会主义建设时期，毛泽东关于维护党中央权威和集中统一领导的探索已覆盖"工、农、商、学、兵、政、党"七个领域，毛泽东关于维护党中央权威和集中统一领导思想蕴含的内涵包括平衡好集—分关系，向党中央和领导核心对标看齐，并落实具体要求。②

对毛泽东著作及版本的研究，以及关于毛泽东思想研究的述评也得到了进展。肖贵清、蒋旭东提出，新时代深化毛泽东著作及版本研究，要解决好这样几个重要问题：毛泽东著作及版本研究与党的早期领导人及同时期领导人著作研究相结合，与党的历史文献研究相结合，与马克思主义经典著作研究相结合，与毛泽东思想发展历史研究相结合。③ 陈龙、田甜对国内近十年来的毛泽东哲学思想研究进行了述评，指出热点问题包括毛泽东哲学思想的形成与发展、《实践论》《矛盾论》、社会矛盾思想、群众史观、毛泽东哲学思想的当代价值等，并讨论了深化研究的几个努力方向。④

在邓小平研究中的一个研究重点是对中国特色社会主义的研究。杨胜群总结了邓小平对中国特色社会主义理论与实践的开创性贡献，指出邓小平为开创并坚持和发展中国特色社会主义创造了思想条件，为坚持和发展中国特色社会主义奠定了理论基础、实践基础。⑤ 梁东兴、马博指出，邓小平确立了探索中国特色国家治理道路的方法论原则，奠定了坚持中国特色国家治理道路的本土化模式，提出了推进中国特色国家治理现代化的重大要求，推动了重塑中国特色国家治理体系的探索性改革，为中国特色国家治理道路的形成和发展作出了历史性贡献。⑥

邓小平研究中的另一个重点是第二个历史决议的制定，以及如何理解决议的内涵。韩晓青论述了邓小平对起草第二个历史决议的指导，指出邓小平指导决议起草组最终准确地把握住了新中国成立后党的历史发展的主题主线、主流本质，正确认识和科学评价了新中国成立后党史上的重大事件、重要会议、重要人物，实事求是地评价了毛泽东的历史地位，充分肯定了毛泽东思想作为党的指导思想的伟大意义。⑦ 朱佳木研究了邓小平、陈云与第二个历史

---

① 张放：《毛泽东对改造社会关系的理论思考与实践探索》，《毛泽东邓小平理论研究》2021年第8期。
② 朱益飞：《毛泽东关于维护党中央权威和集中统一领导思想探析》，《马克思主义研究》2021年第3期。
③ 肖贵清、蒋旭东：《论毛泽东著作及版本研究的几个问题》，《湘潭大学学报（哲学社会科学版）》2021年第5期。
④ 陈龙、田甜：《近十年国内毛泽东哲学思想研究述评》，《党的文献》2021年第3期。
⑤ 杨胜群：《邓小平对中国特色社会主义理论与实践的开创性贡献》，《党的文献》2021年第4期。
⑥ 梁东兴、马博：《邓小平对中国特色国家治理道路的历史性贡献》，《社会主义研究》2021年第5期。
⑦ 韩晓青：《重温邓小平对起草第二个历史决议的指导——基于树立正确党史观的视角》，《党的文献》2021年第4期。

决议的制定，论述了决议起草的指导原则以及邓小平、陈云等老一辈革命家在决议制定过程中发挥的重要指导作用，并指出了决议的五个方面特点。①

在政治人物研究中，还有一种研究趋势是将多位政治人物共同作为研究对象。张金才以邓小平、陈云的政治生涯为主线，分析他们革命生涯中各个阶段、各个方面的异同点，考察他们在各个历史阶段、各个工作领域以及各个重大事件中的合作与共事，对邓小平、陈云的革命历程进行了全面的研究。②李颖等对毛泽东、周恩来、刘少奇、朱德、任弼时、邓小平、陈云等老一辈革命家关于劳动和劳动者的论述进行了梳理，总结了这些论述的基本特点、历史经验和现实启示。③

（五）国防与军事史研究

国防与军事史研究中的热点有国家安全、国防科技工业、抗美援朝战争等。在国家安全方面，董春岭梳理了中国共产党国家安全思想的百年演进历程，指出中国共产党始终高度重视国家安全，"站起来"阶段捍卫主权安全，"富起来"阶段维护发展安全，"强起来"阶段塑造总体安全，中国共产党走出了一条符合中国国情的国家安全道路。④

在国防科技工业研究中，三线建设是近年来的热点，2021年《华中师范大学学报（人文社会科学版）》与《宁夏社会科学》都组织了关于三线建设研究的笔谈，⑤徐有威、陈东林主编的《小三线建设研究论丛》也于2021年出版了第6辑、第7辑，体现了三线建设研究不断走向深入。⑥周升起、徐有威对小三线建设时期驻厂军事代表制度的实践进行了研究，指出驻厂军事代表制是新中国成立后逐步形成的一套军工产品质量管理与验收制度，从驻厂军事代表制度的更迭中，可以窥见国营工厂质量管理的变迁历程及计划经济体制下质量与产量的结构性矛盾，也反映了计划经济体制下质量监督机制的有限性。⑦

在抗美援朝战争方面，杨冬权分析了毛泽东对抗美援朝的统领性作用、毛泽东对出兵抗美援朝的艰难决策、毛泽东对抗美援朝战争的准确预见，强调毛泽东是抗美援朝的发起者、

---

① 朱佳木：《邓小平、陈云与第二个历史决议的制定》，《百年潮》2022年第3期。
② 张金才：《邓小平与陈云的世纪历程》，人民出版社2021年版。
③ 李颖、李雨檬、崔京：《劳动创造幸福——重温毛泽东等老一辈革命家关于劳动和劳动者的重要论述》，《党的文献》2021年第2期。
④ 董春岭：《中国共产党国家安全思想的百年演进》，《现代国际关系》2021年第3期。
⑤ 徐有威、张勇、段伟、苏世奇：《多维视角下的三线建设研究》，《华中师范大学学报（人文社会科学版）》2021年第1期；张勇、周晓虹、陈超、徐有威、谭刚毅：《多学科视角下三线建设研究的理论与方法笔谈》，《宁夏社会科学》2021年第2期。
⑥ 徐有威、陈东林：《小三线建设研究论丛》（第6辑三线建设研究者自述），上海大学出版社2021年版；徐有威、陈东林：《小三线建设研究论丛》（第7辑上海小三线建设者回忆录），上海大学出版社2021年版。
⑦ 周升起、徐有威：《小三线建设时期驻厂军事代表制度实践及其困境》，《史林》2021年第3期。

决策者、指挥者;抗美援朝战争是一场主持国际正义、维护世界和平的正义之战,是新中国的立国之战和人民解放军的立威之战。①任贵祥梳理了华侨对抗美援朝运动的支援,指出华侨积极参军参战,举行各种集会,通电致函,捐献财物,强烈谴责美国侵略,坚决拥护中共中央抗美援朝决策,积极声援志愿军入朝作战等。②

对相关体制与制度的研究也取得了一系列成果。姬文波对1953—1958年公安部队领导体制的调整与变革进行了详细考察,指出公安部队经过"小改""中改""大改",逐步改编为人民武装警察部队,初步形成了适合这支部队任务特点的、具有中国特色的领导形式。③王众对1949—1957年退役军人就业安置制度的创建与初步运行进行了梳理,指出退役军人就业安置制度的制度化建设初步完善,部门协作基本顺畅,高效化特点日益明显。④

(六) 其他热点专题研究

在上述重点研究领域之外,2021年度研究成果较集中的热点专题还有改革开放史研究、干部研究、政治运动与事件研究、纪念史与仪式政治研究等。

1. 改革开放史研究

在2021年全社会开展"四史"宣传教育的背景下,以《改革开放简史》为代表的一批成果,推动了对改革开放史的认识进一步深入。《改革开放简史》准确地表述了改革开放40多年的主题和主线、主流和本质,说明了改革开放是一场伟大革命,是中国共产党推进中国特色社会主义制度自我完善和发展的伟大实践,是决定当代中国命运的关键一招。⑤

一批学者将改革开放史置于"四史"的视野下进行考察。吴恩远、黄宗良、项佐涛等学者论述了"四史"之间的联系。吴恩远指出,"四史"在理论和实践上存在无可分割的逻辑联系,党史、新中国史、改革开放史是世界社会主义发展史、国际共产主义运动史的组成部分;中国特色社会主义把世界社会主义国家的改革进程提升到新高度;中国认真吸取"苏东剧变"的深刻教训,坚持中国特色社会主义道路,为世界社会主义运动发展作出历史性贡献。⑥黄宗良、项佐涛提出以改革开放史为中心融合"四史",指出中国改革开放取得伟大成就的一个极为重要的经验是,中国共产党学习并吸取苏共执政的经验教训,比较成功地维护了苏联模式中社会主义的因素及其体制的优势,革除了其弊端;使中国从苏联模式向

---

① 杨冬权:《开国领袖的立国之战——再论毛泽东与抗美援朝战争》,《军事历史研究》2021年第1期。
② 任贵祥:《保家与归心:华侨对抗美援朝运动的支援》,《广东党史与文献研究》2021年第3期。
③ 姬文波:《公安部队领导体制的调整与变革(1953—1958年)》,《当代中国史研究》2021年第2期。
④ 王众:《新中国退役军人就业安置制度的创建与初步运行(1949—1957)》,《济南大学学报》2021年第3期。
⑤ 《改革开放简史》,人民出版社2021年版。
⑥ 吴恩远:《论世界社会主义发展史与党史、新中国史、改革开放史理论和实践的相互联系》,《毛泽东邓小平理论研究》2021年第9期。

社会主义现代化刚性转变，走向全面建设社会主义现代化国家。① 文世芳将改革开放史置于世界社会主义发展史中，考察了中国改革开放与苏东改革经验的关系，指出中国实现了对苏东改革经验的比照、借鉴与超越，苏东改革经验不仅对中国改革开放产生了"去魅""探路""试错""指向"等重要作用，对开创中国特色社会主义新局面依然具有重要研究价值。②

改革开放史研究的视角进一步拓展。易海涛指出，知青返城的轨迹与中国改革开放开启的轨迹大致相当，知青返城是改革开放的重要组成部分，研究知青返城是研究改革开放史的重要内容。他论述了改革开放视野下拓展知青返城研究的路径，提出要从改革开放史的一个具体方面来推进整个改革开放史的研究。③ 李娟对国外关于中国改革开放史的研究进行了述评，指出国外关于中国改革开放研究的热点主要有改革开放的发展道路、改革开放前后两个历史时期的关系、改革开放的成功原因和经验、改革开放的世界影响等问题。④

2. 干部研究

在干部研究中，研究对象主要集中于新中国成立初期的干部群体。干部的培养是研究中的热点。段蕾对新中国成立初期的干部业余理论学校进行了研究，梳理了干部业余理论学校创立的历史背景、干部业余理论学校的探索与发展历程，并总结了创办和发展干部业余理论学校的主要做法与经验。⑤ 常明明对1954—1956年的农业生产合作社干部进行了研究，指出为了应对干部短缺，各级人民政府在贫农、下中农积极分子中选拔骨干，通过举办各类短期训练班，培养了一批基本掌握农业社会主义改造政策和办社方法的基层干部。⑥

由于少数民族干部在新中国民族区域自治制度的实行中起到重要作用，所以少数民族干部的培养也成为研究热点。在少数民族干部的培养方面，杨永炎以南方大学为中心，考察了1949—1952年华南地区对少数民族干部的培养，对教员与学员、教育与培训、毕业与任用等方面进行了研究，指出少数民族干部的培养成功地为华南地区的民族区域自治制度早期建设提供了人事基础和组织保障，并积累了少数民族干部培养经验。⑦ 狄鸿旭、杨宗丽以中央

---

① 黄宗良、项佐涛：《以改革开放史为中心融合"四史"认识中国共产党、中国特色社会主义》，《中央社会主义学院学报》2021年第2期。
② 文世芳：《比照、借鉴、超越：中国改革开放与苏东改革经验》，《广东党史与文献研究》2021年第1期。
③ 易海涛：《改革开放视野下拓展知青返城研究的四条路径》，《广东党史与文献研究》2021年第1期。
④ 李娟：《国外关于中国改革开放史若干问题的研究述评》，《国外社会科学》2021年第4期。
⑤ 段蕾：《新中国成立初期的干部业余理论学校》，《党的文献》2021年第1期。
⑥ 常明明：《农业生产合作社干部研究（1954—1956年）》，《当代中国史研究》2021年第3期。
⑦ 杨永炎：《建国初期华南地区少数民族干部培养过程研究——以南方大学（1949—1952）为例》，《广东社会科学》2021年第3期。

民族学院为中心,考察了20世纪50年代的民族院校干部培养工作,对民族院校的筹建、学员选拔、学员教育、情感培养、干部成长等方面进行了论述。①

对新解放区干部的研究也是一项热点。何志明以农民协会为中心,考察了20世纪50年代初期新区乡村干部的群体发展,指出这一时期乡村干部群体具有涌现与流动并存的现象,阶级斗争话语与运动式治理手段的高度耦合,使新中国成立初期新区逐渐形成了一个较为稳定的乡村干部涌现与流动机制。②黄骏研究了20世纪50年代初新区基层干部的生成,通过对苏南公学的运行机制进行梳理,指出苏南公学在新政权建立之初对基层干部的生成起到了重要作用。③

在干部人事制度方面,郝玉明对新中国干部选拔任用制度的发展历程与改革进行了系统研究,梳理了人事计划管理制度、职务与职位管理制度、干部吸收录用制度、干部选拔任免制度、干部调配交流制度的发展历程,并研究了职位分类与职级并行制度、考录制度、干部选拔任用制度、干部交流制度的改革。④

通过干部研究,也能够对当代中国的治理进行透视。行龙、梁锐通过对农村基层政治工作干部的研究,考察了1951—1966年的乡村社会治理,论述了开展农村基层政治工作的路径,指出中国共产党之所以能深入农村思想政治工作并起到固本作用,农村基层政治工作干部这种制度设置的积极作用不应忽视。⑤

3. 政治运动与事件研究

对政治运动的研究一直是政治史研究中的热点。徐锋华通过"黄逸峰事件",考察了1953年开始的以反对官僚主义、反对命令主义、反对违法乱纪为内容的"新三反"运动,指出这一事件结合当时当地的中心任务,抓住主要倾向,集中力量,有重点地进行典型事件的检查处理,是中共整党建政的成功范例。⑥郑维伟对上海"五反"运动中的工人群体进行了研究,指出工人阶级是"五反"运动的主力军,在斗争过程中工人阶级的领导地位开始从名义变为现实;工会组织在运动过程中不断进行新陈代谢,进一步嵌入社会,成为政治动

---

① 狄鸿旭、杨宗丽:《20世纪50年代民族院校干部培养工作——以中央民族学院办学为中心》,《党的文献》2021年第5期。
② 何志明:《20世纪50年代初期新区乡村干部群体发展的涌现与流动机制——以农民协会为考察中心》,《上海大学学报》2021年第2期。
③ 黄骏:《一九五〇年代初新区基层干部的生成——以苏南公学为考察对象》,《党史研究与教学》2021年第4期。
④ 郝玉明:《干部选拔任用制度发展历程与改革研究》,经济科学出版社2021年版。
⑤ 行龙、梁锐:《中国共产党与当代中国乡村社会治理(1951—1966)——以农村基层政治工作干部实践为分析主线》,《河北学刊》2021年第3期。
⑥ 徐锋华:《"黄逸峰事件"与上海"新三反"运动》,《史林》2021年第4期。

员和社会统合的基本工具。① 张杨通过对川西行署的考察，研究了新中国成立初期土地改革中的赔罚运动，指出川西的土地改革大致可分为减租退押、赔罚、分配土地、建立政权四个阶段，新政权通过赔罚实现了政治上、经济上、名誉上打垮地主阶级，树立农民优势地位，颠覆乡村权势结构的目的，分配土地正是在此基础上得以开展的。②

一批学者研究了党和政府对重大危机和地方性事件的处理。阮清华研究了上海解放初期党和政府在应对和处理重大危机和突发事件时所采取的战略应对和战术安排，指出全局观念与战时思维的结合，在处理重大突发事件时具有举足轻重的作用。③ 田圆、闫小波通过考察建政时期在解放军接管南京时发生的解放军误入美国大使馆的意外事件、军政人员入城后的违纪事件以及地方恶势力哄抢公产的群体性事件，研究了中共中央对地方性事件的处置，指出中央对地方性事件的处置始终从全局出发，报告制度、党委制、严肃纪律使中共能够成功应对地方性事件。④

4. 纪念史与仪式政治研究

中共纪念史研究是近年来的热点研究主题。侯竹青讨论了纪念史的概念与中共政治思想的关系、中共纪念史中的核心概念、中共纪念史中核心概念研究的展开，指出从概念史的视角对纪念史进行研究，可以为纪念史提供新的视野和方法，对于深入理解中共政治理念的核心要素如何形成，并如何内化为人民群众的心声进而转变成观念、化作行动等问题有着重要意义。⑤ 贺怀锴、贺雪娇以开国大典为中心进行了考察，梳理了开国大典的筹备、阅兵准备、安防事宜、举行过程、后续工作及相关庆祝活动。⑥ 章舜粤对中国共产党1948—1963年之间的祭黄帝陵活动进行了研究，指出祭黄帝陵是当代中国仪式政治的一个鲜明样本，中国共产党通过祭黄帝陵，高扬爱国主义旗帜，推进统一战线工作，传达党的政治理念和政策目标，动员人民群众积极参与到社会主义革命与建设中。⑦ 王海洲对当代中国的阅兵仪式进行了研究，指出阅兵仪式通过纪念功能的不断添附和强化，逐渐成为一种直接与国家的神圣性紧密相关的"祀之礼"；近年来中国持续大力推进的国家象征能力建设，是一种与传统相

---

① 郑维伟：《政治动员与阶层分化：上海"五反"运动中的工人群体析论》，《史林》2021年第2期。
② 张杨：《新中国成立初期川西行署赔罚运动研究》，《四川大学学报（哲学社会科学版）》2021年第5期。
③ 阮清华：《上海解放初期党和政府对重大危机的回应与处理——以夏衍致周扬的一封未刊信件为线索》，《历史教学问题》2021年第5期。
④ 田圆、闫小波：《建政时期中央对地方性事件的处置——基于中国共产党接管南京的考察》，《江苏社会科学》2021年第1期。
⑤ 侯竹青：《概念史视角下的中共纪念史研究》，《党史研究与教学》2021年第3期。
⑥ 贺怀锴、贺雪娇：《开国大典的筹备、举行及后续工作》，《党的文献》2021年第1期。
⑦ 章舜粤：《一九四八至一九六三年中共祭黄帝陵活动研究》，《党史研究与教学》2021年第2期。

衔接并有其特殊内涵的新时代"礼治"。①

二、研究评价与展望

2021年度的当代中国政治史研究与时俱进，更加重视对中国特色的概括总结，研究视角与研究方法更为多样化，研究思路不断创新。

（一）当代中国政治史研究中更加重视对中国特色的概括总结

1. 习近平新时代中国特色社会主义思想对研究起到了理论引领的作用

全过程人民民主理论、习近平的"七一"重要讲话、中共十九届六中全会决议等，不仅引领了当代中国政治史研究的热点方向，而且对政治史研究提供了理论指导。许多学者也注意到了党史国史研究的这一趋势，例如耿化敏等指出，2021年度习近平关于党史的系列重要讲话和党的十九届六中全会通过的"历史决议"，是统筹规划中共党史研究方向的科学指引，为深化中共党史研究提供新课题。② 李正华指出，习近平总书记的"七一"重要讲话对新中国史编研事业给予了新的更明晰的指导，对于深化新中国史研究具有重要意义。③

2. 对中国特色的研究更为深入

2016年5月17日的哲学社会科学工作座谈会强调"在学科体系、学术体系、话语体系等方面体现中国特色、中国风格、中国气派"。党史国史研究要体现中国特色，成为学科的研究共识。欧阳军喜指出，党史研究应当有中国意识、中国视角和中国立场；新时代的党史研究要立足当代中国，实现问题意识的转换。④ 杨凤城指出，要真正做到体现中国特色又能国际通行、做到政治正确同时学理性很强或达至"用学术讲政治"的化境，还有很长的路要走，还需要付出极大的努力。⑤

具体到当代中国政治史研究中，2021年的研究成果，反映出了学界对中国特色、中国模式的关注。一是，对中国特色社会主义、社会主义民主政治的研究更为深入，在中国特色社会主义道路、全过程人民民主、当代中国政治制度、人民民主专政等方面均出现了一系列高质量研究成果。二是，围绕对中国特色、中国模式的研究，集中涌现了一批研究成果。其中较为典型的是一批学者对中国特色的五年规划的研究、对中国共产党民主集中制的研究，

---

① 王海洲：《从"戎中增祀"到"戎祀一体"——当代中国阅兵仪式的变迁与政治记忆的铸型》，《南京大学学报（哲学·人文科学·社会科学）》2021年第6期。
② 耿化敏、郭蕊、吕晓莹：《2021年度中共党史研究的回顾与展望》，《广东党史与文献研究》2022年第1期。
③ 李正华：《深化新中国历史研究的根本遵循》，《当代中国史研究》2021年第5期。
④ 欧阳军喜：《新时代中共党史研究应该注意的两个问题》，《史学集刊》2021年第1期。
⑤ 杨凤城：《关于中共党史学科定位与建设的若干思考》，《中共党史研究》2021年第1期。

以及颜德如、李过对机构改革中国模式的研究等,①这些研究以"中国经验"为立足点,将对中国特色、中国模式的探索进一步推向深入。对中国特色、中国模式的探讨,也将持续成为当代中国政治史研究中的热点。

3. 对中国共产党治国理政的研究受到高度重视

在2021年的当代中国政治史研究中,集中出现了很多以中国共产党治国理政为主题的研究成果,其数量比往年更多。这一变化,既与建党百年的历史背景有关,同时也反映出学界更加关注中国共产党在国家治理中的核心地位。许多学者强调了中国共产党在国家治理中的重要作用,例如贺东航强调"中国共产党是现代中国成长的核心领导力量"②,王鸿铭呼吁"中国政治研究需要找回中国共产党"③,林辉煌指出中国共产党在村庄治理体系中居于核心地位④,等等。随着相关研究成果的积累,中国共产党在国家治理中的关键作用也进一步得到了明确。因此,对中国共产党治国理政的研究,并不是建党百年的"应景之作",而是学术研讨的切实推进,所以这一研究受到高度重视的现象也不会是"昙花一现",而是随着学界研究成果的积累,继续成为当代中国政治史研究中的重要内容。

(二) 当代中国政治史的研究视角与研究方法更为多样化

1. 多学科理论与方法的引入是政治史研究的发展趋势

第一,当代中国政治史研究中的许多研究领域处在学科交叉点上。当代中国政治史研究属于史学研究,但其中的许多研究领域与研究热点具有交叉学科的性质。例如,对中国特色社会主义的研究与马克思主义理论学科有所交叉;对国家治理、全过程人民民主、行政制度的研究与政治学学科有所交叉;对土地改革、基层治理的研究与社会学学科有所交叉;对法治建设的研究与法学学科有所交叉;对五年规划、农业合作化、三线建设的研究,与当代中国经济史研究有所交叉。

第二,多学科理论尤其是政治学理论的引入是当代中国政治史研究的趋势。在对党史国史研究方法的探讨中,学界已经形成了积极引入多学科理论与方法的共识。⑤ 在政治史研究中,

---

① 颜德如、李过:《改革开放以来机构改革的经验塑造、逻辑演进及其展望》,《理论探讨》2021年第3期。
② 贺东航:《中国共产党领导国家成长的复线逻辑——一项历史政治学的考察》,《东南学术》2021年第4期。
③ 王鸿铭:《70年来美国学界中国政治研究的范式转变及其问题——兼论"以中国共产党为方法"的中国政治研究》,《教学与研究》2021年第7期。
④ 林辉煌:《构造"核心":村庄治理中的党组织》,《开放时代》2021年第4期。
⑤ 何志明:《明确归属和淡化边界——中共党史学科建设"再出发"刍议》,《中共党史研究》2021年第1期;刘雨亭:《新时代中共党史学科建设理论的三重意涵及其科学化问题》,《中共党史研究》2021年第1期;王广义:《时间·空间·学科:新时代中共党史研究的三重视域》,《史学集刊》2021年第1期。

最为突出的是对政治学理论的引入。吴志军强调，今后党史研究者需要着重加强政治学基础理论的补充尤其是政治哲学和政治关怀意识的滋育，并探索党史研究在政治学科框架下的发展路径。① 在2021年当代中国政治史研究成果中，也明显体现了引入政治学理论的趋势，例如樊鹏、张君对全过程人民民主的研究，② 何俊志对地方人大职能的研究，③ 李甜甜、间小波对政治性加权现象的研究，④ 王怀乐对文件政治的研究⑤等，都体现了政治学理论与视角在研究中起到的推进作用。

第三，跨学科的研究方法如口述史、田野调查等，在当代中国政治史研究中发挥作用。口述史方法在党史国史研究中的应用日益增多，王炳林、石卓群探讨了如何运用口述史方法深化中共党史研究，⑥ 徐有威指出口述史资料是后小三线建设研究资料的重要组成部分，⑦ 常江潇、周晓虹对新中国工人阶级劳动传统的研究以口述史访谈为研究基础。⑧ 田野调查方法在基层治理研究中的应用较为普遍，吕德文对基层中国的研究⑨、王德福对城市社区治理的研究⑩均建立在田野调查的基础上。

2. 当代中国政治史研究的国际视野更加明显

第一，在改革开放史研究中，"四史"尤其是世界社会主义发展史的视野使研究的深度和广度得到了加强。较典型的是，文世芳在对苏东改革经验的考察中，强调应加强和深化世界社会主义运动史研究，以更加宽广的世界视野和更加深邃的历史眼光审视中国改革开放。⑪ 世界社会主义发展史的视野，扩展了改革开放史的研究内容，促进了对改革开放的深入理解，必然成为今后改革开放史研究的一个前进方向。

---

① 吴志军：《无妨以更广阔的胸怀来认识党史研究的学科属性——兼论学术观念的自我反思意识》，《中共党史研究》2021年第1期。

② 樊鹏：《全过程人民民主：具有显著制度优势的高质量民主》，《政治学研究》2021年第4期；张君：《全过程人民民主：新时代人民民主的新形态》，《政治学研究》2021年第4期。

③ 何俊志：《中国省级人大常委会的职能变迁：路径与模式》，《政治学研究》2021年第1期。

④ 李甜甜、间小波：《中国政府过程中政治性加权现象之生成——基于建政时期警察职权的考察》，《学海》2021年第4期。

⑤ 王怀乐：《政治动员视角下的文件政治——中国共产党治国理政方式的一种研究》，《广西师范大学学报》2021年第2期。

⑥ 王炳林、石卓群：《运用口述史方法深化中共党史研究》，《中国青年社会科学》2021年第4期。

⑦ 徐有威：《开拓后小三线建设的国史研究新领域》，《浙江学刊》2022年第2期。

⑧ 常江潇、周晓虹：《新中国工人阶级劳动传统的形成——以洛阳矿山机器厂为例》，《社会学研究》2021年第4期。

⑨ 吕德文：《基层中国：国家治理的基石》，东方出版社2021年版。

⑩ 王德福：《治城：中国城市及社区治理探微》，广西师范大学出版社2021年版。

⑪ 文世芳：《比照、借鉴、超越：中国改革开放与苏东改革经验》，《广东党史与文献研究》2021年第1期。

第二，对海外研究的梳理与述评一直是热点选题。其中较有代表性的包括赵静、夏银平对俄罗斯学界关于中国特色社会主义研究的述评，①高晓林、黄冰琼对海外关于中国共产党治国理政智慧研究的述评，②王鸿铭对美国学界中国政治研究范式的述评，③李娟对国外关于中国改革开放史研究的述评④，等等。对海外研究的述评，体现了学科的国际化，但相较于当代中国政治史研究的丰富内容，海外研究述评的主题还较局限，数量还应提升。

第三，对海外研究的引介与述评仍需加强。从2021年的相关成果来看，目前的海外研究述评呈现出两个特点，一是以宏观研究为主，缺少对中观层面研究的梳理；二是述评的立足点是提升国际传播能力，讲好中国故事。因此，虽然海外研究述评具有较强的现实意义，但由于述评的主题较为局限，对中观研究的梳理较缺乏，导致当代中国政治史研究中的许多领域缺少相应的海外研究述评，海外研究述评与国内研究前沿存在一定程度的脱节，对国内研究的推进作用发挥不足。今后应继续加强对海外研究的关注，及时引介海外的前沿成果，以达到推进学术研究、促进学术交流的目的。

（三）当代中国政治史研究思路不断创新

1. 地方史料与宏观研究问题的结合使研究具有新意

在改革开放史研究、干部研究、政治运动与事件研究等热点领域，一系列前沿成果体现了研究思路的创新。在改革开放史研究中，易海涛通过论述知青研究如何拓展，探索了从改革开放史的一个具体方面来推进整个改革开放史的研究。⑤在干部研究中，对干部培养教育的研究与对干部人事制度的研究历来是较常见的研究视角，但何志明对干部群体的涌现与流动机制的研究，⑥行龙、梁锐通过考察农村基层政治工作干部对乡村社会治理问题进行的研究⑦体现了研究视角的创新性。在对事件的研究中，阮清华、田圆、阎小波通过对重大危机

---

① 赵静、夏银平：《本世纪以来俄罗斯学界关于中国特色社会主义研究的几个主要特点》，《党的文献》2021年第6期。
② 高晓林、黄冰琼：《海外关于中国共产党治国理政智慧的认识与评析》，《当代中国史研究》2021年第2期。
③ 王鸿铭：《70年来美国学界中国政治研究的范式转变及其问题——兼论"以中国共产党为方法"的中国政治研究》，《教学与研究》2021年第7期。
④ 李娟：《国外关于中国改革开放史若干问题的研究述评》，《国外社会科学》2021年第4期。
⑤ 易海涛：《改革开放视野下拓展知青返城研究的四条路径》，《广东党史与文献研究》2021年第1期。
⑥ 何志明：《20世纪50年代初期新区乡村干部群体发展的涌现与流动机制——以农民协会为考察中心》，《上海大学学报》2021年第2期。
⑦ 行龙、梁锐：《中国共产党与当代中国乡村社会治理（1951—1966）——以农村基层政治工作干部实践为分析主线》，《河北学刊》2021年第3期。

和地方性事件的考察，对治理进行了透视。① 上述研究的共性是，有清晰的问题意识，将微观层面的地方史料与宏观层面的研究问题进行贯通，使研究取得了"以小见大"的效果，也使地方史料具备了整体史的意义。

2. 理论性与历史性的结合使研究具有深度

2021年当代中国政治史研究中的一种趋势，是在具体、实证的历史研究中，对理论问题进行关注和呼应，并通过历史考察，达到探索理论问题的目的。其中较为典型的研究成果，集中在对人民民主专政的历史研究，以及对人民政协的历史研究中。这些研究具有多重亮点：既是在扎实的史料基础上进行的细致实证研究，同时也具有清晰的问题意识与强烈的理论关怀，体现了研究的深度与创新性。

在张杨对工农关系的研究，② 常江潇、周晓虹对工人阶级劳动传统的研究，③ 张欣对农民问题重要性的研究④中，都关注了我国的国体是工人阶级领导的，以工农联盟为基础的人民民主专政，并且通过具体的历史研究，深化了对以工农联盟为基础的人民民主专政的认识。赖静萍、闾小波、金文、池步云等学者对1949年至20世纪50年代人民政协的历史研究，也深化了对社会主义民主政治的认识。通过对人民政协的历史研究，赖静萍、闾小波对中国人民民主专政的国体、人民代表大会制度的政体进行了透视；⑤ 金文深化了对政协是"统一战线的组织形式"这一根本属性的理解，也深化了对新中国国家政治体制中政协的地位与作用的认识；⑥ 池步云指出了人民政协创立初期的民主协商为社会主义协商民主奠定了重要的实践、制度和理论基础，对当今社会主义协商民主体系建设具有重要启示和借鉴作用。⑦ 总之，上述学者的研究方式较好地体现了理论性与历史性的结合，也凸显了研究的理论意义与现实价值。

---

① 阮清华：《上海解放初期党和政府对重大危机的回应与处理——以夏衍致周扬的一封未刊信件为线索》，《历史教学问题》2021年第5期；田圆、闾小波：《建政时期中央对地方性事件的处置——基于中国共产党接管南京的考察》，《江苏社会科学》2021年第1期。

② 张杨：《三线建设初期党和政府协调工农关系的尝试（1964—1966）》，《开放时代》2021年第5期。

③ 常江潇、周晓虹：《新中国工人阶级劳动传统的形成——以洛阳矿山机器厂为例》，《社会学研究》2021年第4期。

④ 张欣：《从"基本问题"到"根本问题"：改革开放以来农民问题地位表述的变化》，《广东党史与文献研究》2021年第5期。

⑤ 赖静萍、闾小波：《接续抑或更张：从"新政协"到"人民政协"》，《吉林大学社会科学学报》2021年第2期。

⑥ 金文：《从"代行"到"回归"——新中国成立初期人民政协功能定位的历史考察》，《江苏师范大学学报》2021年第2期。

⑦ 池步云：《1949—1956年人民政协民主协商的实践逻辑及其当代价值》，《江西社会科学》2021年第2期。

3. 宏观研究与微观研究应取长补短

当代中国政治史研究的内容可以分为宏观、中观、微观层面。宏观研究往往理论性较强，但难以发挥史学研究运用史料的优势，部分宏观研究的短板是新意不足，出现同质化的现象；微观个案研究对历史细节的考察更为具体深入，但部分微观个案研究的短板是理论性的薄弱与问题意识的不明确，出现个案研究"碎片化"现象。

对于当代中国政治史研究的深化，李正华曾指出从中观层面入手更便于凸显政治史的学科特色与学术功能；[①] 在宏观与微观研究中，有必要取长补短，在宏观研究中注重厚积薄发，在微观研究中注重问题意识与理论关怀，以增强研究的深度与新意。上文总结的"将地方史料与宏观研究问题相结合""将理论性与历史性相结合"的研究路径，也体现了深化当代中国政治史研究的一种可能方式。

（作者：当代中国研究所　李　夏）

[①] 李正华：《中华人民共和国政治史的几个基本问题》，《安徽史学》2016年第1期。

2021年度当代中国经济史研究综述

2021年，在中国共产党成立100周年之际，当代中国经济史学科坚持以马克思主义为指导，坚持问题导向，促进学术交流、优化教材体系、推进学术研究，学科建设各项工作取得积极进展。一年来，当代中国经济史研究受到广泛关注，研究队伍进一步扩大，高质量学术成果大量涌现，学科影响力有所提升，学科发展保持上升态势。

一、研究发展动态

（一）重要学术会议

1. 2021年度中国现代经济史学科研究动态及前沿问题研讨会

2021年4月10日至11日，"2021年度中国现代经济史学科研究动态及前沿问题研讨会"在中南财经政法大学举行。来自中国社会科学院、中共中央党史和文献研究院、农业农村部农村经济研究中心、中南财经政法大学、清华大学、南开大学、中央财经大学、中国政法大学、北京航空航天大学、山西大学等国内30多家科研机构和高校的70多位专家学者参加会议，围绕学科发展综述、中国共产党百年经济思想与实践、经济史研究方法等主题进行了广泛而深入的研讨。会议由中国社会科学院经济研究所、当代中国研究所经济史研究室、中南财经政法大学经济学院、中国经济史学会中国现代经济史专业委员会联合主办，中国社会科学院中国现代经济史研究中心、中南财经政法大学经济史研究中心、《中国经济史研究》编辑部、《产业与科技史研究》编辑部共同承办。

"中国现代经济史学科研究动态及前沿问题研讨会"是本学科的重要学术活动。历次会议都围绕上一年或近年来学科发展动态和研究进展情况进行交流探讨，在推动学科建设、促进学科发展方面做出重要贡献。2021年度的研讨会延续了这一传统，学者们系统梳理了当代中国经济史研究近年来的发展状况，以及部分专题近年来的研究进展，为了解本学科近期的发展状况、研究动态、重点问题研究进展和未来发展趋势提供了重要参考。与会学者认为，目前当代中国经济史研究有十大特征：一是改革开放前的经济问题仍然是学术界研究的重点之一；二是对于中国工业史的研究进一步升温；三是对于改革开放史的研究更加深入；四是新中国70年的经济史研究正在成为热点；五是技术经济史研究成长为新的学术增长点；六是新中国经济史相关史料的搜集、整理与运用受到更多重视；七是与现实经济问题的研究日益密切结合；八是长时段、宽视野的研究逐渐增多；九是研究方法日益多元化、计量方法趋于流行；十是更多从事理论研究、现实经济研究的学者开始进入中国现代经济史领域。①

恰逢中国共产党成立 100 周年，中国共产党百年来领导经济工作的实践与思想，及其辉煌成就和宝贵经验成为会议的另一主要议题。学者着重从百年"三农"、工业发展、财政金融、制度建设、中共经济思想等方面进行了探讨。学者一致认为，以中国特色的话语体系解释中国共产党领导人民创造的中国经济快速发展奇迹，是当代中国经济史研究的重要使命。要积极促进学术创新，拓展研究领域、丰富研究方法、挖掘新史料、提出新观点，共同推动当代中国经济史学科三大体系建设。

2. "比较视角下经济史研究"国际学术研讨会暨第八届中国经济史学会年会

2021 年 10 月 16 日至 17 日，"'比较视角下经济史研究'国际学术研讨会暨第八届中国经济史学会年会"在兰州大学举行。来自中国社会科学院、兰州大学、北京大学、清华大学等科研机构和高校的 200 多位专家学者和部分期刊、媒体编辑参加会议，围绕"比较视角下的经济史研究"的主题，就中国古代经济史、中国近代经济史、中国现代经济史和中外经济史比较等领域的相关议题展开研讨。会议由中国经济史学会、兰州大学历史文化学院、《中国经济史研究》编辑部联合主办。会议采取线上线下相结合的形式，设置了兰州大学和中国社会科学院经济研究所两个线下会场和 11 个线上会场（1 个主会场和 10 个分会场）。

相比中国古代经济史、中国近代经济史和中外经济史比较的相关讨论，会上有关当代中国经济史的讨论呈现出一些独特亮点。第一，更加关注经济转型与社会变革，现实关怀与问题意识也更强。比如，有学者讨论了中国百年"三农"难题及其破解的历史过程、"新发展阶段"最新论断的理论意义和历史逻辑、乡村振兴战略下的扶贫产业发展、金融业从传统到现代的演变、世界视角下的中国经济结构变迁等。第二，构建"本土化"经济理论的自觉性更强。比如，有学者探讨了中国企业史研究的管理学范式、现代中国财政理论的历史形成过程、劳动过程理论反思视域下的国企车间"全能工人"形成史等。第三，注重发掘利用新材料。比如，有学者利用《陈云年谱》阐述了陈云在解放战争时期的东北财经工作中发挥的重要作用。

当前，中国经济史研究已进入深入发展阶段，如何更好地在继承传统的同时开拓创新，是这一时期面临的关键问题。此次会议围绕"比较视角"展开，与会学者立足全球史视野，

---

① 王梅梅：《"2021 年度中国现代经济史学科研究动态及前沿问题研讨会"综述》，《中国经济史研究》2021 年第 3 期。

在中外互鉴中展开讨论，进行了非常广泛深入的比较研究，呈现出一条推动中国经济史研究发展的重要路径。对于当代中国经济史研究来说，更加注重"比较视角"无疑也是一个重要的发展方向。

3. 第三届全国三线建设学术研讨会

2021年10月22日至24日，由中华人民共和国国史学会三线建设研究分会、上海大学和西南科技大学主办的第三届全国三线建设学术研讨会在四川绵阳西南科技大学举行。来自中国社会科学院、国务院参事室、工信部、国防科技工业局、四川大学和国防科技大学等60多位专家学者和三线建设亲历者参加了会议。

学术交流和探讨围绕三线建设研究、三线精神、三线遗产保护利用等议题展开。与会专家一致认为，三线建设研究意义重大。三线建设历程、三线精神和三线遗产是弘扬革命传统、文化和加强社会主义精神文明建设、激发爱国热情、振奋民族精神的生动教材。在中国工业化的光辉历程中，三线建设发挥了保障国家安全，促进区域平衡发展，促进人力资本培育与发展和凝聚奋斗精神的重要作用。目前，三线建设研究已经取得丰硕成果，为当前加强"四史"学习做出了贡献。同时，三线建设研究也存在一些分歧，回顾三线建设研究的发展过程可以发现，学科视角不同是产生分歧的主要原因。下一步，应从历史与现实结合、中华民族伟大复兴的整体视角重新审视三线建设的战略意义，深入、广泛、持续地推进三线建设研究。值得注意的是20世纪80年代调整改造之后的后小三线企事业单位。与会专家指出，三线精神形成于1964—1983年三线建设时期和1984—2006年三线企业调整改造时期，升华结晶于中共十八大以来广泛弘扬民族精神、奋斗精神时期。三线精神必须在新时代新征程中发扬光大，为实现伟大奋斗目标提供强大的精神力量。还有学者介绍了四川绵阳地区三线工业文化遗产的保护利用情况，并就推动三线建设文化发展提出建议。

（二）教材建设

2021年10月28日，教育部首批中国经济学教材编写入选学校及团队公布，中国人民大学贺耀敏教授和中南财经政法大学常明明教授为主编的两个编写团队入选《中华人民共和国经济史（1949—1978年）》编写项目。组织编写新的中国经济学教材，是深入推进习近平新时代中国特色社会主义思想进教材进课堂进头脑，加快中国经济学教材体系建设的重要举措。教材编写要求坚持以习近平新时代中国特色社会主义思想为指导，深入贯彻落实习近平新时代中国特色社会主义经济思想，突破"用原有理论解释中国经济问题"或"原有课程+中国案例（数据）"的编写形式，立足新时代，系统总结新中国成立70多年来尤其是改革开放40多年来中国经济建设发展的丰富实践，提炼具有原创性、解释力、标识性的新概念、新范畴、新表述，推动形成中国经济学理论体系，并用来指导新的伟大实践。首批中国经济学教材包括9种。按照计划，《中华人民共和国经济史（1949—1978年）》的编写工作将由两个入选团队同时推进，教材正式出版后将在高校相关学科专业统一使用。

2021年12月，根据中国社会科学院大学教材建设规划，中华人民共和国史系列教材中的《中华人民共和国经济史》①教材于由当代中国出版社出版。该教材分八个阶段叙述了1949年到2020年中华人民共和国的经济发展历程，在研究方法和叙述方法上具有鲜明特色。在研究对象的把握上，该教材一方面坚持唯物史观，明确中国特色社会主义经济发展道路探索、形成和不断完善是中华人民共和国经济史的主线，中国用几十年时间走完发达国家几百年走过的工业化历程的跨越式发展是中华人民共和国经济史的主题；另一方面注重突出中华人民共和国史学科体系中经济史研究的重点，从国家行为视角出发，既考察中国共产党的经济工作，也考察其他经济主体、社会各阶层、国家各区域的经济活动。具体而言，教材内容涉及新中国成立70多年来不同历史时期的中国共产党经济思想、国家经济决策、国家经济发展战略、国家经济方针、国家经济制度、国家经济政策、国民经济运行与绩效等。在叙述方法上，该教材尝试采用发展目标、实现路径、运行绩效互为演变条件的研究框架，力求做到历史逻辑与理论逻辑的内在统一。

二、重要研究进展

2021年度，当代中国经济史研究在以下七个问题上进展较为突出。

（一）中国特色社会主义基本经济制度探索形成的历程

中国特色社会主义制度和国家治理体系，是在借鉴中共领导新民主主义革命时期在根据地执政的宝贵经验，而又经历了新中国70多年三个大的历史阶段形成和发展起来的。中共十九届四中全会对坚持和完善中国特色社会主义制度、推进国家治理体系和治理能力现代化进行了系统总结，对社会主义基本经济制度作出新的概括。这是马克思主义政治经济学中国化的最新成果，是中国特色社会主义政治经济学重大理论创新。站在新的历史高度，回顾公有制为主体、多种所有制经济共同发展，按劳分配为主体、多种分配方式并存，社会主义市场经济体制等社会主义基本经济制度探索形成的历史过程，成为近年来学界研究的热点问题。2021年，学者们将研究的时间跨度扩展到中国共产党成立百年以来，推动这项研究取得新进展。

一些学者梳理了"公有制为主体、多种所有制经济共同发展"的所有制制度探索形成的过程。谢地和郑丽芳认为，中国共产党的所有制理论演进与实践轨迹，可以划分为新民主主义革命时期、社会主义革命和建设时期、改革开放到中共十八大以前、中共十八大以来四个历史阶段。在坚持科学社会主义原则的前提下，始终按照问题导向从中国实际出发探索有

---

① 郑有贵主编：《中华人民共和国经济史》，当代中国出版社2021年版。

利于中国社会生产力发展的、适宜的所有制结构是中国共产党人的鲜明理论品格和实践理性。① 方福前指出，中国共产党建党之初的设想是国民革命胜利后建立单一的公有制。在战争年代，中共对所有制结构的探索与实践主要集中在土地问题上。新中国成立后的"一化三改造"建立了社会主义基本经济制度，其主要特征是单一的生产资料公有制和高度集中的计划经济。改革开放后，中共对所有制形式和结构进行了大胆探索和大刀阔斧改革，通过引进外资和发展个体经济、私营经济，逐步形成了公有制为主体、多种所有制经济共存和发展的所有制格局。进入新时代，中共对中国特色社会主义基本经济制度进行了新的概括，建立了公有制为主体的两个层次的混合所有制结构。② 何瑛和杨琳着重梳理了改革开放以来国有企业混合所有制改革的历程，将其划分为四个阶段。1978—1992年是探索酝酿阶段，混合所有制雏形基本显现，但不同所有制企业还未深度融合。1992—2003年是成长跨越阶段，中共十四届三中全会首次提出"财产混合所有"概念后，混合所有制改革进入"黄金十年"，混合所有制改革政策效果重点表现为股权结构实现多元化。2003—2013年是调整完善阶段，混合所有制改革更加注重混合所有的产权结构能否发挥提高企业效率的积极作用。2013年以来是深化加速阶段，混合所有制作为"社会主义基本经济制度重要实现形式"的战略地位得以确立，混合所有制改革重心从"混"资本、"混"产权转为"改"机制。中共十八届三中全会以来，国企混改在混改规模、领域、方式、速度等方面取得显著成效，上市公司已成为国有企业混合所有制改革的重要载体，混合所有制已成为破解国有经济与市场经济相结合难题的有效手段，公司制改革基本完成，市场化经营机制建设迈出新步伐，国企混改总体上呈现"提效率""扩范围""深融合"发展态势。③

关于"按劳分配为主体、多种分配方式并存"的分配制度的探索形成过程，谢地和武晓岚较为详细地梳理了百年来中国共产党的收入分配理论脉络与实践轨迹。新民主主义革命时期，中共在根据地和解放区对收入分配问题进行的探索和实践为新中国成立后建立合理的收入分配制度积累了宝贵经验；社会主义革命和建设时期，中国共产党以公有制取得支配地位为前提逐步建立了社会主义按劳分配的制度体系，但由于极左思想的干扰和"文化大革命"时期"四人帮"对按劳分配原则的歪曲和抹黑，收入分配制度理论和实践探索走过一段弯路；改革开放到中共十八大，一是建立适应中国特色的社会主义经济的分配制度，二是提出在先富带动后富基础上实现共

---

① 谢地、郑丽芳：《从中国实际出发探索适宜的社会主义所有制结构——建党百年所有制理论演进与实践轨迹》，《财经科学》2021年第7期。
② 方福前：《从单一公有制到公有制为主体的混合所有制——中国共产党对生产资料所有制形式和结构的百年探索与实践》，《中国工业经济》2021年第8期。
③ 何瑛、杨琳：《改革开放以来国有企业混合所有制改革：历程、成效与展望》，《管理世界》2021年第7期。

同富裕的思路；三是逐渐开始重视收入分配不公现象并提出了相应解决措施。中共十八大以来，在习近平经济思想的指引下，中共收入分配理论和实践进入了一个新的阶段。[①] 杨德才和潘熙庆梳理了新中国成立之后，中国共产党推动收入分配制度从计划体制时期的平均主义分配制度，到市场化改革过程中逐步形成的按劳分配为主体、多种分配方式并存的分配制度，再到中国特色社会主义新时代的共享发展的改革历程。对1978—2012年中共关于收入分配制度改革的探索，两位学者从对按劳分配性质的再认识、多种所有制经济与多种分配方式的发展、"先富带后富"的共同富裕实现路径、公平和效率关系认识的深化四个方面进行了梳理。[②]

关于社会主义市场经济体制的探索形成过程，王维平和牛新星着重描述了中国共产党对社会主义市场经济体制的认识过程。从"计划经济为主、市场调节为辅"到"公有制基础上的有计划的商品经济"；从明确"建立社会主义市场经济体制"到"加快完善社会主义市场经济体制"；从"市场在资源配置中起基础性作用"到"市场在资源配置中起决定作用"，这一过程是中国化马克思主义在实际中的应用，是马克思唯物史观的具体体现。[③] 一些学者则对新中国成立后建立计划经济体制的过程进行了探讨。孟文科和张零认为，新中国成立初期开展的增产节约运动与计划经济体制的建立紧密相关。为推进"增产节约"运动，国家设立了各级工业计划管理机构，建立了国家工业计划的指标管理体系和统一的报表制度；国家还通过增产节约运动来应对国营企业"激励机制"不足和"投资需求膨胀"的问题，从而加强了对企业的计划管理。[④] 严宇鸣聚焦上海口岸对于进出口私商的管理运作、社会主义改造，分析了新中国国际贸易尤其是口岸对资本主义国家进出口贸易管理制度的变革，反映出新中国成立初期国家商业管理体系由市场模式向计划体制快速转变的历史轨迹。[⑤] 曲韵梳理了新中国成立后，中共改造与清理进出口领域外资企业的过程，指出1949年以后对外贸易领域外资企业走向衰微势在必然，朝鲜战争的爆发是加速这一进程的重要外部催化力量。[⑥] 姜长青则探讨了重工业优先发展战略的影响，认为这一发展战略的选择决定了新中国

---

① 谢地、武晓岚：《以实现共同富裕为目标探索合理的收入分配制度——建党百年收入分配理论演进与实践轨迹》，《学习与探索》2021年第10期。

② 杨德才、潘熙庆：《从"不患寡而患不均"到"既患寡又患不均"——中国共产党收入分配制度改革的历史演进及其经验总结》，《江苏行政学院学报》2021年第6期。

③ 王维平、牛新星：《中国共产党对社会主义市场经济体制的认识过程、理论创新与实践指向》，《上海经济研究》2021年第2期。

④ 孟文科、张零：《增产节约运动与中国工业计划体制的建立（1949—1952）》，《西安工业大学学报》2021年第4期。

⑤ 严宇鸣：《新中国成立初期进出口私商的管理制度变革——基于上海口岸的历史考察》，《中共党史研究》2021年第3期。

⑥ 曲韵：《新中国对进出口领域外资在华企业的利用与清理（1949—1956）》，《中国经济史研究》2021年第6期。

成立初期的经济发展模式和路径，包括建立计划经济体制。[1] 关于新中国财政体制的建立，王丹莉梳理了新中国成立初期统一财经的来龙去脉，阐述了统一财经的历史意义，并在梳理统一财经后制度调整的基础上，指出如何兼顾集中统一与因地制宜从那时起已成为新中国经济发展进程中的核心命题之一。[2]

（二）新中国工业史

随着中国基本完成工业化，新中国工业史研究越来越受到学术界关注。2021年的新中国工业史研究主要围绕对新中国工业化具有奠基作用的"156项"工程、20世纪80年代"异军突起"的乡镇企业、工业技术发展历程三个重点展开。

关于"156项"工程，赵学军阐述了"156项"建设项目的历史贡献，指出它是中国建成独立完整工业体系的奠基石，是后发国家推进工业化发展的成功案例；启动了重工业优先发展的工业化模式；促进了技术进步与经济发展，打下了改革开放的工业化技术基础；奠定了钢铁工业、有色金属工业、机械工业、化学工业、能源工业、制药工业等基础工业体系；催生了航空工业、航天工业、船舶工业、电子工业、兵器工业等国防工业体系；形成了全国若干重要的工业基地。[3] 黄巍探讨了东北亚局势对"156项"工程工业布局的影响。该学者认为，新中国成立70多年来的三次工业布局规划与调整都和东北亚局势紧密相关。新中国通过东北地区"南厂北迁"、"156项"工程、三线建设对工业布局进行了规划与调整，体现了集中力量办大事的社会主义制度优势，客观上推动了新中国的工业化进程，增强了国防实力，保障了国家安全。中国工业布局呈现由沿海向内地，由东向西，由华东、东北、华北向西北、西南、中南纵深均衡发展的态势，对国民经济发展产生了深远影响。[4] 李天健则探讨了"156项"工程在缩小区域经济差距方面产生的长期影响。研究发现，"156项"工程在短期内缩小了广大内陆地区与东南沿海地区的发展差距，并且对于中国区域经济发展格局产生了显著的长期影响，"156项"工程持续提升了所在城市的经济发展水平，并且作为一种历史遗产在内陆地区被更好地继承下来，在长期以来依然显著促进了中西部地区的经济增长。[5]

---

[1] 姜长青：《社会主义革命和建设时期中国工业化道路的形成逻辑与发展路径研究》，《经济纵横》2021年第6期。

[2] 王丹莉：《新中国成立初期的统一财经》，北京人民出版社2021年版；王丹莉：《新中国央地财政关系的奠基：统一财经及其制度调整》，《当代中国史研究》2021年第1期。

[3] 赵学军：《"156项"建设项目对中国工业化的历史贡献》，《中国经济史研究》2021年第4期。

[4] 黄巍：《东北亚局势视域下新中国三次工业布局的规划与调整》，《当代中国史研究》2021年第1期。

[5] 李天健：《新中国缩小区域经济差距的初次尝试及其长期影响——对156项工程的再审视》，《当代经济研究》2021年第6期。

关于20世纪80年代以工业企业为主的乡镇企业的发展，郑有贵认为，中国共产党提出在农村发展工业的战略构想，成功探索出农村工业化发展道路，探索出一条城乡"两条腿"工业化发展道路。以工业为主的乡镇企业，产业由高度集中计划经济体制下"拾余补缺"的"五小工业"向全面发展拓展，地域布局由散落乡村转向城镇和产业园集中，规模由发挥"船小好掉头"优势到为增强竞争力而组建乡镇企业集团。农村工业的崛起，缘于中国共产党在农村发展工业的战略主张，缘于在走共同富裕道路下构建起的农村社区集体经济组织统筹和积累机制下乡镇企业能够成功起步，缘于以市场为取向的改革给乡镇企业打开发展空间，缘于广大农民发扬"四千四万"精神投身乡镇企业的创业发展。[1] 萧冬连从历史和机制两个角度，探讨了推动乡镇企业在20世纪80年代"异军突起"的因素，指出乡镇企业的兴起是农民对城乡二元体制的自我突围；财政分权体制下基层政府有扶持乡镇企业发展的强劲动力；长期短缺的经济和局部市场的形成以及国际市场的开拓为乡镇企业发展提供了广阔市场机会；计划体制的松动和双轨制的形成为乡镇企业从市场获取生产资料和融资提供了条件；充足而廉价的土地和劳动力是乡镇企业独有的两大资源优势；独特的经营机制和产权结构使乡镇企业在与国有企业竞争中具有优势。[2]

关于工业技术发展历程，梁泳梅回顾了中国共产党成立百年来中国工业技术从落后到追赶再到部分领先的过程，总结出其中的历史经验：第一，从人的角度出发，通过科教兴国战略积累了大量人力资本基础，通过优化生产关系充分调动劳动者推动技术进步的积极性；第二，有效发挥了中国共产党领导下中国特色社会主义制度的优越性，通过顶层设计和五年规划引导推动技术进步的阶段目标和路线，利用举国体制集中攻关关键核心技术；第三，充分学习和借鉴其他国家的先进技术。[3] 卫磊叙述了1949—1955年，太原钢铁厂扭转进厂援助的苏联专家提出的技术改进建议难以得到落实状况的经过。新中国成立初期，太原钢铁厂作为全国重要的钢铁生产基地，先后受到多位苏联专家的技术指导。起初，苏联专家的建议并未真正被接受。后来，太原钢铁厂通过宣传展示苏联技术的优越性，对职工进行思想动员、加强技术教育、开展生产竞赛、完善组织和制度等，苏联专家的建议才逐步被接受。国营企业对苏联专家建议的大力推广，加速了苏联技术向中国的转移，在一定程度上推动了中国的工业化进程。[4]

---

[1] 郑有贵：《城乡"两条腿"工业化中的农村工业和乡镇企业发展——中国共产党基于国家现代化在农村发展工业的构想及实践》，《中南财经政法大学学报》2021年第4期。
[2] 萧冬连：《乡镇企业"异军突起"的历史和机制分析》，《中共党史研究》2021年第5期。
[3] 梁泳梅：《中国工业技术进步的百年探索：历程、经验与展望——透视中国共产党百年奋斗历程》，《经济与管理研究》2021年第11期。
[4] 卫磊：《1949—1955年太原钢铁厂推广苏联技术初探》，《当代中国史研究》2021年第1期。

（三）新中国"三农"发展历程

新中国"三农"发展历程始终是本学科的重点课题，近年来不断取得新进展。

一些学者从不同角度梳理了百年"三农"发展历程。全面系统总结中国共产党领导百年乡村建设和治理经验的著作《从耕者有其田到乡村振兴——中国特色"三农"道路的探索与发展》①出版。该书从农业、农村、农民三个方面，总结了中国共产党领导"三农"发展的实践、成就、经验与思想。其中，"农业篇"主要从中国共产党工农关系认识、粮食安全思想实践、农业经营制度变迁、农产品流通制度演进以及农业税收与支持等方面，对中国共产党的农业政策实践与思想发展进行梳理和分析；"农村篇"主要从中国共产党城乡关系认识、农村土地制度、农村经济、乡村治理等方面，分析中国共产党百年乡村建设、发展政策实践与思想变迁；"农民篇"主要从中国共产党对农民阶层的认识、推动农民就业与流动、农民扶贫增收、城乡公共服务等方面，梳理和分析中国共产党成立百年来涉及农民的政策与实践，并总结促进农民发展的相关思想等。周立分五个阶段梳理了中国共产党领导"三农"工作的百年历程：1921—1949年是以农民组织化为主，发动农民闹革命，夺取政权阶段；1949—1978年是以农业组织化为主，促进农业发展，推动农业生产力发展和生产关系变革阶段；1978—2005年是以农村改革为主，向农民和农业陆续放权，推动农业生产力发展和生产关系变革阶段；2005—2017年是以农村综合建设为主，中共领导社会主义新农村建设，夯实解决"三农"问题基础阶段；2017年至今是以农业与农村现代化建设为主，开展乡村振兴和乡村建设行动，实现"两个一百年"奋斗目标阶段。百年来，中国共产党领导"三农"工作的重点顺序首先是农民，其次是农业，再次是农村；解决问题的先后顺序首先是农业，其次是农村，最后是农民。②郑有贵认为，百年来中共从农民维度、中华民族复兴维度、现代化维度、生产力维度、国际维度把握解决"三农"问题的历史方位和调整完善"三农"政策，探索走出中国特色农村包围城市革命道路和中国特色社会主义"三农"发展道路。其主线是解放农民和促进共同富裕、在工业化进程中工农互促、在城镇化进程中城乡互促、以中国共产党的坚强领导和强化政策支持破解"三农"发展受弱质性困扰的问题。③孙乐强则聚焦农民土地问题，阐述了其与中国道路历史选择的关系。该学者认为，中国共产党以唯物史观为指导，结合中国具体实际，通过改革完善农地制度，走出一条

---

① 顾海英、王常伟：《从耕者有其田到乡村振兴——中国特色"三农"道路的探索与发展》，上海人民出版社2021年版。

② 周立：《实施乡村建设行动与全面推进乡村振兴——中国共产党领导"三农"工作的百年历史抉择》，《人民论坛·学术前沿》2021年6月下期。

③ 郑有贵：《战略维度和实现路径：中国共产党百年破解"三农"问题的考察》，《中共中央党校（国家行政学院）学报》2021年第5期。

既不同于西方也不同于苏俄的革命、建设、改革和现代化道路。不理解土地革命和土地改革的逻辑，就不能理解中共革命道路的选择；不理解农业社会主义改造，就不能理解新中国工业化道路的选择；不理解家庭联产承包责任制等农地制度改革，就不能理解中国改革道路的选择，以及中国城镇化的发展逻辑，乃至乡村振兴和农业现代化的中国道路。①

一些学者梳理了新中国成立以来的"三农"发展历程。反映新中国"三农"发展历程的著作《攻坚克难补短板：农村同步迈向全面小康社会之路》②出版。该书立足于新中国成立70余年的宏阔视野，阐述了中国共产党和中国政府在发展农业、农村及农民致富道路上的艰辛探索，再现了中国共产党带领人民群众从贫困、温饱到小康再到实现全面小康的光辉历程，并从历史经验与理论高度概括了破解"三农"发展难题的中国方案。③高帆运用大历史观审视中国农业农村发展，指出从时间维度看，农业农村发展是贯穿新中国成立以来长时段现代化进程的重大命题，并在不同阶段为现代化建设做出了多重贡献；从空间维度看，农业农村发展不是对已有国际经验或"一般规律"的简单验证，而是在很大程度上表现为中国"自身的故事"；从结构维度看，农业农村发展嵌入中国整体发展阶段和制度背景之中，是与城镇之间开展互动并伴随着制度变迁而推进的。④一些学者聚焦农村改革，探讨了农村税费改革的历史意义和宝贵经验，⑤以及20世纪60年代安徽的"责任田"实践与20世纪70年代末80年代初农村改革之间的关系。⑥

另外，近年来有关农业合作化时期的研究持续推进，不断取得进展。郭志炜叙述了农业合作化运动中会计制度从萌芽、形成到逐步规范化的过程，指出农业合作化运动把农民从一家一户的个体经营转向集体经营，改变了农民的生产组织形态，而会计制度像纽带一样将二者衔接起来，是将农民纳入国家战略的重要技术手段。⑦范连生考察了合作化高潮中贵州各地贯彻中央勤俭办社方针的具体措施及其成效，推进了农业合作化时期农业生产合作社经营管理的微观研究。⑧常明明探讨了农业合作化干部问题。在农业合作化运动初期，农业生产

---

① 孙乐强：《农民土地问题与中国道路选择的历史逻辑——透视中国共产党百年奋斗历程的一个重要维度》，《中国社会科学》2021年第6期。
② 郑有贵：《攻坚克难补短板：农村同步迈向全面小康社会之路》，安徽人民出版社2021年版。
③ 董志凯：《农村迈向小康社会的历史分析》，《当代中国史研究》2021年第6期。
④ 高帆：《大历史观视域下的中国农业农村发展》，《复旦学报（社会科学版）》2021年第5期。
⑤ 郑有贵：《农业税费改革的重大意义与宝贵经验》，《人民论坛》2021年11月上期。
⑥ 魏众：《从"责任田"实践到家庭承包制——基于安徽的考察》，《中国经济史研究》2021年第4期；李嘉树：《"大包干"政策内涵的历史流变——基于安徽省凤阳县的考察》，《中共党史研究》2021年第4期；郑有贵：《家庭承包经营激活农村经济》，《中国党政干部论坛》2021年第5期。
⑦ 郭志炜：《数目字管理：农业合作化运动中会计制度的形成》，《中国经济史研究》2021年第3期。
⑧ 范连生：《合作化时期农业生产合作社勤俭办社的历史考察——以贵州为中心》，《当代中国史研究》2021年第6期。

合作社主要是依靠县、区干部或上级派出工作组直接领导贫农、下中农,边摸索边建立的。随着农业合作化运动的快速发展,建社干部短缺问题很快显现,为此,各级人民政府在贫农、下中农积极分子中选拔了一些骨干,通过举办各类短期训练班,培养了一批基本掌握农业社会主义改造政策和办社方法的基层干部,不仅使农业合作化运动快速推进,而且进一步夯实了中国共产党的执政基础。[①]

(四)中国减贫历程与历史经验

2021年2月25日,在全国脱贫攻坚总结表彰大会上,习近平庄严宣告脱贫攻坚战取得全面胜利,标志着中华民族千百年来的绝对贫困问题得到历史性解决。中国走出一条中国特色减贫道路,为世界减贫事业贡献了中国智慧、中国方案。近年来,回顾中国的减贫历程与成就,总结中国减贫经验成为研究热点。2021年,这项研究取得新的进展。

学界有观点认为改革开放之前没有严格意义上的扶贫,也有人将改革开放前的扶贫定性为救济性扶贫或"广义扶贫",还有人认为新中国前30年在扶贫上并未取得显著成效。针对这种看法,王辰璇和汪青松指出,新中国前30年并不只是小规模救济性扶贫,而是制度变革式、生产发展式和全面建设式扶贫减贫。这些宏大的减贫工程,彻底改变了中国人的极端贫困状况,实现了从低人类发展阶段向中下等人类发展阶段的跨越,为摆脱贫困和改善人民生活打下了坚实基础。新中国前30年减贫经验为改革开放以来改革扶贫、开发扶贫和新时代精准脱贫提供了重要启示。[②] 王丽和瞿商指出,早在20世纪50年代中后期集体化制度变革中,农村普遍出现的超支现象就起到了保障困难农户基本生存的功能。超支户的存续贯穿了高级社和人民公社时期,数量曾一度达到农户总数的1/3。允许超支行为的出现可以视为政府对农户的"道义补助",亦可视为新中国扶贫事业的开端。超支户是指在农业生产队年终分配决算时,因分配产品所得大于劳动收入而出现账面欠款的农户。集体化时期集中劳动、统一分配的制度设计和实践是超支产生的制度根源。改革开放后,随着农村普遍实行家庭联产承包责任制,才使集体化时期的超支问题得到彻底解决。[③]

关于新中国减贫历程,王晓毅从现代化视角梳理了新中国农村减贫的逻辑和历程,将新中国成立以来的农村贫困分为三个时期,即农村改革前30年的整体性生存贫困,农村改革后20年的区域性生存贫困和21世纪两个10年的结构性贫困。相应地,减贫的目标从消除饥饿,满足温饱到增加农民收入,并最终消除贫困;减贫手段从改善农业基础设施,增加粮食产量到发展农村商品经济,促进农民收入增加。中共十八大以来实施精准扶贫战略,通过

---

① 常明明:《农业生产合作社干部研究(1954—1956年)》,《当代中国史研究》2021年第5期。
② 王辰璇、汪青松:《新中国前30年减贫的历史性贡献及经验启示》,《安徽史学》2021年第6期。
③ 王丽、瞿商:《集体化时期的农民贫困及其化解对乡村振兴的历史启示——以湖北省十月大队的超支现象为例》,《贵州财经大学学报》2021年第3期。

推进贫困地区现代化，贫困地区的基础设施、产业发展、公共服务和社会治理的现代化水平不断提高，在推进贫困地区现代化基础上实现了消除贫困的目标。① 张占斌指出，打赢脱贫攻坚战彰显出中国共产党的领导和中国特色社会主义制度的显著优势。中共十八大以来，以习近平同志为核心的中共中央把制度建设摆到更加突出的位置，全面深化扶贫领域改革创新，建立脱贫攻坚的责任体系、政策体系、投入体系、动员体系、监督体系和考核体系，为打赢脱贫攻坚战构筑起坚实的制度基础。②

在全国脱贫攻坚总结表彰大会上，习近平总书记用"七个坚持"概括了脱贫攻坚实践中形成的中国特色反贫困理论：坚持党的领导，为脱贫攻坚提供坚强政治和组织保证；坚持以人民为中心的发展思想，坚定不移走共同富裕道路；坚持发挥我国社会主义制度能够集中力量办大事的政治优势，形成脱贫攻坚的共同意志、共同行动；坚持精准扶贫方略，用发展的办法消除贫困根源；坚持调动广大贫困群众积极性、主动性、创造性，激发脱贫内生动力；坚持弘扬和衷共济、团结互助美德，营造全社会扶危济困的浓厚氛围；坚持求真务实、较真碰硬，做到真扶贫、扶真贫、脱真贫。郑有贵认为，这"七个坚持"回答了脱贫攻坚的价值和目标取向、脱贫攻坚如何聚集力量、脱贫攻坚要什么样的科学路径和持久动力、脱贫主体是谁和如何使脱贫具有可持续的内生动力、如何广泛动员全社会积极参与扶贫、脱贫攻坚要以什么样的作风加以实现等问题，丰富和发展了马克思主义反贫困理论。③ 李实和沈扬扬将中国的减贫经验概括为：坚持政府领导与主导；坚持农村改革与扶贫工作相结合；坚持以经济增长带动脱贫；坚持开发式扶贫与兜底保障政策相结合；坚持动员社会力量参与扶贫工作。他们还将"精准扶贫"时期中国扶贫举措在思路和手段上的突破概括为：第一，以"两不愁、三保障"为全新减贫目标，切实提升贫困群体的生存和发展能力；第二，以"建档立卡"全新识别方式，将扶贫客体扩展到人到户；第三，划定"深度贫困地区"新战场，打好脱贫攻坚战；第四，围绕"五个一批"设置全新扶贫行动方案，"对症下药"解决贫困问题；第五，以"两项制度衔接"新制度举措，大幅提升低保兜底的保障力度。④ 袁红英将中共百年反贫困的历史经验概括为：实现国家主权独立自主是根本前提，坚持中国共产党对减贫的持续领导是基础保障，始终将人民利益放在首位是先决要素，发挥集中力量办大事的社会主义制度优势是关键支撑，益贫式增长的经济发展是核心动力。⑤

---

① 王晓毅：《现代化视角下中国农村的减贫逻辑和过程》，《甘肃社会科学》2021年第1期。
② 张占斌：《中国特色脱贫攻坚制度体系：历史逻辑、实践特征和贡献影响》，《理论视野》2021年第7期。
③ 郑有贵：《脱贫攻坚伟大实践孕育中国特色反贫困理论》，《红旗文稿》2021年第7期。
④ 李实、沈扬扬：《中国的减贫经验与展望》，《农业经济问题》2021年第5期。
⑤ 袁红英：《中国共产党减贫实践的百年历程与经验》，《马克思主义研究》2021年第10期。

一批具体呈现脱贫攻坚实践历程的著作和调研报告面世，为更加深入的研究提供了重要资料。华中科技大学出版社出版的《中国脱贫攻坚精神》一书在宏观梳理1949年到2020年中国减贫历程的基础上，呈现了五个贫困县市完成脱贫攻坚任务的调研报告。[①] 人民出版社出版的"脱贫攻坚丛书"中，《中国脱贫攻坚典型经验与模式》[②]《弘扬延安精神 实现脱贫共富》[③]《建设亮丽内蒙古——内蒙古自治区脱贫攻坚答卷》[④] 等反映了各地脱贫攻坚的具体实践。广西人民出版社出版的《一个不落：决战决胜脱贫攻坚的理论与实践》[⑤] 中也包含诸多典型案例。

（五）为加快构建新发展格局提供历史借鉴

2020年，中共中央提出加快构建以国内大循环为主体、国内国际双循环相互促进的新发展格局这一重大战略选择。2021年，有关国内经济循环的历史演变与中国参与国际大循环的历史过程成为研究热点，并取得一定进展。而且，2021年恰逢中国加入世贸组织20周年，一些学者通过回顾总结中国入世20年取得的成就与经验，为加快构建新发展格局提供历史借鉴。

关于国内经济循环的历史演变，武力回顾了新中国积累与消费关系发展演变的历程：1949—1978年，中国实施计划经济条件下的高积累政策，建成了比较完整的工业体系和国民经济体系；1979—1991年，中国开始与民休息，提高居民收入和消费水平，由此带动积累增长；1992—2002年，积累在社会主义市场经济改革中快速增长，并第一次出现买方市场；2003—2012年，随着全球化、城镇化、工业化的红利释放，积累迎来了新一轮扩张高潮，并带动消费快速增长，房地产业成为重要支柱产业；2013年至今，中国通过供给侧结构性改革提升积累质量，通过一系列惠民政策释放消费潜力，实现了积累和消费在更高水平上的动态平衡，开启了构建国内国际双循环新发展格局的新阶段。[⑥] 董志凯梳理了新中国70多年来固定资产投资理念中关于投资的主体、着力点、决策、方式、资源开发、中外之间投资等六个方面的变革和创新，分析了其中体现的否定之否定、阶段性扬弃的规律，从一个侧面呈现出新中国经济发展历程中的曲折与艰辛。[⑦]

关于中国参与国际大循环的历史过程，郑有贵认为新中国成立以来参与国际大循环经历了三个阶段：新中国成立起至改革开放前引进含先进技术的成套设备为产业发展打基础的阶

---

① 武力、王爱云主编：《中国脱贫攻坚精神》，华中科技大学出版社2021年版。
② 刘彦随主编：《中国脱贫攻坚典型经验与模式》，人民出版社2021年版。
③ 任晓伟：《弘扬延安精神 实现脱贫共富》，人民出版社2021年版。
④ 本书编写组：《建设亮丽内蒙古——内蒙古自治区脱贫攻坚答卷》，人民出版社2021年版。
⑤ 黄承伟：《一个不落：决战决胜脱贫攻坚的理论与实践》，广西人民出版社2021年版。
⑥ 武力：《中国共产党关于积累与消费关系的认识与实践》，《人民论坛·学术前沿》2021年8月下期。
⑦ 董志凯：《我国固定资产投资理念的改革与创新》，《中共宁波市委党校学报》2021年第3期。

段,自20世纪70年代末至21世纪初参与国际产业分工的阶段,中共十八大以来全方位参与国际经济大循环的阶段。① 张瑞和郭冠清研究了中国共产党在对外开放方面的百年探索和成效,认为新民主主义革命时期,中国共产党具有丰富的对外贸易思想,建立了与生产和交换条件相适应的对外贸易体系;社会主义革命和建设时期的大规模设备引进与工业体系的建设为中国经济发展奠定了坚实基础,"自力更生为主,争取外援为辅"是毛泽东对外开放思想的核心;改革开放和社会主义现代化建设时期依据生产力所处的阶段和国外的环境,对贸易体制进行了渐进式改革,逐渐融入全球化;新时代中国坚持"引进来"与"走出去"相结合,通过"自贸试验区"和自由贸易港的建设、"一带一路"倡议、积极参与全球经济治理体系建设等,创造性地将中国对外开放推向新的历史高度。② 郑有贵认为,创办经济特区充分体现了中国共产党领导经济改革发展的战略智慧,经济特区的创新发展成为促进国内国际双循环发展的重要力量。③

一些学者回顾了入世20年来中国开放型经济发展历程,总结了入世20年取得的成就,展望了中国未来面临的机遇和挑战。学者们认为,中国加入世界贸易组织以来,充分履行了入世承诺,始终恪守规则,既受益于世界贸易组织的多边贸易体制,也对其发展做出了自己的贡献。当前,世界贸易组织改革和全球经贸规则重塑已成为共识,中国作为世界第一大货物贸易国和最大的发展中国家,在此过程中负有重要责任和特殊使命,需做好多边贸易体制的坚定维护者、世界贸易组织改革的理性推动者和全球贸易公共品的积极提供者。④ 马相东和王跃生通过回顾中国入世20年构建开放型经济的历程,归纳出其主要特征,并总结了中国对世界经济增长做出的贡献。⑤ 郑威总结了入世以来中国税制改革的历程、成就和经验。⑥

---

① 郑有贵:《中国参与国际大循环的历史演进与构建新发展格局的战略目标》,《当代中国史研究》2021年第1期。

② 张瑞、郭冠清:《中国共产党对外开放的百年探索及其对构建新发展格局的启示》,《上海经济研究》2021年第9期。

③ 郑有贵:《创办经济特区的战略智慧和历史地位》,《中国井冈山干部学院学报》2021年第5期。

④ 崔鑫生:《"入世"20年:中国与世界互动的回顾与展望》,《人民论坛》2021年7月中期;沈铭辉:《从多边规则接受者到全球贸易公共品提供者——中国入世20年的回顾与展望》,《中共中央党校(国家行政学院)学报》2021年第5期;薛荣久、杨凤鸣:《开放是当代中国的鲜明标识——中国加入世贸组织20周年回顾与展望》,《国际经济合作》2021年第5期。

⑤ 马相东、王跃生:《从加入世界贸易组织到共建"一带一路":世界经济增长的中国贡献》,《中共中央党校(国家行政学院)学报》2021年第5期;武汉大学改革开放研究课题组:《中国"入世"20年来开放型经济六大发展趋势》,《经济纵横》2021年第12期。

⑥ 郑威:《"入世"二十年来我国涉外税收政策的演进规律与经验启示》,《税务研究》2021年第11期。

（六）为健全新型举国体制提供历史启示

近年相继发生的"中兴事件""华为事件"深刻暴露出中国在关键核心技术上存在"卡脖子"问题。在此背景下，中央提出"构建社会主义市场经济条件下关键核心技术攻关新型举国体制"，"新型举国体制"成为学界研究的热点。近年来，有关新型举国体制的研究已经取得丰硕成果。2021年，学界出现了一些从经济史角度研究举国体制的成果，在梳理举国体制演变过程和总结历史经验方面取得积极进展。

关于举国体制的演化历程，路风和何鹏宇通过回顾被公认为举国体制范例的"两弹一艇一星"项目，证明使其成功的关键因素是中央专委，它得到最高领导层的授权并对项目的执行及其结果负责。类似的特殊机构也出现于美国，并考察了美国在第二次世界大战期间成立的战时生产局和曼哈顿计划，以及至今还在活跃的美国国防部高级研究计划局（DARPA）。以中美两国的历史经验为证据，该文证明举国体制是一种任务体制，无关计划体制或市场经济体制，其特征是以特殊机构执行和完成重大任务。[①] 唐亚林和郝文强对1949—1977年传统举国体制形成阶段、1978—2014年举国体制转型过渡阶段、2015年至今新型举国体制建构阶段，举国体制的社会背景、实践特征与重大成果进行了历史比较分析，梳理了举国体制历史演变过程中的"变"与"不变"。两位学者认为，在传统举国体制向新型举国体制转变的过程中，始终坚持的是中国共产党的统一领导制度，这是举国体制取得成功的最根本的原因。中国共产党领导下集中力量办大事的制度优势则在其中发挥了关键作用，这也是中国经济发展、民生保障、科技创新等诸多方面在短时间内实现飞跃的制度原因。[②]

关于新型举国体制的实践经验，胡颖廉认为中国新冠疫苗研发是新型举国体制在关键核心技术攻关中的成功运用。中国是生物医药产业的追赶者，疫苗创新能力和监管能力在一定程度上存在不足，新冠疫苗研发何以可能？基于协同治理理论，构建"目标—结构—行动"分析框架，通过新冠疫苗研发过程的全景式回顾，揭示出成功的深层次原因——国家发挥制度优势赋能企业。新发突发传染病的持续威胁，倒逼国家形成坚定战略目标以及构建协同结构，从而突破市场失灵和政策碎片化，激发有效知识生产并提供精准政策支持。新型举国体制的理论内涵是举国协同，从而在社会主义市场经济条件下实现集中力量办大事。[③]

---

① 路风、何鹏宇：《举国体制与重大突破——以特殊机构执行和完成重大任务的历史经验及启示》，《管理世界》2021年第7期。
② 唐亚林、郝文强：《新型举国体制：历史演变、时代特征与模式构建》，《华东理工大学学报（社会科学版）》2021年第4期。
③ 胡颖廉：《举国协同：新型举国体制的制度解释——以新冠疫苗研发为例》，《中共中央党校（国家行政学院）学报》2021年第6期。

刘建丽梳理了百年来中国共产党领导科技攻关的组织体制从政府主导向市场主导再向政府与市场有机结合的演变历程，将具体组织模式的演变过程划分为五个阶段。1921—1949年为基于战备需要的"革命—生产—科技"三位一体组织模式，该组织模式在特定的历史条件下实现了科研力量高度集中和人民群众广泛参与的有机统一。1949—1978年为基于计划经济和国防导向的中央集中组织模式，该组织模式充分发挥了社会主义制度"集中力量办大事"的制度优势，初步奠定了中国国防工业技术创新的组织基础。1978—2002年为体制改革过程中面向经济建设的科技攻关项目组织模式，该模式引导了中国科技创新的方向，同时逐步培养了企业的创新能力。2002—2012年为面向自主创新战略的市场主导型组织模式，该模式进一步突出了企业在国家创新体系中的主体地位，政府在市场逻辑下更有效发挥作用。2012年以来进入全面创新时代的新型举国体制组织模式，此模式下，科技管理体制着力促进有为政府与有效市场相结合，进一步提升国家创新体系整体效能。[1]

（七）中国共产党经济思想史

中国共产党经济思想史是中共党史学与当代中国经济史学共同研究的领域。作为执政党，中国共产党的经济思想对理解中华人民共和国经济史至关重要。与一般的经济思想史研究不同，中国共产党的经济思想不是纯粹的经济理论，它是与经济决策和经济建设实践紧密联系在一起的。[2] 可以说，中国共产党经济思想史，特别是新中国成立以来的部分，是当代中国经济史的重要组成部分。在中国共产党成立100周年之际，中国共产党经济思想史成为研究热点，取得丰硕成果。

全面梳理中国共产党经济思想百年发展历程的著作出版。四卷本《中国共产党经济思想史（1921—2021）》[3]由经济科学出版社出版。该书系统梳理并阐释了中共的经济思想从萌发到成熟的各个阶段，涵盖了革命、建设、改革和新时代各个时期，展现出完整的发展脉络。《中国共产党经济思想史》[4] 由中共党史出版社出版。该书沿着中国共产党的历史主线，梳理了中共在领导经济工作、经济建设、经济改革、经济发展的历程中，占据主导地位且具有连续性的经济思想。《为了人民的利益——中国共产党经济工作100年》[5] 由北京大学出版社出版。该书梳理出了百年来每一发展阶段中国共产党的经济思想，突出了经济思想与经济理论的形成、变化与发展，反映了20世纪以来中国共产党领导下的经济工作实践，包括

---

[1] 刘建丽：《百年来中国共产党领导科技攻关的组织模式演化及其制度逻辑》，《经济与管理研究》2021年第10期。
[2] 萧冬连：《计划经济时代影响中共经济决策的主要因素》，《中共党史研究》2021年第3期。
[3] 顾海良、邹进文总主编：《中国共产党经济思想史（1921—2021）》，经济科学出版社2021年版。
[4] 闫茂旭：《中国共产党经济思想史》，中共党史出版社2021年版。
[5] 赵凌云主编：《为了人民的利益——中国共产党经济工作100年》，北京大学出版社2021年版。

政策方针、组织方法等具体道路及实施历程，同时又具有党史的特色，是学科交叉的结晶。

一些学者从整体上梳理了中国共产党经济思想的百年发展历程。洪银兴指出，中共在新中国成立前形成了新民主主义经济思想。从新中国成立到1956年，中共的中心工作开始转向大规模经济建设和社会主义改造。以毛泽东为核心的中央领导集体，将马克思主义经济学说同中国的具体实际结合，创造性地开辟了一条有中国特色的社会主义改造道路。1956年以后，中共面临如何继续前进、如何发展社会主义建设事业的问题，中共经济思想的主线是对社会主义经济建设道路进行探索。1978年之后，中共开辟了探索中国特色社会主义的历史进程，形成了中国特色社会主义理论。中国特色社会主义经济思想，包括经济制度、经济体制、经济发展、经济管理等多方面的内容，是一个完整丰富的理论体系。2012年以来，以习近平同志为核心的中共中央领导全党和全国人民开启新时代，目标是在21世纪中叶建成富强民主文明和谐美丽的社会主义现代化强国。进入新时代，中国共产党的经济思想可以概括为习近平新时代中国特色社会主义经济思想。① 顾海良指出，中国共产党百年经济思想历程，是马克思主义政治经济学中国化的过程。马克思主义政治经济学中国化，是"化中国"和"中国化"两个方面的结合，呈现为螺旋式上升的思想过程。从五四运动到中国共产党成立，是马克思主义政治经济学中国化思想历程的起点；之后，政治经济学"化中国"的特征逐渐呈现，深化了中国社会性质和道路的理论探索。同马克思主义中国化第一次历史性飞跃中毛泽东思想形成相随齐进，马克思主义政治经济学中国化实现了从分散的到系统的"化中国"过程再到"中国化"的思想飞跃。中华人民共和国成立后，中国化马克思主义政治经济学续写了过渡时期政治经济学的新篇章；以"第二次结合"为指导，中国社会主义政治经济学得到开创性发展。在马克思主义中国化第二次历史性飞跃中，新时期中国特色社会主义政治经济学取得辉煌成就，新时代中国特色"系统化的经济学说"不断拓新，呈现出中国共产党百年辉煌中马克思主义政治经济学中国化的思想精粹。②

一些学者分专题梳理了中国共产党经济思想的百年发展历程。洪银兴梳理了新中国成立以来，中国共产党经济发展思想的演进历程，分站起来、富起来、强起来3个时期，从6个维度进行了梳理。这6个维度分别是：不同发展阶段对社会主要矛盾的判断，从而明确各个阶段的根本任务；不同发展阶段的发展理念，从而产生不同的经济发展方式；不同阶段提出的社会主义现代化的目标分析，从而产生不同的现代化路径；不同发展阶段克服二元结构的路径分析，从而产生对农业的不同态度和不同农业发展道路；不同发展阶段经济发展的调节方向分析，从而产生对经济发展的供给侧和需求侧的不同调节思路；不同发展阶段的发展格

---

① 洪银兴：《中国共产党百年经济思想述评》，《东南学术》2021年第3期。
② 顾海良：《马克思主义政治经济学中国化的百年辉煌与思想精粹》，《社会科学战线》2021年第3期；顾海良：《中国共产党百年经济思想与马克思主义政治经济学中国化》，《教学与研究》2021年第6期。

局分析，从而产生不同阶段国民经济的内循环和外循环的发展格局。① 王琳和马艳系统梳理和提炼了百年来中国共产党经济发展质量思想的演变过程及其理论逻辑，指出自中国共产党成立以来，经济发展质量问题始终得到关注，并经历了方法论内涵（1921—1949年）、生产关系内涵（1949—1978年）、生产力内涵（1978—2012年）和生产方式内涵（2012年以来）四个焦点转换和思想发展阶段。这一思想演进过程遵循了"生产力—生产关系""经济基础—上层建筑"相互作用的马克思主义逻辑，"始终以人民利益为根本价值取向"的社会主义逻辑，以及"意识形态具有强自觉性和高适应性"的中国特殊逻辑。因此，新时代高质量发展思想的提出与发展，是对中国共产党经济发展质量思想持续探索的继承与突破，不仅受到物质生产层面客观规律决定性作用的影响，更受到新时代人民利益目标导向以及意识形态自觉变革关键推动作用的影响。这些均构成新时代高质量发展的特殊内涵。② 刘丸源和邹曦梳理了中国共产党减贫思想，认为它经历了革命时代工农脱贫思想萌芽形成、新中国成立后社会主义建设中反贫困思想探索、改革开放后中国特色社会主义扶贫开发思想形成与发展、新时代中国特色社会主义反贫困理论形成与完善等四个阶段。其内核是中国共产党领导下的制度减贫与发展减贫的辩证统一。③

另外，钟祥财和魏华研究了邓小平法治经济思想，指出从历史的角度看，法治经济将使中国经济保持创新性、开放性、现代性的方向，继续融入人类文明的洪流，这是邓小平法治经济思想的强劲生命力和历史意义之所在。④ 冯玲考察了促使中共十一届三中全会提出"更多借助经济手段"的因素，指出"文革"结束后，发展生产力的强烈愿望和紧迫感、出国经济考察团带回信息的强烈冲击、经济学界的理论突破，促使中共逐渐改变了统一领导与群众运动相结合的经济发展思路，开始强调"更多借助经济手段"。⑤

三、评价与展望

（一）2021年度研究发展特点与评价

近年来，当代中国经济史研究迎来发展的高潮。首先，2018年为改革开放40周年，2019年为新中国成立70周年，2021年为中国共产党成立100周年，把新中国经济发展的历

---

① 洪银兴：《中国共产党领导建设新中国的经济发展思想演进》，《管理世界》2021年第4期。
② 王琳、马艳：《中国共产党百年经济发展质量思想的演进脉络与转换逻辑》，《财经研究》2021年第10期。
③ 刘丸源、邹曦：《中国共产党百年减贫思想略论》，《政治经济学评论》2021年第6期。
④ 钟祥财、魏华：《论邓小平法治经济思想》，《上海经济研究》2021年第5期。
⑤ 冯玲：《一九七六至一九七八年中共关于发展经济基本思路的转变》，《党史研究与教学》2021年第2期。

程、成就和经验总结好、阐述好、宣传好，成为学术界的重要任务。来自不同领域的学者都聚焦当代中国经济史领域，在产出大量学术成果的同时，也把其他学科的理论、视角和方法引入当代中国经济史研究中来，拓宽了研究视野。其次，中共中央强调广大党员、干部要加强党史、新中国史、改革开放史和社会主义发展史的学习。2021年，中共在全党开展党史学习教育。5月，中共中央办公厅印发《关于在全社会开展党史、新中国史、改革开放史、社会主义发展史宣传教育的通知》，对在中国共产党成立100周年之际开展"四史"宣传教育作出安排部署。11月，中共十九届六中全会审议通过《中共中央关于党的百年奋斗重大成就和历史经验的决议》，成为中国共产党的第三个历史决议。这些重大部署推动学术界不断深化"四史"研究，在这一过程中，当代中国经济史研究也得到拓展和深化。在这些因素的影响下，关注当代中国经济史的学者显著增多，相关研究成果大量涌现，当代中国经济史学科发展呈现繁荣景象。2021年，本学科延续良好发展态势，学科建设各方面工作取得积极进展，表现出以下三个特点。

第一，围绕中国共产党领导经济工作、经济建设、经济改革、经济发展百年历程的研究，深化了关于共产党执政规律和社会主义建设规律的认识。2021年，学者在已有的新中国70年经济发展历程、成就与经验研究成果的基础上，将新民主主义革命时期纳入研究视野，产出大量系统梳理中国共产党领导经济工作的百年历程、成就与经验的研究成果。研究分专题展开，包括中共对生产资料所有制形式和结构的百年探索与实践、中共对收入分配政策和制度的百年探索、中共领导推动中国工业技术进步的百年历程、中共领导"三农"工作的百年历程、中共领导解决农民土地问题的百年历程、中共百年减贫历程、中共在对外经济交往方面的百年探索、中共领导科技攻关的百年历程、中共经济思想百年演变等等。这些研究深刻体现出新中国成立之前中共在革命根据地开展经济工作积累的宝贵经验，对于新中国成立后中共领导经济建设具有重要意义；清晰展现出中国共产党始终牢记初心使命，为中国人民谋幸福、为中华民族谋复兴；充分证明了中国之所以能够创造经济发展奇迹，归根结底在于中国共产党的领导，在于社会主义制度的优越性。如此丰富的研究成果能够在短时间内大量涌现，得益于深厚的学术积淀，而这些新的研究成果将成为推动学科进一步发展的学术资源。这些研究从中国共产党的历史起点出发，在更长的历史时期中和更大的历史背景下思考新中国经济发展的历史逻辑，在更深的层面上探讨了共产党执政规律和社会主义建设规律的经济方面，为学者进一步从大历史观出发研究当代中国经济史做出示范。

第二，当代中国经济史研究始终坚持以马克思主义为指导，理论自觉不断增强。长期以来，合理运用经济学、社会学、政治学等社会科学的理论和方法，是推动经济史研究学术创新的重要途径。进入21世纪，当代中国经济史研究成为经济学，特别是经济学基础理论研究的热点。[①] 这与新经济史在西方学术界的兴起有密切关系。一时间，将新制度经济学等理论观点，以及建立在现代经济学理论基础上的量化研究方法应用到经济史研究中，成为一个重要的学术创新方向，形成了许多非常有影响力的学术成果。经过20多年的发展，随着当代中国经济史研究整体理论水平和创新能力的提升，学者们在运用西方社会科学理论和方法进行经济史研究的同时，越来越注重反思理论和方法本身，考察它是否与唯物史观存在矛盾，是否适用于研究中国的历史，学者们的理论自觉正在逐渐增强。2021年，这一特点表现得较为突出。比如，一些关于中国共产党经济工作与经济思想的研究，超越了现代经济学理论中的"政府—市场"二分法，突出了中国共产党的领导在中国经济发展中发挥的重要作用，创新性总结了中国共产党在组织领导科技攻关等方面的历史经验。有研究从大历史观出发，阐述了农民土地问题与中国道路选择的关系，具有重要的理论意义。这种理论自觉对于用中国话语解释中国奇迹和不断完善中国特色社会主义政治经济学都具有重要意义。

第三，当代中国经济史研究坚持问题导向，聚焦当前的重大理论和实践问题，力求从历史当中挖掘经验启示，为解决现实问题提供参考和借鉴，服务经济社会发展。重大理论问题研究方面，从经济史的角度，通过探讨工业技术赶超的路径、新时代脱贫攻坚的经验、创办经济特区的成就与经验等具体问题，对习近平经济思想进行了研究阐释；通过探讨中国特色社会主义经济制度的形成过程和历史逻辑、中国共产党经济工作和经济思想等问题，对中共十九届四中、五中、六中全会精神进行了研究阐释。重大实践问题研究方面，围绕中美科技竞争和贸易摩擦、巩固脱贫攻坚成果与乡村振兴有效衔接、如何进一步深化农地制度改革、如何加快构建新发展格局等问题，梳理了问题的来龙去脉，在总结历史经验的基础上提出对策建议。当代中国经济史研究始终注重与现实结合、与时代同步，体现出学者强烈的问题意识和责任担当。

总之，2021年，当代中国经济史研究坚持以马克思主义为指导，坚持问题导向，在促进学术交流、优化教材体系、推进学术研究、拓展研究视野、深化对于历史规律的认识等方面取得积极进展。在庆祝中国共产党成立100周年和中共开展党史学习教育、加强"四史"学习的环境下，学界产出大量高质量研究成果；更多学者进入中华人民共和国经济史领域，研究队伍进一步扩大；当代中国经济史方面的学术成果受到社会各界广泛关注，学科影响力有所提升。这些都为学科下一步发展创造了良好条件。

（二）研究发展展望

面向未来，当代中国经济史研究应坚持以习近平新时代中国特色社会主义思想为指导，按照《国家"十四五"时期哲学社会科学发展规划》要求，加快推进"三大体系"建设，

[①] 武力：《改革开放以来中国现代经济史学科的发展和成果》，《中共党史研究》2010年第7期。

厚植学科优势，持续推进对新中国经济的发展历程、辉煌成就、宝贵经验的记述、分析和总结，建立长时段、宽领域的研究框架，促进史学范式与经济学范式创新融合，围绕解释中国经济快速发展奇迹提出创新性理论观点、提炼标示性学术概念，不断增强研究的主体性、原创性。在加强基础研究的同时，努力加强应用研究，为解决重大现实问题提供历史借鉴，为全面建设社会主义现代化国家提供思想和智力支持。持续推进教材体系建设，促进学术交流，不断提升影响力。下一步应着重发展的研究方向主要包括以下几个方面。

第一，深化拓展习近平新时代中国特色社会主义思想研究阐释。结合学科特点和优势，从当代中国经济史的角度，持续深化对于习近平新时代中国特色社会主义思想的研究阐释，为中国共产党的创新理论提供学术支撑。重点聚焦习近平经济思想研究、中国式现代化道路研究、中国特色社会主义制度和国家治理体系显著优势的历史阐释等。

第二，持续推进新中国经济发展历程与经验研究。重点聚焦中国计划经济史研究，改革开放和社会主义现代化建设新时期经济发展历程、成就与经验研究，新时代经济建设的历程、成就与经验研究，十三个五年规划（计划）历程研究，中国建设小康社会历程研究等。

值得一提的是，近年来，当代中国经济史研究紧跟历史发展步伐，已将新时代的中国经济纳入研究视野。将新时代作为中华人民共和国经济史的一个历史阶段，已成为学者们的共识。2021年，无论是梳理百年来中国共产党的经济工作和经济思想，还是梳理新中国成立70余年来经济各领域发展的历程，许多研究已将中共十八大以来作为一个历史阶段加以梳理和概括。中共十九届六中全会审议通过的《中共中央关于党的百年奋斗重大成就和历史经验的决议》，突出中国特色社会主义新时代这个重点，分13个领域总结了新时代取得的历史性成就、发生的历史性变革。其中，"在经济建设上"这一部分分析了进入新时代中国经济面临的主要问题，阐述了以习近平同志为核心的中共中央做出的重大判断和提出的原创性思想，总结了中共十八大以来经济建设方面的变革性实践、突破性进展和标志性成果。另外，"在全面深化改革开放上""在社会建设上"等其他部分也包含与经济相关的内容。这些判断、总结和阐述为新时代经济建设历程、成就与经验研究提供了明确的、根本性的指导原则，为研究的深化创造了条件。未来应在该决议的指导下，重点推进新时代经济建设的历程、成就与经验研究。

第三，创新发展专题研究。重点聚焦新中国工业史研究、新中国"三农"史研究、新中国财政史研究、新中国金融史研究、新中国产业结构演变过程研究、新中国区域经济史研究、新中国生态环境经济史研究、新中国对外经贸发展史研究、新中国减贫历程研究、新中国宏观调控史研究、中国宏观调控体系演进研究等。

第四，以史鉴今加强全面建设社会主义现代化国家新征程上的重大理论和现实问题研究。围绕把握新发展阶段、贯彻新发展理念、构建新发展格局、推动高质量发展，重点聚焦坚持和完善中国特色社会主义基本经济制度研究；"两步走"战略中两大重要时间段发展战略规划研究；2035年基本实现社会主义现代化远景目标路径研究；防范化解经济领域重大风险的历史经验研究；创新驱动发展战略研究；构建高水平社会主义市场经济体制研究；提升政府经济治理能力研究；完善宏观经济治理研究；巩固拓展脱贫攻坚成果同乡村振兴有效衔接研究；新型城镇化战略研究；海洋经济发展与海洋生态保护研究；等等。

（作者：当代中国研究所　贾子尧）

2021年度当代中国文化史研究综述

2021年是中国共产党成立100周年,是国家"十四五"规划开局之年,对于党和国家的建设发展而言都是至关重要的一年。党的十九届六中全会通过的《中共中央关于党的百年奋斗重大成就和历史经验的决议》[①]系统总结了新时代文化工作的重大成就和历史经验。"两个结合"特别是"马克思主义基本原理同中华优秀传统文化相结合"、中国共产党精神谱系、红色文化建设、乡村文化建设与治理等成为2021年度的当代中国文化史学科研究热点问题。

一、当代中国文化史研究整体风貌

从国家政治和社会生活的各种角度看,2021年都是十分特殊又极不平凡的一年。回望2021年度当代中国文化史学科,会发现这一学科研究呈现出"深耕历史、鉴史知新"的整体面貌。这一年,党和国家政治生活中的重大事件与理论成果、社会文化生活的发展变化和学科理论的拓展更新,深刻影响着2021年度当代中国文化史学科研究的问题关注、价值取向、路径方法,多方面地塑造出学科研究的整体风貌。2021年,当代中国文化史学科的鲜明特点就是始终坚持以马克思主义中国化的最新成果为理论指导,并与文化改革发展的实践紧密相连。

党和国家政治生活中的重大事件和党的重大理论创新成果,是当代中国文化史学术研究的思想引领和价值追求,往往成为思想文化理论研究中的热点问题。2021年,党史学习教育动员大会召开,要求在全党开展党史学习教育,《中国共产党简史》[②]《中华人民共和国简史》[③]《改革开放简史》[④]《社会主义发展简史》[⑤]相继出版,全国各地掀起"学史明理、学史增信、学史崇德、学史力行"热潮。

2021年是中国共产党百年华诞。6月25日,中共中央政治局就"用好红色资源、赓续

---

① 《中共中央关于党的百年奋斗重大成就和历史经验的决议》,人民出版社2021年版。
② 本书编写组:《中国共产党简史》,人民出版社、中共党史出版社2021年版。
③ 本书编写组:《中华人民共和国简史》,人民出版社、当代中国出版社2021年版。
④ 本书编写组:《改革开放简史》,人民出版社、中国社会科学出版社2021年版。
⑤ 本书编写组:《社会主义发展简史》,人民出版社、学习出版社2021年版。

红色血脉"进行第三十一次集体学习，习近平总书记指出："红色是中国共产党、中华人民共和国最鲜亮的底色，在我国960多万平方公里的广袤大地上红色资源星罗棋布，在我们党团结带领中国人民进行百年奋斗的伟大历程中红色血脉代代相传。"[1] 红色文化是中国共产党百年奋斗历程的生动再现，是中华文明在特定历史条件下形成的独特精神标识。在庆祝中国共产党成立100周年大会上，习近平强调："要进一步坚持把马克思主义基本原理同中国具体实际相结合、同中华优秀传统文化相结合，用马克思主义观察时代、把握时代、引领时代，继续发展当代中国马克思主义、21世纪马克思主义！"[2] 11月，党的十九届六中全会通过的《中共中央关于党的百年奋斗重大成就和历史经验的决议》，总结了党的百年成就和历史经验，以"搞清楚过去为什么能够成功、弄明白未来怎样才能继续成功"为主旨或导向，以史鉴今，远观未来，总结党的历史经验。同时，对习近平新时代中国特色社会主义思想的科学内涵和历史地位做出重大判断：习近平新时代中国特色社会主义思想是当代中国马克思主义、21世纪马克思主义，是中华文化和中国精神的时代精华，实现了马克思主义中国化新的飞跃。

这一系列党和国家政治生活中的重大事件，激发了人民群众的爱国热情，极大地提升了社会大众的向心力和凝聚力，也推动了当代中国文化史学科研究的同频共振，回望历史、追溯文化建设发展的历史演进，以深厚的历史观总结研究文化建设发展的成就与经验，以马克思主义文化观梳理分析新时代文化建设的进程；以党的理论创新为指引，"红色文化""中国共产党精神谱系""两个结合""马克思主义与中华优秀传统文化""中华文化和中国精神的时代精华"等成为2021年度当代中国文化史学科研究热点和学术生长点，展现了历史、现实、未来三者的交汇融合，突出了当代中国文化史学科研究历史与现实对话的特点，呈现党的百年文化建设历史样貌，丰富当代中国文化史学科研究的内容。

二、当代中国文化史研究发展方向和最新动态

2021年当代中国文化史重点领域研究稳步推进、不断拓展，结合时政热点又形成了一系列新的研究内容，取得了可喜的研究成果。

（一）建党百年伟大历程、重大成就和历史经验的相关研究成果卓著

2021年度当代中国文化史学科研究的重点，就是总结百年来中国共产党领导文化建设的成就、经验与启示。学界梳理总结百年来党领导的文化建设，既有总论，对党领导文化工

---

[1] 习近平：《用好红色资源 赓续红色血脉 努力创造无愧于历史和人民的新业绩》，《求是》2021年第19期。

[2] 习近平：《在庆祝中国共产党成立100周年大会上的讲话》，《人民日报》2021年7月2日。

作历程的回顾，探究中国共产党历经百年所建设的是什么样的文化、怎样建设文化，在肯定党领导文化建设的理论与实践成就、总结党领导文化经验的基础上，思考社会主义文化强国建设的启示；也分别从意识形态建设、文学艺术、精神文明建设、人民文化权益保障、文化产业、中华文化的国际影响力等方面进行分论。代表性研究成果有杨凤城的《党领导文化建设的成就和经验》①《中国共产党对文化地位与作用的百年认知》②、欧阳雪梅的《中国共产党百年来文化建设的理论指引》③、欧阳恩良的《中国共产党百年来领导文化建设的基本经验》④、祁述裕的《光荣与梦想：百年文化体制机制建构历程和特点》⑤、刘荣刚的《中国共产党百年制度建设的成就与经验》⑥ 等。

回顾党领导文化工作历程，探求当代中国文化建设道路的逻辑、主题与本质。学界普遍将党领导百年文化工作的历史分为新民主主义革命时期、社会主义革命和建设时期、改革开放时期和新时代中国特色社会主义文化建设时期。学界认为，中国共产党在百年文化建设历程的不同阶段，分别形成了各阶段丰富的理论与实践原创性成果，在不同时期对于文化建设和国家发展都起到了重要的推动作用。在这过程中，中国共产党对于文化建设的认知与实践，以及所形成的成果都是在不断推进、不断深化的。而贯穿其中的一条主线，便是当代中国文化建设道路的逻辑、主题与本质，也即中国共产党的文化建设走的是怎样的一条道路。关于这一问题，学界积极探索并给出不同答案。李振认为，中国共产党的"文化逻辑"是区别于其他政党的一个鲜明的特征。他分析指出，新文化运动和五四运动是中国共产党文化建设的逻辑起点，作为共产主义文化的中国新文化具有超越资产阶级的先进逻辑、致力于无产阶级文化的人民逻辑、创新中华优秀传统文化的创造逻辑。⑦ 文化逻辑一直是文化史学科致力于探讨和解决的问题，关于逻辑的研究标志着对于文化建设体系的思考向更深层次迈进，李振的这篇文章尤其指出中国共产党所蕴含着的"文化逻辑"，构成了自身与众不同的独特标志，并深入剖析了其逻辑起点以及以此逻辑所形成的主流，进一步推进了对于中国共产党文化道路本质的研究思考。曹润青、冯鹏志认为，中国共产党将自身发展与中国文化前途紧紧联系起来，创造性地将马克思主义中国化确立为文化建设的主题，在不同时期始终坚守文化发展的政治维度、深化文化发展的经济维度、确立文化发展的价值维度，共同积淀成

---

① 杨凤城：《党领导文化建设的成就和经验》，《学习时报》2021年11月5日。
② 杨凤城：《中国共产党对文化地位与作用的百年认知》，《党史研究与教学》2021年第4期。
③ 欧阳雪梅：《中国共产党百年来文化建设的理论指引》，《人民论坛》2021年第17期。
④ 欧阳恩良：《中国共产党百年来领导文化建设的基本经验》，《光明日报》2021年4月7日。
⑤ 祁述裕：《光荣与梦想：百年文化体制机制建构历程和特点》，《人文天下》2021年第3期。
⑥ 刘荣刚：《中国共产党百年制度建设的成就与经验》，《中国党政干部论坛》2021年第11期。
⑦ 李振：《中国共产党百年发展历程的文化逻辑与文化主流》，《同济大学学报（社会科学版）》2021年第3期。

为中国特色社会主义文化道路。① 这篇文章认识到中国共产党的文化建设道路是一个立体的、系统的、多元的整体，涵盖着多重复杂的维度，充分彰显了中国共产党文化建设道路的实践底蕴和理论厚度。

总结党领导文化工作成就与经验，探索新时代文化建设的启示和现实意义。文化工作的成就与经验是相辅相成的，历史的回顾、经验的总结是为了更好地展望未来。学界对于这一问题的理解也具备共识，因此关于成就、经验与启示等方面的总结之间往往形成了较强的关联性。中国共产党百年来领导文化工作所取得的成就有目共睹，对其进行系统的总结与提炼，自然也就形成了有关文化建设的经验启示，在此基础上结合当代中国具体实际与新时代发展大势，可以很好地为新时代文化建设提供宝贵的启示价值。百年筚路蓝缕，中国共产党文化建设的成就与经验如史诗般波澜壮阔，学界对这一焦点问题积极响应、热切回应，从不同角度探寻中国共产党文化建设的成功密码。根据学界研究情况，总结下来主要有几个方面：坚持党的领导；坚持以马克思主义为指导引领中国文化的前进方向；依据中国国情及时代发展需要，制定文化发展战略；坚持以人民为中心的根本立场；以社会主义核心价值观为核心；遵循文化发展规律，推动文化创新发展②；等等。在此之外，万光侠还指出中国共产党在文化建设过程中始终坚持传承与创新相统一、坚持民族性与世界性相统一这两条历史经验。③ 万光侠的文章《百年文化建设的历史经验》对主流观点作出了有益的补充，尤其将视野跨越古今中外，对于中国共产党文化建设的历史成就作出了时间和空间上的双向拓展，在一定程度上拓宽了研究的视野和维度。李文堂富有创造性地总结出百年文化成就的三个方面，一是推动了中华文化现代化，创造了文明新形态；二是创造了一主多元的文化体制；三是哲学社会科学、文学艺术等领域所取得的丰硕成果，为社会主义文化强国建设奠定了雄厚的基础。④ "文明新形态"这一问题是近年来的热点话题，这一论点也得到了学界的普遍认同，有学者也同时指出，构建"超越资本文明"的新文明类型是新时代中国特色社会主义的文化使命。⑤ 而对于新时代文化使命和任务，不少学者表示重任在肩、大有可为，刘东超认为中国共产党百年文化建设的历史任务有三，一是促进人民福祉，二是实现民族复兴，三是推动文明交流互鉴。⑥ 百年来，中国共产党人在当代中国文化建设的历史上始终重视文化

---

① 曹润青、冯鹏志：《中国共产党百年来文化建设的主题、本质与道路》，《党政研究》2021年第1期。
② 欧阳雪梅：《中国共产党百年来文化建设的理论指引》，《人民论坛》2021年第17期。
③ 万光侠：《百年文化建设的历史经验》，《红旗文稿》2021年第20期。
④ 李文堂：《中国共产党百年文化成就》，《中国党政干部论坛》2021年第10期。
⑤ 李振：《中国共产党百年发展历程的文化逻辑与文化主流》，《同济大学学报（社会科学版）》2021年第3期。
⑥ 刘东超：《中国共产党百年文化建设的启示》，《中国经济时报》2021年8月4日。

的重要作用，历经初步探索、曲折前进、调整恢复与发展、深入推进四个历史性阶段，取得了丰硕的理论与现实成果，不断开创我国文化繁荣发展新局面。在这历史征程中，中国共产党一直以来努力追求的奋斗目标，也是我们在今天和未来仍在继续推进的重要使命和责任。杨凤城指出，"当代中国文化建设必须立足本来、吸收外来、面向未来，努力构建具有中国特色、中国风格、中国气派的哲学社会科学体系；努力创作同我们这个文明古国、我们这个蓬勃发展的国家相匹配的优秀文化作品"。[①] 2021年的当代中国文化史研究，站在历史与未来的交汇点，深入探索中国共产党百年文化建设的成功经验与内在逻辑，努力推动新时代中国特色社会主义文化建设实践的与时俱进以及理论内涵的丰富发展。

红色文化在建党百年的大背景下被充分激活，成为2021年度当代中国文化史研究的热点话题。习近平总书记指出，党史学习教育要充分运用红色资源，"用好红色资源，传承好红色基因，把红色江山世世代代传下去"[②]。红色文化是中国共产党人自诞生之日起，一直到革命、建设、改革的成长过程中所不断积淀形成的极具中国特色的文化形态，蕴含着鲜明的革命精神和先锋品质，代表着中国共产党人的历史传统与精神特质。中国文联、当代中国研究所均举办了"中国共产党百年红色文化研究"学术研讨会。有学者指出：红色资源是中国共产党艰辛而辉煌奋斗历程的见证，是最宝贵的精神财富。中国共产党在百年历史进程中，不仅领导人民创造了丰富的红色资源，而且从革命战争年代开始，就高度重视红色资源的保护与利用，赓续红色血脉，传承红色基因，成为加强党的建设与增进人民政治认同的精神富矿，是培育核心价值观、引领社会风尚的深厚滋养，是繁荣社会主义文化、促进经济社会发展的优势资源，发挥了坚定信念、凝聚力量、团结人民、振奋精神的重要作用，是推动党和人民事业发展的珍贵财富。[③] 不少学者在梳理红色文化发展脉络的基础上，突出强调红色文化的话语体系建构以及铸魂育人作用的发挥。[④] 有学者指出百年来中国红色文化一直在变革和融合中求真，这是中国红色文化的基本特征。徐功献在文章中谈道："在继承与创新、民族与世界的辩证统一中传承红色文化，是进一步推进红色文化现代化发展的必然要求"[⑤]，这一观点让红色文化这一略带年代感的名词焕发出全新的生机活力。李丽等的著作

---

① 杨凤城：《党领导文化建设的成就和经验》，《学习时报》2021年11月5日。
② 习近平：《用好红色资源，传承好红色基因 把红色江山世世代代传下去》，《求是》2021年第19期。
③ 欧阳雪梅、檀斯琦：《中国共产党用好红色资源赓续红色血脉的历史考察》，《中国井冈山干部学院学报》2021年第6期。
④ 谢君：《话语演变与建构：中国红色文化的起承转合》，《邓小平研究》2021年第3期；刘建平、莫丹华：《实然·必然·应然：中国共产党红色文化话语体系建构的三重逻辑》，《求索》2021年第6期；郑磊：《用红色文化铸魂育人》，《红旗文稿》2021年第22期等理论文章。
⑤ 徐功献：《中国红色文化百年变革求真的历史演进与传承路径》，《湖南社会科学》2021年第3期。

《中国改革开放始建红色文化纪念馆研究》[1]讲述了改革开放后我国新建爱国主义教育场馆的故事，秉持着"讲好红色文化故事是一种社会责任"的信念，通过收集整理文献、实地考察、走访专家等环节，从全国众多红色纪念馆中精心选择40个具有代表性的场馆，分人物类、事件类、战争战役类等三大类进行述说，既有历史事件细节的讲述，又包含纪念馆整体概述。吴义勤以百年中国文学的红色基因为题，全面阐释了中国共产党及其所领导的中国革命、建设、改革事业对新文学产生了深刻影响，他认为党成立初期所具备的新文学基因和红色基因，决定了中国新文学发展进步的历程始终与党成长壮大的历程相生相伴。[2]从红色文化到红色基因，这也反映出学界对于红色文化的认知深化，学界从历史的角度观察，发现红色文化已经牢牢印记在党和国家文化建设与发展的历史长河中，成为根深蒂固的红色基因，深刻决定了文化建设发展的性质与走向。

同时，当代中国文化史学科也在各自领域全面总结百年来的文化发展史，代表性成果有徐龙建《文化自信视域下的新时代社会主义意识形态建设》[3]，梁华平、陆卫明《中国共产党推进意识形态建设的百年历程、基本经验及现实启示》[4]，汤梅《中国共产党宣传工作百年历程及经验启示》[5]，洪向华、冯文燕《中国共产党成立一百年以来思想政治教育的历程、经验和启示》[6]，刘建军、许庆华《中国共产党百年思想政治教育的基本经验》[7]，张炯《中国共产党与百年新文学》[8]，单传友《中国马克思主义哲学话语体系的百年探索》[9]，王渝生《中国共产党与中国科学技术发展（1921—1978）》[10]《中国共产党与中国科学技术发展（1978—2021）》[11]等，对建党百年特别是新中国成立的建设成果进行检阅，视野宏大开阔，全面系统地呈现当代中国文化发展样貌，内容丰富多彩，同时偏重文化的价值导向，落脚点普遍归于新时代中国特色社会主义文化建设的启示，为加强社会主义文化强国建设提供有益

---

[1] 李丽、周慧、李泽昊：《中国改革开放始建红色文化纪念馆研究》，江苏人民出版社2021年版。
[2] 吴义勤：《百年中国文学的红色基因》，《光明日报》2021年6月22日。
[3] 徐龙建：《文化自信视域下的新时代社会主义意识形态建设》，《理论视野》2021年第10期。
[4] 梁华平、陆卫明：《中国共产党推进意识形态建设的百年历程、基本经验及现实启示》，《社会主义研究》2021年第4期。
[5] 汤梅：《中国共产党宣传工作百年历程及经验启示》，《理论月刊》2021年第6期。
[6] 洪向华、冯文燕：《中国共产党成立一百年以来思想政治教育的历程、经验和启示》，《北京联合大学学报（人文社会科学版）》2021年第1期。
[7] 刘建军、许庆华：《中国共产党百年思想政治教育的基本经验》，《西北大学学报（哲学社会科学版）》2021年第3期。
[8] 张炯：《中国共产党与百年新文学》，《中国社会科学报》2021年11月22日。
[9] 单传友：《中国马克思主义哲学话语体系的百年探索》，《华中科技大学学报（社会科学版）》2021年第2期。
[10] 王渝生：《中国共产党与中国科学技术发展（1921—1978）》，《中华读书报》2021年6月30日。
[11] 王渝生：《中国共产党与中国科学技术发展（1978—2021）》，《中华读书报》2021年7月7日。

借鉴。另外,《中国社会科学报》《文汇报》重点推介了百年来的社会科学家学术人生,为学术史增添厚重内容。

总的来说,2021年度当代中国文化史学科对于建党百年伟大历程、重大成就和历史经验方面研究坚持以马克思主义文化观总结分析百年文化建设历史,对于党和国家在文化建设方面的成就与经验进行了比较全面的总结,深入探讨了我国文化建设道路的逻辑和本质,彰显了鲜明的问题意识、观点主流,为新时代如何推进文化强国建设之路提供了借鉴。值得注意的是,关于这一问题的研究,共性的结论比较多,反映了学界的共识,尽管成果数量十分可观,但深度发掘不够,具有闪光点的研究成果并不多见。中国式现代化是"物质文明和精神文明相协调的现代化"①,创造了人类文明新形态,文化建设的历史与经验研究需要关注其民族性与世界性、传承性与创新性等方面,以推动该领域研究的深入与突破。

(二)党关于文化建设的最新论断成为学科研究的重要方向

习近平总书记在庆祝中国共产党成立100周年大会上,提出"坚持把马克思主义基本原理同中国具体实际相结合、同中华优秀传统文化相结合"②的新论断。"两个结合"第一次明确把中华优秀传统文化与中国具体实际并列,提出把马克思主义基本原理同中华优秀传统文化相结合,在"两个结合"中继续推进马克思主义中国化。这一论断一经提出即成为学界研究的热点。

一是"两个结合"在马克思主义发展史上意义重大,拓展了马克思主义中国化的广度和深度。"两个结合"是党对马克思主义中国化创新发展规律的总结,是对毛泽东同志在《反对本本主义》中最早提出的"一个结合"的突破、深化和拓展。1938年,毛泽东同志在党的六届六中全会上作的题为《论新阶段》的政治报告中指出:"马克思主义必须通过民族形式才能实现。……把马克思主义应用到中国具体环境的具体斗争中去",并提出了"马克思主义的中国化"③的新命题。当前,习近平总书记提出的"两个结合",特意强调将马克思主义基本原理同中华优秀传统文化相结合,这一论断让马克思主义思想理论更加彰显出中国气派、中国风格和中国神韵。学界一致认为"两个结合"的提出,以原创性的理论贡献标注了马克思主义发展的新高度,也深入回答了马克思主义在中国能够行之有效的根本原因,深刻揭示出中国共产党为什么能的奥秘所在。辛鸣指出,"两个结合"根本是与马克思主义基本原理结合,而理论创新的逻辑关键在于"化"上。"中国特色社会主义是根植于中

---

① 习近平:《把握新发展阶段,贯彻新发展理念,构建新发展格局》,《求是》2021年第9期。
② 习近平:《在庆祝中国共产党成立100周年大会上的讲话》,《人民日报》2021年7月2日。
③ 毛泽东:《论新阶段》,《建党以来重要文献选编(一九二一——一九四九·第十五册)》,中央文献出版社2011年版,第651页。

华文化沃土的、在中华文化渗润滋养中'化育'出来的全新理论与全新实践。"① 这一论点精准地把握了"两个结合"的精髓，也向学界指出了马克思主义基本原理与中华文化沃土之间的内在契合性与结合形式，不仅是对"两个结合"的深刻理解，也是对于"马克思主义中国化"原理的深入解读。

二是"两个结合"对推动中华优秀传统文化创造性转化、创新性发展具有深远意义。中华民族从五千年绵延不断的文明中走来，五千年的中华优秀传统文化是中华民族的根和魂，也造就了中国的独特国情。只有真正尊重中国文化实际、充分激活中华优秀传统文化，中国特色社会主义才能更具深厚的历史底蕴和文化涵养，才能更深地扎根于中华大地这片土壤。"两个结合"的提出，有助于用马克思主义真理的力量激活中华优秀传统文化的生命力，推动中华优秀传统文化的创造性转化、创新性发展。谢伏瞻指出："习近平总书记高度重视中华优秀传统文化的历史传承和创新发展，始终坚持从中华民族最深沉、最深厚精神追求的深度看待优秀传统文化，从国家战略资源的高度继承优秀传统文化，从推动中华民族现代化进程的角度创新发展优秀传统文化。"② 党的十八大以来，文化作为国家和民族之魂，其重要作用被提升到了新的高度，不断塑造着国家治理的新格局。陶文昭梳理了十八大以来治国理政新理念、新思想、新战略所彰显的深厚文化底蕴，例如，坚持以人民为中心汲取"民惟邦本，本固邦宁"的民本理念；全面深化改革体现"周虽旧邦，其命维新"的变革思想；人与自然和谐共生秉承"道法自然"的天人之道；推动构建人类命运共同体，吸收"协和万邦""天下一家"的和合智慧等③。该文直观地展现出当代中国所秉承的治国理政理念对于中华优秀传统文化的沿用和传承，更加深入人心，也更具信服力。

三是习近平新时代中国特色社会主义思想是"两个结合"的典范。姜辉认为习近平新时代中国特色社会主义思想"既实现了马克思主义同中华优秀传统文化在制度、文化、价值观等方面的深度结合，又推动了中华优秀传统文化的创造性转化与创新性发展"。④ 张占斌认为，习近平新时代中国特色社会主义思想坚持把马克思主义基本原理同中国具体实际相结合、同中华优秀传统文化相结合，"为中国式现代化新道路、为人类文明新形态、为中华民族伟大复兴指明了前进方向，实现了马克思主义中国化新的飞跃"⑤，主要表现在以下四个方面：继承传统、守正创新，深植于中华文化精华，极大提升中华民族文化自信；心系家

---

① 辛鸣：《马克思主义中国化"两个结合"的理论创新逻辑》，《光明日报》2021年12月29日。
② 谢伏瞻：《习近平新时代中国特色社会主义思想实现了马克思主义中国化新的飞跃》，《光明日报》2021年12月14日。
③ 陶文昭：《"时代精华"的深刻内涵》，《中国社会科学报》2021年12月28日。
④ 姜辉：《守正创新　以现代视野接续中华文脉》，《光明日报》2021年12月6日。
⑤ 张占斌：《彰显中国智慧　标注马克思主义发展新高度》，《光明日报》2021年12月6日。

国、胸怀天下,自觉以中国精神推动历史进程,为全党全社会提供重要价值遵循;高瞻远瞩、审时度势,以中国实际为中心推进马克思主义中国化;胸怀天下、引领世界,为人类社会发展贡献中国智慧、中国方案与中国力量。金民卿认为习近平新时代中国特色社会主义思想是"中华文化和中国精神的时代精华"这一全新的重大论断,"充分彰显了习近平新时代中国特色社会主义思想与中华优秀传统文化的深刻关联,及其在中国文化发展史上的重要地位",它"深深植根于中华优秀传统文化的丰厚沃土之中,把历史中国与当代中国贯通起来,把马克思主义与中华优秀传统文化结合起来,形成了中华民族智慧的最新表现和理论上的最新概括"①。

中国共产党精神谱系研究呈现爆发式增长。2021年2月20日,习近平总书记在党史学习教育动员大会上的讲话中指出,一百年来的长期奋斗构建起了中国共产党人的精神谱系,锤炼出鲜明的政治品格②;在庆祝中国共产党成立100周年大会上首次提出并阐释了"坚持真理、坚守理想,践行初心、担当使命,不怕牺牲、英勇斗争,对党忠诚、不负人民"的伟大建党精神③。同年10月,党中央批准了中央宣传部梳理的第一批被纳入中国共产党人精神谱系的46种精神④。这一精神文化的新动态迅速引发广泛关注,也激发了当代中国文化史学科对于文化"精神力量"的思考。光明网理论部推出"中国共产党精神谱系专家谈"专栏,刊发王炳林⑤、颜晓峰⑥、齐彪⑦、邹绍清⑧、张文杰⑨等学者的数篇理论文章,主要涉及中国共产党精神谱系的具体精神样态及产生的历史背景、精神特质及内涵等。归纳起来,中国共产党精神谱系是党在不同时期具体伟大精神贯通起来的一个有机整体,共性的核心要义主要包括理想信念、爱国主义、为民情怀、创业传统及艰苦奋斗等。中国共产党精神谱系为立党、兴党、强党提供强大精神动力和丰厚滋养,尤其是抗洪精神、抗疫精神、脱贫

---

① 金民卿:《中华文化和中国精神的时代精华》,《红旗文稿》2021年第22期。
② 习近平:《在党史学习教育动员大会上的讲话》,《求是》2021年第7期。
③ 习近平:《在庆祝中国共产党成立100周年大会上的讲话》,《人民日报》2021年7月2日。
④ 《中国共产党人精神谱系第一批伟大精神正式发布》,《人民日报》2021年9月30日。
⑤ 王炳林:《中国共产党革命精神的精髓要义》,光明网理论频道,https://theory.gmw.cn/2021-05/12/content_34835907.htm,2021年5月12日。
⑥ 颜晓峰:《中国共产党人的精神谱系是立党兴党强党的丰厚滋养》,光明网理论频道,https://theory.gmw.cn/2021-05/06/content_34824144.htm,2021年5月6日。
⑦ 齐彪:《学习研究中国共产党精神及谱系正当其时》,光明网理论频道,https://theory.gmw.cn/2021-05/17/content_34849555.htm,2021年5月17日。
⑧ 邹绍清:《中国共产党百年革命精神谱系的芳华特质》,光明网理论频道,https://theory.gmw.cn/2021-06/25/content_34949326.htm,2021年6月25日。
⑨ 张文杰:《弘扬长征精神,走好新时代长征路》,光明网理论频道,https://theory.gmw.cn/2021-06/02/content_34895701.htm,2021年6月2日。

攻坚精神等具体伟大精神,都是党带领和凝聚全国各族人民在生动的伟大实践中形成的,具有强大的现实力量。学界普遍认识到精神谱系所带来的精神力量,更加关注中国共产党凝聚文化"精神力量"的百年历程。郭晓冉结合马克思主义原理对文化"精神力量"这一概念进行了辨析,并对中国共产党成立百年以来凝聚文化"精神力量"的经验教训进行总结,① 对探讨"中国共产党精神谱系"提出的理论意义,探寻新时代通过文化建设增强"精神力量"具有现实价值。

上述重大论断也激发了哲学社会科学学界的研究热情和创新活力,并产生了一批优质的理论成果。党关于文化建设的最新论断具有极大的理论活力,但需要广大学者沉下心来进行深耕,聚焦把马克思主义基本原理同中华优秀传统文化相结合这一重大课题,努力开拓学术研究的新格局,充分地展现中华文明的辉煌成就,深入发掘中华优秀传统文化中富有永恒魅力、具有当代价值的思想精华,推动中华优秀传统文化创造性转化、创新性发展,更好推进马克思主义中国化时代化。

(三) 党的十八大以来文化建设重要理论与实践研究不断拓展

建设社会主义文化强国是新时代的战略目标,以此为视角,深入探析文化强国战略思想的历史演进、内在逻辑和实践路径及经验研究仍然是重要方面。2021年度,学界持续深入研究习近平关于文化建设的重要论述,广泛探讨中国共产党文化强国战略思想的逻辑演进,在总结百年文化建设经验的过程中回溯文化强国战略思想的历史背景、探索其理论创新。孟宪平在总结中国共产党的百年文化路的过程中指出文化强国之"强",在于文化的引领力之强、文化话语的影响力之强以及文化的创新发展能力之强。② 该观点从历史性与导向性思维的角度,阐释了文化强国理论内涵。还有学者从人物研究视角出发为文化强国的建设提供了借鉴和启示,如刘水静认为,改革开放之初邓小平切准文化建设主题、重塑实事求是思想路线、顶层擘画文化事业宏图,在布局文化发展方面的经验智慧对于新时代接续奋进实现建成文化强国宏伟目标具有重要启示意义。③ 这意在提示我们,中国特色社会主义文化事业是一项代代传承的伟大事业,新时代文化强国的建设在继往开来接续奋斗中焕发勃勃生机。

文化产业史研究方面,学界聚焦文化产业政策的变迁以及价值取向的问题。同时,文化产业数字化、乡村文化产业、文化产业融合发展受到重点关注。黄韫慧、贺达考察了改革开放以来我国中央文化产业政策的演进,并得出文化产业政策存在"东多西少"区域差异特

---

① 郭晓冉:《中国共产党凝聚文化"精神力量"的百年历程与当代启示》,《中国广播电视学刊》2021年第10期。
② 孟宪平:《百年文化路 一部经验史》,《广西日报》2021年11月16日。
③ 刘水静:《接续奋进建成文化强国——改革开放决策前后邓小平布局文化发展的历史经验与深刻启示》,《湖北社会科学》2021年第10期。

征的研究结论。在此基础上，作者从区域协同视角出发，通过历史的视野为"十四五"时期国家文化产业政策与策略的优化提出方案。①邵坚宁通过对1978—2020年出台的356份政策文本进行内容量化考察以及词频分析考察，指出文化产业政策制定要处理好意识形态属性与产业属性、社会效益与经济效益、当下形势与未来趋势、存量政策与增量政策的关系②。该文数据翔实、提供了一系列具有史料价值和现实意义的政策文本，提出的建议富有现实针对性。陈希颜、陈立旭考察了"八八战略"以来浙江发展文化产业，指出要走文化与经济共同发展的共同富裕之路③，该文从典型区域入手，为国家文化产业发展提供了有益借鉴。董史烈、任成金认为，改革开放突破了"泛意识形态化"认识框架，逐步推动了文化产业价值取向的多样化；从事文化产业研究，不能仅仅着眼于经济效益，更要牢记社会效益为先的价值引领原则，坚持以人民为中心的价值立场，遵循文化强国和民族复兴的价值目标，推动文化产业高质量发展。④该文强调了文化产业发展的价值取向和改进路径，是关于文化产业发展的有益探讨。

在文化遗产保护史研究方面，重点关注非物质文化遗产的保护和传播问题。党的十八大以来，党中央对传承发展非物质文化遗产给予高度重视。"十四五"规划中强调，"健全非物质文化遗产保护传承体系，加强各民族优秀传统手工艺保护和传承"⑤。近20年来有关非物质文化遗产的研究一直呈现持续增长态势。2021年度学界总结了党的十八大以来，非物质文化遗产保护的顶层设计与司法保护、地方区域非物质文化遗产和非遗数字化产业化发展等问题，普遍认为我国非物质文化遗产保护工作取得重大成就，有学者总结道："党的十八大以来，我国非物质文化遗产保护进程加快，既回应了数字技术时代下非物质文化遗产传承方式的变革，又将非物质文化遗产保护融入经济文化建设中。"⑥有学者认为未来应当在"双创"方针下加强非物质文化遗产传承及保护模式的创新。

关于乡村文化振兴研究方面，学界既关注乡村文化建设及政策的变迁历史，同时注重乡村文化振兴背景下的个案研究。认为中国共产党的坚强领导为乡村文化的繁荣与发展提供了

---

① 黄韬慧、贺达：《中国文化产业政策演进与"十四五"优化策略》，《南京社会科学》2022年第1期。
② 邵坚宁：《中国文化产业政策变迁特征及其启示——基于1978—2020年政策文本的分析》，《中国海洋大学学报（社会科学版）》2021年第6期。
③ 陈希颜、陈立旭：《文化与经济共同富裕：实施"八八战略"以来浙江发展文化产业的探索》，《中国文化产业评论》2021年第1期。
④ 董史烈、任成金：《新时代我国文化产业价值取向的改进路径》，《中华文化论坛》2021年第3期。
⑤ 《中华人民共和国国民经济和社会发展第十四个五年规划和2035年远景目标纲要》，《人民日报》2021年3月13日。
⑥ 易玲、肖樟琪、许沁怡：《我国非物质文化遗产保护30年：成就、问题、启示》，《行政管理改革》2021年第11期。

根本性的指引和推动，乡村振兴战略有效实现了乡村文化建设的塑形和铸魂目标。有的学者从整体视角阐释中国乡村文化的变迁路径，如王辉认为，在乡村振兴的战略背景下，中国乡村文化经历了从伦理型文化到政治型文化再到法治型文化的文化变迁[1]；有的学者从政策角度分析了乡村文化振兴这一战略的演变情况，如柯晓兰考察了改革开放以来至今的23个中央一号文件，探析了我国乡村文化政策在社会主义意识形态引领这条主线下的演进逻辑[2]；还有的学者以基层为视角，检验乡村文化振兴战略为村民带来的实际变化，如胡宝菊以广东清远为例考察乡村振兴背景下新型职业农民英语提升情况[3]；还有的学者探析了乡村文化振兴的社会原因，如曹立、石以涛认为，乡土文化受到西方文明的冲击，一度被贴上落后生产文化的标签，但生态破坏、增长约束、道德滑坡、精神荒芜、价值失序等一系列问题出现以后，乡土文化再度被重视[4]。关于乡村文化振兴的研究视角多样，从宏观到微观、从上层建筑到基层实际，得益于这几年乡村振兴研究的持续开展与发力，之后有待理论深度拓展。

在关于中国文化如何"走出去"的问题上，关于中国文化如何"走出去"，如何增强中华文化的世界传播力、感召力、亲和力、说服力和引导力的问题成为研究的重点。学界认为，整体上，我国文化"走出去"成效显著，在动画、出版、传统文化艺术、城市文化等多个领域均取得一定成绩，也"积累了"一些经验。总结"十三五"，展望"十四五"，是当代中国文化史研究中的一项重要课题，曹明香、项国雄考察了"十三五"以来我国出版业"走出去"的现状，认为应加强统筹规划、深挖文化内核，构建综合体系、多元化提升自身实力，早日实现以出版业"走出去"推动文化"走进去"的目标[5]。李怀亮、刘冰冰针对中国文化活动在海外遭遇的认知曲解、态度敌对和行为排斥等情况，提出应建立双元化话语体系应对无意曲解、以"合作+抗争"应对故意打压、以受众为核心优化传播方式[6]。该文针对我国文化"走出去"所面临的最主要的问题，提出了"逆接受"这一创新性的概念，为增强我国文化亲和力与传播力提供了有益思考。

---

[1] 王辉：《论乡村振兴视域下乡村文化的历史变迁及路径重构》，《盐城师范学院学报（人文社会科学版）》2021年第5期。

[2] 柯晓兰：《改革开放以来我国乡村文化政策的演进与启示——基于23个中央一号文件的分析》，《大连干部学刊》2021年第7期。

[3] 胡宝菊：《乡村振兴背景下新型职业农民英语提升研究——以广东清远为例》，《现代交际》2021年第17期。

[4] 曹立、石以涛：《乡村文化振兴内涵及其价值探析》，《南京农业大学学报（社会科学版）》2021年第6期。

[5] 曹明香、项国雄：《"十三五"以来我国出版业"走出去"现状与品牌优化策略》，《出版广角》2021年第1期。

[6] 李怀亮、刘冰冰：《新秩序背景下我国文化"走出去"的逆接受效果分析》，《中国文化研究》2021年第2期。

党的十八大以来，以习近平同志为核心的党中央高度重视文化建设，就文化改革发展的一系列重大问题作出深刻阐述。学界对此高度重视，围绕党的十八大以来文化建设重要理论与问题不断拓展思路、开展深入研究，取得了一系列富有见地的理论成果，为新时代文化强国建设提供了学术助力。尽管学界以现实为导向积极回顾现实问题的历史脉络，但深入文献史料中展现具体个案的研究不多，具体考证与细节阐述的深入挖掘还不够。学界需要补齐这些短板，方能更加夯实重要理论问题的研究基础。

（四）当代中国文化史学科重点领域研究稳步推进

新闻出版史研究重点关注"十七年"时期和"十三五"时期发展情况。"十七年"是中国历史转折期和社会主义事业奠基期，在新中国历史上具有特殊性和复杂性。文学艺术、教育、历史学等多个领域都对"十七年"这一时期有所关注，研究成果不断涌现。赵建国注意到，新闻出版史领域较少使用"十七年"这一概念，对这一时期的专门研究不多。他认为，要注重梳理和细致研究"十七年新闻宣传"的史料，夯实共和国新闻史研究的基础，为做好当下新闻舆论工作提供借鉴。[1] 欧阳敏认为，"十七年"是中国出版机构制度变迁的重要时期，这一阶段许多制度与机构都沿用至今，如"三审制"和新华书店系统等。[2] 徐敬宏等人梳理了从"十三五"到"十四五"我国传媒政策的回顾与展望，展现了新闻出版、国际传播、新媒体传播建设和创新发展的成果，总结出优化传媒结构、规范短视频、融媒体、人工智能、数字平台等传播秩序的经验。[3] 另外，2021年度是人民出版社成立100周年、新华社成立80周年，相关的总结为新闻出版史研究丰富了史料。

在文学艺术史研究方面，凸显历史维度和当代关怀，中国特色、中国气派明显增强，文化自信和文化自觉意识突出。一方面，以百年视野回顾和总结文学发展历程，探求新文学精神文化价值。蒋述卓探究了"爱国主义精神""改革开放精神"等新中国精神与文学经典生成相辅相成的关联。他认为，"新中国文学的不同历史阶段，新中国精神呈现出不同的表现形态"，"经过'文学制度—文学创作—文学批评'三个环节，新中国精神与文学经典生成的互动关系得以彰显"[4]。另一方面，文学经典的重新回归、文学如何给人赋予精神力量也是文学史研究最为关注的问题之一。一个时代有一个时代之文学，学者通过对文学史的回顾、对文学经典的挖掘和重读，探寻这些历久弥新的文学经典背后反映出的时代精神与集体

---

[1] 赵建国：《夯实共和国新闻史研究的基础："十七年新闻宣传"史料整理刍议》，《暨南学报（哲学社会科学版）》2021年第1期。

[2] 欧阳敏：《"十七年"出版机构制度变迁研究》，《科技与出版》2020年第11期。

[3] 徐敬宏、袁宇航、侯彤童：《从"十三五"到"十四五"：我国传媒政策的回顾与展望》，《郑州大学学报（哲学社会科学版）》2021年第1期。

[4] 蒋述卓、李石：《新中国精神与文学经典的生成》，《中国社会科学》2021年第2期。

记忆，谭好哲回顾中国马克思主义文艺价值观历程，认为百年中国马克思主义文艺价值观经历了宣教、认识、审美、文化四个阶段，突出特征表现为文艺的意识形态属性、文艺与时代生活的辩证关系、文艺价值的主体性。① 该文勾勒出马克思主义文艺价值观在中国形成和发展的思想谱系，从价值观的角度深化了马克思主义文艺理论的学术积淀，形成了对于文艺学三大体系建设的深入思考。2021年12月，中国文联十一大、作协十大召开。从11月开始，文艺界各界纷纷撰稿，对新时代文艺事业的变化、所取得的长足进步进行总结。② 习近平在开幕式上的讲话中对党的十八大以来文艺的发展作出了总结和评价，高度总结评价了中国共产党领导文艺与文化建设所取得的辉煌成就与宝贵经验，强调了文艺在党和人民事业发展格局中的重要地位和独特作用。他指出"广大文艺工作者与党同心同德、与人民同向同行，围绕中心、服务大局，围绕中心、服务大局，真情倾听时代发展的铿锵足音，生动讴歌改革创新的火热实践，在文艺创作、文艺活动、文艺惠民等方面作出积极贡献、取得丰硕成果"③。这一讲话在文艺界引发了很大的反响，也是新时代文艺具有里程碑式意义的重要文献，推动新时代中国文艺研究不断开创新境界。

  在教育史研究领域，重点关注教育思想与政策的演变和教育改革问题，并展现出探索教育现代化和教育强国的发展方向。党的教育政策与方针依然是教育史研究的重点，例如杨天平、狄伟锋分析认为，以1949年为界，党的教育方针走过两段"之"字路，两段路共同构成了一部完整的马克思主义教育思想中国化的创新发展史。④ 王炳林、杨瑞考察了中国共产党教育思想百年发展历程，总结得出其中呈现出的战略性、人民性、科学性、实践性和创新性等基本特征，对于新时代建设教育强国具有重要启迪作用。⑤ 石中英认为，"人民性在党的教育性质认识中占据核心位置"⑥。李晶以新中国成立初期党对旧公立大学的接管和改造为例，回顾了党的教育方针确立的历史，认为中国共产党顺应时代和人民要求，实行对旧教育的坚决改造，"不仅有力推动接管和改造的顺利实现，也为党领导的高等教育事业积累了

---

① 谭好哲：《百年中国马克思主义文艺价值观的思想谱系与理论积淀》，《文学评论》2021年第3期。
② 《人民日报》文艺副刊和《文艺报》开辟专栏发表系列文章进行总结；王思北、周玮、施雨岑、史竞男：《为人民放歌　为时代铸魂——新时代我国社会主义文艺事业成果丰硕气象一新》，《光明日报》2021年12月13日。
③ 习近平：《在中国文联十一大、中国作协十大开幕式上的讲话》，《人民日报》2021年12月15日。
④ 杨天平、狄伟锋：《中国共产党教育方针100年——一部马克思主义教育思想中国化的创新发展史》，《浙江师范大学学报（社会科学版）》2021年第3期。
⑤ 王炳林、杨瑞：《中国共产党教育思想发展的百年考察》，《南开学报（哲学社会科学版）》2021年第3期。
⑥ 石中英：《中国共产党关于教育性质问题的百年探索》，《重庆高教研究》2021年第1期。

丰富的经验"①。阮成武回顾了新时期以来基础教育改革顶层设计的进路与特征,指出其"具有相对滞后性,自上而下的改革路径缺少社会参与和监督机制"②。教育现代化也是学界关注的热点话题。黄荣怀、王运武回顾与剖析中国教育信息化改革40年历程,认为以教育信息化带动实现教育现代化、引领教育改革与发展是中国教育事业发展的战略选择,助力从教育大国向教育强国转型发展。③ 另外,基础教育改革④、高等教育大众化和普及化的中国路径及其质量问题、职业教育和劳动教育也是研究的重要内容。

在科技发展史研究方面,学界重点关注科技创新的举国体制和科学家精神研究。我国"十四五"时期以及更长时期的发展对加快科技创新提出了更为迫切的要求。党的十九届五中全会提出,"坚持创新在我国现代化建设全局中的核心地位,把科技自立自强作为国家发展的战略支撑"⑤。在国际形势发生深刻变化的背景下,推进科技创新需要将科技自立自强作为国家发展的战略支撑。王子晨、郭江江梳理了科技自立自强理念在新中国科技发展史上的沿革,并提出新型举国体制以其同时发挥集中力量办大事的制度优势和市场配置资源的效率优势,成为实现科技自立自强的制度保障。⑥ 刘戒骄等认为,从历史的集中力量办大事的制度优势到形成"新型举国体制优势",其关键要义是,"围绕关键核心技术攻关需求,围绕统筹布局和配置国家战略资源、提高科技攻关组织化与协同化水平、强化科技攻关基础能力保障、激发举国体制活力与效率等方面赋予新的内涵"⑦。王子晨、郭江江还提出研发投入的规模与结构深刻影响并制约着我国科技发展水平。文彦杰等通过图表的形式梳理了2015—2019年中国科技投入与产出概况,直观地展现了国家科学技术发展的宏观数据与态势。⑧ 另外,学界还考察了中国共产党科技领导的百年历程和新中国科技政策的变迁,包括中国科技评价政策、中国科技成果转化政策和中国科技特派员政策等。贾宝余、刘立梳理了

---

① 李晶:《新中国成立初期党的教育方针确立的历史回顾——以对旧公立大学的接管和改造为例》,《思想理论教育导刊》2021年第6期。

② 阮成武:《基础教育改革顶层设计的进路与反思:1980—2020》,《南京师大学报(社会科学版)》2021年第1期。

③ 黄荣怀、王运武:《中国教育改革40年:教育信息化》,科学出版社2021年版。

④ 赵婷:《新中国成立以来基础教育课程改革的历程、经验及启示》,《重庆第二师范学院学报》2021年第6期。

⑤ 《中国共产党第十九届中央委员会第五次全体会议公报》,新华网,http://www.xinhuanet.com/politics/2020-10/29/c_1126674147.htm,2020年10月29日。

⑥ 王子晨、郭江江:《我国科技自立自强的历史沿革、现实路径与制度保障》,《甘肃理论学刊》2021年第2期。

⑦ 刘戒骄、方莹莹、王文娜:《科技创新新型举国体制:实践逻辑与关键要义》,《北京工业大学学报(社会科学版)》2021年第5期。

⑧ 文彦杰、张帆、武一男、金杭川:《2015—2019年中国科技投入与产出概况》,《中国科学院院刊》2021年第1期。

与科学家精神有关的"十个关系",包括科学家精神与科学精神、科学家精神与党的精神谱系、科学家精神与工匠精神等几种关系,对科学家精神的理论内涵进行了系统辨析,对科学家精神研究体系进行的初步探索。① 另外,2021年度关于科技交流、人才队伍建设等代表性的文章有《中国科技人才计划体系的特点、问题与发展建议》②《中美民间科技交流的开启:1971年美国科学家阿瑟·高尔斯顿与伊桑·西格纳访华始末》③ 等。

在体育史研究方面,学界重点关注体育方针政策的演进与体育强国目标的探寻。2021年下半年中国体育界迎来了奥运会和全运会的盛会,推动了体育史研究。一方面,体育史学界积极回顾百年来中国共产党领导体育事业的思想、理论与实践;另一方面,学者也在不断挖掘新中国历史上与体育相关的重要事件、政策与概念等,形成了丰富的研究成果。孙科等人考察了新中国成立后体育工作方针所经过的形成、转变与内隐的演化过程,展现了中国共产党的体育工作方针在我国社会主义建设不同阶段的侧重点。④ 倪京帅等人选取1949—2019年中央层面的50份、地方层面现行有效的25份运动员文化教育政策文本,揭示新中国成立70年我国运动员文化教育政策的主要进展、演进特征及不足,深入思考了新时代如何实现由培养"运动员"到培养"人"的转变问题。⑤ 现阶段,我国正处于加快推进体育强国建设进程的重要时期,学界对于强化体育政策理论研究有着明确的认知,这有助于提高体育决策科学性,同时也是推动体育事业有效改革、健康发展的必然要求。

上述各领域以国家发展大势和文化研究热点为导向,调整和拓展自身领域的研究热点和问题关注点。但由于每个领域内部都有自身的学科内容和研究方法,各个领域特点鲜明,因此很难做到以某种问题意识或者研究思路为统领。当代中国文化史学科需要进一步思考自身与内部各领域学科之间的关系,汲取不同学科的研究方法,进一步探索自身的学科意识与话语体系,更广泛地拓宽当代中国文化史的研究思路与学术视野。

(五) 文献史料与史学理念的拓展更新

革命文化相关的文献史料整理挖掘持续拓展,出版展览工作进一步受到重视。正值党的100周年,围绕党史国史的文献史料的收集和展览工作如火如荼地开展,2021年,李颖的

---

① 贾宝余、刘立:《弘扬新时代科学家精神的"十个关系"》,《科技中国》2021年第10期。
② 段光、白鹭:《中国科技人才计划体系的特点、问题与发展建议》,《科技导报》2021年第15期。
③ 侯捷、尹晓冬:《中美民间科技交流的开启:1971年美国科学家阿瑟·高尔斯顿与伊桑·西格纳访华始末》,《中国科技史杂志》2021年第3期。
④ 孙科、姜宇航、朱天宇、刘彦、李立:《中华人民共和国成立后体育工作方针的演变历程及其内在表征》,《首都体育学院学报》2021年第4期。
⑤ 倪京帅、徐士韦、王家宏:《中国运动员文化教育政策(1949—2019):演进特征及优化策略》,《成都体育学院学报》2021年第1期。

著作《文献中的百年党史》①引发广泛关注并收获大量好评,其中,作者亲赴俄罗斯莫斯科五一村找到的中共六大珍贵文献,在四川绵阳梓潼发现的邓稼先珍贵手记,七千人大会上毛泽东、刘少奇、周恩来、朱德、邓小平、陈云的发言等,都是党史国史中的珍贵史料,展现了几代中国共产党人的智慧结晶,形成了一份属于中国共产党、中国人民和中华民族的集体记忆,为党史国史学术研究提供了新的思路与资源。2021年,中央档案馆国家档案局推出"三个一百"工作,即"百年恰是风华正茂"主题档案文献展、《红色档案——走进中央档案馆》百集微纪录片、重大题材读物《100个档案故事讲述党的历史》,用红色档案讲述百年来中国共产党人坚守初心使命的故事。2021年,由广西师范大学出版社主办"望道出版论坛·2021"②在北京举办,与会者认为,要进一步聚焦革命文献史料、革命文化典籍等的整理和出版工作,探索新时代革命文献收藏、研究、整理及出版传播新路径,做好革命文化的弘扬传承、出版传播工作③。

国史研究中文献史料问题的研究突破传统观念,注重史料资料形式的创新性和多样化。以往研究中对于文献史料的真伪性和丰富度有过很多的探讨,《当代中国史研究》多次刊文讨论国史研究中的文献史料问题。2021年,学界在上述研究基础上进一步深入思考与探讨文献史料资料的形式多样化问题。武力强调要充分、透彻研究史料,同时特别指出要注重填补档案资料的不足和空白点,利用信息化和网络时代的新技术新特点,可以探寻到具有更加丰富的细节和个案的史料,让历史研究能够更加生动活泼、"见人见事"。④董国强针对使用档案资料时遇到的难题、存在的问题提出新观点,针对研究现状中"资料太多,信息量太大,头绪纷繁"的问题,作者反对盲目的档案拜物教,呼吁研究者不要在档案资料中打转,应广泛涉猎国内外多元化的论著和文献,采取多学科交叉的方式,自觉走向社会,广泛接触亲历者。作者指出在选取资料时不应拘泥于档案资料的形式,而"关键是要有足够的史实支撑,要有严密的内在逻辑性,要与经验判断吻合,要能够带来新知识"⑤。在作者看来,越是在方法上和形式上突破传统的档案资料,往往越能从中寻找到历史研究的创新点。2021年在复旦大学举办的"当代中国史研究的新史料、新方法与新视角"青年沙龙也从不同角度探讨了档案资料挖掘和利用的更多的可能性。这一系列的研究进展,让我们看到了国史研究学界求新求变的创新意识,对于文献史料的认知正在加强反思性,寻找突破固有思维

---

① 李颖:《文献中的百年党史》,学林出版社2020年版。
② 论坛旨在致敬《共产党宣言》中文全译本首译者、广西师范大学前身广西师专中文科主任陈望道先生,并弘扬他追求真理、传播马克思主义的伟大精神。
③ 《广西师范大学出版社集团"望道出版论坛"在北京举行》,人民网,http://gx.people.com.cn/n2/2021/0726/c390645-34838428.html,2021年7月26日。
④ 武力:《学习研究百年党史,应从用好史料入手》,《文献与数据学报》2021年第1期。
⑤ 董国强:《中国当代史研究方法论两题》,《中共党史研究》2021年第1期。

模式的可能。在搜集和整理方面，学界对于史料多样化的需求日益强烈；而在文献史料利用方面，多学科、多层次交叉的方法有助于研究视角的拓宽和转换。

在研究方法上，学界更加注重中国文化主体性的构建，尤为关注具有中国特色、中国风格、中国气派的三大体系建设。2019年，习近平在致中国社会科学院中国历史研究院成立的贺信中说："希望我国广大历史研究工作者继承优良传统，整合中国历史、世界历史、考古等方面研究力量，着力提高研究水平和创新能力，推动相关历史学科融合发展，总结历史经验，揭示历史规律，把握历史趋势，加快构建中国特色历史学学科体系、学术体系、话语体系。"① 当代中国文化史作为一门具有较大建设与拓展空间的学科，其研究方法和史学理念的建设需要跨学科的研究视角，借鉴史学和文化史学等大学科的模式，但同时也应具备自身独特的学科特点。一方面，需要进一步融通古今中外的史学资源，利用好马克思主义的资源、中华优秀传统文化的资源与国外哲学社会科学的资源，不应有所偏废，也不应把古今、中外视为非此即彼、二元对立的两个方面；另一方面，探索属于当代中国文化史的标识性概念和学科特征，梳理文化史学科发展的脉络和经验，聚焦当代中国文化史学科的问题意识与研究取向，在问题意识的历史沿革中总结提炼当代中国文化史学科理念与研究方法。

学术创新离不开研究方法与研究资源的拓展更新，2021年，当代中国文化史研究在文献史料与史学理念方面取得一定进展，但与火热的文化建设实践相比，仍显薄弱，需要深耕新中国文化建设与发展历史的厚度与深度，更好地推动话语体系、学术体系、学科体系的建设。

三、当代中国文化史研究发展评价与展望

总体而言，当代中国文化史学科呈现出蓬勃向上发展的态势，研究成果丰富、参与人数越来越多，研究视角也越来越开阔，在跨学科的交流中不断拓展文献史料与研究方法，但仍需在以下方面继续努力。

一是推进学科建设，增强学科意识。学科的划分是理解和探索世界的一种方式，目前当代中国文化史学科边界不甚明确，与之相关的概念定义不甚清晰，造成讨论中存在模糊不清的情况。一方面是对于"文化史"的概念界定存在理解分歧，"文化"的范畴划分也存在模糊地带。另一方面，学科建设理论较为单薄，问题意识不强，存在就文化谈文化的弱点。因此，必须坚持马克思主义史学理论的指导，认真剖析党史国史领域专家学者对于当代中国文化史学科概念的探讨，加强基础研究和实证研究，不断推进学科体系、学术体系和话语体系的建设与创新。

---

① 《习近平致信祝贺中国社会科学院中国历史研究院成立》，《人民日报》2019年1月4日。

二是增强创新能力,推进学科研究高质量发展。与党的十八大以前相比较,当前当代中国文化史学科队伍要大、研究成果数量丰富得多,但研究主题较为分散,具有创新意义的优质成果也稍显不足。主题重复、共性结论较多,研究深度广度不够。一方面,应持续做好当代中国文化史学科史料收集、分类整理工作;另一方面,要以习近平新时代中国特色社会主义思想为指导,不断拓展学科研究的方法,拓宽学科视野,深入调查研究,在守正创新中产生更多原创成果。

三是拓展国际视野,推动研究成果"走出去",增进国际影响力。当代中国文化史是一部厚重的历史,更是一部有温度、有情怀的历史,需要文化底蕴深厚、产生文化共鸣的当代中国文化史研究成果走向世界。2021年,欧阳雪梅的著作《当代中国文化》[①]英文、法文、西班牙文、阿拉伯文版出版发行,向世界介绍中国共产党领导文化建设历程,呈现当前中国文化的整体样貌。讲好中国故事,中华人民共和国文化建设与发展史的精彩故事不够厚重,需要补上短板。

四是胸怀"国之大者",回答时代命题。2021年5月,习近平在给《文史哲》编辑部编辑人员回信中强调:"从历史和现实、理论和实践相结合的角度深入阐释如何更好坚持中国道路、弘扬中国精神、凝聚中国力量。回答好这一重大课题,需要广大哲学社会科学工作者共同努力。"[②]这是对新时代人文社科研究界的号召,也是推动学科体系建设的基本遵循。2022年,学界应更好地将时代主题与学术探讨有机结合,树立大历史观、大时代观,推进各领域研究纵深开展,回答好时代和人民赋予当代中国文化史学科的深刻命题,为构筑新时代中国精神、中国价值、中国力量提供学理支持。

(作者:当代中国研究所 石 佳、欧阳雪梅)

[①] 欧阳雪梅:《当代中国文化》(英、法、西班牙、阿拉伯文版),五洲传播出版社2021年版。
[②] 《习近平给〈文史哲〉编辑部全体编辑人员回信》,《人民日报》2021年5月11日。

2021年度当代中国社会史研究综述

2021年是中国共产党成立100周年，又承续2019年新中国成立70周年，决胜全面建成小康社会、决战脱贫攻坚、迎战新冠疫情等。历史时间节点和时事热点，助推了当代中国史研究。其中，当代中国社会史研究发展突出体现为深化学科交叉之势。本文重点从理论与方法、热点问题研究的角度，择要回顾2021年度当代中国社会史研究，以便于理清学科目前的发展状况并探讨未来发展方向。

一、理论与方法：以理清学科边界为前提的学科交叉

2021年度学术界对社会史的学科边界和学科交叉问题多有探讨。在明确学科本位的基础上，学科融合愈发深入，并要求不断开拓新的学科交叉领域。随着近年来当代中国社会史研究的积累，社会史更多地被当作范式、视角。

学科边界的厘定基于概念的澄清。冯仕政认为现代化赋予"社会"两种基本含义，一是指那些被忽视甚至被鄙视的人群或力量，即"角落里"，包括通常所谓"弱势群体"；二是指一种所有个体通过自由交往而亲密无间地生活在一起的理想和愿景，即"衔接处"，指具体的"社会关系"。① 严飞、祝宇清理清了历史社会学和社会史的学科边界，认为历史社会学更偏向于将社会学的经典理论带入历史叙述当中；社会史路径是用更多的篇幅来充分描述朝代、地点与基础时间线索，用于揭示过去的社会事实。二者的区别根源于学科范式。② 宋学勤、杨宗儒希望在理清学科边界的前提下，发展学科交叉，将其他学科的概念、理论与方法看作是研究的"动力、陪衬或指南"，而不是"现成的答案"。③ 宋学勤、李晋珩通过对新中国成立17年间农村医疗卫生事业研究，强调社会史与思想史的结合，不仅需要了解

---

① 冯仕政：《社会治理与公共生活：从连接到团结》，《社会学研究》2021年第1期。
② 严飞、祝宇清：《历史社会学与社会史研究：学科边界与学科交叉的探索》，《东南大学学报（哲学社会科学版）》2021年第1期。
③ 宋学勤、杨宗儒：《分野与整合：当代中国社会史学科边界再议》，《当代中国史研究》2021年第4期。

党和政府"做了什么",更需要从思想史角度解读"为何如此"。[①] 常建华提出"生活与制度"的概念,即日常生活研究既要注意自身的独特性,又要从生活史的角度促进制度史的研究。[②] 冯尔康提出整合生态环境史和医疗社会史,二者都"应积极关注生命,建设生命史学"。[③] 总体上,体现了历史学的"人本主义"和社会史向政治史的回归。

随着中共党史、中国近代史研究的时间段不断后移,"革命"和"现代化"两大主题也成为当代中国社会史热议的话题。《史学月刊》在2021年度发起了关于"革命与建设"的第二次笔谈,讨论了20世纪以来中国历史发展的主线问题,王先明提出"多年来却只是聚焦于革命史研究主题而相对疏离了建设史主题",[④] 潜在意涵即加强革命胜利后的当代中国史的研究。李金铮等学者将当代中国史称为"新革命史"的下半场[⑤],将所谓社会史范式引入当代中国史。韩军垚建议将两大主题汇流为"中国梦"这一新的研究主题。[⑥] 赵新潮呼吁法律社会史的研究时间段也应后移,认为与现实联系更为紧密、更能满足"经世致用"现实关怀的当代中国的法律社会史研究仍基本处于被忽视的地位。[⑦]

视野的扩大、范式的更新,相伴而生的是史料选取范围的扩大。一方面,传统的档案资料、重要历史人物资料的搜集与研究仍受到重视。当代中国研究所"十四五"国史学科发展规划项目之一"重要学术文献搜集整理研究工程"发表阶段性成果,梳理了邓力群参与组织起草《关于建国以来党的若干历史问题的决议》,并完成传达贯彻决议精神,开拓了当代中国史研究领域的历史。[⑧] 另一方面,当代中国史研究使用史料的特殊性再次被强调。董国强认为在党的一元化领导体制下,档案资料具有高度同质化的特点。因此,当代中国史研究要重提田野调查和口述访谈的重要性,要有多元化的历史叙事。[⑨] 2021年度一些口述历史成果相继出版,有《我的父辈在抗美援朝中》(中共党史出版社)、《雪域珍档——22位老兵的进藏记忆》(西藏人民出版社)、《激情岁月的记忆:聚焦三线建设亲历者》(上海大学出版社)、《脱贫攻坚访谈录》(中共中央党校出版社)、《破茧——上海产业转型发展与城

[①] 宋学勤、李晋祈:《新中国成立17年间农村医疗卫生事业研究》,《中国高校社会科学》2021年第1期。

[②] 常建华:《生活与制度:中国社会史的新探索》,《历史教学》2021年第1期下半月刊。

[③] 冯尔康:《生态环境史与医疗社会史共同的内核是生命关怀——生命史学札记二则》,《河北师范大学学报(哲学社会科学版)》2021年第2期。

[④] 《"革命与建设:百年中国历史进程研究"笔谈(二)》,《史学月刊》2021年第2期。

[⑤] 李金铮:《扎根华北:中共党史研究的南开传统》,《苏区研究》2021年第3期。

[⑥] 韩军垚:《新中国成立以来中国近现代史研究范式的演变与思考》,《江汉论坛》2021年第7期。

[⑦] 赵新潮:《中国当代法律社会史研究的价值、导向及其进路》,《安徽史学》2021年第3期。

[⑧] 徐轶杰:《邓力群与〈关于建国以来党的若干历史问题的决议〉》,《当代中国史研究》2021年第5期。

[⑨] 董国强:《中国当代史研究方法论两题》,《中共党史研究》2021年第1期。

市更新访谈录》(上海书店出版社)、《上海助力打赢脱贫攻坚战口述系列丛书》(上海人民出版社、学林出版社)等。此外,姜成洋和李文提出方志对于区域史、微观史研究大有裨益,利用方志,需要带着知识考古意识,采用话语分析方法,处理好区域史的同质性和异质性,多种史料结合。[1]

二、主要内容：百年经验总结与区域社会史研究同步发展

2021年度当代中国社会史的通史成果不多。仅见李文所著《当代中国社会》一书修订出版,该书介绍了当代中国的社会结构、社会建设和社会治理、社会生活和社会思潮等。此次修订,增补了中共十八大和十九大以来的新举措、新进展。[2] 在热点专题的研究方面,2021年度在社会治理、社会事业、社会生活等方面均有不少成果。2021年是中国共产党建党100周年,时事热点问题的历时性研究成果涉及"厚民生"各个方面的百年经验总结,社会科学的参与度较高。历史热点问题研究还是相对集中在新中国成立初期,区域社会史研究进一步深化。

1. 社会治理

社会治理的热点议题是建党百年社会治理经验总结、社会风气改造、农村治理、城市治理、环境治理和社会动员。

建党百年社会治理经验总结,从历史成就中加深对党的认识。清华大学国情研究院的"国情讲坛"结集出版,从国际大视野和历史纵深上,集中展现了中国共产党创新中国道路、完善中国特色社会主义制度、推进国家治理现代化的历程。[3] 李文梳理了中国式现代化的内涵不断丰富、系统和完整的历史,认为体现了我们党与时俱进的现代化认识和始终如一的使命担当。[4] 阳宏润和李文梳理了中国共产党的改革观,认为其彰显了中国共产党全心全意为人民服务的宗旨。[5] 吴超主持的中国社会科学院马工程2020年度重大项目"中国共产党百年社会治理历史进程和经验研究"进展顺利并发表多篇论文,认为中国共产党的百年成就是团结带领人民创造美好生活,推进中华民族伟大复兴,建立和完善具有显著优势的国家制度,为世界和平与发展做出贡献。[6] 其经验是坚定不移地走中国特色社会主义道路,坚

---

[1] 姜成洋、李文:《区域史研究与方志利用——论史景迁〈王氏之死〉》,《安徽史学》2021年第2期。
[2] 李文:《当代中国社会》,五洲传播出版社2021年版。
[3] 胡鞍钢:《变革与复兴 百年中国现代化新征程》,东方出版社2021年版。
[4] 李文:《中国的现代化是中国共产党的一场接力赛——写在中国共产党即将迎来百年华诞之际》,《山西大学学报(哲学社会科学版)》2021年第3期。
[5] 阳宏润、李文:《中国共产党改革观的历史进程与逻辑机理》,《中国井冈山干部学院学报》2021年第5期。
[6] 吴超:《矢志践行初心使命》,《经济日报》2021年5月9日。

持在实践基础上进行理论创新,坚持党的领导,坚持以人民为中心,坚持不断完善党和国家制度体系。①吕德文从社会学的视角,力图展现基层社会的复杂性,认为基层治理是国家治理的基石。②金英君、唐海军梳理了国外看待中国共产党百年的观点,认为国外政要强调中国共产党百年不仅深刻改变了中国共产党,也极大地影响和改变了世界。③

社会风气改造的研究围绕妇女解放和严禁烟毒等主题开展。冯淼认为在社会史转向的国际大背景下,妇女史讨论的问题不再执着于"妇女解放",而是转向婚姻、家庭和参政方式等妇女经历的复杂多样。④薛梦真和李文提出性别视角有利于重新审视国家、劳动、家庭以及民族革命之间的关系。⑤但是,从2021年度国内研究当代中国妇女史的成果来看,还是以妇女政策实施⑥和妇女解放⑦作为主要探讨话题。禁毒史表现为视角的扩展,将新中国的禁毒与近代以来毒品处理问题与资本转移、政治演进及民族声誉关联。⑧

农村治理研究集中在土地改革研究和集体化运动研究,以区域史研究成果较多,政策实施与社会实际情况的张力是考察重点。李里峰以中共中央文件和山东、河北两省的基层土改档案为主要资料,微观考察了新民主主义革命时期华北土改运动中的阶级划分的运作情形,认为土改的成功是意识形态框架下因时制宜、因地制宜的结果。⑨西南地区的研究以廖胜平为代表,他的《重建与嬗变:新中国成立初期西南地区的社会改造研究》一书认为少数民族地区的社会改造经验是必须遵循中央"慎重稳进"的指导方针,严格执行民族、宗教政策,坚持从各地实际出发,采取比较温和的、易取得社会理解的方式。⑩李俊对河南省平顶

---

① 吴超:《中国共产党百年伟大实践的历史经验》,《中国井冈山干部学院》2021年第2期。吴超:《全面建成小康社会的历史性成就与启示》,《新湘评论》2021年第12期。吴超:《必须坚持和发展中国特色社会主义》,《新湘评论》2021年第15期。
② 吕德文:《基层中国 国家治理的基石》,东方出版社2021年版。
③ 金英君、唐海军:《国外一些政党及政要如何看待中国共产党百年》,《当代世界与社会主义》2021年第3期。
④ 冯淼:《革命地方实践与妇女解放问题:兼评丛小平〈革命中国的婚姻、法律与性别,1940—1960〉》,《妇女研究论丛》2021年第1期。
⑤ 薛梦真、李文:《女性主义视角在国史研究中应用述评——以女性就业史的研究为例》,《晋阳学刊》2021年第2期。
⑥ 王淑梅:《1953年"贯彻婚姻法运动"述论》,《中北大学学报(社会科学版)》2021年第3期。张金林:《新中国首部〈婚姻法〉在农村的阻力及应对策略》,《农业考古》2021年第1期。
⑦ 杨方、薛晓阳:《中国共产党推进农村妇女解放的一个微观视角——以新中国成立初期泰兴女童教育为例》,《江海学刊》2021年第3期。王海燕:《百年党史上的中国妇女解放运动》,《科学社会主义》2021年第3期。
⑧ 张楠:《新中国成立初期烟毒治理中的毒品收缴与处理机制研究》,《中共党史研究》2021年第2期。
⑨ 李里峰:《践行革命:华北土改运动中的阶级划分》,《史学集刊》2021年第3期。
⑩ 廖胜平:《重建与嬗变:新中国成立初期西南地区的社会改造研究》,人民出版社2021年版。

山地区宝丰县的土改试点工作的研究①、张杨对川西地区土改中的赔罚运动的研究②、陈霞对土地改革之后天津专区的查田定产工作的研究③，都体现了土改政策在实施中环环相扣的连续性。庞浩等采用经济学的计量方法对土改的地权分配成效展开研究，认为土改前地权分配最集中的地区是东北和西南地区，最分散的是西北地区；土改后，各地区和各省的地权基本实现平均分配。④ 集体化时期的研究以山西的研究为主，山西大学中国社会史研究中心的"山西民间文献研究中心"搜集整理了集体化时期的村庄档案资料，每年利用地方档案产生的研究成果都不少。行龙、张利杰以山西省襄汾县东李村为样本，阐述了集体化时代土户与客户关系演变的历程，认为中国共产党制定和实践的公平平等、效率优先的理念，改变了乡村社会的权力格局、经济分配、文化教育、婚姻习俗，从客观上加速了土客融合的进程，成功地整合了乡村社会内部关系。⑤ 郭永平、贾保营以山西省昔阳县推行土壤改良、良种培育、合理密植、工具改革等技术革命为样本，研究了技术与制度之间的张力，认为技术的推行形塑、巩固了制度，但是对技术过度规训也会引起"技术的暴动"，因此"扶贫同扶志、扶智相结合"，才能实现减贫的目标。⑥ 郝平从农业技术层面来探讨农业救灾的问题，认为山西各级党委和政府将优化农业技术与合作化运动紧密结合，实现了生产救灾。⑦ 山西大学硕士研究生孟露露以山西省太原城郊剪子湾村的账本、凭证等基层经济资料为基础，研究了集体化时代农村的生产、生活与社会经济，认为工业化建设背景下国家对农村资源的汲取，导致城郊农村人均收入缓慢增长与恩格尔系数居高不下。⑧ 农村基层组织的长时段研究以吴理财为代表，他认为人民公社体制时，以生产队为基础，形成农村集体生产共同体；改革开放以后，村民小组演变为农民生活共同体和乡村社会治理共同体。⑨

城市治理研究在弥补历史学缺位现象严重、系统性不足等问题上迈出了坚实的步伐。何

---

① 李俊：《1949年前后河南省首批新区土改试点回望——以平顶山地区宝丰县为例》，《平顶山学院学报》2021年第4期。

② 张杨：《新中国成立初期川西行署赔罚运动研究》，《四川大学学报（哲学社会科学版）》2021年第5期。

③ 陈霞：《新中国成立初期天津专区的查田定产实践》，《南开史学》2021年第1期。

④ 庞浩、徐之茵、管汉晖：《土改前后地权分配之比较：基于县志的研究》，《中国经济史研究》2021年第1期。

⑤ 行龙、张利杰：《集体化时代乡村社会中的土客关系》，《山西大学学报（哲学社会科学版）》2021年第4期。

⑥ 郭永平、贾保营：《"大闹技术革命"的实践路径及其现实启示——以20世纪50年代的昔阳县为例》，《山西高等学校社会科学学报》2021年第1期。

⑦ 郝平：《20世纪50年代山西农业救灾中的技术推广》，《当代中国史研究》2021年第1期。

⑧ 孟露露：《账本里的世界：集体化时代剪子湾村的生产、生活与社会经济》，硕士学位论文，山西大学，2021年。

⑨ 吴理财：《村民小组的历史变迁及其基本逻辑》，《社会学评论》2021年第4期。

一民依据对新中国城市发展产生重要影响的关键时间节点,将新中国成立70年来的城市发展历史分为三个时期、七个阶段,[①] 对于推动城市史研究具有重要的理论意义。实证研究集中于新中国成立初期对城市各行业的接管和之后的社会主义改造,以上海的研究最多。庞思娇研究了上海市对接受外资津贴医疗机构的改造。[②] 宋佩玉研究了新中国对上海外资房地产企业从监管到清理的历史。[③] 严宇鸣研究了在美国等对中国实施"封锁""禁运",以及社会主义改造运动背景下,上海进出口私商的口岸管理制度在实践中不断调整的过程。[④] 杨丽萍研究了中国共产党在高度异化的上海城市社会中如何增强社会号召力,订立爱国公约运动的实践路径。[⑤] 肖存良研究了上海市解决"文革"遗留问题,处理好"央地""军地""地方内部"三种关系,完成私房清退工作的历史。[⑥] 这些研究无不体现了中国共产党在城市治理方面实事求是、与时俱进的特点及取得的成就。上海师范大学马克思主义学院还产生了一批研究1949—1956年上海历史的硕士论文。毛雅琪研究了新政权对上海公立医院的接管[⑦],张意宁研究了上海市纺织工会的工作情况[⑧],韩思捷研究了上海市供销合作总社的发展历程和业务工作[⑨],王柠研究了1950年在上海成立中国保卫世界和平大会上海分会,并在其领导下开展的号召在《斯德哥尔摩宣言》上签名的和平签名运动[⑩]。中国社科院"当代中国研究所国情调研(上海)基地"的课题,研究了当代上海的民生建设历程、发展轨迹和规律。[⑪] 上海作为中国近代城市史四大研究重镇之一,大有继续引领中国当代城市史研究的趋势。

环境治理研究主要从政府管理的角度谈长江流域的治水问题。王瑞芳、范刻心整体性回

[①] 何一民:《新中国城市历史分期研究》,《社会科学研究》2021年第2期。
[②] 庞思娇:《新中国成立初期上海接受外资津贴医疗机构改造研究》,《当代中国史研究》2021年第3期。
[③] 宋佩玉:《新中国成立初期对上海外资房地产企业的监管与清理》,《安徽史学》2021年第6期。
[④] 严宇鸣:《新中国成立初期进出口私商的管理制度变革——基于上海口岸的历史考察》,《中共党史研究》2021年第3期。
[⑤] 杨丽萍:《新中国成立初期中国共产党增强社会号召力的实践——以上海订立爱国公约运动为例》,《上海党史与党建》2021年第3期。
[⑥] 肖存良:《改革开放初期上海落实私房政策的历史考察》,《当代中国史研究》2021年第3期。
[⑦] 毛雅琪:《新中国成立初期上海公立医院的接管研究(1949—1950年)》,硕士学位论文,上海师范大学,2021年。
[⑧] 张意宁:《新中国成立初期上海市纺织工会研究(1949—1956)》,硕士学位论文,上海师范大学,2021年。
[⑨] 韩思捷:《新中国成立初期上海市供销合作总社研究(1949—1956)》,硕士学位论文,上海师范大学,2021年。
[⑩] 王柠:《1950年上海市和平签名运动研究》,硕士学位论文,上海师范大学,2021年。
[⑪] 杨莲秀:《当代上海的民生建设研究》,当代中国出版社2021年版。

顾了改革开放以来长江中下游的水污染治理，认为水污染问题肇因于工业化、城市化的加速推进及乡镇企业的快速发展，从80年代起，以控制重大污染源为主要手段；21世纪后，在"维护健康长江，促进人水和谐"的理念指导下，全面展开水污染治理；中共十八大以来，践行"共抓大保护，不搞大开发"的新时代治江理念，水污染治理取得了突出成效。[1] 金大陆研究了20世纪六七十年代上海黄浦江经年累月的工业排放导致的"黑臭"问题，认为当时未能取得治理成效的根本原因在于"单位为重"的生产任务与环境治理的配比不能平衡。[2] 冯兵兵研究了荆江分洪工程提前竣工的历史，认为该工程极大地降低了1954年长江特大洪水的破坏力，充分彰显出我国"集中力量办大事"的制度优势，为国家建立和完善更加全面的长江防洪体系创造了"窗口期"。[3] 王瑞芳、化世太还研究了1966—1985年丹江口水库淅川库区远迁移民返迁的现象，认为大批移民反迁产生了恶劣的社会影响，淅川县政府采取恢复移民身份、解决户籍问题和分配责任田等方式解决了返迁移民问题。[4]

社会动员研究主要以劳模表彰和新中国成立初期的群众运动为讨论热点。刘正芳、何志明研究了20世纪50年代初期增产节约运动中乡村劳模评选、表彰的情况，[5] 丰箫、陈沙沙研究了改革开放初期上海恢复劳模评选工作，[6] 研究表明劳模评选是一种有效的社会动员方式。冯兵、吴周阳研究了"五反"运动中的社会动员，总结了取得良好宣传效果和实现政治目标的历史经验。[7] 史泽源研究了在朝鲜战争爆发后面临巨大舆论压力时，中国共产党在短时间内组织起数百万计的宣传大军的历史经验，强调依托组织力量推动发展宣传工作是中国共产党的重要政治优势。[8]

2. 社会事业

社会事业方面主要围绕脱贫、教育、医疗卫生、社会保障等议题开展研究。

---

[1] 王瑞芳、范刻心：《改革开放以来长江中下游的水污染治理》，《当代中国史研究》2021年第5期。

[2] 金大陆：《20世纪六七十年代上海黄浦江水系污染问题研究（1963—1976）》，《中国经济史研究》2021年第1期。

[3] 冯兵兵：《新中国成立初期长江治理的起步——以荆江分洪工程为中心》，《当代中国史研究》2021年第5期。

[4] 王瑞芳、化世太：《丹江口水库淅川库区远迁移民返迁与政府应对（1966—1985）》，《湖南社会科学》2021年第1期。

[5] 刘正芳、何志明：《国家、农民与思想统合：20世纪50年代初期的乡村劳模评选及其表彰》，《兰州学刊》2021年第4期。

[6] 丰箫、陈沙沙：《改革开放初期上海劳模评选研究》，《思想政治课研究》2021年第5期。

[7] 冯兵、吴周阳：《中华人民共和国成立初期"五反"运动的社会动员》，《平顶山学院学报》2021年第4期。

[8] 史泽源：《组织驱动宣传：再论新中国成立初期的宣传网建设》，《中共中央党校（国家行政学院）学报》2021年第4期。

脱贫和共同富裕研究，表现为理论研究和对策研究、实证研究和资料搜集同步发展。清华大学中国农村研究院组织开展了中国脱贫攻坚的重大课题研究，并编成了《中国脱贫攻坚的实践与经验》一书，该书立足于中国脱贫攻坚的顶层设计，对政策体系、工作体系、制度体系进行了介绍、评估和总结。① 郑宝华总结了我国以"两不愁、三保障"和饮水安全保障为基本目标所构建的精准扶贫体制机制和所采取的重大举措的经验和意义。② 汪三贵的《脱贫攻坚的中国经验》一书，通过介绍中国扶贫开发的历程、中国的贫困状况、新时代精准扶贫、精准脱贫政策，从政策、实践、理论三方面总结了脱贫攻坚经验。③ 宁吉喆编写了《人间奇迹 中国脱贫攻坚统计监测报告》，该书分为全国篇、部门篇、地区篇、统计资料篇，多角度呈现了全国脱贫攻坚情况。④ 国家社科基金特别委托项目"脱贫攻坚精神研究"的成果《中国脱贫攻坚精神》一书分上下两编，上编梳理了1949—2020年中国共产党开展扶贫开发、脱贫攻坚的历程、经验和意义，下编为全国五个贫困县市的调研报告。⑤ 相关论文体现了应用对策性研究的特点。李文认为我国的政治和制度优势、雄厚的经济基础和巨大的市场潜力，是实现全体人民共同富裕的有力保障。⑥ 王辰璇、汪青松总结了新中国前30年的减贫经验是制度变革式、生产发展式和全面建设式扶贫减贫。⑦ 随着互联网电商的发展，消费扶贫前景广阔，李文认为目前需要推动农村地区产品和服务融入全国大市场，促进消费扶贫可持续发展，使之与乡村振兴形成有效衔接。⑧ 由金英君主持的国家社科基金一般项目"可行能力视角下深度贫困地区精准脱贫长效机制研究"的阶段性成果《政府调控碳排放路径研究》一文认为政府应该从落实绿色发展理念角度，提升金融效率和优化外部环境。⑨

教育的总论性研究，有周洪宇、邢欢作在对国家制定的全面建成小康社会的基本指标进行分析和阐释的基础上，总结了我国教育发展的成果与经验，并论述了小康社会与各级各类教育发展的关系。⑩ 专题论文的研究热点是新中国成立初期的扫盲运动和对教育机构的接管改造，分析教育与政治、经济之间的关系。除了描述性史料分析的研究外，封世蓝等利用

---

① 陈锡文、韩俊：《中国脱贫攻坚的实践与经验》，人民出版社2021年版。
② 郑宝华：《中国脱贫攻坚的理论与实践》，社会科学文献出版社2021年版。
③ 汪三贵：《脱贫攻坚的中国经验》，中国言时出版社2021年版。
④ 宁吉喆：《人间奇迹 中国脱贫攻坚统计监测报告》，中国统计出版社2021年版。
⑤ 武力、王爱云：《中国脱贫攻坚精神》，华中科学技术大学出版社2021年版。
⑥ 李文：《共同富裕是中国共产党不懈追求的目标》，《当代中国史研究》2021年第1期。
⑦ 王辰璇、汪青松：《新中国前30年减贫的历时性贡献及经验启示》，《安徽史学》2021年第6期。
⑧ 李文：《消费扶贫如何实现可持续性发展》，《人民论坛》2021年第28期。
⑨ 金英君：《政府调控碳排放路径研究》，《中国软科学》2021年第5期。
⑩ 周洪宇、邢欢作：《千年梦想圆于建党百年 全面建成小康社会与迈上教育新征程》，湖北教育出版社2021年版。

Solow模型对"扫盲运动"展开了实证研究,认为主要通过产业结构转型和就业市场表现两个渠道发挥公共人力资本对长期经济增长的促进作用。[①] 李晶从教育体系和教育方针的角度[②]、周慧梅从情感认同的角度[③]研究了中国共产党对教育机构的接管改造。常利兵以1957年《人民日报》的社论文章《关于中小学毕业生参加农业生产问题》为切入点,研究了中国共产党致力于中小学普通教育和适应国家治理需求的历史实践过程,认为其历史经验在于对劳动的崇高感和光荣感赋予时代性的政治意涵的同时,更应该在劳动分工及其现实境遇上寻找出路。[④] 该文体现了从新中国成立初期处理教育和国家治理关系的历史中,寻找应对目前教育改革药方的思考路径。

受新冠疫情的影响,学者较热衷于对医疗卫生的讨论。2021年度医疗卫生史的研究特别丰富,以区域史研究为主。基层医疗卫生服务体系方面,围绕抗美援朝战争前后的爱国卫生运动和食品饮水安全问题展开研究。李玉倩以哈尔滨市为样本[⑤],荆蕙兰、苗庆科以较早解放的工业相对雄厚的东北地区和工矿企业为研究对象[⑥],朱甲利关注1952年爱国卫生运动之后的皖北医疗事业的发展情况[⑦],研究了爱国卫生运动的开展过程和在基层医疗卫生服务体系中开展群众运动的历史经验。张汉宸以食品工业相对发达的上海为例,研究了新中国制定食品安全法规、建设食品卫生监督管理制度、开展食品卫生宣传教育等一系列整治工作,彰显了"新中国无限的生命力和社会主义制度的优越性"。[⑧] 韩广富、张新岩认为新中国成立以来解决农村饮水安全问题的主要经验,是坚持农村饮水安全保障地方行政首长负责制、以顶层设计的发展规划引领农村饮水安全工作、把解决农村饮水安全问题与推进扶贫开发相结合、把解决农村饮水安全问题与发展乡镇供水相结合。[⑨] 卫生防疫机制的研究

---

① 封世蓝、程宇丹、龚六堂:《公共人力资本投资与长期经济增长——基于新中国"扫盲运动"的研究》,《北京大学学报(哲学社会科学版)》2021年第3期。

② 李晶:《新中国成立初期党的教育方针确立的历史回顾——以对公立大学的接管和改造为例》,《思想理论教育导刊》2021年第6期。

③ 周慧梅:《新中国成立初期党对私立中学改造的个案分析——以私立文治中学与北京大学合作办学为中心》,《北京教育学院学报》2021年第4期。

④ 常利兵:《劳动作为出路——新中国成立初期动员中小学毕业生参加农业生产的问题史》,《上海大学学报(社会科学版)》2021年第2期。

⑤ 李玉倩:《建国初期哈尔滨市爱国卫生运动研究》,《西部学刊》2021年第13期。

⑥ 荆蕙兰、苗庆科:《新中国成立初期东北地区爱国卫生运动述论》,《广西社会科学》2021年第4期;荆蕙兰、苗庆科:《新中国成立初期的工矿企业卫生保健工作——基于东北地区的考察》,《党的文献》2021年第2期。

⑦ 朱甲利:《新中国成立初期皖北医疗事业的发展述论(1949—1959年)》,《锦州医科大学学报(社会科学版)》2021年第2期。

⑧ 张汉宸:《再造"卫生":20世纪50年代的上海食品安全》,《阴山学刊》2021年第2期。

⑨ 韩广富、张新岩:《新中国解决农村饮水安全问题研究》,《当代中国史研究》2021年第3期。

聚焦新中国成立以来第一个重大疫情——察北鼠疫的防控。李华、郑天骄认为需要学习应对疫情的群众动员的宣传教育方法。[1] 陈升等总结了党中央面对疫情所采取的"预防为主"的方针。[2] 张凯月、王国斌认为其深远影响是完善了建立防疫组织、以预防为主、开展群众卫生运动的防疫体系。[3] 黄华平认为东北铁路卫生防疫工作从发端到逐步形成体制，助力了1949年察北专区鼠疫防治和1952年反细菌战的胜利。[4] 城市防疫机制研究，聚焦南京和重庆。张慧卿认为全面动员、全民防疫是南京市解放初期卫生防疫实践的经验。[5] 鲁克亮、李晓朋认为将突发性疾病防治与社会改造、民主建政等中心任务相结合，既成功遏制了突发性疾病在重庆的蔓延和流行，又使党和人民政府获得了民众的高度认可。[6] 妇女儿童等特殊人群的医疗卫生史研究，以王瀛培、徐华博的文章较能体现社会史的特点。他们研究了社会主义改造时期医学界的改造[7]和"一五"计划工业化建设时期，也是新《婚姻法》颁布后的优生优育工作[8]，展现了历史中既体现社会主义优越性，又有"左"的问题；保护男女双方的政策却有实践困难的复杂面向。

社会保障方面更注意与思想文化、制度建设、经济发展等内容相结合来进行研究。郑功成从脱贫、教育、就业、社会保障体系、居住、健康与美丽中国六个方面，分析了中国民生保障的成就。[9] 专题研究集中在新中国成立初期，新政权要解决民国遗留的城市失业人口问题，以及由战争到和平转换过程中退役军人的安置问题。高中伟、苏彦玲关注中国共产党对失业者的政治文化训练，认为思想教育与物质救济相结合是这一时期失业救济的突出特点。[10] 任云兰以华北最大的工商业城市天津为样本，梳理了职业介绍、以工代赈、生产自救

---

[1] 李华、郑天骄：《新中国成立初期党领导察北鼠疫防治中的群众动员研究》，《社会科学动态》2021年第7期。
[2] 陈升、周友良、刘厚俊：《新中国成立初期我国应对重大疫情的历史回顾与经验启示（1949—1965）》，《兰州学刊》2021年第4期。
[3] 张凯月、王国斌：《新中国成立初期察北鼠疫暴发对卫生防疫事业的影响》，《锦州医科大学学报（社会科学版）》2021年第2期。
[4] 黄华平：《新中国成立前后人民铁路卫生防疫事业的创建》，《当代中国史研究》2021年第1期。
[5] 张慧卿：《全民动员：南京市解放初期的卫生防疫》，《当代中国史研究》2021年第2期。
[6] 鲁克亮、李晓朋：《1950—1952年重庆防疫网的构建》，《当代中国史研究》2021年第3期。
[7] 王瀛培、徐华博：《卫生行政与妇女保健实践：20世纪50年代精神预防性无痛分娩法在上海》，《妇女研究论丛》2021年第1期。
[8] 王瀛培、徐华博：《性与性别的医学检验：新中国成立初期上海婚前健康检查的短暂试行》，《社会科学论坛》2021年第4期。
[9] 郑功成：《以人民为中心：新时代中国民生保障》，中国人民大学出版社2021年版。
[10] 高中伟、苏彦玲：《认同与信任：新中国初期中共对失业者政治文化训练评析》，《江汉论坛》2021年第2期。

等一系列城市社会救济政策的出台和施行情况。① 王众从制度创建层面研究了退役军人的就业安置，认为是一次成功的国家治理实践。② 刘灿认为复转军人的就业安置不仅体现了保障体系逐步完备，还将部队优良作风带到了生产建设中。③ 工人劳动保障方面的研究，凸显了新中国在保障社会民生和配合经济建设方面的成就。荆蕙兰、苗庆科认为新政权在东北地区国营企业中建立了劳动保护专门机构，制定了劳动保护规章制度、改善了劳动环境等，改变了当时存在的"重生产轻劳动保护"的思想观念。④ 冯维研究了从1978年改革开放启动到2010年《中华人民共和国社会保险法》颁布，城镇企业职工基本养老保险制度的改革历程，认为形成了具有中国特色的"统账结合"模式，建立了全国统一的制度规范，在保障社会民生和配合经济改革方面成就显著。⑤

3. 社会生活

社会生活研究是新兴的热点领域。秦颖、刘合波认为当代中国日常生活史的研究议题集中于冷战时期的乡村、城市、信仰及工业化等，且接续了近代日常生活发展脉络。⑥ 2021年度的社会生活研究大体上继续这种发展态势。

文化休闲生活研究体现了以小见大的研究路径。河北师范大学博士生宋子昕研究了20世纪上半叶北京浴堂发生重大变革的历史，认为浴堂是历史变迁中城市现代化、社会经济、卫生观念、民众生活习惯等的反映。⑦ 20世纪50年代，农村有线广播站成为党和政府在农村进行思想文化宣传的阵地。⑧ 乡村业余剧团扮演着重塑乡村文化的重要角色，对其开展研究能折射出由制度变迁所带来的新旧文化的碰撞与磨合。⑨ 朱高林认为农村集体化时代的公共文化生活中采取的低成本生产、集中统一供给、公开免费开放、以评促建等措施具有现实

---

① 任云兰：《1949—1956年天津城市社会救济政策的制定及实践》，《当代中国史研究》2021年第4期。
② 王众：《新中国退役军人就业安置制度的创建与初步运行（1949—1957）》，《济南大学学报（社会科学版）》2021年第3期。
③ 刘灿：《新中国成立初期北京市复转军人就业安置工作研究》，《中国军事史研究》2021年第1期。
④ 荆蕙兰、苗庆科：《新中国成立初期东北地区国营企业劳动保护工作探究》，《当代中国史研究》2021年第4期。
⑤ 冯维：《1978—2010年城镇企业职工基本养老保险制度改革的历程与经验》，《当代中国史研究》2021年第6期。
⑥ 秦颖、刘合波：《中国当代日常生活史研究的缘起、现状与展望》，《齐鲁学刊》2021年第2期。
⑦ 宋子昕：《20世纪上半叶北京浴堂研究（1900—1952）》，博士学位论文，河北师范大学，2021年。
⑧ 马瑞：《新中国成立后农村有线广播站的初期建设——以江苏省为例（1955—1957年）》，《当代中国史研究》2021年第2期。
⑨ 陈娅飞：《1950年代中国共产党对乡村文化的重塑——基于乡村业余剧团的考察》，《学习与实践》2021年第4期。

借鉴意义。①

收入与消费方面的研究凸显出中国的城乡二元格局。陈宗胜、张杰运用基尼系数系统对比了改革开放前后居民收入差别，认为二元体制导致的城乡收入差别延续到了改革开放后。②温涛等采用理论模型和计量研究，分析了农村居民收入结构的变迁与消费行为的关系，从区域、城乡差异，政府政策和城镇化等角度为引导农村居民消费需求、提高农村居民消费水平、改善农村居民消费结构提供对策。③

外部环境变化与个人选择的关系也是研究热点。李霞研究了改革开放以来生活方式的变化与文化选择的关系，强调生活方式对文化选择的基础性作用和文化对生活方式的价值引导。④郭书林研究了新中国的交通基础设施建设和民众出行方式的演变。⑤

4. 政治史、经济史的社会史转向

原本属于政治史或经济史范畴的研究内容，也开始采用社会史的研究路径，例如知青史、三线建设史。

知青运动从20世纪50年代延续到80年代，是当代中国史的重要组成部分，研究已有一定积累。高灿和叶青认为知网中知青史论文的议题集中于"安置经费""知青史料""区域研究"等方面，有从宏观向微观、由政治史向社会史转移的趋势。⑥易海涛在知青史领域的研究成果较丰，他提出开展知青返城研究至少有制度史、改革开放、地方史、知青返城后四条路径。⑦易海涛对知识青年援疆人口数字的记忆⑧、知识青年与电影发展的关系⑨等主题的研究基本属于社会文化史范畴。

三线建设研究近些年异军突起，也呈现出了多学科整合⑩，特别是向社会史转移的趋

---

① 朱高林：《1949—1978年农村公共文化生活的运行经验及历史启示》，《学术界》2021年第5期。
② 陈宗胜、张杰：《新中国前30年中国居民收入差别估算及影响因素分析——兼及改革开放前后中国居民收入基尼系数趋势及比较》，《中国经济史研究》2021年第2期。
③ 温涛、王小华、王汉杰等：《中国农村居民消费行为及结构演化研究》，科学出版社2021年版。
④ 李霞：《改革开放以来生活方式变迁与文化选择研究》，人民出版社2021年版。
⑤ 郭书林：《新中国民众出行史：1949—2019》，黑龙江大学出版社2021年版。
⑥ 高灿、叶青：《知青史研究的热点、趋势于展望——基于Citespace可视化分析方法的计量研究》，《浙江工业大学学报（社会科学版）》2021年第2期。
⑦ 易海涛：《改革开放视野下拓展知青返城研究的四条路径》，《广东党史与文献研究》2021年第1期。
⑧ 易海涛：《制造"十万"：1963—1966年上海知青支援新疆的人数与历史记忆》，《安徽史学》2021年第1期。
⑨ 易海涛：《书写历史与历史书写：电影与知识青年上山下乡述论》，《北京电影学院学报》2021年第2期。
⑩ 张勇：《在当代中国问题研究中突破学科藩篱——以三线建设研究为切入口》，《华中师范大学学报（人文社会科学版）》2021年第1期；张勇：《思维同构：三线建设多学科综合研究之构架》，《宁夏社会科学》2021年第2期。

势。在史料上，三线建设研究强调对民间文献和口述历史的采集和使用。徐有威提出："如果说官方文献能够为小三线建设研究提供一条主线、一个框架，那么民间文献则能够使其充实丰富，具有立体感。"① 周晓虹认为口述历史作为方法，有利于打破新中国工业化历史的单调陈述和枯燥数字，通过口头叙事建构命运共同体的集体记忆，并激活命运共同体及其成员的认同感，实现代际间文化传承。② 专题研究也颇具社会史的深耕特点。徐有威等研究了"厂社结合"模式在推广中出现的种种变异情况。③ 李德英等则从城乡关系、工农关系的角度认识三线建设与中国社会经济结构之间的互动关系。④ 时昱从社会动员的角度，研究了三线建设时期国家对青年的政治动员及青年的选择，认为三线建设政治动员口号有效建构了青年的身份认同，充分尊重了青年的主体性，极大激发了青年的政治效能，其与青年群体特征的叠加合力是促成三线建设成就的重要力量。⑤

三、结论：在"社会史热"中找到学科定位

本年度当代中国社会史研究大有各领域积极参与之势，成为"社会史热"的聚集地。目前，主要有三股力量在参与当代中国社会史研究。一是历史学一脉。从国史的学科发展历史和现实来看，国史作为"史"的学术属性已经取得共识。⑥ 社会史的研究也从中国近现代史延续至当代。例如山西大学中国社会史研究中心、南开大学历史系、四川大学历史系、天津社会科学院等，这些机构的成果以区域社会史研究为多，善于挖掘地方史料，史料功底扎实，具有社会史深耕的特点。二是马克思主义理论专业，近年来各高校、研究机构的马克思主义学院都在广纳贤才，其中不乏历史学专业的学者，这些学者大多从中国近现代史转向当代史研究，并结合了马克思主义理论学科的特点。例如当代中国研究所、中国人民大学马克思主义学院、上海师范大学马克思主义学院等。2021年12月10日，国务院学位委员会办公室发出《博士、硕士学位授予和人才培养学科专业目录（征求意见稿）》，拟决定在法学门类下设中共

---

① 徐有威：《民间文献和小三线建设研究》，《华中师范大学学报（人文社会科学版）》2021年第1期。
② 周晓虹：《口述史作为方法：何以可能与何以可为——以新中国工业建设口述史研究为例》，《社会科学研究》2021年第5期。
③ 徐有威、张志军：《以厂带社：三线建设时期的一次改革探索》，《开放时代》2021年第5期。
④ 李德英、粟薪樾：《三线建设初期"厂社结合"模式的产生与推广》，《中共党史研究》2021年第4期。
⑤ 时昱：《青年政治动员的路径及其策略——以三线建设时期国家政治动员话语分析为例》，《西部学刊》2021年第13期；时昱：《政治动员中的国家叙事与青年选择——基于贵州三线建设亲历者口述历史调查》，《贵州社会科学》2021年第11期。
⑥ 储著武：《新时代加强中华人民共和国学科建设的思考》，《高校马克思主义理论教育研究》2021年第6期。

党史党建一级学科，现有学界意见拟将国史纳入中共党史党建一级学科之中。可见，马克思主义理论学科与国史关系之密切。三是社会学各领域在新中国成立70周年、建党100周年的时间节点，积极参与历时性研究，从社会科学的角度总结历史经验，资鉴现实。

多学科参与有助于推动当代中国社会史的发展。社会上个人观念的崛起为"社会史热"创造了条件，学者的高参与度促进了学科发展，增进了学术与社会的互动。但需要警醒的是多学科混杂的情况也难免模糊社会史本身所存在的问题和局限。当代中国社会史作为学科还不成熟，学界在理清概念、划清边界上做了一些工作，但还远远不够，学科的内涵和外延、基本的理论方法、学科架构等还需要做进一步探讨。不成熟的学科交叉，会导致社会学理论方法先行，史料功底不扎实，有"自上而下"、无"自下而上"的单线的同质性研究。社会史与普罗大众的关系最为密切，当代中国社会史更是民众亲历之历史，因而研究中的这些问题将直接导致当代中国社会史难以胜任意识形态重任。相较于以往的研究，当代中国社会史研究已经在往笃实、深入的方向发展。2021年度当代中国社会史研究的区域社会史成果更为丰富，"自上而下"与"自下而上"相结合的研究相对增多，更加注重从梳理政策实践过程中分析政策实施效果、总结历史经验，对历史实践过程的研究也更加注重全局观。

"求真"始终是史学研究的基础，在此基础上当代中国社会史研究尚需优化以下三种关系。宏观研究与微观研究：微观研究不充分会造成宏观叙事的内容残缺或内容缺乏坚实的基础支撑。史实考证类研究与理论、对策研究：理论、对策研究若是建构在不可靠史实的基础之上，所得的结论难以对现实产生良好的运用效果。作为范式、视角的"大社会"与作为研究对象的"小社会"：社会史作为范式、视角值得借鉴，但中国当代社会的各个面向的研究都还不够充分，需补白的空间还很大。从2021年度的研究热点来看，社会治理经验总结、扶贫脱贫和社会保障等领域直击时事热点，社会科学参与较多，但史学参与有限；农村治理和医疗卫生是以史学研究为主，成果较多、质量较高的研究领域；城市史研究集中于上海，其他城市的研究还很薄弱，新中国成立以来是中国城市快速发展的时期，历史学在中国当代城市史领域的缺位现象亟待改善；教育史研究大多关注的是广义的社会教育，对新中国成立以来的正式教育发展还缺乏史学探讨；环境史、社会生活史等处于起步阶段，尚需要做大量的补白工作。因此，当代中国社会史研究既需要采用"大社会"的范式、视角，更需要补白"小社会"的历史内容，积跬步以至千里。

2021年的《北大史学》集刊是"跨学科对话专号"，各领域学者对跨学科现象进行了深入解读，发人深省。张小军提出的"去学科"是一种融会贯通的高境界[1]，学者当须志存高远。学科之间虽然在思维逻辑上具有一定的一致性，但各学科还是有各自独特的理论基

---

[1] 张小军：《跨学科悖论与历史人类学》，《北大史学》第21辑，社会科学文献出版社2021年版。

础、分析方法，不是所有的跨学科研究者都能熟练掌握的，要达到"去学科"难度不小。各学科有各学科的长处和短板，更具可行性的路径或许是探索一条多学科分工合作的研究模式，各学科扬长避短。近年来，一直有"中国社会科学本土化"的呼吁，杨念群指出"社会科学"所有的命题都源自西方人对自身历史与现实的认知。[①] 因此，建构具有中国特色的学科体系、学术体系、话语体系，就当代中国社会史而言，首先要认清中国当代社会的历史和现实。当代中国社会史研究仍需明确史学本位，正如黄道炫所说："全面、准确地研究共和国史，如实书写共和国史，共和国史的研究才能有发展、进步，才能被学术界真正接纳，也才能得到社会的尊重，更重要的是，也才能真正对现实、对社会进步有所贡献。"[②] 当代中国社会史领域需要史学补白的空间还很大，又是跨学科研究的汇集地，何不以当代中国社会史为试验场，探索人文社科各领域分工合作的研究方式。史学以"人本主义"为引领，主要肩负"求真"的使命，社会科学各学科则能在史学研究的基础上，充分进行建模推导、总结规律、提炼理论。以上基于对2021年度中国社会史研究状况的思考，希望能起到抛砖引玉的效果。

（作者：当代中国研究所　李二苓）

[①] 杨念群：《中国史学引入社会科学方法的阶段性表现及其限度》，载《北大史学》第21辑，社会科学文献出版社2021年版。

[②] 黄道炫：《社会的隐没和复现：共和国史七十年》，载《北大史学》第21辑，社会科学文献出版社2021年版。

2021 年度当代中国外交史研究综述

当代中国外交史是中华人民共和国史的重要组成部分,以中国与世界的互动关系为研究对象,旨在探索当代中国外交政策与外交实践的历史进程、演变规律与历史经验。2021 年,学界对当代中国外交史展开了充分探讨,涉及外交思想、大国外交、周边外交、发展中国家外交、多边外交、公共外交等众多领域,涌现出一批高质量的研究成果,但也存在一些不容忽视的问题。

一、研究概况

2021 年,当代中国外交史研究在之前研究的基础上取得了一定进展,主要体现在出版、发表著作和学术论文的质量与研究视角均得到一定程度的提升与扩展。

(一) 著作

2021 年度,与当代中国外交史相关的著作大致可分为两类:一是从宏观层面探讨中国外交的历史进程及重要决策的通史类著作;二是针对某一具体领域或重要事件的专题性著作。

就前者而言,《中华人民共和国外交史》一书论述了新中国成立 70 年来外交领域的重要史实,再现了新中国与外部世界交往的历程与成就。[①] 该书资料准确、逻辑清晰、体系完整,且时间跨度长,有助于学界深入了解和把握新中国外交史的发展脉络。《中国共产党对外工作 100 年》一书全面介绍了中国共产党对外工作的百年发展历程和取得的辉煌成就,是对党的第一个百年对外工作理论与实践的阐述和规律性总结,充分反映了中国共产党对外工作作为党的一条重要战线、国家总体外交的重要组成部分在党和国家事业中所发挥的重要作用。[②]《战后东亚秩序》一书虽然聚焦冷战的兴起与终结给东亚地区带来的影响,但其中绝大部分内容与冷战时期的中国外交政策有关,涉及中国与美国、苏联以及欧洲国家关系的发展演变以及抗美援朝、援越抗法、日内瓦会议等重要历史事件。[③] 该书资料丰富、史实准

[①] 王巧荣:《中华人民共和国外交史》,当代中国出版社 2021 年版。
[②] 宋涛:《中国共产党对外工作 100 年》,当代中国出版社 2021 年版。
[③] 牛军:《战后东亚秩序》,世界知识出版社 2021 年版。

确、见解独到，对于深入理解冷战时期东亚国际关系史与新中国外交政策演变具有重要意义。

除外交通史类著作外，围绕某一特定领域或重要外交事件的专著也不断呈现。中美关系是当今世界上最重要、最复杂的关系。《中美关系50年：1969—2019》一书系统梳理了1969—2019年中美关系发展史，重点以尼克松、卡特、里根、老布什、克林顿、小布什、奥巴马和特朗普等任期内的中美关系为着眼点，阐释了不同时期中美关系的发展特点和演变规律。① 该书所用史料丰富，持论公允，且注重细节展现，可读性强，对于认识中美关系发展史及把握当前的中美关系具有较高的参考价值。同时，还有学者以台湾问题为切入点，以多维视角来考察中美、中日以及中日美关系。《中日美关系与台湾问题（1949—2010）》一书探讨了1949—2010年间的中日美关系与台湾问题，按时间顺序分别讨论了这期间中美关系中的台湾问题、美台关系、中日关系中的台湾问题、日台关系以及日美关系与台湾问题。② 该书视野开阔，资料翔实，深刻剖析了台湾问题对中美、中日关系的影响。与此同时，学界还以重要事件的周年纪念为契机，推出了一些专题著作。例如，2021年是中华人民共和国恢复联合国合法席位50周年，中国联合国协会的《携手之路——纪念中华人民共和国恢复联合国合法席位50周年》一书，全面回顾了我国联合国外交的历史进程以及中国为支持多边主义、推进联合国各项事业发展所作出的贡献，③ 有助于深化对中国联合国外交史的认识和理解。此外，针对中非关系、公共外交以及文化外交的研究也取得一定进展，出现了一些具有创新性的研究成果④，推动着当代中国外交史研究全面、深入发展。

除当代中国外交史研究的专门性著作外，国内权威的党史、国史著作中关于当代中国外交的论述也是重要的研究成果。例如，由《中华人民共和国简史》编写组编著的《中华人民共和国简史》一书，以六章的篇幅，全面系统地展现了中华人民共和国成立以来的历史成就，⑤ 其中几乎每章都有专节论述各时期的中国外交实践，足见其在国史研究中的重要地位。

---

① 谢国明等：《中美关系50年：1969—2019》，人民日报出版社2021年版。
② 陶文钊等：《中日美关系与台湾问题（1949—2010）》，社会科学文献出版社2021年版。
③ 中国联合国协会：《携手之路——纪念中华人民共和国恢复联合国合法席位50周年》，世界知识出版社2021年版。
④ 参见李源正《从援助到发展合作：21世纪初中非关系演进研究》，社会科学文献出版社2021年版；李德芳《中国公共外交运行机制研究》，社会科学文献出版社2021年版；张萍《政治传播过程中的外交与说服——以中苏友好协会为例的历史考察》，山东人民出版社2021年版；邢丽菊《中外人文交流概论》，世界知识出版社2021年版；杨悦《中国文化外交理念与实践》，世界知识出版社2021年版。
⑤ 《中华人民共和国简史》编写组：《中华人民共和国简史》，人民出版社、当代中国出版社2021年版。

（二）学术论文

2021年度，与当代中国史研究相关的学术论文较多，研究内容涉及外交思想、大国外交、周边外交、发展中国家、多边外交、公共外交等多个领域，尤以习近平外交思想、中美关系、周边外交为研究重点。从论文类型来看，这些论文绝大多数是期刊论文，学位论文，特别是博士学位论文较少。其中，较具代表性的博士学位论文有《中国与东盟的联合国大会投票实践研究（1991—2019）》[1]《印尼华侨华人与中印（尼）关系的曲折发展》[2]《多层外交理论视角下中韩城市外交研究》[3]《新中国成立以来中国共产党国际战略演变研究——基于中国国内因素的视角》[4]《毛泽东时代观问题研究》[5]等。

从论文期刊来源来看，2021年度有关当代中国外交史的研究成果主要刊发在《当代中国史研究》《世界历史》《史学月刊》《中共党史研究》《党的文献》《世界经济与政治》《国际问题研究》《国际观察》《太平洋学报》《美国研究》《首都师范大学学报（社会科学版）》《中山大学学报（社会科学版）》等期刊上。从作者隶属单位来看，作者分别来自北京大学、清华大学、中国人民大学、复旦大学、外交学院、中国社会科学院、中共中央党校（国家行政学院）、中国国际问题研究院等高校和科研机构。由于篇幅限制，本文将在第二部分对其中的代表性文章及观点进行评述。

（三）国家社科基金资助项目

2021年，国家社科基金立项的涉及当代中国外交史研究的重大项目有：冯仲平的"欧洲对外战略调整与中欧美关系研究"（21&ZD171）、王子昌的"东南亚藏中国南海史料文献整理与研究"（21&ZD243）、梁志的"美国对朝鲜半岛政策档案文献整理与研究（1945—2001）"（21&ZD245）等。一般项目有：王巧荣的"新中国成立以来中共国际战略思想与实践研究"（21BDJ019）、万晓宏的"美国华侨华人与中美关系互动研究（1979—2021）"（21BGJ055）、姜帆的"新中国对缅外交策略研究（1949—1966）"（21BDJ080）、凌胜利的"百年大变局下中国外交能力建设研究"（21BGJ071）等。青年项目有：刘秧的"19世纪以来涉中印边界西段争议区地图的整理与研究"（21CGJ007）、马洪喜的"美国智库视域下的中俄关系（2012—2020）"（21CGJ041）、周文星的"美国国会立法干涉台湾问题的规律、

---

[1] 魏冉：《中国与东盟的联合国大会投票实践研究（1991—2019）》，博士学位论文，外交学院，2021年。
[2] 宋灵：《印尼华侨华人与中印（尼）关系的曲折发展》，博士学位论文，华中师范大学，2021年。
[3] 许菲：《多层外交理论视角下中韩城市外交研究》，博士学位论文，吉林大学，2021年。
[4] 刘亚男：《新中国成立以来中国共产党国际战略演变研究——基于中国国内因素的视角》，博士学位论文，南京大学，2021年。
[5] 武圣强：《毛泽东时代观问题研究》，博士学位论文，中共中央党校，2021年。

风险与对策研究（1973—2021）"（21CGJ047）等。

二、主要研究领域

2021年，当代中国外交史研究主要围绕外交思想、大国外交史、周边外交史、发展中国家外交史、多边外交史、其他外交专题史等领域展开，并取得了一定的进展。

（一）外交思想研究

党和国家领导人外交思想研究一直是当代中国外交史研究的重要领域。2021年度，学界就习近平外交思想、老一辈无产阶级革命家的外交思想以及中国共产党的国际战略思想进行了深入探讨。

首先，关于习近平外交思想的研究。由中宣部和外交部编写的《习近平外交思想学习纲要》一书系统阐释了习近平外交思想的重大意义、丰富内涵、核心要义、精神实质、实践要求，全面反映了习近平新时代中国特色社会主义思想在外交领域的原创性贡献。[1] 习近平外交思想内涵丰富，学界对习近平外交思想的研究既有对其科学理论体系和主要内容的解读，也有对其核心内涵的深度剖析。

就理论体系和主要内容而言，有学者认为，习近平外交思想拥有系统、完整、科学的理论体系，它坚持实践本体论，创新了外交领域的中国化马克思主义；其内涵丰富，特别是包含了与时俱进的主权观、共同持续的全球安全观、正确的义利观、引领进步的国际体系观等核心理念，形成了一整套指导处理中国与世界关系的战略思想。[2] 与此同时，也有学者探讨了习近平外交思想中的正确义利观、新型国际关系等重要内容。有学者指出，正确义利观是习近平外交思想的重要组成部分，是以习近平同志为核心的党中央传承和转化中华优秀传统文化、弘扬和发展马克思主义外交理论、继承和总结中国外交实践经验、借鉴和扬弃国际关系规范准则的创造性理论结晶，展现了中国外交的核心价值取向，成为引领新时代中国特色大国外交实践的重要指南。[3] 新型国际关系是习近平外交思想的重要理论创新，为国际关系发展提供了新理念。有学者指出，推动建设相互尊重、公平正义、合作共赢的新型国际关系，是习近平外交思想的重要组成部分。新冠疫情凸显了当前国际体系存在的缺陷，特别是全球治理体系对新形势、新挑战的严重不适应，这对建立新型国际关系提出了迫切要求。[4] 还有学者认为，新型国际关系从伙伴关系、地缘整合与地缘合作理念、空间正义角度突破了

---

[1] 中共中央宣传部、中华人民共和国外交部：《习近平外交思想学习纲要》，人民出版社、学习出版社2021年版。
[2] 杨洁勉：《习近平外交思想理论体系探析》，《国际问题研究》2021年第2期。
[3] 吴志成、李佳轩：《习近平外交思想中的正确义利观》，《国际问题研究》2021年第3期。
[4] 徐步：《构建新型国际关系的理论内涵及时代意义》，《国际问题研究》2021年第3期。

传统地缘政治观中的主客体关系、海陆二元对抗理念、霸权扩张和地缘冲突秩序。① 与多数学者侧重于分析新型国际关系的主要内涵不同,该文从地缘政治视角出发,分析了新型国际关系对传统地缘政治观的超越,从而为理解新型国际关系这一重要思想提供了更为广泛的视角。

可见,2021年度的习近平外交思想研究坚持整体与部分的统一,既有从整体层面进行的学理阐释,也有把握重点、对其核心内涵的具体剖析,特别是在新型国际关系与正确义利观研究方面取得了显著进展,这对于深刻理解习近平外交思想的科学内涵起到了积极的推动作用。

其次,关于党和国家其他领导人外交思想的研究。学界对毛泽东外交思想的研究主要集中于"中间地带"理论、"三个世界"划分战略思想方面。"中间地带"理论是毛泽东外交思想的重要组成部分,对后来其提出"三个世界"划分战略思想产生了重要影响。有学者指出,毛泽东对"中间地带"的认识始终受到国际战略格局发展变化的影响,虽然其所指的地理范围有所变动,但始终包括亚非民族主义国家,这一思想体现了建立反帝、反霸国际统一战线的外交战略,具有重要的历史意义。② 该文系统分析了"中间地带"理论的基本内涵与发展演变,推进了毛泽东外交思想研究。此外,还有学者探讨了"中间地带"理论在外交实践中的具体运用及时代价值。例如,有学者认为,"中间地带"战略思想对于改善中日关系起到了重要的理论指导作用,中日邦交正常化是"两个中间地带"战略思想在中国对外关系中的显著外交成果。③ 还有学者指出,毛泽东同志提出的"中间地带"及后来的"三个世界"划分战略思想,为中国赢得国际支持、改革开放创造了良好的外部条件和环境。④ 值得注意的是,该文不仅考察了"中间地带"的理论内涵与历史实践,还结合当前中美日益加剧的战略竞争形势,分析了做好争取"中间地带"工作的必要性和基本路径,具有一定的现实意义。

在邓小平外交思想研究方面,有学者指出,邓小平的外交思想内容丰富、特征鲜明,以独立自主为基本原则、以时代背景和改革开放成功经验为依托,创造性地呈现出当代中国的时代观、义利观、发展观等核心内容。⑤ 同时,也有学者考察了邓小平外交思想的民族精神、时代内涵与当代价值。作者认为,邓小平外交思想所秉持的民族精神以爱国主义为核心,其时代特色突出地体现为以发展的马克思主义为科学的行动指南,实行全方位对外开

---

① 刘雪松:《新型国际关系对传统地缘政治观的超越》,《社会科学战线》2021年第12期。
② 刘志华、胥静:《毛泽东"中间地带"理论的基本内涵和发展演变》,《党的文献》2021年第6期。
③ 吕耀东:《毛泽东"中间地带"论与中日邦交正常化》,《东北亚学刊》2021年第4期。
④ 滕建群、韦洪朗:《论"中间地带"对中美战略竞争的含义》,《和平与发展》2021年第5期。
⑤ 路顺:《中国外交史视域下的邓小平外交思想研究》,《领导科学论坛》2021年第4期。

放。邓小平外交思想是党的宝贵财富,彰显承上启下的当代价值。① 可见,学界对邓小平外交思想的研究,主要集中在其思想内涵、理论品质与时代特征等方面,并注重挖掘邓小平外交思想与习近平新时代中国特色社会主义外交思想之间的联系及其当代价值。

最后,关于中国共产党国际战略思想的研究。2021年是中国共产党成立100周年,本年度除了对领导人外交思想的专门研究外,国内学界对百年来中国共产党的世界观、国际观从长时段进行了纵向梳理。就党的世界观而言,有学者指出,党的世界观从整体上反映了党的宗旨使命、根本利益、地位作用以及对"世界是怎样的"、如何处理中国与世界的关系等基本问题的总的看法和根本观点,其深刻影响着中国对外交往的战略布局和具体展开。② 该文分析了党的世界观的发展阶段、鲜明特点以及重要贡献,有助于深化对这一重要问题的认识。就党的国际观而言,有学者认为,中国共产党领导人毛泽东、邓小平、江泽民、胡锦涛和习近平立足国情与世情,分别提出国际政治格局观、和平与发展的时代主题观、公正合理的国际新秩序观、和谐世界的国际新主张和人类命运共同体新理念,是指导中国进行国际交往、处理国际事务和构建国际秩序的科学纲领。③ 虽然学者对百年来中国共产党人国际战略思想的研究角度不同,但一致认为,坚持马克思主义基本原理同中国实际相结合,坚持与时俱进,一切从实际出发是中国共产党国际战略思想的一贯理论品质。

总之,2021年的外交思想研究既有基于宏观视野的理论体系探讨,也有对其思想内涵的具体阐述,同时注重从长时段与整体角度对中国共产党国际战略思想进行系统审视,这也是2021年度外交思想研究有别于其他年份的最显著特色。

(二)大国外交史研究

大国外交史一直是当代中国外交史研究的重点,2021年度学界围绕中美关系、中俄关系、中欧关系的历史与现实展开了有益探讨。

1. 对美外交史研究

2021年是中美"乒乓外交"50周年,学界对这一外交事件对两国关系的影响及启示开展了进一步的研究。2018年美国对华掀起的贸易战对两国关系产生了严重的负面影响,2021年一些学者对特朗普政府对华政策的演变及其影响进行了深入探讨,同时此问题也带动学者对两国关系史上其他重要经贸问题开展研究,如新中国成立初期美国对华经济封锁以及中美建交初期经贸关系等问题。

---

① 卫灵:《邓小平外交思想的民族精神、时代内涵与当代价值》,《人民论坛·学术前沿》2021年第20期。
② 吴志成、李佳轩:《中国共产党世界观的百年探索与思考》,《世界经济与政治》2021年第7期。
③ 黄良奇:《中国共产党领导人的国际观及其发展逻辑》,《中国井冈山干部学院学报》2021年第4期。

作为中美关系史上的一件大事,"乒乓外交"成就了"小球转动大球"的外交佳话,为新形势下中美关系改善与发展提供了历史启示。有学者指出,"乒乓外交"蕴含着丰富的外交智慧,即"乱局中开拓新局、等待及把握时机、自我否定与突破的勇气",应充分运用"小球"里的大智慧来推动中美关系重回正轨。① 同时,也有学者从体育视角解读"乒乓外交"和中美体育交流史。作者指出:"如果50年前,在中美两国面临如此巨大的分歧时,领导人能够高瞻远瞩,通过'乒乓外交'一举打破彼此所面对的困境,共创未来,今天的中国和美国也能做到才对。"② 需要指出的是,关于"乒乓外交"的研究,以往学界多关注美国乒乓球队的访华历程,对中国乒乓球队的回访则关注较少,而该文较为详细地考察了中国队回访美国的过程,在一定程度上丰富了相关研究。与"乒乓外交"相比,发生于同一时期的中美民间科技交流合作却鲜为人知。就在美国乒乓球队访华的次月,美国科学家阿瑟·高尔斯顿和伊桑·西格纳也访问了中国,成为新中国成立以来第一批来华进行学术交流的美国学者。对此,有学者考察了两位科学家访问中国的始末,并探讨了其对中美关系产生的影响,从而加深了学界对中美科技交往以及民间交流史的认识。③ 继"乒乓外交"、中美民间科技交流之后,基辛格秘密访华,正式开启中美之间的高层往来。2021年是基辛格访华50周年,然而遗憾的是,学界在此方面的研究成果较少。

与20世纪70年代日趋密切的中美关系相比,当前的中美关系却面临一些困难。特朗普执政四年是中美关系急剧恶化的时期,虽然特朗普已经离任,但是其对华政策的负面遗产仍在一定程度上影响着美国政策制定者的对华认知与实践。因此,分析特朗普时期美国对华政策的转变历程及其影响,对于今后有效管控中美分歧、把握双方关系走向具有重要意义。有学者认为,特朗普对华政策经历了2017年交易型外交、2018—2019年战略竞争和2020年战略对抗三个阶段,特别是2020年是中美关系史上最不同寻常的一年,新冠疫情和美国大选的交织,直接推动了中美关系由战略竞争走向战略对抗。④ 该文不仅梳理了特朗普政府对华政策的演变,还分析了其政策带来的负面影响,这对于我们预判中美战略竞争可能导致的后果,进而采取战略主动措施具有一定的启示意义。

特朗普执政时期,中美贸易冲突空前加剧。对此,有学者认为,中美经贸依赖的这一"压舱石"已经发生质变,中美关系也已越过"非敌非友"的临界点。面对中美贸易摩擦的

---

① 储昭根:《"乒乓外交"的逻辑与中国外交智慧》,《人民论坛》2021年第22期。
② 徐国琦:《体育与中美关系的历史发展——纪念"乒乓外交"50周年》,《美国研究》2021年第3期。
③ 侯捷、尹晓冬:《中美民间科技交流的开启:1971年美国科学家阿瑟·高尔斯顿与伊桑·西格纳访华始末》,《中国科技史杂志》2021年第3期。
④ 吴心伯:《特朗普对中美关系的冲击与美国对华政策剖析》,《复旦学报(社会科学版)》2021年第5期。

复杂性、不确定性进一步上升的趋势,中国应区别对待中美贸易的有解冲突和无解冲突,明确自身核心利益,直面冲突,坚持深化改革开放,尤其是应以制度协调和制度开放加以应对。① 该书关于中美贸易存在有解冲突和无解冲突的观点具有一定的创新性和可操作性,不失为当下应对中美贸易冲突的一种手段。同时,也有学者认为,虽然中美经贸关系的冲突加剧,但这并没有改变中美经济具有强互补性、强互利性的本质特征,因此只要双方妥善管控分歧,加强协商谈判,仍有扩大经贸合作的可能性。② 还有学者分析了特朗普政府的对华经济政策,认为其是美国对华战略竞争的有力支撑,旨在通过经济施压来制约中国经济的发展,这为理解中美贸易冲突提供了一个独特的视角。③ 此外,特朗普执政时期,美国在台湾问题上"动作频频"。学者认为,随着中美战略竞争加剧,特朗普政府更加注重"以台制陆",在此期间美台关系迅速发展,特别是双方安全合作与军事交流取得了显著升级。④ 总之,学界普遍认为,经过特朗普冲击,中美关系很难再回到从前,战略竞争将是今后一个时期内中美关系的主旋律。

随着中美贸易摩擦的加剧,学界对两国经贸关系的关注度显著上升,有学者探讨了冷战初期美国对华经济封锁以及中美经贸关系正常化等在中美关系史上具有重要意义的事件。新中国成立后,美国对华实行贸易禁运,试图以此来遏制中国的经济发展。有学者认为,对华贸易禁运是美国全球遏制战略的重要组成部分,经历了从有限禁运到全面禁运、由单边禁运到多边国际禁运的发展过程。⑤ 与以往研究多探讨美国对华禁运政策演变不同,该文还重点论述了中国反禁运的措施,这在一定程度上推进了相关研究。《中美贸易关系协定》是中美经贸关系发展史上的一个重要文件,但目前学界对该协定的研究相对缺乏。2021年度,有学者聚焦中美建交初期的经贸关系,探讨了《中美贸易关系协定》的谈判过程及其影响,认为该协定的达成使中美双方彼此获得了最惠国待遇,在推动两国经贸关系走向正常化的同时,也为中国早期的改革开放事业发挥了积极作用。⑥ 无独有偶,有学者以美国对华经济评估为视角,探讨了卡特时期中美经贸关系正常化的具体过程,认为该进程与两国政治关系正

---

① 东艳、徐奇渊:《直面中美贸易冲突》,中国社会科学出版社2021年版。
② 宋国友:《从特朗普到拜登:中美经贸关系评估与展望》,《复旦学报(社会科学版)》2021年第5期。
③ 冯亚茹:《特朗普政府对华经济政策研究》,博士学位论文,吉林大学,2021年。
④ 汪曙申:《特朗普政府的对台政策及其影响》,《美国研究》2021年第5期;信强:《特朗普政府时期美台安全合作的变化》,《美国研究》2021年第5期。
⑤ 尤建设:《20世纪50年代美中之间禁运与反禁运的较量》,《史学月刊》2021年第8期。
⑥ 刘磊、于婷婷:《1979年〈中美贸易关系协定〉与中美经贸关系正常化》,《外国问题研究》2021年第3期。

常化的发展轨迹基本一致。① 这些研究成果深化了学界对中美经贸关系发展历程的认识，推动中美关系史研究不断深入发展。

2. 对俄外交史研究

中俄关系是当今世界上最重要的双边关系之一，是大国、邻国合作的典范。2021年是《中俄睦邻友好合作条约》签署20周年，也是中俄友好合作30周年。有学者认为，经过30年的发展，中俄伙伴关系外交逐渐形成了和平、平等和包容的特点，塑造了一种"不对抗、不结盟、不针对第三方"的平等、和平、包容的国际合作范式。② 中俄关系之所以能够快速推进并达到历史最高水平，其中一个重要原因在于《中俄睦邻友好合作条约》的签署及其所发挥的重要作用。对此，有学者指出，《中俄睦邻友好合作条约》为维护中俄世代友好和建立新型国际关系提供了强有力的法律支撑和保障，在解决两国边界问题、开展双边互利合作以及促进建立公正合理的国际新秩序方面发挥了积极作用，推动两国关系成为新型国际关系的典范。③ 该文从历史角度考察了《中俄睦邻友好合作条约》签订的历史背景、协商过程和历史意义，有助于深化对这一条约重要性的理解和认识。

在中俄高水平政治互信的引领和推动下，双方各领域合作扎实推进。在中俄科技合作方面，有学者将自新中国成立以来的中俄（苏）科技合作划分为1949—1960年的"蜜月期"、1961—1991年的停顿和调整期以及1991年至今的全面提升期三个时期，认为当前中俄科技合作呈现出多层次、宽领域、多元化、市场化等特点，双方科技互补性强，合作空间十分广阔。④ 对此，有学者表示赞同，认为中俄科技合作向纵深发展，形成了多层次、多领域、全链条的合作格局，在新一轮科技革命和产业变革深入发展的时代背景下，中俄两国应创新合作理念，重塑合作模式，优化合作路径，推动双方科技创新合作不断深入发展。⑤ 此外，还有学者考察了中俄太空合作情况，认为自冷战结束以来，中俄太空合作由浅及深，在太空技术、太空科学、太空安全等领域取得了一系列重要合作成果。《中国与俄罗斯太空合作分析》是为数不多的关于中俄太空合作的学术成果，拓宽了中俄合作的研究领域。⑥ 概言之，学者对中俄务实合作的探讨，既有从历史角度进行的梳理，也有回应现实关切的思考以及对

---

① 薛鹏程：《卡特时期中美经贸关系正常化进程的历史考察——以美国对华经济评估为视角》，《唐都学刊》2021年第2期。

② 于游、高飞：《构建新型大国关系：中俄伙伴关系外交的经验与启示》，《太平洋学报》2021年第1期。

③ 周力：《中俄关系的发展前景——20年后看〈中俄睦邻友好合作条约〉》，《俄罗斯研究》2021年第2期。

④ 李自国、李琰：《中俄科技外交与实践》，《俄罗斯学刊》2021年第4期。

⑤ 高际香：《中俄科技创新合作：模式重塑与路径选择》，《俄罗斯东欧中亚研究》2021年第3期。

⑥ 何奇松、叶妮姗：《中国与俄罗斯太空合作分析》，《俄罗斯研究》2021年第4期。

未来合作的展望，在一定程度上丰富了中俄外交史研究。

3. 对欧外交史研究

近年来，由于欧盟调整对华战略定位以及受美国因素的影响，中欧关系在波折中前进。一方面，欧盟对中国重新进行定位，即中国不仅是合作伙伴，同时也是谈判伙伴、经济竞争者和制度性对手。另一方面，随着中美战略竞争的加剧，美国成为中欧关系中最为重要的"第三方因素"。①

经贸关系是中欧关系的重要组成部分，2020年12月，中欧领导人共同宣布完成《中欧全面投资协定》谈判，这为中欧深化经贸合作注入了新的动力。然而，2021年欧盟借所谓的"人权"问题对中国发起制裁，导致中欧关系遇冷，进而影响到该协定的签署。对此，有学者认为，中国要稳步推行《中欧全面投资协定》的规定，表明自身态度；加快打造法治化、国际化、便利化营商环境；坚持以对话弥合分歧，以谈判化解争端。② 还有学者从德国华为5G政策入手，考察了欧盟的对华经济政策，认为其政策的核心目标是通过制度设计规范中国企业行为，虽然今后中欧经贸关系的竞争性或将上升，但双方经贸合作仍存在广阔的发展空间。③ 可见，学者对中欧经贸关系的研究既有宏观层面的梳理，也有对具体议题微观层面的分析，较好地展现了当前中欧经贸合作的现状。

同时，中欧之间也有广泛的共同利益和深厚的合作基础，双方在应对气候变化、推动可持续发展方面具有较为强烈的合作意愿和广阔的合作空间。有学者探讨了中欧绿色合作的发展历程，认为中欧绿色合作从发展援助起步，并从环境保护领域向外溢出，逐步深入经济和社会生活的诸多部门与领域。④ 此外，还有学者探讨了百年来中欧政党交往的历史进程，认为其历经新民主主义革命时期的探索、新中国成立后的发展与曲折、十一届三中全会后的稳步拓展以及新时代新发展四个阶段，双方政党交流的层次、内容以及成效均取得重要进展。⑤ 该文在此基础上，进一步总结了其特点与经验，为理解和深化中欧关系史研究提供了一个新视角。

除宏观上探讨中欧发展战略与合作进程以外，还有学者聚焦国别和重要事件，以微观视角考察了中国与英法两国的关系发展史。在中英关系方面，有学者探讨了中英两国在香港贸易危机问题上的博弈过程。20世纪50年代的香港贸易危机是中英关系史上的重要事件，也

---

① 王灵桂：《合作共赢　开创中欧关系新局面》，《欧洲研究》2021年第5期。
② 余淼杰、郭兰滨：《〈中欧全面投资协定〉：基础、前景和挑战》，《长安大学学报（社会科学版）》2021年第4期。
③ 马骦：《从德国华为5G政策到中欧经贸关系的嬗变》，《外交评论》2021年第4期。
④ 傅聪：《中欧绿色合作：伙伴关系的历史演进与面临的机遇挑战》，《太平洋学报》2021年第11期。
⑤ 石晓虎：《百年中欧政党交往：特点、经验与展望》，《欧洲研究》2021年第3期。

是亚洲经济冷战的缩影。作者认为，中英关系变化直接影响了香港贸易的波动。当中英两国政治摩擦大于经济诉求之时，英国就会提高对香港贸易管制，贸易危机升级；当经济动机盖过政治分歧之时，对香港贸易管制就会松动，冲突得以化解。① 该文深入揭示了冷战初期中英关系及其对港政策的实质，弥补了学界关于香港贸易危机研究的不足。就中法关系而言，有学者考察了1973—1975年中法就两国欧洲政策的磋商过程。作者认为，中法两国在是否应召开欧洲安全与合作会议上存在严重分歧，中方认为该会议是苏联以和平之名行争霸之实，而法方将其视为争取对苏态度缓和的一个步骤，鉴于双方对苏态度存在较大分歧，虽经多次磋商，但仍无法达成一致意见。② 与以往学界多关注中法建交过程不同，该文是为数不多的探讨中法建交后互动过程的学术成果。

总体而言，2021年度的大国外交史研究既有对当前大国双边关系现状的探讨，也有对双方关系发展史上重要事件的分析，特别是以重要事件的周年纪念为契机，深度挖掘史料，进一步推进了相关研究。就研究领域而言，双方经贸关系仍是大国关系研究的重点，在此基础上，学界也围绕中国与其他大国在科技、太空、绿色发展方面的合作进行了有益探讨，从而拓宽了大国外交史研究的视野。

（三）周边外交史研究

周边外交史研究是当代中国外交史研究的重点和热点领域之一，2021年延续了这一态势。总体来看，中国周边外交研究可分为两大类：一是立足整体，从宏观角度探讨中国周边外交的历史进程与现实挑战；二是着眼局部，以地区或国别视角探讨中国与周边某一地区或邻国关系的发展历程。

就前者而言，有学者认为，中国周边地区是中国与外部世界联系的桥梁和纽带，周边外交直接影响着中国的安全和发展利益。中国周边外交实践既呈现阶段性特征，也存在内在统一的逻辑，较好地促进了中国总体外交目标的实现。③ 该文不仅考察了新中国成立以来与周边国家开展友好合作的历史进程，还总结了其历史经验，对于做好新时期的中国周边外交工作具有一定的指导意义。有学者着眼于新冠疫情对中国周边外交的影响，分析了疫情暴发以来中国周边安全形势的变化，认为精准判断美国在中国周边的影响，准确把握周边国家的对华政策，是中国调整周边外交战略及应对安全挑战的重要前提。④ 还有学者聚焦中国与周边

---

① 聂励：《新中国成立初期香港贸易危机与中英关系》，《中共党史研究》2021年第2期。
② 李云逸：《1973—1975年中法就两国欧洲政策的磋商》，《首都师范大学学报（社会科学版）》2021年第2期。
③ 王巧荣：《新中国周边外交的历史逻辑论析》，《中国井冈山干部学院学报》2021年第2期。
④ 林民旺：《中国周边安全新形势与中国的应对策略》，《太平洋学报》2021年第1期。

国家的网络安全合作，认为应将网络安全合作嵌入中国周边外交议程，[①] 这一观点具有一定的前瞻性和创新性。

除了从宏观层面探讨中国周边外交实践外，针对国别及地区的研究成果也层出不穷。

其一，关于中国与东北亚国家关系的研究。近年来，由于国际形势的变化以及中日结构性矛盾的凸显，中日关系面临一些困难，尤其是百年未有之大变局与新冠疫情叠加共振，加剧了中日关系的不确定性。在这种背景下，学者积极思考中日关系的未来走向与改善路径。有学者认为，日本已经成为拜登政府的头号盟国，中日关系的首要性质或状态是战略军事对抗。[②] 然而，也有学者指出，虽然中日关系发展面临一些新挑战，但也面临历史性新机遇。中日两国应加强各领域合作、切实管控好突出敏感问题、以有效措施增进双方互信、从历史文明的高度来认识中日关系。[③] 而在促进中日关系发展路径方面，不少学者提到加强两国经贸合作与民间交流的重要性。这是因为经贸关系是中日关系的"压舱石"，保持中日经贸合作的稳步增长对于稳定两国关系具有重要意义。对此，有学者认为，中日两国承担着抗击疫情和使世界重回正常发展轨道的巨大责任，双方要努力构筑有自己特点、不受外界干扰的经贸关系。[④] 与此同时，在中日关系面临困难的情况下，深入挖掘中日关系史上的有益做法，总结其经验，或将给中日关系改善带来一定的启示意义。例如，新中国成立后积极开展对日民间外交，以民间合作的方式协助大量在华日侨回到日本。对此，有学者指出，新中国在中日尚未复交的情况下，通过民间合作协助在华日侨归国，体现了中国共产党和中国政府高瞻远瞩的政治胸怀。[⑤] 该文较为详细地考察了日侨回国协议的谈判与实施过程，并探讨了回国日侨的人数，加深了对日侨回国史及中日民间交流史的认识。

除中日关系外，关于中朝、中韩关系的研究也涌现了一些研究成果。有学者以抗美援朝时期总政治部文化部文工团越剧团的赴朝演出经历为研究主线，探讨了"戏曲外交"在抗美援朝时期的成功实践，从而丰富了中朝文化交往史以及新中国文化外交史的研究。[⑥] 与国内学者多侧重于从中国角度开展周边外交研究不同，《韩国对中国周边外交的认知研究》[⑦]一书以韩国为视角，分析了韩国政府、学界、媒体以及民众对中国周边外交的认知，描绘出

[①] 王高阳：《中国与周边国家网络安全合作：周边外交新议程》，《社会主义研究》2021年第2期。
[②] 时殷弘：《拜登美国的头号盟国：日本对华新态势》，《日本学刊》2021年第6期。
[③] 杨伯江：《以深化中日合作增加世界形势的稳定性和确定性》，《日本学刊》2021年第1期。
[④] 张宇燕：《新冠肺炎疫情影响下的全球变局与中日关系》，《日本学刊》2021年第1期。
[⑤] 徐志民：《日侨归国考——20世纪50年代中日关系一瞥》，《中山大学学报（社会科学版）》2021年第1期。
[⑥] 苏菲：《20世纪50年代中国与朝鲜的文化交往——以〈梁祝〉〈西厢记〉与〈春香传〉的跨国相遇为例》，《当代中国史研究》2021年第3期。
[⑦] 张弛：《韩国对中国周边外交的认知研究》，社会科学文献出版社2021年版。

韩国视野下中国周边外交的基本轮廓，并分析了其成因，在此基础上，进一步探讨了研究韩国对中国周边外交的认知对中国周边外交工作的启示。该书视角较为新颖，以"他者"的角度来分析"自我"，这对更好地开展中国周边外交研究具有启示意义。

其二，关于中国与南亚国家关系的研究。印度是中国在南亚地区的重要邻国，长期以来中印之间存在领土纠纷，双方边界冲突时有发生，严重制约了中印关系的发展。正如有学者所言，"边界纠纷已成为印度精英转移国内民怨、彰显印度国际影响力的手段"。作者认为，1962年的中印边境自卫反击战对印度影响巨大，深刻影响了其对华印象和认知及中印关系的总体走向。[1] 该文运用大量档案资料，深度剖析了印度对华认知及其政策的历史根源，有助于理解当前的中印关系及其发展前景。还有学者利用美国解密外交档案，分析了美国对1962年中印边界战争的反应和对策，为理解这场战争提供了一个独特的视角，进一步推进了相关研究。[2] 莫迪执政以来，中印之间先后爆发过洞朗对峙、2020年中印边界西段对峙等边界对峙事件。有学者以公共舆论为视角，分析了印度主流媒体和智库对中印边界冲突的看法及其产生的影响。[3] 诚如作者所言，舆论对国家决策具有不容小觑的影响力。长期以来，国内学界对印度主流媒体对中印边界问题的舆论动向关注不足，而该文较好地弥补了此方面的不足。

巴基斯坦是中国在南亚地区的另一重要邻国。有学者分析了1951—1965年中国对巴基斯坦实施开发援助的动因，认为中国对巴援助是在美苏夹击下开辟的新的外交道路，与中印关系恶化、美巴关系疏远以及中国外交信心增强等因素密切相关。中国对巴援助以"八项原则"为指导，不以控制受援国为目的，促进了中巴友好关系的发展。[4] 值得注意的是，该文不仅分析了中国对巴援助的动因，还探讨了这一时期美国对巴援助的原因，通过对比研究进一步加深了对中巴关系史的理解与认识。此外，还有学者考察了20世纪五六十年代中国对尼泊尔的经济技术援助情况。作者认为，这一时期中国对尼援助以改善对方经济基础设施为主要内容，以无偿赠予或无息贷款方式为主要援助方式，不附带任何条件，在一定程度上促进了尼泊尔的经济发展。[5] 该文不仅分析了中国对尼援助情况，还以美国为参照系，分析

---

[1] 孟庆龙：《印度对1962年战争的认知与对华政策走势》，《中国社会科学院研究生院学报》2021年第6期。

[2] 张瑾：《美国情报视野中的1962年中印边界战争》，《中国社会科学院研究生院学报》2021年第1期。

[3] 关培凤、万佳：《莫迪执政以来印度涉中印边界问题舆论研究》，《南亚研究季刊》2021年第3期。

[4] 叶环瑞、刘培：《中美对巴基斯坦开展援助动因探析（1951—1965）》，《南亚研究》2021年第4期。

[5] 穆阿妮：《20世纪五六十年代中美两国对尼泊尔经济技术援助的比较研究》，《当代中国史研究》2021年第6期。

了中美两国对尼援助的不同之处,丰富和深化了中尼两国关系史研究。

其三,关于中国与东南亚国家关系的研究。2021年是中国与东盟建立对话关系30周年。以此为契机,学界出现了一些总结中国—东盟合作经验、聚焦双边合作的研究成果。有学者认为,中国与东盟30年对话与合作,最为宝贵的经验是把对话作为共识的价值观、把相互尊重作为共识的文化、把开展合作作为共识的基础。[①]

在具体国别研究方面,有越南学者指出,1950—1975年,中国帮助越南培训了众多干部和学生,这些人回国后成为越南解放战争和国家建设中的中坚力量。[②]该文以人才培训为视角,考察了中越两国政府在培训越南干部方面的合作情况,进一步推进了中国援越史和中越友好关系史研究。在中老关系研究方面,有学者考察了1956—1965年中国对老挝援助政策的演变及其动因。作者认为,中国援助老挝旨在与美苏争夺影响力,以证明中国反帝反修主张的正确性,宣示中国在亚非拉世界的领导地位。[③]此外,还有学者探讨了中国与马来西亚关系的演变历程。作者认为,虽然马来西亚是最早与中国建交的东盟国家,但建交后两国关系却长期处于"悬搁"状态,其根本原因在于东南亚地区冷战格局的结构性制约。[④]需要指出的是,该文是学界为数不多的旨在探讨中马关系"悬搁"原因的成果,在一定程度上填补了相关研究空白,推动中马关系史研究深入进行。

其四,关于中国与中亚、西亚国家关系的研究。2021年度的中国与中亚国家关系研究主要围绕"一带一路"展开。有学者认为,自"一带一路"倡议提出以来,中国向中亚提供了发展援助、安全、贸易、投融资等多种类型的区域性公共产品,实现了"一带一路"同中亚发展战略的有效对接。[⑤]该文视角新颖,从区域公共产品视角出发,探讨了"一带一路"倡议在中亚地区的成果与挑战。在中阿关系研究方面,有学者考察了20世纪60年代中国和阿富汗在通航问题上的交涉过程,指出阿富汗在两国通航问题上一直持积极主动态度,而中国出于维护国家安全的考虑以及客观条件的限制,态度比较谨慎,最终导致通航一事搁浅。[⑥]该文档案资料丰富,逻辑清晰,丰富和拓展了中阿关系史的研究视野和研究内容。

---

① 张蕴岭:《中国—东盟对话30年:携手共创合作文明》,《国际问题研究》2021年第3期。
② [越南]刘文决:《1950—1975年中越两国政府在培训越南干部方面上的配合》,《南都学坛》2021年第1期。
③ 时伟通:《中国对老挝援助政策的演变及其动因(1956—1965)》,《世界历史》2021年第6期。
④ 蒋华杰:《从"悬搁"到"重启"——中国东南亚安全战略视角下的中马关系演变(1978—1989)》,《国际政治研究》2021年第5期。
⑤ 侯冠华:《区域性公共产品视角下的中国——中亚国家"一带一路"合作》,《晋阳学刊》2021年第2期。
⑥ 张安:《20世纪60年代中国对中阿通航问题的处理与中阿交涉——基于中国外交部档案的考察》,《首都师范大学学报(社会科学版)》2021年第3期。

总之，2021年，周边外交史的研究范围更加广泛，层次也更加多元，既有宏观层面的梳理，也有针对国别及地区的探讨，其中尤以日本、印度以及东南亚国家为研究重点。这既是学科发展不断深化的表现，也是因应近年来我国周边环境发生重大变化的结果。

（四）发展中国家外交史研究

2021年度，学界在中非关系、中阿关系、中拉关系研究方面取得一定的进展。

首先，在中非关系研究方面，进入21世纪以来，中非关系日益密切，实现了从援助向发展合作的转变。对于这种动向，《从援助到发展合作：21世纪初中非关系演进研究》一书探讨了中国在21世纪对非发展合作的内容、动力、特点、实施途径、典型模式以及成效、影响与挑战，具有较为重要的理论和实践意义。[①] 在中非合作进程中，中非合作论坛发挥着重要作用。2021年是中非合作论坛成立20周年，以此为契机，学界进一步强化了相关研究。有学者认为，中非合作论坛为中非双方提供了一个务实合作的平台，使中非合作变得更加机制化和经常化。在论坛的推动下，中非关系进入了快速、全面发展的时期，中非合作的领域不断拓宽，各领域的合作达到了前所未有的历史新高度。[②] 该书在总结中非合作论坛发展20年的经验基础上，深入分析了其在新的历史条件下所面临的机遇与挑战，对今后中非合作论坛的可持续发展与深化中非合作提出了有益的政策建议。此外，还有学者从政党外交的视角出发，探讨了中国共产党百年来对非洲革命和建设事业的援助。作者认为，在世界革命观的指引下，中国共产党为非洲反帝反殖反霸斗争提供了国际道义、战略思想与实际行动上的竭力支持，帮助非洲国家取得民族解放斗争的胜利；在共同发展观的指引下，中国共产党为非洲建设提供了各领域的无私援助，并以互利共赢为目标开展多种形式的中非经贸合作。[③]

其次，就中阿关系研究而言，有学者指出，党际关系是中国与阿拉伯国家关系的新领域，也是研究中阿合作的新视角。其认为，中国对阿拉伯国家的政党外交与中国对阿政府外交相互配合，党际关系促进了国家间关系，二者相得益彰，成为中国对阿拉伯国家整体外交的重要支撑。[④] 该文探讨了中国对阿拉伯国家政党外交的发展历程、主要内容与交往方式，视角新颖，有利于加深对这一外交形式的认识。此外，还有学者考察了中阿博览会这一重要的合作机制。经过10年的探索和实践，中阿博览会已成为中国与阿拉伯国家共建"一带一路"的重要平台，其丰富了中阿集体合作的内涵，为地方层面拓展国际经贸合作提供了机

[①] 李源正：《从援助到发展合作：21世纪初中非关系演进研究》，社会科学文献出版社2021年版。
[②] 张忠祥、詹世明、陶陶：《中非合作论坛20年研究》，中国社会科学出版社2021年版。
[③] 李新烽：《百年中国共产党与非洲革命和建设》，《马克思主义研究》2021年第3期。
[④] 孙德刚、武桐雨：《论中国对阿拉伯国家的政党外交》，《阿拉伯世界研究》2021年第4期。

制范例，推动地方对阿拉伯国家合作格局更加均衡有效。①

最后，在中拉关系研究方面，2021年度涌现了一批探讨双方共建"一带一路"的研究成果，② 这些成果系统分析了"一带一路"倡议在拉美地区的进展、现实与前景，对于今后更好地推进相关工作具有一定的参考价值。然而，遗憾的是，针对中拉关系发展历程、双方关系史上重要事件的研究成果较为缺乏。

（五）多边外交史研究

本年度的多边外交史研究，主要集中在中国联合国外交的发展演变、中国与上海合作组织的关系以及中国参与全球治理的历史进程等方面。

2021年是中国恢复在联合国合法席位50周年。有学者认为，中国重返联合国50年来，对联合国事务的参与不断拓展和深化，主要经历了"逐步融入""积极参与""全面合作""建设性引领"等阶段。③ 对此，有学者同样将中国参与联合国工作50年的发展历程划分为四个阶段，即学习观望期（1971—1978）、跟跑适应期（1978—2001）、主动有为期（2001—2012）、积极影响期（2012年至今），④ 但双方对各阶段的时间界定有所不同。这两篇文章不仅对中国的联合国外交进行了纵向梳理，还探讨了中国在联合国所发挥的重要作用、面临的挑战及存在的问题，并在此基础上提出了相关建议，可以说较为全面地展现了中国联合国外交50年的全貌。

虽然1971年中国才恢复在联合国的合法席位，但是新中国的联合国外交早已有之。在这方面，有学者认为，1964年中国针对港澳问题的联合国非殖民化特委会外交是新中国联合国外交的一次重要尝试。对于这一问题，中国政府立场坚定，策略灵活，最终促使联合国特委会将港澳从殖民地名单中删除。⑤ 该文视角独特，考据翔实，是对1971年以前中国联合国外交史的重要补充与完善。

与此同时，2021年也是上海合作组织（以下简称"上合组织"）成立20周年，为此不少学者探讨了上合组织成立以来在政治、安全、经济等领域所取得的重要成就以及中国在其

---

① 杨子实：《中阿博览会的起源、贡献与展望》，《西亚非洲》2021年第4期。
② 参见王飞、胡薇《中国—拉美共建"一带一路"的现状、问题与启示——基于智库研究视角》，《重庆大学学报（社会科学版）》2021年第4期；岳云霞《中拉共建"一带一路"合作：内涵、条件与前景》，《西南科技大学学报（哲学社会科学版）》2021年第6期；贺双荣、佟亚雄《中国与乌拉圭共建"一带一路"：进展、驱动因素及挑战》，《拉丁美洲研究》2021年第6期。
③ 张磊：《中国重返联合国五十年：发展历程与演进逻辑》，《国际观察》2021年第5期。
④ 杨泽伟：《中国与联合国50年：历程、贡献与未来展望》，《太平洋学报》2021年第11期。
⑤ 胡荣荣：《中国政府应对联合国非殖民化特委会讨论港澳问题的历史考察（1963—1972）》，《广东社会科学》2021年第6期。

中发挥的重要贡献。① 有学者指出，中国提出的外交倡议深刻影响了上合组织的发展，而上合组织的实践有效支撑了中国多边外交的发展和突破，推动着新时代中国多边外交不断深入发展。② 该文从多边外交视角，分析了上合组织之于中国外交的重要意义，以及中国在上合组织发展方面的引领作用，可以说是研究中国与上合组织关系的力作。

此外，还有学者考察了中国参与全球治理的历史进程，认为中国参与全球治理经历了革命外交路线下的反霸权治理、改革开放后积极融入全球治理体系、在全球治理体系中发挥建设性作用、为全球治理提供中国方案四个阶段。③ 该文以历届党代会政治报告为分析文本，继而概括出中国参与全球治理的政策主张，视角新颖、结论可靠，具有一定的创新性和参考价值。

（六）其他外交专题史研究

2021年度关于公共外交的研究也有所突破。《中国公共外交运行机制研究》一书在分析中国公共外交理念内涵、指导思想的基础上，梳理了中国公共外交兴起和发展的历程，重点探讨了中国媒体公共外交、战略沟通公共外交和文化公共外交的运行模式与实践，并从目标、主体、渠道、路径建设等方面探讨了中国公共外交的运行机制。④《政治传播过程中的外交与说服——以中苏友好协会为例的历史考察》一书，以历史档案为依据，探讨了中苏友好协会的发展历程，并将其置于外交说服的理论框架下进行政治传播意义上的分析。⑤ 该书视角独特，较好地做到了历史与现实、理论与实践的统一，丰富了中苏公共外交史研究。

随着公共外交的深入发展，日益演化出多个分支，侨务公共外交便是其中的典型代表。有学者从关系网络视角评析了中国侨务公共外交的特点、效果和局限，认为关系网络应用在侨务公共外交这个分支领域，能增强中国与华侨华人之间的联系与交流，并在一定程度上发挥华侨华人"桥接中外"的积极效应。⑥ 还有学者通过分析印尼华侨华人与中印（尼）关系曲折发展的相互影响，来获取中国发展与华侨华人居住国关系方面的经验教训，从而为中

---

① 邓浩：《上海合作组织政治合作：进展、挑战与未来路径》，《国际政治研究》2021年第3期；苏畅、李昕玮：《上海合作组织安全合作：成就、挑战与未来深化路径》，《国际政治研究》2021年第3期；闫德学：《上海合作组织经济合作：成就、启示与前景》，《国际政治研究》2021年第3期；孙壮志：《上海合作组织与新时代中国多边外交》，《世界经济与政治》2021年第2期。

② 孙壮志：《上海合作组织与新时代中国多边外交》，《世界经济与政治》2021年第2期。

③ 朱旭：《中国参与全球治理的政策主张与历史经验——基于党代会政治报告的分析》，《西安交通大学学报（社会科学版）》2021年第2期。

④ 李德芳：《中国公共外交运行机制研究》，社会科学文献出版社2021年版。

⑤ 张萍：《政治传播过程中的外交与说服——以中苏友好协会为例的历史考察》，山东人民出版社2021年版。

⑥ 周英：《关系网络视角下中国侨务公共外交评析》，《华侨华人历史研究》2021年第2期。

国侨务公共外交的开展提供借鉴。① 旅游接待是中国外事活动的重要组成部分,也是开展公共外交的重要形式。有学者考察了1956—1966年中国接待外国游客来华旅游的情况,认为,这一时期的相关接待活动存在政治与外交功能过强、经济功能弱化以及对外国游客限制较多等问题,从而影响了旅游接待的效果,但仍对当前的旅游外交具有一定的借鉴意义。② 目前,国内学界对新中国成立初期的旅游接待研究较为缺乏,该文在此方面进行了有益探索。可见,学者关于公共外交研究的视野更加开阔、范围更加广泛,并在运用相关理论阐释具体问题方面进行了有益探索。

2021年度关于文化外交的研究也取得了一些进展。《中国文化外交理念与实践:基于国别的实证研究》一书采用历史考察、文献研究和实证研究的方法,对新中国成立以来中国文化外交的理念与政策进行了梳理与分析,并辅以中国文化外交在世界主要国家实践的案例研究。作者认为,自新中国成立以来,中国文化外交理念与政策大体经历了四个阶段的嬗变,过程中既有继承,也有发展与变化,特别是改革开放至今已经形成了完整的战略布局。然而,基于国别研究的实证考察,中国文化外交在不同国家的实践存在较大差异。③ 该书是本年度为数不多的探讨中国文化外交的专著,具有较强的理论与现实意义。

三、评价与展望

2021年,当代中国外交史研究既延续传统,又与时俱进,在外交思想、大国外交、周边外交、多边外交等方面取得了积极进展,呈现出一些特点。一是新时代中国外交延续近几年当代中国外交史研究热点的态势,仍是本年度的主要研究对象;二是周边外交研究进一步深化,无论是在研究方法上,还是在研究领域上都取得不小的进展;三是多边外交取得新进展,本年度关于中国与联合国、上合组织关系的研究都有高质量的成果呈现。但与此同时,当代中国外交史研究也存在一些值得注意的问题与薄弱环节,主要表现在以下方面。

首先,研究领域不平衡。相较于外交思想、大国外交与周边外交研究,发展中国家外交研究明显不足。例如,2021年度鲜有从国别视角探讨中国与非洲、拉丁美洲、阿拉伯国家关系的研究成果,在此方面仍有许多空白领域的研究有待开展。同时,各研究领域内部也存在不平衡的问题,即使上述优势领域也不例外。例如,在外交思想研究方面,党的十八大以前的外交思想研究相对薄弱;在周边外交史研究中,中国与日本、印度等周边大国以及东南亚国家关系的研究进展较快,而在与中亚、南亚其他国家关系研究方面较为滞后。

---

① 宋灵:《印尼华侨华人与中印(尼)关系的曲折发展》,博士学位论文,华中师范大学,2021年。
② 王素君:《1956—1966年外国游客来华旅游接待研究》,《江苏大学学报(社会科学版)》2021年第1期。
③ 杨悦:《中国文化外交理念与实践》,世界知识出版社2021年版。

其次，研究史料单一化。作为当今世界上的重要大国，中国的外交实践活动，无论是双边外交还是多边外交，都在一定程度上对地区乃至世界事务产生影响，因此也都会引起相关各方的关注。目前，关于外交史研究的成果，特别是关于双边关系史的研究成果，一般较多关注本国的文献资料，而对于对象国以及第三方的文献资料关注不够。

最后，研究视野有待开拓。中外关系史的研究应该分别具有中国史、外国史和全球史的视角。中外交往的历史往往与当时的全球局势发展以及中国和目标国的局势紧密相连，全球史的角度尤为重要。[①] 虽然本年度外交史研究在研究视角方面有所突破，但仍缺乏从全球史的角度来考察中国对外关系史的研究成果。

有鉴于此，今后当代中国外交史研究可从以下几个方面加以完善。

一是因应现实关切，促进外交史学科全面发展。当前，百年变局和世纪疫情叠加交织，国际格局加速调整，中国外交面临着前所未有的机遇与挑战。在此背景下，针对我国外交工作中的重大关切问题，深入系统研究新中国成立以来的外交实践，全面总结中国外交战略发展演变的历史规律，特别是在延续大国外交、周边外交等传统优势领域研究的基础上，进一步强化对发展中国家外交与多边外交的研究，无论是对促进外交史学科全面发展而言，还是对推动新时代中国特色大国外交事业不断前进而言都具有十分重要的意义。

二是加强对外交史文献、史料的收集与整理工作。外交史研究与其他专门史研究最大的区别在于，其需要广泛收集国内外的档案与文献资料，因此史料收集整理工作的难度比较大，这也是当前外交史研究中史料单一化的主要原因之一。近年来，国外解密档案的不断涌现，信息化与大数据技术的广泛应用为史料收集整理提供了便利。为此，国内学者应抓住这一契机，深入挖掘历史素材。与此同时，国内相关机构也应积极组织集体攻关，适时开展国外档案文献的翻译与出版工作。

三是以全球视野和多元方法来进行外交史书写。中国学者应该将视域打开，"结构更全面的知识结构，将中外关系史置于更广阔的历史背景中进行考察"。[②] 与此同时，应积极借鉴外交学、国际政治学等学科的研究方法，进行多学科的对话，以更好地推动外交史学科发展。

（作者：当代中国研究所　王巧荣　张方慧）

---

① 李安山：《中非古代关系史研究四十年》，《社会科学战线》2021年第2期。
② 李安山：《中非古代关系史研究四十年》，《社会科学战线》2021年第2期。

2021年度当代中国史理论与方法研究综述

当代中国史①理论与中共党史和当代中国重大历史问题、重大现实问题有着极为密切的联系，并对当代中国史编研工作有重要指导意义。因此，不断推进当代中国史理论与方法研究，加强当代中国史学科体系建设，具有重要的学术和现实意义，是该领域研究机构及学者的共同任务和挑战。2021年是中国共产党百年大庆之年，也是全党全面开展党史学习教育之年。为庆祝中国共产党成立100周年，总结党领导国家建设、发展的伟大成就和历史经验，学习、贯彻和宣传习近平总书记有关重要讲话精神，当代中国史理论与方法研究取得显著进展。本文将从七个方面对2021年度当代中国史理论与方法研究进行综述，并对成果特征和学科发展的整体情况进行分析和评价。

一、研究成果

（一）马克思主义唯物史观相关研究

坚持和贯彻马克思主义唯物史观的指导地位是中国马克思主义史学的本质所在，这就要求当代中国史编研中要善于用马克思主义唯物史观的立场、观点和方法来分析和认识当代中国史上的重要历史问题和理论问题。近年来，学界始终强调坚持马克思主义唯物史观的重要性，并不断探索在当代中国史编研中贯彻唯物史观的方法和途径。2021年，为庆祝中国共产党成立100周年，涌现了《中国共产党简史》《中华人民共和国简史》等一大批运用唯物史观梳理、概述和总结党史、新中国史伟大征程、伟大成就的编研成果，学者也对坚持唯物史观的方法和原则进行了总结。李安增等强调，要读懂新中国史，必须坚持马克思主义唯物史观和科学方法论的指导，牢牢把握新中国史的主题与主线、主流与本质，正确认识改革开放前后两个历史时期及其关系，客观评价重大事件和历史人物，注重总结宝贵经验教训，以古知今、资政育人。②《马克思主义理论学科研究》2021年第9期特别邀请李捷等专家探讨"新中国史的科学史观、核心问题与精神传承"问题，李捷强调唯物史观是认识、把握历史

---

① "中华人民共和国史""当代中国史""中国当代史""新中国史"的概念，虽然在内涵和外延上有所区别，但在本报告中意旨一致，不作详细区分，且统一用"当代中国史"概念。
② 李安增、马付杨：《如何读懂新中国史》，《当代中国史研究》2021年第4期。

的根本方法。只有深入掌握唯物史观观察和分析历史现象、透过纷繁复杂的历史现象看本质的立场、观点和方法，才能得出正确的、合乎规律的结论。具体到新中国史，应注重从五个方面贯彻唯物史观的立场、观点和方法。一是分清新中国史的主流和本质；二是正确认识探索中的曲折和错误；三是科学评价新中国史中的历史人物；四是深刻把握党的十一届三中全会伟大历史转折的深远影响和意义；五是认清历史虚无主义的本质和危害。陈金龙也强调坚持历史唯物主义的立场，关键是要正确认识新中国历史上出现的曲折，不能因为历史发展过程中的曲折而导致历史虚无主义，而要客观分析曲折产生的原因，认清新中国历史的主流和本质。程美东则认为新中国的历史实践遵循了唯物史观的基本理论。第一，新中国成立70多年来的进步得益于生产关系的进步，即建立了社会主义制度，使生产力得到了巨大的释放。第二，中国共产党领导下的中国政府高度重视发展生产力、重视发展科学技术，才使得中国社会主义建设呈现出勃勃生机和活力，这一历史史实充分证明了生产力决定生产关系的原理。第三，中国社会主义事业的辉煌成就从总体上看是人民群众创造的。抗美援朝战争的胜利、"三大改造"的成功、社会主义建设的进步，以及改革开放事业的蓬勃发展，都突出强调了人民群众的创造性、积极性、主体性。① 在另一篇文章中，李捷同样强调坚持用唯物史观书写新中国史要准确把握新中国史的主流和本质，正确对待新中国探索的曲折失误，科学评价新中国史中的历史人物。②

2021年，有学者围绕唯物史观的几个核心问题进行了研究。如《史学理论研究》第4期以"唯物史观与五种社会形态理论"为题推出一组文章，学者认为不能以"三形态"论否定"五形态"论。其中王伟光指出，"五形态"论是人类社会历史发展的普遍规律，但普遍规律并不是否定历史发展的多样性和特殊性，不能因为多样性和特殊性的存在，就否定"五形态"论的科学性。③ 乔治忠认为，与"五形态"论不同，"三形态"说只是马克思、恩格斯在个别语境下，针对不同问题的随机阐发，并不能代替"五形态"论。④ 吕薇洲、刘海霞也强调，"五形态"论揭示了资本主义社会产生、发展及其必然被社会主义社会取代的历史必然性，不能被"三形态"说替代。⑤ 谭星指出，"三形态"说忽视了以生产力和生

---

① 李捷、陈金龙、程美东、谢丽霞：《新中国史的科学史观、核心问题与精神传承》，《马克思主义理论学科研究》2021年第9期。
② 李捷：《新中国史的叙事方式、问题把握与精神铸就》，《华南理工大学学报（社会科学版）》2021年第6期。
③ 王伟光：《立足中国社会形态演变　坚持五种社会形态理论》，《史学理论研究》2021年第4期。
④ 乔治忠：《马克思主义揭示的历史发展规律》，《史学理论研究》2021年第4期。
⑤ 吕薇洲、刘海霞：《社会形态更替的"五形态"论与"三形态"说》，《史学理论研究》2021年第4期。

产关系构成的生产方式对宏观社会性质的决定性影响,也不能精确地说明社会类型的复杂结构。① 关于中国马克思主义史学,杨艳秋回顾了马克思主义社会形态理论在中国马克思主义史学不同发展阶段的体现及特点,指出中国马克思主义者结合中国历史发展实际,提出了具有中国特色的"五种社会形态",发展了马克思主义社会形态理论。② 黄令坦分析了毛泽东史学思想的时代背景、理论渊源、实践基础和个人禀赋,其中马克思主义唯物史观和中国传统史学为其发展提供了深厚的理论渊源,而革命斗争实践、理论论战和教学实践是其形成的实践基础。③

为了在建党百年历史条件下开启全面建设社会主义现代化国家新征程、在新时代坚持和发展中国特色社会主义,党的十九届六中全会通过了《中共中央关于党的百年奋斗重大成就和历史经验的决议》(以下简称《决议》)。《决议》是运用唯物史观、大历史观总结党百年辉煌历程的集大成之作,也是对国史编研极具指导意义的重要文献。辛向阳指出《决议》体现了中国共产党珍视自己的奋斗历史,善于总结历史经验的光荣传统,是一篇以史为鉴、勇毅前行的马克思主义纲领性文献。④《治理研究》2021年第6期特邀刘伟、姜辉、张占斌专家深度解读《决议》。刘伟认为习近平新时代中国特色社会主义思想博大精深,对关系新时代党和国家事业发展的一系列重大理论和实践问题进行了深邃思考和科学判断,提出一系列原创性的治国理政新思想、新战略。《决议》以"十个明确"概括了这些战略思想和创新理念,其中重要的是习近平新时代中国特色社会主义经济思想。⑤ 姜辉指出,从党的十九大到十九届六中全会的理论进展表明了习近平新时代中国特色社会主义思想实现了对中国特色社会主义建设规律认识的新飞跃,指明了中国式现代化道路的新图景,展现了实现伟大梦想的新阶段,开辟了管党治党、兴党强党的新境界,以全新视野深化了对共产党执政规律、社会主义建设规律、人类社会发展规律的认识,开辟了马克思主义发展新境界。⑥ 张占斌指出《决议》对中国共产党百年奋斗光辉历程和成就经验进行了系统梳理和总结,强调我们坚持和发展中国特色社会主义,创造了中国式现代化道路,创造了人类文明新形态。新时代党和国家的重大历史使命就是坚持好、巩固好、完善好、发展好中国特色社会主义制度,建设社会主义现代化强国,实现中华民族伟大复兴。为此,党中央明确提出了坚持和完善中国特色社会主义制度、推进国家治理体系和治理能力现代化的重大历史任务。⑦ 祝灵君认为党的十

---

① 谭星:《"五形态"论与"三形态"说论争辨析》,《史学理论研究》2021年第4期。
② 杨艳秋:《马克思主义社会形态理论与中国史学》,《社会科学文摘》2021年第9期。
③ 黄令坦:《毛泽东史学思想形成的历史条件》,《毛泽东邓小平理论研究》2021年第4期。
④ 辛向阳:《从历史经验中汲取前行动力、明确奋斗方向》,《光明日报》2021年11月19日。
⑤ 刘伟:《马克思主义政治经济学中国化的飞跃》,《治理研究》2021年第6期。
⑥ 姜辉:《时代课题的扩展与马克思主义中国化新的飞跃》,《治理研究》2021年第6期。
⑦ 张占斌:《新时代国家治理现代化的制度体系建设》,《治理研究》2021年第6期。

九届六中全会把推进人民民主不断发展作为党百年奋斗的历史意义，把坚持人民至上作为党百年奋斗的历史经验，把积极发展全过程人民民主作为党的十八大以来政治建设的成功经验，强调党迈步在第二个百年新征程中必须发展全过程人民民主、保证人民当家作主。①

（二）习近平关于新中国史重要论述相关研究

习近平总书记的重要论述是新时代中国特色社会主义理论体系的重要组成，体现着新时代中国特色社会主义理论的思想要旨和理论精华。近年来，对习近平总书记关于党史国史重要论述的研究成为当代中国史理论学科的研究热点之一。2021年初，孙业礼指出，在我们党走过99周年的历程、即将迎来100周年诞辰之际，深入学习习近平总书记关于学习历史特别是学习党史、新中国史、改革开放史的重要论述，有着十分重要的意义。② 李正华指出，习近平总书记强调学习研究新中国史"十分必要"，它是正确认识党情国情、准确判断我们所处历史方位的需要，是准确认识和把握历史规律的需要，是敢于担当责任、积极开创未来的需要。新中国的发展历程"是一部感天动力的奋斗史诗"，新中国史充分肯定了新中国成立的伟大意义，高度概括新中国发展的历史阶段和伟大成就，特别强调改革开放的历史作用，深刻论述开创、坚持和发展中国特色社会主义的历史逻辑，科学总结坚持中国共产党领导的历史必然性。而学习研究新中国史要"坚持以马克思主义为指导"，具体要做到分清新中国史的主流和支流，历史不能割裂内在联系，正确处理改革开放前后两个历史时期的关系，评价历史人物应该放在一定的时代和社会历史条件下去进行。③ 宋月红强调"习近平关于党史、新中国史的重要论述建立在辩证唯物主义和历史唯物主义的世界观和方法论基础之上，是马克思主义论历史和历史科学的重要组成部分，是我们坚持正确历史观、梳理正确党史观的重要理论基础，是全党开展党史学习教育、全社会开展'四史'宣传教育的根本遵循"。④ 王爱云指出，习近平总书记关于"江山就是人民，人民就是江山"的重要论述揭示了中国共产党百年追求的价值目标，充分蕴含在党史国史的各个时期。⑤ 邱霞将习近平总书记关于党史国史重要论述的指导意义分为四个方面，即坚持马克思主义的党史、新中国史观，坚持历史唯物主义的人民立场，坚持辩证唯物主义的科学方法论，坚持马克思主义的现

---

① 祝灵君：《致力于发展全过程人民民主的中国共产党》，《治理研究》2021年第6期。
② 孙业礼：《学习历史思维，培养历史眼光，增强历史担当——学习习近平总书记关于学习党史、国史的重要论述》，《中共党史研究》2021年第1期。
③ 李正华：《"一部感天动地的奋斗史诗"——学习习近平总书记关于新中国史的重要论述》，《红旗文稿》2020年第15期。
④ 宋月红：《习近平总书记关于党史国史的重要论述专题研究》（主持人语），《中国井冈山干部学院学报》2021年第4期；宋月红，《树立正确党史观的根本遵循》，《前线》2021年第9期。
⑤ 王爱云：《"江山就是人民、人民就是江山"重要论述的历史实践》，《中国井冈山干部学院学报》2021年第4期。

实关怀。[1] 郭群英认为习近平确立了评价党史国史人物的基本原则,即全面、历史、辩证地看待和分析。[2] 张笑龙认为,习近平关于历史的重要论述有助于将党史、国史教育引向深入,并真正做到"以史为鉴"。[3]

习近平总书记在中国共产党成立100周年庆祝大会上发表重要讲话,即"七一"重要讲话,对中国共产党百年来的伟大成就和历史经验进行科学总结。"七一"重要讲话系统梳理了中国共产党百年征程,科学总结了各阶段的历史成就,具有理论创新性,学者对此进行了总结。石仲泉将"七一"重要讲话中的新思想、新观点总结为四个新论,即"一个主题"论、"四个伟大成就"论、"伟大建党精神"论和"四个不可阻挡"论。[4]"七一"重要讲话对国史编研工作具有重要的指导意义,为了很好地认识"七一"重要讲话的内容要义和精神内涵,《当代中国史研究》2021年第5期特别开设了"学习贯彻习近平《在庆祝中国共产党成立100周年大会上的讲话》笔谈",姜辉指出,马克思主义与中华优秀传统文化和中华文明具有内在契合性,创造性转化与创新性发展是"两个结合"的实现途径,而习近平新时代中国特色社会主义思想是实现坚持把马克思主义基本原理同中国具体实际相结合、同中华优秀传统文化相结合的典范和最新成果。[5] 朱佳木强调,习近平总书记"七一"重要讲话是科学总结党百年奋斗史的马克思主义文献,是新中国史编研事业进一步发展的重要指针。"七一"重要讲话以中华民族伟大复兴为红线,将过去100年的党史扼要划分为四个阶段,并高度凝练了四个阶段的主题主线和伟大成就,做出了"以史为鉴,开创未来"的九点论述。"七一"重要讲话涉及了复兴的关键、根本、灵魂、道路、法宝和希望。[6] 李殿仁指出,"七一"重要讲话首次提出并高度概括了伟大建党精神,他感到"坚持真理、坚守理想"是我们的旗帜和信仰,"践行初心、担当使命"是我们党奋斗的主题,"不惧牺牲、英勇奋斗"是我们党的英雄本色,"对党忠诚、不负人民"是我们共产党人应有的政治品质、崇高情怀。[7] 李正华认为,"七一"重要讲话为新中国史编研事业给予了新的更清晰的指导,

---

[1] 邱霞:《学习研究宣传党史、新中国史的历史观和方法论——习近平总书记关于党史、新中国史重要论述论析》,《马克思主义研究》2021年第2期。

[2] 郭群英:《学习习近平关于科学评价党史国史人物重要论述的几点思考》,《学校党建与思想教育》2019年第5期。

[3] 张笑龙:《习近平关于历史的重要论述对党史、国史教育的意义探析》,《宜宾学院学报》2019年第4期。

[4] 石仲泉:《五大新论:百年华诞的盛宴——学习习近平总书记在庆祝中国共产党成立100周年大会上的讲话》,《毛泽东邓小平理论研究》2021年第8期。

[5] 姜辉:《"两个结合"是马克思主义中国化的必然途径》,《当代中国史研究》2021年第5期。

[6] 朱佳木:《用习近平总书记"七一"重要讲话精神指引新中国史编研事业的进一步发展》,《当代中国史研究》2021年第5期。

[7] 李殿仁:《永远把伟大建党精神继承下去发扬光大》,《当代中国史研究》2021年第5期。

对深化新中国史研究具有重要意义,具体来说是有利于深刻理解、准确把握新中国历史的主题、进程和伟大成就,有利于深刻总结新中国的历史经验。① 宋月红指出,习近平总书记"七一"重要讲话中将创造作为党的历史发展的一大关键因素和核心要义,系统论述了伟大创造的鲜明主题、根基与灵魂、精神源泉与实践启示。② 张星星则从讲话中"必须加强中华儿女大团结"论述出发,强调应坚持和发展中国共产党领导的爱国统一战线,以铸牢中华民族共同体意识为主线,全面准确贯彻"一国两制"方针,努力寻求最大公约数、画出最大同心圆。③

(三)新中国历史发展的主题和主线、主流和本质相关研究

阐明主题和主线、主流和本质既是当代中国史编撰的内在要求,也是当代中国史研究的中心任务。2019年是中华人民共和国成立70周年,当时形成了大量新中国史编研成果,其中不乏对新中国史主题和主线、主流和本质的总结和阐释。④ 如姜辉、李正华和宋月红认为,新中国成立70年,是中国共产党不断推进马克思主义中国化、时代化和大众化,领导全国各族人民进行中国革命、社会主义建设和改革开放伟大事业的70年;是中国人民当家作主,真正掌握国家、社会和自己命运的70年;是中华民族迎来从站起来、富起来到强起来的伟大飞跃的70年;是开启社会主义现代化新征程、建设社会主义现代化强国不断取得成功的70年;是科学社会主义在东方大国大放异彩的70年。⑤

2021年又喜迎中国共产党成立100周年。在为人民谋幸福,为民族谋复兴的初心使命下,中国共产党走过了百年辉煌历程。李捷等认为,以实现中华民族伟大复兴为主线来研究新中国历史,既能呈现新中国史的三个历史阶段的总体特征,即三个历史阶段具有发展演进的历史逻辑、前后交替的内在关系、建设改革的必然联结,也能呈现三个历史阶段各自存在的独特历史价值和在整体性历史体系中的位置,呈现宏观历史研究与微观历史研究的完美结合。⑥ 宋月红强调,从党史观照新中国史,新中国史发展的主题同样是实现中华民族伟大复兴。社会主要矛盾和各个时期国家建设和发展的形势和任务决定了新中国史的主线。历史地

---

① 李正华:《深化新中国历史研究的根本遵循》,《当代中国史研究》2021年第5期。
② 宋月红:《论中国共产党百年奋斗史上的伟大创造》,《当代中国史研究》2021年第5期。
③ 张星星:《加强中华儿女大团结 汇聚民族复兴磅礴力量》,《当代中国史研究》2021年第5期。
④ 比较有代表性的研究包括姜辉、李正华、宋月红《接续推进伟大事业 不断开辟复兴道路——新中国70年的奋斗历程、辉煌成就与历史经验》,《马克思主义研究》2019年第8期;武力、李扬《解放和发展生产力:新中国七十年的主线和成就》,《中共党史研究》2019年第9期;朱佳木《新中国70年的变与不变》,《中国井冈山干部学院学报》2020年第1期。
⑤ 姜辉、李正华、宋月红:《接续推进伟大事业 不断开辟复兴道路——新中国70年的奋斗历程、辉煌成就与历史经验》,《马克思主义研究》2019年第8期。
⑥ 李捷、陈金龙、程美东、谢丽霞:《新中国史的科学史观、核心问题与精神传承》,《马克思主义理论学科研究》2021年第9期。

看，在社会主义革命和建设中，确立社会主义基本制度，推进社会主义建设，为实现中华民族伟大复兴奠定了根本政治前提和制度基础；在改革开放和社会主义现代化建设中，确立党在社会主义初级阶段的基本路线，坚定不移推进改革开放，开创、坚持、捍卫、发展中国特色社会主义，为实现中华民族伟大复兴提供了充满新的活力的体制保证和快速发展的物质条件；在中国特色社会主义新时代中，坚持和加强党的全面领导，统筹推进"五位一体"总体布局、协调推进"四个全面"战略布局，坚持和完善中国特色社会主义制度、推进国家治理体系和治理能力现代化，全面建成小康社会，为实现中华民族伟大复兴提供了更为完善的制度保证、更为坚实的物质基础、更为主动的精神力量。经过长期发展，实现中华民族伟大复兴进入了不可逆转的历史进程。① 朱佳木认为，坚持和发展社会主义，全力以赴建设工业化、现代化国家，坚定不移维护自身权益和争取世界和平，构成了新中国新长征路的三条主线。②

（四）当代中国史重大理论问题相关研究

除了主题和主线、主流和本质问题，当代中国史编研中还要处理好历史分期、改革开放前后历史时期关系、历史挫折评价等重大理论问题，研究和阐明这些理论问题是当代中国史学科沿着正确方向不断发展的必要基础。

关于当代中国史分期问题。改革开放以来关于国史分期主要形成了四种观点，一是两个时期论，分期节点上存在粉碎"四人帮"或十一届三中全会的不同认识；二是三个时期论，即在两个时期基础上以中共十八大为节点区分出第三个时期；三是五个时期论，分期节点分别为1956年、1978年、1992年和2012年；四是六个时期论，分期节点分别是1956年、1978年、1992年、2002年和2012年。③ 2021年，围绕中华人民共和国史分期问题，学界出现了新观点。首先，官方修史中主要采用三个时期论和六个时期论。2021年出版的"四史"权威教材中的《中国共产党简史》《中华人民共和国简史》对1949年以后的历史分期与六个时期论一致，后者在六个时期论的基础上进一步区分了中共十九大前后两个时期；《中共中央关于党的百年奋斗重大成就和历史经验的决议》则将1949年新中国成立后划分为三个大的历史时期，即社会主义革命和建设时期、改革开放和社会主义现代化建设新时期、中国特色社会主义进入新时代。

其次，学者强调历史分期的原则，并与时俱进地推进分期。李捷等认为，国史分期应该

---

① 宋月红：《科学认识新中国史及其主题主线》，《新湘评论》2021年第19期。
② 朱佳木：《新中国的70年是为中华民族伟大复兴而奋斗的新长征》，《当代中国史研究》2019年第5期。
③ 参见储著武《新时代加强中华人民共和国史学科建设的思考》，《高校马克思主义理论教育研究》2021年第6期。

依据三个原则：第一，严格遵循中国共产党的两个历史决议，即党的六届七中全会通过的《关于若干历史问题的决议》和党的十一届六中全会通过的《关于建国以来党的若干历史问题的决议》，特别是后者。第二，突出中国共产党团结带领中国人民和中华民族从站起来、富起来走向强起来的主题主线。第三，彰显新中国史的学科特色。据此，作者将新中国成立70多年波澜壮阔的历史，分为三个阶段。第一阶段是社会主义革命和社会主义建设时期，主要是中国人民和中华民族在中国共产党领导下实现站起来的艰辛历程。第二阶段是改革开放和社会主义现代化建设新时期，主要是在前一历史阶段奠定和提供的根本政治前提、制度基础、宝贵经验、理论准备、物质基础上，中国人民和中华民族在中国共产党领导下实现富起来的伟大历程。第三阶段是中国特色社会主义进入新时代，主要是在以习近平同志为核心的党中央坚强领导下，党和国家各项事业取得全方位开创性的历史性成就、发生深层次根本性的历史性巨变，中华民族迎来从站起来、富起来到强起来的伟大飞跃。[①] 朱佳木依据经济社会发展道路和目标模式的变化，以标志性事件为标准，修正了此前的分期，将中华人民共和国史划分为1949—1956年、1956—1978年、1978—1992年、1992—2012年和2013年以来五个时期。[②]

关于不同历史时期的关系和历史评价问题。石仲泉指出，新中国成立后进行社会主义革命和建设的29年是党对社会主义艰辛探索的29年，具有承上启下、继往开来的不可或缺和不可替代的作用。经过这29年艰辛探索，适合我国具体情况的社会主义基本制度立起来了，这就是对这段历史的总体定位。社会主义革命和建设的29年既有波澜壮阔的凯歌行进，也有狂风暴雨的曲折挫折。对此，我们要顺应历史的辩证法，自觉把握历史的辩证法，坚持"两点论"，反对"一点论"；坚持全面性，反对片面性；坚持认知历史的复杂性、曲折性，反对将历史直线化、简单化、极端化。[③]

关于改革开放史的编研问题。2018年纪念改革开放40周年以来，对改革开放史及其编研问题的研究就是当代中国史理论研究的一个热点话题。2021年继续出现新的研究成果。陈金龙指出学习改革开放史，应明确改革开放发生的原因、理清改革开放演进的过程、总结改革开放取得的成就、揭示改革开放蕴含的经验。他进一步认为，改革开放的发生是国内和国际、党和人民、中央与地方、理论与实践多种因素交互作用的结果；改革开放的历史进程又可分为起步和全面展开、稳步推进、深化拓展、全面深化改革与全方位扩大对外开放四个时期。而总结改革开放成就可从"两大奇迹"或经济、政治、文化、社会、生态、国防、

---

① 李捷、陈金龙、程美东、谢丽霞：《新中国史的科学史观、核心问题与精神传承》，《马克思主义理论学科研究》2021年第9期。
② 朱佳木：《再谈国史分期问题》，《当代中国史研究》2021年第2期。
③ 石仲泉：《百年华诞与党对社会主义的艰辛探索》，《毛泽东邓小平理论研究》2021年第2期。

外交、党的建设等领域展开，也可置于中华民族发展史、中国共产党史、中华人民共和国史、世界社会主义发展史、人类文明发展史的坐标下来评价。最后，在总结和揭示改革开放的历史经验方面，既应基于改革开放实践从一般中国经验层面进行总结，又可从坚守、协调、包容、创新、务实等中国智慧的维度进行总结。①

（五）构建当代中国史学科体系、话语体系相关研究

统一学科命名、明确学科属性是学科得以构建和发展的必要前提。但直到今天，当代中国史学科的名称和属性问题还没有确定，这是亟待理论研究者解决的重大问题。2021年，储著武系统梳理了"中华人民共和国史"的命名，发现出现过或正被使用的指代用法就有13种之多，这些用法可以归纳为"建国以来""中华人民共和国史""当代中国史""新中国史""国史"五类。在梳理分析五类用法的基础上，储著武指出2点意见，即"1. 宣传思想部门、社科研究机构与高等学校尽快就以上用法的内涵与外延展开讨论。2. 建议使用'中华人民共和国史'的学科名称。作为学科名称，既不能因为'中国当代史（或当代中国史）'的涵容性强就采用，也不能因为新中国史在当下政治文献中的热度就跟风改变，而是要立足于学科建设的历史与学科发展的实际来定"。②

学科归属是另一个亟待讨论和解决的问题。解决这个问题的难点之一是当代中国史学科本身的跨学科特性。宋月红就曾指出国史研究是一门综合性学科，既属于马克思主义理论学科，又属于历史学和政治学，是这三种学科的集成和融合。③ 2021年12月，国务院学位委员会下发了《博士、硕士学位授予和人才培养学科专业目录（征求意见稿）》，对新形势下学科专业目录进行了修订。其中，中共党史党建学科被列为一级学科，尤为学术界所瞩目。此前，有学者提出，"党史学科需要理顺与马克思主义理论、政治学、历史学三个一级学科的边界，论证自身独有的研究对象、研究内容和理论方法，把党的建设、新中国史、改革开放史、党内法规等相关学科纳入其中，构建一个富有特色、逻辑自成的一级学科体系"。④ 这里意指中华人民共和国史应该作为党史党建一级学科下的二级学科。还有学者提出设立"中国共产党历史与理论"一级学科，并建议将"中华人民共和国史作为二级学科纳入"。⑤ 可以说在设立中共党史党建一级学科的背景下，学界已经出现了将当代中国史归为此学科下的建议。储著武认为，这会打乱现有中华人民共和国史的"历史的"学科属性，并指出无

---

① 陈金龙：《阐释改革开放史的思路与视域》，《思想理论教育导刊》2021年第5期。
② 储著武：《新时代加强中华人民共和国史学科建设的思考》，《高校马克思主义理论教育研究》2021年第6期。
③ 宋月红：《重视国史研究学科属性》，《中国社会科学报·专刊》2018年1月4日。
④ 耿化敏：《党史研究前沿及未来着眼点》，《中国社会科学报》2021年1月26日。
⑤ 杨凤城：《关于中共党史学科定位与建设的若干思考》，《中共党史研究》2021年第1期。

论是从历史传统来看，还是从现实学科建设的实际来看，当代中国史学科姓"史"的学科属性依然是明确的，是中国史下的一个具体学科。①

2021年，还有学者对当代中国史学科的发展历程和经验进行了回顾和总结。储著武考察了20世纪七八十年代国史研究学术建制的发展历程，指出国史研究学术建制的发展历程大致经历了三个阶段，第一阶段，自"文革"结束至中共十一届三中全会开始前，胡乔木提出"赶快着手研究"当代中国史，中国社会科学院成了现代史研究室；第二阶段，中共十一届三中全会后到1982年底，编写《当代中国》丛书启动，中国社会科学院拟成立现代史研究所的建议未被采纳；第三阶段，1983—1990年底，以当代中国研究所成立为标志，国史研究学术建制取得实质性进展。作者还指出，学界在探索完成国史研究学术建制的十余年时间里，始终贯穿着明确的学术自觉意识。这是完成国史研究学术建制的重要思想保证。②赵庆云则考察了新中国成立后"十七年"研究的起步和初创历程，认为"共和国史与政治的深切纠葛，使得其作为历史学次学科的基本学科规范与学术品格难以得到必要保证"是当时研究发展的主要障碍和挑战。③

（六）当代中国史编研方法相关研究

当代中国史编研方法是当代中国史理论学科的一个重要研究主题。2021年，在大量成果出刊出版的同时，学界也对编研方法进行了研究。宋月红和王爱云所著《中华人民共和国史研究的理论与方法》一书系统概述了当代中国史研究兴起与发展的历程，阐明了其中的重大理论问题，以及相关史料和方法等问题，是当代中国史理论学科的权威教材。④董国强从2020年7月北京大学历史系主办的"共和国史研究的回顾与前瞻"学术研讨会的感触出发，讨论了当代中国史研究方法论的两个问题，一是"研究资料和研究手段的多样化问题"。作者指出国内相关研究机构非常重视档案资料的收集整理工作，并形成了相当规模的档案史料积累。但这些档案的记录者多为各级党政干部，因此具有高度同质化的特点，应认识到这种局限，警惕"档案拜物教"倾向，应用"新史学"视角，综合运用多种史料和跨学科方法。二是关于"访谈口述资料的采集、整理与应用问题"。作者认为，以社会史视角研究当代历史时，很多学者将口述作为重要研究手段，在运用口述时，应有明确的问题意识和内容侧重，同时做好展开长期访谈的心理准备，在访谈中鼓励讲述者按照自身记忆和关注

---

① 储著武：《新时代加强中华人民共和国史学科建设的思考》，《高校马克思主义理论教育研究》2021年第6期。
② 储著武：《20世纪七八十年代国史研究学术建制的发展历程》，《安徽史学》2021年第1期。
③ 赵庆云：《"十七年"共和国史研究的起步于初创——以近代史所为中心的考察》，《历史教学问题》2021年第1期。
④ 宋月红、王爱云：《中华人民共和国史研究的理论与方法》，当代中国出版社2021年版。

讲述亲身经历。①

口述史研究方法也是2021年当代中国史编研关注的一个重要主题。《史学理论研究》2021年第5期以"多维视域下的口述历史"为题推出一批文章。周新国回顾了中国大陆口述史发展的历史，说明了口述史工作本土化发展的趋势，并指出口述采访的三种范本，具有重要价值和意义。②左玉河指出，记忆是口述历史的核心，口述历史必须着力探究记忆的采集、保存及遗忘问题。口述历史是记忆外化、固化和物化的过程，回忆是由记忆中介唤醒记忆的过程，是对当下记忆的建构，而口述历史是矫正措置抵抗遗忘的过程。③钱茂伟和桂尚书认为口述史是公众建立文本系统的最有效途径与手段，人人口述可以获得第一手的心迹与事迹信息。口述史的出现增加了一种普通人的历史认知表达形态，开创了直接的历史研究，公众参与与史家参与是不同层次的参与。④周晓虹则以新中国工业建设口述史研究为例，讨论了口述史作为方法的原因，以及如何增进研究，讨论了如何通过个体的口头叙事及由此建构的命运共同体的集体记忆，实现对一个时代及其上所承载的宏观社会结构及其变迁的理解，还指出尽管有关历史或事件的口头叙事的主体是个人，但通过口述史研究能够激发命运共同体及其成员的认同感，建构起值得叙事的一个时代的社会与文化记忆，并实现代际间文化传承的历史任务。周晓虹的讨论范围虽然超出了当代中国史研究领域，但对口述史作为方法本身的本质和特征，以及对它的应用和影响的论述，对当代中国史中对口述史的研究和应用有重要启示作用。⑤

此外，近年来当代中国史，尤其是当代中国社会史中的跨学科倾向愈加明显，这一方面源于海外新文化史的研究取向的渗入，另一方面也是国内历史学者对当前社会科学蓬勃发展带来的生存压力的一种回应。然而，国内当代中国史编研作为尚未成熟的研究领域，并不像海外那样在历史研究的积累中自然发展出跨学科取向，更多的是将跨学科在个案中进行模仿和泛用，这就导致了对社会史本位属性的偏离现象。宋学勤、杨宗儒就指出，跨学科研究在拓展当代中国社会史广度和深度的同时，也导致学科边界渐趋模糊。漠视学科边界的存在只能造成当代中国社会史学科重心的偏移，影响学科建设。作为史学分支学科，当代中国社会史有必要在坚持史学本位的前提下跨越边界，借鉴并整合其他学科之长，实现问题意识、理论视角和技术方法的创新，但厘清和划定学科边界是保持学科独立性的重要前提，清晰的学

---

① 董国强：《中国当代史研究方法论两题》，《中共党史研究》2021年第1期。
② 周新国：《21世纪中国大陆口述史规范的三种模本》，《史学理论研究》2021年第5期。
③ 左玉河：《固化、中介与建构：口述历史视域中的记忆问题》，《史学理论研究》2021年第5期。
④ 钱茂伟、桂尚书：《口述史是当代公众史记录的基本路径》，《史学月刊》2021年第9期。
⑤ 周晓虹：《口述史作为方法：何以可能与何以可为——以新中国工业建设口述史研究为例》，《社会科学研究》2021年第5期。

科边界是实现良性学术交流与学科互鉴的重要依据。①

（七）反对和抵制历史虚无主义相关研究

历史虚无主义是当代中国极具代表性的错误社会思潮之一。由于历史虚无主义思潮具有极大的危害性，受到思想理论界、学术界的高度重视。当代中国史编研领域是历史虚无主义比较活跃的领域。2021年，学界坚持对历史虚无主义思潮进行揭露、批驳和批判，发表了不少研究成果。

在历史虚无主义的本质和表征方面。刘亚男和王振波指出，历史虚无主义作为一种意识形态样态集中指向历史和人民的"四个选择"，全面解构了中国共产党、马克思主义、社会主义道路和改革开放这些关涉中国发展的重大命题，蕴含着从"认知—解释"到"价值—信仰"再到"目标—策略"的意识形态解释逻辑。②沈江平指出，历史虚无主义经历了从哲学思潮走向政治思潮的转变，实质上是一种唯心主义历史观。该思潮采取非此即彼的二元对立分析架构，采取以主观代替客观、以细节代替整体、以解构代替发展的逻辑路径，形而上学地看待历史，否弃历史辩证法和人类社会历史发展一般规律。③汪亭友和吴深林指出，历史虚无主义思想认识基础是历史唯心论、价值虚无论。④谢晓娟和李井琦认为，历史虚无主义思潮以"重新评价""寻找真相""回归学术"等为名目，从对马克思主义理论、中国近现代以来的历史、中国特色社会主义伟大实践等多个维度提出新的"主张"和"观点"，其实质就是对中国共产党的质疑和否定，是对中国特色社会主义的质疑和否定。⑤

在反对历史虚无主义的策略方面。刘金玉提出，我们必须旗帜鲜明地批判历史虚无主义，以习近平新时代中国特色社会主义思想为指导，揭露历史虚无主义的政治意图，洞悉历史虚无主义的历史逻辑，溯寻历史虚无主义的发生根源，坚持党管意识形态，运用马克思主义唯物史观的思想武器正确认识历史人物、历史事实、历史进程，并以法治形式巩固批判历史虚无主义的成果，切实有效遏制历史虚无主义的传播。⑥艾淑飞则指出可以从理论、方法和价值三个维度来批判历史虚无主义。在理论维度上，要秉持历史规律论，抵制历史选择论，坚持群众史观，批驳英雄史观，肯定中国共产党的领导能力和执政地位；在方法维度

---

① 宋学勤、杨宗儒：《分野与整合：当代中国社会史学科边界再议》，《当代中国史研究》2021年第4期。

② 刘亚男、王振波：《历史虚无主义对历史和人民"四个选择"的全面解构及其治理路向》，《思想教育研究》2021年第1期。

③ 沈江平：《"历史虚无主义"的历史唯物主义批判》，《中国高校社会科学》2021年第3期。

④ 汪亭友、吴深林：《历史虚无主义的思想认识基础、理论本质及其批判》，《马克思主义理论学科研究》2021年第9期。

⑤ 谢晓娟、李井琦：《历史虚无主义批判的三重维度》，《思想政治教育研究》2021年第5期。

⑥ 刘金玉：《历史虚无主义批判的策略分析》，《思想理论教育导刊》2021年第1期。

上，克服历史虚无主义虚实相间的叙事方式、以偏概全的研究方法和主次不分的思维方式；在价值维度上，坚定马克思主义价值信仰，培育社会主义核心价值观，增强主流意识形态话语权。① 何文校指出，坚持总揽全局、靶向症结是系统精准地在每一环节驳倒历史虚无主义的关键所在。历史虚无主义"靶向批判"体系的建构具有理论解蔽、过程看护、力量支撑、物质固本四重维度，旨在打造以"零容忍"为目标的批判"全生命周期"管理格局。从理论解蔽维度看，坚持用唯物史观把牢批判这一倒置性幻象思维的"定盘星"；从过程看护维度看，坚持用互联网思维把稳阻断这一异质性舆论工具的"方向盘"；从力量支撑维度看，聚焦党和青年守好治理这一否定性话语叙事的"责任田"；从物质固本维度看，着力解决社会问题筑牢消解这一颠覆性问题隐喻的"防火墙"。② 张博和孙兆阳指出，近年来，历史虚无主义的手法包括娱乐恶搞，歪曲历史；以偏概全，遮蔽历史；搬弄是非，乱评历史；故弄玄虚，迷乱历史；应对策略。对此，反对历史虚无主义应当坚持唯物史观，巩固马克思主义的指导地位；建强思想阵地，打赢意识形态斗争主动权；坚定"四个自信"，树立高度历史自觉；抓好"四史"教育，培养崇高的历史情怀和理想信念。③

在新媒体广泛发展的信息化社会中，历史虚无主义也出现新的趋势，学者也对此进行了研究。张博指出，近年来，随着大量的揭露批判，历史虚无主义变换为更加隐蔽、更加迂回的策略手法，被称为软性历史虚无主义。软性历史虚无主义与"泛娱乐化"合流，在"大众娱乐"掩护下用"偶像明星"的套路包装历史，用"怀旧复古"的情调渲染历史，用"消遣快活"的心思恶搞历史，用"猎奇求异"的噱头演绎历史，受众群体大、扩散速度快，隐蔽性、欺骗性和迷惑性也都很强。④ 洪晓楠和王坤平也认为，历史虚无主义出现了软性历史虚无主义借助新媒介肆意弥散，沉渣泛起的现象，呈现出"数据驱动传播"渗透主体更精准、"算法黑箱现象"渗透手段更隐蔽、"信息茧房困境"渗透效力更强劲等新表征。因此，新时代要实现对软性历史虚无主义的整体解蔽与实践匡正，应当坚持增强技术赋值，筑牢智媒场域主流意识形态阵地；培育主体素养，提升智媒场域软性历史虚无主义的鉴别力和批判力；强化法规监管，科学治理智媒场域软性历史虚无主义。⑤ 郑志康也指出，近年来历史虚无主义逐渐由显性输入转向隐性渗透，其话语叙事也相应地发生柔性化转向，集中表征为话语形态杂糅化、话语主题细碎化、话语主体隐匿化、话语方式诱导化、话语视角新颖

---

① 艾淑飞：《历史虚无主义批判的三重维度》，《思想教育研究》2021年第1期。
② 何文校：《历史虚无主义"靶向批判"体系建构的四重维度》，《思想教育研究》2021年第4期。
③ 张博、孙兆阳：《廓清历史虚无主义的迷雾》，《史学理论研究》2021年第4期。
④ 张博：《警惕"娱乐包装"下的软性历史虚无主义》，《毛泽东邓小平理论研究》2021年第3期。
⑤ 洪晓楠、王坤平：《智媒时代软性历史虚无主义：表征、实质及其治理》，《思想教育研究》2021年第2期。

化。①胡博成和朱忆天指出，历史虚无主义在主流意识形态建设不断推进的背景下，其叙事方式发生了从文字向图像的转变。它主要通过"张冠李戴""移花接木""无中生有"等手法传播观点。历史虚无主义利用图像空间结构、预设目的和鉴别困难，紧抓社会热点、迎合受众猎奇心理、炮制负载特定政治价值的图像，危害形式更具隐蔽性、过程更具迷惑性、影响更具宽泛性。为全面消解历史虚无主义图像化叙事危害，要建立健全符合图像化叙事的体制机制，建立符合主流意识形态建设的图像话语体系，并辅之以三维一体的图像治理体制。②夏叶和孙旭红指出，随着新媒体技术的广泛应用，历史虚无主义利用传播形式上的"议题设置"呈现出娱乐化、迷惑性倾向，传播内容上的"话语争夺"呈现出学术化、隐匿化倾向，传播效果上的"集体动员"呈现出舆论化、扩散化倾向，对人们树立马克思主义政治信仰、建立共有精神家园和实现中国特色社会主义共同理想造成了严重危害。③

网络空间中历史虚无主义问题值得关注，尤其会对大学生思想产生恶劣影响。李辉源等指出，网络历史虚无主义表现为借助网络否定中国革命的历史必然性和正确性、借助网络巧立名目"解读"和"重构"历史、任意臧否，扰乱网络舆论生态。这种思潮具有动摇社会主义制度的思想基础、弱化唯物史观的指导地位、消解中国优秀传统文化、扰乱思想，破坏社会主义核心价值观等危害。因此，要进一步夯实马克思主义在网络意识形态领域中的主导地位；要尊重历史发展规律，强化唯物史观的主导地位；要加强网络立法，净化网络空间；要积极引领广大网络媒体弘扬社会主义核心价值观，祛除网络历史虚无主义。④姜永建和李玉珂认为，近年来，历史虚无主义思潮沉渣泛起，通过更加隐蔽的形式和手段，表达其反党反社会主义的政治诉求，更具欺骗性、迷惑性和渗透性，对当代大学生带来极大的消极影响。因此，从理论上揭露历史虚无主义的真实面目，及时采取有效对策提高大学生对历史虚无主义的抵制力，消除历史虚无主义对大学生的消极影响，成为思想政治教育工作者不得不思考和回答的问题。只有搞清这些问题，才能使大学生更好地投入建设中国特色社会主义的伟大事业中去。⑤张英和唐忠义指出，近年来由于多元思想文化的反向冲击、历史虚无主义思潮的隐蔽性和欺骗性、部分高校意识形态工作责任虚化等原因，历史虚无主义思潮在高校滋生并传播，在一定程度上消解了高校师生的政治认同，扭曲了高校师生的价值取向，削弱

---

① 郑志康：《历史虚无主义的话语转向及其应对》，《思想教育研究》2021年第3期。
② 胡博成、朱忆天：《论历史虚无主义思潮的图像化叙事转向及应对理路》，《思想教育研究》2021年第3期。
③ 夏叶、孙旭红：《历史虚无主义对新时代理想信念的侵蚀及其纠治进路——以新媒体为中心的考察》，《理论导刊》2021年第5期。
④ 李辉源、李云雀、张俊：《祛除网络历史虚无主义》，《社会科学家》2021年第5期。
⑤ 姜永建、李玉珂：《影响与决策：提高大学生对历史虚无主义的抵抗力》，《思想政治教育研究》2021年第5期。

了高校师生的文化自信，带来了非常恶劣的影响。对此，高校应打造校园思想文化高地，构建反击历史虚无主义思潮的网络阵地，推进高校教师加强"四史"学习、坚定理想信念，加强意识形态工作机制建设，从而有效抵御历史虚无主义思潮的侵蚀和挑战。①

此外，杜玥总结了中国共产党在批判历史虚无主义中凝聚共识的百年实践与经验，这一宝贵经验就是"破立并举，在坚持唯物史观中筑牢思想根基；审时度势，在占据主导地位中拨开思想迷雾；正本清源，在开展历史教育中凝聚前进伟力"②。乔茂林和刘旸指出，习近平对反对历史虚无主义有重大理论贡献，即系统阐述党史、新中国史、改革开放史和社会主义发展史的科学评价方法，从而为反对历史虚无主义提供了哲学方法。这是一个以实事求是思想路线为指导，以"三个态度"、"两个不因"、"六个不能"和"两个不能否定"为主要内容的科学理论体系。③张国义和郭斌指出，历史虚无论者运用新历史主义和建构主义等方法，妄图解构党史、新中国史、改革开放史、社会主义发展史；宣扬"客观"主义史学，妄图重评"四史"；以"现代化范式"取代"革命史范式"，妄图重构"四史"。在"四史"研究和学习中，我们应坚持历史的客观性原则，在"求真实"的基础上"求信仰"；运用历史唯物主义和唯物辩证法，把握"四史"的主题主线、主流本质；基于正确的政治立场，运用多元的观察视角，丰富"四史"的历史论述，增强反击历史虚无主义的力度和实效。④朱继东指出，党史学习教育必须旗帜鲜明反对历史虚无主义，不仅要从学术上、政治上看清其本质，更要深刻认识到我们与历史虚无主义的斗争不是学术争论，而是阶级斗争在意识形态领域的体现，本质上就是意识形态领域的一种阶级斗争，是具有许多新的历史特点的伟大斗争的重要组成部分。⑤刘兰炜和陈明凡总结了改革开放以来中国共产党反对历史虚无主义的基本经验。⑥郭昌文在马克思主义历史观视域下历史虚无主义批判研究进行了述评，对该领域的研究成果进行了很好的总结。⑦

---

① 张英、唐忠义：《高校抵御历史虚无主义思潮的策略研究》，《学校党建与思想教育》2021年第2期。
② 杜玥：《中国共产党在批判历史虚无主义中凝聚共识的百年实践与经验》，《思想教育研究》2021年第1期。
③ 乔茂林、刘旸：《习近平反对历史虚无主义的思想结构与启示》，《马克思主义与现实》2021年第1期。
④ 张国义、郭斌：《"四史"学习中的历史虚无主义批判》，《思想理论研究》2021年第6期。
⑤ 朱继东：《学习党史必须旗帜鲜明反对历史虚无主义》，《天津师范大学学报（社会科学版）》2021年第5期。
⑥ 刘兰炜、陈明凡：《改革开放以来中国共产党反对历史虚无主义的基本经验》，《社会主义核心价值观研究》2021年第5期。
⑦ 郭昌文：《马克思主义历史观视域下历史虚无主义批判研究述评》，《毛泽东邓小平理论研究》2021年第11期。

二、分析评价

（一）贯彻马克思主义唯物史观，指导当代中国史编研工作

马克思主义是在科学认识和研究人类社会历史的基础上创立和发展的，科学揭示了人类社会发展规律，为人们认识和研究历史开辟了科学道路，是"伟大的认识工具"。而坚持以马克思主义为指导，是当代中国哲学社会科学区别于其他哲学社会科学的根本标志。只有深入贯彻唯物史观观察和分析历史现象、透过纷繁复杂的历史现象看本质的立场、观点和方法，才能得出正确的、合乎规律的结论。当代中国史的编研工作也必须贯彻马克思主义唯物史观的指导地位，用唯物史观的基本立场、观点和方法来指导研究和编纂。2021年，当代中国史理论学界始终强调贯彻马克思主义唯物史观指导地位的重要意义，并指出贯彻马克思主义唯物史观指导地位的关键在于牢牢把握新中国史发展的主题与主线、主流和本质，特别强调要正确认识探索中的曲折和错误，正确认识改革开放前后两个历史时期的关系，正确认识中国特色社会主义进入新时代的历史意义。正是在正确史观的指导下，2021年形成了《中国共产党简史》《中华人民共和国简史》等一批高质量的中共党史、中华人民共和国编研成果。

《中共中央关于党的百年奋斗重大成就和历史经验的决议》是运用马克思主义唯物史观形成的、对国史编研工作具有指导意义的"马克思主义纲领性文献"。2021年学者对这一文献的宣传和解读同样是当代中国史理论贯彻马克思主义唯物史观的生动体现，学者强调该决议体现了习近平新时代中国特色社会主义思想对中国特色社会主义建设规律认识的新飞跃，提出了一系列原创性的治国理政新思想、新战略，指明了中国式现代化道路的新图景。

贯彻马克思主义唯物史观的一个重要内容就是学习习近平关于党史国史的重要论述，这也是2021年国史理论研究的热点主题之一。学者的研究说明，习近平重要论述建立在辩证唯物主义和历史唯物主义的世界观和方法论基础之上，是马克思主义论历史和历史科学的重要组成部分。学习习近平重要论述有利于认清党情国情，准确判断历史方位，正确把握历史规律，真正做到以史为鉴。中国马克思主义史学经过长久发展，取得显著成果，其中"五形态"论不能被"三形态"说替代。《中华人民共和国史研究的理论与方法》的出版为中华人民共和国史理论研究和编研工作提供了系统的指导。

（二）研究重大理论问题，反对历史虚无主义

当代中国史中的重大理论问题始终是国史理论学科的研究重点，2021年学者将这些问题的研究进一步推进，认识更加深刻，理论得到发展。国史分期是国史编纂的基础，2021年有学者将学界已有的划分标准及方法进行了系统整理，这体现了国史分期研究脉络的演进和学术积累。2021年伴随《中国共产党简史》《中华人民共和国简史》的出版，当代中国

史分期又有了新的发展，以四史权威教材《中华人民共和国简史》中的分期来看，划分为1949—1956年、1956—1978年、1978—1992年、1992—2002年、2002—2012年、2012—2017年、2017—2021年七个时期，国家发展的重大转折、重要事件是划分历史时期的主要标准，国家体制转型、重大会议、党领导集体换届是划分历史时期的主要节点。不同历史时期间的关系及评价也是2021年学者关注的重要议题，正确认识艰辛探索时期的挫折和成就已经成为学界共识。而自2018年改革开放40周年以来，关于改革开放史的编研的认识论和方法论研究也在持续推进。

研究当代中国史重大理论问题的目的之一是抵制和反对历史虚无主义。2021年学者在研究中强调历史虚无主义本质上是一种唯心主义历史观，在"重新评价""寻找真相""回归学术"的明目下，实为对中国共产党及中国特色社会主义的质疑和否定。学者还发现，在信息传播媒介高度发达的当今社会，历史虚无主义的传播形式更多、速率更快，且出现了"泛娱乐化""高技术化"的发展趋势，大学生和青年群体深受其害，应当制定相应处置策略，及时、精准地对历史虚无主义言论进行批驳和抵制，打造清朗的网络空间。

（三）讨论属性与方法，加强当代中国史学科建设

加强学科建设、话语建设是实现学术繁荣的必要基础。当代中国史学科建设严格来说起步于改革开放以后，现已初具雏形，在学术研究上有很大发展空间。近年来，伴随改革开放40周年、新中国成立70周年、中国共产党成立100周年庆祝活动的开展，产生了一大批高质量的中华人民共和国史编纂成果，极大地刺激了该领域的学术积累和学术创新。而随着党史学习教育与"四史"宣传教育的广泛展开，以及中国特色哲学社会科学"三大体系"建设的积极推进，当代中国史学科建设迎来新的发展机遇。

然而，与机遇并存的是挑战。当代中国史的学科建制还有很多根本问题亟待讨论和解决。2021年12月，中共党史党建学科列为一级学科，当代中国史是否将成为其二级学科、如何更好地成为其二级学科等问题也亟待讨论和明确。2021年学者对当代中国史学科发展进行历史回溯，强调了学科建制初期学术自觉作为建制重要思想保证的积极作用。学者还对学科命名、学科属性等学科建制的根本问题进行了梳理和概括，并指出应尽快规范对中华人民共和国史概念的使用，在学科建制过程中始终坚持当代中国史的历史属性本位，同时结合学科发展和学术创新的需要，进行学科融合的发展。此外，应全方位推进当代中国史学科建设，包括学科设置与分类、学科发展目标与要求、教学科研团队组建、教材编写出版等多方面内容。

在2021年的研究基础上，未来当代中国史理论研究，应在坚持贯彻马克思主义唯物史观指导下，做到政治性与学术性相统一，在思想宣传、学术研究、学科建设、教材编写、史

料编纂等编研工作中运用理论成果,在当代中国史"三大体系"建设中体现出继承性、民族性、原创性、时代性、系统性、专业性的特点,为构建和发展当代中国史研究的中国学派提供充足有力的理论支撑。

(作者:当代中国研究所 冯 维)

学科建设

災害化学

国史宣传教育

推动新中国史研究事业繁荣发展，不断提高研究水平，创新宣传方式，加强教育引导，激励人们坚定历史自信、增强历史主动，更好凝聚团结奋斗的精神力量，为全面建设社会主义现代化国家、全面推进中华民族伟大复兴作出新贡献，必须坚定不移用习近平新时代中国特色社会主义思想武装头脑、指导实践、推动工作，切实将其体现到新中国史研究、宣传和教育全领域各环节，贯穿于新中国史学术研究、学科建设、人才培养、教材编写、课堂教学、著作出版、成果转化等全过程各方面。

一、承国史研究职责使命

中华人民共和国史是中国共产党团结带领全国各族人民探索、开拓、发展中国特色社会主义事业，实现中华民族从站起来、富起来到强起来伟大飞跃的光辉历史。国史研究就是要真实记录、全面反映这一光辉历程，科学总结各个历史阶段各个方面建设的宝贵经验和启示，为不断开辟中国特色社会主义事业新境界、实现中华民族伟大复兴中国梦提供强大精神动力和智力支持。

党和国家一贯高度重视国史编研事业，邓小平、江泽民、胡锦涛、习近平等党和国家领导人，都对国史和国史研究作过重要论述或批示。邓小平同志多次为《当代中国人物传记》丛书题写书名。1993年初，陈云同志为当代中国研究所题写所名。1999年6月30日，江泽民同志在《当代中国》丛书暨电子版完成总结大会讲话指出，"总结历史，说明现在，探索规律，启示未来，是从事历史研究和其他研究工作的同志们的光荣而艰巨的使命"。2001年12月10日，胡锦涛同志亲自审定了《当代中国研究所2001—2004年科研规划（送审稿）》。中共十八大以来，习近平同志多次强调历史是最好的教科书，"要继续加强对党史、国史的学习，在对历史的深入思考中做好现实工作、更好走向未来，不断交出坚持和发展中国特色社会主义的合格答卷"。

当代中国研究所成立后，先后由中共中央党史领导小组、中央书记处政治指导，中国社会科学院行政代管。2011年5月12日，变更隶属关系，由中国社会科学院直接管理。

历经30多年不懈努力，当代中国研究所业已成为以马克思主义为指导、具有一流学术水平、汇聚一流科研人才的国史研究基地。目前，设有办公室、科研办公室、政治史研究

图 1　当代中国研究所正门

室、经济史研究室、文化史研究室、社会史研究室、外交史与港澳台史研究室、理论研究室 8 个机构，共有在职职工 87 人，专业技术人员 57 人。当代中国研究所主办关于中华人民共和国史的专业期刊——《当代中国史研究》（双月刊）（网址：www.ddzgs.org）和专业网站——中华人民共和国国史网（网址：www.hprc.org.cn）；主管国家一级学术社团——中华人民共和国国史学会（网址：www.hprc.org.cn/gsyj/yjjg/zggsyjxh/）；主管当代中国出版社（网址：www.ddzg.net）；在中国社会科学院研究生院设有中华人民共和国国史系，招收中国当代史专业和中共党史专业的硕士研究生和博士研究生，并设有中国史学科博士后科研流动站。

图 2　当代中国研究所所标

二、研究、编纂和出版国史

研究、编纂和出版中华人民共和国史，收集和编辑国史资料，是当代中国研究所的主要职责之一，也是当代所人的崇高使命。

《当代中国》丛书是由胡乔木倡议，中共中央书记处批准，中共中央宣传部向全国部署编写出版的大型图书，分 24 大类，共计 152 卷、210 册，堪称当代中国最权威、最具影响力及最有代表性的国史丛书。

图 3　《当代中国》丛书

《中华人民共和国史稿》是中央赋予当代中国研究所的重要任务，历时近 20 年，由中央和国家数十个部委先后三次审读并提出修改意见，已经中央审定批准于 2012 年出版前五卷本（1949—1984）。续编工作正在有条不紊地进行中。

图 4　《中华人民共和国史稿》

《新中国 70 年》是中央宣传部指导、当代中国研究所编写的一部权威新中国史基本著作，被作为党员、干部、群众学习党史、国史的重要教材。中央电视台《新闻联播》、新华社等予以报道。

《中华人民共和国史编年》是一项新中国史编纂的基础性工程，集资料性、研究性和学

图 4 – A 《新中国 70 年》出版座谈会

术性为一体，为新中国史研究和教育提供权威性资料。

《新中国社会主义发展道路 70 年》《中华人民共和国简史（1949—2019）》等新中国史基本著作和六卷本专题史，在国内外产生了重要影响，树立了新中国史研究的学术标杆，是新中国史学习教育的权威之作，成为全国干部群众学习新中国史的好教材。

当代中国研究所加强国史资料的积累，收藏有胡乔木、邓力群同志赠书 2 万余册，已建成具有了较强的专业性和学科特色的图书资料室，为新中国史研究提供了重要的资料保障。

三、重责任担当

"灭人之国，必先去其史。"国史编研不仅是一项严肃的学术研究，而且是党的意识形态工作的一部分，具有重要的护国功能。当代中国研究所本着强烈的使命意识和社会担当，牢牢把握中华人民共和国史编研的正确方向，"总结历史，说明现在，探索规律，启示未来"。在国家级重要媒体（"三报一刊"）发表关于新中国历史成就与经验、改革开放的成就与经验、中国特色社会主义、马克思主义中国化、科学社会主义等方面理论文章。

当代中国研究所发挥《当代中国史研究》的重要平台作用，将其建设成为聚焦学科发展、反映研究动态、引领研究趋势的重要马克思主义理论阵地。（详见表1）

表1　　　　　《当代中国史研究》创刊以来发表有重要影响的文章及大事记

年度	日期	内容
1994年	1月15日	经新闻出版署批准，由陈云题写刊名、当代中国研究所和中华人民共和国国史学会联合主办的《当代中国史研究》（季刊）创刊。该刊主编为田居俭，编辑部主任为刘国新。创刊号发表的主要文章有"胡乔木回忆毛泽东"编写组的《毛泽东与〈共同纲领〉的制定》，邓力群的《国史写作不应忽略的若干基本内容》等文
1994年	4月15日	《当代中国史研究》第2期发表胡乔木《在中国史学会第二次代表大会上的讲话》
1994年	7月15日	《当代中国史研究》第3期发表宋任穷《我在军委总干部部的经历》
1995年	1月25日	《当代中国史研究》第1期发表倪志福的《致中华人民共和国国史学会第二次理事会贺信》、陈慕华的《在中华人民共和国国史学会第二次理事会上的讲话》。经新闻出版署批准，该刊从本期开始改为双月刊
1995年	3月25日	《当代中国史研究》第2期发表朱镕基的《在〈胡乔木回忆毛泽东〉等书出版座谈会上的讲话》
1995年	5月25日	《当代中国史研究》第3期发表朱镕基的《康世恩与中国石油》。该刊从本期开始由万光明任主编，刘国新为副主编
1995年	7月25日	《当代中国史研究》第4期发表温厚文的《康世恩与大庆油田的开发》
1995年	9月25日	《当代中国史研究》第5期发表季龙等人在中华人民共和国部门史研讨会上的发言摘要
1995年	11月25日	《当代中国史研究》第6期发表邓力群在纪念张闻天同志95周年诞辰学术讨论会上的发言
1996年	1月25日	《当代中国史研究》第1期发表袁宝华的《赴苏联谈判的日日夜夜》
1996年	3月25日	《当代中国史研究》第2期发表高扬文的《关于中美合作开发平朔煤矿谈判的回顾》
1996年	5月25日	《当代中国史研究》第3期发表槐志福的《改革和发展必须全心全意依靠人民群众》
1996年	7月25日	《当代中国史研究》第4期发表《〈中华人民共和国史稿〉序卷引言》
1996年	9月25日	《当代中国史研究》第5期发表林蕴晖、高化民、杨胜群等人就纪念社会主义改造基本完成和《论十大关系》发表、中共八大召开40周年而作的笔谈
1996年	11月25日	《当代中国史研究》第6期发表李力安的《沿着建设有中国特色社会主义道路前进——纪念〈论十大关系〉讲话发表40周年》一文
1997年	3月25日	《当代中国史研究》第2期发表武力的《建国初期经济史研究的若干思考》一文
1997年	5月25日	《当代中国史研究》第3期发表杨尚昆的《我所知道的胡乔木》
1997年	9月25日	《当代中国史研究》第5期发表国家民委政策研究室的《加强民族区域自治理论研究，坚持和完善民族区域自治制度》一文

续表

年度	日期	内容
1997年	11月25日	《当代中国史研究》第6期发表李力安的《关于阶级分析方法的现实意义——纪念〈关于正确处理人民内部矛盾的问题〉发表40周年》一文
1998年	1月25日	《当代中国史研究》第1期发表董志凯的《国营企业对我国工业化资金积累做出的贡献和牺牲》等文
1998年	3月25日	《当代中国史研究》第2期发表有林的《学习马克思主义理论的典范——缅怀彭真同志》一文
1998年	5月25日	《当代中国史研究》第3期发表阎明复的《彭真在布加勒斯特会议上》一文
1998年	7月25日	《当代中国史研究》第4期发表田居俭的《第一代领导集体关于改进体制的探索》一文
1998年	9月25日	《当代中国史研究》第5期发表邓力群的《七千人大会到"西楼会议"》一文
1998年	11月25日	《当代中国史研究》第6期发表李力安的《深入学习邓小平理论，全面准确地理解和贯彻党的基本路线》一文
1999年	1月25日	《当代中国史研究》第1期发表李力安的《当代史研究的理论思考、政治思考和现实思考》一文
1999年	7月25日	《当代中国史研究》第4期发表《江泽民在会见〈当代中国〉丛书暨电子版完成总结大会代表时的讲话》
1999年	11月25日	《当代中国史研究》第5—6期发表本刊编辑部撰写的《中华人民共和国万岁》
2000年	1月25日	《当代中国史研究》第1期发表李铁映的《思想理论和文化宣传领域的一份宝贵遗产》一文
2000年	5月25日	《当代中国史研究》第3期发表有林等人撰写的"陈云与共和国发展"专家笔谈
2000年	7月25日	《当代中国史研究》第4期发表李力安的《努力开创国史研究工作的新局面》一文
2000年	9月25日	《当代中国史研究》第5期发表吴德的《关于粉碎"四人帮"的斗争》一文
2000年	11月25日	《当代中国史研究》第6期发表柴成文的《毛泽东、周恩来领导朝鲜作战谈判的决策轨迹》一文
2001年	1月25日	《当代中国史研究》第1期发表《李铁映在当代中国研究所干部大会上发表重要讲话》、《〈杨尚昆日记〉摘登（1954年1月1日—11月9日）》等文
2001年	5月25日	《当代中国史研究》第3期发表邓力群的《20世纪与毛泽东、毛泽东思想——在纪念毛泽东诞辰107周年座谈会上的发言》
2001年	7月25日	《当代中国史研究》第4期发表由郭洪涛、刘英、赵毅敏、刘建章等人撰写的《老党员寄语中国共产党成立80周年》

续表

年度	日期	内容
2001年	9月25日	《当代中国史研究》第5期发表由张全景、金冲及、谷安林、朱佳木等人撰写的《笔谈江泽民同志"七一"重要讲话》
2001年	11月25日	《当代中国史研究》第6期发表张海鹏的《50年来中国大陆对辛亥革命的纪念与评价》一文
2002年	1月25日	《当代中国史研究》第1期发表袁宝华的《对国民经济的艰苦调整》一文
2002年	3月25日	《当代中国史研究》第2期发表李铁映的《在当代中国研究所春节座谈会上的讲话》。该刊从本期起,主编为张启华,副主编为李文
2002年	7月25日	《当代中国史研究》第4期发表戴逸的《中国古代修史的传统及其对国史研究的重要启示》一文
2002年	9月25日	《当代中国史研究》第5期发表金冲及的《老一代革命家在中华人民共和国开国过程中的历史贡献》一文
2003年	1月25日	《当代中国史研究》第1期发表由朱佳木、谷安林、李文海等人撰写的《十六大精神学习笔谈》一文
2003年	3月25日	《当代中国史研究》第2期发表王在希的《学习十六大精神,做好对台工作》一文
2003年	7月25日	《当代中国史研究》第4期发表刘国光的《建国53年来中国宏观经济发展的若干特点——在2003年中国现代经济史年会上的讲话》
2003年	9月25日	《当代中国史研究》第5期发表朱佳木的《顾颉刚先生治学生涯的启示——在纪念顾颉刚诞辰100周年座谈会上的讲话》
2003年	11月25日	《当代中国史研究》第6期发表陈奎元的《以唯物史观为指导,大力开展国史研究——在当代中国研究所第三届国史学术年会上的讲话》
2004年	1月25日	《当代中国史研究》第1期发表逄先知的《毛泽东在领导新中国的建立和建设中给我们留下哪些遗产》一文
2004年	3月25日	《当代中国史研究》第2期发表《朱佳木等在〈当代中国史研究〉创刊十周年座谈会上讲话、发言摘登》
2004年	7月25日	《当代中国史研究》第4期发表《朱佳木等在当代中国研究所纪念邓小平诞辰100周年学术座谈会上发言摘登》
2004年	9月25日	《当代中国史研究》第5期发表王梦奎的《1980—2050年的中国现代化进程:回顾与前瞻》一文
2004年	11月25日	《当代中国史研究》第6期发表《刘云山致中华人民共和国国史学会的贺信》
2005年	3月25日	《当代中国史研究》第2期发表李正华的《论邓小平的"三农"思想对中国农村改革的重大意义》一文

续表

年度	日期	内容
2005年	5月25日	《当代中国史研究》第3期发表袁宝华的《陈云同志是我国社会主义经济建设的开创者和奠基人之一》一文
2005年	7月25日	《当代中国史研究》第4期发表《朱佳木等在当代中国研究所纪念陈云诞辰100周年学术座谈会上发言摘登》
2005年	9月25日	《当代中国史研究》第5期发表程中原的《中国的成功之路》一文
2005年	11月25日	《当代中国史研究》第6期发表陈奎元的《总结经验要实事求是、着眼大局——在第五届国史学术年会上的讲话》
2006年	1月25日	《当代中国史研究》第1期发表刘国新的《论中国新安全观的特点及其在周边关系中的运用》一文
2006年	3月25日	《当代中国史研究》第2期发表杨圣明、郝梅瑞的《关于构建和谐分配关系问题》一文
2006年	5月25日	《当代中国史研究》第3期发表陈祖武的《谈谈史学工作者的责任和素质》一文
2006年	7月25日	《当代中国史研究》第4期发表武力、温锐的《新中国收入分配制度的演变及绩效分析》一文
2006年	9月25日	《当代中国史研究》第5期发表《侯树栋等在纪念中共八大召开50周年学术座谈会上发言摘登》
2006年	11月25日	《当代中国史研究》第6期发表陈奎元的《认真学习江泽民民主政治建设思想，巩固和发展我国的社会主义事业》一文
2007年	3月25日	《当代中国史研究》第2期发表《朱佳木等在"构建社会主义和谐社会与国史研究"专题研讨会上发言摘登（之一）》
2007年	5月25日	《当代中国史研究》第3期发表《李捷等在"构建社会主义和谐社会与国史研究"专题研讨会上发言摘登（之二）》
2007年	9月25日	《当代中国史研究》第5期发表朱佳木的《紧密结合实际，把陈云研究深入持久地开展下去》一文
2007年	11月25日	《当代中国史研究》第6期发表陈奎元的《国史研究要以科学、敬谨的态度对待》一文
2008年	1月25日	《当代中国史研究》第1期发表朱佳木的《从改革开放前后两个时期的历史性质及其相互关系上认识中国特色社会主义道路的内涵》一文
2008年	9月25日	《当代中国史研究》第5期发表朱佳木的《党的十一届三中全会与中国当代史上的伟大转折》一文
2008年	11月25日	《当代中国史研究》第6期发表赵洪祝的《浙江改革开放史是中国特色社会主义的生动实践》一文

续表

年度	日期	内容
2009 年	1 月 25 日	《当代中国史研究》第 1 期发表朱佳木等的《学习贯彻胡锦涛"12·18"重要讲话笔谈》
2009 年	3 月 25 日	《当代中国史研究》第 2 期发表宋月红的《毛泽东关于西藏民主改革的认识与决策》一文
2009 年	9 月 25 日	《当代中国史研究》第 5 期发表陈奎元的《正确认识新中国 60 年，为推动国史研究做出新贡献——在国史学会第四届理事会成立大会上的讲话》，朱佳木的《新中国两个 30 年与中国特色社会主义道路》一文，刘国光的《中国特色社会主义经济运行机制的探索与创造》一文
2009 年	11 月 25 日	《当代中国史研究》第 6 期发表王伟光的《在第二届当代中国史国际高级论坛上的致辞》
2010 年	1 月 25 日	《当代中国史研究》第 1 期发表朱佳木的《对中国当代史定义、分期、主线问题的再思考》一文
2010 年	3 月 25 日	《当代中国史研究》第 2 期发表李正华的《1978 年国务院务虚会研究》一文
2011 年	1 月 25 日	《当代中国史研究》第 1 期发表李正华的《新中国乡村治理的经验与启示》一文
2011 年	3 月 25 日	《当代中国史研究》第 2 期发表俄罗斯学者瓦宁的《俄罗斯学者关于朝鲜战争历史的研究》一文
2011 年	5 月 25 日	《当代中国史研究》第 3 期发表朱佳木的《中国共产党与中华民族的伟大复兴》一文
2012 年	5 月 25 日	《当代中国史研究》第 3 期发表张星星的《新世纪以来中华人民共和国史研究的发展和成熟》一文
2012 年	9 月 25 日	《当代中国史研究》第 5 期发表冷溶的《高度重视用党史国史教育全党和人民》一文
2012 年	11 月 25 日	《当代中国史研究》第 6 期发表李捷的《基本路线的确立与中国特色社会主义道路的开辟》一文
2013 年	3 月 25 日	《当代中国史研究》第 2 期发表张启华的《正确看待改革开放前后历史的辩证关系》一文
2013 年	5 月 25 日	《当代中国史研究》第 3 期发表田居俭等的《〈中华人民共和国史稿〉笔谈》组文
2013 年	9 月 25 日	《当代中国史研究》第 5 期发表越南学者杜进森的《越南中国当代史研究的现状与展望》一文
2014 年	1 月 25 日	《当代中国史研究》第 1 期发表周新城的《邓小平关于改革思想的现实意义》一文
2014 年	5 月 25 日	《当代中国史研究》第 3 期发表储著武的《关于 20 世纪 50 年代国史研究再认识》一文
2014 年	11 月 25 日	《当代中国史研究》第 6 期发表宋月红的《陈云对起草〈关于建国以来党的若干历史问题的决议〉指导性意见的思想基础与来源》一文

续表

年度	日期	内容
2015 年	1 月 25 日	《当代中国史研究》第 1 期发表李琦的《中国梦理念对中国特色国家统一理论的贡献》一文
2015 年	9 月 25 日	《当代中国史研究》第 5 期发表邓力群的《从和平解放到离开新疆》一文
2015 年	11 月 25 日	《当代中国史研究》第 6 期发表武力的《略论"全面建设小康社会"的十年》一文
2016 年	1 月 25 日	《当代中国史研究》第 1 期发表李力安的《忆国史研究事业的开创者——邓力群同志》一文
2016 年	5 月 25 日	《当代中国史研究》第 3 期发表杨凤城等的《当代中国史研究的新趋向》组文
2016 年	7 月 25 日	《当代中国史研究》第 4 期发表周一平等的《谈谈中华人民共和国史研究的考证方法》一文
2017 年	3 月 25 日	《当代中国史研究》第 2 期发表王瑾等的《1949—1989 年〈人民日报〉对历史虚无主义的解析》一文
2017 年	5 月 25 日	《当代中国史研究》第 3 期发表李静萍的《学大寨运动期间山西农田水利建设考论》一文
2017 年	9 月 25 日	《当代中国史研究》第 4 期发表齐德学的《陈云留给我们治党治国的宝贵财富》一文
2018 年	1 月 25 日	《当代中国史研究》第 1 期发表张启华的《走进中国特色社会主义的新时代》、李正华的《新时代的深刻内涵和重大意义》等"学习宣传贯彻中共十九大精神"组文
2018 年	3 月 25 日	《当代中国史研究》第 3 期发表姜玉平的《"国防新技术协定"与中国导弹科技工业的初创》一文
2018 年	9 月 25 日	《当代中国史研究》第 5 期发表付正的《〈中国季刊〉视域下的中国经济改革与发展（1978—2002 年）》一文
2019 年	3 月 25 日	《当代中国史研究》第 2 期发表詹欣的《中国与全球核安全治理》一文
2019 年	7 月 25 日	《当代中国史研究》第 4 期发表李丹青的《中共十八大以来海外学者对中国共产党领导核心作用的积极认知与评价》一文
2019 年	9 月 25 日	《当代中国史研究》第 5 期发表姜辉的《中国社会主义 70 年对科学社会主义的重大贡献》等"庆祝中华人民共和国成立 70 周年"组文
2020 年	5 月 25 日	《当代中国史研究》第 3 期发表朱佳木的《陈云与当代中国研究所和国史编研事业》等"庆祝当代中国研究所成立 30 周年"组文
2020 年	9 月 25 日	《当代中国史研究》第 5 期发表齐德学的《英明的决策、胜利的结果、伟大的意义》等"纪念中国人民解放军抗美援朝出国作战 70 周年"组文
2020 年	11 月 25 日	《当代中国史研究》第 6 期发表谢伏瞻的《为国史写史为人民立传》一文

续表

年度	日期	内容
2021年	3月25日	《当代中国史研究》第2期发表朱佳木的《再谈国史分期问题》一文
2021年	9月25日	《当代中国史研究》第5期发表姜辉的《"两个结合"是马克思主义中国化的必然途径》一文
2021年	11月25日	《当代中国史研究》第6期发表《中华人民共和国简史》编写组的《奋斗与辉煌：从站起来、富起来到强起来》一文

积极开展新中国史宣讲，讲好中国故事，传递中国声音。专家接受媒体采访；举办展览或赴各地巡展；摄制电视文献片和网络视频；中华人民共和国史网站2009年开通，屡获殊荣；"当代中国研究"公众号每日推送重要讯息等。表2展示了当代中国电视艺术中心的成果。

表2　　　　　　　　　　　　当代中国电视艺术中心的成果

年度	日期	片名
1999年	9月	为庆祝新中国成立50周年，由中央文献研究室、中央党史研究室、当代中国研究所、中央电视台联合摄制的16集电视文献纪录片《新中国》在中央电视台一台播出。当代中国研究所在该片中的主创人员有：总策划李力安、有林，监制朱元石，策划程中原、杨凤桥。该片获得1999年全国精神文明建设"五个一工程奖"。
2000年	2月	为纪念新疆和平解放50周年，国史学会、中共新疆维吾尔自治区委员会联合摄制的12集电视连续剧《红旗漫卷西风》（原名《凯歌进新疆》）在中央电视台二台播出。本片总顾问为宋平、赛福鼎·艾则孜、倪志福，出品人为王乐泉、李力安，袁木、有林分别为顾问和监制之一。
2007年	4月20日	副所长张星星参加全国政协原副主席钱正英主持的《当代中国·水利篇》电视专题片撰稿会。
2009年	8月2日	我所与外国专家局、中央新闻纪录电影制片厂召开联合摄制的5集电视专题片《当代中国引进智力》审片会。所长朱佳木出席并讲话。外专局副局长刘延国、中央新闻纪录电影制片厂副厂长郭本敏等参加审片会。副所长张星星主持会议。
2009年	12月29日	我所与两弹一星历史研究分会、中央新闻纪录电影制片厂召开联合摄制的6集电视专题片《当代中国"两弹一星"》审片会。所长朱佳木，两弹一星历史研究分会副理事长戚庆伦、马国惠，中央新闻纪录电影制片厂制片人李鹰，我所副所长张星星、副秘书长杜蒲、第三第四研究室主任刘国新、丁明等参加审片会。

续表

年度	日期	片名
2011年	6月17日	由当代中国研究所、中华人民共和国国史学会、两弹一星历史研究分会、两弹一星历史研究专项基金管理委员会、中视李鹰影视工作室联合主办庆祝中国共产党成立90周年《当代中国两弹一星事业》文献片首映式在北京举行。中国社会科学院党组成员、副院长兼我所所长、国史学会常务副会长、《当代中国两弹一星事业》总策划和出品人朱佳木出席并致辞。原国防科工委政委伍绍祖出席会议并讲话。总后勤部原副部长周友良中将，总装备部原副部长胡世祥中将，第二炮兵原副司令杨桓中将，军事科学院原副院长钱海皓中将，第二炮兵原副政委程宝山中将，国防大学原副政委李殿仁中将，中国工程院副院长杜祥琬院士，中央党史研究室原副主任张启华，中国科学院原副院长杨柏龄等部分国家、军队部门领导，为"两弹一星"事业作出杰出贡献的研制、生产单位的领导、专家，亲历"两弹一星"工程的老同志以及热心于"两弹一星"历史研究的学者等200余人出席会议。副所长张星星主持会议。《当代中国两弹一星事业》采用大量珍贵历史镜头，分为"原子密码""春雷震寰宇""神剑巡天""国运千钧""赢来和平""神州圣火"等六集，于6月17日晚在中央电视台七台播出。
2016年	11月24日	副所长张星星出席中央电视台国际频道《当代中国反腐倡廉》审片会。
2019年	9月	《我们走在大路上》
2021年	6月	《敢教日月换新天》

当代中国出版社主要出版反映新中国史研究成果的政治、军事、人物等方面的图书、音像和电子读物，是承担出版新中国史文献资料和研究著作任务的专业机构，为推动新中国史研究、编纂和马克思主义理论阵地建设发挥了重要作用。

四、建特色智库

中华人民共和国史既是历史，也是现实。30多年来，当代中国研究所紧紧围绕党和国家中心工作，以重大理论和现实问题为主攻方向，加强战略性、全局性、综合性重大课题研究，积极建言献策，在发挥党中央和国务院"思想库""智囊团"作用方面做出了重要贡献。

资政是中央赋予当代中国研究所的重要职能。加强中国特色新型智库建设，是习近平总书记提出的明确要求，成为推动国家治理体系和治理能力现代化、增强国家软实力的重要战略。

围绕党和国家中心工作，服务大局，以新时代重大理论和现实问题为主攻方向，加强战略性、全局性、综合性重大课题研究，建立"中国共产党治国理政经验智库"，成功申请并完成一批国家社会科学基金项目、马克思主义理论研究和建设工程项目，新中国史研究更密切地服务于党和国家工作大局。

当代中国研究所一批"要报"等资政研究成果为解决现实问题献计献策，获得殊荣。连续4年被评为中国社会科学院要报先进单位。开展国情调研等项目，形成一批高质量的调研报告为领导决策提供重要参考。

积极参与全国人大、全国政协等国家立法、协商机关的政治活动，撰写议（提）案，建言献策。一些议（提）案和调研报告获得中央、地方机关的表彰。

五、培养国史研究人才

育人是新中国史工作的重要内容。既包括对新中国史科研人才的培养，也包括针对高校和中小学学生的新中国史教育。

当代中国研究所爱才、引才、育才、用才，形成了在全国具有一定影响力、结构合理的科研人才队伍。加强国史学科博士、硕士研究生学历教育和博士后流动站工作，为国史事业培养了大批高层次研究人才。参与国史教材、读本编写，为加强国史教育和培育社会主义核心价值观做出了积极贡献。

积极参与新中国史教材和读本的编撰与审定，培育青少年的理想信念和爱国主义核心价值观，塑造时代新人。如参与编撰高校中国特色社会主义理论教材、新中国史教材；参与审定教育部组织编写的中小学历史教材；参与编撰出版面向广大干部群众和海外人士的新中国史读本，如面向港澳台地区的《中华人民共和国国史十讲》《中华人民共和国国情十讲》、面向广大干部群众的《国史小丛书》等。

六、增交流互鉴

联系与协调各地区、各部门的新中国史研究工作，加强国内外新中国史交流互鉴是中央赋予当代所的另一项重要任务。

当代中国研究所着力打造中华人民共和国史学术年会和国际高级论坛学术交流品牌，发挥中华人民共和国国史学会和非实体研究中心的作用，积极搭建国内国际交流平台，增进学术交流、加强学术互鉴，共同推进国史研究、宣传和教育的深入开展。在中华人民共和国史教育方面，当代中国研究所积极参与国史教材和读本的编撰与审定，培育干部群众尤其是青少年的理想信念和社会主义核心价值观，塑造时代新人。

中华人民共和国国史学会于1992年12月成立。学会宗旨和任务是团结海内外一切从事国史研究的专家、学者和热心国史工作的人士，共同推进国史的研究、宣传和教育事业。学会先后成立了高等院校教学与研究专业委员会、两弹一星历史研究分会、农垦史研究分会、三线建设研究分会、当代科技史研究分会。

当代中国研究所始终高度重视与国际学术界的交流与合作，利用一切可能的机会，讲好中国故事、传播中国声音，让世界了解中国、让中国走向世界。

当代中国研究所成立了"陈云与当代中国"研究中心、新中国历史经验研究中心、"一国两制"史研究中心、当代中国文化建设与发展史研究中心、当代中国政治与行政制度史研究中心等非实体研究中心。

（供稿：张　新）

基本文献史料

一、经典著作编译

中共中央马克思恩格斯列宁斯大林著作编译局编译：《马克思恩格斯选集》第一卷，人民出版社 2012 年版。

中共中央马克思恩格斯列宁斯大林著作编译局编译：《马克思恩格斯选集》第二卷，人民出版社 2012 年版。

中共中央马克思恩格斯列宁斯大林著作编译局编译：《马克思恩格斯选集》第三卷，人民出版社 2012 年版。

中共中央马克思恩格斯列宁斯大林著作编译局编译：《马克思恩格斯选集》第四卷，人民出版社 2012 年版。

中共中央马克思恩格斯列宁斯大林著作编译局编译：《列宁选集》第一卷，人民出版社 2012 年版。

中共中央马克思恩格斯列宁斯大林著作编译局编译：《列宁选集》第二卷，人民出版社 2012 年版。

中共中央马克思恩格斯列宁斯大林著作编译局编译：《列宁选集》第三卷，人民出版社 2012 年版。

中共中央马克思恩格斯列宁斯大林著作编译局编译：《列宁选集》第四卷，人民出版社 2012 年版。

二、领导人著作

中共中央文献编辑委员会编：《毛泽东选集》第一卷至第四卷，人民出版社 1991 年版。
中共中央文献研究室编：《毛泽东文集》第一卷，人民出版社 1993 年版。
中共中央文献研究室编：《毛泽东文集》第二卷，人民出版社 1993 年版。
中共中央文献研究室编：《毛泽东文集》第三卷，人民出版社 1996 年版。
中共中央文献研究室编：《毛泽东文集》第四卷，人民出版社 1996 年版。
中共中央文献研究室编：《毛泽东文集》第五卷，人民出版社 1996 年版。

中共中央文献研究室编：《毛泽东文集》第五卷，人民出版社 1996 年版。
中共中央文献研究室编：《毛泽东文集》第六卷，人民出版社 1999 年版。
中共中央文献研究室编：《毛泽东文集》第七卷，人民出版社 1999 年版。
中共中央文献研究室编：《毛泽东文集》第八卷，人民出版社 1999 年版。
中共中央文献研究室编：《建国以来毛泽东文稿》第一册，中央文献出版社 1987 年版。
中共中央文献研究室编：《建国以来毛泽东文稿》第二册，中央文献出版社 1988 年版。
中共中央文献研究室编：《建国以来毛泽东文稿》第三册，中央文献出版社 1989 年版。
中共中央文献研究室编：《建国以来毛泽东文稿》第四册，中央文献出版社 1990 年版。
中共中央文献研究室编：《建国以来毛泽东文稿》第五册，中央文献出版社 1991 年版。
中共中央文献研究室编：《建国以来毛泽东文稿》第六册，中央文献出版社 1992 年版。
中共中央文献研究室编：《建国以来毛泽东文稿》第七册，中央文献出版社 1992 年版。
中共中央文献研究室编：《建国以来毛泽东文稿》第八册，中央文献出版社 1993 年版。
中共中央文献研究室编：《建国以来毛泽东文稿》第九册，中央文献出版社 1996 年版。
中共中央文献研究室编：《建国以来毛泽东文稿》第十册，中央文献出版社 1996 年版。
中共中央文献研究室编：《建国以来毛泽东文稿》第十一册，中央文献出版社 1996 年版。
中共中央文献研究室编：《建国以来毛泽东文稿》第十二册，中央文献出版社 1998 年版。
中共中央文献研究室编：《建国以来毛泽东文稿》第十三册，中央文献出版社 1998 年版。
中共中央文献研究室、中国人民解放军军事科学院编：《建国以来毛泽东军事文稿》上卷、中卷、下卷，军事科学出版社、中央文献出版社 2010 年版。
中共中央文献研究室、中国人民解放军军事科学院编：《毛泽东军事文集》全 6 卷，军事科学出版社、中央文献出版社 1993 年版。
中共中央文献研究室、国家林业局编：《毛泽东论林业》新编本，中央文献出版社 2003 年版。
中共中央文献研究室编：《毛泽东诗词集》，中央文献出版社 1996 年版。
中华人民共和国外交部、中共中央文献研究室编：《毛泽东外交文选》，中央文献出版社、世界知识出版社 1994 年版。
中共中央文献研究室、中共西藏自治区委员会、中国藏学研究中心编：《毛泽东西藏工作文选》，中央文献出版社、中国藏学出版社 2001 年版。
中共中央文献研究室、新华通讯社编：《毛泽东新闻工作文选》，新华出版社 1983

年版。

中共中央文献编辑委员会编：《周恩来选集》上卷、下卷，人民出版社1980年版。

中共中央文献研究室编：《建国以来周恩来文稿》第一册，中央文献出版社2008年版。

中共中央文献研究室编：《建国以来周恩来文稿》第二册，中央文献出版社2008年版。

中共中央文献研究室编：《建国以来周恩来文稿》第三册，中央文献出版社2008年版。

中共中央文献研究室编：《建国以来周恩来文稿》第四册，中央文献出版社2018年版。

中共中央文献研究室编：《建国以来周恩来文稿》第五册，中央文献出版社2018年版。

中共中央文献研究室编：《建国以来周恩来文稿》第六册，中央文献出版社2018年版。

中共中央文献研究室编：《建国以来周恩来文稿》第七册，中央文献出版社2018年版。

中共中央文献研究室编：《建国以来周恩来文稿》第八册，中央文献出版社2018年版。

中共中央文献研究室编：《建国以来周恩来文稿》第九册，中央文献出版社2018年版。

中共中央文献研究室编：《建国以来周恩来文稿》第十册，中央文献出版社2018年版。

中共中央文献研究室编：《建国以来周恩来文稿》第十一册，中央文献出版社2018年版。

中共中央文献研究室编：《建国以来周恩来文稿》第十二册，中央文献出版社2018年版。

中共中央文献研究室编：《建国以来周恩来文稿》第十三册，中央文献出版社2018年版。

中央教育科学研究所编：《周恩来教育文选》，教育科学出版社1984年版。

中共中央文献研究室编：《周恩来经济文选》，中央文献出版社1993年版。

中共中央文献研究室、中国人民解放军军事科学院编：《周恩来军事文选》全四卷，人民出版社1997年版。

中共中央文献研究室、国家林业局编：《周恩来论林业》，中央文献出版社1999年版。

中共中央统一战线工作部、中共中央文献研究室编：《周恩来统一战线文选》，人民出版社1984年版。

中华人民共和国外交部、中共中央文献研究室编：《周恩来外交文选》，中央文献出版社1990年版。

赵春生主编、中共中央文献研究室编：《周恩来文化文选》，中央文献出版社1998年版。

中共中央文献编辑委员会编：《刘少奇选集》上卷、下卷，人民出版社1981年版。

中共中央文献研究室、中央档案馆编：《建国以来刘少奇文稿》第一册，中央文献出版社2005年版。

中共中央文献研究室、中央档案馆编：《建国以来刘少奇文稿》第二册，中央文献出版社 2005 年版。

中共中央文献研究室、中央档案馆编：《建国以来刘少奇文稿》第三册，中央文献出版社 2005 年版。

中共中央文献研究室、中央档案馆编：《建国以来刘少奇文稿》第四册，中央文献出版社 2005 年版。

中共中央文献研究室、中央档案馆编：《建国以来刘少奇文稿》第五册，中央文献出版社 2008 年版。

中共中央文献研究室、中央档案馆编：《建国以来刘少奇文稿》第六册，中央文献出版社 2008 年版。

中共中央文献研究室、中央档案馆编：《建国以来刘少奇文稿》第七册，中央文献出版社 2008 年版。

中共中央党史和文献研究院、中央档案馆编：《建国以来刘少奇文稿》第八册，中央文献出版社 2018 年版。

中共中央党史和文献研究院、中央档案馆编：《建国以来刘少奇文稿》第九册，中央文献出版社 2018 年版。

中共中央党史和文献研究院、中央档案馆编：《建国以来刘少奇文稿》第十册，中央文献出版社 2018 年版。

中共中央党史和文献研究院、中央档案馆编：《建国以来刘少奇文稿》第十一册，中央文献出版社 2018 年版。

中共中央党史和文献研究院、中央档案馆编：《建国以来刘少奇文稿》第十二册，中央文献出版社 2018 年版。

中共中央文献研究室、中共中央党校编：《刘少奇论党的建设》，中央文献出版社 1991 年版。

中共中央文献研究室、中华全国供销合作社总社编：《刘少奇论合作社经济》，中国财政经济出版社 1987 年版。

中共中央文献研究室刘少奇研究组、中央教育科学研究所编：《刘少奇论教育》，教育科学出版社 1998 年版。

中共中央文献研究室、国家林业局编：《刘少奇论林业》，中央文献出版社 2005 年版。

中共中央文献研究室编：《刘少奇论新中国经济建设》，中央文献出版社 1993 年版。

中共中央文献编辑委员会编：《朱德选集》，北京人民出版社 1983 年版。

中共中央文献编辑委员会编：《邓小平文选》第一卷，人民出版社 1994 年版。

中共中央文献编辑委员会编：《邓小平文选》第二卷，人民出版社 1994 年版。

中共中央文献编辑委员会编：《邓小平文选》第三卷，人民出版社 1993 年版。

中共中央文献研究室编：《邓小平文集一九四九——一九七四年》上卷，人民出版社 2014 年版。

中共中央文献研究室编：《邓小平文集一九四九——一九七四年》中卷，人民出版社 2014 年版。

中共中央文献研究室编：《邓小平文集一九四九——一九七四年》下卷，人民出版社 2014 年版。

中共中央文献研究室编：《邓小平决策恢复高考讲话谈话批示集（一九七七年五月—十二月）》，中央文献出版社 2007 年版。

中国人民解放军军事科学院编：《邓小平论国防和军队建设》，军事科学出版社 1992 年版。

中共中央文献研究室编：《邓小平论教育》第三版，人民教育出版社 2004 年版。

中共中央文献研究室编：《邓小平论统一战线》，中央文献出版社 1991 年版。

中共中央文献编辑委员会编：《陈云文选》第一卷，人民出版社 1995 年版。

中共中央文献编辑委员会编：《陈云文选》第二卷，人民出版社 1995 年版。

中共中央文献编辑委员会编：《陈云文选》第三卷，人民出版社 1995 年版。

中共中央文献研究室编：《陈云文集》全三卷，中央文献出版社 2005 年版。

中共中央文献编辑委员会编：《胡耀邦文选》，人民出版社 2015 年版。

中共中央文献编辑委员会编：《江泽民文选》第一卷，人民出版社 2006 年版。

中共中央文献编辑委员会编：《江泽民文选》第二卷，人民出版社 2006 年版。

中共中央文献编辑委员会编：《江泽民文选》第三卷，人民出版社 2006 年版。

《朱镕基讲话实录》编辑组编：《朱镕基讲话实录》第一卷，人民出版社 2011 年版。

《朱镕基讲话实录》编辑组编：《朱镕基讲话实录》第三卷，人民出版社 2011 年版。

《朱镕基讲话实录》编辑组编：《朱镕基讲话实录》第四卷，人民出版社 2011 年版。

中共中央文献编辑委员会编：《胡锦涛文选》第一卷，人民出版社 2016 年版。

中共中央文献编辑委员会编：《胡锦涛文选》第二卷，人民出版社 2016 年版。

中共中央文献编辑委员会编：《胡锦涛文选》第三卷，人民出版社 2016 年版。

习近平著：《习近平谈治国理政》第一卷，外文出版社 2014 年版。

习近平著：《习近平谈治国理政》第二卷，外文出版社 2017 年版。

习近平著：《习近平谈治国理政》第三卷，外文出版社 2020 年版。

习近平著：《论坚持人与自然和谐共生》，中央文献出版社 2022 年版。

习近平著：《论坚持人民当家作主》，中央文献出版社2021年版。

习近平著：《论把握新发展阶段、贯彻新发展理念、构建新发展格局》，中央文献出版社2021年版。

习近平著：《论中国共产党历史》，中央文献出版社2021年版。

习近平著：《论坚持全面依法治国》，中央文献出版社2020年版。

习近平著：《论党的宣传思想工作》，中央文献出版社2020年版。

习近平著：《论坚持党对一切工作的领导》，中央文献出版社2019年版。

习近平著：《习近平谈"一带一路"》，中央文献出版社2018年版。

习近平著：《论坚持全面深化改革》，中央文献出版社2018年版。

习近平著：《论坚持推动构建人类命运共同体》，中央文献出版社2018年版。

习近平著：《做焦裕禄式的县委书记》，中央文献出版社2015年版。

习近平著：《知之深爱之切》，河北人民出版社2015年版。

中共中央党史和文献研究院编：《毛泽东邓小平江泽民胡锦涛关于中国共产党历史论述摘编》，中央文献出版社2021年版。

中共中央纪律检查委员会、中华人民共和国国家监察委员会、中共中央党史和文献研究院编：《习近平关于坚持和完善党和国家监督体系论述摘编》，中央文献出版社、中国方正出版社2022年版。

中共中央党史和文献研究院编：《习近平关于尊重和保障人权论述摘编》，中央文献出版社2021年版。

中共中央党史和文献研究院编：《习近平关于全面从严治党论述摘编》，中央文献出版社2021年版。

中共中央党史和文献研究院编：《习近平关于注重家庭家教家风建设论述摘编》，中央文献出版社2021年版。

中共中央党史和文献研究院编：《习近平关于网络强国论述摘编》，中央文献出版社2021年版。

中共中央党史和文献研究院编：《习近平关于防范风险挑战、应对突发事件论述摘编》，中央文献出版社2020年版。

中共中央党史和文献研究院编：《习近平关于中国特色大国外交论述摘编》，中央文献出版社2020年版。

中共中央党史和文献研究院、中央"不忘初心、牢记使命"主题教育领导小组办公室编：《习近平关于"不忘初心、牢记使命"论述摘编》，党建读物出版社、中央文献出版社2019年版。

中共中央党史和文献研究院编：《习近平关于"三农"工作论述摘编》，中央文献出版社 2019 年版。

中共中央党史和文献研究院编：《习近平扶贫论述摘编》，中央文献出版社 2018 年版。

中共中央党史和文献研究院编：《习近平关于总体国家安全观论述摘编》，中央文献出版社 2018 年版。

中共中央文献研究室编：《习近平关于社会主义社会建设论述摘编》，中央文献出版社 2017 年版。

中共中央文献研究室编：《习近平关于社会主义文化建设论述摘编》，中央文献出版社 2017 年版。

中共中央文献研究室编：《习近平关于青少年和共青团工作论述摘编》，中央文献出版社 2017 年版。

中共中央文献研究室编：《习近平关于社会主义生态文明建设论述摘编》，中央文献出版社 2017 年版。

中共中央文献研究室编：《习近平关于社会主义政治建设论述摘编》，中央文献出版社 2017 年版。

中共中央文献研究室编：《习近平关于社会主义经济建设论述摘编》，中央文献出版社 2017 年版。

中共中央文献研究室编：《习近平关于全面从严治党论述摘编》，中央文献出版社 2016 年版。

中共中央文献研究室编：《习近平关于全面建成小康社会论述摘编》，中央文献出版社 2016 年版。

中共中央文献研究室编：《习近平关于科技创新论述摘编》，中央文献出版社 2016 年版。

中共中央纪律检查委员会、中共中央文献研究室编：《习近平关于严明党的纪律和规矩论述摘编》，中国方正出版社、中央文献出版社 2016 年版。

中共中央文献研究室编：《习近平关于协调推进"四个全面"战略布局论述摘编》，中央文献出版社 2015 年版。

中国人民解放军总政治部编：《习近平关于培养"四有"新一代革命军人重要论述摘编》，解放军出版社 2015 年版。

中共中央文献研究室编：《习近平关于全面依法治国论述摘编》，中央文献出版社 2015 年版。

中共中央纪律检查委员会、中共中央文献研究室编：《习近平关于党风廉政建设和反腐败斗争论述摘编》，中央文献出版社、中国方正出版社2015年版。

中共中央文献研究室编：《习近平关于全面深化改革论述摘编》，中央文献出版社2014年版。

中共中央文献研究室、中央党的群众路线教育实践活动领导小组办公室编：《习近平关于党的群众路线教育实践活动论述摘编》，党建读物出版社、中央文献出版社2014年版。

中共中央文献研究室编：《习近平关于实现中华民族伟大复兴的中国梦论述摘编》，中央文献出版社2013年版。

《董必武选集》编辑组编：《董必武选集》，人民出版社1985年版。

中共中央文献编辑委员会编：《叶剑英选集》，人民出版社1996年版。

《叶剑英军事文选》，解放军出版社1997年版。

《李先念传》编写组编：《建国以来李先念文稿》全四册，中央文献出版社2011年版。

中共中央文献编辑委员会编：《李先念文选：一九三五——一九八八年》，人民出版社1989年版。

《李先念论财政金融贸易》编辑组：《李先念论财政金融贸易（一九五〇年——一九九一年）》上卷、下卷，中国财政经济出版社2010年版。

中共中央文献编辑委员会编：《薄一波文选：一九三七——一九九二年》，人民出版社1992年版。

中共中央党史研究室编：《习仲勋文集》上卷、下卷，中共党史出版社2013年版。

《习仲勋文选》编委会编：《习仲勋文选》，中央文献出版社1995年版。

邓子恢著：《邓子恢文集》，人民出版社1997年版。

中共中央文献研究室编：《邓颖超文集》，人民出版社1994年版。

《方毅文集》编辑组编：《方毅文集》，人民出版社2008年版。

《张闻天选集》编辑组：《张闻天选集》，人民出版社1985年版。

《罗荣桓军事文选》编辑组：《罗荣桓军事文选》，解放军出版社1997年版。

《聂荣臻军事文选》编辑组：《聂荣臻军事文选》，解放军出版社1992年版。

彭德怀传记编写组编：《彭德怀军事文选》，中央文献出版社1988年版。

《陈毅传》编写组编：《陈毅军事文选》，解放军出版社1996年版。

《贺龙传》编写组编：《贺龙军事文选》，解放军出版社1989年版。

《刘伯承军事文选》编写组编：《刘伯承军事文选》，军事科学出版社1982年版。

国防大学第二编研室《徐向前传》编写组编：《徐向前军事文选》，解放军出版社1993年版。

罗瑞卿著：《罗瑞卿军事文选》，当代中国出版社2006年版。

张爱萍著：《张爱萍军事文选》，长征出版社1994年版。

刘华清著：《刘华清军事文选》上卷、下卷，解放军出版社2008年版。

黄克诚著：《黄克诚军事文选》，解放军出版社2002年版。

迟浩田著：《迟浩田军事文选》，解放军出版社2009年版。

贺国强著：《贺国强党建工作文集》上、下，人民出版社、党建读物出版社2014年版。

《胡乔木文集》编辑小组编：《胡乔木文集》全三卷，人民出版社2012年版。

《李富春选集》编辑组编：《李富春选集》，中国计划出版社1992年版。

《李维汉选集》编辑组编：《李维汉选集》，人民出版社1987年版。

廖承志文集、传记编辑办公室编：《廖承志文集》上卷、下卷，人民出版社1990年版。

《陆定一文集》编辑组编：《陆定一文集》，人民出版社1992年版。

包尔汉著：《包尔汉选集》，民族出版社1989年版。

中共中央文献编辑委员会编：《彭真文选：一九四一——一九九〇年》，人民出版社1991年版。

乔石著：《乔石谈民主与法制》上、下，人民出版社、中国长安出版社2012年版。

《陶铸文集》编辑委员会编：《陶铸文集》，人民出版社1987年版。

田纪云著：《田纪云文集》经济改革和对外开放卷，中国民主法制出版社2016年版。

田纪云著：《田纪云文集》民主法制卷，中国民主法制出版社2016年版。

田纪云著：《田纪云文集》农业卷，中国民主法制出版社2016年版。

中共中央文献编辑委员会编：《万里文选》，人民出版社1995年版。

中共新疆维吾尔自治区委员会编：《王恩茂文集》上册、下册，中央文献出版社1997年版。

《王稼祥选集》编辑组编：《王稼祥选集》，人民出版社1989年版。

中共湖北省委《王任重文集》编辑委员会编：《王任重文集》上卷、下卷，中央文献出版社1999年版。

《王首道文集》编辑委员会编：《王首道文集》，中国大百科全书出版社1995年版。

国家民委研究室编：《乌兰夫文选》上册、上册，中央文献出版社2013年版。

张际春著：《张际春文选》，解放军出版社1990年版。

张万年著：《张万年军事文选》，解放军出版社2008年版。

中共江苏省委党史工作办公室、江苏省档案馆编：《陈丕显文选》第一卷至第四卷，中共党史出版社2000年版。

尉健行著：《论党风廉政建设和反腐败斗争》，中央文献出版社、中国方正出版社2009

年版。

三、重要文献

中共中央文献研究室编:《建国以来重要文献选编》第一册至第二十册,中央文献出版社 2011 年版。

中共中央文献研究室编:《三中全会以来重要文献选编》上、下,中央文献出版社 2011 年版。

中共中央文献研究室编:《十二大以来重要文献选编》上、中、下,中央文献出版社 2011 年版。

中共中央文献研究室编:《十三大以来重要文献选编》上、中、下,中央文献出版社 2011 年版。

中共中央文献研究室编:《十四大以来重要文献选编》上、中、下,中央文献出版社 2011 年版。

中共中央文献研究室编:《十五大以来重要文献选编》上、中、下,中央文献出版社 2011 年版。

中共中央文献研究室编:《十六大以来重要文献选编》上、中、下,中央文献出版社 2011 年版。

中共中央文献研究室编:《十七大以来重要文献选编》上、中、下,中央文献出版社 2013 年版。

中共中央文献研究室编:《改革开放三十年重要文献选编》上、下,中央文献出版社 2008 年版。

中共中央文献研究室编:《关于建国以来党的若干历史问题的决议注释本》修订本,人民出版社 1991 年版。

中共中央文献研究室编:《十八大以来重要文献选编》上,中央文献出版社 2014 年版。
中共中央文献研究室编:《十八大以来重要文献选编》中,中央文献出版社 2016 年版。
中共中央文献研究室编:《十八大以来重要文献选编》下,中央文献出版社 2018 年版。
中共中央党史和文献研究院编:《十九大以来重要文献选编》上,中央文献出版社 2019 年版。

中共中央党史和文献研究院编:《十九大以来重要文献选编》中,中央文献出版社 2021 年版。

四、传记回忆

逄先知、金冲及主编，中共中央文献研究室编：《毛泽东传》全六卷，中央文献出版社2013年版。

胡乔木著：《胡乔木回忆毛泽东》（增订本），人民出版社2014年版。

金冲及主编；中共中央文献研究室编：《周恩来传》全四册，中央文献出版社2018年版。

中共中央文献研究室二部编：《周恩来自述》，国际文化出版公司2009年版。

周秉德编著：《我的伯父周恩来》，人民出版社2009年版。

金冲及主编，中共中央文献研究室编：《刘少奇传》上、下，中央文献出版社2011年版。

金冲及主编，中共中央文献研究室编：《朱德传》修订本，中央文献出版社2016年版。

章学新主编，中共中央文献研究室编：《任弼时传》，中央文献出版社2014年版。

金冲及、陈群主编，中共中央文献研究室编：《陈云传》全四册，中央文献出版社2015年版。

杨胜群主编，中共中央文献研究室编：《邓小平传》上卷、下卷，中央文献出版社2014年版。

中共中央文献研究室邓小平研究组、中国人民解放军档案馆编：《回忆军事家邓小平》，解放军出版社2004年版。

中共中央文献研究室编：《回忆邓小平》上、中、下，中央文献出版社1998年版。

毛毛著：《我的父亲邓小平》上卷，中央文献出版社1993年版。

王学东著：《傅全有传》上册、下册，解放军出版社2015年版。

房维中、金冲及主编，中共中央文献研究室编：《李富春传》，中央文献出版社2021年版。

《李先念传》编写组编：《李先念传1949—1983》上卷、下卷，中央文献出版社2009年版。

《习仲勋传》编委会编：《习仲勋传》上卷、下卷，中央文献出版社2013年版。

《张万年传》写作组编：《张万年传》上册、下册，解放军出版社2011年版。

《迟浩田传》写作组编：《迟浩田传》，解放军出版社2009年版。

李鹏著：《李鹏回忆录1928—1983》，中国电力出版社、中央文献出版社2014年版。

刘华清著：《刘华清回忆录》，解放军出版社2007年版。

薄一波著：《若干重大决策与事件的回顾》修订本，上卷、下卷，人民出版社1997

年版。

张震著：《张震回忆录》上册、下册，解放军出版社2003年版。

李维汉著：《回忆与研究》上、下，中共党史出版社2013年版。

五、年谱日记大事记

逄先知主编，中共中央文献研究室编：《毛泽东年谱：一八九三——一九四九》上卷、中卷、下卷，中央文献出版社2013年版。

逄先知、冯蕙主编，中共中央文献研究室编：《毛泽东年谱：一九四九——一九七六》第一卷至第六卷，中央文献出版社2013年版。

中共中央文献研究室编：《毛泽东思想年编：一九二一——一九七五》，中央文献出版社2011年版。

力平、方铭主编，中共中央文献研究室编：《周恩来年谱：一八九八——一九四九》修订本，中央文献出版社2020年版。

力平、马芷荪主编，熊华源等撰，中共中央文献研究室编：《周恩来年谱：一九四九——一九七六》上卷、中卷、下卷，中央文献出版社2020年版。

中华人民共和国外交部外交史研究室编：《周恩来外交活动大事记：1949—1975》，世界知识出版社1993年版。

闫建琪主编，中共中央党史和文献研究院编：《刘少奇年谱》增订本，第一卷、第二卷，中央文献出版社2018年版。

吴殿尧主编，中共中央文献研究室编：《朱德年谱：一八八六——一九七六》新编本，上、中、下，中央文献出版社2016年版。

中共中央文献研究室编：《任弼时年谱：一九〇四——一九五〇》，中央文献出版社2014年版。

杨胜群、闫建琪主编，中共中央文献研究室编：《邓小平年谱》第一卷至第三卷，中央文献出版社2020年版。

冷溶、汪作玲主编，中共中央文献研究室编：《邓小平年谱》第四卷至第五卷，中央文献出版社2020年版。

朱佳木主编，中共中央文献研究室编：《陈云年谱》修订本，上卷、中卷、下卷，中央文献出版社2015年版。

中共中央文献研究室编：《江泽民思想年编：一九八九——二〇〇八》，中央文献出版社2010年版。

李鹏著：《和平发展合作——李鹏外事日记》，新华出版社2008年版。

李鹏著：《起步到发展——李鹏核电日记》上、下，新华出版社 2004 年版。

李鹏著：《电力要先行：李鹏电力日记》上、中、下，中国电力出版社 2005 年版。

李鹏著：《众志绘宏图——李鹏三峡日记》，中国三峡出版社 2003 年版。

李鹏著：《李鹏回忆录：1928—1983》，中国电力出版社、中央文献出版社 2014 年版。

李鹏著：《市场与调控——李鹏经济日记》上、中、下，新华出版社、中国电力出版社 2007 年版。

刘树发主编：《陈毅年谱》上卷、下卷，人民出版社 1995 年版。

李烈主编：《贺龙年谱》，人民出版社 1996 年版。

刘继贤主编，中国人民解放军军事科学院编：《叶剑英年谱：一八九七——一九八六》上、下，中央文献出版社 2007 年版。

国防大学《徐向前年谱》编委会编：《徐向前年谱：1901—1990》上卷、下卷，解放军出版社 2016 年版。

军事科学院《刘伯承年谱》编写组编：《刘伯承年谱：一八九二——一九八六》上卷、下卷，解放军出版社 2012 年版。

黄瑶主编：《罗荣桓年谱》，人民出版社 2002 年版。

王焰主编：《彭德怀年谱》，人民出版社 1998 年版。

《彭真传》编写组编：《彭真年谱》全五卷，中央文献出版社 2012 年版。

王维澄主编，《李先念传》编写组、鄂豫边区革命史编辑部编写：《李先念年谱》全六卷，中央文献出版社 2011 年版。

杨尚昆著：《杨尚昆日记》上、下，中央文献出版社 2001 年版。

姜为民主编：《刘华清年谱：一九一六—二〇一一》上卷、中卷、下卷，解放军出版社 2016 年版。

中共中央党史和文献研究院编：《中华人民共和国大事记：1949 年 10 月—2019 年 9 月》，人民出版社 2019 年版。

中共中央党史和文献研究院编：《中国共产党一百年大事记：1921 年 7 月—2021 年 6 月》，人民出版社 2021 年版。

中共中央党史和文献研究院编：《改革开放四十年大事记》，人民出版社 2018 年版。

六、档案文件

中央档案馆、中共中央文献研究室编：《中共中央文件选集：1949 年 10 月—1966 年 5 月》全 50 册，人民出版社 2013 年版。

中国社会科学院、中央档案馆编：《1949—1952 中华人民共和国经济档案资料选编》综合卷，中国城市经济社会出版社1990年版。

中国社会科学院、中央档案馆编：《1949—1952中华人民共和国经济档案资料选编》商业卷，中国物资出版社1995年版。

中国社会科学院、中央档案馆编：《1949—1952中华人民共和国经济档案资料选编》农业卷，社会科学文献出版社1991年版。

中国社会科学院、中央档案馆编：《1949—1952中华人民共和国经济档案资料选编》农村经济体制卷，社会科学文献出版社1992年版。

中国社会科学院、中央档案馆编：《1949—1952中华人民共和国经济档案资料选编》劳动工资和职工福利卷，社会科学文献出版社1994年版。

中国社会科学院、中央档案馆编：《1949—1952中华人民共和国经济档案资料选编》金融卷，中国物资出版社1996年版。

中国社会科学院、中央档案馆编：《1949—1952中华人民共和国经济档案资料选编》交通通讯卷，中国物资出版社1996年版。

中国社会科学院、中央档案馆编：《1949—1952中华人民共和国经济档案资料选编》基本建设投资和建筑业卷，中国城市经济社会出版社1989年版。

中国社会科学院、中央档案馆编：《1949—1952中华人民共和国经济档案资料选编》工业卷，中国物资出版社1996年版。

中国社会科学院、中央档案馆编：《1949—1952中华人民共和国经济档案资料选编》工商体制卷，中国社会科学出版社1993年版。

中国社会科学院、中央档案馆编：《1949—1952中华人民共和国经济档案资料选编》对外贸易卷，经济管理出版社1994年版。

中国社会科学院、中央档案馆编：《1949—1952中华人民共和国经济档案资料选编》财政卷，经济管理出版社1995年版。

中国社会科学院、中央档案馆编：《1953—1957中华人民共和国经济档案资料选编》综合卷，中国物价出版社2000年版。

中国社会科学院、中央档案馆编：《1953—1957中华人民共和国经济档案资料选编》商业卷，中国物价出版社2000年版。

中国社会科学院、中央档案馆编：《1953—1957中华人民共和国经济档案资料选编》农业卷，中国物价出版社1998年版。

中国社会科学院、中央档案馆编：《1953—1957中华人民共和国经济档案资料选编》劳动工资和职工福利卷，中国物价出版社2000年版。

中国社会科学院、中央档案馆编：《1953—1957中华人民共和国经济档案资料选编》金融卷，中国物价出版社 2000 年版。

中国社会科学院、中央档案馆编：《1953—1957 中华人民共和国经济档案资料选编》交通通讯卷，中国物价出版社 1998 年版。

中国社会科学院、中央档案馆编：《1953—1957 中华人民共和国经济档案资料选编》固定资产投资与建筑业卷，中国物价出版社 1998 年版。

中国社会科学院、中央档案馆编：《1953—1957 中华人民共和国经济档案资料选编》工业卷，中国物价出版社 1998 年版。

中国社会科学院、中央档案馆编：《1953—1957 中华人民共和国经济档案资料选编》财政卷，中国物价出版社 2000 年版。

中国社会科学院、中央档案馆编：《1958—1965 中华人民共和国经济档案资料选编》劳动就业和收入分配卷，中国财政经济出版社 2011 年版。

中国社会科学院、中央档案馆编：《1958—1965 中华人民共和国经济档案资料选编》金融卷，中国财政经济出版社 2011 年版。

中国社会科学院、中央档案馆编：《1958—1965 中华人民共和国经济档案资料选编》综合卷，中国财政经济出版社 2011 年版。

中国社会科学院、中央档案馆编：《1958—1965 中华人民共和国经济档案资料选编》商业卷，中国财政经济出版社 2011 年版。

中国社会科学院、中央档案馆编：《1958—1965 中华人民共和国经济档案资料选编》交通通讯卷，中国财政经济出版社 2011 年版。

中国社会科学院、中央档案馆编：《1958—1965 中华人民共和国经济档案资料选编》固定资产投资与建筑业卷，中国财政经济出版社 2011 年版。

中国社会科学院、中央档案馆编：《1958—1965 中华人民共和国经济档案资料选编》工业卷，中国财政经济出版社 2011 年版。

中国社会科学院、中央档案馆编：《1958—1965 中华人民共和国经济档案资料选编》对外贸易卷，中国财政经济出版社 2011 年版。

中国社会科学院、中央档案馆编：《1958—1965 中华人民共和国经济档案资料选编》财政卷，中国财政经济出版社 2011 年版。

中国社会科学院、中央档案馆编：《1958—1965 中华人民共和国经济档案资料选编》农业卷，中国财政经济出版社 2011 年版。

国家经济贸易委员会编：《中国工业五十年——新中国工业通鉴》全套 20 卷，中国经济出版社 2000 年版。

中共中央组织部、中共中央党史研究室、中央档案馆编：《中国共产党组织史资料》共

13卷19册，中共党史出版社2000年版。

中华人民共和国外交部边界与海洋事务司编：《中华人民共和国边界事务条约集：2004—2012年》上、中、下，世界知识出版社2013年版。

中华人民共和国外交部条约法律司编：《中华人民共和国边界事务条约集》中吉卷，世界知识出版社2005年版。

中华人民共和国外交部条约法律司编：《中华人民共和国边界事务条约集》中哈卷，世界知识出版社2005年版。

中华人民共和国外交部条约法律司编：《中华人民共和国边界事务条约集》中塔卷，世界知识出版社2005年版。

中华人民共和国外交部条约法律司编：《中华人民共和国边界事务条约集》中俄卷，上、下，世界知识出版社2005年版。

中华人民共和国外交部条约法律司编：《中华人民共和国边界事务条约集》中尼卷，世界知识出版社2005年版。

中华人民共和国外交部条约法律司编：《中华人民共和国边界事务条约集》中印·中不卷，世界知识出版社2004年版。

中华人民共和国外交部条约法律司编：《中华人民共和国边界事务条约集》中朝卷，世界知识出版社2004年版。

中华人民共和国外交部条约法律司编：《中华人民共和国边界事务条约集》中老卷，世界知识出版社2004年版。

中华人民共和国外交部条约法律司编：《中华人民共和国边界事务条约集》中缅卷，世界知识出版社2004年版。

中华人民共和国外交部条约法律司编：《中华人民共和国边界事务条约集》中越卷，世界知识出版社2004年版。

中华人民共和国外交部条约法律司编：《中华人民共和国边界事务条约集》中蒙卷，世界知识出版社2004年版。

中华人民共和国外交部条约法律司编：《中华人民共和国边界事务条约集》中阿·中巴卷，世界知识出版社2004年版。

世界知识出版社编：《中华人民共和国对外关系文件集：1949—1950》，世界知识出版社1957年版。

世界知识出版社编：《中华人民共和国对外关系文件集：1951—1953》，世界知识出版社1958年版。

世界知识出版社编：《中华人民共和国对外关系文件集：1954—1955》，世界知识出版社 1958 年版。

世界知识出版社编：《中华人民共和国对外关系文件集：1956—1957》，世界知识出版社 1958 年版。

世界知识出版社编：《中华人民共和国对外关系文件集：1958》，世界知识出版社 1959 年版。

世界知识出版社编：《中华人民共和国对外关系文件集：1959》，世界知识出版社 1961 年版。

世界知识出版社编：《中华人民共和国对外关系文件集：1960》，世界知识出版社 1962 年版。

世界知识出版社编：《中华人民共和国对外关系文件集：1961》，世界知识出版社 1962 年版。

世界知识出版社编：《中华人民共和国对外关系文件集：1962》，世界知识出版社 1964 年版。

世界知识出版社编：《中华人民共和国对外关系文件集：1963》，世界知识出版社 1965 年版。

七、国史研究成果

中共中央党史研究室著：《中国共产党的九十年》，中共党史出版社、党建读物出版社 2016 年版。

中共中央党史研究室著，胡绳主编：《中国共产党的七十年》，中共党史出版社 1991 年版。

中共中央党史研究室著：《中国共产党历史第二卷（1949—1978）》上册、下册，中共党史出版社 2011 年版。

当代中国研究所著：《中华人民共和国史稿》（序卷，1—4 卷），人民出版社、当代中国出版社 2012 年版。

《中国共产党简史》编写组编著：《中国共产党简史》，人民出版社、中共党史出版社 2021 年版。

《中华人民共和国简史》编写组编著：《中华人民共和国简史》，人民出版社、当代中国出版社 2021 年版。

《改革开放简史》编写组编著：《改革开放简史》，人民出版社、中国社会科学出版社 2021 年版。

《社会主义发展简史》编写组编著：《社会主义发展简史》，学习出版社、人民出版社

2021年版。

  当代中国研究所著：《新中国70年》，当代中国出版社2019年版。

  金冲及著：《二十世纪中国史纲》增订版，生活·读书·新知三联书店2012年版。

  朱佳木著：《当代中国史理论问题十二讲》，社会科学文献出版社2016年版。

  陈晋：《毛泽东的文化性格》，中央民族大学出版社2004年版。

  张静如、唐曼珍主编：《中共党史学史》，中国人民大学出版社1990年版。

  李正华、张金才主编：《中华人民共和国政治史》（1949—2019），当代中国出版社2019年版。

  郑有贵主编：《中华人民共和国经济史》（1949—2019），当代中国出版社2019年版。

  欧阳雪梅主编：《中华人民共和国文化史》（1949—2019），当代中国出版社2019年版。

  李文主编：《中华人民共和国社会史》（1949—2019），当代中国出版社2019年版。

  王巧荣：《中华人民共和国外交史》（1949—2019），当代中国出版社2019年版。

  宋月红、王爱云著：《中华人民共和国史研究的理论与方法》，当代中国出版社2019年版。

  中共中央党史研究室第三研究部编：《中国改革开放史》，辽宁人民出版社2002年版。

  武力主编：《改革开放40年：历程与经验》，当代中国出版社2020年版。

  中共中央党史研究室著：《中国共产党新时期简史》，中共党史出版社2009年版。

  赵效民主编：《中国土地改革史：1921—1949》，人民出版社1990年版。

  《中华人民共和国史》编写组编：《中华人民共和国史》，高等教育出版社2013年版。

  郭德宏等：《中华人民共和国专题史稿》，四川人民出版社2009年版。

  金春明主编：《评〈剑桥中华人民共和国史〉》，湖北人民出版社2001年版。

  庞松、陈述：《中华人民共和国简史》，上海人民出版社1999年版。

  萧冬连著：《筚路维艰：中国社会主义路径的五次选择》，社会科学文献出版社2014年版。

  吴冷西著：《十年论战：1956—1966中苏关系回忆录》上册、下册，中央文献出版社1999年版。

  席宣、金春明著：《"文化大革命"简史》，中共党史出版社1996年版。

  林蕴晖著：《1949—1976年的中国：凯歌行进的时期》，人民出版社2009年版。

  丛进著：《曲折发展的岁月：1949—1976年的中国》，人民出版社2009年版。

  王年一著：《大动乱的年代》，人民出版社2009年版。

  萧冬连等著：《求索中国：文革前十年史》，中共党史出版社2000年版。

  张素华著：《变局：七千人大会始末》，中国青年出版社2006年版。

章百家、牛军主编：《冷战与中国》，世界知识出版社 2002 年版。

罗平汉著：《农村人民公社史》，福建人民出版社 2003 年版。

罗平汉著：《农业合作化运动史》，福建人民出版社 2004 年版。

中国地方志指导小组办公室著：《中国方志通鉴》，方志出版社 2010 年版。

中国地方志指导小组办公室著：《当代志书编纂教程》，方志出版社 2010 年版。

来新夏著：《方志学概论》，福建人民出版社 1983 年版。

仓修良著：《方志学通论》（增订本），华东师范大学出版社 2013 年版。

［美］费正清：《伟大的中国革命》（1800—1985），世界知识出版社 2000 年版。

［美］R. 麦克法夸尔、［美］费正清编，谢亮生译：《剑桥中华人民共和国史》上卷，革命的中国的兴起：1949～1965 年，中国社会科学出版社 1990 年版。

［美］R. 麦克法夸尔、［美］费正清编，俞金尧等译：《剑桥中华人民共和国史》下卷，中国革命内部的革命：1966～1982，中国社会科学出版社 1992 年版。

［美］傅高义著，冯克利译：《邓小平时代》，生活·读书·新知三联书店 2013 年版。

《当代中国丛书》

政治社会类

彭友今主编：《当代中国的人民政协》，当代中国出版社 1993 年版。

江平主编：《当代中国的统一战线》上、下，当代中国出版社 1996 年版。

刘延东主编：《当代中国的民主党派》，当代中国出版社 1999 年版。

黄光学主编：《当代中国的民族工作》上、下，当代中国出版社 1993 年版。

赤耐主编：《当代中国的宗教工作》上、下，当代中国出版社 1999 年版。

崔乃夫主编：《当代中国的民政》上、下，当代中国出版社 1994 年版。

政法类

《当代中国的司法行政工作》，当代中国出版社 1995 年版。

李士英主编：《当代中国的检察制度》，中国社会科学出版社 1988 年版。

何兰阶、鲁明健主编：《当代中国的审判工作》上、下，当代中国出版社 1993 年版。

王芳主编：《当代中国的公安工作》，当代中国出版社 1992 年版。

群众团体类

倪志福主编：《当代中国工人阶级和工会运动》上、下，当代中国出版社 1997 年版。

徐世光主编：《当代中国的青年和共青团》上、下，当代中国出版社 1998 年版。

罗琼主编：《当代中国妇女》，当代中国出版社 1994 年版。

对外交往类

韩念龙主编：《当代中国外交》，中国社会科学出版社1988年版。

石林主编：《当代中国的对外经济合作》，中国社会科学出版社1989年版。

沈觉人主编：《当代中国对外贸易》上、下，当代中国出版社1992年版。

宿世芳主编：《当代中国海关》，当代中国出版社1992年版。

人事管理类

张志坚主编：《当代中国的人事管理》上、下，当代中国出版社1994年版。

何光主编：《当代中国的劳动力管理》，中国社会科学出版社1990年版。

何光主编：《当代中国的劳动保护》，当代中国出版社1992年版。

严忠勤主编：《当代中国的职工工资福利和社会保险》，中国社会科学出版社1987年版。

工商管理类

费开龙、左平主编：《当代中国的工商行政管理》，当代中国出版社1991年版。

金鑫主编：《当代中国的工商税收》上、下，当代中国出版社1994年版。

胡邦定主编：《当代中国的物价》，中国社会科学出版社1989年版。

须浩风主编：《当代中国的标准化》，当代中国出版社1986年版。

李乐山主编：《当代中国的计量事业》，当代中国出版社1989年版。

商业类

郭令吾主编：《当代中国商业》上、下，中国社会科学出版社1987年版。

程宏毅主编：《当代中国的供销合作事业》，中国社会科学出版社1990年版。

柳随年主编：《当代中国物资流通》，当代中国出版社1993年版。

赵发生主编：《当代中国的粮食工作》，中国社会科学出版社1988年版。

经济类

马洪、刘国光、杨坚白主编：《当代中国经济》，当代中国出版社1987年版。

朱镕基主编：《当代中国的经济管理》，当代中国出版社1985年版。

周太和主编：《当代中国的经济体制改革》，中国社会科学出版社1984年版。

王建一等撰：《当代中国的经济特区》，当代中国出版社1993年版。

岳巍主编：《当代中国的统计事业》，中国社会科学出版社1989年版。

财政金融类

陈如龙主编：《当代中国财政》上、下，中国社会科学出版社1988年版。

尚明主编：《当代中国的金融事业》，中国社会科学出版社1989年版。

周道炯主编：《当代中国的固定资产投资管理》，中国社会科学出版社1989年版。

卢汉川主编：《当代中国的信用合作事业》，当代中国出版社2001年版。

马永伟、施岳群主编：《当代中国保险》，当代中国出版社1996年版。

基建类

邹玉川主编：《当代中国土地管理》上、下，当代中国出版社1998年版。

彭敏主编：《当代中国的基本建设》上、下，中国社会科学出版社1989年版。

曹洪涛、储传亨主编：《当代中国的城市建设》，中国社会科学出版社1990年版。

袁镜身主编：《当代中国的乡村建设》，中国社会科学出版社1987年版。

肖桐主编：《当代中国的建筑业》，中国社会科学出版社1988年版。

王燕谋主编：《当代中国的建筑材料工业》，中国社会科学出版社1990年版。

交通通信类

李际祥等主编：《当代中国的铁道事业》上、下，中国社会科学出版社1990年版。

王乃天主编：《当代中国的民航事业》，中国社会科学出版社1989年版。

王展意主编：《当代中国的公路交通》，当代中国出版社1991年版。

王展意主编：《当代中国的水运事业》，中国社会科学出版社1989年版。

杨泰芳主编：《当代中国的邮电事业》，当代中国出版社1993年版。

刘寅等主编：《当代中国的电子工业》，中国社会科学出版社1987年版。

能源类

焦力人主编：《当代中国的石油工业》，中国社会科学出版社1988年版。

张明理主编：《当代中国的煤炭工业》，中国社会科学出版社1988年版。

张彬主编：《当代中国的电力工业》，当代中国出版社1994年版。

冶金和机械类

周传典等主编：《当代中国的钢铁工业》，当代中国出版社1996年版。

刘学新主编：《当代中国的有色金属工业》，中国社会科学出版社1990年版。

艾大成主编：《当代中国的黄金工业》，当代中国出版社1996年版。

景晓村主编：《当代中国的机械工业》上、下，中国社会科学出版社1990年版。

景晓村主编：《当代中国的农业机械工业》，中国社会科学出版社1988年版。

化工和轻纺类

杨光启、陶涛主编：《当代中国的化学工业》，中国社会科学出版社1986年版。

张万欣主编：《当代中国的石油化学工业》，中国社会科学出版社1987年版。

王毅之主编：《当代中国的轻工业》上、下，中国社会科学出版社1985年版。

钱之光主编：《当代中国的纺织工业》，中国社会科学出版社1984年版。

国防工业类

段子俊主编：《当代中国的航空工业》，中国社会科学出版社1988年版。

王立等主编：《当代中国的兵器工业》，当代中国出版社1993年版。

张钧主编：《当代中国的航天事业》，中国社会科学出版社1986年版。

程望主编：《当代中国的船舶工业》，当代中国出版社1992年版。

李觉等主编：《当代中国的核工业》，中国社会科学出版社1987年版。

农业类

朱荣等主编：《当代中国的农业》，当代中国出版社1992年版。

朱荣等主编：《当代中国的农作物业》，中国社会科学出版社1988年版。

董智勇主编：《当代中国的林业》，中国社会科学出版社1985年版。

徐矶、李易方主编：《当代中国的畜牧业》，当代中国出版社1991年版。

宫明山主编：《当代中国的水产业》，当代中国出版社1991年版。

于驰前、黄海光主编：《当代中国的乡镇企业》，当代中国出版社1991年版。

张林池主编：《当代中国的农垦事业》，中国社会科学出版社1986年版。

武少文主编：《当代中国的农业机械化》，中国社会科学出版社1991年版。

科技类

钱临照、谷羽主编：《中国科学院》上、中、下，当代中国出版社1994年版。

王顺桐、沈其益、高镇宁主编：《中国科学技术协会》，当代中国出版社1994年版。

武衡、杨浚主编：《当代中国的科学技术事业》，当代中国出版社1991年版。

薛伟民、章基嘉主编：《当代中国的气象事业》，中国社会科学出版社1984年版。

李曦林主编：《当代中国的测绘事业》，中国社会科学出版社1987年版。

罗钰如、曾呈奎主编：《当代中国的海洋事业》，中国社会科学出版社1985年版。

夏国治、程裕淇主编：《当代中国的地质事业》，中国社会科学出版社1990年版。

卫一清、丁国瑜主编：《当代中国的地震事业》，当代中国出版社1993年版。

武衡、钱志宏主编：《当代中国的南极考察事业》，当代中国出版社1994年版。

文教卫类

何东昌主编：《当代中国教育》上、下，当代中国出版社1996年版。

黄树则、林士笑主编：《当代中国的卫生事业》上、下，中国社会科学出版社1986年版。

齐谋甲主编：《当代中国的医药事业》，中国社会科学出版社1988年版。

荣高棠主编：《当代中国体育》，中国社会科学出版社1984年版。

王均主编：《当代中国的文字改革》，当代中国出版社1995年版。

杜克主编：《当代中国的图书馆事业》，当代中国出版社1995年版。

吕济民主编：《当代中国的博物馆事业》，当代中国出版社1998年版。

裴桐主编：《当代中国的档案事业》，中国社会科学出版社1988年版。

韩克华主编：《当代中国的旅游业》，当代中国出版社1994年版。

传播类

左漠野主编：《当代中国的广播电视》上、下，中国社会科学出版社1987年版。

钟沛璋主编：《当代中国的新闻事业》上、下，当代中国出版社1997年版。

王子野主编：《当代中国的出版事业》上、下，当代中国出版社1993年版。

艺术类

李焕之主编：《当代中国音乐》，当代中国出版社1997年版。

张庚主编：《当代中国戏曲》，当代中国出版社1994年版。

王琦主编：《当代中国美术》，当代中国出版社1996年版。

季龙主编：《当代中国的工艺美术》，中国社会科学出版社1984年版。

陈荒煤主编：《当代中国电影》上、下，中国社会科学出版社1989年版。

吴晓邦主编：《当代中国舞蹈》，当代中国出版社1993年版。

罗扬主编：《当代中国曲艺》，当代中国出版社1998年版。

夏菊花主编：《当代中国杂技》，当代中国出版社1997年版。

省、市、自治区类

范瑾、张大中、徐惟诚主编：《当代中国的北京》上、下，中国社会科学出版社1989年版。

陈沂主编：《当代中国的上海》上、下，当代中国出版社1993年版。

肖元主编：《当代中国的天津》上、下，中国社会科学出版社1989年版。

解峰、徐纯性、刘荣惠主编：《当代中国的河北》上、下，中国社会科学出版社1990年版。

李立功主编：《当代中国的山西》上、下，中国社会科学出版社1991年版。

王铎主编：《当代中国的内蒙古》，当代中国出版社1992年版。

朱川、沈显惠主编：《当代中国的辽宁》上、下，当代中国出版社1994年版。

刘敬之、王忠禹主编：《当代中国的吉林》上、下，当代中国出版社1991年版。

邬芳林主编：《当代中国的黑龙江》上、下，中国社会科学出版社1991年版。

郑伟民、蒋捷夫、初甫川主编：《当代中国的山东》上、下，中国社会科学出版社1989年版。

刘定汉主编：《当代中国的江苏》上、下，中国社会科学出版社1989年版。

苏桦、侯永主编：《当代中国的安徽》上、下，当代中国出版社1992年版。

商景才主编：《当代中国的浙江》上、下，中国社会科学出版社1988年版。

傅雨田主编：《当代中国的江西》上、下，当代中国出版社1991年版。

何少川主编：《当代中国的福建》上、下，当代中国出版社1991年版。

张树德、侯志英主编：《当代中国的河南》上、下，中国社会科学出版社1990年版。

钱运录主编：《当代中国的湖北》上、下，当代中国出版社1991年版。

刘正主编：《当代中国的湖南》上、下，中国社会科学出版社1990年版。

匡吉主编：《当代中国的广东》上、下，当代中国出版社1991年版。

韦纯束等主编：《当代中国的广西》上、下，当代中国出版社1992年版。

许士杰主编：《当代中国的海南》上、下，当代中国出版社1993年版。

杨超主编：《当代中国的四川》上、下，中国社会科学出版社1990年版。

高治国主编：《当代中国的云南》上、下，当代中国出版社1991年版。

何仁仲主编：《当代中国的贵州》上、下，中国社会科学出版社1989年版。

丹增、张向明主编：《当代中国的西藏》上、下，当代中国出版社1991年版。

章泽、白文华、郭琦主编：《当代中国的陕西》上、下，当代中国出版社1991年版。

刘毓汉主编：《当代中国的甘肃》上、下，当代中国出版社1992年版。

李悝和主编：《当代中国的宁夏》，中国社会科学出版社1990年版。

赵海峰主编：《当代中国的青海》上、下，当代中国出版社1991年版。

富文主编：《当代中国的新疆》，当代中国出版社1991年版。

国防与军事类

张爱萍主编：《中国人民解放军》上、下，当代中国出版社1994年版。

韩怀智、谭旌樵主编：《当代中国军队的军事工作》上、下，中国社会科学出版社1989年版。

周克玉主编：《当代中国军队的政治工作》上、下，当代中国出版社1994年版。

胥光义主编：《当代中国军队的后勤工作》，中国社会科学出版社1990年版。

颜金生、朱云谦、周文元主编：《当代中国军队群众工作》，中国社会科学出版社1988年版。

杨国宇主编：《当代中国海军》，中国社会科学出版社1987年版。

王定烈主编：《当代中国空军》，中国社会科学出版社1989年版。

韩怀智主编：《当代中国民兵》，中国社会科学出版社1988年版。

谢光主编：《当代中国的国防科技事业》上、下，当代中国出版社1992年版。

谭旌樵主编：《抗美援朝战争》，中国社会科学出版社1990年版。

专题类

杜润生主编：《中国的土地改革》，当代中国出版社1996年版。

杜润生主编：《当代中国的农业合作制》上、下，当代中国出版社 2002 年版。
李定主编：《中国资本主义工商业的社会主义改造》，当代中国出版社 1997 年版。
季龙主编：《当代中国的集体工业》上、下，当代中国出版社 1991 年版。
许涤新主编：《当代中国的人口》，中国社会科学出版社 1988 年版。
常崇煊主编：《当代中国的计划生育事业》，当代中国出版社 1992 年版。

八、报纸期刊

《人民日报》
《光明日报》
《经济日报》
《解放军报》
《参考消息》
《求是》
《红旗文稿》
《马克思主义研究》
《当代中国史研究》
《党的文献》
《中共党史研究》
《中共党史资料》
《中国经济史研究》
《百年潮》
《纵横》
《史学月刊》
《军事历史》
《军事历史研究》
《史林》
《中国地方志》
《北京党史》
《中国特色社会主义研究》
《毛泽东邓小平理论研究》
《党史博采》

《党史研究与教学》

《党史文汇》

《党史纵览》

《毛泽东思想研究》

《教学与研究》

《上海党史与党建》

《史学理论研究》

《中国井冈山干部学院学报》

九、数字资源

专题数据库

习近平系列重要讲话数据库（人民网），http：//jhsjk. people. cn/

习近平新时代中国特色社会主义思想文库（中国社会科学院），http：//xuexi. sky/main

学习进行时（新华网），http：//www. news. cn/politics/xxjxs/

电子书数据库

中国共产党思想理论资源数据库，http：//10. 1. 10. 10/

中国社会科学文库，http：//www. sklib. cn

读秀学术搜索，http：//edu. duxiu. com/

ProQuest Ebook Central Academic Complete 数据库，https：//ebookcentral. proquest. com/lib/

报纸数据库

人民日报图文数据库，http：//data. people. com. cn/rmrb/

ProQuest 历史报纸：*The Washington Post*《华盛顿邮报》，http：//search. proquest. com/hnpwashingtonpost/

ProQuest 历史报纸：*New York Times*《纽约时报》，https：//www. proquest. com/hnpnewyorktimes/news/

中国知网——中国重要报纸全文数据库，http：//kns. cnki. net/kns/brief/result. aspx？dbprefix = CCND

方志年鉴百科数据库

万方数据——地方志数据库，https：//fz. wanfangdata. com. cn/

中国知网——中国年鉴网络出版总库，https：//kns. cnki. net/kns8？dbcode = CYFD

中国社会科学年鉴数据库，http：//www. eyearbook. cn

中国大百科全书数据库，https：//h. bkzx. cn/

法律法规数据库

法律之星，http：//www. law-star. com

北大法宝数据库，http：//www. pkulaw. com

数值型数据库

中国知网——中国经济社会大数据研究平台，http：//data. cnki. net

国研网统计数据库，http：//data. drcnet. com. cn

档案文件数据库

中华人民共和国条约数据库，http：//treaty. mfa. gov. cn/web/

美国国会文献集（1817 - 1994），http：//infoweb. newsbank. com/？db = SERIAL&s_start-search = keyword

ProQuest Digital National Security Archive（DNSA）美国国家安全档案，http：//search. proquest. com/dnsa

Gale Archives Unbound Asia（珍稀原始典藏档案合集：亚洲），https：//www. gale. com/cn/primary-sources/archives-unbound/asian-studies

英国外交部档案：中国 1919 - 1980，http：//www. archivesdirect. amdigital. co. uk/Introduction/FO_China/

期刊数据库

中国知网辑刊库——中国学术辑刊全文数据库（CCJD），http：//kns. cnki. net/kns/brief/result. aspx？dbPrefix = CCJD

人大复印报刊资料全文数据库，https：//www. rdfybk. com

台湾学术期刊在线数据库（TWS），http：//www. twscholar. com

ProQuest Research Library 综合学术期刊全文数据库，https：//www. proquest. com/pqrl/

JSTOR 过刊数据库，http：//www. jstor. org

剑桥期刊在线——人文社科包，http：//journals. cambridge. org/

Project MUSE 期刊数据库，http：//muse. jhu. edu/

学位论文数据库

中国知网——中国博士学位论文全文数据库，https：//cdfd. cnki. net/dejournals/#/cdfd/science

中国知网——中国优秀硕士学位论文全文数据库，https：//cmfd. cnki. net/dejournals/#/cmfd/science

ProQuest 学位论文全文库，http：//www. pqdtcn. com/

研究报告数据库

"一带一路"数据库，http：//www.ydylcn.com/

列国志数据库，http：//www.crggcn.com

皮书数据库，http：//www.pishu.com.cn

网站

中华人民共和国中央人民政府网，http：//www.gov.cn/

人民网，http：//www.people.com.cn/

新华网，http：//www.xinhuanet.com/

光明网，https：//www.gmw.cn/

求是网，http：//www.qstheory.cn/

中国共产党新闻网，http：//cpc.people.com.cn/

中国共产党历史与文献网，https：//www.dswxyjy.org.cn/

学习强国，https：//www.xuexi.cn/

中华人民共和国国史网，http：//www.hprc.org.cn

国家统计局官网，http：//www.stats.gov.cn/

（供稿：孙　辉）

科研项目

根据 2021 年度国家社科基金重大项目（348 项）、研究阐释党的十九届五中全会精神国家社科基金重大项目（130 项）、国家社科基金年度项目（3545 项）、国家社科基金青年项目（1105 项）、国家社科基金西部项目（500 项）、教育部重大项目（61 项），择选出与国史学科相关的 488 项（其中：国家社科基金重大项目 68 项、研究阐释党的十九届五中全会精神国家社科基金重大项目 130 项、国家社科基金年度项目 187 项、青年项目 55 项、西部项目 21 项以及教育部重点项目 27 项）。

一、国家社科基金重大项目

序号	课题名称	批准号	首席专家	责任单位
1	习近平新时代中国特色社会主义思想对科学社会主义的理论贡献研究	21&ZD001	陶文昭	中国人民大学
2		21&ZD002	高继文	山东师范大学
3	习近平总书记关于"四个自信"重要论述研究	21&ZD003	韩美群	中南财经政法大学
4	习近平总书记关于中国精神重要论述研究	21&ZD004	吴向东	北京师范大学
5	习近平总书记关于发展全过程人民民主重要论述研究	21&ZD005	程竹汝	上海交通大学
6		21&ZD006	王炳权	中国社会科学院政治学研究所
7	马克思主义人民民主思想研究	21&ZD007	刘林	上海师范大学
8	马克思主义中国化"两个结合"及其关系研究	21&ZD008	何中华	山东大学
9		21&ZD009	孙建华	南京林业大学
10	新时代中国特色社会主义公平正义理论与实践研究	21&ZD010	魏传光	暨南大学
11	中国式现代化新道路与人类文明新形态研究	21&ZD011	韩庆祥	中共中央党校（国家行政学院）
12		21&ZD012	吴晓明	复旦大学
13	中国特色社会主义道路、理论、制度、文化的科学内涵和内在关系研究	21&ZD013	肖安宝	广西大学
14	新时代英雄观的理论建构与传播体系研究	21&ZD016	邢云文	上海交通大学
15		21&ZD017	刘明洋	山东大学

续表

序号	课题名称	批准号	首席专家	责任单位
16	中国共产党百年对马克思主义的整体性原创贡献研究	21&ZD018	刘新刚	北京理工大学
17		21&ZD019	任晓伟	陕西师范大学
18	中国共产党迈向第二个百年对人类社会进步发展的新贡献研究	21&ZD020	杜艳华	复旦大学
19	海外华人与人类命运共同体研究	21&ZD021	曾少聪	中国社会科学院民族学与人类学研究所
20		21&ZD022	张振江	暨南大学
21	国外马克思主义关于中国特色社会主义的论述编译与研究	21&ZD023	于海青	中国社会科学院马克思主义研究院
22	伟大建党精神及其同中国共产党精神谱系关系研究	21&ZD024	王炳林	北京师范大学
23		21&ZD025	陈挥	上海交通大学
24	中国共产党百年历程主题研究	21&ZD026	杨凤城	中国人民大学
25	中国共产党领导意识形态建设的历史进程与基本经验研究	21&ZD028	李毅	中共中央党校（国家行政学院）
26	中国共产党人百年伦理精神研究	21&ZD030	朱金瑞	河南财经政法大学
27	中国共产党革命音乐百年发展史研究	21&ZD034	徐元勇	南京师范大学
28		21&ZD035	冯磊	上海音乐学院
29	中国共产党百年医疗卫生史料收集、整理与研究	21&ZD036	李洪河	河南师范大学
30	中国共产党工农关系政策史料收集、整理与研究（1921—2021）	21&ZD037	罗平汉	中共中央党校（国家行政学院）
31	中国共产党关于繁荣发展哲学社会科学的历史经验研究	21&ZD038	崔延强	西南大学
32	中共党史学学科体系、学术体系、话语体系建设研究	21&ZD039	宋学勤	中国人民大学
33	党的建设理论体系研究	21&ZD040	杨德山	中国人民大学
34		21&ZD041	刘先春	兰州大学
35	中国共产党依规治党的历史逻辑、理论逻辑与实践逻辑研究	21&ZD042	王伟国	中国法学会
36	中国共产党制度体系建设的百年演进及经验启示研究	21&ZD043	陈朋	江苏省社会科学院
37	中国共产党推进中华民族共同体建设的理论与实践研究	21&ZD044	青觉	中央民族大学

续表

序号	课题名称	批准号	首席专家	责任单位
38	中国共产党领导方式和领导能力现代化的百年历程和经验研究	21&ZD045	熊辉	暨南大学
39	中国共产党对马克思主义哲学的原创性贡献研究	21&ZD046	赵士发	武汉大学
40	中国马克思主义哲学史资料整理及研究	21&ZD047	王海锋	中央民族大学
41	20世纪中国分析哲学史研究	21&ZD050	江怡	山西大学
42	中国特色社会主义政治经济学理论体系研究	21&ZD070	谢富胜	中国人民大学
43	新发展阶段伟大实践与发展经济学理论创新研究	21&ZD071	叶初升	武汉大学
44	新发展格局下中国经济韧性的形成机理、动态评价与政策协同研究	21&ZD072	卢现祥	中南财经政法大学
45		21&ZD073	隋建利	吉林大学
46	中华人民共和国经济战略思想史研究	21&ZD080	伍山林	上海财经大学
47	"十四五"时期我国经济有效防范滞胀风险路径研究	21&ZD081	范金	南京林业大学
48	中国家庭经济风险测度、成因及外溢性研究	21&ZD087	尹志超	首都经济贸易大学
49		21&ZD088	臧旭恒	山东师范大学
50	我国数字经济安全的动态预警、治理机制和法律保障研究	21&ZD089	范柏乃	浙江大学
51	习近平法治思想中的民生保障理论研究	21&ZD190	胡玉鸿	华东政法大学
52	新中国成立后各民族人口流动与深度交融的动力机制研究	21&ZD212	郝亚明	贵州民族大学
53		21&ZD213	袁年兴	武汉科技大学
54	中国海关通史	21&ZD220	戴一峰	厦门大学
55	中国特殊教育通史	21&ZD221	郭卫东	北京大学
56	中国共产党文学思想史料整理与研究（1921—1949）	21&ZD255	谢纳	东北大学
57	中国共产党文艺制度史研究	21&ZD256	李西建	陕西师范大学
58	百年中国文学视域下儿童文学发展史	21&ZD257	吴翔宇	浙江师范大学
59	红色文艺与百年中国研究	21&ZD259	张均	中山大学
60		21&ZD260	赵学勇	陕西师范大学
61	百年中国乡土文学与农村建设运动关系研究	21&ZD261	张丽军	暨南大学
62		21&ZD262	徐志伟	哈尔滨师范大学
63	百年未有之大变局下中国共产党形象全球传播与认同研究	21&ZD314	高金萍	北京外国语大学
64		21&ZD315	刘小燕	中国人民大学

续表

序号	课题名称	批准号	首席专家	责任单位
65	新发展阶段中国体育战略转型与发展模式创新研究	21&ZD343	杨国庆	南京体育学院
66		21&ZD344	郑国华	上海体育学院
67	新时代体育全媒体传播格局构建研究	21&ZD345	张德胜	武汉体育学院
68		21&ZD346	张盛	上海体育学院

二、研究阐释党的十九届五中全会精神国家社科基金重大项目

序号	立项课题名称	首席专家	责任单位
1	开启全面建设社会主义现代化国家新征程研究	张占斌	中共中央党校（国家行政学院）
2	全面建设社会主义现代化新阶段我国发展环境、发展趋势和战略思路研究	郭春丽	国家发改委经济研究所
3	决胜全面建成小康社会的思想构筑、实践创新、辉煌成就与宝贵经验研究	黄蓉生	西南大学
4	全面建设社会主义现代化新阶段我国发展环境研究	金伟	武汉大学
5	到2035年共同富裕取得实质性进展远景目标研究	万海远	北京师范大学
6	"十四五"时期环境约束推动产业平稳、绿色低碳发展的机制与路径研究	刘海英	吉林大学
7	内需主导型全球价值链视角下构建"双循环"新发展格局研究	刘志彪	南京大学
8	构建以国内大循环为主体、国内国际双循环相互促进的新发展格局研究	张斌	中国社会科学院
9	坚持创新驱动发展全面塑造发展新优势研究	陈钊	复旦大学
10	创新驱动发展战略下全面塑造发展新优势的路径研究	孔东民	华中科技大学
11	综合性国家科学中心和区域性创新高地布局建设研究	刘承良	华东师范大学
12	企业创新主体地位强化及技术创新能力提升研究	欧阳桃花	北京航空航天大学
13	融入全球创新网络提升企业技术创新能力的学理、机制与政策研究	谢洪明	广州大学
14	建设人才强国背景下激发科技人才创新活力研究	王宏伟	中国社会科学院
15	构建激发人才创新活力的生态系统研究	陈丽君	浙江大学
16	以创新能力、质量、实效、贡献为导向的科技人才评价体系研究	刘云	中国科学院大学
17	深入推进科技体制改革与完善国家科技治理体系研究	李正风	清华大学
18	新形势下进一步完善国家科技治理体系研究	陈强	同济大学
19	新时代科学精神与工匠精神融合及实践创新研究	张秀华	中国政法大学
20	新时代中国特色工匠精神的科学传承与创新发展研究	陈凡	东北大学

续表

序号	立项课题名称	首席专家	责任单位
21	推进新型工业化与经济体系优化升级研究	史丹	中国社会科学院
22	加快发展现代产业体系、推动经济体系优化升级研究	张杰	中国人民大学
23	驱动产业链供应链现代化水平提升的关键因素研究	张其仔	中国社会科学院
24	新技术变革下质量提升策略与质量强国建设路径研究	刘虎沉	同济大学
25	在法治轨道上促进平台经济、共享经济健康发展研究	杨东	中国人民大学
26	促进平台经济、共享经济健康发展研究	李小玲	重庆大学
27	推动现代服务业同先进制造业、现代农业深度融合研究	姜长云	国家发改委产业经济与技术经济所
28	社会主义现代化先行区新农村生态友好型水环境治理体系构建	赵敏	温州大学
29	加快建设交通强国研究	陆化普	清华大学
30	面向碳中和的能源革命推进路径与策略研究	张奇	中国石油大学（北京）
31	加快数字乡村建设的理论创新与实践探索研究	徐旭初	杭州电子科技大学
32	数字经济与实体经济深度融合的机制与对策研究	史宇鹏	中央财经大学
33	推动数字经济和实体经济深度融合研究	陈曦	南京大学
34	实施扩大内需战略同深化供给侧结构性改革有机结合研究	陈斌开	中央财经大学
35	协同推进强大国内市场和贸易强国建设研究	杨汝岱	北京大学
36	增强消费对经济发展的基础性作用研究	周先波	中山大学
37	发挥投资对优化供给结构的关键作用研究	贺京同	南开大学
38	深化企业国有资产监管体制改革研究	肖海军	湖南大学
39	深化混合所有制改革的机制创新和实践路径研究	王艳	广东外语外贸大学
40	深化国企混合所有制改革的理论与实践创新研究	綦好东	山东财经大学
41	优化民营经济发展环境、构建亲清政商关系研究	黄冬娅	中山大学
42	健全目标优化、分工合理、高效协同的宏观经济治理体系的理论与实践研究	刘金全	广州大学
43	深化预算管理制度改革研究	肖鹏	中央财经大学
44	中国建设现代中央银行调控制度研究	马勇	中国人民大学
45	中央银行的逻辑与现代中央银行制度的建设	汪洋	江西师范大学
46	构建金融有效支持农业高质量发展的体制机制研究	钱水土	浙江工商大学
47	新发展格局下金融有效支持实体经济的体制机制研究	吴文锋	上海交通大学
48	实现高质量发展的国有商业银行改革研究	李志辉	南开大学
49	推进土地、劳动力、资本、技术、数据等要素市场化改革研究	彭森	中国经济体制改革研究会
50	民法在建设职责明确、依法行政的政府治理体系中的作用研究	张新宝	中国人民大学
51	优化营商环境的法治建构	王敬波	对外经济贸易大学
52	优化市场化法治化国际化便利化营商环境研究	王建文	南京航空航天大学

续表

序号	立项课题名称	首席专家	责任单位
53	二元经济转型视角下中国新型城乡关系的构建研究	张桂文	辽宁大学
54	农业高质量发展的理论创新与路径研究	杜志雄	中国社会科学院
55	深入实施藏粮于地、藏粮于技战略研究	倪国华	北京工商大学
56	耕地—技术—政策融合视角下的"两藏"战略研究	钟钰	中国农业科学院
57	实施数字乡村建设行动研究	刘少杰	安徽大学
58	实施乡村建设行动研究	何慧丽	中国农业大学
59	健全城乡融合发展的体制机制研究	郑风田	中国人民大学
60	我国宅基地制度改革及其保障路径研究	许庆	上海财经大学
61	探索宅基地所有权、资格权、使用权分置实现形式研究	孙晓勇	国家法官学院
62	实现巩固拓展脱贫攻坚成果同乡村振兴有效衔接研究	温涛	西南大学
63	西部地区巩固拓展脱贫攻坚成果同乡村振兴有效衔接的路径及政策研究	白永秀	西北大学
64	构建高质量发展的国土空间布局和支撑体系研究	岳文泽	浙江大学
65	推动黄河流域生态保护和高质量发展研究	张宁	山东大学
66	黄河流域生态环境保护与高质量发展耦合协调与协同推进研究	任保平	西北大学
67	我国以人为核心的新型城镇化机制及推进战略研究	王桂新	复旦大学
68	推进以农业转移人口市民化为首要任务的新型城镇化研究	张国胜	云南大学
69	大数据驱动的特大城市治理中的风险防控研究	吴晓林	南开大学
70	建设现代化都市圈研究	姚永玲	中国人民大学
71	推进以县城为重要载体的城镇化建设研究	张蔚文	浙江大学
72	到二〇三五年建成社会主义文化强国的总体逻辑与战略路径研究	王波	厦门大学
73	社会主义文化强国建设的阶段目标与重点任务研究	曾红颖	国家发改委社会发展研究所
74	加强党史、新中国史、改革开放史、社会主义发展史教育研究	宋月红	中国社会科学院
75	新时代加强"四史"教育重大理论与现实问题研究	徐建刚	中共上海市委党校
76	拓展新时代文明实践中心建设研究	萧放	北京师范大学
77	深化拓展新时代文明实践中心建设方法与路径研究	张明海	长沙理工大学
78	当代中国戏剧影视"高峰"作品创作建设研究	郝戎	中央戏剧学院
79	文化强国进程中中国影视高质量创新发展研究	张国涛	中国传媒大学
80	文旅融合视域下的长征国家文化公园建设研究	王兆峰	湖南师范大学
81	建设黄河国家文化公园研究	程遂营	河南大学
82	文化产业数字化战略实施路径和协同机制研究	周建新	深圳大学
83	绿色金融推动绿色发展促进人与自然和谐共生研究	蓝虹	中国人民大学
84	推动能源供给侧与消费侧协同绿色发展促进人与自然和谐共生研究	邵帅	华东理工大学

续表

序号	立项课题名称	首席专家	责任单位
85	中国2030年前碳排放达峰行动方案研究	庄贵阳	中国社会科学院
86	碳排放达峰规律和我国2030年前碳排放达峰行动方案研究	董锋	中国矿业大学（徐州）
87	基于源头管控和区域协同的陆海统筹生态环境治理制度研究	杜欢政	同济大学
88	完善中央生态环境保护督察制度研究	竺效	中国人民大学
89	积极参与和引领应对气候变化国际合作研究	孙永平	湖北经济学院
90	构建以国家公园为主体的自然保护地体系研究	温亚利	北京林业大学
91	生态文明视野下自然资源资产产权法律制度研究	黄锡生	重庆大学
92	建设更高水平开放型经济新体制研究	孙浦阳	南开大学
93	完善自由贸易试验区布局研究	姚星	西南财经大学
94	稳慎推进人民币国际化研究	丁剑平	上海财经大学
95	构筑互利共赢的产业链供应链合作体系研究	杨继军	南京财经大学
96	中国积极参与全球数字经济治理体系改革与创新研究	徐秀军	中国社会科学院
97	积极参与全球经济治理体系改革研究	隋广军	广东外语外贸大学
98	强化就业优先政策、稳定和扩大就业研究	罗楚亮	中国人民大学
99	就业优先、稳定和扩大就业的推动机制与政策研究	张抗私	东北财经大学
100	新时代高质量教育体系研究	毛亚庆	北京师范大学
101	发展多层次、多支柱养老保险体系研究	米红	浙江大学
102	健全退役军人工作体系和保障制度研究	朱亚鹏	中山大学
103	新时期我国健康老龄化服务体系优化研究	刘慧君	西安交通大学
104	全面推进健康中国建设的战略方向与动力机制研究	王培刚	武汉大学
105	基于新一代信息技术提高应对突发公共卫生事件能力研究	熊励	上海大学
106	实施积极应对人口老龄化国家战略	杜鹏	中国人民大学
107	以健康中国战略为基础实施积极应对人口老龄化国家战略	郑晓瑛	北京大学
108	增强综合实力的中国人口长期发展战略研究	王金营	河北大学
109	健全党组织领导的自治、法治、德治相结合的城乡基层治理体系研究	龚维斌	中共中央党校（国家行政学院）
110	"高质量"导向下城乡社区治理和服务体系建设的有效性研究	姜晓萍	四川大学
111	新发展理念下中国城乡社区治理与服务体系研究	郑路	清华大学
112	统筹发展和安全理念下建设"更高水平的平安中国"测评的理论、方法与指标体系研究	张小明	中共中央党校（国家行政学院）
113	新时代国家意识形态安全体系建构研究	王永贵	南京师范大学
114	新兴数字技术驱动下金融安全风险防控体系构建与能力建设研究	谢赤	湖南大学
115	"双循环"背景下中国经济安全风险预警与防控机制研究	董小君	中共中央党校（国家行政学院）
116	全面提高边疆民族地区公共安全保障能力研究	李俊清	中央民族大学

续表

序号	立项课题名称	首席专家	责任单位
117	坚持和发展新时代"枫桥经验"推进法治社会建设研究	钱弘道	浙江大学
118	新冠肺炎疫情防控视野下一体化国家战略体系和能力构建研究	黄朝峰	国防科技大学
119	百年中国共产党新闻思想与实践经验研究	武志勇	华东师范大学
120	中国共产党司法政策百年发展史研究	彭中礼	中南大学
121	全面贯彻新时代党的组织路线研究	周敬青	中共上海市委党校
122	完善党和国家监督体系研究	刘硕	中国纪检监察学院
123	完善党和国家权力监督理论体系与制度创新研究	李辉	复旦大学
124	推进中国特色社会主义政治制度自我完善和发展研究	张树华	中国社会科学院
125	新时代新阶段推进中国特色社会主义政治制度自我完善和发展研究	牟成文	华中师范大学
126	法治国家、法治政府、法治社会一体建设进路研究	章志远	华东政法大学
127	打造两岸共同市场、壮大中华民族经济研究	李非	厦门大学
128	"两个大局"下加快构建周边命运共同体的理论探索与推进路径研究	李晨阳	云南大学
129	"五位一体"构建中非命运共同体的战略路径探索与实践创新研究	刘鸿武	浙江师范大学
130	构建人类卫生健康共同体研究与数据库建设	孟庆跃	北京大学

三、国家社科基金年度项目

序号	课题名称	姓名	工作单位	项目类别	所在学科
1	习近平新时代中国特色社会主义思想话语体系研究	张艳涛	厦门大学	重点项目	马列·科社
2	习近平总书记关于国家治理现代化重要论述对马克思主义国家学说原创性贡献研究	陈德祥	湖南师范大学	重点项目	马列·科社
3	马克思主义辩证法在中国的百年传承与探索研究	竭长光	东北师范大学	重点项目	马列·科社
4	马克思主义社会矛盾理论视域下新发展阶段实现共同富裕研究	杨文圣	天津大学	重点项目	马列·科社
5	中国共产党百年来教育引领青年学生爱国基本经验研究	曲建武	大连海事大学	重点项目	马列·科社
6	改革开放以来中国共产党对政治经济学理论创新研究	钱智勇	吉林大学	重点项目	马列·科社
7	中国共产党的国际形象塑造研究	高晓林	复旦大学	重点项目	马列·科社

续表

序号	课题名称	姓名	工作单位	项目类别	所在学科
8	面向中国社会现实的马克思主义公平正义论的当代建构研究	陈培永	北京大学	重点项目	马列·科社
9	全球抗疫背景下中国制度优势的国际叙事研究	张晓萌	中国人民大学	重点项目	马列·科社
10	智媒时代主流意识形态传播力的综合评价与提升路径研究	王海稳	杭州电子科技大学	重点项目	马列·科社
11	面向绿色发展的生态劳动理论及其实践路径研究	黄志斌	合肥工业大学	重点项目	马列·科社
12	人类卫生健康共同体的生成逻辑与实现路径研究	陈永森	福建师范大学	重点项目	马列·科社
13	中国特色社会主义与世界社会主义的互动发展研究	李华锋	聊城大学	重点项目	马列·科社
14	中国特色社会主义文化制度与文化强国建设研究	王增福	山东师范大学	重点项目	马列·科社
15	新发展阶段协调推进"四个全面"战略布局的路径研究	孟东方	重庆师范大学	重点项目	马列·科社
16	习近平新时代中国特色社会主义思想对科学社会主义理论的新发展研究	郐雷	中共中央党校（国家行政学院）	一般项目	马列·科社
17	习近平新时代中国特色社会主义思想坚持和发展历史唯物主义研究	宋德孝	苏州大学	一般项目	马列·科社
18	习近平总书记关于风险防控的重要论述研究	王耀东	天津师范大学	一般项目	马列·科社
19	习近平总书记关于城市社会治理重要论述研究	秦德君	东华大学	一般项目	马列·科社
20	习近平生态文明思想对历史唯物主义的原创性贡献研究	李刚	西安电子科技大学	一般项目	马列·科社
21	英雄人物对社会主义核心价值观的传播作用研究	田海舰	河北大学	一般项目	马列·科社
22	中国之治视域下社会领域风险链阻断机制研究	陈秀梅	中共河北省委党校（河北行政学院）	一般项目	马列·科社
23	新时期马克思主义中国化若干问题研究	高正礼	北京交通大学	一般项目	马列·科社
24	习近平总书记关于学校思想政治理论课建设重要论述研究	韩振峰	北京交通大学	一般项目	马列·科社
25	习近平总书记关于社会治理的重要论述研究	向春玲	中共中央党校（国家行政学院）	一般项目	马列·科社
26	统筹中华民族伟大复兴战略全局和世界百年未有之大变局研究	陈远章	中共中央党校（国家行政学院）	一般项目	马列·科社
27	中国共产党领导科学技术工作的历史经验研究	万长松	江南大学	一般项目	马列·科社

续表

序号	课题名称	姓名	工作单位	项目类别	所在学科
28	习近平总书记关于教育重要论述的哲学基础研究	贺武华	浙江财经大学	一般项目	马列·科社
29	中国共产党领导应对重大社会风险的基本历程与历史经验研究	姚亮	中共江西省委党校	一般项目	马列·科社
30	中国共产党国际形象建构的历史逻辑与基本经验研究	陈金明	三峡大学	一般项目	马列·科社
31	提升党对社会思潮的引领力研究	赵子林	湖南师范大学	一般项目	马列·科社
32	民族地区文旅融合发展促进脱贫巩固和乡村振兴研究	黄渊基	湖南科技学院	一般项目	马列·科社
33	新时代中国共产党形象建设研究	焦晓云	湖南师范大学	一般项目	马列·科社
34	社会主义意识形态认同视域下中华优秀传统文化传承发展研究	程京武	暨南大学	一般项目	马列·科社
35	新时代我国监察体制改革理论发展研究	王高贺	暨南大学	一般项目	马列·科社
36	英雄模范人物对社会主义核心价值观的传播作用及其制度化建设研究	肖琴	海南大学	一般项目	马列·科社
37	新发展阶段我国边疆意识形态风险识别与治理研究	曾令辉	南宁师范大学	一般项目	马列·科社
38	建党百年来马克思主义中国化话语体系构建研究	郑洁	重庆邮电大学	一般项目	马列·科社
39	共享发展理念下西南民族地区脱贫攻坚与乡村振兴战略有效衔接研究	胡雯	中共四川省委党校	一般项目	马列·科社
40	新时代中国共产党意识形态工作的理论实践创新研究	李萍	陆军工程大学	一般项目	马列·科社
41	马克思政治经济学研究与历史唯物主义的关系	李怀涛	首都师范大学	一般项目	马列·科社
42	新发展阶段实现共同富裕实践路径研究	孙爽	中共北京市委党校	一般项目	马列·科社
43	社会主义协商民主的理论与实践研究	杨守涛	中共北京市委党校	一般项目	马列·科社
44	科学社会主义基本原则的内在逻辑及其当代意义研究	石镇平	南开大学	一般项目	马列·科社
45	脱贫地区"绿水青山"转化为"金山银山"的路径研究	罗琼	中共天津市委党校	一般项目	马列·科社
46	思想史视域下的马克思国家学说及其新时代价值研究	郭强	河北省社会科学院	一般项目	马列·科社
47	中国共产党基层组织制度效能提升研究	云电军	沧州师范学院	一般项目	马列·科社
48	仪式教育对培育和践行社会主义核心价值观的作用及其路径研究	孟迎辉	沈阳师范大学	一般项目	马列·科社

续表

序号	课题名称	姓名	工作单位	项目类别	所在学科
49	中国特色社会主义现代化话语体系构建研究	徐平	中国医科大学	一般项目	马列·科社
50	新时代坚持加强党对经济工作的集中统一领导研究	方玉梅	大连理工大学	一般项目	马列·科社
51	新时代劳动观研究	王晓蓓	中共黑龙江省委党校	一般项目	马列·科社
52	中国共产党革命精神与"四史"教育有机融合研究	叶丽	哈尔滨理工大学	一般项目	马列·科社
53	构建人类卫生健康共同体研究	于钦明	黑龙江中医药大学	一般项目	马列·科社
54	新中国成立以来中国共产党领导社会建设的历程与经验研究	严运楼	上海工程技术大学	一般项目	马列·科社
55	中国特色社会主义道路的原创性贡献研究	陈祥勤	上海社会科学院	一般项目	马列·科社
56	西部乡村可持续发展中贫困代际传递阻断机制研究	储琰	华东理工大学	一般项目	马列·科社
57	新发展格局下"一带一路"的布局优化与实践创新研究	陈健	东华大学	一般项目	马列·科社
58	新时代中国共产党全球形象构建研究	严怡宁	上海外国语大学	一般项目	马列·科社
59	新中国生态文明制度建设史研究	李娟	北京师范大学	一般项目	马列·科社
60	新时代党牢牢掌握历史主动理论与实践研究	孙存良	教育部高等学校社会科学发展研究中心	一般项目	马列·科社
61	我国疫情防控的制度优势与治理体系优化研究	骆小平	华北电力大学	一般项目	马列·科社
62	中国人权建设成就的国际传播研究	韩克芳	中央民族大学	一般项目	马列·科社
63	构建人类命运共同体理念的原创性贡献研究	乔茂林	中共中央党史和文献研究院	一般项目	马列·科社
64	以百年党史为实证的唯物史观叙事方式研究	万丽华	南京信息工程大学	一般项目	马列·科社
65	以人民为中心的环境公正实现机制研究	陈兴发	南京审计大学	一般项目	马列·科社
66	基于"以人民为中心"的城市治理研究	刘丽	淮阴师范学院	一般项目	马列·科社
67	中国共产党对青年政治引领的百年历程与经验研究	李宏刚	江苏大学	一般项目	马列·科社
68	建党100年来马克思主义信仰教育的发展历程与经验研究	陈春琳	江苏理工学院	一般项目	马列·科社
69	习近平总书记关于共谋全球生态文明建设的重要论述研究	肖兰兰	南京理工大学	一般项目	马列·科社

续表

序号	课题名称	姓名	工作单位	项目类别	所在学科
70	新时代高校爱国主义教育话语创新研究	蒋艳	南京体育学院	一般项目	马列·科社
71	现代中国科学文化的历史演进研究	伍光良	南京信息工程大学	一般项目	马列·科社
72	中国共产党开展历史学习教育的百年历程与基本经验研究	洪认清	厦门理工学院	一般项目	马列·科社
73	习近平总书记关于社会建设重要论述的原创性贡献研究	孙秀艳	中共福建省委党校	一般项目	马列·科社
74	习近平法治思想原创性贡献研究	邓扬麒	南昌大学	一般项目	马列·科社
75	中国共产党榜样选树的历史考察与基本经验研究	韩迎春	南昌大学	一般项目	马列·科社
76	井冈山革命老区脱贫攻坚与乡村振兴有效衔接的实践探索研究	易文彬	南昌大学	一般项目	马列·科社
77	百年变局下中国国家形象塑造与传播研究	牛凤燕	山东理工大学	一般项目	马列·科社
78	中国共产党共同富裕思想演进研究	李明桂	中原工学院	一般项目	马列·科社
79	脱贫攻坚与乡村振兴战略有效衔接的机制和路径研究	梁伟军	华中农业大学	一般项目	马列·科社
80	人类命运共同体理念的海外传播和国际认同研究	王燕	三峡大学	一般项目	马列·科社
81	中国共产党推进马克思主义大众化传播的经验研究	彭颜红	武汉工程大学	一般项目	马列·科社
82	新时代乡村治理研究	阎占定	中南民族大学	一般项目	马列·科社
83	中国现代化进程中共同富裕研究	蒋艳清	湖南工商大学	一般项目	马列·科社
84	乡村振兴战略与脱贫区公民道德建设研究	周双娥	湖南文理学院	一般项目	马列·科社
85	习近平法治思想的整体性特质研究	杜艳艳	湖南理工学院	一般项目	马列·科社
86	新中国发展中医药的基本历程与历史经验研究	叶利军	湖南中医药大学	一般项目	马列·科社
87	民族地区红色文化的网络传播研究	温健琳	重庆大学	一般项目	马列·科社
88	建设社会主义现代化国家进程中防范和化解意识形态重大风险研究	方旭	中共重庆市委党校	一般项目	马列·科社
89	新时代中国共产党生态民生观研究	李旭华	贵州师范大学	一般项目	马列·科社
90	新时代党的依法治边方略研究	王超品	云南大学	一般项目	马列·科社
91	新时代党的治藏方略研究	万金鹏	中共西藏自治区委员会党校	一般项目	马列·科社
92	中国共产党处理中央与地方关系问题的探索历程与历史经验研究	韩奇	陕西师范大学	一般项目	马列·科社
93	全面小康时代脱贫农户生计转型与发展研究	杨文静	兰州理工大学	一般项目	马列·科社
94	新时代文化润疆工程建设研究	马晨	新疆师范大学	一般项目	马列·科社

续表

序号	课题名称	姓名	工作单位	项目类别	所在学科
95	新时代党的治疆方略研究	孙雯	中共新疆维吾尔自治区委员会党校	一般项目	马列·科社
96	兵团"文化润疆"作用研究	张全峰	中共新疆生产建设兵团委员会党校	一般项目	马列·科社
97	新时代中国外交核心价值理念研究	黄真	中共上海市委党校	一般项目	马列·科社
98	习近平总书记关于应急管理体系及能力建设的重要论述研究	王明	湖南科技大学	一般项目	马列·科社
99	中国共产党提升国家治理效能的运行机制研究	石德金	中山大学	一般项目	马列·科社
100	中国共产党党内政治生态建设的百年历程与基本经验研究	王春玺	北京航空航天大学	重点项目	党史·党建
101	中国共产党领导伟大社会革命的历史与逻辑研究	王智	南京航空航天大学	重点项目	党史·党建
102	新时代中国共产党执政形象研究	刘子平	聊城大学	重点项目	党史·党建
103	国外中共党史研究史述论（1921—2021）	梁怡	北京联合大学	重点项目	党史·党建
104	中国共产党社会治理史研究	吴超	当代中国研究所	重点项目	党史·党建
105	中国共产党革命精神谱系研究	朱喜坤	教育部高等学校社会科学发展研究中心	重点项目	党史·党建
106	中国共产党乡村建设史研究	伍小涛	中共贵州省委党校	重点项目	党史·党建
107	习近平总书记关于"四史"重要论述研究	刘志华	天津大学	一般项目	党史·党建
108	习近平总书记关于斗争精神重要论述研究	高超	北京师范大学	一般项目	党史·党建
109	习近平总书记关于防范风险挑战、应对突发事件重要论述研究	汪杰	陆军军医大学	一般项目	党史·党建
110	中国共产党宣传工作的百年历史考察及经验启示研究	钟小武	江西省社会科学院	一般项目	党史·党建
111	新时代中国特色政党文化研究	魏晓文	大连理工大学	一般项目	党史·党建
112	中国共产党处理财政与金融关系的历史考察及其经验启示（1921—1956）	万立明	同济大学	一般项目	党史·党建

续表

序号	课题名称	姓名	工作单位	项目类别	所在学科
113	新中国成立以来中共国际战略思想与实践研究	王巧荣	当代中国研究所	一般项目	党史·党建
114	新时代党和国家禁毒事业的历史性成就及其基本经验研究	齐霁	天津商业大学	一般项目	党史·党建
115	中国共产党中医药政策发展史研究	胡宜	江西财经大学	一般项目	党史·党建
116	新中国成立以来党内巡视制度研究	孙亮	安徽师范大学	一般项目	党史·党建
117	新时代党领导人民团体的制度体系及其政治整合机制研究	岳杰勇	河南师范大学	一般项目	党史·党建
118	毛泽东处理中印边界问题的决策及启示研究	谢忠	湖南科技大学	一般项目	党史·党建
119	毛泽东关于社会主义制度优势的探索及其当代价值研究	范美香	南通大学	一般项目	党史·党建
120	新时代涉藏地区意识形态安全研究	史正军	中共黄南藏族自治州委党校	一般项目	党史·党建
121	党建引领基层应对公共卫生事件经验研究	管素叶	温州医科大学	一般项目	党史·党建
122	中国共产党文化领域制度建设研究	何利娜	中共天津市委党校	一般项目	党史·党建
123	中国共产党建设中华民族共同体的历史经验研究	邵彦涛	华中师范大学	一般项目	党史·党建
124	中国共产党百年历程中重建民族自信的历史贡献与经验启示研究	文侃	萍乡学院	一般项目	党史·党建
125	中国共产党维护国家海洋权益的历程与经验研究	殷昭鲁	鲁东大学	一般项目	党史·党建
126	中国共产党反贫困斗争的实践演进与理论创新研究	郭云	北京联合大学	一般项目	党史·党建
127	人类命运共同体视域下反腐败国际合作研究	田坤	中国社会科学院马克思主义研究院	一般项目	党史·党建
128	中国共产党领导工业体系建设的历程与经验研究（1949—2021）	肖翔	中央财经大学	一般项目	党史·党建
129	中国共产党公共卫生治理研究	刘春梅	首都医科大学	一般项目	党史·党建
130	新中国粮食价格政策演进内在逻辑与改革战略取向研究	孙中叶	河南工业大学	一般项目	理论经济
131	微观史学视域下中国共产党民生经济学创新研究	方建国	福州大学	一般项目	理论经济
132	中国居民代际收入流动对消费的影响机制及效应研究	董长瑞	山东财经大学	一般项目	理论经济

续表

序号	课题名称	姓名	工作单位	项目类别	所在学科
133	中国制造业外迁动因、影响及对策研究	郭娟娟	上海社会科学院	一般项目	理论经济
134	新时代中国退役军人社会保障制度体系优化研究	湛泳	湘潭大学	重点项目	应用经济
135	习近平总书记以人民为中心发展思想的政治学研究	朱仁显	厦门大学	重点项目	政治学
136	国家治理现代化视域下"长期建疆"方略的实施机制和路径研究	王光耀	石河子大学	重点项目	政治学
137	党中央"七次西藏工作会议"治藏方略演变及其实施绩效研究	南德庆	青海民族大学	一般项目	政治学
138	基层治理中人大协商的作用、机制与发展研究	赵永红	宁波大学	一般项目	政治学
139	中国共产党乡村治理政策变迁研究（1921—2021）	党晓虹	青岛农业大学	一般项目	政治学
140	对口支援在我国国家治理中的制度和功能优势研究	汪波	北京师范大学	一般项目	政治学
141	中国特色新型举国体制构建的理论逻辑与实现路径研究	梁华	中共陕西省委党校（陕西行政学院）	一般项目	政治学
142	新中国工业建设亲历者的集体记忆与社会认同研究	胡洁	南京大学	一般项目	社会学
143	我国重大公共危机事件中社区应急的资源动员机制研究	郭鹏	天津社会科学院	一般项目	社会学
144	中国家庭结构变迁与社会流动研究	谢桂华	中国人民大学	一般项目	社会学
145	乡村振兴进程中脱贫村发展共同体构建研究	田丰韶	河南大学	一般项目	社会学
146	新疆铸牢中华民族共同体意识的地方经验研究	高卉	石河子大学	重点项目	民族学
147	中国共产党培育中华民族共同体意识的百年历程与基本经验研究	张淑娟	大连理工大学	重点项目	民族学
148	对口援藏中铸牢中华民族共同体意识的路径机制及典型案例研究	朱金春	四川大学	一般项目	民族学
149	兵团红色口述史文化发展传承与新疆各民族铸牢中华民族共同体意识关系研究	漆志忠	新疆师范大学	一般项目	民族学
150	建党百年我国民族高等教育历史经验研究	张立军	内蒙古民族大学	一般项目	民族学
151	中国医疗援外有效性	宋欣阳	上海中医药大学	一般项目	国际问题研究
152	中国参与全球海洋治理体系变革的法律路径研究	戴瑛	国家海洋信息中心	一般项目	国际问题研究
153	中国与东盟国家的民间组织合作参与共建"一带一路"研究	王虎	厦门大学	一般项目	国际问题研究

续表

序号	课题名称	姓名	工作单位	项目类别	所在学科
154	对外援助促进中非共建"一带一路"的理论与实践研究	宋微	商务部国际贸易经济合作研究院	一般项目	国际问题研究
155	美国华侨华人与中美关系互动研究（1979—2021）	万晓宏	华南师范大学	一般项目	国际问题研究
156	百年大变局下中国外交能力建设研究	凌胜利	外交学院	一般项目	国际问题研究
157	中国马克思主义历史理论发展史研究	左玉河	中国社会科学院历史理论研究所	重点项目	中国历史
158	美国对台政策及蒋美互动的历史考察（1949—1979）	冯琳	中国社会科学院近代史研究所	重点项目	中国历史
159	中国铁路卫生防疫事业研究（1910—2020）	黄华平	安徽师范大学	重点项目	中国历史
160	新中国治淮史研究	张崇旺	安徽大学	重点项目	中国历史
161	现代鼠疫防治制度在中国的确立研究	李玉尚	上海交通大学	重点项目	中国历史
162	旅俄华侨华人的红色档案整理与研究（1921—2021）	宁艳红	黑河学院	一般项目	中国历史
163	苏联与恢复联合国中国代表权问题研究（1949—1971）	孙泽学	华中师范大学	一般项目	中国历史
164	中国人民解放军西南服务团历史资料搜集、整理与研究	何志明	四川大学	一般项目	中国历史
165	中国共产党与鞍钢工业生产建设研究（1948—1966）	于之伟	辽宁社会科学院	一般项目	中国历史
166	新中国工业化进程中的工程技术人才体系建设研究	王安轶	中国科学技术大学	一般项目	中国历史
167	中华人民共和国早期农村地区信访问题研究（1949—1965）	李玉峰	南宁师范大学	一般项目	中国历史
168	南水北调中线工程移民口述史研究	化世太	华北水利水电大学	一般项目	中国历史
169	新中国前期东南海岛生态环境治理与稳固海疆研究（1949—1966）	汪炜伟	福建师范大学	一般项目	中国历史
170	习近平总书记对马克思主义文艺理论中国化的理论贡献研究	李西建	陕西师范大学	重点项目	中国文学
171	红色中国的域外书写及传播研究（1934—1979）	赵学勇	陕西师范大学	重点项目	中国文学

续表

序号	课题名称	姓名	工作单位	项目类别	所在学科
172	改革开放40年小说本事资料的发掘、整理与综合研究	张均	中山大学	重点项目	中国文学
173	中国共产党文艺群众观的现代理论发生与当代实践展开（1921—1966）	张德明	西南科技大学	一般项目	中国文学
174	1980年以来诗歌中的中国形象研究	陈昶	同济大学	一般项目	中国文学
175	新中国农村电影中的乡村文化变迁研究	贺彩虹	山东师范大学	一般项目	中国文学
176	人民戏剧中的传统文化资源研究（1942—1966）	焦欣波	西北大学	一般项目	中国文学
177	"十七年"京剧传统剧目整理改编研究	管尔东	杭州师范大学	一般项目	中国文学
178	"社会大讨论"与1980年代文学发展研究	李萱	河南大学	一般项目	中国文学
179	中共党史对外译介研究	李晶	天津外国语大学	一般项目	语言学
180	中国共产党百年出版思想史研究	高杨文	北京印刷学院	一般项目	新闻学与传播学
181	中印领土争端舆论史研究（1947—2017）	周宏刚	陕西师范大学	一般项目	新闻学与传播学
182	百年来中国共产党先进人物传记图书出版与传播研究	王宏波	南京师范大学	一般项目	新闻学与传播学
183	中国共产党百年体育宣传思想工作研究	曾文莉	成都体育学院	一般项目	体育学
184	中国红色体育话语的百年发展研究	刘显	山东体育学院	一般项目	体育学
185	新中国成立以来体育非物质文化遗产政策研究	涂传飞	福建师范大学	一般项目	体育学
186	中国共产党百年"人民至上"体育观生成逻辑研究	黄文宾	湖南师范大学	一般项目	体育学
187	我国竞技体育科技成果服务军事训练提高军队战斗力研究	毛永	集美大学	一般项目	体育学

四、国家社科基金青年项目

序号	课题名称	姓名	工作单位	项目类别	所在学科
1	中国共产党组织体系建设的百年历程与基本经验研究	陈艳飞	北京工业大学	青年项目	马列·科社
2	马克思主义政治话语体系在中国的形成与发展研究	王昆	上海交通大学	青年项目	马列·科社
3	中国共产党"社会矛盾"话语的历史演进及其启示研究	张廷广	北京理工大学	青年项目	马列·科社
4	中国特色社会主义社会治理的共同体优势研究	李戈	清华大学	青年项目	马列·科社
5	新时代中国对外话语体系建构研究	陈明琨	中国人民大学	青年项目	马列·科社

续表

序号	课题名称	姓名	工作单位	项目类别	所在学科
6	我国应对西方对华知识产权贸易摩擦研究	乔咏波	武汉大学	青年项目	马列·科社
7	习近平总书记关于应对外部环境风险的重要论述研究	粟锋	湖南理工学院	青年项目	马列·科社
8	特区记忆与中国特色社会主义价值认同研究	曾楠	南方医科大学	青年项目	马列·科社
9	新疆各民族中华民族共同体认同研究	乔秀丽	新疆农业大学	青年项目	马列·科社
10	习近平总书记大历史观的丰富内涵与现实意蕴研究	金梦	北京师范大学	青年项目	马列·科社
11	习近平中共党史观与新时代中共党史学创新发展研究	吴起民	北京师范大学	青年项目	党史·党建
12	党群关系视域下的《人民日报》读者来信研究（1977—2020）	武星	中共江苏省委党校	青年项目	党史·党建
13	党政联合发文制度研究	张海涛	中共中央党校（国家行政学院）	青年项目	党史·党建
14	新时代中国共产党改革话语体系研究	高松	云南大学	青年项目	党史·党建
15	网络时代中国共产党的社会号召力建设研究	仰义方	重庆邮电大学	青年项目	党史·党建
16	海外毛泽东传记文本中的历史虚无主义批判研究	王芳	南京理工大学	青年项目	党史·党建
17	新中国成立后党领导新疆人口工作与边疆长治久安研究（1949—1965）	易海涛	当代中国研究所	青年项目	党史·党建
18	新中国成立初期华南城市政权建设研究（1949—1952）	连文妹	厦门大学	青年项目	党史·党建
19	新中国成立前后"城市建党"文献资料收集和整理研究	许昊	郑州大学	青年项目	党史·党建
20	新中国成立以来中国共产党国家治理的传统文化向度研究	王梅琳	曲阜师范大学	青年项目	党史·党建
21	新中国成立以来党领导农村改水事业的历史进程和基本经验研究	张亮	西南大学	青年项目	党史·党建
22	新中国成立初期中国共产党领导生产救灾的理论与实践研究（1949—1957）	曹佐燕	中国农业大学	青年项目	党史·党建
23	百年来中国共产党马克思主义意识形态话语权建设研究	张玄益	中共重庆市委党校	青年项目	党史·党建
24	新中国成立初期大众文艺中的英雄人物塑造及精神示范研究	王志强	南京师范大学	青年项目	党史·党建
25	基于口述史的铁道兵精神及其当代价值研究	刁成林	西南交通大学	青年项目	党史·党建

续表

序号	课题名称	姓名	工作单位	项目类别	所在学科
26	中国共产党百年青年思想政治工作史研究	杨巧	中国共产主义青年团中央团校	青年项目	党史·党建
27	中国共产党构建科技举国体制的历程与经验研究	徐凡	河北师范大学	青年项目	党史·党建
28	中国共产党与中东华人华侨百年关系史研究	雷安琪	宁夏大学	青年项目	党史·党建
29	中国共产党交通强国思想发展历程研究	曹文翰	西南交通大学	青年项目	党史·党建
30	西南边疆国家政权建设档案资料的收集整理与研究（1949—1966）	赵局建	云南大学	青年项目	政治学
31	人民代表与中国特色社会主义民主政治研究	童志超	中山大学	青年项目	政治学
32	比较历史视野下的政治文化变迁研究	胡鹏	复旦大学	青年项目	政治学
33	中国援助对非洲国家经济发展政策选择的影响研究	黄振乾	中国农业大学	青年项目	政治学
34	防范和遏制外部势力利用议会干预香港事务机制研究	严行健	华东政法大学	青年项目	政治学
35	中国共产党百年反分裂斗争的历史经验研究	周光俊	华东政法大学	青年项目	政治学
36	全国人大常委会授权改革试点决定案例研究	周宇骏	湖南大学	青年项目	法学
37	中国特色社会主义法律体系中的监察法规研究	刘怡达	湖南大学	青年项目	法学
38	中国农村社会工作史研究	徐其龙	广西师范大学	青年项目	社会学
39	中国第二次人口转变的空间分布及产生机制研究	王东晖	中国人民大学	青年项目	人口学
40	新中国成立初期中华民族共同体建设研究（1949—1957）	张福强	北方民族大学	青年项目	民族学
41	新时代中国共产党治藏方略研究	刘玉	西藏大学	青年项目	民族学
42	当代泰国历史教科书中的中国形象研究	赵娟	云南大学	青年项目	国际问题研究
43	中非命运共同体视域下的华人企业家与非洲社会的双向互动研究	刘少楠	北京师范大学	青年项目	国际问题研究
44	美国智库视域下的中俄关系（2012—2020）	马洪喜	曲阜师范大学	青年项目	国际问题研究
45	美国国会立法干涉台湾问题的规律、风险与对策研究（1973—2021）	周文星	南京大学	青年项目	国际问题研究
46	冷战视域下美台"共同防御条约"的历史考察	郝天豪	江苏师范大学	青年项目	中国历史
47	改革开放初期中法工业技术合作研究	周磊	青岛大学	青年项目	中国历史
48	新中国水上政区建设研究	黎心竹	东南大学	青年项目	中国历史
49	1949年以来香港民众流动对身份认同影响研究	王惠	河北工业大学	青年项目	中国历史
50	美国对华安全战略研究（1969—2001）	忻怿	陕西师范大学	青年项目	世界历史
51	中国当代作家自述史料整理与研究（1978—2020）	史婷婷	浙江财经大学	青年项目	中国文学

续表

序号	课题名称	姓名	工作单位	项目类别	所在学科
52	现代作家身份意识转换与"人民文艺"历史建构的关系研究（1949—1966）	章涛	宁波大学	青年项目	中国文学
53	新中国成立以来外交核心术语英译的国际影响力研究	李晓倩	上海外国语大学	青年项目	语言学
54	红色文化对社会主义核心价值观影响力研究	伊丽媛	中国传媒大学	青年项目	新闻学与传播学
55	俄罗斯媒体中的中国形象变迁研究（1991—2021）	宋钰	常州大学	青年项目	新闻学与传播学

五、国家社科基金西部项目

序号	项目名称	责任单位	负责人	所在学科
1	习近平用典对传承发展中华优秀传统文化的范本价值研究	四川师范大学	李新芝	马列·科社
2	建党百年中国共产党政治认同建设的历程与经验研究	西华师范大学	胡建	马列·科社
3	新时代大学生正确党史观培育研究	宁夏大学	林雅琴	马列·科社
4	"三区三州"脱贫攻坚的伟大成就及其历史意义研究	甘肃农业大学	韩建民	马列·科社
5	新中国三线建设口述历史与三线精神研究	攀枝花学院	朱云生	马列·科社
6	中国共产党领导新疆文化建设的基本历程与历史经验研究	中共新疆维吾尔自治区委员会党校	刘颖	马列·科社
7	习近平总书记关于加强"四史"教育的重要论述研究	井冈山大学	黄惠运	党史·党建
8	中国共产党文化自信建设的百年历程与历史经验研究	贵州财经大学	吕海滨	党史·党建
9	西海固扶贫开发史研究（1980—2020）	宁夏师范学院	董宜祥	党史·党建
10	中国共产党百年青年革命文化教育的经验与启示研究	三明学院	欧阳秀敏	党史·党建
11	中国共产党领导科技强国工作的历史演进研究	四川省社会科学院	曾敏	党史·党建
12	治理有效视域下粤桂滇黔村民自治实现形式实证研究（2010—2020）	河池学院	韦少雄	政治学
13	新中国农垦史研究	宁夏社会科学院	廖周	中国历史
14	习近平关于扶贫工作的重要论述与"闽宁模式"研究	宁夏社会科学院	郭勤华	中国历史
15	新中国成立初期的整风运动与基层政权巩固研究	西北师范大学	吴斌	中国历史
16	中越边境地区乡村建设行动与兴边富民协同发展研究	桂林理工大学	唐重振	民族学
17	中国西部电影学术史研究（1984—2020）	西北大学	赵涛	中国文学
18	西藏和平解放70年以来图书出版物中文化认同理论的演进	西藏民族大学	赵娜娜	图书馆、情报与文献学
19	国家安全视域下西南边疆民族地区生育转变研究	云南省社会科学院	杨晶	人口学

续表

序号	项目名称	责任单位	负责人	所在学科
20	青藏地区生育文化变迁及政策支持研究	中共青海省委党校	宋洁	人口学
21	中国红色体育文献暨图像史料整理与研究	西安体育学院	史进	体育学

六、教育部重大项目

序号	课题名称	投标单位	首席专家
1	习近平总书记在庆祝中国共产党成立100周年大会上的重要讲话精神研究	哈尔滨师范大学	段虹
2	习近平法治思想研究	中南财经政法大学	徐汉明
3	习近平总书记关于坚持系统观念的重要论述研究	华东理工大学	杜仕菊
4	伟大建党精神研究	上海大学	忻平
5	中国共产党领导下中国现代化道路探索历程与经验研究	华中科技大学	董慧
6	中国共产党基层党建百年经验研究	华东师范大学	郝宇青
7	中国共产党经济理论创新的百年道路与经验总结研究	武汉大学	周绍东
8	中国共产党领导法治工作历史进程与经验研究	中国政法大学	李树忠
9	百年来党管媒体实践与经验研究	上海大学	朱清河
10	新时代中国共产党国际形象构建研究	复旦大学	高晓林
11	百年来中国共产党开展爱国主义教育回顾与经验研究	北京师范大学	温静
12	百年党史中的著名教育人物谱系研究	华东师范大学	杜成宪
13	全面建成小康社会伟大历史性成就与经验研究	山东大学	邢占军
14	中国特色反贫困理论与脱贫攻坚精神研究	华中科技大学	向德平
15	马克思主义中国化和中华优秀传统文化契合性研究	暨南大学	程京武
16	中国特色社会主义宗教理论与实践问题研究	中央民族大学	刘成有
17	中国传统文化中的人类命运共同体价值观基础研究	华东师范大学	朱承
18	全面建设社会主义现代化国家新征程中加快实现共同富裕研究	浙江工商大学	郁建兴
19	西部地区巩固拓展脱贫攻坚成果同乡村振兴战略衔接机制研究	中南民族大学	李波
20	促进我国多层次养老保险体系发展研究	清华大学	董克用
21	新中国成立以来重大流行性疾病防治研究	昆明医科大学	何国忠
22	促进各民族交往交流交融的历史经验及政策建议研究	武汉科技大学	杨志强
23	20世纪以来海外中国文学评论中的中国话语与形象研究	上海外国语大学	查明建
24	新时代全面贯彻党的教育方针重大理论与实践研究	浙江大学	张应强
25	科技自立自强背景下高校创新体系构建研究	杭州师范大学	黄兆信
26	推动建设与"一国两制"相适应的港澳教育制度研究	暨南大学	宋献中
27	百年未有之大变局下中国特色国别和区域研究的理论与实践探索	复旦大学	任晓

(供稿：狄 飞)

学术成果

·著作选介·

一、总论

【中国共产党简史】

本书编写组,人民出版社、中央党史出版社 2021 年版

在中国共产党成立 100 周年之际,经党中央批准,由中央宣传部组织编写的《中国共产党简史》(以下简称《简史》),由人民出版社、中共党史出版社联合出版。《简史》是按照党中央部署,为配合全党开展党史学习教育编写的党史简明读本。在书稿编写过程中,中央领导同志多次就起草和修改工作提出明确要求。《简史》共 10 章、70 节,约 36.2 万字,充分吸收党史研究最新成果,以史论结合的形式,重点叙述和评价重大历史事件和重要历史人物、重大方针政策和重要战略部署、重大理论创新成果及其发展历程;深入阐释中国共产党为什么"能"、马克思主义为什么"行"、中国特色社会主义为什么"好"的道理;着力弘扬中国共产党人的崇高革命精神和风范;深刻解读历史性变革中蕴藏的内在逻辑,历史性成就背后的道路、理论、制度、文化优势,文风朴实、通俗易懂,是全党特别是基层党员干部学习党的历史的重要读物。

【中华人民共和国简史】

本书编写组,人民出版社、当代中国出版社 2021 年版

在中国共产党成立 100 周年之际,由中共中央宣传部等部门组织编写的《中华人民共和国简史》正式出版发行。该书 7 章、40 节,揭示了自 1949 年 10 月至 2021 年 7 月新中国成立 70 多年间,党领导人民,探索、开创、坚持和发展中国特色社会主义的伟大实践及其重大理论、制度创新成果,记述了新中国在经济、政治、文化、社会、生态文明建设以及国防和军队、"一国两制"和祖国统一、外交、党的建设等各方面取得的伟大成就和宝贵经验,突出展示了党的十八大以来,在以习近平同志为核心的党中央坚强领导下,实现了第一个百年奋斗目标,在中华大地上全面建成了小康社会,历史性地解决了绝对贫困问题,党和国家事业取得了历史性成就、发生了历史性变革,正在向着全面建成社会主义现代化强国的第二个百年奋斗目标、实现中华民族伟大复兴迈进。

该书坚持以习近平新时代中国特色社会主义思想为指导,以《关于建国以来党的若干历史问题的决议》和习近平总书记关于党史、新中国史的重要论述为依据,紧密结合新中国成立 70 多年来在社会主义革命、建设、改革开放和新时代中国特色社会主义的伟大实践,充分吸收学界新研究成果,讲好中国共产党故事、新中国故事、新时代中国特色社会主义故事,讲好普通人、普通家庭与共和国同成长、共命运的故事,讲好中国共产党为什么"能"、马克思主义为什么"行"、中国特色社会主义为什么"好",内

容准确翔实、叙述平实顺畅,条理严谨清晰,细节鲜活生动,是广大党员、干部、群众学习新中国史的权威著作。

【书评:以史为鉴、开创未来的新中国史学习读本——读《中华人民共和国简史》】

李捷

在隆重庆祝中国共产党成立100周年之际,由中央宣传部指导、当代中国研究所编写的《中华人民共和国简史》正式出版发行。这部31万字的简史,全面贯彻习近平总书记关于党史、新中国史、改革开放史、社会主义发展史的重要论述和"七一"重要讲话精神,准确、深刻、简明地阐述了新中国成立70多年砥砺奋斗史,对于更好学习理解新中国史、树立正确历史观,更加自觉地坚持以史为鉴、开创未来具有重要意义。

一、全景描绘中华民族伟大复兴的壮丽画卷

实现中华民族伟大复兴,是百年党史的主题,也是新中国史的主题。《中华人民共和国简史》充分吸收学界最新研究成果,以真实准确的史料、严谨翔实的数据、平实顺畅的叙述、鲜活生动的细节,以简洁的笔触全面描绘了新中国成立以来70多年中国共产党带领中国人民为实现中华民族伟大复兴不懈奋斗的波澜壮阔的历史。

《中华人民共和国简史》内容丰富、领域宽广,记述了新中国成立70多年在经济、政治、文化、社会、生态文明建设以及国防和军队、"一国两制"和祖国统一、外交、党的建设等各方面的发展历程、伟大成就和宝贵经验。70多年来,在中国共产党的坚强领导下,全国各族人民团结一心,迎难而上,开拓进取,奋力前行,从封闭落后迈向开放进步,从温饱不足迈向全面小康,从积贫积弱迈向繁荣富强,创造了一个又一个人类发展史上的伟大奇迹。社会主义中国巍然屹立在世界东方,没有任何力量能够撼动我们伟大祖国的地位,能够阻挡中国人民和中华民族的前进步伐。

新时代中国特色社会主义最伟大的成就,就是在长期奋斗的基础上,使中华民族迎来了从站起来、富起来到强起来的伟大飞跃,实现中华民族伟大复兴进入了不可逆转的历史进程。全书用两章内容突出展示了党的十八大以来,在以习近平同志为核心的党中央坚强领导下,党和国家事业取得了历史性成就、发生了历史性变革,实现了第一个百年奋斗目标,在中华大地上全面建成了小康社会,历史性地解决了绝对贫困问题,正在意气风发向着全面建成社会主义现代化强国的第二个百年奋斗目标迈进。

二、忠实记录党团结带领中国人民追求美好生活的不懈奋斗

一部新中国史,既是中国共产党团结带领中国人民为实现中华民族伟大复兴而不懈奋斗的历史,也是中国共产党不断为人民美好生活而奋斗的历史。《中华人民共和国简史》忠实记录了中国共产党为人民谋幸福的奋斗历程。新中国的成立、确立社会主义制度,开展社会主义革命和建设、改变一穷二白的国家面貌,是为人民

谋幸福而奋斗；领导人民实行改革开放、推进社会主义现代化，是为人民谋幸福而奋斗；进入新时代，以习近平同志为核心的党中央深入贯彻以人民为中心的发展思想，一大批惠民利民举措落地实施，显著提升人民的获得感、幸福感、安全感，同样是为人民谋幸福而奋斗。

江山就是人民，人民就是江山。人民是历史的创造者，是真正的英雄。《中华人民共和国简史》用质朴简练的语言展现了人民群众在建设社会主义现代化强国中所表现出来的主体地位、伟大成就和精神风貌，全方位展现了伟大建党精神在社会主义革命和建设时期、改革开放和社会主义现代化建设新时期、新时代中国特色社会主义伟大实践中的弘扬和赓续。中国共产党扎根人民、为了人民、依靠人民，创造了社会主义革命、建设、改革的伟大成就。新中国成立70多年来，中国共产党人始终不忘初心、牢记使命，把人民对美好生活的向往作为奋斗目标，在发展中不断改善和保障民生，大力促进各项社会事业发展，确保社会充满活力又和谐有序，人民群众获得感、幸福感、安全感不断提升。

三、深刻揭示中国特色社会主义的探索创造

方向决定道路，道路决定命运。中国特色社会主义是党和人民历经千辛万苦、付出巨大代价取得的根本成就，是实现中华民族伟大复兴的正确道路。在庆祝中国共产党成立100周年大会上，习近平总书记深刻总结我们党一百年来开辟的伟大道路、创造的伟大事业、取得的伟大成就，强调"以史为鉴、开创未来，必须坚持和发展中国特色社会主义"。

《中华人民共和国简史》深刻揭示了只有社会主义才能救中国，只有中国特色社会主义才能发展中国，只有坚持和发展中国特色社会主义才能实现中华民族伟大复兴。新中国的成立和社会主义基本制度确立，是中华民族伟大复兴的转折点；实行改革开放和建设中国特色社会主义，是中华民族伟大复兴新的里程碑；开创中国特色社会主义新时代，是实现中华民族伟大复兴中国梦的决胜时期。新中国的历史充分证明，中国特色社会主义植根于中国大地、反映中国人民意愿、适应中国和时代发展进步要求，是科学社会主义理论逻辑和中国社会发展历史逻辑的辩证统一。中国特色社会主义，既坚持了科学社会主义基本原则，又根据时代条件赋予其鲜明的时代特色。找到一条好道路不容易，走好这条道路更不容易。建立在伟大成就基础上的中国特色社会主义道路，中国人民看准了、走定了，无论今后出现何种惊涛骇浪，中国人民都将坚定不移地沿着这条路走下去。

70多年来，之所以能创造彪炳史册的伟大奇迹，还在于我们党始终坚持把马克思主义基本原理同中国具体实际相结合，坚持和发展中国特色社会主义，推动物质文明、政治文明、精神文明、社会文明、生态文明协调发展，创造了中国式现代化新道路，创造了人类文明新形态。《中华人民共和国简史》以"新中国成立和社会主义基本制度的确立"开篇,用"决胜全面建成小康社会和开启全面建成社会主义现代化强国的新征程"结篇,深刻阐释中国特色社会主义的生动实践和巨大成功,充分证明社会主义没有辜负中国,中国也没有辜负社会主义。

四、集中呈现构建人类命运共同体的责任担当

《中华人民共和国简史》集中呈现新中国为世界谋大同的责任担当,为推动构建人类命运共同体、维护人类共同利益和共同价值作出的重要贡献。中国共产党是为中国人民谋幸福的政党,也是为人类进步事业奋斗的政党。无论国际风云如何变幻,中国共产党始终秉持和平、发展、公平、正义、民主、自由的全人类共同价值,始终站在历史正确的一边,站在人类进步的一边,为世界和平发展作出贡献。新中国成立70多年取得的伟大成就和积累的宝贵经验,是对中华文明和人类历史发展的重大贡献。

《中华人民共和国简史》以大量鲜活的事例说明,新中国成立以来的辉煌历程和伟大成就,为人类社会走向美好未来提供了具有充分说服力的道路和制度选择。新中国成立后不久,毛泽东同志就曾说:"中国应当对于人类有较大的贡献。"新中国70多年发生的巨大变化,深刻改变了中国,也深刻影响了世界。中国的发展不仅为世界上的发展中国家提供了一条不同于西方发达国家的工业化道路,也充分证明了科学社会主义的生命力和优越性。中国通过首倡和积极推进"一带一路"建设,以及多种形式的国际合作,在世界的发展、稳定和公平方面作出越来越大的贡献。中国取得的历史性进步和非凡成就,让世界人民意识到中国的探索与经验具有很强的适应性。习近平总书记指出:"中国由新民主主义走向社会主义,开创和拓展中国特色社会主义道路,使社会主义这一人类社会的美好理想在古老的中国大地上变成了具有强大生命力的成功道路和制度体系。这不仅为中华民族实现伟大复兴提供了重要制度保障,而且为人类社会走向美好未来提供了具有充分说服力的道路和制度选择。"

《中华人民共和国简史》翔实记述了以习近平同志为核心的党中央是如何统筹中华民族伟大复兴战略全局和世界百年未有之大变局,成功解答"世界之问"的。党的十八大以来,党中央全面推进中国特色大国外交,弘扬全人类共同价值,推动构建人类命运共同体,以更加积极的姿态在国际事务中发挥作用。中国前所未有地走近世界舞台中央,在国际上的影响力越来越大,成为推动世界和平发展的参与者、建设者和引领者。中国共产党用实际行动,赢得了世界上爱好和平国家和人民的尊敬,为推动建设和平发展合作共赢的世界提供了中国智慧、中国方案。

(作者系《求是》杂志社原社长、中国史学会会长)

原文载于《光明日报》2021年10月8日

【书评：一部气壮山河的国家发展和民族复兴史——读《中华人民共和国简史》】

李毅

《中华人民共和国简史》（以下简称《简史》）共7章40节，内容范围上起1949年中华人民共和国成立，下迄2021年中国共产党成立100周年，准确、深刻、简明地阐述了中国共产党团结带领全国各族人民在新民主主义革命伟大成就的基础上，探索和建设社会主义，开创和发展中国特色社会主义，推动中国特色社会主义进入新时代的砥砺奋斗史，全面、客观、生动展现了中华人民共和国70多年的恢宏发展历程和中国人民不畏征程坎坷苦、越是艰险越向前的昂扬精神面貌，述说了中华民族实现从站起来、富起来到强起来伟大飞跃的宏伟史诗。读来令人觉得荡气回肠，意犹未尽。这部《简史》对于帮助我们树立正确国史观，修好坚持和发展中国特色社会主义的必修课，更加自觉地牢记"国之大者"，坚持以史为鉴、开创未来具有重要意义。

一、《简史》坚持正确导向，主题鲜明、主线突出

习近平总书记在庆祝中国共产党成立100周年大会上指出："一百年来，中国共产党团结带领中国人民进行的一切奋斗、一切牺牲、一切创造，归结起来就是一个主题：实现中华民族伟大复兴。"《简史》开宗明义，突出了这一重大主题在新中国建设史上的地位和作用，指出："站起来的中国各族人民在中国共产党领导下，承接新民主主义革命的胜利成果，巩固新生的人民政权，创造性地实现了从半殖民地半封建的旧社会到民族独立、人民当家作主的新社会，从新民主主义革命到社会主义革命和建设的两个历史性转变，建立起社会主义基本制度，实现中国历史上最深刻、最伟大的社会变革，为实现中华民族伟大复兴奠定了根本政治前提和制度基础。"通览全书，新中国的成立、成长、不断壮大，是民族复兴道路上生动伟大的实践。中国共产党领导人民不断探索、走自己的路，走出了一条中国特色社会主义道路的主线清晰地呈现、跃然字里行间。

《简史》坚持以习近平新时代中国特色社会主义思想为指导，全面贯彻习近平总书记关于党史、新中国史的重要论述，充分体现习近平总书记在庆祝中国共产党成立100周年大会上的重要讲话精神。遵循科学社会主义理论逻辑与中国社会发展历史逻辑的辩证统一，正确处理改革开放前与改革开放后两个历史时期的辩证统一关系，全面记述、总结中国共产党团结带领中国人民自力更生、发奋图强，创造的社会主义革命和建设的伟大成就；解放思想、锐意进取，创造的改革开放和社会主义现代化建设的伟大成就；自信自强、守正创新，统揽伟大斗争、伟大工程、伟大事业、伟大梦想，创造的新时代中国特色社会主义的伟大成就。

习近平总书记强调："唯物史观是我们共产党人认识把握历史的根本方法。如果历史观错误，不仅达不到学习教育的目的，反倒会南辕北辙、走入误区。"《简史》坚持

马克思主义唯物史观，以我们党《关于若干历史问题的决议》、《关于建国以来党的若干历史问题的决议》和党中央有关精神为依据，准确把握新中国史发展的主题主线、主流本质，正确认识和科学评价新中国史上的重大事件、重要会议、重要人物，旗帜鲜明反对历史虚无主义，特别是书中对新中国历史上一些重大事件的评价为今后的国史研究提供了重要的指导。

江山就是人民、人民就是江山。《简史》充分彰显了人民群众的历史主体地位，呈现了一幅幅人民群众积极参加社会主义革命、建设与改革的动人画卷。《简史》在对新中国 70 多年历史的勾勒中，时时处处体现着中国共产党来自人民、依靠人民、为了人民。中国共产党的发展壮大离不开人民的支持，新中国取得举世瞩目的发展成就离不开人民群众的创造，而我们进行革命、建设、改革的目的就是不断满足人民群众对美好生活的需要。

二、《简史》彰显历史本色、国史底色、时代特色

将新中国 70 多年的历史融贯在《简史》31 万字的篇幅中不是易事。作为史书，《简史》以客观翔实的史料为基础，去伪存真、去粗取精、删繁就简，合理安排篇幅结构，使每一重大事件、重要会议与重要人物的描写均具有权威史料的支撑。在措辞上注重考究凝练，要言不烦、深入浅出，使成文内容结构紧凑，读来节奏明快，无拖泥带水之感。行文侧重史论结合，夹叙夹议，既尊重历史事实、历史规律，讲出了"是什么"，也坚持寓理于事、以史明理，讲清了"为什么"，使读者不仅知其然，也知其所以然，既能了解史实的基本脉络，又能领会事件之间的重要联系，深刻认识理解历史发展规律。

作为整个中国历史长河中的一段，新中国史是最新近的历史，同时也是不断发展着的历史。与中国古代史、中国近代史相较，区别在于新中国史所记述阶段的社会性质与以往有着根本的不同。中华人民共和国的历史，是社会主义在中国建设发展的历史，是中国共产党带领人民进行社会主义建设的历史。这是新中国史的特征，是《简史》最为突出的特点，也成为我们理解新中国史发展历程的一把关键钥匙。这从《简史》各章的题目中可见一斑。具体来说，从第一章到第七章题目分别是"新中国成立和社会主义基本制度的确立""社会主义建设的艰辛探索和曲折发展""改革开放与中国特色社会主义的开创""建立社会主义市场经济体制和把中国特色社会主义全面推向 21 世纪""全面建设小康社会与新的形势下坚持和发展中国特色社会主义""中国特色社会主义进入新时代和实现中华民族伟大复兴的中国梦""决胜全面建成小康社会和开启全面建成社会主义现代化强国新征程"。可以看到，"社会主义"是核心主题，这也是新中国史发展历程的基本脉络。《简史》突出这一思想脉络，使我们能够更加深刻领悟始终坚持党的领导的历史必然性，不断增强中国特色社会主义道路自信、理论自信、制度自信、文化自信。

值得强调的是，作为历史读本，《简史》充分彰显了强烈的时代感，既让我们领略了中华人民共和国70多年的光辉历程，更体悟到当代中国的时代强音和勃勃生机。党的十八大以来，以习近平同志为核心的党中央团结带领人民统筹推进"五位一体"总体布局，协调推进"四个全面"战略布局，战胜一系列重大风险挑战，如期实现全面建成小康社会第一个百年奋斗目标，解决了许多过去想解决而没有解决的难题，办成了许多过去想办而没有办成的大事。党和国家事业取得了全方位、开创性成就，实现了深层次、根本性变革。"促进经济向高质量发展转变""发展社会主义民主政治""扎实推进社会主义文化强国建设""改善民生和创新社会治理""建设美丽中国"，使我们切身体会到新时代在经济建设、政治建设、文化建设、社会建设、生态文明建设等方面取得的重大成就；"推进中国特色大国外交""推动构建人类命运共同体""提出和促进'一带一路'国际合作""积极参与全球治理体系改革和建设"，使我们日益感受到放眼世界的中国特色、中国风格、中国气派；"脱贫攻坚战取得全面胜利""统筹新冠肺炎疫情防控和经济社会发展""决胜全面建成小康社会"一幕幕场景仿佛就凝固在眼前，让我们更加真切地体会到"有了中国共产党执政，是中国、中国人民、中华民族的一大幸事"的意义。

三、《简史》蕴含清晰的理论逻辑、实践逻辑、历史逻辑

习近平总书记强调："我们要用历史映照现实、远观未来，从中国共产党的百年奋斗中看清楚过去我们为什么能够成功、弄明白未来我们怎样才能继续成功。"这是学史明理、学史增信、学史崇德、学史力行的目的和任务。马克思主义是我们立党立国的根本指导思想，是我们党的灵魂和旗帜。在一定意义上，中华人民共和国的历史实践，是中国共产党人不断推进马克思主义中国化时代化的历史。《简史》展现了在毛泽东思想、邓小平理论、"三个代表"重要思想、科学发展观、习近平新时代中国特色社会主义思想指引下，中华人民共和国日新月异的发展历程，深刻诠释了"中国共产党为什么能，中国特色社会主义为什么好，归根到底是因为马克思主义行！"

中华人民共和国的历史是中国共产党团结带领人民实践创造的历史。从迈进社会主义社会的伟大飞跃到改革开放大踏步赶上时代，再到中国特色社会主义步入新时代，《简史》以无可辩驳的事实阐明：没有中国共产党，就没有新中国，就没有中华民族伟大复兴。中国共产党领导是中国特色社会主义最本质的特征，是中国特色社会主义制度的最大优势，是党和国家的根本所在、命脉所在，是全国各族人民的利益所系、命运所系。这是历史的结论，也是实践的回答。

新中国发展到今天，是顺应世界发展大势的必然结果。新中国沐浴着世界社会主义发展的"东风"诞生，中华人民共和国的成立，正是顺应时代大潮的产物。改革开放的关键一招，基于的也是对当时世

界大势的准确判断。新时代我们坚持统筹国内国际两个大局，因势利导、顺势而为，始终在时代前进潮流中把握主动、赢得发展。

七十余载栉风沐雨，七十余载披荆斩棘。新中国70多年的历史，凝结着一代代人的努力，承载着一代代人的责任，需要一代代人接续奋斗，不断谱写精彩华章。这是一部攻坚克难、热血沸腾的历史，这是一部给人力量、催人奋进的历史，相信每一位读者都能够从中汲取到智慧和力量。

（作者为中央党校（国家行政学院）副校（院）长）

原文载于《人民日报》2021年10月8日

【改革开放简史】

本书编写组，人民出版社、中国社会科学出版社2021年版

在中国共产党成立100周年之际，由中共中央宣传部等部门组织编写的《改革开放简史》正式出版发行。该书共7章、44节，完整、系统回顾了40多年来，中国共产党以毛泽东思想、邓小平理论、"三个代表"重要思想、科学发展观和习近平新时代中国特色社会主义思想为指导，在改革开放起步时期、开创新局面时期、在科学发展中深化时期、进入新时代时期等不同阶段，团结带领全国各族人民解放思想、实事求是，开辟中国特色社会主义建设新道路，开创改革开放和社会主义现代化建设新局面，不断与时俱进，开拓创新，经受住各种困难和风险考验，取得脱贫攻坚战全面胜利，如期实现全面建成小康社会目标，把中国特色社会主义事业胜利推向前进的奋斗历程。该书夹叙夹议、史论结合、论从史出，逻辑严谨，通俗易懂，是广大党员、干部、群众学习改革开放史的权威著作。

【社会主义发展简史】

本书编写组，人民出版社、学习出版社2021年版

为帮助广大干部群众系统学习世界社会主义500多年的发展历史，按照党中央统一部署，有关部门组织专家学者编写了《社会主义发展简史》。全书从空想社会主义的产生和发展、科学社会主义的创立及其实践、世界社会主义的曲折与奋起、中国特色社会主义开辟社会主义新纪元、中国特色社会主义进入新时代等方面对社会主义500多年的发展历程作了比较系统准确地论述，文风朴实、图文并茂，有助于读者清晰了解世界社会主义的发展脉络。该书是深化"四史"学习教育的重要权威辅助读物，必将推动广大干部群众坚定"四个自信"，形成历史自觉，更好凝聚起奋进新时代新征程的强大力量。

【中国特色社会主义新时代的世界意义】

姜辉著，江西人民出版社2021年版

该书是中宣部2021年主题出版重点出版物、国家出版基金"回望建党百年"专项资助项目、"十三五"国家重点图书规划项目。全书以"中国新时代与世界大变

局""中国新时代诠释三个为什么""当代马克思主义的原创性贡献""推动世界社会主义发展走向振兴""开辟人类走向现代化新道路""为解决世界问题提供新方案"等具有前沿性、学理性和典型性的时代课题为切入点，以作者深厚的理论素养和独特的研究范式，从理论和实践两个层面系统分析、精准解读了中国特色社会主义新时代的世界意义，思想精深、内容精湛、学术表达鲜活，是我国世界社会主义运动研究领域具有代表性的学术成果，是一部聚焦民族复兴与世界大同的原创精品通俗理论读物。

【从文化视角研究史学（增订本）】

陈其泰著，华东师范大学出版社2021年版

该书是著名历史学者陈其泰先生40年来研治中国史学的缩影。精选了他在理论和方法上研治史学的30篇文章，主要包括："史学：展现中华文化独特魅力的新视角""从文化视角研究史学""史学传统与民族精神""《史记》永远生命力的奥蕴"，等等。全书以动态的眼光考察了传统史学向近代史学的演变进程，对于史家的出色成就给予了深度发掘和现代阐释，既反映了作者的学术渊源与治学道路，又镌刻着其在不同时期治学的心得。全书视角新颖，见解精到，对于读者进一步深入了解著名史家观察历史的智慧以及非凡的创造力具有重要的启示意义。

【新中国小三线建设档案文献整理汇编（第一辑）】

徐有威主编，上海科学技术文献出版社2021年版

《新中国小三线建设档案文献整理汇编》以小三线企业档案为切入点，次系统整理了新中国小三线企业的现存珍贵档案文献资料，以珍贵的手资料全面反映了20世纪七八十年代中国经济社会的发展状况，再现了小三线企业建设与发展的奋斗历程。《新中国小三线建设档案文献整理汇编》（第一辑）共8册，300余万字，系统整理了全国小三线建设龙头企业——上海八五钢厂的企业档案文献资料，其中两份企业内部发行的报刊《八五通讯》和《八五团讯》，从企业报角度全面展示了小三线企业在规划、建设、生产、调整、改革等全部过程，揭示了20世纪七八十年代中国工业、军工业发展状况，反映了当时由工厂、工人、农村、农民组成的团结协作促发展的工农关系的变革历程，从微观角度全面解读了改革年代小三线建设为促进中国工业布局和产业结构的调整所做出的贡献。

作为研究我国近现代经济史、工业发展史、军事史、文化史、社会生活史的一手材料，《新中国小三线建设档案文献整理汇编》（第一辑）记录了小三线企业在建设和发展中留下的许多宝贵的历史经验和教训，记载了小三线广大干部、工人、知识分子、解放军官兵和民工在建设过程中勇往直前的奋斗历程。《新中国小三线建设档案文献整理汇编》的出版对于当前在全社会开展的

新中国史、改革开放史的宣传教育具有一定的参考价值，书中所体现的小三线建设者在祖国改革奋进路程中所迸发出的不畏艰险、艰苦奋斗的时代精神更是一笔值得发扬光大的宝贵精神财富。

【新时代研究生教育研究资料汇编（2010—2020）】

王战军主编，中国科学技术出版社2021年版

该书系统介绍新时代研究生教育改革发展相关政策、文件等资料。该书摘编了2010年以来习近平总书记关于高等教育和科技创新的重要论述，汇编了国家发展战略规划的相关文件和资料，整理了国家"双一流"建设相关文件和十年来研究生教育改革发展有关文件资料，收集了2010年以来我国研究生教育发展的相关数据，综述了美国、英国、日本、韩国、俄罗斯、印度等国家的研究生教育概况，整理了世界主要国家的研究生教育相关资料。该书资料全面，数据内容丰富，对于研究我国大学战略规划、周期建设规划，尤其是研究生教育发展规划，具有重要指导意义和参考价值。

二、政治史

【中国特色社会主义政治制度建设】

李正华、沈雁昕、李夏著，河北人民出版社2021年版

该书系统介绍和分析了中国特色社会主义政治制度建设的历史演进，人民代表大会制度，中国共产党领导的多党合作和政治协商制度，民族区域自治制度，选举制度，中国基层群众自治制度，中国国防制度，中国行政制度，中国司法制度，中国特色社会主义政治制度建设的特征与发展趋势等。该书内容准确翔实，叙述平实顺畅，条理严谨清晰，是一部研究中国特色社会主义政治制度建设的重要著作。

【国家治理现代化：70年回顾和新时代展望】

魏礼群主编，国家行政管理出版社2021年版

该书是根据2019年首届国家治理现代化论坛和第八届中国行政改革论坛两个重要会议上的嘉宾发言、专家学者发表的相关论文汇编成的文集。该书以国家治理现代化的70年回顾和新时代展望为主题进行研究，主要分为三个专题，分别从新中国国家治理现代化历程和经验、新时代推进国家治理现代化的路径和任务以及行政体制改革与国家治理现代化三个大的方面进行了详细论述和分析，内容翔实、观点独到，是一部研究国家治理现代化的重要理论著作。

【改革开放以来人大制度发展】

黎堂斌著，江苏人民出版社2021年版

该书借鉴断代史的写法，采取"横切"的方式，根据中国宏观政治发展的内在逻辑特点，将改革开放以来人大制度的发展概括性地划分为恢复重建、活跃探索、稳定发展、创新推进四个不同的阶段，并对每个阶段进行深入的描述与分析。全书坚持马克思

主义立场、观点和方法，以历史考察为主，以史论结合的方式努力阐述人大制度内涵与阶段性特点，力争从政治制度的发展中得出规律性的解释和对应的解决方案，为解决当下及今后一个时期的人大实践创新发展问题找到合适的"理论之钥"。

【"中国之治"与新型政党制度研究】

胡荣荣著，河北人民出版社2021年版

该书以新型政党制度与"中国之治"的关系为研究主题，系统阐释了新型政党制度的表述形成与内涵，新型政党制度的历史演进与运行机制，以充分挖掘新型政党制度的内在机理，呈现制度运行的"实景"，并由此探讨新型政党制度在"中国之治"中的独特作用，以及如何巩固和发展新型政党制度以延续"中国之治"。

【中国式规划：从"一五"到"十四五"】

尹俊、徐嘉著，北京大学出版社2021年版

该书通过系统的理论综述和丰富的历史资料梳理，回顾了中国十三个五年规划的基本历程，并在此基础上探讨了规划治理的理论逻辑。该书认为，中国特色的五年规划制度是一种弹性规划制度，主要通过适应性宏观计划和激励性目标治理，动员政府、市场、社会等多方面力量共同实现国家目标，是国家治理体系的重要组成部分，也是国家治理能力现代化的重要标志。该书主要特色：第一，学术性，从理论角度回答了规划是什么、为什么需要规划、如何规划三个基本问题；第二，跨学科视角，坚持马学为体、西学为用、史学为鉴，从多学科视角探讨规划治理的理论逻辑和经验；第三，还原历史事实，通过查阅大量党史、国史资料，深入回顾十三个五年规划的历史细节，描绘党领导五年规划编制和实施的伟大历程。

【当代中国国家治理概论】

张占斌、薛伟江主编，中共中央党校出版社2021年版

《当代中国国家治理概论》是中共中央党校（国家行政学院）"马克思主义理论系列教材"之一。该书紧扣党的十九届四中、五中全会精神，吸纳学术界的相关研究成果，围绕着坚持和完善中国特色社会主义制度、推进国家治理体系和治理能力现代化进行了比较系统的阐释。当代中国国家治理是一个涵盖极广的课题，凝结着当代中国国家治理实践的智慧。该书从国家治理总论、国家治理源流论、国家治理主体论、国家治理战略论、国家治理实践论和国家治理保障论、国家治理成效论等多方面进行分析和归纳，这是一个全面、广泛且权威的研究成果。

【改革开放以来中国工会的制度变迁】

吴建平著，社会科学文献出版社2021年版

该书立足于中国特色社会主义这个大前提，通过对改革开放以来有关中国工会研究文献的梳理，中国和西方劳动关系的对比，详细论述了中国工会性质、作用等问题，并

在此基础上对改革开放以来中国工会的制度变迁做了详细的论述。作者认为西方工会是在国家与社会权利分立的基础上建立的，与中国工会具有完全不同的制度背景，因此具有根本的属性差异，在处理劳动关系方面有着完全不同的方式。

【地区行署制度研究（1978—2002）】

侯桂红著，社会科学文献出版社2021年版

"地区行署"是1978年后中华人民共和国实行的一项重要地方政治制度。该书将历史学与政治学、行政学研究紧密结合，将理论分析与实证探究紧密结合，系统、完整地论述了这一制度的沿革，厘清了地区党政群各系统的组织机构与职能。由于中华人民共和国的政府行政具有延续性和统一性，这部著作通过对地区行署各项相关制度的研究，也透视了中华人民共和国各级政府在行政决策执行、监督检查、公文传递处理、人事管理和财政财务等方面的运作机制。概言之，这部著作不仅具有推进中国地方政治制度史和当代中国史研究的学术价值，也可为当前的地方行政制度改革提供重要的历史和理论借鉴。

【中华人民共和国著作权法三十年】

刘春田主编，知识产权出版社2021年版

该书通过记录和反映著作权制度是党的十一届三中以后中国改革开放，社会主义初级阶段建设市场经济，与世界文明接轨的伟大实践、重要成就，旨在记录历史，总结经验，直面问题，面向未来。主要包括以下内容：（一）概述我国著作权保护三十年发展的基本原理。包括历史发展脉络、发展阶段、主要特点。（二）分析我国著作权保护三十年发展的历史沿革。包括不同发展阶段的历史背景，取得的成效，存在的不足及其原因。（三）总结我国著作权保护的发展规律，结合当前国内外形势，展望我国著作权保护的发展趋势。著作权法治建设的难度，既反映了从重物质实体到关注关系实在的改变；也有从重物质轻知识到尊重知识、尊重创造的观念转变；还反映了著作权法律关系内容的复杂性和利益主体多元化等特点，同时，技术、经济和国际关系的发展也对我国著作权法治建设发挥着深刻影响。该书邀请40年来见证我国著作权法治建设历次进步并为此做出不可磨灭贡献的立法工作者、官员、学者，用他们的所见、所闻、所思，旨在记录历史，总结经验，直面问题，启示未来。

【"九二共识"历史存证】

海峡两岸关系协会编，九州出版社2021年版

"九二共识"对于两岸建立基本互信、开展对话协商、改善和发展两岸关系，发挥了不可替代的重要作用。"九二共识"形成的宝贵经验和凝聚的政治智慧，至今仍具有很强的现实意义。"九二共识"的核心是坚持一个中国原则，精髓是求同存异，意义在于构建了两岸关系发展的政治基础。该书是在原《"九二共识"历史存证》一书基础上

的再版。将"九二共识"的相关文献资料汇编成册，以事实还原历史，昭示两岸谈判陷入僵局的真正症结，供两岸同胞和社会辨析。

三、经济史

【攻坚克难补短板：农村同步迈向全面小康社会之路】

郑有贵著，安徽人民出版社2021年版

该书立足于新中国成立70余年的宏阔视野，在扎实的史料基础上，阐述了党和政府在发展农业、农村及农民致富道路上的艰难探索，再现了党和政府带领人民群众从贫困、温饱到小康再到实现全面小康的光辉历程，将历史逻辑与理论逻辑有机结合，从历史经验与理论高度概括了破解"三农"发展难题的中国方案，为我们带来了农村迈向小康社会的多角度历史分析，是同类研究成果中史料扎实、内容丰富、见解独到的著作之一。

该书综观新中国成立70余年宏观经济演变与"三农"发展的关系，主要有以下五个特点：（1）阐明了农村全面建成小康社会的历史方位及其要破解的难题；（2）从工业化的角度分析了中国工业发展对农业农村发展的作用；（3）从产业融合的角度分析了"三农"发展空间的拓展；（4）从城乡一体化、二元经济结构疏解的角度分析了如何促进农业农村现代化；（5）分析了同步迈向全面小康社会，促进中国走向高人文发展水平跃升进程的进程。

由于该书作者参加了改革开放以来多项农村政策的制定与起草，并在起草前后进行了大量实地调研，因此该书能够较为客观准确地分析农村变迁的历史。该书既包含新中国成立70年余年来党和政府的政策制定实施的历史，使读者对农村社会经济以及政治经济思想等多个学科进行深入思索，又呈现了农村同步迈向全面小康社会的奋斗之路，体现了多学科交叉研究的优点，具有史料丰富、内容充实、言简意赅的特色，是了解中国农村和社会经济难得的好书，具有较高学术价值。

【中国共产党经济思想史（1921—2021）】

顾海良、邹进文总主编，经济科学出版社2021年版

一百年来，中国共产党坚持中华民族伟大复兴主题，在推进中国革命、建设、改革伟大事业过程中，成就了中国马克思主义经济思想的辉煌成果。党的经济思想从萌发到成熟经历了四个阶段，该书以史论结合的方式呈现一百年来中国共产党经济思想的百年辉煌与理论精粹。全书包含四卷，共231万字。四卷本将各阶段的经济思想做分卷阐释，呈现出完整的发展脉络。具体包括：第一卷中国共产党新民主主义革命时期经济思想的发展（1921—1949）；第二卷中国共产党新中国社会主义革命和建设时期经济思想的发展（1949—1978）；第三卷中国共产党改革开放新时期经济思想的发展（1978—2012）；第四卷中国共产党新时代经济思想的发展（2012年以来）。

【中国共产党经济思想史】

闫茂旭著，中共党史出版社2021年版

该书梳理和分析了中国共产党自成立以

来，在马克思主义经济学原理的指导下，在认识和解决中国经济问题的过程中，对于经济运行的一般规律和对于中国经济发展的目的、任务、方式、路径、内容的认识、理论和政策、主张的发展过程。全书按照时间顺序，分4编12章，分别研究了党在新民主主义革命时期、社会主义革命和建设时期、改革开放和社会主义现代化建设新时期、中国特色社会主义新时代的经济思想。该书秉持"论从史出"的研究方法和"史论结合"的叙述方法，努力展现"思想的历史"与"历史的思想"之间的张力，展现中国党的经济思想"何以何能"的历史过程。

【为了人民的利益——中国共产党经济工作100年】

赵凌云主编，北京大学出版社2021年版

中国共产党成立以来，始终胸怀"为中国人民谋幸福，为中华民族谋复兴"的初心，奋力开拓，探索创新，带领全国人民实现了从站起来、富起来到强起来的伟大飞跃，完成了全面建成小康社会的第一个百年历史使命。该书梳理史实，厘清脉络，提炼思想，总结成就，以十个阶段的划分为基础，系统整理和阐发了各个阶段的经济理论与经济思想、发展战略与策略、政策与方针、决策方法、工作组织方法、工作成就、历史经验以及对马克思主义经济理论的发展与贡献等方面的内容。以宏阔的学术视野、丰富的史料和全面深入的分析，客观呈现了中国共产党经济工作中"为了人民的利益"孜孜不倦的探索与追求及其伟大成就，以无可辩驳的事实和逻辑，充分展现了中国共产党100年来在社会经济层面的根本价值追求，就是依据先进生产力发展要求，结合中国实际，探索中国社会主义现代化道路，为实现广大人民的根本利益殚精竭虑地创造经济条件和物质基础。通过全面生动地展现党的经济工作百年历史画卷，该书不但清晰地论证了党的经济工作目标和经济工作能力，而且由此进一步论证了党的先进性和伟大的执政能力。

【西部大开发】

姬文波著，北京人民出版社2021年版

该书详尽梳理了西部大开发战略启动和实施的历史过程。20世纪90年代末，党中央提出了实施西部大开发战略，加快中西部地区的发展。为支持和促进西部地区开发，国务院制定了实施西部大开发的各项政策措施及其细则，并随着西部大开发战略的实施，不断完善相关的政策措施。西部大开发战略实施以后，国务院西部开发办等相关部门经国务院批准，制定并发布了4个西部开发总体五年规划，明确了每个阶段西部开发的指导思想、奋斗目标、重点目标、重点任务及政策措施。20年间，相继开工西部大开发重点工程数百项，投资总规模数万亿元。西部地区的基础设施、民生和生态建设取得了突破性的进展。青藏铁路、西气东输、西电东送等标志性重大项目相继建成；退耕还林还草等生态保护重点工程的实施，筑牢了我国生态安全重要屏障。党的十九大明确提出强化举措推进西部大开发形成新格局。针对国内外环境的新变化，党中央、国务院制定了实施新时代推进西部大开发形成新格局的政策性文件，为新时代西部大开发工作指明了方向。

【新中国成立初期的统一财经】

王丹莉著，北京人民出版社2021年版

统一财经是新中国成立初期中央政府重要的经济决策之一，对新中国的经济恢复、工业化和计划体制影响深远。该书详尽梳理了统一财经决策的酝酿、准备与启动的历史过程，从财政、金融、贸易、国营企业管理等方面对统一财经的制度框架及实施过程中的政策调整进行了深入的解析。统一财经极大地增强了政府的财政汲取、资源动员和资源配置的能力，为社会主义计划经济体制的形成、为新中国的工业化与赶超战略的实施进行了初步的制度奠基。

【中国水运工程建设实录（1978—2015）】

中华人民共和国交通运输部，人民交通出版社2021年版

该书共9卷13章，分为发展篇、管理篇、科技篇、开放篇、成就篇。内容包括改革开放以来的中国水运事业、水运基础设施建设规划及前期工作、水运工程建设法律法规、水运工程建设与管理、水运工程建设技术标准、水运工程建设科技创新与应用、水运工程建设对外合作与交流、沿海港口与航道工程、内河港口工程、内河航道工程、内河通航建筑物（船闸与升船机）、水运支持保障系统工程、重要水工工程等，集中梳理了改革开放以来我国水运事业的发展历程，特别是水运基础设施建设方面的巨大成就，较为系统地总结了我国水路交通发展的实践经验。

【当代中国生态文明】

段娟著，五洲传播出版社2021年版

建设生态文明，建设美丽中国，既是关系人民福祉、民族未来的长远大计，也是对当下严峻生态形势的积极应对，还是共建清洁美丽世界的重要组成部分。该书主要介绍中国生态文明建设的历程、生态文明新思想新理念，描述中国如何推动绿色低碳循环发展、推进生态修复和生态保护、参与全球生态环境治理等。

四、文化与科技史

【当代中国文化】

欧阳雪梅著，五洲传播出版社2021年版

当代中国文化源自中华传统文化，根植于当代中国实践。中国将文化建设纳入中国特色社会主义事业总体布局，推动文化的现代化，提高社会文明程度。该书在概述新中国文化建设演进的基础上，重点介绍21世纪以来中国的思想文化建设，人民文化权益的保障，新道德新风尚的铸造，文学艺术与哲学社会科学的发展，教育科技的进步，文化遗产的保护传承，宗教文化的发展状况，当代文化产业的格局以及对外文化交流的状况，等等，整体呈现当前中国文化的样貌。

【中国学位制度实施四十年】

王战军著，中国科学技术出版社2021年版

该书是首部全面、系统地反映中华人民共和国学位制度实施40年历史的著作。全书从宏观上论述了我国学位制度实施体系建立、完善、发展与形成的过程，把握了改革开放与中国崛起的时代脉搏，归纳了中国学位制度实施体系的特色，展望了面向未来的中国学位制度。全书从理论和实践的结合上，总结了改革开放40年中国实施学位制度所取得的伟大成就和历史经验，不仅呈现了中国特色学位制度的形成过程，而且反映了我国高层次人才支撑国家战略实施、经济社会发展的重要作用。全书在写作上坚持本真思维，用数据和事实说话，聚焦学位制度的建立、完善与创新，按照编年史的写作手法，通过对实施政策的研究，重点展现学位授权体系、学科专业目录、学位授予规模、学位管理体系等学位制度的实施过程与成效。全书梳理、研究了关于我国实施学位制度的大量文献和访谈资料，堪称内容翔实、资料丰富，对理解和研究我国学位制度，对从事研究生教育管理工作具有重要意义。

【大国科技：中国科技之路背后的决策往事】

许正中、刘玉兰主编，中共中央党校出版社2021年版

大国科技发展关乎国脉，事关国运。无论是建国后的国家科技宏图伟略，还是改革开放以来若干发展阶段的科技路线设计，其过程不一定惊心动魄，但一定会充满了决策者的智慧与殚精竭虑。《大国科技》一书聚焦我国"建设世界科技强国"这一重大战略，牵住科技创新这个"牛鼻子"，共采访了原国家科委主任、两院院士宋健，十三届全国政协副主席、科技部部长万钢，科技部原副部长慧永正，国务院参事、科技部原副部长刘燕华等十位专家。回顾过往，由老同志亲身讲一讲科技发展历程中的一些决策过程，梳理一下改革开放初期以来的科技发展脉络，总结经验，检视得失，重在维护国家和民族利益，弘扬科技管理工作者的担当意识，彰显国家创新精神，为新时期科技发展、再创辉煌提供决策参考，具有极其重要的现实意义和深远的历史意义。该书文风清新、短小精悍，对于研究中国科技史有一定的参考价值。

【科技体制改革进展报告（2012—2020年）】

本书编写组，科学技术文献出版社2021年版

该书以党的十八大以来科技体制改革现状为主线，主要体现若干重点领域改革的初衷和目的，梳理改革政策制度和主要措施，总结当前改革进展，提出未来思考和展望，力求比较系统、客观地展示党的十八大以来科技体制改革的主体脉络，为有关研究者提供一份资料性文献。该书共分为8篇。第一篇是完善国家科技管理制度，主要包括中央财政科技计划管理改革、财政科研项目和资金管理改革、健全科技监督评估制度及完善

科技管理基础制度等。第二篇是加强科技创新力量建设，主要包括强化企业技术创新主体地位、科研院所和高校科研管理改革、鼓励新型研发机构发展及强化科技创新基地与条件保障等。第三篇是激发科研人员创造活力，主要包括改进科技人才计划管理、科研人员激励制度改革、科技人才评价制度改革及科研人员流动制度改革等。第四篇是营造有利于创新的市场环境，主要包括创新要素配置市场化改革、知识产权制度改革、促进科技与金融结合等。第五篇是促进科技成果转移转化，主要包括科技成果转化制度改革、国家技术转移体系建设、推动大众创业万众创新等。第六篇是构建区域创新发展新格局，主要包括布局国家科技创新中心、区域全面创新改革试验、优化科技园区布局、健全区域协同创新机制等。第七篇是扩大科技创新开放合作，主要包括实施开放创新战略、科技创新体系的对外开放、打造具有国际竞争力的人才制度优势、构建以科技为支撑的开放型经济新体制等。第八篇是加强创新文化建设，主要包括加强科研诚信与作风学风建设、健全科技伦理制度、推进科技社团发展及促进科学普及等。该书梳理的若干重点领域改革进展情况期待能为读者研究科技创新政策和体制机制改革提供参考借鉴。

五、社会史

【中国脱贫攻坚的实践与经验】

陈锡文、韩俊主编，人民出版社2021年版

该书主要从中国农村扶贫标准、对象识别和退出管理、脱贫攻坚的体制机制、扶贫投入、金融扶贫、基础设施建设扶贫、产业扶贫、就业扶贫、易地搬迁扶贫、生态扶贫、教育扶贫、健康扶贫、社会保障兜底扶贫、深度贫困地区扶贫、减贫的国际合作等方面，对党的十八大以来的中国脱贫攻坚战进行了全面、客观、准确的评估，为中央对脱贫攻坚战进行总结、制定巩固拓展脱贫攻坚成果同乡村振兴有效衔接政策文件提供了重要参考。

【中国脱贫攻坚精神】

武力、王爱云著，华中科技大学出版社2021年版

全书将中国共产党100年的消除贫困的理论与实践分为中国民主革命时期（1921—1949）、社会主义革命和建设时期（1949—1978）、中国特色社会主义新时期（1978—2012）、中国特色社会主义新时代（2012—2020）四个阶段，重点论述了新时代习近平总书记关于治理贫困的思想与实践、中国消除贫困背后的制度分析，通过缜密的理论分析和中国共产党100年的丰富实践，深刻阐释和总结了中国消除贫困的国际影响与世界意义。全书宏观与微观结合，史论结合，论证严谨，论理透彻；研究视角独特，顶层设计彰显智慧。将学术性、历史性与可读性融为一体，通过深刻严谨且不失生动的论述、历史的勾画和描绘，将100年来中国共产党带领人民脱贫攻坚的伟大成就和成功经验展示得淋漓尽致。

【以人民为中心：新时代中国民生保障】

郑功成著，中国人民大学出版社2021年版

坚持以人民为中心，不断满足人民日益增长的美好生活需要，是践行党的宗旨和体现中国特色社会主义制度优越性的具体表现，也是国家发展的根本出发点。该书分析了新时代中国民生保障的内涵，论述了人民的物质文化需要和美好生活需要，提出了新时代中国民生保障的五大核心要义，并从打赢脱贫攻坚战、办好人民满意的教育、实现更高质量和更充分就业、建成世界上规模最大的社会保障体系、让全体人民住有所居、建设健康中国与美丽中国等六个方面，分析了中国民生保障制度的重点领域和实践路径，展示了中国民生发展的巨大成就。该书以"人民对美好生活的向往，就是我们的奋斗目标"为主线，涵盖人民群众源自内心的各方面诉求，全面、系统地阐述了中国共产党为人民谋幸福的真谛和中国特色社会主义走共同富裕道路的本质，科学回答了以什么样的发展理念、发展道路来解决中国发展中的民生问题，以什么样的方略与措施来满足人民日益增长的美好生活需要，以什么样的制度安排来不断促进和保障人的全面发展等重大问题，对指导我国民生保障制度建设和民生事业的健康持续发展具有十分重大的意义。

【当代中国社会】

李文著，五洲传播出版社2021年版

中国特色社会主义进入新时代。在这片辽阔的土地上、在这个人口约占全球1/5的发展中大国，正在发生内涵更为丰富、影响更为深远的"转型"，社会主要矛盾已经转化为人民日益增长的美好生活需要和不平衡不充分的发展之间的矛盾。该书阐述了中国社会的新发展，包括历史性地解决绝对贫困问题、全面建成小康社会等，介绍当代中国的社会结构、社会建设和社会治理、社会生活和社会思潮等，并注意进行国际对比。该书被列入长安街读书会第20220302期干部学习新书书单。

【当代上海的民生建设研究】

杨莲秀著，当代中国出版社2021年版

该书为《当代上海》丛书之一，是"当代中国研究所国情调研（上海）基地"的课题研究成果。该书将当代上海民生建设的历史与现实问题研究紧密地结合起来，对当代上海的民生建设的历程、发展轨迹和规律，上海城市发展及其与世界发展和国家发展的关系作出了全面、客观、深入的论述。当前中国正处在"黄金发展期"和"矛盾突显期"相互交织的时期，为了保证中国社会的长治久安，实现社会的可持续和谐发展，必须高度重视民生问题，并将民生建设放到极为重要的战略位置上。总结上海民生建设的基本经验，对更好地坚持执政为民具有十分重要的指导意义。作为一部当代上海的民生建设研究专著，该书是国史研究的深化和推进。该书为上海研究提供了具有较高学术价值的地方史资料，同时也对助力上海实现"四个率先""先行先试"起到一定作用。

【改革开放以来生活方式变迁与文化选择研究】

李霞著，人民出版社 2021 年版

中国改革开放以来 40 多年的发展，人们的生活水平和生活方式发生了很大的变化。社会转型期也是历史与现代、中国和世界的各种文化交织、碰撞期，生活的变化面临着文化的选择问题。该书力图通过对改革开放以来人们生活方式变化和文化变迁，以及当代中国的文化构成和价值选择进行分析，提出当代中国文化选择的标准和构建中国特色社会主义文化的原则，增强文化自觉和文化自信；从人的发展角度探索生活方式的构建，从生活方式与文化选择的关系探索文化建设的规律，这是对中国改革开放和社会主义现代化建设规律、成就以及不足进行研究的一个重要视角，可以丰富生活方式研究和文化理论研究。该书认为选择科学健康的生活方式，进行正确的文化选择和价值选择，能够推动日常生活中人的个性发展，促进整个社会的发展，树立关于中国特色社会主义的文化自信。

六、国防与军事史

【《小三线建设研究论丛　第六辑　三线建设研究者自述》】

徐有威、陈东林主编，上海大学出版社 2021 年版

该书为"三线建设研究者自述"专辑，内容包括：《从参与者到研究者：我与三线建设》《从目击者到研究者：我的第一篇三线建设的研究文章》《行进在四川三线建设研究的征途中》《从历史研究到遗产保护：我和三线建设研究》《难忘的峥嵘岁月——攀枝花中国三线建设博物馆诞生记》等，作为亲历者口述作品，具有一定的可读性与史料价值。

【军民协同创新的体制、机制和政策研究】

张近乐等著，科学出版社 2021 年版

该书围绕新时代军民协同创新的发展体制、机制和政策制度，重点论述军民协同创新的国际比较、科技协同、资源拓展、产业发展、评估研究，以及一体化国家战略体系和能力建设等问题，旨在推进中国特色军民协同创新发展理论体系的构建，以实现组织、技术、人才、信息等资源的集成创新，助力加快军民协同创新发展步伐。

七、外交史

【携手之路——纪念中华人民共和国恢复在联合国合法席位 50 周年】

中国联合国协会，世界知识出版社 2021 年版

2021 年是中华人民共和国恢复联合国合法席位 50 周年。随着我国综合国力快速提升，我国深入参与联合国事务，深化与联合国合作，在推进全球治理、践行多边主义、维护联合国核心地位方面发挥日益重要的作用，为联合国作出重要贡献。为纪念这具有历史意义的重要事件，中国联合国协会出版《携手之路——纪念中华人民共和国恢复联合国合法席位 50 周年》一书，全面回顾我国参与联合国历程，进一步阐述我国

坚定支持多边主义、维护联合国核心地位的立场，积极推动人类命运共同体建设。

【上海合作组织 20 年：成就和经验】

徐步主编、邓浩执行主编，世界知识出版社 2021 年版

该书是中国上合组织研究中心为庆祝上合组织成立 20 周年精心打造的献礼之作。该书邀请曾参与、见证上合组织发展历程的资深外交官和专家学者基于自身的经历和阅历，从不同视角、不同维度回顾上合组织 20 年走过的风雨历程，总结提炼上合组织积累蕴含的丰富经验，展望谋划未来上合组织的发展蓝图。同时，该书邀请上合组织成员国、观察员国著名智库学者撰文介绍各国参与上合组织合作的发展历程、经验和期待，提供了一幅 20 年上合组织发展的全景图和立体画。该书还系统、全面梳理整理了 20 年上合组织研究的成果和进展，从中可以一窥中外上合组织研究学者工作之概貌。该书熔资料性、知识型、可读性为一炉，荟萃上合组织研究大家名作，是了解认识上合组织 20 年成就和经验的权威之作。

【中日美关系与台湾问题（1949—2010）】

陶文钊、刘世龙、杜继东著，社会科学文献出版社 2021 年版

该书探讨的是 1949—2010 年的中日美关系与中国台湾问题，按时间顺序分别讨论了这期间中美关系中的中国台湾问题、美国与中国台湾关系、中日关系中的中国台湾问题、日本与中国台湾关系以及日美关系与中国台湾问题。核心是中美关系中的中国台湾问题。中国台湾问题长期以来一直是中美关系中最重要、最敏感的核心问题，纵观过去，每当各方力量发生重大变化或一方内部发生重大变化或国际格局发生重大变化的时候，中日美关系及美国与中国台湾关系等都会受到影响。目前，世界历史又走到了一个重要关口，回顾、梳理相关历史，有助于我们更好地看清当下与未来。

【中美关系 50 年：1969—2019】

谢国明等著，人民日报出版社 2021 年版

中美关系是当前世界上非常复杂的关系。中美之间既有合作也有竞争，既有共同利益也有严重分歧，既有结构性矛盾也有意识形态与社会制度的对立。《中美关系 50 年：1969—2019》以时间为序梳理了 1969—2019 年 50 年间中美关系发展史，重点以尼克松、卡特、里根、老布什、克林顿、小布什、奥巴马和特朗普等任期内的中美关系为着眼点，史论结合、深入浅出地阐释不同时期中美关系的发展特点和演变规律。该书有创见、有深度、接地气，对于读者了解中美关系史、在百年未有之大变局中把握当前中美关系，具有一定的参考意义。

【从援助到发展合作：21 世纪初中非关系演进研究】

李源正著，社会科学文献出版社 2021 年版

该书是"非洲国际关系论丛"第 5 本。

获外交部 2020 年"中非联合研究交流计划"立项资助。现代中非关系开启以来，中非之间就形成了双向援助关系，中国对非洲国家持续提供力所能及的援助，非洲国家也以不同的方式支持中国。21 世纪初，中非关系日益密切，实现了从援助向发展合作的转变。该书探讨中国在 21 世纪对非发展合作的内容、动力、特点及其现实依据、实施途径和典型模式以及成效、影响与挑战，这具有理论和实践两个层面的意义。在理论层面，有助于增进对于当代中国对外政策和行为的理论理解，有助于从理论上探讨中国承担国际责任的主体、方式和特点；在实践层面，有助于明晰中非合作的路径选择和方向设计，有助于明晰中非关系面临的形势、任务和挑战，也有助于把握新形势下南南合作的特点。

八、地方史

【新中国第一个首都城市总体规划的制定】

董斌著，北京人民出版社 2021 年版

建设和管理好首都，是国家治理体系和治理能力现代化的重要内容，而首都城市规划则是其中的核心和关键。该书以新中国成立初期，北京市在中央领导下制定的第一个首都城市总体规划为研究对象，重点记述第一个首都城市总体规划制定的历史背景、工作体制、指导方针、方案讨论、编制修改等过程，体现在当时的历史背景下，人们对首都行政中心的位置、首都建设方针、北京城市性质功能、城市发展规模、文物古迹保护等重大问题的思考和探索，为深刻汲取历史经验和智慧，更好领会贯彻习近平总书记对首都工作的重要指示精神、深入推进北京国际一流的和谐宜居之都建设，提供有益的参考和借鉴。

【兰州通史（中华人民共和国卷）】

田澍总主编、吴晓军主编，人民出版社 2021 年版

兰州对维护西北地区的民族团结、国防安全、人民福祉具有举足轻重的作用。本卷主要考察了中华人民共和国成立以来兰州地区的历史。书稿分"建立和巩固新生人民政权时期""社会主义制度确立时期""全面建设社会主义时期""'文化大革命'时期""拨乱反正与历史转折时期""建设中国特色社会主义新时期"几个阶段，考察了兰州新中国成立以来在政治、经济、文化、风俗、民族团结、生态建设等方面不断发展进步的历史。

【江苏青壮年支援新疆建设研究（1959—1965）】

闫存庭著，人民出版社 2021 年版

该书从历史学的视角，综合运用多种研究方法，以内地青壮年支疆为研究对象，主要考察"大跃进"背景下内地青壮年及其家属支边新疆这一史实。更进一步厘清内地青壮年与各族民众的交往交流交融，以及对新疆经济社会发展的贡献，探讨青壮年移民支疆过程中存在的问题，并提出相应的对策和建议，以期为新时期移民、援疆政策的制定和实施提供理论依据和实证支持。力争使

研究不仅实证效果明显，而且多学科意义突出。其中，详细论述了政府是如何宣传动员、组织运送、分配安置和教育巩固支边青壮年的。这既涉及政府动员策略、组织能力、巩固手段的运用，又包含民众心态的变化和调适。同时，利用亲历人的回忆录、访谈记录、报刊资料等，勾勒青壮年在疆生产、生活实态。在此基础上，从开发边疆、巩固国防和民族交融等角度审视他们对新疆的重要贡献。

九、人物研究

【中国有个毛泽东】

李捷著，人民出版社2021年版

该书以文献资料为依据，勾勒伟人毛泽东不平凡的人生轨迹，展现他为人民谋幸福、为民族谋复兴的跌宕一生。该书把毛泽东所处的时代环境及其发展趋势、毛泽东的个人生平及其对党和国家事业发展的影响、他的思想创造及其对中华民族伟大复兴的意义，很好地结合起来进行阐述，让人们在感悟毛泽东的历史性贡献的同时，深刻理解他的事业和思想的当代价值，更深切地体会为什么我们党始终强调要永远高举毛泽东思想的伟大旗帜。该书娴熟地把握和处理了文献与历史的关系，对于广大读者树立正确的党史观、领袖观，抵御和反对错误思潮，具有很大的引领和启发意义。该书作者是毛泽东研究的著名专家，该书具有史家做传的鲜明特点，那就是依据客观发生的历史事实，依据真实可靠的文献和档案等史料，让史料文献生动起来、鲜活起来，展示完整系统、客观真实的毛泽东。该书很好地处理了作者与传主、故事和讲故事、历史和写历史之间的关系，是一部有感情、有立场、有分析、有文采的毛泽东传记著作。

【邓小平与陈云的世纪历程】

张金才著，人民出版社2021年版

邓小平和陈云跨越了两代中央领导集体，经历了中国共产党革命、建设、改革的各个历史时期和几乎所有重大事件，这在中共领袖人物中是不多见的。该书以20世纪中国历史特别是中国共产党和中华人民共和国的恢宏历史为背景，以邓小平和陈云既相同又相异的政治生涯为主线，分析他们革命生涯中各个阶段、各个方面的异同点，考察他们在各个历史阶段、各个工作领域以及各个重大事件中的合作与共事，以此全景式地展示他们共同走过的近一个世纪的革命历程。

【梦回千古少奇永在：漫忆父亲刘少奇与新中国】

刘源著，人民出版社2021年版

刘少奇是中华人民共和国开国元勋，是党的第一代中央领导集体的重要成员，他在经济、政治、军事、文化、教育、外交和党的建设等领域都建立了卓著功勋。作为历史的亲历者和见证人，作者在书中围绕父亲刘少奇同新中国波澜壮阔的奋斗历史，从子女漫忆父辈、从一名党员领导干部学习经验的独特视角，以史料为基础，用生动且富有个性化的语言，对党史、国史、社会主义发展史以及改革开放史中的若干重大事件及其来龙去脉作了精彩梳理，将领导集体和领袖人物放在特定历史条件下作了饱含深情又客观求实的评价，感人至深，有所思悟。该书内容饱满充实，形式新颖生动，分为上、下两集，既有对重大历史事件客观中肯的阐述、对重要历史人物生动形象的刻画，又不乏作者深刻独到的评述。上集主要涵盖中华人民共和国的成立、从新民主主义到社会主义的过渡、社会主义建设在探索中的良好开端和曲折发展初露端倪等。作者还别具匠心地以"战问""史问""路问"为引子，并追溯了父亲在迎建新中国前的思想和行动准备，将"史""论"巧妙地熔于一炉，冷静理性地分析总结经验教训，为更好地从历史走向未来提供镜鉴。

十、海外当代中国研究

【共同见证百年大党——百位国外共产党人的述说（上下册）】

姜辉主编，当代中国出版社2021年版

该书邀请来自全球40多个国家50多个共产党组织的100余位共产党人畅谈中国特色社会主义道路的辉煌发展历程，见证中国共产党领导下中国社会百年沧桑巨变，共庆伟大的中国共产党百岁华诞。多国共产党人认为中国共产党创造了改天换地的人间奇迹，积极评价中国共产党领导中国特色社会主义政治、经济和社会建设取得的成就，深刻分析新时代中国特色社会主义在世界社会主义和马克思主义发展史上的重要意义，高度赞扬社会主义中国在维护国际秩序、捍卫世界和平以及推动多边合作、促进共同发展方面作出的杰出贡献。世界各国共产党人正在汲取中国特色社会主义道路建设与发展的经验和智慧，致力于加强沟通与交流，共同推动人类发展与进步。

【新时代海外当代中国研究】

桑月鹏、俞晓秋编，辽宁人民出版社2021年版

该书为"海外看中国系列丛书"之一，主要收录了2019年第三届海外当代中国研究圆桌会议的部分专家发言、学者观点及媒体访谈报道。本届的圆桌会议聚焦的主题是"70年回顾与展望：面向新时代的海外当代中国研究"，全面梳理了70年来海外当代中国研究的整体脉络和时代特征，反映了海外新研究动向、国内该研究领域的主要研究成果，对新中国成立以来海外当代中国研究的历史与现状进行梳理和研讨，为进一步深化智库领域研究提供了新视点。

（供稿：孙　辉）

· 重点文章 ·

一、总论

从新中国史中汲取继续前进的智慧和力量

姜 辉

当代中国研究所

中国社会科学院习近平新时代中国特色社会主义思想研究中心

70多年的新中国史,是一部中国共产党在一个社会主义大国长期执政和治国理政、持续推进伟大社会革命的壮阔史诗,也是一部党团结带领人民筚路蓝缕、奠基立业、艰苦奋斗、改天换地,创造中华民族发展史、人类社会进步史上令人刮目相看的奇迹的壮阔史诗。深入学习新中国史,是坚持和发展中国特色社会主义、把党和国家各项事业继续推向前进的必修课,是从中汲取无穷智慧和力量、在新时代新发展阶段创造新的历史伟业的必然要求。

深刻领会实践历程和伟大道路,不断增强"四个自信"

道路决定命运,找到一条正确的道路是国之大幸、民之大幸。新中国70多年的光辉历程,就是我们党团结带领人民接续开辟社会主义革命、建设、改革的历程。在新中国成立之初,党创造性探索符合中国实际的社会主义革命道路;在曲折发展中,党独立自主探索社会主义建设道路;在改革开放中,党成功开创中国特色社会主义道路;党的十八大以来,党把中国特色社会主义推进到新时代。几代中国共产党人接续探索,终于成功走出一条实现中华民族伟大复兴的光明道路,成功走出一条人类发展史上实现现代化的崭新道路。

在波澜壮阔的历史进程中,正是由于我们党团结带领人民走在正确道路上,中华民族迎来了从站起来、富起来到强起来的伟大飞跃,中国特色社会主义迎来了从创立、发展到完善的伟大飞跃,中华民族迎来了从落后时代、赶上时代到引领时代的伟大飞跃。历史告诉我们,历史和人民选择中国共产党领导中华民族伟大复兴的事业是正确的,必须长期坚持、永不动摇;中国共产党领导中国人民开辟的中国特色社会主义道路是正确的,必须长期坚持、永不动摇;中国共产党和中国人民扎根中国大地、吸纳人类文明优秀成果、独立自主实现国家发展的战略是正确的,必须长期坚持、永不动摇。

习近平总书记指出:"在新时代,坚定信仰信念,最重要的就是要坚定中国特色社会主义道路自信、理论自信、制度自信、文化自信。党的百年奋斗历程和伟大成就是我们增强'四个自信'最坚实的基础。"经过长期奋斗,我们党团结带领人民在一个有着几千年封建社会历史的国家实现了最广泛的人民民主,人民真正成为国家、社会和自己命运的主人;在一穷二白的基础上创造了经济社会快速发展奇迹,中国用几十年时间走完了发达国家几百年走过的工业化历程,跃升为世界第二大经济体,综合国力、科技实力、国防实力、文化影响力、国际影响力显著提升;人民生活由温饱不足到全面小康,整体上彻底摆脱了绝对贫困;我国长期保持社会和谐稳定、人民安居乐业,成为国际社会公认的最有安全感的国家之一。

"四个自信"来源于实践、来源于人民、来源于真理。深入学习新中国史,要以史为镜、以史明志,了解党团结带领人民作出的伟大贡献和根本成就,认清当代中国所处的历史方位,进一步增强"四个意识"、坚定"四个自信"、做到"两个维护",激发为实现中华民族伟大复兴而奋斗的信心和动力,风雨无阻,坚毅前行。

深刻领会理论创新和伟大思想,自觉加强理论武装

习近平总书记指出:"我们党的历史,就是一部不断推进马克思主义中国化的历史,就是一部不断推进理论创新、进行理论创造的历史。"新中国成立后,毛泽东思想在社会主义革命和建设时期继续丰富发展。改革开放后,我们党在坚持和发展中国特色社会主义伟大实践中继续推进马克思主义中国化,形成了邓小平理论、"三个代表"重要思想、科学发展观。

党的十八大以来,我们党在统揽"四个伟大"的新实践中,坚持马克思主义基本原理同中国具体实际和时代特征相结合,同中华优秀传统文化相结合,从理论与实践的结合上系统回答了新时代坚持和发展什么样的中国特色社会主义、怎样坚持和发展中国特色社会主义这个重大时代课题,创立和形成了习近平新时代中国特色社会主义思想,实现了马克思主义中国化新飞跃。这一伟大思想,作为指导中国、影响世界的当代中国马克思主义、21世纪马克思主义,既是马克思主义中国化的最新理论成果和指引实现中华民族伟大复兴的科学理论,也是21世纪马克思主义最新理论形态,为发展马克思主义作出原创性贡献。

理论创新每前进一步,理论武装就要跟进一步。要结合我们党团结带领人民创造的伟大成就,特别是结合党的十八大以来党和国家事业取得的历史性成就、发生的历史性变革,深刻领会习近平新时代中国特色社会主义思想贯穿的马克思主义立场观点方法,深刻领会其对马克思主义哲学、政治经济学、科学社会主义的创新发展,深刻领会其精髓要义、核心内容、科学体系、实践要求,深刻领会其时代意义、历史地位、理论价值、卓越贡献,深刻领会其对共产党执政规律、社会主义建设规律、人类社会发展规律认识的深化,从而自觉运用党的创新理论最新成果武装头脑、指导实践、推动工作。

深刻领会重要启示和宝贵经验,科学把握发展规律

新中国成立以来,我们党团结带领人民艰苦奋斗、开拓进取、创新创造,在进行改天换地的伟大实践中,在取得翻天覆地的伟大成就中,在创造惊天动地的新时代伟业中,获得了非常深刻的重要启示,积累了无比丰富的宝贵经验。

必须坚持党对一切工作的领导,使党始终成为中国特色社会主义事业的坚强领导核心;必须坚持以不断发展的中国化马克思主义为指导,始终保证事业发展的正确方向;必须坚持走中国特色社会主义道路,既不走封闭僵化的老路,也不走改旗易帜的邪路;必须坚持以人民为中心的发展思想,始终把人民对美好生活的向往作为奋斗目标;必须坚持党的基本理论、基本路线、基本方略,根据国情制定正确的路线方针政策;必须坚持不断推进改革开放,始终在永葆生机活力中推进事业发展;必须坚持和完善中国特色社会主义制度,充分发挥制度优越性和显著优势;必须正确处理改革发展稳定关系,统筹发展和安全两件大事;必须坚定维护国家主权和领土完整,维护中华民族和中国人民的整体利益和核心权益;必须统筹国内国际两个大局,始终不渝走和平发展道路、奉行互利共赢的开放战略……我们党团结带领人民积累的这些宝贵经验,凝结着鲜血和汗水,充满着智慧和勇毅,必须倍加珍惜、长期坚持,在实践中不断丰富和发展。

习近平总书记指出:"历史发展有其规律,但人在其中不是完全消极被动的。只要把握住历史发展规律和大势,抓住历史变革时机,顺势而为,奋发有为,我们就能够更好前进。"我们通过学习新中国史,要全面汲取经验,获得深刻启示,不断深化对共产党执政规律、社会主义建设规律和人类社会发展规律的认识,不断提高应对风险挑战、善于化险为夷的能力水平,从历史经验中提炼出克敌制胜的法宝,把改革开放和社会主义现代化建设事业不断推向前进。

深刻领会艰辛探索和伟大精神,大力弘扬优良作风

人无精神则不立,国无精神则不强。新中国成立以来,我们党团结带领人民艰苦创业、不懈奋斗、开拓创新,创造了改天换地的人间奇迹,国家涌现一大批视死如归的革命烈士、一大批顽强奋斗的英雄人物、一大批忘我奉献的先进模范,形成了一系列伟大精神,构筑起了中国共产党人赓续不断、永葆生机活力的精神谱系。

艰苦卓绝、保家卫国的抗美援朝战争锻造了抗美援朝精神；艰辛探索、精神昂扬的社会主义建设催生了"两弹一星"精神、雷锋精神、铁人精神、焦裕禄精神等；革故鼎新、风雷激荡的改革开放产生了改革开放精神、载人航天精神、抗洪精神、抗震救灾精神等；攻坚克难、一往无前的中国特色社会主义新时代形成了抗疫精神、脱贫攻坚精神……这一系列跨越时空、历久弥新的伟大精神，既有各具意蕴、特质鲜明的时代特征，又有相融相通、一脉相承的红色基因，集中体现了党的坚定信念、根本宗旨、优良作风，彰显了中国共产党人艰苦奋斗、牺牲奉献、开拓进取的伟大品格，凝聚起中国人民的伟大创造精神、伟大奋斗精神、伟大团结精神、伟大梦想精神，激发了中华民族不畏强敌、不惧风险、敢于斗争、勇于胜利的磅礴力量，树立起了一座座不朽的精神丰碑。

伟大精神为立党兴党、报国强国提供了丰厚滋养。我们站在"两个一百年"奋斗目标的历史交汇点上，迈进新征程、奋进新时代，要发扬"宜将剩勇追穷寇，不可沽名学霸王"的革命精神，永葆"革命理想高于天"的激昂斗志，满怀"为有牺牲多壮志，敢教日月换新天"的巨大勇气，大力弘扬对党忠诚、艰苦奋斗、求真务实、理论联系实际、密切联系群众等优良作风，勇于进行具有许多新的历史特点的伟大斗争，创造无愧于党、无愧于人民、无愧于时代的崭新业绩。

深刻领会主题主线和主流本质，树立正确国史观

新中国的历史恢弘壮丽、内容丰富，既有胜利和辉煌，也有失误和曲折。从主题主线、主流本质看，新中国史就是一部矢志践行初心使命，为中国人民谋幸福、为中华民族谋复兴的历史。树立正确国史观，就要紧紧抓住这个主题主线、主流本质。

习近平总书记指出："唯物史观是我们共产党人认识把握历史的根本方法。如果历史观错误，不仅达不到学习教育的目的，反倒会南辕北辙、走入误区。"国内外敌对势力和一些别有用心的人，拿新中国史上的挫折做文章，竭尽攻击、丑化、污蔑之能事，根本目的就是要搞乱人心，推翻中国共产党领导和我国社会主义制度。"灭人之国，必先去其史"，在这个大是大非问题上，我们容不得半点含糊。对于夸大新中国史上的失误和曲折，肆意抹黑歪曲党的历史、攻击党的领导，并同现实问题刻意勾连、恶意炒作等错误倾向，要高度警惕。

树立正确国史观，就要坚持以我们党关于历史问题的决议和党中央有关精神为依据，准确把握新中国史的主题主线、主流本质，正确认识和科学评价其中的重大事件、重要会议、重要人物。要实事求是看待新中国史上的一些重大问题，既不能因为成就而回避失误和曲折，也不能因为探索中的失误和曲折而否定成就。要旗帜鲜明反对历史虚无主义，加强思想引导和理论辨析，澄清对新中国史上一些重大历史问题的模糊认识和片面理解，更好正本清源、固本培元。

树立正确国史观，必须深入学习贯彻习近平新时代中国特色社会主义思想，以习近平总书记的一系列相关重要论述为根本遵循，进一步坚定历史自信、增强历史自觉。坚持实践的观点、历史的观点、辩证的观点、发展的观点，分清本质和现象、主流和支流，既看存在的问题又看其发展趋势，既看局部又看全局。广泛开展理想信念教育，加强爱国主义、集体主义、社会主义教育，引导人们树立正确的历史观、民族观、国家观、文化观，进一步统一思想、统一意志、统一行动，更加紧密地团结在以习近平同志为核心的党中央周围，以昂扬姿态奋力开启全面建设社会主义现代化国家新征程。

（原载《求是》2021年第11期）

中国共产党百年来对建设社会主义现代化强国的探求和发展

宋月红

当代中国研究所　中国社会科学院新中国历史经验研究中心

在人类社会发展史上，马克思主义不仅深刻改变了世界，也深刻改变了中国。中国共产党在百年奋斗中不断推进马克思主义中国化时代化，团结带领全国各族人民为争取民族独立、人民解放和实现国家富强、人民幸福而不懈奋斗。《中共中央关于党的百年奋斗重大成就和历史经验的决议》（以下简称《决议》）将"建设什么样的社会主义现代化强国、怎样建设社会主义现代化强国"同"新时代坚持和发展什么样的中国特色社会主义、怎样坚持和发展中国特色社会主义""建设什么样的长期执政的马克思主义政党、怎样建设长期执政的马克思主义政党"[1] 一起，丰富发展为习近平新时代中国特色社会主义思想科学回答的重大时代课题，深刻彰显党在百年奋斗中矢志践行为中国人民谋幸福、为中华民族谋复兴的初心使命，深刻揭示党在百年奋斗中进行理论创新、理论创造的鲜明时代主题、基本内涵和核心要义。没有共产党就没有新中国，只有社会主义才能救中国，只有中国特色社会主义才能发展中国。建设社会主义现代化强国具有深厚历史底蕴、广泛现实基础和时代发展进步要求。党经过百年奋斗，以伟大自我革命推动伟大社会革命，开辟中国特色社会主义道路，在全面建成小康社会的基础上乘势而上开启全面建设社会主义现代化国家新征程，为全面建成社会主义现代化强国、实现中华民族伟大复兴而锐意进取、不懈奋斗，中华民族伟大复兴进入了不可逆转的历史进程。

一、建设社会主义现代化强国的根本政治前提和历史底蕴

《共产党宣言》科学揭示人类社会最终走向共产主义的必然趋势，并就阶级与国家指出："工人革命的第一步就是使无产阶级上升为统治阶级，争得民主"，"把一切生产工具集中在国家即组织成为统治阶级的无产阶级手里，并且尽可能快地增加生产力的总量"[2]。习

---

[1]《中共中央关于党的百年奋斗重大成就和历史经验的决议》，人民出版社2021年版，第25—26页。
[2]《马克思恩格斯选集》第1卷，人民出版社2012年版，第421页。

近平总书记在纪念马克思诞辰200周年大会上的讲话中指出:"马克思、恩格斯高度肯定中华文明对人类文明进步的贡献,科学预见了'中国社会主义'的出现,甚至为他们心中的新中国取了靓丽的名字——'中华共和国'。"[1] 然而,1840年鸦片战争以后,西方列强凭着坚船利炮侵入了中国,使中国沦为半殖民地半封建社会,中华民族陷入内忧外患的悲惨境地。国家危矣,不破则不立。中国共产党在中国人民和中华民族的伟大觉醒中、在马克思列宁主义同中国工人运动的紧密结合中诞生,自成立之日起就把为中国人民谋幸福、为中华民族谋复兴作为自己的初心使命,坚持共产主义理想和社会主义信念,按照共产主义者的理想,创造一个新的国家和社会。

社会基本矛盾和主要矛盾规定着国家的社会性质和发展状态。在新民主主义革命时期,面对江河破碎、国弊民穷的旧中国,党根据近代中国社会主要矛盾是帝国主义和中华民族的矛盾、封建主义和人民大众的矛盾,进行反帝反封建斗争,开辟了农村包围城市、武装夺取政权的革命道路。在国家政权建设上,党的二大宣言提出:"建立一个真正民主共和国"[2]。1931年11月,党领导的中华苏维埃共和国临时中央政府宣告成立,实行工农兵代表大会制度。这是中国历史上第一个全国性的工农民主政权,是党在局部地区执政的历史性尝试。1937年9月,党在延安成立陕甘宁边区政府,实行一系列民主改革,发展经济、文化教育和卫生事业,使之成为"抗日和民主的模范区"。1940年1月,毛泽东在《新民主主义论》中回答中国向何处去的问题,鲜明指出:"我们共产党人,多年以来,不但为中国的政治革命和经济革命而奋斗,而且为中国的文化革命而奋斗;一切这些的目的,在于建设一个中华民族的新社会和新国家。在这个新社会和新国家中,不但有新政治、新经济,而且有新文化。这就是说,我们不但要把一个政治上受压迫、经济上受剥削的中国,变为一个政治上自由和经济上繁荣的中国,而且要把一个被旧文化统治因而愚昧落后的中国,变为一个被新文化统治因而文明先进的中国。一句话,我们要建立一个新中国。"[3] 为争取抗战胜利,1944年5月26日《解放日报》发表《毛泽东同志号召发展工业打倒日寇》的文章指出:"要打倒日本帝国主义,必需有工业;要中国的民族独立有巩固的保障,就必需工业化。我们共产党是要努力于中国的工业化的。"在党的七大上,毛泽东作《论联合政府》的政治报告,提出要"将中国建设成为一个独立、自由、民主、统一和富强的新国家"[4]。"在革命胜利以后,迅速地恢复和发展生产,对付国外的帝国主义,使中国稳步地由农业国转变为工业国,

---

[1] 习近平:《在纪念马克思诞辰200周年大会上的讲话》,人民出版社2018年版,第12页。
[2] 《建党以来重要文献选编(1921—1949)》第1册,中央文献出版社2011年版,第130页。
[3] 《毛泽东选集》第2卷,人民出版社1991年版,第663页。
[4] 《毛泽东文集》第3卷,人民出版社1996年版,第146、1053页。

把中国建设成一个伟大的社会主义国家。"① 在解放战争中，随着党领导的新民主主义革命即将在全国胜利，党的七届二中全会着重讨论了党的工作重心的战略转移，即工作重心由乡村转移到城市的问题，确定了使中国稳步地由农业国转变为工业国，由新民主主义社会转变为社会主义社会的发展方向。

中国实现由旧到新的伟大历史性变革。新民主主义革命的胜利、新中国的成立，彻底结束了旧中国半殖民地半封建社会的历史，实现了民族独立、人民解放，中国人民从此站起来了，中国发展从此开启新纪元，为实现中华民族伟大复兴创造了根本社会条件。

中国共产党不仅善于破坏一个旧世界，而且善于建设一个新世界。《决议》指出："社会主义革命和建设时期，党面临的主要任务是，实现从新民主主义到社会主义的转变，进行社会主义革命，推进社会主义建设，为实现中华民族伟大复兴奠定根本政治前提和制度基础。"② 新中国成立之后，如何从落后的农业国转变为先进的工业国，从新民主主义社会转变为社会主义社会，是党面临的重大考验。按照毛泽东起初的设想，新中国应该"稳步前进，经过战争，经过新民主主义的改革，而在将来，在国家经济事业和文化事业大为兴盛了以后，在各种条件具备了以后，在全国人民考虑成熟并在大家同意了以后，就可以从容地和妥善地走进社会主义的新时期"③。随着新中国迅速恢复了在旧中国遭到严重破坏的国民经济，全国工农业生产1952年年底已经达到了历史的最高水平。根据经济社会关系的发展变化，毛泽东在1953年提出了过渡时期的总路线，即"要在一个相当长的时期内，逐步实现国家的社会主义工业化，并逐步实现国家对农业、对手工业和对资本主义工商业的社会主义改造"④。从1953年到1956年年底，我国逐步开展了对生产资料私有制的社会主义改造，建立起了社会主义基本制度，实现了从新民主主义向社会主义的历史性转变。

为探索一条适合中国国情的社会主义建设道路，毛泽东在党的八大前后发表了《论十大关系》《关于正确处理人民内部矛盾的问题》等历史文献，把马克思主义基本原理同中国实际进行"第二次结合"。1956年9月召开的党的八大，正确分析国内主要矛盾的变化，进一步明确了社会主义建设的战略目标，即"尽可能迅速地实现国家工业化，有系统、有步骤地进行国民经济的技术改造，使中国具有强大的现代化的工业、现代化的农业、现代化的交通运输业和现代化的国防"⑤。在开展全面的大规模的社会主义建设中，我国逐步建立起独立的比较完整的工业体系和国民经济体系。尽管在这一探索过程中出现了严重曲折，对建

---

① 《毛泽东选集》第4卷，人民出版社1991年版，第1437页。
② 《中共中央关于党的百年奋斗重大成就和历史经验的决议》，人民出版社2021年版，第9页。
③ 《毛泽东文集》第6卷，人民出版社1999年版，第80页。
④ 《毛泽东文集》第6卷，人民出版社1999年版，第316页。
⑤ 《建国以来重要文献选编》第9册，中央文献出版社1994年版，第315—316页。

设社会主义的艰巨性和复杂性估计不足,"对社会主义是什么,马克思主义是什么,过去我们并没有完全搞清楚"①,但党在社会主义革命和建设中取得的巨大成就,为继续探索建设社会主义、在新的历史时期开创中国特色社会主义提供了宝贵经验、理论准备和物质基础。

二、建设社会主义现代化强国的道路探索和推进发展

时代在发展,国家在前进,历史车轮滚滚向前。在党和国家事业发展面临重大转折的历史关头,党基于对党和国家前途命运的深刻把握、对社会主义革命和建设实践的深刻总结、对时代潮流的深刻洞察、对人民群众期盼和需要的深刻体悟,于1978年12月召开十一届三中全会,作出了实行改革开放的历史性决策,实现了党和国家工作中心的转移,开启了改革开放和社会主义现代化建设的伟大征程。邓小平指出:"贫穷不是社会主义。"②"如果现在再不实行改革,我们的现代化事业和社会主义事业就会被葬送。"③党在推进改革开放和社会主义现代化建设中继续探索中国建设社会主义的正确道路。

提出建设有中国特色的社会主义的重大命题,使我国赶上时代发展,是党进行改革开放要达到的目的。1979年12月6日,邓小平在会见日本首相大平正芳时,根据我国经济社会发展的实际情况,第一次提出了"小康"概念以及在20世纪末我国达到"小康社会"的构想。1982年9月,邓小平在党的十二大上的开幕词中指出:"我们的现代化建设,必须从中国的实际出发。无论是革命还是建设,都要注意学习和借鉴外国经验。但是,照抄照搬别国经验、别国模式,从来不能得到成功。这方面我们有过不少教训。把马克思主义的普遍真理同我国的具体实际结合起来,走自己的道路,建设有中国特色的社会主义,这就是我们总结长期历史经验得出的基本结论。"④他强调:"中国的事情要按照中国的情况来办,要依靠中国人自己的力量来办。独立自主,自力更生,无论过去、现在和将来,都是我们的立足点。"⑤党提出"建设有中国特色的社会主义"的重大命题,回答了新时期中国应走什么样的道路问题。为全面开创社会主义现代化建设的新局面,党的十二大确定了党在新的历史时期的总任务是:"团结全国各族人民,自力更生,艰苦奋斗,逐步实现工业、农业、国防和科学技术现代化,把我国建设成为高度文明、高度民主的社会主义国家。"根据我国经济落后和发展很不平衡的实际情况,党的十二大将我国在20世纪末的奋斗目标由实现四个现代

---

① 《邓小平文选》第3卷,人民出版社1993年版,第137页。
② 《邓小平文选》第3卷,人民出版社1993年版,第225页。
③ 《邓小平年谱(1975—1997)(上)》,中央文献出版社2004年版,第451页。
④ 《邓小平年谱(1975—1997)(下)》,中央文献出版社2004年版,第844页。
⑤ 《邓小平文选》第3卷,人民出版社1993年版,第3页。

化具体表述为实现小康①。

确立社会主义初级阶段基本路线，制定了到21世纪中叶分三步走、基本实现社会主义现代化的发展战略。正确认识我国社会所处历史方位和发展阶段，是建设中国特色社会主义的首要问题。党的十三大明确指出，我国正处在社会主义的初级阶段，基本路线是领导和团结全国各族人民，以经济建设为中心，坚持四项基本原则，坚持改革开放，自力更生，艰苦创业，为把我国建设成为富强、民主、文明的社会主义现代化国家而奋斗。在此基础上，党将"实现小康"的目标深化为"三步走"战略，并增加了"第三步，到下个世纪中叶，人均国民生产总值达到中等发达国家水平，人民生活比较富裕，基本实现现代化。然后，在这个基础上继续前进"②的目标。

全面建设小康社会。党团结带领人民实现了现代化建设"三步走"战略的第一步、第二步目标后，人民生活总体上达到小康水平，我国进入全面建设小康社会、加快推进社会主义现代化的新的发展阶段。全面建设小康社会的目标，是中国特色社会主义经济、政治、文化全面发展的目标，是与加快推进现代化相统一的目标，符合我国国情和现代化建设的实际，符合人民的愿望。全面建设小康社会，最根本的是坚持以经济建设为中心，不断解放和发展社会生产力。为此，党在21世纪头20年，集中力量，全面建设惠及十几亿人口的更高水平的小康社会，使经济更加发展、民主更加健全、科教更加进步、文化更加繁荣、社会更加和谐、人民生活更加殷实。

开创、捍卫和发展中国特色社会主义，推进改革开放和社会主义现代化建设，我国实现了从高度集中的计划经济体制到充满活力的社会主义市场经济体制、从封闭半封闭到全方位开放的历史性转变，实现了从生产力相对落后的状况到经济总量跃居世界第二位的历史性突破，实现了人民生活从温饱不足到总体小康、奔向全面小康的历史性跨越，推进了中华民族从站起来到富起来的伟大飞跃。《决议》指出："改革开放是决定当代中国前途命运的关键一招，中国特色社会主义道路是指引中国发展繁荣的正确道路，中国大踏步赶上了时代。"③改革开放是党和人民大踏步赶上时代的重要法宝，是强国之路、富民之路，是发展中国特色社会主义的必由之路。

三、建设社会主义现代化强国开辟新征程、迈进新发展阶段

中国特色社会主义进入新时代是我国发展新的历史方位。以习近平同志为核心的党中央

---

① 参见《十二大以来重要文献选编（上）》，人民出版社1986年版，第14页。
② 《十三大以来重要文献选编（上）》，人民出版社1991年版，第16页。
③ 《中共中央关于党的百年奋斗重大成就和历史经验的决议》，人民出版社2021年版，第23页。

坚持和发展中国特色社会主义，在新的历史条件下全面建成小康社会、进而全面建设社会主义现代化国家，不断为人民创造美好生活、逐步实现全体人民共同富裕，开创中国特色社会主义新时代。

从全面建成小康社会到基本实现现代化，再到全面建成社会主义现代化强国，是新时代中国特色社会主义发展的战略安排。根据经济建设、政治建设、文化建设、社会建设、生态文明建设五位一体的中国特色社会主义事业总体布局和全面建设社会主义现代化国家、全面深化改革、全面依法治国、全面从严治党四个全面的战略布局，党向历史和人民作出庄严承诺：如期全面建成小康社会，实现第一个百年奋斗目标。全面建成小康社会是全面建设社会主义现代化国家的关键一步，全面深化改革、全面依法治国、全面从严治党是全面建设社会主义现代化国家的战略举措。党统筹把握中华民族伟大复兴战略全局和世界百年未有之大变局，统筹推进"五位一体"总体布局，协调推进"四个全面"战略布局。2017年10月，党的十九大指出，到2020年是全面建成小康社会决胜期。为决胜全面建成小康社会，党根据我国社会主要矛盾变化，在继续推动发展的基础上，着力解决好发展不平衡不充分问题，大力提升发展质量和效益，更好满足人民在经济、政治、文化、社会、生态等方面日益增长的需要，更好推动人的全面发展、社会全面进步。统筹推进经济建设、政治建设、文化建设、社会建设、生态文明建设，坚定实施科教兴国战略、人才强国战略、创新驱动发展战略、乡村振兴战略、区域协调发展战略、可持续发展战略、军民融合发展战略，特别是坚决打好防范化解重大风险、精准脱贫、污染防治的攻坚战。在庆祝中国共产党成立100周年大会上的讲话中，习近平总书记代表党和人民庄严宣告："经过全党全国各族人民持续奋斗，我们实现了第一个百年奋斗目标，在中华大地上全面建成了小康社会，历史性地解决了绝对贫困问题，正在意气风发向着全面建成社会主义现代化强国的第二个百年奋斗目标迈进。"[①]

全面建设社会主义现代化国家、基本实现社会主义现代化，既是社会主义初级阶段我国发展的要求，也是我国社会主义从初级阶段向更高阶段迈进的要求。《决议》指出："党的十八大以来，党不断推动全面深化改革向广度和深度进军，中国特色社会主义制度更加成熟更加定型，国家治理体系和治理能力现代化水平不断提高，党和国家事业焕发出新的生机活力。"[②] 党团结带领人民坚持和完善中国特色社会主义制度，推进国家治理体系和治理能力现代化。中国共产党坚持和发展我国国家制度和国家治理体系的显著优势，坚持和完善党的领导制度体系、人民当家作主制度体系、中国特色社会主义法治体系、中国特色社会主义行政体制、社会主义基本经济制度、繁荣发展社会主义先进文化的制度、统筹城乡的民生保障

[①] 习近平：《在庆祝中国共产党成立100周年大会上的讲话》，人民出版社2021年版，第2页。
[②] 《中共中央关于党的百年奋斗重大成就和历史经验的决议》，人民出版社2021年版，第38—39页。

制度、共建共治共享的社会治理制度、生态文明制度体系、党对人民军队的绝对领导制度、"一国两制"制度体系、独立自主的和平外交政策、党和国家监督体系,加强党对坚持和完善中国特色社会主义制度、推进国家治理体系和治理能力现代化的领导。

把握新发展阶段,贯彻新发展理念,构建新发展格局,推动高质量发展。在全面建成小康社会的基础上向着全面建成社会主义现代化强国的第二个百年奋斗目标迈进,标志着我国进入了一个新发展阶段。新发展阶段是党团结带领人民迎来从站起来、富起来到强起来历史性跨越的新阶段。进入新发展阶段,到2035年,我国基本实现社会主义现代化;到21世纪中叶,把我国建成富强民主文明和谐美丽的社会主义现代化强国。我国现代化建设是具有中国特色、符合中国实际的,坚持人口规模巨大的现代化、全体人民共同富裕的现代化、物质文明和精神文明相协调的现代化、人与自然和谐共生的现代化、走和平发展道路的现代化。新发展阶段明确了我国发展的历史方位,是贯彻新发展理念、构建新发展格局的现实依据;贯彻新发展理念明确了我国现代化建设的指导原则,为把握新发展阶段、构建新发展格局提供了行动指南;构建新发展格局明确了我国经济现代化的路径选择和应对新发展阶段机遇和挑战、贯彻新发展理念的战略选择。习近平总书记指出:"高质量发展,就是能够很好满足人民日益增长的美好生活需要的发展,是体现新发展理念的发展,是创新成为第一动力、协调成为内生特点、绿色成为普遍形态、开放成为必由之路、共享成为根本目的的发展。"① 国民经济和社会发展"十四五"时期是开启全面建设社会主义现代化国家新征程、向第二个百年奋斗目标迈进的第一个五年,以推动高质量发展为主题,推动质量变革、效率变革、动力变革,着力提高发展质量和效益,奋力实现更高质量、更有效率、更加公平、更可持续、更为安全的发展。

《决议》在《关于若干历史问题的决议》《关于建国以来党的若干历史问题的决议》的基础上,回顾和总结党百年奋斗的历史进程、光辉成就与宝贵经验,系统阐述了坚持党的全面领导、全面从严治党、经济建设、全面深化改革开放、政治建设、全面依法治国、文化建设、社会建设、生态文明建设、国防和军队建设、维护国家安全、坚持"一国两制"和推进祖国统一、外交工作13个方面和领域的历史性成就与历史性变革。《决议》指出,全面建成小康社会目标如期实现,党和国家事业取得历史性成就、发生历史性变革,彰显了中国特色社会主义的强大生机活力,党心军心民心空前凝聚振奋,为实现中华民族伟大复兴提供了更为完善的制度保证、更为坚实的物质基础、更为主动的精神力量。中华民族迎来了从站起来、富起来到强起来的伟大飞跃。

坚持和发展中国特色社会主义,党团结带领人民推动物质文明、政治文明、精神文明、

---

① 《习近平谈治国理政》第3卷,外文出版社2020年版,第238页。

社会文明、生态文明协调发展，创造了中国式现代化新道路，创造了人类文明新形态。在全面建成社会主义现代化强国的伟大历史进程中，到2035年基本实现社会主义现代化，我国经济实力、科技实力将大幅跃升，跻身创新型国家前列；人民平等参与、平等发展权利得到充分保障，法治国家、法治政府、法治社会基本建成，各方面制度更加完善，国家治理体系和治理能力现代化基本实现；社会文明程度达到新的高度，国家文化软实力显著增强，中华文化影响更加广泛深入；人民生活更为宽裕，中等收入群体比例明显提高，城乡区域发展差距和居民生活水平差距显著缩小，基本公共服务均等化基本实现，全体人民共同富裕迈出坚实步伐；现代社会治理格局基本形成，社会充满活力又和谐有序；生态环境根本好转，美丽中国目标基本实现。从2035年到21世纪中叶，把我国建成富强民主文明和谐美丽的社会主义现代化强国，我国物质文明、政治文明、精神文明、社会文明、生态文明将全面提升，实现国家治理体系和治理能力现代化，成为综合国力和国际影响力领先的国家，全体人民共同富裕基本实现，我国人民将享有更加幸福安康的生活，中华民族将以更加昂扬的姿态屹立于世界民族之林。

道路壮阔，前途光明。《决议》指出："马克思主义是我们立党立国、兴党强国的根本指导思想。"[1] 建设社会主义现代化强国，必将使马克思主义的科学性和真理性在中国得到充分检验，马克思主义的人民性和实践性在中国得到充分贯彻，马克思主义的开放性和时代性在中国得到充分彰显。

（原载《马克思主义研究》2021年第11期）

---

[1]《中共中央关于党的百年奋斗重大成就和历史经验的决议》，人民出版社2021年版，第66页。

加强中华儿女大团结　汇聚民族复兴磅礴力量

张星星

中国社会科学院大学　当代中国研究所

习近平总书记的"七一"重要讲话在总结党的百年奋斗历程和伟大成就的基础上,用历史映照现实、远观未来,深刻阐述了"以史为鉴、开创未来"的"九个必须"。其中之一就是"必须加强中华儿女大团结",形成海内外全体中华儿女心往一处想、劲往一处使的生动局面,汇聚起实现民族复兴的磅礴力量!回首百年辉煌的一切成就,是中国共产党团结带领中国人民、中华民族共同奋斗的结果,迈上全面建成社会主义现代化强国的新征程,必须继续加强中华儿女大团结。

一、坚持和发展中国共产党领导的爱国统一战线

在艰苦卓绝的革命历程中,中国共产党始终把统一战线摆在重要位置,不断巩固和发展最广泛的统一战线,不断加强党对统一战线的领导,先后建立和发展了国民革命统一战线、工农民主统一战线、抗日民族统一战线、人民民主统一战线,把中国各阶层人民紧密团结在党的周围。毛泽东在《〈共产党人〉发刊词》中指出:"党的建设过程,党的布尔什维克化的过程,是这样同党的政治路线密切地联系着,是这样同党对于统一战线问题、武装斗争问题之正确处理或不正确处理密切地联系着的",并把统一战线概括为党的"三个主要的法宝"之一。[①]

新中国成立后,中国共产党领导的多党合作和政治协商制度,成为统一战线的重要组织形式和国家的基本政治制度,确立了团结一切可以团结的力量、调动一切可以调动的积极因素的方针。在改革开放新时期,党的统一战线工作在总结正反两方面历史经验的基础上,得到拨乱反正和恢复发展,不断扩大最广泛的爱国统一战线,不断完善共产党领导、多党派合作,共产党执政、多党派参政的新型政党制度和社会主义协商民主,使全体劳动者、建设者、爱国者的创造活力和爱国热情竞相迸发,最大限度凝聚起全社会团结和谐、共同奋斗的力量。

---

① 《毛泽东选集》第2卷,人民出版社1991年版,第605、606页。

中共十八大以来，以习近平同志为核心的党中央把统一战线工作摆上更加突出的位置。2015年5月，习近平总书记在中央统战工作会议上发表重要讲话，深刻阐明了在党的历史方位、内外形势、使命任务发生重大变化的情况下，巩固和发展爱国统一战线的重要意义，对完善统战工作领导体制和大统战工作格局，促进政党关系、民族关系、宗教关系、阶层关系、海内外同胞关系和谐，做出了全面部署。①与此同时，中共中央制定和印发党的历史上第一部关于统一战线工作的党内法规——《中国共产党统一战线工作条例（试行）》②。2020年12月，在经过五年多试行后，中共中央修订并正式颁发《中国共产党统一战线工作条例》。③条例坚持和加强党对统一战线工作的集中统一领导，全面提升统一战线工作的科学化、规范化、制度化水平，为做好新时代统一战线工作提供了基本遵循。巩固和发展新时代爱国统一战线，是增强党的阶级基础、扩大党的群众基础、巩固党的执政地位的重要法宝，是广泛团结海内外中华儿女的重要法宝，是实现中华民族伟大复兴的重要法宝。要深刻总结和弘扬党的统一战线宝贵经验，使其在凝聚爱国共识、维护社会和谐、促进祖国统一等方面发挥更加积极的作用。

二、以铸牢中华民族共同体意识为主线

中国是一个统一的多民族国家。中国的辽阔疆域是各民族共同开拓的，中国的悠久历史是各民族共同书写的，中国的灿烂文化是各民族共同创造的，中华民族的伟大精神是各民族共同培育的。中国各民族在长期的交往、交流、交融中形成了相互依存、团结互助、多元一体的密切关系，共同缔造和发展了统一的中华民族历史。中国共产党把马克思主义民族理论和民族政策，创造性地运用于中国的具体实际，团结带领中国各民族人民，实现了民族解放和民族平等，创立民族区域自治制度作为国家基本政治制度，开创了中国特色解决民族问题的正确道路。

进入改革开放新时期，党的民族理论、民族政策和民族工作在拨乱反正的基础上不断创新发展。随着党和国家工作中心的战略转移，民族工作重点转移到加快少数民族和民族地区经济社会发展上来，逐步加大对少数民族地区发展的帮扶力度，把发展作为解决民族问题、加强民族团结的核心，不断夯实各民族团结进步的物质基础。与此同时，民族区域自治的各项法律制度不断完善，少数民族地区文化教育事业快速发展，各族群众的物质文化生活水平不断提高，有力促进了各民族共同团结奋斗、共同繁荣发展，不断开创了民族工作的新

---

① 《巩固发展最广泛的爱国统一战线 为实现中国梦提供广泛力量支持》，《人民日报》2015年5月21日。
② 《〈中国共产党统一战线工作条例（试行）〉全文发布》，《人民日报》2015年9月23日。
③ 《中国共产党统一战线工作条例》，《人民日报》2021年1月6日。

局面。

　　特别是中共十八大以来，以习近平同志为核心的党中央坚持把维护民族团结和国家统一作为各民族最高利益，把做好民族工作进一步摆上治国理政的重要位置。2014年9月，习近平总书记在中央民族工作会议暨国务院第六次全国民族团结进步表彰大会上发表重要讲话，全面分析了我国民族工作面临的国内外形势，系统阐述了民族工作的方向和道路、理论和政策、制度和法律、任务和要求等重大问题，为加强新时代民族工作提供了根本遵循。[①] 中央先后召开第二次、第三次新疆工作座谈会和第六次、第七次西藏工作座谈会，形成了新时代党的治疆方略和治藏方略，为新疆、西藏等民族地区长治久安和繁荣发展指明了方向。在脱贫攻坚和全面建成小康社会的征程上，坚持"一个民族也不能少"，让改革发展成果更多更公平惠及各民族人民。同时，把建设各民族共有精神家园、铸牢中华民族共同体意识作为战略任务来抓，积极引导各族群众树立正确的国家观、历史观、民族观、文化观、宗教观，着力增强各族群众对伟大祖国、中华民族、中华文化、中国共产党领导、中国特色社会主义道路的"五个认同"。面向全面建成社会主义现代化国家新征程，要坚持以铸牢中华民族共同体意识为主线，以加快民族地区高质量发展为基础，让中华民族共同体的强大凝聚力铸牢在各族群众心中。

三、全面准确贯彻"一国两制"方针

　　中国共产党领导的新民主主义革命彻底推翻了帝国主义的压迫和奴役，根本改变了旧中国山河破碎、四分五裂的局面，实现了民族独立和祖国大陆的统一。新中国成立后，在坚持一个中国原则立场的基础上，对历史遗留的香港、澳门和台湾问题，采取了"暂时不动"、"长期打算、充分利用"和以和平方式解决台湾问题的方针。改革开放新时期，根据对国内国际形势的正确分析和对时代主题的科学判断，提出了以"一个国家、两种制度"的方式实现祖国和平统一的伟大构想，并确立为基本国策，成为中国特色社会主义的重要组成部分。

　　按照"一国两制"的伟大构想，香港、澳门先后顺利回到祖国怀抱。在中央政府和祖国内地的大力支持下，在特区政府和港澳同胞的共同努力下，"港人治港""澳人治澳"、高度自治得以实现，原有的社会制度、生活方式保持不变，显示出特有的生机与活力。香港、澳门同祖国内地的联系愈益紧密，交流合作逐步深化，为国家建设做出独特而重要的贡献，同内地人民共享伟大祖国愈益强盛的尊严和荣耀。实践充分证明，"一国两制"是实现国家

---

① 《中央民族工作会议暨国务院第六次全国民族团结进步表彰大会在北京举行》，《人民日报》2014年9月30日。

和平统一的最佳解决方案，也是保证香港、澳门长期繁荣稳定、维护两岸关系和平发展的最佳制度安排。

针对一段时间里在全面准确贯彻"一国两制"方针上暴露的问题，中央政府把维护对香港、澳门特别行政区全面管治权与保障特别行政区高度自治权更好地结合起来，果断采取有效措施，落实中央对特别行政区的全面管治权，落实特别行政区维护国家安全的法律制度和执行机制，维护特别行政区社会大局稳定。2020年6月十三届全国人大常委会第二十次会议通过《中华人民共和国香港特别行政区维护国家安全法》①，2021年3月十三届全国人大四次会议做出《全国人民代表大会关于完善香港特别行政区选举制度的决定》②，完善了特别行政区维护国家安全和确保"爱国者治港"的法律制度。习近平总书记在"七一"重要讲话中再次以严正态度宣示了中国共产党和中国人民捍卫国家主权与领土完整的坚强决心、坚定意志、强大能力。维护香港、澳门长期繁荣稳定，实现国家完全统一，是中国共产党矢志不渝的历史任务，是全体中华儿女的共同愿望，是实现中华民族伟大复兴的必然要求。要全面准确贯彻"一国两制"方针，坚守"一国"之本，善用"两制"之利，团结海内外所有中华儿女，共创中华民族伟大复兴美好未来。

四、努力寻求最大公约数、画出最大同心圆

中国共产党是中国工人阶级的先锋队，同时是中国人民和中华民族的先锋队。共产党人的党性和人民性、先进性和群众性是高度统一的。在中国新民主主义革命过程中，中国共产党坚持紧紧地和中国人民站在一起，全心全意地为中国人民服务，忠实履行为中国人民谋幸福、为中华民族谋复兴的初心和使命，把实现全党、全阶级、全民族的团结作为中国民族和民主革命最重要的基础，善于照顾全局，善于照顾多数，善于和同盟者一道工作，从而调动起千千万万的民众，组织起浩浩荡荡的队伍，夺取了中国革命的胜利。

在社会主义改造基本完成的新形势下，中国共产党正确分析了社会主义社会的主要矛盾、基本矛盾和两类不同性质的矛盾，把正确处理人民内部矛盾作为国家政治生活的主题，确立了调动一切积极因素的基本方针。在改革开放新时期，中国共产党果断放弃"以阶级斗争为纲"的错误方针，尊重人民主体地位，发挥人民首创精神，扩大人民民主权益，把人民拥护不拥护、赞成不赞成、高兴不高兴、答应不答应作为制定各项方针政策的出发点和落脚点，忠实代表最广大人民的根本利益，努力实现科学发展与社会和谐的内在统一。

中共十八大以来，面对经济体制深刻变革、社会结构深刻变动、利益格局深刻调整、思

---

① 《中华人民共和国香港特别行政区维护国家安全法》，《人民日报》2020年7月1日。
② 《全国人民代表大会关于完善香港特别行政区选举制度的决定》，《人民日报》2021年3月12日。

想观念深刻变化等复杂情况,以习近平同志为核心的党中央把凝聚共识、增进团结摆上更加突出的位置,要求全党增强"四个意识"、坚定"四个自信"、做到"两个维护",同时坚持正确处理一致性和多样性的关系,尊重差异,包容多样,努力寻求最大公约数、画出最大同心圆,最大限度凝聚共识、凝聚人心、凝聚智慧、凝聚力量。全面建成小康社会第一个百年奋斗目标的实现,为更好统一思想、凝聚共识提供了更为坚实的物质基础;世界百年未有之大变局和新冠疫情的复杂多变,也使我们面临着许多新的风险和挑战。在全面建成社会主义现代化强国的新征程上,必须紧紧围绕实现中华民族伟大复兴和大团结大联合的主题,切实贯彻以人民为中心的发展理念,坚持一致性和多样性相统一,加强思想政治引领,广泛凝聚共识,形成海内外全体中华儿女心往一处想、劲往一处使的生动局面,汇聚起实现中华民族伟大复兴的磅礴力量。

(原载《当代中国史研究》2021年第5期)

共同富裕是中国共产党不懈追求的目标

李 文

当代中国研究所

中共十九届五中全会将促进全体人民共同富裕列入《中共中央关于制定国民经济和社会发展第十四个五年规划和二〇三五年远景目标的建议》（以下简称《建议》），引起社会强烈反响。笔者拟结合自身研究，就此话题谈点粗浅认识。

一

通过带领人民走社会主义道路实现共同富裕，是中国共产党的初心和使命。早在中国共产党成立后不久，作为党的创始人之一的李大钊就指出："社会主义是要富的，不是要穷的。是整理生产的，不是破坏生产的。""社会主义不是使人尽富或皆贫，是使生产、消费、分配适合的发展，人人均能享受平均的供给，得最大的幸福。"[①] 新中国成立后，1953 年中共中央做出的《关于发展农业生产合作社的决议》，1955 年 7 月和 10 月毛泽东先后在省委、市委、自治区党委书记会议和中共七届六中全会上的讲话，以及 1957 年 2 月发表的题为《关于正确处理人民内部矛盾的问题》的讲话，都一再强调要领导农民走社会主义道路，使农民群众共同富裕起来。1955 年 10 月，毛泽东在资本主义工商业社会主义改造问题座谈会上指出："我们的目标是要使我国比现在大为发展，大为富、大为强……现在我们实行这么一种制度，这么一种计划，是可以一年一年走向更富更强的，一年一年可以看到更富更强些。而这个富，是共同的富，这个强，是共同的强，大家都有份，也包括地主阶级。"[②] 同年 11 月 22 日《人民日报》发表的《全国工商联执委会会议告全国工商界书》中明确提出："我们建设社会主义的目的，就是要大家有事做，有饭吃，大家共同富裕。"

但是很遗憾，在社会主义建设道路的探索中，国民经济出现了重大比例关系失调的状况。以积累和消费比例关系为例，1952—1978 年中国经济的年均增长率为 6.7%，而居民人均收入的年均增长率不足 2%。即使扣除人口增长的因素，居民收入增长也比经济增长低

[①]《李大钊全集》第 4 卷，人民出版社 2006 年版，第 354、196 页。

[②]《毛泽东文集》第 6 卷，人民出版社 1999 年版，第 495 页。

3—4个百分点。① 直到改革开放前夕，全国居民的恩格尔系数甚至低于1957年。那个时期还有2.5亿人口没有解决温饱问题，② 基尼系数在0.2上下③，但平均主义盛行，按劳分配的原则并没有得到很好的执行，影响了人们的劳动积极性，生产效率不高，严重影响了生产的发展和人民生活水平的提高，直至20世纪70年代末80年代初，党和国家不得不对不利于生产力发展的经济体制进行大刀阔斧的改革。

二

经济体制改革的目的在于：解放生产力，让生产者自主选择最适合的生产经营方式。于是农村就有了包产到户的兴起，直至包干到户在农业生产责任制中确立统治地位。几乎是在同一时期或者紧随其后，城镇就业领域开始允许自主创业、自行就业，国营和集体经营企业也逐步循着"放开搞活"的思路开始了改革。这意味着允许居民收入拉开差距，于是就有了邓小平"让一部分人、一部分地区先富起来"的著名论断。20世纪80年代中期，邓小平几次讲道："一部分地区、一部分人可以先富起来，带动和帮助其他地区、其他的人，逐步达到共同富裕。""我们的政策是让一部分人、一部分地区先富起来，以带动和帮助落后的地区，先进地区帮助落后地区是一个义务。""我的一贯主张是，让一部分人、一部分地区先富起来，大原则是共同富裕。一部分地区发展快一点，带动大部分地区，这是加速发展、达到共同富裕的捷径。"1990年12月，邓小平再次指出："共同致富，我们从改革一开始就讲，将来总有一天要成为中心课题。社会主义不是少数人富起来、大多数人穷，不是那个样子。社会主义最大的优越性就是共同富裕，这是体现社会主义本质的一个东西。"④

从最初的"放开搞活"到变计划经济体制为社会主义市场经济体制，40余年来中国的经济体制改革循序渐进，获得了极大的成功，经济持续快速增长，经济总量由居世界第11位跃居第2位，由低收入国家跨入中等偏上收入国家行列。与此同时，居民生活水平不断提高，阔步迈进全面小康社会。2017年，全国居民人均可支配收入25974元，扣除价格因素，比1978年实际增长22.8倍，年均实际增长8.5%；全国居民人均消费支出

---

① 李实：《中国收入分配制度改革四十年》，《中国经济学人（英文版）》2018年第4期。
② 《中国共产党的九十年（改革开放和社会主义现代化建设新时期）》，中共党史出版社、党建读物出版社2016年版，第688页。
③ 有学者称："1978年以来，居民收入分配的基尼系数由0.180上升到0.467"（杨宜勇：《收入差距为何拉大》，《经济工作导刊》2000年第13期）；另有国外学者指出，1975年中国居民收入分配基尼系数为0.27，转引自李实《中国收入分配制度改革四十年》，《中国经济学人（英文版）》2018年第4期。
④ 《邓小平文选》第3卷，人民出版社1993年版，第155、149、155、166、364页。

18322元，扣除价格因素，比1978年实际增长18.0倍，年均实际增长7.8%。改革开放以来，我国用31年时间实现了人均收入跨万元大关，用5年时间实现人均收入跨2万元大关，① 至2019年又用了5年时间实现人均收入跨3万元大关。② 40余年的辉煌成就雄辩地证明了邓小平在改革初期的断言："我们坚持走社会主义道路，根本目标是实现共同富裕，然而平均发展是不可能的。过去搞平均主义，吃'大锅饭'，实际上是共同落后，共同贫穷，我们就是吃了这个亏。改革首先要打破平均主义，打破'大锅饭'，现在看来这个路子是对的。"③

三

毋庸讳言，我国改革开放以来在经济增长的同时，居民间的收入差距也扩大到了令人忧心的程度。国家统计局公布的2003年以来中国居民基尼系数显示，2004年为0.473，2008年和2009年最高分别达到0.491和0.490，2012年回落到0.474，2016年为0.465，但仍在国际警戒线之上徘徊。"接近0.5的基尼系数可以说是一个比较高的水平，世界上超过0.5的国家只有10%左右；主要发达国家的基尼系数一般都在0.24到0.36之间。"④ 按收入分等统计，高、低收入组之间的居民收入差距较大。2010年，城镇居民家庭中20%高收入组与20%低收入组的人均可支配收入之比达5.4∶1；农村居民高、低收入组人均纯收入之比为7.5∶1。这表明无论城乡，高、低收入组之间的收入差距均很悬殊。⑤ 需要指出的是，我国是个大国，地区发展极不平衡，人均收入相差最大的莫过于东部的城镇居民收入水平与西部的农村居民收入水平相比。收入最高的人口大多集中在东部大城市中，收入最低的人口则主要生活在西部的农村里。即便就全国平均水平而言，我国也是世界上城乡居民收入差距最大的国家之一，2005年国际劳工组织的数据显示，绝大多数国家的城乡居民人均收入比都小于1.6，只有三个国家超过了2，中国名列其中。而美、英等西方发达国家的城乡收入差距一般是在1.5左右。⑥ 总之，在2010年以前，我国城乡居民收入的差距仍在扩大，城镇居民可支配收入与农村居民纯收入之间的倍数从2002年的3.11扩大到2009年的

---

① 《"数"说历史性跨越：从统计数据看40年中国经济社会发展成就》，光明网，https：//economy. gmw. cn/2018 - 08/28/content_30821135. ht，2020年12月15日。
② 《居民人均可支配收入》，国家统计局网，https：//data. stats. gov. cn/search. htm？s = 全国居民人均可支配收入，2020年12月20日。
③ 《邓小平文选》第3卷，人民出版社1993年版，第155页。
④ 冯华：《贫富差距到底有多大？》，《人民日报》2015年1月23日。
⑤ 李文等：《当代中国社会》，五洲传播出版社2014年版，第116页。
⑥ 赵智奎：《永恒的丰碑——邓小平理论与中国特色社会主义》，青岛出版社2014年版，第331页。

3.33，2010 年以来逐渐有所缩小，2016 年降低到 2.72。①

  我国居民收入基尼系数长期在警戒线附近徘徊却没有导致严重的社会分裂，主要是由于社会各阶层的收入实现了有差别的同步增长，没有造成富者愈富、穷者愈穷的两极分化。能够做到这一点，很大程度上要归功于这一时期的社会政策，尤其是在就业、社会保障、扶贫诸方面的突出成就。

  改革开放以来，党和政府始终把就业工作摆在优先位置，千方百计满足劳动者的就业需求，提升了就业总量，保持了就业形势的长期稳定，失业率长期保持在较低水平，而且就业质量不断提高，劳动权益得到保护。2017 年年末，城乡就业人员总量达到 77640 万人，比 1978 年增加 37488 万人，增长了 93%，平均每年增长 961 万人；② 工业化和城市化的快速发展为农村剩余劳动力的转移创造了条件，城镇就业人员总量达到 42462 万人，比 1978 年增加 32948 万人，增长了 346%，平均每年增长 845 万人。自 20 世纪 80 年代中期至今，城镇登记失业率一直保持在 4.3% 以下。③ 特别是中共十八大以来，党和政府坚持实施就业优先战略和积极的就业政策，大力推动创业带动就业，在经济增长由高速转向中高速的宏观背景下，就业形势呈现了总体平稳、稳中向好的态势。"2013—2017 年，全国城乡就业总量年均增加 187 万人，城镇就业人员年均增加 1072 万人；城镇登记失业率稳定在 4.0% 左右，城镇调查失业率稳定在 5.0% 左右的较低水平"。④ 就业是民生之本，"2018 年我国城镇非私营单位就业人员平均工资达到 82461 元，是 1978 年的 134 倍，年均增长率达到 13.0%，扣除物价因素，实际增长了 18.3 倍，年均实际增长率为 7.7%"。⑤ 农民工的工资也显示了同样的增长态势，各类不同性质企业的最低工资制度普遍建立起来且实现了最低工资额连年上涨。

  20 世纪末期，多年形成的国有企业冗员问题凸显，许多国有企业经营困难，减员增效成为必然选择。为配合国有企业改革、减轻国有企业职工集中下岗对社会的影响，我国加快

---

① 根据国家统计局《城镇居民人均可支配收入》与《农村居民人均可支配收入》相关数据计算得出（国家统计局网，https：//data. stats. gov. cn/search. htm? s = 城镇居民人均可支配收入，2020 年 12 月 14 日；https：//data. stats. gov. cn/search. htm? s = 农村居民人均可支配收入，2020 年 12 月 14 日）。还需要指出的是，由于房地产价格暴涨，我国居民贫富差距还显著体现在财产性收入差距方面。

② 《"数"说历史性跨越：从统计数据看 40 年中国经济社会发展成就》，光明网，https：//economy. gmw. cn/2018 - 08/28/content_30821135. htm，2020 年 12 月 15 日。

③ 《城镇就业人员》，国家统计局网，https：//data. stats. gov. cn/search. htm? s = 城镇就业人员，2020 年 12 月 15 日。

④ 《就业总量持续增长　就业结构调整优化》，中央人民政府网，http：//www. gov. cn/xinwen/2018 - 09/12/content_5324650. htm，2020 年 12 月 16 日。

⑤ 《城镇非私营单位平均工资 30 年增 134 倍》，经济参考网，http：//www. jjckb. cn/2019 - 08/21/c_138326580. htm，2020 年 12 月 10 日。

了对社会保险制度的改革，以养老、医疗、失业三大保险为主体的企业职工社会保险的基本框架初步搭建完毕。进入21世纪，覆盖全民的社会保障事业快速发展，初步建成了以社会保险、社会救助、社会福利为基础，以基本养老、基本医疗、最低生活保障制度为重点的社会保障体系框架。截至2019年年底，基本养老、失业、工伤保险参保人数分别达到9.67亿人、2.05亿人、2.55亿人，社保卡持卡人数达13.05亿人。① 此外还有民政部门负责的养老服务、儿童服务、残疾人福利和社会救助、慈善事业等。"社会保障作为调节收入分配和再分配的手段之一，其灵魂在于'抽肥补瘦'和'扶弱济贫'，世界上许多国家都将其作为调节收入分配差距的有效工具之一。在当前我国收入分配结构的调整转型中，作为社会'安全阀'和收入分配'调节器'的社会保障，理应发挥独特作用。"② 发达国家的居民收入再分配主要通过税收（个人所得税等）和社会保障来调节，从其经验看，社会保障比税收的作用更为突出。中国社会科学院对中国社会保障收入再分配状况的调查证实，社会保障制度已经开始发挥缓解和缩小居民收入差距的积极作用。例如，"2012年在对多省调查后显示，社会保险收入使全国居民收入差距下降4个基尼点，其中使城镇居民收入差距下降7个基尼点，使农村居民收入差距下降1个基尼点"；"该年的全部调查数据显示，社会保险收入使基尼系数下降6个百分点"。③ 教育、医疗等方面的公共服务均等化无疑也发挥着同样的作用。

在我国，缩小贫富差距的重心是逐步实现全体人民共同富裕。改革开放以来，我国在减少贫困人口方面的成就堪称世界楷模，得到国际社会的一致肯定和高度评价。按照2010年标准，改革开放之初，我国有7.7亿农村贫困人口，贫困发生率高达97.5%；2017年年末，我国农村贫困人口减少为3046万人，累计减少7.4亿人，贫困发生率下降至3.1%；到2020年，我国克服了新冠肺炎疫情全球大流行的冲击，率先实现复工复产和经济正增长，如期完成了新时代脱贫攻坚目标任务，现行标准下农村贫困人口全部脱贫，贫困县全部摘帽，消除了绝对贫困和区域性整体贫困，取得了令全世界刮目相看的重大胜利。通过大规模、强有力、创造性的扶贫行动，贫困地区农村居民收入持续保持较快增长，与全国农村平均水平的差距缩小，生活消费水平明显提高。另外，有研究表明，精准扶贫政策还能有效缩小省域内的城乡收入差距，并对邻省产生显著的空间效应。④

---

① 《我国基本养老保险参保人数达9.67亿人》，新华网，http://www.xinhuanet.com/fortune/2020-01/14/c_1125462225.htm，2020年12月18日。
② 韩玉玲：《社会保障如何缩小收入差距》，《光明日报》2015年2月25日。
③ 《社科院建议对低收入和贫困人口实行社保"负缴费"》，《中国证券报》2013年2月23日。
④ 张淑惠等：《精准扶贫政策缩小了城乡收入差距吗？——基于空间面板数据的实证研究》，《新疆大学学报（哲学·人文社会科学版）》2018年第6期。

与此同时，我国还大力实施区域协调发展战略。例如，"十一五"时期的"坚持实施推进西部大开发，振兴东北地区等老工业基地，促进中部地区崛起，鼓励东部地区率先发展";① "十三五"以来实施的京津冀协同发展、粤港澳大湾区建设、长三角一体化发展、长江经济带共抓大保护、黄河流域生态保护和高质量发展等。区域发展协调性不断增强，城乡差距和地区差距明显缩小。2017年，城乡居民人均可支配收入之比为2.71，比2007年下降了0.43，比2012年下降了0.17。以西部地区居民收入为1，东部地区与西部地区居民人均收入之比为1.66：1，中部地区与西部地区居民人均收入之比为1.08：1，东北地区与西部地区居民人均收入之比为1.19：1，东部、中部、东北地区与西部收入相对差距分别比2012年缩小0.06、0.02、0.11。②

四

实践证明，立足制度优势采取适当的社会政策，可以有效弥补市场缺陷，化解社会矛盾，促进社会公平，就像上述积极的就业政策、覆盖全民的社会保障政策、以产业扶贫为基础的"造血式"扶贫政策等，在中国特色社会主义制度条件下发挥出的缩小贫富差距作用那样。总体上看，我国居民收入分配差距的走势也将是一个倒U形曲线，目前已经过了最高点，呈逐渐缩小的趋势。③ 但是值得警惕的是最近几年出现的翘尾现象，"十三五"时期收入差距缩小的力度小于"十二五"时期，2019年的基尼系数与2016年处在同一水平，还略高于2015年的水平，随着社会保障覆盖任务的基本完成和现行标准下扶贫对象的大量减少，现行社会政策对缩小收入差距的作用势能不可避免地走向衰减，从而使这一问题再次摆到了决策者面前。

进入新时代以来，我国社会主要矛盾已经转化为人民日益增长的美好生活需要和不平衡不充分的发展之间的矛盾，这一矛盾突出地体现在居民收入差距方面，所谓地区差距、城乡差距最终也都体现为不同的社会群体之间的差距。不同群体、不同阶层之间收入差距较大便是当前和今后一个时期较为突出的发展不平衡不充分的问题。更何况，面对百年未有之大变

---

① 《中华人民共和国国民经济和社会发展第十一个五年规划纲要》，人民出版社2006年版，第34页。
② 《国家统计局：中国居民收入差距持续缩小》，中国新闻网，https://www.chinanews.com/cj/2018/08-31/8615778.shtml，2018年8月31日。
③ 当然也有学者可能不同意这一判断。比如李实就认为："我们不可以过度解读短时期内出现的收入差距小幅度下降的现象，更不可以把它理解为是一种长期趋势的开始。综合各种因素来看，当前全国收入差距仍处在一个很高水平上，它已超越了过去60年中的任何时期。"参见李实《中国收入分配制度改革四十年》，《中国经济学人（英文版）》2018年第4期。张车伟也认为："由于'统计外收入'作为影响基尼系数测算的重要因素并未被考虑在内，还不能认为中国总体的收入差距已经开始趋势性缩小。"参见张车伟等《中国工资和收入分配改革：回顾与展望》，《中国经济报告》2019年第2期。

局，通过扩大内需构建以国内大循环为主体、国内国际双循环相互促进的新发展格局，已经成为现实需求和既定方针。所以，中共十九届五中全会做出的《建议》，在到2035年基本实现社会主义现代化远景目标中提出"全体人民共同富裕取得更为明显的实质性进展"，在改善人民生活品质部分突出强调了"扎实推动共同富裕"，并相应提出了一些重要要求和重大举措："坚持按劳分配为主体、多种分配方式并存，提高劳动报酬在初次分配中的比重，完善工资制度，健全工资合理增长机制，着力提高低收入群体收入，扩大中等收入群体。完善按要素分配政策制度，健全各类生产要素由市场决定报酬的机制，探索通过土地、资本等要素使用权、收益权增加中低收入群体要素收入。多渠道增加城乡居民财产性收入。完善再分配机制，加大和提高税收、社保、转移支付等调节力度和精准性，合理调节过高收入，取缔非法收入。发挥第三次分配作用，发展慈善事业，改善收入和财富分配格局。"[1]

共同富裕是社会主义的本质要求，是人民群众的共同期盼，但也不可能一蹴而就。习近平总书记在关于《建议》的说明中强调："促进全体人民共同富裕是一项长期任务，但随着我国全面建成小康社会、开启全面建设社会主义现代化国家新征程，我们必须把促进全体人民共同富裕摆在更加重要的位置，脚踏实地，久久为功，向着这个目标更加积极有为地进行努力。"[2] 笔者认为，今后一个时期，在初次分配方面，要破除垄断，充分体现市场在资源配置中的决定性作用；在二次分配方面，要更好地发挥政府的作用，进一步改进和完善社会政策，进一步扩大政策受惠面和政策调节力度，统筹解决养老问题、住房问题、入城农民工市民化问题和相对贫困问题，促进公共服务均等化；在三次分配方面，要着力提升社会慈善组织的公信力，推进慈善机构的规范化、法治化、专业化发展。

总之，我们已经站在"两个一百年"奋斗目标的历史交汇点上，正处在跨越"中等收入陷阱"的关键时期，兼顾效率与公平、处理好先富与后富的关系是一个极其重要的环节。我国有独特的政治和制度优势、雄厚的经济基础、巨大的市场潜力，我们有理由有能力做好做大并分好蛋糕的这篇大文章。

（原载《当代中国史研究》2021年第1期）

---

[1]《中共中央关于制定国民经济和社会发展第十四个五年规划和二〇三五年远景目标的建议》，《人民日报》2020年11月4日。

[2] 习近平：《关于〈中共中央关于制定国民经济和社会发展第十四个五年规划和二〇三五年远景目标的建议〉的说明》，《人民日报》2020年11月4日。

二、政治史

中国共产党政治建设的主要经验

李正华

中国社会科学院大学　当代中国研究所

建党百年来，中国共产党在加强和改进自身建设的过程中，对党的政治建设进行探索实践和创新发展，逐步建立起党的政治建设的理论形态与制度体系，为夺取、执掌、巩固政权和建党、执政、兴国提供了有效的保障，积累了丰富经验。

一、坚守正确政治方向是重中之重

方向决定道路，道路决定命运。政治方向是党生存发展第一位的问题，事关党的前途命运和事业兴衰成败。中国共产党坚守的政治方向，就是以共产主义为远大理想的党的基本理论、基本路线、基本方略。中国共产党的历史昭示我们：马克思主义是立党立国的根本指导思想，是指引中国发展进步的旗帜，是全党全国各族人民团结奋斗的共同思想基础。只有坚持把马克思主义基本原理同中国具体实际和时代特征相结合，不断推进马克思主义中国化、时代化、大众化，用中国化的马克思主义武装全党，制定正确的路线方针政策，才能保证我们党始终走在时代发展的前列。

（一）必须坚持以马克思主义科学理论武装全党

党的思想建设是党的政治建设的前提。马克思主义是中国共产党的指导思想，是指引中国社会前进的理论指南。中国共产党从诞生之日起，就坚持用马克思主义武装全党，坚持把马克思主义基本原理同中国具体实际和时代特征相结合，不断推进马克思主义中国化，探索适合中国国情的革命、建设和改革的道路。

新民主主义革命时期，以毛泽东为主要代表的中国共产党人，把马克思主义基本原理同中国革命实践相结合，创立了马克思主义中国化的伟大理论成果——毛泽东思想。党的七大把毛泽东思想确立为党的指导思想。新中国成立后，党在进行社会主义改造和探索适合中国国情的社会主义建设道路过程中，进一步丰富和发展了毛泽东思想。党的十一届三中全会以后,党在领导改革开放和社会主义现代化建设伟大实践中,形成了包括邓小平理论、"三个代表"重要思想、科学发展观在内的中国特色社会主义理论体系。① 党的十八大以来,形成了习近平新时代中国特色社会主义思想,中国特色社会主义理论体系得到丰富和发展。这些马克思主义中国化的重要理论成果,回答了一系列重大时代课题,不断开辟马克思主义发展新境界,成为全党全国各族人民团结奋斗的共同思想基础,指引党和人民事业发展不断地从胜利走向胜利。

党坚持不坚持马克思主义是"根本问题"②,如何坚持则关系到党的事业的兴衰成败。邓小平深刻地指出:"马克思主义必须与中国实际相结合。只有结合中国实际的马克思主义,才是我们所需要的真正的马克思主义。"③"我们不把马克思主义当作教条,而是把马克思主义同中国的具体实践相结合,提出自己的方针,所以才能取得胜利。"④

我们党正是靠着马克思主义真理信仰和共产主义远大理想,靠着为最广大人民谋利益谋幸福的不懈追求,保持了全党意志和行动的统一,塑造了广大党员对党和人民事业的忠诚品格,引领了中国历史进步的正确方向。"马克思主义中国化取得了重大成果,但还远未结束。"⑤ 党的政治建设的一项重要任务就是继续推进马克思主义中国化、时代化、大众化,开辟当代中国马克思主义、21世纪马克思主义新境界。习近平新时代中国特色社会主义思想,是马克思主义中国化最新成果,是全党全国人民为实现中华民族伟大复兴中国梦而奋斗的行动指南。新时代加强党的政治建设,必须用习近平新时代中国特色社会主义思想武装全党,教育引导党员牢记党的宗旨,自觉做共产主义远大理想和中国特色社会主义共同理想的坚定信仰者和忠实实践者。⑥

(二)必须制定和坚持正确的政治路线

政治路线是党的纲领主张在一定历史时期的具体体现,规定着党的政治任务,决定着党的建设方向和内容,是党的生命线。党的政治建设的核心问题,就是制定一定历史阶段的政治路线,以及与这一路线相适应的方针、政策,并以此统一全党的思想和行动,步调一致地为实现党的政治任务和党的总纲领而奋斗。党的奋斗历程启示我们:加强党的政治建设,必须密切联系党的政治任务和政治路线来进行,必须根据不同历史时期党的政治任务制定和执行政治路线。

---

① 参见《十八大以来重要文献选编(上)》,中央文献出版社2014年版,第10页。
② 参见《邓小平文选》第3卷,人民出版社1993年版,第299页。
③ 《邓小平文选》第3卷,人民出版社1993年版,第213页。
④ 《邓小平文选》第3卷,人民出版社1993年版,第191页。
⑤ 习近平:《在哲学社会科学工作座谈会上的讲话》,人民出版社2016年版,第9页。
⑥ 参见习近平《决胜全面建成小康社会夺取新时代中国特色社会主义伟大胜利——在中国共产党第十九次全国代表大会上的报告》,人民出版社2017年版,第20、63页。

党的二大确立了党的最高纲领和最低纲领后,经过艰辛探索,制定了"无产阶级领导的、人民大众的,反对帝国主义、封建主义和官僚资本主义的革命"这一新民主主义革命的总路线,取得了新民主主义革命的伟大胜利。新中国成立后,党制定过渡时期总路线,成功完成社会主义改造,建立起社会主义基本制度。党的八大制定了党的工作重点转移到社会主义建设的路线。改革开放后,确立了党在社会主义初级阶段的基本路线,成功开创了中国特色社会主义。①

"有了正确的政治方向后,还要坚定,就是说,要有'坚定正确的政治方向'。这个方向是不可动摇的,要有'富贵不能淫,贫贱不能移,威武不能屈'的骨气来坚持这个方向。"②毛泽东曾反复告诫全党,如果忘记了党的总路线,就将是一个盲目的、不完全的、不清醒的革命者,在执行具体的工作路线时,就会迷失方向、贻误工作。党的历史反复证明,什么时候党能够制定并执行正确的政治路线,党的力量就会壮大,党的事业就蓬勃发展;反之,党的力量就会削弱,党的事业就会受到损害。遵义会议之前,中国革命出现的失败和挫折,原因即在于没有真正把握中国半殖民地半封建社会的基本国情,没有找准解决"中国向何处去"这一最根本的时代问题的政治方案和行动路径。遵义会议之后,党逐步形成了新民主主义的政治纲领,提出了正确的政治路线——新民主主义革命的总路线,科学解决了革命的对象、动力、领导力量、性质与前途等一系列基本政治问题,为夺取中国革命的胜利指明了正确方向和道路。党的十一届三中全会以后,党提出了反映时代特征、符合中国实际的社会主义初级阶段基本路线,保证了国家长治久安和党的事业健康发展。

(三)必须围绕党的主要任务制定正确的方针政策

中国共产党从诞生之日起,就以实现近代以来中国人民努力完成的民族独立、人民解放和国家繁荣富强、人民共同富裕这两大历史任务为己任。为中国人民谋幸福,为中华民族谋复兴,是中国共产党人的初心和使命。

为完成两大历史任务,党团结带领全国各族人民进行不懈奋斗和艰辛探索,制定和执行正确的路线方针政策,不断夺取革命建设改革的伟大胜利,开辟了中华民族伟大复兴的光明前景。

新民主主义革命时期,党曾经犯过右的和"左"的错误,特别是以王明为代表的"左"倾教条主义者统治中央期间,给党和中国革命事业造成重大损失。新中国成立后,党领导人民在探索适合中国国情的社会主义建设道路中,发生了"大跃进""文化大革命"这样的错误,使社会主义事业遭到挫折。造成这些错误、挫折的原因,根本上是没有把马克思主义基

---

① 参见《十八大以来重要文献选编》(下),中央文献出版社2018年版,第382页。
② 《毛泽东文集》第2卷,人民出版社1993年版,第191页。

本原理与中国的具体实际很好地结合,导致理论脱离了实际。中国共产党人吸取教训、总结经验,认识到把马克思主义基本原理同中国的具体实际相结合的极端重要性,并在结合中形成了一系列正确的方针政策,不断提高党的领导水平和执政水平,成功地把党建设成为领导社会主义现代化事业的坚强核心。

习近平总书记指出:"加强党的政治建设就是要发挥政治指南针作用,引导全党坚定理想信念、坚定'四个自信',廓清思想迷雾,澄清模糊认识,排除各种干扰,把全党智慧和力量凝聚到新时代坚持和发展中国特色社会主义伟大事业中来;就是要推动全党把坚持正确政治方向贯彻到谋划重大战略、制定重大政策、部署重大任务、推进重大工作的实践中去,经常对表对标,及时校准偏差,坚决纠正偏离和违背党的政治方向的行为,确保党和国家各项事业始终沿着正确政治方向发展;就是要把各级党组织建设成为坚守正确政治方向的坚强战斗堡垒,教育广大党员、干部坚定不移沿着正确政治方向前进。对在政治方向上有问题的人,必须严肃批评教育,问题严重的要依照党纪进行处理。"[1] 这是对党的建设实践的深刻总结,是被实践证明了的真理。

二、坚定维护党中央权威和集中统一领导是首要任务

加强党的政治建设,首要任务是保证全党服从中央,坚持党中央权威和集中统一领导。党的十九大报告把"坚持党中央权威和集中统一领导"确立为党的政治建设的首要任务。历史证明,什么时候全党坚定维护党中央权威和集中统一领导,党的事业就不断取得胜利;离开了党中央权威和集中统一领导,党的领导就必然弱化,党的事业就必然遭受挫折。[2]

(一)必须把坚决维护党中央权威和集中统一领导作为党的领导的最高原则

中国共产党是按照民主集中制原则组织起来的马克思主义政党。党之所以能够汇聚各方力量,领导和团结全国各族人民进行革命、建设和改革,不断取得新的成就,很重要的一点就在于始终坚持党中央集中统一领导,保证党的团结和集中统一。

党成立之初,就强调全党服从中央,并把它作为维护党中央权威和集中统一领导的基本规定。党的二大通过的第一部党章规定,"全国大会及中央执行委员会之议决,本党党员皆须绝对服从之"[3]。党的六届六中全会明确提出:"个人服从组织,少数服从多数,下级服从上级,全党服从中央,党的一切工作由中央集中领导,是党在组织上民主集中制的基本原

---

[1] 《习近平谈治国理政》第3卷,外文出版社2020年版,第93页。
[2] 参见《习近平谈治国理政》第3卷,外文出版社2020年版,第165—167页。
[3] 《建党以来重要文献选编(1921—1949)》第1册,中央文献出版社2011年版,第167页。

则,各级党的委员会的委员必须无条件的执行,成为一切党员与干部的模范。"① 毛泽东在党的七大工作方针中指出,"在党内,在革命队伍内,我们有一条方针,就是团结,在原则基础上的团结,首先就是党中央内部的团结及全党团结在党中央周围"。党的七大把"四个服从"作为民主集中制的基本要求写入党章,并强调"四个服从"最根本的是全党服从中央。党的十一届五中全会通过的《关于党内政治生活的若干准则》,对坚持集体领导、维护党的集中统一作出明确规定,要求每个党员把维护党中央的集中统一领导、严格遵守党的纪律作为自己言论和行动的准则。党的十八大以来,党中央审议通过的《关于加强和维护党中央集中统一领导的若干规定》强调,"党中央集中统一领导是党的领导的最高原则"②。习近平总书记指出:"维护中央权威,贯彻落实党的理论和路线方针政策,是政治纪律,是绝对不能违反的。"③ 他把保证全党服从中央、维护党中央权威和集中统一领导作为党的政治建设的首要任务,改革和完善坚持党的领导的体制机制。

(二)必须有一个有能力的党中央和全党公认的领袖

拥有一个有能力的中央和全党公认的领袖,是党成熟的重要标志,也是加强党的领导的重要条件。邓小平说:"党一定要有领袖,有领导核心。""领袖就是团结的核心,他本身就是力量。"④ "任何一个领导集体都要有一个核心,没有核心的领导是靠不住的。"⑤ "第一代领导集体的核心是毛主席。因为有毛主席作领导核心,'文化大革命'就没有把共产党打倒。第二代实际上我是核心。因为有这个核心,即使发生了两个领导人的变动,也没有影响我们党的领导,党的领导始终是稳定的。"⑥ "党的历史表明,必须有一个在实践中形成的坚强的中央领导集体,在这个领导集体中必须有一个核心。如果没有这样的领导集体和核心,党的事业就不能胜利。这是坚持民主集中制的一个重大问题。"⑦

党在遵义会议前,"从陈独秀、瞿秋白、向忠发、李立三到王明,都没有形成过有能力的中央"⑧,革命事业屡遭重创,形势岌岌可危。"遵义会议确立毛泽东同志在党中央的领导地位后,我们党开始形成坚强的领导核心,才团结带领中国人民打败日本帝国主义,推翻国

---

① 《建党以来重要文献选编(1921—1949)》第 15 册,中央文献出版社 2011 年版,第 773 页。
② 《中共中央政治局召开会议研究部署学习宣传贯彻党的十九大精神》,《人民日报》2017 年 10 月 28 日。
③ 《习近平关于严明党的纪律和规矩论述摘编》,中央文献出版社、中国方正出版社 2016 年版,第 17 页。
④ 《邓小平文集(1949—1974 年)》(下),中央文献出版社 2014 年版,第 222 页。
⑤ 《邓小平文选》第 3 卷,人民出版社 1993 年版,第 310 页。
⑥ 《邓小平文选》第 3 卷,人民出版社 1993 年版,第 310 页。
⑦ 《改革开放三十年重要文献选编(上)》,人民出版社 2008 年版,第 784 页。
⑧ 《邓小平文选》第 3 卷,人民出版社 1993 年版,第 309 页。

民党反动统治,完成新民主主义革命,建立了中华人民共和国。在改革开放的历史进程中,正是有以邓小平同志为核心的党的第二代中央领导集体、以江泽民同志为核心的党的第三代中央领导集体、以胡锦涛同志为总书记的党中央的坚强领导,才不断波澜壮阔地推进中国特色社会主义伟大事业。"① 面对百年未有之大变局,党之所以能战胜一系列重大风险挑战,推动党和国家事业取得历史性成就、发生历史性变革,推动我国国际影响力、感召力、塑造力全面显著提高,根本原因在于坚决维护习近平总书记党中央的核心、全党的核心地位,坚决维护党中央权威和集中统一领导。

(三) 必须把党中央的各项决策部署落到实处

确保党中央的政令畅通,是维护党中央权威的核心要求。维护党中央权威,就是要在政治立场、政治方向、政治原则、政治道路上跟党中央保持绝对一致。对党中央的决策部署,任何党组织和个人都不能口是心非、阳奉阴违。对党中央决定的坚决照办,党中央禁止的坚决杜绝。

党中央的决策部署落到实处必须有体制机制的保证。新中国成立后,"党中央及时在中央人民政府建立党组,规定政府工作中一切主要的和重要的方针、政策、计划和重大事项,必须经过党中央讨论和决定或批准;成立中央政治局和书记处领导的财经小组、政法小组、科学小组、文教小组、外事小组,全面领导有关工作"。② 改革开放后,党坚持并不断完善关于维护党中央权威和集中统一领导的制度规定。党的十八大以来,党中央作出一系列重大制度性安排,"建立健全党对重大工作的领导体制机制"③,这些制度举措为全党在思想上、政治上、行动上同党中央保持高度一致提供了有力保证④。

党中央的决策部署从"最初一公里"走到"最后一公里",需要各级党组织认真落实。基层党组织是贯彻落实党中央决策部署的"最后一公里"。"最后一公里"能否畅行无阻,关系到党中央的各项决策部署能否落地生根。畅通"最后一公里",必须加强党的基层组织体系建设,让基层党组织真正成为贯彻落实党中央决策部署的坚强堡垒和联系党中央与广大人民群众的桥梁和纽带,必须引导广大基层党员干部牢固树立群众观点、真心实意深入群众中间,努力提高政治领导力、思想引领力、群众组织力、社会号召力,必须构建科学合理的考核评价机制,引导广大基层党员干部认真贯彻落实党中央决策部署。

---

① 丁薛祥:《完善坚定维护党中央权威和集中统一领导的各项制度》,《人民日报》2019年11月18日。
② 丁薛祥:《完善坚定维护党中央权威和集中统一领导的各项制度》,《人民日报》2019年11月18日。
③ 《习近平谈治国理政》第3卷,外文出版社2020年版,第170页。
④ 参见《习近平谈治国理政》第3卷,外文出版社2020年版,第170页。

三、尊崇党章、完善并严格执行各项制度是基本途径

尊崇党章、完善并严格执行各项制度是党的政治建设的基本途径。历史表明，党的政治建设必须按照党章的要求，毫不含糊、毫不动摇。党章规定的政治立场、根本宗旨、根本目标，必须始终如一、坚持不懈、矢志不渝，必须不断完善并严格执行党规党纪。

（一）必须尊崇党章并不断完善党章

"党章是党的总章程，集中体现了党的性质和宗旨、党的理论和路线方针政策、党的重要主张，规定了党的重要制度和体制机制，是全党必须共同遵守的根本行为规范。没有规矩，不成方圆。党章就是党的根本大法，是全党必须遵循的总规矩。"[①]

党章与党的事业紧密相连，需要不断完善。中国共产党自成立以来，已召开了19次全国代表大会，产生了1部党纲和18部党章。党的二大通过了《中国共产党章程》，诞生了第一部党章，以后历届党的全国代表大会都结合实际对党章进行修改。"在90多年的奋斗历程中，我们党总是认真总结革命建设改革的成功经验，及时把党的实践创新、理论创新、制度创新的重要成果体现到党章中，从而使党章在推进党的事业、加强党的建设中发挥了重要指导作用。"[②] 尊崇党章并不断完善党章，对于建设一个政治上、思想上、组织上集中统一的无产阶级革命政党，意义重大。

党的七大通过的党章规定："在党内不容许有离开党的纲领和党章的行为，不能容许有破坏党纪、向党闹独立性、小组织活动及阳奉阴违的两面行为。"[③] 党的七大还明确规定："党员个人服从所属党的组织，少数服从多数，下级组织服从上级组织，部分组织统一服从中央。"[④] 这个规定的核心要点，在之后历次修订的党章中一直延续下来，对于严肃党内生活、加强党的建设发挥了重大作用。

党的十二大修订的党章对党如何发挥领导作用作出了进一步的明确规定："党的领导主要是政治、思想和组织的领导……党必须在宪法和法律的范围内活动。党必须保证国家的立法、司法、行政机关，经济、文化组织和人民团体积极主动地、独立负责地、协调一致地工作。"[⑤] 其中政治领导是根本内容和根本方式。规定党的全国代表大会每五年召开一次，实现了党代会制度化。对民主集中制基本原则作出六项规定，并使其成为党内政治生活和处理党内关系的基本遵循，对进一步发展党内民主，保证全党在民主基础上的集中统一发挥了重

[①]《习近平关于全面从严治党论述摘编》，中央文献出版社2016年版，第95页。
[②]《认真学习党章严格遵守党章》，《人民日报》2012年11月20日。
[③]《建党以来重要文献选编（1921—1949）》第22册，中央文献出版社2011年版，第535页。
[④]《建党以来重要文献选编（1921—1949）》第22册，中央文献出版社2011年版，第539页。
[⑤]《改革开放三十年重要文献选编》（下），中央文献出版社2008年版，第1749页。

大作用。

党的十九大将习近平新时代中国特色社会主义思想确立为党的指导思想并写入党章,实现了党的指导思想的与时俱进,把党的政治建设纳入党的建设总体布局并摆在首位,明确指出:"以党的政治建设为统领,以坚定理想信念宗旨为根基,以调动全党积极性、主动性、创造性为着力点,全面推进党的政治建设、思想建设、组织建设、作风建设、纪律建设,把制度建设贯穿其中,深入推进反腐败斗争。"① 强调以党的政治建设为统领,是马克思主义党建理论的一个重大创新。在党章中首次提出牢牢掌握意识形态工作领导权,不断巩固马克思主义在意识形态领域的指导地位。

(二) 必须不断完善、严格执行各项制度

党章是全党必须遵循的根本行为规范。党规党纪是对党章的延伸和具体化,是规范党员行为的具体遵循。邓小平指出:"领导制度、组织制度问题更带有根本性、全局性、稳定性和长期性。这种制度问题,关系到党和国家是否改变颜色,必须引起全党的高度重视。"② 我们党在不同历史时期,强调要以制度保证全党在重大问题上的统一行动,形成了一系列与党章相适应的政治建设方面的制度和规矩,有力地保证了党的政治建设取得成效。

党的二大通过的第一部党章就明确规定各地党组织不得自定政策;凡关系全国的重大政治问题,各地党组织不得违背中央立场单独发表意见,言论行动有违背党章及大会决议案的,必须开除党籍。1938年,党的六届六中全会提出"四个服从"。在延安整风中,党中央制定了《关于统一抗日根据地党的领导及调整各组织间关系的决定》《关于中央委员会工作规则与纪律的决定》《关于健全党委制的决定》等,确认和强调了全党服从中央的政治原则,加强了党的集中统一领导。

党的十八大以来,党中央陆续制定、修订了《关于新形势下党内政治生活的若干准则》《中国共产党巡视工作条例》《中国共产党廉洁自律准则》《中国共产党纪律处分条例》《中国共产党问责条例》《中国共产党党内监督条例》《中共中央政治局关于加强和维护党中央集中统一领导的若干规定》《中国共产党重大事项请示报告条例》《中国共产党党组工作条例》等党内法规。还制定了中央政治局、中央政治局常委会的工作规则,探索建立巡视制度,并把维护党中央权威、贯彻执行党的路线方针政策情况作为党内监督的首要任务。这些制度机制,严明了党的政治纪律和政治规矩,确立了党总揽全局、协调各方的基本原则,保证了党中央权威和集中统一领导更加坚强有力。

(三) 必须加强党章党规的学习教育

严明政治纪律和政治规矩,重要的是要严格遵守党章党规。要通过不断地开展和加强党

---

① 《习近平谈治国理政》第3卷,外文出版社2020年版,第48页。
② 《邓小平文选》第2卷,人民出版社1994年版,第333页。

性教育,增强全党遵守纪律和规矩的自觉性。

中国共产党是特别重视学习的党。党成立后,就规定从中央委员到每个党部的负责领导者都必须参加支部组织,过组织生活,虚心听取批评;注意严肃党内政治生活,教育培训干部,提升干部的党性。从民主革命时期的延安整风,到执掌全国政权后持之以恒开展的整党运动与党内集中学习教育活动,全党正是通过学习,统一思想、整顿作风、加强纪律、纯洁组织、总结经验和教训,达到团结和统一。仅从改革开放的开启至党的十八大期间,党中央就开展了5次党内集中教育活动,党的十八大以后,开展学习教育活动成为常态。特别是2016年党中央在全体党员中开展的"学党章党规、学系列讲话,做合格党员"学习教育,将党内教育由"关键少数"领导干部扩大到了全体党员,将学党章党规作为学习教育的重要内容。通过持续开展党内集中教育活动,实现了全党的大团结,切实提高了党的领导水平和执政能力,改善了党的形象,巩固了党的执政基础,取得了良好的效果。

四、营造良好政治生态是基础工程

政治生态是党风、政风、社会风气的综合反映。"健康洁净的党内政治生态,是党的优良作风的生成土壤,是党的旺盛生机的动力源泉,是保持党的先进性纯洁性、提高党的创造力凝聚力战斗力的重要条件,是党团结带领全国各族人民完成历史使命的有力保障,是我们党区别于其他非马克思主义政党的鲜明标志。"[①] 历史表明,一个健康洁净的政治生态是党和国家各项事业赖以发展的重要基础。营造良好政治生态,是党的政治建设的重要内容和基础性工程,对于实现全党的思想、意志、行动统一,保证党的路线方针政策正确贯彻执行;对于不断增强党自我净化、自我完善、自我革新、自我提高的能力,提高党的创造力凝聚力战斗力,具有十分重要的作用。

(一)必须严肃党内政治生活

严肃认真的党内政治生活,是党坚持党的性质和宗旨、保持先进性和纯洁性的重要法宝,是解决党内矛盾和问题的"金钥匙",是广大党员、干部锤炼党性的"大熔炉",是纯洁党风的"净化器",是净化党内政治生态的前提。只有严肃党内政治生活,增强党内政治生活的政治性、时代性、原则性、战斗性,才能营造风清气正的良好政治生态。[②] 党的政治先进性,需要通过严格的党内政治生活,加强党性锻炼,在实践中维护和保持,这是中国共产党政治建设的一条重要经验。

营造风清气正的良好政治生态最重要的是要突出党内生活的政治特质,旗帜鲜明讲政

[①] 《习近平关于全面从严治党论述摘编》,中央文献出版社2016年版,第42页。
[②] 参见《习近平关于全面从严治党论述摘编》,中央文献出版社2016年版,第48页。

治。1928年11月，周恩来指出："发展党内政治的讨论，提高政治的水平线。各级党部都要尽可能地讨论一切党的政治问题，引导每个同志都尽量发表对于政治问题的意见。"①1929年12月，毛泽东提出要"教育党员使党员的思想和党内的生活都政治化，科学化"②。这就赋予了党内生活的主题以政治特性，成为中国共产党区别于一般社会组织的重要特征。

党的十八大以来，习近平总书记多次指出："政治问题，任何时候都是根本性的大问题"③，"全党同志特别是高级干部要加强党性锻炼，不断提高政治觉悟和政治能力，把对党忠诚、为党分忧、为党尽职、为民造福作为根本政治担当，永葆共产党人政治本色"④。党员干部必须对党的政治纪律和政治规矩心存敬畏之心，时刻绷紧政治纪律和政治规矩之弦。"我们党作为马克思主义政党，必须旗帜鲜明讲政治，严肃认真开展党内政治生活。讲政治，是我们党补钙壮骨、强身健体的根本保证，是我们党培养自我革命勇气、增强自我净化能力、提高排毒杀菌政治免疫力的根本途径。什么时候全党讲政治、党内政治生活正常健康，我们党就风清气正、团结统一，充满生机活力，党的事业就蓬勃发展；反之，就弊病丛生、人心涣散、丧失斗志，各种错误思想得不到及时纠正，给党的事业造成严重损失。"⑤

党内政治生态受到污染、从政环境受到破坏往往是从党的政治纪律和政治规矩被破坏开始的。政治纪律和政治规矩没有守住，其他纪律和规矩也会随之失守。2013年1月，习近平总书记在十八届中央纪委二次全会上第一次提出政治生态这个概念。随后他多次强调："做好各方面工作，必须有一个良好政治生态。"⑥"解决党内存在的种种难题，必须营造一个良好从政环境，也就是要有一个好的政治生态。"⑦ 以习近平同志为核心的党中央把严肃党内政治生活摆在突出的位置来抓，勇于面对党内存在的突出矛盾问题，通过唤醒党章党规党纪意识，把纪律和规矩挺在前面，补足精神之钙，锻造坚强领导核心，牢固树立"四个意识"，坚决维护党中央权威和集中统一领导，以顽强意志正风肃纪，在"打虎拍蝇猎狐"中深入推进反腐败斗争，建立健全党内监督体系，压实管党治党责任，积极营造讲政治的良好风气，党内政治生活气象更新，党内政治生态明显好转，党的创造力、凝聚力和战斗力显著增强。

---

① 《周恩来选集》（上），人民出版社1980年版，第12页。
② 《毛泽东选集》第1卷，人民出版社1991年版，第92页。
③ 《习近平关于全面从严治党论述摘编》，中央文献出版社2016年版，第87页。
④ 《习近平谈治国理政》第3卷，外文出版社2020年版，第49页。
⑤ 《以解决突出问题为突破口和主抓手推动党的十八届六中全会精神落到实处》，《人民日报》2017年2月14日。
⑥ 《习近平关于全面从严治党论述摘编》，中央文献出版社2016年版，第33页。
⑦ 《习近平关于党风廉政建设和反腐败斗争论述摘编》，中央文献出版社、中国方正出版社2015年版，第87页。

保证党内政治生活质量，必须制定科学严密的制度规范。推动党的组织生活制度化、经常化、规范化，抓住党的领导干部这一党内政治生活的实践主体和党内政治生态的建设主体，在党内生活中磨砺党性，充分利用党的组织生活载体，推进党内政治生活建设，创新党的组织生活方式方法，激发党内政治生活的生机活力。

（二）必须严格执行民主集中制，用好批评与自我批评这个锐利武器

严肃党内生活，最根本的是认真执行党的民主集中制，不断完善民主集中制中的各项制度，充分发挥民主集中制的优势，为营造风清气正、海晏河清的党内政治生态提供坚实的制度保障。

党内民主是党的生命，集中统一是党的力量所在。中国共产党历来高度重视民主集中制。延安时期，党对民主集中制作出了具体的制度安排，明确提出了"民主基础上的集中"和"集中指导下的民主"的经典表述，阐明民主集中制的运行原则，健全民主集中制。自此以后，党"坚持民主基础上的集中和集中指导下的民主相结合，既充分发扬民主，又善于集中统一"[1]，形成了既严肃规范又生动活泼的党内政治生活，为党的政治建设提供了重要载体。

严肃党内政治生活、净化党内政治生态必须坚持批评与自我批评的原则，把批评与自我批评作为开展党内政治生活的基本方式。党在推进自我革命的过程中，注意运用批评与自我批评的武器，把它作为共产党人加强党性修养和政治历练的必修课、常修课，作为洗涤党员、干部思想和灵魂的有力武器。毛泽东在《古田会议决议》中指出："党内批评是坚强党的组织、增加党的战斗力的武器。"[2] 在党的七大上，毛泽东将自我批评概括为我们党的三大作风之一，并第一次将"批评和自我批评"写入党章。毛泽东还详尽阐释了党内批评的原则与方式，要求防止主观武断和批评庸俗化倾向。一方面，"党内的主观主义的批评，不要证据的乱说，或互相猜忌，往往酿成党内的无原则纠纷，破坏党的组织"；另一方面，如果"党内精神完全集注到小的缺点方面，人人变成了谨小慎微的君子，就会忘记党的政治任务"[3]。

实践证明，批评与自我批评是清除党内政治灰尘和政治微生物的有力武器，越是任务艰巨、形势复杂，越是在爬坡过坎的攻坚期、闯关夺隘的决战期，就越需要严肃认真地开展批评与自我批评。能够严肃认真地开展批评与自我批评，我们党就会有凝聚力、创造力和战斗力，党领导的事业就会顺风顺水、蓬勃发展；反之，就会给党领导的事业带来严重损害。开

---

[1]《习近平谈治国理政》第3卷，外文出版社2020年版，第49页。
[2]《毛泽东选集》第1卷，人民出版社1991年版，第90页。
[3]《毛泽东选集》第1卷，人民出版社1991年版，第91、92页。

展批评与自我批评要坚持实事求是，必须增强政治敏感性，讲党性、不讲私情，必须把握明辨是非的标准，树立正确的价值观，努力创造生动活泼的政治局面。只有这样，才能使批评与自我批评真正成为加强和规范党内政治生活的重要手段。

（三）必须营造健康洁净的政治文化

"党内政治生活、政治生态、政治文化是相辅相成的，政治文化是政治生活的灵魂，对政治生态具有潜移默化的影响。"① 健康洁净的党内政治文化土壤能够涵养和维系风清气正的党内政治生态，温润和滋养党员的思想和灵魂。不良政治文化是污染党内政治生态的毒壤，容易产生党内贪污腐败、党员干部精神懈怠以及能力不足等严重问题，削弱党的生命力和战斗力。

党的十八大以来，党中央积极营造健康洁净的政治文化，"弘扬忠诚老实、公道正派、实事求是、清正廉洁等价值观，坚决防止和反对个人主义、分散主义、自由主义、本位主义、好人主义，坚决防止和反对宗派主义、圈子文化、码头文化，坚决反对搞两面派、做两面人"②。挖掘吸收优秀传统政治文化的有益营养和思想精髓，继承弘扬革命文化，大力发展社会主义先进文化，把弘扬社会主义核心价值观贯穿于党内政治生态建设的全过程，全面加强社会主义意识形态教育，巩固党的意识形态主阵地，增强甄别外来政治文化的能力，自觉抵制外来腐朽政治文化的侵蚀。党的十九大把"发展积极健康的党内政治文化，营造风清气正的良好政治生态"③ 写入新修订的党章。

党中央构建反腐败协同工作机制，充分协调和调动各种资源进行反腐败斗争，形成强有力的反腐败合力，营造"山清水秀"的从政环境。习近平总书记指出："党内不能存在形形色色的政治利益集团，也不能存在党内同党外相互勾结、权钱交易的政治利益集团。党中央坚定不移反对腐败，就是要防范和清除这种非法利益关系对党内政治生活的影响，恢复党的良好政治生态，而这项工作做得越早、越坚决、越彻底就越好。"④

党中央采取了一系列重大举措，坚决铲除圈子文化、好人主义、形式主义、官僚主义等不良政治文化，正风肃纪，惩治腐败，纠正"四风"，净化了党内政治生态，巩固了党的领导地位，提高了党的威望。

---

① 《习近平谈治国理政》第 2 卷，外文出版社 2017 年版，第 181 页。
② 《习近平谈治国理政》第 3 卷，外文出版社 2020 年版，第 49 页。
③ 《中国共产党第十九次全国代表大会文件汇编》，人民出版社 2017 年版，第 77 页。
④ 《习近平关于严明党的纪律和规矩论述摘编》，中央文献出版社、中国方正出版社 2016 年版，第 31 页。

五、紧扣民心这个最大的政治是重要着力点

中国共产党来自人民、植根于人民、服务于人民。人民群众是历史的主体,是历史的真正创造者,是党最深厚的力量源泉和胜利之本。习近平总书记在第十九届中央政治局第六次集体学习时指出,加强党的政治建设,要紧扣民心这个最大的政治,把赢得民心民意、汇集民智民力作为重要着力点。这是对党的政治建设历史的深刻总结。

(一)必须始终坚持人民立场

中国共产党是没有自己特殊利益的马克思主义政党。《共产党宣言》阐明了共产党人为无产阶级和绝大多数劳动者而斗争的政治立场和主张。《中国共产党章程》在对党员的诸多规定和要求中,核心的也是"坚持党和人民的利益高于一切"的政治立场,保持"有共产主义觉悟的先锋战士"的政治追求。党没有与人民利益对立的党派私利,党的利益就是人民的利益,这是中国共产党强大力量的根基所在,也是保证基业长青的重要原因之一。

党成立以来,在坚持党的宗旨问题上一以贯之。党始终坚持同人民在一起,坚持尊重社会发展规律与尊重人民历史主体地位的一致性,坚持为崇高理想奋斗与为最广大人民谋利益的一致性,坚持完成党的各项工作与实现人民利益的一致性。强调立党为公、执政为民,把坚守正确的政治立场和政治追求当作凝聚同志、实现理想的根本性问题,强调人民群众是党的最根本的力量所在,全心全意为人民服务。[①] 党的十八大以来,习近平总书记郑重宣告:人民对美好生活的向往,就是我们的奋斗目标。"全党同志特别是各级领导干部都要牢记党章中的规定:党除了工人阶级和最广大人民群众的利益,没有自己特殊的利益。如果有了自己的私利,那就什么事情都能干出来。"[②] "坚持不忘初心、继续前进,就要坚信党的根基在人民、党的力量在人民,坚持一切为了人民、一切依靠人民,充分发挥广大人民群众积极性、主动性、创造性,不断把为人民造福事业推向前进。"[③] "以人民为中心"的价值理念,生动诠释了党的根本立场、根本宗旨,进一步彰显了马克思主义政党的人民性。

只有坚持人民立场,一切从人民根本利益出发,党才能避免患得患失,战胜各种艰难险阻,带领中国人民不断从胜利走向胜利。人民是历史的创造者,是决定党和国家前途命运的根本力量,这已经被中国共产党的历史有力证明。党的政治建设就是要紧扣民心这个最大政治,弄清楚"我是谁、为了谁、依靠谁"这个重大问题,坚持一切为了人民、一切依靠人

[①] 参见江泽民《论党的建设》,中央文献出版社2001年版,第505页。
[②] 《习近平关于严明党的纪律和规矩论述摘编》,中央文献出版社、中国方正出版社2016年版,第30—31页。
[③] 《习近平谈治国理政》第2卷,外文出版社2017年版,第40页。

民，牢记全心全意为人民服务的宗旨，始终坚持以人民为中心的价值立场。

（二）必须把密切联系群众作为推进党的建设的鲜明主线

密切联系群众是中国共产党的政治优势，也是党的政治本色和价值诉求的集中体现。中国共产党的奋斗史就是一部密切联系群众、为人民群众争权益、谋福祉的历史。毛泽东指出："我们共产党人好比种子，人民好比土地。我们到了一个地方，就要同那里的人民结合起来，在人民中间生根、开花。我们的同志不论到什么地方，都要把和群众的关系搞好，要关心群众，帮助他们解决困难。"① 刘少奇指出："党的群众路线，是我们党的根本的政治路线，也是我们党的根本的组织路线。"② 在实践中，党形成了反映党群关系规律的群众路线：一切为了群众，一切依靠群众，从群众中来，到群众中去，把党的正确主张变为群众的自觉行动。党始终坚持全心全意为人民服务的宗旨，始终代表最广大人民的根本利益，经受住了胜利和挫折、高潮和低潮、顺境和逆境考验，成为任何敌人和困难都压不倒、摧不垮的党，为实现国家和人民的根本利益而不懈奋斗。

为了牢固树立群众观，党形成了开展各种主题教育活动的好传统。新民主主义革命时期开展的延安整风运动，"极大地密切了与人民群众的联系，全党树立了系统的群众观点：一切为了人民群众的观点，一切向人民群众负责的观点，相信群众自己解放自己的观点，向人民群众学习的观点。在新世纪新阶段，我们党开展了保持共产党员先进性教育活动，全党认识到：人民是创造历史的根本动力，坚持全心全意为人民服务的宗旨，始终把实现和维护最广大人民的根本利益作为党的理论和路线方针政策以及全部工作的根本依据，始终深深扎根于人民之中，为中国人民和中华民族的根本利益不懈奋斗"③。党的十八大以后开展的党的群众路线教育实践活动，使全党形成共识：让群众满意是我们党做好一切工作的价值取向和根本标准，群众意见是一把最好的尺子；得民心者得天下，失民心者失天下，人民的拥护和支持是党执政最牢固的根基。党的十九大以后开展的"不忘初心、牢记使命"主题教育，使广大党员、干部深入基层、深入一线，积极回应群众关切，切实解决群众最关心、最直接、最现实的利益问题，特别是在脱贫攻坚的伟大实践中，在解决群众看病难、上学难、就业难、住房难等操心事、揪心事上，以看得见的变化回应群众期盼，赢得了人民群众的信赖、拥护和支持。

以人民为本、密切联系群众是我们党从胜利走向胜利的最大政治优势。加强党的政治建设，必须把党的群众路线贯彻到治国理政的全部活动之中，把人民对美好生活的向往作为奋

---

① 《毛泽东选集》第 4 卷，人民出版社 1991 年版，第 1162 页。
② 《刘少奇选集》（上），人民出版社 1981 年版，第 342 页。
③ 辛向阳：《百年大党依然年轻的密码》，《中国党政干部论坛》2020 年第 4 期。

斗目标，不断培元固本、开拓创新，并依靠人民创造历史伟业。

（三）必须顺应人民群众的愿望要求

建党百年来，党在领导人民为完成和推进两大历史任务而奋斗的伟大实践中，始终秉持立党为公、执政为民的根本宗旨，急人民之所急、想人民之所想，与人民同呼吸、共命运，手挽手、心连心，得到了人民群众的理解、认同、拥护和支持，党得以强基固本，从只有50多名党员，发展成为有着9000多万名党员、450多万个基层党组织的充满生机活力的马克思主义执政党，成为中华民族伟大复兴的领导力量，成为世界最具影响力的第一大执政党。

党要赢得民心，最根本的就是要顺应人民群众的愿望要求，始终把人民的期盼变成党的奋斗目标。

新时代，全面建设社会主义现代化国家、实现中华民族伟大复兴，对党的政治建设提出了前所未有的新挑战和新要求。新时代我国社会的主要矛盾已经转化为人民日益增长的美好生活需要和不平衡不充分的发展之间的矛盾。人民对美好生活的向往更加强烈，期盼有更好的教育、更稳定的工作、更满意的收入、更可靠的社会保障、更高水平的医疗卫生服务、更舒适的居住条件、更优美的环境、更丰富的精神文化生活。顺应人民群众的愿望要求，就是要紧紧抓住并着力解决好这个主要矛盾，大力弘扬求真务实、锐意进取、实干苦干的作风，从人民群众最关心、最直接、最现实的利益问题入手，真心实意为群众谋利益，扎扎实实为群众办实事、办好事，使人民获得感、幸福感、安全感更加充实、更有保障、更可持续。

促进社会公平正义、增进人民福祉是中国共产党治国理政的重要价值取向，要在不断发展的基础上，努力把促进公平正义的事情做好。通过创新制度安排，努力克服人为因素造成的有违公平正义的现象，保证人民平等参与、平等发展的权利，让每个人都获得发展自我和奉献社会的机会，共同享有人生出彩的机会，共同享有梦想成真的机会，实现共同富裕。把促进社会公平正义、增进人民福祉作为一面镜子，审视各方面体制机制和政策规定，"堵漏洞""补短板""固底板"，让人民群众充分感受到公平正义的阳光。

人民群众最痛恨腐败，腐败问题对党的伤害极大，严惩腐败分子是党心民心所向；人民群众最厌恶"四风"，作风问题关系党的形象，关系人心向背，关系党的生死存亡。顺应人民群众的愿望要求，就是要以零容忍态度，坚决彻底铲除这个寄生在党的肌体上的毒瘤，就是要持之以恒正风肃纪，坚决反对"四风"特别是形式主义、官僚主义，不断增强党的自我净化、自我完善、自我革新、自我提高能力。

时代是出卷人，我们是答卷人，人民是阅卷人。顺应人民群众的愿望要求，就是要将党一切工作的成败得失由人民来检验，以人民拥护不拥护、赞成不赞成、高兴不高兴、答应不答应为最高标准,把党的群众观点、群众路线植根于思想中,落实到行动上,体现在标准里。①

中国共产党从一个领导人民为夺取全国政权而奋斗的党,成为领导人民掌握全国政权并长期执政的党,始终重视政治建设。从革命时期提出的"革命的政治工作是革命军队的生命线",到建设时期提出的"政治工作是一切经济工作的生命线",再到改革时期提出的"到什么时候都得讲政治""政治问题,任何时候都是根本性的大问题",新时代,更是强调把党的政治建设摆在首位,提出"党的政治建设是一个永恒课题"②。旗帜鲜明讲政治贯穿于党加强自身建设的全过程,蕴含着政党政治的一般规律,是对马克思主义政党政治观的理论传承与创新发展,是中国共产党从小到大、由弱到强的独特优势和重要法宝。

参考文献

[1] 习近平:《论中国共产党历史》,中央文献出版社2021年版。

[2] 《毛泽东邓小平江泽民胡锦涛关于中国共产党历史论述摘编》,中央文献出版社2021年版。

[3] 《中共中央关于加强党的政治建设的意见》,《人民日报》2019年2月28日。

[4] 《习近平谈治国理政》,外文出版社2014年版。

[5] 《习近平谈治国理政》第2卷,外文出版社2017年版。

[6] 《习近平谈治国理政》第3卷,外文出版社2020年版。

[7] 中共中央党史研究室编著:《中国共产党的九十年》,中共党史出版社、党建读物出版社2016年版。

(原载《马克思主义研究》2021年第3期)

---

① 参见《习近平谈治国理政》第3卷,外文出版社2020年版,第142页。
② 《习近平谈治国理政》第3卷,外文出版社2020年版,第92页。

百年党史上开展作风建设的一个典范

——新中国成立初期党领导开展的五次反对官僚主义的斗争

曲青山

中共中央党史和文献研究院

"党的作风就是党的形象,关系人心向背,关系党的生死存亡。"[1] 新中国成立初期,从1950—1955年,我们党连续开展了五次反对官僚主义的斗争。这是为什么?回溯这段历史,总结其经验,对我们今天认真学习贯彻习近平总书记关于反对形式主义、官僚主义的重要论述,坚持不懈地加强党的作风建设,全面从严治党,具有重要现实意义。

一、历史背景:新中国成立初期党为什么要突出地提出反对官僚主义的问题

我们党是在国家内忧外患、民族危难之时诞生的。党一成立就肩负起了争取民族独立、人民解放和实现国家富强、人民幸福两大历史任务。第一大历史任务,随着新中国的成立而宣告完成。为完成这个任务,党带领人民奋斗了28年。28年里正像毛泽东所说的那样:"我们党尝尽了艰难困苦,轰轰烈烈,英勇奋斗。从古以来,中国没有一个集团,像共产党一样,不惜牺牲一切,牺牲多少人,干这样的大事。"[2] 新中国成立了,江山打下了,政权得到了,那么,党应该怎么为人民守好江山、掌好权力呢?这个问题很现实地摆在了中国共产党人的面前。

我们党是中国工人阶级的先锋队,同时是中国人民和中华民族的先锋队。党的根本宗旨是全心全意为人民服务。要保持党的性质宗旨不变,必须坚决清除一切弱化党的先进性、损害党的纯洁性的因素,坚决防范一切动摇党的执政根基的危险。官僚主义是封建残余和剥削阶级思想意识在党员领导干部作风上的反映,是党的肌体上的毒瘤,是党和人民事业的大敌。新中国的成立,标志着中国共产党开始在全国范围内执政。在这种情况下,党保持清醒头脑,反对官僚主义,避免脱离人民群众,就成为历史的必然。这也正是我们党作为一个成

---

[1] 《习近平关于党风廉政建设和反腐败斗争论述摘编》,中央文献出版社、中国方正出版社2015年版,第8页。

[2] 《毛泽东文集》第3卷,人民出版社1996年版,第292页。

熟的马克思主义政党的重要表现。如何更进一步地深刻认识这一问题呢？

首先，我们从毛泽东同黄炎培著名的"窑洞对"来认识。1945年7月1日至5日，黄炎培等六位国民参政员由重庆到延安进行考察。毛泽东与黄炎培等进行了多次交谈。有一次毛泽东问黄炎培的感想怎么样，黄炎培说：他生60多年，耳闻的不说，所亲眼看到的，真所谓"其兴也浡焉"，"其亡也忽焉"，一人，一家，一团体，一地方，乃至一国，不少单位都没有能跳出这周期率的支配力。一部历史，"政怠宦成"的也有，"人亡政息"的也有，"求荣取辱"的也有，总之没有能跳出这周期率。中共诸君从过去到现在，他略略了解的了，就是希望找出一条新路，来跳出这周期率的支配。毛泽东说："我们已经找到新路，我们能跳出这周期率。这条新路，就是民主。只有让人民来监督政府，政府才不敢松懈。只有人人起来负责，才不会人亡政息。"① 这是我们党的历史上一段著名的对话。毛泽东的话，回答了中国共产党人取得政权后，要跳出历史周期率的途径和办法。

其次，我们从毛泽东在党的七届二中全会上提出的"两个务必"重要论断来认识。1949年3月5日至13日，在新民主主义革命即将取得全国胜利的前夕，党在河北省平山县西柏坡召开了七届二中全会。这次全会着重讨论了党的工作重心的战略转移，即工作重心由乡村转移到城市的问题。毛泽东在会上作了报告。针对党所处的历史方位发生的根本性变化，他指出："我们很快就要在全国胜利了。""夺取这个胜利，已经是不要很久的时间和不要花费很大的气力了；巩固这个胜利，则是需要很久的时间和要花费很大的气力的事情。""因为胜利，党内的骄傲情绪，以功臣自居的情绪，停顿起来不求进步的情绪，贪图享乐不愿再过艰苦生活的情绪，可能生长。""中国的革命是伟大的，但革命以后的路程更长，工作更伟大，更艰苦。这一点现在就必须向党内讲明白，务必使同志们继续地保持谦虚、谨慎、不骄、不躁的作风，务必使同志们继续地保持艰苦奋斗的作风。我们有批评和自我批评这个马克思列宁主义的武器。我们能够去掉不良作风，保持优良作风。我们能够学会我们原来不懂的东西。我们不但善于破坏一个旧世界，我们还将善于建设一个新世界。"② 毛泽东的报告深刻表达了中国共产党人要建设一个新中国，要为中国人民执好政的坚定决心和意志。

第三，我们从毛泽东和周恩来从西柏坡到北平的"进京赶考"的经典对话来认识。党的七届二中全会后，党中央由西柏坡迁往北平。1949年3月23日，毛泽东和周恩来乘车出发时有一段对话。毛泽东对周恩来说："今天是进京的日子，进京赶考去。"周恩来笑着回答说："我们应当都能考试及格，不要退回来。"毛泽东说："退回来就失败了。我们决不当

---

① 《毛泽东传》（二），中央文献出版社2011年版，第729页。
② 《毛泽东选集》第4卷，人民出版社1991年版，第1438—1439页。

李自成,我们都希望考个好成绩。"① 毛泽东和周恩来的对话,表现了中国共产党人准备迎接执政"大考"的清醒和良好精神状态。

以上三件事是中国共产党不同于其他任何政党的三个生动故事。故事虽小,但以小见大,从中可以窥见和了解新中国成立初期我们党提出反对官僚主义的历史大背景。

二、历史过程:新中国成立初期党领导开展的五次反对官僚主义的斗争

新中国刚刚成立,党就发动和开展了反对官僚主义的斗争。1950—1955年,短短的六年时间进行了五次反对官僚主义的斗争。

第一次:在整风中进行的反对官僚主义斗争。1950年5月1日,新中国刚成立半年多时间,党中央就发出了《关于在全党全军开展整风运动的指示》,要求在全党全军进行一次整风运动,严格地进行全党整风尤其是干部整风。6月,党的七届三中全会对这项工作作出部署。这次整风,从1950年下半年开始,经分批整训,年底结束。主要任务是提高干部和一般党员的思想水平和政治水平,克服工作中所犯的错误,克服以功臣自居的骄傲自满情绪,克服官僚主义和命令主义,改善党和人民群众的关系。整风的重点对象是各级领导机关和干部。这次整风为在广大新区进行土地改革作了组织上和干部上的准备。

第二次:在整党中进行的反对官僚主义斗争。1950年的整风时间较短,只是初步解决了党员干部工作作风方面的问题,还没有来得及解决党内思想不纯和组织不纯等问题。随着政治形势和财政经济状况的基本好转,1951年2月,《中共中央政治局扩大会议决议要点》提出,以三年时间进行一次整党的任务。整党工作从1951年下半年开始有步骤地展开。1952年"三反"运动全面开展后,党中央先后于2月、5月发出两个指示,要求把"三反"运动同整党结合起来进行,在"三反"运动的基础上进行整党建党工作。经过这次整党,党在组织成分和党员素质方面有了明显改善和提高。

第三次:在反对贪污、反对浪费中进行的反对官僚主义斗争。1951年12月1日,党中央作出《关于实行精兵简政、增产节约、反对贪污、反对浪费和反对官僚主义的决定》(以下简称《决定》)。《决定》指出,进城两年来,严重的贪污案不断发生,证明党的七届二中全会所提出的防止和克服资产阶级思想腐蚀的正确性。现在是切实执行这一方针的时候了,否则就会犯大错误。我们党为什么要作出这个《决定》呢?1951年10月23日,毛泽东在全国政协一届三次会议上提出,为了继续坚持抗美援朝这场必要的正义斗争,我们需要增加生产,厉行节约。会议向全国发出了开展增产节约运动的号召。在运动开展过程中,暴露出各级党政机关内部存在着许多惊人的贪污、浪费现象和官僚主义问题。11月1日,东北局

---

① 参见《毛泽东年谱(1893—1949)》(修订本)下卷,中央文献出版社2013年版,第470页。

向中央报告开展增产节约运动的情况，列举了沈阳市部分单位揭发出的问题。报告讲道，有的人奉行"厚俸才能养廉，薪水这样低不能不贪污""从公家那里捞一把是可以的，只要查不出来就行""不会贪污，不会捞一把是傻瓜"等错误思想，大肆贪污。仅工商局各专业公司等单位就查出有贪污行为者3629人。揭发的浪费现象也很严重。比如，东北造币厂因印刷不合格造成极大浪费，东北银行金银管理处把30两黄金丢在化金炉中不知道，军区油料部仓库漏油40多吨，后勤军需部物资保管失当损失巨大。而这些现象的发生都与严重的官僚主义有关。11月29日，华北局向党中央报告了河北省揭发出刘青山、张子善二人在任中共天津地委书记、天津行署专员期间堕落成大贪污犯的严重情况。各中央局报告的情况，引起了党中央和毛泽东的高度重视。党中央就是在这样一种情况下决定开展"三反"运动的。"三反"运动从1952年1月开始，到1952年10月底结束。运动的开展，遏制了贪污现象，制止了浪费现象，对国家机关中的官僚主义也给予了有力打击。

第四次：在反对命令主义、反对违法乱纪中进行的反对官僚主义斗争。1953年1月5日，党中央发出《关于反对官僚主义、反对命令主义、反对违法乱纪的指示》，要求各级党委结合整党建党及其他工作，从处理人民来信入手，认真开展一次反对官僚主义、反对命令主义、反对违法乱纪的斗争。紧接着，党中央于1月24日作出《转发天津市委关于反官僚主义斗争总结报告和华北局相关文件的批示》；于2月3日作出《关于贯彻反对官僚主义、反对命令主义、反对违法乱纪的指示给华东局的批复》；于3月3日作出《批转习仲勋关于文委党组布置反官僚主义斗争的报告》；于3月4日作出《关于反官僚主义、反命令主义、反违法乱纪斗争中有关问题的指示》；于3月28日作出《关于在中央一级机关中具体执行〈中共中央关于反对官僚主义、反对命令主义、反对违法乱纪的指示〉的决定》；于5月9日作出《批转人事部党组关于检查官僚主义的报告》等。为什么在"三反"运动结束才两个多月时间后，党中央又要继续部署开展反对官僚主义的斗争呢？中央认为："我党在'三反'中基本解决了中央、大行政区、省市和专区四级许多工作人员中的贪污和浪费两个问题，也基本上解决了许多领导者和被领导的机关人员相脱离的这一部分官僚主义的问题；但对于不了解人民群众的痛苦，不了解离开自己工作机关稍为远一点的下情，不了解县、区、乡三级干部中存在着许多命令主义和违法乱纪的坏人坏事，或者虽然对于这些坏人坏事有一些了解，但是熟视无睹，不引起义愤，不感觉问题的严重，因而不采取积极办法去支持好人，惩治坏人，发扬好事，消灭坏事，这样一方面的官僚主义，则在许多地区、许多方面和许多部门，还是基本上没有解决。"[①] 这次斗争当时被称为新"三反"斗争。这次斗争没有采取"三反"运动暴风骤雨式的方法步骤进行，而是紧密结合当时的各种工作和学习，有

---

① 《毛泽东文集》第6卷，人民出版社1999年版，第253—254页。

领导、有计划、有重点、有步骤地进行。中央一级机关和各地区的做法也有所不同。中央一级机关以反对官僚主义斗争为重点，但同时也不放松对某些命令主义与违法乱纪现象的斗争。开展的主要方法是检查工作，同时开展批评与自我批评。检查工作以自上而下与自下而上相结合，把检查工作与当前正在进行的工作联系起来，一面检查，一面建设，并注意区分不同性质的问题。各地则根据自己的不同情况，拟出具体计划和办法，将执行情况随时报告党中央。这次新"三反"运动反对官僚主义的斗争，在"三反"运动成效的基础上，又取得新进展，也是对"三反"运动反对官僚主义斗争成果的一个巩固。

第五次：在整编中进行的反对官僚主义斗争。1955年4月2日，党中央批转了上海市政府机关党委关于市政府几个单位组织机构中的官僚主义情况的报告及上海局、上海市委的批语。中央的批语指出："类似上海市府几个单位中的机构臃肿，人浮于事，严重浪费人力、物力、财力，滋长官僚主义的现象，是目前全国各级组织中（包括中央各部门在内）普遍存在的问题，必须引起各级党委、中央各部委党组的重视。克服这种浪费现象，节约人力、财力、物力，合理地使用到需要的方面去，并克服领导机关的官僚主义和文牍主义，改进机关工作，这是当前国家在大规模经济建设中一项极为重要的措施。"① 中央要求，各地区、各部门，仿照上海的做法，结合日常工作，对自己所领导的组织机构有领导、有计划地进行一次检查，彻底清查和揭发行政机关及各工厂、企业编制中的不合理现象和各种官僚主义，提高认识，以便进一步合理地调整编制，精简机构，改进领导作风。中央各部委党组和各地区党委在接到党中央的这个指示后，都普遍进行了一次在整顿编制工作中的反对官僚主义斗争。这是继前四次反对官僚主义的斗争之后，在全党范围内开展的又一次反对官僚主义的斗争。

在新中国成立初期的六年时间里，我们党连续发起和开展了五次反对官僚主义的斗争，这在党的历史上是极为罕见的。研究这段历史，我们可以看到，正是大力进行的反对官僚主义斗争，才确保我们党密切联系了群众，才使我们党成功领导了新中国成立初期国家的各项事业，顺利进行了政权建设、土地改革、镇压反革命、"三反""五反"运动，为抗美援朝的胜利、国民经济的恢复、第一个五年计划的实施，为新民主主义向社会主义的过渡和转变，提供了坚强的组织和政治保障。

三、历史启示：新中国成立初期党领导开展反对官僚主义斗争的历史经验

历史是最好的教科书。由于国际国内、党内党外、体制机制等各方面原因，官僚主义今天仍然是党内不良作风的一个顽瘴痼疾。要把反对官僚主义的斗争进行到底，我们就必须以

---

① 《中共中央文件选集（1949.10—1966.5）》第19册，人民出版社2013年版，第16页。

习近平新时代中国特色社会主义思想为指导,思考研究现实问题,同时应借鉴历史经验,特别是我们党的历史上领导开展反对官僚主义斗争的历史经验,从中汲取智慧和力量。那么,新中国成立初期党领导开展反对官僚主义斗争的这段历史能给我们提供哪些有益的历史经验呢?

经验一:坚定斗争决心,充分认识反对官僚主义的极端重要性。我们党高度重视反对官僚主义的斗争,很早就认识到了官僚主义对党的事业的危害性。1933年8月,毛泽东在《必须注意经济工作》中指出:"动员群众的方式,不应该是官僚主义的。官僚主义的领导方式,是任何革命工作所不应有的,经济建设工作同样来不得官僚主义。要把官僚主义方式这个极坏的家伙抛到粪缸里去,因为没有一个同志喜欢它。"① 1951年12月,新中国成立初期,毛泽东在审阅党中央开展"三反"运动决定稿时指出:"自从我们占领城市两年至三年以来,严重的贪污案件不断发生,证明一九四九年春季党的二中全会严重地指出资产阶级对党的侵蚀的必然性和为防止及克服此种巨大危险的必要性,是完全正确的,现在是全党动员切实执行这项决议的紧要时机了。再不切实执行这项决议,我们就会犯大错误。"他还强调,官僚主义作风"是贪污和浪费现象所以存在和发展的根本原因。中央要求党的各级领导机关在此次精兵简政的工作中,在展开全国规模的爱国增产节约运动中,在进行反对贪污和反对浪费的斗争中,同时展开一个反对官僚主义的斗争"。② 1952年5月9日,他在讲到"三反""五反"运动的必要性时强调,"如果我们不进行这一正义的斗争,我们将会失败。我们党在开展新'三反'斗争中,也深刻认识到官僚主义作风是滋长干部强迫命令、违法乱纪的温床"。反对官僚主义是纠正干部强迫命令、违法乱纪的关键。历史事实表明,新中国成立初期,面对全党工作重心的转移,面对党在全国执政后带来的风险,必须把反对官僚主义斗争放到"成败与否"的高度去认识。我们党正是这样做了,才经受住了考验。党的十八大之后,习近平总书记深刻洞察党的建设方面存在的突出问题,指出:"面对世情、国情、党情的深刻变化,精神懈怠危险、能力不足危险、脱离群众危险、消极腐败危险更加尖锐地摆在全党面前,党内脱离群众的现象大量存在,一些问题还相当严重,集中表现在形式主义、官僚主义、享乐主义和奢靡之风这'四风'上。"③ 他特别指出:"形式主义、官僚主义害死人!"④ 它们"是阻碍党的路线方针政策和党中央重大决策部署贯彻落实的大敌"⑤。"工作作风上的问题绝对不是小事,如果不坚决纠正不良风气,任其发展下去,就会

---

① 《毛泽东选集》第1卷,人民出版社1991年版,第124页。
② 《毛泽东文集》第6卷,第208、209页。
③ 《十八大以来重要文献选编(上)》,中央文献出版社2014年版,第310页。
④ 习近平:《推进党的建设新的伟大工程要一以贯之》,《求是》2019年第19期。
⑤ 《习近平关于防范风险挑战、应对突发事件论述摘编》,中央文献出版社2020年版,第136页。

像一座无形的墙把我们党和人民群众隔开,我们党就会失去根基、失去血脉、失去力量。"①正是从作风建设特别是从整治"四风"入手,以小博大,党风才得以根本好转,党的建设才得到极大加强。

经验二:做好长期斗争的思想准备,坚持不懈地反对官僚主义。新中国成立初期,我们党之所以连续开展反对官僚主义斗争,是因为党在实践中逐渐认识到反对官僚主义绝不是一朝一夕的事,也不是一蹴而就、一劳永逸的事。党在新中国成立初期发动的"三反"运动声势浩大,时间长达近一年。但是,在运动结束后不久,党中央就发现,中央、大行政区、省市、专区机关和党的领导干部,对县、区、乡三级干部中发生的危害群众利益的问题,仍然存在着不了解、不掌握或听之任之、熟视无睹的严重官僚主义问题。于是党中央在1953年1月5日,向全党发出了新"三反"的指示。指示指出,官僚主义在许多地区、许多方面和许多部门,还基本上没有解决。"即如处理人民来信一事,据报山东省政府就积压了七万多件没有处理,省以下各级党政组织积压了多少人民来信,则我们还不知道,可以想象是不少的。这些人民来信大都是有问题要求我们给他们解决的,其中许多是控告干部无法无天的罪行而应当迅速处理的。山东如此,各省市的情况,究竟如何,我们没有接到像山东分局这样集中反映的报告,但已有不少的材料可以判断,有很多地方是和山东的情况相似的。"指示强调:"官僚主义和命令主义在我们的党和政府,不但在目前是一个大问题,就是在一个很长的时期内还将是一个大问题。"② 1953年2月3日,党中央在给华东局的批复中明确指出:"反对官僚主义是一个长期的、经常的斗争,不能像'三反'一样,采取短期的突击。"③ 这是我们党在进行反对官僚主义斗争实践中得出的一个重要结论。历史事实证明,这个结论是完全正确的。党的十八大之后,党中央全面从严治党,坚持重在持久,常抓不懈。习近平总书记指出:"作风建设永远在路上,永远没有休止符,不可蜻蜓点水,不可虎头蛇尾,不可只是一阵风,否则不仅不可能从根本上解决问题,而且会导致作风问题不断反弹、愈演愈烈,最后失信于民。"④ 反对官僚主义斗争,必须保持定力,持之以恒,久久为功。

经验三:结合不同时期的中心工作,增强反对官僚主义的针对性、实效性。新中国成立初期党领导开展的五次反对官僚主义斗争,都是紧密结合当时党的中心工作进行的。整风和整党中进行的反对官僚主义,是为了适应形势的变化和重心任务的转移,对党员和干部提出新的要求。开展"三反"运动的直接目的是保障全国进行的爱国增产运动。党中央在1951年12月1日作出的开展"三反"运动的决定指出,为了支持抗美援朝战争,为了进行国内

---

① 《习近平关于全面从严治党论述摘编》,中央文献出版社2016年版,第148页。
② 《毛泽东文集》第6卷,第254页。
③ 《中共中央文件选集(1949.10—1966.5)》第11册,人民出版社2013年版,第92页。
④ 《习近平关于全面从严治党论述摘编》,第162页。

各项建设，特别是为了各项建设能够带动农业、轻工业向前发展的重工业和国防工业，需要很多资金，而我们国家"资金的来源只有增产节约一条康庄大道"①。开展"三反"运动，就是为了增产节约，促进国家的经济建设。1953年1月，党中央部署开展新"三反"斗争时，在所作的多次指示批示中，都不断强调这项斗争要结合整党建党、全国普选以及其他各项工作一道进行。1953年2月13日，毛泽东在起草的中央军委给陈毅并华东军区党委的批语中，同意陈毅提出的"脱离中心工作任务去孤立地空反官僚主义，达不到深入实际的目的"的意见。② 1955年开展的反对官僚主义斗争也是结合当时的整编和精简工作进行的。党的十八大之后，我们党全面从严治党，是从落实"八项规定"切入、从纠正"四风"开始的。但目的是密切党同人民群众的血肉联系，保持党的先进性和纯洁性，使我们党成为中国特色社会主义事业的坚强领导核心。保持优良作风，是我们党和国家各项事业不断取得胜利的重要保证。

经验四：探索完善治本之策，在建构反对官僚主义制度体系上下功夫。新中国成立初期开展的五次反对官僚主义斗争，党都强调走群众路线，进行思想教育，注意掌握政策、区分不同性质矛盾，坚持民主集中制，大兴调查研究之风，开展批评和自我批评，建立检查制度，主要领导亲自动手，建立请示报告制度，正面典型示范，反面典型通报曝光，精简办事机构，建立逐级责任制等问题。这些做法都是我们党在实践中不断探索并总结出的行之有效的做法。党的十八大之后，我们党既继承和坚持党的历史上的成功经验，又不断总结和探索实践中的新鲜经验。历史表明，反对官僚主义，制度建设至关重要。习近平总书记指出："解决'四风'问题，要标本兼治，既治标又治本。治标，就是要着力针对面上'四风'问题的各种表现，该纠正的纠正，该禁止的禁止。治本，就是要查找产生问题的深层次原因，从理想信念、工作程序、体制机制等方面下功夫抑制不正之风。""要从体制机制层面进一步破题，为作风建设形成长效化保障。"③

（原载《党的文献》2021年第3期）

---

① 《毛泽东文集》第6卷，第207页。
② 参见《毛泽东年谱（1949—1976）》第2卷，中央文献出版社2013年版，第27页。
③ 《习近平关于全面从严治党论述摘编》，第153、162页。

一届全国人大华侨代表的选举产生和建言献策

任贵祥

华南师范大学马克思主义学院　中共中央党史和文献研究院

第一届全国人民代表大会第一次会议通过并颁布《中华人民共和国宪法》，是新中国政治制度建设和政治生活中的一件大事，奠定了新中国根本政治制度及政治法律制度的基础。学界对一届全国人大有一定的研究[①]，但仍有进一步研究的空间。本文从一个特殊的角度，即华侨与一届全国人大关系的视角，拓展、深化对一届全国人大的研究。

一、一届全国人大华侨代表名额分配及选举

早在解放战争时期，一部分华侨就积极参加中国共产党领导的推翻国民党蒋介石反动统治的斗争，其中的华侨精英代表广大华侨参与创建新中国，为推动新中国的成立作出了特殊的贡献。中国人民政治协商会议（以下简称"新政协"）筹备会由23个单位的134人组成，华侨作为一个界别有7人参加，如果包括中国致公党等民主党派的归侨代表共17人，约占筹备会总人数的12.7%。

新政协筹备会第一次会议确定了参加新政协的45个单位的正式代表510名，候补代表77名；特邀代表75名。其中华侨正式代表15人，分别是：陈嘉庚、司徒美堂、陈其瑗、戴子良、费振东、蚁美厚、缅甸华侨代表1人、黄长水、日本华侨代表1人、刘思慕、李铁民、周铮、侯寒江、庄明理、赵令德；华侨候补代表是林棠、张殊明。在新政协第一届全体会议上，陈嘉庚、司徒美堂、戴子良、蚁美厚、庄明理、费振东6名华侨代表被选为政协委员，陈嘉庚当选政协常委；随后中央人民政府成立，陈嘉庚、司徒美堂被选为中央人民政府委员。新政协通过的《中国人民政治协商会议共同纲领》（以下简称《共同纲领》）明确规定："中华人民共和国中央人民政府应尽力保护国外华侨的正当权益。"[②] 这是华侨代表参加一届全国人大的历史渊源和法律依据。

[①] 穆兆勇编著：《第一届全国人民代表大会实录》，广东人民出版社2006年版；陈家刚：《现代中国民主制度的建构与运行：第一届全国人大研究（1954—1959）》，广东省出版集团、广东人民出版社2010年版；等等。

[②] 《建国以来重要文献选编》第1册，中央文献出版社2011年版，第11页。

政协组织法规定政协全体会议每三年举行一次,至1952年秋,一届政协已届期满。根据《共同纲领》规定,中国实行人民代表大会制度。在不具备召开人民代表大会条件的情况下,由人民政协全体会议行使全国人民代表大会的职权。此时,召开人民代表大会的条件已经成熟,并被提上议事日程。1953年1月13日,中央人民政府委员会召开会议,作出《关于召开全国人民代表大会及地方各级人民代表大会的决议》,并决定成立以毛泽东为主席的宪法起草委员会。2月11日,中央人民政府委员会第22次会议审议通过《中华人民共和国全国人民代表大会及地方各级人民代表大会选举法》(以下简称《选举法》),于3月1日公布施行。

《选举法》除对全国人大及地方各级人大代表选举产生办法、程序及名额分配等一系列问题作出规定外,还对华侨代表的选举产生问题作了具体规定。第19条规定:全国人大代表"由省人民代表大会、中央直辖市和人口在五十万以上的省辖工业市人民代表大会、中央直辖少数民族行政单位、人民武装部队和国外华侨选举之。"第7条规定:"人民武装部队和国外华侨得单独进行选举。其选举办法另订之。"第23条规定:"国外华侨应选全国人民代表大会代表三十人。"①《选举法》分配给华侨30个代表名额,约占代表总数1226名的2.45%;如当时的海外华侨以1200万人计算,则每40万人就有1名代表,与国内居民每80万人产生1名代表相比较,占比较高。这说明华侨在新中国成立初期民主建政中占有重要地位,反映出中央人民政府对华侨参与国家治理的重视,也说明新中国成立初期民主建政的广泛参与性。

1953年11月1日至5日,中央人民政府华侨事务委员会(以下简称"中侨委")召开侨务扩大会议,与会代表共412人,来自世界各地,具有广泛代表性。会议除总结侨务工作经验、安排工作等常规性内容外,还有一个重要议程,即听取何香凝主任委员所作《关于协商产生全国人民代表大会华侨代表问题的报告》。在事先调研和征求意见基础上,何香凝对如何执行《选举法》关于华侨代表名额和产生方式的规定提出意见和建议:"华侨分布的地区广阔,各地区人口数目相差很大,而华侨所处的环境也各有不同。因此为了照顾这些情况和做到多方面的照顾,关于华侨代表名额的分配原则,我们建议:基本上是参照人口的情况,同时也必须注意照顾地区,而为了便于照顾,还需要将若干华侨人口少的地区,合为一个名额。"何香凝指出,全国人大华侨代表的产生,要照顾和考虑国外华侨的处境,"普选"和"推选"都是困难的,因此建议采取"协商"的方法产生华侨代表。该报告还对各地区华侨代表名额分配提出了具体建议,提交大会讨论。代表们就报告中所提出的问题分组展开讨论并一致通过报告。根据《选举法》所规定的全国人民代表大会30名华侨代表名额,决定分配如下:马来亚5名,泰国4名,印度尼西亚4名,越南(包括寮国、高棉——老挝和

---

① 毛起雄、林晓东编著:《中国侨务法律法规概述》,中国华侨出版社1994年版,第97—98页。

柬埔寨，笔者注）2名，缅甸1名，北婆罗洲（包括沙捞越）1名，菲律宾1名，朝鲜、蒙古国1名，日本1名，印度、巴基斯坦1名，欧洲1名，美洲2名，非洲1名，大洋洲1名；余4名保留，作为机动。关于以协商方法产生华侨代表，与会者一致表示拥护和赞成，并授权中侨委在适当时机召开会议再作协商决定，然后呈报中央选举委员会批准。①

1954年7月8日至14日，中侨委再次召开侨务扩大会议，中央和各地区侨务机关负责人以及国外华侨代表195人出席会议。在7月8日会议开幕式上，何香凝致开幕词，介绍了华侨代表选举产生的情况："我们在去年的侨务扩大会议后，已经就华侨代表人选问题做了许多准备工作：在建交区，我们曾经通过我国驻国外使领馆和当地侨领或侨团负责人进行了协商；在未建交区，有的也召开过侨团会议或在侨团间进行协商（如日本、非洲）；在处境特别困难的地方，我们也尽可能通过各种关系进行了个别协商的工作。在这些工作的基础上，我们也曾和国内归侨著名人士进行了协商，而且提请全国政治协商会议常务委员会会议讨论，最后再经过这次侨务扩大会议充分协商后，就可呈报中央选举委员会最后批准定案。经过这样反复地、多方面地来协商华侨代表，是根据国外华侨处境，而充分发挥了民主的原则去进行的。"② 与会代表对华侨代表选举程序及会议提出的代表候选人，进行了反复讨论，一致认为考虑到华侨特殊情况，采取协商、酝酿、讨论的办法产生代表候选人，是切合实际的做法；在民主协商基础上提出的30名华侨代表候选人具有广泛代表性。14日，全体与会代表以无记名投票方式进行选举，最终选出出席一届全国人大的30名华侨正式代表：何香凝、陈嘉庚、彭泽民、廖承志、方君壮、官文森、洪丝丝、庄希泉、庄明理、周铮、邱及、蚁美厚、苏振寿、李唤群、吴益修、张国基、叶贻东、张翼、廖胜、徐四民、司徒美堂、陈其瑷、伍禅、黄长水、黎和兴、马玉声、谢应瑞、康鸣球、李广臣、邓军凯。③

另外，全国各侨乡的侨眷、归侨均参加了地方人大选举，其中一些人当选基层人大代表。

从以上一届全国人大华侨代表的选举产生情况可以看出，这是一次社会主义协商民主的实践。中侨委履行一系列选举程序并通过两次召开侨务扩大会议选举产生一届全国人大华侨代表，反映了侨界对《选举法》的认真遵守、忠实执行；华侨代表选举立足于华侨社会实际，既体现了集中的原则，又采取民主协商办法，是一种符合实际的探索，是社会主义协商民主的一种早期实践。

---

① 《中央华侨事务委员会召开侨务扩大会议》，《人民日报》1953年11月24日。北婆罗洲，1881年至1963年被英国人统治；1963年9月加入马来西亚，改名沙巴州，为马来西亚13个州之一。
② 尚明轩、余炎光编：《双清文集》下卷，人民出版社1985年版，第698—699页。
③ 《选出全国人民代表大会代表卅名》，《人民日报》1954年9月3日。一届全国人大代表中的华侨代表司徒美堂、彭泽民、官文森，分别于1955年5月8日、1956年10月18日、1957年9月16日逝世。一届全国人大三次会议前补选唐明照、吴桓兴为华侨代表。

华侨代表选举是新中国成立初期政治制度建设的一个缩影。中国人民政治协商会议第一届全体会议代行全国人民代表大会的职权，在中国政治建设中曾发挥重大作用。前述华侨代表参加新政协、参与创建新中国大业，及选举产生参加一届全国人大的华侨代表的历史，从一个侧面反映了从新中国成立至50年代中期中国政治的民主性及民主建政的情况。

二、华侨代表在一届全国人大一次会议上的履职情况

1954年9月15日至28日，第一届全国人民代表大会第一次会议在北京举行。一届全国人大一次会议主席团97人，其中华侨代表5人，即何香凝、陈嘉庚、彭泽民、司徒美堂、黄长水；大会提案审查委员会、代表资格审查委员会、法案委员会均有华侨代表参加；侨乡各省代表团如广东、福建、广西等省代表团也多有归侨侨眷代表。30名华侨代表出席大会，认真参加讨论，积极建言献策，忠诚履职尽责。

（一）华侨代表讨论《宪法草案》

以毛泽东为主席的宪法起草委员会，为起草宪法作了大量调研，查阅了古今中外多种宪法版本，并在全国各界乃至海外华侨中广泛征求了意见。在此基础上形成的《中华人民共和国宪法草案》，直接涉及华侨的规定有3条，即第23条："全国人民代表大会由省、自治区、直辖市、军队和华侨选出的代表组成"；第49条：国务院行使"管理华侨事务"等职权；第98条："中华人民共和国保护国外华侨的正当的权利和利益"[①]。其中第98条是对《共同纲领》第58条"中华人民共和国中央人民政府应尽力保护国外华侨的正当权益"的承接和确认。当然，考究文字，两者有三处细微差异，即《宪法草案》条款将责任主体由政府上升到国家，减去了过渡层面；"应尽力保护"改为"保护"，程度更直接，责无旁贷；"正当权益"改为"正当的权利和利益"，保护范围进一步展开并更加全面。《宪法草案》间接涉及华侨或与华侨有关的条款还有多处。

在讨论《宪法草案》时，各界代表共89人在全体大会上发言[②]，是大会的高潮之一。其中有4位华侨代表发言，要点如下。

陈嘉庚在发言中认为，一届全国人大召开、制定《中华人民共和国宪法》"都是我国富有历史意义的大喜事，值得国内外全体同胞欢欣鼓舞"；毛泽东领导制定的《宪法》，是"优美完善、符合国情的伟大宪章"[③]。

[①] 《建国以来重要文献选编》第5册，中央文献出版社2011年版，第454、460、467页。
[②] 《结束关于宪法草案的讨论》，《人民日报》1954年9月19日。
[③] 中华人民共和国第一届全国人民代表大会第一次会议秘书处编：《中华人民共和国第一届全国人民代表大会第一次会议汇刊》，1955年印行，第110页。

彭泽民发言表示，《宪法草案》第98条规定国家保护华侨的正当的权利和利益，华侨"是特别感激和兴奋的"，因为以前华侨"向来得不到祖国保护"。国民党蒋介石统治中国22年，"从来不知道什么叫做保护华侨的权利和利益；相反地，只是欺骗华侨，勒索华侨，盗窃华侨的赡家费用，甚至勾结帝国主义来残害华侨"，"华侨所受的侮辱、虐待以至被野蛮迫害的痛苦，真是一言难尽"。① 发言揭露了国民党蒋介石统治时不履行保护华侨职责反而迫害华侨的行径。

缅甸华侨代表徐四民在发言中首先表示衷心拥护《宪法草案》，接着介绍了所在华侨小组讨论《宪法草案》第98条时，对加上"对归国华侨给予适当的协助和安置"建议的讨论情况。该意见引起了热烈的讨论。代表们认为这是具体的工作问题，同时国外华侨回到祖国之后是祖国的公民之一，也有同国内公民一样的权利，因而不必太具体地规定在《宪法草案》第98条中。徐四民同意了大家的意见，但他希望政府各级侨务部门，在执行侨务政策、开展侨务工作时，吸收采纳他的意见，做好大量归侨的安置工作。徐四民还介绍了在讨论《地方各级人民代表大会和地方各级人民委员会组织法草案》时的热烈情形。大家建议在华侨事务较多的县和不设区的市，设立管理华侨事务的机构，因为县、市政府是执行侨务政策的基层机构，过去在某些地方没有好好地贯彻上级规定的侨务政策，因而出现了一些偏差。② 这条意见被吸收采纳，后来大会审议通过的组织法第31、32条中对此作了相应规定③。从徐四民发言介绍的情况，可以看出华侨小组讨论的情形。

印度尼西亚华侨代表叶贻东发言指出，《宪法草案》序言规定："我国根据平等、互利、互相尊重领土主权的原则同任何国家建立和发展外交关系的政策已经获得成就，今后将继续贯彻。"这一规定"对长期居留在国外的华侨，特别具有重大的意义"④。《宪法》确立的新中国处理对外关系的基本原则，后来也成为国际交往的准则，为华侨改变自身的处境创造了条件。叶贻东代表以亲身经历论证了这一原则对于华侨的价值和国际意义。

一届全国人大一次会议最重要的成果是审议通过了《中华人民共和国宪法》，这是新中国的第一部宪法，是国家根本大法。对此，见证、亲历近代以来中国不同类型宪法的华侨代表们心中自有一杆秤和评说。陈嘉庚指出："我国前朝专制时代，无有宪法规律，贪污腐化，致外侮内乱，国弱民贫。满清末及国民党蒋介石政府有数次所谓宪法，写了若干民主条

---

① 《中华人民共和国第一届全国人民代表大会第一次会议汇刊》，第172页。
② 《中华人民共和国第一届全国人民代表大会第一次会议汇刊》，第204—205页。
③ 《中华人民共和国地方各级人民代表大会和地方各级人民委员会组织法》第31条中规定："华侨事务较多的省按照需要可以设立管理华侨事务的机构。"第32条中规定："华侨事务较多的直辖市和设区的市按照需要可以设立管理华侨事务的机构。"参见《建国以来重要文献选编》第5册，第500页。
④ 《中华人民共和国第一届全国人民代表大会第一次会议汇刊》，第114、115页。

文、公民权利，但都是虚伪骗人的，结果都为全国人民所唾弃。""这次毛主席亲自主持草拟的这个宪法草案，是参考各民主国家的宪法，采取我国历史特点和现代的实际情况，是真正民主的人民宪法。"① 司徒美堂表示："我八十多岁了，这些年来，从满清、袁世凯、曹锟到蒋介石，看过不少'宪法'。这些反动头子们不特用宪法来压迫人民，还用宪法来欺骗世界。各种各样的宪法，给人民带来各种各样的灾殃。中国解放以前，就不曾有过人民自己的宪法，不曾有过反映人民生活要求、保障人民基本权利和保护华侨正当权利和利益的宪法。反动派只会伸手向华侨要钱，对华侨的死活，却从来不闻不问。只有到了毛泽东时代，祖国的国际地位才得提高，华侨才得吐气扬眉，中华人民共和国宪法草案，就是中国人民在共产党和毛主席正确领导下英勇奋斗的结果。"② 何香凝表示："我们的宪法草案是社会主义类型的真正民主的宪法……充分表现了人民的权力和民主集中制的精神；充分表现了全国各民族在平等的基础上的友爱互助；也充分表现了祖国对国外一千二百万华侨的正当权利和利益的关怀；充分表现了我国妇女在政治的、经济的、文化的、社会的和家庭的生活各方面享有同男子平等的权利。"③ 以上几位华侨代表根据自己亲身经历对新旧宪法的评价具有代表性和说服力。

（二）讨论《政府工作报告》

《政府工作报告》也是华侨代表们热议的议题之一。1954年9月23日，周恩来总理作《政府工作报告》，总结了新中国成立五年来，国家在政治、经济、科技、文教、外交等方面取得的成就，提出了今后的方针和任务。报告还阐述了解决华侨双重国籍的问题，指出："华侨的国籍问题是中国过去反动政府始终不加解决的问题。这就使华侨处于困难的境地，并且在过去常常引起中国同有关国家之间的不和。为了改善这种情况，我们准备解决这个问题，并且准备首先同已经建交的东南亚国家解决这个问题。"④ 这说明新中国政府将着手解决华侨的双重国籍问题。

听取《政府工作报告》后，会议安排了分组讨论和大会发言，共有75名各界代表作大会发言。其中，何香凝和黄长水两位华侨代表作了大会发言。其他界别的归侨代表如简玉阶等人也在大会上作了发言。

何香凝在发言中简要回顾了过去几年政府的侨务政策。在国外方面，主要是协助和指导华侨进行互助互济，兴办文教福利事业，增进华侨间的友爱团结，发扬爱国精神，同时为增进华侨同侨居国人民的友好关系而努力。在国内方面，对归国华侨和难侨给予适当的安置和指导，便利侨汇，举办归国华侨学生补习学校，辅导归国华侨参加工农业生产，指导国内的华侨眷属在自愿原

---

① 《中华人民共和国第一届全国人民代表大会第一次会议汇刊》，第110—111页。
② 中国致公党中央委员会编：《司徒美堂》，中国致公出版社2001年版，第134页。
③ 尚明轩、余炎光编：《双清文集》下卷，第691页。
④ 《建国以来重要文献选编》第5册，第531页。

则下参加各种劳动生产，并协助有关部门制定华侨的出入国条例，以便利华侨。同时，在重要的社会改革运动中，根据华侨及其国内眷属的实际情况考虑给予一定的照顾。

何香凝还提出了当时华侨工作中必须处理的比较重大的问题，除了周恩来在政府工作报告中已提及的有关华侨的双重国籍问题外，还提出了两个比较重大的问题：第一，对侨汇问题，建议政府采取有效措施，通令有关地区和有关部门，使侨汇政策得以切实贯彻。第二，国家除了继续辅导华侨回国参加工业生产外，应欢迎华侨在国内各地开发山林荒地，种植农园，开办牧场，并欢迎华侨大量兴造房屋和兴办文教事业。这样做对华侨是有利的，对国家的社会主义建设是有帮助的。

黄长水在发言中介绍了华侨在国外经营工商业的艰难处境及回国兴办工商业的积极性，认为对华侨工商业进行社会主义改造是必要的，但建议与国内工商业改造区别对待，应根据华侨工商业的特点，适当予以必要的照顾。这就要求制定一整套对回国的华侨工商业进行社会主义改造的方针政策。尽量照顾公私合营企业中华侨投资者的愿望，解决他们的就业问题，这样既可广泛地吸收小额投资增加积累资金，又可以使归侨不致坐吃山空，一举两得。他还建议，"政府应根据国家的长远利益和华侨的特殊情况，除制定华侨租用国家山林荒地从事垦荒生产的办法以外，还要制定辅导华侨回国投资的具体办法，并贯彻施行"。[①] 黄长水的这些合理意见和建议，有些得到政府的采纳，先后制定了相应的法规条例；但遗憾的是没有制定区别于国内工商业的对华侨私营工商业的改造政策。

通过华侨代表参加一届全国人大一次会议及其在大会上讨论的情况，可以看出他们的发言涉及国家建设事业方方面面，反映出他们履职尽责的高度热情。

一届全国人大对于新中国确立人民代表大会的根本政治制度具有开创性和奠基性意义。大会确立的程序、华侨代表的选举和名额一直得到延续和执行。二届全国人大、三届全国人大、四届全国人大的华侨代表名额均为30人。

三、一届全国人大二次至五次会议上华侨代表建言献策

一届全国人大共召开五次会议，每次会议的常规议题均为审议通过上一年度经济决算情况、本年度经济预算报告等。下面分别介绍一届全国人大二次至五次会议上华侨代表建言献策履职尽责的情况，主要关注常规议题以外的政治经济建设议题及与侨务问题相关的发言、提案。

（一）一届全国人大二次会议华侨代表讨论"一五"计划

一届全国人大二次会议于1955年7月5日至30日在北京举行。四名国务院副总理在会

[①]《中华人民共和国第一届全国人民代表大会第一次会议汇刊》，第434、435页。

上分别作关于"一五"计划的报告，国民经济决算、预算报告，以及关于治理黄河综合规划报告和兵役法草案报告等。其中李富春作的关于发展国民经济的第一个五年计划报告，是规划国家中长期发展的目标和蓝图，也是一项开创性工作，因此，审议通过"一五"计划是本次会议的主题之一。

何香凝认为，"一五"计划"将迅速引导祖国更加繁荣富强，完全符合华侨的长远利益和根本利益，符合他们对祖国的热切愿望"①。

陈嘉庚高度评价"一五"计划"是我国数千年来未有之盛举"。他认为："没有工业，便没有巩固的国防，便没有人民的福利，便没有国家的富强。""第一个五年计划就是为我国建设国家的社会主义工业化奠定基础。"②他阐明了"一五"计划与国家工业化的关系。

彭泽民发言表示，"一五"计划是"内容丰富、擘划周详、规模宏远而又十分切合中国实际情况的经济建设计划，就是中国共产党领导全国人民为实现过渡时期总任务而奋斗的具有决定意义的纲领"。他还结合前不久自己到广东考察，看到广东各地农民抗旱救灾的情况，谈了"一五"计划中对农业改造和发展计划的正确性和重要性。③

官文森发言认为，"一五"计划"集中主要力量来发展我国的重工业，这是完全正确的。我们知道，没有重工业就不可能有自己的轻工业，更不能建设机械化的集体农业"。"我们一切要从长远利益着眼，近视是要不得的"。④"一五"时期是优先发展重工业，还是优先发展农业和手工业，是个有争议的问题，官文森的发言坦诚地表明了自己的态度。

以上四位华侨代表的发言，对"一五"计划均予以充分肯定和好评，一致认为这将为中国的工业化奠定初步的基础。

（二）一届全国人大三次会议华侨代表讨论侨务工作和侨乡建设

一届全国人大三次会议于1956年6月15日至30日在北京举行。除常规议题外，还审议通过了农业部部长廖鲁言作的关于高级农业生产合作社示范章程（草案）的说明。

何香凝在发言中总结了上一年侨务工作取得的成绩和不足，并指出在社会主义建设和改造中，加入农业生产合作社的侨眷达到侨户总数的90%以上，转入高级社的有50%左右；但"在侨区的农业合作化高潮中，部分地区产生了粗糙急躁的作风，忽视了侨眷、归侨的一些特殊情况"⑤。

---

① 尚明轩、余炎光编：《双清文集》下卷，第727页。
② 中华人民共和国第一届全国人民代表大会第二次会议秘书处编：《中华人民共和国第一届全国人民代表大会第二次会议汇刊》，人民出版社1955年版，第542页。
③ 参见《中华人民共和国第一届全国人民代表大会第二次会议汇刊》，第629—631页。
④ 官文森：《侨胞们要积极支持祖国的建设》，《人民日报》1955年7月21日。
⑤ 尚明轩、余炎光编：《双清文集》下卷，第754页。

陈嘉庚在发言中分析了预决算报告中有关建设计划项目，对在着重发展重工业的同时，积极发展轻工业、农业、交通运输业和文化教育事业的安排表示赞同；并对预算中将原计划1957年底完成的鹰厦铁路提前至1956年底以前完成表示振奋。他对福建省发展建设提出了建议，反映了对侨乡发展的关心。

庄明理的发言基于近来两次到海南岛的考察，对海南岛种植橡胶问题谈了自己的看法，阐述了发展橡胶业对于国家建设的重要性，反驳了海南岛种植橡胶失败的论调，主张华侨要积极开发海南岛的橡胶种植。

徐四民的发言着重阐述了做好侨务工作应注意华侨和侨眷的特点。例如，在开展农业合作化运动中，要合理地安排和使用侨眷的劳动力，照顾他们的劳动习惯，注意依照自愿互利的原则，做好团结工作，否则会引起国外华侨忧虑和不安。主张"做好国内的侨务工作"，"大家一道通力合作，才会收到应有的效果"①。

（三）一届全国人大四次会议华侨代表讨论侨务工作及反官僚主义等问题

一届全国人大四次会议于1957年6月26日至7月15日在北京举行。周恩来作了《政府工作报告》，会议审议通过了李先念、薄一波分别作的《关于一九五六年国家决算和一九五七年国家预算草案的报告》《关于一九五六年度国民经济计划的执行结果和一九五七年度国民经济计划草案的报告》等一系列报告。

何香凝的书面发言反驳了有关侨务问题的各种错误观点。如针对华侨有特殊性，不应在侨乡进行各项改革运动，以免影响团结国外华侨的观点，何香凝指出，侨眷归侨是愿意参加各项改革运动的，"国外一千多万华侨是拥护社会主义的，国内一千多万侨眷归侨是要走社会主义道路的"②。何香凝还对侨眷出入境、华侨投资及华侨学生回国就学等问题上的某些观点作了回应。

陈嘉庚提交了议题为"批评官僚主义"的书面发言。因闽西龙岩矿产丰富，陈嘉庚建议鹰厦铁路修建一条漳州至龙岩支线，输出物产，且已向中央领导及全国人大、政协及有关部门提出并获准，却未见实行。"上峰虽有命令下属偏不奉行"，实属官僚主义作怪。他指出："官僚主义弊端，为懈怠傲慢，任职而有此弊，虽清白不贪污，亦难免误国病民，例如高高在上，凡事皆向下推诿，绝不自己动手，甚至连执笔签名亦假手他人"；"又如坐在办公厅内，足不出户，外间实际情形，属下工作状况，毫无所知。这样则下情不能上达，凡所措施脱离群众，加以缺乏虚怀，主观自满，动作寡少，体力薄弱，执笔尤怠，何能领导部属

---

① 中华人民共和国第一届全国人民代表大会第三次会议秘书处编：《中华人民共和国第一届全国人民代表大会第三次会议汇刊》，人民出版社1957年版，第572页。

② 中华人民共和国第一届全国人民代表大会第四次会议秘书处编：《中华人民共和国第一届全国人民代表大会第四次会议汇刊》，人民出版社1957年版，第828页。

搞好业务"。官僚主义数千年积习根深蒂固，人民政府成立后虽大力革除，但仍难奏效，应标本兼治。"我深望政府或高明人士别筹良策，杜绝官僚主义病国蠹民最大弊。"① 陈嘉庚当年对于官僚主义的揭露痛斥，至今仍有现实意义。

陈其瑗发言表示，不同意章乃器反对斯大林关于"共产党员是由特殊材料制成的"观点。他通过大革命时期共产党人英勇献身壮举和抗美援朝志愿军英烈事迹，说明共产党人是"特殊材料制成的"。可见陈、章之争属于思想认识问题之争。此外，陈其瑗结合自己早年经历，认为"民生主义就是社会主义"的说法有误，会造成思想混乱。②

黄长水在发言中痛心地回顾了旧中国华侨在国外得不到祖国保护的辛酸悲惨历史，赞扬了新中国成立后"人民政府采取了多种措施来保护侨胞、侨眷的正当利益"。他认为中共为了加强上下团结、党内外团结，正确处理人民内部矛盾，开展了反对官僚主义、宗派主义和主观主义的整风运动，这"说明了中国共产党是能够不断地通过批评与自我批评来消除工作上的某些缺点和错误而前进的党"，表示"永远跟中国共产党走"。③

徐四民在发言中指出了侨务工作需要改进和加强之处，建议侨务部门多接触普通归侨，侨乡农业社还需要加强领导；对少数在国外沾染各种恶习、不好好学习的归侨子弟不要过分照顾，不能过分放纵，要严加管理督促。厦门是中国对外贸易的重要口岸之一，对外贸易大有前途，而外贸部门过去对厦门对外贸易重视不够，希望把厦门对外贸易纳入计划，适当扩大和发展，以繁荣国家经济。发言最后表达了自己对新旧中国的感受，当今中国是海外华侨所渴望的强大统一的中国，华侨拥护中国共产党的正确领导，走向社会主义的康庄大道，任何违反华侨这个共同愿望的，都为广大华侨所深恶痛绝。④

除了华侨代表个人发言外，由蚁美厚、苏振寿、周铮、伍禅、谢应瑞、马玉声、吴桓兴、吴益修、廖胜、方君壮等组成的华侨代表组作了联合发言。他们列举了新中国建设取得的各项成就，回忆对比了新旧中国政府对华侨的不同态度，表示华侨热爱祖国，永远跟着共产党走，坚决拥护社会主义制度。⑤

一届全国人大四次会议上，华侨代表围绕侨务和反官僚主义等问题的讨论积极活跃，立场鲜明、态度诚恳，主流是好的。当然，受当时反右派政治气氛影响，与会代表包括华侨代表都对反右派作了表态，言辞激烈，个别人跟形势违心表态；或将复杂问题简单化，将不同思想认识问题当作是非问题等现象，也是存在的。

---

① 《中华人民共和国第一届全国人民代表大会第四次会议汇刊》，第225、230页。
② 参见《中华人民共和国第一届全国人民代表大会第四次会议汇刊》，第1435—1438页。
③ 《中华人民共和国第一届全国人民代表大会第四次会议汇刊》，第873页。
④ 《中华人民共和国第一届全国人民代表大会第四次会议汇刊》，第621、622、623页。
⑤ 参见《中华人民共和国第一届全国人民代表大会第四次会议汇刊》，第1204—1208页。

（四）一届全国人大五次会议华侨代表讨论工农业发展问题

一届全国人大五次会议于1958年2月1日至11日在北京举行。周恩来作《目前国际形势和我国外交政策》的报告，会议通过了年度国家预算情况及当年国民经济计划等报告。工业方面提出用15年左右时间在钢铁和其他重要工业产品的产量上赶上或者超过英国，农业方面提出要在第一个到第三个五年计划期间全面贯彻实施全国农业发展纲要。

何香凝在发言中号召侨乡发动侨眷归侨积极参加农业生产。"各地侨务部门都应做全面规划，加强对归侨、侨眷的政治思想教育，使他们和全国人民一道鼓起革命干劲，力争上游，多、快、好、省地建设社会主义祖国"，"为完成和超额完成一九五八年生产建设任务而努力"[①]。

陈嘉庚的发言，首先对会议的各项报告表示同意，主张对地方主义作风"应予以彻底革除"，并指出福建教育主管部门在福建集美商业学校（早年由陈嘉庚捐资创办）招生中存在的问题，也属于地方主义作怪。继之批评关于闽北修建铁路及鹰厦铁路工程设计问题，自己曾在人大会议提出过经调研的设计建议，而铁路部门对于线路设计、停靠站点不作深入调研，不根据当地物产、民情、地形及海陆港口实际情况进行设计，致使铁路价值功效折减，说明"地方主义未尝全心全意为闽南人民谋利益"[②]。陈嘉庚的发言着眼于福建民生建设，对地方主义的批评切中时弊。

一届全国人大五次会议上有两组华侨代表联合发言。庄希泉、邱及、陈其瑗、庄明理、吴益修、蚁美厚、伍禅、黄长水、周铮、张翼、廖承志、方君壮、吴桓兴、洪丝丝等14名华侨代表，作了题为"广泛动员群众，大力发展水产"的联名发言。针对当时东南亚某些国家反华排华、迫害华侨，致使大批难侨回国后面临安置问题，发言提出"收容今后回国的华侨，入湖出海将是主要出路之一"，建议发展"淡水养殖"和"海涂养殖业"；辅导华侨投资渔业安置归侨就业[③]。与以往创办华侨农场安置归难侨相比，发展淡水和海洋渔业以安置归难侨确是新思路。

另一组联名发言的华侨代表是张翼、吴益修、邱及、蚁美厚、方君壮等5人。他们认为：农业生产的飞跃发展，即将在全国广大的范围内实现，建议国家经济主管部门把全国农业发展纲要（修正草案）所规定的增产指标纳入国家年度经济计划；主张在全国粮棉高产的地方，建立以几个县、一个县或若干乡为范围的大面积农作物高产试验田区，如此必然能够促进农业生产的巨大增长；在推广汉语拼音方案中实行重点试验，研究现定字母表中 f、s

---

① 尚明轩、余炎光编：《双清文集》下卷，第824页。
② 参见中华人民共和国第一届全国人民代表大会第五次会议秘书处编：《中华人民共和国第一届全国人民代表大会第五次会议汇刊》，人民出版社1958年版，第267—269页。
③ 《中华人民共和国第一届全国人民代表大会第五次会议汇刊》，第914、919页。

等字母的名称，对于初学者是不是最合适。①

由于一届全国人大五次会议是在高举"三面红旗"的背景下召开的，与会代表包括华侨代表的发言多为积极呼应，个别代表有些头脑发热、不够冷静。

总体考察华侨代表在一届全国人大二次至五次会议上的发言可以看出，他们真心拥护中国共产党的领导，拥护社会主义制度，其政治立场是正确的，态度是端正的。当然，受到当时政治氛围和"左"的错误影响，华侨代表的发言不能不打上明显的时代烙印，这在当时来说不足为怪。

为了全面反映华侨代表建言献策情况，现将他们在各次会议上的提案整理如下，作为补充（见表1）。

表1　第一届全国人民代表大会华侨代表提案一览

会次	提案号	提案人	案由	审查办理意见
一次会议	8	陈嘉庚	闽省多袋形海滩，应改造为良田水利案。	国务院交农业部按照已有初步计划，继续研究办法，逐步实施。
二次会议	15	华侨代表组	加强镇压反革命，以保证社会主义建设的胜利完成案	交最高人民检察院、最高人民法院并由国务院交公安部切实办理
	32	华侨代表组	积极开展农业生产及开荒，尽量安置归国华侨案	国务院交中侨委会同有关部门研究办理
	35	陈嘉庚	良田不宜为建屋地案	国务院交内务部研究
	58	陈嘉庚	福建应设纱布厂案	国务院交纺织工业部研究
	73	华侨代表组	尽早完成由江西鹰潭到福建厦门的铁路案	国务院交铁道部办理
	156	陈嘉庚	请增征纸烟税，限制吸用案	国务院交财政部、商务部研究
	168	华侨代表组	鼓励并帮助华侨在家乡办学案	国务院交中侨委会同教育部继续研究办理
	182	陈嘉庚	请征集治病验方案	国务院交卫生部办理
	186	彭泽民	提倡流通国药及增加国药生产案。国务院交卫生部会同有关部门研究办理	
三次会议	19	华侨代表组	切实贯彻保护华侨在国内的房屋案	国务院交中侨委会同有关部门研究办理
	20	蚁美厚、方君壮、黄长水	请禁止任意毁损、迁移、破坏华侨祖宗坟墓，以利开展国外华侨爱国统一战线工作案	国务院交中侨委会同有关部门研究办理

---

① 参见《中华人民共和国第一届全国人民代表大会第五次会议汇刊》，第570—572页。

续表

会次	提案号	提案人	案由	审查办理意见
三次会议	67	蚁美厚、黄长水、方君壮	华侨捐款必办公共福利事业所需用的建筑材料，请照"调拨价格"供应；华侨集体建筑华侨新村所需要的建筑材料，请照"批发价格"供应，并请充分及时供应案	国务院交物资供应总局会同商业部研究办理
三次会议	106	华侨代表组	进一步做好对侨眷、归侨供应粮食等物资的工作案	国务院交粮食部、商业部、中华全国供销合作总社、中侨委会同办理
三次会议	108	李唤群、陈其瑷	为发展适合外销南洋货品的制造，加强出口货的质量检查，改善推销、装潢、包装、运输办法，以利争取国际市场和增加外汇收入案	国务院交对外贸易部会同有关部门办理
四次会议	40	徐四民	建议福建省外事处在厦门市设立分处，以便利华侨办理出入国手续案	国务院交福建省人民委员会研究办理
四次会议	41	徐四民	请中央对外贸易部积极发展厦门对外贸易，以利繁荣侨乡经济及帮助解决就业问题案	国务院交对外贸易部会同国家经济委员会及福建省人民委员会研究办理
四次会议	111	陈嘉庚	鹰厦铁路已通车，其终点站厦门临海有三处码头（嵩屿、厦门、集美），请政府及早计划分别筹建案	国务院交铁道部研究
四次会议	112	陈嘉庚	为节约米粮提高人民健康，请政府贯彻执行九二米方案及推行熟谷米案	国务院交粮食部研究办理
四次会议	151	华侨代表组	请政府加强重视协助和领导华侨开发广东、广西、云南、福建等省山林荒地，垦殖亚热带作物，并对华侨现营农场加强领导案	国务院交农垦部会同农业部、中侨委协助广东、广西、云南、福建等省人民委员会研究办理
四次会议	237	华侨代表组	请在第二个五年计划中重视在侨乡发展工业案	国务院交国家计划委员会会同广东、福建等省人民委员会研究

资料来源：根据一届全国人大历次会议秘书处编的《会议汇刊》整理。第五次会议没有见到华侨的提案资料。

表1依次介绍了一届全国人大一次至四次会议华侨代表提案情况，内容涉及国家大政方针、国计民生、经济社会发展、科学发展、文化教育、侨务政策、侨乡建设等各个方面，其中陈嘉庚个人提案7个，联名及代表组提案11个。表1反映出华侨代表踊跃建言，积极献策，知无不言，言无不尽，体现出他们忠实履行代表职责的热情。与这些提案相比较，华侨代表在一届全国人大一次至五次会议上的大会发言，尤其是在一届全国人大四次、五次会议

上的发言，受会议当时政治氛围的影响，政治色彩更浓厚，或流于政治形式，有的华侨代表缺乏准备，如何香凝、陈嘉庚在一届全国人大四次会议上关于反右派的发言，都是临时作的补充发言；有些代表的发言是言不由衷的政治表态；有些代表的发言脱离实际。

1949—1956年是新中国历史上党和国家根本政治制度的奠基开创时期。新政协及一届全国人大一次会议的召开和《宪法》的颁布，标志着中国共产党领导的多党合作和政治协商制度这一基本政治制度以及人民代表大会制度这一根本政治制度的确立，这在新中国政治建设史上具有里程碑意义。新政协通过的《共同纲领》和一届全国人大一次会议通过的《宪法》，确立了保护国外华侨正当权益的方针。全国人民代表大会召开后，全国政协二届一次会议通过的《中国人民政治协商会议章程》明确规定：中国人民政治协商会议"作为团结全国各民族、各民主阶级、各民主党派、各人民团体、国外华侨和其他爱国民主人士的人民民主统一战线的组织，仍然需要存在"[1]。《宪法》和《中国人民政治协商会议章程》中的相关规定，明确了华侨在国家政治生活中的重要地位。上述华侨代表参加一届全国人大前三次会议的情况可以充分反映出这一时期也是华侨与党和国家政治关系最密切的时期之一。

（原载《中共党史研究》2021年第2期）

---

[1] 《建国以来重要文献选编》第5册，第607页。

一九五〇至一九五二年人民解放军之进驻西藏

——西藏和平解放 70 周年纪念

张 皓

北京师范大学历史学院

西藏是中国领土不可分割的一部分,但是在晚清民国史上西方列强企图使西藏变成中印之间的战略"缓冲区"。无论是实现中华民族的团结统一、巩固国家西南边防,还是解决历史遗留问题,实现西藏地方政府同中央政府关系正常化,人民解放军都必须进驻西藏。由于西藏处于特有的地理环境,具有独特的民族关系和宗教关系,人民解放军的进驻颇有特点。本文专门分析人民解放军如何进驻西藏、完成中华民族的团结和统一。[①]

一、对入藏部队"加以特殊政治训练"

人民解放军进军西藏,是一项特殊的战备工程,需要慎重研究施行。1950 年 1 月 2 日,毛泽东致电指示中共中央西南局负责筹划进军西藏,提出三条重要原则:(1)入藏部队"需要一个充足的军或四个师共约四万人左右的兵力";(2)对入藏部队"需加以特殊政治训练,配备精良武器";(3)"入藏军队可定为三年一换,以励士气"[②]。这几条原则中,特别值得注意的是对入藏部队必须进行"特殊政治训练"。

进行特殊的政治训练,首先是对第 18 军干部。1 月 15 日,西南局专门召集第 18 军师以上干部,传达中共中央的指示;此后,西南局又多次指示第 18 军要注意的事项。

其一,西藏在中国具有重要的战略地位,广大指战员要深刻认识到进军西藏的光荣使命。第 2 野战军司令员刘伯承、政治委员邓小平对第 18 军干部传达毛泽东的指示说:"解放西藏是一个艰苦的任务。因而,也就是一个光荣的任务。西藏居世界之最高峰,虽然人烟稀少,山高路远,然而,它对保卫我国的西南边疆,维护世界和平和支援世界革命,都具有极

[①] 有关问题的研究情况,可以参见王贵《藏族人民支援解放军进藏》,《西藏研究》1991 年第 2 期;翟全贞《新疆军区独立骑兵师先遣连进军西藏阿里纪事》,《军事历史》2006 年第 8 期。

[②]《关于由西南局筹划进军及经营西藏问题的电报》(1950 年 1 月 2 日),《建国以来毛泽东文稿》第 1 册,中央文献出版社 1987 年版,第 209 页。

为重要的战略地位。"①

西藏的战略地位如此重要,因而毛泽东对西南局指出:"进军及经营西藏是我党光荣而艰巨的任务。"②朱德题词:"进军西藏,巩固国防,是光荣而伟大的任务!"③邓小平在《解放西藏进军纪念》册上题词:"接受与完成党所给予的最艰苦的任务,是每个共产党员每个革命军人无上的光荣。"④2月15日,刘伯承、邓小平、贺龙联名发布《中共西南局、西南军区暨第二野战军进军西藏政治动员令》,号召:"进军西藏是一个光荣任务,我们必须将革命进行到底,解放西藏人民,完成统一祖国的大业。不让帝国主义侵略势力在我国的领土上有任何立足点,把五星红旗和八一军旗插到喜马拉雅山"。⑤政治动员令要求深刻认识"进军的政治意义,勇敢担负起这个任务;亲密团结康藏人民,帮助他们从被压迫与落后的困苦环境中解放出来;在解放西藏进军的同时,每一个指战员必需树立长期建设西藏的思想和决心"⑥。

其二,进军西藏主要靠政治,政策极为重要。邓小平对第18军干部指出:"西藏问题有军事问题,需一定数量的力量。但军事与政治比较,政治是主要的。从历史上看,对藏多次用兵未解决,而解决者,亦多靠政治,如唐以前和蕃(亲)。"⑦

在这里,邓小平提出"军事与政治比较,政治是主要的"政策。他进而对第18军干部强调,"解决西藏问题多靠政治,政策问题极为重要"⑧:"坚决执行党的方针政策,对于我们进军解放西藏具有决定的意义。到西藏去,就是靠政策走路,靠政策吃饭,政策就是生命。必须紧密联系群众,依靠群众,要用正确的政策去扫除中外反动派的妖言迷雾,去消除历史上造成的民族隔阂和成见,把康藏广大的僧俗人民和爱国人士团结到反帝爱国

---

① 魏克:《记十八军接受进军西藏任务的时刻》,参见西藏自治区政协文史资料编辑部编《西藏文史资料选辑》Ⅰ,民族出版社2007年版,第306页。
② 《关于由西南局筹划进军及经营西藏问题的电报》(1950年1月2日),参见《建国以来毛泽东文稿》第1册,第209页。
③ 魏克:《记十八军接受进军西藏任务的时刻》,参见西藏自治区政协文史资料编辑部编《西藏文史资料选辑》Ⅰ,第310页。
④ 《在〈解放西藏进军纪念〉册上的题词》(1950年5月6日),参见中共中央文献研究室、中共重庆市委员会编《邓小平西南工作文集》,重庆出版社2006年版,第98页。
⑤ 杨一真:《进军西藏纪实》,参见西藏自治区政协文史资料编辑部编《西藏文史资料选辑》Ⅰ,第90页。
⑥ 李烈主编:《贺龙年谱》,人民出版社1996年版,第491页。
⑦ 党岩:《邓小平与西藏的解放事业》,参见中共西藏自治区委员会党史研究室编著《和平解放西藏与执行协议的历史记录》(上),中共党史出版社2014年版,第82页。
⑧ 党岩:《邓小平与西藏的解放事业》,参见中共西藏自治区委员会党史研究室编著《和平解放西藏与执行协议的历史记录》(上),第82页。

的大旗下来。"①

至于具体的政策，邓小平特别提出两点："主要是民族区域自治，政教分离"②，"要团结达赖、班禅两大派"。③

其三，进军西藏具有特殊性，要处理好民族关系和宗教问题。邓小平对第18军干部强调："西藏是少数民族地区，政治、经济、文化等方面均有特殊性，政治性很强。"④

因此，刘伯承要求第18军"精细研究藏族同胞物质和思想的具体生活情况，切实执行共同纲领民族政策"⑤。邓小平要求"专门成立政策研究室，要调查西藏的情况"，作为政策制定的基础。他"告诫进藏部队的各级指战员动员起来"：（1）学藏语。"学会几句藏语，以便适应宣传工作；要沟通和藏胞的语言，便于接近他们，了解他们，便于开展工作，不懂藏语，一到藏地你就成为聋子，就要吃亏。"（2）紧密联系群众，建立广泛的统一战线。"在西藏工作，必须紧密联系群众，依靠群众，要用正确的政策扫除中外反动派的妖言迷雾，消除历史上造成的民族隔阂和成见，把西藏的广大僧俗人民和爱国人士团结到反帝爱国的旗帜下。"（3）遵守纪律，认真执行中国共产党的政策。"要模范执行党的民族、宗教政策"，尊重藏胞的宗教信仰和风俗习惯，严格遵守"三大纪律、八项注意"⑥。

张国华代表第18军在刘伯承、邓小平面前保证："我们十八军绝不辜负党中央、毛主席和全国人民对我们的期望，我们一定要满足西藏人民渴望解放的愿望。"⑦ 2月1日，第18军党委向全军发出《进军西藏工作指示》："要求全军上下在进军前，以四十天的时间做好准备，从政治动员、物资准备、组织调整三个主要方面，有计划、有步骤地首先完成。"⑧根据中共中央、西南局、西南军区的指示和要求，第18军从以下几方面对进军西藏部队

---

① 张国华：《十八军进藏纪实》，参见西藏自治区政协文史资料编辑部编《西藏文史资料选辑》I，第192页。

② 党岩：《邓小平与西藏的解放事业》，参见中共西藏自治区委员会党史研究室编著《和平解放西藏与执行协议的历史记录》（上），第82页。

③ 阴法唐：《邓小平与西藏和平解放》，参见萧心力主编《伟人邓小平——中外人士的评说》，解放军出版社1995年版，第86页。

④ 党岩：《邓小平与西藏的解放事业》，参见中共西藏自治区委员会党史研究室编著《和平解放西藏与执行协议的历史记录》（上），第82页。

⑤ 魏克：《记十八军接受进军西藏任务的时刻》，参见西藏自治区政协文史资料编辑部编《西藏文史资料选辑》I，第310页。

⑥ 党岩：《邓小平与西藏的解放事业》，参见中共西藏自治区委员会党史研究室编著《和平解放西藏与执行协议的历史记录》（上），第82页。

⑦ 魏克：《记十八军接受进军西藏任务的时刻》，参见西藏自治区政协文史资料编辑部编《西藏文史资料选辑》I，第307页。

⑧ 杨一真：《进军西藏纪实》，参见西藏自治区政协文史资料编辑部编《西藏文史资料选辑》I，第90页。

"加以特殊政治训练"。

其一,进军西藏,是"保卫祖国国防的艰巨而又光荣的伟大任务"。第18军各师召开"挺进祖国边疆——西藏动员大会",军长张国华自豪地宣布:"党中央和毛主席把解放西藏、保卫祖国国防的光荣任务交给了我们十八军。我们的任务就是要把毛泽东的胜利旗帜插到祖国西藏的边疆上去,把祖国的五星红旗插到喜马拉雅山上去。为此,我们必须把英美帝国主义的侵略势力赶出西藏去,把被压迫的西藏人民解放出来,保卫好祖国的西南边疆。"[1]

"只有西藏人民的翻身解放,我们全国大陆的解放才能完全和巩固,不然,我们的国防线将是在金沙江边,四川也不会那么太平。""我们要认清一个革命军人担负着解放西藏、巩固国防的重大使命。我们的国防不仅仅是在国境线上派个哨兵,就算是守好国防了,这只是其中很小一部分,更重要的是解放西藏,把西藏人民团结起来,才能搞好西藏的经济建设。要修公路、飞机场,还要修铁路,改变西藏的交通条件,只有这样,才能加速西藏的经济建设。有了雄厚的经济基础,才能谈得上巩固国防。"[2]

为什么第18军能够承担历史赋予的光荣任务?光荣在什么地方?张国华指出:"我们作为一个共产党员和革命战士",不能"提出为什么偏偏叫我们十八军去担负解放西藏任务的问题"。"西藏的兄弟民族需要解放,祖国的边疆需要保卫。党中央和毛主席把这样艰苦而光荣的任务交给我们,正说明党和人民对我们十八军全体指战员的无比信任和关怀,完全相信我们这支经过抗日战争和解放战争锻炼的部队是可以完成任务的。我们应以接受这项任务为光荣,为参加解放西藏的伟大事业而自豪。"[3]

其二,提高全军的政治思想认识,正确处理个人利益与国家利益的关系。进军西藏面临很多困难,张国华列举了三大困难:"一是对西藏的情况,特别是政治情况不熟悉,历史上反动统治阶级的民族压迫和帝国主义的挑拨离间,造成了汉、藏兄弟民族之间的长期隔阂,语言不通,宗教和生活习惯极不相同;二是路途遥远,交通极其不便,运输困难,部队的供应只靠少量飞机是不行的,我们在思想上和工作上,一定要做好战胜一切艰难困苦的充分准备;三是走路也是个困难,这是因为其他部队进驻城市,不走了,我们还要进军西藏,这就成了困难,大家思想上难免会产生种种想不通的念头。"[4]

---

[1] 魏克:《记十八军接受进军西藏任务的时刻》,参见西藏自治区政协文史资料编辑部编《西藏文史资料选辑》Ⅰ,第307页。

[2] 魏克:《记十八军接受进军西藏任务的时刻》,参见西藏自治区政协文史资料编辑部编《西藏文史资料选辑》Ⅰ,第309页。

[3] 魏克:《记十八军接受进军西藏任务的时刻》,参见西藏自治区政协文史资料编辑部编《西藏文史资料选辑》Ⅰ,第307页。

[4] 魏克:《记十八军接受进军西藏任务的时刻》,参见西藏自治区政协文史资料编辑部编《西藏文史资料选辑》Ⅰ,第308页。

这主要是民族隔阂、补给困难、交通不便三大问题。在思想上，一个连指导员就坦白了自己的包袱："上级说的三年一换，不能不实现呀？这样远的路程，去，走一年，回来再走一年，在西藏住上三年，能五年实现也是不错的。这三年生活不同，语言不通，怎样进行工作呢？环境那样艰苦，病了也无法医治，哪能很好地生活下来？老婆问题何年何月才能解决？"①

指导员存在这样的思想问题，更不用说普通战士。一些战士不愿意离开"天府之国"到山高地远、贫瘠的西藏高原，出现了逃兵现象。

针对这些困难和思想包袱，第18军有针对性地"加以特殊政治训练"。张国华就如何认识"三年一换"指出："我们现在是走着去，将来要坐汽车或坐飞机回来。现在步行需要走好几个月，将来可能三天或三个小时就到了。如果我们还是走回来，那就是我们被西藏人民赶回来了。所以，我们决不能用固定不变的眼光去看问题，仍然用去一年、回来一年、待上三年的计算方法，来对待保卫祖国的神圣使命。我们应当勇敢地到西藏去，把西藏人民，从灾难深重的压迫下解放出来，这才是我们革命干部、共产党员的历史使命。"②

如何正确处理个人方面的"老婆和家庭问题""艰苦问题"两大问题呢？张国华指出，总的原则是，"这两个问题都必须同党和人民的利益关系摆正确，党和上级处处都在关心和帮助每个同志，而我们个人应在不违背革命利益的原则下，去合理地解决个人的种种问题。但是，当个人利益和党的利益发生矛盾时，要自觉地使个人利益服从革命利益才行"。不要担心个人问题。"个人老婆问题的解决，有句老话，叫做'自古美人爱英雄'，我们去完成解放西藏这一伟大的历史任务，可以说大家都是英雄……找个老婆不成问题"。有人提出能不能同藏族姑娘结婚，大家都知道古代文成公主、金城公主嫁到西藏，"现在我们到了西藏，也可以同西藏姑娘结婚，而且藏族妇女都非常勤劳和善良"③。

发扬光荣传统，正确对待困难。"在对待艰苦与幸福、生与死的问题上，千万不要忘记了我们革命军队艰苦奋斗的光荣传统……我们不能因为怕苦或有点危险，就悲观，就动摇，甚至脱离革命……我们每个同志都应当爱护自己过去艰苦斗争的历史，珍惜个人为革命奋斗多年的荣誉。至于真正的困难，上级和人民一定会积极地设法帮助我们解决的。每个同志都

---

① 魏克：《记十八军接受进军西藏任务的时刻》，参见西藏自治区政协文史资料编辑部编《西藏文史资料选辑》I，第308—309页。
② 魏克：《记十八军接受进军西藏任务的时刻》，参见西藏自治区政协文史资料编辑部编《西藏文史资料选辑》I，第309页。
③ 魏克：《记十八军接受进军西藏任务的时刻》，参见西藏自治区政协文史资料编辑部编《西藏文史资料选辑》I，第309页。

应当放下包袱，振作起革命精神来，把毛泽东的胜利旗帜插到祖国的西藏边疆去！"①

第18军"全军上下立即开展了声势浩大的进军思想教育，并在思想教育的基础上，掀起一个轰轰烈烈'为解放西藏再立新功'的'请缨'运动"。张国华在全军誓师动员大会上率众宣誓："一定完成党中央、毛主席交给的进军西藏、解放西藏的光荣而艰巨的任务，坚决把五星红旗插上喜马拉雅山！"②他号召在五方面立大功："要打好仗，在战斗中立大功！""要认真研究西藏问题，在执行民族政策中立大功！""要搞好人马健康，在爱护节约粮食公物中立大功！""要在建设西藏，巩固国防上立大功！要学好藏文藏语，在帮助西藏人民提高科学文化上立大功！"③

对18军加以特殊的政治训练之成效非常显著，第18军吴忠师长曾做了总结，经过学习、讨论，"大家对于解放西藏、巩固国防的意义有了新的认识"。"每个同志对于党和人民交给我们这一艰巨而光荣的任务，更加坚定了信念，从而使大家消除了许多不必要的疑虑和不安。"大家"把我们今天的艰苦，同红军长征时的艰苦比一比，同八路军抗战和大别山打游击时的艰苦比一比，就不感到艰苦得那么怕人了；把我们今天的危险同解放台湾的任务比一比，同许许多多牺牲的革命先烈相比，就感到什么都不可怕了。党和人民对我们进军西藏的指战员们的衣、食、住、行考虑得那么周到，对我们无微不至的关怀，就更增加了我们完成任务的信心和勇气了"④。

政治训练效果显著，在"三年一换"的认识上深刻体现出来，第18军将士的思想认识大幅提高，树立了长期建设西藏的思想。第52师副政委阴法唐就此指出："我们应有的态度：树立长期建设西藏的思想，不要有换班的思想，不受年限的限制，应当根据革命的需要，每个同志注意学习。"⑤魏克也谈了自己的思想认识："三年一换是毛主席对我们的关怀，长期建设好西藏的打算，是我们每个革命工作者应有的态度。从人民的要求，党的事业和我们个人利益打算，只有好好建设才成。这样军队亦能早一天到达西藏，换也有道理，不然怕不换而不学藏语文，不好好地工作，违背了革命利益，对自己也不利，换也无脸面。大家不愿意去是因为建设不好，如果建设好了，又是自己亲手建设的，不愿回来这是很现实的

---

① 魏克：《记十八军接受进军西藏任务的时刻》，参见西藏自治区政协文史资料编辑部编《西藏文史资料选辑》I，第310页。

② 杨一真：《进军西藏纪实》，参见西藏自治区政协文史资料编辑部编《西藏文史资料选辑》I，第90页。

③ 魏克：《记十八军接受进军西藏任务的时刻》，参见西藏自治区政协文史资料编辑部编《西藏文史资料选辑》I，第316页。

④ 魏克：《记十八军接受进军西藏任务的时刻》，参见西藏自治区政协文史资料编辑部编《西藏文史资料选辑》I，第310页。

⑤ 魏克：《进军西藏日记》，中国藏学出版社2011年版，第234页。

思想。"① 又说:"关于长期建设西藏和三年一换正确关系的三点认识:第一,不建设既进不去,也出不来,还谈什么解放西藏。国防的巩固需要有人民的觉悟、便利的交通、工业的发展和雄厚的武力相结合。第二,不建设对不起党和人民,不干也不像话。被动地干,还能叫人再接出来吗。第三,有条件建设,建设重点上级也给一个计划,早完成早回来,不换不积极,越换越积极,不全换即不算换。""三年一换是确定的,这是上级党和毛主席对我们的关怀。必须有建设的思想,住一天就要很好地建设一天,不能坐等挨饿和从西藏人民身上弄吃的。我们要给西藏人民树立个好榜样,保卫国防也有保证。不建设就会遭到西藏人民的反对……我们要脚踏实地地去长期建设西藏,一切为了把西藏人民解放出来,换是上级对我们的照顾,不换是我们的本分。"②

总之,进军西藏是一项特殊的重要任务,进军部队必须是经过特别政治训练的高素质军队。经过特殊的政治训练,第18军将士的思想有了极大的提高,他们认识到"解放西藏是一个划时代的历史任务,比过去任何一次进军都远,也是最后的一次最大规模的进军,又是最艰苦、最伟大、最光荣的任务"。他们发出誓言,要把完成进军任务和实现立功的决心"贯彻到甘孜、昌都、拉萨、亚东去","我们的工作成绩和胜利将刻在西藏高原和喜马拉雅山上,将我们的胜利和立功喜报传播到全国,送到家里,传播到全世界去"③。

二、"政治重于军事,补给重于战斗":构建西藏高原上的国防体系

上文已经指出,毛泽东将"进军西藏,不吃地方"作为解决西藏问题的两项基本原则之一。根据这一项原则,西南军区提出了"政治重于军事,补给重于战斗"的进军方针,指出:"西藏的经济、地理和气候的特殊条件,给进军部队的衣、食、住、行提出了一系列新的问题。补给问题必须解决好。我们的方针是'政治重于军事,补给重于战斗'。"④ 这项方针,是从政治上、经济上与军事上构建西藏边防体系。

(一)"政治重于军事"

其一,"政策就是生命"。政治重于军事,政治中最重要的是政策,政策就是生命。毛泽东要求入藏部队和工作人员遵守五个必须:"必须恪守民族政策和宗教政策,必须恪守和平解放西藏办法的协议,必须严守纪律,必须实行公平的即完全按照等价交换原则去进行的贸易,必须防止和纠正大民族主义倾向,而以自己的衷心尊重西藏民族和为西藏人民服务的

---

① 魏克:《进军西藏日记》,第39页。
② 魏克:《进军西藏日记》,第40—41页。
③ 魏克:《进军西藏日记》,第45页。
④ 《李达军事文选》,解放军出版社1993年版,第345页。

实践，来消除这个历史上留下来的很大的民族隔阂，取得西藏地方政府和西藏人民的衷心信任。"①

政策之一，即是严格执行民族政策和宗教政策。邓小平指出："坚决执行党的方针政策，对于我们进军解放西藏具有决定的意义。到西藏去，就是靠政策走路，靠政策吃饭，政策就是生命。"②要"执行三大纪律八项注意，尊重藏民的风俗习惯、宗教信仰，不住喇嘛寺等，这样就赢得了藏族同胞的信任"③。

张国华深刻体会到邓小平指出的"政策就是生命"的深刻意义④，提出"在态度和工作上应当做好以下准备"："遵照毛主席关于进军西藏'政治重于军事，补给重于战斗！'的指示精神，我们一定要对部队进行党的民族政策的教育，使大家自觉地严格执行党中央对西藏的民族政策，尊重西藏人民的宗教信仰和风俗习惯；要对部队进行爱国主义和国际主义的教育，加强党的思想政治工作，干部要起模范带头作用，使所有的人都弄通思想，高高兴兴地进军西藏；要兵强马壮；军事上也不能轻敌麻痹，要认真研究一下山地作战和打骑兵的战术、技术问题。"⑤

第18军成立政策研究室，由王其梅兼任主任。政策研究室组织一批研究西藏的专家学者，收集整理资料，写好《西藏各阶层对我进军态度的分析》、《对各种政策具体实施的初步意见》、《进军康藏应该注意和准备的事项》、《英美帝国主义干涉西藏问题之趋向和我之对策》和《进军守则》等，详细列举了各方面的问题及应采取的行动和注意的事项。特别是《进军守则》列举了入藏要遵守的34条守则。此外，政策研究室专门编写了《藏文课本》，供入藏部队学习藏语。

第18军严格执行民族政策、宗教政策，张国华记载说："在进军途中，我各部队无论是在大风雪里，在茫茫的黑夜里，或是冰雹劈头盖脸打来或大雨湿透全身的时候，从来不进寺庙，不住民房，不动群众一草一木、一针一线。饿了，几个人分碗炒面，喝点雪水，从不向群众征一粒粮。我军入乡问俗，每到一地即进行调查研究和政治宣传，对于藏族人民的经

---

① 《必须恪守和平解放西藏办法的协议》（1951年5月26日），参见中共中央文献研究室、中共西藏自治区委员会、中国藏学研究中心编《毛泽东西藏工作文选》，中央文献出版社、中国藏学出版社2001年版，第51页。
② 张国华：《十八军进藏纪实》，参见西藏自治区政协文史资料编辑部编《西藏文史资料选辑》I，第192页。
③ 《关于西南少数民族问题》（1950年7月21日），《邓小平文选》第1卷，人民出版社1994年版，第162页。
④ 张国华：《十八军进藏纪实》，参见西藏自治区政协文史资料编辑部编《西藏文史资料选辑》I，第195页。
⑤ 魏克：《记十八军接受进军西藏任务的时刻》，参见西藏自治区政协文史资料编辑部编《西藏文史资料选辑》I，第308页。

幡、经塔、神山、玛尼堆等和一切宗教建筑及风俗习惯，一律加以保护。"①

入藏部队认真执行民族政策、宗教政策的效果显著："我军这些行动，在藏族人民面前展开了一个新的天地。他们祖祖辈辈也没有听过、见过的'新汉人'来了，躲到深山去的藏胞纷纷回来了。当我军又匆匆向他们告别继续前进时，那些热情、朴实的男女藏胞们尾随在部队后面，有的欢呼'菩萨兵，菩萨兵！'有的主动要求给我们带路，有的修补被匪军破坏了的桥梁道路，纷纷叫回被欺骗和裹胁去与我军为敌的藏族子弟……人们看到了真理在哪一边，看到了光明的前途。"② 杨一真也记载说："我军严格遵守党的民族政策，在藏族同胞中产生了极好的影响，因而受到了藏族同胞的真挚热爱和赞扬。他们称赞我们是'新汉人'，歌颂说：'哈达不要多，只要一条洁白的就行；朋友不要多，只要结识一个解放军就行。那时啊！我就会心花怒放。'历史上遗留下来的民族隔阂开始消融了。"③

其二，实施民族区域自治，建立广泛的统一战线。邓小平在《十七条协议》签订和宣布之后，在第18军进军进驻西藏各地之际，着重提出几点，要求注意。

第一，西藏实行民族区域自治，以巩固国防。邓小平在1951年6月8日举行的西南各界庆祝和平解放西藏办法协议签字大会上指出：依据《十七条协议》，"西藏人民即将获得和平解放，从而永远脱离帝国主义侵略势力的奴役，永远回到祖国大家庭中来，和国内其他兄弟民族一样充分享受民族平等和区域自治的权利"。西南军政委员会、西南军区要"坚决地贯彻执行协议，加紧准备并动员西南全体人民支援入藏部队，以巩固国防。严格教育进入西藏地区的部队及一切工作人员，认真执行协议"。④

实行民族区域自治，要处理好两个问题，一是西藏社会的改革要等待时机成熟才能进行。邓小平就此指出："所有少数民族内部的改革，都要由少数民族内部的力量来进行。改革是需要的，不搞改革，少数民族的贫困就不能消灭，不消灭贫困，就不能消灭落后，但是这个改革必须等到少数民族内部的条件具备了以后才能进行。"⑤

二是要搞好经济。只有搞好经济，才能巩固国防。邓小平指出："实行民族区域自治，

---

① 张国华：《十八军进藏纪实》，参见西藏自治区政协文史资料编辑部编《西藏文史资料选辑》I，第194—195页。
② 张国华：《十八军进藏纪实》，参见西藏自治区政协文史资料编辑部编《西藏文史资料选辑》I，第195页。
③ 杨一真：《进军西藏纪实》，参见西藏自治区政协文史资料编辑部编《西藏文史资料选辑》I，第97页。
④ 《在西南各界庆祝和平解放西藏办法协议签字大会上的讲话》（1951年6月8日），参见中共中央文献研究室、中共重庆市委员会编《邓小平西南工作文集》，中央文献出版社、重庆出版社2006年版，第380页。
⑤ 《关于西南少数民族问题》（1950年7月21日），《邓小平文选》第1卷，第164页。

不把经济搞好,那个自治就是空的。少数民族是想在区域自治里面得到些好处,一系列的经济问题不解决,就会出乱子。毛主席对西藏问题就确定了两条,第一是实行民族区域自治,第二是进军西藏'不吃地方'。这两条搞好了,才能解决西藏问题,才能团结起来巩固国防。"①

第二,搞好各阶层的统一战线。西藏的统一战线很有特点,主要体现在搞好上层统一战线。邓小平指出:所有一切工作,"一定要他们赞成,要大多数人赞成,特别是上层分子赞成,上层分子不赞成就不做,上层分子赞成才算数。为什么?因为在少数民族地区,由于历史的、政治的、经济的特点,上层分子作用特别大"②。

当然,不仅仅是上层统一战线,还包括搞好其他阶层的统一战线。邓小平指示张国华:"当前的首要任务应大力开展统战工作,组织精干的文工团队,广泛宣传和平协议。派下去的干部,除宣传协议,团结与争取上层分子外,更重要的是设想研究情况,不是一去就马上将《十七条协议》都一下搬出来执行,要做艰苦细致的教育工作。"③ 西藏的情况与内地不同,凡是反帝爱国、在不同程度上接受协议的,无论其阶级地位如何,都应团结和争取,不要"带着阶级斗争的框框",不要因"看不惯农奴主对农奴的压迫剥削"而"犯急性病,违犯政策"④。

总之,进军西藏,要搞好两种统一战线,要团结各阶层。邓小平指出,"团结是战胜敌人的基础,从此基础出发,我们将看到侵入西藏的帝国主义势力被彻底驱除,将看到祖国在西藏地区的国防得到巩固"⑤。

邓小平高度评价了阿沛·阿旺晋美从维护中华民族的团结统一角度提出的和谈主张,勉励他永远保持爱国本色,继续为西藏人民的利益做出贡献。对于具有"亲帝"名声的上层分子比如拉鲁、察绒等,第18军也努力争取。只要他们赞成和接受《十七条协议》,都要团结。对于搞好上层统一战线和其他阶层统一战线两者之间关系的理解,以及政策的执行,可从第18军将士的日记中反映出来:"团结上层是我们民族政策中的主要内容,团结上层正是为了发展新的力量,接近群众是为将来社会改革打下基础,有问题同他们商量,即使是过去的反动人员,只要拥护我们,也同样可以团结。团结也要有原则,我们在解决好双方矛盾,只要有一点好处,我们就可以给下层解决一些困难,给予利益。我们团结不只是为了团

---

① 《关于西南少数民族问题》(1950年7月21日),《邓小平文选》第1卷,第167页。
② 《关于西南少数民族问题》(1950年7月21日),《邓小平文选》第1卷,第168页。
③ 党岩:《邓小平与西藏的解放事业》,参见中共西藏自治区委员会党史研究室编著《和平解放西藏与执行协议的历史记录》(上),第85页。
④ 阴法唐:《邓小平与西藏和平解放》,参见萧心力编《伟人邓小平——中外人士的评说》,第86页。
⑤ 《在西南各界庆祝和平解放西藏办法协议签字大会上的讲话》(1951年6月8日),参见中共中央文献研究室、中共重庆市委员会编《邓小平西南工作文集》,第380页。

结，而是为了提高其觉悟，我们提出'团结中要耐心，而反对无原则的团结'。"①

这说明，第 18 军对统一战线的执行，尺度把握得好，效果突出，有利于巩固西藏国防。

（二）"补给重于战斗"

其一，修筑公路，构建国防交通网。

1950 年 2 月 9 日，西南局、西南军区发布指示指出："克服一切困难，不惜任何代价修路。"② 第 18 军由第一参谋长陈明义"带领 53 师、54 师、52 师 156 团和 3 个汽车团、两个工兵团和西南公路局等单位共同担负修路、修机场和物资运输等任务"③。昌都战役发起前，西南军区抽调汽车、辎重、工兵 13 个团，并组织大批民工，"夜以继日地赶修"雅安至甘孜的公路，"架起了上百座大小桥梁"④。这样，"十万筑路大军，开赴各修建战场"⑤，广大军民发出"尽快把公路修通，把粮食、弹药送足，让大军在高原七八九（月）正好走的季节挺进到西藏去"的口号⑥。1950 年 8 月 26 日，雅安至甘孜段公路修筑完毕通车。12 月，从甘孜往西修到德格马尼干戈。这为昌都战役的发起提供了运输保障。

随着西藏和平解放谈判的举行和《十七条协议》的签订，人民解放军要进驻西藏国防，交通建设要跟上。1951 年 5 月 25 日，毛泽东指示由第 18 军第 53 师、第 54 师"于甘孜、昌都地区担任修筑甘孜机场与甘孜、昌都段公路任务"，并指示：康藏线，"甘孜—昌都—丁青—乌所—太昭—拉萨公路由十八军负责抢修，力争于明年年底完成"；青藏线，"西宁—黄河沿—玉树—囊谦—类乌齐—丁青公路由西北军区负责修筑，并将黄河沿—玉树—囊谦段继续修通"⑦。1951 年 4 月，由第 18 军后方部队司令部与西南交通部组成公路工程委员会，担任从马尼干戈向西修路的任务。⑧ 接着，康藏公路工程委员会成立，后来演变为康藏公路修建司令部，陈明义兼任司令员，穰明德兼任政委。西南军区对陈明义指出，进军西藏

---

① 魏克：《进军西藏日记》，第 201 页。
② 中共西藏自治区党史资料征集委员会编：《中共西藏党史大事记（1949—1966）》，西藏人民出版社 1990 年版，第 2 页。
③ 阴法唐：《解放西藏：祖国大陆统一的最后一页》，《阴法唐西藏工作文集》（上），中国藏学出版社 2011 年版，第 280 页。
④ 魏克：《记十八军接受进军西藏任务的时刻》，参见西藏自治区政协文史资料编辑部编《西藏文史资料选辑》I，第 312 页。
⑤ 陈明义：《壮丽的诗篇英雄的道路——记进藏初期后方运输与修筑康藏公路》，《西藏党史通讯》1988 年第 2 期，第 18 页。
⑥ 魏克：《记十八军接受进军西藏任务的时刻》，参见西藏自治区政协文史资料编辑部编《西藏文史资料选辑》I，第 312 页。
⑦ 《军委关于进军西藏的训令》（1951 年 5 月 25 日），《毛泽东军事文集》第 6 卷，军事科学出版社、中央文献出版社 1993 年版，第 278—279 页。
⑧ 杨宗辉：《回忆川藏公路南线踏勘》，参见西藏自治区政协文史资料编辑部编《西藏文史资料选辑》I，第 113 页。

的任务"能否圆满完成甚至提前完成，关键就在于物资补给能不能成功，就在于交通运输和修路任务完成得如何！"[1]

1951年11月26日，甘孜机场修建完毕。康藏公路1952年内不能完成，"也许需要两年至三年才能修通"[2]。1952年春，第18军第155团同民工一块修建墨竹工卡、仁进里一带康藏公路西线。7月，西南交通部公路第一局进驻太昭，"担任从拉萨向东修路的任务"[3]。至1954年11月，川藏、青藏两条公路同时通车。从甘孜到拉萨，"要在平均海拔4000米的高原上修一条长达2200多公里的公路，在中国和世界公路交通史上都是罕见的"[4]。

国民政府曾在1941年前后打算修筑日玛线，但是未能成功。1951年8月14日，张国华指出："现在公路有四条，一是从四川到拉萨，二是从西宁到拉萨，三是从新疆到拉萨，四是从昆明到拉萨。先是纵深修，然后是横断修，这是一切建设的开端。我们去年花了4千亿元，有4.75亿人民支持我们是不成问题的。现在先修公路，再修机场，最后再修国防工事。因为将来打仗主要是打技术、汽油和钢铁仗。"[5] 当时勘察川藏公路有南北两线，贺龙提出走南线，原因是："第一，南线气候温和，海拔低。在西藏高原，这是黄金都卖不到的优点。第二，南线经过森林、草原、湖泊、高山，物产丰富。不仅我们修路有木材、石料，还有青稞、牛羊、水果、燃料等，方便施工和生活。更重要的是，将来开发西藏，进行社会主义建设，有着广阔的前途。"[6] 除此之外，南线有利于巩固西藏东南部的国防。毛泽东拍板同意这一路线。英国政府认为，新中国政府在迅速修建公路以加强西藏地区的国防。在西藏西部，中国"修建一个巨大公路，穿越喀什噶尔（Kashgar）南部半圆形地区，经由西藏西部边界地区到拉萨"，这条线"大致与克什米尔与新疆的边界线平行延伸，然后向东进入西藏向拉萨延伸"。在西藏南部，新中国政府"对经越锡金到西藏的容易路线进行更为有效的控制"[7]。

其二，补给重于战斗。

张国华指出："补给重于战斗"，"这就是说补给是进军的关键，主要补给问题解决了，

---

[1] 陈明义：《壮丽的诗篇英雄的道路——记进藏初期后方运输与修筑康藏公路》，《西藏党史通讯》1988年第2期，第15页。

[2] 《入藏部队的当前任务和兵力部署》（1951年9月13日），《毛泽东文集》第6卷，第178—179页。

[3] 杨宗辉：《回忆川藏公路南线踏勘》，参见西藏自治区政协文史资料编辑部编《西藏文史资料选辑》I，第113页。

[4] 陈明义：《壮丽的诗篇英雄的道路——记进藏初期后方运输与修筑康藏公路》，《西藏党史通讯》1988年第2期，第19页。

[5] 魏克：《进军西藏日记》，第230页。

[6] 陈明义：《壮丽的诗篇英雄的道路——记进藏初期后方运输与修筑康藏公路》，《西藏党史通讯》1988年第2期，第20页。

[7] FC1372/2, The Times: Chinese Border Policy, Cutting Dated, 12, April 1952.

进军是会成功的，这主要从政治上团结好藏民，使其帮助我们，要激发其爱国热情，另外，则靠进军部队爱护物资，正确地使用物资，以战斗性、群众性的精神来克服困难。"①

为了有效地运输补给，实行统一领导。1950年1月22日，西南军区成立以昌炳桂和胥光义分任司令、政委的支援司令部，负责筹集食品、帐篷等物资，修建公路，组织运输，统一领导进藏部队的后勤保障工作。5月，将"支司"同西南军区工兵司令部合并，成立统一的"支司"，由张国华任司令兼政委，统辖7个工兵团和1个空军大队。昌都战役发起之后，成立第18军后方部队司令部，陈明义任司令员兼政委，负责前线的补给。

利用现有条件，尽一切可能运输。陈明义指出："我们采取了三条运输渠道。第一是已通公路的地方，用汽车运输。西南军区抽调了4个汽车团、4个辎重团在川康线上进行接力运输。公路提前修到甘孜以西，有力地支援了进藏部队。""第二条渠道就是空运。军委从华北调飞机六架组成西南空运机构。1950年5月7日，飞行员王洪智、李嘉谊等驾驶C46—8003号运输机，飞越高原天险到达甘孜上空进行空投。到11月底，共空投物资900余吨。第三条渠道就是在没有公路的地方，组织骡马、牦牛运输。马尼干戈公路终点以西，完全靠畜力、人力运输。"②

在没有公路的地方，一个师"要装备八千匹牲口来保证随军前进"。从四川到拉萨设立50个兵站。③杨一真描述说："在进军西藏的整个过程中，强有力的后方支援是我们完成行军作战任务最重要、最坚定的保证。有两个数字可以说明：一是后勤运输任务极为庞大、繁杂，运输量极大，平均每年要从内地向西藏运进各类物资五万余吨；二是后方补给机构急剧增加。进藏之初，我们十八军直属队和三个步兵师，只有三万余人，随着运输补给线不断延长，后方机构迅速庞大起来。汽车部队、工兵部队、兵站和办事处、航空站、地勤站相继建立，全军总人数发展到七万多人。而进到工布江达以西的部队，总共只有八千多人。这就说，前方一个人，就需要有八个人在后方支援。这样计算，还不包括内地人民和藏族同胞必不可少的支援。不难看出，没有全国各族人民的支援，特别是藏族人民的热情支持，进军西藏的伟大历史任务是很难完成的。"④

可见，"进藏部队所需物资，全部由内地供给运送"，在当时交通条件下"要把成千成

---

① 魏克：《进军西藏日记》，第229—230页。
② 陈明义：《壮丽的诗篇英雄的道路——记进藏初期后方运输与修筑康藏公路》，《西藏党史通讯》1988年第2期，第15—16页。
③ 魏克：《记十八军接受进军西藏任务的时刻》，参见西藏自治区政协文史资料编辑部编《西藏文史资料选辑》I，第312页。
④ 杨一真：《进军西藏纪实》，参见西藏自治区政协文史资料编辑部编《西藏文史资料选辑》I，第101页。

万吨物资紧随进藏部队运送上去,的确是一项相当艰巨的任务"①,人民解放军创造了特有的高原运输模式。张国华总结1950年工作时指出:"支前补给工作做得很好、很有成绩。要说立功,首先是西南军区支援司令部的领导、运输部队、筑路部队是第一功,然后才是进军作战部队。"②

其三,抓生产。

抓生产,是解决补给问题的又一主要措施。1951年9月13日毛泽东致电邓小平指示:"我先遣支队已到拉萨,张国华所率部队亦可到太昭、拉萨一线。关于这些部队一九五一年的任务是以修筑公路为主,还是以生产粮食解决给养为主的问题,张国华在京时曾对我说应该是筑路而不是生产。"但是,"如果我军不从事生产,则给养将成严重问题"。因此,须考虑"是否可以定为生产与筑路并重,即令甘孜到拉萨沿途所驻部队以一部分担任生产,以一部分担任筑路,在生产季节以较多的人从事生产,在其他季节则以全力筑路"③。

这就是著名的"九·一三"指示。11月5日,西南局、西南军区指示第18军"要认真注意明春生产准备工作,搞好生产是进藏部队长期的一项中心任务"④。张国华认识到,进军西藏"最大的困难就是补给问题,最主要的是粮食问题。历史上进藏的成功与失败就在于补给问题解决得好坏。要有两个条件才能解决:时间准备好,一面生产、一面进军"⑤。第18军开展了大规模的大生产运动,第52师干部魏克12月7日日记记载:"为了执行毛主席9月13日的指示,我们一面生产,一面进行修路。为了进一步巩固国防,西藏工委决定各兵站、分区、解放委员会于明年全部生产自给,军直属队和154团自给一半,我们师和155团先开一份菜地,另外砍伐大批树木,准备修建桥梁和房屋。部队已开始进行开荒生产和开采煤矿,对群众影响极好。"⑥

至于具体的生产措施,以第52师为例,魏克12月25日日记记载:第52师"成立了生产建设委员会,阴法唐副政委为主任,委员为郭洪太、刘春林、魏克、吕永德、刘恩沛。营、团除设生产建设委员会外,下设土地调查分配组(团由民运股、营由一个营的干部负责)、生产管理组(团由供给处、营由供给员负责,包括负责生产基金、种子的采购和分配、田园看管、检查工作)、工具制造组(由军械员负责,其工作是制造、修理、分配、改

---

① 陈明义:《壮丽的诗篇英雄的道路——记进藏初期后方运输与修筑康藏公路》,《西藏党史通讯》1988年第2期,第15页。
② 陈明义:《壮丽的诗篇英雄的道路——记进藏初期后方运输与修筑康藏公路》,《西藏党史通讯》1988年第2期,第16页。
③ 《入藏部队可以生产与筑路并重》(1951年9月13日),《毛泽东军事文集》第6卷,第303页。
④ 中共西藏自治区党史资料征集委员会编:《中共西藏党史大事记(1949—1966)》,第32页。
⑤ 魏克:《进军西藏日记》,第26页。
⑥ 魏克:《进军西藏日记》,第320页。

良等）、生产指挥组（选择有农业经验的人组成，负责技术的研究、气候、地质、种子、施肥、耕作等工作）。连设生产建设委员会，下设土地调查报告组，由政策纪律观念强的干部参加，其工作只负责调查报告，不能进行分配和使用，生产管理组其工作同团、营生产指导组相同"①。

这是一种强有力的领导体系和分工协作的组织体系，是新的历史条件下在青藏高原地区推行的特色军垦。这种军垦的成效显著。11月25日，张国华、谭冠三带领进驻拉萨的机关和部队到拉萨西郊开荒。"当年开垦荒地两千多亩，铲平堆积了千百年的垃圾粪山，次年在此基础上建立了八一农场，昔日的荒坝子上长出了粮食和几十斤重的大白菜、十几斤重的大萝卜等蔬菜。"进驻察隅的部队"辛勤耕作，较快达到了蔬菜、肉类自给有余和相当程度的粮食自给"②。

在人民解放军进驻西藏边防的过程中，毛泽东于1952年4月6日起草《关于西藏工作的方针》，从西藏建设、国防建设的角度提出两条基本的生产自给政策。第一条，"精打细算，生产自给，并以此影响群众，这是最基本的环节。"他解释指出："公路即使修通，也不能靠此大量运粮。印度可能答应交换粮物入藏，但我们的立脚点，应放在将来有一天万一印度不给粮物我军也能活下去。""我军仍能在西藏活下去和坚持下去。凡此均须依靠精打细算，生产自给。"因此，"以这一条最基本的政策为基础，才能达到目的"。第二条，"可做和必须做的，是同印度和内地打通贸易关系，使西藏出入口趋于平衡，不因我军入藏而使藏民生活水平稍有下降，并争取使他们在生活上有所改善"。他总结指出："只要我们对生产和贸易两个问题不能解决，我们就失去存在的物质基础。"③

进军西藏，在政治上执行因地制宜的民族政策和宗教政策，实行民族区域自治，搞好各阶层尤其是上层的统一战线，在经济上实行生产自给、"不吃地方"的措施，在交通上构建运输网。这样，构建起以政治为保障、以交通建设为支撑、以经济建设为依托的西藏高原国防体系。

三、"多路向心进兵"：人民解放军进驻西藏边防

中共以第18军为进军西藏的主力，并"由青海、新疆及云南各出一支兵向西藏多路向

---

① 魏克：《进军西藏日记》，第326—327页。
② 阴法唐：《人民解放军在西藏的特殊作用》，《阴法唐西藏工作文集》（上），第64页。
③ 《有关西藏的重要问题由中央处理》（1952年4月8日），《毛泽东文集》第6卷，人民出版社1996版，第226—228页。

心进兵"①。以第18军为基干，西南军区、第二野战军组建新的第18军，号召第二野战军各军"调好战士、好马、好枪支援进藏部队"②。第52师干部魏克就此记载："各部队很快给我们十八军挑选了优秀战士一万四千六百零九人，本军也把体弱、有病的战士精简了二千七百七十九人。我们师经过补充，达到了历史上最多的一万一千六百三十八人，我们五中队补进的中学生就达二百三十三人，他们的五连补了十八名学生，全连达到一百六十人，其中党员六十三人，占全连的百分之三十九点三。我去检查工作的六中队七连，其中党员七十六人，占全连的百分之四十六点九。我们全师还补充了大批强壮的骡马，换发了便于携带的火炮，配发了大量自动火器，各种装备也都焕然一新。"③

第52师是进军西藏的主力，经过充实达11638人，兵力充足；每个连的知识分子较多，文化程度高；党员比例大，政治水平高；装备先进。

在接受入藏任务之后，第18军多次拟定入藏时间表。最早的计划是1950年6月"结束昌都战役，9月抵达拉萨"④。继之，第18军"根据重庆方面对进军西藏的方针决定：一、根据康藏地区自然条件和我军物资供应情况，决定进军西藏分阶段进行，即第一步全军8月底解放昌都；第二步解放拉萨、日喀则、噶大克。二、对拉萨当局应想尽办法，争取其归顺新中国人民政府，政治进军西藏"⑤。尽管8月底解放昌都推迟至10月，但是这个计划明确了进军西藏分两步走，第二步为政治进军。5月20日，第52师副师长陈子植在第52师部署会议上传达军部的决定说："进军西藏是肯定的，决不要动摇，而且四路进军（新疆、青海、云南和四川）不要怀疑。今年占领昌都，明年到达拉萨的任务是毛主席制定的，必须一气完成。"⑥

8月20日，西南局向中共中央、毛泽东报告昌都战役实施计划："使用第18军4个主力团及2个营共计战斗力1.3万人，连同指挥机构共1.6万人。此外，还有一个工兵团约2000人为战役预备队"，"加上玉树方面、察隅方面（云南部队）少数部队的配合"；"只要

---

① 《中央关于进军西藏的电报》（1950年1月24日），《建国以来刘少奇文稿》第1册，中央文献出版社2005年版，第410页。

② 魏克：《记十八军接受进军西藏任务的时刻》，参见西藏自治区政协文史资料编辑部编《西藏文史资料选辑》Ⅰ，第311页。

③ 魏克：《记十八军接受进军西藏任务的时刻》，参见西藏自治区政协文史资料编辑部编《西藏文史资料选辑》Ⅰ，第311—312页。

④ 杨一真：《昌都战役工作笔记摘选》，参见西藏自治区政协文史资料编辑部编《西藏文史资料选辑》Ⅲ，民族出版社2007年版，第155页。

⑤ 杨一真：《昌都战役工作笔记摘选》，参见西藏自治区政协文史资料编辑部编《西藏文史资料选辑》Ⅲ，第156页。

⑥ 魏克：《进军西藏日记》，第25页。

8月底能够修通到甘孜的公路,10月上半月占领昌都是办得到的"①。这个计划确立了以昌都方面为主、青滇方面配合的进军;如前指出,雅安至甘孜段公路是8月底通车的,10月上半月进军昌都可行。按照这个实施计划,人民解放军开始了第一步的进军。

第18军决定由第52师第154团、第53师第157团组成两个先遣队,分别由吴忠、苗丕一率领,以王其梅、李觉"率工、侦两营和研究室及后勤人员一部组成前进指挥所挺进康定。其任务是统一指挥52师、53师先遣队"②。3月29日,第52师师长吴忠率领第52师先遣队从夹江出发,4月28日抵达甘孜。5月16日,第52师前进指挥所和第154团2个营进驻金沙江东岸之邓柯。7月30日,第53师副政委苗丕一率领第157团第1营(先头营)抵达巴安。8月2日,第53师先遣指挥所及工兵连进抵巴安,"进行渡江作战的准备工作,并以一部兵力控制金沙江江防"③。"除先遣部队抵达巴安、甘孜、邓柯一线外,决定52师主力、军炮兵营和军前指一部"于8月25日"由川乘车出发,争取9月上旬到达甘孜地区"④。9月23日至26日,第52师主力"分四个梯队进抵金沙江岸"⑤。这样,第18军进驻了巴塘、甘孜、德格、邓柯一线。

青海骑兵支队"以1军骑兵团第2营为基础组成,共计兵力700余人,乘马900匹"⑥,于6月18日从西宁出发,7月24日抵达玉树。云南派出第14军第42师第125团、第126团(各欠一个营)于4月初集结丽江待命。7月12日,第126团先头营由鹤庆出发进抵德钦,"主力仍驻鹤庆以北地区,鹤庆至德钦段兵站设置已完成"⑦。7月27日,第126团从丽江、德钦出发。

5月,中共组建新疆独立骑兵师,师长兼政委何加产,担负进军阿里的任务。新疆骑兵师以第1团第1连"作为先遣分队,首先进入阿里,主要任务是侦察道路,了解情况,建立

---

① 杨一真:《昌都战役工作笔记摘选》,参见西藏自治区政协文史资料编辑部编《西藏文史资料选辑》Ⅲ,第160页。

② 杨一真:《昌都战役工作笔记摘选》,参见西藏自治区政协文史资料编辑部编《西藏文史资料选辑》Ⅲ,第155页。

③ 杨一真:《昌都战役工作笔记摘选》,参见西藏自治区政协文史资料编辑部编《西藏文史资料选辑》Ⅲ,第159页。

④ 杨一真:《昌都战役工作笔记摘选》,参见西藏自治区政协文史资料编辑部编《西藏文史资料选辑》Ⅲ,第161页。

⑤ 杨一真:《进军西藏纪实》,参见西藏自治区政协文史资料编辑部编《西藏文史资料选辑》Ⅰ,第95页。

⑥ 杨一真:《昌都战役工作笔记摘选》,参见西藏自治区政协文史资料编辑部编《西藏文史资料选辑》Ⅲ,第159页。

⑦ 杨一真:《昌都战役工作笔记摘选》,参见西藏自治区政协文史资料编辑部编《西藏文史资料选辑》Ⅲ,第159页。

据点，宣传群众，争取上层，为大部队进藏创造条件"。新疆军区司令员王震对先遣分队的组成极其重视，"考虑到一连将远离部队领导机关，孤军深入、单独执行任务，会遇到意料不到的特殊情况和困难，所以从全师抽调了20多个战斗骨干充实到一连，并给一连配备了参谋、干事、翻译、机要、通信等专业干部和掌工、医务人员。为加强武器装备，提高独立作战能力，除一、二、三排每名战士装备一支步枪，每班装备一支轻机枪外，还给一连装备了'八二'炮两门、'六〇'炮四门，组建了机炮排（即第四排）"。连长为曹树林，指导员为李子祥。此外，为增强连队领导力量，选派特级战斗英雄任副连长。委派"思想老练、立场坚定、政策水平高、独立工作能力强"的团保卫股股长李狄三，"以团党委和团首长的代表身份，带领一连去执行任务"①。

对于先遣连的人数与出发时间，有两种说法，一说先遣连为135人，8月1日从于田县普鲁村出发②；另一说法为150人，8月29日从于阗出发，向阿里改则地区挺进③。10月底，先遣连抵达扎麻芒保（今改则县先遣乡），同时在两水泉、多孟各留住部队④。这个先遣连"从于阗出发后，前进了一千二百十多里。因大雪封山，后方补给断绝，指战员不适应高原气候，又缺粮、营养不足，一百五十人中大部分病倒，面部浮肿，口鼻出血，并有六十余人先后牺牲。但他们仍克服各种困难，继续在藏北坚持，终于完成了任务"⑤。

这样，人民解放军多路进抵西藏，完成发起昌都战役的准备。张国华、谭冠三率领第18军军部第一批人员从新津出发，9月5日抵达甘孜。在人民解放军进抵西藏之时，藏军"加紧在金沙江以西地区布置防务，企图阻止我解放西藏。其布防特点是：以昌都为枢纽，以昌都经生达至邓柯（不含）一线为重点，在昌都附近及其正面，沿金沙江南至盐井、北抵国德的狭长地带作分区域的小单位分散配置"。具体兵力部署是："八代本全部、七代本大部及二、六代本各一部和噶伦卫队集结昌都，七代本之另一部布防于类乌齐；三代本和真伯代本驻防于以生达为中心的牙要松多、国德、卡松渡、衣曲卡一带；十代本位于岗托、同普、江达一线；九代本位于宁静、盐井地区。""以上共7个代本4500人，约占藏军总兵力

---

① 南疆军区党史资料征集领导小组：《进军阿里》，参见中共西藏自治区委员会党史研究室编著《和平解放西藏与执行协议的历史记录》（上），第486、487页。
② 南疆军区党史资料征集领导小组：《进军阿里》，参见中共西藏自治区委员会党史研究室编著《和平解放西藏与执行协议的历史记录》（上），第487页。
③ 杨一真：《进军西藏纪实》，参见西藏自治区政协文史资料编辑部编《西藏文史资料选辑》I，第95页。
④ 南疆军区党史资料征集领导小组：《进军阿里》，参见中共西藏自治区委员会党史研究室编著《和平解放西藏与执行协议的历史记录》（上），第488页。
⑤ 杨一真：《进军西藏纪实》，参见西藏自治区政协文史资料编辑部编《西藏文史资料选辑》I，第95页。

的三分之二。另有民兵 3500 人，配属各代本并部署上述地区。总计共有西藏地方正规军及民兵 8000 余人"①。

8 月 21 日，鉴于"雅安至甘孜公路，预计 8 月底可全线通车，进军的各项准备已基本就绪"，第 18 军军部"发出昌都战役行动命令，决定全军分进藏、留川两个梯队。进藏部队主要任务是夺取昌都，歼灭该地区之藏军，为 1951 年进军拉萨开辟道路"②。接着，西南军区于 8 月 26 日发布《昌都战役基本命令》，针对"藏军现以其主力 7 个代本布防于昌都为中心的周围地区，积极备战，企图阻止我解放西藏。为歼灭藏军主力于昌都及其以西之恩达、类乌齐地区，占领昌都，打下明年进军拉萨，解放西藏之基础"，特决定："一、以 18 军率 52 师 3 个团、军侦察营、炮兵营及支援司令部之 1 个工兵团，由玉隆、德格、邓柯之线出动，攻击昌都以西，切断敌之退路，而歼灭之。以上部队应于 9 月上旬在甘孜、玉隆集结完毕，9 月中旬由改线开进，争取于 10 月 10 日前后占领昌都。另以 53 师之 1 个团，同时由巴安出动，歼灭宁静之敌，尔后向昌都攻击前进，配合 52 师钳击昌都之敌。""二、以云南 14 军之有力一部与 18 军进军昌都的同时，歼灭盐井之敌而控制之，并与 18 军宁静部队确保联系。另以 1 个团同时相机占领与控制竹瓦根（科麦、察隅间）。""三、建议西北军区令玉树部队与 18 军之 52 师取得联系，并归 52 师指挥，加强昌都作战。"③

这是以解放昌都为中心进军、两路配合的战役部署。依此命令，张国华于 9 月 14 日做出部署并上报西南军区："以 6 个团的兵力，分南北两个作战集团，同时向金沙江沿线发起猛攻"：北集团"为我军主力，以 52 师 3 个团、军炮兵营、侦察营、工兵营和 54 师炮兵连及青海骑兵支队组成。52 师主力由邓柯渡江，侦、工两营由岗托渡江作战。统由 52 师前指指挥"；南集团"以 157 团及 53 师炮兵连、工兵连和 126 团及 125 团 1 个营组成。157 团由巴安渡江歼灭宁静九代本；126 团和 125 团 1 个营由德钦和定山以北分两路钳歼盐井、门工、壁土之敌防敌向察隅方向逃跑。统由 53 师前指指挥。"④

依据这一部署，人民解放军"分南北两线作战"。北线分三路出击：右路第 154 团、青海骑兵支队"日行百余里，经囊谦、类乌齐，直插恩达"，阻断藏军退路；中路第 52 师指挥部、第 155 团、第 156 团和军直炮兵营"自邓柯渡江后，经生达、洞洞竹卡，直取昌

---

① 杨一真：《昌都战役工作笔记摘选》，参见西藏自治区政协文史资料编辑部编《西藏文史资料选辑》Ⅲ，第 164 页。
② 杨一真：《昌都战役工作笔记摘选》，参见西藏自治区政协文史资料编辑部编《西藏文史资料选辑》Ⅲ，第 161 页。
③ 杨一真：《昌都战役工作笔记摘选》，参见西藏自治区政协文史资料编辑部编《西藏文史资料选辑》Ⅲ，第 161 页。
④ 杨一真：《昌都战役工作笔记摘选》，参见西藏自治区政协文史资料编辑部编《西藏文史资料选辑》Ⅲ，第 165 页。

都"；左路第18军侦察营、工兵营及第52师炮兵连"由岗托突破藏军金沙江防线西进，从正面向昌都进行佯攻"①。南线第157团从巴安渡江直指宁静（今芒康），阻断藏军南逃之路。藏军第9代本格桑旺堆率部起义，第3、4、8、10代本放下武器。10月19日，第156团进入昌都。第125团、第126团"解放了壁土、盐井、门工和整个察瓦弄地区，打开了进军察隅的大门"②。

第一步进军即军事进军至此顺利完成。第二步为战备进军，即进驻西藏各战略要地和国防要地，随之展开。十七条协议签订后，中央军委1951年5月25日发布进军命令，指出"我人民解放军为了保证该协议的实现与巩固国防的需要，决定派必要的兵力进驻西藏"，部署如下："（一）西南军区之十八军除留两个师（五十三师、五十四师）于甘孜、昌都地区担任修筑甘孜机场与甘孜、昌都段公路任务外，五十二师进军西藏任务不变。该师应以一个团进驻拉萨，两个团（缺一个营）进驻丁青、乌所、黎嘉、太昭地区，师部进驻太昭，另以一个营编成独立支队，由硕督地区出发，沿雅鲁藏布江之贡布地区西进，担任宣传与侦察任务。（二）西南军区之十四军一二六团应由德钦地区进驻察隅地区。（三）西北军区之骑兵支队应由玉树进驻囊谦地区，并仍属西北军区建制。（四）西北军区由新疆准备入藏之部队，除先头部队继续侦察到达噶大克的道路外，主力继续修通公路，以备随时入藏。"③

这项命令明确规定了第18军以两个师负责筑路，以第52师进驻西藏各战略要地，规定第126团进驻察隅边防重地，西北军区部队进驻阿里地区。命令特别指出此次进军的性质："此次进军系在和平协议下的战备进军，各部万勿以和平协议已成而松懈战斗意志与战斗准备，因协议虽然签字，但尚未付诸实施，同时帝国主义必会用各种阴谋手段来破坏我们和平解放西藏的实现，因此应提高警惕性，随时都有应付意外情况的充分准备，同时必须加强部队的政策纪律教育，以保证解放西藏巩固国防任务的圆满实现。"④

这段命令的含义，正如邓小平所指出，此次进军西藏之任务"就是划分几千里长的国防线"⑤。遵照进军命令，第18军自1951年7月起"陆续从甘孜、昌都向拉萨等地实施梯次进军"⑥。

第18军组成一支具有鲜明特点的先遣支队。其一，强有力的组织领导。以军副政委王其梅任司令员兼政委，陈竞波任参谋长，林亮任政治部主任，平措旺阶任民运部长，徐淡庐

---

① 中共西藏自治区党史资料征集委员会编：《中共西藏党史大事记（1949—1966）》，第16页。
② 高建兴：《向察隅进军》，参见中共西藏自治区委员会党史研究室编著《和平解放西藏与执行协议的历史记录》（上），第510页。
③ 《军委关于进军西藏的训令》（1951年5月25日），《毛泽东军事文集》第6卷，第278页。
④ 《军委关于进军西藏的训令》（1951年5月25日），《毛泽东军事文集》第6卷，第279页。
⑤ 魏克：《进军西藏日记》，第232页。
⑥ 阴法唐：《解放西藏：祖国大陆统一的最后一页》，《阴法唐西藏工作文集》（上），第280页。

任联络部长，五人组成先遣支队党委会，王其梅任书记。"组成这样一个坚强的领导集体，是完成先遣进军胜利的重要组织保证。"① 其二，强有力的战斗力、执行力和宣传力。先遣支队"设有司令部、政治部，并配备后勤、公安、外事等人员，还有联络部数十人，西南军政委员会援藏的财经大队数十人，民运部藏族干部十多人，以及五十二师文工队数十人"。先遣支队"组建一支精干的小分队"，"小分队没有战斗任务，但要有一定的武装作自卫"。第18军选定"有红军基础而战斗力很强的八连（约180人）作先支的警卫部队。这个连是经过抗日战争、解放战争锻炼出来的部队，连长钱殿立、指导员葛彦德都是久经战场锻炼、有独立作战能力的指挥员"。"另外有警卫排、骑兵排、侦察班约60人。同时先支的各机关干部和战士都配备了武器，如遇到情况，均能做到有效地防卫。严格压缩组建起来的先遣支队，仍然形成一支近500人的队伍。"② 先遣支队于7月25日从昌都出发，经边坝、嘉黎、太昭，于9月9日进入拉萨。第18军供给部长"带领一批干部跟进，沿途设置兵站，为后续部队进军作物资准备"③。

张国华、谭冠三率领"军直一部和已到洛隆、边坝的154团作为第一梯队"，于1951年8月28日从昌都，经丁青、沙丁、墨竹工卡，于10月26日举行入城式进入拉萨。第52师副师长陈子植、副政委阴法唐率领"师直和155团为第二梯队"，于10月2日从昌都出发，经边坝、沙丁、嘉黎，于11月7日进驻太昭。④ 这样的安排是有道理的，第52师研究了"出发时间及序列：师直为第一梯队（包括炮兵营），8月底出发，10月初到达，行程约1730里，每天以50里计算，预计35天到达（休息4天）；155团为第二梯队，走中路预计30天到达；156团为第三梯队，预计28天到达目的地"⑤。对此，第52师干部魏克的日记记载："在贯彻执行毛泽东主席的训令中，因飞机跑道加宽而推迟至10月，公路推迟至明年6月，根据运输补给困难情况，进军人数减少，156团留在后面修路，我师以两团前进。154团到拉萨，前伸两个营，师直驻太昭，155团驻太昭附近负责采购。"⑥

继之，第18军独立支队于1951年8月22日从香日德出发，经巴颜喀喇山麓、通天河、

---

① 夏景文：《回忆执行和平解放西藏任务的先遣支队》，参见中共西藏自治区委员会党史研究室编著《和平解放西藏与执行协议的历史记录》（上），第421页。
② 夏景文：《回忆执行和平解放西藏任务的先遣支队》，参见中共西藏自治区委员会党史研究室编著《和平解放西藏与执行协议的历史记录》（上），第421—422页。王先梅回忆的人数不同：入藏先遣支队包括一个连队、一个文工团和机关工作人员共300多人。参见王先梅《从昌都到拉萨》，引自西藏自治区政协文史资料编辑部编《西藏文史资料选辑》Ⅰ，第82页。
③ 阴法唐：《解放西藏：祖国大陆统一的最后一页》，《阴法唐西藏工作文集》（上），第280页。
④ 阴法唐：《解放西藏：祖国大陆统一的最后一页》，《阴法唐西藏工作文集》（上），第280页。
⑤ 魏克：《进军西藏日记》，第219页。
⑥ 魏克：《进军西藏日记》，第222页。

唐古拉山，于11月3日抵达藏北重镇黑河（今那曲），于12月1日进入拉萨。这样，第18军完成进驻拉萨及其周围战略地点的任务。

人民解放军进军西藏，更主要的是进驻国防前线，维护国家的领土安全。毛泽东9月13日致电邓小平，指示进驻拉萨至日喀则一线以及日喀则至亚东一线："我先遣支队已到拉萨，张国华所率部队亦可到太昭、拉萨一线。""似应在几个月内在日喀则和日喀则到拉萨的中间地点各派一部分军队进驻，并在这些地方布置生产，使班禅能回后藏，并便于开展工作。原先决定明年不进驻上述各点的计划似应改变。"① 据此，邓小平、贺龙电示第18军：除了"以一部兵力驻拉萨、太昭线，既有利于争取西藏上层又有利于部队进行农业生产"外，"进藏部队酌情日喀则、江孜地区及拉萨、日喀则中间地段"②。按照中央的部署，第18军负责进驻喜马拉雅山中段国防线，于11月15日同时举行第154团第2营进驻江孜、第1营进驻日喀则的仪式。11月下旬，以1个连留驻帕里。1952年7月15日，第154团进驻边防重镇亚东。8月17日，1个排进驻边疆前哨春丕堂和堆拉。③ 这样，人民解放军进驻了喜马拉雅山中段边防前线。

新疆骑兵师负责进驻阿里边防。1951年5月25日，中央军委下令先头部队侦察到噶大克的道路。5月28日，独立骑兵师第2团副团长安志明率领的后续部队280多人抵达扎麻芒保与先遣连会师。之后，连长曹海林带领52人留守扎麻芒保，"看守物资，护理病员"；安志明率领部队于6月6日往阿里西南出发，于6月29日进驻边境重镇普兰。7月5日，阿里专员赤门色、副专员满顿巴前来欢迎。8月3日，部队进驻噶大克，改编为阿里骑兵队，"由安志明所率部队和先遣连以及为执行剿匪任务而挺进到阿里的独骑师二团九连组成，安志明任支队长"④。同时，营长贺景福率第2连"追剿从新疆向阿里溃逃的哈萨克土匪"，进驻西部边防重镇日土。⑤

进驻战略要地波密和边防要地墨脱。波密在晚清至民国时期是一个特殊地区，习惯称"上下波密、门五错六寺和南方十八大谷"。门，即门巴族；错，"系门巴部落政权的通称"，门五错即卡布错、花扎错、背崩错、荷嘎错、达岗错；六寺，指墨脱地区的巴如寺、仁钦寺、得儿工寺、格林寺、罗帮寺、拉东寺；十八大谷，"远及非法的'麦克马洪线'以南，

---

① 《入藏部队可以生产与筑路并重》（1951年9月13日），《毛泽东军事文集》第6卷，第303页。
② 中共西藏自治区党史资料征集委员会编：《中共西藏党史大事记（1949—1966）》，第30—31页。
③ 魏克：《进军西藏日记》，第417、418页。
④ 南疆军区党史资料征集领导小组：《进军阿里》，参见中共西藏自治区委员会党史研究室编著《和平解放西藏与执行协议的历史记录》（上），第495页。安志明，阴法唐说为安子明，其身份为新疆骑兵师第2团副团长。见阴法唐《解放西藏：祖国大陆统一的最后一页》，《阴法唐西藏工作文集》（上），第280页。
⑤ 阴法唐：《解放西藏：祖国大陆统一的最后一页》，《阴法唐西藏工作文集》（上），第281页。

噶扎、那扎两个珞巴族部落亦受其统治"①。噶厦将上下波密划分为波堆、易贡、曲宗三个宗，将地东宗改称墨脱宗。1951年5月初，第52师第155团参谋长肖猛率领第6连169人从昌都出发，6月1日进抵通麦南之拉山。11月14日，肖猛率领第6连与从太昭进军的第155团第1营共同进驻则拉宗、足穆宗地区。②

进驻边防要地察隅。察隅（原名桑昂曲宗），"约有1000华里边防线，是中缅、中印交界的三角地带，是西藏边防的一个重要山口，也是缅甸、印度通向西藏的重要通道"。当时，印度军队占据了察隅河上的瓦弄，"经常沿察隅河而上，到察隅、竹瓦根一带活动"③。因此，民国时期曾经担任云南省主席的龙云深有体会，建议中共中央："在西藏察隅一带气候温暖，粮产丰富，并有一条公路进到察隅，和印度商业关系密切，应有一支兵从云南进到察隅"。中共中央采纳了这一建议，指示在云南的陈赓负责布置。④ 解放军解放察瓦弄、壁土后，察隅代表扎西两次到察瓦弄要求早日进军察隅。《十七条协议》公布后，西南军区指示必须在1951年10月1日前"进驻察隅边防要地"⑤。8月22日，团长高建兴率领1个营约600人"在辎重团约1800名运输人员配合保障下"⑥，从扎那出发察隅。该路"经门工、扎好、官房、祖秀、乌拉山、织妹至竹瓦根，9月2日抵达桑久，10月1日进驻察隅，10日抵达科麦，在僜人聚居的边防地带建立了国防前哨基地"⑦。进驻察隅后，高建兴派出1个排"进驻沙马前哨，以沙马河为界与印军对岗"。以1个连驻扎连接察瓦弄和察隅要道的竹瓦根，"保证供应线的畅通"⑧。一说10月3日，第42师第126团团长高建兴、营长郭献璜、教导员王杰敏率领一营和机炮连抵达怒江边察隅的察瓦弄地区。⑨ 10月25日，1个排

---

① 杨一真：《解放波密》，参见中共西藏自治区委员会党史研究室编著《和平解放西藏与执行协议的历史记录》（上），第497页。
② 杨一真：《解放波密》，参见中共西藏自治区委员会党史研究室编著《和平解放西藏与执行协议的历史记录》（上），第500页。
③ 王杰敏、申竹林、郭效孺：《回忆当年进军察隅》，参见中共西藏自治区委员会党史研究室编著《和平解放西藏与执行协议的历史记录》（上），第512页。
④ 《中央关于进军西藏的电报》（1950年1月24日），《建国以来刘少奇文稿》第1册，第410页。
⑤ 王杰敏、申竹林、郭效孺：《回忆当年进军察隅》，参见中共西藏自治区委员会党史研究室编著《和平解放西藏与执行协议的历史记录》（上），第513页。
⑥ 高建兴：《向察隅进军》，参见中共西藏自治区委员会党史研究室编著《和平解放西藏与执行协议的历史记录》（上），第510页。
⑦ 阴法唐：《解放西藏：祖国大陆统一的最后一页》，《阴法唐西藏工作文集》（上），第280页。
⑧ 王杰敏、申竹林、郭效孺：《回忆当年进军察隅》，参见中共西藏自治区委员会党史研究室编著《和平解放西藏与执行协议的历史记录》（上），第514页。
⑨ 王杰敏、申竹林、郭效孺：《回忆当年进军察隅》，参见中共西藏自治区委员会党史研究室编著《和平解放西藏与执行协议的历史记录》（上），第511页。

进至沙马。① 这样，人民解放军完成了进驻察隅边防的战备任务。

总结上述，张国华、谭冠三率部于1951年8月28日向拉萨进发，10月26日进驻拉萨。第18军独立支队8月22日由青海出发，12月1日进驻拉萨。接着，进驻江孜、日喀则、亚东等要地。新疆骑兵师组成的阿里支队进驻普兰、噶大克等要地，由滇入藏部队10月1日进驻西藏东南要地察隅。以1952年7月15日第154团进驻亚东"把五星红旗插上了喜马拉雅山"②为标志，"各路进藏部队按照预定部署，进驻拉萨和各边防要地"③。一些"关心"西藏的国家，尤其是美国对人民解放军进驻拉萨、江孜等交通要地和边防要地"感到恐慌"④。

总之，由于西藏居于特殊的地理环境、民族关系和宗教关系以及西方列强的觊觎，进军西藏巩固国防是一项特殊的战备任务，不仅要对进军部队精心挑选而且要进行特殊的政治训练。经过特殊的政治训练，第18军将士深刻认识进军西藏是最光荣的任务。不仅如此，进军西藏与进军其他省份不同，在政治上要执行正确的民族政策和宗教政策，实行民族区域自治，搞好统一战线；在经济上实行生产自给；在交通上构建运输网；这几方面加上进军战略要地和边防要地，一起构成特有的西藏高原国防体系。进军分为两步，第一步为军事进军，第二步为战备进军，人民解放军采取行之有效的进军措施，胜利完成了进军任务。"进军西藏的胜利，不仅标志着解放战争的结束，也使祖国大陆实现了完全统一；不仅标志着西藏'有边无防'历史的终结，而且使西藏人民近百年来受外敌欺凌和奴役的历史一去不复返了。"⑤

（原载《党史研究与教学》2021年第4期）

---

① 陈炳：《进军察隅》，参见西藏自治区政协文史资料编辑部编《西藏文史资料选辑》I，第73页。
② 阴法唐：《第二次长征与西藏和平解放》，《阴法唐西藏工作文集》（上），第288页。
③ 阴法唐：《解放西藏：祖国大陆统一的最后一页》，《阴法唐西藏工作文集》（上），第281页。
④ 魏克：《进军西藏日记》，第320页。
⑤ 阴法唐：《解放西藏：祖国大陆统一的最后一页》，《阴法唐西藏工作文集》（上），第282页。

三、经济史

中国共产党领导建设新中国的经济发展思想演进

洪银兴

南京大学长三角经济社会发展研究中心　南京大学经济学院

从 2010 年起我国作为发展中大国一跃成为世界第二大经济体,尤其是在新冠病毒肆虐全球之时,中国不但有效控制了病毒传播,而且在 2020 年世界经济受此影响全面衰退时,中国是唯一保持经济正增长的主要经济体。中国经济的奇迹可归结为经济发展的中国道路的成功,表明不走西方国家的发展道路,不采用西方经济模式,走中国特色社会主义发展道路,同样能取得经济上的成功。在庆祝中国共产党建党 100 周年之际,研究新中国党的经济发展思想随着时代的进步而演进的艰难历程,不仅可以发现习近平新时代中国特色社会主义经济思想产生的渊源,而且可以深刻理解进入新时代后,习近平新时代中国特色社会主义经济思想中包含的经济发展的新思想对新时代的中国乃至世界的重大贡献。

一、社会主要矛盾提出的重大发展任务

在新中国成立之初建立的新民主主义社会的经济任务是:发展新民主主义经济,稳步地变农业国为工业国;发展工农业生产,促进经济繁荣;多种经济成分分工合作,各得其所,以促进整个社会经济的发展。到 1952 年底,国民经济基本恢复,党中央就提出我国进入向社会主义社会过渡的时期,开始了国家工业化和社会主义改造的进程。在这个阶段服从于社会主义改造,建立社会主义经济制度的中心任务,社会主要矛盾毫无疑问是社会主义同资本主义的矛盾,工人阶级和资产阶级的阶级斗争成为当时的主要任务。到 1956 年,社会主义改造任务基本完成,再加上以国家工业化为主要内容的"一五"计划胜利完成,独立的工业体系也基本建立。当然,在当时党中央过高地估计了社会主义改造的形势,加速了社会主义改造的步伐,犯了要求过急、工作过粗、改变过快的错误,以致在过短时间内完成社会主义改造,遗留了一些有长期消极影响的问题。

1956 年 9 月召开的党的八大基于对当时形势的正确分析明确提出:社会主义制度在我

国已经基本上建立起来；国内主要矛盾已经不再是工人阶级和资产阶级的矛盾，而是先进的社会主义制度同落后的社会生产力之间的矛盾，是人民对于经济、文化迅速发展的需要同当前经济、文化不能满足人民需要的状况之间的矛盾；全国人民的主要任务是集中力量发展社会生产力。[1] 在八大路线的指引下，1956年和1957年是新中国成立以来经济发展最好的年份之一。党的八大关于我国主要矛盾和主要任务的表述在党的经济思想史上具有开创性意义。

可惜的是八大关于社会主要矛盾的正确判断没有得到坚持和贯彻。1958年5月召开的党的八届二中全会正式通过了"鼓足干劲、力争上游、多快好省地建设社会主义"的总路线，并且正式改变了八大关于国内主要矛盾已经转变的正确分析，认为当前我国社会的主要矛盾仍然是无产阶级同资产阶级、社会主义道路同资本主义道路的矛盾。1962年召开的八届十中全会进一步指出，在无产阶级革命和无产阶级专政的整个历史时期，在由资本主义过渡到共产主义的整个历史时期（这个时期需要几十年，甚至更多的时间）存在无产阶级和资产阶级之间的阶级斗争，存在社会主义和资本主义这两条道路的斗争。在这些情况下，阶级斗争是不可避免的。这样，"八大"路线又被"以阶级斗争为纲"的"左"的错误路线彻底取代，阶级斗争和两条道路斗争被视为加速经济发展的动力，发展生产力被曲解为无休止地追求生产关系升级的不断革命，从而使党的工作重心仍旧放在政治运动和阶级斗争上。尤其是1966年5月开始的持续十年之久的"文化大革命"，强调抓革命、促生产，无休止的搞阶级斗争，致使国民经济濒于崩溃。

1978年召开的党的十一届三中全会毅然摒弃了"以阶级斗争为纲"的错误方针，真正开始了把党和国家的工作转向以经济建设为中心。1981年6月，十一届六中全会通过的《关于建国以来党的若干历史问题的决议》第一次明确指出"我国的社会主义制度还是处于初级的阶段"。1987年10月召开的党的十三大系统地阐述了社会主义初级阶段理论。社会主义初级阶段不是泛指任何国家进入社会主义都会经历的起始阶段，而是特指我国在生产力落后、商品经济不发达条件下建设社会主义必然要经历的特定阶段。对社会主要矛盾的表述，党的十一届六中全会上明确指出：在社会主义初级阶段，我国社会的主要矛盾是人民日益增长的物质文化需要同落后的社会生产之间的矛盾。这个主要矛盾贯穿于我国社会主义初级阶段的整个过程和社会生活的各个方面，决定了这个阶段的根本任务是集中力量发展社会生产力。

基于社会主义初级阶段社会主要矛盾的科学判断，邓小平对社会主义初级阶段的根本任务提出了3个方面的重要思想。一是社会主义的本质是解放和发展生产力。邓小平强调不能

---

[1] 《中国共产党历史》（第二卷），中共党史出版社2011年版，第396页。

只讲发展生产力，应该把解放生产力和发展生产力两个讲全了。邓小平的社会主义本质和发展阶段理论，既是对马克思主义科学社会主义的回归，又是科学社会主义理论的发展与创新。二是1992年在南方讲话中提出"发展才是硬道理"的科学论断。同时提出"三个有利于"的评价标准，即"是否有利于发展社会主义社会的生产力，是否有利于增强社会主义国家的综合国力，是否有利于提高人民的生活水平"[1]。三是根据社会主义初级阶段的社会主义就是发展生产力的任务，要求在坚持社会主义基本制度的前提下采取各种有利于生产力发展的方式，包括利用多种所有制、市场经济、要素报酬等，创新充满活力富、有效率的体制机制。所有这些都是中国特色社会主义的具体体现。总的来说，依据社会主义初级阶段主要矛盾的科学判断，发展成为硬道理，经济建设成为中心，市场化取向的改革引领我国实现了30多年年均近10%的高速增长。

进入新时代，由于改革开放的推动，社会生产力水平明显提高，我国告别低收入阶段，进入了中等收入阶段。习近平总书记在党的十九大报告中指出："中国特色社会主义进入新时代，我国社会主要矛盾已经转化为人民日益增长的美好生活需要和不平衡不充分的发展之间的矛盾。[2]"其依据是，在人民需要方面，我国稳定解决了十几亿人的温饱问题，并将全面建成小康社会，人民美好生活需要日益广泛，不仅对物质文化生活提出了更高要求，而且在民主、法治、公平、正义、安全、环境等方面的要求日益增长。在社会生产力方面，我国社会生产力水平总体上显著提高，社会生产能力在很多方面进入世界前列。

社会主要矛盾的转化表明：第一，发展目标是满足人民日益增长的美好生活需要，体现以人民为中心的发展观。第二，矛盾的主要方面是发展的不平衡和不充分。所谓发展的不充分，最为突出的是由创新能力不足产生的核心技术供给不充分，由供给体系质量不高产生的有效供给不足。所谓发展的不平衡，涉及生态环境不堪重负的短板、农业现代化的短板、地区发展不平衡的短板等。第三，我国社会主要矛盾的变化，没有改变对我国社会主义所处历史阶段的判断。我国仍然处于并将长期处于社会主义初级阶段，我国是发展中大国的地位没有改变，只是表明我国进入了社会主义初级阶段的新阶段，需要解决新阶段的新矛盾。

基于新时代社会主要矛盾的科学判断，习近平提出发展是执政兴国的第一要务的论断。这就是习近平强调的："以经济建设为中心是兴国之要，发展是党执政兴国的第一要务，是解决我国一切问题的基础和关键。"[3] 相比发展是硬道理，作为第一要务的发展有特别的要求，就是习近平说的："发展是硬道理的战略思想要坚定不移，同时必须坚持科学发展，加大结构性改革力度，坚持以提高发展质量和效益为中心，实现更高质量、更有效率、更加公

---

[1]《邓小平文选》第3卷，人民出版社1993年版，第372页。
[2]《习近平谈治国理政》第3卷，外文出版社2020年版，第9页。
[3]《习近平关于社会主义经济建设论述摘编》，中央文献出版社2017年版，第8页。

平、更可持续的发展。"① 新时代发展的着力点是解决不能满足人民美好生活需要的发展的不平衡不充分问题。

二、发展理念及相应的经济发展方式转变

新中国成国之初，经过3年的国民经济恢复，于1953年开始实施发展国民经济的第一个五年计划（1953—1957年）。这是新中国制定的第一个有计划开展国家经济建设、推进国家工业化的宏伟计划。当时百废待兴，面对一穷二白的落后的农业大国的经济基础，一五计划时期的经济发展基本上是"铺新摊子"，以苏联援建的156个项目为中心，虽然属于外延型扩大再生产，但毕竟是从无到有建立现代工业。这是中国人民"站起来"的关键举措。经过全党、全国人民的努力，到1957年，第一个五年计划胜利实现，许多指标超额完成了任务，钢铁、煤炭、电力、石油、化工、军工等重要工业产品达到了苏联和日本30年代的水平，更远超旧中国，并开始了向若干尖端领域的迈进，为实现国家工业化打下了初步基础，强健了已站立起来的中国人民的筋骨。中国共产党人更在这一场伟大实践中，认真学习、掌握了许多领导现代化建设的知识，丰富了自身的经济建设的思想和理论。

毛泽东1956年4月发表的《论十大关系》，在初步总结我国社会主义建设经验的基础上，吹响了探索适合我国国情的社会主义建设道路的号角。《论十大关系》中与经济直接相关的有5个，即重工业和轻工业、农业的关系，沿海工业和内地工业的关系，经济建设和国防建设的关系，国家生产单位和生产者个人的关系，中央和地方的关系等。该文实际上是针对苏联长期优先发展重工业，单纯追求速度的经济发展方式提出不同的理念，强调部门之间、地区之间协调发展和统筹兼顾各方面利益关系，试图在中国开辟一条同苏联道路有所不同的社会主义工业化道路。

"一五"计划的成功，三大改造的基本完成，促使党的领导层过分相信主观能动性，以及在经济上"超英赶美"的决心。党的八大后不久，犯了指导思想上"左"的错误，在1958年轻率地发动了"大跃进"和农村人民公社化运动，经济工作出现了不尊重经济规律，追求高指标、瞎指挥，刮浮夸风和"共产风"。最终受到经济规律的惩罚，给经济造成了重大损失。再加上三年自然灾害，以及苏联毁约、撤走专家，造成了国民经济的严重困难。

1960年冬，党中央决定对国民经济实行"调整、巩固、充实、提高"的方针。针对"大跃进"时期刮"共产风"、否认商品货币关系等"左"倾思想及其产生的后果，在毛泽东的倡导下，中央领导同志学习斯大林的《苏联社会主义经济问题》和苏联《政治经济学》教科书社会主义部分，在此基础上思考中国的经济建设道路，提出了不仅对当时而且对中国

---

① 《习近平关于社会主义经济建设论述摘编》，中央文献出版社2017年版，第10页。

的长远发展都起重要影响的经济思想。首先是重视对社会主义经济规律的研究，强调价值规律的作用。其次是提出了国民经济综合平衡的思想。提出以农业为基础、以工业为主导的思想，建设规模必须同国力相适应，必须兼顾人民生活和国家建设，制订计划必须做好物资、财政、信贷综合平衡的观点。最后是萌发改革经济体制的思想。这几个方面在当时实际上涉及经济增长方式的调整，虽然还只是局限在速度和比例关系的调整上。其效应是国民经济从1962年到1966年得到了比较顺利的恢复和发展。可惜的是"文革十年"，"左"的指导思想打断了中国经济正常发展，致使许多经济领域处于崩溃的边缘。

中国的改革开放初期更为重视通过改革来解放生产力。依靠改革激发企业活力和要素投入，在增长方式上突出一个"快"字。经济发展速度明显加快，城市化、工业化取得明显进展，人民收入水平明显提高。与此同时产生了环境污染、收入差距过分扩大，地区和部门之间发展不平衡等问题。党中央及时发现增长不等于发展，只是靠市场化改革不能完全解决发展问题，增长的质量和效益问题涉及增长方式问题。1995年党的十四届五中全会明确提出实行两个根本性转变的要求：一是经济体制从传统的计划经济体制向社会主义市场经济体制转变；二是经济增长方式从粗放型向集约型转变。这是我们党第一次提出增长方式转变问题。自此以后，转变经济增长方式问题受到了各方面的关注。2002年党的十六大提出新型工业化道路，即以信息化带动工业化，以工业化促进信息化，走出一条科技含量高，经济效益好，资源消耗低，环境污染少，人力资源优势得到充分发挥的工业化道路．这是转变经济增长方式的体现。

对转变增长方式的思考必然要上升到发展观的转变。2003年党的十六届三中全会提出，坚持以人为本，树立全面、协调、可持续的发展观，促进经济社会和人的全面发展。这是党中央首次明确提出发展观的概念。2007年党的十七大对科学发展观作了明确的概括："科学发展观，第一要义是发展，核心是以人为本，基本要求是全面协调可持续，根本方法是统筹兼顾。"根据科学发展观，党的十七大报告将转变经济增长方式改为转变经济发展方式，强调走"生产发展，生活富裕，生态良好"的文明发展道路。党的十七届五中全会关于"十二五"规划的建议进一步明确了转变经济发展方式的内涵。一是将经济结构战略性调整作为主攻方向；二是将科技进步和创新作为重要支撑；三是将保障和改善民生作为根本出发点和落脚点；四是将建设资源节约型、环境友好型社会作为重要着力点。在经济发展的实践中由"快"字当头转变为"好"字当头，突出又好又快，突出发展的质量和效益，突出保护生态和环境，突出人民分享发展成果，突出可持续发展。发展效果是明显的。到2010年我国的经济总量达到世界第二，2012年人均GDP达6338美元，进入中等收入国家行列。

进入新时代后，支持30多年高速增长的增长要素已经得到了充分释放，潜在经济增长率出现了下降的趋势，主要表现是：随着农业剩余劳动力转移放慢，剩余劳动力支持的低成本劳动力供给明显减少。随着人口红利明显减少，老龄化社会也随之到来，支持高投资的高储蓄不可持续。随着物质要素供给的不可持续，能源、资源、环境的瓶颈约束正在成为增长的自然界限。在此背景下，持续30多年的高速增长不可持续，转向中高速增长不可避免。这种状况被习近平称为经济新常态。基于经济新常态及进入新时代后的发展任务，习近平在党的十八届五中全会提出了创新、协调、绿色、开放、共享的新发展理念。新发展理念规定了由高速增长转向高质量发展的核心内容。

第一，创新是高质量发展的第一动力。中国进入新时代的一个重要标志就是从要素驱动、投资驱动转向创新驱动。作为驱动力的创新包含多方面，其核心是科技创新。科技创新的着力点是创新处于国际前沿的核心技术。核心技术是国之重器。既需要以研发核心高新技术为导向的基础研究，也需要推动占领产业制高点的产业创新。将科技创新与产业创新融合，建立有利于创新成果产业化的机制和通道。

第二，协调是高质量发展的形态。习近平指出："协调既是发展手段又是发展目标，同时还是评价发展的标准和尺度，再比如，协调是发展两点论和重点论的统一。"[①] 协调是经济持续健康发展的内在要求。协调的重要性在于有效解决发展的不平衡问题。

第三，绿色是高质量发展的内在要求。人与自然和谐共生是生态文明时代人民对美好生活的追求。在生态文明的时代，"绿水青山就是金山银山"。干净的水、清新的空气、多样性的生物、绿色的环境是宝贵的生态财富。经济发展不仅要谋求物质财富，还要谋求生态财富。保护生态环境就是保护生产力、改善生态环境就是发展生产力。

第四，开放是高质量发展的内外联动发展的机制。改革开放初期对外开放利用国际国内两种资源、两个市场获得了全球化的红利。新时代的开放发展就是要根据习近平构建人类命运共同体的思想，建立高质量的开放型经济体系，在更大范围、更宽领域、更深层次上提高开放型经济水平。

第五，共享是高质量发展的根本目的。习近平提出的共享发展的理念就是："必须坚持发展为了人民、发展依靠人民、发展成果由人民共享，作出更有效的制度安排，使全体人民在共建共享发展中有更多获得感。"[②] 全民共享是目标，全面共享是内容，共建共享是基础，渐进共享是途径。共享发展，首先是发展，即举全民之力不断把"蛋糕"做大。其次是把不断做大的"蛋糕"分好，让社会主义制度的优越性得到更充分的体现，让人民群众有更多获得感。[③]

根据新发展理念，从高速增长转向高质量发展，强调的是经济效益、社会效益和生态效益的结合，体现的是人与经济社会自然相协调的一种包容性的增长，是满足人民美好生活需

[①] 《习近平关于社会主义经济建设论述摘编》，中央文献出版社2017年版，第35页。
[②] 《习近平关于社会主义经济建设论述摘编》，中央文献出版社2017年版，第43页。
[③] 洪银兴：《中国特色社会主义政治经济学的最新成果》，《中国社会科学》2018年第7期。

要的发展,是人与自然和谐共生的发展。

三、社会主义现代化的目标和基本路径

现代化是中国人的百年梦想。新中国成立以后历届中央领导集体都把实现社会主义现代化作为发展目标。对现代化的内涵在不同的发展阶段有不同的表述。

1954年9月,周恩来在一届全国人大第一次会议《政府工作报告》中首次提出"四个现代化":"我国的经济原来是很落后的。如果我们不建设起强大的现代化的工业、现代化的农业、现代化的交通运输业和现代化的国防,我们就不能摆脱落后和贫穷,我们的革命就不能达到目的。"1956年党的八大通过的党章又把这"四个现代化"写进了总纲。周恩来1963年1月在上海提出:"我们要实现农业现代化、工业现代化、国防现代化、科学技术现代化,简称'四个现代化'。把我国建设成为一个社会主义强国,关键在于实现科学技术现代化。"1975年1月,周恩来在四届全国人大一次会议《政府工作报告》中,再次发出"在本世纪内,全面实现农业、工业、国防和科学技术的现代化,使我国国民经济走在世界的前列"的号召。我国的"四个现代化"的提法就一直延续至今。遗憾的是,由于长期的阶级斗争,党的工作重心一直没有能够转到经济建设,现代化没有成为行动。直至改革开放开始时中国经济发展水平在世界上仍然处于低收入国家水平。就如1979年邓小平所说:"现在中国仍然是世界上很贫穷的国家之一";中国的"科学技术水平从总体上看要比世界先进国家落后二三十年"[①]。

改革开放开始以后,现代化不仅由目标转为行动,而且有了具体部署。1987年邓小平从我国人口多、底子薄的国情出发,设计了分"三步走"实现现代化的宏伟蓝图:第一步,从1981年到1990年国民生产总值翻一番,解决人民的温饱问题;第二步,从1991年到20世纪末使国民生产总值再增长一倍,人民生活达到小康水平;第三步,到21世纪中叶人均国民生产总值达到中等发达国家水平,人民生活比较富裕,基本实现现代化。然后,在这个基础上继续前进。邓小平把"温饱""小康""富裕"作为经济发展的三步战略目标,使人民能够生动地、直观地认识和切身感受到这个目标的实现过程。2002年党的十六大报告明确提出21世纪中叶基本实现现代化,其中头20年全面建设惠及十几亿人口的全面小康社会的目标。将全面小康社会建设包含在现代化的进程中,并作为现代化的具体阶段来推进,是中国特色的现代化道路的重要组成部分。

由于改革开放的推动,我国提前解决了人民温饱问题,人民生活总体上达到小康水平,也就是邓小平所讲的"三步走"中的第一步已经实现。在这个基础上,以习近平为核心的

---

① 《邓小平文选》第2卷,人民出版社1983年版,第163页。

党中央在党的十八大明确了"两个一百年"奋斗目标：到建党一百年时建成经济更加发展、民主更加健全、科教更加进步、文化更加繁荣、社会更加和谐、人民生活更加殷实的小康社会。到新中国成立一百年时，基本实现现代化，把我国建成社会主义现代化国家。党的十九大开启了全面建设社会主义现代化国家的新征程，并且绘就了两个阶段实现社会主义现代化的蓝图。第一个阶段，从2020年到2035年，基本实现社会主义现代化。第二个阶段，从2035年到21世纪中叶，把我国建成富强民主文明和谐美丽的社会主义现代化强国。现代化蓝图体现了高质量开启现代化进程的要求。基于小康社会全面建成，根据党的十九大绘就的蓝图，十九届五中全会对2035年基本实现社会主义现代化远景目标作了部署，基本实现现代化在经济上的目标可以概括为：进入创新型国家前列；基本实现新型工业化、信息化、城镇化、农业现代化，建成现代化经济体系；美丽中国建设目标基本实现；形成对外开放新格局；人均国内生产总值达到中等发达国家水平；中等收入群体显著扩大；全体人民共同富裕取得更为明显的实质性进展。

发展中国家的现代化有必要遵循现代化的一般规律，但必须结合本国的国情及新的国际国内经济社会政治环境，走出具有自己特色的现代化道路。进入新时代后，现代化理论所涉及的现代化目标及其内容有了新的发展和突破。

首先，现代化的领域。过去讲的是工业、农业、科技和国防四个现代化，现在强调的是新型工业化、信息化、城镇化、农业现代化"四化"同步，这是经济领域现代化的主要内容，特别强调"同步"。

其次，现代化的社会主义特征。习近平强调："消除贫困、改善民生、逐步实现共同富裕，是社会主义的本质要求，是我们党的重要使命。"① 在党的十九届五中全会上习近平明确指出，共同富裕是社会主义的本质要求，是人民群众的共同期盼。我们必须把促进全体人民共同富裕摆在更加重要的位置，脚踏实地，久久为功，向着这个目标更加积极有为地进行努力。为此，党中央"十四五"规划建议在2035年基本实现社会主义现代化远景目标中提出"全体人民共同富裕取得更为明显的实质性进展"，在改善人民生活品质部分突出强调了"扎实推动共同富裕"。

再次，现代化的中国道路。进入生态文明时代所要建设的现代化是人与自然和谐共生的现代化，既要创造更多物质财富和精神财富以满足人民日益增长的美好生活需要，也要提供更多优质生态产品以满足人民日益增长的优美生态环境需要。这样，现代化的中国道路是绿色发展和创新发展。创新就成为现代化的第一动力，党的十九届五中全会则进一步强调坚持创新在现代化建设全局中的核心地位，把科技自立自强作为国家发展的战略支撑。2035年

---

① 《习近平谈治国理政》第2卷，外文出版社2017年版，第83页。

跻身创新型国家前列成为基本实现现代化的重要标志。

最后,建设现代化经济体系。过去关于现代化的讨论过于关注 GDP 的指标,以 GDP 指标衡量现代化,以抓 GDP 来推进现代化。现在高质量开启现代化就是党的十九大提出的建设现代化经济体系。这是转变发展方式、优化经济结构、转换增长动力跨越由全面小康转向现代化建设的"关口"的行动。现代化经济体系根据习近平的讲话精神,涉及创新引领、协同发展的产业体系,彰显优势、协调联动的城乡区域发展体系,资源节约、环境友好的绿色发展体系,体现效率、促进公平的收入分配体系,多元平衡、安全高效的全面开放体系,统一开放、竞争有序的市场体系,充分发挥市场作用、更好发挥政府作用的经济体制。现代化经济体系可以说是新时代发展理论中具有深刻内涵的崭新概念。

四、克服二元结构的农业现代化路径

新中国在成立初期是落后的农业大国,工业尤其是现代工业比重很小,谈不上二元结构。这即毛泽东在七届二中全会上所说:"中国工业和农业在国民经济中的比重,就全国范围来说,在抗日战争以前,大约是现代性的工业占 10% 左右,农业和手工业占 90% 左右。这是帝国主义制度和封建制度压迫中国的结果。这是旧中国半殖民地和半封建社会性质在经济上的表现,这也是在中国革命的时期内和在革命胜利以后一个相当长的时期内一切问题的基本出发点。"[①] 因此毛泽东十分忧虑地说:"现在我们能造什么?能造桌子椅子,能造茶碗茶壶,能种粮食,还能磨成面粉,还能造纸,但是,一辆汽车、一架飞机、一辆坦克、一辆拖拉机都不能造。"[②] 因此"一五"时期党的指导思想是推进国家工业化,优先发展重工业。这可以说是当时建立独立的现代工业体系的必然选择。其效果也是明显的。"一五"计划完成,现代工业体系建立了起来,现代工业和落后农业并存的二元结构就此形成。克服二元结构的基本路径是提升农业农村的发展水平。毛泽东在《论十大关系》中提出,工业化不单纯是工业问题,也不单纯是重工业问题,涉及重工业、轻工业和农业的发展关系问题。但是,1957 年底开始的"大跃进"运动,全民大炼钢铁,轻视农业,结果是出现连续三年的农业歉收和国民经济的困难。1962 年起进行的国民经济调整在很大程度上调整工业和农业的关系。中央认识到"以钢为纲"片面发展钢铁,其结果是挤压了农业、轻工业,造成了国民经济比例的严重失调,人民生活水平的大幅下降。毛泽东在庐山会议前期总结教训时指出:生产资料优先增长的规律是一切社会扩大再生产的共同规律。我们把这个规律具体化为在优先发展重工业的条件下,工农业同时并举。过去是重、轻、农、商、交,现在强调把农

---

① 《毛泽东选集》第 4 卷,人民出版社 1991 年版,第 1430 页。
② 《毛泽东文集》第六卷,人民出版社 1999 年版,第 329 页。

业搞好，次序改为农、轻、重、交、商。这样并不违反马克思主义。不久后中央根据毛泽东的这一思想提出了"以农业为基础，以工业为主导"的发展国民经济的总方针。问题是出于农业中人民公社制度压抑农民的劳动积极性、工农业产品价格的剪刀差剥夺农业等原因，即使明确了农业的基础地位，农业的落后、农民的贫困问题依然长期得不到改变。工农、城乡二元结构问题非常突出。

我国从农村开始的改革，开始了二元结构现代化的进程。在"富起来"的时代推动农业现代化进程的改革和发展路径主要在三个方面。一是以农民家庭承包责任制为内容的改革，结束人民公社制度，从家庭财产和经营制度上调动农民的生产和经营积极性。二是改革农产品流通体制，农产品进入市场，农产品价格放开，随行就市，不仅把农民推向了市场，而且增加了农产品的市场收益。三是农村发展乡镇企业，开始了在农村推进工业化和以城镇化推进城市化的进程。创造了在"三农"之外带动"三农"发展的道路：以非农化解决农业问题，以城市化解决农村问题，以劳动力转移解决农民问题。其效果非常明显，不仅大大加快了工业化进程，中国迅速由农业大国转变为新兴的工业国家；而且农业、农民和农村的发展水平也比过去大大提高。四是十届全国人大四次会议通过决议，庄严宣布在全国范围内彻底取消除烟叶以外的农业特产税、全部免征牧业税，中国延续了2600多年的"皇粮国税"走进了"历史博物馆"，由此带动，农民负担大大减轻。五是党的十七大提出了在新的历史起点上"统筹城乡发展，推进社会主义新农村建设"的要求。由此提出中国特色的城乡统筹推进农业现代化道路。其主要路径是，建立以工促农、以城带乡的长效机制，形成城乡经济社会发展一体化新格局。

进入新时代，单纯突出工业化的现代化，不可避免会出现农业现代化相对滞后的状况，农业、农民和农村的发展状况成为"四化同步"的短板。对此习近平指出：即使将来城镇化达到70%以上，还有四五亿人在农村，农村绝不能成为荒芜的农村、留守的农村、记忆中的故园，城镇化要发展，农业现代化和新农村建设也要发展，同步发展才能相得益彰。[①]这意味着"三农"现代化需要由非农发展带动转向直面"三农"发展，即农业现代化（农业强）、农村现代化（农村美）、农民现代化（农民富）。

根据习近平关于"三农"现代化的思想，新时代推进的"三农"现代化可以归结为3个方面。一是农业供给侧改革。改变农业发展范式，提高农业质量效益和竞争力。已有的农业发展范式可归结为"剩余"范式，即追求农业剩余，剩余农业劳动力转移。所要转向的农业发展新范式是追求品质农业，转向"品质和附加值"范式。构建与居民消费快速升级相适应的高质高效的现代化农业产业体系。二是乡村振兴，以振兴乡村为抓手推动"三农"

---

① 习近平：《农村绝不能成为荒芜的农村》，新华网，2013年7月22日。

现代化。农村最基层的是乡村,没有乡村的现代化就没有农村的现代化。乡村振兴是包括产业振兴、人才振兴、文化振兴、生态振兴、组织振兴的全面振兴。三是城乡发展一体化。推动城市发展要素通过"化"到城镇而化到农村,从根本上改变农村的落后面貌。这是城市要素的城镇化,是城市生活方式向农村扩展,城乡发展一体化涉及城乡规划、就业服务、社会保障、公共服务、城市管理"五个一体化"。四是新型城镇化,不只是指农民进城,核心是人的城镇化。一方面有序推进农业转移人口市民化,努力实现城镇基本公共服务常住人口全覆盖。另一方面农民市民化,农民享受城市文明。这就要求将提供给市民的机会和设施安排到农村城镇,扩大城镇就业的机会,把高质量的教育、文化医疗设施办到农村城镇,增加农村特别是城镇的公共产品、公共设施和商业设施的供给。由此解决农民不进入城市就能享受到各种与市民同等的权利。

五、经济发展的供给侧和需求侧调节机制

习近平指出:"供给侧和需求侧是管理和调控宏观经济的两个基本手段。"在不同的发展阶段,"经济政策是以供给侧为重点还是以需求侧为重点,要依据一国宏观经济形势作出抉择"[①]。调控经济发展的机制和政策既需要给经济增长提供动力,又需要给经济增长提供方向。供给侧和需求侧的提法只是在进入新时代才提出,但在实践中在不同时期、不同程度存在这两侧的调节政策,只是侧重点不同。

新中国成立初期在短缺经济背景下逐步建立起的计划经济体制对经济发展采取的是供给侧管理。表现为从上到下的指令性生产计划,统购统销的流通体制。基本的方式是,在"发展经济,保障供给"的思想指导下以下达的数量指标调控发展,需要快速发展时调高生产和基建指标,经济出现问题需要调整时则调低指标。针对"大跃进"的教训,党中央在1959年的庐山会议上提出了综合平衡的要求。综合平衡涉及3个重要平衡:农业本身的农、林、牧、副、渔之间的平衡,工业内部的平衡,工业和农业的平衡。整个国民经济的比例关系,是在这些基础上的综合平衡。显然,所谓的综合平衡也是从供给侧入手的。这是在短缺经济背景下计划经济管理的方式。

富起来时代的市场化改革实际上是需求侧的改革,建立由市场来决定资源配置的体制机制也就是转向需求侧调节:在微观上,强化市场竞争机制,突出市场需求导向,取消指令性计划等。在宏观上,一方面从总需求入手建立宏观总量调控机制,明确消费、投资、出口三驾马车协同拉动经济增长,突出消费需求的拉动作用。另一方面,面向总需求的宏观调控转向财政和货币政策,相机采取紧缩性的、扩张性的或平衡性的财政和货币政策,宏观经济管

[①]《习近平关于社会主义经济建设论述摘编》,中央文献出版社2017年版,第99页。

理转向需求管理是在告别短缺经济转向剩余经济背景下市场经济的调节方式,目的是更多发挥市场的调节作用,以需求压力和导向提高效益和效率。

进入新时代,党中央发现,只是在需求侧进行改革和需求管理,并不能有效解决经济运行的效率和供给质量,不能满足人民美好生活的需要。这就涉及供给侧的结构性问题。在2015年底的中央经济工作会议上习近平总书记发出了推进供给侧结构性改革的号令:"在适度扩大总需求的同时,着力加强供给侧结构性改革,着力提高供给体系质量和效率,增强经济持续增长动力,推动我国社会生产力水平实现整体跃升。"① 在庆祝改革开放40周年大会上习近平的讲话中再次明确"我们要坚持以供给侧结构性改革为主线"。供给侧结构性改革是我国进入新时代后推动经济发展的主线。与计划经济年代的供给侧调节不同,这是在市场经济基础上剩余经济背景下的供给侧调控。

供给和需求是市场经济内在关系的两个基本方面,习近平从调节经济发展方式的角度指出:"需求侧管理重在解决总量性问题,注重短期调控,主要是通过调节税收、财政支出、货币信贷等来刺激或抑制需求,进而推动经济增长。供给侧管理,重在解决结构性问题,注重激发经济增长的动力。"② 显然,供给侧调节注重长期发展,是实现高质量发展有效调控方式。与一般的调整生产关系的改革不同,供给侧结构性改革是要解决发展本身的问题。"供给侧结构性改革,说到底最终目的是满足需求,主攻方向是提高供给质量,根本途径是深化改革。"③

首先,着力振兴实体经济。实体经济是一国经济的立身之本、财富之源。现实中存在虚拟经济就出现"脱实向虚"的现象,其原因除了虚拟经济领域中存在的"一夜暴富"的诱人投机现象外,最重要的是实体经济企业因负担太重无利可图而投资不足。因此,供给侧结构性改革目标还是要实体经济发力,需要足够的对实体经济的支持,在实体经济领域培育发展的新动能,在高质量发展中增强实体经济企业的盈利能力。

其次,提高供给体系的质量和效率。供给体系质量和效率低的突出表现是有效供给不足和无效产能过剩并存。如习近平所说,"我国供给体系产能十分强大,但大多数只能满足中低端、低质量、低价格的需求"。④ 进入中等收入阶段后,解决了温饱问题后居民的消费需求开始转型,更为关注健康、安全、卫生、档次方面的需求。而生产和服务还停留在低收入阶段的供给,追求数量、不重视质量,为生产而生产,不能适应进入中等收入阶段以后消费需求的新变化,满足中高端消费的中高端产品和服务供给不足,不能满足多样化、个性化、

---

① 《习近平关于社会主义经济建设论述摘编》,中央文献出版社2017年版,第87页。
② 《习近平关于社会主义经济建设论述摘编》,中央文献出版社2017年版,第99页。
③ 《习近平关于社会主义经济建设论述摘编》,中央文献出版社2017年版,第115页。
④ 《习近平关于社会主义经济建设论述摘编》,中央文献出版社2017年版,第113页。

高端化需求，势必产生有效供给不足、无效产能过剩、中低端产品过剩问题。这些结构性问题需要在供给侧结构性改革中得到解决。改革目标就是习近平指出的："优化现有生产要素配置和组合，提高生产要素利用水平，促进全要素生产率提高，不断增强经济内生增长动力。"① 习近平形象地用加减乘除法来说明结构调整的路径："加法就是发现和培育新增长点，减法就是压缩落后产能、化解产能过剩，乘法就是全面推进科技、管理、市场、商业模式创新，除法就是扩大分子、缩小分母，提高劳动生产率和资本回报率，这是调结构这个四则运算的最终目标。"② 质量变革、效率变革、动力变革就成为提高全要素生产率的基本途径。

最后，克服供给侧的动力不足问题，培育发展新动能。首先是激发市场主体的活力。与需求侧突出的市场选择不同，供给侧则突出经济激励，提供发展的动力。已有的改革解决了产权制度的动力问题，但供给侧仍显动力不足。突出表现是企业的高税负、高利息、高社会负担。企业分享不到发展的成果也就缺少发展的动力和活力。供给侧对市场主体的激励：一是降低企业税、费、利息和社会负担，降低企业成本，使企业"轻装上阵"；二是保护企业家财产，激励企业家精神。③ 其次是培育新动能。供给侧结构性改革就同发展是硬道理一样，是需要长期实行的发展政策，有着长远的目标。在去产能、去库存、去杠杆取得明显进展的同时，需要进一步转向培育新动能。关于新动能，习近平指出："既要紧盯经济发展新阶段、科技发展新前沿，毫不动摇把发展新动能作为打造竞争新优势的重要抓手，又要坚定不移地把破除旧动能作为增添发展新动能、厚植整体实力的重要内容。"④ 党的十九大明确在现阶段所要培育的新动能主要涉及中高端消费、创新引领、绿色低碳、共享经济、现代供应链和人力资本服务等领域。

在习近平看来，供给侧与需求侧的调节，"二者不是非此即彼、一去一存的替代关系，而是要相互配合、协调推进"⑤。近年来，在中美贸易摩擦及新冠肺炎疫情在世界流行从而导致世界经济出现衰退的背景下，我国经济发展同样面临需求不足和经济下行的压力。党中央及时提出"六稳"（稳就业、稳金融、稳外贸、稳外资、稳投资、稳预期）和"六保"（保居民就业，保基本民生，保市场主体，保粮食能源安全，保产业链供应链稳定，保基层运转）的任务。这时刺激需求，在需求端激发活力就显得非常重要。不仅如此，新发展格局所要求的，以国民经济的内循环为主体也需要有足够的市场需求。因此党的十九届五中全

---

① 《习近平关于社会主义经济建设论述摘编》，中央文献出版社2017年版，第108页。
② 《习近平关于社会主义经济建设论述摘编》，中央文献出版社2017年版，第82页。
③ 洪银兴：《准确认识供给侧结构性改革的目标和任务》，《中国工业经济》2016年第6期。
④ 习近平：《在深入推进长江经济带发展座谈会上的讲话》，《求是》2019年第17期。
⑤ 《习近平关于社会主义经济建设论述摘编》，中央文献出版社2017年版，第99页。

会提出深化需求侧改革与供给侧改革相配合的思路。这两者的结合体现调控发展的长期目标和短期目标的结合。

六、经济发展格局的演进

发展格局涉及国民经济内部循环与外部循环及相互关系的布局。

改革开放前的30年除了"一五"计划期间引进苏联156个重大项目外，我国的经济基本上处于内循环状态，主要原因是国际上对新中国的经济封锁。

改革开放后，我们党把对外开放明确为一项长期的基本国策，由此打开了国门，1980年党中央决定建深圳经济特区。以此为标志中国全面开放，参与到经济全球化的进程。1997年，党的十五大进一步明确对外开放是要更好地利用国内国外两个市场、两种资源，鼓励经济特区、上海浦东新区在体制创新、产业升级、扩大开放等方面继续走在前面，发挥对全国的示范、辐射、带动作用。特别是强调正确处理对外开放同独立自主、自力更生的关系，维护国家经济安全。党的十六大关于协调发展的五个统筹包括统筹对外开放和国内发展。党的十七大则明确提出了完善内外联动、互利共赢、安全高效的开放型经济体系，形成经济全球化条件下参与国际经济合作和竞争新优势的要求。这样，我国不仅能够利用国外资源和国际市场，同时也使我国经济在参与国际竞争中增强了国际竞争力。胡锦涛同志在党的十七大报告中，把坚持独立自主同参与经济全球化结合起来，作为我国巩固和发展社会主义的十大"宝贵经验"之一。

中国经济进入新时代，对外开放也进入新时代。2013年，习近平在博鳌亚洲论坛上指出："中国将在更大范围、更宽领域、更深层次上提高开放型经济水平。"[①] 根据习近平开放发展的理念，新时代的开放发展具有如下特点：首先，建设人类命运共同体。与特朗普政府推行"美国优先"的逆全球化政策相反。习近平扛起了继续推动全球化的大旗，明确提出建设人类命运共同体的科学论断。其内涵就是他所说的：坚持对话协商，建设一个持久和平的世界；坚持共建共享，建设一个普遍安全的世界；坚持合作共赢，建设一个共同繁荣的世界；坚持交流互鉴，建设一个开放包容的世界；坚持绿色低碳，建设一个清洁美丽的世界。根据建立人类命运共同体的思想，建设"丝绸之路经济带"和"21世纪海上丝绸之路"的战略构想以政策沟通、设施联通、贸易畅通、资金融通、民心相通为主要内容，全方位推进与沿线国家合作，构建利益共同体、命运共同体和责任共同体，深化与沿线国家多层次经贸合作，带动我国沿边、内陆地区发展。其次，推动形成全面开放新格局。2018年4月，习近平在博鳌亚洲论坛上提出："坚持引进来和走出去并重，推动形成陆海内外联动、东西双

[①]《习近平关于社会主义经济建设论述摘编》，中央文献出版社2017年版，第287页。

向互济的开放格局,实行高水平的贸易和投资自由化便利化政策,探索建设中国特色自由贸易港。"这个对外开放新格局体现高质量的开放发展。具体表现在:第一,在提升向东开放的同时,推进与"一带一路"沿线国家合作,加快向西开放步伐,推动内陆沿边地区成为开放前沿。第二,进口与出口并重。2018年在上海举办第一届进博会,2020年在北京举办中国国际服务贸易交易会。第三,扩大引进外资的领域和深度。不仅以负面清单保障外资进入中国的领域,而且进一步放开对外资进入的限制,尤其是金融领域的进一步开放。第四,建立对外开放的新载体。为推动资源和商品更为便利的国际流动,实行高水平的贸易和投资自由化、便利化政策,设立自由贸易试验区、自由贸易港。

当今时代面临世界百年未有之大变局。某些发达国家推行反全球化政策,保护主义盛行,特别是美国特朗普政府挑起中美贸易摩擦,企图与中国在科技、产业等领域脱钩。再加上2020年在全球肆虐的新冠病毒导致世界经济衰退,使一系列全球产业链断裂。在此背景下,中国不仅要扛起继续推动全球化的大旗,还要根据自身发展的需要,推动形成以国内大循环为主体、国内国际双循环相互促进的新发展格局。正如习近平2020年8月24日在经济社会领域专家座谈会上所指出的:"这个新发展格局是根据我国发展阶段、环境、条件变化提出来的,是重塑我国国际合作和竞争新优势的战略抉择。近年来,随着外部环境和我国发展所具有的要素禀赋的变化,市场和资源两头在外的国际大循环动能明显减弱,而我国内需潜力不断释放,国内大循环活力日益强劲,客观上有着此消彼长的态势。"实际上我国自2008年国际金融危机以来,我国经济已经在向以国内大循环为主体转变。依托规模处于世界前列的国内市场,抓住扩大内需这个战略基点,使生产、分配、流通、消费更多依托国内市场,提升供给体系对国内需求的适配性,形成了需求牵引供给、供给创造需求的更高水平动态平衡。

新发展格局是开放的国内国际双循环。适应开放发展的需要及新发展格局,我国的开放型经济发生战略性变化,最为突出的是,出口导向的开放型经济转向需求导向的开放型经济。开放服务于产业结构的升级,特别是发展战略性新兴产业,占领科技和产业的世界制高点。推动产业创新的核心技术是买不来、讨不来的,需求导向的核心是以创新为导向发展开放型经济,体现增长的内生性。创新导向的开放型经济具有4个特征。第一,以出口高科技的绿色产品替代资源密集型产品,特别是要替代高能源消耗高污染产品出口。第二,以进口核心技术的中间产品替代进口一般的最终产品。第三,升级外商直接投资。在有序放宽市场准入同时,注重外资质量。引进的外资以创新为导向进行选择:进入的环节是高新技术研发环节,鼓励外资在中国本土创新研发新技术;进入的产业是国际先进的新兴产业。第四,着力引进创新资源,尤其着力引进高端科技和管理人才,进行开放式创新。

我国的产业参与国际国内双循环关键在产业链上部署创新链,提升产业链现代化水平。

面对我国多个产业的全球产业链中断,不仅需要疏通产业的上下游关系,保持产业链供应链的稳定性和竞争力,还要建立自主可控的现代产业体系。我国的产业现状如习近平总书记所说:我国关键核心技术受制于人的局面尚未根本改变,创造新产业、引领未来发展的科技储备远远不够,产业还处于全球价值链中低端。因此习近平提出:围绕产业链部署创新链,把科技创新真正落到产业发展上。在产业链上部署创新链有两个方向。首先,依托所拥有的高端技术布局以我国为主导全球价值链。拥有自主知识产权的核心技术的优势产业需要围绕创新链布局产业链。建立达到世界先进水平的产业链;其次,处于全球价值链中低端环节向中高端攀升也要布局创新链。其路径就是对处于高端环节的技术消化吸收再创新,边干边学,掌握中高端环节的核心技术。

新发展格局是开放的相互促进的国内国际双循环。如何实现内循环和外循环相互促进?习近平指出:"站在国内国际两个大局相互联系的高度,审视我国和世界的发展。"[①] 具体要求:一是坚持出口和进口并重。较过去的出口导向,更为重视进口,利用超大规模的国内市场,以"进"促"出"。二是"引进来"和"走出去"并重。提高国际投资合作水平。较过去的突出"引进来",更为关注"走出去",尤其是以全球价值链的方式进入"一带一路"国家和地区。三是引资引技引智并举。较过去突出引进外资,更为重视引进创新要素,包括升级外商直接投资。在有序放宽市场准入同时,注重外资质量。引进的外资以创新为导向进行选择:进入的环节是高新技术研发环节,鼓励外资在中国本土创新研发新技术;进入的产业是国际先进的新兴产业。引技和引智尤其着力引进高端科技和管理人才,进行开放式创新。

七、结论

研究中国共产党作为执政党领导中国人民建设新中国的经济发展思想,不只是知道今日之经济成就是从哪里来的,更要知道进入新时代后中国经济发展要往哪里去,也就是回答好实现什么样的发展、怎样实现发展这个重大问题。

(1)恩格斯曾经说过,"我们的理论是发展着的理论"[②],"它在不同的时代具有完全不同的形式,同时具有完全不同的内容"[③]。中国共产党在建设新中国时期经济发展思想演进的历史证明了这一点。新中国成立以来的各个时期,每一代人都有所处时代的历史使命。每一代中国共产党人都努力从中国实际出发,从人民群众的最大利益出发,依据经济规律探索

---

① 《习近平关于社会主义经济建设论述摘编》,中央文献出版社2017年版,第294页。
② 《马克思恩格斯选集》第4卷,第681页。
③ 《马克思恩格斯选集》第4卷,第284页。

适合自己的发展道路。在践行其历史使命过程中有成功的经验，也有失败的教训；虽有曲折，但最终是前进的。经过几代中国共产党人的努力，创造了发展中农业大国在不太长的时间内成为新型工业化国家，并成为世界第二大经济体的奇迹。党的经济发展思想也日臻完善和成熟。研究不同发展阶段的经济发展思想，不仅可以知道今天的经济成就来之不易，还可以加深理解我国进入新发展阶段的重要意义，既明确新发展阶段所处的历史方位，又要明确新发展阶段的经济发展任务。

（2）经济发展的中国道路及经济成就已为世人所认可。研究中国共产党的经济发展思想，就是要指出，每个阶段发展的实践都是由一定的发展理念和相应的经济发展思想来引领的。党的经济发展思想非常丰富。本文择6个维度研究经济发展思想演进，从而明确进入新阶段后经济发展思想的核心内容。其中社会主要矛盾分析明确新阶段发展任务是要根据人民美好生活的需要解决发展的不充分不平衡问题；发展理念分析明确转变经济发展方式实现高质量发展的内涵；现代化分析明确社会主义现代化的目标及各个领域现代化的内容；二元结构分析明确解决发展中国家共同的发展问题的中国路径，尤其是继解决农民绝对贫困现象后明确"三农"现代化问题；经济发展调节机制分析明确推动经济增长并有效提高经济增长的质量和效益的供给侧和需求侧的调节机制；发展格局的分析从畅通国民经济内循环和外循环的角度明确我国经济实现现代化的路径选择。这几个方面发展思想是中国共产党人的创新，是习近平新时代中国特色社会主义经济思想重要组成部分，被成功的中国发展实践所证实。将这6个方面创新的经济发展思想学理化、系统化，就成为中国发展经济学的主干。

（3）正确的发展理念源于对客观规律的科学认识。习近平同志指出，"发展必须是遵循经济规律的科学发展，必须是遵循自然规律的可持续发展"[①]，中国共产党领导新中国经济建设的进程就是认识和研究经济规律的过程。在实践中什么时候遵循经济规律，经济就平稳健康发展，什么时候违背经济规律经济就要受挫折。我国曾经为不符合经济规律的指导思想付出过沉重的代价，也因遵循经济规律而获得发展的红利。探索经济规律不能一蹴而就，需要不断研究新问题，探求新规律，尊重并遵循规律，以在实践中少犯错误，实现高质量发展。

（原载《管理世界》2021年第4期）

[①]《习近平关于社会主义经济建设论述摘编》，中央文献出版社2017年版，第320页。

中国共产党关于积累与消费关系的认识与实践

武 力

当代中国研究所

正确处理积累与消费的关系，是国民经济健康运行和持续发展的关键。新中国成立以来，中国共产党始终致力于在二者的动态平衡中发展生产力，增强综合国力，提高人民生活水平。其间，积累与消费的关系经历了1949—1978年、1979—2012年、党的十八大以来三个阶段。回顾这三个阶段并总结相关经验，对我们当前构建双循环新发展格局、实现积累与消费在更高水平上的动态平衡，具有借鉴意义。

社会主义革命和建设时期的高积累政策（1949—1978）

旧中国落后挨打的教训，使中国共产党认识到工业化是经济建设的核心任务。但是，对于工业化的步骤，在新中国成立之前党内尚无明确统一认识。主持经济工作的有关同志倾向于优先发展农业和轻工业，待资本积累到一定程度之后，再发展重工业。基于这一设想，新中国的积累率并不高。

但是，朝鲜战争里中美悬殊的工业实力，使中国共产党认识到必须尽快发展重工业以巩固国防安全。同时，农业和轻工业也面临着重工业原料短缺的发展瓶颈。因此，重工业成为新中国工业化战略的优先选择。在苏联的援助下，中国开始了以156个项目为核心的"一五"计划，全面建立重工业基础。

当时的中国一穷二白，有限的工农业产出，满足人民消费需求尚且不够充裕。为了集中有限的资源从事"一五"计划，中国建立了计划经济体制。在消费领域，农村在确保农民基本生活的前提下，实行粮棉油计划收购和其他重要农产品统一收购制度；城市实行统一的工资制度和重要生活资料凭票定量供应制度，从而在确保人民基本生活的基础上，尽可能集中资源进行工业建设。积累率也由此提高，在"一五"时期达到了24.2%的平均水平（见图1）。

单一公有制计划经济体制建立之后，中国共产党对积累与消费的关系有了更深刻的认识。毛泽东同志指出，高积累政策是为完成工业化而不得不采取的"大仁政"，同时在《论十大关系》中特别强调要关心生产者个人的利益。他指出："工人的劳动生产率提高了，他

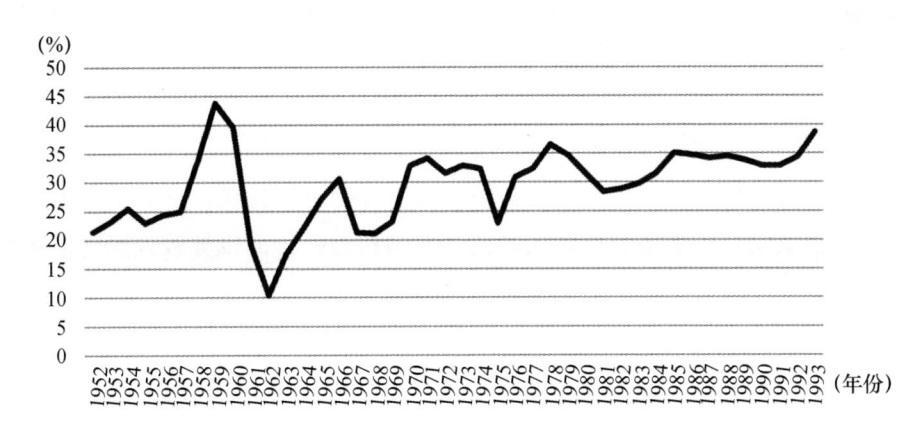

图1 1952—1993年国民收入积累率

资料来源：根据《中国财政年鉴1993》和《中国财政年鉴1994》数据绘制。

们的劳动条件和集体福利就需要逐步有所改进。……除了遇到特大自然灾害以外，我们必须在增加农业生产的基础上，争取百分之九十的社员每年的收入比前一年有所增加，百分之十的社员的收入能够不增不减，如有减少，也要及早想办法加以解决。"①

然而，从实际执行效果来看，1958—1978年的积累率仍达到了年均28.4%的较高水平②，其间更是经历了"大跃进"和"文革"中后期的两轮积累高峰。之所以会出现这种情况，既与当时的体制密切相关，更是由于国际环境严峻，亟待快速发展国防工业以保障国家安全。这个目标在70年代初期以"两弹一星"和核潜艇研发成功而得以基本实现。

由于单一公有制和计划经济存在僵化低效的弊病，为有效调动地方积极性，中央政府于1958年进行了经济管理权限下放，鼓励地方自行建立比较完整的工业体系。然而，由于缺乏经验和"左"的急躁情绪，地方政府进行了"大跃进"式的工业投资，尤其是重工业投资，而农业和轻工业的投资不足。这导致1958—1960年的积累率达到39.1%的畸高水平，国民经济出现严重的比例失衡。1961—1965年，对国民经济进行了调整，工业项目关停并转，农业加速补齐短板，积累率降至年均19.3%的水平，国民经济恢复均衡发展态势。

1970年，受国际形势影响，国民经济在"备战"的氛围下进行了以国防工业为核心的又一次跃进式发展，积累率升至32.9%，1971年进一步升至34.1%，以至于国民经济再度失衡。对此，理应进行新一轮经济调整。但是，调整工作需要中央政府的集中统一领导，这

---

① 《毛泽东文集》第七卷，人民出版社1999年版，第28、30页。
② 根据国家统计局网站年度数据库计算得出。本文数据除特别标明出处外，均来自国家统计局网站年度数据库。

在政治形势动荡的"文革"中后期难以实现。结果,大量上马的工业项目无法关停并转,持续占用国民经济较多产出,致使1970—1976年的平均积累率高达31.3%。"文革"结束后的两年,又因为经济建设急于求成,进一步加剧了高积累问题。

计划经济后期的高积累率,一方面使中国的工业基础日渐扎实,形成了较为完整的工业体系,并解决了国家安全所必备的国防尖端武器问题;另一方面也导致人民生活水平长期徘徊不前。因此,到了改革开放前,改变高积累政策、提高消费率,既有可能性,又有必要性。需要指出的是,除了高积累政策有自我延续的倾向之外,提高消费率也是一个复杂艰巨的系统工程,需要在农村提高农产品收购价格、降低收购比例、放宽家庭经营限制,在城市提高职工工资、提高计划供应量、降低销售价格。这些调整不仅牵涉面广,而且不可避免地触及承包经营、商品经济等敏感问题,这种系统调整与观念突破在形势动荡的"文革"时期,也难以付诸实践。

改革开放与全面建设小康社会时期的积累与消费(1979—2012)

改革开放之后,中国改变了"消费抑制下的高积累"政策,提高居民收入和消费水平,由此带动积累增长。但随之而来的经济过热,迫使政府不得不采用治理整顿的方式来压缩积累和消费。随着1992年确定社会主义市场经济改革目标后,积累与消费再度快速扩张,并在20世纪末出现了新中国第一轮需求约束型的扩张受阻,于是积累与消费只得通过需求刺激政策来渡过难关。进入21世纪,随着全球化、城镇化、工业化的红利释放,积累迎来了新一轮高潮,并带动消费快速增长。但中国的发展水平和发展模式决定了,此时的消费潜力尚无法得到充分释放,房地产业成为拉动内需的重要支柱产业。

消费带动下的高积累(1979—1991)。改革开放初期,中国实行与民休息的政策,通过一系列举措提高全民收入和消费水平。在农村,提高农产品收购价格,推广家庭联产承包责任制,农民一方面通过交售农产品获得更高收入,另一方面获得了土地承包经营权,并通过发展乡镇企业来提高非农收入。在城市,国有企业放权让利,职工的工资和奖金收入逐步增长,个体私营和外资经济扩大了就业渠道。这些改革使居民收入快速增长,消费水平迅速提高。1978—1988年,社会商品零售总额年均增长16.9%,远高于1953—1978年6.9%的年均增速。

与改革开放前消费与积累此消彼长的关系不同,80年代消费的增长带动了积累的增加,从而维持了较高的积累率。具体来说,居民收入提高引发消费升级,进而带动了投资增长。1981—1988年,全社会固定资产投资年均增速高达22.9%,创造了改革开放后的第一轮投资高潮。由于投资热情高涨,所以积累率仍然较高,1979—1991年的平均积累率为32.5%,高于1952—1978年27.4%的平均值。然而在这一时期的积累中,非生产性积累的比重上升至40%左右,远高于计划经济时期20%左右的水平,这也反映出80年代的积累主要是用于满足消费需求的。[1]

但是在这一时期,消费水平与积累率的双双增长,使国民经济出现了新的失衡。首先,各行业的积累率出现了两极分化。在基本建设投资中,国家投资比重迅速下降;国内贷款、利用外资、自筹和其他资金比重上升,而这些资金多以市场为导向,集中投向非生产性领域和消费品生产行业,导致交通、能源等基础设施和基础产业的投资相对不足。加之基础设施和基础产业关系国计民生,其产品和服务仍保持较低的计划价格,出现行业利润下降甚至亏损,进一步抑制了投资扩张。而当时地方财政实行包干制,1979—1991年中央财政在全国财政收入中的平均比重仅为31.7%,地方财政热衷于非生产性投资和短平快的消费品行业投资,中央财力不足则限制了对基础设施和基础产业的投资。尽管通过开征能源交通重点建设基金等办法来弥补投资缺口,但仍然捉襟见肘。其次,农业基础地位不稳。提高农产品收购价格的政策,使政府的财政支出负担日益加重。因国营粮食企业亏损导致的财政补贴从1978年的54.1亿元增至1984年的311.1亿元,补贴额占财政预算收入的比重由2.8%升至21.2%。[2] 1985年,国家取消粮食统购,改为合同定购。这一政策导致农民种粮积极性下降,粮食产量下滑,从源头上加剧了生活资料供应的紧张局面。最后,消费与积累的同时增长造成了经济过热。在农业、基础设施、基础产业供给不足的情况下,消费与投资的膨胀导致了市场的供不应求。在当时计划与市场"双轨制"的条件下,市场价格远高于计划价格,从而引发了投机倒把、抢购风潮等经济乱象。最终,国民经济从1989年起转入治理整顿,压缩过热的消费和投资需求。1988—1991年,社会商品零售总额年均增长8.2%,全社会固定资产投资年均增长5.6%,都远低于1979—1988年的平均水平。

回顾1979—1991年积累和消费的关系可以发现,这一时期,消费潜力的释放带动了积累的增长。但是,在农业、基础设施、基础产业相对薄弱的条件下,一味扩大消费和消费品行业投资,导致瓶颈效应加剧,经济比例失衡。此时,需要中央政府出面,保护农业生产,扩大基础设施和基础产业投资,并调控宏观经济,压缩总需求。然而,在财政包干、经济体制转型的条件下,彼时中央政府尚不具备这些调控能力,只能采用以行政指令为主的治理整顿,这也使得经济发展和体制改革陷入停顿。

第一轮积累过剩与消费徘徊(1992—2002)。1992年,中共十四大确立"社会主义市场经济"的改革目标,随后进行了一系列大刀阔斧的改革,迅速建立了与市场经济相

---

[1] 《中国固定资产投资统计年鉴1950—1995》,中国统计出版社1997年版,第96页。
[2] 成致平主编:《中国物价五十年》,中国物价出版社1998年版,第380页。

适应的宏观调控制度。在有效吸取了80年代中央政府财力不足的教训后，1994年的分税制改革使中央财政在全国财政收入中的比重升至50%左右，因而有能力对农业、基础设施和基础产业进行投资建设。在这一背景下，我国建立了粮食保护价收购制度与专项储备制度，稳定了农业基础；同时，加大基础设施和基础产业投资力度，不断缓解国民经济瓶颈和有关问题。

在政府稳定国民经济基础的同时，中国迎来了新一轮积累高潮。全社会固定资产投资在1992年和1993年分别创下了44.4%和61.8%的超高增速。然而，这一轮积累高潮使中国出现了产能过剩问题，随着1997年亚洲金融危机导致的外需骤降，中国进入了供过于求的买方市场时代。经过近50年的持续投资，中国的外延式积累终于迎来了第一轮饱和，积累与消费达到了低生产力水平下的均衡。

与产能过剩相伴随的是就业、收入与消费增长的停滞。在城市，由于国有企业产品销路不畅、库存积压，亏损面扩大，职工收入增长陷入停滞，甚至出现了大面积下岗失业，消费需求受到抑制。与此同时，城市经济发展面临困难，导致1997—2000年财政收入增速减缓；而分税制改革中，地方政府由于出现了事权大于财权的支出缺口，因此只能增加对农村的税费征收，这又进一步加重了农民负担，导致农村消费增长缓慢。1997—2000年，社会消费品零售总额年均仅增长7.5%，远低于90年代中期20%左右的增速。

回顾90年代中后期的积累和消费可以发现，外延式积累在较低的生产力水平上达到了饱和，进而导致收入与消费增长的停滞，整个社会的再生产循环受阻。

好在当时的中央政府已经建立了与市场经济相适应的宏观调控制度，可以运用需求管理政策来扩大国内需求。在积极的财政政策刺激下，国内开始进行大规模的基础设施建设，通过再就业、提高工资、健全社会保障制度、减轻农村税费负担等一系列政策拉动国内需求，并通过加快技术改造升级开启了新一轮投资。在全社会固定资产投资中，国家预算内资金占比由1997年的2.8%升至2001年的6.7%，投资对GDP增长的贡献率也由1997年的14.5%升至2001年的63.5%，在消费增速减缓的危急关头稳定了经济增长。通过扩大内需和升级供给，社会再生产恢复了正常运行，经济增速从2000年起止跌回升。

高增长条件下的积累与消费（2003—2012）。20世纪末的积累过剩，是在生产力水平较低且国家未完全对外开放的条件下出现的局部过剩。进入21世纪，几个重要的经济增长引擎相继萌生，中国迎来了新一轮的积累高潮。

首先，自2001年加入WTO之后，物美价廉的"中国制造"迅速占领世界市场，带动国内出口加工工业快速扩张。其次，中国全面启动了国有土地招拍挂制度，开启了房地产业的快速发展阶段，土地出让相关收入使政府有了更加充裕的财力进行投资和民生建设。最后，全球化、城镇化带动了国内各行业的普遍发展，中国工业化进入加速发展阶段。

上述几个主要经济增长引擎的出现，使国民经济中的积累得以自发地快速增长，固定资产投资扩张迎来新一轮高潮。2002—2012年，全社会固定资产投资年均增长24%，创下改革开放以来持续时间最长的高速增长。而从资金来源上看，全社会固定资产投资中，自筹和其他资金的占比上升，从2002年的68.7%增至2012年的81.7%，反映出这一时期各类主体在市场驱动下扩大投资的趋势。

积累的迅速增长从多种渠道带动了消费的增加。第一，就业规模和收入水平逐年增长，国家有关部门于2006年、2008年和2011年三次提高个人所得税的起征点，于2008年起施行《中华人民共和国劳动合同法》，着力提高普通劳动者的收入。第二，我国财政收入创下了改革开放以来持续时间最长的高速增长，不仅减少了对农村的资源汲取，而且开启了反哺"三农"的新阶段：国家于2006年全面取消农业税，从2004年起建立粮食托市收购制度，并对种粮农民发放多项补贴，全面提高农民收入。第三，随着财政收入的增长，我国财政加速由"建设型财政"向"服务型财政"转变，社会保障制度加快完善，建立了新型农村社会养老保险、新型农村合作医疗等多项制度。

上述政策和制度，不断筑牢民生底线，稳步推进了居民收入和消费增长。2002—2012年，城镇居民家庭人均可支配收入由7703元增至24565元，农村居民家庭人均纯收入由2476元增至7917元，全国居民消费水平由4270元增至14110元，收入和消费增速均步入改革开放以来最快时期。

但是，中国此时的发展模式也决定了经济增长仍然以投资为主导，消费潜力尚无法得到有效释放。由于中国在全球产业链上仍处于中低端水平，在全球价值链上能够获取的利润有限，还属于中等偏下收入国家，居民消费水平总体较低。同时，由于贸易顺差、人民币升值预期等导致的输入性通货膨胀等因素，不断拉高居民生活成本，并集中炒高了原材料和房地产价格，抑制了消费需求，加之社会保障制度尚不完备，居民应对养老、医疗、教育等开支的预防性储蓄较高，所以，消费需求受到了长期抑制。

此外，一些社会问题也进一步抑制了消费需求。首先，分配调节制度和法治建设的相对滞后，导致贫富差距扩大。其次，粗放式发展导致一些群体的利益受损，如生态环境被破坏地区的群众、薪酬被拖欠的农民工群体等。最后，一些偏远地区、弱势群体仍处于绝对贫困状态。这些问题的存在，也使得内需无法有效释放。

中国特色社会主义新时代的积累与消费（党的十八大以来）

党的十八大以来，中国共产党积极践行以人民为中心的发展思想，推动经济步入高质量发展，实现了积累与消费的高水平动态平衡。

在积累方面，中国重点通过供给侧结构性改革提高积累的质量。2008年全球金融危机之后，推出大规模经济刺激计划，推动国内基础设施和产能建设进入新一轮大规模扩张。这轮扩张使中国一跃成为世界第二大经济体，工业实力和综合国力显著增强。但是，这轮扩张也存在一些重复投资、债务累积、产能过剩等问题。随着中国经济步入增速换挡、结构调整阵痛和前期刺激政策消化"三期叠加"的新常态，行业利润率下降、就业压力增大、收入增长困难等问题愈加凸显。这些现象表明，现有生产力水平上的积累再一次达到饱和，推动产业升级和扩大内需迫在眉睫。

对此，中央于2015年提出了供给侧结构性改革的应对方略。一方面，通过去产能、去库存、去杠杆，解决产能低水平过剩问题，化解相关债务风险，加强生态环境保护。另一方面，大力改善营商环境，加强科技创新，加快产业升级，并超前部署新能源、5G、人工智能等新型基础设施建设。这些举措使国民经济的积累水平上了一个新台阶，步入了高质量发展阶段。

在消费方面，以更大力度实施一系列民生工程，全面提升居民的获得感，不断释放消费潜力。首先，实施就业优先政策，改革收入分配制度，实现了全国居民人均可支配收入年均增速（8.4%）超过GDP年均增速（8.0%）、农村居民人均可支配收入年均增速（8.9%）超过城镇居民人均可支配收入年均增速（7.5%）的目标。其次，完善社会保障制度，分别建立统一的城乡居民基本养老保险制度和城乡居民基本医疗保险制度，参加基本养老保险和基本医疗保险的人数分别由2013年的81962万人、57322万人增至2020年的99882万人、136101万人，进一步发挥了社会保障兜底的作用。最后，集中全党全国之力打赢脱贫攻坚战，到2020年底使现行标准下9899万农村贫困人口全部脱贫，实现了"两不愁、三保障"目标。

通过上述举措，中国的消费潜力得到了很大程度的释放。2013—2019年，消费、投资、净出口对GDP增长的平均贡献率分别为60%、39.7%、0.3%，消费已经成为拉动经济增长的主要力量。

过去，中国一直实施赶超型发展战略，绝大多数时候是通过迅速扩大积累来带动消费。因此，在积累与消费这对矛盾中，积累是矛盾的主要方面，而消费是次要方面。

如今，国内外形势已经发生变化，中国正步入积累与消费并重的新阶段。首先，随着中国工业化基本完成和对发达国家由"跟跑"变为"跟跑、并跑、领跑并存"，国内已经很难找到可以大规模进行外延式投资积累的领域，今后的积累必将以人民需求和科技发展前沿为导向。其次，随着产业升级发展，中国与发达国家由过去的以互补关系为主转向以竞争关系为主，面临的外部冲击增多，有必要改变对出口的过度依赖，积极扩大国内消费。最后，全面建成小康社会之后，人民渴望更加美好的生活，这也要求进一步扩大国内消费。为应对国内外形势的变化，中央于2020年提出加快构建以国内大循环为主体、国内国际双循环相互促进的新发展格局，中国将走一条"高质量积累创造高收入就业，高水平消费带动高质量积累"的新路，实现积累与消费在更高水平上的动态平衡。

党处理积累与消费关系的历史经验

回顾新中国72年的历史，中国共产党在处理积累与消费关系方面走过了曲折的历程，积累了丰富的经验，已经形成了中国特色社会主义积累与消费的正确思想，其中有这样三方面经验值得借鉴。

首先，积累和消费的关系应随着生产力发展阶段和水平需要进行动态调整。中国共产党始终是以人民为中心、为人民谋福祉的，其中最主要的就是在保障国家安全的基础上加快经济发展。中国作为一个人口多、底子薄的发展中大国，只能主要依靠自己的力量来实现发展。在新中国成立后的前30年，由于解决国家安全问题最紧迫，加上经济落后、资本稀缺，中国的主要任务是扩大积累，加快现代经济骨架和国防工业建设。改革开放初期，虽有过一段消费带动积累的时期，但总体上仍是以积累为主。随着生产力发展和国内外形势的变化，经济发展格局由过去的技术、市场"两头在外"转向"国内国际双循环"，积累和消费的关系也将进入高水平动态平衡的新阶段。从过去到现在，积累与消费的关系无论处于哪个阶段，都始终坚持以发展生产力为主线，以提高人民生活水平为出发点和落脚点。

其次，积累要坚持结构均衡。这种均衡体现在四个方面。一是积累与消费均衡，积累不能长期、过度挤占消费，否则会导致人民生活水平徘徊不前。二是积累要讲求内部结构均衡，即农业、基础设施、基础工业、消费品工业的比重要保持合理，避免出现瓶颈制约。三是积累要不断提质升级，并着眼于未来产业和科技发展趋势，在新基建等领域提前布局。四是积累的主体和资金来源结构要合理，对正外部性强的领域，要由政府和国有经济主导进行投资建设；对于一般竞争性领域，要鼓励、支持和引导多种经济成分共同投资建设，发挥市场主体的积极性。

最后，消费潜力的释放要与经济发展阶段相适应，并充分发挥中国特色社会主义制度优势。消费既不能超前也不能滞后于经济发展阶段，人民的生活水平要提高和改善，但是要与国情、国力相适应，并且要避免短视行为。例如，计划经济时期的节制消费为国家长期发展奠定了基础，而当前致力于扩大消费则是为构建双循环新发展格局开辟道路。无论实行哪种消费政策，都不是孤立地为了消费而消费，而是最终服务于生产力发展和最广大人民的根本利益。消费潜力的释放，要发挥中国特色社会主义制度优势，尤其要发挥政府这只"看得见的手"的作用，通过完善社会保障、扶持贫困地区和人群、国有经济向民营经济让利等手段，不断增进社会财富分配的公平性，从而普遍提高全社会消费水平，实现消费与积累的良性互动。否则，若使财富向边际消费倾向较低的少数人群集中，就有可能出现有效需求不足、社会再生产受阻的问题。从这个意义上说，我们必须要坚定地走共同富裕的道路。

（原载《人民论坛·学术前沿》2021年第16期）

计划经济时代影响中共经济决策的主要因素

萧冬连
华东师范大学改革开放史研究中心

中国共产党百年经济思想史与一般意义上经济思想史的一个重要区别在于，执政党的经济思想不是纯粹理论形态的存在，而是与经济决策和实践联系在一起的，也可以称为"行动中的经济思想"。它应该包含两个方面，一是经济体制模式的建构和改革，二是经济建设指导思想及发展战略的确立和转变。

理解党的经济决策和实践，有三点需要注意。首先，不应只从抽象经济学原则出发来作评判，而应把它放回具体历史情景中考察，了解当时面临什么样的形势和挑战，决策者是如何判断形势的以及为什么作出如此抉择。一旦进入决策和实践层面，决策者将受到各种复杂的内外因素制约。任何重大经济决策首先是政治决策，政府经济行为并不总是取决于经济学原则，譬如效率原则。

其次，重大经济决策需要在多重目标之间进行权衡和取舍。选择一个优先目标，就必然要在其他方面有所舍弃，因此任何一个重大决策都会有成本和代价。譬如1953年毛泽东提出"小仁政"与"大仁政"的问题，选择集中力量加快工业化，就只能"勒紧裤带搞建设"，抑制当前消费，特别是农民为此作出了巨大的牺牲。

最后，回顾党的经济决策和实践的历史，目的是从历史中吸取智慧。因此，不应排斥后见之明的反思。毕竟，每一个重大决策都取决于领导人对形势的判断和对因应之策的选择，既然是基于主观判断和选择，就有可能正确，也可能发生错误。无论决策正确与否都是可以解释的，但是不能把所有决策都合理化。历史有偶然性和多种可能性，应当避免滥用"历史必然性"。

从历史上看，至少有意识形态、赶超意识、外部环境、战略安全这四个因素影响着中共的经济决策及其演变。

一、经济决策中的社会主义目标

所谓意识形态因素，就是对社会主义的理解和目标追求。

在一次座谈会上，有学者谈到，新中国成立之后要建立社会主义社会，这个大方向是确定无疑的，但中国社会主义所走的具体路径并不完全是主观选择的结果。研究历史要注意这样一个问题，当事人的主观意愿未必有后人认定的那么大的作用，客观条件像无形的手，会左右历史进程。① 我认同这个观点。历史不会完全按当事人的主观意愿演进，想的是这样，结果却是那样，这种情况是常事。改革有它不可控的方面，任何一个看似完美的理论模型都无法穷尽复杂的历史变量。笔者认为，恩格斯的"历史合力论"可以解释这个问题。②

新中国历史还有另一面，就是鲜明的意识形态方向感。中共的纲领是实现社会主义最终实现共产主义，这个目标在相当程度上牵引着中共的政策方向。毛泽东时代尤其如此，如果都是被客观形势牵着鼻子走，就不可能有1953年的过渡时期总路线和"一化三改"，不可能有1958年的"大跃进"和人民公社化运动，更不可能有1966年的"文化大革命"。

1953年毛泽东为什么会放弃他亲自设计的新民主主义社会方案，提前向社会主义过渡呢？这与1953年开始以重工业为重点的国家工业化有直接关系。从逻辑上说，推行重工业优先的赶超型工业化，必然导致对市场的排斥和对计划的依赖。优先发展重工业必须满足三方面的要求：一是压低全民消费，提高储蓄率，加快资金原始积累；二是保证有限的资源集中投向国家确定的优先领域即重工业领域；三是实行平均主义的民生保障，确保社会的稳定。这不可能在一个竞争性的市场经济环境下达到，只能诉诸国家控制，依托于集中计划经济体制。这正是苏联走过的道路，当年苏联强制推进全盘农业集体化，是赶超型工业化的制度性安排。

然而，以上可能是原因之一但不是唯一原因。还有一个重要原因，就是社会主义理想和目标的牵引。相对于社会主义的目标，新民主主义只是过渡性的制度安排。鉴于新中国成立后面临的新情况，毛泽东认为在新民主主义社会停留太久可能不利于向社会主义发展。土地改革后，农村出现了新的分化，农民和农村干部普遍想个人发家致富，不想搞合作化。资本家贿赂干部的现象时有发生，强化了中共领导层对党员干部道德危机的担忧，力量对比的变化也使毛泽东对立即向社会主义过渡有了底气。不只是毛泽东，还在工业化建设启动之前，党内就不断出现急于向社会主义过渡的情绪。周恩来在1950年时说，党内许多同志"不相信按照共同纲领不折不扣地做下去，社会主义的条件就会逐步具备和成熟"，总是"急于转变到社会主义"③。这里的关键在于，新民主主义政策与社会主义理想之间存在内在张力。

---

① 参见萧冬连《筚路维艰：中国社会主义路径的五次选择》，社会科学文献出版社2014年版，第219页。

② 恩格斯认为，历史是这样创造的：最终的结果总是从许多单个的意志的相互冲突中产生的，而其中每一个意志，又是由于许多特殊的生活条件，才成为它所成为的那样。这样就有无数互相交错的力量，有无数个力的平行四边形，由此就产生出一个合力，即历史结果。参见《马克思恩格斯选集》第4卷，人民出版社2012年版，第605页。

③ 《周恩来统一战线文选》，人民出版社1984年版，第169页。

然而，当时理解的社会主义就是苏联模式，"苏联的今天就是我们的明天"是深入人心的口号。1954年9月，刘少奇在关于《宪法草案》的报告中明确指出，"我们所走的道路就是苏联走过的道路"，而"苏联的道路是按照历史发展规律为人类社会必然要走的道路。要想避开这条路不走，是不可能的"①。

1958年为什么发动"大跃进"和人民公社化运动？"大跃进"运动是基于一种强烈的赶超意识，但人民公社化运动只能从意识形态层面作出解释，就是对共产主义理想社会的追求。1958年，不只是毛泽东，全国上上下下都在谈论共产主义。刘少奇对各地出现的公共食堂、供给制、托儿所、幸福院、家务劳动社会化、妇女解放、半工半读等新事物抱有极大热情，认为这是共产主义生活的雏形。② 当时有一句热词："共产主义是天堂，人民公社是桥梁。"8月中下旬北戴河决议宣称："看来，共产主义在我国的实现，已经不是什么遥远将来的事情了，我们应该积极地运用人民公社的形式，摸索出一条过渡到共产主义的具体途径。"③ 人民公社最大的问题是把产权搞乱了，跌进了一个乌托邦陷阱，造成极大的混乱。④ 对此，邓小平在80年代反思说："我们都是搞革命的，搞革命的人最容易犯急性病。我们的用心是好的，想早一点进入共产主义。这往往使我们不能冷静地分析主客观方面的情况，从而违反客观世界发展的规律。"⑤

其实，中国计划经济体制一直有内在的改革要求。1956年，苏共二十大赫鲁晓夫秘密报告传到中国以后，引起中国领导人的思考：我们能不能走一条中国式的工业化道路？所谓中国式工业化道路，就是比苏联付出的代价小一点，走得更稳、更快一点的发展道路。"三大改造"完成以后，中国自身也出现了一些问题。所以，中共领导层计划对中国经济体制作一些改革。毛泽东的基本思路是：中央向地方适当分权，下放权力，调动地方、企业和个人的积极性。通过最大限度地动员民力来突破计划的平衡和填补资金的缺口，创造高速度。还有一些人更进一步，如陈云在中共八大前后提出"大计划，小自由"：主要是公有制和计划市场，但也应该允许少量个体经济和自由市场的存在作为补充。这实际上是一个改良型的计划经济模式。后来因为"大跃进"运动，这种经济体制的改革尝试没有进行下去。在"大跃进"运动中，完全取缔了市场，权力下放到各省市，计划也失去权威性，基本上是一种行政命令性的经济，这就破坏了国民经济的综合平衡。所以，1961年、1962年调整经济的措施就是修复计划体制，把下放给地方的权力收回来。权力集中又重复统得过死的问题，

---

① 《刘少奇选集》下卷，人民出版社1985年版，第155页。
② 《少奇同志视察江苏城乡》，《人民日报》1958年9月30日。
③ 《关于建国以来党的若干历史问题的决议注释本》，人民出版社1983年版，第313页。
④ 这里要说明的是，1962年后继续维持了20多年的人民公社与1958年的人民公社不完全是一回事。
⑤ 《邓小平文选》第3卷，人民出版社1993年版，第139—140页。

到了70年代，又有一次权力下放的改革，但是始终没有跳出行政性分权的框框，呈现一种循环的状态：要么是中央集权，要么是地方分权；要么是"条条"管，要么是"块块"管。

为什么跳不出这个框框？症结在于：关于社会主义的传统观念严格限定了尝试改革的边界。譬如20世纪60年代初的经济调整，就有一条不可逾越的意识形态边界。当时农民强烈要求包产到户，据统计，各地有20%至30%的生产队存在不同形式的单干现象，比较多的有广西、广东、甘肃、湖南、陕西、安徽等省区。到1962年上半年，有更多的负责人转向支持农民包产到户的要求。在中央常委中，陈云、刘少奇、邓小平也赞成，尽管他们更多是出于度过饥荒的权宜考虑。毛泽东亲自组织了农村政策的调整，制定"农业六十条"，取消供给制，取消公共食堂，基本核算单位从公社退到大队、从大队退到生产队，并给农民搞自留地、家庭副业和集市贸易等"小自由"。然而，毛泽东的底线就是退到生产队，不能再退了，再退就是放弃社会主义的集体经济道路。他担心包产到户冲决集体化的防堤，尤其担心中共高层有这么多人支持包产到户，恐怕他们已经对社会主义产生了动摇，于是在1962年北戴河会议上批判"单干风"，强行纠正了包产到户。可以想象，如果不是强行干预，包产到户早在1962年就可能发展到全国农村。

传统的社会主义有三大原则：消灭私有制，实行单一公有制；以国家集中计划取代市场机制配置资源；实行按劳分配，反对雇工经营和剩余价值剥削。这三条构成了社会主义的经济形态。一般认为这来源于斯大林模式，其实它是从马克思那里演化过来的①，所以有人称之为经典社会主义。这些观念是很难突破的，在改革开放之后相当长时间内仍然制约着中国改革。也许改革者最初也没有完全预想到，改革的推进必然触碰和冲击上述基本观念。改革与争论如影随形，改革越深化，争论越激烈，直到1992年才最终确立"社会主义市场经济"的目标模式，前后历时14年。这个目标模式的确立，反映出中共在关于社会主义观念上实现了重大变革。如果把邓小平60年代中期主持起草的"九评"的思想与他在"文化大革命"后的思想作一个比较，就可以清晰地看到他对这个问题有了深刻反思。1985年8月28日，他会见津巴布韦总理穆加贝时说："社会主义是什么……过去我们并没有完全搞清楚……苏联搞了很多年，也并没有完全搞清楚。"② 邓小平反复强调一个思想：贫穷不是社会主义，更不是共产主义，社会主义必须发展生产力，消灭贫穷，实现共同富裕。这实际上

---

① 《共产党宣言》写道："从这个意义上说，共产党人可以把自己的理论概括为一句话：消灭私有制。""工人革命的第一步就是使无产阶级上升为统治阶级，争得民主"，"无产阶级将利用自己的政治统治，一步一步地夺取资产阶级的全部资本，把一切生产工具集中在国家即组织成为统治阶级的无产阶级手里"。1878年，恩格斯在《反杜林论》中强调："无产阶级将取得国家政权，并且首先把生产资料变为国家财产。"参见《马克思恩格斯选集》第1卷，人民出版社2012年版，第414、421页；恩格斯《反杜林论》，人民出版社2018年版，第303页。

② 《邓小平年谱（1975—1997）（下）》，中央文献出版社2004年版，第1069—1070页。

是回到了常识,在很多情况下,常识比理想更可靠。

习近平总书记在庆祝改革开放40周年大会上的讲话中说:"改革开放是我们党的一次伟大觉醒……是中国人民和中华民族发展史上一次伟大革命。"① 所谓伟大觉醒,就是在"什么是社会主义、怎样建设社会主义"的根本问题上有了重新认识。所谓伟大革命,就是通过改革开放创造性地走出一条中国特色社会主义道路,并推动了中国的发展。无论如何定义中国特色社会主义,它离苏联式传统社会主义已经很远了,甚至在一定意义上超越了经典社会主义。中国特色社会主义更好地体现了社会主义的核心价值,使中共为绝大多数人谋福祉的宗旨真正得以实现。

二、经济决策中的赶超意识

影响中共领导人经济决策的另一个因素是强烈的赶超意识,由此形成优先发展重工业的赶超型工业化模式。

对于赶超战略有许多批评,最系统的是林毅夫等基于比较优势原则的批评。他们指出,战后所有实行赶超战略的国家都没有成功,中国也不例外,推行赶超战略非但没有缩小反而拉大了与发达国家的差距。相反,那些比较成功的经济体实行的是比较优势战略,发展本国资源禀赋有优势的产业。② 这种批评在逻辑上是十分清晰的,但还应当作具体的历史分析,有些决策从逻辑上看似乎不合理,从历史上看却有其合理性。

从客观上看,后发国家追赶先进国家是世界近代史的普遍现象,只是有的国家成功了,多数国家并不成功。从主观上看,落后国家政治文化精英强烈的赶超意识也是一个普遍现象。当年苏联工业化的高速发展,对于急于追赶现代化的发展中国家的政治文化精英具有很大的吸引力,50年代中期以后,多达56个新独立国家宣称自己实行社会主义③。一个重要原因在于,许多国家把仿效苏联作为加快本国工业化、实现赶超的捷径。当然大多数模仿者不成功。

在中国,赶超型工业化是一个"近代史共识",并不是中共领导人的专利。孙中山1920年前后形成的《实业计划》,就是一个赶超式工业化计划。他强调落后国家现代化必须速成,振兴实业首要的是发展重工业和机械制造业,他称为"关键及根本工业"④。到了20世纪三四十年代,无论是国共两党还是知识界都赞成实行统制经济和发展国营大工业。主持国

---

① 习近平:《在庆祝改革开放40周年大会上的讲话》,人民出版社2018年版,第4页。
② 林毅夫等:《赶超战略的再反思及可供替代的比较优势战略》,《战略与管理》1995年第3期。
③ 参见王振亚《战后发展中国家社会主义运动的兴起及其基本特征》,《陕西师大学报》1995年第1期。
④ 《孙中山全集》第6卷,中华书局1986年版,第378页。

民政府资源委员会的翁文灏和钱昌照都认为,发展经济必须遵循三个基本原则:一是中国经济建设必须以工业化为中心,二是工业化必须以重工业建设为中心,三是重工业建设必须以国营事业为中心①。这也许是他们之所以留在大陆投向新政权的思想基础。1953年开始大规模工业化有广泛的民意基础,大批海外学子和科学家回国效力,一些怀抱实业救国理想的民族资本家也为国家大规模工业建设感到欣喜。1956年1月21日,荣毅仁接受新华社记者访问时说:"五年计划开始了,全国兴建了许多大工厂,各地进行了大规模的建设,一切实现得比梦想还要快,多么令人鼓舞!""对于我,失去的是我个人的一些剥削所得,它比起国家第一个五年计划的投资总额是多么渺小。"②这多少反映了荣毅仁的真实想法,不是纯粹的政治表态。

关于工业化从哪里起步的问题,中共最初的想法是按传统路子,先发展轻工业积累资金再发展重工业。然而到了1951年底,中共高层就工业化战略达成了共识,这就是优先发展重工业。1951年12月,毛泽东明确提出,完成国家工业化,"首先重要并能带动轻工业和农业向前发展的是建设重工业和国防工业",要"用一切办法挤出钱来建设重工业和国防工业"③。

这里有两个背景。一是朝鲜战争,强化了中共领导人的危机感和紧迫感。当年残缺不全的工业基础无法保障中国的主权独立和国家安全。毛泽东说:"现在我们能造什么?……一辆汽车、一架飞机、一辆坦克、一辆拖拉机都不能造。"④周恩来说:"任何一个国家建设社会主义总要有一点独立的能力,更不用说像我们这样一个大国。"我们"必须建立自己的完整的工业体系,不然一旦风吹草动,没有任何一个国家能够支援我们完全解决问题"。⑤

二是苏联因素。一方面是苏联经验。1949年8月15日,《人民日报》刊登苏联学者F.P.柯舍列夫《国家工业化和农业集体化的苏维埃的方法》一文,转述斯大林的话说:资本主义工业化的道路是"漫长的须要几十年之久的道路","我们比先进国家落后了50年到100年,我们应当在10年之内跑完这段距离,或者是我们做好这点,或者是我们被人打垮"⑥。斯大林的这个观点最能打动中共领导人。另一方面是苏联援助。优先发展重工业计划能否实行,取决于苏联大规模援助能否到来。朝鲜战争后,苏联是真心帮助中国的,从项目选定、图纸设计、工厂选址、勘查勘测到派出5000多位各类专家,一次性地提升了中国

---

① 吴兆洪:《我所知道的资源委员会》,中国文史出版社1988年版,第106页;《回忆国民党政府资源委员会》,转引自薛毅《国民政府资源委员会研究》,社会科学文献出版社2005年版,第140页。
② 徐中尼:《访上海资本家荣毅仁》,《人民日报》1956年1月22日。
③ 《建国以来毛泽东文稿》第2册,中央文献出版社1988年版,第534页。
④ 《毛泽东文集》第6卷,人民出版社1999年版,第329页。
⑤ 《周恩来选集》下卷,人民出版社1984年版,第232页。
⑥ 《苏联社会主义工业化的方法及其在国家经济革新中的作用》,《人民日报》1949年8月15日。

的技术禀赋，这使中国优先发展重工业有了现实可能。156 项重点工程最后落实了 150 项，其中真正的轻工业项目只有一项，其他都是钢铁、机械制造、石油化工、有色金属、能源、交通等重工业项目和国防工业项目。1956 年以后又增加了一些援助项目，截至 1957 年底"一五"计划时期建成 63 个项目，169 个项目留待"二五"计划期间继续建设。[①]

1952 年到 1978 年，中国工业总产值增长 15 倍，其中重工业增长 28 倍，建立了大小工业企业 35 万个，其中大中型国营工业企业 4400 个。[②] 一个门类比较齐全的工业体系初步建立，成为后期发展的重要基础，更重要的是培养了一批技术力量和产业工人队伍。很难设想，没有前期的基础，中国能在改革开放后短期内成为"世界工厂"。不过，被世界所关注的不是中国的工业化进展，而是几项社会性成就。中国的平均预期寿命从 1949 年以前的 35 岁增加到 1980 年的 68 岁，婴儿死亡率从 1949 年以前的 25% 下降到 1980 年的 5%，学龄儿童入学率由 1949 年以前的 20% 上升至 1981 年的 93%，成人文盲率由 1949 年以前的 80% 降至 1982 年的 22.8%，人口总数也从 1949 年的 5.4 亿人增加到 1978 年的 9.6 亿人，[③] 为后期发展储备了庞大的人力资本。

然而，中国推行赶超型工业化战略，并没有实现经济起飞。到 20 世纪 70 年代末，与世界先进水平的差距不是缩小了而是拉大了。1960 年中国 GDP 与日本相近，而 1980 年只占日本的 1/4。[④] 1980 年中国人均 GDP 只有 193 美元，比孟加拉国等国还要低。[⑤] 1978 年，领导人出国考察后对这种差距拉大的感受十分强烈。1978 年 9 月，邓小平访问朝鲜时同金日成说："最近我们的同志出去看了一下，越看越感到我们落后。什么叫现代化？五十年代一个样，六十年代不一样了，七十年代就更不一样了。"[⑥]

差距并不在于 1953 年搞了 156 项建设，而在于在初步建立起工业体系后，没有对经济结构作出适时调整。1956 年毛泽东在《论十大关系》中，有调整农轻重比例的考虑，但很快被"大跃进"运动的"以钢为纲"冲掉了。1963 年制定"三五"计划，提出要搞一个吃穿用的计划，很快又被三线建设的决策所取代。1979 年拨乱反正时期，理论界曾经发动了

---

① 董志凯：《关于"156 项"的确立》，《中国经济史研究》1999 年第 4 期。按：这里需要说明的是，156 项工程是工业化建设的重点，但并不是全部固定资产投资，因此，当期投资并未如此严重地向重工业倾斜。
② 参见《中国统计年鉴 1985》，中国统计出版社 1985 年版，第 305、309 页。
③ 参见王绍光《学习机制与适应能力：中国农村合作医疗体制变迁的启示》，《中国社会科学》2008 年第 6 期；《中国教育年鉴 1949—1981》，中国大百科全书出版社 1984 年版，第 125—126 页；储朝晖《中国教育六十年纪事与启思（1949—2009）》上册，山西教育出版社 2013 年版，第 229 页；路遇、翟振武主编《新中国人口六十年》，中国人口出版社 2009 年版，第 1092、1109 页。
④ 谢百三：《当代中国的若干经济政策及其理论》，中国人民大学出版社 1992 年版，第 13 页。
⑤ ［美］洪源远著：《中国如何跳出贫困陷阱》，马亮译，香港中文大学出版社 2018 年版，第 7 页。
⑥ 《邓小平思想年谱（1975—1997）》，中央文献出版社 1998 年版，第 76—77 页。

一场关于生产目的的讨论,对于经济增长率并不低而人民没有得到实惠的问题进行了反思,认为一个重要原因是长期维持高积累、高投资、低消费的发展路子,相当比重的投资沉淀在生产领域,生产出来供人们消费的最终产品少,消耗在生产过程的中间产品多,尤其重工业在很大程度上是自我循环、自我服务。也就是说,工业化的主导产业并没有有效地带动经济起飞。"勒紧裤带搞建设"短期可以,长期不行。毛泽东时代可以维持,"文化大革命"结束后就再也维持不下去了。当时许多民生问题冒出来,按李先念的说法,许多问题都具有"爆炸性"①。1978年9月,邓小平在东北谈话时说:"外国人议论中国人究竟能够忍耐多久,我们要注意这个话。"②

还有三个因素制约计划经济时期的经济绩效。一是频繁的政治运动特别是"文化大革命"造成的混乱,打断了经济发展的连续性。李先念在1979年12月的全国计划会议上说,"文化大革命"造成的国民收入损失达5000亿元。③ 这相当于新中国成立后30年全部基本建设投资的80%,"文化大革命"对经济发展造成的损失是巨大的。二是计划经济体制配置资源的低效率。据统计,总共6000亿元的固定资产投资有2000亿元没有完成,而建成的国营企业的资金利润率也是逐年递减的,直接反映为日趋困难的财政状况。1974年、1976年财政收入为负增长,1976年财政收入只有750亿元,相当于1971年的水平,④ 这也说明,完全依靠财政投资发展经济的路子很难继续走下去了。在计划经济体制下,企业只是行政部门的附属物,缺乏自我发展的能力,更不可能培养出勇于技术创新、敢于冒险的企业家精神⑤。三是封闭的环境。长期封闭的环境,是制约中国发展的一个重要因素,这使中国的工业化失去利用战后新技术革命和世界经济快速发展成果的历史机会。

三、经济决策中的外部环境因素

影响当代中国历史进程的国际因素主要有三个:一是苏联模式的影响,这关系到对社会主义路径和体制模式的选择;二是战后国际冷战格局,这不仅限制了中国的外交选择,在很大程度上也影响和制约着国内政治走向和经济发展;三是经济全球化趋势,这是中国改革开放得以推进的大背景,在某种意义上说,是开放推进了改革。当前的逆全球化趋向,同样会影响中国未来的改革和发展。当然,国际环境并不是一个纯客观的存在,在某种情况下也取

---

① 参见《三中全会以来重要文献汇编》(上),人民出版社1982年版,第147—148页。
② 《邓小平思想年谱(1975—1997)》,第80页。
③ 《三中全会以来重要文献汇编》(上),第383—384页。
④ 参见《中国统计年鉴1993》,中国统计出版社1993年版,第215页;房维中《在风浪中前进——中国发展与改革编年纪事1977—1989》(1977、1978年卷),未刊稿,第13页。
⑤ 根据罗斯托经济成长阶段的理论,企业家精神是一个国家实现经济起飞的三个必备条件之一。

决于中国对外战略的谋划。

1978年以前，中国是一个高度封闭的国度。1978年中国外贸依存度只有9.8%，人文交流更谈不上，像邓力群这样的高级干部，1978年访问日本也是第一次出国，第一次"身临其境"感受现代资本主义。①

客观地说，封闭的环境主要是外力强加给中国的。利用外部资源发展中国，这是许多人有的愿景。孙中山认为，中国要振兴实业必须借助外资和人才的引进，他的《实业计划》率先出版的英文版书名就叫 The International Development of China。1944年，毛泽东在与美军观察组成员谢伟思谈话时说，未来中国工业化必须有自由企业和外国资本帮助，中国可以为美国提供"投资场所"和重工业产品的"出口市场"，并以工业原料和农产品为"补偿"②。然而，随着中国内战爆发和新中国成立，这条路基本上被堵死了。1950年1月，以美国为首成立"巴黎统筹委员会"，目的是限制向社会主义国家出口战略物资和高技术，列入禁运清单的有上万种产品。朝鲜战争后美国对中国进一步收紧了口袋。1952年9月在"巴统"内成立"中国委员会"，列出"中国特别清单"，对中国的禁运比对苏联、东欧国家更严格。

有人认为，新中国"一边倒"的外交政策和出兵朝鲜的行动，导致中美对抗20多年。这是不了解冷战的性质。战后美苏冷战有地缘政治因素，但根本的因素是意识形态。新中国即使不宣布"一边倒"，没有抗美援朝，中美也不可能走到一起。当时有民主党派人士主张像印度那样实行中立政策，同时与苏联和美国修好。事实上，这条路印度行得通，中国行不通。中国若奉行此道，则将有腹背受敌的可能，既不能消除美国的威胁，又可能引起苏联的猜忌。

在毛泽东看来，50年代与苏联结盟至少得到了安全和经济两方面的好处。1956年9月，毛泽东在接见阿尔巴尼亚劳动党代表团时说："苏联革命成功后遭十几国干涉，而我国革命胜利的时候，帝国主义并未干涉我们，并不是怕我国人民，主要是有苏联存在，这对我们鼓励很大。当时若无苏联存在，美国一定要来的。它不仅在台湾，还要到大陆来。"同年12月，毛泽东在全国工商联召开的座谈会上又说："中国同苏联靠拢在一起，这个方针是正确的。""美国是不好依靠的，它可能会给你一些东西，但不会给你很多。帝国主义怎么会给我们国家吃饱呢？""幻想处在苏联和美国之间做桥梁而有所得益，这种想法是不适当的。大工厂我们还不会设计，现在谁替我们设计呢？例如化学、钢铁、炼油、坦克、汽车、飞机

---

① 邓力群：《日本经济情况》，《经济研究参考资料》1979年第45期。
② [美] 约瑟夫·W.埃谢里克编著：《在中国失掉的机会——美国前驻华外交官约翰·S.谢伟思第二次世界大战时期的报告》，罗清、赵仲强译，国际文化出版公司1989年版，第327—329页；董志凯等：《延安时期毛泽东的经济思想》，陕西人民教育出版社1993年版，第114—115页。

等工厂，谁给我们设计的呢？没有一个帝国主义国家替我们设计过。"① 然而到了60年代，中苏交恶，国际环境全面恶化，从苏联获得经济技术援助的渠道也被切断了。

总体来说，封闭是外力强加的，但并非与我们的认知和政策选择没有关系。封闭环境与封闭观念是相互促进的。1964年还清苏联欠债后，中国以"既无外债又无内债"为豪。当时批判南斯拉夫利用外资、开展与西方的贸易是"出卖国家主权""帝国主义的附庸"②。1978年前有过两次面向资本主义国家的对外引进，但是关于利用外资、引进外商直接投资的两个"禁区"没有被打破。1973年，陈云有利用外资的考虑，当时想到的利用外资的形式，是通过中国的金融机构吸收国外存款。③ 还有一种形式是延期支付，60年代和70年代两次引进都使用过延期支付的方式。④ 除此之外，其他利用外资的方式都是禁区。不接受外国政府贷款和无偿援助，更不允许办中外合资企业。新中国成立之初，不但全部征收了美英等国的在华企业，而且认为苏联与中国合办企业也会威胁到中国的真正独立。中苏四个联合公司成了两国外交中的一个敏感话题。最后，赫鲁晓夫1954年访华时把这四个公司交还给了中国，以向毛泽东示好。从这个背景不难看出，引进外商投资是一个更加敏感的问题。这个政策一直延续到1978年春。1978年4月22日，外贸部部长李强在一次讲话中明确说：有六种做法过去不能做而现在可以做了，这些做法包括：补偿贸易；来料加工、来样加工；用外商商标牌号定牌；协作生产；寄售；分期付款、延期付款。但向外国借款和与外国举办合资企业，仍然是不做的。⑤

这两个禁区是邓小平亲自拍板打破的。1978年邓小平率先提出借钱搞建设的想法，并且两次批示，批准中外合资兴办汽车公司。1978年12月15日，李强在香港向世界公开宣布取消两个禁区。他说："为了实现四个现代化，到1985年为止，需要一笔相当于几百亿美元的外国贷款，我们的方针是接受政府之间的贷款。""基本上国际贸易上惯例的做法都可以干。"打破封闭，实行对外开放是中共重大的战略转变。

当中国启动改革开放时，遇到了前所未有的有利的国际环境。由于共同面临苏联的战略压力，日本、欧洲国家都愿意借钱给中国，帮助中国实现现代化。这个环境的创造，应当追溯到70年代初的中美关系解冻，带动中国同日本、西欧等发达国家全面建交。1972年，中国先后同18个国家建立外交关系或实现外交机构升格，恢复在联合国的合法席位。尼克松访华后，美国决定扩大对中国的贸易，包括波音公司向中国出售10架波音707

---

① 《毛泽东外交文选》，中央文献出版社、世界知识出版社1994年版，第278—279页。
② 《南斯拉夫是社会主义国家吗？——三评苏共中央的公开信》，《人民日报》1963年9月26日。
③ 陈东林：《陈云抵制和纠正"文化大革命"错误的努力》，《中共党史资料》2005年第2期。
④ 刘向东等：《我国利用外资概况》，人民出版社1984年版，第2页。
⑤ 转引自李正华《中国改革开放的酝酿与起步》，当代中国出版社2002年版，第272页。

飞机。① 1973年中国决定对外引进43亿美元，"四三方案"就是在这样的背景下作出的。②1973年以后，周恩来、邓小平、陈云等人有过扩大对外设备和技术引进的想法，毛泽东并不一味排斥。③国内外学者都充分肯定中美关系解冻对后来中国改革开放的重要意义。例如美国学者费正清、麦克法夸尔、陈兼都认为，如果不是毛泽东决定打开中美关系的大门，中国要登上国际舞台"成功的可能性极小"，中国要进行改革开放"如果说不是不可能，也将是极其困难的"④。

中国对外开放的政治平台的最后完成，是1979年1月的中美建交。1978年中美建交谈判时，僵持在美国坚持对台出售武器问题上，最后是邓小平拍板，主张把这个问题留到以后处理。当时邓小平的一个重要考虑，是要为中国现代化建设争取有利的外部环境。1978年11月2日，邓小平在中共中央政治局会议上说："同美国关系正常化的步伐要加快，从经济意义上讲也要加快。""最重要的是不要错过机会。"⑤ 如果当时不是邓小平果断决定，中美可能失去建交的最好时机，中国的改革开放可能会是另一番图景。80年代的对外政策与改革开放是一盘大棋，对外政策的主要目标是为改革开放争取有利的国际环境。

在经济上，70年代西方国家正处于萧条时期，产品、技术、资本都过剩，"急于找出路"，中国重启现代化对他们无疑有很大吸引力。五六十年代美国的劳动密集型产业转移到日本，70年代从日本转移到亚洲"四小龙"。70年代末80年代初，由于地价和劳动力价格上升，亚洲"四小龙"的劳动密集型产业开始向外转移，中国沿海地区承接了大部分产业。香港80%多的生产线，包括90%的玩具、80%的服装、塑料、皮革和电子等产品的生产转移到以珠三角地区为主的内地，形成以内地为"后厂"、以香港为"前店"的空间布局，特别是在珠三角地区，"三来一补"遍地开花。从1987年开始，除港资外，日、美、台等各

---

① 戴超武：《美国"贸易自由化"政策与中国"改革开放"（1969—1975）》，《史学月刊》2010年第2期。

② 1973年1月，国家计委向国务院报送《关于增加设备进口，扩大经济交流的请示报告》，提出在今后三五年内引进43亿美元的成套设备和单机的方案，通称"四三方案"。

③ 参见迟爱萍《新时期对外开放方针的先声——对陈云对外经济工作思想再思考》，《中共党史研究》1998年第4期；《陈云文选（1956—1985年）》，人民出版社1986年版，第218—228页；《邓小平年谱（1975—1997）（上）》，中央文献出版社2004年版，第83页。

④ [美] R. 麦克法夸尔、费正清主编：《剑桥中国史》第15卷，剑桥大学出版社1991年版，第402页；[美] 陈兼：《中国与通向冷战结束的道路》，"冷战的转型：1968—1980年的中国与变化中的世界"国际学术讨论会论文，华东师范大学，2006年。

⑤ 《邓小平年谱（1975—1997）（上）》，第417、441页；王立：《回眸中美关系演变的关键时刻》，世界知识出版社2008年版，第112页。

地资本也纷纷进入，有的举厂迁入。① 这时，中国才真正有了发挥比较优势的外部条件，获得了一个前所未有的以开放促改革促发展的机遇。

可以说，如果50年代初东西方冷战格局下的封闭环境是中国加速选择苏联计划经济模式的根源之一，那么70年代以后的开放环境则成为推动中国一步一步趋向市场化的重要因素。

四、经济决策中的战略安全因素

经济决策中的战略安全因素是经济学家一般不涉及的领域，但在中共的经济决策中是一个挥之不去的重要因素。作为一个大国的执政党，不能不考虑国家的战略安全，尤其是在毛泽东时代，战略安全因素在经济决策中占有十分重要的地位。

1953年确定优先发展重工业的工业化战略，其主要目标不是近期的经济效益而是国防安全。当年的156项重大项目中，国防工业就有44项。这156项大多数布局在东北和内地省份，沿海省份基本没有布点，这主要出于战略安全考虑，而不是经济效率考虑。

进入60年代，中美对抗没有丝毫松动，中苏又从两党意识形态论争走向国家间对抗，国际环境异常险峻。中共中央作出的两个大的战略决策更是出于战备考虑。一个是在极困难的情况下坚持搞"两弹一星"。从国家安全战略角度看，这是一个极具远见的决策，一个有核国家与一个无核国家在国际上说话的分量是完全不同的。另一个是"三线建设"。据资料证明，1964年和1969年美国和苏联先后考虑对中国进行核打击，中国面临新中国成立以来最为严峻的战略安全环境。为了备战，毛泽东下决心搞三线建设。当时毛泽东对国家计委运作迟缓非常生气，说："如果大家不同意，我就到成都、西昌开会。搞攀枝花没钱，我把工资拿出来。"② 邓小平在80年代曾回顾说："过去我们的观点一直是战争不可避免，而且迫在眉睫。我们好多的决策，包括一、二、三线的建设布局，'山、散、洞'的方针在内，都是从这个观点出发的。"③

三线建设从1964年持续到1980年，历经三个五年计划，涉及中西部的13个省、自治区；投入人力高峰时达400多万人，有人估计有550万人，其中民兵就有450万人；安排了1100个建设项目，实际建设项目2000个；投入资金2052亿元，占当期国家总投资

---

① 《两代台商眼中的东莞巨变》，《新京报》2018年4月16日；袁求实：《香港的繁荣是怎样形成的?》，《人民日报·海外版》1995年8月12日。

② 陈东林：《1964年三线建设决策中的分歧及其对西部开发的启示》，《党史研究资料》2001年第6、7期。

③ 《邓小平文选》第3卷，第126—127页。

的39%;① 选址布点要求是靠山、分散、隐蔽,后来概括为"山、散、洞"。三线建设是动用行政命令推动的,一声令下,千军万马浩浩荡荡地向西部转移。全国从沿海地区迁到三线地区的工厂、科研院所和大专院校有380多个,14.5万人、3.8万台设备。这显然不是一般经济行为,而是重大的政治行为。三线建设创建了45个重大科研、生产基地,形成煤炭、电力、冶金、化工、机械、核能、航空、航天、兵工、电子、船舶工业等战略后方基地,至今大部分军工企业仍在三线城市;增加了十余条总计8000多公里的新铁路线;建成攀枝花、六盘水、十堰、德阳、绵阳等一批新兴工业城市,并使成都、重庆、西安、兰州、贵阳、安顺、遵义等老城市得到超前发展。

1979年,中国经济进入调整阶段,许多三线建设项目投资断了粮,有400个项目没有建成。譬如湖北十堰的第二汽车厂,是三线建设的一个大项目。据时任二汽总工程师、后来任厂长的陈清泰回忆:当时国家预算总投资是14.6亿元,但建设了一半国家资金短缺,想到此结束。职工和施工队以及他们的家属共有20多万人散落在荒僻的山沟里,二汽领导层十分着急。他们向国务院要政策,允许搞利润包干制,接着搞横向联合打开销路,靠自我积累滚动发展。当时国务院批准搞承包制的有两个大企业,一是首钢,一是二汽。②

改革开放后,经济开发的重心从内地回到沿海,三线工厂普遍遭遇困境。从1983年开始,国家对三线建设工厂进行调整改造,历时23年。大体分三类:一类条件比较好的企业就地调整转产,比较成功的如长虹集团、嘉陵摩托等;另一类是把工厂从山沟迁到邻近的城市;还有一类不具备条件的关停,特别是小三线工厂,职工撤回原来的城市,留下大量厂房和宿舍。

对于三线建设的评估分歧很大。批评者认为当年对战争形势估计过于严重,大量资源从沿海转移到偏远山区,无论从宏观还是微观看,对经济效益的损失都是巨大的。如美国学者巴里·诺顿(Barry Naughton)提出,"三线建设在经济上是一个错误",三线建设"工业布局太分散、交通不便、成本太高且经济建设缺乏计划,政府需要用几十年花上大把银两方可使三线企业由亏转盈。再说,当时的经济政策忽略东北与沿海原有工业基础与交通路线的发展,造成这两个地理条件上相对有利的地区经济条件每况愈下"③。肯定者认为,战争具有极大不确定性,后来没有发生不等于当年没有战争危险,三线建设大大增强了国家的国防能

---

① 陈东林:《1964年三线建设决策中的分歧及其对西部开发的启示》,《党史研究资料》2001年第6、7期。
② 萧冬连、鲁利玲对陈清泰的访谈,2009年7月1日。
③ 转引自[美]柯尚哲著,周明长译《三线铁路与毛泽东时代后期的工业现代化》,《开放时代》2018年第2期;[美]柯尚哲《从欧美观点看三线建设》,《开发研究》2015年第1期。

力和战略纵深。同时，三线建设是中国产业布局的一次大的调整，使中西部的开发提前了几十年，成为 21 世纪实行西部大开发战略的重要基地。不过，即使是肯定者，也不否定三线建设中存在效率损失。站在不同角度的评价不同，不同时期的评价也有变化。80 年代，反思和批评的声音多一些，但到 90 年代初海湾战争爆发后，高层对此给予更加积极的评价。江泽民在视察四川等地的三线企业时说，从当前国际形势来看，特别是海湾战争之后，我们对三线建设的重要性应当有进一步的认识。总的来讲，毛主席作出的这个战略决策是完全正确的，是很有战略眼光的。[1]

改革开放以来，战略安全问题似乎淡出了人们的视野。一些著名学者对自由贸易体系非常乐观，认为任何问题包括粮食安全都可以通过国际市场交换获得保障。近年来美国对中国发动贸易战、科技战，一个芯片卡住了中国的"脖子"，战略安全问题又回到人们的视野，然而现在面临的战略安全范畴大大扩大了。习近平总书记强调，要准确把握国家安全形势变化新特点、新趋势，坚持总体国家安全观。处理新时代的战略安全问题，至少可以从历史上得到三点启示。

第一，准确预判形势，保持战略定力。80 年代邓小平提出和平与发展是时代的主题，这是一个关系全局的战略判断。如果当时每天都想着战争迟早会来，就不可能主动裁军百万，就不可能把发展重心放在沿海，大胆地对外开放，也就没有 40 多年来的中国发展。我们当然要有底线思维，但不能把底线思维变成常规政策，否则得不偿失。国际社会还是要靠实力说话，最大的安全是把国家发展好，增强自己的实力。习近平总书记指出，当前仍然是一个和平与发展的时代，这显示了中央的战略定力。

第二，走军工民用融合的路子，不能割裂战略性产业与民用产业的联系。美苏军备竞赛，为什么苏联败下阵来，美国却越来越强？关键在制度体制。苏联的军工体系与民用工业脱节，吞噬了巨大的国家投资，却很难带动民用工业的科技进步；而美国搞的都是通用技术，军事科技的突破很快转化为民用。中国前期也是学苏联，军用与民用是两套不同的体系，当时有八个机械工业部，除了一机部军民两用、八机部是搞农机的，从二机部到七机部基本上都是军事工业部（核、航空、电子、兵器、船舶、导弹）。地方也有军用与民用两套系统。1979 年邓小平提出军转民、走军民融合的路子，是一个十分正确的决策。1983 年批准重庆为城市综合改革的试点城市，薄一波率国务院 32 个部委负责人集体赴重庆，与四川省、重庆市三方协商谈判。中央之所以对重庆特别关注，一个重要原因是重庆是三线建设重镇，中央在"大三线"的投入四川占 1/3，其中大部分投入在重庆。当时有 47 个中央直属

---

[1] 陈东林：《评价毛泽东三线建设决策的三个新视角》，《毛泽东邓小平理论研究》2012 年第 8 期。

企事业单位在重庆，中央希望重庆探索出一条军工民用结合的新路子。①

第三，把政策引导与市场机制结合起来。更多地利用市场配置资源，依靠企业自主创新，而不是主要靠国家大量投资。根据以往的经验，用行政力量推动必定会出现大量重复建设和资源浪费现象，形成企业对政府的依赖，"卡脖子"技术也不见得会取得突破。

中国共产党的经济思想不是单纯理论形态的存在，而总是和经济决策与实践联系在一起的。一旦进入决策和实践层面，一定会受到各种复杂的内外因素的制约。理论指导实践，又受到实践的检验和修正，所以这是一个不断探索创新和不断纠错的过程。理解党在计划经济时代的经济理论和实践，应当持历史的、发展的眼光。既要充分尊重历史，同时不排斥后见之明的反思。只有这样，才可以真正从历史经验中汲取智慧。

（原载《中共党史研究》2021年第3期）

---

① 李彦一：《重庆直辖的大序曲——80年代开始的重庆计划单列始末》，《红岩春秋》2008年第3、4期。

"156项"建设项目对中国工业化的历史贡献

赵学军

中国社会科学院经济研究所

一、引言

"工业化——这是我国人民百年梦寐以求的理想,这是我国人民不再受帝国主义欺负不再过穷困生活的基本保证,因此这是全国人民的最高利益。"[①] 工业化一直是中国共产党和中国政府持之以恒的奋斗目标。中国共产党从成立之初起,在确定自己为在中国实现社会主义而奋斗的目标的同时,也确定了自己为中国的工业化和现代化而奋斗的目标。[②]

从英国发生第一次工业革命开始,资本主义发达国家走上了漫长的工业化道路。美国在1955年、德国在1965年、日本在1972年、韩国在1995年分别完成了工业化。

中国的工业化却起步很晚。近代中国的工业化发端于19世纪60年代的洋务运动,但1895年后近代工业才真正有较大规模的增长,比世界主要资本主义国家的工业化晚了100年。民国时期,中国也兴办了一些现代工业,但到新中国成立之前,工业基础薄弱,尚未形成工业体系。1954年6月14日,毛泽东主席在中央人民政府会议的讲话说:"现在我们能造什么?能造桌子椅子,能造茶碗茶壶,能种粮食,还能磨成面粉,还能造纸。但是,一辆汽车、一架飞机、一辆坦克、一辆拖拉机都不能造。"[③]

"一五"时期,中国以苏联援助的"156项"建设项目[④]为核心,以限额以上921个大中型建设项目为重点,掀起了大规模工业化浪潮。[⑤] 1969年"156项"建设项目全部建成投

---

① 《迎接一九五三的伟大任务》,《人民日报》1953年1月1日。
② 龚育之:《国有企业在中国工业化进程中的历史地位》,《理论前沿》1999年第20期。
③ 《毛泽东主席在中央人民政府会议的讲话》,《毛泽东文集》第6卷,人民出版社1999年版,第329页。
④ 学术界俗称的"156项"重点建设项目,指的是中国"一五"时期在苏联帮助下进行的150项重点建设工程。1955年颁布第一个五年计划时,中央政府确定了156项重点建设项目,但在实施过程中,有的项目被合并,有的项目被撤销,最后完成的建设项目是150项,但人们已习惯将其通称为"156项"重点建设项目。参见董志凯《关于"156项"的确立》,《中国经济史研究》1999年第4期。
⑤ "限额"是指"一五"时期国家规定的基本建设单位的投资限额。钢铁、汽车、拖拉机、船舶、机车车辆工业投资限额为1000万元,有色金属、化学、水泥工业投资限额为600万元,电站、煤炭采掘、石油开采等工业投资限额为500万元,橡胶、造纸、卷烟、医药等工业投资限额为400万元,陶瓷、食品工业等投资限额为300万元。

产，加上陆续投产的限额以上建设项目，中国史无前例地发展出独立自主工业体系的雏形。经过 70 余年的奋斗，目前中国成为全球唯一的拥有联合国产业分类中全部工业门类的全产链国家，拥有 41 个工业大类、207 个工业中类、666 个工业小类，① 是名副其实的"世界工厂"。2020 年中国已基本上实现工业化，2035 年将全面实现工业化。

回首当代中国工业化历程，"一五"时期"156 项"建设项目无疑是勃兴的源头。这些建设工程使得中国在能源、机械、原材料、化学等基础工业现代化道路上迈出了关键的一大步，在国防工业现代化道路上跃上新的台阶。"156 项"建设项目，是当代中国工业化的奠基石，是中国经济建设史上的里程碑。"156 项"建设项目相关企业在 60 余年的发展中，有的重组，有的改制，有的关闭，目前还存在 100 余家，在各行业仍然具有举足轻重的影响。"156 项"建设项目对当代中国工业化究竟产生了什么影响，应该如何客观评价其历史贡献，是学术界应予以明确回答的问题。

二、"156 项"建设项目的研究状况

工业化是学术界历久弥新的研究课题。② "156 项"建设项目在当代中国工业化历程中占据了极其重要的地位。长期以来，出于各种原因，学术界对"156 项"建设项目的研究比

---

① 黄群慧：《"十四五"时期深化中国工业化进程的重大挑战与战略选择》，《中共中央党校（国家行政学院）学报》2020 年第 2 期。

② 对于"工业化"的定义，学界存在一些抽象与形象的定义分歧。库兹涅兹认为，工业化一般是指传统农业社会向现代工业社会的转变过程，随着这个过程，工业在国民收入和就业人口中所占的比例逐步提升。见 Kuznets, S., "Modern Economic Growth: Findings and Reflections", *American Economic Review*, Vol. 63, No. 3, 1973, pp. 247–258。《新帕尔格雷夫经济学大辞典》定义的工业化概念是：工业化是一种过程。一般而言，首先国民收入（或地区收入）中制造业活动和第二产业所占比重提高了；其次，在制造业和第二产业就业的劳动人口所占比重有增长趋势；除暂时中断外，整个人口的人均收入也增加了（*The New Palgrave Dictionary of Economics, the Third Edition*, London: Palgrave Macmillan, 2018）。张培刚认为，工业化是指国民经济中一系列基本的生产函数（或生产要素组合方式）连续发生由低级到高级突破性变化（或变革）过程，不仅包括工业本身的机械化和现代化，而且包括农业的机械化和现代化（《发展经济学》，北京大学出版社 2009 年版，第 325 页）。保罗·斯威齐（Sweezy, P. M.）认为，工业化主要是新生产资料的建设，"基本"工业全都以新产业出现（《资本主义发展论》，商务印书馆 1997 年版，第 242 页）。中国社会科学院经济研究所编的《现代经济辞典》认为，工业化通常被定义为工业（特别是其中的制造业）或第二产业产值（或收入）在国民生产总值（或国民收入）中比重不断上升的过程，以及工业就业人数在总就业人数中比重不断上升的过程。衡量工业化的标志是，国内生产总值结构中工农业比例的变化，工业产值高于 50%，为工业化条件之一；从事工业生产与建设、交通运输、商品流通的职工人数超过农业劳动力人数；建成比较独立、完整的工业体系（凤凰出版社、江苏传媒出版社 2004 年版，第 275 页）。黄群慧认为，工业化是以工业驱动一个国家或地区人均收入提高和产业结构由农业主导转向工业主导的演进过程（《"十四五"时期深化中国工业化进程的重大挑战与战略选择》，《中共中央党校（国家行政学院）学报》2020 年第 2 期）。张培刚的工业化概念是一种抽象的学术概念。本文的工业化概念主要是库兹涅兹、中国社会科学院经济研究所、黄群慧的定义，更便于直观地观察分析。

较薄弱，学术成果较少。对于"156项"建设项目的研究主要集中于以下几个方面。

考证"156项"建设项目确立与建设过程。董志凯详细考证了"156项"建设项目确立的过程，指出苏联援建的"156项"重点建设项目最终实施完成150项。[1] 董志凯、吴江在《新中国工业的奠基石——156项建设研究》[2] 著作中，更加详细地叙述了中国确定"156项"建设项目的资金来源、实施过程与建设效益等问题。

探讨"156项"建设项目中的技术引进。张久春分析了"156项"建设项目中苏联向中国转移工程建设与技术的特点，认为"156项"建设项目为新中国建立起比较完整的基础工业体系和国防工业体系骨架，构建了比较完整的现代技术体系。[3] 张柏春等在《苏联技术向中国的转移（1949—1966）》一书中，详细论述了"156项"建设项目中苏联向中国转移技术的情况。[4] 张培富、孙磊认为，中国成规模地转移了苏联工业领域特别是重工业领域的技术，奠定了新中国工业技术的基础。[5] 王奇认为"156项"建设项目使中国的工业技术水平迅速提高到20世纪40年代的水平。[6]

分析"156项"建设项目的资本形成问题。唐艳艳认为，当时中国政府采取了计划管理的办法来主导资本形成。[7] 威廉·霍利斯特认为中国通过实施"156项"建设项目，提高了工业产品质量和工业生产能力，但也出现诸如管理者、工程师和技术工人的数量远远跟不上工业发展需要，并且农业发展滞后、人口增长过快等问题。[8] 乔尔·格拉斯曼认为，"156项"建设项目对人力资本的需求导致中国大力发展高等教育和中等职业教育。[9]

评价"156项"建设项目在中国工业发展中的作用。唐艳艳认为，"156项"建设项目

---

[1] 董志凯：《关于"156项"的确立》，《中国经济史研究》1999年第4期。也有其他学者论述"156项"重点建设项目形成过程，刘振华：《建国初"156项"工程项目的确立》，《中国档案》2009年第3期；宋凤英：《奠基中国工业化基础的"156项工程"揭秘》，《党史博采》2009年第12期；陆建华：《影响深远的苏联"156项"援建》，《装备制造》2008年第Z1期；宋凯扬：《"156项工程"建设回顾与思考》，《四川党史》1995年第5期；等等。

[2] 广东经济出版社2004年版。

[3] 张久春：《20世纪50年代工业建设"156项工程"研究》，《工程研究——跨学科视野中的工程》2009年第3期。

[4] 张柏春、姚芳、张久春、蒋龙：《苏联技术向中国的转移（1949—1966）》，山东教育出版社2004年版。

[5] 张培富、孙磊：《156项工程与1950年代中国的科技发展》，《长沙理工大学学报（社会科学版）》2011年第2期。

[6] 王奇：《"156项工程"与20世纪50年代中苏关系评析》，《当代中国史研究》2003年第2期。

[7] 唐艳艳：《"156项工程"建设中政府主导资本形成得失评析》，《理论月刊》2010年第4期。

[8] William W. Hollister, "Capital Formation in Communist China", *The China Quarterly*, No. 17 (Jan-Mar. 1964), pp. 39 – 55.

[9] Joel Glassman, "Educational Reform and Manpower Policy in China, 1955 – 1958", *Modern China*, Vol. 3, No. 3 (Jul. 1977), pp. 259 – 290.

使中国工业生产能力获得巨大增长,奠定了新中国的工业基础。[1] 陈夕认为"156项"建设项目是中国工业化历史上坚实的第一步,促进了工业化。[2] 胡伟、陈竹认为,"156项"建设项目是中国首次借助国外资金、技术和设备开展大规模工业化建设的历史性实践,是中国工业化快速向前推进的起点,奠定了工业全面发展的坚实基础。[3] 阿吉特·辛格认为"156项"建设项目奠定了中国可持续发展的工业化基础。[4] 德怀尔分析"156项"建设项目在煤矿现代化、机械化中的重要贡献,认为煤炭工业企业通过铁路与钢铁工业重镇相连,共同驱动了工业生产基地的形成和发展。[5]

讨论"156项"建设项目对工业基地建设、工业城市建设及区域经济发展的作用。何一民、周明长认为,"156项"建设项目推动城市进入了以重工业优先发展战略为导向的新阶段[6],"156项"建设项目促进了多类型工业城市群体的兴起。[7] 唐艳艳认为"156项"建设项目初步改变了旧中国工业布局不合理的状况,促进了区域经济的平衡发展。[8] 胡伟、陈竹认为,"156项"建设项目促进了区域均衡发展。[9] 阿斯比约恩·洛夫布拉克认为"156项"建设项目促进了一批工业城市的优先发展。[10] 李百浩等分析了"156项"建设项目对新兴工业城市的发展目标、类型与建设发展模式的影响。[11] 但也有国外学者认为"156项"建设项目对中国工业的空间分布格局没有太大的影响。陈奈润认为,1949年之前,中国77%的工业总产值集中在沿海,而"156项"建设项目中有55%的投资和3/4的新厂房建设集中在内陆地区,促进了这些落后地区较快发展,但并不意味着中国工业的空间分布从此发生了根本性转变。这些内陆地区工业经济的高速增长只是因为基数比较小,这些地区依然要花很长时间才可能赶上那些发展速度较慢的发达省份。直到20世纪70年代,中国工业发展布局和

---

[1] 唐艳艳:《"一五"时期"156项工程"的工业化效应分析》,《湖北社会科学》2008年第8期。

[2] 陈夕:《156项工程与中国工业的现代化》,《党的文献》1999年第5期。

[3] 胡伟、陈竹:《156项工程:中国工业化的起点与当代启示》,《工业经济论坛》2018年第3期。

[4] Ajit Singn, "Political Economy of Socialist Development in China since 1949", *Economic and Political Weekly*, Vol. 8, No. 47 (Nov. 24 1973).

[5] D. J. Dwyer, "The Coal Industry in Mainland China since 1949", *The geographical Journal*, Vol. 129, No. 3 (Sep. 1963), pp. 329 – 338.

[6] 何一民、周明长:《156项工程与新中国工业城市发展(1949—1957年)》,《当代中国史研究》2007年第2期。

[7] 何一民、周明长:《156项工程与中国工业城市的新生》,《中国城市经济》2009年第9期。

[8] 唐艳艳:《"一五"时期"156项工程"的工业化效应分析》,《湖北社会科学》2008年第8期。

[9] 胡伟、陈竹:《156项工程:中国工业化的起点与当代启示》,《工业经济论坛》2018年第3期。

[10] Asbjorn Lovbrak, "The Chinese Model of Development", *Journal of Peace Research*, Vol. 13, No. 3 (1976), pp. 207 – 226.

[11] 李百浩、彭秀涛、黄立:《中国现代新兴工业城市规划的历史研究——以苏联援助的156项重点工程为中心》,《城市规划学刊》2006年第4期。

20世纪50年代早期相比并没有根本性的变化。①

综上所述，学术界已经基本理清了"156项"建设项目的来龙去脉，初步探讨了"156项"建设项目的技术引进、资本形成等问题，分析了"156项"建设项目对促进中国工业发展、区域经济发展的作用。但如果评价"156项"建设项目的历史贡献，则似乎显得支离破碎。笔者试图从两个维度探讨"156项"建设项目历史贡献。一是将"156项"建设项目置于当代中国70年工业化进程之中进行分析，以判定其历史方位；二是从工业化整体进程中考察"156项"建设项目，以评价其历史贡献。本文结构如下：第一部分论述"156项"建设项目与优先发展重工业的工业化模式的关系，第二部分论述"156项"建设项目与触发短期内大规模技术进步的关系，第三部分论述"156项"建设项目与建立比较独立完整工业体系的关系，第四部分论述"156项"建设项目与奠定重要工业基地的关系。第五部分是简短的结论。

三、"156项"建设项目启动了重工业优先发展的道路

在新中国成立以来70多年工业化的历程中，以改革开放为界，可明显分为两个阶段、两种模式。20世纪50年代初期到70年代末，中国的工业化模式是优先发展重工业，实施了重工业优先发展的赶超型战略；改革开放后，中国工业化模式转向了农业、轻工业和重工业协调发展的道路，实行以市场为导向的工业化均衡发展战略。② 中共十八大以来，中国的工业化战略更加强调推进新型工业化、信息化、城镇化、农业现代化同步发展，更加注重创新驱动、可持续发展。③

当代中国工业化前期走的是重工业优先发展的道路。④ 有学者认为中国优先发展重工业完全是照搬苏联模式，这种看法忽略了近代屈辱历史的烙印、国际环境的险恶对选择工业化道路的深刻影响。新中国当时面临的国际形势，要求政府全力加强国防，而能提供国防产品的产业多属于重工业，发展国防工业几乎等于发展重工业。⑤ 借鉴苏联在第二次世界大战前后工业化的成功经验，通过优先发展重工业奠定工业化的初步基础，保障国家安全，优先发

---

① Nai-Ruenn Chen, "Industrial Development in Mainland China", *Asian Affairs: An American Review*, Vol. 2, No. 5 (May-Jun. 1975), pp. 276 – 294.

② 参见梁秀峰《中国工业化的历史进程》，《中共党史研究》1994年第2期。

③ 黄群慧：《"十四五"时期深化中国工业化进程的重大挑战与战略选择》，《中共中央党校（国家行政学院）学报》2020年第4期。

④ 重工业是指生产生产资料的工业部门，主要包括石油、煤炭、金属矿与非金属矿等采掘工业，金属冶炼及加工、动力和燃料工业等提供基本原材料的工业，装备国民经济各部门的机械设备制造工业、化肥、农药等工业。

⑤ 剧锦文：《新中国工业化模式导入的经济史考察》，《中国经济史研究》1994年第2期。

展重工业是新中国的必然选择。① 由于中华人民共和国刚成立时还是一个贫穷落后的农业国，重工业优先发展对于建立工业基础是十分重要的。重工业投资引起中间品种类增加，可以以技术外部性提高轻工业部门的生产效率，还可以通过金融外部性降低中间品的进入门槛，从而提高整个经济部门的生产效率。②

启动重工业优先发展的工业化模式的，正是"156项"建设项目。

1954年3月3日，《人民日报》发表社论《发展重工业是实现国家社会主义工业化的中心环节》，指出"集中主要力量来发展国家的重工业，即发展冶金、燃料、电力、机器、基本化学等生产资料的工业"③。"一五"计划提出，"采取积极的工业化的政策，即优先发展重工业的政策，其目的就是在于求得建立巩固的国防，满足人民需要和对国民经济实现社会主义改造的物质基础。因此，我们把重工业的基本建设作为制订发展国民经济第一个五年计划的重点，并首先集中力量进行苏联帮助我国设计的156个工业单位建设"④。

"156项"建设项目集中在煤炭、电力、石油、钢铁、有色金属、化工、机械、医药、造纸、航空、电子、兵器工业、航天、船舶等14个行业。除了医药、造纸业属于轻工业外，其余的12个行业均属于重工业，重工业建设处于绝对重要的地位。

"156项"建设项目实际建设完成的为150项，造纸业1项，制药业2项，其余12个重工业行业的建设项目有147项，重工业建设项目占98%。其中，煤炭工业25项，石油工业2项，电力工业25项，钢铁工业7项，有色金属工业13项，化学工业7项，机械工业24项，航空工业12项，电子工业10项，兵器工业17项，航天工业2项，船舶工业3项。

除"156项"建设项目外，"一五"时期施工的工程还有限额以上921个建设项目，以及其他工矿业建设项目，建设单位达上万个。其中，黑色金属工业312个、电力工业599个、煤炭工业600个、石油工业22个、金属加工工业1922个、化学工业637个、建筑材料工业832个、造纸工业253个、纺织工业613个、食品及其他轻工业约5000个。⑤ "一五"时期的工业基本建设投资中，制造生产资料工业的投资占88.8%，制造消费资料工业的投资占11.2%。⑥ "一五"计划确定生产生产资料的工业（包括建筑业与资源勘探）与生产消费资料工业投资比例为8∶1，而实际投资中重工业与轻工业投资比例为6.5∶1，重工业与轻工业加农业之和的投资比例为2.9∶1。这种投资比例正是重工业优先发展工业化模式的

---

① 董志凯：《优先发展重工业是新中国的必然选择》，《高校理论战线》2009年第10期。
② 姚洋、郑东雅：《外部性与重工业优先发展》，《南开经济研究》2007年第2期。
③ 《发展重工业是实现国家社会主义工业化的中心环节》，中国社会科学院、中央档案馆编：《1953—1957中华人民共和国经济档案资料选编·工业卷》，中国物价出版社1998年版，第10页。
④ 《中华人民共和国发展国民经济的第一个五年计划》，人民出版社1955年版，第15页。
⑤ 汪海波：《新中国工业经济史（1949.10—1957）》，经济管理出版社1994年版，第560页。
⑥ 《中华人民共和国发展国民经济的第一个五年计划》，第3页。

反映。①

现在来看，重工业优先发展的工业化道路也有局限性。重工业有巨大的外部性，但其外部性必须通过轻工业的增长才能得到释放，计划经济后期轻重工业比例严重失调，轻工业的滞后压抑了重工业作用的发挥。当重工业优先发展模式完成自己的历史使命后，在其积累的物质、技术的基础上，改革开放后，中国比较顺利地转换了工业化路径，轻重工业同步发展，创造了经济快速增长的"中国奇迹"。改革开放以来的经济增长，至少部分源自重工业潜能的释放。②

四、"156项"建设项目触发了短期内大规模技术进步

技术进步是经济增长的重要源泉。改进与升级产业技术，是后发国家促进工业化进程的关键所在。中华人民共和国成立70多年来，在大规模引进技术方面经历了四个高潮。20世纪50年代，中国以"156项"建设项目为核心引进苏联技术。20世纪60年代中苏关系破裂后转向引进日本、英国、法国、联邦德国、意大利等发达国家的技术，共进口了84项成套设备和技术，涵盖了石油、化工、冶金、矿山、电子和精密机械等领域。20世纪70年代初期，中国制定了"四三方案"，引进石油、煤炭、冶金、发电、交通运输等基础工业设备以及农业、轻工业的设备。改革开放到新世纪之交，大量引进本国没有比较优势或者基础极其薄弱的工业部门的关键和成套设备。21世纪以来，中国又改变了以引进设备为主体的技术引进路径，更加注重以引进技术为主体的技术引进。③

重工业优先发展的工业化模式决定了技术引进的重工业设备、技术的导向。"156项"建设项目是当代中国技术引进的第一个高潮，触发了技术提高与技术进步，为改革开放前的工业化奠定了技术基础。

近代中国产业不成体系，工业技术水平与工业化国家相比至少落后150年以上。④ 在"156项"建设项目施工过程中，中国通过购置成套设备、工艺资料和其他技术资料，从苏联获得了重型机器设备、机床、量具刃具、动力设备和发电设备、矿山机械、采油设备、炼油设备、汽车、履带式拖拉机、仪表、轴承、开关、整流器、胶片、重型火炮、坦克、坦克发动机、米格式喷气式战斗机、飞机发动机、火箭等产品的设计及其制造技术，以及合金

---

① 国家统计局：《1957年及第一个五年基本建设计划执行简况（初步统计）》，中国社会科学院、中央档案馆编：《1953—1957中华人民共和国经济档案资料选编·固定资产投资与建筑业卷》，中国物价出版社1998年版，第1065页。
② 参见姚洋、郑东雅《外部性与重工业优先发展》，《南开经济研究》2007年第2期。
③ 参见王丹莉《新中国技术引进的历史检视》，《中共党史研究》2019年第7期。
④ 唐艳艳：《"一五"时期"156项工程"的工业化效应分析》，《湖北社会科学》2008年第8期。

钢、石油产品等加工技术。通过与苏联技术合作等方式获得了苏联的机床、汽车、拖拉机、动力机械、铁路机车、电工器材、兵器等产品的设计或制造工艺资料。大多数产品是中国过去没有的类型与规格，或者即使中国有，也是技术工艺很落后的产品。① 中国得到了当时即使在苏联国内也是相当先进的技术和设备。②

据统计，20世纪50年代，中国从苏联引进成套设备304项，建成或基本建成149项，废止合同89项，继续建设66项；从苏联引进的单独车间或装置64项，建成或基本建成29项，废止合同35项。装备了煤矿、电站、钢铁冶炼和加工厂、有色金属厂矿、稀有金属厂矿、化工厂、机床工具制造厂、重型机器制造厂、汽车制造厂、拖拉机制造厂、铁路车辆厂、飞机制造厂、飞机发动机制造厂、坦克制造厂、动力和发电设备制造厂、矿山机械厂、石油机械厂、电工器材厂、仪表厂、无线电厂、特种纸厂、糖厂、制药厂等企业。③

通过"156项"建设项目，苏联向中国转移了基础工业的基础技术，如汽车、拖拉机、采油炼油设备、化肥、化学纤维、光学仪器、照相胶片、喷气式飞机、航空发动机、坦克、核武器、火箭、计算机、半导体、精密仪器等，填补了这些领域的基础技术空白；促进了从企业生产应用到研发、设计和人才培养的技术体系和工业体系的加速形成；同时还在一定程度上强化了技术科学的学科体系建设，拓宽了技术科学理论和实验研究的深度和维度。④

苏联也提供了建厂和生产所必需的工厂设计图纸、产品设计图纸、工艺设计和其他技术资料。据1957年中方统计，当时中方已经得到了3646套资料，见表1。这些资料对提高中国工农业的技术水平和新产品的生产有着重大的意义，而且在相互提供技术资料时，采取的是互相支援的优惠办法，不按专利支付知识产权使用费，仅仅支付复制资料的成本费用。⑤

表1　　　　　　　　　　1949—1957年中苏交换技术资料统计表　　　　　　　　　　单位：套

	苏联给中国的	中国给苏联的
基本建设设计	751	
机器设备制造图纸	2207	28
工艺过程说明	3634	84

资料来源：张柏春、姚芳、张久春、蒋龙《苏联技术向中国转移（1949—1966）》，第91页。

---

① 董志凯、武力主编：《中华人民共和国经济史（1953—1957）》（上），社会科学文献出版社2011年版，第133—134页。
② 董志凯：《关于"156项"的确立》，《中国经济史研究》1999年第4期。
③ 张柏春、姚芳、张久春、蒋龙：《苏联技术向中国的转移（1949—1966）》，第89页。
④ 张久春：《20世纪50年代工业建设"156项工程"研究》，《工程研究——跨学科视野中的工程》2009年第3期。
⑤ 彭敏主编：《当代中国的基本建设》（上），当代中国出版社1999年光盘版，第56页。

钱三强回忆说:"解放初期我们有了重工业一百五十六项,苏联帮助我们,的确为我们的基础工业打下了很好的基础。应该说他们给我们的东西当时是相当先进的,是40年代末50年代初的水平。"①

据张柏春等人的研究,"156项"建设项目中,苏联向中国的技术转移是一种混合式的技术转移,转移的技术大多数属于中国没有或者薄弱的中间技术(如冶金技术、机器制造技术),也有一些先进技术(如计算技术)、尖端技术(如导弹和核技术),还有介于中间技术和落后技术之间的技术,甚至有比较落后的技术(如蒸汽机车)。苏联设计的武汉钢铁公司、包头钢铁公司吸收了苏联高炉和平炉及大规模铁矿富集方面的最新技术。苏联提供的航空技术使中国的军用飞机从活塞式发动机阶段提升到喷气动力阶段。苏联技术援华是中国历史上首次比较系统、比较完整、效果较好的一次技术转移,几乎是产学研三种渠道相互配合的技术转移。这在中国历史上是空前的,在世界技术转移史上也是有特点的和不常见的。②

从实际效果来看,转移到中国的苏联技术大致上属于适宜性技术。通过技术实践和消化苏联提供的技术资料等,中国的企业、设计机构形成了重要产品的设计能力。③ 可见,"156项"建设项目触发了中国的技术进步,中国成规模地转移了苏联工业领域特别是重工业领域的技术,奠定了改革开放前的工业技术基础。中国工业领域科技水平,如工业设计技术、工业制造技术等,得到前所未有的提高。苏联技术转移推动了现代技术在中国的体制化。在一定程度上形塑了新中国的科技体制,特别是工业技术体制。④

可以说,20世纪50年代和60年代初,苏联技术和苏联模式的技术体系迅速提升了中国的技术、科学和教育的水平,在中国初步建立独立自主、比较完整的工业体系过程中做出了重大的历史性贡献。这些技术是改革开放前中国工业化的技术基础,20世纪六七十年代引进新的西方技术和日本技术,也是基于中国已消化吸收的苏联技术才取得良好的效果的。当然,转移到中国的苏联技术与技术体系也存在不足和缺陷,改革开放后苏式技术体制和相关工业体制成为改革对象,⑤ 中国迅速引进、学习美国等西方发达国家的技术,发展成为世

---

① 《钱三强主任的讲话》(1990年12月17日),转引自张柏春、姚芳、张久春、蒋龙《苏联技术向中国的转移(1949—1966)》,第406页。
② 张柏春、姚芳、张久春、蒋龙:《苏联技术向中国的转移(1949—1966)》,第401、406、408页。
③ 张柏春、姚芳、张久春、蒋龙:《苏联技术向中国的转移(1949—1966)》,第94页。
④ 张培富、孙磊:《156项工程与1950年代中国的科技发展》,《长沙理工大学学报(社会科学版)》2011年第2期。
⑤ 2021年4月9日,笔者到武汉钢铁有限公司调研,公司党委副书记黄浩东谈武钢的技术发展时说,武钢建厂时使用了当时苏联先进的平炉技术,而改革开放后这种技术水平已经十分落伍了,武钢抓住时机引进了先进的"一米七"轧机系统、LD转炉技术、连铸技术、硅钢技术,站到了世界钢铁生产技术的前沿。

界制造业大国。

五、"156项"建设项目奠基了独立完整的工业体系

相对独立完整的工业体系不仅是一国竞争力、国力的基础,更是一国经济安全的保障。中华人民共和国成立时,没有建成工业体系。

近代中国未赶上工业革命浪潮,传统的生产方式仍占绝对的重要位置,现代工业与工业体系未获得突破性发展。上海是近代中国最为发达的工业制造基地,但在冶金、机械、钢铁、电气、化学等重化类基础行业方面也没有取得明显进展。1945—1947年上海的化学工业与电气工业虽然有较大的进步,但工业生产的最重要行业依然是棉纺织业、食品制造业、服饰品业等生活资料生产工业,没有形成比较完整的工业体系。[①] 1949年上海有88个工业行业,绝大多数是轻工业,工业主体是纺织、造纸、卷烟、火柴、肥皂、面粉、橡胶、皮革8个行业。冶金、化学等原料工业产值只占工业总产值的3.3%,装备工业产值仅占工业总产值的8.5%,仅有1.8万台金属切削机床,大多数企业从事修配业务,设备较好的工厂也只能生产一些结构简单、精度较低的机械产品。[②] 上海尚且如此,其他地方的工业结构就更为落后。1949年工农业总产值中机器大工业只占17%,农业和手工业还占83%。近代中国工业还表现出很强的对外依附性。[③]

中华人民共和国成立后迅速掀起工业化浪潮,70年来工业体系建设接连上了三级台阶。1949年到1978年,优先发展重工业,初步建成相对独立、比较完整的工业体系,实现了从无到有的蜕变;1978年到2012年,改革开放释放工业发展活力,完成了从小到大的跨越;2012年中共十八大以来,以供给侧结构性改革为主线,推进工业转型升级,开启了由大变强的征程。[④]

在中国工业化跨过的三级台阶上,基本建成从无到有的独立、完整工业体系是至关重要的一步。优先引进重工业装备、技术则是为工业体系建设铺设支撑骨架。

在建立独立的、比较完整的工业体系进程中,"156项"建设项目居于骨干地位。由于许多工业建设项目是给"156项"建设项目配套的,"156项"建设项目实际上发挥了工业建设的平台作用。如果将"156项"建设项目比作工业体系的"主动脉"的话,许多工业建设项目就是与主血管连通的"支脉""毛细血管"。"156项"建设项目填补的是中国工业体系建设的短板,发挥的是工业体系奠基石的作用。"156项"建设项目构建起中国完整工

---

① 方书生:《近代中国工业体系的萌芽与演化》,《上海经济研究》2018年第11期。
② 陈沂主编:《当代中国的上海》(上),当代中国出版社1999年光盘版,第386—387页。
③ 汪海波:《新中国工业经济史(1949.10—1957)》,第20、17页。
④ 罗文:《新中国成立70年我国工业体系建设现状与前瞻》,《宏观经济管理》2020年第2期。

业体系的基础性框架，建成了国防工业体系的骨架，推动了工业生产能力的跨越式发展。

"156项"建设项目对中国工业体系建设的基础性作用，主要体现在钢铁工业、有色金属工业、机械工业、化学工业、能源工业、制药工业等方面的奠基石作用。

钢铁是工业现代化的基础，是工业的"食粮"。近代中国的钢铁工业几乎被外国资本垄断，大量的铁矿石和生铁被运往国外，钢铁工业受制于人，不仅钢铁产量小，炼钢、轧钢技术设备落后，钢材种类少，而且炼钢能力小于炼铁能力，炼铁能力又小于采矿能力。

钢铁工业是"156项"建设项目的重点之一，建设项目有鞍山钢铁公司、本溪钢铁公司、富拉尔基特钢厂（1—2期）、吉林铁合金公司、武汉钢铁公司、包头钢铁公司、热河钒钛矿（热河钒钛联合工厂）7项新建、改进项目。此外，"一五"时期，还开工建设了8项限额以上、23项限额以下的钢铁工业项目。在这些钢铁工业建设项目中，7项"156项"建设项目是核心。

这些钢铁建设项目打下了中国钢铁工业的基础。鞍钢1953年10月27日生产出中国第一根无缝钢管，11月30日生产出中国第一根大型钢轨，12月19日第一座现代化大型高炉出铁。富拉尔基特钢厂对中国军事所需的合金钢材有重要意义。吉林铁合金公司开拓了铁合金生产、炼铝工业。中国能够冶炼的钢种1952年仅有170个左右，1957年达到372个；能够生产的钢材1952年才有300—400种，1957年达到了4000种。[1] 中国在1957年钢材的自给率已达到86%。1962年7项钢铁建设项目全部完工，我国钢产量达到2000万吨左右，钢材产量与种类大大增加，生产的各种型钢、钢板、钢管基本能够满足当时国内制造机车、船舶、汽车、拖拉机、飞机的需要。[2]

中国的有色金属工业也十分落后，是重工业的薄弱环节。"156项"建设项目施工的有色金属工业建设工程有：抚顺铝厂（1—2期）、哈尔滨东北轻合金厂、吉林电极厂、株洲硬质合金厂、杨家杖子钼矿、云南锡业公司、江西大吉山钨矿、江西西华山钨矿、江西岿美山钨矿、白银有色金属公司、洛阳有色金属加工厂、东川矿务局、会泽铅锌矿。1952年中国有色金属产量才有7.4万吨，1957年上升到21.45万吨，并具备10万吨到15万吨的后备生产能力。1962年全部建设项目竣工后，中国有色金属工业初具规模。最为重要的是，"156项"建设项目培养了一支独立的地质勘探队伍、一支强大的勘察设计队伍、一支强大的基本建设施工队伍及一支有色金属科研队伍，[3] 奠定了中国有色金属工业体系发展的基础。

中华人民共和国刚成立时，机械工业只能制造配件，只能生产一些小型的简单机器，没

---

[1] 董志凯、吴江：《新中国工业的奠基石——156项建设研究》，第356页。
[2] 柳随年、吴群敢：《中国社会主义经济简史》，黑龙江人民出版社1985年版，第183页。
[3] 刘学新主编：《当代中国的有色金属工业》，当代中国出版社1999年光盘版，第27、28页。

有冶金装备、采矿装备、发电装备的制造工业,没有飞机、汽车、拖拉机等制造工业。"一五"时期国家决定在钢铁工业、有色金属工业发展基础上建设机器制造工业,建设重型矿山机械工业、电机电器工业、机床工具工业、交通运输设备工业、农业机械工业、石油化工机械工业、轴承工业、仪表工业、内燃机工业。"156项"建设项目建设的机械工业工程有:哈尔滨锅炉厂(1—2期)、长春第一汽车厂、沈阳第一机床厂、哈尔滨量具刃具厂、沈阳风动工具厂、沈阳电缆厂、哈尔滨电表仪器厂、哈尔滨汽轮机厂(1—2期)、沈阳第二机床厂、武汉重型机床厂、洛阳拖拉机厂、洛阳滚珠轴承厂、兰州石油机械厂、西安高压电瓷厂、西安电力整流器厂、西安绝缘材料厂、西安电力电容容器厂、洛阳矿山机械厂、哈尔滨电机厂汽轮发电机车间、富拉尔基重机厂、哈尔滨电碳厂、哈尔滨滚珠轴承厂、湘潭船用电机厂、兰州炼油化工设备厂。这些建设工程陆续完工后,中国史无前例地建起了汽车、拖拉机、发电设备、石油化工设备、工程机械设备制造业,扩大和加强了机床工具、机车车辆、造船工业,大大提高了中国经济建设所需设备的自给率。"一五"时期,国家经济建设所需设备的自给率达到了60%以上。①

在基础工业体系中,化学工业为其他工业提供化工原材料、化学产品,为农业提供化肥。"156项"建设项目中化学工业项目有吉林染料厂、吉林氮肥厂、吉林电石厂、太原化工厂、兰州合成橡胶厂、太原氮肥厂、兰州氮肥厂。经过6年建设,7项化学工业项目全部建成,中国合成氨、硝酸铵、硫酸、烧碱、电石、合成橡胶等主要化工产品成倍增长,增加了新的产品种类,提高了产品质量,基本上适应了经济建设需要。②

能源行业为工业化提供动力。煤炭工业、电力工业、石油工业也是"一五"时期建设的重点。"156项"建设项目中煤矿工业项目有鹤岗东山1号井、鹤岗兴安台10号立井、辽源中央立井、阜新平安立井、阜新新邱1号立井、阜新海州露天矿、兴安台洗煤厂、城子河洗煤厂、城子河9号立井、山西潞安洗煤厂、焦作中马村立井、兴安台2号立井、大同鹅毛口立井、淮南谢家集中央洗煤厂、通化湾沟立井、峰峰中央洗煤厂、抚顺西露天矿、抚顺龙凤矿、抚顺老虎台矿、抚顺胜利矿、双鸭山洗煤厂、铜川王石凹立井、峰峰通顺3号立井、平顶山2号立井、抚顺东露天矿等20余项建设工程。"一五"时期,加上限额以上建设项目,煤矿工业建设项目达194项。5年中建成投产的新井生产能力,超过了1878—1942年形成的矿井总生产能力。煤炭工业建设项目,提升了生产的机械化水平。1952年到1957年联合采煤机、截煤机、风镐、爆破落煤比重从49.1%提高到96.3%,煤炭工业的现代化装

---

① 景晓春主编:《当代中国的机械工业》,当代中国出版社1999年光盘版,第26页。
② 《当代中国的化学工业》编委会:《当代中国的化学工业》,当代中国出版社1999年光盘版,第17页。

备水平显著提高了。①

"156项"建设项目中电力工业项目有阜新热电站、抚顺电站、重庆电站、丰满水电站、大连热电站、太原第一热电站、西安热电站（灞桥热电厂1—2期）、郑州第二热电站、富拉尔基热电站、乌鲁木齐热电站、吉林热电站、太原第二热电站、石家庄热电站（1—2期）、户县热电站（1—2期）、兰州热电站、青山热电站、个旧电站（1—2期）、包头四道沙河热电站、包头宁家壕热电站、佳木斯纸厂热电站、株洲热电站、成都热电站、洛阳热电站、三门峡水利枢纽、北京热电站等25项建设项目。这些电力工业建设项目主要是为其他"156项"建设项目配套的，加强了中国电力工业的发展，项目完成后，形成了装机213.65万千瓦的生产能力。

"156项"建设项目石油工业建设项目有兰州炼油厂、抚顺第二制油厂。项目建成投产后，中国石油产品的自给率从1949年的不足10%增长到1959年的40.6%。石油建设项目最主要的成绩是初步形成了石油工业生产、科研、设计、施工、教育队伍，为后来石油工业大发展打下了良好的基础。②

煤炭、电力、石油工业建设项目的竣工，加强了东北工业基地的能源供应，也为中南、华北、西北、西南新工业基地的建设提供了能源条件。

新中国成立初期，中国的抗生素、磺胺药、维生素等十分短缺，"156项"建设项目确定建设华北制药厂、太原制药厂。华北制药厂1958年建成投产后，扭转了中国长期进口青霉素、链霉素的局面，成为中国抗生素产业的开路者。

"156项"建设项目对中国国防工业体系建设的贡献，主要体现在这些建设项目奠基了中国航空工业、航天工业、船舶工业、电子工业、兵器工业。

近代中国之所以被列强侵略掠夺，一个很重要的原因是没有强大的国防工业。航空工业是尖端工业行业，新中国成立时不能制造。"156项"建设项目中航空工业项目有黑龙江120厂、黑龙江122厂、辽宁410厂、辽宁112厂、江西320厂、湖南331厂、陕西113厂、陕西114厂、陕西115厂、陕西212厂、陕西514厂、陕西422厂，并建设了飞机制造厂、航空发动机制造厂、机载设备制造厂。这12个建设项目建成后，这些企业成为中国航空工业的第一批骨干企业。中国航空工业从一个只能进行飞机修理的行业，成为具备成批制造活塞式教练机、喷气式歼击机的行业。③

中国电子工业也很落后，20世纪50年代初期，中国的电子工业尚处于萌芽阶段。"156项"建设项目中电子工业项目有北京774厂、北京738厂、陕西853厂、陕西782厂、四川

---

① 张明理主编：《当代中国的煤炭工业》，当代中国出版社1999年光盘版，第33页。
② 焦力人主编：《当代中国的石油工业》，当代中国出版社1999年光盘版，第47页。
③ 段子俊主编：《当代中国的航空工业》，当代中国出版社1999年光盘版，第32—37页。

784厂、四川715厂、四川788厂、陕西786厂、四川719厂、山西785厂。这些电子工业项目的建设对中国电子工业的发展具有积极作用。①

兵器工业更是近代中国国防工业的软肋。"156项"建设项目中兵器工业项目有：山西616厂、山西743厂、山西245厂、山西763厂、山西908厂、内蒙古447厂、内蒙古617厂、陕西847厂、陕西248厂、陕西803厂、陕西844厂、陕西843厂、陕西804厂、陕西845厂、甘肃805厂、山西884厂、山西874厂。这些项目建成后，中国形成了生产中型坦克、大中型口径高射炮、大口径炮弹、特种引信、航空火炮和弹药、水中兵器、防化材料、军用光学仪器的能力，中国的兵器工业提升到了20世纪50年代中期的水平。②

"156项"建设项目中航天工业项目有北京211厂、辽宁111厂，其加速了中国掌握导弹、火箭技术的步伐，当仿制苏P-2导弹成功时，中国在掌握导弹技术方面迈出了可喜的第一步。③船舶工业建设项目辽宁431厂、河南407厂、陕西408厂、山西874厂于1966年全部建成，中国具备了制造多种型号舰艇的能力。大规模引进苏联技术，提高了中国船舶工业生产技术水平，缩短了与世界造船技术水平之间的差距。④

1982年4月26日，全国人民代表大会常务委员会通过了《中华人民共和国宪法修改草案》，宣告独立的、比较完整的社会主义工业体系和国民经济体系已经基本形成。这意味着中国工业摆脱了对外依附，能够做到重工业、轻工业和交通运输业各个部门协调发展、互相配合，工业体系基本上能够保证扩大再生产和社会主义现代化建设的需要。这要归功于"156项"建设项目及限额以上921项建设项目的奠基石作用。

六、"156项"建设项目奠定了重要的工业基地

工业化带动城市的发展，重要的工业基地一般建在城市，工业基地建设与城市发展是相辅相成的。工业基地更是持续工业化的技术、物资与人力资本的供给地。

工业建设落后，城市也不能得到相应的发展。1947年，中国设市城市仅69个，其中有9个在台湾岛。1949年，中国建制市为134个。这些城市的产业主要是商业和饮食等服务业，工业占比很小，除上海等少数几个大城市有重工业外，大部分城市只有少量轻工业，甚至仅有手工业。

中华人民共和国成立后，在大规模的工业化建设中，老城市和新建城市成为工业化和现代化的基地。特别是以"156项"建设项目和限额以上921项建设项目为核心的"一五"

---

① 刘寅主编：《当代中国的电子工业》，当代中国出版社1999年光盘版，第35页。
② 王立主编：《当代中国的兵器工业》，当代中国出版社1999年光盘版，第392页。
③ 张均主编：《当代中国的航天事业》，当代中国出版社1999年光盘版，第15页。
④ 程望主编：《当代中国的船舶工业》，当代中国出版社1999年光盘版，第43页。

计划完成后，中国大陆的城市建制数量大大提高，1961年达到208个。之后，城市建制有所调整，1978年启动改革开放国策时，建制市的数量为193个。① 可以说，改革开放前中国大陆建制城市是"一五"计划大规模工业建设奠定的。

"156项"建设项目分布在黑龙江、吉林、辽宁、山西、河南、江西、湖北、湖南、安徽、陕西、甘肃、内蒙古、云南、新疆、河北、四川、北京等17个省、自治区、市。黑龙江的22个项目分布在哈尔滨（10项）、齐齐哈尔（4项）、鹤岗（4项）、双鸭山（1项）、鸡西（2项）、佳木斯（2项）。吉林的10项分布在吉林市（6项）、长春（1项）、辽源（1项）、通化（1项）、丰满（1项）。辽宁的24个建设项目分布在沈阳（7项）、抚顺（8项）、阜新（4项）、鞍山（1项）、本溪（1项）、大连（1项）、葫芦岛（2项）。山西的15个项目分布在太原（11项）、大同（2项）、侯马（1项）、长治（1项）。河南的10个项目分布在郑州（1项）、洛阳（6项）、焦作（1项）、平顶山（1项）、三门峡（1项）。江西的4项分布在南昌（1项）、全南（1项）、定南（1项）、大余（1项）。湖北的3项全部安排在武汉。湖南的4项分布在株洲（3项）、湘潭（1项）。安徽的1项安排在淮南。陕西的24项分布在西安（14项）、咸阳（4项）、宝鸡（2项）、铜川（1项）、户县（2项）、渭南（1项）。甘肃的8个项目分布在兰州（6项）、白银（2项）。内蒙古的5个项目全部安排在包头。云南的4个项目分布在个旧（2项）、东川（1项）、会泽（1项）。新疆的1个项目安排在乌鲁木齐。河北的5个项目分布在石家庄（2项）、峰峰（2项）、热河（1项）。四川的6个项目分布在成都（5项）、重庆（1项）。北京市安排了4个项目。"156项"建设项目中有88个项目成组地分布在哈尔滨、齐齐哈尔、沈阳、鞍山、长春、吉林、包头、北京、太原、大同、石家庄、兰州、西安、洛阳、郑州、武汉、成都、株洲等18个重点城市中，占实际施工的150项工程的58％以上。②

除了"156项"建设项目外，"一五"时期921个限额以上的建设项目也有不少落户在这些城市。这些建设项目完成后，哈尔滨、齐齐哈尔、长春、吉林、沈阳、鞍山、包头、兰州、白银、西安、咸阳、武汉、太原、石家庄、北京、郑州、洛阳、湘潭、株洲、抚顺、阜新、南昌、重庆、成都成为中国重要的工业城市。这些工业城市也发展为全国重要的工业基地。如，大同、阜新、抚顺等成为煤炭工业基地；鞍山、包头、武汉、本溪成为钢铁工业基地；抚顺、吉林、哈尔滨、株洲、个旧、白银成为有色金属工业基地；吉林、太原、兰州成为化工工业基地；沈阳、长春、哈尔滨、齐齐哈尔、洛阳、武汉、株洲、西安、兰州、成都

---

① 董志凯：《论20世纪后半叶中国大陆的城市化建设——两个阶段的背景、特点与前瞻》，《中国经济史研究》1998年第3期。

② 何一民、周明长：《156项工程与新中国工业城市发展（1949—1957年）》，《当代中国史研究》2007年第2期。

等城市成为机械工业基地；石家庄成为医药工业基地；兰州、抚顺成为石油化工基地；佳木斯成为造纸工业基地。这些工业基地的形成，初步改变了中华人民共和国成立初期70%左右的工业企业集中在沿海的工业布局。

在这些工业基地的基础上，中国形成了以沈阳、鞍山为中心的东北工业区；以京、津、唐为中心的华北工业区；以太原为中心的山西工业区；以武汉为中心的湖北工业区；以郑州为中心的郑洛汴工业区；以西安为中心的陕西工业区；以兰州为中心的甘肃工业区；以重庆为中心的川南工业区等。①

这些工业基地、工业区又持续推动中国的工业化。

七、余论

前文分析已证实了"156项"建设项目对当代中国工业化做出了影响深远的历史贡献。"156项"建设项目及限额以上921项大中型建设工程，是中国建立独立完整工业体系的奠基石。

作为新中国成立初期最重要的资本形成，"156项"建设项目在推进工业化中的作用同样不可低估。一定规模的资本形成是一国经济增长的最为重要的源泉，发展经济学家讷克斯提出的"贫困恶性循环"理论、罗森斯坦—罗丹主张的"大推进"理论、莱宾斯坦宣扬的"临界最小努力"理论等理论，无不强调资本形成在落后国家重要性。"156项"建设项目正是落后国家推进工业化的成功案例。

"156项"建设项目的引进及其对中国工业化的重要影响，反映出改革开放前中国持续工业化隐含着的一个历史逻辑。作为后发国家，为了国家安全与经济建设需要，中华人民共和国在推进工业化时选择了重工业优先发展的模式。为实现这一模式，中国以"156项"建设项目为契机，从苏联大规模引进发展重工业的技术设备，触发了工业技术水平的提高与短期内快速技术进步。引进的重工业技术设备具有技术外溢的外部性，重工业企业发挥了产业平台作用，促进了上下游相关行业的发展，推动了比较独立完整工业体系的形成。在建设独立完整工业体系过程中，大规模的工业建设投资集中于内陆地区的一些重点城市，推动了这些新型工业城市的崛起，造就了大批工业基地，建立了区域工业区，进而为持续推进工业化供给技术、物资与人力资本。而这一历史逻辑背后的理论逻辑更值得总结，笔者将另文讨论。

（原载《中国经济史研究》2021年第4期）

---

① 周明长：《"一五"重工业优先发展战略与工业城市的发展》，《四川大学学报（哲学社会科学版）》2004年增刊。

四、文化史

中国共产党百年文化成就

李文堂

中央党校(国家行政学院)文史教研部

中国共产党的百年史,是波澜壮阔的民族觉醒史、奋斗史与复兴史,是党领导人民并始终与人民一起书写的文明更新史。中华民族是世界上伟大的民族,有着5000多年的文明史,为人类文明进步作出了不可磨灭的贡献,但在晚清遭遇了"三千年未有之大变局",国家蒙辱、人民蒙难、文明蒙尘。在中华文明至暗时刻,中国共产党以"周虽旧邦,其命维新"的精神,领导人民走向文化变革与文明更新道路,取得了辉煌的文化成就。

一、推动了中华文化现代化,创造了文明新形态

习近平总书记在党史学习教育动员大会上指出:"在近代中国最危急的时刻,中国共产党人找到了马克思列宁主义,并坚持把马克思列宁主义同中国实际相结合,用马克思主义真理的力量激活了中华民族历经几千年创造的伟大文明,使中华文明再次迸发出强大精神力量。"这种"激活"过程,是中华民族走向"伟大觉醒"与文化现代化的过程,是马克思主义中国化的文化启蒙、文化实践与文化创造的过程,是中华文明洗去旧日尘埃重放光明的过程。

中华文明的基本精神是一种人文精神,在漫长的发展过程中,已经包含了许多现代性的因素,理性、仁爱、包容、有教无类、选贤与能等精神,成为18世纪欧陆启蒙思想资源。但在资本主义与工业革命时代,这种中国的人文传统仍有许多不适应的地方,需要自我更新,需要进一步现代化。这种现代化在晚清经历了一个缓慢过程,而最终以文化革命的方式爆发,这就是高举科学与民主旗帜的五四新文化运动。

中国共产党作为新文化运动的产儿,接受了马克思主义,也接过了文化启蒙与文化革命旗帜,领导人民大众进行反帝反封建的新民主主义文化革命。1940年毛泽东在《新民主主义论》中指出:"我们共产党人,多年以来,不但为中国的政治革命和经济革命而奋斗,而

且为中国的文化革命而奋斗。"中国共产党继承了以爱国、进步、民主、科学为主要内容的伟大五四精神，倡导自由、平等、个性解放、妇女解放等，有力推动了中国文化的现代化。与此同时，中国共产党拿起马列主义强大思想武器，抵抗帝国主义的文化侵略，反对西方中心主义，走独立自主的文化发展道路，提出"民族的科学的大众的"新民主主义文化主张。

毛泽东一方面肯定五四新文化运动是一场深刻的文化革命，另一方面也强调民族的独立、尊严与特性，指出新民主主义文化首先是民族文化，强调中国应该大量吸收外国的进步文化，但中国文化应当有自己的民族形式，食洋不化或"全盘西化"是错误的。因此，马克思主义也要和民族特点相结合，经过一定的民族形式才有用处。当然，这种民族形式也必须是科学的，经得起实事求是的客观分析，要用科学方法来清理古代创造的灿烂文化，剔除糟粕吸收精华，以发展民族新文化、提高民族自信心。最后，这种文化也是人民大众的，语言必须接近民众。中国共产党继承新文化运动的文学革命精神，倡导白话文，改革文字，推动文学革命向革命文学转变，动员大批党的干部与知识分子走进工农的生活，形成生动活泼、喜闻乐见的中国作风与中国气派，实现人民大众的文化普及与提高。

以毛泽东为代表的中国共产党人在实践中认识到五四新文化运动的某些缺点，克服了其中的形式主义、洋八股等消极因素，克服了以西方为中心的各种"左"的和右的教条主义，以中国为中心，以马克思主义为方法，重建中华文明的历史主体性，以实事求是的启蒙精神，提出马克思主义中国化，同时推动中华文化的现代化，取得了新民主主义文化建设的伟大成就。

中国共产党在接受马克思主义的同时，坚守着中华文化的道德理想主义精神，不断推动马克思主义中国化。1938年毛泽东就强调要继承从孔夫子到孙中山的历史文化传统，认为"成为伟大中华民族的一部分而和这个民族血肉相连的共产党员，离开中国特点来谈马克思主义，只是抽象的空洞的马克思主义"。1943年《中共中央关于共产国际执委主席团提议解散共产国际的决定》指出："中国共产党人是我们民族一切文化、思想、道德的最优秀传统的继承者，把这一切优秀传统看成和自己血肉相连的东西，而且将继续发扬光大。中国共产党近年来所进行的反主观主义、反宗派主义、反党八股的整风运动就是要使得马克思列宁主义这一革命科学更进一步地和中国革命实践、中国历史、中国文化深相结合起来。这一运动表现了中国共产党人在思想上的创造才能，一如他们在革命实践上的创造才能。"正是这种"深相结合"，才可能推动中华文化的创造性转化与创新性发展，产生毛泽东思想这一伟大的文化成就，才可能以此引领新民主主义革命走向成功。

政治革命的成功为全国范围内的文化革命与社会革命开辟了广阔的前景。《共同纲领》规定中华人民共和国的文化教育是新民主主义的，即民族的、科学的、大众的文化教育。在这个基础上进行社会主义文化改造，提高与增强马克思主义指导地位与党的文化领导权，同时提出"百花齐放、百家争鸣"的文化方针。1956年毛泽东强调要独立思考,走自己的路,提出要将马克思主义基本原理与中国的具体实践做第二次结合。在与音乐工作者的谈话中,毛泽东将这种结合运用于文化领域,强调文化、艺术要以中国的为基础吸收外国的东西进行自己的创造,有机结合起来,此后进一步概括出"古为今用,洋为中用,推陈出新"的文化发展理念。

经过新中国成立后的长期文化实践与探索,在吸取文化建设的经验与教训的基础上,特别是在改革开放后开拓进取的文化实践基础上,我们党终于走出了一条中国特色社会主义文化发展道路,形成了中华文化的现代形态——中国特色社会主义文化。中国特色社会主义文化,源自中华民族5000多年文明历史所孕育的中华优秀传统文化,熔铸于党领导人民在革命、建设、改革中创造的革命文化和社会主义先进文化,植根于中国特色社会主义伟大实践。它克服了极端文化保守主义、"左"的和右的历史虚无主义,将中华优秀传统文化、革命文化与社会主义先进文化内在贯通、相互融合,保持了历史连续性与动态发展格局,体现了"不忘本来,吸收外来,面向未来"的文化精神,代表了中华民族的文化自信与文明意识的觉醒。

党的十八大以来,习近平总书记关于中国道路的"四个走出来"、关于中国特色的"四个讲清楚"、关于"没有中华五千年文明,哪里有什么中国特色"、关于马克思主义中国化的"两个结合"等一系列论述,有力推动了中华民族的文化自信与文明觉醒。习近平新时代中国特色社会主义思想,就是马克思主义基本原理同中国具体实际相结合、同中华优秀传统文化相结合的伟大文化成果,是对中国特色社会主义道路的文明根源与文明意义的理论觉醒,是建党百年马克思主义新文明观的历史总结。

正因为中国共产党具有"文明蒙尘"的历史意识,始终不忘民族复兴使命,具有毛泽东讲的"光复旧物"的坚强决心,坚持自力更生与文化自信,坚持"两个结合",才可能坚持和发展中国特色社会主义,推动"五大文明"协调发展,创造中国式现代化新道路,创造既不同于西方也不同于传统的人类文明新形态。

二、创造了一主多元的文化体制

中国共产党在改革开放过程中形成了中国特色社会主义先进文化制度与一主多元的文化生态,有力推动了数字传播技术时代的文化发展与文明交流时代的多元文化融合创新。这套文化制度与文化生态,是在新民主主义革命时期初步形成、社会主义建设时期全面确立的文化体制基础上,经过改革开放的伟大实践而逐步构建起来的。

(一)新民主主义革命文化制度的创立

在新民主主义革命时期,作为一个知识分子集中的党,我们党高度重视文化领导权、文化动员与文化传播。党的一大就对宣传机构与宣传工作作出明确规定,中央局设立宣传部,李达负责宣传工作。1921年9月1日在上海创办人民出版社,由李达负责,出版马克思主义理论书籍。此外,改组《新青年》为党的理论宣传刊物,并创办中共中央机关报《向导》周报,以及《前锋》《共产党》《劳动界》《中国青年》《妇女声》等刊物,各地创办中俄通讯社、劳动通讯社、人民通讯社等。大革命时期,成立中央出版部与中央机关报编辑委员会,创办《热血日报》《中国工人》《妇女周报》等,并在汉口、上海设立长江书店。土地革命战争时期,由于大革命的失败使瞿秋白等人认识到无产阶级文化领导权的重要性,所以中国共产党成立中央党报委员会,创办《布尔塞维克》《红旗周报》《斗争》等苏区党的机关报和《红色中华》《苏维埃文化》等政府机关报,同时创办红色中华通讯社。苏维埃政府还设立教育部,负责苏区文化建设工作(各省设文化部,各县设文化科),设立中央出版局,负责图书出版事业,并成立工农剧社、蓝衫团、高尔基艺术学校等,在国统区设立中央文化工作委员会,统一领导左联和其他进步文化运动。这是文化体制草创期。

延安时期,在以毛泽东为代表的中国共产党人领导下,在苏区文化体制的基础上,形成了党的一元化领导的文化体制的雏形,并得到系统化、公开化发展。党报党刊功能与新闻舆论地位被凸显出来,一批具有历史象征意义的新闻媒体诞生了。1937年《红色中华》改名为《新中华报》,1941年《新中华报》又与《今日新闻》合并,集中力量创办大报——《解放日报》,作为中共中央机关报。整风运动后,1942年《解放日报》进行改版,增强了报纸的党性、群众性、战斗性与组织性。1937年红色中华社改名为新华社,1941年新华社开始在各根据地建立多个分社,统一各地的对外宣传,在新闻收集与舆论引导方面发挥了极大作用,曾全文播发《论持久战》《新民主主义论》等。1940年12月30日,延安新华广播电台首次播音,一年后首次用日语播音,开始了对外广播事业。此外,中国共产党还创办了《解放》《共产党人》《中国文化》等重要理论刊物,同时加强了对《中国工人》《中国青年》《中国妇女》的领导。图书出版发行方面,党创办新华书店,其由中央出版发行部(后又改为中央出版局)领导。中央文化工作委员会则代表政府工作,并成立陕甘宁边区政府文委,负责文化工作。陕甘宁边区文化协会、延安新哲学研究会、政治经济学研究会、鲁迅研究会、延安电影团等各种文化团体也相继成立。中央党校与马列研究院(后改为中央研究院)也建立起来,分别负责干部教育与哲学社会科学研究,此外成立著名的鲁迅艺术学院,高举新文化运动的伟大旗帜,促进文化统一战线。

1943年3月20日,为加强党对意识形态的领导,中国共产党设立中央政治局和书记处的助理机关——中央宣传委员会,撤销中央党报委员会。作为一个处理宣传、文化、教育事务的办事机关,中央宣传委员会统一管理中央宣传部、解放日报社、新华社、中央党校、文委和中央出版局,宣传委员会书记为毛泽东。由此可见,延安文化体制凸显了党的文化领导权。

解放战争时期中央宣传部的职能凸显，统管中央出版局、解放日报社、新华社，后来的出版委员会、《人民日报》、电影局都归口中央宣传部管理。这一战时文化领导体制，强调党的一元化领导，但仍保持统战的弹性与活泼的文化生态，是一种新民主主义革命文化制度，具有强大的文化动员力，为取得新民主主义文化成就与新民主主义革命的胜利提供了坚强保障，同时也奠定了新中国成立后文化体制的基础。

（二）社会主义先进文化制度的构建

新中国成立后，在接管一些大城市旧的文化机构的基础上，实现了党对文化领导的国家化。1949年政务院设立文化教育委员会，负责指导文化部、教育部、卫生部、科学院、新闻总署和出版总署的工作。原中央宣传部的一些职能划归国务院，如新华社改为国家通讯社，广播事业管理处改为广播事业局，均隶属新闻总署，出版委员会取消，在出版总署下成立出版局，电影局隶属文化部。但经过1952年与1954年两次调整，新闻与出版两个总署都被取消，出版局划归文化部，而新闻事业重归中央宣传部领导。改革开放后，新闻出版广电事业的管理一度在国务院领导下相对独立，但2018年新一轮国务院机构改革后，除了国务院下属的国家广播电视总局、新华社、中央广播电视总台外，其他都归口中央宣传部直接领导。此外，中央成立中央网络安全和信息化委员会，加上原有的人民日报社、光明日报社、求是杂志社等都是中央直属事业单位，这样，新的文化领导体制已大大加强党的文化领导权，而中央宣传部重新成为直接或间接的文化领导机构。

这种党主导的文化领导体制与延安以后形成的文化体制保持了一定的相似性与连续性，强调意识形态的集中统一领导。延安时期是战时文化斗争与文化动员的需要，而今天则是数字传播技术时代媒体融合、文化传播与文化斗争的需要，都要破除条块分割。但是，今天的集中统一领导，在管理体制上已发生了深刻变革。新中国成立后的文化领导体制虽然有许多调整与创新，但管理上依然由战时延续而来，同时又缺乏当时统战弹性与文化生态的补充。因此，它虽然有强大的动员力，但其指令性、计划性管理缺乏活力，严重制约人民群众的文化创造力，也与社会主义市场经济时代不相适应。经过20世纪80年代的探索，管理部门于1988年正式提出"文化市场"概念。党的十四大提出文化体制改革课题，1998年文化部设立文化产业司，2002年党的十六大召开，开始全面推进文化体制改革，区分公益性文化事业与经营性文化产业，历经10年按照路线图、时间表基本完成改革目标。截至2012年9月，据不完全统计，全国注销经营性文化事业单位法人6950家，核销事业编制29.4万个；全国有580家出版社、3000多家新华书店、850家电影制作发行放映单位、57家广电系统所属电视剧制作机构、38家党报党刊发行单位已完成转企改制任务；文化系统2103家有改革任务的国有文艺院团2093家完成改革任务；3388种应转企改制的非时政类报刊有3041

种完成改制；全国除新疆、西藏、青海外应改制的重点新闻网站，有80%完成改革任务。党的十八大以后，国家更加重视经济效益与社会效益相统一，以社会效益优先原则，引导社会力量参与公共文化服务，规范非公有资本进入文化产业，推动传统媒体与新兴媒体融合，完善法人治理结构，推动文化立法，使《电影产业促进法》《公共文化服务保障法》《公共图书馆法》等得以颁布实施，完善现代文化市场体系与公共文化服务体系建设，立足中华文明坚持和完善繁荣发展社会主义先进文化制度，促进国家治理体系和治理能力现代化。

这一轮文化体制改革培育了多元文化市场主体，转变了政府职能，改善了宏观管理，既加强了党的文化领导权，又激发了人民群众的文化创造力，创造出一主多元的文化治理结构与充满活力的文化发展生态，走出了一条中国特色社会主义文化发展道路，形成了中国特色社会主义文化制度，为社会主义文化强国建设提供了制度保障。

三、奠定了文化强国的雄厚基础

中国共产党构建一主多元的文化体制的同时，也提出了"百花齐放、百家争鸣"的双百方针，并探索出"古为今用，洋为中用""不忘本来，吸收外来，面向未来"的文化发展道路，推动文化的繁荣发展，取得了丰硕的文化成果，为社会主义文化强国建设奠定了雄厚的基础。

（一）开辟了中国特色哲学社会科学发展的广阔前景

建党百年来，我们积累了丰厚的学术资源，形成了三大学术话语体系，为中国特色哲学社会科学的融通创新与话语建构奠定了学术基础。

党成立伊始就动员了一批革命知识分子翻译、研究与传播马列经典。马列经典的翻译与研究，特别是《马克思恩格斯全集》（MEGA）两个中文版的翻译与研究，造就了一套广为流传的理论话语。陈独秀、李大钊、李汉俊、瞿秋白、恽代英、张闻天、陈望道、李达、艾思奇、郭大力、王亚南等名家，对马克思主义中国话语的形成产生了深刻影响。以郭沫若、范文澜、翦伯赞、何干之、吕振羽、侯外庐等人为代表的马克思主义史学，以鲁迅、瞿秋白、郑振铎、成仿吾、胡风、冯雪峰、周扬、胡乔木等人为代表的马克思主义文论，开拓了马克思主义的文化观。改革开放后西方马克思主义的翻译与研究也深刻影响了国内马克思主义理论话语的建构。

毛泽东在延安时期就重视中国历史文化的研究，强调要继承从孔夫子到孙中山的文化遗产。毛泽东高度重视和支持范文澜的经学史研究。中央研究院设立中国历史研究室后，范文澜任研究室主任，出版了《中国通史简编》。郭沫若出版了《中国古代社会研究》，当时产生了很大影响。新中国成立后党高度重视古籍整理，整理出版了《二十四史》《资治通鉴》等一大批古籍。根据1984年统计，新中国成立30多年整理出版了2000多种古籍。此外，相关机构也加强了对中国古代文史哲政经的多学科的研究，形成了一批成果。改革开放后，"国学热"兴起，党及时有力地推动了中华优秀传统文化研究，形成了庞大的学科群、学术机构与人才队伍，传统文化话语被激活，成为构建中国特色哲学社会科学的话语基础。

毛泽东在《新民主主义论》中说，中国应该大量吸收外国的进步文化作为自己的文化食粮，外国的古代文化包括启蒙时代的文化，凡是我们今天用得着的东西，都应该吸收。新中国成立后特别是改革开放后，外国学术经典的翻译与研究不断活跃起来，如商务印书馆的"汉译世界学术名著"丛书、生活·读书·新知三联书店的"文化：中国与世界"丛书、华东师范大学出版社与华夏出版社的"西方传统：经典与解释"系列丛书，都产生了广泛的学术影响。经过100多年的西学东渐特别是中国40多年的改革开放，西方学术话语在中国学术界与互联网上广为传播，已塑造了国内哲学社会科学的学术框架，成为我们思考与解决问题的基本分析工具。它深刻改变了现代汉语的表达，是中国思想现代化与文化创造的必要资源。

经过70多年的发展，中国哲学社会科学已拥有30多个一级学科、400多个二级学科，各种重点研究机构达到3640个，研究人员超过51.3万人，产生了一大批优秀学者。但是，能够充分利用三大话语体系进行融通创新的学术人才并不多，学贯中西、博通古今的思想性人才更少，需要打破学科壁垒，推动思想创新。毛泽东思想就具有这种跨学科的思想贡献。毛泽东之所以能成为一代思想家，与他的广泛阅读、博通三大话语有密切关系。除了众所周知的马列理论、传统文史哲的修养外，他还接触过苏格拉底、柏拉图、亚里士多德、达尔文、斯密、孟德斯鸠、卢梭、康德、黑格尔、尼采、穆勒、斯宾塞、托尔斯泰、克鲁泡特金、柏格森、杜威、罗素等人的思想或作品。中国特色哲学社会科学需要以马克思主义为方法，以中华优秀传统文化为基础，吸收国外哲学社会科学资源进行融通创新，而建党百年来形成的中国化马克思主义理论与开辟的中国特色社会主义道路给这种融通创新注入了活力与动力，为中国特色哲学社会科学的发展打开了广阔前景。

（二）推动了文学艺术的繁荣发展

中国共产党诞生于新文化运动，集中了大批文化人。从文学革命走向革命文学过程中，成长起一大批著名文化人，推动现代文学运动。郑振铎、茅盾的文学研究会与《小说月报》倡导革命文学，郭沫若、成仿吾、郁达夫、田汉等人的创造社，后期转向革命文学。1930年代成立的左联，团结和动员了以鲁迅为代表的大批左翼作家，推动了左翼文学的发展。巴金、老舍、曹禺等也是当时的进步文学运动作家。以田汉、夏衍、阳翰笙、聂耳、冼星海、贺绿汀为代表的左翼文化人，在戏剧、电影、音乐领域创作了大量光辉的作品，如田汉、聂耳的《义勇军进行曲》等。

延安吸引了艾青、萧军、丁玲等大批作家，聚集在"鲁艺"的旗帜下。在毛泽东延安文艺座谈会上的讲话影响下，赵树理、李季、孙犁、丁玲等作家从"小鲁艺"走向"大鲁艺"，创作了一大批代表人民文学的优秀作品。延安的戏剧、电影、音乐的创作活动也非常活跃，代表作有《白毛女》《延安与八路军》《白求恩大夫》《黄河大合唱》《东方红》等。

新中国成立后的文联与作协聚集庞大的艺术家与作家群体，发挥了团结与领导作用。在毛泽东文艺思想的影响下，又一大批人民文学作品诞生了。如杜鹏程的《保卫延安》、梁斌的《红旗谱》、杨沫的《青春之歌》、曲波的《林海雪原》、冯德英的《苦菜花》、欧阳山的《三家巷》、李英儒的《野火春风斗古城》、柳青的《创业史》、周立波的《山乡巨变》、浩然的《艳阳天》等，都是"红色经典"。在艺术方面，毛泽东从1956年到1964年就音乐艺术问题多次谈话和批示，形成"古为今用，洋为中用，推陈出新"的思想，对艺术创作逐渐产生了影响。现代京剧《红灯记》《智取威虎山》、新芭蕾舞剧《红色娘子军》《白毛女》与大型音乐舞蹈史诗《东方红》、大型山水画《江山如此多娇》等，这些作品不同程度地受到毛泽东文艺思想的深刻影响。

改革开放后从"朦胧诗""伤痕文学""寻根小说""先锋小说"到网络文学的兴起，反映出时代快速变迁与个性化、多元化发展的特点。其间涌现北岛、舒婷、顾城等著名诗人，诞生了一大批有影响的长篇小说，如王蒙的《青春万岁》、刘心武的《钟鼓楼》、路遥的《平凡世界》、梁晓声的《雪城》、陈忠实的《白鹿原》、王安忆的《长恨歌》、阿来的《尘埃落定》等。改革开放40多年，中国作家协会会员已从改革开放初期的1347名猛增到11000多名，创作井喷，艺术手法多样。根据不完全统计有2000多种作品有外文译本，一批作家在国际上获得各类文学奖。

改革开放后其他艺术门类也得到快速发展。音乐方面，以谭盾、瞿小松、叶小钢等作曲家为代表的"新潮音乐"崛起，流行音乐大潮汹涌。绘画方面，"85新潮美术运动""新生代艺术""新文人画"等流派此起彼伏。电影方面，以张艺谋、陈凯歌、田壮壮等为代表的第五代导演崛起，以王小帅、娄烨、管虎、贾樟柯等为代表的第六代导演迅速成长，电影业呈现高歌猛进的景象。这些都说明改革开放政策与文化体制改革极大激发了人民的文化创造力。

（三）人民文化权益保障与文化竞争力提升

建党百年来，以毛泽东为代表的中国共产党人将马克思主义中国化，继承和发展了传统的新民思想，强调党的知识分子要与工农兵相结合，推动文化的大众化，高度重视文化的普及与大众传播。从延安局部执政到全国的全面执政，党都将文化普及与提高、移风易俗视为一场文化革命。陕甘宁边区政府成立后就设立了大量的夜校、冬学和识字组，开展了大规模的扫盲运动。新中国成立初期5.5亿人口，80%是文盲与半文盲，95%集中在农村，而当时全国小学仅有28.9万所，实际入学率仅为20%，因此我们迅速开展了大规模的扫盲运动。

与此同时，国家制定了简化汉字、推广普通话、推行汉语拼音的方案。1956年国务院通过汉字简化方案，发布推广普通话的指示，1958年发布汉语拼音方案。2001年1月1日，中国向全世界宣布：中国如期实现了基本普及九年制义务教育和基本扫除青壮年文盲的战略目标。

党在新中国成立后就积极推进图书馆、博物馆、文化馆等群众文化设施建设，保障人民群众基本文化权利。1954年的《中华人民共和国宪法》明确规定国家保障公民的文化权利。1956年文化部下发《关于群众艺术馆的任务和工作的通知》，对艺术馆的性质、任务、编制和经费作出明确规定。到1965年，全国已有县级文化馆2598个，城乡影剧院2943个，县级以上图书馆562个，群众艺术馆62个，乡镇文化站2125个。改革开放后，文化基础设施建设的投入不断扩大。2005年通过的"十一五"规划第一次提出建立覆盖全社会的比较完备的公共文化服务体系。截至2020年年底，全国广播节目综合人口覆盖率为99.4%，电视节目综合人口覆盖率为99.6%；全国共有公共图书馆3212个、美术馆618个、博物馆5788个、文化馆3327个、文化站4万多个、村级综合性文化服务中心57.54万个。所有的公共图书馆、文化馆、文化站、美术馆和90%以上的博物馆已经实行免费开放，实现"无障碍、零门槛"。截至2019年年底，有2176个县（市、区）建成文化馆总分馆制，2155个县建成图书馆总分馆制，分别占比89.47%、91.9%；全国建成农家书屋58.7万家，累计配送图书12亿册，数字化建设的农家书屋达12.5万家；全国群众性文化机构有馆办文艺团体8094个，文化馆（站）指导的业余文艺团体44.18万个，馆办老年大学769个。可以说，覆盖城乡的公共文化服务体系基本建成。

随着中国人口识字率、受教育程度、城市化程度的大幅度提高，我们迎来了大众传播时代，广大人民的文化与社交生活丰富起来。截至2020年12月，我国网民规模达9.89亿人，互联网普及率达70.4%，其中手机网民规模达9.86亿人，网民使用手机上网占比99.7%；此外，我国即时通信用户规模达9.81亿人，网站数量达到443万个，App数量达345万款。从新浪微博和腾讯微信国内两大社交平台用户数量看，新浪微博月活用户数5.3亿人；腾讯微信用户数12.4亿人，可见我国网民规模的庞大。

随着文化体制改革的深化，我国的文化产业发展较快。中国文化产业年均增速明显高于GDP增速，此产业是增长较快的行业之一。2019年文化产业增加值达到44363亿元，已占GDP比重的4.5%；全年共生产电视剧254部10646集，电视动画片94659分钟，故事影片850部，科教、纪录、动画和特种影片共187部。到2020年年底，全国规模以上文化及相关产业企业有6.0万家，本年实现营业收入98514亿元，比2019年增长2.2%，其中内容创作生产营收占比最高，"互联网+文化"新业态则保持快速增长。随着各类投入的增加，特别是有中央500亿元文化产业投资母基金的拉动，中国文化产业的GDP占比会大大提高，出版业、影视业务的发展速度会更快。目前中国新闻出版、电视剧产量世界第一，电影产量世界第二。2012—2019年，我国电影票房收入呈现逐年增加态势，在国内市场可以打败好莱坞电影，不怕与其竞争。此外，文化产品出口近年稳居全球第一位。当然，影视、版权、创意设计等高附加值文化服务出口仍然较少，亟须推进高质量发展。总体而言，文化产业发展态势强劲，前景乐观。

纵观建党百年历史，文化建设虽然走过一些弯路，但取得了历史性的辉煌成就，为中国道路、民族复兴与文明更新提供了强大的精神动力。

(原载《中国党政干部论坛》2021年第10期)

中国马克思主义哲学话语体系的百年探索

单传友

安徽师范大学马克思主义学院

加快构建中国马克思主义哲学学科体系、学术体系和话语体系是党中央赋予我们的时代任务。学界已经围绕这"三大体系"展开了诸多讨论,其中最显著的成果是围绕学术体系展开的①。然而学界对话语体系则讨论不多。"学术体系是学科体系和话语体系的核心和基础。"② 但学术体系必须通过话语体系表现。"任何知识体系都有自己独特的话语体系,用以阐释并展开本学科的学术体系。"③ 话语体系是学术体系的表现形式,也是构建学科体系、学术体系的归宿。从话语体系与学术体系的关系来看,我们既需要讨论当代中国马克思主义哲学学术体系的问题,也需要讨论话语体系的问题。

恩格斯曾指出,真正的哲学是一种"建立在通晓思维历史及其成就的基础上的理论思维"④。同样,构建当代中国马克思主义哲学话语体系必须建立在"通晓思维历史及其成就的基础上"。这就要求我们回顾马克思主义哲学百年中国化的历史进程。马克思主义哲学中国化是一个马克思主义哲学基本原理同中国革命、建设和改革实际相结合的过程,是一个马克思主义哲学与中华传统优秀文化相结合的过程,是一个在实践熔炉基础上吸收人类文明一切优秀成果的综合创造过程,也是一个不断探索、构建中国马克思主义哲学话语体系的过程。这个过程逻辑地指向三个维度:马克思主义哲学原初话语体系的追问、马克思主义哲学时代话语体系的探索和马克思主义哲学中国话语体系的建构。这三个维度虽然历史地交织在一起,但我们可以从这三个方面来展开具体分析,并在这种分析中总结基本的历史经验。

---

① 代表性成果有:孙正聿:《构建当代中国马克思主义哲学学术体系》,《哲学研究》2019 年第 4 期;王海锋:《重大哲学命题与构建当代中国马克思主义哲学学术体系》,《华东师范大学学报》(哲学社会科学版) 2020 年第 6 期;王海锋:《"哲学论争"与构建当代中国马克思主义哲学学术体系》,《中国高校社会科学》2020 年第 3 期;等等。

② 孙正聿:《当代中国马克思主义哲学的使命与担当》,《中国高校社会科学》2019 年第 6 期。

③ 韩震:《新中国 70 年哲学话语体系的生成与转换》,《社会科学辑刊》2020 年第 1 期。

④ 马克思、恩格斯:《马克思恩格斯选集》(第 3 卷),人民出版社 2012 年版,第 899 页。

一、马克思主义哲学原初话语体系的追问

马克思主义哲学原初话语体系追问的是马克思主义哲学原初形态是什么。由于受到传播路径、时代主题等因素的影响，学界对马克思主义哲学原初话语体系的讨论大体上经历了唯物史观、唯物辩证法、哲学教科书体系、实践唯物主义和历史唯物主义几个代表性阶段。

20世纪初，中国接受马克思主义哲学大体上有三个渠道：一是从西欧接受马克思主义哲学，二是从日本接受马克思主义哲学，三是从俄国接受马克思主义哲学①。从西欧和日本接受的马克思主义哲学主要强调的是唯物史观，主要代表人物是李大钊、陈独秀和蔡和森等。从俄国接受的马克思主义哲学主要强调的是唯物辩证法，主要代表人物是瞿秋白、任弼时等。这就形成了唯物史观和唯物辩证法两个阶段。

马克思主义哲学的诞生犹如壮丽的日出，照亮了人类探索历史规律和寻求自身解放的道路，尤其是俄国革命胜利后，马克思主义"风靡世界"。德国、奥地利、匈牙利等社会革命都称自己理解的马克思主义为"正宗"，这就或多或少地带来了一些误解。澄清对马克思主义的误解是李大钊写作《我的马克思主义观》的直接思想动机。李大钊认为唯物史观包括两个部分：一是社会结构论，二是社会进化论。社会结构论指的是经济基础结构和精神表面结构以及两者的关系；社会进化论指的是生产力与社会组织之间的矛盾运动以及由此形成的社会革命。陈独秀认为马克思的唯物史观有两大要旨：一是"说明人类文化之变动"，二是"说明社会制度之变动"②。但当时人们对唯物史观的理解还存在着一些不足。"马氏学说受人非难的地方很多，这唯物史观与阶级竞争说的矛盾冲突，算是一个最重要的点。"③李大钊认为，马克思的生产力维度和阶级斗争维度的确存在着矛盾，但这是唯物史观"小小的瑕疵，不能掩盖他（马克思——引者注）那莫大的功绩"④。

显然，将马克思主义哲学主要理解为唯物史观是不够的，这就有了第二个阶段。瞿秋白是"在中国传播辩证唯物主义的第一人"⑤。他认为，"通常对于唯物史观及马克思主义的译名，即如'唯物史观'一词都嫌疏陋，马克思的哲学学说决不能以唯物史观概括得了。所以，必须知道马克思主义的真切的意义"⑥。在瞿秋白看来，马克思主义哲学"真切的意义"

---

① 郭建宁：《20世纪中国马克思主义哲学》，北京大学出版社2005年版，第24—25页。
② 陈独秀：《陈独秀文集》（第2卷），人民出版社2013年版，第238—239页。
③ 李大钊：《李大钊全集》（第3卷），人民出版社2013年版，第18页。
④ 李大钊：《李大钊全集》（第3卷），人民出版社2013年版，第19页。
⑤ 陶德麟、何萍：《马克思主义哲学中国化：历史与反思》，北京师范大学出版社2007年版，第147页。
⑥ 瞿秋白：《瞿秋白文集：政治理论编》（第4卷），人民出版社2013年版，第21页。

在于以唯物辩证法为根基,"马克思主义,通常以为是马克思的经济学说,或者阶级斗争论,如此而已。其实这是大错特错的。马克思主义是对于宇宙、自然界、人类社会之统一的观点,统一的方法。何以马克思主义的宇宙观及社会观是统一的呢?因为他对于现实世界里的一切现象都以'现代的'或互辩法的(dialectical)——即第亚历克谛的唯物论观点去解释。这是马克思主义的最根本的基础,就是所谓马克思的哲学。"① 唯物辩证法才是马克思主义哲学的基础。唯物辩证法是一般的方法论,唯物史观、政治经济学和共产主义理论则是个别的,是唯物辩证法的不同表现。

1937年李达出版了《社会学大纲》,开启了马克思主义哲学教科书体系时代。在《社会学大纲》中,李达不仅指出了马克思的实践唯物论在唯物主义发展史中的革命性变革,而且分析了唯物辩证法与唯物史观的关系。"历史唯物论如没有辩证唯物论,它本身就不能成立;辩证唯物论如没有历史唯物论,也就不能成为统一的世界观。"② 这部教科书基本规定了人们理解马克思主义哲学的体系框架和主要内容,辩证唯物主义和历史唯物主义的分析框架也成了教科书体系最鲜明的特征。

改革开放以来,随着真理检验标准问题的大讨论,人们以实践范畴重构马克思主义哲学话语体系。实践标准的树立破除了人们对马克思主义哲学教条化的理解,引发了人们对实践观及其在马克思主义哲学中地位的思考。人们认为马克思主义实践观并不仅仅是一个认识论范畴,还是世界观、辩证法、历史观和价值论等的范畴。实践观才是马克思主义哲学最基本的观点,马克思恩格斯创立的新唯物主义是实践唯物主义。实践唯物主义表达了马克思主义哲学的思维方式和功能规定性。这就形成了实践唯物主义阶段。

人们以实践唯物主义重构马克思主义哲学话语体系带来了诸多争议。争论的焦点主要有两个问题:一是实践范畴与物质范畴在本体论上的争执,二是实践唯物主义、辩证唯物主义和历史唯物主义这三个表述哪一个更能准确地表达马克思主义哲学。实际上,这个问题在李达的《社会学大纲》中就已经表现。"《社会学大纲》对辩证唯物主义和历史唯物主义关系的理解既有合理性,又有明显的逻辑矛盾,即一方面认为自然辩证法是历史辩证法的理论基础,另一方面又认为马克思是从历史辩证法进到自然辩证法的。"③ 如果说,在李达那里还只关涉历史唯物主义与辩证唯物主义的关系问题,那么引入实践唯物主义之后,这个问题就显得更加复杂。论争的焦点从本体论上升到哲学观。在对这两个主要问题的论争中,学界实现了研究范式的转变,形成从文本的深刻耕犁所开创的文本诠释路向,从重释哲学观、本体

---

① 瞿秋白:《瞿秋白文集:政治理论编》(第4卷),人民出版社2013年版,第18页。
② 李达:《社会学大纲》,四川人民出版社2017年版,第216页。
③ 杨耕:《马克思主义哲学体系研究:历史演变与基本问题(上)》,四川人民出版社2019年版,第177页。

论、辩证法等哲学范畴所开创的基础理论阐释路向,从与中西哲学比较分析所开创的对话研究路向等。这些代表性路向达成一个基本共识:马克思主义哲学原初形态是历史唯物主义,但在对历史唯物主义精神实质的阐释上仍存在着差异。

历史唯物主义既揭示了人类社会的一般规律,也揭示了资本主义社会的特殊规律,这就形成了"广义狭义说"。历史唯物主义不仅是一种历史观,还是一种世界观。"历史"不仅是解释的对象,还是解释的原则。这就形成了"解释原则论"。历史唯物主义不仅是一种世界观,还是一种方法论;不仅以"对象性活动"原则打破了西方哲学意识内在性的藩篱,而且为社会现实的发现提供了方法论指引。这就形成了"存在论变革论"。这些代表性路向是对传统教科书体系的理论反思,是对马克思主义哲学原初话语体系的理论自觉。

马克思主义哲学原初话语体系百年追问的过程看起来是一个"厮杀的战场",但论争的过程无疑是一个对文本诠释更加深入的过程,是一个对基础理论分析更加透彻的过程,是一个对精神实质把握更加准确的过程。正如孙正聿所说,"改革开放以来所形成的'实践唯物主义'的研究范式,不是对以'辩证唯物主义和历史唯物主义'为标志的马克思主义哲学研究范式的否定,而是以'实践'为核心范畴和根本理念,为构建当代中国马克思主义哲学的学科体系、学术体系和话语体系所奠定的具有研究范式意义的学术基础"[①]。问题的关键并不在于用哪一个具体概念(实践唯物主义、辩证唯物主义或历史唯物主义)来概括马克思主义哲学,而在于从话语体系的整体上阐释马克思主义哲学的原初形态。

从整体上看,马克思主义哲学话语体系的灵魂是实践观,从实践观来理解世界观,世界就不再是与人无关的世界,世界既是人们实践活动的前提,也是人们改造的对象。马克思主义哲学话语体系的基石是人类社会的一般规律和特殊社会的特殊规律。唯物史观揭示了人类社会发展的一般规律,剩余价值学说揭示了资本主义这个特殊社会的特殊规律。没有对历史规律,尤其是对特殊社会规律的把握,马克思主义哲学话语体系就是"空中楼阁",就无异于空想社会主义。马克思主义哲学话语体系的精髓是辩证法,辩证法既揭示了客观世界的运行规律,也是人类改造世界的方法论原则。马克思主义哲学话语体系的旨归是无产阶级和全人类的解放,是关于每个人自由全面发展和自由人联合体的学说。从理论展开的角度来看,马克思主义哲学话语体系是关于现实的人及其历史发展的科学。随着实践活动的不断展开,马克思主义哲学话语体系也必须不断发展。因此,我们可以说,马克思主义哲学话语体系是由灵魂、基石、精髓和旨归所构成的不断发展的有机整体。

---

① 孙正聿:《当代中国马克思主义哲学的使命与担当》,《中国高校社会科学》2019 年第 6 期。

二、马克思主义哲学时代话语体系的探索

马克思说,"任何真正的哲学都是自己时代的精神上的精华,因此,必然会出现这样的时代:那时哲学不仅在内部通过自己的内容,而且在外部通过自己的表现,同自己时代的现实世界接触并相互作用"[①]。恩格斯也指出,"每一个时代的理论思维,包括我们这个时代的理论思维,都是一定历史的产物,它在不同的时代具有完全不同的形式,同时具有完全不同的内容"[②]。马克思主义哲学原初话语体系必须随着时代的发展而不断地发展,这就要求我们根据时代条件的变化,探究富有时代气息的马克思主义哲学话语体系。

时代话语体系的探索来源于对时代主题的把握,时代主题的变化决定着哲学话语体系的变迁。从总体上说,中国马克思主义哲学话语体系呼应着中国共产党带领全国人民所进行的革命、建设和改革的时代主题。但在新民主主义革命和社会主义革命、建设时期,受制于革命主题和教科书体系等因素的影响,学界对马克思主义哲学时代话语体系的探索并不多见,真正展开时代话语体系的建构是在改革开放后,尤其是20世纪90年代[③]。随着中国特色社会主义现代化主题的确立,随着社会主义市场经济的迅速发展,人们的生产方式、生活方式和思维方式发生了巨大的变化。马克思主义哲学必须"与自己的时代接触并相互作用",必须关注中国特色社会主义建设中人的生存、生活、交往、发展、价值和文化等时代问题。

时代话语体系的探索来源于对西方哲学尤其是西方马克思主义哲学话语体系的借鉴。改革开放打开了国门,西方哲学也如潮水般涌入学界。人们改变了先前的排斥态度,如饥似渴地学习西方哲学的新概念、新话语。存在主义、意志哲学、价值哲学、现象学、文化哲学、分析哲学、实证主义等西方哲学迅速进入人们的视野。学界"一方面从马克思主义的角度去审视西方哲学,另一方面也用西方哲学的视域和方法丰富马克思主义哲学讨论的问题。显然,中国学者在让西方哲学讲汉语的过程中,也在同时构建自己对哲学的时代性理解"[④]。西方哲学研究也包括对西方马克思主义哲学的研究。黑格尔主义马克思主义、存在主义马克思主义、结构主义马克思主义、现象学的马克思主义、生态学的马克思主义、东欧新马克思主义、后现代主义马克思主义等构成了探索马克思主义哲学时代话语体系的思想资源。

时代话语体系的探索来源于"后教科书"研究范式。孙正聿曾指出,当代中国马克思主义哲学的发展历程包括20世纪80年代以前的教科书哲学、20世纪80年代的教科书改革哲学和20世纪90年代以来的后教科书哲学;与这三个阶段相适应,当代中国马克思主义哲

[①] 马克思、恩格斯:《马克思恩格斯全集》(第1卷),人民出版社1995年版,第220页。
[②] 马克思、恩格斯:《马克思恩格斯选集》(第3卷),人民出版社2012年版,第873页。
[③] 张传开、单传友:《当代中国马克思主义哲学新形态的探索与建构》,《哲学动态》2019年第1期。
[④] 韩震:《中国西方哲学研究70年》,《社会科学战线》2019年第9期。

学研究历经了三种不同的范式，也就是教科书范式、教科书改革范式和后教科书范式①。后教科书范式悬置了教科书体系改革中的理论问题之争，转而关心时代的现实问题，从体系意识转向问题意识。

时代话语体系是研究者个性化的自我主张。面对复杂多样的时代问题，学者们基于自己的理论资源、学术兴趣和问题意识，走向了差异化的建构之路。具体的建构路径就是从对时代经验的关注上升到对哲学问题的反思，从对某一哲学问题的反思上升到对哲学观的讨论，从对哲学观的讨论回归到马克思主义哲学时代话语体系的建构。对时代问题的不同解读直接带来了不同的话语体系。比如，关注现代化中人的生存、生活、发展等问题的学者们认为，马克思主义哲学是"生存哲学""生活哲学""发展哲学""实践哲学""人学"等；关注社会、经济、政治等问题的学者们认为，马克思主义哲学是"社会哲学""经济哲学""政治哲学"等；关注精神、文化、价值、自由等问题的学者们认为，马克思主义哲学是"文化哲学""价值哲学"等。

这些时代话语体系是对当代中国现实的人及其历史发展的理论阐释，是对马克思主义哲学原初话语体系的发展，它们和教科书体系构成一体多元的关系。黑格尔在考察精神的演变过程时曾指出，真理是一个过程，其包括了无数具有差异性的个别环节。"一方面，这是说，必须忍耐这条道路的辽远，因为每个环节都是必要的；另一方面，这是说，必须在每个环节那里都作逗留，因为每个环节自身就是一个完整的个体形态，而且只有当它的规定性被当作完整的或具体的东西来考察时，或者说，只有当全体是在这种规定性的独特性下加以考察时，每个环节才算是得到了充分的或绝对的考察。"② 我们同样可以说，一方面，建构中国马克思主义哲学话语体系是一个过程，上述具有时代气息的话语体系都是实现这个过程的必要环节；另一方面，对这些时代形态的规定性要放到全体中加以考察。从全体的角度加以考察，我们可以发现，当人们根据不同的经验领会、不同的学术资源提出马克思主义哲学就是各种时代话语体系时，就不可避免地将局部经验当作了普遍真理，不可避免地带来了片面性和局限性。

历史性是这些话语体系最显著的特征。这些话语体系都是时代的产物，随着时代的发展，有些话语体系已经慢慢地退出了历史舞台。比如，现在人们对马克思主义哲学是生存实践哲学、交往实践哲学、生活哲学的讨论已经不多。有些则随着时代在不断地发展和深化。比如，人们对价值哲学、政治哲学的讨论则呈现不断发展的趋势。改革开放之初，随着异化与人道主义问题的大讨论，学界就开始探索马克思主义价值哲学。价值哲学的兴起既源于改

---

① 孙正聿：《思想中的时代——当代哲学的理论自觉》，北京师范大学出版社2013年版，第316页。
② [德]黑格尔：《精神现象学》（上卷），贺麟、王玖兴译，商务印书馆1979年版，序言19。

革开放的伟大实践需要价值观念的引领，也源于市场经济发展所引发的价值危机需要加以调适和规范，还源于对西方价值哲学理论资源的吸收与借鉴。改革开放以来价值哲学的发展主要经历了三个阶段。三个阶段分别讨论了价值概念、价值评价和价值观三个核心问题，形成了两大主要成果：确立了实践论基础上的主体性研究范式，建构了社会主义核心价值观①。应该说，面对以人工智能为代表的新一轮科技革命，面对复杂的国际关系，面对中华民族伟大复兴的时代任务，面对人民群众对美好生活的需要，我们仍需要价值哲学引领价值观念，凝聚价值共识，调节利益关系，构建当代中国马克思主义价值哲学仍是时代的任务。

价值观念是政治哲学的理论内核，与价值哲学直接相关的是政治哲学成为当代中国马克思主义哲学研究的显学。马克思主义政治哲学的讨论是从20世纪末才开始的，当时讨论的主要问题是马克思主义政治哲学的合法性问题。进入21世纪后，人们既从西方政治哲学思想史的脉络中讨论马克思政治哲学的地位、性质和功能，又从唯物史观与政治哲学、政治经济学批判与政治哲学的关系角度，讨论马克思政治哲学中理想性与现实性、规范性与事实性、批判性与建构性的关系，落脚点则是当代中国马克思主义政治哲学的构建。"当代中国马克思主义政治哲学的建构，实际上就是马克思主义的学科体系、学术体系和话语体系在中国特色社会主义进入新时代的伟大创新和变革。"② 但实际上，学界在一个最基本的问题上仍存在着争议，这就是马克思主义政治哲学何以可能是一种规范性哲学。马克思在唯物史观的基础上消解了西方政治哲学的规范性话语。任何脱离了社会—历史现实根基的规范性观念都只能落入意识形态的神话学③。这就提示我们，唯有从中国历史尤其是近代以来的社会现实出发，才能真正构建当代中国马克思主义政治哲学。

习近平总书记说："只有民族的才是世界的，只有引领时代才能走向世界。要立足时代特点，推进马克思主义时代化，更好运用马克思主义观察时代、解读时代、引领时代，真正搞懂面临的时代课题，深刻把握世界历史的脉络和走向。"④ 面对大发展大变革大调整的时代背景，面对中国特色社会主义的伟大实践，我们必须从现实问题出发，从解决现实问题的历史经验中，从中西哲学的思想资源中提炼具有哲学意蕴的新概念、新命题，构建具有时代特征的马克思主义哲学话语体系。这种建构既需要实践的积累，更需要摆脱学徒状态、走向自我主张的理论勇气。

---

① 吴向东：《中国价值哲学四十年》，《当代中国价值观研究》2018年第6期。
② 白刚：《当代中国马克思主义政治哲学建构何以可能？》，《求索》2020年第2期。
③ 吴晓明：《论马克思政治哲学的唯物史观基础》，《马克思主义与现实》2020年第1期。
④ 习近平：《习近平谈治国理政》（第2卷），外文出版社2017年版，第66页。

三、马克思主义哲学中国话语体系的不断建构

黑格尔曾说,"只有当一个民族用自己的语言掌握了一门科学的时候,我们才能说这门科学属于这个民族了;这一点,对于哲学来说最有必要。因为思想恰恰具有这样一个环节,即应当属于自我意识,也就是说,应当是自己固有的东西;思想应当用自己的语言表达出来"①。马克思主义哲学中国话语体系就是中国"自我意识"的理论表达。这种自我意识是对话语体系建构主体的身份自觉,是从运用马克思主义哲学分析、解决中国问题的现实自觉,上升到构建具有中国主体性、原创性马克思主义哲学的理论自觉,是对中华优秀传统文化批判性继承、实现文化精神综合创建的文化自觉。

虽然说马克思主义哲学传入中国就是为了解决"中国向何处去"这一现实问题,具有明确的实践指向,但这并不意味着马克思主义哲学在中国的传播、马克思主义哲学中国化就等于中国话语体系的建构。这种建构无疑来源于实践经验的总结,尤其来源于教条主义、经验主义地理解马克思主义哲学时所带来的实践教训。比如,土地革命时期,我们虽然找到了"走俄国人的路"的正确方向,但却没有准确把握中国的具体历史现实,采取了武装起义攻打中心城市的照抄照搬模式,导致了革命的挫折;中华人民共和国成立后的社会主义建设时期,我们也曾一度错误地理解了中国社会的主要矛盾,走向了"以阶级斗争为纲"的老路,同样带来了惨痛的教训。这些历史经验启示我们,解决中国问题必须靠中国人自己把握中国的实际,构建符合中国国情、具有中国特色的马克思主义哲学话语体系。

这种建构也源于对中国哲学现代转型的文化自觉。毛泽东曾指出,"我们是马克思主义的历史主义者,我们不应当割断历史"②。从孔子到孙中山的遗产都要好好继承,孔子代表了中国传统哲学,孙中山代表了中国近代哲学③。马克思主义哲学中国话语体系既是对中国传统哲学的继承,也是对近代哲学的接续。李维武认为,"从李大钊到毛泽东到冯契,中国马克思主义哲学经历了由中国哲学而接引马克思主义哲学,进而使马克思主义哲学与中国哲学在思维方式上融会贯通,再进而由中国哲学的提问和传统来启示和发展马克思主义哲学的探索历程"④。从马克思主义哲学与中国哲学的关系来看,在接引阶段还谈不上中国话语的构建。比如,李大钊用中国传统哲学的"民彝史观"接引马克思主义哲学的群众史观。当

---

① [德]黑格尔:《哲学史讲演录》(第4卷),贺麟、王太庆译,上海人民出版社2013年版,第192页。
② 毛泽东:《毛泽东选集》(第2卷),人民出版社1991年版,第534页。
③ 李维武在其《中国哲学的传统更新》(人民出版社2012年版)一书的第307—315页中曾提出此观点。
④ 李维武:《中国哲学的传统更新》,人民出版社2012年版,第73页。

人们融会贯通两种哲学思维方式时，才开启了中国话语体系的建构。比如，《实践论》的副标题"论认识和实践的关系——知和行的关系"就鲜明地体现了两种思维方式的融会贯通。《实践论》中对实践类型的划分、对感性认识上升到理性认识过程（去粗取精、去伪存真、由此及彼、由表及里）的讨论等鲜明地体现了中国马克思主义哲学的创造。冯契的智慧说则代表了用中国哲学的德性资源启示和发展马克思主义哲学。"化理论为方法、化理论为德性"阐明了从知识到方法、从知识到智慧的辩证过程，实现了理论与实践、知识与智慧的辩证统一，实现了在马克思主义哲学与中国哲学基础上的综合创造。

建构马克思主义哲学中国话语体系起源于20世纪三四十年代。"20世纪三四十年代，是中国化的马克思主义哲学体系的形成时期。在这个时期，艾思奇的《大众哲学》、李达的《社会学大纲》、毛泽东的《实践论》和《矛盾论》，代表了中国马克思主义哲学家对马克思主义哲学体系的阐释和建构。也正是在这一过程中，中国马克思主义者和赞成马克思主义的学者，力图把马克思主义哲学与中国传统哲学有机地结合起来，赋予马克思主义哲学以鲜明的中国性格。"[①]《大众哲学》开了马克思主义哲学大众化的先河。毛泽东哲学开创了马克思主义哲学中国话语体系。这不仅为中国话语体系的发展奠定了基础，也为世界马克思主义哲学的发展提供了启示。阿尔都塞在《保卫马克思》中曾指出，毛泽东在辩证法上最大的贡献就在于阐明了矛盾不平衡性原理。如果说这一原理在马克思、恩格斯那里还隐而不显，在列宁那里还主要体现在对帝国主义发展阶段的现实（经验）分析，那么毛泽东的贡献就在于将之上升到了理论（原理）的高度，提出了三个"值得注目的新概念"：一是主要矛盾和次要矛盾的区别，二是矛盾的主要方面和次要方面的区别，三是矛盾的不平衡性。"毛泽东是以'就是如此'的方式提出这三个概念的。他告诉我们，这三个概念是马克思主义辩证法的基本概念，因为它们体现着马克思主义辩证法的特性。"[②]显然，毛泽东哲学是对马克思主义哲学原初话语体系的创造性继承和创新性发展，为中国马克思主义哲学话语体系作出了原创性贡献。

进入改革开放以来，伴随着建设中国特色社会主义的时代主题，邓小平理论、"三个代表"重要思想和科学发展观进一步发展了马克思主义哲学的中国话语体系。中国特色社会主义进入新时代，习近平新时代中国特色社会主义思想是马克思主义哲学中国话语体系的最新发展。"人类命运共同体""国家治理体系和治理能力现代化""以人民为中心""人与自然是生命共同体""绿水青山就是金山银山""文化自信更基础、更广泛、更深厚""空谈误国，实干兴邦""系统思维""底线思维"等富有中国特色、风格和气派的话语体系是对马克思主实

---

① 李维武：《中国哲学的传统更新》，人民出版社2012年版，第322页。
② [法] 阿尔都塞：《保卫马克思》，顾良译，商务印书馆2006年版，第187页。

践观、辩证法、自然观、政治观、群众观、文化观、生态观、国际观等的生动阐释。

新时代是中国从富起来走向强起来的时代,是为广大发展中国家走向现代化提供全新选择的时代,是社会主义重新焕发生机与活力的时代,是引领人类文明发展方向的时代,概言之,新时代开启了不同于资本主义文明的新文明类型。阐说并引领这一新文明类型是马克思主义哲学中国话语体系的总问题。

围绕这个总问题,学界主要讨论了五个方面的问题。第一,话语体系的哲学反思。中国特色社会主义取得了伟大成就,我们解决了"挨打""挨饿"的问题,但依然没有解决"挨骂"的问题,依然面临"声音比较小""有理说不出""说了传不开"的问题。解决这些问题不仅需要进一步发展,靠实力说话,而且需要研究话语、话语体系本身的规律,探讨话语体系的构成要素、产生发展的规律、传播交流的机制体制等。第二,中国话语体系构建的历史进程。从马克思主义中国化的历史进程来看,既有学者从整体上分析马克思主义哲学话语体系的历史进程,也有学者从某一历史时期(比如,延安时期、改革开放以来)展开讨论,还有学者分析了儒学在中国两千多年历史中占据主导话语体系的原因,并以《四库全书》中经、史、子、集相互支撑为例,指出马克思主义哲学话语体系必须将学术话语体系和意识形态话语体系融为一体[①]。第三,中国话语体系的现实根基。话语的背后是"道",是规律。学界一方面持续不断地批判资本主义现代性文明,资本主义的当代形态(金融资本主义、加速资本主义、数字资本主义、平台资本主义等)、资本逻辑与生命政治批判、西方马克思主义的资本主义批判等成为学界讨论的热点;另一方面,学界从复杂现代性视域下的中国之道、超越资本现代性的多重逻辑(政治、文化、价值、生态、社会等)、唯物史观与中国道路、中国道路的世界历史意义等视角讨论了新文明类型的必然性和现实性问题。第四,建构中国话语体系的文本依据。中国话语体系的"本"是马克思主义哲学,这就需要我们在中国道路的视域下展开文本研究。马克思思想渊源中的"康德与黑格尔之争"并不是一个理论问题,而是关乎如何将马克思主义哲学与中国现实结合起来的问题。"近康德"阐释强调的是要将规范调节与事实分析、旁观者视角与行动者视角结合起来;"近黑格尔"阐释强调的是必须走出主观主义的外部反思,深入中国社会的历史现实中阐说中国道路。《资本论》的哲学阐释分析了资本文明的历史优越性及其限度,指出必须超越资本文明,才能引领人类文明的发展方向。重新讨论马克思的东方社会理论、社会形态理论等同样是为了阐释中国道路的历史必然性。第五,建构中国话语体系的方法论原则。方法论自觉是对研究范式的自觉,梳理当代中国马克思主义哲学研究范式的演变逻辑,总结不同范式的优势特点,以马克思主义哲学中国化、中国马克思主义哲学、马克思主义哲学出场学、反思的问题学、中西哲

---

① 陈卫平:《"因时、因史、因事"建构马克思主义哲学的中国话语》,《江海学刊》2018 年第 1 期。

学对话等研究范式建构中国话语体系成为学界的呼声。

中国话语体系的根基是中国实践，在解读中国实践问题上，我们自己应该最有话语权。这就要求我们一方面必须破除西方世界的话语霸权。由于西方资本主义率先开启了现代文明，在此基础上形成的现代性话语似乎具有了"自然法"的性质，似乎就可以用来"裁剪"中国的历史性实践。但中国特色社会主义伟大实践已经证明，我们依然处在马克思恩格斯所揭示的从资本主义向社会主义过渡的"大时代"中。历史并没有终结，资本主义现代性话语也并不具有自然性和永恒性。另一方面，我们应在更宏大的历史视野中解读中国实践。中国特色社会主义新文明类型是当代的，也是历史的，是在改革开放中形成的，也是在近代以来的历史进程中探索出来的，更是在中华民族五千多年悠久文明的传承中走出来的，这就要求我们必须阐明中国话语体系深厚的历史底蕴。同时，我们也应该改变自己的话语方式，改变"只关注自身感悟的'自语式'""只关注文本'客体'的'注经式'""只依赖外文资料的'包装式'"①话语风格，增强话语内容的解释力和影响力，增强表达方式的感染力和吸引力，"防止从'哲学话语'走向'话语哲学'"②，防止从术语革命走向概念游戏。

四、结语

回顾百年来中国马克思主义哲学话语体系的探索过程，我们可以看到，追问原初话语体系、探索时代话语体系、建构中国话语体系实际上代表了三种研究路向。追问原初话语体系既包括文本考据的方式，也包括思想史的进路。文本考据既有文本考证的方式，也有义理阐发的方式；思想史的进路则把马克思主义哲学放到西方哲学传统、现代西方哲学的发展脉络中加以考察。时代话语体系侧重的是从特定时代的某一个现实问题出发，寻找理论与现实的结合点。不同时代的话语体系可能存在着差别，同一时代的话语体系同样可能存在着差别，甚至对同一时代问题的反思也可能存在着不同理解。中国话语体系是中国道路的哲学表达，侧重的是从中国现实出发，将民族的经验上升为普遍的话语，侧重的是总结中国实践经验，更好地为解决世界性问题提供思路和方法。中国话语体系是民族的，也是世界的，是特殊的，也是普遍的。

从三者的关系来看，原初话语体系是基础，但不能抽象地理解这种基础地位。这里关涉研究的出发点问题，是从原著出发，还是从现实出发，是回到原著，还是回到现实。马克思在阐释唯物史观与唯心史观的差别时，指出了不能"从观念出发来解释实践，而是从物质

---

① 郑忆石：《中国马克思主义哲学话语体系的建构：挑战、问题、对策》，《观察与思考》2015 年第 5 期。

② 丰子义：《从话语体系建设看马克思主义哲学创新》，《哲学研究》2017 年第 7 期。

实践出发来解释各种观念"①。毛泽东也认为,"我们说的马克思主义,是要在群众生活群众斗争里实际发生作用的活的马克思主义,不是口头上的马克思主义"②。邓小平更警醒道,如果一切从本本出发,思想僵化,就有亡国亡党的危险。习近平总书记强调既要原原本本地学,也要坚持学以致用、用以促学。这就要求我们必须在解决现实问题的观照中回到文本。如果我们简单地一切拿文本说话,就可能仅仅是一种理论态度,就可能陷入本本主义。时代话语体系是原初话语体系的发展,在探索时代话语体系时,同样要准确把握中国所处的时代,防止出现时空错位,将西方特定时代的话语体系简单地移植到中国。比如,当我们将西方哲学中的价值哲学、文化哲学、存在主义、交往实践哲学与我们的生存问题嫁接起来,提出了马克思主义哲学是价值哲学、文化哲学、生存(交往)实践哲学时,就可能忽视了西方哲学问题的历史语境。价值哲学、文化哲学主要源于一战后欧洲的文化危机,存在主义哲学主要源于对二战的哲学反思,交往实践哲学主要源于二战后重塑欧洲启蒙的时代任务。欧洲的生存、文化、价值问题可能是一种"不能忍受的生命之轻",是一种对技术理性占据主导时代生命意义的拷问,而我们在20世纪90年代的生存问题主要是满足人民群众不断增长的物质文化需要。解决时空错位的问题就必须在世界历史的进程中讨论中国的问题,以中国人正在做的事情为中心,以建构中国话语体系为出发点和落脚点。

中国特色社会主义的实践创新是马克思主义哲学话语体系建构的源头活水。实践创新没有止境,理论创新就没有止境,话语体系的建构同样没有止境。中国马克思主义哲学话语体系百年探索的历史进程启示我们:第一,必须将实践探索与话语建构统一起来,从实践出发,将实践创新的成果转化为话语体系。第二,必须将理论话语、学术话语与大众话语相融合。马克思主义哲学是人民大众的哲学,中国共产党领导集体的理论话语、学术界的学术话语必须贴近群众、贴近生活、贴近实际,才能真正说服人,才能真正转变为物质力量。第三,必须实现话语体系的建构与打造标志性范畴,提出重大理论命题的双向推进。标志性范畴、重大理论命题是话语体系的"骨骼",也是构建中国马克思主义哲学话语体系的突破口,必须解决"概念短缺""概念晦涩"等问题,改变自说自话的话语方式,构建学术共同体,展开平等的交流对话。第四,必须将批判性与建构性结合起来。批判性是马克思主义哲学最可贵的精神品质。批判是澄清前提,划定界限。只有在前提性批判的基础上才有建构的可能性,只有在"破"中才能更好地"立",只有在哲学论争中才能建构具有主体间性的话语体系。

[原载《华中科技大学学报》(社会科学版)2021年第2期]

---

① 马克思、恩格斯:《马克思恩格斯选集》(第1卷),人民出版社2012年版,第172页。
② 毛泽东:《毛泽东选集》(第3卷),人民出版社1991年版,第858页。

百年中国文学的红色基因

吴义勤

中国作协

今年是中国共产党成立 100 周年,发端于 20 世纪初的中国新文学也走过了一百多年的光辉历程。一百年来,中国共产党及其所领导的中国革命、建设、改革事业对新文学产生了深刻影响,从根本上决定了中国新文学的发展道路、呈现方式和基本形态。作为社会意识形态体系的一部分,中国新文学也以特殊的形式深度参与了 20 世纪中国革命史和社会发展史,成为中国共产党领导的革命、建设、改革事业的重要组成部分。从百年党史与百年新文学史关系的角度回望历史,既能对党的辉煌历史和巨大成就有更加形象的认识,也能在对中国新文学道路和成功经验的总结中获得繁荣新时代中国特色社会主义文学的新启示。

中国新文学发展进步的历程与党成长壮大的历程始终相生相伴、相互呼应

中国新文学和中国共产党几乎是在 20 世纪初中国社会风云激荡的历史和政治语境中一同诞生的,二者都是"古老中国"向"现代中国"转变历程中的必然产物。党的早期创始人李大钊、陈独秀、瞿秋白等同时是中国新文化运动的发起者和中国新文学的开创者。在提倡新文学的同时,对马克思主义的翻译、介绍和传播也是新文学家的重要工作。在新文学发展过程中,新文化运动的倡导者们创立了一大批文学报刊,推动文学革命发展,这些报刊同时也成为最早的马克思主义思想传播阵地。

1915 年 9 月,陈独秀在上海创办《青年杂志》(后改名为《新青年》),新文化运动由此发轫。陈独秀的《文学革命论》,率先举起"文学革命"的大旗,以鲜明的革命立场和文学理念,给旧文学以准确而猛烈的抨击。李大钊与陈独秀紧密呼应,发表《什么是新文学》一文,将新文学与"社会写实"联系起来,赋予新文学以现实性和战斗性,而这正是百年中国新文学最重要的品质和特征。瞿秋白同样是新文学运动的重要推动者和实践者。在翻译介绍马克思列宁主义的同时,他还写下了记述留学经历和心路历程的《赤都心史》《饿乡纪程》等堪称是新文学理念最早实践成果的纪实文学作品。

可以说,中国新文学与五四新文化运动发生伊始就拥有强烈的红色基因,为中国共产党的成立奠定了坚实的思想基础、文化基础和舆论基础。而早期中国共产党人既是马克思主义

的信奉者和传播者，又是新文学基因浓烈的文学家。他们同时拥有新文学基因和红色基因，二者相互融合、相互激发，决定了中国新文学发展进步的历程与党成长壮大的历程始终相生相伴、相互交织、相互呼应。

中国共产党成立之后就十分重视新文学对推动革命事业发展的重要作用，十分重视对文学运动、文学社团和文学思潮流派的组织和领导，在积极推动新文学发展的同时，特别注重通过文艺作品来宣传和普及革命思想。文学研究会是新文学运动中成立最早、影响和贡献非常大的文学社团之一。该社团的发起人包括沈雁冰（茅盾）、郭绍虞等后来加入中国共产党的革命作家。文学研究会主张"为人生"，以血和泪的文字揭露黑暗现实，在"启蒙"的意义上呼应了党教育、发动群众的使命。创造社是新文学运动中具有较大影响的另外一个文学社团，发起人郭沫若、成仿吾也是加入中国共产党的革命作家。1925年五卅运动后，创造社开始倾向革命或参加实际革命工作，大力提倡革命文学。《创造月刊》第1卷第3期发表郭沫若《革命与文学》和第1卷第9期发表成仿吾《从文学革命到革命文学》，成为提倡无产阶级革命文学的"战斗的阵营"。1924年，早期入党的革命作家蒋光慈与沈泽民成立春雷社，他们以上海《民国日报》副刊《觉悟》为阵地宣传革命思想。春雷社是我们党早期直接领导的革命文学社团之一。

1930年，中国左翼作家联盟的成立是党领导文艺运动的一个标志性事件。左翼作家联盟的旗帜是鲁迅，实际的领导者是瞿秋白。在20世纪30年代初至抗战全面爆发前的几年，"左联"作家在文化战场上勇敢战斗，通过创办《拓荒者》《文学月报》《前哨》《北斗》《十字街头》等刊物，开辟了一批传播革命思想的文艺阵地，对20世纪30年代的文艺发展产生了巨大影响，为党的革命事业作出了突出贡献。

抗日战争全面爆发之后，文艺界在武汉成立了中华全国文艺界抗敌协会。大会选出郭沫若、茅盾、夏衍、老舍、巴金等45人为理事，推选老舍为总务部主任，主持日常工作。"文协"成立大会上，提出了"文章下乡，文章入伍"的口号，鼓励作家深入现实斗争。"文协"有力地团结了各地各领域的作家、艺术家，使抗战初期的文艺活动呈现蓬勃发展的新气象。作为对中华全国文艺界抗敌协会的呼应，延安革命根据地也成立了陕甘宁边区文化界救亡协会，组织推动解放区的文艺运动。"边区文协"成立之后，又组建了诗歌总会、文艺突击社、戏剧界抗战联合总会、民众娱乐改进会、文艺战线社、大众读物社、抗战文艺工作团等机构。党在解放区创立的文艺团体和机构及其所开展的文艺活动，有力地促进了革命运动的开展，很好地发挥了文艺的政治功能和社会动员功能。

1938年4月，为培养抗战文艺干部和文艺工作者，党在延安成立了鲁迅艺术学院。毛泽东在成立大会上指出，要在民族解放的大时代去发展广大的艺术运动，在抗日民族统一战线方针的指导下，实现文学艺术在今天的中国的使命和作用。"鲁艺"的成立，是党探索培养具有革命信念的文艺工作者的新的有效方式。在抗战时期,"鲁艺"很好地承担起了工作任务,完成了历史使命。

总之,从第一次国内革命战争到第二次国内革命战争、从抗日战争到解放战争,从国统区到解放区,中国新文学始终与党同步、与革命同步、与时代同步、与历史同步,在不断发展进步的过程中服务革命、服务人民、服务走向现代的历史进程,为党领导的革命事业作出了独特的贡献。

党在不同时期都从革命、建设、改革事业的实际出发,及时制定和调整文艺工作的方针政策,从根本上保证中国新文学的发展道路和发展方向

一百年来,我们党始终高度重视文学事业,始终把文学事业视为党的事业的重要组成部分。党的历代领导人都高度重视文学事业并且有着强烈的文学情怀。

1942年5月,毛泽东在延安文艺座谈会上指出:"在我们为中国人民解放的斗争中,有各种的战线,就中也可以说有文武两个战线,这就是文化战线和军事战线。我们要战胜敌人,首先要依靠手里拿枪的军队。但是仅仅有这种军队是不够的,我们还要有文化的军队,这是团结自己、战胜敌人必不可少的一支军队。"

2016年11月30日,习近平总书记在中国文联十大、中国作协九大开幕式上的重要讲话中指出,文艺事业是党和人民的重要事业,文艺战线是党和人民的重要战线。他强调,文运同国运相牵,文脉同国脉相连。实现中华民族伟大复兴,是一场震古烁今的伟大事业,需要坚忍不拔的伟大精神,也需要振奋人心的伟大作品。

党对文学事业的组织、领导贯穿党的全部发展历程。从新民主主义革命到社会主义革命和建设时期,从改革开放新时期到中国特色社会主义新时代,党在不同时期都从革命、建设、改革事业的实际出发,及时制定和调整文艺工作的方针政策,从根本上保证中国新文学的发展道路和发展方向。

党特别重视新文学人才和作家队伍的建设。百年来,在党的周围形成了一支强大的党员作家队伍和党的"同路人"队伍。百年中国文学的发展历程正是党对中国现当代作家的吸引、召唤、引导、培养的历程,是一代代党员作家与党同心同德、患难与共的历程,是一批批向往光明和进步的作家紧密团结在党的周围听党话、跟党走成为党的"同路人"的历程。巴金曾经说过:"我们的现代文学好像是一所预备学校,把无数战士输送到革命战场。"

在新民主主义革命时期,有一大批优秀作家接受革命思想,在极其艰苦险恶的条件下,坚定地加入党组织,包括茅盾(1921年入党)、蒋光慈(1922年入党)、郭沫若(1927年入党)、夏衍(1927年入党)、冯雪峰(1927年入党)、李初梨(1928年入党)、冯乃超

（1928 年入党）、邓拓（1930 年入党）、丁玲（1932 年入党）、田汉（1932 年入党）、陈荒煤（1932 年入党）、周立波（1935 年入党）、柳青（1936 年入党）。他们一边写作，一边投身革命实践，为革命事业发展作出了突出贡献，也付出了巨大牺牲。20 世纪 30 年代，丁玲、何其芳、萧军、艾青、田间、卞之琳等一大批作家奔赴革命圣地延安。在火热的革命实践中，他们的思想和认知发生了蜕变，很多人都投入党组织的怀抱。比如，刘白羽（1938 年入党）、田间（1938 年入党）、魏巍（1938 年入党）、何其芳（1938 年入党）、欧阳山（1940 年入党）、萧军（1948 年入党）。

新中国成立，中华民族开启崭新篇章。广大作家被新生的人民共和国所鼓舞和振奋，满怀豪情投身于社会主义建设，用手中的笔为新中国建设添砖加瓦。党员作家队伍进一步发展壮大。比如陈白尘（1950 年入党）、端木蕻良（1952 年入党）、欧阳予倩（1955 年入党）、卞之琳（1956 年入党）、曹靖华（1956 年入党）、曹禺（1956 年入党）、黄宗英（1956 年入党）、季羡林（1956 年入党）、宗璞（1956 年入党）、李准（1960 年入党）、秦牧（1963 年入党）、蹇先艾（1983 年入党）、王西彦（1986 年入党）。

与加入党组织的作家交相辉映，百年中国文学中还有一批在文学战线紧密团结在党的周围，与党同声相应、同气相求，与党的事业彼此呼应、彼此配合的"同路人"作家。他们虽然没有党员身份，但在革命者队伍中，同样发挥了非常重要的作用，是革命队伍不可或缺的一员。鲁迅、巴金、老舍、冰心、叶圣陶、闻一多等就是其中杰出的代表。

鲁迅是新文学运动的旗手和巨匠。他的《呐喊》《彷徨》深刻揭露旧中国的社会黑暗和国民劣根性，对广大民众产生了重要的启蒙作用。与此同时，他积极支持和投身党的革命实践，推动革命文艺发展，是中国革命最重要的"同路人"。毛泽东曾评价说："鲁迅的方向，就是中华民族新文化的方向。"巴金也是党的重要"同路人"。他的长篇小说《家》《春》《秋》充满对旧社会、旧制度的批判，表现一代青年新人的"觉醒"，具有强烈的启蒙意义。老舍则是一位一生都在积极要求入党的"同路人"。抗战期间，他毅然南下武汉，投身抗战洪流，担任中华全国文艺界抗敌协会总务处主任并创作了大量面向大众的文艺作品。老舍的代表作《四世同堂》以抗战为背景表现人民的悲惨生活，控诉日军的残暴罪行，讴歌中国人民伟大的爱国精神。

在百年中国新文学发展历程中，具有党员身份的作家以及接受了革命思想的"同路人"作家构成了新文学史上最重要的历史主体，是百年中国新文学最重要的实践者和推动者，是中国新文学能取得巨大成就的人才保证。

党对文学事业的发展一直有着顶层设计和制度设计，党的文艺方针政策是马克思主义文艺理论与中国革命、建设、改革实践相结合的产物，始终有着与时俱进的实践品格。

党成立之初，就十分重视文化宣传工作，十分重视用文学的方式宣传马克思主义思想和党的主张，注重用文学作品动员、发动、教育、启蒙群众，批判、揭露敌人。中共一大就强调党的文化领导权对于革命事业的极端重要性，强调党对文学运动和出版物的领导。其后，党的文艺方针政策不断地随历史进程而进行着同步调整。第一次国内革命战争时期，党主张以各式各样的文艺形式推动宣传工作，启蒙大众，唤起人民的革命意识。第二次国内革命战争时期，党注重加强对国统区文艺的领导，注重建立文艺界的统一战线。抗战时期和解放战争时期，党倡导文学的大众化和战斗性，鼓励文学直接服务抗战、服务革命事业。

1942年，毛泽东在延安召开文艺座谈会，发表了《在延安文艺座谈会上的讲话》，明确文艺要"为工农兵服务、为政治服务"的方向，从根本上解决了"为什么人"的问题。这一讲话不仅深刻影响了解放区文学创作，也对新中国的文艺创作产生了重要影响。在讲话精神指引下，党实现了对解放区文艺工作的统一领导，使文艺工作与革命工作更好地结合在一起。1943年11月，中共中央宣传部发布《关于执行党的文艺政策的决定》，明确把《在延安文艺座谈会上的讲话》作为当时中国文艺运动的基本方针，这是中共历史上首次使用"党的文艺政策"概念。

新中国成立之后，党建立了完备的文学制度。党对文艺工作的领导，主要通过设立文艺领导机构和颁布文艺政策来施行。中国的文学制度是社会主义制度的重要组成部分，文学制度的优越性也是社会主义制度优越性的体现。

1949年7月，新中国成立前夕，为进一步加强文艺工作，党中央组织召开了"第一次全国文代会"。第一次文代会产生了全国性的文艺界组织机构，即中华全国文学艺术界联合会（1953年改名为中国文学艺术界联合会）。在文学领域，成立了中华全国文学工作者协会（1953年9月改名为中国作家协会）。中国文联、中国作协以及文代会和作代会是党的文学制度的重要组织形式，是党和政府联系广大作家和文艺工作者的纽带，是社会主义政治体制的重要组成部分，为推动新中国文学艺术的繁荣发展发挥了重要作用。

1956年，毛泽东在最高国务会议上宣布将"百花齐放、百家争鸣"作为党发展科学、繁荣文学艺术的指导方针。这一方针的提出，深刻总结了我们党在多年的革命斗争中领导文艺工作的成功经验，体现了我们党对文艺自身发展规律的深刻认识。"双百"方针成为推动"十七年"文学繁荣发展最重要的文艺政策，在这一方针的指引和推动下，涌现了一大批优秀的现实主义文艺作品，比如"三红一创，青山保林"（即《红旗谱》《红岩》《红日》《创业史》《青春之歌》《山乡巨变》《保卫延安》《林海雪原》）等红色经典。

1979年，第四次文代会的召开是中国新文学发展史上又一具有特殊意义的重要事件，是党的文艺方针政策的一次深刻的调整与宣示。邓小平出席大会并发表了祝词，他明确指出，党对文艺工作的领导，不是发号施令，不是要求文学艺术从属于临时的、具体的、直接的政治任务，而是根据文学艺术的特征和发展规律，帮助文艺工作者获得条件来不断繁荣文学艺术事业,提高文学艺术水平,创作出无愧于我们伟大人民、伟大时代的优秀的文学艺术作品和表演艺术成果。1980年7月26日,《人民日报》发表了《文艺为人民服务、为社会主义服务》的社论,对新"二为"思想的含义作了具体阐述。从此,我国新时期文艺事业发展的方向正式表述为"为人民服务、为社会主义服务"。

2014年,习近平总书记主持召开文艺工作座谈会,并发表重要讲话。他号召广大作家要坚持以人民为中心的创作导向,深入生活,扎根人民。强调文艺要反映好人民的心声,就要坚持为人民服务、为社会主义服务这个根本方向。这是党对文艺战线提出的一项基本要求,也是决定我国文艺事业前途命运的关键。只有牢固树立马克思主义文艺观,真正做到了以人民为中心,文艺才能发挥最大正能量。以人民为中心,就是要把满足人民精神文化需求作为文艺和文艺工作的出发点和落脚点,把人民作为文艺表现的主体,把人民作为文艺审美的鉴赏家和评判者,把为人民服务作为文艺工作者的天职。习近平总书记的重要讲话,科学回答了在新的历史条件下繁荣和发展社会主义文艺面临的一系列重大理论和实践命题,是对社会主义文艺发展经验的深刻总结,是马克思主义文艺理论中国化的最新成果,为新时代中国文学的发展指明新方向、开辟新道路。

党的百年历程中各个重要的历史时期、历史事件、历史人物,都在百年文学中得到生动形象的书写

党一百年波澜壮阔的历史和取得的巨大成就,是最精彩的中国故事,是中国新文学最重要的写作资源和书写对象。中国新文学史某种意义上正是形象化的党史、中国革命史、中国社会主义建设史和改革开放史。党的百年历程中各个重要的历史时期、历史事件、历史人物都在百年文学中得到了生动形象的书写,并产生了一大批红色文学经典。

讲好党的故事是中国新文学的神圣使命。新民主主义革命时期,新文学就开始了对党的革命历史的同步记录和书写。1921年,郭沫若的《女神》最早表达了对共产主义的呼唤,表现摧毁旧世界、创造新世界的革命精神;1926年,蒋光慈的小说《少年漂泊者》最早描写青年知识分子投奔共产主义的历程;1931年,巴金的小说《死去的太阳》最早表现上海、南京等地的工人运动;茅盾的《子夜》全景表现20世纪30年代都市生活的方方面面,书写旧世界的崩溃和新生事物的诞生,成为革命启蒙教科书;1935年,萧军的《八月的乡村》正面表现东北抗战和东北人民的生活与挣扎;1945年,贺敬之、丁毅执笔的《白毛女》深刻揭示"旧社会把人变成鬼,新社会把鬼变成人"的主题;1946年,邵子南的《李勇大摆地雷阵》生动描写敌后抗日斗争;1948年,周立波的《暴风骤雨》和丁玲的《太阳照在桑干河上》真实表现解放区土改的宏阔场景。

"十七年"时期,是社会主义建设和革命历史题材小说创作的繁盛期。吴强的《红日》

描写解放战争中发生在江苏涟水，山东莱芜、孟良崮的三次重要战役，表现了敌我之间的残酷较量；杜鹏程的《保卫延安》以延安保卫战为题材，描绘了一幅生动、壮丽的人民战争画卷；曲波的《林海雪原》展现了人民军队在东北进行的艰苦卓绝的斗争；柳青的《创业史》全面展现了合作化运动给当代农民命运带来的巨大改变；周立波的《山乡巨变》生动描写了土改给农民精神生活带来的变化；老舍的《龙须沟》通过龙须沟的古今对比，表达了对新中国的无比热爱。

新时期以来，中国涌现许多全景式反映党的革命历史的优秀文学作品。金一南的《苦难辉煌》全景展现党建立红色政权、领导人民进行伟大长征和革命战争的恢宏历史；王树增的《抗日战争》《解放战争》全景反映抗日战争和解放战争的伟大进程；黎汝清的《湘江之战》以红军长征途中最惨烈的湘江之战为主线，真实再现了英勇战斗、不畏牺牲的红军精神。同时，对新中国及改革开放以来中国社会发生的翻天覆地的变化也有精彩的文学表达。梁晓声的《今夜有暴风雪》《人世间》、史铁生的《我的遥远的清平湾》表现一代人的青春和热血，致敬知青们的奋斗岁月；路遥的《人生》《平凡的世界》表现改革开放之初青年一代的奋斗历程；贾平凹的《腊月正月》、王润滋的《鲁班的子孙》、何士光的《乡场上》、高晓声的《陈奂生上城》表现现代化对中国农民和乡村传统价值观念带来的改变；徐迟的《哥德巴赫猜想》、谌容的《人到中年》表现新时期知识分子的精神历程。

党的十八大以来，中国社会发生了历史性变革，取得了历史性成就。陈毅达的《海边春秋》、赵德发的《经山海》、李迪的《十八洞村的十八个故事》、老藤的《战国红》、纪红建的《乡村国是》等描绘了脱贫攻坚伟大事业带来的历史巨变；肖亦农的《毛乌素绿色传奇》、李青松的《告别伐木时代》、何建明的《那山，那水》等讲述了当代中国践行"绿水青山就是金山银山"、建设绿色美丽家园的生动实践；刘醒龙的《如果来日方长》、熊育群的《苍生在上》等呈现了中国人民在抗击新冠肺炎疫情战疫中的伟大奉献精神和英勇斗争品质；徐剑的《大国重器》、许晨的《第四极：中国"蛟龙"号挑战深海》、曾平标的《中国桥——港珠澳大桥圆梦之路》、王雄的《中国速度》等展现了我国在航天、桥梁、高铁等多个尖端科技领域的迅猛发展与巨大成就。

中国新文学在不同时期对党史的书写，既有历史的景深，又有当下的温度，共同构成了对百年党史的生动记录和形象再现。

回顾20世纪中国新文学史，我们看到，对英雄的塑造和歌颂是一条重要的文学主线，英雄人物特别是共产党人的英雄形象构成百年中国文学最具魅力的人物形象谱系之一。习近平总书记在中国文联十大、中国作协九大开幕式的重要讲话中明确要求，对中华民族的英雄，要心怀崇敬，浓墨重彩记录英雄、塑造英雄，让英雄在文艺作品中得到传扬。

党的一百年是英雄辈出的一百年，是一代代英雄儿女在党的领导下前赴后继投身革命、建设、改革的一百年。从新民主主义革命到社会主义革命，从改革开放到中国特色社会主义新时代，涌现了无数可歌可泣的人民英雄，他们感天动地的事迹和高尚的人格成为中国文学礼赞与歌颂的重要对象。文学对英雄的再现与复活，使百年中国文学具有了丰富多彩的文学英雄谱系。王愿坚《党费》中的黄新，丁玲《太阳照在桑干河上》中的张裕民，罗广斌、杨益言《红岩》中的江姐、许云峰，马识途《清江壮歌》中的任远、柳一清，梁斌《红旗谱》中的朱老忠，李英儒《野火春风斗古城》中的杨晓冬，郭澄清《大刀记》中的梁永生等，构成新文学中"革命者"的英雄谱系；而吴强《红日》中的沈振新，魏巍《东方》中的郭祥，李存葆《高山下的花环》中的靳开来等，构成新文学中"军人"的英雄谱系；柳青《创业史》中的梁生宝，周立波《山乡巨变》中的邓秀梅，草明《乘风破浪》中的李少祥，张天民《创业》中的王进喜，贺敬之《雷锋之歌》中的雷锋，高建国《大河初心》中的焦裕禄等，构成新中国"建设者"的英雄谱系；蒋子龙《乔厂长上任记》中的乔光朴，柯云路《新星》中的李向南，李国文《花园街五号》中的刘钊等，构成"改革者"的英雄谱系。

文学是人学。中国新文学的成就首先体现为典型形象塑造的成就。百年中国文学成功塑造了众多经典性的典型人物，形成了丰富多彩的人物形象谱系。在这众多的人物谱系中，具有红色基因的英雄形象最为光彩夺目。他们是民族精神的化身，是党性和信仰的化身，是人格力量的化身，是百年中国新文学的魅力之源。

在一百年的发展历程中，新文学与党一同成长、一同进步、一同发展，新文学事业与党的事业息息相关、紧密同步。一方面，党的领导、组织、引领有力地推动了新文学的发展，赋予了新文学以革命性、现实性和战斗性，提升了新文学的社会功能和影响力。党所开创的波澜壮阔的革命、建设、改革事业也为新文学提供了生活土壤和创作源泉，极大地拓展了新文学的表现空间。另一方面，广大作家积极投身革命、建设、改革事业，努力创作弘扬中国精神、反映时代进程的优秀作品。二者在互动共生、相互促进中，共同书写了百年中国光辉灿烂的历史篇章。

（原载《光明日报》2021年6月22日）

党的十九大以来培育和践行社会主义核心价值观研究述评

刘 仓 杨 璐

当代中国研究所 中国社会科学院大学国史系

党的十九大以来,习近平总书记就坚持社会主义核心价值体系、培育和践行社会主义核心价值观(以下简称"核心价值观")发表了一系列重要讲话,提升了核心价值观的战略地位,突出其战略作用,丰富了其思想内涵,明确了其着眼点,拓展了其实践路径。这一时期,关于培育和践行核心价值观的研究成果,主要有以下几类。一类是有关部门编辑习近平总书记系列重要讲话,包含《中国共产党第十九次全国代表大会文件汇编》《习近平谈治国理政(第三卷)》《论坚持党对一切工作的领导》《论党的宣传思想工作》等,专题阐述培育和践行核心价值观。一类是中央有关部门编写的习近平新时代中国特色社会主义思想的论著,包含中宣部编的《习近平新时代中国特色社会主义思想学习纲要》,中共中央党校(国家行政学院)编的《习近平新时代中国特色社会主义思想基本问题》。一类是阐述新时代社会主义文化强国建设的论著,如张江主编的《建设新时代社会主义文化强国》、欧阳雪梅主编的《中华人民共和国文化史(1949—2019)》。一类是培育和践行核心价值观具体路径的研究,如孟迎辉等著的《社会主义核心价值观的日常生活化机制研究》、杜莹杰著的《中国电视剧与社会主义核心价值观构建研究》、张淑芳著的《社会主义核心价值观仪式化传播研究》等。作者在知网以"习近平"和"核心价值观"两个主题词搜索,有230多篇文章。学术界主要围绕核心价值观的战略地位、重大意义、性质内涵、历史来源、实践路径等问题展开研究。

一、社会主义核心价值观的战略地位和社会定位

党的十九大把坚持社会主义核心价值体系作为14个基本方略之一,这是习近平新时代中国特色社会主义思想的重要内容。习近平总书记阐释了核心价值观对于国家建设、民族发展、社会治理、思想文化等方面的作用。他指出,核心价值观是一个民族赖以维系的精神纽带,是一个国家共同的思想道德基础。核心价值观承载着一个国家和民族的精神追求,体现着一个社会评判是非曲直的价值标准。核心价值观是一个国家的重要稳定器,关系社会和谐

稳定和国家长治久安。核心价值观是社会系统得以正常运转、社会秩序得以有效维护的重要途径，也是国家治理体系和治理能力的重要方面。核心价值观是文化软实力的灵魂和重点，是决定文化性质和方向的最深层次要素。① 学术界阐释核心价值观的理论意义、实践意义和世界意义。

（一）提升核心价值观的战略地位

深化核心价值观的理论意义。核心价值观是国家、社会、个人发展的精神动力。王易、田雨晴认为，核心价值观是个人成长之本、民族生存之根、国家发展之基、社会进步之魂，是一个国家和社会的方向指引和精神根基，是一个国家和民族的精神纽带和精神动力。② 核心价值观是立德树人的判断标准。毕红梅、吴明涛认为，核心价值观是凝聚人心的精神纽带，是塑造健全人格的思想基础，是衡量立德树人的价值原则和评判标准，是促进人的自由全面发展的道德基础。③

强化核心价值观的实践意义。核心价值观是中国特色社会主义的内在要求，是"两个一百年"目标的价值追求，是巩固全党全国人民的共同思想基础、巩固党的执政地位的强基固本的基础工程。戴木才认为，核心价值观是坚持和发展中国特色社会主义的价值遵循，是建设社会主义现代化强国的强劲动力；是维护全社会团结和谐的重要稳定器，是支撑中华民族独特的精神支柱。④ 沈卫星、曹雪认为，核心价值观为实现中国梦指引前进方向和提供精神动力，是抵御西方文化渗透、提升文化软实力、增强对外传播力和思想话语权的战略需要。⑤ 有人认为，核心价值观是国家形象建构的灵魂和核心，为塑造国家形象提供实践路径。⑥

核心价值观对于统筹"四个伟大"的意义。沈壮海认为，核心价值体系是"四个伟大"的铸魂工程，可以强化理想引领、坚定信仰感召、凝聚精神力量、锤炼顽强意志。⑦ 包心鉴认为，核心价值观在伟大斗争中发挥价值导航作用，在伟大工程中发挥思想基础作用，在伟

---

① 中共中央文献研究室：《习近平关于社会主义文化建设论述摘编》，中央文献出版社2017年版。
② 王易、田雨晴：《习近平对培育和践行社会主义核心价值观的新贡献》，《马克思主义研究》2019年第11期。
③ 毕红梅、吴明涛：《习近平对社会主义核心价值观的理论贡献》，《社会主义核心价值观研究》2019年第3期。
④ 戴木才：《论国家倡导社会主义核心价值观的依据、意义和着力点》，《教学与研究》2019年第1期。
⑤ 沈卫星、曹雪：《习近平社会主义核心价值观思想研究》，《中国井冈山干部学院学报》2018年第3期。
⑥ 张江：《建设新时代社会主义文化强国》，中国社会科学出版社2019年版，第85页。
⑦ 沈壮海：《坚持社会主义核心价值体系》，《国家教育行政学院学报》2018年第9期。

大事业中发挥精神支撑作用,在伟大梦想中发挥文化自信作用。① 核心价值观与"四个全面"的关系。有人认为,核心价值观彰显"四个全面"战略布局的价值追求、精神统领和思想支撑;"四个全面"战略布局是核心价值观的实践平台和基础。②

展示核心价值观的世界意义。核心价值观是世界文化竞争的核心。习近平指出:世界上各种文化之争,本质上是价值观念之争,也是人心之争、意识形态之争。③ 沈壮海认为,文化竞争的本质是价值体系的竞争,文化安全的关键是价值体系的安全。中华民族要在世界文化激荡中保持民族精神独立、挺起民族精神脊梁,就要推进核心价值体系建设,抢占人类社会价值体系的制高点,筑牢在世界文化激荡中站稳脚跟的根基,充实中华民族姿态屹立于世界民族之林的精神内蕴。④ 核心价值观是推动构建人类命运共同体的价值引领。吴潜涛认为,核心价值体系以"为人民服务""集体主义"为根本价值诉求,占据人类价值领域的道义制高点,是世界上最先进的价值体系,为世界文明秩序构建提供智慧和方案。⑤ 黄蓉生、石海君认为,核心价值观为人类解决和平发展、贫富分化、文明冲突、贸易保护等问题提供价值引领,对推动全球治理体系变革具有指导意义,为构建人类命运共同体提供中国智慧。⑥

(二) 核心价值体系和核心价值观的社会定位

核心价值观的灵魂地位及其功能决定其社会定位。崔慧娟、邵士庆认为,核心价值观运用于党的建设,有利于涵养风清气正的政治生态;与依法治国相结合,使社会主义法治成为良法善治;引领公民道德建设,有利于树立良好道德风尚;与宗教工作相结合,有利于促进宗教教义同中华文化相融合;与建设美丽乡村相结合,满足农民群众日益增长的美好生活的需要;与网络管理相结合,为网民特别是青少年营造风清气正的网络空间。⑦ 培育和践行核心价值观与全面从严治党。刘仓考察党员干部是培育和践行核心价值观的先锋模范、核心价

---

① 包心鉴:《习近平新时代中国特色社会主义思想的鲜明特质和社会主义核心价值观的本质规定》,《学校党建与思想教育》2018 年第 1 期。
② 张江:《建设新时代社会主义文化强国》,中国社会科学出版社 2019 年版,第 84 页。
③ 中共中央文献研究室:《习近平关于社会主义文化建设论述摘编》,中央文献出版社 2017 年版,第 105 页。
④ 沈壮海:《坚持社会主义核心价值体系》,《国家教育行政学院学报》2018 年第 9 期。
⑤ 吴潜涛:《培育和践行社会主义核心价值观的几个理论前沿问题》,《马克思主义研究》2020 年第 12 期。
⑥ 黄蓉生、石海君:《习近平关于社会主义核心价值观重要论述的基本要义》,《社会主义核心价值观研究》2019 年第 3 期。
⑦ 崔慧娟、邵士庆:《新时代习近平关于社会主义核心价值观系列重要论述研究》,《佳木斯大学社会科学学报》2021 年第 1 期。

值观融入党员干部系列教育活动、把核心价值观融入党内法规建设等内容。①

核心价值体系是党和国家的基本方略。吴潜涛认为,核心价值体系由"建设和谐文化的根本"到"社会主义意识形态的本质体现"再到"兴国之魂"的发展,表明它提升到党的基本方略高度,在理论和实践方面实现"双重"突破,是党的思想文化理论的重大创新。②核心价值体系是治国理政的应有之义。王易、田雨晴认为,这是世情、国情、党情、社情、民情的客观要求,是中国特色社会主义理论逻辑、实践逻辑和历史逻辑的必然结果,其理论依据、现实依据、历史依据是由它在文化建设中的核心地位、在治国理政中的重要地位所决定的。③

二、深化社会主义核心价值观的内涵和外延

(一) 阐释核心价值观的内涵

核心价值观反映国家、社会和个人等层次的价值目标。包心鉴认为,国家层面的价值观,是中国特色社会主义价值本质的集中体现;社会层面的价值观,是中国社会形态的价值本质和历史进程的价值走向;个人层面的价值观,是中华优秀传统文化的精神凝练,也是精神文明、政治文明方面的突出体现。④有人认为,国家层面的价值观体现经济、政治、文化、社会领域的基本目标,是实现中国梦的基本要求;社会层面的价值观是构建理想社会的价值目标,是实现中国梦的价值基础;个人层面的价值观是公民基本道德规范,是评价公民道德言行的价值标准。⑤吴勇锋认为,核心价值观揭示国家建设的总体要求、社会发展的内在要求、新时代公民道德培育的基本要求,三者相互支撑、相互促进,构成整体。⑥

核心价值观以培养时代新人为着眼点。党的十九大提出,核心价值观要以培养担当民族复兴大任的时代新人为着眼点。这个论断,在理论上与"建设什么样的国家、构建什么样

---

① 刘仓:《凝魂聚气、强基固本的基础工程——学习落实习近平总书记关于培育和践行社会主义核心价值观的重要论述》,《社会主义核心价值观研究》2019年第2期。
② 吴潜涛:《培育和践行社会主义核心价值观的几个理论前沿问题》,《马克思主义研究》2020年第12期。
③ 王易、田雨晴:《习近平对培育和践行社会主义核心价值观的新贡献》,《马克思主义研究》2019年第11期。
④ 包心鉴:《习近平新时代中国特色社会主义思想的鲜明特质和社会主义核心价值观的本质规定》,《学校党建与思想教育》2018年第1期。
⑤ 张江:《建设新时代社会主义文化强国》,中国社会科学出版社2019年版,第86—95页。
⑥ 吴勇锋:《深入弘扬社会主义核心价值观的五个导向》,《马克思主义理论学科研究》2020年第4期。

的社会、培育什么样的公民"有机结合起来,①回答和解决了新时代"培养什么样的人、为谁培养人、怎样培养人"这一教育的根本性问题。韩震、王临霞认为,核心价值观为培育时代新人提供正确的政治原则、价值导向和道德规范,培育时代新人是培育和践行核心价值观的着眼点、出发点与落脚点;培育时代新人的成效,也是对培育和践行核心价值观效果的直接检验。②

核心价值体系和核心价值观的内在联系。中共中央办公厅印发《关于培育和践行社会主义核心价值观的意见》指出:"社会主义核心价值观是社会主义核心价值体系的内核,体现社会主义核心价值体系的根本性质和基本特征,反映社会主义核心价值体系的丰富内涵和实践要求,是社会主义核心价值体系的高度凝练和集中表达。"③核心价值观是核心价值体系建设过程中凸显出来的理论问题和实践问题,是对核心价值体系具体内容和实践的凝练和表达,能够反映核心价值体系的本质,是核心价值体系建设工程的重要组成部分。吴潜涛认为,从理论上说,核心价值观是核心价值体系的奠基石;从实践上说,核心价值观是核心价值体系建设的落脚点和归宿;从整体性上说,核心价值观是核心价值体系的内核。核心价值体系是兴国之魂,核心价值观是是育人之魂,二者相辅相成、有机统一,构成社会主义思想文化体系的"硬核"。④戴木才认为,核心价值观是对核心价值体系基本内容的高度凝练,体现核心价值体系的根本属性和基本特征,属于核心价值体系范畴,在核心价值体系统一体中居于"内核"地位,是核心价值体系的精髓和"灵魂"。⑤黄蓉生、石海君认为,核心价值观是对核心价值体系指导思想、主题、精髓和基础的概括凝练和集中表达,二者是中国特色社会主义文化的核心内容,是马克思主义与中国文化相结合并借鉴人类文明成果的结晶。⑥

(二) 核心价值观与中国道路、中国实践的关联

核心价值观是中国道路的本质体现。韩震认为,核心价值观是中国特色社会主义道路的本质体现,是中国特色社会主义制度对未来社会的承诺,是对中国历史方向的基本定位,是

---

① 佘双好、马桂馨:《推进社会主义核心价值观常态化和制度化建设的思想指导》,《社会主义核心价值观研究》2020年第5期。
② 韩震、王临霞:《社会主义核心价值观培育时代新人的历史演进与现实路径》,《东北师大学报》2019年第3期。
③ 中共中央文献研究室:《十八大以来重要文献选编(上)》,中央文献出版社2014年版,第578页。
④ 吴潜涛:《培育和践行社会主义核心价值观的几个理论前沿问题》,《马克思主义研究》2020年第12期。
⑤ 戴木才:《把握核心价值体系与核心价值观的辩证关系》,《新华日报》2018年3月21日。
⑥ 黄蓉生、石海君:《习近平关于社会主义核心价值观重要论述的基本要义》,《社会主义核心价值观研究》2019年第3期。

调整人与社会之间关系的行为准则和伦理规范,是规范中国人民精神生活的基本价值框架。[1] 罗伟提出,核心价值观建设要回应社会主要矛盾的变化,在理论上使其成为内涵不断丰富、外延不断拓展的动态系统,在实践上把中国特色社会主义理论体系创新成果转化为思想共识和实践智慧,在方法上着力解决核心价值观中的短板,化解突出矛盾。[2] 核心价值观是共同富裕的价值追求。沈卫星、曹雪认为,核心价值观以共同富裕为追求,深化对社会主义本质的认识;以理想信念为核心,传承中华优秀传统文化;以富强为统领,批判吸收世界文明有益成果,吸收改革开放新时期时代精华。[3] 邱仁富认为,共同富裕蕴含于核心价值体系之中,是核心价值体系的精神实质和内在要求,构建核心价值体系必须立足于作为奋斗目标、社会本质和价值追求的共同富裕的基础之上。[4]

中国伟大抗疫精神丰富核心价值观的内涵。吴潜涛认为,中国抗疫人民战争彰显集体主义精神。从道义上看,人民至上是核心价值观本质的集中体现,核心价值观就是为人民服务的价值观;集体主义是核心价值观本质的集中体现;这同金钱至上、个人主义的资本主义价值观相区别。[5] 戴木才认为,伟大抗疫精神生动展现核心价值观的精神力量,体现中华民族共同信念的价值追求,彰显人类命运共同体的共同价值。[6]

(三) 坚持以社会主义核心价值观引领文化建设

以核心价值观引领先进文化建设。王晓晖认为,核心价值观是文化最深层的内核,决定文化的性质和方向,体现国家和民族的理想和精神。核心价值观的民族性、时代性、先进性、包容性,决定其在文化建设中居于主导和引领地位。[7] 武传鹏认为,这是党对新时代文化建设要求的准确把握,是领导文化建设实践经验的总结,是对社会主义文化建设规律的认识,是对文化自信和价值观自信的自觉。[8] 坚持以核心价值观引领文化建设制度的内容。王晓晖阐述推动理想信念教育常态化、制度化,完善弘扬核心价值观的法律政策体系,推进中

---

[1] 韩震:《核心价值观强基固本》,《北京日报》2019年9月30日。
[2] 吴潜涛、艾四林主编:《社会主义核心价值观研究前沿问题聚焦》,人民出版社2020年版,第65—74页。
[3] 沈卫星、曹雪:《习近平社会主义核心价值观思想研究》,《中国井冈山干部学院学报》2018年第3期。
[4] 吴潜涛、艾四林主编:《社会主义核心价值观研究前沿问题聚焦》,人民出版社2020年版,第75—87页。
[5] 吴潜涛:《培育和践行社会主义核心价值观的几个理论前沿问题》,《马克思主义研究》2020年第12期。
[6] 戴木才:《伟大抗疫精神的价值观意义》,《道德与文明》2020年第6期。
[7] 王晓晖:《坚持以社会主义核心价值观引领文化建设制度》,《人民日报》2019年12月6日。
[8] 武传鹏:《坚持以社会主义核心价值观引领文化建设制度》,《思想理论教育》2020年第1期。

华优秀传统文化传承发展工程，健全志愿服务体系，完善诚信建设长效机制等。① 肖贵清等把它划分为思想和理想层面的体制机制、国家战略层面的制度设计或建设工程、具体的体制和机制三个层次。② 吕岩松认为，推动理想信念教育常态化、制度化，筑牢精神之基；坚持依法治国和以德治国相结合，明确价值取向；推进中华优秀传统文化传承发展工程，延续历史文脉；推进诚信建设和志愿服务制度化，建设和谐社会。③

三、社会主义核心价值观的发展历程和思想渊源

核心价值观与"四史"发展相关联。戴木才认为，马克思主义创立伊始就蕴含社会主义核心价值观，社会主义制度自诞生就与资本主义核心价值观做斗争，苏联解体后中国成为社会主义与资本主义斗争的前沿阵地，改革开放以来中国的社会主义价值观遭受重大冲击，中国成为世界第二大经济体后面临更加严峻的核心价值观角逐，中国特色社会主义进入新时代后中西核心价值观的较量更为复杂。④ 颜枫把核心价值观划分为萌芽（1921—1949年）、探索（1949—1956年）、形成（1956—1978年）、发展（1978—1992年）、成熟（1992—2006年）和完善（2006年至今）六个阶段，体现中国共产党以人民利益为核心的价值诉求。⑤ 石海兵、王苗把改革开放以来核心价值观划分为隐形发展时期（1978—2002年）、从"隐"到"显"时期（2002—2012年）、从"显"到"热"时期（2013年至今）。⑥ 刘洪森梳理新中国成立后毛泽东关于国家富强、人民富裕、社会主义民主、社会平等等价值观念与探索社会主义建设道路关系的过程。⑦

核心价值观的思想来源。习近平指出："社会主义核心价值观，把涉及国家、社会、公民的价值要求融为一体，既体现了社会主义本质要求，继承了中华优秀传统文化，也吸收了世界文明有益成果，体现了时代精神。"⑧ 中华优秀传统文化是其思想源泉，中国特色社会主义是其实践来源，吸收和借鉴人类文明优秀成果是其世界来源。毕红梅、吴明涛认为，马克思主义中国化大众化时代化是其现实基础，中国历史和中华文化是其深厚底蕴，中国共产

---

① 王晓晖：《坚持以社会主义核心价值观引领文化建设制度》，《人民日报》2019年12月6日。
② 肖贵清、刘仓：《中国特色社会主义文化制度：战略意义、逻辑结构、构建路径》，《南开学报》2020年第6期。
③ 吕岩松：《坚持以社会主义核心价值观引领文化建设制度》，《党建》2019年第12期。
④ 戴木才：《社会主义核心价值观的"百年变局"》，《社会主义核心价值观研究》2020年第5期。
⑤ 颜枫：《论社会主义核心价值观的历史发展》，《赤峰学院学报》2018年第3期。
⑥ 吴潜涛、艾四林主编：《社会主义核心价值观研究前沿问题聚焦》，人民出版社2020年版，第107页。
⑦ 刘洪森：《毛泽东社会主义价值观述论》，《湖南科技大学学报》2019年第1期。
⑧ 中共中央文献研究室：《十八大以来重要文献选编（中）》，中央文献出版社2016年版，第3—4页。

党为人民服务的宗旨及其价值认同是其道义力量，核心价值观的主旨符合人民对美好生活的向往，符合国家富强、民族振兴、社会和谐、人民幸福的价值要求。① 核心价值观是人类优秀文明成果融合创新的产物。黄蓉生认为，核心价值观体现马克思主义与中国实际相结合的根本要求，社会主义制度的本质内涵，彰显着马克思主义关于国家、社会、公民的目标设想。②

核心价值观的生成逻辑。习近平指出："一个民族、一个国家的核心价值观必须同这个民族、这个国家的历史文化相契合，同这个民族、这个国家的人民正在进行的奋斗相结合，同这个民族、这个国家需要解决的时代问题相适应。"③ 核心价值观与国家和民族的历史文化相契合，与党和人民的事业相结合，与社会发展的时代问题相适应。韩震认为，核心价值观作为当代中国的精神逻辑，既是中国社会和文化发展历史逻辑的产物，也是当代中国特色社会主义实践逻辑的反映。其源自中华优秀传统文化，熔铸党领导人民创造的革命文化和先进文化，植根于中国特色社会主义伟大实践，呼应人类文明的多样性和世界性发展。④

四、社会主义核心价值观面临的问题挑战和实践路径

（一）培育和践行核心价值观面临的问题和挑战

核心价值观面临错误思潮的冲击。王易、田雨晴认为，马克思主义面临社会思潮多元、多样、多变的挑战，培育和践行核心价值观面临市场经济逐利性、竞争性、自发性、自由性的挑战，传统宣传管理治理方式面临新兴媒体和媒介的挑战，中国走向世界舞台中央面临各种敌对势力攻击的挑战。⑤ 吴勇锋认为，核心价值观面临道德滑坡、失信、价值观扭曲等信仰缺位的挑战，面临普世价值、新自由主义西方意识形态渗透的挑战。⑥

核心价值观传播过程中的问题。张淑芳总结核心价值观传播中的问题，包含强调实用主义、缺失人文关怀，注重信息传达、忽视文化意义，关注传播结果、忽视参与过程，强调传者权威、忽视公众智慧，强调信息数量、忽视价值意义。⑦ 杜莹杰总结电视剧中的消极因素

---

① 毕红梅、吴明涛：《习近平对社会主义核心价值观的理论贡献》，《社会主义核心价值观研究》2019年第3期。
② 黄蓉生：《习近平社会主义核心价值观思想论》，《西南大学学报》2018年第4期。
③ 中共中央文献研究室：《十八大以来重要文献选编（中）》，中央文献出版社2016年版，第5页。
④ 韩震：《核心价值观强基固本》，《北京日报》2019年9月30日。
⑤ 王易、田雨晴：《习近平对培育和践行社会主义核心价值观的新贡献》，《马克思主义研究》2019年第11期。
⑥ 吴勇锋：《深入弘扬社会主义核心价值观的五个导向》，《马克思主义理论学科研究》2020年第4期。
⑦ 张淑芳：《社会主义核心价值观仪式化传播研究》，中国社会科学出版社2018年版，第89—95页。

对于核心价值观的冲击。有的电视剧追求商业利益，充斥暴力色情等扭曲的价值观；为追求收视率搞低俗庸俗媚俗，忽视审美价值和艺术价值。有些作品偏离主旋律和核心价值观，消解崇高感、使命感和责任感。①其存在价值导向失准、价值行为失范、价值取向失衡、价值来源失根等问题。

（二）培育和践行核心价值观的实践路径

培育和践行核心价值观是时代发展的要求。韩震认为，建设社会主义现代化强国，弘扬核心价值观的理论逻辑是坚持马克思主义的指导地位，推进理论创新；历史逻辑是激发中华民族思想和文化的创造力；实践逻辑是引领人类文明时代发展的方向；国际政治斗争逻辑，是抢占价值观竞争的道德制高点。②培育和践行核心价值观的整体方案。习近平指出："要通过教育引导、舆论宣传、文化熏陶、实践养成、制度保障等，使社会主义核心价值观内化为人们的精神追求，外化为人们的自觉行动。"③王易、田雨晴认为，教育是前提，实践是关键，制度是保障，引领是精要，融入是深化，核心价值观融入社会生活各方面，实现人员、领域、过程全覆盖。④

注重培育和践行核心价值观的主体。培育和践行核心价值观，要面向全社会，特别要抓好领导干部、公众人物、青少年、先进模范等重点人群。王易、田雨晴认为，人人都是参与者、践行者、筑堤者；领导干部作为核心价值观的坚定信仰者、积极宣传者、模范践行者；发挥家庭家教家风的作用；教育引导青少年扣好人生第一粒扣子。⑤严仍昱认为，习近平关于培育和践行核心价值观的大思路，推进全面从严治党是其关键，加强青少年思想政治教育工作是其重点，树立家庭新风尚是其根基，形成良好社会氛围是其土壤。⑥

青少年是培育和践行核心价值观的重要主体。青年树立和培育社会主义核心价值观，要勤学、修德、明辨、笃实，主要是做到"记住要求、心有榜样、从小做起、接受帮助"。李彦敏认为，青年要树立理想信念，热爱祖国，担当时代重任，秉持艰苦奋斗精神，练就过硬

---

① 杜莹杰：《中国电视剧与社会主义核心价值观构建研究》，中国广播电视出版社2020年版，第6—7页。
② 韩震：《核心价值观强基固本》，《北京日报》2019年9月30日。
③ 中共中央文献研究室：《习近平关于社会主义文化建设论述摘编》，中央文献出版社2017年版，第108页。
④ 王易、田雨晴：《习近平对培育和践行社会主义核心价值观的新贡献》，《马克思主义研究》2019年第11期。
⑤ 王易、田雨晴：《习近平对培育和践行社会主义核心价值观的新贡献》，《马克思主义研究》2019年第11期。
⑥ 严仍昱：《习近平关于培育和践行社会主义核心价值观的大思路》，《社会主义核心价值观研究》2017年第5期。

本领，加强道德修养。① 余海认为，青年要自觉践行核心价值观，是针对社会发展中精神、文化、道德、政治等深层次问题提出的，核心价值观凝练马克思主义道德和中华传统道德，承担教化和滋养当代中国的社会文化环境的任务。② 杨振闻通过梳理"为什么""做什么""如何做"的问题，梳理出习近平总书记关于加强青年核心价值观教育的重要论述。③ 李彦敏梳理习近平总书记关于青年培育和践行核心价值观的必要性、根本原则、总体要求、拓展路径和重要保障等。④

把核心价值观融入法治建设。韩震认为，核心价值观入法入规，有利于社会治理的现代化，有利于保持法治建设正确方向，有利于彰显依法治国和以德治国相结合的中国特色。推动核心价值观融入法治建设，要以核心价值观的理想完善法律法规体系，实行适应核心价值观要求的司法政策，增强适用法律法规的及时性、针对性、有效性，增强法治的道德底蕴。⑤ 雷浩伟、廖秀健通过梳理核心价值观融入法治建设的案例，总结出强化组织保障、优化机制设计、夯实制度支撑、创新服务模式等实践路径。⑥

核心价值观的传播载体。张淑芳探讨核心价值观的仪式传播方式问题。在传播观念上，从官方媒体的政治独白转为参与共享方式；在传播方式上，从传播技术、载体和环境，到注重"范式革命"，扩展信息空间；在传播内容上，从宣传教育到注重躬行实践的生活追求；在传播目的上，从阐释党和政府的合法性到建构公众参与、发扬民主的路径；在个人和群众关系上，从个人体悟到集体情感、集体记忆和社会共同体的认同。⑦ 关于主旋律电视剧与核心价值观传播路径，杜莹杰认为，主旋律电视剧从维护国家政权和意识形态合法性向塑造社会价值观和共同信仰转变；通过"家国同构"传统，以"家"说"国"，构建家国一体化共同体；把国家政治意念转化为生命体验和日常生活；通过国家形象，传递中国传统共同价值和现代文明的对接；通过引导行为规范，构建美好和谐社会。⑧ 孟迎辉等探讨核心价值观

---

① 李彦敏：《习近平关于青年核心价值观培育的论述研究》，硕士学位论文，上海师范大学，2019年。
② 余海：《习近平"青年要自觉践行社会主义核心价值观"论断初探》，《南昌教育学院学报》2018年第4期。
③ 杨振闻：《论习近平关于加强青年社会主义核心价值观教育重要论述的思想主线》，《克拉玛依学刊》2018年第4期。
④ 李彦敏：《习近平关于青年核心价值观培育的论述研究》，硕士学位论文，上海师范大学，2019年。
⑤ 王璇：《培育和践行社会主义核心价值观热点问题探析——访北京师范大学韩震教授》，《高校马克思主义理论研究》2018年第3期。
⑥ 雷浩伟、廖秀健：《社会主义核心价值观融入法治建设研究》，吉林大学出版社2020年版，第154页。
⑦ 张淑芳：《社会主义核心价值观仪式化传播研究》，中国社会科学出版社2018年版，第174—176页。
⑧ 杜莹杰：《中国电视剧与社会主义核心价值观构建研究》，中国广播电视出版社2020年版，第185页。

融入日常生活,提出建立日常礼仪活动规范机制、日常文化活动渗透机制、日常生活话语转换机制、日常生活环境营造机制,以及日常法律调控机制、公共政策导向机制、道德回报机制、制度约束机制等制度化路径。①

五、习近平总书记关于培育和践行社会主义核心价值观重要论述的逻辑体系

习近平总书记关于培育和践行核心价值观重要论述的内容结构。佘双好、马桂馨认为,这些新发展主要有核心价值观的精神价值更加明确,培育主体更加聚焦,引领作用更加凸显,贯彻融入更加鲜明,与中华优秀传统文化关系的认识更加辩证,制度保障更加强化。② 杨振闻把它概括为6个方面,包含精神实质论,重建中国人精神世界;善治功能论,实现国家长治久安;第一要义论,养大德、守公德、严私德;民族特色论,植根中华民族土壤;重点人群论,领导干部、公众人物、青少年、先进模范;文化熏陶论,以文化人,培养担当民族复兴大任的时代新人。③ 黄蓉生、石海君认为,中华优秀传统文化、革命文化、先进文化是其历史逻辑;核心价值体系和核心价值观的一致性是其理论逻辑;新时代中国特色社会主义文化,培育和践行核心价值观的路径是其实践逻辑;文化自信和推动构建人类命运共同体是其发展逻辑。④

核心价值观反映和回答的时代问题。毕红梅、吴明涛认为,它回答社会主义核心价值观的基本内涵、生成逻辑、重要意义和建设路径等问题。⑤ 王易、田雨晴认为,习近平总书记总结培育和践行核心价值观的经验,突出其必要性和重要性,诠释其新的历史定位,阐释其新时代的目标追求和路径选择,回答"要不要培育"、"培育什么"和"如何培育"等课题,为培育和践行核心价值观提供科学的理论指南和行动纲领。⑥ 黄蓉生、石海君认为,核心价值观立足中国梦,凸显其战略性;传承中华优秀传统文化,体现其民族性;服务决胜全面小康社会,展现其实践性;吸收世界文明有益成果,彰显其国际性。⑦ 孙淑秋认为,它在

---

① 孟迎辉:《社会主义核心价值观的日常生活化机制研究》,中国社会科学出版社2019年版。
② 佘双好、马桂馨:《推进社会主义核心价值观常态化和制度化建设的思想指导》,《社会主义核心价值观研究》2020年第5期。
③ 杨振闻:《习近平社会主义核心价值观"六论"》,《中国延安干部学院学报》2018年第5期。
④ 吴潜涛、艾四林主编:《社会主义核心价值观研究前沿问题聚焦》,人民出版社2020年版,第65—74页。
⑤ 毕红梅、吴明涛:《习近平对社会主义核心价值观的理论贡献》,《社会主义核心价值观研究》2019年第3期。
⑥ 王易、田雨晴:《习近平对培育和践行社会主义核心价值观的新贡献》,《马克思主义研究》2019年第11期。
⑦ 黄蓉生、石海君:《论习近平社会主义核心价值观思想的鲜明时代特征》,《学校党建与思想教育》2018年第1期。

战略定位上体现筑牢根基与统领全局相兼顾，在思想渊源上体现守护历史根基与彰显时代特色相统筹，在培育内容上体现完整性与系统性相统一，在培育对象上体现整体覆盖与重点突破相协调，在培育原则上体现了显性培育与隐性培育相融合，在培育路径上体现了全局谋划与严抓细节相衔接。①

习近平总书记关于培育和践行核心价值观重要论述的方法论。吴勇锋认为，它具有鲜明的战略导向、目标导向、问题导向、群众导向和实践导向特征。战略导向聚焦使命愿景，目标导向回答时代之问，问题导向化解现实挑战，群众导向彰显价值旨归，实践导向指明实现路径。这"五个导向"构成习近平总书记相关论述的基本框架。②战略思维方法。沈卫星、曹雪认为，其战略目标在于实现中华民族伟大复兴，其战略地位在于渗透在治国理政、经济活动、精神风貌、生活方式等方方面面，其战略现状是处于中国特色社会主义新时代，其战略举措是建设社会主义核心价值体系基本方略。③辩证思维方法。蒋翠婷、石书臣认为，核心价值观的层次结构，体现国家、社会、个人的相结合，其基本内容体现主导性与兼容性相结合，其表述形式体现知行合一，其重要举措体现德治与法治相结合。④

六、培育和践行社会主义核心价值观研究中的问题和拓展路径

（一）培育和践行核心价值观研究中的若干问题

关于核心价值体系和核心价值观的关系。核心价值观是核心价值体系建设中提出的问题，核心价值体系是核心价值观的基础。中共中央办公厅印发《关于培育和践行社会主义核心价值观的意见》明确指出，"社会主义核心价值观……体现社会主义核心价值体系的根本性质和基本特征"。有的提出核心价值观"决定社会主义核心价值体系的根本性质、基本方向和基本特征"。这种论断颠倒了二者之间的逻辑和历史关系。有的模仿核心价值体系的本质属性，说明核心价值观的本质属性。吴潜涛指出，核心价值观和核心价值体系既相互联系又相互区别。割裂二者关系谈核心价值观，是错误的；把两个概念混淆使用，是错误的；忽视核心价值观的引领作用，或者忽视核心价值体系的统领作用，也是错误的。⑤

---

① 孙淑秋：《习近平社会主义核心价值观思想的理论特色》，《福建省社会主义学院学报》2018年第4期。
② 吴勇锋：《深入弘扬社会主义核心价值观的五个导向》，《马克思主义理论学科研究》2020年第4期。
③ 沈卫星、曹雪：《习近平社会主义核心价值观思想研究》，《中国井冈山干部学院学报》2018年第3期。
④ 蒋翠婷、石书臣：《习近平培育和践行社会主义核心价值观思想的方法论意蕴》，《山东师范大学学报》2018年第1期。
⑤ 吴潜涛：《培育和践行社会主义核心价值观的几个理论前沿问题》，《马克思主义研究》2020年第12期。

关于核心价值观与集体主义的关系。有人认为，在核心价值观这面旗帜上，闪烁着"人民至上""集体主义"，"集体主义"是核心价值观本质的集中体现。我们通过科学社会主义发展史知道，集体主义是工业革命和社会化大生产的产物，是工人阶级领导社会革命过程中的价值观念。没有集体主义，就没有社会主义，也谈不上社会主义核心价值观，核心价值观是集体主义的延伸。

关于核心价值观的发展历程。有的把中国共产党培育和践行核心价值观的历程，划分为革命、建设、改革开放各时期，提出"新民主主义革命时期核心价值观的培育和践行"的论题。有的提出"社会主义核心价值观"是马克思主义经典作家留下的"世纪性价值难题"，是"世界社会主义实践运动和中国特色社会主义伟大实践"提出的"世界性价值难题"。党的十八大提出核心价值观，作为标志性概念，有其明确内涵。如果把"核心价值观"概念提前到民主革命时期，甚至提前到科学社会主义创立时期，无论是革命主题、社会目标、阶段任务、指导思想，都存在历史错位和理论错位。

（二）社会主义核心价值观研究的拓展思路

深化对社会主义核心价值体系本质的研究。社会主义是核心价值体系的社会载体，核心价值体系是社会主义的价值表达。核心价值体系是中国道路的价值指引，是中国理论的目标指向，是中国制度的价值表达，是中国文化的核心内容。核心价值体系是社会主义本质的要求。这是研究核心价值体系的本体论。深入中国道路、中国理论、中国制度、中国文化与核心价值体系、核心价值观的联系的研究，从社会主义本质高度考察核心价值体系和核心价值观的战略意义，回答核心价值观在中国特色社会主义中的社会定位。核心价值体系和核心价值观的本体论决定功能论。核心价值体系对坚持和发展中国特色社会主义具有导航意义，对推进国家治理体系和治理能力现代化具有导向意义，对中华文明和世界文明的交流交锋交融具有安身立命意义，对培养担任民族复兴大任的时代新人具有铸魂意义。培育和践行核心价值观，是中国特色社会主义的标志工程，是坚持和完善国家制度、推进国家治理体系的系统工程，是凝魂聚气、强基固本的战略工程，是精神文明建设的铸魂工程。

拓展社会主义核心价值观的内涵。社会主义核心价值观是中国共产党的全部理论和实践的价值目标。核心价值体系、核心价值观与中国梦目标、中国特色社会主义、"四个伟大"相融相和；与社会主义现代化建设总体布局相辅相成。党的基本理论、基本路线、基本方略，都与核心价值观相关；党和国家的重大战略规划和部署都以核心价值观为指引；党的建设的制度体系、国家制度体系和治理体系，都蕴含核心价值观；重大历史事件、重大发展成就、防范重大风险挑战矛盾、涌现重要历史人物等，都蕴含核心价值观。

注重核心价值观的历史进程研究。社会主义价值体系和核心价值观，是一定经济基础和政治上层建筑在观念上的反映，是在中国共产党领导中国革命、建设和改革进程中发展起来的。中国共产党把个人、国家、社会和民族命运结合在一起，为党的初心使命而奋斗。用社会主义价值体系领唯物史观、人生观、爱国主义、集体主义、社会主义精神、时代精神、民族精神、改革创新精神、社会主义价值观、社会主义核心价值体系、社会主义核心价值观等概念的发展，考察其中的历史联系、逻辑联系、实践联系，是拓展核心价值体系和核心价值观研究的基础。研究中国共产党的社会主义价值体系的历史发展进程，探寻其来源、历程、现状和方向，是社会主义价值体系研究的基础工作。

厚植核心价值观的思想源泉。核心价值观是马克思主义与中国实际和中国文化相结合的成果。运用马克思主义立场观点和方法，批判地研究和吸收古今中外文明成果，挖掘人类创造的文明智慧，弘扬那些超越时空、跨越国度、具有时代价值的哲学思想、人文精神、传统美德、价值理念，植根于中国新时代土壤，实现其创造性转化和创新性发展。同时，注重不同价值观的差异和冲突，在斗争中求发展，在比较中求进步。

进一步凝练和充实核心价值观。党的十八大提出"3个倡导""12个理念""24个字"是基本内容，即"最大公约数"。核心价值体系是开放的发展的体系。根据社会发展要求，提炼更加精练、更加急需、更符合时代精神的核心价值观。提炼核心价值观，应分清社会制度价值观和人民生活价值观；应该是目标性价值观，不是工具性价值观；应该是具有超越性的理念；应该是具有世界意义的理念。[①] 中国共产党是使命型、学习型、服务型、创新型政党，使命、担当、责任、奉献、服务等观念，都反映人生的价值取向。"五大发展理念"顺应人类社会发展规律，可以成为核心价值观的范畴。科学技术是第一生产力，尊重科学、推崇技术也是社会发展的主旋律。

拓展坚持核心价值体系建设和培育践行核心价值观的实践路径。人类的社会实践是追求价值的实践，价值观是在社会实践中的目标。经济、政治、文化、社会、生态等各方面的社会实践，都包含核心价值观。把培育和践行核心价值观融入社会生活的方方面面，使核心价值观无处不在、无时不有，内化于心、外化于行，成为人们认识和改造世界的自觉标尺。发挥人民英雄、时代楷模、当代雷锋等英雄人物的模范带头作用，发挥全国道德模范人物、最美医生、最美教师、最美警察、最美村官等人物的典型示范作用。

(原载《中国井冈山干部学院学报》2021年第4期)

[①] 王璇：《培育和践行社会主义核心价值观热点问题探析——访北京师范大学韩震教授》，《高校马克思主义理论研究》2018年第3期。

五、社会史

分野与整合:当代中国社会史学科边界再议

宋学勤　杨宗儒

中国人民大学马克思主义学院　中国人民大学北京高校思想
政治理论课高精尖创新中心

作为一门方兴未艾的学科,当代中国社会史的学科建设任重道远。社会史是一个跨学科的研究领域,需要对各学科研究理论和方法进行整合。在社会史学界,完全遵循传统史学路径进行探讨的成果较少,更多的是借鉴相关学科理论和方法进行跨学科、多角度、多层面的综合研究。这一趋向是由问题本身的实践性和复杂性导致的,也是学术研究深入发展的需要。

近年来,受包括社会学、人类学等学科在内的相关社会科学理论的影响,当代中国社会史研究在学科视域、研究深度和史料挖掘等方面取得了显著进展,但也出现了一些值得反思与注意的问题。随着跨学科研究的深入开展,当代中国社会史学科与交叉学科之间的界限变得模糊起来。关于学科边界问题,笔者曾在《当代中国社会史研究的议题与边界》一文中做了初步论析,[①] 有待进一步回答的是,当代中国社会史的学科边界何以成为"问题"？在当前学术界积极倡导学科交叉融合的背景下,为什么还要强调学科边界的重要性？跨越学科边界走向跨学科能够为当代中国社会史研究带来什么？本文试就上述问题加以探讨。

厘清和划定学科边界是保持学科独立性的重要前提

"边界"的修辞意义是由空间性的隐喻,如区域、疆域和领域指涉出来的。[②] 如果将学科看作一个个相对独立的"学术部落"和"学术领地",那么,"学科边界"则意味着不同

[①] 宋学勤等:《当代中国社会史研究的议题与边界》,《当代中国史研究》2019 年第 2 期。
[②] [美]朱丽·汤普森·克莱恩:《跨越边界——知识、学科、学科互涉》,姜智芹译,南京大学出版社 2005 年版,第 1 页。

部落和领地之间的界限。学科边界的出现，与学科分类的精细化及学科的制度化和专业化进程有关。学科制度化和专业化程度加深的一个显著影响是，"每一个学科都试图对它与其他学科之间的差异进行界定，尤其是要说明它与那些在社会现实研究方面内容最相近的学科之间究竟有何分别"。①

在对某一特定学科与其相邻学科间差异的寻求和确证中，学科边界得以确立。通常而言，每门成熟独立的学科均有自己相对清晰的学科边界。然而，随着学科间相互渗透程度的加深，只是简单地以研究者的学科背景、科系归属、研究对象及方法等为依据，来为不同学科同类议题的研究划分明确的界限显得越发困难，学科界限日益模糊。正如美国社会学学者华勒斯坦所言："今天，社会科学的分类很不清楚，其原因在于，学科界限被以各种各样的方式弄得模糊不清了"。②

学科边界问题是在跨学科研究中产生的。当代中国社会史的学科边界，是指当代中国社会史学科区别于社会学、政治学、人类学、心理学等各专门学科的本质性差异。由于各个学科在研究主题、研究对象、研究进路和研究方法上的不同，当代中国社会史学科与各专门学科之间的边界划分标准很难统一。学科边界只有在具体的学科对比中方能确定。但总体而言，当代中国社会史学科与相关学科之间的边界并"不存在于个体的研究者身上，而是存在于不同学科的方法论体系之上，尤其是在谈及以何种标准或规范去评议某一项具体研究的学术意义时"。③ 作为一门典型的交叉学科，在跨学科融合中，当代中国社会史的研究面目渐趋芜杂，学科边界逐渐淡化。边界不明带来的消极影响之一，便是部分研究者在进行跨学科研究时，热衷于借用其他社会科学的概念、理论、方法和分析框架，而对于当代中国社会史的学科视野和独到价值认识不足，不重视乃至漠视学科边界的存在。学科边界已成为制约当代中国社会史学科健康发展不容忽视的理论问题，因此，在跨学科研究日益广泛而导致学科边界模糊不清和学科边界意识淡薄的情况下，讨论及明确当代中国社会史的学科边界就显得尤为必要。

在当代中国社会史研究勃兴的过程中，跨学科研究方法起到了重要的推动作用。学术界普遍认为，由于当代中国社会史研究对象及内容的综合性、复杂性和多样性，传统的文献考证和单纯的事实叙述等方法具有明显的局限。当代中国社会史研究的进一步发展，需要综合运用其他学科的理论与方法。学术实践也已表明，跨学科方法在当代中国社会史研究中有着

---

① ［美］华勒斯坦等：《开放社会科学：重建社会科学报告书》，刘锋译，生活·读书·新知三联书店1997年版，第32页。

② ［美］华勒斯坦等：《开放社会科学：重建社会科学报告书》，刘锋译，生活·读书·新知三联书店1997年版，第103页。

③ 宋学勤等：《当代中国社会史研究的议题与边界》，《当代中国史研究》2019年第2期。

更强的适用性，是当代中国社会史研究走向深入不可或缺的途径之一。①

当代中国社会史研究中的跨学科研究，一是指当代中国社会史学科借鉴其他学科的概念、理论和方法，开辟新的研究领域或进一步深化对该领域既有研究议题的再认识；二是指其他学科尤其是社会学、人类学和政治学在当代中国社会史研究中的强力介入，为当代中国社会史研究提供了新的问题视角和解释路径。我们通过检视当代中国社会史研究领域的既有成果便不难发现，那些富有创新且影响较大的成果往往不只局限于历史学研究，而是社会学、人类学、政治学等其他学科与历史学科交互整合的结果。这种整合表现为当代中国社会史学科和其他学科之间的双向整合。

一方面，当代中国社会史学科有效地实现了对其他学科概念、理论和方法的借用。在当代中国社会史研究的起步阶段，田居俭就强调要"重视理论上的指导"，并从其他社会科学中积极"汲取经验和灵感"。② 近年来，随着当代中国社会史研究的区域转向，以"目光向下"和"走向田野"为基本特征的区域史研究已蔚然成风，社会学的理论建构和人类学的田野调查与民族志书写被越来越多的史学研究者运用到当代中国社会史研究中。例如，贺萧的《记忆的性别：农村妇女和中国集体化历史》一书即"行走在历史学和人类学之间的方法论边界"③，该书以经历过集体化时代的72位陕西农村妇女的口述访谈资料为基础，回答了社会主义在中国地方的意涵以及社会性别在社会主义的形成过程中所起的作用等问题。又如，满永在对20世纪50年代工厂劳动竞赛的研究中，借用法国学者福柯的"身体"概念，探讨了政治与革命身体生产之间的复杂关系。④ 再如，李文主编的《中华人民共和国社会史（1949—2019）》则借用社会学的范畴构建了当代中国社会史的基本框架，其中主要包括社会结构、社会管理、社会心态等。⑤ 这些研究成果借助社会科学的概念与理论，打开了新的研究视野，获得了新的研究方法，不仅为当代中国社会史研究提供了丰富翔实的史料，而且实现了对已有研究议题的推陈出新。

另一方面，其他社会科学领域的学者也介入了当代中国社会史研究领域。时下的当代中

---

① 参见宋学勤《跨学科研究与当代中国史学科发展的前景》，《当代中国史研究》2008年第2期；姚力《中国当代社会史研究的学术视野与问题意识》，《中共党史研究》2011年第1期；吴重庆《中国当代史与底层社会研究》，《社会科学》2013年第6期；曹小文等《唯物史观与中国当代社会史研究的新趋向》，《史学理论研究》2014年第3期；等等。

② 田居俭：《中国当代社会史研究要重视理论指导》，《河北学刊》2012年第2期。

③ ［美］贺萧：《记忆的性别：农村妇女和中国集体化历史》，张赟译，人民出版社2017年版，第26页。

④ 满永：《身体、政治与生活——1950年代初的工厂劳动生活研究》，《江苏社会科学》2011年第6期。

⑤ 李文主编：《中华人民共和国社会史（1949—2019）》，当代中国出版社2019年版。

国社会史研究,会聚着社会学、人类学、政治学等不同学科领域的众多研究者,尤其以社会学最为突出。例如,郭于华的《心灵的集体化:陕北骥村农业合作化的女性记忆》一文,可以看作历史学、人类学与社会学三种不同学科跨学科研究的代表性成果之一。此项研究通过对陕北骥村女性口述的集体化时期的经历、感受和记忆的呈现与分析,讨论了女性记忆的内容和特点,以及中国社会革命性变革对女性生存状态与精神状态的重新建构,进而揭示了女性在农业合作化时期生产劳动和生活的集体化过程中完成了心灵集体化的过程,在重构乡村社会结构的同时也重构了她们的心灵。① 可以说,该文的研究议题与材料是历史学的,研究方法偏向于人类学,而其理论底色与问题意识则是社会学的。此外,方慧容关于河北西村土地改革时期农民社会生活记忆的"无事件境"研究②、应星对1951—1976年中国西南一个村庄的"社会主义新传统"研究③,也都呈现类似的取向。此类研究成果在学界产生了较大的影响,这种研究取向对于当代中国社会史研究无疑具有扩大问题域和开启新方法的重要启示意义。

目前,当代中国社会史研究中的跨学科研究可以分为三种类型。一是在实证研究中浅层次地挪用或硬套社会科学的概念和理论。如有些关于社会心理、社会心态问题的研究,虽然在不同程度上借用了心理学的某些概念和理论,但多是浅尝辄止,并未对所选用的概念和理论的原初意涵、产生语境及适用限度做深入剖析,而是急于将理论模式与经验材料进行对接。二是在史料分析中对所选用的理论进行深化、修正或证伪。如肖文明以新中国成立初期上海的文化改造为个案,对许慧文有关"国家触角的限度"理论解释予以扩充和深化。④ 三是在与其他学科理论的自觉对话中尝试提炼新概念或构建新理论。例如,曹树基等在研究统购统销时发现,经济学中的"工业化赶超战略"理论并不完全适用于解释新中国成立后十多年间国家经济建设的方针变化,在与之对话中提出了新的"粮食立国"理论。⑤ 事实上,在当代中国社会史领域,真正意义上的后两种类型的高水平跨学科研究成果并不多见。

影响当代中国社会史跨学科研究成果总体质量不高的因素是多方面的,但研究者的学科边界意识淡薄却是不容忽视的原因之一。

---

① 郭于华:《心灵的集体化:陕北骥村农业合作化的女性记忆》,《中国社会科学》2003年第4期。
② 方慧容:《"无事件境"与生活世界中的"真实"——西村农民土地改革时期社会生活的记忆》,参见杨念群《空间·记忆·社会转型:"新社会史"研究论文精选集》,上海人民出版社2001年版,第467页。
③ 应星:《村庄审判史中的道德与政治:1951—1976年中国西南一个山村的故事》,知识产权出版社2009年版。
④ 肖文明:《国家触角的限度之再考察——以新中国成立初期上海的文化改造为个案》,《开放时代》2013年第3期。
⑤ 曹树基等:《理论运用的限度:中共党史研究方法反思对谈》,《苏区研究》2019年第6期。

厘清和划定学科边界是保持当代中国社会史学科独立性的重要前提。在跨学科交流中，一个学科要保持自身的独立存在，必须要有区别于其他学科的相对清晰稳定的学科边界。如果某一学科的边界被不断蚕食或者模糊不清，势必危及整个学科的独立身份与"合法"存在。中国近代社会史学科在起步阶段遭遇的学科危机便颇能说明这一问题。由于同社会学的界限不清，起步阶段的中国近代社会史研究曾引入大量社会学术语和完全借用社会学的理论模式来建构社会史体系，出现了中国近代社会史学科理论体系建构中的所谓"社会学化"问题，① 造成了社会史史学本位的旁落。虽然"历史学变得越来越社会学化，社会学变得越来越历史学化，这样对两者都有更多的益处"，② 但社会学与社会史毕竟是两门有着根本性差异的学科，相比于社会学，作为史学分支的当代中国社会史学科，其学科属性只能是历史学而不能是社会学，求真始终是其第一要务。

如果在学科交融中无视边界的存在，那么当代中国社会史就会日渐失去其独立存在的价值和意义。因此，只有在厘清和划定各自学科边界的前提下，每门学科才可能以独立的身份自立于学科之林，并为其他学科提供本学科独到的见解。正如英国学者劳埃德所强调的那样："一个学科要确立自身的地位，其所受的双重限制是：一方面，它需要固定的边界，且需要有序的精英队伍去捍卫这些边界；而另一方面，为了达成它所需要的连续不断的成功（尤其是在科学领域），它需要保持对各种异见的开放姿态。"③ 而那种"声称学科的权威正在消失，学科边界已经消融，则是天真的，甚至是危险的"。④ 学科边界对于当代中国社会史的学科发展有着重要的基础性意义，清晰的学科边界是实现良性的学术交流和学科互鉴的重要依据。

清晰的学科边界是实现良性的学术交流和学科互鉴的重要依据

美国著名跨学科研究者艾伦·雷普克认为："跨学科研究是回答问题、解决问题或处理问题的进程，这些问题太宽泛、太复杂，靠单门学科不足以解决；它以学科为依托，以整合其见解、构建更全面认识为目的。"⑤ 简言之，跨学科研究主要是对两门或多门学科的见解进行整合。分工是协作的前提，见解的整合首先意味着识别并区分交叉学科知识的特性和差

---

① 王先明：《中国近代社会史研究的理论思考——兼论历史学的社会学化》，《近代史研究》1993 年第 4 期。
② [英] E. H. 卡尔：《历史是什么？》，陈恒译，商务印书馆 2007 年版，第 161 页。
③ [英] G. F. R. 劳埃德：《形成中的学科：对精英、学问与创新的跨文化研究》，陈恒等译，格致出版社、上海人民出版社 2015 年版，第 157—158 页。
④ [美] 朱丽·汤普森·克莱恩：《跨越边界——知识、学科、学科互涉》，姜智芹译，南京大学出版社 2005 年版，第 173 页。
⑤ [美] 艾伦·雷普克：《如何进行跨学科研究》，傅存良译，北京大学出版社 2016 年版，第 17 页。

异。恰如德国学者赫尔巴特所言:"任何科学只有当其尝试用自己的方式,并与其邻近科学一样有力地说明自己方向的时候,它们之间才能产生取长补短的交流。"① 当代中国社会史唯有在立足本学科边界的基础上,再去借鉴吸收其他学科的优长之处,才可能实现良性的学术交流和学科互鉴。

从当代中国社会史跨学科研究中出现的边界不清问题入手,结合具体的社会科学理论概念与历史学实证研究成果,阐释如何以科学的态度和方法将其他社会科学概念和理论规范地应用于当代中国社会史研究中,将有助于推动当代中国社会史研究的发展和完善。

边界不清在当代中国社会史研究中的一个突出表现是理论或分析框架的先行取向。值得注意的是,任何一种社会科学理论的产生都有其特定的社会文化土壤和逻辑前提,如果不加甄别地先验性地将其运用于当代中国社会史研究中,很可能会诱使研究者得出与历史实际不符的结论。例如,西方社会流动理论认为,社会流动与社会发展之间存在一种正相关关系,社会越发展,社会流动率(流动人口与全部人口之比)就越高,反之亦然。② 但是,这一理论并不能有效解释20世纪50年代中国的乡村社会流动。如从湖北省来看,从土地改革结束到1954年年末,湖北省农村中的贫雇农户数占农村总户数的比重由57.9%减少到21.1%,中农户数由32.7%增加到70.4%,富农户数由4.6%下降到2.3%。③ 同样,山东省部分地区的数据也证明了这一现象。山东泰安上高乡从1951年结束土地改革到1954年,原353户贫农已有313户上升为中农,原21户地主全部降为中农,变动后共有贫农74户、中农662户、富农29户。莱西县河东乡从1949年结束土地改革到1954年,贫农由339户降为67户,中农由158户增至474户,地主由10户降为4户,中农占总户数的比例由28.9%增至78.6%。④

可见,新中国成立初期,在整个国家经济发展程度相对较低的情况下,乡村社会的流动率却是比较高的。究其原因,并不是说西方社会流动理论存在问题,而是彼时中国的乡村社会流动是在国家土地改革政策的强力干预下发生的,属于一种典型的"国家庇护流动模式"⑤,与西方社会流动理论立足于社会稳定状态下的长期经验观察所得出的认识有着明显的不同。因此,"仅仅应用现在国际上比较通行的社会流动研究理论、模式来研究中国的社

---

① [德]赫尔巴特:《普通教育学》,李其龙译,人民教育出版社2015年版,第5页。
② 童星:《现代社会学理论新编》,南京大学出版社2003年版,第228页。
③ 苏少之等:《20世纪50年代初湖北省新贫农问题考察》,《中国经济史研究》2010年第1期。
④ 李里峰:《土改结束后的乡村社会变动——兼论从土地改革到集体化的转化机制》,《江海学刊》2009年第2期。
⑤ "国家庇护流动模式"的特征是国家通过政策和制度设计,干预社会流动进程,特定的阶层将拥有更多的流动机会或被剥夺应有的机会。参见李煜《代际流动的模式:理论理想型与中国现实》,《社会》2009年第6期。

会流动的许多现象，都不好解释"。① 这就提醒当代中国社会史研究者在跨越边界移植和运用西方社会科学理论时，应着重考察理论产生的社会背景以及中西历史进程的差异，视具体的历史情境对原有理论加以调整或修正，而不是不加消化地生搬硬套西方所谓的种种"前沿"理论。

边界不清在当代中国社会史研究中的另一种表现是社会科学概念的直接挪用。需要明确的是，社会科学中使用的主要概念绝大多数出自研究西方社会的学者，这些概念往往附有特定的价值预设，将之运用于研究中国问题时需要谨慎辨析，考虑其对于中国历史研究的适用性问题。

李文认为，新中国的社会组织结构有其独特而又不可忽视的内容，学界在讨论社会管理时最常用的源自西方的"市民社会"概念和理论框架并不适用于当代中国，将这样的理论框架套以中国有南辕北辙之嫌。② 王先明在考察20世纪三四十年代中国乡村社会权力结构变动时发现，源自西方的"地方精英"概念只是"西方话语的一个研究表达，而不是乡土社会的存在实体表达"。为此，作者就西方社会学语境中的"地方精英"概念与中国乡土话语中"士绅"概念在实质内涵上的差别作了区分。事实上，在近代以来剧烈的社会变动中，乡村社会仍旧认定那些作用于社区的人物属于"士绅"，力求揭示其时代特性的话语可以是"劣绅""豪绅"或"正绅""开明士绅"等，但这仍是以士绅为中心语义的表达。③ 虽然此项研究是基于对近代中国乡村社会史的考察，但这种辨析和使用概念的方法值得当代中国社会史研究者借鉴。有学者指出，社会学最重要的概念"只有在赋之以历史内容、确定它们与传统的历史概念之间的联系的条件下，才可以运用于历史研究"。④ 同样，对于当代中国社会史研究而言亦是如此。

必须指出的是，当代中国社会史研究固守学科本色，还需防止将社会史与历史社会学混为一谈。

随着国内社会学研究的历史转向，当代中国社会史的一些研究议题也被重新置于历史社会学视野下加以考察。⑤ 与当代中国社会史研究主张返回历史场景、借助翔实史料客观描述

---

① 陆学艺：《当代中国社会流动》，社会科学文献出版社2004年版，第9页。
② 李文：《国史中的社会史：学科定位与基本框架——〈中华人民共和国社会史〉的编撰与心得》，《中共历史与理论研究》第3辑，社会科学文献出版社2016年版，第242页。
③ 王先明：《士绅构成要素的变异与乡村权力——以20世纪三十年代的晋西北、晋中为例》，《近代史研究》2005年第2期。
④ ［苏］米罗诺夫：《历史学家和社会学》，王清和译，华夏出版社1988年版，第144页。
⑤ 相关代表成果可参见孟庆延《"生存伦理"与集体逻辑——农业集体化时期"倒欠户"现象的社会学考察》，《社会学研究》2012年第6期；阿拉坦《捕鼠记——内蒙古防疫运动中的秩序操练与社会展演（1949—1952）》，《社会学研究》2017年第3期；等等。

和阐释历史事实、从史料中提出问题不同,历史社会学更加注重揭示研究议题背后深层次的社会学理论意涵。在历史社会学中,"研究问题的提出往往在理论背景的笼罩下,建立在一定价值介入而非价值中立的基础上,强调的不是对过去历史情境的投入而是该问题的现实理论价值"。① 正因如此,那种认为社会史与历史社会学并无实质性区别乃至可以相互替代的看法,非但无益于学科融合,还有可能导致当代中国社会史研究的社会科学化。当然,当代中国社会史研究者若要更好地理解历史发展过程所表现的相互联系,得出规律性的认识,需要学习历史社会学研究者运用理论和处理史料的技艺与方法。但与此同时,正如有学者指出的那样,"学科的交叉融合不等于取消学科之间的界限和差异。固守学科边界闭门造车固然不可取,以交叉融合之名将不同学科混为一谈同样会遮蔽学者的眼睛"②,这种提示对于当代中国社会史研究来说是十分适用的。

跨越学科边界,实现问题意识、理论视角和技术方法的创新

尽管厘清学科边界有助于保持学科的独立性、促进学科的发展,但如果过分强调学科边界,也会导致思想的桎梏和偏见的加深,从而抑制学科的发展,即"专业化无可避免地意味着对学科的关注重心进行缩限处理"③。正因为如此,对于跨越边界走向跨学科的当代中国社会史研究而言,既须固守史学本位,又要不为学科边界所束缚,应勇于打破学科边界,充分借鉴并整合其他学科的概念、理论和方法,实现自身的进步。

那么,跨越学科边界能够为当代中国社会史学科带来什么?诚如美国学者查尔斯·蒂利所言:"某种意义上社会科学就像一个巨大的仓库,贮存着成因理论和有关因果关系的概念,问题是怎样从乱糟糟的杂物堆中找到你所需要的东西。"④ 根据特殊的经验事实,通过不同的方式,不同的研究者可从社会科学理论中获得不同的益处。以下将以社会学中影响较大的社会流动研究为例,分别从问题意识、理论视角和技术与方法三个方面,提出当代社会史研究科际整合的可能途径。

(一)问题意识层面的整合

目前,当代中国社会史学界有关社会流动的研究多集中于改革开放前城乡人口在地理位

---

① 张杰:《打破学科边界发展历史社会学》,《中国社会科学报》2015年10月28日。
② 李里峰:《社会史与历史社会学:一个比较的反思》,《学海》2018年第3期。
③ [英] G. F. R. 劳埃德:《形成中的学科:对精英、学问与创新的跨文化研究》,陈恒等译,格致出版社、上海人民出版社2015年版,第157页。
④ [美] 查尔斯·蒂利:《在社会学与历史学交叉点上》,参见蔡少卿《再现过去:社会史的理论视野》,浙江人民出版社1988年版,第219页。

置上的水平流动，① 缺少对垂直流动的深入研究。在此情况下，有必要整合社会流动理论的思想资源，为当代中国社会史研究提供新的问题意识。

在社会学视域下，社会流动研究的传统核心问题意识在于考察一个社会的开放性与平等性程度如何。在方法上，它多以代内流动和代际流动分析为框架，其中，代内流动关注个人当前的社会地位获得受到哪些因素的影响，比较"先赋因素"和"自致因素"的不同影响程度。代内流动研究能较为详细地表现"具有不同背景和特征的个人的机会结构分布和社会选择机制的运作"。② 代际流动关注父亲社会地位与子女社会地位之间的关系，由于时间跨度较长，代际流动在反映社会结构变化趋势方面有其独特优势。

社会学关于社会流动研究的问题意识和研究进路提示当代中国社会史研究者，在宏观层面描述当代中国社会结构的演变过程、认识当代中国社会总体特征固然必要，但从动态的社会流动意义上立足于个人、家庭对社会结构特征进行微观透视也非常重要。

具体而言，1949年新民主主义革命胜利后，中国共产党形塑了怎样的社会流动观念与体制？变化了的社会流动观念与体制对代际流动和代内流动有何影响？个体又如何实现社会流动？不同类型社会流动的背后折射出怎样的社会变迁特征？对这些问题的探讨无疑有助于深化对特定历史时期当代中国社会特征的认识。

（二）多元理论视角的整合

从社会流动理论视角出发，当代中国的一些政治运动以及它们与普通民众社会生活的关系能得到更深刻的理解。家庭背景、个人特征、革命与社会变迁等对个体或群体社会流动的影响在既有的社会流动研究成果中有较多讨论，③ 而社会流动模式的改变对社会价值观念、人的心态和行为所产生的影响则被忽视。

1949年以后，在新生人民政权的社会改造浪潮中，中国的社会流动模式发生明显变化。"传统的流动方法受到怀疑。私人攒钱买地或投资于商业和工业，被认为与国家所有制不相容。教育专业化和职业取向性被批评为太个人主义。个别家庭无从冒尖，无法挣得高出集体

---

① 相关研究成果主要有游海华：《集体化时期农村人口流动剖析——以赣闽粤边区为例》，《当代中国史研究》2003年第3期；黄兢等：《1957—1965年广东省城乡人口迁移流动状况与特征》，《当代中国史研究》2008年第4期；宋学勤：《1949—1965年农民进城与社会管理——兼及城乡二元管理体系的形成》，《毛泽东邓小平理论研究》2014年第8期；张思：《集体化时期的乡村人口流动——一个华北村庄的个案研究》，《社会史研究》第3辑，商务印书馆2013年版；等等。

② 王先明：《试析富农阶层的社会流动——以20世纪三四十年代的华北乡村为中心》，《近代史研究》2012年第4期。

③ 相关研究成果可参见孙明《家庭背景与干部地位获得（1950—2003）》，《社会》2011年第5期；行龙《在村庄与国家之间——劳动模范李顺达的个人生活史》，《山西大学学报（哲学社会科学版）》2007年第3期。

的一般水平的报酬。同时,集体还被授权,决定谁可以被选拔到公社机关、城市企业或保送到'文革'后的大学。"① 随着社会流动渠道与机会的改变,为了达到向上流动的目的,人们的价值观念、心态和行为也会发生相应的变化。从社会流动模式改变的角度解读当代中国的一些重大政治运动和社会行为,研究者会得出新的见解。有学者指出,社会流动模式对人的行为产生明显的作用,这种作用有时是非常强大的。② 其对政治运动中一些民众行为的解读,正是以社会流动为视角展开的。

(三) 技术与方法的整合

英国历史学家杰弗里·巴勒克拉夫提出:"历史学中的新趋势是对新的研究技术和方法的反应。唯有新的研究技术和方法才可能使历史学有所发展。"③ 当代中国社会史研究领域存有海量的文字材料、各类统计数据、丰富多样的影像资料等,为各学科研究方法在当代中国社会史研究中的广泛应用提供了无限可能。如在社会流动研究中,社会学的定量研究方法是评估社会流动程度高低和流动模式的关键方法,将这一方法运用到当代中国社会史研究中,有助于更直观地描述不同时期社会流动的状态和具体表现。

王先明即以河北磁县档案馆所藏"四清"时期的《阶级成分登记表》为基础,结合其他乡村社会调查资料,采用定量分析的方法,对20世纪三四十年代中国乡村富农阶层的社会流动作了动态分析。④ 山西大学中国社会史研究中心广泛搜集并整理出一大批集体化时期山西农村的《阶级成分登记表》,建立了"阶级成分数据库",以量化历史研究的方法对此进行综合性分析和研究。⑤ 此外,还有学者通过搜集、分析大量统计年鉴和地方志中的数据,呈现了改革开放前中小学教师群体的社会流动和命运沉浮,为理解当代中国社会变迁提供了样本。⑥

在跨学科研究日益备受推崇的学术环境下,当代中国社会史的学科边界问题值得学术界重视。若漠视学科边界的存在,一味地追求新概念、新理论和新方法,非但无益于当代中国社会史的繁荣发展,反而会导致学科自主性和独立性的丧失。跨越学科边界走向跨学科的当

---

① [美] 吉尔伯特·罗兹曼:《中国的现代化》,国家社会科学基金"比较现代化"课题组译,江苏人民出版社2014年版,第347页。
② 李若建:《社会流动模式的改变与大跃进》,《中山大学学报(社会科学版)》2002年第5期。
③ [英] 杰弗里·巴勒克拉夫:《当代史学主要趋势》,杨豫译,上海译文出版社1987年版,第69页。
④ 王先明:《试析富农阶层的社会流动——以20世纪三四十年代的华北乡村为中心》,《近代史研究》2012年第4期。
⑤ 行龙:《集体化时代农村社会研究的重要文本》,《山西大学学报(哲学社会科学版)》2018年第1期。
⑥ 李若建:《荆棘大道:改革开放前社会流动视角下中小学教师研究》,《开放时代》2014年第3期。

代中国社会史研究,既须固守史学本位,又要勇于打破学科界限;既要体察领会其他学科概念、理论与方法的独到见解,避免生搬硬套,又须坚持社会史研究以史料为基、求真为本的学科特质,在求真基础上达致构建机制和探寻规律的求解目标。总之,当代中国社会史应将其他学科概念、理论与方法看作研究的"动力、陪衬或指南",而不是"现成的答案",[1]实现经验研究与理论的良性互动。唯有如此,当代中国社会史学科才能在学科交流中彰显史学研究独特的学术价值,开辟更为广阔的发展前景。

(原载《当代中国史研究》2021 年第 4 期)

---

[1] [美]黄宗智:《学术理论与中国近现代史研究》,《学术界》2010 年第 3 期。

新中国城市历史分期研究

何一民

四川大学城市研究所

1949年,中华人民共和国(以下简称新中国)成立,标志着中国进入一个新的历史时期,中国城市发展也揭开新的历史篇章。在中国共产党的领导下,中国进入工业化、现代化、城市化和全球化的发展时期。70年来,中国城市出现天翻地覆的变化,超过了历史上任何时期,并完成了从农业时代传统城市向工业时代现代城市、从半殖民地城市向社会主义城市的转型,城市在国家发展中的地位和作用越来越重要,成为带动区域发展的中心和强劲引擎。从全球范围来看,70年来,中国从世界城市化、现代化的追随者,正在向城市化和现代化的引领者转变,正在为世界未来的发展和人类命运共同体的构建,提供中国经验和中国智慧,并对世界经济产生重要影响。在这样的背景下,中国城市史研究异军突起,在三代学人的辛勤耕耘下,中国城市史学科逐渐发展成为中国历史学的重要分支之一,研究成果相当丰硕。但值得注意的是,当下城市史研究的重点主要集中在近代和古代城市史相关领域,新中国城市史研究较为薄弱,关于新中国城市发展历史分期的讨论就更少。开展新中国城市史研究不仅具有重要的学术意义,而且具有特别的现实意义。要开展新中国城市史研究,首先就面临如何分期的问题,因为70年来新中国城市的发展历程并非一条直线,而是历经曲折,有着明显的阶段性特征。本文对新中国城市史分期研究进行了学术回顾,进而对相关问题进行梳理,提出自己的一些思考,以期抛砖引玉,就教方家。

一、新中国城市史分期研究的学术回顾

改革开放以来,随着中国城市史研究蓬勃兴起,开始有学者对新中国城市史进行研究,但总体上说来相关研究还比较薄弱,对新中国城市史分期的探讨也仅有部分论著有所涉及。初略梳理,主要分为三个方面。

(一) 以新中国城市整体发展为对象的分期研究

有关新中国城市史分期的专文非常少,仅能略举一二。张利民《中国城市发展七十年》是较早对新中国城市史进行分期探讨的文章,该文以城镇化率、市镇建制以及中国共产党和国家重大决策为主要依据,将1949—1990年新中国城市发展划分为三个阶段,即1949—

1957年为"城市稳定发展时期",1958—1978年为"城市曲折发展时期",1978—1990年为"城市迅速发展时期"。① 但该文并未对分期的理论依据进行分析。蓝志勇《新中国成立70年来城市发展的进程与未来道路》一文将1949—2017年新中国城市发展历史也划分为三大阶段,第一阶段为1949—1978年;第二阶段为1978—2018年,此一阶段又可分为四个小的阶段,即1978—1984年为"农村经济体制改革背景下的城市发展时期",1985—1992年为"市镇建制标准改革背景下的城市发展时期",1993—2006年为"小城镇综合改革和农村居民市民化改革背景下的城市发展时期",2006—2017年为"提出并逐渐落实城市群建设概念过程中的城市发展时期";第三阶段为2018年党的十九大以后,城市发展出现新趋势。② 此文研究的时段较长,故而划分为三个大的阶段,但同样未对新中国城市史的分期标准进行探讨,有的以城市化率变化为标准,有的则侧重于政治事件或国家发展政策演变对城市发展的影响,标准不一,随意性较大。

总体说来,迄今为止较少有专门就新中国城市历史分期问题进行的系统研究,更少理论探析。

(二)以新中国城市化发展为主线的分期研究

20世纪90年代以后随着中国城市化进入快速发展阶段,关于新中国城市化的研究受到多学科的广泛关注,不少研究者撰专文对新中国城市化分期进行了研究,代表性论文如蒋永清《中国城市化的世纪回顾与展望》③,武力《1978—2000年中国城市化进程研究》④,白南生《关于中国的城市化》⑤,邹德慈《对中国城镇化问题的几点认识》⑥,叶嘉安、徐江、易虹《中国城市化的第四波》⑦,陈锋《改革开放三十年我国城镇化进程和城市发展的历史回顾和展望》⑧,李浩、王婷琳《新中国城镇化发展的历史分期问题研究》等。⑨ 相关文章甚多,不一一列举。大多数研究城市化的学者有一个共同特征,就是都在不同程度上受到西方城市化理论的影响,多以城市化曲线作为分期标准。如《新中国城镇化发展的历史分期问题研究》一文对新中国城市化分期提出了"248"方案,即将新中国城市化进程分为城市化

---

① 张利民:《中国城市发展七十年》,《历史教学》1991年第9期。
② 蓝志勇:《新中国成立70年来城市发展的进程与未来道路》,《福建师范大学学报(哲学社会科学版)》2019年第5期。
③ 蒋永清:《中国城市化的世纪回顾与展望》,《求索》2001年第1期。
④ 武力:《1978—2000年中国城市化进程研究》,《中国经济史研究》2002年第3期。
⑤ 白南生:《关于中国的城市化》,《中国城市经济》2003年第4期。
⑥ 邹德慈:《对中国城镇化问题的几点认识》,《城市规划汇刊》2004年第3期。
⑦ 叶嘉安、徐江、易虹:《中国城市化的第四波》,《城市规划》2006年增刊。
⑧ 陈锋:《改革开放三十年我国城镇化进程和城市发展的历史回顾和展望》,《规划师》2009年第1期。
⑨ 李浩、王婷琳:《新中国城镇化发展的历史分期问题研究》,《城市规划学刊》2012年第6期。

的起步期（也可称为"计划经济"时期）和城市化的发展时期（也可称为"改革开放"时期）两大阶段，而这两大阶段又各分为两个亚阶段。作者再根据发展进程将每个阶段细化，从而划出 8 个小阶段，这样新中国城市化共分为 2 个大阶段，4 个亚阶段，8 个小阶段。此一分期方案主要以城市化率相关数据为分期的关键依据，但也参考了相关的政策变动，进行了定量分析与定性分析的结合，并以此为据对分期进行了"修正"。[①] 值得注意的是，有研究者对传统城市化分期持有不同看法，如《中国城市化发展阶段的修正及规律性分析》一文，即对世界城市化的三阶段性规律进行了修正性研究，提出了"四阶段论"观点，即城市化的发展除了起步阶段（城市化水平低于 30%）、成长阶段（城市化水平达 30%—60%）、成熟阶段（城市化水平达 60%—80%）外，还有终期阶段（城市化水平达 80%以上）。该文作者以此标准对 2006 年以前的新中国城市化进行了分期研究，即 1949—1995 年为"城市化起步阶段"，此一阶段可细分为六个亚阶段："顺利起步阶段"（1949—1957年）、"超速发展阶段"（1958—1960 年）、"倒退发展阶段"（1961—1965 年）、"停滞发展阶段"（1966—1976 年）、"迅速发展阶段"（1977—1983 年）、"低速发展阶段"（1984—1995 年）；1996—2006 年为"快速成长阶段"。[②] 但值得注意的是，该研究者虽然注意到不同阶段城市化率变化有着不同的影响机制（主要为国家政策和重大历史事件），但最终的分期结论和描述依然以城市化率为指标依据。另有研究者在对传统城市化分期方法反思的基础上提了新的看法："传统对于中国城市化发展阶段理论的研究往往局限于某一方面，缺少多维思辨条件下的审视视角"，因而主张"以经济发展与城市化水平的相关关系作为整个城市化阶段划分的主线，通过对城市化波动状况及城市化质量的分析来解读政府管制在城市化过程中的作用"。按此标准，"中国城市化大致划分为两阶段，而进一步可划分为五阶段"。[③] 总体上来看，相关研究者多依据城市化率将新中国城市化划分为两大阶段，只是在细分阶段时有所区别。值得注意的是，以上研究主要出自经济学、社会学、政治学等学科的研究者，而非历史学研究者。而由于城市化与城市发展有着直接关系，因而新中国城市化分期的研究，对于探索新中国城市历史分期多有启迪。

（三）城市规划学等其他学科关于新中国城市历史的分期研究

一些研究者从城市规划与城市建设等视阈对新中国城市史分期问题有所涉及。如《论新中国城市规划发展的历史分期》一文重点对新中国城市规划发展历史进行了分期研究，

---

① 李浩、王婷琳：《新中国城镇化发展的历史分期问题研究》，《城市规划学刊》2012 年第 6 期。
② 方创琳、刘晓丽、蔺雪芹：《中国城市化发展阶段的修正及规律性分析》，《干旱区地理》2008 年第 4 期。
③ 马利波、马和、张远景：《基于宏观尺度中国城市化阶段划分的再思考》，《城市规划和科学发展——2009 中国城市规划年会论文》，天津，2009 年 9 月，第 453 页。

提出"二、六、十一"的分期方案,即将新中国城市规划的发展分为"计划经济"时期和"改革开放"时期两大阶段,各阶段又进一步细分为六个中等阶段和十一个小的阶段。①《新中国成立70年来城市空间治理的历史演进——基于国家建设视阈的分析》一文则从国家建设的角度,以国家战略转换为主线,对新中国成立70年以来城市空间治理过程与治理模式演进过程进行了考察,将新中国城市空间治理历史划分为四个阶段:"巩固新生政权导向下的城市空间治理"(1949—1978年),"促进经济增长导向下的城市空间治理"(1978—2002年),"维护社会稳定导向下的城市空间治理"(2002—2012年),"推进国家治理现代化导向下的城市空间治理"(2012—2019年)。②该文作者认为新中国成立70年来,城市空间生产经历了从强调空间控制、空间商品化、突出空间公共性质向空间多重属性全面发展的转变,而城市空间治理模式也经历了从管理型地方政府、经营型地方政府向服务型地方政府的转变。以上这些研究虽然没有直接对新中国城市史进行分期,但涉及新中国城市的发展,故而对新中国城市历史分期研究有所启发。

通过对新中国城市史分期相关研究所进行的学术回顾与梳理,我们可以发现我国学术界总体上对此课题缺乏深入系统的研究,相关讨论极不充分,尤其缺乏理论思考与理论建设,对于分期标准的认识较为模糊。目前更多的是对新中国城市化分期的研究,这不能代替对新中国城市历史分期的研究。城市化率的高低虽然在一定程度上能反映城市发展的水平,但城市化只是城市发展的一个方面,两者的关系是局部和整体的关系,如果以城市化率的高低作为城市发展分期的主要标准,就会造成城市化历史等同于城市历史的错觉。同样,对新中国城市规划分期的研究也不能代替对新中国城市历史分期的研究。由于对新中国城市史分期的关注极为不够,故而缺乏相关研究者之间的互动。不同学科、不同观点之间的对话也极不充分。而本应成为新中国城市史研究中坚力量的历史学工作者出现严重缺位,令人不得不深思。

二、关于新中国城市史分期相关问题的思考

历史分期是历史研究的核心内容之一,尽管有少数学者对历史分期持否定态度,认为历史分期乃是哲学的方法,而历史研究是科学的方法,历史研究不应该强调分期,"历史学家使用这些理论时出现了教条化和公式化的倾向"。③但这种对历史分期持否定态度的观点并未成为学术界主流意见,更未影响相关研究者对历史分期的关注,近年来对历史分期的研究

---

① 李浩:《论新中国城市规划发展的历史分期》,《城市规划》2016年第4期。
② 王海荣:《新中国成立70年来城市空间治理的历史演进——基于国家建设视阈的分析》,《内蒙古社会科学(汉文版)》2019年第5期。
③ 常金仓:《历史分期讨论与发现真理的两种方法》,《齐鲁学刊》1996年第2期。

甚是热门，不仅历史学界，其他学科的研究者也十分重视历史分期研究。笔者通过对中国知网论文数据库以"历史分期"为关键词进行搜索统计，2000年年初至2020年10月，各学科研究者发表的有关历史分期的论文多达548篇。历史分期是对具有不同性质的历史阶段进行的归纳总结，以揭示历史发展的客观规律。人们之所以关注历史分期，首先，是因为历史分期是相关研究者认识历史的一种方法，正是通过历史分期，人们才能正确认识不同历史时期或发展阶段之间的差异性，才能观察到不同历史时期政治、经济、社会和文化发展的原因与特点；其次，正是通过对历史进行分期，人们才能在总体上更好地理解和把握历史进程，才能从中探索历史发展的规律与特点。由此可见，强调历史分期，并不是将历史研究放入固定的条条框框之中，而是有利于研究者对历史的宏观认识和把握，有利于激发研究具体问题的动力。

　　中国城市史作为中国历史学的分支学科，相关研究者在开展研究过程中都不可避免地会遇到分期问题。从宏观层面看，城市的发展经历了若干历史阶段，而在每一个大的历史阶段又可细分为若干小的阶段。在农业革命出现以前，人类处于无城市的时代，只有农业革命发展到一定阶段，随着阶级、国家的产生，才开始出现早期城市，人类才进入有城市的时代，至今有数千年的发展历史。数千年来城市作为人类文明的产物和复杂的有机综合体，有一个从简单到复杂，从少到多，从小到大，从低级到高级的发展过程。城市的发展既具有历史延续性，也具有发展的阶段性，不同发展阶段城市的兴衰演变原因和发展特点各有不同，故而对城市历史进行分期十分必要，也十分重要。对城市历史进行分期，不仅对于总体上认识和把握城市发展十分关键，对于探寻和总结城市发展规律、特点和经验教训也十分重要，并对引导未来城市发展起着重要的作用。因此，城市历史分期，不仅关系到城市历史研究和城市史学科体系建设，也关系到当下城市发展战略的制定和发展思路的确立，具有重要的现实意义。

　　城市历史分期既是一个方法问题，也是一个理论问题，同时是一个实证研究问题。相关研究者对城市历史进行分期研究，需要在一定理论的指导之下，通过收集整理和分析相关资料，考察其发展的阶段性，研究不同阶段城市的发展变迁、兴衰演变原因和特点，从而揭示城市发展走向和规律。对新中国城市历史进行分期，其作用体现在以下三个方面。一是可以为新中国城市史研究提供一个结构性的研究框架，从而系统地、全面地把握新中国城市70年的发展历程。如果只将新中国成立70年来的城市发展变迁看成一个发展阶段，就很难认识不同历史阶段城市的发展变化，如改革开放前后的城市有不同的发展轨迹和发展逻辑，如果不分阶段进行研究，就不能对其发展变化有深刻的认识，相关研究也难以深入进行。二是可以为新中国城市历史研究提供理论视角和逻辑前提。城市历史分期不仅是简单地划分阶段，其涉及对城市发展的理论认识和逻辑分析，如计划经济时期与改革开放时期城市的发展逻辑有着重大的区别，如果不从理论上加以区分，就难以探寻改革开放前后城市发展的规律和特点，更难以确立社会主义新时代城市发展的基本逻辑和未来走向。三是可以为新中国城市历史研究提供价值评估体系和整体发展方向的思考。对新中国城市历史的研究，不仅需要深入历史表象背后，探讨历史发展的轨迹、特点和原因，而且要深入考察城市发展和衰落的过程，对不同历史阶段的发展经验和教训进行总结。不同阶段城市发展的评价标准有所不同，只有通过分期研究才可以深入认识一定阶段城市发展的路径、特点和原因，为未来城市政策制定和城市规划设计提供历史借鉴和理论支撑。

城市历史分期作为一种研究方法，首先要确定分期的标准，虽然这一观点为大家所认同，但是如何确立标准，难度却很大。城市历史分期的标准向来见仁见智，多有分歧，很难形成统一意见，但无论如何，都需要一个前后连贯的标准。从长时段来看，城市历史分期与社会性质、城市性质和功能的演变有着密切的关系，如果从社会性质的演变来看，可以分为原始社会的城市、奴隶社会的城市、封建社会的城市、资本主义社会的城市、社会主义社会的城市；如果从社会变迁的时间视角来看，可以分为上古城市、古代城市（也可分为中古与近古）、近代城市、现代城市等；如果从社会经济形态来看，可分为农业时代的城市、工业时代的城市和信息时代的城市；如果从城市形成演变的角度来看，可分为远古孕育形成时期、古代发展演变时期、现当代城市转型时期。因而，城市历史分期的标准是多样的，不是绝对的。另外，长时段历史的分期与中短时段历史的分期，其标准也有所不同，如新中国城市 70 年历史与中国城市 5000 多年历史相比，只能算较短的历史时段，新中国城市历史就其性质而言并未发生根本的变化，因而不能运用中国城市大历史分期的理论或标准进行研究。新中国城市历史虽然较短，但就 70 年间城市的发展变化程度来看，却超越了历史上任何一个时期，可谓数千年未有之巨变，这种变化主要表现在以下几方面：一是此一时期中国城市从农业时代的传统城市转型为工业时代的现代城市，从半殖民地城市转型为社会主义城市，城市经济占国民经济的主体地位；二是此一时期中国城市从农业人口占总人口 90% 以上的乡土社会向城市人口占总人口一半以上的城市社会转型，城市成为国家和地区社会经济发展的中心；三是工业化、城市化、现代化和国际化成为城市发展的主线。新中国 70 年城市的发展变迁并非一条直线，而是多有曲折，并有着明显的阶段性。如果不对其进行分期分阶段的研究，就很难客观地认识新中国城市的发展变迁。如何把握各个阶段的划分，以什么为标准，这是一个棘手的问题。

三、新中国城市历史分期与特点

城市是人类文明的产物，也是政治、经济、社会发展的重要载体，因而城市的发展与国家的政治、经济、社会的发展有着密切的关系，甚至在一定程度上与国家的政治、经济和社会的变迁高度统一。如新中国的成立，就改变了中国城市发展的轨迹，对城市的发展变迁产生了直接的深刻影响。新中国成立标志着中国摆脱了半殖民地半封建的命运，中国进入社会主义革命与建设的新时期，中国共产党确立的"把消费的城市变成生产的城市"政策，强化了城市的经济功能；计划经济制度的实施，二元经济结构和社会结构的形成，对城市发展产生了更为巨大的影响。可以说新中国70年来，每当发生大的政治、经济和社会变动时，如"大跃进"运动、"文化大革命"、改革开放等，都对城市的发展产生了直接的、深刻的影响。研究新中国城市历史分期，必须将新中国城市发展置于新中国历史演变进程中加以考察，从国家发展变化的高度来把握城市历史分期，从某种程度上讲，新中国城市历史分期与新中国国史分期有着高度的契合性。但是，城市的发展有着一定的相对独立性，有其自身的规律与特点，因而，要充分考虑新中国城市的发展轨迹与发展特点，才能科学地对新中国城市历史进行准确的分期。

我们认为，对新中国城市历史进行分期，需要从城市性质的变化、发展的动力等多方面来加以考察，需要准确把握70年来影响中国城市发展的历史轨迹，通过对新中国城市发展脉络的系统梳理，寻找出影响新中国城市发展变迁的关键时间节点。70年来，影响中国城市发展并对其性质和发展轨迹产生了直接影响的关键时间节点有若干个，可分为三种类型，一是具有划时代意义的关键时间节点，即对新中国城市的性质和发展变迁产生了巨大影响的关键时间节点，是新中国历史分期的主要依据；二是重要的关键时间节点，即对新中国城市产生了深刻影响的关键时间节点，这类重要的关键时间节点也对新中国城市历史分期产生了重要作用，可作为小的阶段划分的依据；三是具有一定影响力的关键时间节点，即对新中国城市产生了较大影响的时间节点，但未能产生根本性的变化，虽然不能构成历史分期的依据，但也需加以关注。根据以上分析，我们发现影响新中国城市发展变迁的、具有划时代意义的关键时间节点有三个，另有多个重要的关键时间节点，从而以此为依据，将新中国城市发展历程划分为三个时期七个阶段。参见下图表。

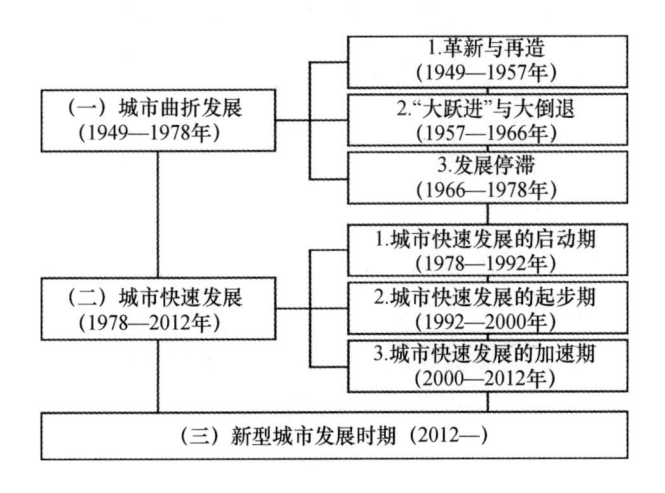

```
（一）城市曲折发展         ┌── 1.革新与再造（1949—1957年）
（1949—1978年）          ├── 2."大跃进"与大倒退（1957—1966年）
                         └── 3.发展停滞（1966—1978年）

（二）城市快速发展         ┌── 1.城市快速发展的启动期（1978—1992年）
（1978—2012年）          ├── 2.城市快速发展的起步期（1992—2000年）
                         └── 3.城市快速发展的加速期（2000—2012年）

（三）新型城市发展时期（2012—）
```

我们之所以将新中国城市历史70年划分为三个时期，主要基于影响新中国城市发展的三个划时代关键时间节点，第一个划时代关键时间节点是1949年中华人民共和国成立，这改变了中国历史的进程，也改变了中国城市的发展轨迹；第二个划时代关键时间节点为1978年党的十一届三中全会召开，全会开启了中国改革开放的新征程；第三个划时代关键时间节点为2012年中共十八大召开，大会标志着中国特色社会主义进入新时代，中国城市也进入新型城市化发展阶段。除了以上三个具有划时代意义的关键时间节点外，还有若干个重要的关键时间节点，成为新中国城市不同发展阶段的界标。

（一）新中国城市发展第一时期（1949—1978年），为新中国城市的曲折发展期，总的表现为纵向比较来看，城市有较大发展，但历经曲折，大起大落，横向比较来看，城市发展水平仍然滞后

1949年新中国成立后，在中国共产党的领导下，中国实现了民族独立，人民解放，建立了统一的主权国家，建立了社会主义基本制度，初步建立了比较完整的工业体系、国民经济体系和城市体系，在政治、经济、社会、文化等各个领域取得了巨大的成就。但由于没有现成的经验可以借鉴，中国共产党进行了30年的探索，在取得成就的同时，也经历了若干曲折，走了不少弯路，国家和城市发展遭到严重挫折，付出了沉重代价。我们根据新中国成立后30年内影响城市发展的重要关键时间节点，将这一时期城市的发展划分为三个阶段。

1. 第一阶段（1949—1957年），新中国城市革新与再造期

1949年在中国历史上是划时代的一年，这一年对中国城市发展有着直接影响的重大事件主要有两个，一是1949年3月中国共产党召开了七届二中全会，决定中国革命重心从乡村向城市进行战略转变，并做出了"把消费的城市变成生产的城市"等重大决策，为新中国城市发展奠定了思想基础和政治条件；二是10月1日毛泽东主席在天安门城楼上宣布中华人民共和国正式成立，标志着中国历史翻开新的一页，中国彻底摆脱半封建半殖民地的厄运，在中国共产党的领导下进入社会主义革命和建设的过渡时期。新中国的成立标志着中国城市出现历史性转折，进入社会主义工业化、现代化、城市化的发展轨道。

1949年新中国成立后，中国共产党的主要任务是建立和巩固新生的革命政权，恢复整顿社会秩序，恢复和发展国民经济。在城市发展方面，党首先对遭到战争破坏的城市进行了重建，其次各级地方政府都按照党的七届二中全会的决议精神，执行"把消费的城市变成生产的城市"的城市发展方针，大力发展工业生产，但城市基础设施建设因多种政治运动和抗美援朝等多方面因素影响处于缓慢发展状态。1953年国民经济恢复工作基本完成，抗美援朝战争结束，为中国城市发展创造了一个较好的国内国际环境。

1953年对于中国城市发展而言也是一个关键的时间节点，这一年中国政府开始实施第一个五年计划（1953—1957年），对城市经济和城市建设产生了重大影响。但是我们并未将

1953年作为一个单独的发展阶段的分界线,一个重要的原因就在于1953年虽然开始实施"一五"计划,但是"一五"计划的一些项目在此之前就已经开始实施;另外一个重要的原因就是从1949年开始的"革新与再造"和"把消费的城市变成生产的城市",在1953年并未发生大变化,这一过程一直持续到1957年。"一五"计划结束时,新生的革命政权得到巩固,社会秩序逐渐稳定,国民经济得到恢复和稳步发展,城市的创伤也得以治愈,城市得到重建,部分城市在国家大力支持下出现较快发展。"一五"计划以加快工业化进程和对原有国民经济体系进行社会主义改造为两大主要任务,工业化建设以苏联帮助设计的156项工程为核心,同时确立了八大城市为重点规划建设的工业城市,国家的重点投入使部分大中城市优先获得发展,城市功能发生明显变化。"一五"计划的实施对中国城市发展产生了重大的影响,为其后新中国城市发展奠定了基础,对中国的工业化和社会主义改造也起到了良好的推动作用,并初步确立了计划经济体制,工农业生产都出现较为快速的增长。1957年中国工农业总产值达到了1387.4亿元,比1952年的827.1亿元增长68%。其中,工业总产值达到了650.2亿元,比1952年的270.1亿元增长141%;手工业总产值达到了133.7亿元,比1952年的73.1亿元增长83%;农业总产值达到了603.5亿元,比1952年的483.9亿元增长25%。[①] "一五"计划期间,全国新建工矿企业达1万多个。[②] 铁路通车里程1957年比1952年增加了22%,公路通车里程增加了1倍。[③] "一五"计划期间,国家对城市经济和文化部门的基本建设投资总额为493亿元,超过原定计划427.4亿元的15.3%。[④] 城市建设也有较大发展,城市基础设施建设投资达550亿元,一批新兴城市建立,一批城市扩建或局部扩建。

2. 第二阶段(1957—1966年),"大跃进"运动和调整时期城市的大起大落

1958年,由于受"左倾"思想影响,中国进入"大跃进"运动时期。"大跃进"运动不仅对中国的发展产生了巨大的影响,而且对城市影响巨大。随着"大跃进"运动的开展,大批农村人口涌入城市,短期内导致城乡比例严重失衡,城镇化数据虚高,中国城市进入"非正常"超速发展阶段,设市数量从1957年年底的177个增加到1961年的208个。在"左倾"思想影响下,高指标、瞎指挥、浮夸风泛滥。"大跃进"运动超越了当时社会生产力发展水平,"大跃进"变成了"大冒进",打乱了国民经济秩序,造成大量人力物力浪费,

---

① 《1959年国务院政府工作报告——1959年4月18日在第二届全国人民代表大会第一次会议上》,2006年2月23日,http://www.gov.cn/test/2006-02/23/content_208774.htm,2021年1月18日。
② 《1959年国务院政府工作报告——1959年4月18日在第二届全国人民代表大会第一次会议上》,2006年2月23日,http://www.gov.cn/test/2006-02/23/content_208774.htm,2021年1月18日。
③ 王希良主编:《中华人民共和国史》,陕西师范大学出版社1990年版,第64—65页。
④ 《1959年国务院政府工作报告——1959年4月18日在第二届全国人民代表大会第一次会议上》,2006年2月23日,http://www.gov.cn/test/2006-02/23/content_208774.htm,2021年1月18日。

使国民经济比例严重失调,社会主义建设事业受到重大损失,"一五"计划时期开始的城市稳步发展和工业化进程受到很大影响。

1961年,对中国城市而言是一个重要的时间节点,是年,党中央为了纠正"大跃进"带来的不利影响,提出了"调整、巩固、充实、提高"八字方针,国家进入"国民经济大调整"时期。一系列调整和整顿政策及相关措施实施,导致新中国第一次发生逆城镇化现象,大批工业项目被迫下马,大量进城务工农民及家属被迫返乡,部分城市居民直接下放到农村,一些城市的行政建制被撤销,大部分城市停止城市规划,城市基础设施建设普遍出现停滞,相当部分城市出现衰退现象。

20世纪60年代中期,国际形势极为紧张。1964年中共中央做出开启三线建设运动的重大决定,改变了我国生产力布局,中国工业体系继全面抗日战争时期再一次出现由东向西转移的战略大调整,东部重要城市的工厂企业有计划地向西南和西北数省转移。但三线建设为了战备需要,确立了工厂不集中建在城市的发展方针,工厂选址和建设以"靠山、分散、进洞"为原则。因而三线建设对西部城市的带动作用不大,对东部重要城市却产生了较大影响,导致这些城市的工业发展水平下降。但对全国而言,三线建设对新中国工业布局规划有着相当重大的影响,推动了西部地区工业的发展,也为改革开放以后西部城市的工业发展打下了基础。

总体上讲,从1958年"大跃进"运动至1966年"文化大革命"爆发这段时间,中国城市发展经历了过山车式的大变化,前后的发展虽然有很大不同,但这是一个前后相连、首尾相贯的过程,因而将此一时期作为中国城市发展的一个阶段具有合理性。

3. 第三阶段(1966—1978年),城市发展停滞期

1966年,中国发生"文化大革命",一定时间段内中国各地处于无政府状态,城市规划和建设完全处于停滞状态,城市经济也处于不正常发展状态。"文化大革命"初期和中期开始的干部下放和数以千万计的知识青年上山下乡,导致中国城市再次进入"非正常"发展阶段,并出现逆城市化现象,部分城市进入萧条时期。"文化大革命"中后期,在"抓革命,促生产"等政策推动下,全国各地城市有所复苏,但整体上仍然处于缓慢发展状态,较少进行大规模的城市建设。不过值得注意的是,在西藏等少数地区,城市发展并未发生大波折,在中央特殊政策的关照下,拉萨等城市较前有较大发展。

总体考察新中国成立后的30年间,经济和社会发展都创造了历史的奇迹,城市发展出现了巨大变化,城市数量较民国时期有较大幅度的增加,城市规模有较大扩展,城市经济有很大增强,城市化水平也有所提高。[①] 但是此一时期城市的发展多有曲折,走了不少弯路,

---

① 何一民:《新中国城市的发展与主要特征》,《中华文化论坛》2019年第4期。

整体上发展仍然较为缓慢，城市基础设施相比世界发达国家仍然落后，城市经济也远远滞后于发达国家。

（二）新中国城市发展第二时期（1978—2012年），城市快速发展，城市功能强化，城市在国家和地区中的地位增强，城市化水平有较大提升

1978年，在中国历史上是划时代的关键时间节点。中国共产党重新确立了马克思主义思想路线，开启了改革开放和社会主义现代化的新征程。随着改革开放的不断深化，城市出现了快速增长的态势。此一阶段城市的发展也呈现三个阶段。

1. 第一阶段（1978—1992年），城市快速发展启动期

1976年，"文化大革命"结束，中共中央在拨乱反正之后，于1978年12月召开了十一届三中全会，决定实施对内改革、对外开放的政策。这次全会"标志着中国共产党重新确立了马克思主义的思想路线、政治路线和组织路线，实现了新中国成立以来党的历史上具有深远意义的伟大转折，开启了我国改革开放和社会主义现代化建设历史新时期。"[①] 随着基本国策和国家经济体制的重大转变，中国历史进入一个新时期，城市也走上了新的发展轨道，总体上呈现正向发展态势。因此，1978年无论对于中国的国家命运，还是城市的发展兴衰，都具有划时代意义。1978年中共十一届三中全会召开之前，中央在北京召开了第三次全国城市工作会议，这次会议肯定了城市在国民经济发展中的重要地位和作用，要求城市适应国民经济发展的需要，城市建设要为改革开放的总任务做贡献。这次会议还提出了控制大城市规模、多搞小城镇的要求，并在其后形成了"控制大城市规模，合理发展中等城市，积极发展小城镇"的城市发展方针。[②] 此次会议以后，中国各省的城市根据国民经济发展计划和各地区的具体条件，开始编制和修订城市总体规划及近期规划。

随着改革开放全面实施，城市在国家社会经济发展中的地位和作用越来越重要，以城市为中心和以中心城市带动区域发展逐渐成为一种共识，强化城市功能，尤其是经济功能成为城市建设的重要内容。1980年，国家在沿海地区设立了四大经济特区，其后又相继在沿海地区设立了14个开放城市，作为中国对外开放的试验田。1985年，对于中国城市发展来讲也是一个重要的时间节点，这一年，中共中央决定全面启动城市改革，重点是对国有企业进行改革，打响了经济体制改革的攻坚战。是年，珠三角、长三角、闽南三角洲开辟为沿海经济开放区，这是在改革开放背景下，外向型城市发展模式在东南沿海完成局部突破的标志。1985年以后，广大内地城市的改革也全面推进，城市经济体制改革所带来的制度创新，使

---

① 新华社：《改革开放四十年大事记（1978年）》，2018年12月19日，https://baijiahao.baidu.com/s?id=1620267993326661715&wfr=spider&for=pc，2021年1月18日。

② 何一民：《我国西部城市发展的方针》，《城市发展研究》1996年第6期。

城市充满活力，中国大多数城市进入快速发展的启动期。

2. 第二阶段（1992—2000年），城市快速发展起步期

1992年，对于中国城市发展而言是一个关键时间节点。这一年，邓小平南方谈话，中共十四大召开，明确了建立社会主义市场经济体制的改革目标，"在邓小平'南方谈话'和中共十四大精神的指引下，中国经济体制改革和对外开放以前所未有的势头向新的广度和深度发展；国民经济高速增长；科技、教育取得明显成绩，文化、卫生、体育等各项社会事业有较大发展；外交工作开创了新的局面，取得了显著的成就。以邓小平'南方谈话'的发表和1992年3月中央政治局全体会议的召开为标志，中国改革开放和社会主义建设事业进入了一个新的发展阶段"。① 在此大背景下，国家进一步开放沿江、沿边以及11个内陆省会城市，中国全方位对外开放格局初步形成，全国各地城市进入快速发展起步期，城市化进程进一步加快。随着中国不断地融入全球化进程之中，城市竞争加剧，中央政府不断将城市管理权力让渡给地方政府，过去单纯的城市建设与管理方式发生了新的变化，经营城市和提高城市竞争力成为城市建设与发展的新理念，城市管理主体发生变化，从以政府为单一主体向以政府为中心的多主体转变；建立社会主义市场经济体制的改革目标，使城市建设与经济发展相结合，经营城市和提高城市竞争力成为城市政府的必然选择。

1994年，在分税制改革中地方政府成为我国社会经济发展中一个十分重要的主体力量，土地出让收入成为地方政府财政的主要来源。在当时来看，这不仅极大地激发了市场发展活力，也为城市发展提供了重要的动力。同年，国务院下发《关于深化城镇住房制度改革的决定》，"城镇住房制度改革的基本内容是：把住房建设投资由国家、单位统包的体制改变为国家、单位、个人三者合理负担的体制；把各单位建设、分配、维修、管理住房的体制改变为社会化、专业化运行的体制；把住房实物福利分配的方式改变为以按劳分配为主的货币工资分配方式；建立以中低收入家庭为对象、具有社会保障性质的经济适用住房供应体系和以高收入家庭为对象的商品房供应体系；建立住房公积金制度；发展住房金融和住房保险，建立政策性和商业性并存的住房信贷体系；建立规范化的房地产交易市场和发展社会化的房屋维修、管理市场，逐步实现住房资金投入产出的良性循环，促进房地产业和相关产业的发展"。② 随着住房制度全面改革，房地产业作为一个新兴产业异军突起，中国城镇居民住房开始走向商品化和社会化，"居住改变城市"，大规模住房建设不仅对城市经济起了重要的推动作用，而且对城市社会和空间结构都产生了深远的影响；随之而来的一系列重大政策相

---

① 范希春：《改革开放和社会主义建设事业进入新阶段的1992年》，《当代中国史研究》2004年第4期。
② 《国务院关于深化城镇住房制度改革的决定》，国发［1994］43号，http：//www.gov.cn/zhuanti/2015-06/13/content_2878960.htm，2021年1月18日。

继出台,为中国城市发展注入了新的动力,城市空间规划和建设进入一个新的时期,城市化进一步加速。

3. 第三阶段(2000—2012年),城市快速发展加速期

2000年作为世纪之交,对中国城市的发展产生了多方面的重要影响。2000年10月11日,中国共产党第十五届中央委员会第五次全体会议通过《中共中央关于制定国民经济和社会发展第十个五年计划的建议》(以下简称《建议》)。《建议》提出"提高城镇化水平,转移农村人口,可以为经济发展提供广阔的市场和持久的动力,是优化城乡经济结构,促进国民经济良性循环和社会协调发展的重大措施。随着农业生产力水平的提高和工业化进程的加快,我国推进城镇化条件已渐成熟,要不失时机地实施城镇化战略"。"要从各地的实际情况出发推进城镇化,逐步形成合理的城镇体系。注意发展城市间的经济联系,发挥中小城市对小城镇发展的带动作用。在着重发展小城镇的同时,积极发展中小城市,完善区域性中心城市功能,发挥大城市的辐射带动作用,提高各类城市的规划、建设和综合管理水平,走出一条符合我国国情、大中小城市和小城镇协调发展的城镇化道路。"[1]《建议》的通过,标志着中国城市和城市化发展上升成为国家战略,深刻影响着中华民族伟大复兴的发展进程,影响着经济发展水平和区域发展格局。

世纪之交,中共中央和中国政府启动"西部大开发"战略。"实施西部大开发战略,加快中西部地区发展,关系经济发展、民族团结、社会稳定,关系地区协调发展和最终实现共同富裕,是实现第三步战略目标的重大举措。西部大开发是一项艰巨的历史任务,既要有紧迫感,又要有长期奋斗的思想准备。要坚持从实际出发,积极进取、量力而行,统筹规划、科学论证,突出重点、分步实施。"[2] 西部大开发战略的一个重点是"以线穿珠,以点带面",即以公路、铁路、航空等交通基础设施建设为抓手,以立体交通线连接西部重要城市,以发展中心城市为重点带动西部各省区市发展。因此,西部大开发战略实施20年来对西部城市发展起到了十分重要的推动作用。

2001年,中国加入世贸组织,经济全球化发展进一步激发了中国城市的发展动力,以东南沿海城市为主导的外向型城市发展模式日趋成熟,带动了内地城市改革的深入推进。同年,国务院下发《国务院批转公安部关于推进小城镇户籍管理制度改革意见的通知》(以下简称《通知》),要求"通过改革小城镇户籍管理制度,引导农村人口向小城镇

---

[1] 《中共中央关于制定国民经济和社会发展第十个五年计划的建议》,中发〔2000〕16号,http://www.gov.cn/gongbao/content/2000/content_60538.htm,2021年1月18日。
[2] 《中共中央关于制定国民经济和社会发展第十个五年计划的建议》,中发〔2000〕16号,http://www.gov.cn/gongbao/content/2000/content_60538.htm,2021年1月18日。

有序转移"。①《通知》深化了20世纪90年代的户籍制度改革，拉开了全面实施小城镇户籍管理制度改革的序幕，有利于城乡之间人口的自由流动，为蓬勃发展的中国城市注入又一重要动力。

21世纪初，中国城市形成了大中小城市和小城镇协同发展的新局面。2010年，住建部发布《全国城镇体系规划（2006—2020年）》（以下简称《规划》），全国城镇体系规划"是城乡规划中最顶层的法定规划，是关于全国城镇发展和城镇空间布局的统筹安排，是积极稳妥推进城镇化的重要政策依据，也是各地制定省域城镇体系规划和城市总体规划的依据"。②《规划》明确提出五大国家中心城市（北京、天津、上海、重庆、广州）的规划和定位，并在其后添加了成都、武汉、郑州、西安。国家中心城市是在直辖市和省会城市层级之上出现的新的"塔尖"，集中了中国城市在空间、人口、资源和政策上的主要优势，对城市群和城市区域一体化发展起到更好的引领作用。《规划》的制定和实施，标志着城市群和大都市区成为中国城市发展的新模式。

改革开放以来，中国城市出现快速发展的态势，城市数量、规模和功能都较前一时期发生了巨大变化。但是，城市快速发展，城市经济发展水平迅速提升，大规模农村人口进入不同层级的城市，也带来了若干负面影响，"城市病"越来越突出，环境问题、交通问题、就业问题、社会保障问题等各种"城市病"相继出现。因此，中国城市发展面临新的困境，必须探寻新的路径，这就是走新型城市化道路。

（三）新中国城市发展第三时期（2012年至今），中国新型城市化发展新时期

2012年，中共十八大召开。这次会议是在中国历史发展进入一个关键时期召开的，全会开启了中国全面建设小康社会、实现中华民族伟大复兴的新起点，中国特色社会主义建设进入新时代。中共十八大对中国城市的健康发展也指明了新的方向，明确提出"新型城镇化"方针，为中国城市化发展提出了新目标和新要求——中国城市必须走新型城市化道路。新型城市化是以城乡统筹、城乡一体、产业互动、节约集约、生态宜居、和谐发展为基本特征的城市化，是大中小城市、小城镇、新型农村社区协调发展、互促共进的城市化。新型城市化以新的五大发展理念为指导，以人的发展为核心，以不断满足人民群众对美好生活的需求为目标。2012年，中央经济工作会议进一步把"积极稳妥推进城镇化，着力提高城镇化质量"列为经济工作的主要任务之一。国家发改委"根据中国共产党第十八次全国代表大

---

① 《国务院批转公安部关于推进小城镇户籍管理制度改革意见的通知》，国发〔2001〕6号，http://www.gov.cn/zhengce/content/2016-09/22/content_5110816.htm，2021年1月18日。

② 《科学编制全国城镇体系规划促进大中小城市和小城镇协调发展——写在〈全国城镇体系规划（2006—2020年）〉出版之时》，载于住房和城乡建设部城乡规划司、中国城市规划设计研究院编《全国城镇体系规划（2006—2020年）》，商务印书馆2010年版。

会报告、《中共中央关于全面深化改革若干重大问题的决定》、中央城镇化工作会议精神、《中华人民共和国国民经济和社会发展第十二个五年规划纲要》和《全国主体功能区规划》",着手制定并于2014年颁布了《国家新型城镇化规划（2014—2020年）》（以下简称《城镇化规划》）。《城镇化规划》是"按照走中国特色新型城镇化道路、全面提高城镇化质量的新要求，明确未来城镇化的发展路径、主要目标和战略任务，统筹相关领域制度和政策创新，是指导全国城镇化健康发展的宏观性、战略性、基础性规划"。[①]《城镇化规划》要求构建科学合理的城市格局，将城市发展与区域经济发展、产业布局紧密衔接，与资源环境承载能力相适应，将城乡统筹发展和生态文明理念全面融入城镇化全过程中。这是新时代背景下，中国城市转型并走上集约、智能、绿色、低碳发展道路的标志，基本确定了未来中国城市发展的总趋势。

2018年11月18日，中共中央、国务院发布《中共中央国务院关于建立更加有效的区域协调发展新机制的意见》（下简称《意见》），明确指出"实施区域协调发展战略是新时代国家重大战略之一，是贯彻新发展理念、建设现代化经济体系的重要组成部分。党的十八大以来，各地区各部门围绕促进区域协调发展与正确处理政府和市场关系，在建立健全区域合作机制、区域互助机制、区际利益补偿机制等方面进行积极探索并取得一定成效。同时要看到，我国区域发展差距依然较大，区域分化现象逐渐显现，无序开发与恶性竞争仍然存在，区域发展不平衡不充分问题依然比较突出，区域发展机制还不完善，难以适应新时代实施区域协调发展战略需要。为全面落实区域协调发展战略各项任务，促进区域协调发展向更高水平和更高质量迈进"，必须"建立更加有效的区域协调发展新机制"。《意见》明确提出"推动国家重大区域战略融合发展。以'一带一路'建设、京津冀协同发展、长江经济带发展、粤港澳大湾区建设等重大战略为引领，以西部、东北、中部、东部四大板块为基础，促进区域间相互融通补充"。以京津冀城市群、长三角城市群、粤港澳大湾区、成渝城市群、长江中游城市群、中原城市群、关中平原城市群等城市群推动国家重大区域战略融合发展，建立以中心城市引领城市群发展、城市群带动区域发展新模式，推动区域板块之间融合互动发展。[②]《意见》的制定和公布标志着中国城市开启了以大都市区、城市群为主体发展的新趋势。

[①]《国家新型城镇化规划（2014—2020年）》，2014年4月11日，https：//www.ndrc.gov.cn/fggz/fzzl-gh/gjfzgh/201404/t20140411_1190354.html，2021年1月18日。

[②]《中共中央国务院关于建立更加有效的区域协调发展新机制的意见》，2018年11月29日，http：//www.gov.cn/zhengce/2018-11/29/content_5344537.htm，2021年1月18日。

四、结语

当今世界正面临百年未有的大变局,中国正在错综复杂的世界大变局中崛起,中华民族伟大复兴的目标清晰可见,以国家中心城市为核心的城市群发展在中华民族伟大复兴进程中的地位和作用越来越重要,因而开展新中国城市历史研究不仅是一个学术问题,而且具有重要的现实意义和社会价值。新中国城市70年的历程为中国未来城市发展积累了丰富的经验,需要研究者透过纷繁复杂的历史表象,立足翔实的历史文献与资料,以科学发展理论为指导,认真总结历史经验,探寻新中国城市发展的规律和特点。开展新中国城市史研究,必须先解决新中国城市历史分期等相关学术问题,本文就此提出了一些初步的看法,这些观点是否具有科学性,分期是否具有合理性,还需要进一步观察。不过有一点是可以肯定的,即对新中国城市发展的历史分期,既要与新中国的政治、经济与社会发展进程相适应,又要符合新中国城市自身发展的轨迹与特点。期待更多的同仁一起研讨此一课题,共同推动新中国城市历史研究。

(原载《社会科学研究》2021年第2期)

20世纪六七十年代上海黄浦江水系污染问题研究(1963—1976)

金大陆

上海社会科学院历史研究所

上海城市精神首言"海纳百川","水"为上海历史地理的重要组成部分。但百年之变,染苍染黄,堪称上海"母亲河"的黄浦江水系,1963年,首次出现了22天的"黑臭"。"黑臭"不是偶然或间歇的,继而1964年出现"黑臭"33天,1965年50天,1966年29天,并持续于整个20世纪六七十年代。① 沿波讨源,黄浦江在这个时段的污染,与该时期的工业生产和管理间接相关。

检索这一涉及20世纪六七十年代水环境的专题研究,发现各地曾留存一批重要而宝贵的官方资料。近些年,利用这批资料进行学术研究,也略有起色。② 关于上海20世纪六七十年代黄浦江水系的污染研究,则有新编方志《上海环境保护志》《上海公用事业志》《上海水利志》等列有部分材料。新近出版的《上海市水环境研究》(阮仁良主编,科学出版社2000年版)、《上海环境污染防治》(沈骏等,中国环境出版社2016年版)等,则偏重于20世纪80年代以来的保护和治理,且多从技术、操作等层面分析和总结。开掘并利用多年累积的档案文献,进行历史学的研究应属新的尝试。

一、20世纪60年代前期的报告

据1965年有关单位的汇报材料:上海市的污水量已从解放初期的每天60万吨,"上升到目前的二百万吨"(其中工业污水量占三分之二强)。更因工业结构的性质已从加工业向

---

① 吕淑萍等:《上海环境保护志》,上海社会科学院出版社1998年版,第54、187页。
② 官方资料,如官厅水系水源保护领导小组办公室编印《官厅水系水源保护的研究:1973年—1975年科研总结》,1977年印行;江苏省卫生防疫站编印《江苏省水质污染调查资料汇编:一九七二—一九七五》,1976年印行;广西壮族自治区环境监测站、卫生防疫站编《广西主要江河水质污染情况调查资料汇编(1973—1978)》,1979年印行等。研究著述,如刘燕生编著《官厅水系水源保护史志》,中国环境科学出版社1995年版;段蕾《新中国环保事业的起步:1970年初官厅水污染治理的历史考察》,《河北学刊》2015年第5期等。

制造和新兴工业转型（如有机合成工业），便"产生了大量性质复杂的工业废水"，尤其造纸、化纤、印染、纺织、食品、有机化工、制药、炼油、焦化等行业，用水量、排污量和污水的耗氧量均为巨大，如造纸和化纤浆粕的蒸煮黑液，耗氧量达每吨40公斤以上，即"一吨这样的污水排入水体，需用一万吨至一万五千吨清水予以稀释"；鱼粉加工的污水，耗氧量高达每吨180公斤，即"一吨这样的污水需用四万五千吨至七万吨清水去稀释"。如此匡算，仅这些污染就要消耗整条黄浦江"四分之三的溶解氧"。当这些厂在新建、扩建和试制新产品时，绝大多数都没有对废水的处理采取措施，以至"未经处理的污水，越来越多的排入水体"。① 以至20世纪50年代初"江中还有鱼虾"，而20世纪60年代以后，市区段则"江中鱼虾绝迹"。②

尽管警报频传，甚或已引起了领导和责任部门的关注，但日日累进的工业生产不能停顿，日日持续的工业排放也未遭到禁阻。由此可见，20世纪60年代上半期大规模的工业排放，已基本毁坏了黄浦江水体稀释污染物的自净能力，③ 以至为此组建的市三废综合利用工作组在工作报告中承认：工业废水排放是"造成黄浦江水质发黑、发臭不断恶化的主要原因"。④

1963年12月，即上海城市史必须标记的黄浦江首报"黑臭"的年度，在上海市第三届党代会的《决议》中，市委明确提出对工业的"废气、废水、废渣"，应该"采取处理和综合利用相结合，分散处理和集中处理相结合的原则，逐步做到变有害为有利，变无用为有用"的方针。⑤ 1964年3月，市人委颁布实施了《自来水水源卫生防护暂行条例》，决定"首先制止黄浦江水质的继续恶化"。为此，市人委组织召开了"黄浦江水源大会"，提出"有可能经过今年一年的努力，使黄浦江不再继续恶化，并在两三年内进一步求得根本改善"的目标。⑥

如果说面对全市各工厂普遍性的指令已相当全面，那么，针对全市重点行业排污治理的

---

① 《为坚决制止黄浦江水质继续恶化而努力》（1965年9月30日），上海市档案馆藏，档号B76-4-150-24。
② 蔡君时主编：《上海公用事业志》，上海社会科学院出版社2000年版，第167页。
③ 同期，上海工业产生的废气有25亿至30亿立方米，废渣400万吨。参见三废综合利用工作组《关于加强工业三废处理和综合利用工作的报告（草稿）》（1966年6月1日），作者自藏。以下未标注出处的资料均为作者自藏，不再一一说明。
④ 三废综合利用工作组：《关于加强工业三废处理和综合利用工作的报告（草稿）》（1966年6月1日）。
⑤ 三废综合利用工作组：《关于加强工业三废处理和综合利用工作的报告（草稿）》（1966年6月1日）。
⑥ 《为坚决制止黄浦江水质继续恶化而努力》（1965年9月30日），上海市档案馆藏，档号B76-4-150-24。

措施则相当严格了：造纸工业的黑液废水，化纤和木材加工的废水，"未经处理禁止排放"；食品工业的排放污水，"含油脂总量应在 300—500 毫克/升以下"；冶金、机电和化工行业的外排废水含锰量"应在 0.5—1.0 毫克/升以下"，废酸水则必须回收利用；印染工业色度较深的废水，需"用蒸馏水 10—20 倍的稀释后"方可排出。更为严厉的措施是对危害很大、一时难以处置的废水"浓缩后远运排放入海，或压缩生产任务，以至停止生产"。同时，文件指示城建局加强"生活污水处理能力"，改造城市"下水道系统"；航道局应"立即对淤积较严重的江段河床，进行有效的疏浚"，以减轻河底污泥的耗氧量；自来水水源防护地带的工厂企业，必须顾全大局，如上海毛条厂兴建了沉淀池设备，回收羊毛脂；裕华毛纺厂把"直接排入黄浦江的污水，另设污水管，排入兰州河"；南市水厂则将"北部岸边式取水改为江心式取水"。①

务虚的指导思想和规划，务实的工作方法和指标，确实带来了一系列有效的运作，比如市卫生防疫局、城建局、规划建筑设计院、市工业三废管理所、自来水公司等八家单位，决定联手于春节期间，对黄浦江水系进行一次综合性的取样化验，并通过联席会议进行了定位分工。② 在经费投入和资助方面，也决策具有相当力度，如市人委公用事业办公室与市计委共同商定，在城市建设经费中拨出 500 万元（其中 200 万元列在基建计划中），"作为对有关工业局利用和处理污水的补助费用"。③ 上海市经济计划委员会致函市环卫局："为贯彻市委批示精神，尽快改善黄浦江水质"，共落实工业三废利用与处理工程"77 个项目，290.03 万元"。1966 年上半年，市三废工作组对化工、冶金、轻工、纺织等行业的"二百余个工厂企业和十几个科研单位"进行了一次巡查，得出的结论是：对全市工业三废的处理和综合

---

① 《为坚决制止黄浦江水质继续恶化而努力》（1965 年 9 月 30 日），上海市档案馆藏，档号 B76 - 4 - 150 - 24。

② 自来水公司：黄浦江吴淞口至闵行 12 个断面随潮取样化验，再从闵行随落潮到蕴藻浜止，采样船行至市区时，应正值涨平潮和落平潮。米市渡断面由市卫生防疫站取样，溶解氧当场化验。化验项目：浑浊度、耗氧量、溶解氧、氯化物、氢离子浓度、游离氨、生化需氧量、铁锰、细菌、大肠菌等，特定项目有木质素、酚、有毒物质等。6 个水厂每天配合取 2 个高平潮、2 个落平潮的源水水样。时间为 1 月 18 日到 25 日。城建局：担任苏州河华漕、三官堂桥和浙江路桥三处，以及虹口港鸭绿江路桥、日晖港中山南路桥、杨树浦港平凉路桥、中山西路、昌平路等 6 个泵站的取样化验。化验项目：总固体、可溶固体、氯化物、氢离子浓度、氨氮、耗氧量、生化需氧量、铁锰、细菌等。时间同上，送自来水公司化验。航道局：测黄浦江和苏州河上游的径流量，在黄浦公园水文站测水温，每天测最高、最低和平均水温，时间为 1 月 15 日到 25 日。环卫局三废所：了解春节期间主要行业各大厂休息或生产的情况。负责借一条轮船，供自来水公司使用。有关单位的资料送环卫局，其会同规划建筑设计院进行分析研究，各项资料总结分送各单位。参见《关于在春节期间，观察黄浦江水质变化，取样化验工作会议纪要》，上海市档案馆藏，档号 B256 - 2 - 231。

③ 市人委公用事业办公室：《关于制止黄浦江水质继续恶化，力争早日改善的报告》（1966 年 3 月 26 日），上海市档案馆藏，档号 B11 - 2 - 134 - 1。

利用,"做了许多工作,取得了一定的成绩";但是"发展是极不平衡的,问题也不少"。①

1963年的警报,确实惊醒了上级领导和职能部门,措施不可谓不紧迫。然而,回落到具体责任单位,面对各种复杂的境况和繁杂的事务,治理成效有限,黄浦江的"黑臭""时间越来越长,程度越来越严重,范围越来越大"。职能部门不得不承认"长期以来思想不重视,制度不健全,努力也不够",且"对黄浦江的自净能力和水质变化的规律认识不足",此为主观因素;无钱、无材料、无设备、技术困难、人力不足等,则为客观因素。② 其实,其中存在的问题,并不是那么简单的主客观概括就能解答的。既然是百年来城市工商业的累积性污染,就一定与城市的历史发展和定位息息相关。

据统计,上海1966年的工业生产"仍呈较为强劲的增长势头,工业总产值比1965年增长28.82亿元,主要工业产品都完成或超额完成了计划"。③ 与此同时,上海治理黄浦江污染的紧迫任务也没有停歇,1966年7月11日,上海市环卫局向上送呈《关于造纸、化纤行业黑液综合利用情况汇报》,主要内容有:因提取严重污染水体黑液的措施和设备,在"技术上还存在一些困难",故"提取率尚不高","每天仅约400吨"。7月13日,市环卫局再次紧急请示:因"今年黄浦江水质发臭还没有得到有效的制止",且第三季度将少雨干旱,"黄浦江水质的恶化程度可能仍会继续发展",故特别建议轻工、纺织、化工、二商局等所属"影响源水水质的重点工厂","提前安排在七、八月份进行停产检修";凡年度生产任务不足的,则"安排在七、八月份内停产";以利黄浦江水质的改善。④ 应该承认,从常态性地报告环境治理的进展情况,到紧急请示,并能针对性地提出建议,上海的职能部门仍能尽责尽力地坚持职守。

1966年12月,上海的职能部门仍有序地报告了全年工业三废管理工作的项目内容和补助经费,如纺织工业局补助经费150万元,开展的项目为提取化纤制浆的黑液;印染行业回收可作化肥的浆料;进行毛麻行业的废水处理与回收等;商业二局补助经费25万元,回收可作农肥的油脂、淀粉和血类污水等。然而,目标归目标,资金是资金,来自12月份的报

---

① 第一批关系纺织、化工等8个局共33个项目,投资为138.6万元,其中6个项目62.9万元属于基建,其余均属市政项目。第二批关系纺织、商业、冶金等11个局共44个项目,投资为151.43万元,其中9个项目60.71万元属于基建,其余均属市政项目。参见《关于同意六六年第二批安排工业三废利用与处理工程措施项目的批复》(1966年4月20日),上海市档案馆藏,档号B76-4-288。
② 市人委公用事业办公室:《关于制止黄浦江水质继续恶化,力争早日改善报告》(1966年3月1日),上海市档案馆藏,档号B11-2-134-1;《为坚决制止黄浦江水质继续恶化而努力》(1965年9月30日),上海市档案馆藏,档号B76-4-150-24。
③ 杨公朴、夏大慰主编:《上海工业发展报告五十年历程》,上海财经大学出版社2001年版,第65页。
④ 《为改善黄浦江水质,请将影响水质的重点工厂的停产、检修提前在七、八月间进行的请示报告》(1966年7月13日),上海市档案馆藏,档号B76-4-288。

告不得不承认迅速的生产发展与工业三废的"数量与种类也随之相应地增长","废水与水源之间的矛盾更为尖锐起来",①致使职能部门以"职能之责"再度呼吁,为防止上海地面沉降而压缩地下水使用后,黄浦江已是上海市的唯一水源。且据调查确证"未经处理而排放工业废水"(有机物废水、含大量金属离子和有毒物质的废水),是导致黄浦江水质恶化的"重要污染水源"。职能部门的报告甚至警示:环境治理工作经济意义和政治意义重大,若不能"认真严肃对待这一问题","将要犯历史性的错误"。②

然而,同为1966年岁末,也有从基层传来的令人瞠目的消息:11月15日吴泾化工厂将未经处理的高浓度含砷废水60余立方米排入黄浦江(含砷每升为1000毫克,按国家颁布的标准,砷最高允许浓度为0.05毫克/升),且行为极端恶劣。因据吴泾港务监督掌握的情况,有关人员已于当日早晨赶赴现场,并会同市卫生防疫站向厂方提出先将"含砷碱废液先暂且储存起来,待适当处理"(用厂内冷却水50倍稀释,处理到含砷2.5毫克/升)后,"采取每天涨潮时排放一部分,隔数天后逐步排放完毕",而不能同意从设备的入孔处"泄入下水道至黄浦江"。但厂领导仅口头同意,中午至下午,工人竟两度打开入孔,将"含砷废水从设备中全部放出"。因含砷废水极毒,对人体有致命的危害,厂方与吴泾港务监督即向江面船民进行广播"黄浦江水暂时不能饮用",当天,长桥水厂的水质亦起了变化。③

为什么职能部门与生产部门的态度、行为大相径庭?除了两者之间的位序和关联在体制上存在着一定程度的梗阻以外,相较而言,前者因职守的缘故而贴近黄浦江"黑臭"的现场,因有感觉而增强职责,因有经验而产生吁求。后者则分列为一个个的单位体制,其面对的困难和问题,全部落实于以"产量—质量"为中心的生产任务,清除黄浦江"黑臭"便疑似额外与负担。正是这两者之间的违迕,导致了黄浦江"黑臭"不是一两年就能解决的。

二、比照1968年与1973年的水情及其"天人关系"的辨析

据《上海环境保护志》材料:1966—1976年的十年,上海黄浦江发生"黑臭"天数记录如下(见表1)。

---

① 《一九六六年全市工业三废管理工作方案》(1966年12月),上海市档案馆藏,档号B226-3-321。
② 《一九六六年全市工业三废管理工作方案》(1966年12月),上海市档案馆藏,档号B226-3-321。
③ 《关于吴泾化工厂任意排放含砷废水的报告》(1966年12月13日),上海市档案馆藏,档号B76-4-288。

表1　　　　　　　　　　1966—1976年黄浦江"黑臭"天数记录

年份	1966	1967	1968	1969	1970	1971	1972	1973	1974	1975	1976
天数	29	25	49	30	13	24	30	0	47	20	29

资料来源：吕淑萍等：《上海环境保护志》，第54页。

说明：上海市自来水公司为评价取水口原水水质，提出了水质污染指数：当污染指数大于等于5时，定为"黑臭"，污染指数的计算方法：氨氮浓度/溶解氧饱和率+0.4。

如表1所示：此十年间的黄浦江"黑臭"有1968年、1974年等几个凸起点，均接近50天。这期间也有1973年等平凹处，若与1978年、1988年和1995年的黄浦江"黑臭"分别高达106天、229天和329天相比，其状态是基本平稳的，这应与黄浦江污染整体上尚处于初始阶段有关。

据1968年上海市自来水公司革命委员会的紧急报告：6月中旬以来，黄浦江水质恶化，"自上游关港至下游东沟，长达约30公里的河段，一片漆黑、臭气冲天，使黄浦江和日晖港、苏州河、杨浦港连成一片，不能分辨"。且黑臭范围已"波及五个水厂"。[1] 继而，9月初秋季早晚已凉爽，在原水水质良好，下游吴淞口和上游太湖瓜泾口水位均"相当高水量"的情况下，杨树浦、南市、长桥和浦东等水厂的河段溶介氧多为零，水的物理性质"呈淡灰色，嗅带臭味"。各水厂净水药剂的投入比"正常时增加50%—200%"。经查究，因为"工业废水和生活污水不断大量排入"黄浦江市区段，故此次的水源恶化历年罕见，"性质是严重的，危害很大"。[2]

以上两份报告认为：1968年上海的工业经济有所恢复和提升，其"生产总值直线上升"，这直接导致全市的用水量"有了极大增长"，新兴工业"也有较大发展"，每天高达170万吨的有机废水"大量排入黄浦江"，其中"黑液的排放约占总污染量的60%"。[3] 多年来，这个严重污染水体的痼疾，反复被提及，反复被警示，却始终难以制服。隐伏在其中的祸缘是什么？同时，此年"干旱少雨，降雨量仅及常年的六分之一"，且农业用水增加，上游径流量减少，怎能不累及黄浦江！

再看1973年上海市自来水公司的水质情况总结：因工业发展，全市每天"约有废水

---

[1]《上海市自来水公司革命委员会关于最近黄浦江水质恶化的紧急报告》（1968年6月22日），上海市档案馆藏，档号B226-3-69。

[2]《九月上半月黄浦江水源又一次发生恶化的报告》（1968年9月24日），上海市档案馆藏，档号B226-3-69。

[3]《上海市自来水公司革命委员会关于最近黄浦江水质恶化的紧急报告》（1968年6月22日），上海市档案馆藏，档号B226-3-69。

280万吨"，① 市民生活用水仍不符合卫生学要求；水厂水源局部范围内污染仍旧严重；事故污染事件增多，以至引起四起水厂停水事件，但今夏"自1964年来第一次"避免了黄浦江的"发黑发臭现象"，是令人欣喜和鼓舞的。综合分析有三大人为因素和一大天然因素。人为因素：上海现有15个污水工厂，每日处理污水15万吨，对减轻污染稍起作用；1968年开建的西区和南区污灌工程已开闸启动，分别排入长江和东海的污水40万—60万吨/日和20万—27万吨/日。虽然存在"转移性污染"，但"减少黄浦江的污染"是肯定的；上海上端重视、中端积极、下端各厂冷热不均的"三废"治理亦略有成效，一定程度地减少了污染源。天然因素：水文资料表明太湖流域逢发现黄浦江水质恶化近十年以来的丰水年，5—10月黄浦江上游在太湖之瓜泾口、平望等水文站出现最高水位和最大下泄流量（过去几年黄浦江上游太湖水位均在2.70米以下，1973年太湖平均水位2.96—3.12米，最高达3.53米），河流的巨大水量充分稀释了恶化的水质。②

现将上海20世纪六、七十年代黄浦江发生"黑臭"的最多天数（1968年）与最少天数（1973年）进行比照，可知人为的生产和生活排放与自然水系循环功能的交错叠加，相互制约，才整体性地决定水环境的安全。其间，人为的因素是主导的，根源性的；自然的因素是实在的，随机性的，大自然的循环赋予黄浦江的自净能力，存在着自身的域限。如表2所示：

表2　1968年与1973年太湖汛期水位比较表（5—10月）太湖瓜泾口、平望水文站　　单位：米

年份	太湖汛期水位（高）	太湖汛期水位（低）	太湖汛期水位（平）
1968	2.88	2.34	2.61
1973	3.53	2.66	3.07

资料来源：《上海市自来水公司革命委员会一九七三年水质情况总结》，上海市档案馆藏，档号B226-3-321。

可见，1968年黄浦江"黑臭"49天，为自1963年以来"最为严重的一年"，此时太湖汛期处于低水位状态中。③ 反之，1973年黄浦江无"黑臭"日，可谓"不同寻常的一年"，太湖汛期处于高水位状态中。可见大自然的往复循环确实在一定的域限内具有净化的功能：

---

① 上海市出席"全国环境保护会议"代表小组：《关于出席全国环境保护会议情况汇报》（1973年9月11日）。

② 《上海市自来水公司革命委员会一九七三年水质情况总结》，上海市档案馆藏，档号B226-3-321。

③ 《上海市自来水公司革命委员会关于最近黄浦江水质恶化的紧急报告》（1968年6月22日），上海市档案馆藏，档号B226-3-69。

低水位，河流自净能力衰弱疲软，人为的污染放肆泛滥；高水位，流量及自净能力充沛强大，可携带域限允许之内的污染流淌而去。人与自然的和谐共生，就在于人为的要素——作为主导性的变量——能敬畏并遵循自然的运行规律及其内在的域限。从1968年的严重黑臭到1973年的避免黑臭，除了这一年因太湖水系发生了极其利好的变化，在这5年间，上海工业生产的"三废"排放处于怎样的状态呢？详见表3。

表3　　　　　　　　　　上海黄浦江夏季水质情况（1968—1972年）

年份	污水吨数（每天）与情况	黄浦江污染天数与情况
1968	170万吨	6月初，出现持续近50天黑臭。污染范围40多公里
1969	185万吨	许多工厂污水的利用和处理，雨天较多，黑臭持续20多天。污染范围仍有40公里
1970	186万吨	由于工厂开展综合利川。六七月间雨水多，8月份出现短暂的黑臭现象
1971	195万吨以上 7月高温平均240万吨	污水处理和利用有较大发展。又因日晖港污水灌溉工程建成，每天为市区排除27万吨污水，江水未出现黑水，虽有发臭情况，时间较短。经自来水公司化验，水质的综合指数好于去年
1972	8月江水中出现 汞、氰、酚含量逐渐增加的趋势	4月21—24日，5月4—8日，6月1—15日发生污染恶化情况，太湖水位均在2.70米以下

资料来源：《关于今夏黄浦江水质和用水灌溉农田的情况报告》（1971年8月5日），上海市档案馆藏，档号B246-1-404；《1972年三废治理、综合利用情况汇报》（1972年12月）；《上海市自来水公司革命委员会一九七三年水质情况总结》，上海市档案馆藏，档号B226-3-321；上海市出席"全国环境保护会议"代表小组：《关于出席全国环境保护会议情况汇报》（1973年9月11日）。

说明：1972年黄浦江夏季每天污水排放吨数无资料，1973年夏季为280万吨/日。

表3（结合前表）提供了三个方面的信息。

第一，1969年以后至1972年的四年，太湖汛期的水位状态是利好的，高水位、低水位和平水位的数据，均高于1968年的2.88米（高）、2.34米（低）和2.61米（平）。1970年，甚至达到3.29米（高）、2.64米（低）和2.92米（平）；即便整体水位较低的1972年，其2.48米（低）和2.68米（平）的水位也明显地高于1968年。所以，这些年间黄浦江水系的流量是充沛的，减轻江水污染的成效是可见的。

第二，以两个比照点1968—1973年的夏季水质为准，上海的工业排放从170万吨/日至280万吨/日是直线上升的。笔者再查核多方资料，其恰与上海同期的工业经济统计数据同频同构，如1968—1973年的上海工业总产值从251.87亿元增长至383.33亿元；工业净产值从 86.18 亿元增长至 132.17 亿元。① 同时,"轻工业比重呈逐步下降趋势,而重工业比重呈逐步上升趋势","第三产业比重太低"。② 就此,证实了 20 世纪六、七十年代的工业生产与工业排放之间的因果关系。

第三,与此同时,上海的管理和职能部门推进以消除黄浦江"黑臭"为中心的工作从未间断。③ 只是因多重复杂的原因,力度不够,措施失当,效果欠佳。于是,将此条与第二条接合起来,可知这一阶段上海的工业增产,排放增加,同时,对"三废"工作有所重视和落实,即处于"边排放边治理"的状态中。

1968 年 3 月 23 日,《解放日报》刊登了上海革命化工厂和上海皮革化工厂倡议书,声称上海工人阶级,决心"奋战六个月","打一场利用、处理工业废水的'人民战争'"。④ 此年,市革委会正式发出了"放手发动群众,向黄浦江、苏州河污水宣战"的号召。⑤ 据《文汇报》报道:全市造纸、印染、化纤、电镀、皮革等 12 个重点行业,"大搞技术革新,力争把污水消灭在生产过程中"。如印染行业采用不烧毛、不煮炼,不丝光的"三不"新工艺,大量减少了印染污水;电镀行业创造用氯化铵(或焦磷酸盐)取代剧毒物质氰化钠进行无毒(或微毒)电镀的新工艺,该工艺已在全市几十家工厂推广。⑥ 冶金等重点工业局立即成立三废小组,表示"决不让一滴废酸流入苏州河、黄浦江"。⑦ 正是在这种态势下,上钢二厂利用自然结晶法生产各种类型的硫酸亚铁,供化肥、制药、试剂、自来水净化剂等使用,"现已做到了废酸不排放,全部回收利用";上海钢管厂尚有一只槽子的废酸要放掉,工人们争取该槽子的"排放酸管接到处理工段"。上钢三厂是用酸大户,"每天有 100 吨左右废酸放入黄浦江","三废"会议后,该厂做出"每天处理 70 吨废酸的方案"。⑧

随着治理工作的进一步发展,市革委会工交组发现各管理部门存在"各干各的,力量分散,重复劳动,基层单位也疲于应付"的情况,故建议将城建局三废管理小组、市废渣

---

① 杨公朴、夏大慰主编:《上海工业发展报告五十年历程》,第 80 页。
② 杨公朴、夏大慰主编:《上海工业发展报告五十年历程》,第 68 页。
③ 笔者在《非常与正常——上海"文革"时期的社会生活》(上海辞书出版社 2011 年版)一书中,提出了"国家管理'在位'"的概念和观点。
④ 《用毛泽东思想统一认识,统一行动,大搞综合利用,向黄浦江、苏州河污水进行宣战的联合倡议》,《解放日报》1969 年 3 月 23 日,第 4 版。
⑤ 《把有害气体制成化工原料》,《解放日报》1969 年 3 月 23 日,第 4 版。
⑥ 《向黄浦江苏州河污水宣战取得初步成绩》,《文汇报》1969 年 10 月 22 日,第 3 版。
⑦ 冶金系统排出的废酸种类繁多,有硫酸、盐酸、硝酸、氢氟酸等。该局每年生产上消耗总原硫量达 26100 吨,排放废酸每月有 6400 吨,影响苏州河、黄浦江水质是极其严重的。参见上海冶金局革委会生产组《三废工作情况报告》(1969 年 5 月 10 日)。
⑧ 上海冶金局革委会生产组:《三废工作情况报告》(1969 年 5 月 10 日)。

利用办公室等合并调整,"改组为市三废管理小组",以统筹规划,统一部署。① 与此同时,重点加强对北新泾地区的三废监管,该地区29个工厂已订出规划和措施212项,"一年可回收各种化工原料2万2千吨,年内可完成154项"。市革委会工交组则总结北新泾地区的经验,以"推动高桥、吴泾、桃浦地区战三废、除公害群众运动的开展"。② 再据《解放日报》报道:上海"一至九月仅从工业废水中就回收染料、废酸、烧碱、油脂、肥料等一百多万吨"。③ 从发现问题到采取措施,"战三废"的格局已经初步在上海的工业系统中建构起来了。污染治理虽未必达到理念的自觉,起码成为一项必不可少的工作和任务。

自然循环运动与人的生产活动的两大因素(天人之间),存在着一个互为变量的"关系和谐度",稳定在域限内,共生共享;突破域限,则招灾惹祸。对于环境的污染,"人类中心主义"的征服观负有重要的责任,其差谬在于看不到"生产中的人"也属自然循环中的一部分。当工业生产在创造物质财富的时候,是侵扰、破坏自然,还是爱惜、保护自然,当以人与自然的"关系和谐度"为刻准。以1968年与1973年黄浦江"黑臭"状况中,人为与自然因素叠加的比照,可谓一个恰当的注脚。

三、"回潮""倒退"的教训

1974年,上海黄浦江的"黑臭"高达47天,大大突破了20世纪70年代以来的纪录,仅比1968年少两天。据自来水公司报告:该年"5月4日开始已发生严重恶化","5月18日,杨树浦水厂江段已开始发臭,水中溶解氧基本消失",至"5月23日,恶化现象扩大到长桥水厂江段",江水"呈灰褐色,并有明显臭味",范围"共计约长20公里",严重地影响了自来水质量。④

原因之一是自然因素:该年春季雨水偏少,初夏太湖的整体水位降低,而成为"水质恶化的重要因素"。幸而,天公作美,至盛夏"黄浦江共经历了四次大汛,三次小汛",进潮量大,下泄清水流量增加,大大有利于"黄浦江污水的稀释",并增强了"把黄浦江污水挤压出吴淞口的能力"。这足见大自然的规律只能遵循,只能顺势而为。但是,报告同时指出:"污染仍相当严重。"⑤

---

① 市革委会工交组:《关于战三废、除公害工作要点的请示报告》(1971年8月5日)。
② 市革委会工交组:《关于战三废、除公害工作要点的请示报告》(1971年8月5日)。
③ 《上海工人战"三废"除"公害"大搞综合利用》,《解放日报》1971年10月23日,第1版。
④ 《治理三废内部情况简报》第7期(1974年5月25日),上海市档案馆藏,档号B246-2-1126-11(4P);《治理三废内部情况简报》第10期(1974年6月8日),上海市档案馆藏,档号B246-2-1126-23(5P)。
⑤ 《上海市自来水公司1974年夏季水质简报第3号》(1974年8月30日),上海市档案馆藏,档号B226-3-321。

原因之二是人为因素：据称，因"生产增长，而相应的三废治理措施未跟上"，甚至一些重点行业还出现了放松管理的"倒退"情况。如造纸行业的"纸浆增产百分之五，而黑液提取率却从过去的百分之四十下降到百分之二十"；① 皮塑公司八家厂的"废水处理为百分之七十左右，现在仅处理了约百分之六"。② 在有害物质方面，发生了含锰量"超过饮用水标准四倍至八倍"，以至自来水发黄，饮用时有铁味，洗衣后产生黄斑点。经初步分析，此"与全市酸洗废液的回潮现象有明显关系"。③

在生活排泄方面，上海港自1956年就开始有水上清洁工清除船舶粪便，至"1965年日均收倒粪便26吨"，1973年日均收倒"只有9.1吨，不到产量的5%，其余均直接下河"。再据1974年的统计，上海每天在港船员、旅客有24.6万余人，产生生活污水约2400立方米，粪便污水为1200余吨，其全部排放在港区水域里。肥料公司2023艘运输大粪船只，每只洗舱水以200公斤计，每天就有400余吨含粪洗舱水倾注江中。④ 所以，该年上海仍"有300万吨废水"，除已处理的5%和两条管理不善的污水管带走一部分外，"还有100多万吨直接排入苏州河和黄浦江"。⑤ 1975年和1976年更是延续着这种态势。

前些年治理活动已启动，已进展，已取得一定的成效，为什么不能持之以恒，反而半途中辍呢？"四五"期间（1971—1975年）"上海工业继续保持增长，平均每年增长7.48%"，包括"国家下达给上海的工业产品指标大都完成或超额完成"。⑥ 若以该年上海工业经济效益的各项指标，与国家"三五"计划起始的1966年的相比，如表4所示：

表4　　　　　　　　　1966年与1975年上海工业经济效益　　　　　　　　单位：亿元

年份	工业总产值	工业净产值	利税总额	人均利税（元）
1966	259.59	88.85	73.86	3461.75
1975	420.37	150.82	117.46	3997.41

资料来源：杨公朴、夏大慰主编：《上海工业发展报告五十年历程》，第80页。

说明：总产值按当年价计算；利税总额和人均利税的统计范围为全民所有制独立核算工业企业。

---

① 《治理三废内部情况简报》第7期（1974年5月25日），上海市档案馆藏，档号B246-2-1126-11（4P）。
② 《治理三废内部情况简报》第10期（1974年6月8日），上海市档案馆藏，档号B246-2-1126-23（5P）。
③ 《上海市革委会工业交通组办公室二组关于黄浦江水质恶化情况的报告》（1974年6月19日），上海市档案馆藏，档号B246-2-1126-28（5P）。
④ 吕淑萍等：《上海环境保护志》，第54、187页。
⑤ 上海市革委办公室二组编：《简报》第249期（1974年10月25日）。
⑥ 杨公朴、夏大慰主编：《上海工业发展报告五十年历程》，第65页。

可见这一时期，上海的"工业净产值和利税总额均呈逐年上升趋势"。① 当然，同一时期中央对上海的投资（1967—1976年，投资总额达87.98亿元）和银行给工业企业的贷款余额（1965年为17.81亿元，1976年为65.14亿元）都是增长的。② 如果说这是总体的态势，那么落实到每一具体的工业部门，一定是指标压力沉重，生产任务繁重。以上海纺织工业局为例，据该局1974年的报告：由于外销产品比重增加，"高中档品种从百分之十几增加到百分之五十左右"，且"化纤工业发展很快，目前产量比1969年增加一倍"。③ 这就引出"最为突出的是两个问题：一是劳动力明显不足，工人体质状况下降。二是由于资金、原材料不足，使老厂改造进展缓慢"。④

纺织局提示的这"两个问题"，在太湖汛期的水量并非"低水位"的情况下，恰恰是1974—1976年黄浦江仍发生"黑臭"的答案。所谓"劳动力明显不足"，实际上是生产任务层层加码，如各纺织厂加班加点"连续增开十九班、二十班、廿一班"，再增"吃饭不关车""干部顶班劳动"等措施的结果。⑤ 生产和管理应接不暇，哪有心思和精力去处置污染的治理和排放呢？当年的《治理三废内部情况简报》指出：生产增长了，三废治理"未跟上"；造纸、皮塑、冶金等重点行业出现"倒退""回潮"现象，甚或"生产的增长"直接成为轻忽环境保护的遁辞。

所谓"老厂改造进展缓慢"，是指上海作为百年的工业基地，其工业设施的性能和生产技术的水平已处于陈旧落后的状态中，据1976年对三千多个机械产品的分析，"属五六十年代的占50%—60%，属七十年代的只有5%"；冶金工业的"炼钢工艺仅及国际1950年代水平，轧钢是1940年代的工艺，而有色金属的加工则属于国际1930年代的水平"；化工系统的装备"大多数处于国际1940年代水平，而且设备完好率下降，经常出现跑、冒、滴、漏现象"。⑥ 如此工业基础和生产状态，能维持常态的生产已属不易，哪还有实力和功能去解决污染问题呢？在一定意义上，这正是上海长期以来难以解决"三废"污染的根由之一，它需要工艺上改弦易辙，需要设施上更新换代，需要格局上有更开阔的视野和行动。同时，这也证明以往的治理既没有先进理念和科学规划的部署，又没有充足的资金和专业人

---

① 杨公朴、夏大慰主编：《上海工业发展报告五十年历程》，第80页。
② 杨公朴、夏大慰主编：《上海工业发展报告五十年历程》，第74—75页。
③ 《中共上海市纺织工业局委员会关于加快技术革新、老厂改造步伐改变"轻工不轻"面貌的情况报告》（1974年2月2日），上海市档案馆藏，档号B246-2-1126-83-（12P）-P1-5。
④ 《中共上海市纺织工业局委员会关于加快技术革新、老厂改造步伐改变"轻工不轻"面貌的情况报告》（1974年2月2日），上海市档案馆藏，档号B246-2-1126-83-（12P）-P1-5。
⑤ 《中共上海市纺织工业局委员会关于加快技术革新、老厂改造步伐改变"轻工不轻"面貌的情况报告》（1974年2月2日），上海市档案馆藏，档号B246-2-1126-83-（12P）-P1-5。
⑥ 杨公朴、夏大慰主编：《上海工业发展报告五十年历程》，第76—77页。

员的保障，完全是一种"动员—任务"型的"应对性"操作。

四、灾难性的"转移性污染"

这一时期更加令人不安的问题，是因黄浦江与近郊、远郊的大小河流相通，郊区（社队企业）的"三废"排放，开始"合围性"地侵扰黄浦江水系。这源于几年来市区工厂有毒、有害的产品，成批地往郊区转移。至于为什么20世纪70年代中后期才见集中性的报告，是因为此类项目从转移到生产，从生产到排放，从排放到污染有个累积性的过程。

1974年元月，上海市委、市革委会向全市下发了《关于郊区工业"三废"危害情况和改进意见的报告》：据上海、嘉定、宝山、川沙、南汇、青浦、松江、金山八县的统计，"产生'三废'危害的工厂有1211个，约占八个县工厂总数的百分之二十。这些厂排出的'三废'中含有氰、氢、氟、苯、铅、酚、钍（有放射性）等十余种有害物质。每年排出的有害废水约500万吨"。[①] 例如：在上海县杜行化工厂全部排入黄浦江的废水中，铬和硫酸氯钠的含量高达1000毫克/升，超过国家规定标准2000倍；青浦县城厢镇电镀厂使用山萘（氰化钠）等剧毒化工原料，"每年排入河中的有害废水约有6万吨，以致河水中氰化物含量达1毫克/升，超过国家规定标准19倍"。[②]《报告》承认：这些市属单位在向郊区社队安排加工任务时，"既不讲清情况，又不帮助加工单位做好有害'三废'的防护和处理工作，使'三废'从市区扩散到郊区"。[③] 例如市医药工业公司共有46个生产单位，25家涉及"三废"。领导为"加速'三废'处理，改善城市环境卫生"，考虑"把'三废'严重的产品逐步调给郊区进行生产"。[④] 所以，《报告》说"类似这种情况不少"。[⑤]

据1975年嘉定县革委会的汇报：该县县、社、队三级工业企业共有744个，其中县办56个、镇办13个、社办115个、队办560个，"产生'三废'的有150个单位，占企业单位总数的20%左右"，[⑥]污染多为利用市属工厂提供的下脚资源导致。其中"生产废水的单

[①] 中共上海市委办公室、上海市革委会办公室：《关于郊区工业"三废"危害情况和改进意见的报告》（1974年1月29日）。

[②] 中共上海市委办公室、上海市革委会办公室：《关于郊区工业"三废"危害情况和改进意见的报告》（1974年1月29日）。

[③] 中共上海市委办公室、上海市革委会办公室：《关于郊区工业"三废"危害情况和改进意见的报告》（1974年1月29日）。

[④] 上海市革委会办公室二组编：《简报》第249期，1974年10月25日。

[⑤] 中共上海市委办公室、上海市革委会办公室：《关于郊区工业"三废"危害情况和改进意见的报告》（1974年1月29日）。

[⑥] 嘉定县革命委员会生产计划组：《关于县、社、队工业"三废"检查情况的汇报》（1975年6月17日）。

位有100多个。废水总排量为2200吨/天,这些以汞、氰、铬酸、三酸、二碱为主的废水,都"直接排入河道或土井"。① 如外冈农具拉丝厂酸洗车间因直接向河道排放酸洗废水,该厂周围纵横三华里的河面受到严重污染。娄塘公社电镀厂含铬和含氰废水严重超标,"河面被染成淡黄色","附近自来水厂被迫停止供水"。②

再看1975年宝山县治理"三废"调查小组的报告:该县的县、社(镇)、队办企业共计353家,主要是化工、电镀、喷漆、抛光、烧结、冶炼、翻砂、放射、建材及胶木粉等项目,因大部分原料利用化工、制药下脚,故"有害有毒的企业256家,占72.5%"。③ 如大场公社化肥厂从第二制药厂下脚中提炼甲醇,废水直接排入河内;五角场公社化肥厂大量使用炼油厂下脚油作燃料,一天两锅炼400—500公斤/锅的零碎皮革,硝水直接排入河浜;全县有22家电镀厂,多为队办企业。经采样检验,月浦沈行电镀废水含总铬48毫克/升,罗泾川沙电镀废水竟含总铬70毫克/升(最高排放城市下水道标准铬为0.5毫克/升),"影响社员饮用水和养鱼业生产"。④ 县冶炼厂选址不当,上马半年即发生附近生产队因污水排入河浜造成鸡、猪等死亡。经采样,河内含锰1200毫克/升(标准10毫克/升),含硫化物4.2毫克/升(标准不允许),砷1.2毫克/升(标准0.05毫克/升),氰化物0.7毫克/升(标准0.1毫克/升),PH11.4(标准6—9)等均大大超标。该厂便排暗管把污水引入走马塘,污水再流入蕴藻浜,以污染主干河流来遮掩责任。⑤ 该县加工业"废水"如此无忌惮、无节制地排放,后果极其严重。淞南公社7个大队、13条小河全部被污染,其中一条名叫黑桥江,被吴淞煤气厂的污水真地染成"黑桥江"了。这不仅"使农作物萎缩减产,水生物无法生长",更使广大社员身心交病,1974年淞南公社患癌症死亡18例,吴淞公社死亡38例,卫生部门认为,"这与环境污染有很大关系"。⑥

与此同时,部分地处郊区的市属企业,或因远离监管,或因近靠水流,随意排放"三废",引发了数起城镇居民和农民的抗议事件。吴淞及江湾地区的许多贫下中农纷纷写信,指控试剂四厂、吴淞化工厂、汽车底盘厂和第二铜带厂等的"三废"毒化水源,污染空气,使农业减产,鱼苗死亡,甚至"健康受到威胁",特向有关部门呼吁:"救救我们。"彭浦人

---

① 嘉定县革命委员会生产计划组:《关于县、社、队工业"三废"检查情况的汇报》(1975年6月17日)。
② 嘉定县革命委员会生产计划组:《关于县、社、队工业"三废"检查情况的汇报》(1975年6月17日)。
③ 宝山县治理"三废"调查小组:《宝山县关于"三废"情况调查汇报》(1975年5月)。
④ 宝山县治理"三废"调查小组:《宝山县关于"三废"情况调查汇报》(1975年5月)。
⑤ 宝山县治理"三废"调查小组:《宝山县关于"三废"情况调查汇报》(1975年5月)。
⑥ 宝山县治理"三废"调查小组:《宝山县关于"三废"情况调查汇报》(1975年5月)。

民公社也反映因邻近工业区的废水污染了河流，使"十四个生产大队的作物减产"。① 上海毛巾十五厂漂染车间，"每天约有三千吨有色废水排入河内"，嘉定县南门的农民多次提出意见未果，准备"堵塞排水管"。②

其实，不管是位于郊县的市属工厂利用地位和便利排放污染，还是位于市区的工矿企业利用城乡之间的差序转移污染源，其危害程度都是极其严重的。但农村的社队企业也由此兴办，如宝山县罗泾公社就有6个电镀厂，社队干部说"市里人家吃不消，我们农村空气新鲜没问题，可以增加收入"，"只要有钱可赚，就接受加工"。③ 甚至已被明令收回的石棉加工仍被接受。④ 掌握着资金和毒害产品生产权的市属企业，因明知故犯，是"转移性污染"的主导方、责任方；社队企业因贪小失大，是被诱惑和被贻害的。这种以"无价"的环境换取"有价"的金钱，大概只有后人的明智和加倍地偿还，大自然才可能重获以往的生息。在人类的环境治理史上，这种强势的"转移性污染"似乎成为常态，上海也没有逃脱这个宿命。

五、"应对性"治理：国家管理的在位与存在的问题

作者检索从1963年到1976年13年的资料，黄浦江水系污染从初期到爆发，大致经历了三个阶段：第一阶段即1963年至1968年，从黄浦江发现"黑臭"到发生连片的"黑臭"；第二阶段即1969年至1973年，因为抓了治理工作，恰逢利好的自然水情，"黑臭"有所控制和减退；第三阶段即1974年至1976年，工业有所发展，责任单位或放松管理，或转移污染，黄浦江"黑臭"回潮。那么，面对承担数百亿工业产值的重责和千百万城市人生活的严峻现实，相关部门是如何处理这一难题的呢？

1966年6月，国家计委在上海召开了全国"三废"综合利用会议。该年度的市工业"三废"管理工作报告，指出因生产迅速发展，"三废"的数量与种类随之增长；又因主观上认识和估计不足，部分企业的领导未能正确理解相关政策，"致使工业三废与工农业生产

---

① 上海市三废治理领导小组办公室：《关于加强重点工厂"三废"治理工作的报告》（1975年12月8日）。

② 《治理三废内部情况简报》第7期（1974年5月25日），上海市档案馆藏，档号B246-2-1126-11（4P）。

③ 宝山县治理"三废"调查小组：《宝山县关于"三废"情况调查汇报》（1975年5月）；中共上海市委办公室、上海市革委会办公室：《关于郊区工业"三废"危害情况和改进意见的报告》（1974年1月29日）。

④ "近年来，有些公社又接受了苏州等地区的石棉加工任务。上海、南汇、奉贤、金山、青浦5个县，就有11个公社65个大队接受了外地的石棉加工任务，有六千六百余人从事这项工作。有些社员把石棉絮拿到家里进行纺线加工。"参见中共上海市委办公室、上海市革委会办公室《关于郊区工业"三废"危害情况和改进意见的报告》（1974年1月29日）。

之间、与人民生活之间的矛盾仍然未得更好的解决"。①

现据中共上海市委组织部编纂的《上海市政权系统、地方军事系统、统一战线系统、群众团体系统组织史资料》,"上海市革命委员会"在当时"作为全市党政合一的权力机构"。② 具体在"三废"的治理工作中,自来水公司就黄浦江发生恶性水情,直接向市革委会"紧急报告",并提出种种实施的对策和建议。1968年市革委会提出了"放手发动群众,向黄浦江、苏州河污水宣战"的口号,冶金、纺织等工业局也采取了一些措施。1972年6月,中国代表团出席了联合国人类环境会议,标志着国家层面对解决环境污染问题的重视和参与,上海也积极反应。8月,检测出黄浦江水质中出现汞、氰、酚含量升高时,市委立即组织力量对黄浦江水系进行普查。1975年5月,国务院环境保护领导小组下达《关于环境保护十年规划意见》,指定上海、北京等重点城市"在3—5年内成为清洁城市",首要的标准就是"工业和生活污水得到净化处理,按国家规定的标准排放"。市"三废"治理领导小组自然层层下达,要求各重点工厂"都要依靠群众在摸清每个车间、每道工序'三废'情况的基础上,订出三年治理规划",不仅要"逐步还清'旧欠'","今后在增产时,都必须采取相应的'三废'治理措施"。③

面对城市管理的职能,国家管理的在位是切实而明确的。那么,国家管理是否到位呢?因此时国家管理所处的时代条件,决定了政府主导的治理,以应对性治理为主。这种结构性的问题,既与环境治理所必需把握的城市更新的规划和技术规范相距甚远,更对环境治理中应如何摆正"政府—企业—社会"的关系所知不多。再加上因受到种种制约,国家只可能采取或就事论事,或因地制宜的"应对性"治理措施。

要之,在肯定国家管理的在位的同时,我们还应看到存在着种种问题,将两重因素统一考虑,才可能理解为什么该时期的环境治理呈现"应对性"的状态。

六、"作坊式"治理:土法上马的正面与反面

20世纪六七十年代上海黄浦江水系的污染,采取了"作坊式"的治理,即从规划到方

---

① 《一九六六年全市工业三废管理工作方案》(1966年12月),上海市档案馆藏,档号B226-3-321。

② 1967年1月,上海发生了所谓的"一月革命"的风暴,宣布成立了全市性最高权力机构"上海人民公社"。2月23日根据毛泽东的意见和《中共中央关于夺权斗争宣传报道问题的通知》,"上海人民公社临时委员会"改为"上海市革命委员会"。这一时期"政权机关遭到严重破坏,各级人民代表大会被迫停止活动。人民委员会改称革命委员会,作为全市党政合一的权力机构"。参见中共上海市委组织部等编《上海市政权系统、地方军事系统、统一战线系统、群众团体系统组织史资料》,上海人民出版社1991年版,第1—2、146页。

③ 上海市三废治理领导小组办公室:《关于加强重点工厂"三废"治理工作的报告》(1975年12月8日)。

案，从设施到手段等，均没有现代科学技术的支撑，无疑是治理成效不彰的重要原因和教训。

1966年3月，上海市委针对黄浦江"黑臭"所定的工作方针，就是贯彻"勤俭办一切事业的精神"，其所需费用、设备、材料"首先要在本系统内调剂解决"。同时其指出对"本行业真正不能解决的技术问题，建议请科委组织有关科研单位和大专院校共同研究解决"。① 总之，"因陋就简，土洋结合，土法上马"，被认为是多快好省治理"三废"的正确途径，所举的例证是上钢二厂利用废硫酸生产硫酸亚铁，就是在金属制品车间旁边搭一个芦席棚，利用一只旧木槽，十多只普通水缸，一台土造的离心甩水机和一座土烘炉。当用户需要粉末结晶状的产品时，其又利用磨豆浆的石磨加工磨细，以满足用户要求。五年来，该厂就是用这种破旧简陋的设备，生产硫酸亚铁1800余吨，价值71万余元。② 可见当时强调自力更生和内部挖潜，是工业系统治理"三废"的主导思想，即立足于企业，以聚集企业的物力和人力，发挥企业的能动性来面对"三废"的困难和问题，故具有相当的正面意义。

此十多年间，领导机构并非不促进生产，面对黄浦江的污染也没有掉以轻心。但事实上，撤销和解散了市委倚重的原科委和科学技术团体，致使企业生产治理上的技术问题无从咨询。继而，"许多科技人员被迫离开专业岗位，导致专业知识荒废和工业技术停滞"。③ 再则，上海砍去了8所大专院校，且3年停止招生，少培养十多万人。51所中等专科学校则全部关门，少培养的中专生数目更大。据统计，此十多年中，上海进入工矿企业的"新工人"有200多万名，其中"文盲占10%，小学程度占50%，初中程度的占30%，高中程度的仅占10%"。④ 这样的科技环境、科技能力，资金、技术和管理全都被压缩、约束，"作坊式"的治理也是不得已而为之。

七、"以单位为重"的难题

20世纪六七十年代，上海的工矿企业处于"大而全""小而全"的生产体系中。⑤ 这种封闭型的特征所形成的"单位为重"，即以本企业的"抓革命，促生产"和"生产/利润"为本。这种局面给解决工业排放所造成的环境污染带来了难题。

---

① 市人委公用事业办公室：《关于制止黄浦江水质继续恶化，力争早日改善的报告》（1966年3月1日）。
② 三废综合利用工作组：《关于加强工业三废处理和综合利用工作的报告（草稿）》（1966年6月1日）。
③ 杨公朴、夏大慰主编：《上海工业发展报告五十年历程》，第75—76页。
④ 杨公朴、夏大慰主编：《上海工业发展报告五十年历程》，第75—76页。
⑤ 杨公朴、夏大慰主编：《上海工业发展报告五十年历程》，第71页。

黄浦江发生"黑臭"的第一阶段，有关分析就认为客观原因是上海的"三废"数量庞大，情况复杂；主观原因则是不少工厂企业的领导干部，"只看到本单位生产工作的重要性……只看到完成眼前的生产任务"，① 如纺织、仪表局等"从上到下，基本上还没有专人负责，更无具体措施，甚至吃掉三废工作干部的编制名额，依赖环境卫生局三废管理所派去协助的一、二个干部应付工作"。② 至1968年，"抓革命，促生产"的口号已然成为各工矿企业的指针，即单位的生产"搞得好"，就是单位的革命"抓得好"。如此态势，为单位生产而不顾污染环境的事例屡屡发生，如上海市纺织原料公司从巴基斯坦进口一批黄麻，因有虫蚀，便在军工路一号浮筒的"黄浦江用铁驳熏蒸黄麻"，使用药品为"溴化甲烷"。③ 这种公然利用水流和气流的循环作为消除污染的办法，是将黄浦江当作承受污染的空间。环境史研究中所提及的"人类中心主义"，在此应变为"单位中心主义"。

1969年至1973年的第二阶段，上海的工矿企业以"群众运动"和"土法上马"的两手，抓了生产中的"三废"治理工作。但"单位为重"的考量仍决定了"促生产"为工作的重心，认为"搞工业生产，难免一些废物"，"我们的任务是生产产品，搞综合利用是不务正业"；④ 地处黄浦江上游的上海染化十一厂，将生产过程中的有害污水直接排入黄浦江，领导认为"化工厂哪能没有三废"。⑤ 位于复兴岛的军工路供水站，供水量约3万吨/日，附近的"上海电缆厂、梅林罐头食品厂和第二印染厂都有污水直接排入"，1973年已"接连三次受上海电缆厂油污染"而被迫停水。⑥

因黄浦江是集航运、码头、仓库于一体的高度发达的港口，所以，"边治理边排放"的模式，在上海工业"小而全""大而全"的"单位为重"的结构中，往往造成为"促生产"的排放是主要的，以至企业生产性"污染事故增多，则是水上管理跟不上形势的必然结果"。如4月16日，吴淞化工厂2罐液体氰化钠流入河中，造成吴淞水厂被迫停水；6月15日，一农村公社载3吨乐果的农药船失事，河水严重污染；7月3日，大庆七号轮排出废油，污染一大片水域。⑦ 无独有偶，1973年下半年，上级批复浦江化工厂，因"大量含铬废

---

① 《为坚决制止黄浦江水质继续恶化而努力》（1965年9月30日），上海市档案馆藏，档号B76-4-150-24。
② 三废综合利用工作组：《关于加强工业三废处理和综合利用工作的报告（草稿）》（1966年6月1日）。
③ 《上海市纺织原料公司关于在黄浦江用铁驳熏蒸黄麻问题的函》（1968年2月20日），上海市档案馆藏，档号B134-3-147-45。
④ 《大搞综合利用，促进生产新飞跃》，《解放日报》1969年3月23日，第3版。
⑤ 《依靠群众，土法上马》，《解放日报》1972年10月13日，第2版。
⑥ 上海市自来水公司革命委员会：《一九七三年水质情况总结》沪水革生（74）字第47号，上海市档案馆藏，档号B226-3-321。
⑦ 上海市自来水公司革命委员会：《一九七三年水质情况总结》沪水革生（74）字第47号，上海市档案馆藏，档号B226-3-321。

水外溢，影响农地"，"同意赔款九百七十九元七角一分"；① 东海化工厂因"废水外溢，使集体生产和个体都受到损失"，"同意赔款壹佰陆拾叁元玖角"。② 这说明在上海，以经济赔偿来抵扣工业污染带给农地的折损，并非偶然的情况。经济赔偿只是补偿了在地者的收益，却丝毫没有减轻其排放的工业"三废"对环境的污染。如此以赔偿换取"单位为重""生产为上"的污染排放，日就月将，必将危害深重。

自1972年起，以中国代表团参加联合国环境会议为标志，国家层面的环境保护工作提上了日程。为此，上海召开治理"三废"保护环境会议，提出"短期内改变上海的环境面貌"。③ 但回到现实"领导上对治理三废只有一般号召，不研究、不布置、不检查"，"很多单位编制的'四五''五五'生产规划，不包括三废治理内容"，就是当时的管理工作也往往处于敷衍的状况中，如"废水量占全市将近三分之一的化工系统所属五个公司中，有四个公司没有专职干部"，"机电一局所属的轻机、重机等几个公司，连兼职干部也没有"，以至很多单位"对自己的三废基本情况说不清楚"，上级召开三废会议，"不少单位不到会"。④ 当年，市里规定设备更新和改造要包括"三废"治理开支，结果只有冶金局明确留用了部分资金，"其他各局还没有具体安排"。事实上，这笔专项资金用于生产和技术改造是通畅的，一些单位坦言"用于三废，不仅增不了产，有时还要占几个人，反影响劳动生产率"。⑤ 这种在全市大会上指出的"只算自己单位一本小账"，即"单位为重"，"往往生产上去了，没有把治理三废也同时抓上去"，即"生产为上"的倾向，⑥ 正是整个20世纪六七十年代黄浦江治理未能取得成效的根本原因。

1974年至1976年的第三阶段，黄浦江"黑臭"回潮，固然与当年工业生产的规模扩大相关，但根由还在于生产任务与环境治理的配比不能平衡。据市治理"三废"工作会议的一个月后，对全市260个重点工厂的调研，领导重视"采取措施的约占百分之二十五"，更多的企业则听之任之。如上钢五厂"每年随废水排出有硫酸三千六百多吨"。1973年，市里

---

① 《上海市化学原料工业公司关于农业赔款的批复》（1973年7月19日），上海市档案馆藏，档号B76-4-753-16（2P）。
② 《上海市化学原料工业公司关于农业赔款的批复》（1973年11月6日），上海市档案馆藏，档号B76-4-753-20（2P）。
③ 《上海市革委会工业交通组关于在全市治理"三废"保护环境会议上的发言》（1973年12月12日），上海市档案馆藏，档号B246-2-1126-186-（9P）-P6-9。
④ 《上海市革委会工业交通组关于在全市治理"三废"保护环境会议上的发言》（1973年12月12日），上海市档案馆藏，档号B246-2-1126-186-（9P）-P6-9。
⑤ 《上海市革委会工业交通组关于在全市治理"三废"保护环境会议上的发言》（1973年12月12日），上海市档案馆藏，档号B246-2-1126-186-（9P）-P6-9。
⑥ 《上海市革委会工业交通组关于在全市治理"三废"保护环境会议上的发言》（1973年12月12日），上海市档案馆藏，档号B246-2-1126-186-（9P）-P6-9。

拨款48万元，设计一套回收设备，结果"设计搞了一年，施工搞了一年，调试搞了一年，至今未能正式运转"。① 此类"边治理边排放"的运行模式，实际上摆脱不了以"单位为重"，以"生产至上"为重心的窠臼，反而为工业排放找到了一种借口和庇护。

前文曾提及1965年和1966年吴泾化工厂排放工业污染，历经十年之后，1976年的报告："吴泾化工厂每天向黄浦江直接排放六千多吨硫酸废水"，已在"黄浦江边形成一条红色的污染带"。但市治理"三废"工作会议时，"党委的主要负责同志都推诿不去"，派一党委委员参会后汇报，草拟了一份治理打算，结局是"生产组负责同志把它锁在抽屉里，不讨论、不研究"。② 生产组负责人的责任在于生产，"锁在抽屉里"体现了该厂领导"生产至上"的工作理念，肆意地将工业废水排向一墙之外的黄浦江，全然不顾周遭的污染。

更令人惊愕的是为"抓生产"而牺牲环境安全的例证。上海吴淞化工厂有本市唯一生产剧毒化工原料——氰化物的车间，1973年4月曾发生误将4吨达30%浓度氰化钠溶液倒入下水道的事故，紧急报告后调动了大量人力、物力进行清理。此后，上级"批准该厂征地零点九八亩，资金十五余万元"，筹建一套处理污水工程。但"这一工程拖了几年仍没有动工，大量的含氰废水依然放任自流"。③ 1976年1月，经市卫生防疫站连续两天的测定，该厂排出的含氰废水浓度达440—400毫克/升，竟然"超过规定标准达八百多倍"。而该厂每日有这样的废水480吨左右，"未经有效处理直接排放到蕴藻浜，源源不断地流入黄浦江"，"威胁着全市人民的身体健康"。④ 追究缘故，根本原因在于工业生产的发展，"氰化物的产量越来越大，品种越来越多，废水量也相应增大"，而"该厂党委对含氰废水的处理一贯不重视"，导致"氰污染的问题亦越来越重"。⑤ 追溯黄浦江13年的治理史，直至1976年时，地处黄浦江上游的吴泾化工厂仍每天排放6000多吨的硫酸废水；地处下游的吴淞化工厂仍每天排放480吨左右的高浓度含氰废水，这全都是以"生产至上"为正面的理由，实为"单位为重"的典型例证。

从企业管理的角度来看，"单位为重"重生产、轻治理的症结，源于生产管理体制。因

---

① 《关于市治理"三废"工作会议后一个月来的进展情况报告》（1976年7月3日），上海市档案馆藏，档号B246-3-140-161（9P）。

② 《关于市治理"三废"工作会议后一个月来的进展情况报告》（1976年7月3日），上海市档案馆藏，档号B246-3-140-161（9P）。

③ 《黄浦江氰污染严重，吴淞化工厂处理含氰污水工程急需有关部门支援》（1976年3月25日），《解放日报·情况简报》增刊，第29期。

④ 《黄浦江氰污染严重，吴淞化工厂处理含氰污水工程急需有关部门支援》（1976年3月25日），《解放日报·情况简报》增刊，第29期。

⑤ 《黄浦江氰污染严重，吴淞化工厂处理含氰污水工程急需有关部门支援》（1976年3月25日），《解放日报·情况简报》增刊，第29期。

为由国家计划制定的生产任务，必然按照工业部门，一层层地落实至以"单位为中心"的工矿企业，其核心的指标就是生产的"产量/质量"，这不仅是生产任务的指标，也是单位经济管理的指标。所以，单位生产、管理和统计皆以"单位为重"为指归，一切与生产任务无关的因素和要素，都不在管理和统计的范围之内。恰恰在那个年代，由工业单位的生产产生的"三废"，就径直地排向江河，以江河为排放废弃物的场所。乃至污染的程度超越了自然界所承受的域限，破坏了自然界"自循环"的规律，污染也因不折损单位生产的"产量/质量"而大行其道。何况，危害自然环境和公共领域的后果基本不计入生产成本，制度上也没有经济补偿的条款，治理这种痼疾可谓难上加难。

当工业污染成为社会公害时，治理的要求如同生产任务一样，又自上而下地落实至具体单位。单位既是生产任务的承担者，又是环境保护的责任者，在这两个目标相互冲突时，既没有来自上级主管部门综合治理的思路和规划，又没有来自第三方的权威监督和惩治，要购置设备需投资，要运作设备需人力，这无不影响单位生产的"产量/质量"。正是这种机制决定了"单位为重""生产至上"的格局，面对排放于单位围墙之外的工业污染，利用群众运动，提倡"土法上马"算是积极的态度和表现。更多的单位，尤其是大中型企业要么患得患失，要么置若罔闻，要么我行我素，要么束手等待上级的部署和投资。此为黄浦江污染治理史上的教训所在。

（原载《中国经济史研究》2021年第1期）

劳动作为出路

——新中国成立初期动员中小学毕业生参加农业生产的问题史

常利兵

山西大学中国社会史研究中心

1957年4月8日,《人民日报》发表了《关于中小学毕业生参加农业生产问题》,因受到社会各界的广泛关注和讨论,这篇著名的文章也被称为"四八社论"。其中指出,1957年仅有小部分初中和高小毕业生能升学,绝大多数不能升学,主要出路是到农村参加农业生产劳动,并且"这种情况将是长期现象,而不是暂时现象"。为此,社论中对社会上流行的下乡种地"丢人""没出息""下贱""不光荣""没前途",甚至"只重视脑力劳动,看不起体力劳动者"等言论观念作了批评。社论还反复强调,劳动是神圣光荣的事业,每个毕业生都要富有理想,要"吃苦在前,享福在后",克服眼前困难,服从国家长远利益的安排。正是在突出参加农业劳动是符合社会主义价值的光荣事业的历史话语的推动中,国家为广大中小学毕业生规定着出路。

那么,为何在1957年这个历史节点国家会对中小学毕业生的出路问题作出如此郑重的指示和强调?其依托的历史事实和动因是什么?或者说,在1956年完成社会主义改造,确立社会主义制度后的第一年,一切都在高扬社会主义之优越性的历史关口,怎么会突然把中小学毕业生的升学和就业问题作为特别值得关注的大事件来加以制度性的安排?这一做法针对了哪些社会状况?中国共产党对当时社会状态的如此把握和解决之道又具有什么样的问题史?本文将紧扣历史脉络,就这些问题展开分析和讨论,希冀为解决当前中小学教育存在的一些结构性难题提供有效的历史之思。

一、"四八社论"的可见与不可见

1957年2月18日,刘少奇率调查组沿着京广铁路南下,对河北、河南、湖北、湖南、广州等地进行了一个多月的调查访问,先后与当地领导干部、工人学生代表及民主人士多次座谈,有关中小学毕业生参加农业生产的问题是讨论的重点之一。3月13日刘少奇到达武汉的当天晚上,和随行调查组开始讨论《关于中小学毕业生参加农业生产问题》一文的初稿。3月22日,刘少奇在与长沙市中学生代表的座谈会上指出:由于各种条件限制,中小学毕业生不可能都升学,有很大一部分要转入生产,所以应届毕业生及其教师、家长,都应当做好升学和不能升学两种心理准备。不能升学的中小学毕业生,今后主要方向是从事农业生产;一切下乡的青年学生,应当努力成为中国第一代有文化的新式农民,这个前途是光明的、伟大的。3月31日,刘少奇和调查组到达广州后,继续修改、审定《关于中小学毕业生参加农业生产问题》一文,并致信中央办公厅主任杨尚昆,请他将此文报送中央审定后再发表。信中写道:"各地学生和教员以及家长,为了升学问题,情绪都十分紧张。在没有听到认真的解释以前,不少学生准备在不能升学时闹起来,在听到这种解释以后,不少的人也觉得下乡种地是有前途的,不丢人的。因此,现在十分需要有这样一篇文章。""现在有不少学校的学生对学校当局进行的所谓劳动教育,大有反感。原因是这种所谓劳动教育是枯燥无味的教条,不能解决学生思想中所存在的实际问题,同时又勉强学生重复地去听报告,开讨论会,妨害学生准备升学考试。此点,请告教育部和青年团的同志注意。"[①] 可见,"四八社论"主要是依据刘少奇南下调查中的相关座谈讲话内容整理、修改,并经中央审定后发表的。

在写给杨尚昆的信中,刘少奇强调此社论的目的是要提供一种"认真的解释",用来缓解或平息因学生不能升学而可能出现的紧张局面。因为缺乏带有政策指示性的正确舆论导向,各地不断出现"罢课""闹事"等问题,而且已有的"所谓劳动教育"又让不少学生"大有反感",觉得"枯燥无味"。这是进一步剖析"四八社论"时首先要注意的。在南下调查时与学生代表的座谈,凸显的是刘少奇调查了解中小学毕业生对参加农业生产问题有何认识和反应的经验事实,而社论文章则是在面对现实问题时所作出的针对性回应。因此,在讨论1957年动员中小学毕业生参加农业生产劳动的实践问题时,"四八社论"所涵盖的历史内容和它的现实指向性就应该得到足够的关注。

概言之,社论中含有三方面内容:首先是对中小学毕业生大部分不升学的问题作了解释说明,指出新中国教育事业发展到1957年,已发生根本性变化。这个变化就是由原来的"高中毕业生几乎全部升学,初中毕业生大部分升学、小部分不升学的情况"开始变成"高中毕业生大部分升学、小部分不升学,初中和高小毕业生小部分升学、大部分不升学的情况"。前一种情况主要是由于中等教育赶不上高等教育发展需要,在高中毕业生数量增长未能适应高等学校招生需要的情况下产生的一种"临时性的""特殊现象";而后一种情况则表明社会主义制度基本确立后,"我国的教育事业开始转入比较正常的状态","在今后一个很长的时间内,总的趋势将是有更多的小学和中学毕业生不能升学,必须参加生产",并且

[①] 中共中央文献研究室:《刘少奇年谱(1898—1969)》,中央文献出版社1996年版,第389—394页。

"这种情况将是长期现象,而不是暂时现象"。社论进而强调,应届毕业生及其教师,特别是家长,对于其出路问题就应有升学和不能升学两种打算。能顺利升学,固然很好。如不能升学,人们也不要将其看作多么"不得了""不能见人"的事情,而要看作一件普通的事情。由此,安排不能升学的毕业生的出路问题就成了国家和社会面临的一项重要任务。于是"如何安排?"和"安排他们做什么?"便成为关键性问题,尽管社会主义建设时期"我们的国家对全国所有的人都实行'统筹兼顾,适当安排'的方针",但要落到实处也不是容易的事。组织自学小组、补习班,或进民办学校,为继续升学作准备,这是一种安排,可仍会面临升学不成或就业的问题。并且以此种方式来解决中小学毕业生的出路问题,只能解决极少数人。所以,社论认为农村才是最能容纳人的地方,农业又是容纳人数最多的领域,"从事农业是今后安排中小学毕业生的主要方向,也是他们今后就业的主要途径"。

其次,如何将中小学毕业生参加农业生产作为就业出路落实到具体行动中,也是社论着力讨论的问题。只是强调参加农业生产的必要性和重要性,还不足以解决怎么办的问题,关键在于对学生进行思想政治教育和劳动教育,这些在1957年之前没有得到足够重视,以至于许多人对下乡种地产生抵触、消极的负面情绪。如认为下乡种地"丢人""没出息""下贱""不光荣"的观点极为普遍。甚至不少青年只是口头上承认劳动光荣,从事实际的种地劳作时,又觉得"丢人""农民生活苦",没有出路。社论指出,这不是"劳动人民的观点",也不是"无产阶级的观点"和"马克思主义的观点",而是"万般皆下品,唯有读书高"的"封建士大夫的观点""资产阶级的观点"。正是受到这些观点的影响,许多青年学生在思想上对参加农业生产认识不清,思想混乱,"他们口头上重视劳动,实际上却只重视脑力劳动,而不重视体力劳动;口头上说看得起劳动者,实际上却只看得起脑力劳动者,而看不起体力劳动者。……认为脑力劳动比体力劳动'高一等',脑力劳动者'应当'站在体力劳动者之上。所以,他们想作脑力劳动者,不愿作体力劳动者。如果这个目的达不到,他们将就着去作大工业的工人,不愿作学徒,不愿作手工业工人,不愿作理发工人、缝衣工人、厨师,尤其不愿作农民"。[①] 这样的劳动观点将脑力劳动和体力劳动对立起来,根本原因在于两种劳动之间的社会性差别不仅没有随着社会主义改造的完成而消除,反而将会长时期存在,而且差别本身所关联的现实利益诉求要比只是在抽象意义上强调消灭脑力、体力劳动差别更为人所关注。所以,社论又指出,要改变上述错误的观点和想法,不仅需要青年学生自己去改正、宣传正确的思想认识,而且学校党政领导、教师、青年工作者、学生家长,也要积极主动对不正确的思想观点进行教育、批评,不能任由其到处传播、泛滥。尤其要结合马克思主义的劳动观点,联系实际地去解决"种地丢人不丢人,有出息没出息"这个根

[①] 《关于中小学毕业生参加农业生产的问题》,详见《人民日报》1957年4月8日,第1版。

本性问题，否则，"如果还是像过去那样抽象地背诵原理原则，而不联系实际"，即便是"已经重视劳动教育"，还是不能解决什么问题的。但社论本身对人们究竟该如何运用马克思主义的劳动观点去联系实际地解决下乡种地"没出息""丢人"的思想问题，并没有给出明确的方案。

另外，"四八社论"还批驳了认为下乡种地"没有前途"的说法，并主要从农业在国民经济中的重要地位和未来发展远景作了说明，以彰显从事农业生产是有光明前途的。作为工业发展的基础，"农业对于工业化事业有多方面的极其重大的影响，农业的发展不仅直接地影响着人民生活的水平和轻工业发展的速度，而且也影响着重工业发展的速度"，所以必须"大大地发展农业生产"。更重要的是，1956年《全国农业发展纲要（草案）》已在"全国人民面前展示了农业发展的第一个伟大的远景，它已经成为全国农民极大的鼓舞力量"，而"现在二十岁的青年，是完全有可能看到我国的农村变成真正富裕、真正幸福的农村的"。还有农业合作化发展的自身需求也说明参加农业生产劳动是有前途的，因为农业社会主义改造完成后，广大农村迫切需要有文化的新型农民，更有利于农业技术的改进。正如社论所言："除开大批小学毕业生参加农业生产以外，如果从今年开始，每年有近百万以至一百多万的中学毕业生下乡，五年以内有四百万至五百万中学毕业生去参加农业生产，并且以后一年比一年有更多的中学毕业生下乡，同农民群众在生产劳动中亲密地结合起来，那么，可以肯定，农业合作社的经营管理工作和农业的技术变革就将得到一个极大的推动力量，就将促进我国农村实现另一个根本改革——技术改革，促进我国农业生产空前地向前大发展。"农业生产在整个国民经济中占有如此重要的地位，那么从事农业生产理应是一条富有前途的出路，但这只是从国家话语角度作出的表达，对很多学生而言，读书学习和升学就是为了将来可以成为专家或干部，而不是重新回到农村，从事农业劳动。这就在国家利益需求与个人出路之间产生了张力和矛盾。如何真正有效地解决这一矛盾，社论也没有给出更具可操作性的办法，而是一味地强调"农村既然有伟大的前途，为什么说下乡学生没有前途呢？在新社会里面，每件有益于人民的事业都有前途，每个忠于人民利益的人也都有前途。中国第一代有文化的新式农民，这就是下乡种地的学生的前途，这个前途是光明的、伟大的……"后文中我们还会看到，对于这样给定的宏大前途，在落实到社会层面时却又出现了"国家前途光明正大，而个人前途则黯淡无光"的不一致言论。

"四八社论"还以"聪明人"和"傻子"相对比的方式，对那些认为下乡种地是"吃了亏"的想法进行了批评，指出一些人过分热衷于个人名利，追逐着钱多、待遇好的工作，而不愿去干工资少、待遇较薄或者较为困难的事情，即便这些事情对国家和人民是十分重要的，也不乐意去做。这些"只顾个人利益、不顾人民利益"和"只问个人前途、不问国家前途"，"在分配工作的时候，首先想到的不是祖国的需要，而是个人的前途"，"一事当前，先替自己打算，甚至是争名夺利、唯利是图"的所谓"聪明人"，实际上在其灵魂深处就是"贪便宜，怕吃亏"。相反，那些"有吃苦耐劳的精神"，并"有意识地把较为艰苦和困难的工作担当起来"的所谓"傻子"，才是"为了国家和人民的利益的不怕自己吃亏的人"，"高尚的、有道德的、脱离了低级趣味的人"，他们靠"吃苦在前，享福在后"的美德赢得"党和人民群众的信任"，也必定在"最后将得到他所应得的待遇"，而"前一种人在最后是要吃大亏的"。

从以上内容的释读和讨论中，我们可以看出，社论解决问题的方式主要是对社会上出现的中小学毕业生参加农业生产的负面言论进行批驳、教育，以提供一种官方话语下正确的舆论导向和思想认识。刘少奇对这一问题的把握直接来自他在南下调查中了解到的面对升学和就业压力而出现的紧张情绪、"罢课"、"闹事"、"请愿"等经验事实，且属于非对抗性的"人民内部矛盾"。这些问题实际上对于刚刚完成社会主义改造、确立社会主义制度后的良好愿景和乐观态度提出了挑战和质疑。这一点在刘少奇于1957年4月27日所作的《如何正确处理人民内部矛盾》讲话中也有体现。他说："人民内部之间的矛盾激化起来就可能闹事。我研究了一些地方的闹事，几乎全部是为了经济性质的切身问题。政治性质的罢工、罢课、游行、示威，很少发生，也不容易发生。但是人民群众内部有不少的政治思想问题。如果我们能够及时地加强政治思想教育，解决这些问题，是不会发生闹事的。现在的问题是如何加强政治思想教育……很有必要改善方法。"①刘少奇关于中小学生毕业生参加农业生产问题的指示性解释就充分体现了其通过加强政治思想教育以正确处理人民内部矛盾的做法，这可视为"四八社论"的可见之处。不过，这种把现实问题直接归结为思想教育问题的解决办法，可能导致对问题背后的制度性因素缺乏正面关注和讨论，而社论的这一不可见性对于深入把握它所面对的问题又是非常重要的。

所以，"四八社论"既有其应对现实问题的政策性考虑，也可触发对国家体制因素展开一些思考。我们对其进行解读时，就不能只是停留在产生它的那一历史节点，而应该前后延伸开来，从里向外，层层打开问题的结构性制约，才可能对1957年动员中小学毕业生参加农业生产劳动的历史生成过程有充分的掌握，更有助于理解和剖析新中国普通教育和社会主义制度之间存在的矛盾和张力。

二、"出路"杂谈：赵树理的问题讨论及其时代意涵

"四八社论"发表后，很快就以《人民日报》为主要媒介进行了大量的相关报道和讨

---

① 中共中央文献研究室：《建国以来重要文献选编（第十册）》，中央文献出版社1994年版，第237—238页。

论，社会影响广泛。这就为我们反观这一事关中小学毕业生未来出路和前途的理解与释读提供了可能。接下来，本文以赵树理的相关言论为分析对象，深入探讨"四八社论"作为一项制度安排与社会事实之间的多重关系是如何借助具体的人和事被把握的。也就是说，社论作为一个政策话语的指示性文本，一经发表便会产生一系列的社会反应，正是在这综合性政策理解和各阶层民众因应中，当时的人们试图讨论和解决所面临的难题。另外，历史中人处理过去时代社会问题的思考和方式，或许对于当下的我们寻求更为有效的问题思考路径也是一种借鉴。

1957年5月，《中国青年》开始倡议组织青年学习"四八社论"，并强调这是"几年来报刊上向青年进行关于参加劳动生产的宣传中最有说服力的文章，一经刊出，就受到社会上普遍的重视"。所以，"不论与升学就业有直接关系或间接关系的青年，不论是受教育者和教育者，不论是青年和非青年，都应好好学习这篇文章。学习的目的不只是解决一部分中学和高小毕业生的升学就业问题，而是要改变人们的人生观，改变社会风气。要一改长期以来轻视劳动、轻视劳动人民的剥削阶级思想，教育青年一代有高尚的理想，肯吃苦、肯吃亏，坚决听党的话，作时代的先锋"。① 同时刊发的另一篇文章是由作家赵树理撰写的《"出路"杂谈》。赵树理结合自身的成长经历，试图通过他对"出路"选择的理解，为青年学生提供认识参考。

赵树理首先讲述了自己上学时的"出路"问题。在邻居和父亲看来，"在家种地没出路"，"念书人腿长，说上去就上去了"，要"向上爬"，等等。就读师范学校后，接受了一些革命道理，赵树理认识到父亲要他"出"，是要他从劳苦大众中走出来；要他"上"，是要他向造苦造难的压迫者方面发展。在他看来，这样的"出路"是传统的错误的出路，它是"维护原有的阶级社会制度，自己在那制度的支配下或者躺下来受压迫，或者爬上去压迫人"。反之，正确的"出路"则是要"摧毁那种不合理的制度，然后建立一种人人平等的无阶级的社会制度"。这后一条出路正是中共革命推翻旧的阶级制度后所选择的社会主义之路，在此"路"中，旧制度遗留下来的不良影响也将被改造掉，所以在社会主义制度下实际上"已经不存在'出路'的问题了"。②

虽然赵树理有上述清晰的认识，但是他认为对旧思想的社会主义改造并非易事，"要算很难改造的一种对象"。因此那种错误的"出路"思想在过渡时期还有一定影响，时常会有"念了一阵书做了个什么？""万般皆上品，唯有种地低"等言论。那么，怎样才能消除由城乡差别、脑体差别、工农差别所造成的选择"出路"的矛盾呢？他认为首先要认识到新中

---

① 《组织各个岗位上的青年学习人民日报"关于中小学毕业生参加农业生产问题"的社论》，《中国青年》1957年第9期。

② 赵树理：《"出路"杂谈》，《中国青年》1957年第9期。

国是个大国家，进入社会主义的经济基础各方面极不平衡，生活方面"千差万别"，只有在国家工业化和农业集体化的基础上逐步使农业生产科学化、机械化，才是消灭农村与城市差别的基本办法。由此，"不安心农业生产而跑到外边去找空子钻，不但对消灭差别没有帮助，恰恰成为消灭差别的消极因素。愿我们头脑清醒的青年同志们不要甘心当这种消极因素"。① 最后赵树理强调说，新中国的农业合作化还只是开始，在组织领导、经营管理等方面还有不完善的地方，这正需要有文化、有体力的青年学生作为新生力量，在"热烈参加体力劳动的过程中多用一用脑子来熟悉它、研究它，和老人们一道把它改造得健全起来"。这就是"知识青年同志们的神圣任务"，"现在的社会出路和个人出路是统一的"。②

赵树理对青年学生的"出路"问题的关注和讨论，在他给女儿赵广建的一封信件中也有充分体现。这封写于1957年9月的家信《愿你决心做一个劳动者》在11月11日的《山西日报》公开发表。赵树理在信中写道：女儿赵广建毕业一年中，先后换了三个工作岗位，最后在山西永济参加农业生产才"总算接近了劳动人民"；而之前她有各种"看不起劳动人民"的择业表现。如，她不愿回原籍参加农业社，不愿在北京当售票员、售货员、理发员等。赵树理认为女儿之所以会有这些行为表现，是因为她身上存在着"两个小包袱"，一个是认为自己是高中生，另一个是认为自己是干部子弟。于是她认为读了书或当了干部就可以做到高人一等；要是从事农业生产和服务业的话，就成了干粗活的俗人，是没有出息的表现。赵树理指出，这些想法显然是与社会主义极不相容的旧观点、旧思想。于是，在给女儿的信中，赵树理又以鼓励的语气让女儿在感情上向劳动人民再靠近一些，途径就是"在一个社里落户，当一个有文化的青年社员"。他还叮嘱说："只有真正参加了生产，凭工分过日子，才能深刻体会到我们的社会主义生产建设现在是个什么阶段，在现有的基础上如何前进，才能深刻体会到生产中任何问题都与自己有直接关系……"③

1957年12月，赵树理在《中国青年》再次发表辩论性的文章《"才"与"用"》，针对社会上一些青年知识分子不愿意参加工农业劳动的问题进行了批评教育。他首先指出，在社会主义建设时期，不论是一般的知识分子还是专门的知识人才，都是由劳动人民花钱培养出来的，而"现在的青年知识分子，更是由国家直接从劳动人民手里拿过钱来培养成的"，而且"人民花钱培养人才，为的是叫给自己办事"。为此，就需要先考查一下知识青年，让他们到人民队伍中"过一过日子"，看能否和劳动人民成为一家人，或者经过一段时间是否可以成为一家人。这也是他在文中对"知识分子要经过劳动锻炼"的自我理解，在这一意义上，赵树理认为"只有劳动才能创造出价值"，而不能走旧时代"知识分子特殊化"的

---

① 赵树理：《"出路"杂谈》，《中国青年》1957年第9期。
② 赵树理：《"出路"杂谈》，《中国青年》1957年第9期。
③ 赵树理：《愿你决心做一个劳动者》，《山西日报》1957年11月11日。

老路。

　　赵树理从抽象概念（人民）与实践经验（劳动）的关联出发，对青年知识分子状态做了朴素理解，基于此，赵树理又以《中国青年》1957年第21期发表的读者黄玉麟给编辑部的一封信为例，逐条加以批评和说明。针对黄玉麟信中所说的参加农业生产对于青年学生而言是"大材小用""用非其才"，赵树理指出，青年学生学得的知识自有其用得着的地方，要想在农业生产劳动中做出一定成绩来，需要进一步学习的东西还很多，如生产技术、组织经营能力、吃苦耐劳习惯、实干精神、平等观点等，都要在生产实践中不断学习。而黄玉麟作为一个在机关工作的中学毕业生，却对中共号召知识分子到农村参加农业劳动产生犹豫、疑惑甚至抵触情绪，认为没必要再接受劳动锻炼，否则就是"屈才"。赵树理则以一个合作社生产队长应该做的一些事情为例进行说服教育。即决定种植、估工估产、调配人才、调配畜力、调配农具、安排耕作顺序、检查耕作质量、检查牲畜喂养情况、会议汇报、解决队内外纠纷、收藏、分配、审核队内开支、评定和审查各种定额、评定奖惩、带头劳动，等等。这些事绝大部分与每个队员都有关系，因此队员懂什么，队长也得懂什么。要学会和精通这些生产知识，必须经过长期的劳动实践。① 所以，赵树理认为黄玉麟的看法归根到底还是一种轻视劳动、轻视体力劳动的立场。如果不把所学到的知识运用到农村去，并从农业劳动中学习新知识，那就称不上是一个知识分子，只能算是"半知识分子"。因为在农村有很多的事情需要不断改进或创造，而农民苦于没有相关知识而不能做到，所以才需要青年知识分子到农村，参加农业劳动，做新中国第一代有文化的农民。如：农民想要简化生产管理手续和账目，缺乏精确计算的知识；要改良土壤，没有分析土壤的知识；要加大肥源，没有分析肥料的知识；要防治病虫害，没有昆虫学和微生物学的知识；因为不懂机械原理，好多小型农具和运输工具得不到改良；没有病时不会防病，有点小病也不会自己治疗等。所有这一切亟待要做的事，中小学毕业生也未必能胜任得了，反而需要向农业科技工作者或有经验的农民学习。

　　很显然，赵树理在"四八社论"发表后围绕中小学毕业生参加农业生产问题的讨论，体现了他在青年知识分子选择"出路"上的思考和把握，尤其是1957年中国共产党提出知识分子、干部到农村参加体力劳动的号召时，他在这些方面的话语表达和期许更加突出。1960年7月，赵树理在《三复集》一书后记中指出，书中内容重复最多的是有关青年知识分子（中学生为多）对"脑力劳动者与体力劳动者的差别问题"的看法，以及基于那些看法所产生的学习创作的动机。"我们的社会需要大量的包括作家在内的脑力劳动者，但是不应该允许把利用脑力劳动者与体力劳动者的差别来找个人便宜作为目的。当我每次接触到抱

---

① 赵树理：《"才"与"用"》，《中国青年》1957年第24期。

有这样目的的来访者或来信，我就得重复读一遍我的意见"。① 在现实生活中，因脑力劳动者和体力劳动者在物质文化生活上的差别还没有根本消失，由此导致的"那种思想"也就不能完全消失，"所以我有时候仍然会接到和以前一样的来信和作一些重复的回答"。当面对中小学毕业生来信表示他们对参加农业生产或劳动锻炼感到困惑不解时，赵树理一遍遍答复，或说服教育，或批评辩驳，也正好显露出他对"出路"问题的理解把握及其时代性意涵。事实上，中小学毕业生的出路问题并不会因一些宏大的理想话语就能轻易得到解决。但在赵树理看来，进入社会主义建设时期，这一情况的改变不仅是可预期的，而且已经开始发生变化。他认为："以后会逐渐由于生产上的四化、生产技术的革新和革命、劳动人民物质生活的提高、文化的普及、稿费制度的改革、城乡人民经济生活的集体化等关系，使脑力劳动者和体力劳动者在劳动强度上和物质、文化生活上的差别缩小到无足轻重的程度。到那时候，就很少再会有人耽搁着学业或应付着职业找机会去利用上述那种差别了。到那时候，我不但不会再重复去说这一种内容的话，而且已经说了的也会完全消失其作用。"② 可见，赵树理对解决这一根本性议题的思考不仅作了实践经验层面上的积极回应和期许，更试图从制度安排上寻找"出路"。

1960年《中国青年》第15期发表了高小毕业生杨一明写给他哥哥的一封信及六位农村基层干部对信中一些错误思想所写的批评文章。杨一明信中写道：他高小毕业后就是想"升学、升学、再升学"，以期将来当一个"伟大的工程师、科学家、文学家"等。后来因未能升学而参加了农业生产，于是他觉得自己的"理想、志愿也就付诸流水，像五光十色的肥皂泡一样破灭了、消失了"。尤其是许多同学升了学或到城市、厂矿、机关参加工作后，他更是以为"他们真太幸福、太有前途了"，而自己"论知识还未入门，论劳动既不能犁耙，又不能担背"，于是既没有"决心""毅力"进行自学，也"没有心肠去搞劳动生产"，觉得"整天在农村，白天盯着太阳，晚上陪着月亮，手拿锄头、镰刀，成天和地球打交道，天天照常，真是太倒霉、太没出息了"。六位农村基层干部则结合生动事例，一方面对杨一明进行说服教育，指出在农村"和地球打交道是大有出息的事，农业正在走向现代化，很需要知识青年，而且只要自觉地建立革命人生观，脚踏实地搞好业务，就可以为人民作出贡献"；另一方面又认为他的想法"归根到底还是资产阶级思想在作怪，看不起体力劳动，看不起劳动人民"。③ 针对杨一明信中的"出路"问题，赵树理也很快表达了他的一贯主张和看法。他认为脑力劳动者与体力劳动者、城市与乡村、工人和农民在物质生活上的"三大差别"将长期存在，知识青年应该积极主动把逐步消灭这些差别作为自己的任务，而

---

① 赵树理：《赵树理全集（1957—1961）》第五卷，大众文艺出版社2006年版，第380—381页。
② 赵树理：《赵树理全集（1957—1961）》第五卷，大众文艺出版社2006年版，第380—381页。
③ 杨一明：《写给哥哥的一封信》，《中国青年》1960年第15期。

杨一明"却想从这些差别中为个人寻找名利,并把它当作了理想和志愿"。赵树理认为杨一明想靠"升学"来当的那些"家"和"师"也是社会需要的,但"这些'家'和'师'都正在热烈响应党的号召,下乡下厂参加劳动,改造思想,锻炼自己,逐渐完成着知识分子的劳动化,而广大劳动人民,也正在积极参加到业余学校或训练班学习文化,逐渐完成着劳动人民知识化",而杨却认为到农村参加农业劳动是"太倒霉""太没出息"的事。在赵树理看来,关键还是杨一明不能正确看待脑力劳动与体力劳动的差别问题。就宣传话语而言,"不论在城市、工矿工作也好,在农村工作也好,既然都是整个社会主义建设不可缺少的部分,因此也都是有很大的前途的,同样也都是最大的幸福",但在落实到个体层面时,面临的问题则是如何有效地把国家话语转化到具体实践之中。

为了批驳杨一明认为成天和地球打交道是"没出息",想到工厂、机关就业的看法,赵树理指出:"到了工厂,白天对着黑烟,晚上对着红火,手拿扳子钳子,成天和钢铁打交道;到了矿井里,白天不见太阳,晚上不见月亮,手拿钻头铁镐,成天和石头打交道;到了机关里,白天对着窗户,晚上对着电灯,手拿铅笔钢笔,成天和纸片打交道,比起参加农业生产来,更大的幸运,更大的出息究竟都在哪里?除了说明是想从'差别'中找一点个人便宜外,又能怎么解释呢?"[①] 他认为即使到厂矿、机关参加劳动,也不见得就比农业劳动轻松、自在,而脑力和体力劳动虽然分工不同,但都需要辛勤劳动的付出。所以,"从事任何一种职业,都要经常和自己的工作对象打交道,每天做同一性质的工作,看起来好像重复,甚至难免有点机械,其实,事业就在行动中向前发展。有革命责任感的人,在业务中发挥着自己的创造性,所感到的是活动的愉快和成功的慰藉;有剥削阶级思想的人,以为享受是自己的事,而劳动应该是别人的事"。杨一明信中对自己理想出路的考虑,被视为是一种"资产阶级个人主义思想"在作怪,从而借"三大差别"以图"个人名利",这也正是赵树理一再强调的中小学毕业生为何会选择错误"出路"的关键原因。而正确出路则在于,放弃"从三种差别寻找个人名利的怪梦","踏踏实实在参加农业生产中,把自己锻炼成一个又红又专而为人民所需要的真正的专家",只有如此,才是最终为消灭脑力劳动与体力劳动的差别作出贡献。

在上述的"出路"杂谈中,可以看出,赵树理既有对"四八社论"精神的自我理解和把握,也努力在通过具体案例为中小学毕业生选择正确出路提供切实的说服教育和参照。从他对自身经历的"出路"反思,到给女儿写信指明正确的"出路",以及对黄玉麟、杨一明的批评教育等,始终凸显着其深切关怀的时代性意涵,即如何在国家需要与个人利益之间做

---

① 赵树理:《不应该从"差别"中寻找个人名利——与杨一明同志谈理想和志愿》,《中国青年》1960年第16期。

到有效的统一和平衡,把两者间的张力和紧张感缩小至可以接受的界限之内。"四八社论"实际上也是针对这个结构性难题。但是在如何解决这一难题的做法上,只是突出加强中小学毕业生的思想政治教育,或者仅从应然的层面强调劳动教育的必要性和重要性,似乎还不足以把两者在经验层面的现实利益差别彻底地消解。这也是前文中指出的社论在其可见之处又有难以调解的不可见之处。在这一点上,赵树理的认知和理解也显得足够清晰,他试图要做的就是从具体现实层面找到对青年知识分子而言更具有可行性的解决路径。所以,赵树理的言论注重对"三大差别"的现实性存在给中小学毕业生选择出路方面造成的负面影响进行批评、教育,由此他特别强调参加农业生产劳动作为青年人未来出路和前途的价值与意义。而农业生产本身主要是通过体力劳动的实践形式得以完成,这就造成在劳动的时间、空间、手段、强度、收益、观念等方面与脑力劳动均有不同,于是进行思想教育和劳动教育被视为解决出路问题的关键,以至于消灭"三大差别"也由此变得可能。进而,我们便可理解为什么赵树理把握农业劳动的时代意涵会显得特别突出,并认为"知识分子劳动化""劳动人民知识化"才是逐步"消灭脑力劳动和体力劳动的'差别'之正路"的理由所在了。

三、参加农业劳动:是出路还是没出息?

"四八社论"在动员中小学毕业生参加农业劳动的叙述中特别突出"劳动"一词的政治经济学意义。如劳动是最光荣的事业,体力劳动比脑力劳动更伟大、更重要,国家最需要的就是从事农业劳动的体力劳动者,等等。为动员中小学毕业生参加农业生产,劳动不断被赋予意识形态化的崇高意涵。不过,一方面国家赋予劳动强烈的政治感,另一方面则不断有学生和家长觉得参加农业劳动是"没出息""没前途",甚至是"走投无路",而读书学习为的是从事脑力劳动,将来当干部、专家,才是光明的"出路"。可见,在国家话语与个体诉求之间存在着很大的矛盾和张力,而国家是如何去化解这一矛盾的,民众又有怎样的回应和理解,对这些问题加以讨论有助于揭示劳动的复杂历史面向。在经典马克思主义的解释体系里,劳动被看作人类最终获得解放的神圣性事业。① 那么,从劳动神圣的政治释读回落到广大中小学毕业生的出路选择上,仍有诸多历史环节需要解析,不能仅仅停留在"政策—回应"的线性脉络里铺陈叙述。接下来本文就劳动教育的问题指向展开讨论。

"四八社论"发表后,著名教育家舒新城很快撰写了《同家长谈子女的劳动教育》一文,提出他对劳动教育作为中小学毕业生出路选择问题的看法和理解。舒新城指出,很多家

---

① 在《人的境况》一书中,阿伦特对"劳动""工作""行动"等问题的哲学讨论,尤其是对马克思的"劳动""剩余价值论"概念的现象学解析,对于我们思考现代社会中劳动为何会被给予崇高地位,从而在构造"积极生活与人的境况"的历史演进中扮演极其重要的角色等问题,很有启发意义。详见[美]汉娜·阿伦特《人的境况》,王寅丽译,上海人民出版社2009年版。

长希望孩子毕业后能够继续升学,一旦不能实现这样的期待,便会产生"思想搞不通""埋怨政府""发牢骚"等消极情绪,结果不但不能够从国家所处的经济文化落后的历史状况去理解毕业出路的困境,而且还会把参加农业劳动看作"苦役"和"下贱"的事情。因此,他认为这些问题的产生与家长们没有积极主动对孩子进行劳动教育、培养劳动习惯有关。舒新城还结合儿童教育学规律,强调为什么要进行劳动教育。其一,是儿童自身的生理要求给劳动教育提供了基础。儿童都爱好活动和做游戏,正是通过各种游戏,他们会模仿周围生活中所观察到的成人的劳动活动,并在劳动中可以做到"发育身心""锻炼生活能力""提高道德品质""改变个人性格"等。否则,"不把青年一代的教学跟生产劳动结合起来,未来社会的理想是不可能想象的"。其二,对中小学生进行劳动教育也是社会的需要。要发展社会主义经济,实现农业机械化与社会主义工业化,只有进行艰苦的劳动,而且农、工、商、副等业都需要大量中小学毕业生,通过把他们学习到的基础知识推广应用到各种生产劳动中去,就可逐步提高社会主义劳动尤其是农业劳动的生产技术和文化水平。①

舒新城最后指出,对子女进行劳动教育,首先,家长要在劳动中以身作则、言传身教。根据儿童教育学原理,"孩子幼年的生活习惯,主要从摹仿父母及老辈而来,学龄以后,父母的言行也经常直接间接影响着他们。因而要子女热爱劳动,遵守劳动纪律,要他们不轻视体力劳动,家长首先要这样做"。而且父母要能与工人农民共同生活,有共同语言,热爱工作,不怕困难,坚守岗位,无形中会影响子女"逐步养成劳动的习惯"和"优良的道德品质"。其次,家长还要教育孩子养成劳动习惯。尽管他认为儿童天性好动和模仿游戏的生理要求是进行劳动教育的必要前提,但这样的劳动形式还不是现实中的具体体力劳动,对于劳动的热爱和习惯是需要父母和教师有意识去培养的。可以"通过烧饭、种菜、打扫房屋、饲养家禽、修理门窗、缝补衣服等家务劳动,从小培养孩子的劳动习惯"。②

可见,舒新城对劳动教育作为中小学毕业生出路选择的解释说明,主要是从"儿童的生理要求"和"社会的客观需要"两方面强调了家长有责任对子女进行长期的劳动教育,以待毕业时"可以愉快地走上升学、就业、自学的任何一条道路"。这是他作为教育家在回应"四八社论"时的关注点所在。他把劳动概念的理解放置在儿童教育学的逻辑脉络里,但对如何将劳动教育从说理的层面转化为每个中小学毕业生能够身心接纳的具体实践,如何去处理"三大差别"在经验层面上的种种规定性给说理教育造成的张力和限度,则没有展开和讨论。

1957年11月,时任劳动部副部长的刘子久对青年学生的劳动教育问题也作了详细的阐

---

① 舒新城:《同家长谈对子女的劳动教育》,《人民日报》1957年4月23日,第7页。
② 舒新城:《同家长谈对子女的劳动教育》,《人民日报》1957年4月23日,第7页。

发,由此彰显出这一问题对于国家社会主义建设和青年学生出路的重要性。① 刘子久对劳动教育的解析对于理解中小学毕业生的出路在于参加劳动尤其是农业劳动的国家话语构建至关重要。首先,对于何谓劳动教育的问题,他认为有三种类型:第一,是为了使受教育者懂得劳动的意义和作用,使其自觉地进行劳动,并懂得劳动是光荣的,不劳而食是可耻的。他还将这看作"在社会主义制度下,对人民,特别是对青年进行'德育'的主要的内容和目的",由此把"爱好劳动"和"不爱好劳动"作为"判定一个人品德好坏的主要标志"。所以,"劳动模范、劳动英雄、先进生产者、先进工作者都成为一种无上光荣的称号"就不只是一种荣誉,更具有实质的针对性。可见,对劳动教育的"德育"解释试图在强调青年知识分子首先要在观念上树立一种劳动最光荣的认知感,这种从价值观和道德观层面的理解和把握也是对《共同纲领》中"热爱劳动"作为新中国国民公德标准的再次凸显。而且这种在国民公德普遍意义规定下的话语表达,涵盖着权利和义务在内的对青年学生很高的期望。第二,劳动教育可以充分发挥青年人的劳动创造性,他们可以学会劳动的知识和技术,且"能够劳动得又多、又快、又好、又省、又安全"。这也是在社会主义制度下"对人民,特别是对青年"进行"智育"教育的主要内容和目的,并且其也被视为"判定一个人的能力强弱、知识高低、经验丰富与否的主要标志"。与"德育"相比而言,"智育"想解决的问题是青年知识分子要积极主动学习有关生产劳动的知识技能,如此才有进一步发挥劳动创造性的可能,否则就很难把劳动本身的实践过程转为一种创造性的社会过程。这一点突出强调的是中小学毕业生参加农业生产的劳动能力获得问题。但是,如何具体获得生产知识和技能,除学校教育、家庭教育、社会教育外,更在于从劳动实践过程中接触和习得劳动知识。第三,劳动教育还可以让青年学生锻炼身体,增强体质,从而"能够持久地顽强地进行劳动,而不会心有余(很愿意劳动)而力不足(身体不能支持)的烦闷和痛苦"。这即是在社会主义制度下对青年进行"体育"的主要内容和目的。把参加劳动作为青年锻炼身体的方式进行强调,试图以此在劳动与身体之间建构一种实践关系,但缔结两者的历史关联却并不简单。因为参加劳动是一个人与自然的关系改造过程,而锻炼身体则是人内在的自身改造过程,只是指出前者可以达致后者的目的,可在具体的现实层面又必须兼顾多重因素。比如,怎样才能让中小学生在心理和观念上接受和认可参加劳动不仅可以增加物质生产,还有助于身体的锻炼,而且还能够转化到具体的实践行动中去?这就涉及刘子久文中对劳动教育的原因的讨论。

对于为什么要开展劳动教育的问题,刘子久指出,首先,要明确青年学生的劳动教育首先是狭义上的劳动教育,即"那种直接参加工业和农业生产的体力劳动的劳动教育"。之所

---

① 刘子久:《劳动教育与劳动实践》,《人民日报》1957年11月26日,第7页。

以特别强调青年学生需要直接参加体力劳动，就在于这种劳动方式是人类社会赖以生存、发展和壮大的基础，如果没有这种劳动实践，那人类就不能获得生产和发展所必需的物质资料。其次，要打破传统时期遗留下来的"劳心者治人，劳力者治于人"的轻视体力劳动的"剥削阶级思想"，就必须在社会主义建设时期加强直接参加体力劳动的教育。这样才能让人们懂得所谓"劳动光荣"所指的劳动，不是一般意义上的劳动，而主要是指对国计民生具有决定性作用的体力劳动。最后，新中国经济发展落后，使得在相当长的时期内直接参加工农业生产的体力劳动"对于人们来说还是一种谋生的手段，还不能成为人们生活的第一需要"。因此，要做到"自觉自愿地去从事这种繁重的、劳动生产率又不十分高的体力劳动"，就需要"耐心地、反复地去进行思想政治工作，使广大的青年学生了解，要想把目前这种繁重的、劳动生产率不高的体力劳动变成为轻松愉快的、劳动生产率很高的劳动，需要经过一个长期的、艰苦的奋斗过程"。而要实现"劳动成为人类生活的第一需要"，则必须建立在"消灭了人剥削人的制度之后"和"人类的文化、科学、技术有了高度发展的结果"之上。[①] 显然，刘子久不仅强调参加体力劳动作为劳动教育的长期性，而且将其作为一种崇高的远大理想对青年学生提出了要求。此番有关劳动的论述意在通过与新中国社会主义建设的国家诉求相关联，从而对青年学生参加体力劳动形成一种制度性的规定。

刘子久还对怎样进行劳动教育的问题作了特别的强调和解释。他认为新中国科学技术落后和人口众多这两个特点决定了繁重的体力劳动在各种生产劳动中占很大比重。因此，劳动教育的目的就是"叫他们自觉自愿地去从事那些还相当繁重的、劳动条件还不够好的、技术比较简单的、劳动生产率也不很高的工业生产和农业生产的体力劳动"，并在"这种体力劳动的基础上逐步地减轻它的繁重程度，改善它的劳动条件，进行技术改造，提高劳动生产率"。进而，他把从事这样的体力劳动定性为"不但是判定人们的好坏的标志，而且是改变坏人成为好人的一种最有效的手段"。[②] 所以积极参加工农业劳动的任务就是要试图改变新中国因历史条件制约所造成的不发达状态，以及达致对人的身心状态的改变。为此，要使劳动教育达到良好的预期效果，青年学生就必须"能够自觉自愿地走上光荣的工业、农业生产的岗位，从事体力劳动，并且坚持下去"。他同时以文字、口头、戏剧、电影等形式对劳动实践的必要性和重要性进行反复强调和宣传，以为青年学生指明努力方向和奋斗目标。但是"知道这种正确的奋斗方向和奋斗目标，和贯彻执行这种正确的奋斗方向并且达到这种奋斗目标，还远不是一回事情"；"要由前者到达或者变成后者，还需要经过一段相当艰苦而又复杂的斗争路程，还会遇到许多各种各样的困难"，而青年学生能不能克服可能遇到的

[①] 刘子久：《劳动教育与劳动实践》，《人民日报》1957年11月26日，第7页。
[②] 刘子久：《劳动教育与劳动实践》，《人民日报》1957年11月26日，第7页。

困难，直接决定了是否能在参加体力劳动中达到被种种规定性所期许的历史状态。

此外，刘子久还对劳动中可能会遇到的困难及如何克服做了具象化的说明。在他看来，首先遇到的困难"就看他们自己有没有吃苦耐劳的劳动决心，能不能养成一种吃苦耐劳的劳动习惯？"而吃苦耐劳的表现就是"要受得起风吹、日晒和雨淋，要能够过惯油垢、烟尘、噪音、高温、臭气、地下等生活，更要不怕累得浑身酸痛，不怕手上磨起血泡。经过一个短时期之后，就会逐渐养成一种吃苦耐劳的好习惯，就会亲眼看到自己的劳动成果——工业或者农业的产品。正因为这样，劳动才成为人人称道的光荣事情"。[①] 其次，"要看这些青年学生自己有没有同各种旧思想和习惯势力作斗争并一定战胜它们，取得胜利的信心和勇气"。鼓励青年知识分子参加体力劳动是在社会主义制度下出现的一种新事物，其目的就是"使我们的工人和农民都成为有文化、有知识的新的工人和新的农民"。相反，那些轻视体力劳动，尤其是轻视知识分子参加体力劳动的旧思想、旧习惯势力，常常会自觉不自觉地成为新生事物发展的阻碍。如此一来，青年学生参加体力劳动就不只是一个具体生产实践过程的展示，而是要改变和打破原有"万般皆下品，唯有读书高"的传统观念主导下轻视体力劳动的看法，从而塑造出一种劳动最光荣的新观念。

通过刘子久对劳动教育问题讨论的分析，我们可以清楚地看到中国共产党是如何将参加农业劳动作为中小学毕业生出路问题合理化和正当化的。不论是参加劳动，还是进行劳动教育，关键还是劳动这一概念在这一历史时期被不断赋予的历史价值和意义。刘子久的讨论实际上呈现了当时从国家意识形态层面如何让青年学生把安心农业劳动变得切实可行起来，进而在社会舆论和历史实践两方面转变、消解各种"轻视体力劳动"、农业劳动"没出息"等言论，最终把"劳动最光荣""劳动创造一切"提升至不可置疑的地位。在这样的政策性话语表达与历史实践构造中，参加农业劳动无疑是一种前途光明的正确出路，但是仍没有真正解决从个体层面产生的"国家前途光明正大""个体出路黯淡无光"的焦虑和苦恼。这尚值得进一步讨论，否则就很难理解，一方面是国家政策话语的宣传和灌输，另一方面却有社会个体的顺势回应或逆势怨言。在这表象背后到底有怎样的历史结构在支配着当时青年学生的出路选择？

笔者认为，首先是国家层面的政策规定性直接针对着每个国民应尽的公德义务，热爱劳动作为一种公德准则也就有了普遍性意义。它强调的是国民对国家意志的忠诚和服从。相比之下，尽管在个体之上始终有国家公德的制约，但个体身处世俗的社会中，其意志和利益诉求的实践逻辑不能简单地等同于国家层面的逻辑，而是既有一般性公德义务的体现，也有个体化权利的彰显。而且，两者间的紧张感因"三大差别"更容易成为中小学毕业生是否选

---

① 刘子久：《劳动教育与劳动实践》，《人民日报》1957年11月26日，第7页。

择参加体力劳动尤其是农业劳动的一种内在影响力。前文中所分析的"四八社论"就是要以国家层面的一套政治性规范来平衡和协调与个体之间出现的矛盾现象。还有一点就是在国家意志和国民个体之间存在的历史可能性和构造性问题，也没有得到足够的重视和讨论。而这恰恰是我们理解为什么在出路选择上看似问题重重却又柳暗花明的关键。这一"中间地带"往往是借助于家庭、学校、教师、党团组织、模范典型、舆论媒介等体现的，从而造就了一种包括国家公德、个体利益在内的具有共同价值倾向的总体性组织化状态。不过，党和国家对于此状态的存在却没有给予充分有效的培育和营造，反而过多地以政治化的手段将其遮蔽掉了。

四、其来有自：新中国成立初期中小学生教育的政治经济学因应及问题

事实上，新中国成立后，中国共产党在发展中小学教育事业上就始终存在升学与就业的出路问题，而这不只是在遇到经济紧缩时才会凸显起来。[①] 战争时期提出的"严重的问题是教育农民"的口号仍是1949年后国家治理和建设农村的重要指向。广泛开展的扫盲运动即是培育新一代农民及其社会主义觉悟的重要举措。尽管农村中小学教育与教育农民的内在诉求有着紧密的关联，但其中的紧张感，却使得须以"动员"的方式来推进中小学毕业生参加农业生产劳动。由前文可知，中共致力于中小学教育发展的背后有着一套政治经济学的实践逻辑，1957年"四八社论"及因应的时代问题实际上是在社会主义制度构造下的再一次体现。下面通过论述新中国成立初期中小学教育发展的阶段性特征，以进一步丰富对出路问题的认识和理解。

1949年12月，教育部部长马叙伦在第一次全国教育工作会议上指出，新中国的教育建设所处的环境有三：旧教育的存在，老解放区中国共产党新教育的历史经验，以及苏联教育建设的经验。而旧教育是"在帝国主义、封建主义和官僚资本主义统治下"形成的，是旧政治、旧经济在文化上的反映，对其改造便成为新教育建设的重要任务。[②] 副部长钱俊瑞也强调，中国的新教育，正和中国的新政治、新经济一样，开始于二十多年前的老解放区，经过抗日战争与解放战争，在民众教育、知识分子的思想改造教育、农村小学教育等方面已有重要的发展经验。"这种新教育是民族的、科学的、大众的教育，其方法是理论与实际一

[①] 定宜庄认为在国家经济发展势头良好的时候，学校教育升学和就业就呈顺势的局面，反之，就会出现中小学毕业生面临不能升学的窘境，难以找到就业岗位。结果不得已的做法是动员学生上山下乡参加农业劳动。详见定宜庄《中国知青史：初澜（1953—1968年）》，中国社会科学出版社1998年版。

[②] 参见《马叙伦部长在第一次全国教育工作会议上的开幕词》（1949年12月23日），引自中华人民共和国教育部办公厅编《教育文献法令汇编（1949—1952）》，1958年，第5—6页。

致,其目的是为人民服务,首先为工农兵服务,为当前的革命斗争与建设服务。"① 随后钱俊瑞又在《当前教育建设的方针》一文中指出,为工农服务,为生产建设服务,不仅是实行新民主主义教育的中心方针,也是区分旧教育与新教育的根本准则;应在"各种和各级教育工作中树立尊重劳动和热爱劳动的正确观点和习惯,肃清那种贱视劳动和劳动者的错误观点与习惯"。②

新中国成立初期,中共即注重教育与劳动的历史关联。因为"劳动乃是人类社会赖以生产和发展的基础,劳动者乃是文明的创造者"。"我们必须给劳动者特别是那些在劳动事业中有重大发明和创造的劳动英雄们和发明家们以应得的光荣,而给那些无所事事,不劳而食的社会寄生虫以应得的贱视。这就是我们的新道德的标准之一。"③ 所以,中国共产党对新中国教育的制度安排就是在改造旧教育和发展新教育的实践逻辑中展开的。它一方面从思想上"鼓舞人民大众去从事劳动创造的高度热情和积极性,揭露剥削阶级不劳而食、无所事事的卑贱和可耻";另一方面在行动上要求"组织一切原来不从事劳动生产的人们,逐步地参加劳动生产,发展生产,并在劳动中得到改造自己的机会"。④ 为此,新中国成立初期的教育任务既关注全面改造和发展小学教育,以培养儿童爱劳动的思想与习惯,也重视发展中等技术教育,培养大批生产建设人才。⑤

1951年度的教育任务,除时事政治教育外,更强调了各级技术教育和技术人才的训练、培养。如开展抗美援朝爱国主义教育,号召青年学生自觉参加国防建设,但重点在高级小学附设技术训练班,将全国高小初中毕业生培养成为国家建设服务的初、中级技术人员等。⑥ 因全国初级中学毕业生数量较少,很难保证各类中等和高等学校招生计划的实现,于是国家提出以省市为单位进行统一招生工作的要求。即"向所属初中毕业生进行升学思想教育,运用报告、会议、报刊杂志和广播演讲等方式,反复向学生说明国家各种建设事业的重要性,按照国家建设需要来升学是新中国青年爱国的具体表现……而且前途也是光明的"。⑦ 随着新中国各项建设事业的日渐展开,对大量建设人才的培养和需求已反映到新教育建设上

---

① 《钱俊瑞副部长在第一次全国教育工作会议上的总结报告要点》(1949年12月30日),参见中华人民共和国教育部办公厅编《教育文献法令汇编(1949—1952)》,1958年,第8页。
② 中华人民共和国教育部办公厅编:《教育文献法令汇编(1949—1952)》,1958年,第303页。
③ 刘少奇:《建国以来刘少奇文稿》(第二册),中央文献出版社2005年版,第92—110页。
④ 中华人民共和国教育部办公厅编:《教育文献法令汇编(1949—1952)》,1958年,第303、314页。
⑤ 中华人民共和国教育部办公厅编:《教育文献法令汇编(1949—1952)》,1958年,第303、317页。
⑥ 《关于1950年全国教育工作总结和1951年全国教育工作的方针和任务的报告》(1951年5月18日),引自中华人民共和国教育部办公厅编《教育文献法令汇编(1949—1952)》,1958年,第18—19页。
⑦ 《关于全国高级中学、技术学校、师范学校统一招生的指示》(1952年7月5日),参见中华人民共和国教育部办公厅编《教育文献法令汇编(1949—1952)》,1958年,第44页。

来。加强对学生的升学思想指导，积极响应国家号召，到国家最需要的岗位上去，才是最光荣的。① 为了确保高等学校足够的学生来源，及时为各种建设事业培养和输送所必需的中级干部人才，教育部决定把发展中等教育作为今后几年教育建设的关键，让更多的小学毕业生有升学深造的机会。次年，中小学教育招生规模即有了快速发展。突出升学教育以满足国家干部人才培养的需要，是这一时期新中国教育实践的一个重要特点。

在新中国"学校为工农兵开门"的方针指导下，教育事业发展迅速。1953年，为了适应大规模国家计划经济建设，教育建设方针则调整为"整顿巩固、重点发展、提高质量、稳步前进"。随后有关部门便要求各地大力整顿学校中存在的混乱现象，以改进小学教育工作。② 1953年7月，其又开始强调因国家实行有计划的经济建设，使得中等学校限额招生，小学毕业生将有绝大部分不能升入中等学校，一般应以参加或准备参加劳动生产为主，升学的仅有极小部分。③ 8月27日《人民日报》发表社论文章，即是对这一问题的政治经济学解释。其中指出："我们目前所以不能更大规模地举办文教事业，首先是因为要把主要人力、物力和财力用在经济建设事业上。以工业建设为重点的我国经济建设事业的发展和巩固，不但是增强与巩固国防、确保和平、不断提高人民物质生活水平的保证，也是更大规模地发展人民文教事业的先决条件。"④

11月，张奚若在第二次全国教育工作会议上指出，新中国成立后教育事业发展中有两种不平衡现象：第一种是教育事业与国家建设需要及国民经济发展之间的不平衡。一方面，高级中学、高等师范教育等赶不上国家建设的需要；另一方面，农村小学和农民业余教育则发展太快。第二种是教育事业内部存在着各级学校供求关系的不平衡。教师量少质差与学校发展规模、要求不平衡，教材、校舍、设备与需要之间不平衡。如何有效地解决这两个不平衡问题是今后普通教育的中心要求。他还指出：新中国成立三年来，教育事业的主要缺点和错误是"脱离实际和盲目冒进的倾向"。如在"小学教育与师范短训班等方面，一面要大力培育建设人才，一面又要进行普及教育，表现有些急躁情绪，导致下面工作发生盲目冒进的偏向"，"因为有这种错误存在，也就造成了今天工作的被动和混乱"。于是此次会议作出了

---

① 《关于实现1952年培养国家建设干部计划的指示》（1952年7月6日），参见中华人民共和国教育部办公厅编《教育文献法令汇编（1949—1952）》，1958年，第45页。
② 习仲勋：《1953年文化教育工作的方针和任务》（1953年1月24日），参见中华人民共和国教育部办公厅编《教育文献法令汇编（1953）》，1955年，第314页。
③ 《教育部、高等教育部关于1953年全国中等学校招生工作的指示》（1953年7月10日），参见中华人民共和国教育部办公厅编《教育文献法令汇编（1953）》，1955年，第136页。
④ 《实事求是地解决小学毕业生升学问题》，《人民日报》1953年8月27日。

"整顿和改进小学教育的问题"的决定。① 而政务院在《关于整顿和改进小学教育的指示》中也一再强调，小学教育是整个教育建设的基础，其任务是教育新后代。"今后在相当长的时期内，小学生毕业后，主要是参加劳动生产，升学的还只能是一部分。在学校平时教育中不应片面强调学生毕业后如何升学，而应强调毕业后如何从事劳动生产，培养学生热爱劳动的思想感情和劳动习惯，克服目前有些学生轻视体力劳动的倾向。从现在起，即应在人民群众和小学生中进行此项宣传教育工作。"②《人民日报》也撰文指出，小学教育盲目快速发展造成工矿区和城市的小学发展速度缓慢的极不合理现象，是不符合工业化要求的；作为生产发展先进地区的教育应发展快一些，今后须把小学教育的发展重点放在工矿区和城市，特别是大城市，以适应工业建设发展的要求。但"由于旧社会的影响和片面强调升学忽视劳动生产的偏向，以致有些小学生错误地认为只有升学光荣、有前途，回家劳动就觉得丢脸、悲观失望。所以必须加强劳动生产的教育，使小学生认识劳动的崇高意义，懂得在新社会里劳动和劳动人民是最光荣的，无论哪种生产劳动都有光明前途"。③ 实际上，1953年年底这一加快工矿区和城市小学教育的发展以适应城市工业化需求的解决办法，为1957年数量剧增的城市中小学毕业生面临升学和就业双重压力的困境埋下了伏笔。

1954年4月8日，政务院又作出关于改进和发展中学教育的指示，指出新中国成立后中学教育虽有巨大恢复和发展，但仍存在"高级中学还不能供应高等学校以足够的合格的学生""学生的政治觉悟和文化水平都不够高""教学计划和教材还不够切合实际"等问题。原因在于中学教育的政治思想领导薄弱，严重"忽视了劳动教育，对于旧社会流行的轻视体力劳动和工农劳动人民的剥削阶级思想，没有进行系统的深刻的批判，这是一个原则性的错误"。所以在贯彻全面发展的教育思想中要加强劳动教育，"要培养学生的社会主义劳动观点，将劳动看作光荣的事业，对劳动具有自觉的积极的态度。在学校教育中，应适当组织学生作一些力所能及的有教育意义的体力劳动"。④ 为了营造劳动教育的社会舆论，5月29日，中共中央发布了关于高小和初中毕业生从事劳动生产的宣传提纲。首先其对社会上流行的"中小学毕业生都应当升学，不能升学而去从事工农业生产劳动就是失学，就悲观失望，甚至抱怨人民政府"的错误看法作了批判。提纲并指出那些认为做工、种地"太脏""太累""太丢人"，搞农业最"没出息""没前途"等言论是"极不健康的错误的思想"表现，

---

① 张奚若：《关于第二次全国教育工作会议的报告》（1953年11月26日），参见中华人民共和国教育部办公厅编《教育文献法令汇编（1953）》，1955年，第18页。
② 政务院：《关于整顿和改进小学教育的指示》（1953年11月26日），参见中华人民共和国教育部办公厅编《教育文献法令汇编（1953）》，1955年，第48页。
③ 《切实整顿和改进小学教育》，《人民日报》1953年12月14日。
④ 政务院：《关于改进和发展中学教育的指示》（1954年4月8日），参见中华人民共和国教育部办公厅编《教育文献法令汇编（1954）》，1955年，第27页。

其实质是一种"轻视体力劳动和体力劳动者,把体力劳动作为下贱的事业"的封建阶级和资产阶级的观点。同时,提纲中强调新中国的教育任务是"教育人民要具有社会主义的劳动态度,把劳动看成光荣的事业和有劳动能力的人的天职"。而且在新中国"教育和劳动生产是绝对不可分离的","爱劳动"是国民公德的重要组成部分,"积极地从事劳动是一种美德,必须教育青年一代养成这种美德"。① 8月8日,董纯才也指出,中小学教育是普通教育,也是国民义务教育,根据过渡时期国家建设要求,国民受完义务教育,就应当去从事生产劳动,只有少数人升学深造。社会主义社会的建设者必须是"个性全面发展的新人,具有社会主义的政治方向、辩证唯物论的世界观、共产主义的道德、一定的科学文化教养和健康的体质"。要培养全面发展的新人,就必须施行全面发展的教育,"特别要加强爱国主义教育、劳动教育和自觉纪律教育"等。至于如何加强劳动教育,董纯才认为:第一,要培养学生社会主义的劳动观点,热爱劳动,把劳动看作光荣的事业;第二,要培养学生社会主义的劳动态度,自觉地遵守劳动纪律;第三,要培养学生的劳动习惯;第四,要使学生获得工农业生产的基本知识和技能。②

就在国家不断强化劳动教育的社会舆论为中小学毕业生能够参加劳动生产创造有利环境时,1955年夏,不少地方的小学教育出现了"减生"现象。据调查统计,从1953年起特别是1954年秋后,河北、山西、江苏、黑龙江等省内的农村小学,不断发生学生退学、学校"减生"的严重现象。1954年,河北省公立小学因旧生流动而减少三十万人以上;山西省长治、雁北专区等地1954年秋季开学时,小学生退学16650名,占1953年学生总数的8.4%;湖南省1954年较1953年减少学生195147名,占1953年学生总数的9.96%。③ 显然,小学大量减生与之前整顿小学教育工作有关。如有些地方整顿工作有偏差,只从节约经费、控制数字、缩减编制出发,盲目合班并校、挤超龄生,认为减少学生可以减轻包袱。再加上"部分群众不了解教育和工农业生产的重要关系",也"没有很好地向群众说明劳动生产需要一定的文化科学知识",结果产生了"早晚要从事劳动生产""迟生产不如早生产"的错误想法。还有"部分群众又希望多得工资分,叫子女参加农业生产或者在家看门、做饭、带弟妹。因此,任意让子女旷废课业,或主动要求子女退学"。④ 可见,"减生"退学现象也是各地在贯彻整顿中小学教育工作时的一种负面结果。而1955年夏农业合作化改造的

---

① 《中共中央宣传部关于高小和初中毕业生从事劳动生产宣传提纲》,《人民日报》1954年5月29日。
② 董纯才:《为培养社会主义社会全面发展的成员而努力》,《人民日报》1954年8月8日。
③ 《关于巩固小学学额防止减生现象继续发展的通知》(1955年7月9日),引自中华人民共和国教育部办公厅编《教育文献法令汇编(1955)》,1956年,第12页。
④ 《关于巩固小学学额防止减生现象继续发展的通知》(1955年7月9日),引自中华人民共和国教育部办公厅编《教育文献法令汇编(1955)》,1956年,第12—13页。

高潮对小学教育的整顿工作影响更大。

有意思的是，1955年8月《人民日报》发表社论再次强调动员中小学毕业生从事生产劳动的问题。其中写道：今年全国将有57万初中毕业生和236万高小毕业生不可能升学，还有往年没升学或没找到职业的学生，都要求解决就业或学习问题。于是社会上又出现了为中小学毕业生的升学和就业问题着急的紧张心理、错误认识和不满情绪。"有些人抱怨政府办学校办少了，解决不了他们的子女升学问题；有些青年学生仍看不起体力劳动，希望升学，不愿做工，更不愿种地；有些家长对子女也没有给予正确的教育，反而以错误的态度来刺激他们。"社论认为这些问题的产生主要是由于忽视和放松了宣传教育工作，所以必须向青年学生说明在社会主义改造完成之后，"一个繁荣、幸福的社会主义的新农村就会展现在眼前，投身到这样伟大的运动中去，前途是无限光明远大"。① 是年年底，农业合作化运动高潮带动了文化教育事业的过快发展，也为解决中小学毕业生从事生产劳动的问题提供了有利的社会舆论和历史情境。1956年年初，为适应合作化运动的新形势，教育部制定了"全面规划，加强领导"和"又快、又多、又好、又省"的教育方针。② 在全力动员组织中小学毕业生投入农业合作化运动时，学校却出现了在校学生离校、退学、流动等问题。这主要是受到合作化运动高潮的影响，农村中需要大批具有一定文化水平的知识青年担任合作社的会计及其他技术工作，从而导致不少乡社干部和学生家长纷纷动员在校学生回乡参加合作社工作。也有相当多的学生回家参加农业劳动是为了多赚工分，并不是因为家里缺乏劳动力。③ 出于对"在校学生流动"问题可能会影响整个教育计划顺利推行的考虑，《人民日报》呼吁"不要让中小学生中途辍学"。④ 前文提及"减生"现象，和此时的退学、离校、休学等"流动"问题如出一辙，都是1955年秋农业合作化高歌猛进给中小学教育事业造成的持续冲击和影响。社论指出，新中国成立后强调对中小学毕业生进行劳动教育，以树立劳动光荣的正确观点，"却没有注意宣传劳动者及其子弟必须掌握文化、掌握科学知识的道理"，结果由强调劳动最光荣的一端走向了另一个极端："既然劳动是光荣的，既然孩子从学校毕了业仍然要参加劳动，那干脆现在就参加劳动好了，何必争取毕业和升学？"很显然，这一现象如果继续发展下去，将会打乱国家培养人才计划，造成学校教育工作的混乱和人力物力的浪费，进而给高等学校的学生来源造成更大困难。于是如何有效地防止中小学生退学休学成

---

① 《必须做好动员组织中小学毕业生从事生产劳动的工作》，《人民日报》1955年8月11日。
② 《关于1956年普通教育和师范教育的工作计划》（1956年5月16日），引自中华人民共和国教育部办公厅编《教育文献法令汇编（1956）》，1957年，第3页。
③ 《关于动员组织中小学毕业生投入农业合作化运动并防止中学在校学生流动问题的通知》（1956年1月10日），引自中华人民共和国教育部办公厅编《教育文献法令汇编（1956）》，1957年，第17页。
④ 《不要让中小学生中途辍学》，《人民日报》1956年3月26日，第1页。

为各地教育部门和学校急需解决的严重问题。①

因此，1956年6月，国务院在关于解决中小学生辍学问题的通知中，首先通报了辍学现象严重的地区。如河北、辽宁、江苏、湖南、福建等地的调查报告显示，不少地方发生大批学生辍学现象，中学生辍学人数在10%上下，有的学校辍学人数占在校学生总数的50%以上；小学在校学生辍学情况也很严重。而绝大多数是农村学生。②为了凸显辍学问题的负面影响，通知对各级学生招生、升学问题作了要求：在今后几年内，不只是高级中学毕业生不能满足高等学校招生的需要，就是初级中学毕业生也不能满足高级中学、师范和中等专业学校招生的需要。如果不纠正中小学生辍学现象，必然会阻碍高等教育和中等教育的发展，影响建设人才的培养，给国家经济发展造成很大的困难。③针对学生辍学的问题，该通知强调各级学生招生中存在完全的升学可能，如此才能从根本上解决国家培养人才和社会主义建设的需要。这无疑会直接带动中小学教育的快速发展，似乎已不存在之前一再强调的只有小部分毕业生能够升学，而绝大部分则需参加工农业生产劳动的问题。对此，张奚若也明确指出："从初中毕业生方面看，前两年出现过一种假象，好像是初中毕业生有些过剩，实际上是由于有些初中毕业生和部分家长存在着轻视体力劳动和体力劳动者的错误思想，不愿意参加生产劳动，单纯要求升学。……从今年起，各方面都已经感觉到初中毕业生不够了。即使全部升学也不能完全满足高级中学和中等专业学校招生的需要。1957年初中毕业生也只能勉强满足高级中等学校招生的需要，对工农业生产部门的需要仍然不能满足。这是我们今后需要大力解决的一个严重问题。"④综合来看，由对中小学生辍学造成的"减生""流动"问题的关注，转到突出强调学生生源紧张将会影响到高等教育和中等教育的顺利发展，妨碍国家建设人才培养的实现，进而可能给国家经济建设造成困难。对问题的这种理解和把握并没有真正突破之前中小学毕业生在升学与参加劳动之间的张力限制，只是从表象上对农业合作化运动高潮催生出的文化教育高潮的一次机械性回应。而存在已久的升学与就业的矛盾问题也并未得到切实有效的解决。1957年春夏之际，"四八社论"对这一问题的再次强调，即是明证。

总之，中小学毕业生面临升学与否的难题并没有因政策规定性而变得容易起来。1955年年底至1956年夏，中小学教育过快发展所牵连的诸多问题也未能得到彻底解决，反而把

---

① 《不要让中小学生中途辍学》，《人民日报》1956年3月26日，第1页。
② 《国务院关于克服当前中小学生辍学现象的通知》（1956年6月28日），参见中华人民共和国教育部办公厅编《教育文献法令汇编（1956）》，1957年，第18页。
③ 《国务院关于克服当前中小学生辍学现象的通知》（1956年6月28日），参见中华人民共和国教育部办公厅编《教育文献法令汇编（1956）》，1957年，第19页。
④ 张奚若：《目前国民教育方面的情况和问题》（1956年6月20日），参见中华人民共和国教育部办公厅编《教育文献法令汇编（1956）》，1957年，第378页。

问题带入1957年。这一年有关教育问题的关注焦点又聚集在动员中小学毕业生参加生产劳动尤其是农业劳动的问题上来。1957年1月，教育部指出，过去几年对高小和初中毕业生的劳动教育积累了一些经验，但是"由于去年绝大多数高小和初中毕业生都可以升学，有些地区就忽视了这一工作。学校领导和教师应当了解，劳动教育是共产主义道德教育的一个极为重要的内容，不可忽视。对于应届毕业的学生进行劳动教育更应抓紧进行"。[①] 随后，教育部又特别指出：1957年暑期，全国中小学毕业生600多万人，除少部分升学外，不能升学的达448万多人，不能升学的人数，比过去任何一年都多。尽管教育部要求各部门根据往年的经验，在当地党委和人民政府的统一领导下，组织各方面的力量，运用报纸、杂志、广播等形式进行广泛深入的社会宣传工作，[②] 但在6月升学考试前后，在某些地区仍有学生对参加农业生产和服务性行业严重抵触，还有学生消极悲观甚至发生了毕业生自杀事件，也有一些学生表示考不上学校就要闹事等。[③]

纵观新中国成立之初中小学教育发展的历史脉络，其阶段性特征体现为：1949—1952年，在"教育为工农兵服务"的方针下，新教育的建设和旧教育的改造并肩进行，中小学教育事业得到恢复和发展。1953年，因过渡时期总路线开启大规模的有计划经济建设，反映到教育事业中有关部门即提出了"整顿巩固、重点发展、提高质量、稳步前进"的政策方针。由此在1954年，一方面其展开了对中小学教育的整顿和改进工作，另一方面则产生了在校学生退学、休学、离校的"流动""减生"问题。1955年夏，农业合作化运动高潮为文化教育事业提供了强劲的推动力，但单纯地强调和宣传参加劳动生产，导致了全国各地不断有中小学生辍学现象的出现。1956年国家在解决辍学问题的同时，又加强了对招生升学的发展和宣传，也由此导致1957年在中小学毕业生出路问题上陷入更加被动的局面。

五、结语

综上所述，文章以"四八社论"为切入点，通过对1957年动员中小学毕业生参加农业生产的问题的讨论，试图呈现新中国成立之初中国共产党致力于中小学普通教育和适应国家治理需求的历史实践过程。其典型表现是将中小学毕业生参加农业劳动视为"做新中国第一代有文化的农民"的重要议题，于是如何对劳动尤其是体力劳动作出时代性回应就成为

[①] 《关于加强中学思想政治教育的几个问题的通知》（1957年1月10日），参见中华人民共和国教育部办公厅编《教育文献法令汇编（1957）》，1959年，第1页。

[②] 《关于指导中小学毕业生正确对待升学和就业问题的通知》（1957年2月28日），参见中华人民共和国教育部办公厅编《教育文献法令汇编（1957）》，1959年，第219页。

[③] 《关于当前中小学毕业生工作应注意的几个问题的通知》（1957年6月5日），参见中华人民共和国教育部办公厅编《教育文献法令汇编（1957）》，1959年，第226页。

理解这一问题史的关键。

可以说,新中国时期的中小学教育实践始终处于国家利益至上的制度安排考量中,而个体利益在面对这一规定性时,也并非处于完全被动的状态,这在有关"出路"的各种言论中多有体现。普通教育的目标是接受基本知识教育,以进入更高一级教育,这是教育自身的发展模式,当把其放置在新中国的历史进程中,便会与整个国家的政治、经济实践关联起来,并受到后者的规制和影响。这就使得中小学毕业生的前途和出路问题不单是一个受教育过程,也是富有时代气息的塑造社会主义新人的成长过程。而且此过程又有一以贯之的实践逻辑和话语表达,即国家反复强调劳动教育对于中小学毕业生出路选择的重要性。不过在强调教育与生产劳动相结合的历史展开中,对青年学生的升学与就业之间的紧张关系的处理却在政策规定、舆论宣传、具体实践等方面呈现了复杂多变的图景。

那么,又该如何理解这种试图在劳动实践与普通教育之间构建种种历史关联,继而为中小学毕业生选择出路提供可能性呢?这当然有必要对劳动的崇高感和光荣感赋予时代性的政治意涵,但国家意识形态话语并不能简单地直达现实中的工农业劳动实践,而后者则与"三大差别"所连带出的利益差别和诉求直接相关。这些都使得要通过加强劳动教育为青年学生的出路问题提供有效的解决途径,就不能只是停留在政治性的舆论声势上,更应该在劳动分工及其现实境遇上寻找出路。如果不能真正把劳动所关联的实践展开及其复杂性处理妥当,那么要想彻底解决中小学生升学与就业的出路选择问题,仍将任重道远。

[原载《上海大学学报(社会科学版)》2021年第2期]

六、外交史

习近平外交思想理论体系探析

杨洁勉

上海国际问题研究院学术委员会

中国共产党在其百年光辉历程中（特别在新中国诞生后）逐步形成了一整套的中国特色外交理论。党的十八大以来，习近平在亲自指挥和推进中国外交工作时，十分重视理论建设，构建了习近平新时代中国特色社会主义外交思想，即习近平外交思想。"习近平外交思想是新中国外交理论建设中具有划时代意义的重大成果，这一重要思想体系具有鲜明的科学性、时代性、先进性和实践性。"[①] 习近平外交思想的理论体系正在指引中国外交工作不断走向新的和更加伟大的胜利，并对全球事务、国际关系和世界各国的外交产生日益重要的影响。

一、具有划时代意义的外交实践

"时代是思想之母，实践是理论之源"。[②] 习近平外交思想的理论体系坚持实践本体论，根源于当代光荣而又艰巨的丰富外交实践，凝聚着举国上下的共同努力和奋斗目标，代表了当今时代前进方向的中国外交实践自觉。

（一）维护时代主题的外交实践

在和平发展的时代主题下，习近平领导中国外交实践与时代主题互联互动、相辅相成。党的十八大报告延续了十三大以来关于时代主题的表述："当今世界正在发生深刻复杂变化，和平与发展仍然是时代主题。"[③] 党的十九大报告也指出："世界正处于大发展大变革大

[①] 王毅：《深入学习贯彻习近平外交思想，不断开创中国特色大国外交新局面——在习近平外交思想研究中心成立仪式上的讲话》，外交部网站，2020年7月20日，https://www.fmprc.gov.cn/web/wjbzhd/t1798986.shtml.（上网时间：2021年1月20日）

[②] 《习近平谈治国理政》（第二卷），外文出版社2017年版，第62页。

[③] 《胡锦涛文选》（第三卷），人民出版社2016年版，第650页。

调整时期，和平与发展仍然是时代主题。"① 为了维护世界的和平发展，习近平领导中国外交主要展开了以下几个方面的工作。

第一，夯实国内政治经济基础与坚持走和平发展道路。外交是内政的延伸。在以习近平同志为核心的党中央的领导下，中国特色社会主义道路越走越宽广，中国的综合国力持续上升，2020年的国内生产总值（GDP）突破100万亿元人民币，约占世界经济总量的17%，②体现了中国现代化建设的能级提升。与此同时，中国坚持走和平发展道路，坚决摒弃"国强必霸"陈旧逻辑。习近平指出："中国从一个积贫积弱的国家发展成为世界第二大经济体，靠的不是对外军事扩张和殖民掠夺，而是人民勤劳、维护和平。中国将始终不渝走和平发展道路。无论中国发展到哪一步，中国永不称霸、永不扩张、永不谋求势力范围。历史已经并将继续证明这一点。"③

第二，坚决维护世界与地区的和平。中国历经战争风霜而深知和平的珍贵，坚定地与世界各国共同建设、维护、发展和平。习近平指出："今天的人类比以往任何时候都更有条件共同朝着和平与发展的目标迈进。中国主张各国人民同心协力，变压力为动力，化危机为生机，以合作取代对抗，以共赢取代独占。"④ 党的十八大以来，中国在维护世界和平方面作出了重要的努力和贡献，坚定地维护二战以来的世界和平大局，坚决反对某些西方大国的穷兵黩武政策和行径，不懈地促进东北亚与中东、非洲的地区和平，积极改善周边地区的安全环境，努力消除或缓和世界重大热点问题，因而成为当今世界和平的重要维护者和促进者。

第三，积极推动世界的共同发展。中国对世界发展的贡献首先表现在经济增长方面。中国已成为世界经济增长的主要稳定器和动力源，近年来对世界经济增长的年均贡献率保持在30%左右，⑤ 居世界第一位。而且，中国还拓展了发展的内涵，变"经济发展"为"全面发展"，在国际上积极宣传和落实联合国的千年发展目标和《2030年可持续发展议程》。联合国秘书长古特雷斯指出，中国成功脱贫和面向非洲国家这样的发展中国家采取合作共赢、共同发展的政策"是中国兑现自己的承诺、完成（联合国）2030年可持续发展议程和目标所作出的重要贡献"。⑥ 此外，中国在国际发展合作方面也作出了重要的贡献。中国积极履行大国责任，为全球发展提供公共产品；依托"一带一路"合作平台，加大对其他发展中国

---

① 《习近平谈治国理政》（第三卷），外文出版社2020年版，第45页。
② 《中国经济总量首超100万亿元》，《人民日报》2021年1月19日，第1版。
③ 《习近平谈治国理政》（第二卷），第545页。
④ 《习近平谈治国理政》（第二卷），第41页。
⑤ 《韩正：中国是全球可持续发展的贡献者》，新华网，2020年1月21日，http://www.xinhuanet.com/politics/2020-01/21/c_1125491490.htm.（上网时间：2021年1月20日）
⑥ 《专访联合国秘书长古特雷斯：中国为全球减贫做出重要贡献》，中国网，2018年9月3日，http://news.china.com.cn/world/2018-09/03/content_61921450.htm.（上网时间：2021年1月20日）

家的援助力度。"一带一路"成为全球化退潮期仅存的全球化动力引擎,中国资金和技术大规模"走出去"及时有效地弥补了西方资本"回岸"所形成的"增长缺口"。仅以2013—2018年的对外援助为例,中国的对外援助金额(包括无偿援助、无息贷款和优惠贷款)达2702亿元人民币。① 中国主办的丝路基金和倡导的金砖国家新开发银行、亚洲基础设施投资银行也为广大发展中国家的基础设施投资项目提供了为数可观的资金来源。中国还通过国际技术转移、教育培训和外派技术人员等方式为发展中国家提供多样化技术援助支持。

（二）解答时代命题的外交实践

当前,和平发展的时代主题遇到来自多方面的挑战,中国外交面对纷繁复杂的国际形势,正在努力回应和解答以下时代命题。

第一,抓住维护世界和平的大国关键。美国是当代极其重要的大国,但在特朗普执政的四年里（2017—2020年）大肆推行单边主义、破坏国际机制和规则,极大地破坏了世界的和平与稳定。面对这一严峻挑战,习近平坚持战略定力,沉着指挥中国外交在新形势下继续维护世界和平的大局。一方面,习近平一再强调要在相互尊重、互惠互利基础上,推进以协调、合作、稳定为基调的中美关系。② 中方在极大的战略定力下,努力避免中美关系完全失控和陷入直接冲突与对抗。另一方面,中国加强与俄罗斯、欧洲等力量的关系,积极推进大国协调和合作,并推动构建总体稳定的大国关系框架。

第二,努力解答世界发展难题。在国际社会遇到发展新难题和新挑战之际,中国作为世界第二大经济体和主要动力源,支持和帮助发展中国家特别是最不发达国家减少贫困、改善民生、改善发展环境,并敦促发达国家在发展问题上更新观念和付诸行动。而且,"中国特色社会主义道路、理论、制度、文化不断发展,拓展了发展中国家走向现代化的途径,给世界上那些既希望加快发展又希望保持自身独立性的国家和民族提供了全新选择,为解决人类问题贡献了中国智慧和中国方案"。③ 中国还积极回应全球贸易失衡、气候变化和债务可持续等领域的世界发展难题,不回避自身发展所引发的国际贸易失衡争议,勇于承担相应的大国责任,通过增加进口和调整国内产业结构推动国际贸易平衡和可持续发展。为应对新冠肺炎疫情带来的危机,中国克服困难,全面落实二十国集团缓债倡议,总额超过13亿美元。④ 中国积极践行碳减排政策,采取更加有力的政策和措施,力争于2030年前二氧化碳排放达

---

① 《新时代的中国国际发展合作》白皮书,国务院新闻办公室,2021年1月10日,http://www.scio.gov.cn/zfbps/32832/Document/1696685/1696685.htm.（上网时间：2021年1月20日）
② 《习近平主席应约同美国总统特朗普通电话》,《人民日报》2019年6月19日。
③ 《习近平谈治国理政》（第三卷）,第8—9页。
④ 习近平：《勠力战疫,共创未来——在二十国集团领导人第十五次峰会第一阶段会议上的讲话》,《人民日报》2020年11月22日。

到峰值，2060年前实现碳中和。①

第三，扬清激浊国际思潮的迷思。当前，地缘战略博弈、世界经济衰退和新冠肺炎疫情等危机不断涤荡着国际社会，许多国家和地区都出现了严重的社会撕裂、种族冲突和政治对立，造成了保守主义、民粹主义与极端民族主义思潮在全球范围内大举抬头。正当人们对时代主题和命题的看法及应对莫衷一是之际，习近平于2017年1月18日在联合国日内瓦总部的主旨演讲中指出："我们要顺应人民呼声，接过历史接力棒，继续在和平与发展的马拉松跑道上奋勇向前。"② 事实也正如此，中国在各种国际思潮的叠加挑战面前，不信歪门邪道，坚持人间正道，坚持多边主义和改善全球治理，做实合作共赢，加强文明对话与包容互鉴，为处于重重迷思中的国际社会带来了一股时代的清风。

（三）推进时代进步的外交实践

中国特色大国外交不仅维护时代主题和解答时代命题，而且还着眼未来的时代发展方向，努力开拓进取。

第一，高举公平正义的旗帜。中国在综合国力持续增长并与国际社会亟须同舟共济的历史背景下，高举公平正义的大旗，敢于批判和反对霸权主义，夯实与广大发展中国家关系的基础，深化南南合作和加强南北对话，尊重中小国家的权益，推进大国协调和合作，加强全球和地区性的机制建设。上述中国的外交实践进一步打破了西方自近代以来对国际体系的垄断地位，有力提升了非西方力量在全球治理中的作用，有助于国际力量朝着均衡稳定的方向发展。

第二，加强全球安全治理。安全问题是国际关系的核心问题，其话语权和行为权一向为西方国家所主导。中国正力图纠正这一历史的不公，努力推进全球安全治理。习近平于2014年5月在亚信上海峰会上提出，应该积极倡导共同、综合、合作、可持续的亚洲安全观。③ 2015年9月，他在第70届联合国大会上又指出："我们要在国际和区域层面建设全球伙伴关系，走出一条'对话而不对抗，结伴而不结盟'的国与国交往新路。"④ 在2016年4月举行的华盛顿核安全峰会上，习近平指出："展望未来，加强国际核安全体系，是核能事业健康发展的基本前提，更是推进全球安全治理、构建新型国际关系、完善世界秩序的重要环节。"⑤ 面对新冠肺炎疫情带来的全球公共卫生安全挑战，习近平于2020年5月在第73

---

① 习近平：《继往开来，开启全球应对气候变化新征程——在气候雄心峰会上发表重要讲话》，《人民日报》2020年12月13日。

② 《习近平谈治国理政》（第二卷），第538页。

③ 《习近平谈治国理政》，外文出版社2014年版，第354页。

④ 《习近平谈治国理政》（第二卷），第523页。

⑤ 习近平：《论坚持推动构建人类命运共同体》，中央文献出版社2018年版，第326页。

届世界卫生大会视频会议开幕式的致辞中强调:"(要)加强全球公共卫生治理。人类终将战胜疫情,但重大公共卫生突发事件对人类来说不会是最后一次。要针对这次疫情暴露出来的短板和不足,完善公共卫生安全治理体系。"① 遵循习近平的指导,中国积极践行新安全观和应对新形势下的安全挑战,正在为未来全球安全治理体系更加公正合理有效而鸣锣开道。

第三,推动世界的科技进步。创新是当今时代的重大命题,新一轮科技革命和产业变革加速演进,包括发展中国家在内的世界各国都面临提高科技创新能力的紧迫性。一方面,中国正在努力加快科技创新,突破内外的"卡脖子"领域和问题;另一方面,中国努力打破把世界科技分隔为两个对立体系的图谋,加强国际科技合作,积极推动构建更加完善的全球科技治理体系。习近平因而指出:"国际科技合作是大趋势。我们要更加主动地融入全球创新网络,在开放合作中提升自身科技创新能力。越是面临封锁打压,越不能搞自我封闭、自我隔绝,而是要实施更加开放包容、互惠共享的国际科技合作战略。"② 中国在当前的特殊背景下,正在着力推动全球疫情防控和公共卫生领域国际科技合作,聚焦气候变化、人类健康等人类社会共同关注的问题。中国作为最大的发展中国家,坚持科技进步和科技创新,这不仅对广大发展中国家具有极大的示范作用,最终还将为世界科技进步和全球科技治理作出引领性的贡献。

二、习近平外交思想理论体系的特色

习近平外交思想理论体系创新了外交领域的中国化马克思主义,坚持共产主义理想的世界观、总结科学的方法论和强调造福人民的要旨。

(一)创新外交领域的中国化马克思主义

中国共产党百年来信奉马克思主义为指导思想,进行马克思主义中国化建设,形成了毛泽东思想、邓小平理论、"三个代表"重要思想、科学发展观和习近平新时代中国特色社会主义思想。习近平外交思想深化了对中国特色大国外交的规律性认识,是党中央治国理政思想在外交领域的集中体现。"习近平外交思想是习近平新时代中国特色社会主义思想的有机组成部分,是当代中国马克思主义、21世纪马克思主义在外交领域的最新成果,是对中华优秀传统文化的传承创新和对新中国外交理论的继承发展,为新时代的中国外交指明了前进方向、提供了根本遵循。"③

---

① 《习近平在第73届世界卫生大会视频会议开幕式上致辞》,《人民日报》2020年5月19日。
② 习近平:《在科学家座谈会上的讲话》,《人民日报》2020年9月12日。
③ 外交部党委:《推进新时代中国特色大国外交的科学指南》,《人民日报》2020年8月18日。

作为当代中国化马克思主义在外交领域的集大成者——习近平外交思想在对外关系和全球事务方面，努力探究和分析历史根源，科学客观地界定世界现在怎么样，总揽全局地指出世界到哪里去等重大时代课题，形成了在外交领域的内涵丰富、系统完备、相互贯通、逻辑严密的科学体系。习近平外交思想为独立自主的和平外交方针、和平共处五项原则、推动建立国际政治经济新秩序等传统理念赋予更加鲜明的时代精神，上升到人类命运共同体、新型国际关系、全球治理体系变革的历史新高度。

（二）坚持共产主义理想的世界观

习近平外交思想理论体系具有明确的奋斗目标，指导着中国外交为实现中华民族的伟大复兴和促进国际社会和平发展，沿着中国特色社会主义道路和朝着共产主义的方向奋勇向前。

首先，坚持共产主义的远大理想。在国内，中国共产党是执政党，正在领导中国人民从社会主义分阶段地走向共产主义。习近平十分重视和经常强调共产党人的理想信念教育，"必须坚持马克思主义，牢固树立共产主义远大理想和中国特色社会主义共同理想"。① "（我们要）深刻认识实现共产主义是由一个一个阶段性目标逐步达成的历史过程，把共产主义远大理想同中国特色社会主义共同理想统一起来、同我们正在做的事情统一起来。"② "共产主义遥遥有期，社会主义就是共产主义的第一阶段。"③

在国际上，习近平把共产主义理想和人类进步事业结合起来，指出："中国共产党是为中国人民谋幸福的政党，也是为人类进步事业奋斗的政党。"④ 为此，他号召推进新型国际关系和人类命运共同体的建设。从现实出发，当前世界各国，特别是大国需要构建基于相互尊重、公平正义、合作共赢的新型国际关系，进而还要向建构人类命运共同体方向努力。在党的十八大以后，习近平递进地倡导了利益共同体、责任共同体和命运共同体，"构建人类命运共同体"也分别列入《中国共产党章程》的总纲部分和《中华人民共和国宪法》的序言部分。

其次，坚持中国共产党的领导。中国共产党的领导是历史和人民的选择，也是中国在"站起来""富起来"和"强起来"的道路上不断取得胜利的根本保证，更是中国外交的根本底色和最大优势。习近平外交思想坚决维护中国共产党的领导，既不走封闭僵化的老路，也不走改旗易帜的邪路。在"八九风波"、苏东剧变、"颜色革命"和"阿拉伯之春"后，美国在特朗普执政的四年里又掀起了反华反共的浪潮。在2020年的大选期间，"美国国内

---

① 《习近平谈治国理政》（第三卷），第18页。
② 《习近平在纪念马克思诞辰200周年大会上的讲话》，《人民日报》2018年5月5日。
③ 《习近平在纪念陈云同志诞辰110周年座谈会上的讲话》，《人民日报》2015年6月13日。
④ 《习近平谈治国理政》（第三卷），第45页。

一部分政治势力,出于拉抬选情的政治考量和维持单极霸权的需要,不惜全面否定中美关系的历史,毫无道理地对中国进行全方位打压,不断挑衅中国的核心利益,攻击中国人民选择的社会制度,污蔑与中国人民血肉相连的执政党"。① 对此,中国坚持"加强党的集中统一领导,健全党对外事工作领导体制机制。坚持外交大权在党中央,加强中国特色大国外交理论建设,全面贯彻党中央外交大政方针和战略部署"。② 事实已经证明,蓬佩奥之流攻击中国共产党领导的图谋不仅破产而且致使其落得身败名裂的下场。

最后,坚信世界发展的进步趋势。毛泽东指出:"马克思主义者认为人类社会的生产活动,是一步又一步地由低级向高级发展,因此,人们的认识,不论对于自然界方面,对于社会方面,也都是一步又一步地由低级向高级发展,即由浅入深,由片面到更多的方面。"③ 习近平外交思想继承和发展了马克思主义的这一基本观点,深刻分析了当代世界形势的各种主要因素及其互动规律,特别重视国际社会面临的严峻挑战,但仍充满信心地指出,"放眼世界,我们面对的是百年未有之大变局。新世纪以来一大批新兴市场国家和发展中国家快速发展,世界多极化加速发展,国际格局日趋均衡,国际潮流大势不可逆转"④。

(三)坚持科学方法论

习近平外交思想的方法论基于历史唯物主义和辩证唯物主义,在前进的过程中逐步减少盲目性和增加自觉性,从而不断科学和有效地认识世界和改造世界。

第一,坚持唯物主义的历史观。习近平指出:"所谓正确历史观,就是不仅要看现在国际形势什么样,而且要端起历史望远镜回顾过去、总结历史规律,展望未来、把握历史前进大势。"⑤ 习近平在分析和应对当前的挑战时注意结合历史背景和发展前景,因而能够厘清各种问题的来龙去脉,明确时代赋予的主要使命,把握历史发展的规律,沉着应对严峻的挑战和困难,抓住用好重大机遇,不断取得外交新胜利。

第二,坚持抓住主要矛盾的辩证法。"两点论"和"重点论"是辩证唯物主义的精髓,也是习近平外交思想用以分析和处置当前国际问题的主要方法。习近平在谈到辩证唯物主义的重要性时强调:"我们既要注重总体谋划,又要注重牵住'牛鼻子'。在任何工作中,我

---

① 《王毅:面对蛮横无理的美国,中国将作出坚定而理性的回应》,中国新闻网,2020年7月28日,https://www.chinanews.com/gn/2020/07-28/9250555.shtml.(上网时间:2021年1月20日)
② 杨洁篪:《积极营造良好外部环境》,《人民日报》2020年11月30日。
③ 《毛泽东选集》(第一卷),人民出版社1991年版,第283页。
④ 《习近平谈治国理政》(第三卷),第421页。
⑤ 《习近平谈治国理政》(第三卷),第427页。

们既要讲两点论，又要讲重点论，没有主次，不加区别，眉毛胡子一把抓，是做不好工作的。"[1] 习近平在分析国际形势时辩证地运用两点论和重点论，认为："要充分估计国际格局发展演变的复杂性，更要看到世界多极化向前推进的态势不会改变。要充分估计世界经济调整的曲折性，更要看到经济全球化进程不会改变。要充分估计国际矛盾和斗争的尖锐性，更要看到和平与发展的时代主题不会改变。要充分估计国际秩序之争的长期性，更要看到国际体系变革方向不会改变。要充分估计我国周边环境中的不确定性，更要看到亚太地区总体繁荣稳定的态势不会改变。"[2] 此外，在独立自主和相互依存、团结朋友和减少敌人、注重当前和着眼未来等重大问题上，习近平坚持对立统一和辩证应对，解决了许多重大和困难问题，实现了中国外交的战略目标。

第三，综合平衡目标和能力的国家定位。"在国际关系和全球事务中，国家定位既是对国情和世情的认识和总结，也是国家制定内外战略和政策的重要依据，历来受到世界各国特别是大国政界和学界的重视。"[3] 而且，国家定位需要正确的角色观，习近平为此精辟地指出："所谓正确角色观，就是不仅要冷静分析各种国际现象，而且要把自己摆进去，在我国同世界的关系中看问题，弄清楚在世界格局演变中我国的地位和作用，科学制定我国对外方针政策。"[4] 在国家定位上，习近平强调"我国仍处于并将长期处于社会主义初级阶段的基本国情没有变，我国是世界最大发展中国家的国际地位没有变"[5]。党的十八大以来，中国坚持发展中国家的定位，支持发展中国家在国际事务中发挥更大作用，维护发展中国家在国际体系中的正当权益，根据尽力而为和量力而行的原则加大对发展中国家的援助力度，通过互利合作带动更多国家实现共同发展。

（四）执政为民和造福世界

中国共产党坚持马克思主义人民主体思想，强调执政为民的最高和根本宗旨。习近平在党的十九大报告中以新的高度强调新时代中国特色社会主义思想："必须坚持以人民为中心的发展思想""使人民获得感、幸福感、安全感更加充实、更有保障、更可持续"[6]。习近平强调以人民为中心的发展思想，是确保中华民族在新的历史起点上实现更好更快地发展、实现中华民族伟大复兴中国梦的坚强理论保障和重要力量源泉，也是对全世界的庄严宣示，让

---

[1]《习近平在中共中央政治局第二十次集体学习时强调 坚持运用辩证唯物主义世界观方法论 提高解决我国改革发展基本问题本领》，新华网，2015年1月24日，http://www.xinhuanet.com/politics/2015-01/24/c127416715.htm.（上网时间：2021年1月2日）

[2]《习近平谈治国理政》（第二卷），第442页。

[3] 杨洁勉：《当代大国相互定位及时代特征分析》，《国际展望》2020年第2期。

[4]《习近平谈治国理政》（第三卷），第427—428页。

[5]《习近平谈治国理政》（第三卷），第10页。

[6]《习近平谈治国理政》（第三卷），第15、35页。

全世界看到了中国最高领导人造福全世界的承诺。他还在外交领域倡导"共商共建共享""造福人类"等理念,"中国人民张开双臂欢迎各国人民搭乘中国发展的'快车''便车'"。① 在百年未遇的新冠肺炎疫情肆虐全球后,习近平指出:"面对突如其来的严重疫情,中国同世界各国携手合作、共克时艰,为全球抗疫贡献了智慧和力量。我们本着公开、透明、负责任的态度,积极履行国际义务……中国以实际行动帮助挽救了全球成千上万人的生命,以实际行动彰显了中国推动构建人类命运共同体的真诚愿望!"②

三、习近平外交思想理论体系的核心理念

习近平外交思想理论体系不仅已经形成了"十个坚持"③总体框架,而且还在以下四个核心理念方面不断发展和完善,指导着中国特色大国外交。

(一)与时俱进的主权观

中国自鸦片战争以来,经过百年艰苦卓绝的斗争才争取到国家的独立和民族的解放。中国外交理论始终把维护和发展国家主权放在首位。随着内外形势的变化,习近平外交思想的主权观具有以下明显的时代特征。

第一,和平发展道路的主权观念。习近平强调:"我们要坚持走和平发展道路,但决不能放弃我们的正当权益,决不能牺牲国家核心利益。任何外国不要指望我们会拿自己的核心利益做交易,不要指望我们会吞下损害我国主权、安全、发展利益的苦果。"④ 党的十八大以来,中国在涉台涉港涉疆问题上坚持维护国家主权和领土完整的原则,采取果断措施维护国家核心利益,有力地推进了世界各国需要共同走和平发展道路的时代使命。

第二,应对全球性挑战的主权观念。当前,国际恐怖主义、金融危机和贸易保护主义、气候变化和环境变化、公共卫生和重大自然灾害等全球性挑战威胁到许多国家,特别是发展中国家的主权。一旦国家主权被过度削弱,发展中国家将面临深重灾难。习近平强调既不能弱化主权又要加强国际合作,树立与时代潮流相符合相一致的主权观念,在国际交往与合作

---

① 《习近平谈治国理政》(第二卷),第484页。
② 《习近平在全国抗击新冠肺炎疫情表彰大会上的讲话》,《人民日报》2020年9月9日。
③ 即:坚持以维护党中央权威为统领加强党对对外工作的集中统一领导,坚持以实现中华民族伟大复兴为使命推进中国特色大国外交,坚持以维护世界和平、促进共同发展为宗旨推动构建人类命运共同体,坚持以中国特色社会主义为根本增强战略自信,坚持以共商共建共享为原则推动"一带一路"建设,坚持以相互尊重、合作共赢为基础走和平发展道路,坚持以深化外交布局为依托打造全球伙伴关系,坚持以公平正义为理念引领全球治理体系改革,坚持以国家核心利益为底线维护国家主权、安全、发展利益,坚持以对外工作优良传统和时代特征相结合为方向塑造中国外交独特风范。参见《习近平谈治国理政》(第三卷),第427页。
④ 《习近平谈治国理政》,第249页。

中维护本国利益和拓展国际共同利益。

第三，维护信息化时代的主权观念。信息化和网络时代对国家主权提出了新的挑战。为此，习近平强调指出："《联合国宪章》确立的主权平等原则是当代国际关系的基本准则，覆盖国与国交往各个领域，其原则和精神也应该适用于网络空间。我们应该尊重各国自主选择网络发展道路、网络管理模式、互联网公共政策和平等参与国际网络空间治理的权利，不搞网络霸权，不干涉他国内政，不从事、纵容或支持危害他国国家安全的网络活动。"① 为了维护网络安全，中国努力推进国际共同标准，坚决反对双重标准。中国正在与世界各国本着相互尊重和相互信任的原则，共同构建和平、安全、开放、合作的网络空间，进而以网络安全和信息化促进世界的和平发展事业。

（二）共同持续的全球安全观

党的十八大以来，习近平在倡导综合国家安全观后又进而要求"推动树立共同、综合、合作、可持续的全球安全观"②。

第一，安全形势更加严峻。当前，全球安全问题凸显并且呈泛化趋势。霸权主义、大国博弈、集团对抗等战略态势恶化，主要大国之间的战略竞争不断加剧，国家间发生摩擦和冲突的风险持续增加，安全威胁的传统因素和非传统因素相互交织，地区冲突此起彼伏，安全问题的联动性、跨国性、多样性更加突出，国际安全风险系数增大，世界安全形势更加复杂。

第二，安全理念须更新。形势决定任务，需要产生新理念。在新形势和新需要下，亟须清理和淘汰诸如"独家安全"和"赢者通吃"等陈旧理念。为此，习近平倡导"四个坚持"的新全球安全理念："坚持合作共建，实现持久安全""坚持改革创新，实现共同治理""坚持法治精神，实现公平正义""坚持互利共赢，实现平衡普惠"。③

第三，安全治理和共同体的方向。安全是人类的普遍需求，是国家发展的前提条件。人类只有形成安全共同体，才能建设命运共同体。为此，习近平提出"维护安全和稳定，构建安全共同体"重大倡议，认为"安全和稳定是国家发展的首要前提，关乎各国核心利益。我们要遵循共同、综合、合作、可持续的安全观，有效应对各类威胁和挑战，营造良好地区安全环境"。④ 这一倡议丰富了全球安全合作内涵，为建设全球安全共同体指引了共同行动

---

① 《习近平在第二届世界互联网大会开幕式上发表讲话》，《人民日报》2015年12月17日。
② 《习近平在中央政治局第二十六次集体学习时的讲话》，《人民日报》2020年12月13日。
③ 习近平：《坚持合作创新法治共赢 携手开展全球安全治理——在国际刑警组织第86届全体大会的主旨演讲》，《人民日报》2017年9月27日。
④ 习近平：《弘扬"上海精神" 深化团结协作 构建更加紧密的命运共同体——在上海合作组织成员国元首理事会第二十次会议上的讲话》，《人民日报》2020年11月11日。

方向。

(三) 正确的义利观

中国在由相对贫弱进入逐步富强时,需要处理和世界各国的复杂利益关系。为此,习近平不失时机地提出正确义利观,强调在国际关系中崇尚道德、秉持道义、主张公道、伸张正义、义在利先、利在义后的价值观念。

第一,中国传统义利观。中华民族历来主张"君子义以为质",强调"国不以利为利,以义为利也",认为"不义而富且贵,于我如浮云"等。简言之,中国传统文化中的义利观突出道义,强调义重于利。先义后利、取利有道、义利统一,反映了中华民族的主流义利观,也成为中国对外关系一以贯之的道德规范和行为准则。

第二,社会主义的义利观。坚持正确义利观也是社会主义核心价值观在国际层面的体现,是根据当今中国与世界的关系提出来的。马克思主义是社会主义中国的理论基础,正确义利观蕴含了社会主义核心价值观和面向共产主义的努力方向。习近平指出:"义,反映的是我们的一个理念,共产党人、社会主义国家的理念。"① 正确义利观强调世界公正之"义"和人类共享之"利",完全符合自身全球大国、社会主义大国和发展中大国的国家定位,对当前和未来的国际关系兼具理论和实践指导意义。

第三,知行合一的义利观。正确的义利观不是抽象和纯粹的理念,它们在现实中具有极大的可行性和实践性。中国在国际合作中既突出了"义"也照顾到"利",实现了"义"字当先下的义利兼顾与义利平衡,因而做到了义利兼得和义利共赢。事实一再证明,中国倡导的共商共建共享共赢原则成为国际合作之道,赋予中国的国际合作观以知行合一和可持续性。

(四) 引领进步的国际体系观

新中国成立以来,中国的国际体系观经历了批判、参与、建设和改革等历史性转变和创新。在中国日益走近世界舞台中央的历史进程中,习近平外交思想关于国际体系和全球治理的理论体系化建设方面又有了重要发展。

第一,紧紧抓住当前国际体系和全球治理的本质。习近平强调:"全球治理格局取决于国际力量对比,全球治理体系变革源于国际力量对比变化。我们要坚持以经济发展为中心,集中力量办好自己的事情,不断增强我们在国际上说话办事的实力。"②

第二,辩证看待现有国际体系的现实作用和存在的问题。习近平指出:"疫情也放大了全球治理体系中不适应、不匹配的问题。各方应该思考如何加以完善,而不是推倒重来,另

---

① 转引自王毅《坚持正确义利观 积极发挥负责任大国作用》,《人民日报》2013年9月10日。
② 《习近平谈治国理政》(第二卷),第449页。

搞一套。世界上只有一个体系，就是以联合国为核心的国际体系；只有一套规则，就是以联合国宪章为基础的国际关系基本准则。"①

第三，发挥发展中大国在改革国际体系中的作用。中国正在努力把日益强大的综合国力转化为国际规制权和话语权。例如，习近平指出："二十国集团领导人杭州峰会，是近年来我国主办的级别最高、规模最大、影响最深的国际峰会。我们运用议题和议程设置主动权，打造亮点，突出特色，开出气势，形成声势，引导峰会形成一系列具有开创性、引领性、机制性的成果，实现了为世界经济指明方向、为全球增长提供动力、为国际合作筑牢根基的总体目标。"②

四、战略思想的丰富和发展

中国外交的战略思想即指中国对本国和世界关系互动的基本思路和主要目标，它是习近平外交思想理论体系的重要组成部分。

（一）确立外交战略目标

中国共产党根据实事求是的基本原则，在不同历史时期制定切实可行和特征鲜明的外交战略目标，并以此调动和统筹国家的对外工作。

重视战略思维。所谓战略思维，就是高瞻远瞩、统揽全局，善于把握事物发展总体趋势和方向。习近平深刻地指出："战略问题是一个政党、一个国家的根本性问题。战略上判断得准确，战略上谋划得科学，战略上赢得主动，党和人民事业就大有希望。"③ 在外交领域，习近平从历史潮流中观察当前形势变化，区分主流、回流和逆流，在统筹内外大局中进行顶层设计，在总揽全局中决定优先次序和进退取舍，积极促进国际环境企稳向好发展，排除干扰和保持战略节奏，始终保持战略自信和理性运筹。

明确战略目标。外交的特点是国际互动，因为外交时常受到形势变化的冲击和影响，所以根据世情国情制定战略目标就尤为重要。习近平主持召开了新中国历史上首次周边外交工作座谈会并指出："这次会议的主要任务是，总结经验、研判形势、统一思想、开拓未来，确定今后5—10年周边外交工作的战略目标、基本方针、总体布局，明确解决周边外交面临的重大问题的工作思路和实施方案。"④ 后来，习近平又把中国外交的主要战略目标归纳为："努力开创中国特色大国外交新局面，为全面建成小康社会、进而全面建设社会主义现代化

---

① 《习近平会见联合国秘书长古特雷斯》，《人民日报》2020年9月24日。
② 《习近平谈治国理政》（第二卷），第448—449页。
③ 《习近平谈治国理政》（第二卷），第10页。
④ 《习近平在周边外交工作座谈会上发表重要讲话》，《人民日报》2013年10月26日。

强国创造有利条件、作出应有贡献。"①

保持战略定力。当前,中国不仅需要应对世界不确定因素和不稳定因素急剧上升的挑战,还要化解或战胜来自以美国为首的西方的战略施压和围堵。为此,习近平自信地指出:"当今世界,要说哪个政党、哪个国家、哪个民族能够自信的话,那中国共产党、中华人民共和国、中华民族是最有理由自信的。有了'自信人生二百年,会当水击三千里'的勇气,我们就能毫无畏惧面对一切困难和挑战,就能坚定不移开辟新天地、创造新奇迹。"② 在以习近平为核心的党中央的坚强领导下,中国在外交工作中成功应对了包括特朗普政府对华疯狂攻击和新冠肺炎疫情肆虐在内的严峻挑战,不断冲破艰难险阻驶向胜利的彼岸。

(二) 外交战略布局

习近平的战略思想和理论是系统和全面的,战略目标一经确立后,就需要战略布局和战略部署加以落实和推进。习近平在维护原有布局的延续性和稳定性的基础上,又将其建构成全方位、多层次、立体化的外交新布局。

健全全球伙伴关系网络。2014年11月,习近平在中央外事工作会议上提出:要在坚持不结盟原则的前提下广交朋友,形成遍布全球的伙伴关系网络。③ 此后,中国的"全球伙伴关系"建设进入新的发展阶段,朋友圈日益扩大。中国继续深化与大国、周边、发展中国家及国际机制等的关系,并积极构建遍布全球的"朋友圈"。根据结伴不结盟的原则,中国实现了与发展中地区合作机制的全覆盖,与半数以上的建交国家建立了合作或战略伙伴关系,协调推进了与不同类型国家的关系,扩大了与各方的利益交汇点。

倡导共建"一带一路"。中国通过搭建这个全球最大的国际合作平台,践行共商共建共享理念,助推合作伙伴互利共赢、共同发展。习近平指出:"我多次说过,共建'一带一路'倡议源于中国,机会和成果属于世界。共建'一带一路'是一项长期工程,是合作伙伴们共同的事业。""共同推动共建'一带一路'合作走深走实、行稳致远、高质量发展,开创更加美好的未来。"④

强化非传统领域的战略布局。中国在继续推进外交、经济、安全、军事等领域战略布局的同时,强化了在网络安全、金融安全、绿色发展、外空规范等非传统领域的战略布局。在抗击新冠肺炎疫情的国际合作中,中国加强了同世界卫生组织、联合国等多边机制以及广大

---

① 《习近平谈治国理政》(第三卷),第426页。
② 《习近平谈治国理政》(第二卷),第36页。
③ 《习近平谈治国理政》(第二卷),第444页。
④ 习近平:《在第二届"一带一路"国际合作高峰论坛记者会上的讲话》,《人民日报》2019年4月28日。

发展中国家的战略合作，共同应对非传统安全威胁，为全球携手抗击疫情展现应有的责任担当。

（三）外交战略的政策支持

战略目标和战略布局需要通过具体和精准的政策得以落实。因此，从某种意义上说，政策举措是战略落地的"最后一公里"。在习近平外交思想指导下，中国特别重视主要外交战略的政策配套，如维护国家主权和领土完整的独立和平外交政策，与美国合作加斗争的"两手政策"，尽力而为和量力而行的国际合作政策，保护海外利益政策，等等。

区域国别战略的配套政策。中国深化了和俄罗斯的全面战略协作伙伴关系，中国和欧盟及欧洲国家共同打造和平、增长、改革、文明四大伙伴关系，中国在困难条件下努力管控与美国的分歧并争取两国关系早日回归理性合作的轨道，中国坚持在与邻为善和以邻为伴原则下深化同周边国家的互利合作，中国还切实加强同发展中国家的团结合作。

在维护国际和地区和平安全方面，中国积极参与朝鲜半岛核、伊朗核、阿富汗、缅甸、中东、叙利亚、南苏丹等重大地区热点问题的解决，不断探索和实践具有中国特色的解决国际和地区热点问题之道，始终坚持和平性、正当性和建设性。

中国在联合国维和行动、国际军控与防扩散进程、国际发展合作、全球气候变化、社会人文交流合作等方面的政策举措也日益成熟可行。

五、结语

习近平外交思想理论体系博大精深，我们要在学懂弄通悟透的基础上，以此指导未来的各项工作，提高理论和实践的自觉性。中国学界需要在以下方面作出更大的努力。

第一，在实践中加深理解和领悟。习近平外交思想集聚中国历任领导集体和举国上下的智慧和努力，体现了当代中国特色大国外交理论的最高水平，因而需要联系实际和系统地学习，从而全面、准确地落实到行动之中。

第二，增强历史使命感。当前，世界正处在百年未有之大变局之中，中国正在走近世界舞台中央，中国特色大国外交也面临着前所未有的机遇和挑战，学界要审视所承担的历史使命，研究和认识世界发展的趋势，在把握中国的历史方位中确立研究方向和重点，成为推进中国和世界进步的动力之一。

第三，增强时代责任感。当今的时代，和平发展既是主题，也是命题，许多重大议题需要回应和解答。中国学界要在习近平外交思想指导下，投身于波澜壮阔但又千折百回的时代潮流之中，不当袖手旁观的评论者，成为认识世界和改造世界伟大事业的实践者和贡献者。

第四，提高理论和政策水平。国际关系作为独立的专业只有百年的历史，在中国的真正发展只有数十年的时间。而且，所谓主流的国际关系理论不能准确解释中国外交，中国自身的理论尚处于开创阶段,更加需要在习近平外交思想的指导下,加强中国国际关系核心和前沿理论的建设与创新,使之更加系统化、当代化和普及化。

第五,加强国际交流和传播。中国通过广泛、深入和持久的国际交流,和国际社会共享习近平外交思想的宝贵理论财富,使其深刻地感受到习近平外交思想在理论上的强大力量和实践中的务实管用,并在应对和解答当代重大问题的过程中更好地理解和认同习近平外交思想,共同促进新型国际关系和人类命运共同体的构建。

(原载《国际问题研究》2021年第2期)

新中国周边外交的历史逻辑论析

王巧荣

当代中国研究所

"中国周边"是一个地缘意义上的概念，指的是地缘上与中国邻接和邻近的地区和国家。从传统意义上讲，"中国周边"包含与中国陆海相连的地区和国家。21世纪以来，国际关系学界提出了"小周边""大周边"概念。"小周边"主要是传统意义上的周边概念。"大周边"是把中国周边从"小周边"延伸到西亚、南太平洋、澳大利亚和新西兰。本文的"中国周边"指的是"小周边"，但也涵盖了领土上没有直接与中国相连的邻近地区和国家。中国周边地区是中国与外部世界联系的桥梁和纽带，周边外交直接影响着中国的安全和发展利益。新中国成立以来，为了更好地维护国家的主权、安全和发展利益，中国政府高度重视周边外交工作，根据国际国内形势变化及与周边国家关系的发展情况，提出了一系列开展周边外交的创新理念、思想，制定了相应的战略策略、方针政策。70多年中国周边外交实践既呈现阶段性特征，也存在内在统一的逻辑，较好地促进了中国总体外交目标的实现，积累了宝贵的历史经验。

一、中国周边外交的历史进程

根据国际国内局势特别是中国领导人对国际局势判断和认识的发展变化，随着中国综合国力及国际影响力的不断提升，中国与周边国家交往的深度、广度不断地拓展和扩大。中国周边外交在外交大局中逐步由从属于"冷战"两极对峙外交、新兴民族主义国家外交、第三世界国家外交中脱离出来，并逐步成为中国外交的优先方向。新中国成立以来，虽然周边外交一直是中国外交的重要组成部分，但"周边""周边国家"和"周边外交"等词在中国官方文献中出现得比较晚。1988年《政府工作报告》首次出现"周边各国"一词，报告指出"中国一向重视同周边各国保持和发展睦邻关系"[①]，并把保持和发展同周边各国睦邻关系，与中国同美、苏的关系，欧洲社会主义国家的关系，其他发达国家的关系及同第三世界国家团结和合作并列构成中国外交的主要内容。这表明中国周边外交在外交布局中的地位

---

① 中共中央文献研究室：《十三大以来重要文献选编（上）》，人民出版社1991年版，第181页。

得到提高。1993年《政府工作报告》把发展同周边国家的睦邻友好关系作为中国"外交工作的重点"[1]。在党的文献中,党的十五大提出"要坚持睦邻友好"[2],首次将周边外交作为中国外交的重要内容单列出来。党的十六大报告提出了"与邻为善,以邻为伴"的周边外交方针[3]。此后,周边外交在中国外交中的地位进一步提高。新中国成立以来周边外交大体经历了以下三个阶段。

(一) 社会主义革命和建设时期的周边外交(1949—1978)

这一时段国际局势的主要特点是以美苏为首的两大集团冷战对峙,新中国的外交战略深深打上了两极对峙的烙印。在这30年中,美苏两个超级大国分别在不同时段对中国国家安全构成不同程度的威胁。新中国先后采取"一边倒""反帝反修""一条线"战略,来捍卫国家的主权独立、领土完整和大国地位。作为中国总体外交的重要组成部分,周边外交政策随整体外交战略的不断调整而变化,变动性是这一时段的主要特征。

新中国成立前夕,中国共产党领导人基于新民主主义革命时期的历史经验,基于解放战争时期美苏两国对国共两党的态度,更基于新生共和国政权能够迅速在国际社会站稳脚跟的考虑,中国政府采取"一边倒"的外交战略,新生政权很快得到苏联及其他社会主义国家的承认。1949年10月2日,新中国成立的第二天,中苏正式建立大使级外交关系。1950年2月14日,两国签订了《中苏友好同盟互助条约》,成为友好同盟国家。苏联向中国提供的大规模经济援助和国际支持,对新中国国民经济体系的恢复和建立发挥了重要作用,也为巩固新生共和国政权奠定了基础。而美国不仅不承认中国,还竭力阻挠其盟国承认中国,对华采取敌对政策。

美苏两大阵营对抗格局深刻影响了中国邻国的外交走向。在中国周边的15个陆海邻国中,朝鲜、蒙古国和越南属于以苏联为首的社会主义阵营,日本、韩国、菲律宾、巴基斯坦属于以美国为首的资本主义国家阵营,其他国家奉行不结盟中立政策。中国与美苏两国的关系直接影响了与分属两个阵营其他邻国的关系。继中苏建交之后,朝鲜、蒙古国、越南很快与中国建立了正式的外交关系,中国同这3个国家间的友好合作关系逐步开展。而日本、韩国、菲律宾追随美国,奉行对华敌对政策。

印度作为第一个与中国建交的非社会主义国家,与中国保持了良好的友好合作关系,两国与缅甸共同倡导和平共处五项原则,并在该原则基础上,通过谈判签署《关于中国西藏地方与印度之间的通商与交通协定》,消除了影响中印关系发展的一个障碍。两国高层互访

---

[1] 中共中央文献研究室:《十四大以来重要文献选编(上)》,人民出版社1996年版,第194页。
[2] 中共中央文献研究室:《十五大以来重要文献选编(上)》,人民出版社2000年版,第43页。
[3] 中共中央文献研究室:《十六大以来重要文献选编(上)》,人民出版社2008年版,第37页。

不断，就共同关心的双边与地区问题进行沟通与交流。但在1959年，因西藏问题、边境纠纷，两国关系开始出现紧张局面。

同时，中国还在国际多边场合展现促和平、求团结的良好形象。1954年，新中国首次以大国身份出席日内瓦会议，为和平解决印支问题做出了积极贡献，树立了和平形象。1955年4月，中国应邀出席万隆会议，中、印、缅三国共同倡导的和平共处五项原则被纳入"万隆精神"，成为亚非各国开展团结合作的重要指针，为中国赢得了更多的朋友，也为进一步开展与亚非国家友好合作奠定了基础。

20世纪60年代，中苏两党意识形态的分歧扩大到两国战略安全领域，两国关系破裂。苏联在两国边界地区频繁挑起领土纠纷和冲突。其凭借与蒙古国签订的《苏蒙友好合作互助条约》，在中苏、中蒙边境陈兵百万名，对中国北部边境安全构成严重威胁。反对苏联修正主义成为中国外交的重要内容。美国仍然继续侵略台湾，还直接出兵侵略越南，因此从南部边境给中国安全带来严重威胁。面对两个超级大国的威胁，中国政府采取了"两个拳头打人"战略。同时遭受美苏两国的战略挤压，加之"文革"期间中国外交受极"左"路线的干扰，60年代中后期，中国外部安全环境特别是周边安全环境异常严峻。

为了壮大反帝反修的力量，毛泽东将1946年提出的"中间地带"思想发展为"两个中间地带"思想。① 除苏联外，中国周边的国家都是"两个中间地带"上的国家，争取与它们的团结与合作成为这一时段特别是20世纪60年代中后期中国周边外交的一个重要内容。根据友好协商、互谅互让的原则，中国先后同缅甸、尼泊尔、蒙古国、巴基斯坦和阿富汗等国签订了边界条约，消除了制约中国与上述国家发展关系的重大障碍。

需要指出的是，这一时段，中国与印度、印尼及蒙古国等重要邻国的关系出现了曲折。1962年，中印发生边境冲突后，两国关系急转直下，走向对立。受极"左"思潮影响，中国外交工作偏离了正常轨道，中国周边外交深受影响。印尼出现了大规模的排华、反华和驱逐华侨事件，引发两国关系持续紧张，直至相继关闭在对方的大使馆，双方关系完全中断。中蒙关系深受中苏关系的影响。中苏关系破裂后，中蒙关系逐渐疏离。尽管中国政府在"两个中间地带"思想指导下，为促进与周边国家团结与合作做出了积极努力，但中国周边外交工作的被动局面没有得到改善。1969年，苏联在珍宝岛对中国发起武装冲突后，苏联领导人抛出建立"亚洲集体安全体系"，企图孤立中国，并威胁对中国实施核打击。苏联的安全威胁超越美国，成为中国周边的主要威胁。

美国由于深陷越南战争，实力大受影响。苏联乘机向全球扩张，美苏战略竞争态势由

---

① 中共中央文献研究室：《毛泽东年谱（1949—1976）》第5卷，中央文献出版社2013年版，第263页。

"美攻苏守"向"苏攻美守"转变。为改变在美苏争霸中的不利局面,美国向中国抛出缓和关系的"橄榄枝"。中国政府抓住机会,调整对美政策。中国随之确立了"联美抗苏"的"一条线"战略。

中国外交战略调整对周边外交产生了直接影响。1975年,越南统一后,在苏联支持下,在地区霸权主义道路上越走越远。1978年12月,越南出兵侵略柬埔寨,并频繁在中国边境挑衅,对印支地区和平与稳定及中国边境安全构成严重威胁。1979年2月中旬至3月初,中国开展对越自卫反击战,打击苏联、越南在东南亚的扩张野心。中越关系日益恶化。

中美关系的缓和促进了与美国结盟的中国邻国对华政策的转变。日本对尼克松"越顶外交"感到震惊,长期追随美国执行对华敌视政策的佐藤荣作内阁被迫辞职。1972年9月,新任首相田中角荣访华,两国签署联合公报,宣布自即日起建立正式外交关系。① 1978年10月,两国签署《中日友好和平条约》,推动两国关系再上新台阶。随后,中国于1974年5月31日、1975年6月9日、1975年7月1日分别与马来西亚、菲律宾、泰国建立起正式外交关系。② 这一时期,中国与新加坡之间虽未建交,但两国官方保持正常联络。至此,中国与除印尼以外的所有东盟成员国都保持了良好的关系。

(二)改革开放和社会主义现代化建设新时期的周边外交(1978—2012)

为国内经济建设营造良好的国际环境是这一时段中国外交战略的主要目标。与前30年相比,这一时期的中国外交战略有很大的延续性,中国周边外交政策相对稳定。由于中国改革开放在发展的不同阶段呈现不同的特征,历代的中央领导集体所实施的外交政策也有区别。

1. 以邓小平同志为核心的党中央领导集体的周边外交

经过改革开放后一系列初步探索实验,党的十二大提出世纪末"翻两番"的战略目标。实现这一目标,中国迫切需要一个和平安定的国际环境。中国领导人对战争与和平问题作出新判断,提出和平与发展是当今世界两大主题的思想,并果断调整"一条线"战略方针,确立了新时期独立自主的和平外交政策。这一战略超越意识形态,以维护国家利益为出发点和归宿,极大增强了中国外交的灵活性,开创了中国周边外交的新局面。

新外交战略推动中苏关系由缓和走向正常化。1982年3月,苏联领导人勃列日涅夫在中亚塔什干发表对华政策讲话,作出对华缓和姿态。中方给予积极回应。经过连续8轮的副外长级特使磋商、三次"葬礼外交",两国外交部长实现互访,两国高层间互信增强。1989

---

① 《中华人民共和国政府日本国政府联合声明》,《人民日报》1972年9月30日。
② 《中华人民共和国政府和马来西亚政府联合公报》,《人民日报》1974年6月1日;《中华人民共和国政府和菲律宾共和国政府联合公报》,《人民日报》1975年6月10日;新华社:《中泰两国政府联合公报在北京签字》,《人民日报》1975年7月2日。

年5月，戈尔巴乔夫应邀访华，本着"结束过去，开辟未来"精神，两国关系实现了正常化。中苏关系正常化开启了中国全方位外交的新征程。中苏关系的逐步改善，促进了中蒙关系的逐步发展。1989年3月底4月初、8月底9月初，蒙古国外交部长策伦皮勒·贡布苏伦与中国外交部部长钱其琛实现互访，中蒙两国、两党关系实现了正常化。由于越南继续推行在柬埔寨侵略政策，并大肆侵占中国南沙岛礁，中越关系仍处于困难之中。

中印关系的缓和与改善是这一时段周边外交的一个重要进展。1979年2月，印度外交部部长瓦杰帕伊访问中国，1981年6月，国务院副总理兼外长黄华对印度进行了回访，双方达成了就边界问题进行官员级会谈的谅解，中国同意印度香客到西藏神山圣湖朝圣。1988年12月，印度总理拉吉夫·甘地访华，中印关系从此进入一个新的阶段。

这一时段中日关系得到了长足的发展。经贸合作是两国关系最大亮点。日本政府和银行向中国提供三批共计16109亿日元贷款、两批合计10000亿日元能源借款。1989年中日贸易总额达189亿美元，日本成为中国第二大贸易伙伴。① 中国与韩国的关系开始出现新变化。朝鲜战争后，中国与韩国一直处于对立状态。随着国际和半岛局势发展变化，1988年起，中国与韩国间开辟了直接贸易渠道。在此基础上，两国间也开始有半官方及官方接触。

2. 以江泽民同志为核心的党中央领导集体的周边外交

20世纪90年代初，面对以美国为首的西方国家对中国全面制裁及苏东剧变引发国际格局的重大调整，邓小平总结和吸取中国对外政策实践中的经验教训，提出冷静观察、稳住阵脚、沉着应对、韬光养晦、善于守拙、决不当头、有所作为等方针。以江泽民同志为核心的党中央领导集体在这一方针的指引下，积极推进中国同邻国的睦邻友好关系的发展。

1991年12月25日，苏联解体。② 中国政府遵循"韬光养晦"战略方针，依据互不干涉原则，积极促进与苏联的继承国俄罗斯及中亚新独立邻国关系的发展。1991年12月27日，中国政府宣布承认俄罗斯联邦政府。③ 中俄关系实现平稳过渡。此后，两国政府积极推进双方关系不断深化发展。苏联解体后，中亚地区出现了哈萨克斯坦、吉尔吉斯斯坦和塔吉克斯坦3个新的邻国。在中国积极推动下，1992年1月1—3日，哈萨克斯坦、塔吉克斯坦和吉尔吉斯斯坦先后与中国建立正式外交关系。冷战结束后，国际和地区形势发生重大变化。为加强睦邻互信与友好合作关系，中、俄、哈、吉、塔等国就边界地区信任和裁军问题举行谈判。经过多年努力，中、俄、哈、吉、塔先后签署《关于在边境地区加强军事领域信任的协定》（1996年）、《关于在边境地区相互裁减军事力量的协定》（1997年）两个文件，有效地维护了中国同俄、哈、吉、塔四国边境地区的和平与安宁，促进了五国间睦邻友好、平

---

① 石源华等：《新中国周边外交史研究（1949—2019）》，世界知识出版社2020年版，第81页。
② 《戈尔巴乔夫辞去武装力量统帅职务》，《人民日报》1991年12月26日。
③ 《钱外长致电宣布中国政府承认俄罗斯联邦政府》，《人民日报》1991年12月28日。

等信任、互利合作关系的进一步发展。中、俄、哈、吉、塔首脑会晤就此机制化为"五国机制"。2001年，在此基础上，成立了"上海合作组织"，标志着中国同俄罗斯及中亚地区国家间的合作从边境安全合作向全方位合作方向发展。

"八九政治风波"后，日本虽然参与了西方国家对华经济制裁，但与欧美保持了一定距离。经双方努力，1990年后，日本逐步放缓对华制裁，成为西方国家中第一个放弃对华制裁的国家。此后两国高层互访不断，两国经贸合作关系发展迅速。但这一时段，中日关系不时受钓鱼岛问题、历史问题、涉台等问题干扰。1992年8月，中韩两国正式建立外交关系，这是中国东亚周边外交的一个新进展。

中国同东南亚邻国关系得到全面发展。1990年8月至1991年11月，中国先后与印尼、新加坡、文莱达鲁萨兰、越南等国恢复或正式建交，至此，中国同东南亚各国都建立和恢复了正式外交关系。这一时段，东盟不断扩大，在亚太区域合作中的影响力不断提高。中国与东盟关系有了新发展。1996年，中国成为东盟的全面对话伙伴国并出席了东盟与对话伙伴国会议。1997年年底，在中国与东盟首次首脑会晤中，国家主席江泽民发表了《中国—东盟首脑会晤联合声明》，确定建立面向21世纪的睦邻互信伙伴关系。

中国与印度等南亚邻国关系保持进一步发展态势，双方高层交往不断。1998年，由于印巴核试验，中印关系一度紧张。2000年5月，印度总统科切里尔·拉曼·纳拉亚南访华，中印关系全面恢复，两国合作进入新的发展阶段。

3. 以胡锦涛同志为总书记的党中央的周边外交

随着中国快速崛起，周边国家对中国战略疑虑有所上升，这对中国周边外交工作提出更高要求。以胡锦涛同志为总书记的党中央高度重视周边外交工作，在中国外交总体布局中，确立周边外交是首要。中国提出"与邻为善、以邻为伴"的方针和"睦邻、安邻、富邻"的周边外交政策，促进中国与周边国家睦邻友好关系的稳定发展。

大国对区域和平与稳定有着关键性的影响，中国积极增进与邻近大国的战略互信，妥善处理分歧，共同维护地区和平稳定局势。中俄战略协作关系成为大国关系的典范。两国在国际、地区和双边共同关心的问题上相互支持，相互合作。中印关系保持良好发展势头。两国建立了边界问题特别代表会谈机制，并就解决两国边界问题的政治原则达成共识。中日关系在曲折中发展。从2001年4月至2006年9月，日本首相小泉纯一郎顽固坚持每年参拜靖国神社，严重损害和动摇了中日关系的政治基础，导致中日关系陷入困境。2006年9月，安倍晋三担任日本首相后，两国关系开始缓和。当年10月，安倍首相"破冰"访华。之后，两国关系逐步回暖。

中国积极参与区域合作。政治上，中国领导人每年通过出席东盟系列会议机制，与东盟10国、中日韩及东亚峰会中其他国家领导人和各层级官员就区域合作及双方共同关心的问题保持充分沟通和交流。2008年美国次贷危机后,"金砖国家"合作机制成为中国与俄罗斯、印度合作交流的又一个平台。在经济上,作为负责任大国,中国通过开放自由市场,促进与周边国家贸易自由化的发展。2002年11月7日,中国与东盟10国领导人签署《中国—东盟全面经济合作框架协议》,启动中国—东盟自由贸易区的建设。安全上,面对进入21世纪后日益复杂的周边安全环境,中国推动周边地区国家开展安全合作。多年来,朝核问题是半岛乃至东北亚局势持续紧张的一个重要因素。为和平解决朝核问题,中国政府积极斡旋,劝和促谈。中国倡导和主持的由中国、朝鲜、美国、韩国、日本、俄罗斯6国参与的六方会谈,于2005年9月通过了《九·一九共同声明》,促进朝核问题向积极方向发展。针对恐怖主义、分裂主义、极端主义及其他非传统安全对中国西北、北部边境的威胁,在上海合作组织框架下,中国与俄罗斯及中亚5国开展了卓有成效的安全合作。在东南方向,中国作为第一个非东南亚国家正式加入《东南亚友好合作条约》,并与东盟国家签署了《南海各方行为宣言》。这些举措大大增强了中国与周边国家间的互信,有利于地区持久和平局面的形成。

(三) 新时代中国的周边外交

党的十八大以来,以习近平同志为核心的党中央统筹中华民族伟大复兴的战略全局和应对世界百年未有之大变局,深刻把握新时代中国和世界发展大势,把周边作为中国外交的优先方向,提出了周边命运共同体、"一带一路"倡议、"亲、诚、惠、容"、亚洲安全观等周边外交新理念、新思想,推动周边外交新格局的构建。

在习近平外交思想的指引下,中国对俄外交进一步深化和拓展。两国政治互信进一步加强,各领域交流与合作取得重要成果,战略协作更加密切。两国元首保持密切交往与磋商。习近平主席与普京总统每年都保持5次以上的会晤,就中俄关系和共同关心的国际和地区问题深入交换意见。中俄两国总理定期会晤机制每年顺利进行,两国并发表中俄总理定期会晤联合公报,引领中俄关系和各领域务实合作向纵深发展。同时,两国各领域机制性交往频繁,进一步落实两国高层达成的一系列共识。

日本在钓鱼岛、历史问题上的一些挑衅行为引发的中日关系的困难局面开始逐步缓解。经过双方努力,2014年9月,中日海洋事务高级别磋商在山东省青岛市举行。两国关系逐渐回暖。[①] 2018年10月,日本首相安倍晋三对中国进行为期3天的正式访问。随后,两国关系进一步回暖,两国在推进亚太区域经贸合作方面持积极态度。需要指出的是,近年来,随着中美战略竞争态势加剧,日本积极配合美国亚太战略部署的立场、举措,制约了中日关系进一步向纵深发展。

---

① 杜尚泽等:《习近平会见日本首相安倍晋三》,《人民日报》2017年11月12日。

中印两国之间因边界问题时有摩擦，但对印外交在中国周边外交中的地位总体上得到了提升。两国高层交往频繁。2013年5月李克强出任国务院总理后，首次出访便选择印度。次年9月，习近平主席对印度进行国事访问。2016年，印度总统慕克吉访华。2015年和2018年印度总理莫迪两度访华。此外，两国领导人每年都在金砖五国会议、上海合作组织、二十国集团和东亚峰会等多边场合会面，并就共同关心的问题加强协调与合作。对于两国关系中最敏感最棘手的边界问题，为维护两国关系稳定发展的大局，双方从建设性合作出发，均保持一定克制。

中国大力开展同其他邻国交往合作，妥善处理有关矛盾分歧，推动同周边国家睦邻友好关系不断发展。高层交往密切。仅2014年，中国与东亚、南亚国家副总理以上领导人的互访及会见会谈超过110次，基本实现对周边国家的全覆盖。[1] 以东盟为核心，中国与东南亚邻国的关系上了一个新台阶。2013年，以中国—东盟战略伙伴关系建立10周年为契机，中国—东盟领导人及成员国领导人开展了一系列外交活动，引领中国—东盟关系的发展。2017年11月，第20次中国—东盟领导人会议发表《中国—东盟战略伙伴关系2030年愿景》，为中国—东盟关系中长期发展做出安排。在上合组织框架下，中国与中亚邻国双边、多边务实合作得到进一步深化。2018年6月9日至10日，上合组织成员国元首理事会在山东青岛举行。会议批准的《〈上海合作组织成员国长期睦邻友好合作条约〉实施纲要（2018—2022年）》，为其未来发展规划了新路线图。中国高度重视中朝关系，维护好、巩固好、发展好中朝关系始终是中国坚定不移的方针。在双方共同努力下，中朝关系在2018年掀开了新的历史篇章。2018年以来，两国元首实现四次会晤，达成一系列共识和成果。

2020年年初以来，新冠肺炎疫情在全球肆虐，对人类生命安全和身体健康构成严重威胁。中国同周边国家就合作抗疫保持高层密切沟通和往来。习近平主席"15次同周边国家领导人通电话，10次致信函，共商合作抗疫大计，规划后疫情时代双边关系发展蓝图"[2]。中国在疫情有效控制后，给予了周边邻国大力援助。

中国与周边国家经贸交流活跃，利益融合深化。中方提出的"一带一路"倡议得到周边邻国的赞同与支持。一大批"一带一路"建设标志性的合作项目逐步落地。中方提出"丝绸之路经济带"倡议后，哈萨克斯坦、乌兹别克斯坦、吉尔吉斯斯坦3国领导人积极表态支持中方倡议，先后分别与中国签署在"丝绸之路经济带"倡议框架下双方合作的谅解备忘录、议定书，积极参与亚洲基础设施投资银行的建设。中国与中亚周边地区互联互通领域合作发展迅速。2014年4月，中哈连云港物流合作基地一期投产运营，"连云港—阿拉木

---

[1] 中华人民共和国外交政策规划司：《中国外交2015》，世界知识出版社2015年版，第25页。
[2] 周信："周边命运共同体理念在合作抗疫中发扬光大"，环球网，https://opinion.huanqiu.com/article/3zmmWVk3fJg，2020年9月7日。

图"货运班列从连云港首发后,渝新欧、汉新欧、郑新欧、义新欧等一系列国际货运班列陆续开通运营,① 极大便利了中国与中亚地区国家的经贸往来。

中国与周边国家的区域合作跃上新台阶。中国—东盟自由贸易区获得了良好的发展机遇。2013年10月,李克强总理在第16次中国—东盟领导人会议上,提出启动中国—东盟自贸区升级版谈判的愿景。2015年11月,双方签署《关于修订〈中国—东盟全面经济合作框架协议〉及项下部分协议的议定书》,对原有中国—东盟自贸区各种协定进行丰富、完善、补充和提升,② 为建立高质量中国—东盟自由贸易区提供了法律保障。在中国及各成员国共同努力下,区域全面经济伙伴关系协定(RCEP)谈判步伐加快。2020年11月15日,在第四次区域全面经济伙伴关系协定(RCEP)领导人会议上,包括东盟十国、中国、日本、韩国、澳大利亚和新西兰在内的15个成员国,历经八年艰难谈判后,正式签署《区域全面经济伙伴关系协定》,③ 全球最大的自贸区自此诞生。

长期以来,中国与东南亚国家间的安全合作是短板。为促进与相关国家在南海问题上安全信任措施的建立,自2013年起,中国与东南亚国家在多边和双边层面上的安全合作有所加强。2013年,中国与东盟国家在落实《南海各方行为宣言》框架下,启动了"南海行为准则"的磋商。2018年8月初,在中国与东盟外长会议上,双方就"南海行为准则"单一磋商文本草案达成一致。2016年10月,菲律宾总统杜特尔特应习近平主席邀请访问中国期间,双方决定建立关于南海问题的双边磋商机制,两国间持续紧张的南海问题逐步降温。

二、新中国周边外交的内在逻辑

回顾中国周边外交的历史进程可以看出,随着中国社会主义现代化建设进程不断加快,中国与世界的关系在不断变化,中国周边外交虽然呈现不同的阶段性特征,但在70多年周边外交实践中始终存在贯穿如一的内在逻辑。

(一)始终服务国家战略,促进国家外交战略总体目标的实现

中国共产党始终牢记使命,把捍卫国家主权、领土完整、安全,建设社会主义现代化国家放在国家战略的首要位置。中国外交战略始终服务于国家战略,以维护和实现国家主权、安全和发展利益为根本遵循,坚定捍卫国家主权独立、领土完整、国家统一和尊严;积极为社会主义现代化建设和中华民族和平崛起创造良好的外部环境;促进中国在和平共处五项原

---

① 黄文帝:《中哈互联互通大幅提速》,《人民日报》2015年5月7日。
② 吕鸿等:《李克强出席中国—东盟自贸区升级谈判成果文件签字仪式》,《人民日报》2015年11月23日。
③ 《区域全面经济伙伴关系协定》(RCEP)领导人联合声明,外交部官方网站,https://www.fmprc.gov.cn/web/zyxw/t1832614.shtml,2020年11月16日。

则基础上与世界各国友好合作关系的发展，推动中国国际地位和国际影响力的不断提升，为新中国站起来、富起来、强起来保驾护航。中国周边外交目标始终是服务国家战略，促进国家外交战略总体目标的实现。

（二）始终将周边外交置于外交全局的重要位置，视促进周边和平、稳定、发展为己任

周边地区的和平稳定，繁荣发展对中国实现和维护自身的安全和发展利益有着直接影响，是中国走向世界的重要战略依托。在中国越来越走近世界舞台中央的进程中，中国周边邻国一直是中国团结和依靠的力量。因此，中国高度重视发展同邻国的外交。1950年，朝鲜战争爆发，美国打着"联合国军"的旗号对朝鲜发起侵略。百废待兴的新中国毅然推迟解放台湾、甘冒放慢国内经济恢复步伐的风险，组建中国人民志愿军开赴朝鲜前线，与朝鲜人民一道抗击美国的侵略，捍卫东北亚和平。20世纪60年代，在国内经济处于严重困难的情况下，针对美国对越南的侵略，中国给予越南以大规模经济援助和支持。朝鲜半岛局势一直是引发东亚安全环境不断紧张的一个重要因素。为维护东亚安全环境，中国坚持不懈推动政治解决朝鲜半岛问题。"六方会谈"停摆后，中国持续努力为重启会谈积累和创造条件。中国先后提出"双暂停"倡议以及"双轨并进"思路，积极开展维稳防乱、劝和促谈工作，为推动半岛形势缓和、将半岛问题重新纳入对话协商解决的正确轨道发挥了重要建设性作用。

中国周边国家多数是发展中国家，历史经历相同，与中国共同面临着发展问题。70多年来，中国在积极探索自身发展道路的同时，一直致力于推进与周边邻国的共同发展之路。改革开放前，中国在经济发展水平有限的情况下，仍给予蒙古国、朝鲜、越南、柬埔寨、尼泊尔、阿富汗等国力所能及的经济援助。改革开放后，特别是20世纪90年代末以来，中国通过扩大开放，加强与周边国家的互利合作。作为负责任大国，中国为维护区域经济秩序的稳定发挥了积极作用。1997年亚洲金融危机发生后，东亚、东南亚邻国经济遭受重创，中国坚持人民币不贬值，为周边金融安全与稳定做出了重要贡献。2008年美国次贷危机爆发后，西方大国贸易保护主义愈演愈烈，中国坚定不移地奉行互利共赢的开放战略，继续积极参与"10+1"、"10+3"、东亚峰会以及中日韩合作，推动区域经济合作深化发展，为周边地区经济走出金融危机的阴影发挥了积极的引领作用。党的十八大以来，中国坚持践行亲诚惠容的周边外交理念，推进共建"一带一路"走深走实，将中国的发展惠及周边，实现互利共赢、共同发展。

（三）始终将推动构建和平稳定的周边秩序作为基本出发点

新中国成立后，中国共产党团结带领全国各族人民艰苦奋斗，使遭受近代百年屈辱的中国，重新以独立自主的大国身份屹立于世界民族之林，努力实现中华民族伟大复兴中国梦。

创造稳定和平的国际环境特别是周边环境是实现这些目标的前提。二战后，中国周边区域旧的殖民体系被打破，而新独立的周边邻国对中国可能恢复建立历史上以中国为中心的东亚秩序心生疑虑，加之以美国为首的西方国家故意渲染"中国威胁论"，使周边邻国或追随美国与华为敌，或对华敬而远之。针对周边国家的疑虑，也针对他们要求建立新型国际关系的共同愿望，出于中国进一步发展与周边邻国睦邻友好关系的需要，中国提出了和平共处五项原则，以打破以美国为首的西方阵营对新中国的围堵和制裁，争取朋友，寻求和平。和平共处五项原则所倡导的"主权独立""平等""互不干涉内政""和平共处"等理念与当时超级大国所秉持的冷战对抗、侵略政策相区别，是对传统华夷等级秩序的扬弃，体现了新中国建立相互平等、和平共处国际关系秩序的愿望。和平共处五项原则首先得到印度、缅甸的响应和支持。随后在这一原则的基础上，中国与周边国家逐步解决了边界问题和其他历史问题。该原则发展成为中国同周边邻国开展睦邻友好关系的基本准则，在促进和平稳定的周边环境上发挥了重要作用。

进入 21 世纪后，国际形势继续发生深刻复杂变化，世界多极化、经济全球化深入发展，文化多样化、社会信息化持续推进，国际格局和国际秩序加速调整演变。经数十年持续快速发展，中国综合国力和国际影响力大幅度提升。2010 年，中国一跃成为全球第二大经济体，在国际权势结构中的地位大幅度地提升。中国前所未有地接近世界舞台中央，前所未有地接近实现中华民族伟大复兴的目标，前所未有地具有实现这个目标的能力和信心。周边邻国对正在崛起的中国看法不尽相同，一些国家感到焦虑和不安，"中国威胁论"再度甚嚣尘上；多数国家对综合实力日益增强的中国在国际社会中的责任担当有新期待。对此，习近平提出"迈向亚洲命运共同体"的倡议，是新时代中国对构建亚太新秩序的理想追求，也是对周边国家对中国是否会走"国强必霸"老路的回应。在周边新秩序建立中，习近平强调："各国相互尊重、平等相待。各国体量有大小、国力有强弱、发展有先后，但都是国际社会平等的一员，都有平等参与地区和国际事务的权利。涉及大家的事情要由各国共同商量来办。作为大国，意味着对地区和世界和平与发展的更大责任，而不是对地区和国际事务的更大垄断。"[①] 同时，中国积极推进中国—东盟、上合组织等地区合作机制和组织的合作提质升级，主导建设亚投行、丝路基金，提出以周边国家为重点的"一带一路"倡议，以实际行动推动亚洲命运共同体的构建。

（四）始终坚持走和平发展道路，但决不放弃自己正当的利益

中华民族是爱好和平的民族。近现代中国人民的苦难遭遇，使中国人民对战争带来的苦难有着刻骨铭心的记忆，对和平有着坚持不懈的追求。消除战争，实现和平，是中国人民最

[①] 吴绮敏等：《迈向命运共同体 开创亚洲新未来》，《人民日报》2015 年 3 月 29 日。

迫切、最深厚的愿望。新中国成立后，中国始终把维护世界和平、促进共同发展作为外交宗旨。作为亚太区域的大国，维护世界和平首先是维护亚太区域的和平。中国高举反帝、反霸的旗帜，反对一切形式霸权主义、强权主义在中国周边各种形式的侵略、霸权行径，为此甚至不惜一战。中国坚定地走和平发展道路，在70多年外交实践中，中国提出和坚持了和平共处五项原则，确立和奉行了独立自主的和平外交政策，向世界作出了永远不称霸、永远不搞扩张的庄严承诺。党的十八大以来，中国把周边地区作为和平发展的先行区。针对周边国家对中国快速崛起的焦虑，2013年9月，习近平在纳扎尔巴耶夫大学演讲时强调："中国坚持走和平发展道路，坚定奉行独立自主的和平外交政策。我们尊重各国人民自主选择的发展道路和奉行的内外政策，决不干涉中亚国家内政。中国不谋求地区事务主导权，不经营势力范围。"①

中国坚持走和平发展道路，但决不放弃自己的正当权益。对中国与周边邻国历史遗留的边界及其他主权争端问题，中国主张通过和平协商原则解决。20世纪50年代以来，中国通过和平协商方式与除印度之外的所有周边邻国和平解决了陆上边界问题。对东海、南海存在的海洋争端问题，中国提出"搁置争议，共同开发"，从维护地区和平稳定大局出发，对个别国家在中国南海权益问题上的挑衅行为保持了相当的克制。中国坚持在尊重历史事实的基础上，依据国际法，通过对话谈判寻求和平解决。一时解决不了的，中国妥善加以管控。积极探索通过合作实现互利共赢。然而，中国的克制换来的却是个别国家对中国海洋权益的进一步挑衅。个别国家不仅不断将与中国的海洋权益争端问题国际化，而且将其司法化。对此，中国政府坚持底线思维，坚决予以反对。2016年7月12日，在菲律宾南海仲裁案临时仲裁庭做出"裁决"前夕，习近平主席就此表示："南海诸岛自古以来就是中国领土。中国在南海的领土主权和海洋权益在任何情况下不受所谓菲律宾南海仲裁案裁决的影响。中国不接受任何基于该仲裁裁决的主张和行动。"② 表明了中国的严正立场。近年来，中国海上执法力量加强了对中国南海海域重点岛礁的巡航、管控和石油资源的维护，使中国南海权益的维护取得了历史性突破。

（五）美国一直是中国周边外交中的一个重要因素

美国不是中国的邻国，即便从近年来学界流行的"大周边"概念讲，美国也算不上中国的邻国。二战结束以来，美国在亚太区域的战略部署都攸关中国的安全和发展利益，因此，美国一直是中国周边外交中的一个重要因素。新中国成立初期，美国政治上不仅不承认

---

① 《弘扬人民友谊共创美好未来》，《人民日报》2013年9月8日。
② 李伟红：《习近平会见欧洲理事会主席图斯克和欧盟委员会主席容克》，《人民日报》2016年7月13日。

新中国，还拉拢其中国周边盟国与华为敌，军事上出兵朝鲜、越南及中国台湾，从东北、东南和东面三个方向对华围堵，对中国主权安全构成严重威胁。为捍卫国家主权和安全，反对美国对中国周边国家侵略和制造"两个中国"阴谋，新中国先后开展"抗美援朝""炮击金门"和"抗美援越"。美国以此为借口散布"中国好战论"，离间中国与周边新独立民族国家的关系。

20世纪60年代末起，苏联在中国周边及全球的不断扩张，给中、美两国带来不同程度的威胁。为共同应对苏联的威胁，1972年年初，美国总统尼克松访华，推动中美两国由对峙走向缓和，中国周边美国的盟国乘机纷纷与中国建交。之后整个冷战后期，中美关系保持了相对稳定的发展态势，相应中国同周边西方阵营国家的关系保持了稳定的发展态势。20世纪90年代初，为打破以美国为首的西方国家的制裁，中国积极开展睦邻友好外交，在两三年的时间内，同周边所有邻国建立和恢复了正常的外交关系，确立了全方位周边外交的新格局。

20世纪90年代中后期至21世纪初，为维护亚太局势的和平稳定，中美两国在朝鲜半岛问题、核不扩散问题和反恐等问题上开展了一系列合作。在涉台问题上，两国在中美三个联合公报基础上达成了一系列共识，对维护亚太地区的和平稳定发挥了积极作用。自1997年起，由于日美多次修订"美日防卫合作指针"，美国对日本军国主义松梆的趋向对中国周边安全环境带来不确定性。美国凭借其超强实力，打着"民主""自由市场""人权"等旗号不断干涉中国及周边国家的内政，试图建立由其主导的亚太秩序。这些强权作派一定程度上引发中国周边国家的担心。为反对美国强权主义，中国与周边国家开展了一系列的双边、多边合作，如中俄战略协作关系的发展、中国东盟国家在亚太经济合作组织（APEC）中的合作等。

2010年以来，面对中国日益增强的综合国力和国际影响力，美国感到焦虑，加大其在亚太地区的战略部署，先后提出"亚太再平衡"战略、"印太"战略，对中国战略定位也由此前的潜在竞争者变为战略竞争对手，对华政策也由此前以战略接触为主转变为以战略竞争、战略防范为主。美国加大其在中国周边的军事部署，还加强与中国周边国家防务合作，试图把周边国家拉入其对华战略包围圈。为进一步离间中国与周边国家关系，近年来，美国在中国与周边国家海洋权益争端问题上选边站，致使个别国家在这些问题上的态度越来越强硬，不仅对中国与相关国家关系产生了负面影响，也对地区安全局势产生了严重影响。个别抱有投机心理的国家，试图利用中美关系竞争加剧之际，在与中国领土主权争端问题上捞一把。这也是近期中国与个别邻国在边境上冲突不断的一个原因。

70多年周边外交实践表明，美国因素对中国同周边国家关系产生着重要影响。中美关系发展相对平稳时，中国同周边国家间关系会保持相对好的发展态势；中美关系发展出现困难时，在多数情况下，中国同周边国家间关系不确定性会相应增加。

三、新中国周边外交实践的历史经验

周边外交始终服务于国家总体外交战略目标，将维护国家主权、安全和发展利益放在第一位，着力于为建设社会主义现代化营造良好的周边环境，留下了宝贵的历史经验。

（一）坚持党的集中统一领导，服务党和国家的中心工作

坚持党对外交工作的集中统一领导，是中国外交取得显著成就的根本保证。70多年实践证明，坚持党的领导，外交工作就能不断取得新的胜利。新时代的中国外交，要增强"四个意识"，坚定"四个自信"，做到"两个维护"，把思想、行动自觉统一到党中央提出的对外大政方针和战略部署上来，切实贯彻党和国家制定的各项外交方针、政策。同时，外交工作必须围绕党和国家的中心任务开展，服从服务于党和国家的大局。这是开展周边外交工作的根本遵循。

（二）统筹兼顾，最大限度地促进国家外交目标实现

科学分析国际国内形势变化，深刻把握时代发展潮流，是一国外交决策的依据。70多年来，面对复杂多变的国际及周边环境，中国领导人坚持辩证唯物主义和历史唯物主义，科学总结国际关系历史变迁的经验，统筹国内国际两个大局，统筹发展、安全两件大事，统筹维权和维稳关系，结合中国周边环境发展变化，科学研判形势，提出一系列新思想、新理念，制定开展周边外交的方针政策，引领周边外交卓有成效地维护国家主权、安全与发展利益。

当前，中国正处于实现"两个一百年"奋斗目标的历史交汇期，面临中华民族伟大复兴的战略全局和世界百年未有之大变局。周边外交工作，要胸怀两个大局。要深刻认识国际国内因素的联动性。在经济全球化和社会信息化共同作用下，国内和国际因素相互渗透、相互影响，国内问题处理不好容易产生国际影响，国际问题也可能成为干扰国内发展大局的主要因素。从两个大局出发，就是要坚持底线思维，在涉及中国重大核心利益的问题上，标出底线，并有坚定捍卫底线的决心和意志。要坚定不移走和平发展道路，坚持共同、综合、合作、可持续的亚洲安全观，有效管控中国周边分歧，维护好中华民族伟大复兴的重要战略机遇期。

要统筹自身实力与履行国际责任的关系。国家实力是开展外交工作的基础，是进行外交定位的前提，必须客观认识国家实力。中国领导人保持了清醒头脑，对中国当前所处的发展阶段、国际地位有明确的认识。党的十九大报告明确指出：中国仍处于并将长期处于社会主义初级阶段，中国是世界最大的发展中国家。出于大国责任和中国国家利益，中国通过积极支持"一带一路"建设，实现与周边国家互利共赢、共同发展。中国在区域治理、发展援

助、和平稳定方面也积极承担相应责任，但不会承担超出自己能力的责任。

（三）互尊互信、聚同化异，与周边国家做好邻居、好朋友、好伙伴

由于历史及其他多方面的原因，周边相当一些邻国从新中国站起来、富起来、强起来的发展历程中表现疑虑、担心甚至是恐惧，不同时期、不同形式的"中国威胁论"在周边国家不断出现。为促进与周边国家互信，中国政府先后提出一系列推进周边睦邻友好关系的理念、方针、政策。20世纪50年代中期，中国提出和平共处五项原则，强调求同存异，通过和平协商解决与邻国的边界问题，最大诚意向邻国传递善意，化解他们对新生共和国的疑虑和误解。20世纪90年代以来，中国先后提出了"睦邻友好""好邻居、好朋友、好伙伴""与邻为善、以邻为伴""睦邻、安邻、富邻""和谐周边""亲、诚、惠、容""亚洲新安全观""亚洲命运共同体"等理念，在海洋权益争端问题上提出"搁置争议，共同开发"等基本理念和原则。虽然表述不同，但这些理念、原则的出发点都是促进同周边邻国的友好合作，构建和平、合作、发展、共赢的周边秩序。

需要指出，70多年特别是改革开放以来，中国经济发展给周边邻国带来难得的发展机遇，中国经济持续数十年的快速发展带动了周边邻国及地区的发展，也促进了中国同周边邻国互利合作经贸关系的深化发展。然而，中国同周边邻国日益紧密的经贸关系并没有换来相互间的互信。面对中国的快速崛起，一些邻国的焦虑感再度上升，它们试图配合美国亚太战略调整，制约中国，并拉拢大国在敏感问题上向中国挑衅。总的来看，在美对华战略调整背景下，中国与周边地区安全形势变得日趋复杂。这对中国周边外交提出更高的要求，要以创新的战略思维思考问题，加强与周边国家建立互信，以共同、综合、合作、可持续的亚洲安全观为引领，坚持互尊互信、聚同化异、合作共赢，推进周边安全秩序的构建，补齐中国与周边国家关系中的安全短板，使中国与周边邻国真正成为亲望亲好、邻望邻好、守望相助的好邻居、好朋友、好伙伴。

（四）坚持和平谈判方式解决分歧争端问题

中国一直坚持通过和平谈判方式解决国与国间分歧、争端问题。边界问题是中国与周边国家间最为敏感的问题。新中国成立后，中国与陆上邻国的12条边界有的没有划定，有的虽划定但由于自然和人为的原因而形成一些争议。通过多年坚持不懈的努力，通过和平谈判，中国逐步妥善地解决了除印度以外的所有陆上邻国的边界问题。2000年，中国与越南签署了《中华人民共和国和越南社会主义共和国关于两国在北部湾领海、专属经济区和大陆架的划界协定》，这是中国划定的海上第一条边界，为未来解决与其他海上邻国的边界问题提供了示范。对于中印边界分歧，为保持边境地区的和平与安宁，两国先后于1993年9月和1996年11月签订了《关于在中印边境实际控制线地区保持和平与安宁的协定》和《关于在中印边境实控线地区军事领域建立信任措施的协定》，旨在防止两国边境地区擦枪

走火。近年来，中印两国边界地区虽然不时出现紧张，甚至发生小的冲突，但两国间对谈判解决争端都留有余地。对于中日钓鱼岛争端和中国与南海周边国家关于南海权益的争端，中国主张"搁置争议，共同开发"。针对日本钓鱼岛"国有化"闹剧，中国加强了对钓鱼岛海域的维权措施，但中国坚持同日本通过对话磋商防止局势恶化，建立危机管控机制，避免发生不测事态。对南海争端，中国提出"双轨"思路，与东盟关于"南海行为准则"的谈判已经取得实质性进展，充分展示通过和平谈判解决地区分歧问题的诚意。

（原载《中国井冈山干部学院学报》2021年第2期）

体育与中美关系的历史发展

——纪念"乒乓外交"50 周年

徐国琦

香港大学嘉里集团基金会

  2021 年是中美"乒乓外交"50 周年。1971 年,在毛泽东主席和尼克松总统的共同努力下,以美国乒乓球队访华打开了中美两国冰封 20 余年的敌对局面,开启友好合作的新篇章,实现了周恩来总理所说的"小球推动大球"构想。此处的"大球"为国际局势和国际秩序,"小球"当然是指乒乓球,属于体育范畴。回顾中美关系史,体育的重要性其实非常突出,其不仅帮助缔造了中美人民的友谊,也和两国外交关系环环相扣,因此成为两国"共有的历史"及"共有旅程"的重要环节。今天我们借纪念中美"乒乓外交"半个世纪的契机,研究和思考体育因素在中美关系中的作用和影响。窃以为,体育视野不仅可以帮助我们重新认识和理解"乒乓外交",在学术上是一个突破和创新,甚至有可能提供一个有效窗口,让我们思考如何更好处理两国关系,增进两国人民的友谊和相互了解。

  所谓"共有的历史"(shared history),主要是强调一种新的研究方法,侧重共有的过去和旅程,共同的经历和相互影响。这也是我近几年大力提倡并身体力行的一个新视野,主要有下述几个特点:其一,该范式的核心是"共有",着眼于人类共同历史旅程及追求;其二,力图跳出民族—国家的樊篱,着眼于跨国史(transnational history)和不同文明之间的交流;其三,强调个人及非政府机构的角色和作用。换句话说,"共有的历史"是近年来得到广泛注意的国际史方法的基础上的进一步发展,两者可谓互补和相得益彰。作为史学方法的"国际史",其追求与旨趣重在跨学科、跨国别、兼容并包、融会贯通。国际史尤其强调"自下而上"的方法,而非如传统的外交史、政治史。"文化"因素,"弱势群体",人类共同的追求和经历等课题常成为国际史研究的突破口。[①] 本文旨在通过这一叙事途径,从体育

  [①] 有关"共有的历史"方法的详细解释以及如何用此视野解释中美关系史,请参阅徐国琦《中国人与美国人:一个共有的历史》,尤卫群译,四川人民出版社 2019 年版;徐国琦《"会当凌绝顶一览众山小":国际史研究方法及其应用》,《文史哲》2012 年第 5 期;徐国琦《试论"共享的历史"与中美关系史研究的新范式》,《文史哲》2014 年第 6 期;徐国琦《作为方法的"跨国史"及"共有的历史"》,《史学月刊》2017 年第 7 期。

视角解读"乒乓外交"和中美两国人民通过体育活动所展开的十分精彩的关系史、交流史。一孔之见,尚请方家教正!

一、共有的旅程:体育与中美关系史

传统体育是中国优良文明的重要部分,也是人类的共同遗产。古代中国文明曾经在德、智、体全面发展方面与世界文明并驾齐驱,在体育方面甚至一度引领风骚。围棋、太极、武术、马球等各种体育运动,均曾在古老的华夏土地上盛极一时。可惜到宋朝之后,中国人汲汲于科举考试,并受到程朱理学、女人裹脚、"男女授受不亲"等因素影响,社会上奉行"万般皆下品,唯有读书高",以白面书生、四体不勤为荣,对体育重视程度逐渐下降,进入清朝以后,上述问题不仅继续存在,并且变本加厉,益显严重。1894—1895年甲午一战,中国惨败于日本之手,警醒了国人。

首先系统提出中国已为"病夫"之国的人应该是严复。1895年春,他在一篇文章中写道:"盖一国之事,同于人身。今夫人身,逸则弱,劳则强者,固常理也。然使病夫焉,日从事于超距赢越之间,以是求强,则有速其死而已矣。今之中国,非犹是病夫也耶?"[①] 近代中国的衰落,原因当然复杂,但在一定程度上与中国人失去"尚武"精神有关,导致中国人不仅在体质上虚弱不堪,而且在民族精神上趋于保守,缺乏奋发向上的特质。梁启超在他被传颂一时的文章《新民说》中写道:"尚武者国民之元气,国家所恃以成立,而文明所赖以维持者也。"对于梁启超和当时许多的有识之士来说,"尚武"精神是西方列强和日本国力强盛的关键。梁启超认为,失去了这种尚武精神使中国"其人皆为病夫,其国安得不为病国也!"[②] 发人深省的是,当时一些美国人也把中国的近代衰落同中国人缺乏好战精神联系起来,与严、梁等人的观点不谋而合。例如,在1901—1908年任美国总统的西奥多·罗斯福(Theodore Roosevelt)就鄙视没有强悍特质、充满斗志的民族,宣称如果美国人失去斗志和强健的体质,美国"就会像(近代)中国一样沉沦"。[③]

甲午战争败于日本后,中国人逐渐意识到如果不彻底改革、不奋发图强,中国将不复存在。为根治痼疾,重塑国人形象,严复、梁启超、张伯苓等先贤开始大力鼓吹向西方学习,要求国人强身健体。以西方为目标的国际化诉求因此在中国生根发芽,并成为中国发展的动力。"民族主义"和"成为国际社会平等一员"开始成为20世纪中国的时代最强音和主旋律。这一巨大思维变化,为中国人接受西方的体育理念打下良好基础。也正是在这样的背景

---

① 严复:《原强》,载《严复集》第一卷(王栻编),中华书局1986年版,第11—18页。
② 梁启超:《梁启超全集》第二卷,北京出版社1999年版,第713页。
③ Xu Guoqi, *Olympic Dreams: China and Sports, 1895-2008*, Cambridge, MA: Harvard University Press, 2008, p. 33.

下，才有了中美之间围绕体育而发生的十分精彩的共有的历史。限于篇幅，我在此节谨选择留美幼童、基督教青年会，以及1932年的美国洛杉矶奥运会三个案例，揭示这一重要但一直被忽视的中美共有的历史。个人认为，这些由体育组成的中美共同经历，为后来的"乒乓外交"打下了坚实的历史基础。

进入19世纪后，尽管中国人在体育方面乏善可陈，但1872—1881年赴美留学的中国幼童，向美国人民展示了他们在德智体等方面令人惊奇的天赋和成绩。1872年清朝政府第一次在国家层面派遣留学生时，选择了美国作为目的地。非常有趣的是，当时的留美幼童不仅学习优异，也因为在橄榄球、棒球、划船比赛等各种体育项目上的积极参与和精彩表演，受到美国人的尊重和喜爱。他们大都喜爱棒球（baseball）和美式橄榄球（American football）。乐在其中的就有一位后来成为著名外交官员的梁敦彦。他在美国读书时，不仅擅长演讲，还是一名优秀的棒球手和橄榄球员。另一名幼童邓士聪，被形容在运动场上"奔跑如猎狗，躲闪快如猫"，这正是橄榄球员的理想身体素质。此外，康庚龄肩宽体壮，"力大如牛"，在打橄榄球时，能拖着四五个美国男孩冲过底线。在棒球方面，留美幼童同样出色。有一名幼童是神投手，对方几乎打不到他的投球。而另一名中国幼童在击球时则"像一个婴儿吸奶瓶那样直击棒球，分毫不差"。① 1876年，中国留美学童甚至组建自己的棒球队，与当地球队开展比赛，表现可圈可点。1881年，留美幼童被提前召回。就在从加州乘船归国之前，他们还与当地的奥克兰棒球队打了一场棒球赛，并获得美国著名历史学家史景迁（Jonathan Spence）所说的，留美幼童在美国的最后一场胜利。②

这里特别值得一提的是留美幼童钟文耀。他生于1860年，被耶鲁大学录取时体重只有约40.8公斤（90磅），身高约1.585米（5.2英尺），但他后来成为该校划船队发号施令的舵手（coxswain）。据当地报纸报道，此前耶鲁划船队缺少一位称职的舵手，成绩一度不佳。钟文耀成功地填补了这个短板。他在比赛时"令人赞叹地坐在船头……他个头小，体重轻，没有什么多余的负担，同时又沉着镇定，头脑清醒"。1880年，耶鲁大学划船队在比赛中击败了哈佛大学队，这主要归功于钟文耀对于水流的熟悉，指挥有方，适时因势利导，因而带领队友取胜，并"受到所有人的爱戴。"③

留美幼童的表现证明，只要有合适的环境，中国人的体育才能就一定会发扬光大，甚至在国际体育方面，也可以与人一较高下。④

---

① William Lyon Phelps, *Autobiography with Letters*, New York: Oxford University Press, 1939, pp. 84 - 85.
② Jonathan Spence, *The Search for Modern China*, New York: W. W. Norton & Company, 2013, p. 211.
③ William Lyon Phelps, *Autobiography with Letters*, New York: Oxford University Press, 1939, p. 84.
④ 有关留美幼童的详细叙述，请见徐国琦《中国人与美国人：一个共有的历史》，第二章。

值得强调的是，近代中国人对国际体育的认识以及奥林匹克运动来到中国，在一定程度上与美国人有关。这就是我要提到的第二个案例：美国人在中国建立的基督教青年会（Young Men's Christian Association，YMCA）。1895年中日甲午战争后，中国人开始大力思考如何救亡图存，波涛汹涌的国际化浪潮席卷中华大地，体育救国即是其一。美国人民参与其中。中国"奥运三问"的实现，都和美国人密切相关。个中机缘，可谓充满巧合。①

就在中国甲午战败、人心思变的同时，法国人顾拜旦（Pierre De Coubertin，1863－1937）在1894年发起现代奥林匹克运动，两年后在雅典举办了第一届现代奥运会。然而最先将奥运会介绍到中国的，却是另一个国际组织——基督教青年会。1895年，美国人来会理（David Willard Lyon）在天津建立了中国第一个基督教青年会分会。1899年，上海分会成立。到1922年，全中国已有22个分会。青年会落脚中国伊始，就孜孜不倦地推广现代体育运动。中国的第一届全国运动会之所以能够于1910年在北京举办，就是因为由青年会干事、美国人埃克斯纳（M. J. Exner）建议并大力促成的，运动会的官员和裁判也主要是美国人。②

中国人开始与奥林匹克运动结缘。1907年，基督教青年会的美国干事开始系统地在中国提倡现代奥林匹克运动，介绍即将于次年在伦敦举办的奥运会。1908年，天津基督教青年会举办了一次历史性的讲座，他们讨论了三个问题：中国何时能向奥运会送出能获胜的运动员，中国何时能向奥运会送出能获奖的代表队，中国何时能够邀请世界各国的人来北京参加国际奥运会？这就是中国现代体育史上著名的"奥运三问"。美国一名青年会干事在写给美国本部的报告中写道，他们在中国展开的体育讨论"异乎寻常地"紧紧抓住了"中国官员、教育家和学生的心灵和想象"。③

可以说，中国人对现代体育的兴趣，对奥运会的关注，以及现代体育与教学在中国的长足发展，与几代美国人的努力是分不开的。在青年会的资助下，许多后来成为中国体育界领导人物的青年获得到美国留学的机会，比如王正廷、张伯苓、郝更生以及马约翰等。王正

---

① 有关体育与中国国际化的详细研究，请参阅徐国琦《奥林匹克之梦：中国与体育，1895—2008》，崔肇钰译，广东人民出版社2019年版。

② 美国人麦克乐（Charles Harold McCloy）就是其中最有代表性的一个。麦克乐1913—1926年在中国工作了十多年，会说中文。他曾向基督教青年会建言，在中国工作的外国体育教员应该说本地话。麦克乐通过写作、演讲和教学成为将中国带向国际性体育运动的重要推手。麦克乐在中国的体育方面的贡献如此之大，以至于他在1926年辞去在中国的的教职回美时，当时中国国立东南大学的校长写道，他的离去标志着中国"在整个体育教育领域的损失"。详见James Robert Little,"Charles Harold McCloy: His Contributions to Physical Education", *University of Iowa Doctoral Thesis* (1968), p. 96。

③ *Annual Reports of the Foreign Secretaries of the International Committee*, YMCA, 1909－1910, New York, p. 192.

廷、马约翰、张伯苓年轻时都是基督教青年会的干事。后来，王正廷在1922年成为第一个担任国际奥林匹克运动会委员会委员的中国人，马约翰成为清华大学著名的体育教授，张伯苓成为南开大学校长后，继续弘扬中国的体育运动，并致力于在大学开展体育教学。柯天锡（Jonathan Kolatch）在其著作《中国的体育、政治和意识形态》中把1895—1928年称为"基督教青年会时代"。①

20世纪20年代后期，由于中国努力收回国家主权，美国人在中国体育方面的领导地位逐渐式微。尽管如此，通过体育运动，中国人和美国人写下了他们之间共有的历史的一个篇章，使他们不论是盟友还是竞争对手，不论在运动场内还是场外，都经历一段共有的旅程。1932年的洛杉矶奥运会因此同样也成为中美两国共有的历史的一部分，这是中国第一次派运动员参加的奥运会。

起初，中国本无计划派运动员参加1932年的洛杉矶奥运会。此时中美两国都处于十分危险的历史关头。美国正经历惨烈的"大萧条"（the Great Depression），而中国惨遭日本的侵略。1931年日本占领中国东北，并于翌年建立"满洲国"。1932年5月，中国的官方体育机构因为缺乏资金决定不参加奥运会，计划只派一名观察员出席。不久，上海《申报》登出了一条刺激国人神经的新闻：伪满洲国将派出当时中国最好的短跑运动员刘长春、于希渭参加洛杉矶奥运会，并借此图谋将伪满洲国合法化。日本甚至宣传洛杉矶组委会已经接受了这个计划。

事实上，虽然美国国会当时正陷入孤立主义泥潭，美国同时还面对前所未有的经济大萧条和大危机，但美国政府反对日本侵华，国务卿亨利·史汀生（Henry Stimson）提出"史汀生主义"，宣布美国对日本占领中国的行为概不承认。美国不会承认"满洲国"，而洛杉矶组委会在国际奥委会的支持下，不接受"满洲国"派代表团参加。所以即使日本有此图谋，也是竹篮打水而已。但读到报纸消息的国人，群情激愤。中国体育组织终于决定参加奥运会，以中国的名义派刘长春出赛。尽管已经过了向洛杉矶组委会报名的截止日期（1932年6月18日），但是组委会依然于1932年6月26日接受了中国的申请。1932年7月8日，刘长春和教练宋君复一起离开上海奔赴美国。在送别仪式上，中华全国体育协进会主席王正廷把国旗授予刘长春，提醒他这是中国运动员第一次参加奥运比赛，希望他为国争光，最重要的是让中国国旗与其他国家的旗帜一起飘扬。1932年7月29日，也就是开幕式的前一天，刘长春抵达洛杉矶。

美国人不仅欢迎中国参加此届奥运会，并对中国只有一名运动员出席表示道义支持和同

---

① Jonathan Kolatch, *Sports, Politics, and Ideology in China*, New York: Jonathan David Publishers, 1972, p.3.

情。奥运会官方报道描绘刘长春是"四亿中国人的唯一代表"。《洛杉矶时报》报道："来自中国和哥伦比亚的一人代表团获得了众多掌声。"一位美国人评论道："中国！这位唯一的男孩得到我的欢呼。"① 刘长春参加了 100 米和 200 米的赛跑，但未能进入前六名。1932 年 9 月 16 日他回到中国时，表达了没有赢得奖牌、未能为国争光的失望。即便如此，刘长春的参赛对中国参与奥运会和对中国人走向世界来说都有重要意义。正如一名中国体育官员在刘启程前所声明的，中国参加此次奥运会有四个重要考量：第一，打破日本利用奥运会将傀儡政权合法化的阴谋；第二，中国人参赛标志着中国通过国际体育走向国际化的新时代之开端；第三，促进中国同世界运动员之间的交流和合作；第四，让中国从世界运动大赛中得到观摩学习的机会。② 再者，刘长春可以在大会上向人们讲述日本在他的家乡东北的侵略行为，为中国赢得国际道义支持。刘长春在洛杉矶期间频频与美国和其他国家的人们接触，在某种程度上向世界介绍了中国，并把奥运会的经验带回中国。他在奥运会期间坚持写下的日记刊登在中国报纸上，为国人认识美国和美国人提供了窗口。

无疑，中国第一次参加奥运会是中美两国人民共有的历史的一部分，是中国人企图借助体育影响外交的一个举措。而 1971 年的"乒乓外交"则是中美两国领导人共同主持的外交经典之作。

二、"乒乓外交"与中美和解

1949 年中华人民共和国成立。在冷战格局下，美国对中国长期实行封锁、孤立政策，中美两国交往完全断绝，没有任何正式外交关系。但要实现中美和解，对双方谈何容易？经过 20 多年的相互猜疑和敌视之后，只有非凡的动作才能放出明确的信号，使双方朝着和解的方向迈进。后来证明，这非凡的东西就是乒乓球。

1971 年 3 月 28 日至 4 月 7 日，第 31 届世界乒乓球锦标赛在日本名古屋举行。中国宣布派运动员参加。尽管美国乒乓球代表队领队拉福德·哈里森（J. Rufford Harrison）后来否认他本人或美国乒乓球协会主席格雷厄姆·斯廷霍文（Graham Steenhoven）曾经要求中国邀请美国乒乓球队访华，但在密歇根大学口述史项目的一次采访中，斯廷霍文谈道："事实上，我们肯定说过，天啊，我真想去（中国）。我敢肯定这样的话是说过的。"当得知加拿大和哥伦比亚等国代表队收到了赛后访问中国的中方邀请后，斯廷霍文说，"我们羡慕极了"。③ 1971 年 4 月 4 日那天，当美国队员格伦·科恩（Glen Cowan）迷迷糊糊地跳上中国代表队

---

① *The Los Angles Times*, July 31, 1932, Part Ⅵ-A, p.4.
② 蒋槐青：《刘长春短跑成功史》，勤奋书局 1933 年版，第 7 页。
③ National Archives on Sino-American Relations, Bentley Historical Library, University of Michigan, Ann Arbor, Michigan：J. Rufford Harrison files, Box 19/original.

的大客车时，当时世界著名的中国乒乓球运动员庄则栋不仅跟科恩打了招呼，还送给他一件小礼物以示友好。庄则栋的解释是，当时他之所以这样做，是因为想起了1970年年底《人民日报》上的毛主席语录："全世界人民，包括美国人民，都是我们的朋友。"能够收到世界冠军庄则栋的礼物，科恩喜不自禁，第二天便回赠给庄则栋一件T恤衫，并表示他希望有一天能够访问中国。

在比赛即将结束之际，中国政府邀请美国乒乓球队赛后立即访华。1971年4月10日，由15人组成的美国乒乓球代表队抵达中国。这是1949年后第一个得到官方批准访问新中国的美国团体。美国乒乓球队访问了北京、上海、杭州等地，在1971年4月17日离开前，还同中国队进行了两场友谊赛。1971年4月14日，周恩来总理接见了美国乒乓球队，这是整个美国乒乓球队访问中国期间最重要的时刻。按照尼克松总统国家安全事务助理亨利·基辛格（Henry Kissinger）的说法，这种受到周恩来接见的荣幸是"绝大多数驻北京外交官无法实现的奢望"。在精心安排的会见中，周恩来总理引用孔子的话欢迎美国人："有朋自远方来，不亦乐乎！"他还告诉他们，中美两国人民曾经很友好，但是从1949年起中美之间的友好交往就中断了。现在，"你们这次应邀来访，打开了两国人民友好往来的大门"。①

美国乒乓球队一到中国便吸引了全世界的关注，《时代》杂志以球员们登上长城的照片作为封面，进行了重点报道。基辛格后来声称，白宫获知中国邀请美国乒乓球队访华消息时，"我们都惊呆了"。基辛格认为，对美国的年轻人伸出橄榄枝，标志着中国承担起了改善两国关系的义务，但是"在更深层的意义上，这是再一次（向美国人）做出保证——比通过所有外交渠道进行的外交联络所做出的保证还要可靠——现在已经可以肯定，被邀请的使者将会踏上友好的土地"。从中国人的角度来看，运动员不可能代表任何政治派别这个事实反而使他们的来访更具吸引力。基辛格意识到，中国的动作"暗含对我们的警告：如果中国人采取的主动遭到拒绝，北京方面可能会积极采取民间交往的手段，以公开活动的方式寻求达到自己的目的，就像河内所做的那样"。基辛格甚至预言，"如果我们把（中美关系解冻）这件事情办好，今年就可以结束越南战争"。②

为了保持事态的进一步发展，尼克松要求美国队回国后立即造访白宫。尼克松急于采取行动，命令基辛格等人研究有无可能美方在外交上采取其他主动措施，进一步改善中美关系。1971年4月14日，尼克松宣布了一系列对华政策的重大改变：取消长达20年的对华贸易禁运，准备加快发放中国人来美访问的个人或团体签证，放宽对华货币控制，允许北京方面使用美元，不再禁止美国公司为进出中国船只、飞机提供燃料。此外，美国还解除了一

---

① Henry Kissinger, *White House Years*, Boston: Little, Brown, 1979, p. 710.
② Henry Kissinger, *White House Years*, Boston: Little, Brown, 1979, pp. 709–710.

些其他的贸易禁令等。两天后,尼克松在接受美国报纸主编协会采访时表示,他非常期待访问中国。1971年7月9日,基辛格秘密访问北京,敲定尼克松次年访华事宜。1972年年初尼克松正式访华。2月28日,《中美联合公报》发表,两国关系重新走向正常化。

以往的"乒乓外交"研究,大多看重美国乒乓球队访华,很少关注翌年的中国队回访。其实,当获悉1971年中方邀请美国乒乓球队访华时,美国国务院立刻认识到:"它显然与总统和国务卿都曾表达过的愿望相符,即美国和中国人民之间可以有更多的联系……我们将乐于看到中国一支或者多支体育队伍回访。我们估计总体上在签证方面不会有困难。"① 事实上,尼克松对中国乒乓球队回访美国,不仅乐观其成,甚至急于求成。1971年4月21日,他在与总统助理约翰·斯卡利(John Scali)通话时表示,希望中国乒乓球队访问美国会"很快"得到落实。为避免将民间体育政治化的指责,淡化白宫的主导角色,尼克松指示"所有安排都要隐蔽进行"。斯卡利的作用在于代表白宫"协调幕后所有事务,让别人站到前台,或许找个既与总统关系密切但又不在政府里的人"参与其事。尼克松还要求斯卡利同基辛格协商具体事宜。尼克松进一步指示说,要为中国运动员提供高规格待遇,与美国运动员在华受到的礼遇"完全对等",安排他们在美国各地游览,一如美国乒乓球队在中国参观时广受欢迎一样,而尼克松自己则"将十分高兴能与中国代表队见面"。②

美国政府有意邀请中国队访问的消息,立刻传到了正准备出发去北京的美国乒乓球队。美国政府决定通过美国乒乓球协会发出邀请。但是,美国乒乓球协会资金短缺,无法承担费用。一个非营利的民间机构——美中关系全国委员会(National Committee on United States-China Relations,NCUSCR)及时介入,承诺为中国乒乓球队访美提供资金支持。美中关系全国委员会成立于1966年,成员中有众多有影响的学者、商业领袖和政府前官员,其中包括费正清(John King Fairbank)、威廉·邦迪(William Bundy)、乔治·鲍尔(George Ball),以及近200名亚洲研究的专家学者。该委员会自成立以来,通过向国会提供简报和在全国举办各种讲座,为重新检讨美国对华政策打好了基础。对该委员会来说,安排中国乒乓球队来访是一次宝贵的机会,不仅能让民众重新理解美中关系,也将让委员会的工作获得空前关注,进而获得民间更多的财政支持,该委员会1971—1972年度的主席即是研究中国经济的权威学者、密歇根大学的经济学教授亚历山德尔·埃克斯坦(Alexander Eckstein)。

正是美中关系全国委员会的及时介入,促成美国乒乓球协会顺利邀请中国乒乓球队访美。1971年6月25日,美国乒协主席斯廷霍文写信给中国乒协主席宋中,正式发出邀请。

---

① State Department Press Briefing, National Archives on Sino-American Relations, Bentley Historical Library, University of Michigan, Ann Arbor, Michigan: Steevenhoven files, Box 20.
② Scali, Telephone Conversation with the President, 3:00 pm, April 21, 1971, Nixon Presidential Materials Project, National Archives, College Park, Maryland, Scali Files, Box 3.

他在邀请信中写道：

> 美国人民对你们来访问的消息反响非常热烈。我们收到美国各地对你们的访问邀请，因此无论你们选择去哪里，都会有朋友等着见你们，并且乐于接待你们。我们要你们知道，我们欢迎你们在队伍中加派任何人，包括官员以及报纸、电台和电视台的代表。如果你认为我们应该见面以便更详细地讨论你们到美国希望参观的地方，我可以去任何您认为合适的地方。我们还最诚挚地希望借此能完全表达出我们对在难忘的中国之旅中所感受到的礼遇、友好和周到的感激之情。①

中国方面立即接受了邀请。周恩来总理告诉美国人，中国队愿意在1972年春暖花开的时候回访。中国代表团最终于1972年4月12日抵美，4月29日离开。周恩来亲自挑选了访问美国的中国运动员及代表队成员。从长远观点来看，中国乒乓球队访美与美国乒乓球队访华同样重要。中国驻联合国代表黄华在与基辛格会谈时表明："我们非常感激美方对我们的乒乓球队访问时的安全和其他事务的关心。我们希望，正如我们双方都表示过的，这次访问将有助于增进我们两国人民之间的理解和友谊。"尼克松政府对此次访问极为重视。除了尼克松特别助理斯卡利直接参与之外，还有其他几名白宫重要人物深入参与其中。基辛格与美中关系全国委员会的人员会面，以确认中国代表团访问的资金到位。基辛格的一位助手理查德·所罗门（Richard Solomon）与美中关系全国委员会主席埃克斯坦曾是密歇根大学的同学，他在1972年3月20日协同斯卡利与美中关系全国委员会举行联合会议，讨论中国乒乓球队访美的行程安排。

尼克松急不可待地希望中国乒乓球队访问白宫并与之会面。1972年4月11日，白宫幕僚长哈里·霍尔德曼（Harry R. Haldeman）追问具体负责中国乒乓球队访美的官员："中国乒乓球队与总统见面的具体计划如何？我要求尽快落实。"根据白宫设想，尼克松白宫会见的最后计划体现"友谊之花绽放"。白宫的玫瑰园正值花开时节，在实地安排上也将展示百花盛放的情景。尼克松将向中国代表团作简短的欢迎演讲，然后请乒乓球运动员到白宫玫瑰园草坪上的乒乓球桌打一场表演赛并参观白宫。尼克松总统的讲话会提到"友谊的花蕾绽开"，拍照时会用广角镜拍出在玫瑰的背景下中国乒乓球运动员进行的乒乓球表演赛。基辛格等人对表演赛的提议持保留意见，"认为这样做不体面，有点哗众取宠"。斯卡利本人也

---

① Bentley Library, National Archives on Sino-American Relations, Bentley Historical Library, University of Michigan, Ann Arbor, Michigan: USTTA Kaminsky 1972 files, Box 3.

表示有所保留。① 然而尼克松似乎对举行表演赛的想法很着迷，要求落实。斯卡利评论道："有一点可以肯定，这将是电视和报纸会追捧报道的不寻常的新闻事件。"②

一切准备就绪，当中国代表团在1972年4月12日终于抵达底特律时，斯卡利以尼克松私人代表的身份前往迎接。他在欢迎仪式上说："当周恩来总理告诉我们说你们将在花开时节来到我们的国家时，他也许没有意识到密歇根州的春天来得有多晚。但我可以向你们保证，你们在美国访问时会发现，许多地方鲜花绽放，这是我们友好关系的标志。"但是，尼克松1972年4月17日决定轰炸河内及海防这两座越南城市，破坏了美方精心设计的中国乒乓球代表队访问白宫的安排。斯卡利告诉基辛格说："考虑到（发生在）越南的情况，理查德·所罗门和我都建议取消访问时的乒乓球表演赛。"③

斯卡利的谨慎是有道理的。事实上，中方几乎因为美国轰炸越南差点取消整个白宫访问。1972年4月18日一早（美国东部时间4月17日下午），周恩来和外交部主要负责人召开紧急会议，要求中国乒乓球队口头通知美国人，他们将拒绝去白宫与尼克松见面。但当周恩来将这一决定告诉毛泽东时，他遭到了否决。毛泽东说，这次中国乒乓球队访美是民间来往。美国乒乓球队访问时受到中国领导人接见，现在拒绝同尼克松会面，会使人觉得中国人太无礼。他指示中国代表队要照常同尼克松会面，中国政府按原计划向美国赠送大熊猫。毛泽东主席的指示当然是最后决定。中国乒乓球队最终还是造访了白宫。④

中国乒乓球代表团是中华人民共和国成立以来派去美国访问的第一个正式代表团，他们的访问引起了美国人对中国的强烈兴趣，两国之间文化和民间交流从此不断发扬光大，势不可当。如果说，美国乒乓球队访华是一次破冰之旅，那么中国乒乓球队访美则是自1949年双方断绝外交关系后，重新打开了两国民间交流大门。"乒乓外交"因此无疑成为两国共有的历史、共同旅程的不可或缺的重要部分。

当尼克松终于在1972年2月21日来到北京的时候，毛泽东向他解释主动采取"乒乓外交"的原因："我们办事也有官僚主义。你们要搞人员往来这些事，搞点小生意，我们就是

---

① John Scali to Dave Parker, April 3, 1972, Subject: Chinese Table Tennis Visit to the White House, Nixon Presidential Materials Project, National Archives, College Park, Maryland, Scali files, Box 3.

② Scali to David Parker, April 10, 1972, Subject: President's Meeting with Chinese Table Tennis Delegation, Nixon Presidential Materials Project, National Archives, College Park, Maryland, Scali files, Box 3.

③ Scali to Kissinger, April 17, 1972, Subject: Chinese Ping Pong Tours, Nixon Presidential Materials Project, National Archives, College Park, Maryland, Scali files, Box 3.

④ 中共中央文献研究室编：《周恩来年谱 1949—1976》第三卷，中央文献出版社1997年版，第520页。

死不干。包括我本人在内。后来发现还是你们对,我们就打乒乓球。"① 1971年10月,中华人民共和国恢复联合国席位。在整个世界都动荡不安的20世纪70年代,"乒乓外交"让中美两国走到了一起。小小的乒乓球当时只值25美分,却发挥了一个独特而重要的作用,不但加速了中国的国际化,而且在很大程度上改变了中美关系并重新塑造了世界政治格局。

三、共有的旅程:走向1984年洛杉矶夏季奥运会

1979年是中美关系史、中国与国际体育交往史上十分重要的转折年。中美两国在1月1日正式实现邦交正常化。1979年年初,邓小平应邀访问美国,向全世界特别是美国展示中美关系进入全新的一页。1979年也是中华人民共和国重返国际体育的开端,中国在缺席了20多年之后重返现代奥林匹克运动。1958年中华人民共和国退出奥运会的主要原因是反对"两个中国"。美国对华敌视也是其中重要原因。有趣的是,前面提到的"乒乓外交"无疑也为中国最终重返奥林匹克大家庭提供了重要的国际舞台。尼克松1972年访华后,国际奥委会许多成员纷纷支持中华人民共和国成为会员国,最终促成了中国于1979年回到奥林匹克大家庭。中国当然为能够有机会参加奥运会并对外展示中国的新面貌而振奋。邓小平本人当时甚至公开表示中国愿意举办奥运会和参加1980年的莫斯科夏季奥运会。不过,由于1979年年底,苏联入侵阿富汗,中国重返夏季奥运会的时机不得不推迟到1984年在美国洛杉矶举行的夏季奥运会。前面提到,1932年中国人第一次参加奥林匹克运动会,也正是在这座美国城市。1984年5月12日,中国奥委会主席钟师统在接受邀请参加洛杉矶奥运会的回信中,预祝奥运会"圆满成功"。

中国的出席受到了美国的热烈欢迎,中国代表团受到特殊礼遇。根据1984年奥运会的官方报道,当中国的一位三级跳远运动员邹振先荣幸地成为"代表奥林匹克大家庭入住奥运村的第一位运动员"时,中国也成为在奥运村中第一个正式升起国旗的国家,他的出现"标志着中国重返52年前初次参加奥运会的城市"。"他所接过的奥运村钥匙极具象征意义,它将为中国打开一道大门,不单单通向奥运会,更是一个在全世界面前展现自己面貌的新机遇。"在开幕式上,中国代表团也受到了热烈欢迎。尤伯罗斯写道:"当中国代表团进入体育馆的时候……场内9.2665万名观众全体起立鼓掌欢呼。这是一场盛大的欢迎仪式。"②

中国人当然对这届奥运会寄予厚望。1932年,只有一名中国运动员参加洛杉矶的奥运会。52年后的1984年,中华人民共和国派出225名运动员参加。中国代表团的庞大规模,

---

① Minutes of Mao's Meeting with Nixon, February 21, 1971, National Security Archives, George Washington University: China and the United States: From Hostility to Engagement, 1960 – 1998.

② Peter Ueberroth, *Made in America: His Own Story*, New York: William Morrow and Company, 1986, p. 351.

意味着他们决心一扫"东亚病夫"的形象，彻底洗刷体育弱国的名声。洛杉矶奥运会的第一枚金牌，在开幕那天由许海峰在男子自选手枪慢射个人项目中赢得。这是有史以来中国人赢得的第一枚奥运金牌。《人民日报》当天的评论写道，"这是我国体育史上具有历史意义的突破，每一个炎黄子孙都感到由衷的高兴。""在本届奥运会上夺取金牌，是中华体育健儿的宏愿，也是所有炎黄子孙的热望。如今在举世瞩目的奥运会竞技场上，奏起了中华人民共和国的国歌，升起了鲜艳的五星红旗，标志着中华体育事业新的飞跃。"① 文章当然把体育与中国的复兴连在一起。文章写道："中华体育走向世界，对于我们正在进行现代化建设的各行各业都是一个有力的鼓舞……我们从体育健儿们的身上可以得到启示，只要解放思想，立志改革，埋头苦干，勇于进取，我们就能克服各种困难，赶上世界先进国家的水平，实现中华民族的振兴。"② 中国女排打败美国赢得奥运金牌更是让中国人激动不已。胡耀邦总书记听到女排获胜的消息后，连声说："好！好！"③《人民日报》写道："事实再次证明，中国女排是一支勇于拼搏、奋勇进取的队伍。"评论号召全国人民学习"女排精神"，"用这种精神，来进行我们的四化建设；用这种精神，来搞好我们当前正在进行的各项改革。发扬中国女排的这种精神，就能排除万难，达到我们所要达到的崇高目标"。④ 中国在洛杉矶奥运会上一举夺得15枚金牌。国务院致电中国体育代表团，表示热烈祝贺。其认为这一优异表现，"有力的说明，中国人民有自立于世界民族之林的能力，对于正在进行现代化建设的各条战线的广大群众都有很大鼓舞和推动作用"。⑤《人民日报》写道："今天体育的振兴，生动地反映了我们祖国在振兴、在奋进！"⑥

由此可见，参加1984年的洛杉矶奥运会不仅是中国体育事业发展的一个里程碑，也是中美关系史中的精彩一页。值得注意的是，中国1980年年初还参加了在美国普拉穗德湖（the Lake Placid）举办的冬奥会。也就是说，中华人民共和国第一次参加冬奥会也是与美国有关。前文提到，是美国的基督教青年会干事从1895年开始把奥运引入中国，中国人首次参加奥运会、第一次拿奥运金牌，以及1979年重返奥运大家庭后参加第一次冬奥会和夏奥会，全部都发生在美国。所有这一切无疑都是中国人与美国人共有的历史和共同旅程的重要组成部分。

---

① 《历史性的突破》，《人民日报》1984年7月31日。
② 《历史性的突破》，《人民日报》1984年7月31日。
③ 虞家复：《喜闻女排获胜，胡耀邦连声说："好！好！"》，《人民日报》1984年8月9日。
④ 《胜利属于勇敢的进击者：祝贺中国女排荣获奥运会金牌》，《人民日报》1984年8月9日。
⑤ 《国务院致电中国体育代表团：祝贺我健儿精神文明运动成绩双丰收》，《人民日报》1984年8月14日。
⑥ 《登高远望奋发进击：热烈欢迎我国体育健儿凯旋》，《人民日报》1984年8月14日。

四、简短的结论

体育在美国历史中的重要性是不言而喻的。美国很有影响的政治家及参议员亨利·卡伯特·洛奇（Henry Cabot Lodge）明确地将体育与美国国家甚至西方命运联系在一起，并宣称，"开运动会所花的时间和赛场上带来的伤痛是说英语的民族为成为世界征服者所付出代价的一部分"。[①] 我曾经在别处写道："要全面理解美国社会，我们必须要重视体育的作用。"[②] 体育救国曾是中国风靡一时的口号，体育因此与中国的发展和命运密切相关。自19世纪末以来，国际体育的重要性与中国的国家认同、中国的国际形象、中国的国际地位相提并论。当中国女排在1981年第一次获得世界冠军时，"团结起来，振兴中华"的口号响彻全中国，体育的表现与中华民族崛起遥相呼应。如果说体育是美国人的历史和日常生活的重要部分，中国领导人也是对体育情有独钟。毛泽东生平发表的第一篇文章就是《体育之研究》，其被刊印在1917年4月1日的《新青年》上。毛泽东一生酷爱游泳，特别是横渡长江。他青年时代的词句"自信人生二百年，会当水击三千里""中流击水，浪遏飞舟"等，刻画出一个无比豪迈的水上健儿形象。1956年，毛泽东畅游武汉长江后，又写下"不管风吹浪打，胜似闲庭信步"的词句。[③] 体育强国已经成为中国未来发展的重要体现和目标。2015年，《中国足球改革总体方案》公布。中共中央、国务院把中国足球改革发展同中华民族伟大复兴相提并论，将振兴中国足球作为建设体育强国的重要任务摆上日程，把发展足球运动纳入经济社会发展规划，中国力争在第二个"一百年"之际（中华人民共和国成立百年）成为世界足球强国。换句话说，当代中国人无疑把体育兴与国家兴相提并论了。

进入21世纪以来，中美两国一直在夏季奥运会上竞相角逐金牌霸主地位。特别是2008年的北京奥运会，是中美关系另一个重要里程碑。该届奥运会被当时的国际奥委会主席罗格（Jacques Count Rogge）称为"一场真正无与伦比的奥运会"，宣示一个站起来、富起来和强起来了的中国国际形象。美国总统小布什出席开幕式，并盘桓北京多日。他是第一位出席他国奥运会开幕式的美国在任总统。小布什此举，凸显当时美国对华友好之意，在中美关系和中国外交史上意义非凡。北京奥运会成功举办之后，一些西方学者一度谈论"中美国"（Chimerica），意即中国和美国已经成为共同利益相关者。北京奥运会是近百年来中美两国

[①] Xu Guoqi, *Olympic Dreams: China and Sports, 1895–2008*, Cambridge, MA: Harvard University Press, 2008, p. 33.

[②] 详见徐国琦《研究美国历史的另一个视角：1968年的一场球赛和1969年的哈佛大学学生运动》，《全球史评论》2020年第18期。

[③] 详见徐国琦《"自信人生二百年，会当水击三千里"：为纪念毛泽东诞辰120周年而作》，《中华读书报（国际文化版）》2013年12月4日。

人民"共有的历史"的高潮。遗憾的是，此后两国渐行渐远。

本文的主旨在于揭示中美两国人民如何通过体育运动铸造的友谊和合作，并使其成为两国"共有的历史"的重要部分，窃以为，这一段中国人与美国人的共同经历，蕴含着促进未来两国友好合作的历史启示与智慧。今天美国面临的内部挑战比1969—1971年要小得多，中美关系也比1969年时要好得多。诚然，当时的共同利益让中美两国走到了一起，但今天两国之间也有实现双赢的诸多其他因素。尤其重要的是，两国有避免成为彼此敌人的多种考量。无论如何，中美关系合则两利，斗则俱伤。50年前，在中美两国面临如此巨大的分歧时，领导人能够高瞻远瞩，通过"乒乓外交"一举打破彼此所面对的困境，共创未来，今天的中国和美国也能做到才对。我们今天或许更加需要新的"乒乓外交"来促成中美关系的平稳发展。50年前"乒乓外交"的成功告诉我们，心想也许事成。这也许是"乒乓外交"的最大遗产和我们今天纪念它的现实意义所在。

2022年，北京将举办冬季奥运会。2028年，洛杉矶将第三次举办夏季奥运会。我们祝愿两国的奥运会成功举办，并衷心希望中美两国人民在这两场体育盛会上，不仅同台竞技，更借此机会谱写美好的友谊篇章，踏上合作共赢的共享旅程。

（原载《美国研究》2021年第3期）

20世纪60年代中国对中阿通航问题的处理与中阿交涉

——基于中国外交部档案的考察

张 安

华中师范大学马克思主义学院、印度研究中心

近年来,国内外学者对当代中阿关系的研究日益深入。但从已有研究来看,学界研究的兴趣点大都集中在"9·11"恐怖袭击事件以后,以时事分析与追踪研究为主。[1] 而自中华人民共和国成立到2001年"9·11"恐怖袭击事件爆发,是1949年以来70余年中国与阿富汗睦邻友好关系发展演变的重要历史阶段,直接决定了当前及今后中阿睦邻友好关系之发展演变的基本路向和基本面貌,其影响重大而深远,是深化研究中阿关系的重要起点和重要突破点,可以汲取和借鉴的历史经验教训和现实启示非常丰富而深刻。但是,令人遗憾的是,恰恰这一段历史,又是目前国内外学界在中阿关系研究领域中前期研究成果和学术积累最薄弱的环节,其研究现状与其巨大的研究价值和意义极其不相称。有鉴于此,本文特别择取20世纪60年代的中阿通航问题作为研究对象,利用中国外交部解密档案及相关资料对其鲜为人知的历程进行较为系统的梳理和分析,以期在一定程度上和一定范围内改变以往研究的不平衡状态,丰富、深化和拓展中阿关系史、新中国睦邻外交史、中国共产党执政史的研究视野和研究内容。

---

[1] 主要参见彭树智《阿富汗史》,陕西旅游出版社1993年版;张蕴岭《中国与周边国家:构建新型伙伴关系》,社会科学文献出版社2008年版;朱永彪、曹伟《阿富汗问题与中国的关联》,《南亚研究季刊》2012年第1期;邵育群《试析美国撤军后中美在阿富汗问题上的合作空间》,《现代国际关系》2013年第8期;黄民兴、陈利宽《阿富汗与"一带一路"建设:地区多元竞争下的选择》,《西亚非洲》2016年第2期;肖河《从"发展外交"到深度介入:"一带一路"倡议下的中国对阿富汗政策》,《南亚研究季刊》2016年第2期;Nicklas Norling, *The Emerging China-Afghanistan Relationship*, Issue of the CACI Analyst, May 14, 2008; Bruce A. Elleman, Stephen Kotkin and Clive Schofield eds., *Beijing's Power and China's Borders: Twenty Neighbors in Asia*, M. E. Sharpe: New York and London, 2013; Eric Hyer, *The Pragmatic Dragon: China's Grand Strategy and Boundary Settlements*, Canada: University of British Columbia Press, 2015; Hujjatullah Zia, "Role of China in Afghanistan's Peace Process", *China Investment*, Issue 21, November 2018;等等。

一、中阿通航问题的发轫

早在1955年,中阿两国建交后不久,就对通航问题进行交涉。中阿通航问题"最初系由阿方主动提出,态度颇积极"①。一方面,阿富汗希望借此平衡其与东西方两大阵营的关系,缓解对外贸易的困境。美国学者斯塔夫里阿诺斯曾指出:"由于冷战中的迫切需要,东方和西方在争取殖民地民族和前殖民地民族方面展开了奇特的竞争。殖民地民族和前殖民地民族迅速地利用这种形势,设法不仅从华盛顿、伦敦和巴黎,而且还从莫斯科和北京获取最大的援助。"② 另一方面,中阿通航有着一定的历史基础。第二次世界大战前,德国一度试图经阿富汗开航中国。1937年,欧亚航空公司开通了柏林和阿富汗首都喀布尔之间的直飞航线之后,从喀布尔试飞中国新疆并到达上海,试图开辟从欧洲直通中国的国际航线。此次试航与20世纪50年代中期阿富汗设想的国际航线基本一致。因此,阿富汗一度积极推动解决中阿通航问题。面对阿富汗政府的积极态度,中方一度也赞成中阿通航。中国外交部不仅要求中国驻阿大使馆收集、调研阿富汗民航的相关资料,与阿富汗有关部门沟通,而且与中国交通部多次共同商讨这一问题。但中方经过再三考虑,既出于中国民航客观条件的限制(如不开放西北空域和北京等),也受制于国际冷战局势,1958年8月,中国政府最终婉拒了阿富汗通航的要求。中阿两国此次关于通航问题的交涉就此搁浅。③

随着国际形势的变化,中阿通航问题在20世纪60年代初迎来曙光。随着中苏两国关系的逐渐恶化,60年代初苏联对中国经由中苏航线(当时中国最重要的一条国际航线)转往世界各地的联程客货运输设置了种种障碍。中国与世界各国特别是亚非拉国家的航空联系一度陷入窘境。苏联民航负责人甚至扬言,如果没有苏联的帮助,中国在航空交通上将与世隔绝。④ 面对超级大国对中国航空交通的封锁,周恩来指出:"中国民航不飞出去,就打不开局面,一定要飞出去,才能打开局面。"他强调,在中国还不具备开辟远程国际航线条件之前,可以有选择地允许少数友好国家的航空公司,先期开航中国,尽早改变主要依靠中苏航线的被动局面。⑤ 因此,中国政府确定了开辟国际航线的"积极准备、稳步发展,有计划、

---

① 《关于阿富汗副首相兼外长纳伊姆访华的接待计划和日程的请示报告》,中国外交部档案,档号:117—00548—01。
② 斯塔夫里阿诺斯:《全球通史——1500年以后的世界》,吴象婴、梁赤民译,上海社会科学院出版社1999年版,第814页。
③ 张安、李敬煊:《开辟空中"丝路"的尝试——20世纪50年代中阿关于通航问题的交涉》,《世界历史》2018年第3期。
④ 林明华:《天泉——周恩来与中国民航》,中国民航出版社2007年版,第71页。
⑤ 林明华:《天泉——周恩来与中国民航》,中国民航出版社2007年版,第81页。

有步骤地开辟友邻国家的航线"①的方针。1963年5月20日,中国国务院批准中国民航逐步开辟东南亚、西亚、非洲航线。其同时决定,除原已开放的昆明、南宁、广州外,增加开放上海以供国际通航。②

在此情况下,1963年8月29日,中国和巴基斯坦经过谈判在卡拉奇签订《航空运输协定》,定于1964年5月先由巴基斯坦国际航空公司通航上海。在谈判中,双方约定中国政府指定空运企业经营由中国的一点经过或不经过第三国至巴基斯坦的达卡或拉合尔和卡拉奇再至第三国的航线。这条航线的规定虽然没有明确讲明开放中国西北空域,但实质上中国不开放西北航路的原则开始松动,中国"同意巴基斯坦在印度阻挠巴机经印度飞来我国时,可经由北路飞来我国"③。这主要是由于在以美国为首的西方国家一贯对中国敌对、包围、封锁的情况下,中苏、中印关系又趋破裂,中国的对外空中交通受到严重限制。因此,"为我国打开西门、走向世界"④,中国政府"计划开辟的西亚、非洲航线必要时需经我西部出去"⑤。在中巴通航时,陈毅还对各国来访记者说,如果有可能,中国准备同一切和中国友好的国家建立航线,但在步骤上,扩大对外航空业务要一步一步来。⑥

以此为契机,阿富汗随即向中国提出通航要求。阿富汗有此举措,主要基于两方面原因。一方面是阿富汗对与其有宿怨的巴基斯坦和中国政治关系的改善有顾虑。1893年,英国迫使阿富汗签订《杜兰协定》,划定了从瓦罕到波斯的阿富汗东部和南部领土与英属印度的边界。该协定将"杜兰线"以南的原属阿富汗普什图族聚居区(普什图尼斯坦地区)划给了英属印度。⑦1947年印巴分治,英国无视阿富汗的要求,将该地区划给了巴基斯坦,从而埋下了巴基斯坦和阿富汗长期冲突的隐患。此后,阿巴两国一直就此问题不断交涉,并多次爆发武装冲突。而从20世纪60年代初开始,中巴关系不断改善。不仅中巴边界问题得到

---

① "当代中国"丛书编辑部:《当代中国的民航事业》,中国社会科学出版社1989年版,第108页。
② "当代中国"丛书编辑部:《当代中国的民航事业》,中国社会科学出版社1989年版,第595页。
③ 《关于中国与阿富汗之间通航问题的谈判情况(1957年周恩来总理访阿时阿首相达乌德提出中阿通航,但终因各种原因谈判未果)》,中国外交部档案,档号:105—01701—01。
④ 耿飚:《耿飚回忆录》,江苏人民出版社1998年版,第104页。
⑤ 《关于中国与阿富汗之间通航问题的谈判情况(1957年周恩来总理访阿时阿首相达乌德提出中阿通航,但终因各种原因谈判未果)》,中国外交部档案,档号:105—01701—01。此时向巴基斯坦开放西北航线还只是停留在理论上,巴航的飞机主要经昆明等地到上海。
⑥ "当代中国"丛书编辑部:《当代中国的民航事业》,中国社会科学出版社1989年版,第110页。关于中巴通航谈判的具体情况,可参见张安、刘伟《20世纪60年代中巴通航问题解决始末》,《南亚研究》2013年第2期。
⑦ 珀西·塞克斯:《阿富汗史》(第二卷下册),张家麟译,商务印书馆1972年版,第1235页;Arka Biswas, *Durand Line: History, Legality and Future*, New Delhi: Vivekananda International Foundation, 2013, p. 39; Sultan-I-Rome, *The Line Durand Agreement (1893) —Its Pros and Cons*, J. R. S. P., Vol. XXXXI, No. 1, 2004, p. 7.

妥善解决，而且中巴通航问题又取得圆满结果。面对这种情况，阿富汗必然会有所担心和顾虑，"怕巴借此题目作不利于阿的宣传，对阿造成一种压力"，而"希望中阿多发展关系，如签订航空协定，以资平衡"。因此阿富汗"适当主动对我采取措施来抵消巴的宣传影响"，"重提航空协定问题"。①

另一方面是1963年3月执政10年的首相达乌德下台后，亲政的阿富汗国王查希尔希望在外交事务中有所作为，特别是试图平衡达乌德时期过于亲苏的影响。达乌德执政时期（1953—1963年），由于美国支持巴基斯坦在普什图尼斯坦问题上的立场，以及不愿对阿富汗"提供适当的军事和经济援助"②，阿富汗转而向苏联求助。苏联抓住这一时机，不仅公开支持阿富汗在普什图尼斯坦问题上的立场，而且加大对阿富汗的援助，并借此不断对阿富汗进行渗透与控制。据中国外交部1964年10月的总结材料《阿富汗概况》称："在对外关系上，近十年来与苏联关系比较密切，阿军队全靠苏联装备，经济建设费用中外援部分（十三亿二百六十二万美元）的百分之六十七依靠苏联，计八亿八千八百万美元（其中部分为军援）。在四十六项经济建设工程中，由苏联助建的有十六项，且多为重大工程。苏在阿对外贸易上，自一九五六年以来，一直居首位，一九六二年苏占阿对外贸易的一半，苏自阿进口的物资，占阿出口的百分之八十。"③ 这种情况，不仅与阿富汗一贯的中立外交不符，而且若长此以往必将威胁阿富汗的民族独立。查希尔国王亲政后，对阿富汗的对外政策进行了重大调整，希望改变过去过于依赖苏联的状况。他在继续与苏联保持密切关系的同时，积极发展与美国的关系，并发展与近代以来对本国没有殖民或侵略的历史的第三种势力的关系，以平衡苏联在阿富汗的影响。在他看来，中国历史上一贯和阿富汗友好，对阿富汗的独立和安全不会构成威胁，而且具备一定的实力，可以为阿富汗提供一定的援助，从而会对苏联和美国起到平衡或牵制作用。④ 因此，查希尔从阿富汗的国家利益和中苏分歧的现实出发，有意识地加强与中国的关系，并"在各大国间搞平衡"，"从被动中力求主动，利用各方矛盾，用一方压其他各方，从中捞取政治经济实惠"。⑤ 阿富汗重提中阿通航问题即是其中的一个重要举措。

二、中阿关于通航问题的初步交涉

在中巴通航问题解决前后，中阿边界谈判正进入最后阶段，阿富汗试图在解决边界问题

---

① 《关于改善中国和阿富汗关系的设想和意见》，中国外交部档案，档号：105—01102—02。
② Abdul-Qayum Mohmand, *American Foreign Policy Toward Afghanistan: 1919-2001*, ProQuest Information and Learning Company, 2007, p.80.
③ 《阿富汗概况》，中国外交部档案，档号：204—01327—06。
④ 王凤：《列国志 阿富汗》，社会科学文献出版社2007年版，第330页。
⑤ 《驻阿富汗使馆报来优素福内阁的看法》，中国外交部档案，档号：105—01347—02。

的同时解决通航问题。1963年10月20日、23日,阿富汗外交大臣助理伊特玛蒂、内务大臣卡尤姆两次告知中国驻阿大使郝汀:阿富汗拟派民航局长苏尔坦亲王作为签订中阿边界条约的代表团成员11月来华商谈两国通航问题。对此,10月29日,中国外交部向国务院建议"由民航总局与之接谈并另拟方案请示"。① 11月7日,中国外交部、民航总局联名向国务院报告了具体方案,考虑到由于西北地区空域实质上还未开放,拟拒绝阿方通航要求,建议推迟谈判或仅发表表示共同愿望的声明,或签不规定航线的原则协定。对此,陈毅批示:"先由民航局与阿民航局长面谈为好。"周恩来原则上同意该方案和陈毅的意见,但强调在与阿方会谈时要注意:"不能说西北不开放,事实上对巴基斯坦已开放。"②

11月20日,阿富汗签订《中阿边界条约》的代表团抵达北京后,阿内务大臣卡尤姆、阿民航局局长苏尔坦亲王等先后向刘少奇、周恩来、陈毅等表达了通航中国的愿望。11月23日,阿富汗驻华大使向中国外交部直接提出:准备同中国谈判通航问题,希望中方马上安排。③ 随后,在中国外交部的安排下,阿民航局局长苏尔坦亲王就中阿通航问题与中国民航总局先后进行了两次谈判。在两次谈判中,苏尔坦都表示阿方希望开辟由阿富汗首都喀布尔经乌鲁木齐至北京的航线,并希望中方能飞往喀布尔。但中方认为:"相互通航是中阿两国的共同愿望,这种愿望迟早会实现的。但我西北乌鲁木齐、喀什两机场较小,跑道短,而且是戈壁滩跑道,经常打坏螺旋桨,技术设备差,扩建又需较长的时间。"对此,苏尔坦表示:"不一定要飞乌鲁木齐,可以从喀布尔飞往北京","希望双方努力克服存在的困难,争取早日实现通航,阿方不一定飞,请中国先飞","通航地点、具体航线和开航日期等问题将由双方以后商定"。中国外交部经过认真考虑,认为尽管若"进一步同意开放北京,可以争取更多国家通航我国,从而突破修正主义者在北方,印度反动派在西方对我航空交通的阻碍,打开从北京直接通往亚、非友好国家的捷径,密切这些国家与我国的关系,活跃国际往来。此外还可使我与这些国家交换通航首都的权利时,体现相互对等,在政治上处于主动地位,并对我开辟国际航线的工作,更为有利"④,但开放北京涉及扩建首都机场、划定国内航线、指定和扩建备降或技术降落机场、客货运量不足、增添设备及人员、开放北京为国际通航地点的时间等诸多问题需要妥善解决,准备工作也需要一定的时间。因此,在短期内开放北京还不现实。于是,中方婉言拒绝了阿方的开放北京的要求。最终经过双方商谈,11

---

① 《阿富汗内务大臣卡尤姆访华:关于签订中国和阿富汗边界条约的时间、地点、人选的初步方案的请示报告》,中国外交部档案,档号:204—00888—03。
② 《关于中国与阿富汗之间通航问题的谈判情况(1957年周恩来总理访阿时阿首相达乌德提出中阿通航,但终因各种原因谈判未果)》,中国外交部档案,档号:105—01701—01。
③ 《阿富汗内务大臣卡尤姆访华:阿代表团访华简报》,中国外交部档案,档号:204—00889—01。
④ 《关于中国与阿富汗之间通航问题的谈判情况(1957年周恩来总理访阿时阿首相达乌德提出中阿通航,但终因各种原因谈判未果)》,中国外交部档案,档号:105—01701—01。

月24日，中阿两国政府代表——中国民航总局局长邝任农同阿富汗民航局长苏尔坦亲王就实现两国间通航愿望达成协议，原则上同意中阿双方通航，并商定于1963年12月9日①在北京和喀布尔两地同时公布新闻公报。双方还互相交换了通航协定格式，以供进一步研究。苏尔坦原有意就通航协定条文进行进一步商讨，后因第二天即要离开北京，时间不够而自动打消此意。12月12日，《中国阿富汗通航谈判新闻公报》正式公布，公报宣布："双方一致表示了实现两国间通航的愿望并达成了协议。有关通航的具体航线和开航日期，将由双方以后商定。"② 至此，中阿通航问题取得阶段性进展。

三、阿富汗对通航问题的进一步推动与中国对通航问题的处理

《中国阿富汗通航谈判新闻公报》发布后不久，1963年12月19日、12月25日，阿富汗外交大臣助理伊特玛蒂就两次询问中国驻阿大使郝汀关于中阿通航问题进一步谈判的时间、地点。考虑到阿政府的积极态度，中国驻阿使馆电告外交部："请国内就下一步商谈的有关问题，如谈判步骤、地点、人选、需谈判的问题等，早日着手准备，定下方案。"接到驻阿使馆的电报后，中国外交部决定"请一亚③、民航局商办"。④ 中国民航总局很快拟定《关于开放北京（和西线）为国际通航地点的意见》并上报国务院。随后，中国国务院召集中国人民解放军总参谋部、空军司令部、海军司令部、外交部、外贸部、国防科委、经委、计委、公安部队司令部、外经总局、民航总局等部门开会讨论了该意见。但因为开放北京和西北航线关系重大，此次会议未能确定。

12月30日，阿富汗为推动谈判的早日进行，决定"邀我民航局长访阿参观机场"，同时"请中国派代表团来阿最后完成谈判"。对阿方的邀请，中国外交部和民航总局决定："由于阿方所提航线牵连到的问题国内尚未确定，我们拟在对这些问题作出决定后再进行谈判，具体时间现尚难预计。"1964年1月25日、2月8日，阿富汗外交大臣助理伊特玛蒂又两次催问中国驻阿大使郝汀。对阿方的一再催问，2月27日，中国外交部、民航总局电告驻阿使馆："我对中阿通航抱积极态度，但阿方要求经西线开航北京，现此问题国内尚未决定。鉴于过去我对阿方谈过双方不能飞西线的原因是我西北无适当的机场，故请你馆仍以我

---

① 1963年12月1日，阿富汗提出改在12月11日晚广播，12日见报。参见《关于中国与阿富汗之间通航问题的谈判情况（1957年周恩来总理访阿时阿首相达乌德提出中阿通航，但终因各种原因谈判未果）》，中国外交部档案，档号：105—01701—01。

② 新华社：《中国阿富汗通航谈判新闻公报双方商谈了两国间建立航空线问题并达成协议》，《人民日报》1963年12月12日。

③ "一亚"全称为中国外交部第一亚洲司，系中国外交部负责阿富汗等亚洲国家事务的机构。

④ 《关于中国与阿富汗之间通航问题的谈判情况（1957年周恩来总理访阿时阿首相达乌德提出中阿通航，但终因各种原因谈判未果）》，中国外交部档案，档号：105—01701—01。

西北机场扩建计划尚未定为由,向阿方提出:如阿方认为航线和开放地点可以留待以后解决,目前双方先订一项通航协定,我可派代表团前来,同时参观阿机场。如阿方要求航线和开放地点一并解决,则我代表团拟暂缓访阿。"接到外交部的电报后,中国驻阿使馆"经研究后,为慎重计,决定由郝大使先向阿民航局长苏尔坦摸摸底,然后视情况向阿外交部提出我方意见"。3月8日郝汀约见苏尔坦。但郝汀"似尚未完全摸清对方态度"。因此,中国外交部做了两手准备:一是"阿方恐不会同意只订'空头'协定,不如待开放西北和北京决定后,再同阿方签订协定"。二是"如阿方由于政治上需要,提出同我立即签订一原则协议,不规定具体航线和开航地点,则我们也可以照顾阿方的需要"。①

3月23日,中国外交部和民航总局经过慎重考虑,决定让中国驻阿使馆"将我目前也不具备开航的条件、具体航线和开航地点一时不能定下来等情况向对方说明,征求对方的具体意见,以便我进一步考虑"。根据中国外交部的指示,4月7日、4月8日,中国驻阿大使郝汀先后拜访阿外交大臣助理伊特玛蒂、民航局局长苏尔坦亲王,将中方态度明确告知阿方,并征询阿方意见。对此,阿富汗并不相信,坚持要求:"最好在中阿航空协定内能规定航线和开航地点",希望中国驻阿使馆再"与国内联系一下关于中国民航代表团来阿访问一事"。② 此时,刚好阿民航局局长苏尔坦亲王(中阿边界联委会阿方首席代表)准备赴华商谈中阿勘界工作,阿富汗决定派其在华和中国民航总局局长进一步商谈中阿通航问题。

为准备阿民航局局长苏尔坦亲王即将到来的谈判,5月29日,中国外交部、民航总局共同向国务院上报《关于中阿进一步谈判通航的请示》,中国外交部、民航总局认为:"中阿通航事,阿方多次催促,使我处于被动地位。困难所在,实为阿方要求开航西线。因此,在西线一时不能开放的情况下,拟在这次双方民航局长谈判时,即向阿方婉言说明。请阿方另行考虑别线,以便将问题转给阿方。"为此,中方拟向阿方说明以下4点:"(一)中阿通航为双边共同意愿,双方为此已发表了公告。阿方所提经我国西部的航线。目前实无可资利用的航路和机场""(二)现在我国对外开放通航的城市有昆明、南宁、广州、上海四处,都可供友好邻邦选择""(三)中阿通航是为了进一步发展两国友好合作关系,但另一方面也必须考虑客货运量。上海、广州为我国最大城市,客货运量比新疆为多""(四)为此,建议阿方就昆明、南宁、广州、上海四处选择一至二处为开航地点。在阿方就此作出决定

---

① 《关于中国与阿富汗之间通航问题的谈判情况(1957年周恩来总理访阿时阿首相达乌德提出中阿通航,但终因各种原因谈判未果)》,中国外交部档案,档号:105—01701—01。
② 《关于中国与阿富汗之间通航问题的谈判情况(1957年周恩来总理访阿时阿首相达乌德提出中阿通航,但终因各种原因谈判未果)》,中国外交部档案,档号:105—01701—01。

后，双方即签订通航协议"。①

对该请示，6月1日，周恩来批示：第四条"对阿富汗来说等于画饼充饥，毫无实施可能。我意，应与阿方言明，通过新疆目前尚无可能，并且欢迎苏尔坦亲王亲去兰州、乌鲁木齐和喀什一行，就地了解我实际困难。因此，西北线上实际通航，必须在若干年后，如此谈后，看阿方反应如何再议"。②根据周恩来的批示，中国外交部决定趁阿民航局局长苏尔坦亲王在华访问期间去新疆标定中阿边界的时候，派中阿边界联委会中方副首席代表、外交部第一亚洲司副司长杨公素等陪同参观沿线机场。③

6月26日，阿富汗民航局局长苏尔坦亲王访华。30日，苏尔坦在杨公素等陪同下，乘飞机离开北京前往新疆喀什。在参观完沿途机场后，苏尔坦仍未放弃西北航线的意图，认为酒泉、哈密、乌鲁木齐等机场有发展前途。哈密机场可扩建为中阿航线中的经停点。关于通航地点，他表示中国开放北京和上海，阿富汗开放喀布尔和坎大哈。苏尔坦还表示："这次应签订一项有具体航线和机场的协定，不能像去年那样只签订一个原则性的协议。"④苏尔坦决定回北京后即与中方正式举行通航谈判。

就在苏尔坦访问新疆期间，中国民航总局对阿富汗一再要求的通航北京、开通西北航线等问题再一次进行了深入研究，认为：

（一）关于开放北京问题，时任国务院副总理的邓小平曾批示："从长远利益说，北京线总是要开放的。"但开放北京是国际通航中一重大步骤，开放的时机和对象尚须审慎选择。开放北京问题还涉及扩建机场问题。目前还正在研究，鉴于已通航或要求通航我国的国家，包括兄弟国家（越南）、民族主义国家（巴基斯坦、印尼等）和其他国家，都曾要求通航北京，但均经我婉言拒绝。因此，如目前同意阿富汗通航北京，则同时向各曾多次要求开航北京的其他友好国家要作妥善安排。

（二）关于开放西北航线问题，主要是为了我方自己的需要，在我方走南线有困难（印度进一步不让巴航等通过，或缅甸情况有变化），北线也有困难的情况下，实有必要着手经营西北航线。其次将来开放北京，允许巴基斯坦、阿富汗通航北京也势必经由我西北地区飞来。但由于我西北地区涉及国防保密，而且机场、导航设备都很差，即使即时改进，实际通航仍必须在若干年后。目前如许愿在一定时间开放西北航线，将使我承担义务。阿方现有飞

---

① 《关于中国与阿富汗之间通航问题的谈判情况（1957年周恩来总理访阿时阿首相达乌德提出中阿通航，但终因各种原因谈判未果）》，中国外交部档案，档号：105—01701—01。
② 《关于中国与阿富汗之间通航问题的谈判情况（1957年周恩来总理访阿时阿首相达乌德提出中阿通航，但终因各种原因谈判未果）》，中国外交部档案，档号：105—01701—01。
③ 马行汉：《外交官谈阿富汗》，世界知识出版社2002年版，第29页。
④ 《关于中国与阿富汗之间通航问题的谈判情况（1957年周恩来总理访阿时阿首相达乌德提出中阿通航，但终因各种原因谈判未果）》，中国外交部档案，档号：105—01701—01。

机航程最长可达七千公里，购买更大机型也非难事。因此，一旦同意开放，阿方可能很快要求通航，使我陷入被动。据此，目前拟不向阿方指定具体航线为好。①

另外，中国民航总局还考虑到，虽然中阿航线会成为连接欧洲与中国最短的航线，但由于当时中巴关系不断密切，且巴基斯坦的战略地位远超过阿富汗，因此"阿方开航此线在业务上将对巴基斯坦航班是一种竞争，目前亦不合适"。更且由于1957年美国泛美航空公司曾收购阿富汗唯一的航空公司阿丽亚纳航空公司49%的股权，中阿开航"实际上将是泛美公司从竞争中受到实惠。此外，我们虽没有把握说阿方坚持经我西北飞北京是受别人怂恿，另有别心，但似也不可不防"。②

据此，7月12日，中国民航总局上报国务院《关于中阿（富汗）进一步谈判通航的情况与指示》，认为：

除非外交上绝对需要，否则对阿方要求似以拖延为好。对这次谈判，我们提出三个方案：

（一）向阿方坦率说明，由于机场和导航设备限制，通过新疆目前尚无可能。实际通航，必须在若干年后，双方可先签订通航协定条文（草案已经批准并在去年苏尔坦访华时交给他），将开放地点和具体航线暂不写入。此留待以后谈具体条件时再由双方议定。

（二）如阿方不同意上述方案，我们对阿方开航地点拟写为："上海或经双方商定的另一点。"关于"另一点"，也可主动说明我方正考虑允许从西方和南方来的外国飞机通航北京，一旦开放时，将准许阿方通航北京。如阿方要求将此说明另行换文也可以。

（三）如阿方对以上均不满意，拟即同意经由西北的航线。具体航路应如何划定，以避开国防禁区，请总参决定。

但即使这次谈妥航线，也必须言明，需待我方准备妥善后，再通知阿方开航。时间估计在若干年之后。③

接到该报告后，7月16日，中国国务院外事办公室签注了意见，建议"可按民航局报告中第一方案，同阿方谈判，向阿诚恳说明，由于机场、导航设备的建设短期不能解决，目前飞越新疆没有可能，实际通航必须在若干年后"。7月17日，周恩来对该报告进行了批

---

① 《关于中国与阿富汗之间通航问题的谈判情况（1957年周恩来总理访阿时阿首相达乌德提出中阿通航，但终因各种原因谈判未果）》，中国外交部档案，档号：105—01701—01。
② 《关于中国与阿富汗之间通航问题的谈判情况（1957年周恩来总理访阿时阿首相达乌德提出中阿通航，但终因各种原因谈判未果）》，中国外交部档案，档号：105—01701—01。
③ 《关于中国与阿富汗之间通航问题的谈判情况（1957年周恩来总理访阿时阿首相达乌德提出中阿通航，但终因各种原因谈判未果）》，中国外交部档案，档号：105—01701—01。

示："拟同意民航总局所提第一方案及外办签注意见。"7月20日，周恩来又口头指示："民航在具体商谈中，人不要太凶，说辞要委婉一些，留点余地。"①

7月22日，阿民航局局长苏尔坦亲王从新疆回到北京。7月23日，苏尔坦与中国民航总局就两国通航问题举行正式会谈。阿方坚持提出要经中国西北地区直接通航北京，认为中阿直接通航有利于打破中国对外航空交通受到的限制，且此线是东西方之间最短、最直接的路线，有利于东西方沟通。对此，中方开诚布公："（一）建设西北航线是我们的努力方向，但所需修建机场，导航设备等工程艰巨；航线涉及一些对外人旅行未开放区域，具体航线尚待研究决定"。"（二）飞北京问题将来可以考虑，但目前我们对先同中国通航的许多友好国家都未开放北京，而且北京机场需要扩建才能接受这些友好国家的大型飞机。因此这一问题一时也不能作出决定。根据以上情况，我们目前还不能指定开航地点和划定具体航线。在此情形下，是否先签订一项通航协定，将开航地点和具体航线留待以后商定"。对此，苏尔坦表示："如不确定开航地点和航线，签订协议是没有意义的。"② 因此，双方决定暂时不签订协定。为避免阿富汗的误解，7月25日，周恩来亲自向苏尔坦解释，表示"中阿交通不便，需要建立一条航线，但因我西北落后，地区偏僻，建立机场需要时间"。苏尔坦表示理解："只要中国准备好了，阿方随时可以通航。"③

阿民航局局长苏尔坦亲王回国后不久，阿富汗国王查希尔拟于同年10月应邀来中国访问。在这之前，中国驻阿使馆考虑到"阿对两国通航要求比较迫切"，阿民航局局长苏尔坦亲王又将随国王访华，估计又会重谈通航问题，于是9月20日电告中国外交部：阿富汗可能会"再提此问题"，请外交部"注意"。④ 中国外交部收到电报后，认为中方已经向其进行了解释，"估计阿国王不会再提起，如对方提及，我可再次解释，请其谅解"。⑤ 10月30日阿富汗国王查希尔抵达北京，11月1日即亲自向毛泽东表达了希望中阿很快能直接通航的愿望。此后，阿民航局局长苏尔坦亲王、阿外交部秘书长埃特马迪等又多次向周恩来和中国外交部提出要求开辟由喀布尔飞经中国新疆到北京的航线。中方再次多次向其解释目前

---

① 《关于中国与阿富汗之间通航问题的谈判情况（1957年周恩来总理访阿时阿首相达乌德提出中阿通航，但终因各种原因谈判未果）》，中国外交部档案，档号：105—01701—01。
② 《关于中国与阿富汗之间通航问题的谈判情况（1957年周恩来总理访阿时阿首相达乌德提出中阿通航，但终因各种原因谈判未果）》，中国外交部档案，档号：105—01701—01。
③ 《中国和阿富汗贸易关系及存在的问题、中阿边界简况、中阿关系大事记（1950—1964年）及普什图尼斯坦问题》，中国外交部档案，档号：204—01327—05。
④ 《阿富汗国王访华：中国国家领导人同阿富汗国王会谈方案》，中国外交部档案，档号：204—01526—04。
⑤ 《中国国家领导人与阿富汗国王查希尔会谈方案及目前中阿关系中的几个具体问题及处理意见》，中国外交部档案，档号：204—00991—01。

条件尚不具备，需要时间创造通航条件。无可奈何之下，阿方表示谅解。

四、中阿通航问题的搁浅

沉寂数月之后，1965年3月22日，陈毅访问阿富汗。此行主要任务是同阿方签订《中阿边界议定书》《中阿经济技术合作协定》及《中阿文化合作协定》。在陈毅出发前，3月7日，阿民航局局长苏尔坦亲王就向中国驻阿大使郝汀表示，他将同陈毅谈通航问题。陈毅抵达喀布尔的当日，阿首相、副首相和民航局局长等就一再表示希望阿中能够通航。第二天，陈毅和时任阿富汗首相的优素福进行正式会谈。陈毅表示："我已开始扩建乌鲁木齐机场，为两国首都之间通航创造条件。但我不同意阿用美国或其他西方国家飞行员。"优素福表示："保证不用非阿富汗飞行员，但目前阿无力开航，希望两国尽快签订协定，先由中国飞行。"① 此后，阿富汗就一直比较关注中国乌鲁木齐机场的建设情况。8月3日，中国驻阿新任大使陈枫拜会阿民航局局长苏尔坦亲王，苏尔坦详细询问了乌鲁木齐机场的修建情况，希望中阿早日通航。陈枫表示："中阿通航有共同的愿望，目前正积极准备中。"② 同年9月20日，陈毅在访问了非洲和西亚一些国家后，在回国途中路过喀布尔并短暂停留。逗留期间，陈毅拜访了阿富汗首相优素福，明确向优素福表示："乌鲁木齐机场十月可准备就绪，北京—喀布尔通航条件成熟。"优素福也认为"通航条件已具备"。③

就在中阿双方积极准备新一轮通航谈判的时候，当年10月，阿富汗政局发生变动，原首相优素福下台，迈万德瓦尔继任首相。新内阁对中阿通航也持积极态度。11月21日，中国驻阿使馆就电告中国外交部：阿新任首相迈万德瓦尔向中国驻阿大使陈枫表示对中阿通航有兴趣，询问有何问题，何时通航。同日，阿民航局局长苏尔坦亲王再次催问陈枫乌鲁木齐机场是否建成，并表示阿富汗拟邀中国航空代表团访问并签订协定。对此，11月23日，中国驻阿使馆请示中国外交部并民航总局："中阿通航酝酿已久，且今年九月陈总路过喀布尔时已表示中阿通航条件已成熟。看来此事势在必行，不宜再拖，建议国内同意应邀派代表团来访。国内如何考虑，请电示。"接到驻阿使馆的电报，中国外交部专门研究了这一问题。1966年2月，周恩来在中国驻南亚各国使馆会议上就明确表示："中国阿富汗通航条件大体

---

① 《陈毅副总理访问阿富汗情况简报和驻阿使馆对陈毅访阿的看法》，中国外交部档案，档号：203—00436—03。

② 《刘少奇主席访问巴基斯坦、阿富汗（就此访协商情况；邀请信；外交部关于刘主席访问巴基斯坦、阿富汗、尼泊尔的请示）》，中国外交部档案，档号：203—00663—01。

③ 《关于中国与阿富汗之间通航问题的谈判情况（1957年周恩来总理访阿时阿首相达乌德提出中阿通航，但终因各种原因谈判未果）》，中国外交部档案，档号：105—01701—01。

成熟，今年可考虑谈一次。"① 随后，周恩来接见阿驻华大使，向其表示："等乌鲁木齐北京之间的中间站修好，就可谈判。"② 中阿通航问题的解决似乎触手可及。

其时，中国国家主席刘少奇在陈毅陪同下拟于1966年4月访问阿富汗。为此，阿富汗专门成立了接待委员会，接待委员会主席即是阿民航局局长苏尔坦亲王。3月16日，苏尔坦约见中国驻阿大使陈枫，双方在协商刘少奇访阿问题时又谈到通航问题，"亲王提出中阿何时能签订通航协定，陈大使答，估计刘主席这次来访会谈到此问题，相信今年内能很好解决"。③ 但此时，中国民航总局和中国外交部考虑到："目前情况，中阿通航是需要的，条件已基本具备。需要考虑的问题是阿富汗要求开我西北线通航北京，而北京机场尚未准备好对其他国家开放，对阿富汗也不马上开放，并考虑到中苏谈判正在进行，中法也可能定期开始通航，因此中阿通航的时机，需待一九六六年下半年进行较为合适。"④ 因此，在1966年4月4日至8日刘少奇访问阿富汗期间，虽然阿富汗国王、王后、首相、苏尔坦亲王等人一再主动谈及中阿通航问题，但中方不准备在此期间谈判该问题，于是刘少奇向阿方表示："从乌鲁木齐到北京的中间站""没有建好"，陈毅"表示飞机过边境高山时还有些困难"。⑤

刘少奇回国后不久，1966年5月中国"文革"爆发。"左"倾思想很快席卷中国民航部门，甚至在1967年1月造反派占据了民航总局的办公大楼。中国民航开辟国际航线的工作被迫停顿下来，中国预想的1966年下半年举行的中阿通航谈判不了了之。在此情况下，1966年6月16日周恩来在前往罗马尼亚访问途中，曾在阿富汗首都喀布尔作短暂的停留，并同阿民航局局长苏尔坦亲王进行了会谈。会谈中，苏尔坦询问，乌鲁木齐机场什么时候才能修好？周恩来回答："走乌鲁木齐要绕行"，对通航谈判实行了回避。但周恩来向苏尔坦表示："我们正在扩建北京机场，将来如果开放，我们对几个友好国家一定同时开放，到时我们会邀请亲王率领代表团到中国去谈通航问题。"⑥ 而"文革"爆发后的20世纪60年代，中国对阿外交中"左"倾错误一度泛滥，两国关系因此冷却下来，人员往来几乎停滞，中

---

① 《关于中国与阿富汗之间通航问题的谈判情况（1957年周恩来总理访阿时阿首相达乌德提出中阿通航，但终因各种原因谈判未果）》，中国外交部档案，档号：105—01701—01。
② 《刘少奇主席访问巴基斯坦、阿富汗、缅甸：会谈方案》，中国外交部档案，档号：203—00669—02。
③ 《阿富汗国王任命苏尔坦亲王为接待刘少奇主席委员会主席》，中国外交部档案，档号：203—00446—03。
④ 《关于中国与阿富汗之间通航问题的谈判情况（1957年周恩来总理访阿时阿首相达乌德提出中阿通航，但终因各种原因谈判未果）》，中国外交部档案，档号：105—01701—01。
⑤ 《阿富汗首相迈万德瓦尔和陈毅副总理谈话内容等》，中国外交部档案，档号：203—00668—01。
⑥ 《周恩来总理在喀布尔去坎大哈的飞机上同苏尔坦亲王谈话纪要》，中国外交部档案，档号：203—00675—02。

阿通航谈判更不会提及。① 中阿关于通航问题的交涉再次搁浅。

五、结语

20世纪60年代，中阿关于通航问题的交涉一波三折。纵观这一历程，阿富汗一直积极推动中阿通航。阿富汗之所以如此，主要是这一时期，阿富汗"提出通航，政治意义是主要的"②。在中苏关系日趋破裂、中美一贯对立的态势下，阿富汗充分发扬其中立外交和"第三国主义"外交政策③的特性，试图利用中国来平衡苏联和美国在阿富汗的影响。据中国外交部判断：阿富汗"由于需要借助同我国关系的发展，提高其政治威信和国际威望，笼络人心，解决内部困难，并在同美、苏的关系中，取得主动"。④ 而对此事宜，中国则相对比较被动。这一方面由于客观条件的限制，如机场建设的落后、相当长时期内不开放西北空域和北京等，特别是在冷战大格局下，中阿通航涉及的开放西北空域等事关国家安全；另一方面，中国政府的主观考量也不容忽视，如考虑到中巴关系的战略重要性，甚至担心阿富汗受到美国的怂恿而别有用心。因此，为维护国家安全与国家利益，中国政府不得不对中阿通航慎之又慎。最终中国"文革"的爆发，使中阿通航问题不得不搁浅。

此次中阿两国关于通航问题的交涉，正是这一时期中阿关系的缩影。一方面，正如美国中央情报局的判断："由于历史上没有发生过冲突，所以北京还是比较容易与阿富汗维持相对良好的关系的"⑤，而且"中国人已经意识到了苏联在阿的强大势力，并正尽一切可能试图削弱苏的影响力"⑥，"与喀布尔进行短期合作，甚至是提供经济援助，都被北京认为是用来阻止美国和苏联增加他们在阿富汗势力的合理手段"⑦；另一方面，由于中国认为"阿在相当时期内还是要以苏为主要依靠，在同我关系上，还是要多方考虑得失，看风使舵，同我发展关系将是有限度的，在某些问题上还可能有反复。因此我争取阿的工作仍将是长期的和

---

① 彭树智、黄杨文：《中东国家通史·阿富汗卷》，商务印书馆2003年版，第344页。
② 《我驻阿富汗使馆电告关于中国—阿富汗航空协定事》，中国外交部档案，档号：105—00926—06。
③ 所谓"第三国主义"外交政策，是指阿富汗在独立后，有意识地与距离较远、对阿富汗没有侵略历史且实力较强的一些大国建立和发展外交关系，逐渐削弱英苏（二战前）、美苏（二战后）在阿富汗的影响，以保证国家的独立和发展。它在阿富汗大国外交中一直处于不可或缺的重要地位，和中立外交共同构成了阿富汗外交政策的两大支柱。参见彭树智《阿富汗史》，广西旅游出版社1993年版，第257页。
④ 《驻阿富汗使馆调研文章：从中阿关系看美、苏、我争夺阿富汗的形势》，中国外交部档案，档号：105—01345—02。
⑤ 沈志华、杨奎松：《美国对华情报解密档案》第六卷，东方出版中心2009年版，第489页。
⑥ 沈志华、杨奎松：《美国对华情报解密档案》第六卷，东方出版中心2009年版，第490页。
⑦ 沈志华、杨奎松：《美国对华情报解密档案》第六卷，东方出版中心2009年版，第489页。

曲折复杂的"①。因此，中国只能"根据需要和可能，寻找和利用机会，适当采取主动，以逐步开展两国关系"②。正因为如此，这一时期的中阿关系，虽有所发展，但并未能根本改善。

[原载《首都师范大学学报（社会科学版）》2021年第3期]

---

① 《驻阿富汗使馆调研文章：从中阿关系看美、苏、我争夺阿富汗的形势》，中国外交部档案，档号：105—01345—02。

② 《阿富汗1963年形势及阿对我态度和做法》，中国外交部档案，档号：105—01247—03。

七、国史研究理论与方法

再谈国史分期问题

朱佳木

中华人民共和国国史学会

从事历史研究尤其是历史编撰工作,免不了遇到对历史分期,即给历史断限的问题。要对历史分期、给历史断限,不能不先明确分期、断限的依据和标准。在史学领域,这是一个重要的理论和实践问题,也是一个分歧、争论较多的问题。

对于人类历史大阶段的划分,马克思、恩格斯早在创立唯物史观的同时就提出了划分的标准,即经济基础与上层建筑构成的社会形态的演变;并且依据这一标准,将人类历史总体划分为原始社会、奴隶社会、封建社会、资本主义社会和社会主义及其高级阶段共产主义社会五大阶段。以唯物史观为指导的中国史学界对这个标准基本没有异议,分歧主要在于:对同一社会形态下的历史进行分期和断限应当依据什么标准?应当如何划分?

从已有著述看,对同一社会形态下的历史进行分期、断限,研究者们依据的标准一般是能够体现历史阶段性特征的标志性事件。在这个问题上,分歧也不大。分歧在于什么是阶段性特征?哪些标志性事件能体现这些特征?这种分歧往往与研究者个人的学养有关,也与进行分期的具体目的和观察问题的角度有关。而对于仍在成长、变动中的历史,如中华人民共和国史(以下简称国史),分期、断限的分歧除了由于上述这些原因之外,还与进行分期、断限所处的时间节点有关。也就是说,对于尚在成长、变动中的历史,分期、断限所依据的标准还要受到历史进程本身的影响。比如,当国史仅有十几年、二十几年、三十几年时,与这一历史超过了半个世纪甚至达到六七十年时相比,人们对分期、断限的认识自然会有所变化。

我自 2000 年调至当代中国研究所从事国史编研工作,也遇到给国史分期、断限及其划分依据、标准的问题。在对新中国成立至 21 世纪初的 50 多年历史进行了研究,并对已有党史国史书籍的分期作了一番考察之后,我逐渐形成了自己的认识。2008 年,《中国社会科学》杂志社看到我在报刊上发表的一些关于国史编研理论问题的研究成果后向我约稿,并以《论中华人民共和国史研究》（以下简称《论国史研究》）为题，发表在翌年第1期上。文中第二部分谈的就是国史分期问题。我首先介绍了国史学界对新中国历史的分期方法，主要有"四分法""五分法""六分法"和"八分法"，前三种都是改革开放初期划分的。随后我提出了自己的分期主张，即新的"五分法"：第一个时期为1949—1956年，共7年；第二个时期为1956—1978年，共22年；第三个时期为1978—1992年，共14年；第四个时期为1992—2002年，共10年；第五个时期于2003年开始，当时正在进行之中。我之所以这样分期、断限，目的是更大程度地体现国史的特点，依据的是经济社会的发展道路和目标模式的变化，标准是能够体现这一变化的标志性事件。但由于篇幅所限，《论国史研究》一文只对为什么把1956—1966年全面建设社会主义的十年、1966—1976年"文化大革命"（以下简称"文革"）的十年和1977—1978年"在徘徊中前进"的两年并入第二个时期作了稍微详细的解释，而对其余四个时期的划分未能做更多说明。①

然而，2015年之后，随着历史的发展及自己对历史认识的逐步深入，我的观点有了新的变化。不过，这个变化并不是不把国史划分为五个时期，"五分法"的观点并没有变，分期的依据、标准也没有变，变的主要是第四、第五两个时期的上下限，具体来说，就是我将第四个时期的下限由2002年推后到2012年，相应地将第五个时期的上限由2003年变为2013年。

在《论国史研究》一文中我还说过，对国史不同时期的划分方法、看法，除了个别以分期为幌子表达反对社会主义道路的政治诉求的主张之外，绝大多数主张都是学术性的，而且都有一定的道理。因此，各种意见都应当在学术范围内平等讨论，不应当只把某种意见作为绝对正确，而把其他意见斥为绝对错误。今天，我仍然坚持这个看法。正因为如此，我想把近几年由于历史进展而引起的对国史分期问题的一些新思考，尤其是过去未能详加说明的各时期划分依据集中起来再谈一谈，以便和国史学界的同仁们切磋。

关于为什么把1949—1952年新民主主义时期和1953—1956年社会主义过渡时期放在一起，都作为中国结合实际学习苏联社会主义建设经验的时期，或者说以苏联的建设道路为目标模式的时期

理由有二。

（一）这两个时期从本质上说都是向社会主义社会过渡

早在土地革命战争后期和抗日战争时期，毛泽东在《为争取千百万群众进入抗日民族统一战线而斗争》《中国革命和中国共产党》《新民主主义论》等著作中就深刻阐述了中国

---

① 朱佳木：《论中华人民共和国史研究》，《中国社会科学》2009年第1期。

革命分两步走或者说作上下两篇文章的理论。第一步或第一篇文章是民主主义的革命，第二步或第二篇文章是社会主义的革命。因此，当1949年新民主主义革命胜利时，自然意味着要进行社会主义革命了。但在中国人民政治协商会议第一届全体会议上，当民主人士中有人提问"我们既然承认新民主主义是一个过渡性质的阶段，一定要向更高级的社会主义和共产主义阶段发展"，《中国人民政治协商会议共同纲领》为什么不把社会主义前途规定出来时，周恩来回答说："现在暂时不写出来，不是否定它，而是更加郑重地看待它。"① 可见，新中国成立的最初几年，国家虽然实行新民主主义政策，但发展目标仍然是社会主义，只不过当时为了有利于贯彻新民主主义政策而没有正式宣布罢了。后来，当资本主义工商业的社会主义改造完成后，毛泽东在谈到民主革命向社会主义革命转变的问题时，明确指出："一九四九年中华人民共和国建立，标志着新民主主义革命阶段的基本结束和社会主义革命阶段的开始。"他还讲了两点根据：一是新中国成立后，"我们立即没收了占全国工业、运输业固定资产百分之八十的官僚资本，转为全民所有"；二是"用了三年的时间，完成全国的土地改革"。所以，他批评那种认为"全国解放以后，'革命在最初阶段主要是资产阶级民主革命性质的，只是后来才逐渐地发展成为社会主义革命'"的观点是不对的。②

（二）向苏联学习建设社会主义的经验是这两个时期的共同特点

1949年以前没有给新中国留下搞工业化的经验，新中国更是没有进行社会主义工业化建设的经验。而苏联是第一个社会主义国家，从1928年到1950年，进行了以重工业为重点的四个五年计划建设，并且被实践证明是成功的。因此，中国当时要优先发展重工业，进行大规模工业化建设，没有别的工业国可以学习，只能向苏联学习。新中国成立之初，由于进行大规模工业化建设的条件还不成熟，国家需要利用资本主义工商业有利于国计民生的积极方面恢复和发展国民经济，但是要变农业国为工业国，要由新民主主义向社会主义过渡，这个大方向是明确的。早在1949年年底毛泽东到苏联访问时，便向斯大林提出援助中国经济建设、给予贷款和派出专家顾问的请求。随后，苏联向中国派出了上百名专家顾问并确定了50个援建项目，约占后来中国"一五"计划中确定的156项建设项目的1/3。毛泽东回国后说，他在苏联看到许多规模很大的工厂，"好像小孩子看到了大人一样"，但后来了解到，这些工厂在十月革命时也很小，有的还没有。因此，苏联发展的历史"给我们提供了最好的经验，我们可以用他们的经验"。③ 从此，中国在各方面都结合自己的实际学习苏联的经验。当1953年中央决定开展"一五"计划建设并提前向社会主义过渡时，毛泽东进一步提

---

① 《中华人民共和国开国文选》，中央文献出版社1999年版，第249、250页。
② 《毛泽东文集》第8卷，人民出版社1999年版，第113页。
③ 《毛泽东传（1949—1956）上》，中央文献出版社2003年版，第53页。

出:"应该在全国掀起一个学习苏联的高潮。"① 这个学习大约持续到1956年毛泽东发表《论十大关系》。可见,无论是新民主主义时期还是明确提出向社会主义过渡的时期都是以学习苏联为主要特征的。

正因为以上原因,我认为把1949—1956年都作为向社会主义过渡的时期是符合历史实际的。

关于为什么把1966—1976年"文革"十年、1977—1978年"在徘徊中前进"的两年同1956—1966年全面建设社会主义的十年放在一起,都作为探索中国自己的社会主义建设道路的时期,或者说都是要突破苏联模式,试图把计划经济体制加突出政治和群众运动作为经济与社会发展目标模式的时期

解释这个问题之前,首先需要明确的是,对"文革"的评价必须坚持《中国共产党中央委员会关于建国以来党的若干历史问题的决议》(以下简称《历史决议》)的结论,即这"是一场由领导者错误发动,被反革命集团利用,给党、国家和各族人民带来严重灾难的内乱"。毛泽东发动"文革"的"主要论点既不符合马克思列宁主义,也不符合中国实际"。"文革"的实际做法既混淆了是非,也混淆了敌我;"既脱离了党的组织,又脱离了广大群众"。因此,"文革""不是也不可能是任何意义上的革命或社会进步"。② 肯定上述结论是谈论为什么这样分期的前提。因为只有坚持这个前提,才能谈清楚这样分期的理由。

理由主要有以下四点。

第一,"文革"虽然是错误的,但出发点是为了巩固社会主义制度、防止资本主义复辟,因此"文革"也是对社会主义的探索,"文革"时期仍然是社会主义建设时期。

《历史决议》在分析"文革"发生的原因时指出:"社会主义运动的历史不长,社会主义国家的历史更短,社会主义社会的发展规律有些已经比较清楚,更多的还有待于继续探索。""毛泽东同志是经常注意要克服我们党内和国家生活中存在着的缺点的……他在犯严重错误的时候,还多次要求全党认真学习马克思、恩格斯、列宁的著作,还始终认为自己的理论和实践是马克思主义的,是为巩固无产阶级专政所必需的,这是他的悲剧所在。"③ 邓小平也说过:"毛泽东同志发动这样一次大革命,主要是从反修防修的要求出发的。"④

早在20世纪60年代初,为反对和防止修正主义、巩固社会主义制度进行的探索就已经开始了,而且那时已经出现了阶级斗争扩大化、绝对化的偏差。因此,"文革"并不是突然

---

① 《毛泽东文集》第6卷,人民出版社1999年版,第264页。
② 《三中全会以来重要文献选编下》,人民出版社1982年版,第809—811页。
③ 《三中全会以来重要文献选编下》,人民出版社1982年版,第817、815页。
④ 《邓小平文选》第2卷,人民出版社1994年版,第149页。

发动的，实际上是对那时探索的继续，只不过探索的偏差越来越大，最终成为一种不成功甚至是失败的探索。但是，我们不能因为探索失败了，就否定它是探索。好比一个人要从北京去上海，走到了南京，然后再纠偏，最终还是到了上海。你可以说这个人一度走偏了，但不能否定他的目的地是上海。所以，把十年"文革"放入探索建设社会主义的时期，既符合历史实际，也符合《历史决议》的精神。

"文革"发生在"文革"时期，但"文革"不等于就是"文革"时期。因为，那个时期除了进行"文革"及其一系列政治运动外，还开展了各个领域的建设；整个国家虽然处于内乱之中，但正如《历史决议》所说："我国社会主义制度的根基仍然保存着，社会主义经济建设还在进行，我们的国家仍然保持统一并且在国际上发挥重要影响。"既然社会主义制度的根基还保存着，社会主义建设还在进行，"文革"时期当然只能是社会主义时期。《历史决议》还指出："我国国民经济虽然遭到巨大损失，仍然取得了进展。粮食生产保持了比较稳定的增长。工业交通、基本建设和科学技术方面取得了一批重要成就。"① 毫无疑问，这里说的成就当然是社会主义建设的成就。

习近平总书记在论述改革开放前后两个历史时期的关系时指出，这两个时期"是两个相互联系又有重大区别的时期，但本质上都是我们党领导人民进行社会主义建设的实践探索"。②"文革"时期在改革开放前的历史中占1/3，说改革开放前历史时期是对社会主义的探索，不可能不包括"文革"时期。习近平总书记的这一论述清晰地表明"文革"时期亦是进行社会主义建设和探索的时期。

我们还要看到，《历史决议》说毛泽东发动"文革"的"主要论点既不符合马克思列宁主义，也不符合中国实际"，我的理解主要是指无产阶级夺取政权后还要进行"一个阶级推翻另一个阶级的革命"以及对当时中国阶级斗争实际状况的分析，不等于说其中所有论点都不对。有些论点，比如无产阶级夺取政权后还存在得而复失的危险，要警惕党内走资本主义道路的当权派，等等，如果离开当年的具体所指还是有其科学性、正确性的一面的，而且也被后来东欧剧变、苏联解体以及中国改革开放后党内出现资产阶级自由化和腐败分子的事实所验证。邓小平曾说过：自由化思想"不仅社会上有，我们共产党内也有"；"所谓资产阶级自由化，就是要中国全盘西化，走资本主义道路"。③ 既然搞自由化的人要走资本主义道路，他们又在共产党内当权，不是党内走资本主义道路的当权派又是什么呢？另外，腐败分子贪污了那么多钱，如果不实行资本主义私有化，他们贪污的钱怎么合法化呢？怎么变现呢？又怎么能作为遗产为后代所继承呢？苏联解体、苏共下台的一个重要原因，就是有一大

---

① 《三中全会以来重要文献选编下》，人民出版社1982年版，第815、816页。
② 《十八大以来重要文献选编上》，中央文献出版社2014年版，第111—112页。
③ 《邓小平文选》第3卷，人民出版社1993年版，第124、207页。

批思想被"和平演变"的官员丧失了共产主义信念，还有一大批贪污腐败的官员盼望实行资本主义制度。苏联解体后，摇身变为资本家和形形色色"寡头"的人，其中很多是苏共原来的各级干部和国有企业的领导。可见，毛泽东发动"文革"，虽然在对阶级斗争形势、党内干部队伍状况的估计以及实际做法上都发生了错误，但其中某些论点还是十分深刻、符合逻辑、具有远见的，是经受了后来实践检验的，是站得住脚的。

第二，把"文革"十年与全面建设社会主义的十年并列为两个独立的时期，很容易给人造成"文革"十年游离于社会主义社会之外的印象，也很容易给历史虚无主义者割裂和对立改革开放前后两个历史时期以可乘之机。如果说20世纪八九十年代，那时新中国的历史还不够长，把"文革"十年与全面建设社会主义的十年并列起来还有一定道理的话，那么，当新中国历史已经有了六七十年之久时，仍然把它们并列作为各自独立的历史时期，就没有多少道理了。这样分期，对人们正确认识那段历史的本质不利，对正确认识改革开放前后两个历史时期的关系也不利。"文革"确实是全局性的错误，但全局性错误的时期不一定非要单独分期不可。1958年开始的"大跃进"也是全局性的错误，然而，党史国史著作一般都是将其列入1956—1966年全面建设社会主义时期的。可见，某个时期是否发生全局性错误，不能也不应当作为分期的标准。

第三，之所以把"在徘徊中前进"的两年也放入中国探索社会主义建设道路的时期，原因在于，这两年"文革"虽然结束了，并开始大力抓经济建设，但追求的目标仍然是回到"文革"前那种用计划经济加突出政治和群众运动的办法搞建设的模式，而不是要另辟一条新路。

第四，全面建设社会主义的十年与"文革"十年、"在徘徊中前进"的两年这三个时期虽然各具特点，但有一个共同之处，就是都试图突破苏联的社会主义建设模式，探索出一条中国自己的社会主义建设道路。这条道路从一定意义上讲，就是用计划经济加突出政治和群众运动的办法搞建设。

从1956年起，中国开始强调把苏联经验同本国实际结合起来，反对照抄照搬，并逐渐提出要以自己的经验为主，苏联的经验只能做参考。而自己的经验，最早、最集中的体现就是毛泽东1956年写的《论十大关系》和1957年写的《关于正确处理人民内部矛盾的问题》。这两篇文献阐述的经验十分丰富，但最核心的、在1956—1976年始终起主导作用的，我认为就是计划经济加突出政治和群众运动。

毛泽东在探索社会主义的过程中，最大的失误就是发动"大跃进"和"文革"。这两大失误的原因各有不同，前者主要是急于求成，后者主要是将党和国家的工作重点由经济建设转移到了阶级斗争。但无论前者还是后者，本意都是要用政治挂帅和提高人民思想觉悟来发动群众，通过政治运动、群众运动来促进经济建设和各项事业的发展。"文革"虽然提出

"以阶级斗争为纲",但也并非要取消经济建设,不是要"跃过工业化"搞所谓"民粹化"的社会主义。否则,无法解释毛泽东为什么会同意周恩来重申他过去提出的20世纪内全面实现四个现代化的奋斗目标,为什么会批准用40多亿美元进口发达国家的先进工业设备,为什么会支持邓小平重新出来工作并做出"要把国民经济搞上去"[1]的指示。

在用什么发动群众、调动群众积极性的问题上,毛泽东从马克思主义关于意识形态对经济基础具有反作用的原理出发,提出不能单纯就经济抓经济、就技术抓技术,不能只讲物质利益原则和个人利益至上,还要抓思想政治工作和人的觉悟的提高。他说:"政治工作是一切经济工作的生命线";[2]"思想工作和政治工作,是完成经济工作和技术工作的保证,它们是为经济基础服务的"。[3] 他的这一观点与列宁关于"政治是经济的集中表现","政治同经济相比不能不占首位","一个阶级如果不从政治上正确地看问题,就不能维持它的统治,因而也就不能完成它的生产任务"[4] 的观点是完全一致的。他批评苏联《政治经济学教科书》过分强调物质利益原则和个人利益的偏向,指出:"我们要教育人民,不是为了个人,而是为了集体,为了后代,为了社会前途而努力奋斗。要使人民有这样的觉悟。""应当强调艰苦奋斗,强调扩大再生产,强调共产主义前途、远景,要用共产主义理想教育人民。要强调个人利益服从集体利益,局部利益服从整体利益,眼前利益服从长远利益。要讲兼顾国家、集体和个人,把国家利益、集体利益放在第一位,不能把个人利益放在第一位。不能像他们(指苏联——笔者注)那样强调个人物质利益,不能把人引向'一个爱人,一座别墅,一辆汽车,一架钢琴,一台电视机'那样为个人不为社会的道路上去。"[5] 他把"以集体利益和个人利益相结合的原则为一切言论行动的标准"称作"社会主义精神",[6] 要求在全党全社会提倡。他把阶级斗争、生产斗争、科学实验概括为三大革命实践活动,认为"只搞生产斗争、科学实验,不抓阶级斗争,人的精神面貌不能振奋,还是搞不好生产斗争、科学实验的"。[7] 他把马克思主义的认识论概括为"物质变精神、精神变物质",指出"代表先进阶级的正确思想,一旦被群众掌握,就会变成改造社会、改造世界的物质力量"。[8] 他大力推动向雷锋、大庆、大寨等先进典型学习,积极倡导为人民服务和艰苦奋斗的精神与风尚。所有这些都表明,他抓思想政治工作、抓人的思想觉悟的提高,目的是以这种方法促进

---

[1]《邓小平文选》第2卷,人民出版社1994年版,第12页。
[2]《毛泽东文集》第6卷,人民出版社1999年版,第449页。
[3]《毛泽东文集》第7卷,人民出版社1999年版,第351页。
[4]《列宁选集》第4卷,人民出版社2012年版,第407—408页。
[5]《毛泽东文集》第8卷,人民出版社1999年版,第134、136页。
[6]《毛泽东文集》第6卷,人民出版社1999年版,第450页。
[7]《毛泽东传(1949—1976)下》,中央文献出版社2003年版,第1326页。
[8]《毛泽东文集》第8卷,人民出版社1999年版,第390、320页。

生产力的发展，用他自己的话说，就是"抓革命、促生产"①。

由此可见，无论是全面建设社会主义的十年还是"文革"的十年、"在徘徊中前进"的两年，建设的指导思想或目标模式都是计划经济加突出政治和群众运动，只不过表现形式和实行程度不同罢了。

基于以上几点原因，我认为把上述三个时期合并在一起，都纳入探索中国自己的社会主义建设道路时期，符合这三个时期的阶段性特征，也有利于人们正确认识它们三者之间的关系；有利于抵制把改革开放前后两个历史时期加以割裂和对立的错误思想；有利于引导人民群众尤其是广大青年树立新中国的历史自信，从而坚定中国特色社会主义的"四个自信"。

关于为什么把1978—1992年作为开创中国特色社会主义建设道路的时期

早在1956年资本主义工商业改造刚刚完成、计划经济体制初步建立时，陈云就提出过一个关于体制改革的设想，即在所有制上，以国家和集体为主体，以个体为补充；在生产计划上，以国家计划生产为主体，以根据市场变化进行自由生产为补充；在市场管理上，以国家统一市场为主体，以自由市场为补充。②这个"三主体三补充"的设想，虽然由于种种原因在当时未能实行，但却在改革开放初期经济体制改革中发挥了重要作用。1979年年初，陈云的这一思想有了进一步丰富和发展，他写出一个关于计划与市场关系问题的提纲，指出：无论苏联还是中国的计划工作，主要缺点是"只有'有计划按比例'这一条，没有在社会主义制度下还必须有市场调节这一条"。他主张，"整个社会主义时期必须有两种经济：（1）计划经济部分（有计划按比例的部分）；（2）市场调节部分（即不作计划，只根据市场供求的变化进行生产）即带有盲目性调节的部分"。他还提出，在经济体制改革中，"不一定计划经济部分愈增加，市场经济部分所占绝对数额就愈缩小，可能是都相应地增加"。后来，他把这个思想概括为"以计划经济为主、市场调节为辅"，③对"突破高度集中的计划经济体制的改革，产生过广泛而深刻的影响"。④从那时起一直到1992年中共十四大前，我国经济体制改革基本上是按照这个思路展开的。

比如，中共十二大报告明确把以"计划经济为主、市场调节为辅"作为体制改革的原则，指出："有计划的生产和流通，是我国国民经济的主体。同时，允许对于部分产品的生产和流通不作计划，由市场来调节。"⑤ 中共十三大虽然肯定"社会主义经济是公有制基础

---

① 《建国以来毛泽东文稿》第12册，中央文献出版社1998年版，第424页。
② 《陈云文选》第3卷，人民出版社1995年版，第13页。
③ 《陈云文选》第3卷，人民出版社1995年版，第245、247、309页。
④ 《江泽民同志的讲话》，《人民日报》1995年6月14日。
⑤ 《十二大以来重要文献选编上》，人民出版社1986年版，第22页。

上的有计划的商品经济",强调不能把计划调节和指令性计划等同起来,但仍然明确指出:"社会主义有计划商品经济的体制,应该是计划与市场内在统一的体制。"① 1989年春夏之交的政治风波后,邓小平再次强调:"以后还是计划经济与市场调节相结合。"② 可见,计划与市场相结合的方针,在1992年邓小平南方谈话及中共十四大之前始终是那一时期经济体制改革的目标模式。所以,试图走出一条计划经济加市场调节的社会主义建设道路,应当是1978—1992年最突出的阶段性特征。

关于为什么把1992—2012年作为开创中国特色社会主义道路新局面的时期

邓小平在南方谈话中指出:"计划多一点还是市场多一点,不是社会主义与资本主义的本质区别。"③ 中共十四大根据这一精神做出的决议,指出"我国经济体制改革的目标是建立社会主义市场经济体制……使市场在社会主义国家宏观调控下对资源配置起基础性作用"。④ 这一新体制尽管是与社会主义基本制度结合的,是坚持国家宏观调控的,是包括使用计划手段的,但既然由市场对资源配置起基础性作用,就必然出现公有制实现形式多样化和多种经济成分共同发展的局面,出现按劳分配和按生产要素分配相结合及允许和鼓励资本、技术、管理等要素参与分配的局面,出现社会经济成分、组织形式、就业方式、利益关系、分配方式越来越多样化的局面,出现人们思想和社会活动的独立性、选择性、多变性、差异性越来越增强的局面,从而使这一时期呈现明显的阶段性特征。

关于为什么把2013年作为中国特色社会主义道路更加成熟和定型时期的起点

前已述及,我过去一度把2003年作为中国特色社会主义建设进入一个新的发展阶段的开始,原因是我认为科学发展观的提出,意味着在社会主义市场经济体制建立后,出现了注重经济与社会协调发展、科学发展、和谐发展的目标模式。这对过去一段时间在社会主义建设中过分突出经济,以及在经济建设中过分突出速度、产值的偏向显然是一种纠正。然而,直到2012年中共十八大召开,十年过去了,科学发展观在实际工作中并没有得到认真落实。所以,在中共十八大之后,我对这一分期方法作了修正,把2013年作为新中国第五个历史时期的开端。

这样分期的理由,缘于以下三点。

---

① 《十三大以来重要文献选编上》,人民出版社1991年版,第26页。
② 《邓小平文选》第3卷,人民出版社1993年版,第306页。
③ 《邓小平文选》第3卷,人民出版社1993年版,第373页。
④ 《中国共产党第十四次全国代表大会文件汇编》,人民出版社1992年版,第22页。

（一）从治国理政的实践上看

中共十八大之后，中国在治国理政的各个层面出现了一系列有别于以往时期的明显变化，呈现鲜明的阶段性特征。中共十八大于2012年11月中旬胜利闭幕，此后发生的变化是人们有目共睹的。我将其归纳为以下六个方面。

在经济建设方面 过去我国长期把经济高速增长放在重要位置，而中共十八大后提出稳中求进的总基调，主张中高速增长是新常态，提出和统筹推进"五位一体"总体布局，提出和协调推进"四个全面"战略布局，等等。

在体制改革方面 中共十八大后，党和政府更多的是要求把促进社会公平正义、增进人民福祉作为改革的出发点和落脚点，不断提升人民的获得感、幸福感、安全感；同时，不再强调政治体制改革，也不再提党政分开，而是强调改革的总目标是完善和发展中国特色社会主义制度、推进国家治理体系和治理能力现代化，改革必须坚持正确方向，不能把改革定义为往西方政治制度的方向改，党的领导是中国特色社会主义最本质的特征；等等。

在意识形态方面 中共十八大后，党和政府更多地强调坚持以正面宣传为主绝不意味着放弃舆论斗争，及时反驳错误言论与不争论是两码事；对错误思潮要敢抓敢管、敢于亮剑，不要含含糊糊、遮遮掩掩；要以战士的姿态投身宣传思想领域斗争第一线。另外，中央明确指出改革开放前后两个时期都是我们党领导人民进行社会主义建设的实践探索，不能把这两个历史时期相互割裂、相互否定；强调党校和党的媒体必须姓"党"，绝不能和党的路线、方针、政策唱反调；党管媒体的原则要贯彻到新媒体领域，要打赢互联网战场的舆论战争；马克思主义在哲学社会科学领域不能被边缘化、空泛化、标签化，不能在学科中"失语"、在教材中"失踪"、在论坛上"失声"；文艺要坚持以人民为中心的创作导向，不能在市场经济大潮中迷失方向，不能在为什么人的问题上发生偏差；学校必须培养社会主义事业的接班人，要加强学生的思想政治教育，传承红色基因，并且在高校普遍设立了马克思主义学院。

在党的建设方面 中共十八大后，国家在党的建设方面突出强调斗争性和"严"字，改变了管党治党失之于宽、松、软的状况；由中共中央政治局带头执行"八项规定"，严厉整治形式主义、官僚主义、享乐主义和奢靡之风"四风"，惩处了大批腐败官员，包括中共中央政治局原常委、委员和中央军委副主席，对腐败采取"无禁区、全覆盖、零容忍"态度；在各级人民代表大会设立了监察和司法委员会，对各级党政机关及事业单位开展巡视；强调"革命理想高于天"、不要忘记自己是革命者，明确否定曾一度流行的"由革命党转变为执政党"的提法，要求把坚定共产主义和中国特色社会主义的理想信念作为党的建设的首要任务，教育引导全党不忘初心、牢记使命，挺起共产党人的精神脊梁。

在军队建设和国家安全方面 中共十八大后，中共中央、中央军委把建设一支听党指挥、能打胜仗、作风优良的人民军队作为新形势下的强军目标,推进中国特色军事变革,改革了军委机构、战略区和野战部队编制,把坚持军事斗争准备作为国家安全的龙头,把军事训练摆在战略位置,全面提高信息化条件下的威慑和实战能力,夺取军事竞争中的主导权。以习近平同志为核心的党中央要求把保证国家安全作为头等大事,提出总体国家安全观,扭住政治、经济、国土、社会、网络等各方面安全,加强对维护国家安全所需的物资、技术、装备、人才、法律、机制等保障能力建设,并设立了中央国家安全委员会。2020年5月,十三届全国人大三次会议还通过了《关于建立健全香港特别行政区维护国家安全的法律制度和执行机制的决定》。①

在国际关系方面 中共十八大后,以习近平同志为核心的党中央提出构建人类命运共同体的理念和促进"一带一路"国际合作的倡议,同时强调中国永远不称霸,也坚决反对霸权主义、强权政治,任何人不要幻想让中国吞下损害自身利益的苦果;全面推进中国特色的大国外交,形成全方位、多层次、立体化的外交布局,越来越多地成为国际组织、国际会议、国际行动的发起者、倡导者、组织者,使中国的国际影响力、感召力、塑造力进一步提高,日益走近世界舞台的中央。

正因为中共十八大之后出现了这些明显不同于以往几个时期的变化,所以我从2015年开始,在文章和讲课中把国史第五个时期的起点由中共十六大之后的2003年移到了中共十八大之后的2013年。我认为,这个时期要回答的问题是建设一个什么样的中国特色社会主义和怎样建设中国特色社会主义。这与此前要回答的什么是社会主义、怎样建设社会主义的问题有联系,但不是一个问题。②

唯物辩证法中有一个重要规律——否定之否定。恩格斯说:否定之否定"是自然、历史和思维的一个极其普遍的、因而极其广泛地起作用的、重要的发展规律"。③ 根据这一规律,任何事物的前进都不可能是直线式的,而只能是螺旋式上升的运动。马克思借用黑格尔的术语,把历史的前进概括为正题、反题、合题的过程,即这"是否定的否定,是对立面的统一"。④ 从这个意义上观察和思考国史,如果把改革开放前29年看成一个"肯定"或一个"正题",把改革开放后到中共十八大之间的34年看成一个"否定"或者"反题"的话,那么,中共十八大以来的这些年显然可以看成"否定"后的"否定",即新的"肯定";或者叫作"正题"和"反题"后的"合题"。这里说的"肯定""否定"也好,"正题""反

---

① 《全国人民代表大会关于建立健全香港特别行政区维护国家安全的法律制度和执行机制的决定》,《人民日报》2020年5月29日。
② 朱佳木:《当代中国理论问题十二讲》,社会科学文献出版社2016年版,第11—12、234页。
③ 《马克思恩格斯选集》第3卷,人民出版社1995年版,第484页。
④ 《马克思恩格斯选集》第1卷,人民出版社1995年版,第175页。

题""合题"也好，都是哲学语言，既不是要否定改革开放，也不是要回到改革开放前的社会状态，更不是要终结社会主义初级阶段，而是要站在更高的历史起点上推进改革开放，提升社会主义初级阶段的层次。

从中共十八大以来的种种变化可以看出，国史确实出现了一个既不完全同于改革开放前，又不完全同于改革开放后，而是总结了这两个历史时期的经验，吸纳、融合、发扬了这两个时期的长处，促使改革开放逐步上升到新境界的阶段。从这个角度给国史分期、断限，完全可以说国史在中共十八大之后进入了一个新时期。

（二）从国内主要矛盾的变化看

自1956年至中共十九大之前，我们党对于社会主要矛盾的提法，一直是人民日益增长的物质文化需要同落后的社会生产之间的矛盾。然而，随着中国综合国力的不断提升，尤其是2010年中国经济总量跃居世界第二位，再说"落后的社会生产"显然已经不符合实际了。所以，中共十九大报告把社会主要矛盾的提法改为"人民日益增长的美好生活需要和不平衡不充分的发展之间的矛盾"①。一个社会的主要矛盾发生了变化，表明这个社会进入了一个新的历史时期。

（三）从中共中央的论断看

习近平总书记在中共十九大前夕的"7·26"重要讲话中指出："认识和把握我国社会发展的阶段性特征，要坚持辩证唯物主义和历史唯物主义的方法论，从历史和现实、理论和实践、国内和国际等的结合上进行思考，从我国社会发展的历史方位上来思考。""党的十八大以来，在新中国成立特别是改革开放以来我国发展取得的重大成就基础上，党和国家事业发生历史性变革，我国发展站到了新的历史起点上，中国特色社会主义进入了新的发展阶段。"②紧接着，他在中共十九大报告中进一步指出："经过长期努力，中国特色社会主义进入了新时代。""五年来的成就是全方位的、开创性的，五年来的变革是深层次的、根本性的。""这些历史性变革，对党和国家事业发展具有重大而深远的影响。"他还说："十八大以来，国内外形势变化和我国各项事业发展都给我们提出了一个重大时代课题，这就是必须从理论和实践结合上系统回答新时代坚持和发展什么样的中国特色社会主义、怎样坚持和发展中国特色社会主义。"③以上论述清楚地说明，中国特色社会主义进入新时代，不仅是对

---

① 《决胜全面建成小康社会　夺取新时代中国特色社会主义伟大胜利》，《人民日报》2017年10月28日。

② 《高举中国特色社会主义伟大旗帜　为决胜全面小康社会实现中国梦而奋斗》，《人民日报》2017年7月28日。

③ 《决胜全面建成小康社会　夺取新时代中国特色社会主义伟大胜利》，《人民日报》2017年10月28日。

中国特色社会主义阶段划分的政治判断，而且直接关系到国史分期，表明自中共十八大以来，不仅中国特色社会主义开启了一个新阶段，我们国家的历史也进入了一个新时期。

那么，对国史的这个时期应当如何称谓呢？新时代中国特色社会主义是对中国特色社会主义新阶段的称谓，不等于也是对国史新时期的称谓。中共十九届四中全会明确提出："到我们党成立一百年时，在各方面制度更加成熟更加定型上取得明显成效；到二〇三五年，各方面制度更加完善，基本实现国家治理体系和治理能力现代化；到新中国成立一百年时，全面实现国家治理体系和治理能力现代化，使中国特色社会主义制度更加巩固、优越性充分展现"。① 制度在国家生活中无疑具有根本性、全局性、稳定性和长期性，所以，我认为把中共十八大后开始的国史新时期称作"中国特色社会主义道路更加成熟和定型的时期"比较合适。这样称谓也有助于同国史第三、第四两个时期的称谓相呼应、相协调。

我一向主张，在历史分期的问题上，无论某种意见多么接近真理，都只具有相对的意义。随着历史的不断发展，比如说到新中国诞生 100 年、200 年时，人们再来给国史分期、断限，肯定会和现在又有所不同。另外，上述分期只是就国家宏观历史而言的，至于某些专门史，如学术史、文学史、美术史、影视史等，某些地方史，如西藏史、台港澳史等，分期、断限完全可以根据自身的特殊情况划定，不一定非要与国史的分期保持一致不可。

（原载《当代中国史研究》2021 年第 2 期）

---

① 《中共中央关于坚持和完善中国特色社会主义制度　推进国家治理体系和治理能力现代化若干重大问题的决定》，《人民日报》2019 年 11 月 6 日。

新中国史的叙事方式、问题把握与精神铸就

李 捷

中国史学会

总结历史经验、把握历史规律、争取历史主动,是中国共产党一以贯之的治国理政的历史原则。《中共中央关于党的百年奋斗重大成就和历史经验的决议》(以下简称《决议》),科学总结了党的百年辉煌壮阔的历史,概括了党的"四个历史时期"的伟大成就、"十个坚持"的历史经验,让全党同志能够看清楚过去我们为什么能够成功、弄明白未来我们怎样才能继续成功。《决议》对新中国72年的历史,在《关于建国以来党的若干历史问题的决议》中对"建国三十二年历史的基本估计"的基础上,以"历史任务—奋斗历程—伟大成就—重大意义"的逻辑进行了新的梳理和总结,重点总结了中国特色社会主义新时代的伟大成就,核心是"两个确立"的决定性意义,为中国特色社会主义新时代定航指向。新中国史的基本定位、伟大成就、曲折探索、重大意义,以中央全会和历史决议的方式,有了全新的书写、全新的总结、全新的概括、全新的认知,为我们研究新中国史的叙事方式、核心问题、伟大精神提供了根本遵循,为实现第二个百年奋斗目标、实现中华民族伟大复兴提供了不竭动力。

一、新中国史的叙事方式

一部好的历史书,重点在于如何书写历史,即采取何种叙事方式呈现历史。一部好的新中国史,其书写核心在于把握三个关键:一是如何对历史进行分期;二是如何写好当代史,尤其是如何书写"新时代";三是如何坚持马克思主义史学观书写新中国史。

(一)新中国史分期原则与具体分期

新中国史的历史分期是个非常重要的问题,关涉如何准确把握新中国每个历史发展阶段的时代任务、发展特征、基本脉络。新中国史的分期,应依据三个原则。第一,严格遵循中国共产党的历史决议[①]。因为这些郑重的历史结论,已经经受住了长期的历史和实践检验,

---

[①] 党的历史决议分别是党的六届七中全会通过的《关于若干历史问题的决议》、党的十一届六中全会通过的《关于建国以来党的若干历史问题的决议》和十九届六中全会通过的《中共中央关于党的百年奋斗重大成就和历史经验的决议》。

成为党和国家、民族的科学共识。第二，凸显中国共产党带领中国人民和中华民族从站起来、富起来走向强起来的主线。这个主线，不仅集中反映了中国人民和中华民族的集体意志，也集中反映了新中国过去、现在与未来一脉贯通的历史逻辑、实践逻辑、理论逻辑。第三，彰显新中国史的学科特色。从严格意义上讲，中国共产党在新中国时期的历史与新中国史，不能截然分开。离开了中国共产党领导、决策和部署，新中国的历史就缺少了最为重要、最为核心的内容。同时，新中国史也不能与党史的写法完全相同，而要力求在历史阶段划分、标题、角度、内容等方面彰显新中国史的特色。

依据上述原则，新中国70多年波澜壮阔的历史，分为三个阶段。第一阶段是社会主义革命和建设时期，着重阐述中国共产党如何领导中国人民和中华民族实现站起来的艰辛历程。第二阶段是改革开放和社会主义现代化建设新时期，着重阐述在前一历史阶段奠定和提供的根本政治前提、制度基础、宝贵经验、理论准备、物质基础上，中国共产党如何领导中国人民和中华民族实现富起来的伟大历程。第三阶段是中国特色社会主义进入新时代，着重阐述在以习近平同志为核心的党中央坚强领导下，党和国家各项事业是如何取得全方位开创性的历史性成就，发生深层次根本性的历史性巨变，中华民族迎来从站起来、富起来到强起来的伟大飞跃的。

（二）着力书写好新时代的伟大成就

新中国的发展到了新时代，这就意味着新中国史的书写必定要书写新时代，也就是要书写当代史。书写当代史有相当的难度，但也有"处于当下"的在场优势。其实，每个历史学家都是在立足当代来还原历史。当代人写当代史，优势在于有自己的亲身感受与直接判断，可以用这些感受与判断来对照历史文献与历史记载，甚至可以弥补某些文字记载的不足。

新中国史要浓墨重彩来写新时代。这不是要刻意突出新时代，而是新时代的历史地位所决定的，是客观事实。新中国的发展史，是一部中国人民意气风发、勇攀高峰的跨越式发展史，是一部几代中国共产党人以"一张蓝图绘到底"的精神接续奋斗、接续探索，使物质成果与思想成果不断积累、不断叠加，不断铸就新奇迹、新辉煌的跃升史。这就决定了新中国的各个历史阶段都具有"一浪更比一浪高"的特点。这个特点，既是对前一阶段物质成果与思想成果充分尊重、充分珍视、充分继承的结果，也是在前一阶段造就的物质成果与思想成果基础上接续奋斗、迎接新挑战、勇攀新高峰的结果。

新中国史要着力写好新时代，就是要着力写好新时代的突出特点与伟大成就。

一是写好习近平新时代中国特色社会主义思想开创新时代的思想伟力。习近平新时代中国特色社会主义思想产生于新时代的伟大实践之中，同时又给予这一伟大实践强有力的指导和推动。

二是写好中国共产党以自我革命推动伟大社会革命的独特优势。中国共产党的领导是中国特色社会主义的本质特征,也是中国特色社会主义制度的最大优势。但要坚持和完善党的领导,就必须全面从严治党,实现党的革命性重塑和自我净化、自我完善、自我革新、自我提高。

三是写好中国特色社会主义的总体布局和战略布局。中国特色社会主义"五位一体"总体布局,揭示了中国特色社会主义基本规律,体现了中国特色社会主义全面发展、均衡发展、协调发展、可持续发展的本质特征。中国特色社会主义"四个全面"战略布局,集中体现了新时代治国理政方略,为统筹推进中国特色社会主义"五位一体"总体布局提供了战略抓手,体现着战略目标与根本保障的高度统一、治国必先治党的高度统一、全面深化改革与全面依法治国的高度统一。

四是写好党的十八大以来取得的历史性成就和发生的历史性变革。新时代取得的历史性成就是全方位的、开创性的,集中体现在政治经济文化社会生态、治党治军治国、内政外交国防、统战民族宗教、科技教育医疗、国家安全、"一国两制"和祖国统一、党的建设等方面。新时代发生的历史性变革是深层次的、根本性的,集中体现在中国共产党始终不忘初心、牢记使命,坚持人民至上和以人民为中心的发展理念,统揽伟大斗争、伟大工程、伟大事业、伟大梦想,面对社会主要矛盾的深刻变化,有效应对重大挑战、抵御重大风险、克服重大阻力、解决重大矛盾,以巨大的政治勇气和强烈的责任担当,提出一系列新理念、新思想、新战略,出台一系列重大方针政策,推出一系列重大举措,推进一系列重大工作,"解决了许多长期想解决而没有解决的难题,办成了许多过去想办而没有办成的大事"[①],使党的面貌、国家的面貌、人民的面貌、军队的面貌、中华民族的面貌发生了前所未有的变化。

五是写好全面建成小康社会取得的决定性成就。全面深化改革取得重大突破,全面依法治国取得重大进展,全面从严治党取得重大成果,国家治理体系和治理能力现代化加快推进,中国共产党的领导和我国社会主义制度的优势进一步彰显。经济实力、科技实力、综合国力跃上新的大台阶,脱贫攻坚战取得全面胜利,区域性整体贫困得到解决,中国共产党完成了消除绝对贫困的艰巨任务,创造了又一个彪炳史册的人间奇迹。人民生活水平显著提高,高等教育进入普及化阶段,国家建成世界上规模最大的社会保障体系,抗击新冠肺炎疫情斗争取得重大战略成果。全面建成小康社会的决定性胜利,使中华民族伟大复兴向前迈出了新的一大步,社会主义中国以更加雄伟的身姿屹立于世界东方。

(三)坚持用唯物史观书写新中国史

唯物史观奠基于人类的全部生产实践,成就于整个世界历史的规律性建构,衍生为人类

---

① 习近平:《高举中国特色社会主义伟大旗帜 为决胜全面小康社会实现中国梦而奋斗》,《人民日报》2017年7月28日。

观察世界、把握世界、改造世界的基本方法。"整个所谓世界历史不外是人通过人的劳动而诞生的过程，是自然界对人来说的生成过程。"① 坚持历史唯物主义的立场、观点、方法是中国共产党人理解历史的"金钥匙"，习近平总书记指出："必须坚持辩证唯物主义和历史唯物主义世界观和方法论，正确处理改革发展稳定关系。"②"我们依然要推动全党学习马克思主义哲学，依然要推动全党掌握历史唯物主义基本原理和方法论。"③ 在马克思主义中国化历史进程中，唯物史观表征为"中国化"的唯物主义历史观，即树立正确党史观与大历史观。习近平总书记强调："要树立正确党史观。……如果历史观错误，不仅达不到学习教育的目的，反倒会南辕北辙、走入误区。"④ 正确党史观是辩证地理解历史的根本方法，是正确看待历史上曲折失误的不二法门。习近平总书记进一步指出："树立大历史观，从历史长河、时代大潮、全球风云中分析演变机理、探究历史规律，提出因应的战略策略。"⑤ 唯物史观和大历史观是学习把握"四史"的立场与方法，也是书写新中国史的原则与遵循。

新中国史的书写，坚持唯物史观主要表现在以下三方面：

一是准确把握新中国史的主流和本质。习近平总书记指出："要坚持用唯物史观来认识历史，坚持实事求是的思想路线，分清主流和支流，坚持真理，修正错误，发扬经验，吸取教训。"⑥ 中国共产党团结带领全国各族人民为建设社会主义现代化国家的不懈奋斗史，为探索适合中国国情的社会主义建设道路的艰辛探索史，是新中国历史发展的主流和本质。

二是正确对待新中国探索的曲折失误。人世间没有一帆风顺的事业。纵观世界历史，任何一个国家、一个民族的发展，都会跌宕起伏甚至充满曲折。在中国这样的社会历史条件下建设社会主义，没有先例，犹如攀登一座人迹未至的高山，一切攀登者都要披荆斩棘、开通道路。我们的事业之所以伟大，就在于经历世所罕见的艰难而不断取得成功。

三是科学评价新中国史中的历史人物。对历史人物的评价，应该在其所处时代和社会的历史条件下去分析，不能离开对历史条件、历史过程的全面认识和对历史规律的科学把握，不能忽略历史必然性和历史偶然性的关系。不能把历史顺境中的成功简单归功于个人，也不能把历史逆境中的挫折简单归咎于个人。不能用今天的时代条件、发展水平、认识水平去衡量和要求前人，不能苛求前人干出只有后人才能干出的业绩来。

---

① 马克思：《1844年经济学哲学手稿》，人民出版社2000年版，第92页。
② 习近平：《论中国共产党历史》，中央文献出版社2021年版，第233页。
③ 习近平：《坚持历史唯物主义不断开辟当代中国马克思主义发展新境界》，《求是》2020年第2期，第4—11页。
④ 习近平：《在党史学习教育动员大会上的讲话》，人民出版社2021年版，第24页。
⑤ 习近平：《在党史学习教育动员大会上的讲话》，人民出版社2021年版，第14页。
⑥ 习近平：《在党史学习教育动员大会上的讲话》，人民出版社2021年版，第4页。

二、新中国史的问题把握

在新中国史的演进过程中，主题主线是明晰的，曲折失误是明显的。新中国史的主题和主线，即：一部中华人民共和国史，就是中国共产党带领中国人民，不忘为人民谋幸福、为民族谋复兴的初心使命，自力更生、艰苦创业，把党的初心使命同近代以来中华民族两大历史任务紧密结合起来，推动中华民族从站起来、富起来到迎来强起来的伟大奋斗史和探索史。与伟大奋斗探索相伴的是曲折失误，也是把握新中国史的重大问题。如何正确认识和评价前进道路上的失误？从中吸取什么样的教训？习近平总书记指出："要坚持以我们党关于历史问题的两个决议和党中央有关精神为依据，准确把握党的历史发展的主题主线、主流本质，正确认识和科学评价党史上的重大事件、重要会议、重要人物。要实事求是看待党史上的一些重大问题，既不能因为成就而回避失误和曲折，也不能因为探索中的失误和曲折而否定成就。"① 因此，要理解和把握新中国史，必须澄明新中国史上三个重要问题：一是新中国史上的曲折失误；二是改革开放前后两个时期的问题；三是新中国发展中的风险挑战。

（一）正确对待新中国发展进程中的曲折失误

中华人民共和国的成立，向世界庄严宣告了中国人民站起来了，中华民族任人宰割、饱受欺凌的时代一去不复返了！社会主义改造和第一个五年计划完成后，社会主义革命和建设取得了伟大成就。不能否认，中国共产党在社会主义建设道路的探索中曾经走过弯路，甚至犯过"文化大革命"这样的全局性错误。但绝不能因为有这些错误，就从根本上否定中国共产党的历史，从根本上否定社会主义制度，从根本上否定新中国的历史。如何看待这些曲折失误？如何从中吸取历史教训？

正确对待这些失误，要有三点基本的认识与判断。第一，这些失误是探索中的失误。换句话说，是从良好的愿望出发，结果却事与愿违。第二，这些失误给党和国家造成严重损失。不应该发生，发生了则必须彻底纠正。第三，从新中国的发展历程看这些失误，并不是主流和本质。决不能因为有这些失误，就全盘否定新中国的历史，根本否定中国共产党领导和社会主义制度。只有讲清楚这三点，才能站在历史的正确方面、社会的进步方面。

对于"大跃进"和"文化大革命"，应该本着实事求是的原则，对其失误及教训、犯错误的原因等，做深入深刻的分析，以正确认识和理解这些复杂的社会历史现象。要看到，人世间没有一帆风顺的事业。中国共产党团结带领全国各族人民从事的事业之所以伟大，就在于经历世所罕见的艰难而不断取得成功。毛泽东晚年的错误，是一个伟大的革命家、伟大的马克思主义者所犯的错误，应该全面、历史、辩证地看待和分析。革命领袖是人不是神。不

---

① 习近平：《在党史学习教育动员大会上的讲话》，人民出版社2021年版，第24—25页。

能因为他们伟大就把他们像神那样顶礼膜拜，不容许提出并纠正他们的失误和错误；也不能因为他们有失误和错误就全盘否定、抹杀他们的历史功绩，陷入虚无主义的泥潭。前事不忘，后事之师。一个马克思主义政党对自己的错误所持的态度，是衡量这个党是否真正履行对人民群众所负责任的一个最重要、最可靠的尺度。

同时，要认清历史虚无主义的本质和危害。习近平总书记指出："要旗帜鲜明反对历史虚无主义，加强思想引导和理论辨析，澄清对党史上一些重大历史问题的模糊认识和片面理解，更好正本清源、固本培元。"[1] 历史虚无主义拿历史来做文章，竭尽攻击、丑化、污蔑之能事，根本目的就是要搞乱人心，煽动推翻中国共产党的领导和我国社会主义制度。

（二）正确把握改革开放前后两个时期的关系

改革开放前后两个时期，中国共产党的领导核心不同，社会主义的制度安排不同，国家和社会发展的任务目标不同。如果只看到这两个历史时期的阶段性与差异性，看不到两个历史时期的延继性与发展性，那么，我们就不能正确认识新中国史的整体性，不能认识社会主义的本质性，不能认识历史进程的一贯性，就会犯历史虚无主义的错误，违背历史唯物主义的基本原理。

改革开放前后两个历史时期，是两个相互联系又有重大区别的时期，本质上都是我们党领导人民进行社会主义建设的实践探索。如果没有1978年我们党果断决定实行改革开放，并坚定不移推进改革开放，坚定不移把握改革开放的正确方向，社会主义中国就不可能有今天这样的大好局面。如果没有1949年建立新中国并进行社会主义革命和建设，积累了重要的思想、物质、制度条件，积累了正反两方面经验，改革开放也很难顺利推进。虽然这两个历史时期在进行社会主义建设的思想指导、方针政策、实际工作上有很大差别，但两者绝不是彼此割裂的，更不是根本对立的。不能用改革开放后的历史时期否定改革开放前的历史时期，也不能用改革开放前的历史时期否定改革开放后的历史时期。改革开放前的社会主义实践探索为改革开放后的社会主义实践探索积累了条件，改革开放后的社会主义实践探索是对前一个时期的坚持、改革、发展。习近平总书记指出："正确处理改革开放前后的社会主义实践探索的关系，不只是一个历史问题，更主要的是一个政治问题"[2]，"这个重大政治问题处理不好，就会产生严重政治后果"[3]。只有处理好了这两个历史时期的关系，才能深刻把握党的十一届三中全会伟大历史转折的深远意义，才能真正理解从站起来到富起来的伟大飞跃。

---

[1] 习近平：《在党史学习教育动员大会上的讲话》，人民出版社2021年版，第25页。
[2] 习近平：《论中国共产党历史》，中央文献出版社2021年版，第5—6页。
[3] 习近平：《论中国共产党历史》，中央文献出版社2021年版，第4页。

中国共产党领导的革命、建设、改革伟大实践，是一个接续奋斗的历史过程，是一项救国、兴国、强国，进而实现中华民族伟大复兴的完整事业。以党的十一届三中全会为标志，在党和国家面临向何处去的重大历史关头，中国共产党作出了把党和国家的工作重点转移到以经济建设为中心的社会主义现代化建设上来、坚持四项基本原则、实行改革开放的历史性决策，实现了新中国成立以来党的历史上具有深远意义的伟大转折。历史证明，改革开放是中国共产党的一次伟大觉醒，正是这个伟大觉醒孕育了从理论到实践的伟大创造。改革开放是中国人民和中华民族发展史上的一次伟大革命，正是这个伟大革命推动了中国特色社会主义事业的伟大飞跃。

（三）正确应对新中国现实实践中的风险挑战

新中国72年的实践证明，党和国家的事业不是一帆风顺的，在取得一项项辉煌成就时，会遇到各种各样的风险挑战。这包括：苏联解体与东欧剧变带来的社会主义事业空前低潮的考验、改革开放跨世纪发展时期的"战胜各种风险和挑战"、全面建设小康社会历史时期的"重大风险与自然灾害"、中国特色社会主义新时代的"灰犀牛"与"黑天鹅"事件①。当下，我们面临着世界百年未有之大变局，在实现中华民族伟大复兴的征程中，还会出现来自多方面的风险挑战。党和国家在应对风险挑战中，如何于危机中育先机、于变局中开新局？习近平总书记指出："增强忧患意识，做到居安思危，是我们治党治国必须始终坚持的一个重大原则。我们党要巩固执政地位，要团结带领人民坚持和发展中国特色社会主义，保证国家安全是头等大事。"②只有如此，才能保障国家和事业的基本发展，才能保障中国特色社会主义现代化新征程的顺利发展。

中国特色社会主义进入新时代，自然、经济、科技等方面的风险，安全问题不断出现，是中国向第二个百年奋斗目标迈进新征程中的风险挑战。高风险事件频发，是世界百年未有之大变局的一个显著特点。"灰犀牛"与"黑天鹅"事件都要防范，否则就会牵一发而动全身，出现"蝴蝶效应"。

正确应对重大风险挑战，主要要做到：一是稳住基本面和底线，切实增强提高防控能力。二是主动防范，未雨绸缪，制定好预案，防患于未然、防患于萌发之时，做到"早识别、早预警、早发现、早处置"。三是充分估计最坏的可能性，同时通过工作确保不出现最坏的情形，坚决守住财政金融、社会民生、生态环境等底线。四是突出重点，防范化解政治、意识形态、经济、科技、社会、国家安全、外部环境、党的建设等领域重大风险。总

---

① "灰犀牛"事件是指太过于常见以至于人们习以为常的风险，比喻大概率且影响巨大的潜在危机；"黑天鹅"事件则是极其罕见的出乎人们意料的风险。

② 习近平：《坚持总体国家安全观走中国特色国家安全道路》，《人民日报》2014年4月16日。

之，既要坚持和完善中国特色社会主义制度、推进国家治理体系和治理能力现代化，以制度威力应对风险挑战，还要发扬斗争精神，提高斗争本领，不断夺取伟大斗争新胜利。

在新中国发展历程中，党和国家成功地化解了政治路线与道路选择的挑战，有效地防范了经济领域的重大风险，抗击"非典"、抗击特大洪灾、抗击汶川大地震、抗击新冠肺炎疫情等自然灾害和风险，都充分说明党和国家具有防范化解各种重大风险的强大能力和优势制度。习近平总书记指出："这就告诫全党，要时刻准备应对重大挑战、抵御重大风险、克服重大阻力、解决重大矛盾，坚持和发展中国特色社会主义，坚持和巩固党的领导地位和执政地位，使我们的党、我们的国家、我们的人民永远立于不败之地。"① 风险挑战是不可避免的，在国家和社会事业的发展进程中，唯有积极应对，增强未雨绸缪的意识，增强防范化解的能力，才能保障党和国家、人民始终立于不败之地。

三、新中国史的精神铸就

新中国史凝结的革命精神，有两个重要的考察维度：一是新中国史革命精神的"源"，它是中华民族精神的继承延展，是中国共产党伟大建党精神的传承弘扬；二是新中国史革命精神的"流"，它是党和人民砥砺奋斗生成的精神丰碑，是中国共产党构筑的精神谱系。新中国史的核心精神是中国进入第二个百年奋斗新征程的精神指引，中国共产党带领中国人民实现中华民族伟大复兴定会创生新的中国精神。

（一）中华民族四个"伟大精神"在新中国史中的凝结

中华民族伟大精神是中华民族几千年来伟大实践的凝结。习近平总书记在总结中华民族伟大精神时，概括出四种伟大的精神：伟大创造精神、伟大奋斗精神、伟大团结精神、伟大梦想精神。这些精神，在中华人民共和国历史上进一步得以发扬光大。

像"两弹一星"精神、"航天精神"等就是伟大创造精神在新中国历史上的传承和弘扬。习近平总书记在给参与"东方红一号"任务的老科学家的回信中深情地说："'东方红一号'卫星发射成功，我在陕北梁家河听到这一消息十分激动。当年，你们发愤图强、埋头苦干，创造了令全国各族人民自豪的非凡成就，彰显了中华民族自强不息的伟大精神。老一代航天人的功勋已经牢牢铭刻在新中国史册上。"② 他殷切希望广大航天工作者坚定航天报国志向，坚定航天强国信念，弘扬"两弹一星"精神、航天精神，创造更多的中国奇迹。

20 世纪 60 年代，河南林县党组织带领人民群众在陡峭的太行山上，用最简陋的开凿工

---

① 习近平：《在庆祝中国共产党成立 95 周年大会上的讲话》，《人民日报》2016 年 7 月 2 日。
② 《习近平给参与"东方红一号"任务的老科学家回信强调敢于战胜一切艰难险阻勇于攀登航天科技高峰》，《人民日报》2020 年 4 月 25 日。

具，以"愚公移山"的顽强毅力，兴建起"人工天河"——红旗渠，铸就了"自力更生，艰苦创业，团结协作，无私奉献"的红旗渠精神。类似的奋斗精神，在新中国史上比比皆是、不胜枚举。像铁人精神、"两路"精神、屯垦精神、老西藏精神等，都是伟大奋斗精神在新中国历史上的传承和弘扬。

伟大团结精神在抗震救灾、抗洪抢险、抗击新冠肺炎疫情中发挥着无穷的力量，成为创造灾后重建奇迹、抗击疫情奇迹的无穷动力。正如习近平总书记所说："抗疫斗争伟大实践再次证明，中国人民所具有的不屈不挠的意志力，是战胜前进道路上一切艰难险阻的力量源泉。苦难考验了中国人民，也锻炼了中国人民。正是因为中国人民经千难而前仆后继，历万险而锲而不舍，我们才能在列强侵略时顽强抗争，在山河破碎时浴血奋战，在一穷二白时发愤图强，在时代发展时与时俱进，中华民族才能始终屹立于世界民族之林。"①

伟大梦想精神，在新时代表现得尤为突出。习近平总书记在 2012 年 11 月参观"复兴之路"展览时，总结概括提出"中华民族伟大复兴中国梦"后，这一响亮的口号就成为新时代最强音，凝聚起国内各民族、各阶层和港澳同胞、台湾同胞、海外侨胞以及海外华人的力量。正如习近平总书记所说："人民有信心，国家才有未来，国家才有力量。中国特色社会主义进入了新时代，勤劳勇敢的中国人民更加自信自尊自强。中国这个古老而又现代的东方大国朝气蓬勃、气象万千，中国特色社会主义道路、理论、制度、文化焕发出强大生机活力，奇迹正在中华大地上不断涌现。我们对未来充满信心。"②

（二）伟大建党精神是中国共产党精神之源

习近平总书记在庆祝中国共产党成立 100 周年大会上的重要讲话中，第一次提出"伟大建党精神"，"形成了坚持真理、坚守理想，践行初心、担当使命，不怕牺牲、英勇斗争，对党忠诚、不负人民的伟大建党精神，这是中国共产党的精神之源"③。伟大建党精神是中华民族现代精神，是中国先进知识分子探求传播马克思主义真理的勇气表征，是中国老一辈革命家创立中国共产党的信念凝结。伟大建党精神是中国现代政治精神，是开启中国化马克思主义进程的思想指引，是构建中国共产党精神谱系的不竭源泉。建党精神是中华民族精神的集中体现，又把中华民族精神推向了新的时代高峰。

理解伟大建党精神时，需要关注两个时间节点。第一个时间节点是"一百年前"。伟大建党精神的 32 个字告诉我们，建党精神是在创建中国共产党的过程中就形成的。中国共产党有一个很重要的政治优势，即在矗立起一座座历史丰碑的同时矗立起一座座精神丰碑。这

---

① 习近平：《在全国抗击新冠肺炎疫情表彰大会上的讲话》，《人民日报》2020 年 9 月 9 日。
② 习近平：《在第十三届全国人民代表大会第一次会议上的讲话》，《人民日报》2018 年 3 月 21 日。
③ 习近平：《在庆祝中国共产党成立 100 周年大会上的讲话》，《人民日报》2021 年 7 月 2 日。

是我们党的光荣传统,也是我们党以弱胜强、从小到大,成为世界上最大政党的精神之源。第二个时间节点是"一百年来",即从100年前一直延续到今天,而且会延续到未来的动态进程。这个动态进程就是"中国共产党弘扬伟大建党精神,在长期奋斗中构建起中国共产党人的精神谱系,锤炼出鲜明的政治品格"①。这里面包含了两个方面:一是构建起精神谱系,一直贯穿到新时代,比如"七一勋章"的颁授,每一位获得者背后都是一座历史的精神丰碑,也是一座新时代的精神丰碑,从今天延续到未来。二是锤炼了中国共产党的鲜明政治品格。这样,我们的理解就能够立体化,概括出我们的精神之源、精神谱系、精神传统以及我们党的政治品格和政治优势。

(三) 新中国史中中国共产党人精神谱系的铸就

中国共产党不仅矗立起不忘初心、牢记使命的业绩丰碑,还矗立起弘扬民族精神、铸造革命文化的精神丰碑。在一百年的非凡奋斗历程中,一代又一代中国共产党人顽强拼搏、不懈奋斗,涌现了一大批视死如归的革命烈士、一大批顽强奋斗的英雄人物、一大批忘我奉献的先进模范,形成了一系列伟大精神。

在中华人民共和国成立72周年之际,党中央批准了第一批纳入中国共产党人精神谱系的伟大精神。百年党史的四个历史阶段,形成了不同时代特征的伟大精神,主要包括46种精神:有伟大建党精神,有新民主主义革命时期的井冈山精神、苏区精神、长征精神、遵义会议精神……张思德精神;有社会主义革命和建设时期的抗美援朝精神、"两弹一星"精神、雷锋精神、焦裕禄精神……王杰精神;有改革开放与现代化建设时期的改革开放精神、特区精神、抗洪精神……女排精神;有新时代的脱贫攻坚精神、抗疫精神……丝路精神②。新民主主义革命历史时期,无数革命先烈锻造了伟大的革命精神,构筑了中国共产党人第一个历史阶段的精神谱系,极大地弘扬和丰富了中华民族精神,激励着中国人民在新中国的历史上再创辉煌、再立新功。

新中国72年形成的伟大精神,是中国共产党第一阶段革命精神谱系的延伸和发展,是中华民族从站起来、富起来到迎来强起来伟大飞跃的精神支柱。新中国成立之初,伟大抗美援朝精神揭开了中国共产党人精神谱系新的篇章,打出了军威、国威,为新中国建设发展赢得了一个相对和平稳定的外部环境。新中国成立后,大批海外学子义无反顾地踏上归国之路,在中国共产党领导下,自力更生、艰苦创业,终于打破美苏等核大国的封锁垄断,研制成功"两弹一星",使新中国在世界上真正有了大国地位、大国尊严。这期间铸就了伟大的

---

① 习近平:《在庆祝中国共产党成立100周年大会上的讲话》,《人民日报》2021年7月2日。
② 中共中央宣传部:《中国共产党人精神谱系第一批伟大精神正式发布》,《人民日报》2021年9月30日。

"两弹一星"精神、中国航天精神。如火如荼的社会主义建设年代涌现了雷锋精神、焦裕禄精神、铁人精神等,反映出中国共产党和中国人民向贫穷宣战、向落后宣战的英雄气概。

党的十一届三中全会揭开了中华人民共和国历史新的一页。改革开放和社会主义现代化建设大潮在创造发展奇迹的同时,铸就了伟大的改革开放时代精神,形成特区精神、抗洪精神、抗震救灾精神等,涌现一大批英雄模范人物,在他们身后矗立起一个又一个的精神丰碑。

进入新时代后,以习近平同志为核心的党中央高度重视中国共产党革命精神的培育和弘扬,先后总结概括出科学家精神、工匠精神、劳模精神、塞罕坝精神、抗疫精神、脱贫攻坚精神等,在中华民族从站起来、富起来到迎来强起来的新发展阶段矗立起新的精神丰碑。习近平总书记反复强调,要发扬将革命进行到底的精神,要发扬老一辈革命家"宜将剩勇追穷寇,不可沽名学霸王"的革命精神,发扬共产党人"为有牺牲多壮志,敢教日月换新天"的奋斗精神。我们要大力发扬红色传统、传承红色基因,赓续中国共产党精神血脉,始终保持大无畏奋斗精神,鼓起迈进新征程、奋进新时代的精气神。

新中国72年的发展实践,有宝贵的历史经验,有深刻的历史教训,给党和国家的未来发展提供了有益的启示。这可以总结为三点:第一,正确认识中国共产党在新中国历史中形成的核心领导地位。新中国史告诉我们,中国共产党领导,是实现中华民族伟大复兴中国梦的根本政治前提,也是全面建设社会主义现代化国家的根本政治前提。第二,牢固树立中国特色社会主义道路自信、理论自信、制度自信、文化自信。新中国史告诉我们,中国共产党接力探索,团结带领全国各族人民不懈奋斗,取得的最大成果,就是形成了中国特色社会主义道路、理论、制度、文化。第三,正确认识基本理论、基本路线、基本方略在治国理政中的关键作用。新中国史告诉我们,要始终坚持以马克思列宁主义、毛泽东思想、邓小平理论、"三个代表"重要思想、科学发展观、习近平新时代中国特色社会主义思想为指导,不断推动马克思主义时代化中国化大众化,不断推动实践创新基础上的理论创新,坚持和发展当代中国马克思主义、21世纪马克思主义。现在,我们比历史上任何时期都更接近中华民族伟大复兴的目标,比历史上任何时期都更有信心、有能力实现这个目标。没有任何力量能够撼动我们伟大祖国的大国地位,没有任何力量能够阻挡中国人民和中华民族的前进步伐。

[原载《华南理工大学学报(社会科学版)》2021年第6期]

关于中共党史学科定位与建设的若干思考

杨凤城

中国人民大学马克思主义学院　中国人民大学中共党史党建研究院

中共党史研究的学科定位和学科建设是进入21世纪以来党史学界的热门话题。有公开发表的文章，更多的则是在学术会议上以及学术同仁间进行的思考与交流。2021年是中国共产党百年诞辰，《中共党史研究》当此之际组织关于党史学科性质与建设的讨论，可谓恰当其时。借此机会，笔者拟从三个方面谈些看法：一是对党史学科性质的探讨做一个历史回顾，目的在于评估一些观点出现的历史背景及价值，为今天的思考提供借鉴；二是如何提高时代站位，从中国特色社会主义新时代出发审视中共党史学科及其建设；三是基于上述对历史和时代的分析，提出新时代党史学科建设的一些设想。

一、关于中共党史学科定位与性质的认识回顾

中共党史作为课程是在延安时期首先进入党校教育中的，新中国成立后则作为政治理论课进入高等学校。20世纪80年代以降，随着思想解放、拨乱反正和改革开放的不断拓展，中共党史研究的学术化进程亦拉开帷幕。党史学界借助政治上强调"实事求是"的大氛围，在党史研究与教学中彰显"实事求是"原则，努力求真求实，还党史以本来面目，科学评价重大党史事件与人物，一时颇为人瞩目。显而易见，党史研究的学术化进程是由政治促动的，历史地看，也是政治优先的党史工作发展的逻辑结果。何以这样讲？我们知道，中共党史首先是历史，这本来是无须赘述的常理，仅是名称就能说明问题。然而，实际情况要复杂得多。最初出现的"中共党史"称谓、对党史的回顾与省思均源于党内，出于政治考量。更进一步讲，无论是蔡和森、瞿秋白、李立三等领导人讲党史，还是延安时期党内学习和研究党史并最后作出《关于若干历史问题的决议》，都是出于党内在革命路线战略策略乃至方针政策上统一思想的需要，用毛泽东的话讲就是"把党的路线政策的历史发展搞清楚"，"使我们对今天的路线和政策有更好的认识"[①]。无论是在党校还是高校的教学中，中共党史的政治教育功能都是第一位的。问题出在为政治服务最后变成了为极"左"政治服务，党

---

① 《毛泽东文集》第2卷，人民出版社1993年版，第399、400页。

史在"文化大革命"中被随意歪曲、编造,尤其是形成了路线斗争化的叙事结构。物极必反,"文化大革命"结束后,还党的历史以真实面目,就成为拨乱反正的一项重要内容。作为拨乱反正的集大成者,中共中央作出《关于建国以来党的若干历史问题的决议》。正是围绕这个决议的宣传并由此出发的以求真为目标的党史研究开启了学术化进程。寻求历史本相,当然需要遵循历史学的规范和方法。在富有治史传统的中国,历史学的基本原则早就是成熟的存在,只是用不用、用到何种程度而已。于是,党史研究的历史学意识日趋凸显,中共党史属于历史学逐步成为党史学界的共识①。但是,我们必须马上指出的是以下两点。其一,中共党史属于历史学这一认识,主要表达的是党史研究的学术化追求,而不是我们今天所关注的"建制"意义上的学科。进一步言之,20 世纪八九十年代党史学人谈论中共党史属于历史学科之际,主要关注的是像历史学那样史料优先、求真优先、客观评价优先,研究成果要更像或者就是历史学成果。而我们今天谈论"学科"时,主要涉及科研、教学、人才培养、学科体系结构、与其他学科的关系以及学科在理论方法话语方面的独特性等重要维度,而这些"建制性"内容在当年是很少有的。其二,伴随改革开放而来的中共党史研究学术化进展,并不意味着党史学人倾向于将中共党史研究纯历史(学)化,实际上很多党史学人甚至可以说多数党史学人在肯定党史研究与教学必须实事求是、弄清历史真相的同时,认可并大力提倡党史要充分发挥资政育人功能,要注重历史经验教训的总结,要注重史论结合。

有意思的是,伴随着党史研究的学术化进程,党史研究队伍逐步分为两支力量并在新世纪后形成较为稳定的结构。第一支队伍主要由高校承担中共党史或相关政治课教学的教师、党校党史教员、党史研究部门业务人员组成,人数多,力量大②。作为体制内的一支重要力量,发挥党史资政育人功能是这支队伍的主要任务。换言之,讲政治优先、把政治性与学术性有机统一起来,是他们遵循的主要原则。原中共中央党史研究室编写的《中国共产党历史》第一、第二卷以及《中国共产党的七十年》《中国共产党的九十年》等党史基本著作,原中共中央文献研究室编写的《毛泽东传》等系列领袖人物传记,可以视为上述宗旨的典型体现,产生了巨大的学术与社会影响。第二支队伍主要由高校和社科院系统尤其是高校从

---

① 其实,如果我们放宽视野就会发现,改革开放之初,在整个历史学领域也存在"让历史学回来"的问题,即改变过去结论先行、以论代史甚至大搞影射史学的做法,让历史学回归正常轨道。对史料学的重视、对实证史学的强调、对"乾嘉学派"的赞赏等史学思潮就是证明。中共党史学的"求真"取向虽然主要源于历史决议,但也不是对史学思潮无感,尤其是历史学意识的持续和强化显然与整个历史学的发展动向密切相关,虽然其反应要慢一些、间接一些。

② 根据原中共中央党史研究室和中国人民大学于 2014 年 7 月所作的调查,不计高校、党校和社科院系统,全国党史部门在编业务人员 8949 人。根据 2020 年最新统计,高校马克思主义学院教师已超过 10 万人,如果粗略按公共政治理论课的配比计算,大致上有 2 万人从事与中共党史密切相关的课程教学与研究。

事中国近现代史专业教学与研究的人员构成。这部分学者主要遵循历史学规范，以求真为鹄的，致力于还原或重建历史真相。由于受到各种复杂现实因素的制约和影响，这支队伍在21世纪之前人数较少。但进入21世纪后人数渐多，特别是很多年轻学者加入进来。此外，个别从事社会学、政治学的年轻学者也加入进来。这部分学者的研究成果学术质量较高，尤其是创新性、启发性较强，学术影响力很大，尤其受到党史、历史及相关专业研究生的热捧。

当然，上述两支队伍的划分只是逻辑上的、典型意义上的，实际情况要复杂得多，存在大量的交叉、流动与合作，尤其是高校从事党史及相关公共政治理论课教学与研究的教师，其研究成果呈现复杂的类型结构，如更突出一般历史学研究的规范，积极尝试"新革命史""新制度史""新文化史"的研究方法等。总之，不管从哪个角度看，改革开放以来党史研究的学术化进展都是明显的，学术成果的质量是在不断提高的，因而成就也是显著的。

与党史学术研究不断进步、党中央高度重视党史研究与宣传、社会各界对党史怀有极大兴趣和期待相比，中共党史作为高校的一门学科却面临着不少现实问题。这其中的原因耐人寻味，问题亟须解决。要厘清解决之道，就需要先厘清问题的来龙去脉。

回顾改革开放40余年的历史，中共党史学科先后面临两次危机或"准危机"，但其内涵与意义完全不同。第一次发生于20世纪90年代，严格说来算不上危机，只不过是经济社会转型带来的较为普遍的问题，与所谓"史学危机"甚至整个人文学科危机是连带在一起的。进一步言之，市场化改革带来的剧烈社会转型，使包括党史在内的一些学科风光不再，无论是社会关注度还是人才尤其是后备人才队伍等均大幅收缩。历史地看，这实属正常。此外，在20世纪90年代，党史学科在建制方面并未遇到真正的危机。尽管"中共党史"作为高校政治理论课自1985年起已逐步被"中国革命史"取代，但作为学科最主要支撑之一的人才培养体系和学位点并未因此受到实质影响。中共党史硕士学位和博士学位授予点尤其是硕士学位授予点在迅速增加。公共课调整了，但并未因此设立中国革命史学位授予点（除了中国人民大学招收中国革命史专业本科生外）取代中共党史或与中共党史并列。中国革命史教研队伍主要来自中共党史专业和中国近现代史专业毕业生。20世纪90年代末，"中国革命史"又改为"毛泽东思想概论"，这次公共政治课调整对中共党史学科有一定影响，毕竟课程从历史转到了理论，但实质性影响也不大。因为毛泽东思想与中共党史有着亲密"血缘"关系，况且党史和革命史教研历来重视"史论结合"甚至遵循毛泽东思想的理论概括胜于历史过程的描述。更重要的是，并不存在以"毛泽东思想"命名的学位授予点，也没有马克思主义中国化学位授予点。"毛泽东思想概论"课的师资主要还是来自中共党史和马克思主义理论类学位授予点。

对于党史学科而言，真正的考验源于进入21世纪后的学科调整和高校公共政治理论课改革。自2005年开始，国家设立新的一级学科"马克思主义理论学科"，该学科下设六个二级学科和学位授予点，包括马克思主义中国化和中国近现代史基本问题。原来与中共党史同样作为二级学科且隶属于政治学一级学科的"马克思主义理论与思想政治教育"成为一个得到极大加强的一级学科，而中共党史在学科地位上却依然故我。不仅如此，马克思主义中国化和中国近现代史基本问题两个二级学科，将中共党史教研队伍的大部分吸纳进来，党史学科因此面临队伍分离分散、学科空间萎缩等一系列问题。接着，自2008年开始，高校政治理论课新方案开始落实。与中共党史关联度最高的有两门课：一是"毛泽东思想、邓小平理论与'三个代表'重要思想概论"（后改为"毛泽东思想与中国特色社会主义理论体系概论"），二是"中国近现代史纲要"。关键是这两门课在马克思主义理论学科内部都已经有了自己的二级学科支撑和人才培养平台，再无需要假手党史学科。

于是，我们看到在学科建制的意义上、在学科建设的自觉意识上谈论中共党史学科属性和定位的问题出现了，并一度成为党史学界的热门话题。《党史研究与教学》2007年第6期发表丁俊萍《中共党史党建学科建设之断想》一文，归纳了学界在党史学科属性问题上的几种意见：一是仍然作为政治学一级学科内的二级学科，二是归入历史学科，三是归入马克思主义理论一级学科，四是成为独立的一级学科。她本人赞成党史学科成为独立的一级学科。翌年，丁俊萍又与宋俭合作，在《中共党史研究》2008年第3期发表《关于中共党史学学科建设问题的思考》一文。该文进一步发挥前文中的有关想法，集中论证了"中共党史（含：党的学说与党的建设）"作为一级学科的重要性和可行性。实际上，他们的意见反映了大多数党史学者的看法。2010年中央召开党史工作会议，给党史学界新的振奋。中国人民大学中共党史系通过原中共中央党史研究室向上级机关提出设立"中共党史（含：党的学说与党的建设）"一级学科的设想方案。2010年8月16日，著名党史学家张静如在《北京日报》发表《中共历史学应提升为一级学科》的文章。然而，学界的呼吁与建议未见采纳，党史学科在2017年又迎来更严峻的考验，那就是党的建设学科独立且进入马克思主义理论一级学科。

党的建设作为一个二级学科独立设置，是时代的要求。作为高等教育为党的治国理政服务、为"全面从严治党新的伟大工程"服务的重要体现，党的建设学科理应加强。2011年之前，党的建设是包含在党史学科里的，学科目录为"中共党史（含：党的学说与党的建设）"。在2011年国务院学位委员会第六届学科评议组编写的《学位授予和人才培养一级学科简介》中，中共党史属于政治学一级学科下的一个学科方向，名称为"党的建设与党的历史"。党的建设不再被括弧，且置于中共党史之前，但党史与党建仍然是在一起的。2017年年初，中共中央、国务院印发《关于加强和改进新形势下高校思想政治工作的意见》，提出"支持有条件的高校在马克思主义理论一级学科下设置党的建设二级学科"。之后，教育部召开数次专家会议，研讨党的建设学科，并决定先在一些高校和中央党校等教研单位进行学科建设试点，自2018年起招收硕士研究生和博士研究生。至此，党史与党建的分离落下帷幕。

中央决定设立马克思主义理论一级学科、进行高校政治理论课改革、增设党的建设二级学科，都是适应时代和社会发展的重大举措，取得了明显成就。与此同时，中央对党史也是高度重视的，2010年中共中央还专门发出关于加强和改进党史工作的"10号文件"，其中特别提到中共党史要为中国近代史公共理论课教学提供学科支撑。然而现实是，在马克思主义理论学科蒸蒸日上、党的建设学科摩拳擦掌之际，中共党史学科在高校却处于不利地位。为什么会出现这一困局？原因在于高校学科建设需要课程依托、需要人才培养平台，而这两者是按学科进行的。

先说课程，中共党史最初是作为政治课进入高校的。党史学科的两个大发展时期分别在20世纪五六十年代和80年代，正是党史或革命史作为政治课奠基和恢复的时期。后来的逐步萎缩，也是因为党史和革命史退出政治课体系。这里特别需要指出，高校的学科建设与本科生的课程设置密切相关。除公共政治课以外，中共党史作为高校中共党史本科专业和思想政治教育本科专业的专业课一直是存在的，但是党史专业本科只在中国人民大学、湘潭大学、延安大学、井冈山大学等单位招生，影响力有限。思想政治教育专业在诸多高校均招生，但是并非所有思想政治教育本科专业都开设中共党史课程。再说人才培养平台，如果公共政治理论课程调整不涉及学科调整、不影响已有人才培养体系和结构，那么，党史学科危机还不会多么严重。问题是"马克思主义中国化理论""中国近现代史纲要"等课程都有了从硕士到博士的人才培养体系，而这两类人才的培养过去主要在党史学科，不断的分家造成中共党史这一母体的日趋衰微。历史表明，课程设置和人才培养平台作为中共党史学科兴衰的两个关键因素亟待加强。在高校教学与研究高度专业化、学科化的今天，没有学科支撑的研究与教学犹如流浪汉，不要说发挥作用，就是赢得尊重都很难。

二、强化看待中共党史学科的新时代站位

中共党史学科面临的问题和不足几乎是高校党史学人的共识，由此产生的焦虑是持续的。《党史研究与教学》2019年第3期发表王炳林的文章《中共党史学科是否应该成为一级学科？》，引起党史学界的普遍关注，因为文章反映了高校党史学人的共同心声和长久期盼。无论是前述丁俊萍、宋俭的文章还是王炳林的文章，他们关于"中共党史党建"作为一级学科的必要性论证均很充分，关于学科体系建构的主张亦有很大的可行性。笔者无意重复他们的观点，在此需要着重强调的问题是，对于党史学科的性质与定位一定要站在新时代高度来加以审视和思考，不仅仅是盯住党史学科本身，不仅仅是看其内部结构，而且需要跳出学

科看学科，更要看到外部环境变化，看到社会发展需要。换个角度讲，学科的存废与调整，从来不是仅仅出于学科自身的发展逻辑，而是同时取决于国家与社会的需要，有的时候后者的作用是决定性的。就中共党史学科而言，我们至少需要考虑以下几个方面。

首先，中共党史在中国特色社会主义新时代应该居于何种地位、发挥何种作用。回顾历史，马克思主义中国化的两次历史性飞跃、中国革命与现代化建设事业的两次凯歌行进，无不与中共党史的研究与学习密切相关。延安时期，党史学习和研究有力地促进了马克思主义与中国革命实际的结合，促进了毛泽东思想在全党的认同，带来了党内思想上和政治上的高度统一，有力地促进了中国革命的胜利发展。改革开放启动之际，党史研究与学习更是有力地推进了拨乱反正的政治进程，推动了解放思想、实事求是思想路线的确立和巩固，推动了通过改革开放探寻社会主义建设新路的伟大事业，推动了马克思主义与中国实际相结合的第二次历史性飞跃。

在中国特色社会主义进入新时代的今天，如何评估中共党史的地位与作用，关系重大。回顾中国共产党百年历史，经过革命、建设和改革，党带领人民创造了世界瞩目的"中国奇迹"，背后的核心密码就是中国共产党的领导。只有深入了解中国近现代史尤其是中共党史，才能深刻理解"没有中国共产党领导，我们的国家、我们的民族不可能取得今天这样的成就，也不可能具有今天这样的国际地位"①，党史国史是建设中国特色社会主义的"必修课""教科书""营养剂""清醒剂"。什么是新时代站位？这就是新时代站位。中国特色社会主义最本质的特征是中国共产党的领导，最大的制度优势是中国共产党的领导，完善中国特色社会主义制度、推进国家治理体系和治理能力现代化，首要的是完善党的领导这一根本领导制度，"中国最大的国情就是中国共产党的领导。什么是中国特色？这就是中国特色"②。什么是新时代站位？这就是新时代站位。学界有言："历史是哲学社会科学的数学。"由此，我们也可以在一定意义上讲，中共党史既是解读"中国奇迹"的密码，也是马克思主义理论学科乃至于当代中国政治经济社会文化外交等众多学科的"数学"。不懂中共党史，很难把涉及当代中国的问题说清楚。什么是新时代站位？这就是新时代站位。笔者以为，只有站在这样的新时代高度，思考中共党史的学科定位、学科性质、学科建设，才能得出符合时代需要的结论。

其次，进入21世纪以来，构建具有中国特色中国风格中国气派的哲学社会科学逐渐成为学界共识，尤其在党的十八大之后更成为讨论热点。2016年5月17日，中央召开哲学社会科学工作座谈会，习近平总书记发表长篇讲话，集中论述了哲学社会科学对于国家社会发

---

① 习近平：《中国共产党领导是中国特色社会主义最本质的特征》，《求是》2020年第14期。
② 习近平：《中国共产党领导是中国特色社会主义最本质的特征》，《求是》2020年第14期。

展的重要意义，提出了中国哲学社会科学的时代任务，表达了对哲学社会科学工作者的殷切期望。其中，引人注目的内容之一就是强调按照立足中国、借鉴国外，挖掘历史、把握当代，关怀人类、面向未来的思路，体现继承性、民族性，原创性、时代性，系统性、专业性，努力构建全方位、全领域、全要素的哲学社会科学体系，在学科体系、学术体系、话语体系等方面体现中国特色、中国风格、中国气派。

中共党史及其相关学科在构建中国特色哲学社会科学学科体系、学术体系、话语体系中不仅不能缺席，而且具有独特的优势和基础。著名学者费正清曾指出："中国是不能仅仅用西方术语的转移来理解的，它是一种与众不同的生灵。它的政治必须从它内部的发生和发展去理解。"[①] 从学科起源上讲，中共党史的中国本土特色无须赘言。从学科发展看，与社会科学中诸多源自西方的学科相比，中共党史在理论预设、方法论、基本概念与范畴、话语方式等方面没有那么强的西方依赖性甚至不可分割性。当然，必须马上指出，这样讲绝不是说中共党史在学科体系、学术体系、话语体系方面已经做得很好了。实际上恰恰相反，要真正做到体现中国特色又能国际通行、做到政治正确同时学理性很强或达至"用学术讲政治"的化境，还有很长的路要走，还需要付出极大的努力。因为拥有得天独厚的优势，所以存在大有可为的空间，同时因为存在诸种问题或缺陷影响作用的发挥，所以需要在学科问题上有顶层设计。习近平指出："哲学社会科学的特色、风格、气派，是发展到一定阶段的产物，是成熟的标志，是实力的象征，也是自信的体现。"[②] 中国共产党的百年奋斗历史及其取得的举世瞩目成就，为中共党史学提供了广阔空间和丰富素材；中共党史学科经过几十年的建设，也应该迈上一个新台阶了，而新台阶的重要标志就是学科定位与学科体系的科学认知和建构。

最后，习近平新时代中国特色社会主义思想尤其是围绕中国共产党和中共党史展开的重要论述，是我们思考和定位新时代中共党史及其相关学科建设的根本遵循，这里有如下几层意思。其一，习近平新时代中国特色社会主义思想作为当代中国的马克思主义、21世纪的马克思主义，为我们思考问题提供了时代立场、观点和方法论指导，有利于提高我们的认识水平，促进新结论的得出。其二，习近平围绕中国共产党展开的重要论述、得出的重要结论，如关于党的地位与作用、关于党的理论创新、关于管党治党等，为开展党史研究开阔了视野、拓展了新领域。也就是说，不仅仅是党的历史而且包括党的现实，不仅仅是实践而且包括理论，均应纳入学科建构视野中来。近些年，海内外学界有人力倡"中共学"，这一叫法是否严谨暂且不论，但是它对于我们思考学科建设有所启发。换言之，围绕中国共产党展

---

① ［美］费正清、麦克法夸尔主编：《剑桥中华人民共和国史（1949—1965）》，王建朗等译，上海人民出版社1990年版，第14—15页。

② 习近平：《在哲学社会科学工作座谈会上的讲话》，《人民日报》2016年5月19日。

开的研究，领域是广阔的，问题是综合的，学科是交叉的。其三，习近平关于党史的重要论述和创新性见解，对于我们进一步深化党史研究以及创新中共党史及相关学科的学科体系、学术体系、话语体系、知识体系等，都具有重要的指导意义，特别是他的"大历史观"极富方法论意义。例如，习近平经常将中国共产党领导的新民主主义革命、社会主义革命和社会主义建设作为一个整体来论述和评价，经常以改革开放前后两个历史时期来言说和评价新中国历史，经常讲中国特色社会主义进入新时代意味着中华民族站到了新的历史起点上，经常讲党的十八大以来取得的历史性成就、发生的历史性变化，这些对于我们思考中共党史的历史阶段演进和党史分期问题并因此深化一些认识或得出新认识提供了重要遵循和启发。再如，习近平经常讲中国特色社会主义的"四个走出来"，经常用站起来、富起来、强起来的历史性飞跃来概括中国共产党历史，提出中国共产党的成立、中华人民共和国的建立、改革开放的启动是中国现代史上的三大里程碑，还有他对中国共产党初心和使命的概括等，为中共党史深化主线主流与本质的阐释、构建新的话语体系和叙事体系带来了新任务。又如，习近平提出的关于社会主义500年的概念，关于科学社会主义在21世纪的中国焕发出强大生机与活力的结论，关于中国特色社会主义为发展中国家走向现代化拓展了新的途径等，为把中国共产党置于国际社会主义运动的历史中、置于战后全球发展与国际比较的历史中深化研究提供了新视野新指导，等等。① 总之，习近平在中共党史理论与方法、重大问题与重要人物等方面的论述，为新时代党史研究教育宣传提出了新任务。这一任务的达成离不开学科建设，离不开学科的定位、学科体系的建构。

三、关于中共党史学科性质与学科体系建构

清楚了中共党史学科建设和发展的历史，提高了学科建设的时代站位，我们也就能够有的放矢地讨论学科建设和发展问题了。笔者的主张和观点很明确，以中共党史为基础，以党史、党建、马克思主义中国化为骨干构建新的一级学科。

中共党史学科发展的历史、学科发展面临的困境、新时代的要求，均说明只有设立一级学科才能真正解决问题。2001年国务院学位委员会、教育部下发的《关于学科目录的修订方案（征求意见稿）》曾把"中共党史（含：党的学说与党的建设）"设为独立的一级学科②。遗憾的是这一方案未被实行。在2005年前后有关单位讨论设立马克思主义理论一级学科时，很多人为党史党建学科究竟是放在哪个一级学科——政治学一级学科或马克思主义理论一级学科或历史学一级学科"而各执一说，难以达成共识。这一事实本身也说明，党

---

① 参见杨凤城《习近平党史观与中共党史研究》，《中共党史研究》2020年第1期。
② 丁俊萍：《中共党史党建学科建设之断想》，《党史研究与教学》2007年第6期。

史党建学科就其整体来说，确实很难归属于这几个一级学科中的任何一个学科，而是一个跨多个一级学科的，具有交叉性、综合性的相对独立的一级学科"①。

学科的设立和发展，一方面要遵循学科建设的客观规律，另一方面要适应社会发展的需要。现代学科发展有两大基本特征：一是学科分化在加速，二是学科之间的综合在加强。这两种看上去矛盾的趋势，在一些交叉学科、新兴学科上却得到辩证的统一，马克思主义理论学科就是如此，中共党史也应该如此。仅从学科角度言之，中共党史既以历史学为基础又是政党学、政治学的关注对象，既注重史实陈述又必须熟谙马克思主义理论，既要精通党的历史又要关注现实、关注实践最新动向，既需要历史学、政治学的功底又必须具有社会学、经济学的知识积累，这样的学术体系、知识体系结构最适合设立一级学科。下面，笔者谈些具体看法。

首先，作为一级学科的名称问题。以中共党史为基础设立新的一级学科，需要有一个包容性强的学科名称，以便构建二级学科或学科方向。笔者认为新的学科名称可以叫作"中国共产党历史与理论"或者"中共党史党建"：前者意在表明历史与现实、理论与实践的全方位容纳，类似"马克思主义理论学科"的叫法；后者突出学科的基础与主干。究竟哪种学科名称更好，可以再研究。但正名很重要，古人有言"名不正则言不顺，言不顺则事不成"。

其次，最重要的是二级学科的设置。这里，首先需要围绕中国共产党这个学科对象进行分析。从历史的角度而言，中共党史包括党领导革命建设改革的奋斗史、党的理论发展史、党的建设史"三位一体"，这已经成为党史学界的学术共识。从现实的角度看，马克思主义中国化的理论成果尤其是最新成果、全面从严治党的理论与实践、中国共产党与中国特色社会主义事业的最新发展等，都是中国共产党研究的重中之重。概言之，"中国共产党历史与理论"一级学科下的二级学科建构，需要充分关照历史、理论、实践三个方面，当然也要充分考虑已有基础、未来发展和现实需要这样三个因素。由此出发，二级学科的设计可以有不同方案，但是主干不能丢。况且党史学界在已有的各种设想中，在以下二级学科上已取得了高度共识：一是中共党史，二是党的建设，三是马克思主义中国化。中共党史作为二级学科，已经形成了从学士、硕士到博士的完整人才培养体系。目前招收本科生的院校有中国人民大学、湘潭大学等四所高校，拥有招收党史博士研究生资格的学科点共18家，拥有招收党史硕士研究生资格的学科点有83家。党的建设作为新设立的二级学科从2018年开始招收研究生，目前正式批准的有11个学位点，实际招生或正在准备招生的学位点要远远超过此

---

① 宋俭、丁俊萍：《关于中共党史学学科建设问题的思考》，《中共党史研究》2008年第3期。该文与王炳林《中共党史学科是否应该成为一级学科？》一文，共同就中共党史党建研究不能简单地划归历史学、政治学或马克思主义理论等一级学科作出了充分论证，此处不赘。

数。学界的基本共识是，党史与党建虽不同，但是两者不可分。党史是党建的基础，不懂党史很难把党建研究搞好，甚至会硬性套用西方政党理论与制度，导致南辕北辙。从最初"中共党史（含：党的学说与党的建设）"到"党的建设与党的历史"的学科名称就很能说明问题。况且，目前从事党建研究的骨干力量大多数来自中共党史专业。马克思主义中国化自2005年以后作为独立的二级学科开始招生且发展极为迅速，几乎所有的马克思主义理论学科博士学位点和硕士学位点都会招收马克思主义中国化的研究生。马克思主义中国化原来就是中共党史的一个重要方向。不懂党的历史，很难准确而有深度地解读党的创新理论成果。传统党史学与历史学党史研究的一个不同之处，就是前者对于马克思主义中国化理论史的高度重视。胡乔木曾指出，"写一本党史涉及许多理论问题，不是系统地讲理论，而是通过党史表述这些理论"，首要的就是讲"马克思主义与中国的关系"以及应用于中国的历史[①]。目前马克思主义中国化学科的生力军，相当多的来自中共党史专业，党史学界也一直关注党的理论创新并发表大量研究成果。这三个二级学科，基本上能体现党的奋斗（史）、理论创新（史）、管党治党（史）的三位一体架构，且有基础，比较成熟。

除上述三个主干学科外，可以考虑将中华人民共和国史作为二级学科纳入。原因很清楚，国史学科与党史学科在处理学术研究与政治性要求的关系上，在理论指导、研究方法和研究规范上，都具有高度的一致性或相似性，在研究时段和重大问题上高度叠合，这是同属一个学科的最重要基础。实际上，国史研究者最主要的学术交流对象也是中共党史学者，传统历史学界基本上不从事当代中国史研究。目前，中华人民共和国史放在历史学门类中国史一级学科内并非最佳选择。更重要的是，中国共产党在当代中国作为领导一切的最高政治力量、作为中国政治的最主要特色，决定了国史与党史的特殊密切关系，两者同处一个一级学科内更有利于在诸多领域形成合力和优势，更能促进学科发展。另外，随着改革开放历史的延续，改革开放的巨大成功得到愈来愈显著的验证，中国经验、中国道路愈来愈引起海内外关注，从中央领导层到学者乃至普通民众对改革开放史都越来越重视、越来越感兴趣。改革开放史与中共党史、与中华人民共和国史有重叠，但是又有独特价值，将改革开放史作为一个学科方向无疑是有意义的。还有，在一级学科的构想中，许多学者均主张把中国近现代史基本问题纳入。这一点无论从"中国近现代史纲要"教学内容上看，还是从中央文件要求上讲均无问题。道理很清楚，只有具备深厚的中共党史学素养，才能正确回答历史选择了革命、选择了中国共产党、选择了社会主义、选择了改革开放等中国近现代史上至关重要的核心问题。总之，设立"中国共产党历史与理论"一级学科，符合学科建设和发展的内在要求。无论是中共党史还是党的建设、马克思主义中国化抑或中华人民共和国史、中国近现代

---

① 《胡乔木传》编写组：《胡乔木谈中共党史》，人民出版社1991年版，第234、237页。

史基本问题,它们都有一个共同的核心研究对象——中国共产党。

接下来还有一个问题,中共党史属于哪一个学科门类——法学还是历史学。从前述学科历史回顾、时代需要、学科结构看,其作为法学门类的一级学科更合适。当然,这绝不意味着中共党史属于历史学的共识可以弃之不顾,而是在充分遵循历史学规范的基础上向着更高的目标前行,注重"整体性"研究、做有理论关怀的历史学和有历史纵深的理论研究。

也许有些学者担心,设立新的"中国共产党历史与理论"一级学科会不会削弱马克思主义理论一级学科。这种担心实无必要,马克思主义理论学科现有七个二级学科,其中马克思主义基本理论、马克思主义发展史、西方马克思主义、思想政治教育四个二级学科关系密切度较高,而党的建设、近现代史基本问题、马克思主义中国化与其他马克思主义理论学科的关系密切度远低于与中共党史的关系。另外,马克思主义理论学科可以考虑新设当代中国马克思主义或21世纪马克思主义研究等新的二级学科,一方面加强马克思主义中国化最新成果的研究,另一方面也为"习近平新时代中国特色社会主义思想概论"课提供学科支撑。更重要的是,学科设立不是画地为牢,而是寻找学科发展的最佳途径。实际上,马克思主义理论学科、中国共产党历史与理论学科,加上传统的马克思主义哲学、马克思主义经济学、科学社会主义,可以构成一个中国共产党与马克思主义的学科群,在这个学科群的层面上进行顶层设计,更能促进学科发展,更能引领中国特色学科体系、学术体系、话语体系、知识体系的建构。

最后,从振兴中共党史的角度,还需要谈谈作为公共课和专业课的中共党史课程问题。在高等学校振兴党史,需要进行学科整合,即设立新的一级学科,以聚合力量、整体谋划、科学布局。同时,中共党史要在高校获得应有的地位和影响力,真正发挥资政育人作用,还需要恢复其在公共政治理论课体系中曾经持续20多年的原有地位,可以考虑以"中国共产党历史与理论"为课程名称,将中国共产党的历史、马克思主义中国化理论和党的建设有机统一起来。一个学科的影响力,在很大程度上取决于这个学科的主干课程在高校课程体系中的位阶。从学科历史上看,对于中共党史而言,是否被纳入高校公共政治理论课程至关重要,这就涉及高校公共政治理论课的改革与调整问题。

改革开放以来,每十年左右就会有一次高校公共政治理论课调整,以适应时代需要。目前实行的是2008年的方案,一般说来可以调整了。更重要的是,目前高校正在陆续开设"习近平新时代中国特色社会主义思想概论"课,如果高校公共政治理论课门数不变,那么课程调整势在必行。综合考虑各方面因素,笔者认为将"中国近现代史纲要"与"毛泽东思想与中国特色社会主义理论概论"合并为一门课——"中国共产党历史与理论",将党的历史、马克思主义中国化理论创新和党的建设有机融合在一起,系统讲授给学生。同时,借助这门课程,能够更好地整合高校党史资源,提高公共政治理论课教学效果。这样,"马克思主义基本原理""思想道德修养与法律基础""中国共产党历史与理论""习近平新时代中国特色社会主义思想概论"就共同构成了富有新时代特点的公共政治理论课体系。

就高校本科生专业课设置来说，除了几所招收中共党史专业本科生的高校外，需要进一步落实教育部的最新培养方案，把中共党史切实作为思想政治教育专业的必修课普遍开设。同时，根据2010年《中共中央关于加强和改进新形势下党史工作的意见》的文件精神，鼓励历史学、政治学等专业开设中共党史课。在党的建设、马克思主义中国化等专业的研究生培养中统一设立中共党史研究课。在有条件的高校，鼓励设置独立建制的教学与研究机构，适当扩大中共党史人才培养规模。

总之，设立"中国共产党历史与理论"一级学科，既是学科发展的需要，也符合党和国家发展的重大战略需求。在中国共产党迎来100周年诞辰之际，解决党史学科定位和学科建设的顶层设计问题尤为迫切、意义尤为重大。

（原载《中共党史研究》2021年第1期）

·重要论文摘编*·

【以通史思维研治新中国历史】

沈成飞

新中国的历史是中国共产党团结带领全国人民将马克思主义理论与中国实践相结合,一以贯之推进社会主义革命、建设和改革开放的历史,体现了社会主义发展的阶段性与连续性、曲折性与前进性的统一。研治和叙述新中国历史,应以马克思主义理论为指导,树立正确的党史观,以通史思维进行历史叙事。鉴于通史思维与历史叙事模式的一贯性表达,研治和叙述新中国历史发展,必须确立明确的通史思维,树立历史发展的主线叙事意识,明白新中国历史发展的主题主线,正确看待中国共产党领导下的社会主义革命和建设全过程和主线索。正确看待新中国历史发展的连续性和继承性、曲折性和递进性必须基于大历史发展视角,以通史思维坚持发展叙事意识。中国共产党领导的一贯性要求确立中心叙事意识,围绕着党的领导地位来展开。新中国历史发展变迁既有一转百转的社会历史大转型,亦有政治结构和指导思想稳定但经济结构调整的与时俱进,要客观准确地判断新中国的变与不变、转与不转,必须树立正确的政治叙事意识,既要肯定改革开放前的历史与成就,又要坚定改革前行的方向和目标。如此,方能站稳人民立场,契合新中国史发展进步的历史逻辑和实践逻辑,为未来长久发展把准思维航向。

(摘自《马克思主义理论学科研究》2021年第4期,原文约10000字)

【中国马克思主义史学的文化选择】

于 沛

20世纪二三十年代风云激荡,中国马克思主义史学应运而生。它是中华民族伟大觉醒的产儿,其萌生、产生和发展的过程是对中国传统史学深刻变革的文化选择过程。这既是对中华民族前途的选择,也是对中国传统史学继承、创造、创新的选择。中国传统史学是中国马克思主义史学生成的沃土,而非已逝的凝固之物。中国马克思主义史学不但姓"马",而且信"马",以马克思主义为崇高信仰,这就决定了它文化选择的原则、内容和价值目标。马克思主义在各国的实践,包括对唯物史观的运用,从没有唯一的或标准的模式。中国马克思主义史学文化选择中的"马克思主义",是马克思主义普遍真理与中国国情相结合的中国化的马克思主义。"文化选择"则是在马克思主义中国化理论成果的统领下,对中华民族前途、对中国传统史学新形态的选择。唯物史观与中国传统史学,并不是非此即彼、冰炭不可同炉。中国马克思主义史学的文化选择,使唯物史观与中国传统史学相结合,堪称中西文化完美结合的典范,揭开了中国史学发展的崭新一页,成为古老的中国史学的现代存在形态。在中国特色社会主义新时代,它承载着新的使

---

* 部分论文摘编后,标题在原文标题基础上做了凝练,特此说明。

命,在新的文化选择中将走向更加辉煌的未来。(摘自《社会科学战线》2021年第1期,原文约20000字)

【新技术对口述史研究的影响】

谢治菊 范 飞

口述史自诞生以来便与技术变迁有着密不可分的联系,历经传统技术下的"档案实践"口述史、数字化时代"自下而上"的记忆转向的口述史、大数据时代去中心的多元化口述史三种模式。21世纪以来,以互联网、大数据、物联网、区块链、人工智能等为代表的新技术给口述史理论范式与实践模式带来了新的影响,实践层面的影响主要表现为口述史记录形式的多样化,口述史料存储的信息化以及口述史解释、分享以及呈现的可视化;理论层面的变革则表现为研究思维的转型、研究方法的革新与研究对象的转变。新技术的变革引起了口述史理论研究范式的转变,同时也给口述史实践带来便利,但在进行口述史实践时会面临技术困境、知识困境、伦理困境与情感困境,为应对这些困境,更好地抢救历史记忆,未来的口述史研究应注意以下三方面:应理性看待新技术对口述史研究的影响;制定新技术背景下口述史研究的规范;优化信息化记忆库。(摘自《学习与探索》2021年第7期,原文约10000字)

【十八大以来中国共产党对历史经验的科学总结】

李正华

党的十八大以来,以习近平同志为核心的党中央高度重视总结党的历史经验,在重要历史节点,都结合新时代的新特点新要求,从不同角度对党的历史经验进行了深入的总结和新的概括,主要内容有:明确论述了党的百年历史主题、四个发展阶段和取得的巨大成就,确保对党的历史的科学把握;进一步总结了"没有共产党,就没有新中国,就没有新中国的繁荣富强"这一重要经验,确保党始终成为领导中国人民实现中华民族伟大复兴的"主心骨",确保党长期执政的地位不动摇;进一步总结了"只有社会主义才能救中国,只有中国特色社会主义才能发展中国"这一重要经验,确保中国这艘巨轮始终沿着正确的方向前进不迷航;深刻论述了"江山就是人民,人民就是江山,人心向背关系党的生死存亡"这一重要经验,确保党始终保持与人民群众的血肉联系不变质。党的十八大以来,以习近平同志为核心的党中央站在维护人民根本利益的政治高度,站在总结过去、开辟未来的历史高度,站在解放思想、实事求是的思想高度,总结历史经验,揭示了过去中国共产党为什么能够成功、未来中国共产党怎样才能继续成功的深刻道理,深化了对党的执政规律、社会主义建设规律和人类社会发展规律的认识,对于提高党应对风险挑战的能力水平,统筹中华民族伟大复兴战略全局和世界百年未有之大变局,推进新时代中国特色社会主义伟大事业进入新的历史阶段具有重要意义,对于实现党的第二个百年奋斗目标、把中国建设成为社会主义现代化强国具有重要意义。(摘自《世界社会主义研究》2021年第9期,原文约15000字)

【醒过来站起来富起来强起来】

申富强

中国共产党的成立标志着中国人民从此醒过来了,这是近代以来中华民族实现伟大复兴的第一个里程碑,是人类历史上开天辟地的大事变,改变了中国人民的命运,影响了世界格局的变化。中华人民共和国的建立,标志着中国人民从此站起来了,这是近代以来中华民族实现伟大复兴的第二个里程碑。以毛泽东同志为主要代表的中国共产党人带领人民进行社会主义革命和建设,有力地保障了中国人民在新的历史起点上昂首挺胸屹立在世界的东方。中国特色社会主义道路的开辟,标志着中国人民开始富起来了。以中共十一届三中全会为标志,确立推进改革开放和中国特色社会主义事业,实现了新中国成立以来党的历史上具有深远意义的伟大转折,成为实现中华民族伟大复兴的第三个里程碑。以邓小平同志为主要代表的中国共产党人开启了改革开放和社会主义现代化建设新时期。中国特色社会主义新时代的开创,标志着中国人民开始强起来了。中共十八大以来,以习近平同志为主要代表的中国共产党人面对世界百年未有之大变局,全面审视国际国内新形势,推动党和国家事业发生历史性变革,取得历史性成就。中国人民在醒过来、站起来、富起来的基础上,昂首阔步迈向了强起来的中国特色社会主义新时代。这是近代以来实现中华民族伟大复兴的第四个里程碑。(摘自《醒过来站起来富起来强起来——中国共产党为中华民族伟大复兴不懈奋斗的百年光辉历程》,中国社会科学网,http://www.cssn.cn/dsdj/dsdj_zuzhijs/202106/t20210630_5343762.shtml,2021年6月30日,原文约12000字)

【人民当家作主的中国实践】

解丽霞 邱婕

人民当家作主是社会主义民主政治的本质和核心。中国特色社会主义民主政治的探索与实践始终贯穿于各个历史时期:新民主主义革命时期,中国共产党建立了工人阶级领导的以工农联盟为基础的人民民主专政的社会主义新中国;社会主义革命和建设时期,中国共产党确立了人民代表大会制度、共产党领导下的多党合作和政治协商制度、民族区域自治制度,形成了基层群众自治制度的雏形,奠定了中国民主政治制度的基本框架,为人民当家作主提供了制度保障;改革开放和社会主义现代化建设时期,中国共产党加强社会主义民主法治建设,提出坚持党的领导、人民当家作主和依法治国的有机统一,为人民当家作主提供了法治保障;中国特色社会主义进入新时代,中国特色社会主义民主政治建设转向民主和民生建设的统一,中国共产党把人民对美好生活的向往作为奋斗目标,以实现人民当家作主的更高价值追求。中国共产党领导人民逐步实现了权为民所有、权为民所用、权为民所赋、权为民所享,解决了"谁当家作主"和"如何当家作主"的根本问题,民主政治

建设形成了独特的中国模式。（摘自《学术研究》2021年第2期，原文约12000字）

【改革开放以来中国政治制度建设的历程及启示】

刘维芳

新中国成立初期就已奠定了中国政治制度的基本框架。改革开放之后，相关政策法规不断充实和完善，各项制度日趋科学、规范，中国政治制度建设大致经历了恢复与发展、适应社会主义市场经济体制需要的制度建设、全面建设小康社会中的制度建设以及新时代的制度建设几个发展阶段，在政治制度建设方面取得了一系列成就：人民代表大会制度建设逐步走上正轨并取得重大成就；中国共产党领导的多党合作与政治协商制度得以健全和完善；民族区域自治制度进一步发展和完善；基层民主建设日益制度化、法制化。改革开放以来，中国的根本政治制度和基本政治制度在不断完善和发展过程中支撑着各项社会主义建设事业，为其提供了政治保障和体制支撑。通过实行这些制度，有效保障了广大人民群众当家作主的权利，保障了少数民族地区自主管理本民族事务的权利，也有利于直接反映基层群众利益和诉求，有利于避免多党竞争、相互倾轧引起的政治动荡。改革开放以来中国政治制度建设取得的成就，得益于中国共产党的坚强领导，得益于新中国成立初期老一辈无产阶级革命家不懈探索奠定的基础，也得益于中国改革开放以来社会主义建设取得的各方面成就。（摘自《中国井冈山干部学院学报》2021年第1期，原文约15000字）

【新中国外交官选拔录用制度的发展与变革】

王春英

外交官选拔录用制度事关外交官队伍的素质，一直受到党和国家领导人的高度重视。新中国成立以来，外交部不断改革录用制度，外交官的选拔录用经历了主要从军队和地方抽调，从高校毕业生中选拔录用，从生源院校考试录用到与公务员录用考试全面并轨的过程。尤其是在并轨到公务员录用考试后，外交部根据国家公务员能力素质及考试录用制度的要求，结合外交工作的专业性特点和外交事业的发展实际，不断改革和创新外交官录用制度，已形成一套种类比较齐全、内容科学、方式多样、程序规范的外交官录用体系，表现为录用形式的多元化、录用标准的规范化、录用方式的科学化等方面。经过70余年的发展与变革，外交官选拔录用制度积累了丰富的经验与启示：坚持党管干部的原则；坚持德才兼备，以德为先的用人标准；坚持并不断强化公务员录用制度的公开、平等、竞争、择优的核心价值。（摘自《学术界》2021年第11期，原文约15000字）

【中国社会主要矛盾转变与党对经济工作的领导】

史丹

新中国成立以来，中国共产党对中国社会主要矛盾的判断可以划分为四个阶段：一是无产阶级与资产阶级的矛盾时期；二是"人民对于建立先进的工业国的要求同落后的农业国的现实之间的矛盾""人民对于经济文化迅速发展的需要同当前经济文化不能满足人民需要的状况之间的矛盾"时期；三是人民日益增长的物质文化需要同落后的社会生产之间的矛盾时期；四是人民日益增长的美好生活需要同不平衡不充分的发展之间的矛盾时期。基于对这四个阶段主要矛盾的判断，中国共产党制定了不同时期的经济工作路线方针：1949—1956年，完成了社会主义改造，构建了以公有制为基础的国民经济；1956—1978年，尽管中间出现误判和曲折，但建设工业化国家的梦想没有变，仍旧集中力量建设国家重大工业项目；1978—2017年，以全面建成小康社会为主线，深化经济体制改革，建立社会主义市场经济体制，扩大对外开放，实现了建党百年之时全面建成小康社会的伟大目标；中共十九大以后，党领导人民着力解决发展不平衡和不充分的问题，以建设社会主义强国为第二个百年奋斗目标，以新发展理念为指导实现更加全面更可持续的发展，以新发展格局开创新时代的发展空间，以建设现代化经济体系为工业化的更高形态。中国共产党领导经济工作的成功经验最根本的一条就是坚持以人民为中心、坚持用马克思主义的立场观点方法分析问题和解决问题。（摘自《中国工业经济》2021年第10期，原文约25000字）

【中国围绕重工业优先发展战略的主要经济探索】

姜长青

在社会主义革命和建设时期，中国共产党的各项经济探索多是围绕建立独立的工业体系、实施重工业优先发展战略而进行的。为保障这一战略的实施，我国建立社会主义公有制和实行计划经济；推进农业社会主义改造，实施粮食统购统销政策，降低重工业发展成本；依托财政主渠道，多方面筹集工业化建设资金；发挥商业贸易为重工业优先发展战略服务的作用；重视科技、教育在工业化发展中的重要作用；区域经济布局兼顾经济发展和国防建设。社会主义革命和建设时期，中国工业化取得了很大进展，对中国发展道路具有奠基性的重要贡献：巩固了新生的人民政权，保护了国家安全；初步建立了独立、比较完整的工业体系和国民经济体系，奠定了社会主义现代化建设的物质技术基础；民生状况得到较大改善；国际地位较快提高，国际经济交往日益密切。这些经济探索都是根据当时国内外政治经济形势所做出的选择，有其历史的必然性和合理性，反映了中国共产党对当时国情和经济工作的正确认识和把握。这些经济探索发挥了特定时期促进我国经济发展和战略目标实现的作用。（摘自《经济纵横》2021年第6期，原题为《社会主义革命和建设时期中国工业化道路的形成逻辑与发展路径研究》，原文约12000字）

【编制和实施五年计划（规划）是中国共产党治国理政的重要方式】

丁忠毅

编制和实施五年计划（规划）对国家治理产生了全局性、根本性和长远性影响，是中国共产党治国理政的重要方式。1951年，中国共产党开始着手编制"一五"计划，至目前我国已编制和实施了十四个五年计划（规划）。虽然我国在社会主义建设探索中曾经历了一些曲折，在一定程度上影响了五年计划（规划）的编制和实施，但五年计划（规划）作为党领导国民经济建设的重要方式一直在调整中坚持，并贯穿社会主义建设的全过程。新中国成立以来，五年计划（规划）在实践演进中经历了从关注国民经济建设到全面涵盖党的建设和内政外交、从"指令性计划"向"战略性指导"、从目标实现"软约束"向"硬约束"等方面的深刻转变，这些转变是党治国理政理念和方式科学化、时代化、现代化的生动写照与深刻反映，体现了党对执政规律、社会主义建设规律和人类社会发展规律认识的持续深化。因此，五年计划（规划）既是体悟党的初心使命的重要窗口，又是理解党治国理政逻辑、方式和智慧的重要窗口。（摘自《思想理论教育导刊》2021年第4期，原题为《编制和实施五年规划：中国共产党治国理政的重要方式》，原文约15000字）

【中国共产党基于国家现代化在农村发展工业的构想及实践】

郑有贵

中国共产党基于工业的地区布局、服务农业发展、推进农村现代化发展、促进城乡协调和国家现代化发展，提出在农村发展工业的战略构想，探索出一条城乡"两条腿"工业化发展道路。改革开放初期，工业由城市向农村扩散，主要通过在促进城乡经济联合中实现工业由城市向农村扩散、在走农工商综合经营道路中促进社队企业农产品加工业的发展两个路径实现。20世纪80年代，农村工业快速发展和乡镇企业的异军突起，主要靠的是产业由"五小工业"向全方位拓展，以及企业灵活的经营机制和散落乡村的低成本优势。从20世纪90年代起，乡镇企业从适应市场经济出发，地域分布逐步由散落乡村转向城镇和产业园集中，由发挥"船小好掉头"优势向为增强竞争力而组建乡镇企业集团的规模化发展转变。农村工业、乡镇企业的发展，在国家经济社会改革发展中有着重大贡献。在解决"三农"问题层面，农村工业、乡镇企业的发展成为农业农村发展的重要力量，不仅促进了农业生产发展、农村基础设施建设、农村社会事业发展，还通过促进城镇化的发展、农民向非农产业的转移、农民收入的提升等拓展了农民的发展空间，成为破解"三农"问题的重要途径。在整个国家经济社会层面，农村工业、乡镇企业的发展，弥补了长期注重发展重工业的结构性问题，促进了工业化发展和国民经济快速增长。（摘自《中南财经政法大学学报》2021年第4期，原题为《城乡"两条腿"工业化中的农村工业和乡镇企业发展——中国共产党基于国家现代化在农村发展工业的构想及实践》，原文约

12000字）

【改革开放以来我国现代化战略安排的演进历程、特点与启示】

于安龙

中国共产党在领导社会主义现代化建设过程中，显示出了高超的战略规划和实施能力。它总是能够从国家的整体利益和人民的根本利益出发，根据时代的发展变化，不断制定出符合当代中国国情而又具有一定前瞻性、引领性、指导性的现代化战略安排，通过"目标治理"的方式层层递进地推进现代化建设事业，彰显出中国独特的政治优势和制度优势。善于制定符合中国国情而又具有一定前瞻性、引领性、指导性的社会主义现代化战略安排，是中国社会主义现代化建设的一大成功经验。改革开放以来，我国现代化战略安排在实践中不断丰富和发展，经历了"两步走""三步走""新三步走""两个一百年"奋斗目标、"两个十五年"战略安排等演进历程，呈现出了战略目标具有相对稳定性、战略规划具有前后相继性、战略布局具有持续拓展性、价值导向具有一脉相承性等鲜明特点。经过40多年的不懈探索，我们在制定和实施科学的现代化战略安排方面进行了积极的探索，也积累了丰富的经验，对于新时代全面推进社会主义现代化建设具有重要的启示意义：要坚持立足中国国情，明确一切为了人民这一根本出发点，突出党的领导这一关键点，保持战略定力这一核心支撑点。（摘自《科学社会主义》2021年第1期，原文

约12000字）

【大历史观视域下的中国农业农村发展】

高帆

新中国成立以来，中国农业农村紧密地参与到中国现代化建设的各个阶段中，并为整体的现代化建设事业做出了多重贡献，这种参与甚至可以追溯至新民主主义革命时期。新中国成立之前，广大农民在中国共产党的领导和组织下汇聚成强大革命力量，成为抗日战争和解放战争胜利的坚实社会基础。新中国成立之后，在计划经济时期，农业农村部门通过提供资本积累等方式支持国家工业化，推动重工业优先发展战略有效实施；在改革开放时期，农业农村部门则通过产品供给、要素流动、制度示范等多种方式推动了经济高速增长，而整体经济高速增长也对农业农村持续发展产生了驱动作用。运用大历史观来审视中国的农业农村发展，可以发现：从时间维度看，农业农村发展是贯穿新中国成立以来长时段现代化进程的重大命题，并在不同阶段为现代化建设做出了多重贡献；从空间维度看，农业农村发展不是对已有国际经验或"一般规律"的简单验证，而是在很大程度上表现为中国"自身的故事"；从结构维度看，农业农村发展是嵌入在整体发展阶段和制度背景之中，是与城镇之间开展互动并伴随着制度变迁而推进的。农业农村发展既是中国社会主义现代化事业的一个组成部分，同时在不同阶段以多种方式推动了整体的现代化进程，这是大历史观视域下理解中国农业农村发展所得出的

一个基本判断。(摘自《复旦学报(社会科学版)》2021年第5期,原文约23000字)

【中国特色区域发展制度的历史演进与优势分析】

赵 祥

新中国成立以来,在中共中央的坚强领导下,我国取得了举世瞩目的发展成就,成功地从一个积贫积弱的农业国转变为一个拥有全球最大规模制造能力的工业国,经济总量跃居世界第二位,正稳定地向高收入经济体行列迈进。从经济地理的角度来看,我国巨大的发展成就离不开区域经济社会进步所提供的强有力支撑。回顾新中国区域发展历程,中共中央始终注重从"全国一盘棋"的大局出发,统筹推进各地区的经济社会发展,形成了具有独特优势的区域发展制度体系,通过高效协同政府和市场两种力量,在充分调动各地区积极性的基础上较好地实现了效率与公平之间的平衡,走出了一条有中国特色的区域发展道路。经过长期探索,我国已经形成了一套独特的区域发展制度体系,正是在这套独特的制度体系内,我国区域经济社会发展取得了巨大的成就。具体来说,我国区域发展制度体系由发展战略、配套制度安排和实施机制组成,这三维要素共振联动、高效运转,一同推动了我国区域经济社会不断取得进步:1949—1978年为区域均衡发展阶段、1978—2012年为区域非均衡发展阶段、2012年至今为区域全面协调发展阶段。70余年来,我国区域发展制度为区域发展提供了不可代替的体制机制保障,具有以下独特制度优势:党的集中统一领导、政府"有形之手"与市场"无形之手"深度融合、区域公平与效率高度统一、中央政府与地方政府关系有效协调、竞争与协作有机统一。(摘自《当代经济研究》2021年第8期,原文约18000字)

【改革开放以来我国粮食安全调控政策的阶段性特征】

崔焕金 曾 蓓

改革开放以来我国粮食生产和政策调控可分为四个阶段:一是统购统销政策变革与市场化改革酝酿阶段(1978—1985年),粮食统购统销政策曾为新中国工业化和城市化快速发展提供了重要支撑,但为此也付出了牺牲农民利益的巨大代价,并对农村和城市二元化的失衡发展格局产生深远的影响,因此,释放农业生产力应着眼于生产者内生动能的制度创建,而受计划体制影响较小的农业经营方式变革自然成为我国粮食调控改革的突破口。二是供需关系转换条件下粮食市场化改革的四轮曲折探索阶段(1985—2004年),粮食调控迎来多轮市场化探索,20世纪80年代中后期购销价格倒挂背景下我国开始粮食市场化尝试,90年代初期粮食产量徘徊背景下开启以调动种粮积极性为重心的保护价收购制度,90年代中后期通货膨胀背景下进行防止粮价大幅波动的宏观调控,21世纪初粮食过剩背景下开启供给侧结构性调整取向的市场化改革。三是民生主旨下的粮食支持保护调控机制迈向健全阶段(2004—2014年),在"以工促农、以城带乡"为指引的城乡关系重塑背景下，考虑到粮食供求关系的变化和生产约束条件的增加，中央"三农"政策总基调开始从以"取"为主向"多予、少取、放活"的重民生路径转变，粮食安全调控重点也因之变化，逐步构建起涵盖挂钩直补、价格支持、农业保险等多元化支持政策调控体系。四是市场竞争力导向的粮食结构性调整与优化阶段（2014—2020年），在民生理念指引下，我国逐步建立以最低收购价为主体的财政支粮政策体系，不但迅速扭转前期粮食生产下滑态势，而且对于保障农民增产增收和粮食安全意义重大。但随着国内外环境的变化，支粮政策边际效应递减的负面影响开始显现，由此进入了新一轮以市场竞争力提升为导向的政策改革完善阶段。（摘自《经济学家》2021年第1期，原题为《我国粮食安全政策演进的阶段性特征与启示：1978—2020》，原文约12000字）

【中国特色脱贫攻坚制度体系的构成、主要特征和贡献影响】

张占斌

中国共产党通过百年奋斗，建立了社会主义国家政权，成功组织和推进社会主义现代化建设和国家治理体系的确立，解决了中华民族千百年来存在的绝对贫困问题，全面建成了小康社会。这一伟大奇迹揭示了中国制度和国家治理体系的巨大优越性，证明了精准扶贫理念及其指导下的具体行动的科学性和有效性，为当今世界反贫困提供了范例。中国特色脱贫攻坚制度体系主要由责任体系、政策体系、投入体系、东西部扶贫协作制度体系、动员体系、监督考核体系构成，其主要特征是：坚持党的领导，强化组织保证；坚持以人民为中心，强化保障支持；坚持精准扶贫方略，提高脱贫实效；坚持进行社会动员，凝聚各方力量；坚持监督巡查机制，实施严格考核。中国特色脱贫攻坚制度体系丰富和发展了马克思主义反贫困理论，创新了发展中国家减贫理论模式，彰显了中国特色社会主义制度优势，完成了全面建成小康社会的底线任务，有效提升了国家治理体系和治理能力现代化，有助于共建没有贫困的人类命运共同体。（摘自《理论视野》2021年第7期，原题为《中国特色脱贫攻坚制度体系的实践特征和贡献影响》，原文约13000字）

【脱贫攻坚的历史经验】

温铁军 王茜 罗加铃

新中国成立以来，一系列的减贫成就得益于中共中央一以贯之的重大减贫战略所形成的综合性制度成果。20世纪50年代第一次大规模减贫主要得益于土地制度改革，工业化需要的基本建设主要靠农民进城做工，客观上拉高了粮价，促进农产品销售，农民也得到了有现金收入的就业机会；80年代在解放农村土地和劳动力要素的基础上，中央相继启动"三西"专项扶贫计划（1982年）、《国家八七扶贫攻坚计划（1994—2000年）》（1994年）等重大开发式扶贫计划，并于2001年印发了《中国农村扶贫开发纲要（2001—2010年）》，通过乡镇企业直接将农业要素用于工商业自主开发，实现了要素增值和在地化的合理分配；21世纪以来的大规模脱贫壮举，一方面是大规模专项财政投入，另一方面则是进入生态文明阶段，推进乡村振兴和城乡融合，使农村空间资源和生态产业化拥有了通过"三变"改革实现增值的可能，使农民在更为长远的在地化的生态资本深化中获得财产性收益而得以广泛脱贫。上述三个阶段，构成了新中国成立以来依靠自身制度优势的特殊减贫经验。遂有在国家重大战略之下全党、全国各方面不懈努力形成的全面减贫成就，充分彰显了中国特色社会主义制度的优势，为世界减贫事业贡献了有效的"中国方案"。（摘自《开放时代》2021年第1期，原题为《脱贫攻坚的历史经验与生态化转型》，原文约21000字）

【中国共产党带领人民为共同富裕百年奋斗的理论与实践】

逄锦聚

从成立之日起，中国共产党就把为中国人民谋幸福、为中华民族谋复兴作为初心使命，团结带领全国人民为实现共同富裕进行了长期艰辛奋斗，并在长期革命建设改革发展实践中不断深化对共同富裕的认识。在新民主主义革命时期，中国共产党帮助穷苦民众翻身得解放，建立新中国，目的是让人民过上美好生活，实现共同富裕。新中国成立、社会主义制度建立，为实现共同富裕奠定了根本政治前提和制度基础。改革开放后，中国共产党对共同富裕的社会主义根本性质做了科学的概括。中共十八大以来，中国共产党进一步确认共同富裕是社会主义的本质要求，是社会主义现代化的重要目标，标志着中国共产党对共同富裕的认识达到更高的理论高度。中国共产党带领人民不断实现共同富裕的历程说明，实现共同富裕的目标是动态、分阶段、先局部后全局、不断实现的过程。实现共同富裕，在大力发展生产力的同时，还要全面深化改革，不断完善中国特色社会主义制度，为实现共同富裕提供制度保障。这是中国共产党领导人民，在百年的探索中特别是新中国成立70多年的探索中得出的宝贵经验和结论。（摘自《经济学动态》2021年第5期，原文约12000字）

【新中国前30年减贫的历史性贡献及经验启示】

王辰璇　汪青松

新中国前30年反贫困并不只是小规模救济性扶贫，而是制度变革式、生产发展式和全面建设式扶贫减贫。前30年减贫不只是小规模救济式"输血"，而是通过深刻的制度变革实现大规模扶贫减贫，1949—1953年的土地改革、1953—1956年的"三大改造"都是改天换地的制度变革式减贫；前30年的生产自救与社会主义工业化，构成了相互交织和相互促进的生产发展式减贫，生产自救是社会层面的生产发展式减贫，社会主义工业化是国家层面的生产发展式减贫，优先发展重工业战略下的高积累低消费决定了生产发展式减贫只能是温饱型层次；前30年的扶贫一方面抓水利、交通等减贫的基础支撑性建设，另一方面抓救助、医疗、养老等扶贫的社会保障性建设，既做到"输血"救济式扶贫，又做到造血开发式减贫，是基础建设与社保建设相结合的全面建设式减贫，社会保障建设为救济式扶贫提供民生兜底保障，基础工程建设为发展式扶贫提供物质条件支撑，全面建设式减贫努力建设公平社会，并创造了人类发展指数逐年提高的反贫困成就，初步满足了世界1/4人口的基本生活需求。前30年减贫经验为改革开放以来改革扶贫、开发扶贫和新时代精准脱贫提供了重要启示。（摘自《安徽史学》2021年第6期，原文约10000字）

【中国农村减贫的成功经验】

韩克庆

21世纪以来，特别是国家脱贫攻坚战略实施以来，中国成为世界上减贫人口最多的国家，也是世界上率先完成联合国千年发展目标的国家。中国农村减贫的成功经验有以下几个方面：第一，改革发展是消除贫困的根本路径。中国减贫的成功说明，"发展才是硬道理"。只有经济和社会发展了，才能真正摆脱贫穷，最终战胜贫穷。因此，进一步深化改革开放、促进经济发展和社会和谐稳定是消除贫困的根本路径。第二，政策创新是消除贫困的制度保障。在改革发展进程中，党和政府面对外部环境的变化，不断进行政策创新，有效化解了贫困人口的生存和生活危机。第三，国家动员和社会参与是消除贫困的力量源泉。中国农村减贫的成功经验说明，完善党委领导、政府负责、社会协同、公众参与、法治保障的社会治理体制，是打赢脱贫攻坚战的强大力量源泉。第四，公平公正是消除贫困的价值遵循。公正是社会的首要价值，经济社会发展的目标是普遍受益而非两极分化。消除贫困的目的是减少贫富差距，实现全体人民共同富裕。第五，中国特色社会主义是消除贫困的国家特征。中国特色社会主义是中国发展进步的根本方向，中国减贫道路的典型特征是坚持中国特色社会主义，这一国家特征不同于西方或其他的资本主义国家。中国特色社会主义道路是实现国家现代化、创造人民美好生活的必由之路。坚持中国共产党的领导、坚持以人民为中心、坚持社会主义核心价值体系，是中国减贫不同于西方社会的本质区别。（摘自《理论学刊》2021年第3期，原题为《土地改革、脱贫攻坚抑或社会保障——中国农村减贫的成功经验》，原文约12000字）

【改革开放以来我国沿边开放的历史演进】

庄 芮 宋荟柯 张晓静

沿边开放是我国整体对外开放不可或缺的部分。1992年3月，国务院发布《关于进一步对外开放黑河等四个边境城市的通知》，随后陆续批准了珲春等13个城市为沿边开放城市，设立了二连浩特等14个国家级边境经济合作区，并给予优惠政策，中国沿边开放政策正式实施并拉开了第一轮沿边开放的序幕。随后，国家又相继颁布多个边境贸易政策文件来促进沿边地区的经济发展。2007年，中共十七大报告明确指出要"提升沿边开放"，这是我国实施第二轮沿边开放的重要标志。国家开始加大对边境贸易发展的财政支持力度，同时不断完善税收、金融等配套政策来支持沿边地区发展和沿边口岸建设，为沿边企业发展增添了强大的生机和活力。2013年，"一带一路"倡议的提出正式拉开了沿边地区新一轮开放的序幕。第三轮沿边开放第一次把沿边地区的开发开放上升到国家战略的高度，系统地将沿边地区的开发开放从战略上进行阐述和定位，形成了对沿边地区开发开放的政策支持体系。目前，我国沿边地区对外开放的层次和平台已日趋丰富，开放力度也逐渐增大，沿边开放发展日益成为国家战略的重点以及构建新发展格局的重要组成部分。"十四五"时期，我国沿边开放新的目标和任务是要服务于国家高水平对外开放，服务于国内国际相互促进的"双循环"新发展格局。（摘自《国际贸易》2021年第7期，原题为《我国沿边开放战略思考：历史逻辑与推进方向》，原文约10000字）

【发展中国特色社会主义文化生产力的实践经验】

张　巍　胡鞍钢　叶子鹏

70余年来中国发展文化生产力大致可分为四个阶段：奠基期完成了从旧文化到新文化的过渡，并对建设社会主义人民文化的道路进行了探索；重建期实现了对人民文化、大众文化的重建，同时在改革开放的背景下处理好中西方文化关系；发展期充分认识到文化的生产力属性，并把"先进文化前进方向"写在党的旗帜上，是认识上的巨大进步；繁荣期倡导文化自信和文化走出去，并解决基本公共文化服务的均等化问题，凸显以人民为中心的发展理念。总结发展中国特色社会主义文化生产力的实践经验，就是不断地通过改革来调整文化生产力与文化生产关系，实质就是不断改革文化体制，促进文化生产力的发展。中国特色社会主义文化生产力的特性是人民大众的、社会主义的和中国传统的，发展中国文化生产力就要以人民为中心，以马克思主义为原则，以中国传统优秀文化为根基。文化生产力的发展也必须遵循生产力发展的客观规律，从文化产品匮乏到基本普及，再到更加多元化、个性化和全球化。在国际关系大变革的时代背景下，既要学习、消化、吸收，还要学会竞争，实现从追赶到并跑到超越。通过改革来调整文化生产关系是促进文化生产力提高的根本途径。（摘自《财经问题研究》2021年第1期，原题为《发展社会主义文化生产力：新中国70年总结与展望》，原文约15000字）

【党管媒体：新中国成立以来的理论与实践】

黄　娴　丁柏铨

党管媒体是中国共产党意识形态领域建设的重要内容，也是中国共产党领导下新闻事业的根本原则，是中国新闻管理体制的核心要素之一。新中国成立以来，中国共产党以一系列的理论、政策和体制机制的改革创新，推动党管媒体在不同历史阶段呈现出新的不同特点，但党管媒体的原则始终贯穿于中国社会变迁与媒体发展进程之中，成为中国新闻管理体制的核心要素和重要内涵。总体来看，党管媒体在实践中呈现以下几点主要特征：坚持党对新闻事业的领导、对思想舆论的引导，新闻媒体是党和政府的宣传阵地；新闻媒体必须恪守党性原则，坚持"政治家办报"，体现党的意志、传播党的主张；坚持党性和人民性相统一，坚持以人民为中心的工作导向；党在领导新闻事业的过程中，必须始终掌握"对重大事项的决策权，对资产配置的控制权，对宣传业务的审核权，对主要领导干部的任免权"。面对世界舆论格局的深刻变化、国内舆论场的复杂演进，党管媒体在当下面临着前所未有的挑战，需要不断丰富其内涵、优化其手段，不断适应时代发展与客观现实的需求，如此才能真正成为治国理政、定国安邦的重要力量。无论形势如何发展、媒体格局如何变化，党管媒体原则不能变，党在新闻管理体制中的主导地位不会变。时至今日，党管媒体生命力依旧，只要始终坚持马克思主义，坚持党的群众路线，尊重新闻传播规律和舆论运行规律，坚持分类指导与科学管理，党的新闻舆论工作一定能成为治国理政、定国安邦的重要保障，而党管媒体的理论与实践也必将随着时代的发展不断丰富、历久弥新。（摘自《传媒观察》2021年第10期，原文约15000字）

【中国非物质文化遗产保护30年的成就】

易 玲 肖樟琪 许沁怡

中国非物质文化遗产资源丰富，但由于长期以来向物质文化遗产倾斜，使得非物质文化遗产保护真正始于20世纪90年代末。30年来，中国非物质文化遗产保护工作取得重大成就，逐步建立起以原文化部（后更名为文化和旅游部）、中国非物质文化遗产保护中心与中国非物质文化遗产保护协会为主要保护机构、以《中华人民共和国非物质文化遗产法》为法律保护核心、以"国家+省+市+县"四级非物质文化遗产名录为主要保护制度并包含大量法律法规、规章制度等的非物质文化遗产保护体系。中共十八大以来，习近平总书记对文化遗产保护高度重视，多次前往山西、陕西等文化遗产积淀丰厚省份考察调研，并就文化遗产保护做出重要指示。中共十九大将"加强文物保护利用和文化遗产保护传承"作为坚定文化自信的重要部分写进报告中，以推动实现中华优秀传统文化的创造性转化和创新性发展。30年来，中国非物质文化遗产保护工作取得了积极成效：中国加入世界文化遗产公约与非遗保护国际化；加强了对非遗代表性传承人保护；文旅融合下推动非遗商业化发展；非遗文化保护与传承促进乡村振兴；建立起非遗生产性保护与区域性整体保护新模式。（摘自《行政管理改革》2021年第11期，原题为《我国非物质文化遗产保护30年：成就、问题、启示》，原文约13000字）

【新中国公共卫生防疫体系建设成就、制度归因与效能提升】

王胜利

党的十九届四中全会指出："我国国家

治理体系和治理能力是中国特色社会主义制度及其执行能力的集中体现。"新中国公共卫生防疫体系是国家治理体系的重要内容。新中国成立70余年来，在中国共产党领导下，我国公共卫生防疫体系建设取得了巨大的成就，主要表现在公共卫生防疫的法律体系、卫生防疫组织体系，投入、人才队伍和设施等方面。取得成就的根本原因在于我国坚持中国特色社会主义制度体系和国家治理体系。具体地说，就是在公共卫生防疫体系建设中，始终坚持党的集中统一领导的根本领导制度和"全国一盘棋""以人民健康为中心"等基本制度。中国特色社会主义制度是我国公共卫生防疫体系建设取得成就的根本基础，也为我国推进国家卫生治理体系和治理能力现代化提供了可靠的制度保障。但是与我国制度优势相比，我国公共卫生防疫治理体系一些领域的治理效能仍然有待提高，这无疑是我国进一步完善公共卫生防疫治理体系面临的主要问题。解决这一问题则要在现有公共卫生防疫体系基本制度的基础上，健全公共卫生防疫治理体系的法律法规体系、疾病预防控制体系与医疗卫生等重要制度，以进一步提升公共卫生治理效能。（摘自《中国卫生事业管理》2021年第3期，原文约12000字）

【新中国成立以来民族地区医疗卫生事业的发展】

方静文

新中国成立以来，民族地区医疗卫生事业的发展呈现出从援助到互助再到共融发展的良好态势，这归功于国家、发达地区和民族地区的合力。民族地区的巡回医疗工作，根据工作重心的变化大致可分为三个阶段：第一个阶段为1949—1964年，侧重疫病防控与妇幼保健；第二个阶段为1965年至20世纪70年代，旨在缩小城乡差距；第三个阶段为20世纪80年代至今，重点照顾"老少边穷"地区。对口支援是发展民族地区医疗卫生事业的重要举措，根据受援方的不同，医疗对口支援大致可分为两类，即城乡医疗对口支援和区域医疗对口支援。发达地区的对口支援是促进民族地区医疗卫生事业发展以及调节城乡、区域不平衡的重要助力。民族医药凝聚了各民族的医药知识和疾病应对智慧，是中华民族传统医药的重要组成部分，也是民族地区医疗卫生领域的独特优势。民族地区的传统医药在临床和产业化方面的优势则在健康中国的战略背景下转化为民族地区可持续发展的内生动力，并惠及全国甚至全人类。这种合力不仅最终促成了民族地区医疗卫生事业取得的成就，也是各民族交往交流交融的重要途径和生动体现。（摘自《北方民族大学学报》2021年第2期，原题为《援助、互助与共融：1949年以来民族地区医疗卫生事业的发展》，原文约11000字）

【中国国家战略科技力量的建设和发展】

樊春良

中国科学技术的发展是一个落后国家追赶先进国家的过程，国家战略科技力量在其中起到了十分重要的作用，在不同历史阶段，国家战略科技力量的产生和发展有其各自特点。中华人民共和国成立之初，中国科学院的成立和发展为国家战略科技力量的建设奠定了基础。1956年，国家制定了《1956—1967年科学和技术发展远景规划》，确立了55项科学技术研究的重点任务，以此规划各学科的发展和各科研单位的建设，为国家战略科技力量的建设提供了蓝图。改革开放以来，面对国家经济建设和新发展需求的转型与改革，国家战略科技力量在促进国家全面发展的同时，也在增强自身的科技创新能力，为国家的下一步发展奠定了坚实基础。中国国家战略科技力量的职能，不仅需要在重要的战略领域为国家提供支撑，紧跟和赶超世界新兴技术的发展，抢占高新技术的制高点，还要对整个国家的创新体系建设与发展起到示范和带动作用。目前，中国国家战略科技力量由中国科学院等已有的国家战略科技力量和新建设的国家实验室等共同组成。强化国家战略科技力量，即在中国科学院等国家战略科技力量建设的基础上，以国家实验室这种新的制度和组织形式，通过新的理念、新的体制设置、治理模式和科研组织方式，带动和引领整个国家战略科技力量的建设和发展。（摘自《中国科学院院刊》2021年第5期，原题为《国家战略科技力量的演进：世界与中国》，原文约11000字）

【中国海洋科技创新发展的历程、经验及建议】

林昆勇

海洋科技创新发展是加快建设海洋强国的重要战略举措。新中国成立后，中国海洋科技发展经历了五个时期：海洋科技发展政策的奠基与海洋科技发展的起步（1949—1965年）；海洋科技发展的停滞（1966—1975年）；海洋科技发展的恢复（1976—1984年）；海洋科技发展的稳步前行（1985—2010年）；海洋科技发展的新时代新探索（2011—2019年）。通过对新中国成立70年来海洋科技演变发展的分析，海洋科技创新发展的经验可归纳为：坚持党的领导是推动海洋科技稳健发展的关键；坚持培养海洋人才是加速海洋科技发展的核心；坚持政府规划和引导是促进海洋科技发展的指南。总结海洋科技创新发展存在的主要问题有：经费投入对海洋科技创新发展的促进作用尚未充分发挥；人才培养对海洋科技创新发展的关键作用亟待进一步加强。在新时代为更好地发挥海洋科技对中国海洋强国建设的促进作用，建议加快海洋人才队伍建设，为海洋科技发展提供人力资源保障；加强海洋科技发展的顶层设计，搞好海洋科技发展的规划引导；充分发挥政府的引领作用，为海洋科技快速发展开路引航。（摘自《科学导报》2021年第20期，原文约16000字）

【改革开放以来中国电影的国际传播】

尹鸿　陶盎然

改革开放40多年以来，中国电影的国际传播经历了进入国际主流电影节、进入国际主流电影市场、进入国际主流电影产业三个阶段，并在世界电影格局中逐渐占据重要地位。20世纪八九十年代为进入国际主流电影节阶段：80年代，在改革开放的大背景下，中国电影在数量和质量上都取得了重大突破，呈现出一种崭新气象，并陆续走出国门，开始被国外电影节所关注。90年代，当这些电影赢得国际声誉的时候，中国也渐渐进入一个新的历史发展时期，文艺创作上提出"弘扬主旋律，提倡多样化"，电影创作的国际化传播面临新的政治经济文化环境的影响。21世纪到2011年之前为进入国际主流电影市场阶段：进入21世纪后，尤其是自2002年开始实施新的电影管理条例后，中国电影全面开启了市场化转型。不到10年时间，中国电影票房就实现了从几亿元人民币到百亿元票房的跨越。这一轮产业化改革，促进了中国电影的国际传播。2011年至今为进入国际主流电影产业阶段：从2011年开始，中国就成为全球仅次于北美的第二大市场。这一时期的外国电影特别是好莱坞电影对中国的"呈现"明显增多，中国元素大大强化。与此同时，中国电影也加大了与国际电影界的合作。2015年以来，随着国际国内形势发生新的变化，中国电影的国际传播之路又面临新的变局。（摘自《南方文坛》2021年第5期，原题为《从走向世界到影响世界——改革开放以来中国电影的国际传播》，原文约12000字）

【新中国成立后体育工作方针的演变】

孙　科　姜宇航　朱天宇　刘　彦　李　立

新中国成立后体育工作方针经过了形成、转变与内隐的演化过程。社会主义改造时期的体育工作方针是开展群众性的体育运动，使体育运动普及和经常化。社会主义建设探索和曲折发展时期的体育工作方针调整为加速开展群众性体育运动，在广泛的群众运动的基础上，努力提高运动技术。从中共十一届三中全会到1992年中共十四大，体育工作的重点实现了由"集中精力抓政治运动"向"抓体育业务工作"的转变，提出了"以竞技体育为先导，带动体育全面发展"的战略指导方针，以及群众体育、竞技体育发展的新观念和新思路。中国特色社会主义进入新时代后，"体育工作方针"这一词在文件内容中的表达逐渐发生了内隐。"体育工作方针"往往蕴含在政府相关部门制定的关于体育发展的相关文件内容中，包括指导思想、基本原则、总体目标、主要任务、保障措施等。纵观新中国成立后体育工作方针的演变过程，体现了中国共产党的体育工作方针在我国社会主义建设不同阶段的体育工作的侧重点、体育功能的变化和体育的发展变化。（摘自《首都体育学院学报》2021年第4期，原题为《中华人民共和国成立后体育工作方针的演变历程及其内在表征》，原文约6000字）

【和平解放以来西藏民航事业的发展与繁荣】

彭　科　何　沙

西藏和平解放以来，党和政府一直高度重视建设和发展西藏的民航事业。1956年初，中共中央、国务院决定开辟北京至拉萨的民用航线，中国民用航空局和有关方面会同施工官兵与各族人民通力协作，克服高寒缺氧、施工条件复杂、生活环境艰苦等困难，于1965年建成当雄机场，西藏正式通航，民航拉萨站同时成立，西藏民航事业开启发展历程。改革开放以来，西藏民航事业蓬勃发展。从通航之初仅有的北京—成都—拉萨一条航线，到开拓了直飞北京、成都、上海、西安、深圳、重庆、广州、迪庆、济南、加德满都、赫尔辛基等国内、国际航线140条。运输机型也从仅能起降苏制伊尔—18机型，到全面使用美制波音—707机型，再到后来波音—757，空中客车—340、319等机型也投入运营，西藏民航的客货承载能力得到大幅度提升。中共十八大以来，以习近平同志为核心的党中央高度重视西藏的建设发展，随着"一带一路"倡议、"孟中印缅经济走廊"以及"环喜马拉雅经济合作带"等的实施，西藏民航事业保持了快速发展并迎来了新的机遇。70年来，西藏民航事业在党的领导下实现了从无到有、由小到大的历史性飞跃，取得了长足发展，其航空安全保障水平不断提高，航空运输业务量快速增长，机场保障能力得到大幅度增强，民航事业的快速发展对推动西藏经济社会的高质量发展发挥了重要作用。（摘自《西藏研究》2021年第3期，原文约10000字）

【新中国居民消费史的分期与特征】

朱高林　黄悦辰

根据居民消费自身的演变规律，以1978年、1998年为时间节点，新中国居民消费史可划分为1949—1978年、1978—1998年、1998年以来三个阶段。1949—1978年，由于收入低下、商品短缺，消费受到供给和需求的双重抑制，居民消费处于量的不足阶段。其特征包括：物质消费与精神消费不同步；商品化消费程度低；商品流通渠道单一；消费行为的近视性和消费内容的物质化特征显著；消费结构雷同化、固态化；形成"城乡"和"脑体"消费板块；与主要国家相比较，精神消费进步显著；消费失去与经济增长的相关性。1978—1998年，由于供给受消费需求和投资需求的双重影响，通货膨胀此起彼伏，商品市场忽冷忽热，消费受市场波动影响厉害，居民消费处于量的扩张阶段。其特征包括：物质消费出现量的扩张，精神消费城冷乡热；盲目攀比现象盛行；假冒伪劣问题初露端倪；大众化消费比较普遍；商品性消费上升；商品流通渠道多元化；城乡差距扩大，脑体倒挂凸显；与主要国家消费差距缩小。1998年至今，由于需求不足、供给过剩，经济发展主要来自需求的约束，居民消费处于质的提高阶段。其特征包括：物质消费持续提高，精神消费压力增大；由量的扩张向质的提高转变；消费行为趋于理性成熟；消费政策趋于长期；商品流通从传统模式向新兴模式转变；消费外溢呈蔓延态势；消费分化问题严重；消费对经济的拉动作用下降。（摘自《消费经济》2021年第5期，原题为《中华人民共和国居民消费史：分期、特征和趋势》，原文约14000字）

【从党史和外交史看国际问题的处理】

章百家

从党史与外交史的角度来回顾、思考中国处理国际问题的历程和经验，对于国家当前和未来的外交政策制定与实践都有重要意义。首先，在政策制定方面，准确判断国际形势、妥善处理内政和外交的关系、在国际博弈中知己知彼，是中国共产党制定正确外交政策的三个要素。在复杂的国际博弈中要想占优，必须做到知己知彼，学会换位思考。这样，我们提出的政策才能够真正有的放矢，真正解决问题。其次，在实践方面，中国外交工作在国际问题上获得主动权的基础和要点主要体现在，与外交对象之间的良性互动、凡事多做预备、长期经营，以及将国际性和中国特色相结合这三个方面。"和平共处五项原则"既来源于普遍认同的国际准则，又带有明显的中国传统文化特色，并以中印、中缅总理联合声明的方式在日内瓦会议期间发布。一经提出，它便迅速产生了重大的国际影响，甚至苏联呼吁美苏按照中印、中缅提出的"和平共处五项原则"来处理相互关系，即使放到今天，也还能够给我们以新的启迪。（摘自《俄罗斯研究》2021年第3期，原文约5000字）

【中国外交话语权的历史演进与基本经验】

叶淑兰

中国外交话语权是中国外交话语的国际影响力的总和，主要包含中国外交的议题设置力、话语说服力与话语实践力等内容。在社会主义革命与建设时期，中国通过三次建交浪潮获得了国际社会的承认，中国提出的"和平共处五项原则"与建立在"三个世界"理论基础上的反霸国际统一战线话语，为中国外交话语权建设奠定了良好的基础。改革开放后，中国在全面融入国际社会过程中，积极倡导独立自主和平外交、多极化、国际关系民主化、和平发展与和谐世界等理念，获得了广泛的国际认同。进入中国特色社会主义新时代后，中国提出了新型国际关系、人类命运共同体以及"一带一路"等倡议，有力地推动了新型全球发展伙伴关系与新型全球治理实践的发展，中国的全球影响力与对国际社会的塑造能力得到进一步提升。考察中国外交话语权建设的历史与现实，可以让我们认识到：高科技驱动的国家硬实力与价值观驱动的文化软实力是话语权生成的基础；在外交实践与融通中外基础上创新中国外交理论体系是提升中国外交话语权的关键；拓展人民外交、国际组织外交与媒体外交等多元外交形式是话语权提升的保证；基于中华传统文化基础上的真诚重义与和平中庸的大国外交风格是话语权建设的助力。（摘自《国际观察》2021年第5期，原题为《中国外交话语权的历史演进、基本经验及生成逻辑》，原文约22000字）

【中俄伙伴关系外交的特点与启示】

于游 高飞

经过30余年的发展，中俄伙伴关系外交逐渐形成了和平、平等和包容的特点：具有明显的平等性，政策表征是相互尊重；具有和平性，政策表现为"不结盟、不对抗、不针对第三方";具有包容性,政策表现为双边与多边网状机制形成联动。这不仅为两国关系发展带来了切实利益,也推动国际关系朝着更加多样化、均衡化方向发展,维护了大变局时代世界秩序的基本稳定。从本质上来看,中俄伙伴关系外交不同于冷战时期西方阵营内部的"盟友—伙伴"关系,而是为营造有利的外部环境塑造一种"不对抗、不结盟、不针对第三方"的平等、和平、包容的国际合作范式:军事交流推动伙伴信任的起步;磋商机制畅通伙伴交流的渠道;经贸关系助力伙伴互利合作的深化;人文交流夯实伙伴国家合作的民意基础。在新的时代背景下,中俄关系的发展为新型大国关系的构建提供了重要启示:坚持合作共赢理念,兼具原则性和灵活性;强调摒弃冷战思维,承认并致力于管控分歧,务实提升合作水平;强调结伴而不结盟,致力于打造国际合作网络。(摘自《太平洋学报》2021年第1期,原题为《构建新型大国关系:中俄伙伴关系外交的经验与启示》,原文约15000字)

【中美建交以来美国对华经济战略的嬗变】

陈 宇

当今世界正处于"百年未有之大变局"之中。一方面,中国已经彻底改变了百年前积贫积弱的状态,正在改变由西方霸权国家主导的国际秩序局面,世界政治秩序中的权力中心正处于加速由西方向东方转移过程之中。当下中美之间正在进行的战略竞争便是这个"变局"中的重要内容,而中美间的经济关系便是其核心所在,双方的战略竞争呈现出"中国对美国经济霸权的挑战和美国维护其经济霸权"这样一种战略态势。中美建交40多年来,两国关系走过了一段非常不平凡的历程,大体上经历了战略协调、非敌非友、利益攸关与战略竞争四个阶段。中美关系不同阶段的性质塑造了不同的美国对华经济战略。2008年国际金融危机之后,中美实力差距开始明显缩小。在此背景下,美国两党就美国对华经济战略展开了辩论,基本上一致认为,美国在经济上奉行的对华接触容纳战略并没有将中国嵌入美国领导下的霸权体系之中,中国反而利用美国提供的战略机遇迅速成长为挑战美国霸权秩序的"修正主义国家",从而宣告了美国对华经济战略的失败。从特朗普政府时期开始,美国不仅将中国定位为"战略竞争者"及"修正主义者",而且还开始采取经济制裁措施来遏制中国的经济发展。当前,中美关系已经迈入战略竞争时代,美国已经将中国定位为其霸权秩序的"战略挑战者",其对华经济战略的重心开始转向规制中国的经济竞争,旨在全面遏制中国的发展。美国对华经济战略重心的转变将会对双边关系的性质及未来发展产生深刻影响,也会对世界秩序的发展走向产生深远影响。(摘自《国际观察》2021年第2期,原题为《中美建交以来美国对华经济战略的嬗变(1979—2020)》,原文约10000字)

(供稿:郑 珺)

· 国史图书目录 ·

一、总论

中国共产党简史/本书编写组/人民出版社、中央党史出版社
中华人民共和国简史/本书编写组/人民出版社、当代中国出版社
改革开放简史/本书编写组/人民出版社、中国社会科学出版社
社会主义发展简史/本书编写组/人民出版社、学习出版社
二十世纪中国史纲（增订版）/金冲及/生活·读书·新知三联书店

二、史学理论

中华人民共和国史研究的理论与方法/宋月红等/当代中国出版社
历史理论与史学理论/何兆武/商务印书馆
史学理论与方法/肖宏发/民族出版社
中国史学史（第2版）/乔治忠/中国人民大学出版社
中国史学思想史/吴怀祺/人民出版社
从文化视角研究史学（增订版）/陈其泰/华东师范大学出版社
史学田野考察方法/蓝勇/科学出版社

三、政治史

中国特色社会主义政治制度建设/李正华等/河北人民出版社
当代中国政治制度/包玉娥/中国言实出版社
当代中国政治制度/浦兴祖/复旦大学出版社
政治体制改革的中国路径/曾峻/经济科学出版社
干部选拔任用制度发展历程与改革研究/郝玉明/经济科学出版社
当代中国小康理论创新史/颜英/中国商务出版社
改革开放以来人大制度发展/黎堂斌/江苏人民出版社
当代中国的立法体制研究/陈俊等/经济科学出版社
中华人民共和国著作权法三十年/刘春田/知识产权出版社

"中国之治"与新型政党制度研究/胡荣荣/河北人民出版社

改革开放以来中国工会的制度变迁/吴建平/社会科学文献出版社

国家治理现代化：70年回顾和新时代展望/魏礼群等/国家行政管理出版社

当代中国国家治理概论/张占斌等/中共中央党校出版社

基层中国：国家治理的基石/吕德文/东方出版社

中国农村村民自治（增订本）/徐勇/生活·读书·新知三联书店、生活书店出版公司

中国农村基层民主建设研究/东秀萍/人民日报出版社

治城：中国城市及社区治理探微/王德福/广西师范大学出版社

现代国家建构视野下的街道办事处制度研究/袁则文/中国社会科学出版社

地区行署制度研究（1978—2002）/侯桂红/社会科学文献出版社

新中国70年榜样人物先进事迹文献选辑（全2册）/李辽宁等/四川大学出版社

"九二共识"历史存证/海峡两岸关系协会/九州出版社

制度优势：中国特色对口支援模式研究/郑春勇/浙江工商大学出版社

四、经济史

中国式规划：从"一五"到"十四五"/尹俊等/北京大学出版社

共和国的脚步——"一五"至"十五"计划编制与实施的历史回顾/曹文炼等/东方出版社

西部大开发/姬文波/北京人民出版社

新中国农业农村发展研究70年/魏后凯/中国社会科学出版社

攻坚克难补短板：农村同步迈向全面小康社会之路/郑有贵/安徽人民出版社

中国民营经济发展的制度变迁研究/赵文强/中山大学出版社

察访中国——农村70年调查追寻/童禅福/浙江工商大学出版社

中国农村集体经济改革与发展研究/彭海红/华中科技大学出版社

工业化进程中的技术引进（1949—1965）/刘振华/经济科学出版社

上海纺织工业发展简史/侯志辉/上海大学出版社

新中国城市发展研究丛书/潘家华/社会科学文献出版社

新中国财政70年系列丛书/高培勇/中国财政经济出版社

新中国成立初期的统一财经/王丹莉/北京人民出版社

中国互联网金融的历史演进/印文等/南京大学出版社

中国资本市场三十年/中国证券监督管理委员会/中国金融出版社

中国吸收外资四十年（1979—2018）/中国国际投资促进会/中国财政经济出版社
新中国粮食流通发展 70 年/中国粮食经济学会/经济管理出版社
建党百年看中国交通运输发展丛书/欧国立/经济科学出版社
中国水运工程建设实录（1978—2015）/中华人民共和国交通运输部/人民交通出版社
新中国公务员工资制度史/何宪等/中国人事出版社
中国最低工资制度研究/贾朋/中国社会科学出版社

五、文化与科技史

当代中国文化/欧阳雪梅/五洲传播出版社
当代中国文化治理研究/林凌/上海人民出版社
中国改革开放始建红色文化纪念馆研究/李丽等/江苏人民出版社
新中国的民营报纸（1949—1957）/郑宇丹/河南大学出版社
新中国 70 年文学发展/刘勇等/北京师范大学出版社
改革开放以来高校思想政治教育政策演变研究/杨静/经济日报出版社
中国教育改革 40 年：教育信息化/黄荣怀等/科学出版社
中国学位制度实施四十年/王战军/中国科学技术出版社
当代中国生态文明/段娟/五洲传播出版社
大国科技：中国科技之路背后的决策往事/许正中/中共中央党校出版社
科技体制改革进展报告（2012—2020）/本书编写组/科学技术文献出版社
雪龙探极：新中国极地事业发展史/黄庆桥/上海交通大学出版社
沸腾十五年：中国互联网 1995—2009（修订版）/林军/电子工业出版社

六、社 会 史

新中国社会保障发展史/胡晓义/中国劳动社会保障出版社
中国农民负担史/中华人民共和国财政部《中国农民负担史》编辑委员会/中国财政经济出版社
中国脱贫攻坚精神/武力等/华中科技大学出版社
中国脱贫攻坚的实践与经验/陈锡文等/人民出版社
当代中国治理转型与社会组织发展/黄晓春/社会科学文献出版社
重建与嬗变：新中国成立初期西南地区的社会改造研究/廖胜平/人民出版社

中国民政事业高质量发展研究（2010—2017）/邢梦昆等/经济科学出版社
以人民为中心：新时代中国民生保障/郑功成/中国人民大学出版社
当代上海的民生建设研究/杨莲秀/当代中国出版社
上海工人新村建设研究/中共上海市委党史研究室/上海书店出版社
残疾人社会服务研究——模式演变与体系建构/王磊/科学出版社
新中国民众出行史：1949—2019/郭书林/黑龙江大学出版社
中国农村居民消费行为及结构演化研究/温涛等/科学出版社
改革开放以来生活方式变迁与文化选择研究/李霞/人民出版社

七、国防与军事史

中国人民解放军简史/中国人民解放军国防大学/江苏人民出版社
当代中国陆地边疆治理/方盛举/中央编译出版社
大阅兵——阅兵训练/姜大伟等/中国原子能出版社
抗美援朝记/郭志刚等/华夏出版社
板门店谈判纪实/赵勇田等/重庆出版社
志愿军十虎将/宋国涛/中共党史出版社
小三线建设研究论丛（第六辑）/徐有威等/上海大学出版社
军民协同创新的体制、机制和政策研究/张近乐等/科学出版社

八、外交史

携手之路——纪念中华人民共和国恢复在联合国合法席位50周年/中国联合国协会/世界知识出版社
上海合作组织20年：成就和经验/徐步等/世界知识出版社
上海民间外交的新空间——中国国际进口博览会的启示/上海国际问题研究院、上海市人民对外友好协会/格致出版社
从援助到发展合作：21世纪初中非关系演进研究/李源正/社会科学文献出版社
中国对非援助及投资的效应研究——中国发展经验及其对非洲的意义/黄梅波/中国社会科学出版社
中日美关系与台湾问题（1949—2010）/陶文钊等/社会科学文献出版社

九、地方史

新中国第一个首都城市总体规划的制定/董斌/北京人民出版社

福建与新中国一起走过（共3册）/中共福建省委党史方志办/福建人民出版社

兰州通史（中华人民共和国卷）/田澍/人民出版社

江苏青壮年支援新疆建设研究（1959—1965）/闫存庭/人民出版社

消失的村落记忆——城市化进程中的历城/济南市历城区政协文史资料委员会/山东人民出版社

十、人物研究

中国有个毛泽东/李捷/人民出版社

毛泽东领导下的新中国十七年（上下册）/贾章旺/中国文史出版社

毛泽东与新中国水利工程建设/尹传政/人民出版社

梦回千古少奇永在：漫忆父亲刘少奇与新中国/刘源/人民出版社

从政治委员到军委主席——邓小平军事生涯/宋毅军/安徽教育出版社

邓小平与陈云的世纪历程/张金才/人民出版社

叶剑英元帅/纪学/言实出版社

十一、口述史及史料

我的父辈在抗美援朝中/王太和/中共党史出版社

雪域珍档——22位老兵的进藏记忆/萧清/西藏人民出版社

激情岁月的记忆：聚焦三线建设亲历者/吕建昌等/上海大学出版社

脱贫攻坚访谈录/中央党校（国家行政学院）访谈组/中共中央党校出版社

破茧——上海产业转型与城市更新访谈录/上海产业转型发展研究院/上海书店出版社

上海助力打赢脱贫攻坚战口述系列丛书/上海人民出版社、学林出版社

辉煌70年——新中国经济社会发展成就（1949—2019）/《辉煌70年》编写组/中国统计出版社

全面建成小康社会大事记/中央党史和文献研究院/人民出版社

新中国小三线建设档案文献整理汇编（第一辑）/徐有威/上海科学技术文献出版社

新时代研究生教育研究资料汇编（2010—2020）/王战军/中国科学技术出版社

十二、海外观察

共同见证百年大党——百位国外共产党人的述说（上下册）/姜辉/当代中国出版社
海外中国研究现状与趋势（2006—2016）/陈肃/学苑出版社
新时代海外当代中国研究/桑月鹏等/辽宁人民出版社
中国的选择：中美博弈与战略抉择/［新加坡］马凯硕著、全球化智库译/中信出版社

（供稿：刘鑫鑫）

·国史期刊论文目录·

一、史学理论

当代中国史理论研究的学科建设及当前任务（朱佳木）　思想理论教育导刊 2021.5

新中国史的科学史观、核心问题与精神传承（李捷等）　马克思主义理论学科研究 2021.9

新中国成立以来中国近现代史研究范式的演变与思考（韩军垚）　江汉论坛 2021.7

马克思主义史家与历史考证（陈其泰）　中国史研究 2021.2

马克思主义大历史观初探（许先春）　当代世界与社会主义 2021.2

马克思恩格斯关于历史文献重要论述的当代启示（张乃和）　史学理论研究 2021.2

论马克思主义唯物史观在中国史学中的应用与发展（汪子涵）　枣庄学院学报 2021.1

中国马克思主义史学范式构建论纲（陈峰）　福建论坛（人社版）2021.4

中国马克思主义史学的发展与反思（李勇等）　河南师范大学学报（哲社版）2021.5

中国马克思主义史学的形成与社会史论战（张越）　近代史研究 2021.5

马克思主义社会形态理论与中国史学（杨艳秋）　史学集刊 2021.4

论历史理论叙事研究范式（李杰）　云南大学学报（社科版）2021.2

关于改善史学著述风格的理论思考（李振宏）　河南师范大学学报（哲社版）2021.1

史学理论对教育史研究方法论影响的实证分析（张彦杰等）　现代大学教育 2021.1

新时代中国史学主体性的构建（黄仁国）　南京社会科学 2021.9

论历史认识的检验标准（乔治忠）　南开学报（哲社版）2021.5

从教化到通识：中国史学传统功能的现代转换（曾育荣）　南开学报（哲社版）2021.1

说创造性转化与创新性发展——关于历史学学术体系构建的一点思考（瞿林东）　史学理论与史学史学刊 2021.1

历史图景的过程事件分析（严飞）　社会学评论 2021.4

重建"历史事实"（张轲风）　思想战线 2021.4

浅谈应用于历史学研究的社会学方法（陈罕能）　西部学刊 2021.14

从史学理论研究到影像史学实验——北京师范大学历史学新文科建设的理论与实践（2011—2021）（吴琼）　史学史研究 2021.3

史学史研究的性质、演变和未来：一个全球的视角（王晴佳）　河北学刊 2021.5

理论的凸显：社会史论战对史学的一个影响（罗志田）　社会科学战线 2021.9

新史料、新问题与新史学——从华北区域史研究看史学与史料的关系（郝鑫）　首都师范大学学报（社科版）2021.4

"风气"：观念史的视角（高瑞泉）　华东师范大学学报（哲社版）2021.5

多轮访谈：口述历史访谈的突出特征（王瑞芳）　史学理论研究 2021.4

口述史作为方法：何以可能与何以可为——以新中国工业建设口述史研究为例（周晓虹）　社会科学研究 2021.5

运用口述史方法深化中共党史研究（王炳林等）　中国青年社会科学 2021.4

口述史访谈的影像记录实践研究（宋本蓉）　南都学坛 2021.4

图像"说话"：图像入史的可能性、路径及限度（王加华）　史学理论研究 2021.3

量化历史与新史学——量化历史研究的步骤和作为新史学的价值（林展等）　史学理论研究 2021.1

百年中共党史研究理论与方法论笔谈（陈金龙等）　史学集刊 2021.1

中国共产党百年历史分期的多维解读——以党的文献为依据（秦宣）　中国人民大学学报 2021.3

新中国城市历史分期研究（何一民）　社会科学研究 2021.2

二、政治史

"第二个历史决议"的认识论和方法论——基于党史、新中国史理论之研究（宋月红）　世界社会主义研究 2021.7

中国共产党百年伟大实践的历史经验（吴超）　中国井冈山干部学院学报 2021.2

中国共产党百年历程与民主集中制的建构（刘仓）　高校马克思主义理论研究 2021.2

以人民为中心的治理观：中国共产党领导国家治理的基本经验（唐亚林）　中国行政管理 2021.7

百年来中国共产党应对重大考验的历史考察及启示（何云峰）　河南大学学报（社科版）2021.4

人民当家作主的中国实践（解丽霞等）　学术研究 2021.2

新中国 70 年中国共产党人战略思维的历史演进与逻辑内蕴（孙秀民等）　大连理工大学学报（社科版）2021.1

阐释改革开放史的思路与视域（陈金龙）　思想理论教育导刊 2021.5

新中国关于真理标准问题的宣传与讨论（1949—1976）（章舜粤）　中国延安干部学院学报 2021.2

"中国式"现代化：历程、特色和经验（孙照红）　中州学刊2021.2

建设社会主义现代化国家目标话语的历史演变（陈冬冬等）　理论与改革2021.4

中国共产党探索现代化道路的百年历程与经验启示（任志江等）　财经科学2021.6

中国现代化进程的阶段划分与模式演进（何传启）　人民论坛2021.24

中国的现代化是中国共产党的一场接力赛——写在中国共产党即将迎来百年华诞之际（李文）　山西大学学报（哲社版）2021.3

中国式现代化的独特路径（刘守英）　经济学动态2021.7

"中国式"现代化：历程、特色和经验（孙照红）　中州学刊2021.2

从五年规划看中国共产党治国理政的基本经验（郭旭红等）　华中师范大学学报（人社版）2021.4

五年规划视野下中国共产党现代化观念的演进（欧阳军喜等）　中国高校社会科学2021.5

全面建成小康社会的历史进程、价值准则和方法论（孙立冰等）　管理学刊2021.1

从全面建成小康社会看中国共产党治国经验（杜艳华）　思想战线2021.3

中国小康思想的传承创新和社会建设的实践经验（宋洪远等）　农业经济问题2021.9

从"脱贫奇迹"看中国制度优势（张聪）　哈尔滨工业大学学报（社科版）2021.4

全国人民代表大会组织法的发展历程和法治意义（黄宇菲）　中国法律评论2021.2

中国省级人大常委会的职能变迁：路径与模式（何俊志）　政治学研究2021.1

一届全国人大华侨代表的选举产生和建言献策（任贵祥）　中共党史研究2021.2

新中国成立后内蒙古的首次基层普选（庆格勒图）　内蒙古大学学报（哲社版）2021.1

我国1954年《宪法》中的最高国务会议——运作、逻辑与原理（李一达）　学习与探索2021.3

1949—1956年人民政协民主协商的实践逻辑及其当代价值（池步云）　江西社会科学2021.2

接续抑或更张：从"新政协"到"人民政协"（赖静萍等）　吉林大学社会科学学报2021.2

海外毛泽东传记文本中历史虚无主义的表现与批判（王芳）　毛泽东研究2021.4

毛泽东关于国家统一观的重要论述——以解决台湾问题战略实践为例（徐涛）　湖南科技大学学报（社科版）2021.3

调动中央与地方两个积极性——毛泽东《论十大关系》第五节的历史缘起与文本分析（韩奇）　现代哲学2021.2

论毛泽东著作及版本研究的几个问题（肖贵清等）　湘潭大学学报（哲社版）2021.5

《毛泽东著作选读》新编本的编辑出版与现实启示（柳作林等）　出版发行研究 2021.6

毛泽东对改造社会关系的理论思考与实践探索（张放）　毛泽东邓小平理论研究 2021.8

举国体制与重大突破——以特殊机构执行和完成重大任务的历史经验及启示（路风等）　管理世界 2021.7

论新中国对私有制社会主义改造的伟大胜利（何干强）　当代经济研究 2021.9

建政时期中央对地方性事件的处置——基于中国共产党接管南京的考察（田圆等）　江苏社会科学 2021.1

场域决定思想——当代中国政治思想变迁的知识社会学逻辑（1978—2000）（黄晨）　中国人民大学学报 2021.2

新中国司法建设的重大历史性转换及现实启示（柯新凡）　毛泽东邓小平理论研究 2021.7

中国共产党百年来统一战线工作的历程和经验（丁俊萍等）　江苏社会科学 2021.3

中国共产党建党百年善用社会动员的基本经验（刘卓红等）　学术交流 2021.2

新中国成立以来道德榜样叙事的嬗变与审思（陈红）　长白学刊 2021.2

改革开放以来中国民主的逻辑进程、基本特征和经验启示（王江波等）　领导科学 2021.6

新中国 70 年行政区划调整的历程、特征与展望（张可云等）　社会科学辑刊 2021.1

国有企业党的领导制度百年探索：发展历程与基本经验（张洪松等）　四川大学学报（哲社版）2021.2

为谁劳动？1950 年代末天津纺织工厂史写作与工人自我教育（司文晶）　广东社会科学 2021.2

新中国成立初期我国城市管理体制的建立及其层级结构研究（郭圣莉）　上海行政学院学报 2021.3

"单位研究" 70 年（田毅鹏）　社会科学战线 2021.2

中国共产党百年农村社会治理价值导向研究（蒋天贵等）　求实 2021.4

乡村治理的百年探索：理念与体系（赵树凯）　山东大学学报（哲社版）2021.4

改革开放以来机构改革的经验塑造、逻辑演进及其展望（颜德如等）　理论探讨 2021.3

论中共中央五代领导集体推进两岸统一的历史性贡献（严安林）　台湾研究集

刊 2021.3

"一国两制"是一个伟大创举（胡荣荣）　前线 2021.7

论"一国两制"的文明观及其当代意义（韩大元）　中国人民大学学报 2021.3

西藏和平解放时期昌都的统战工作（毛欣艳）　西藏民族大学学报（哲社版）2021.4

新中国解决陆地边界问题的国际法实践（周健）　边界与海洋研究 2021.3

中国共产党成立 100 周年与中国国际地位梯级上升（张卫良等）　湖南大学学报（社科版）2021.3

中共中央党史领导小组与改革开放以来的党史、新中国史工作（易海涛）　上海党史与党建 2021.3

三、经济史

经济视野下中国共产党的四个伟大成就（武力）　马克思主义与现实 2021.4

中国共产党百年经济治理：演变、规律与启示（张占斌等）　经济社会体制比较 2021.3

马克思主义政治经济学中国化的理论自觉和历史自觉——中国共产党百年经济思想的历程及其特质（顾海良）　当代世界与社会主义 2021.3

百年大党有效领导经济社会发展的历史进程和基本经验（唐皇凤）　武汉大学学报（哲社版）2021.2

新中国经济发展道路的初期探索（邱霞）　新理财（政府理财）2021.7

中国共产党对社会主义市场经济体制的认识过程、理论创新与实践指向（王维平等）　上海经济研究 2021.2

社会主义市场经济体制演进的基本逻辑与经验（何伟等）　求是学刊 2021.2

两种体制、两个奇迹与"两个时期互不否定"（于鸿君）　北京大学学报（哲社版）2021.1

新中国成立以来国家经济安全观的演进历程、总体趋势及基本经验（黄翔宇等）　天津师范大学学报（社科版）2021.2

社会主义市场经济体制上升为社会主义基本经济制度的内在逻辑（庞庆明）　马克思主义与现实 2021.1

我国国有经济使命变迁历程回顾与"十四五"取向（盛毅）　经济体制改革 2021.3

平衡、协调与奠基：1979—1984 年经济调整探析（肖昊宸等）　江西财经大学学报 2021.1

经济制度演化视域下的中国改革开放史（杨英杰）　经济社会体制比较 2021.1

所有制改革与所有制结构演变——改革开放以来马克思主义所有制理论中国化研究（刘谦等） 人文杂志2021.3

政府与市场：对中国改革开放后工业化过程的回顾（陈健等） 经济与管理评论2021.3

1949年至1978年中国区域经济发展演变研究（姜长青） 毛泽东邓小平理论研究2021.1

国家治理视角下中国财政理论的嬗变（1949—2018）（龚浩） 上海经济研究2021.8

中国现代市场体系建设进程评价研究（王磊等） 经济纵横2021.2

政府、企业家与中国改革进程——基于历史演进的考察（刘志永等） 晋阳学刊2021.1

新中国70年经济管理权纵向划分的实践与逻辑（刘志伟） 经济体制改革2021.1

战略维度和实现路径：中国共产党百年破解"三农"问题的考察（郑有贵） 中共中央党校（国家行政学院）学报2021.5

中国共产党百年分配制度变革及其人民立场（韩喜平等） 经济纵横2021.5

社会主义收入分配的思想演进与制度变迁研究（刘文勇） 上海经济研究2021.1

中国居民收入差距变动分析（2013—2018）（罗楚亮等） 中国社会科学2021.1

所有制结构调整的演进逻辑、现实基础与政策取向（杨新铭等） 政治经济学评论2021.5

国家治理视角下中国财政理论的嬗变（1949—2018）（龚浩） 上海经济研究2021.8

中国财政改革与经济增长实践（郭路等） 财经理论与实践2021.1

新中国金融体系的建立（纪崴） 中国金融2021.15

中国地区数字经济的演变：1994—2018（毛丰付等） 数量经济技术经济研究2021.7

中国健康福利财政制度建设的历史变迁与结构特征（刘继同等） 学习与实践2021.2

新中国初期中央对民族自治地方财政管理的探寻（姜长青等） 理论与评论2021.3

20世纪50年代的农村信用合作化（赵学军） 中国金融2021.1

基于文献视角的海外对华投资和中国对外投资的比较（杨博飞等） 经济地理2021.5

增产节约运动与中国工业计划体制的建立（1949—1952）（孟文科） 西安工业大学学报2021.4

新中国成立初期的增产节约运动——以湖南工矿企业为例（江轶等） 湖南工业大学学报（社科版）2021.4

进退的张力：农村小商小贩社会主义改造研究（1954—1956）（常明明） 史林2021.1

"156项"建设项目对中国工业化的历史贡献（赵学军）　中国经济史研究 2021.4

"备战"与"运动"下的三线企业选址——以二汽厂址问题为例的考察（崔龙浩）　历史教学问题 2021.2

三线企业选址与内地工业协作关系研究（1964—1969）（张杨）　浙江学刊 2021.5

以厂带社：三线建设时期的一次改革探索（徐有威等）　开放时代 2021.5

"一五"时期工业体系构建的内在逻辑及其对畅通"国内大循环"的启示（李天健）　重庆理工大学学报（社科版）2021.9

农村土地承包关系长久不变——历史进程、理论维度与实践逻辑（刘润秋等）　福建论坛（人社版）2021.1

新中国初期晋西北手工业研究（张荣杰）　中国经济史研究 2021.5

家庭承包经营激活农村经济（郑有贵）　中国党政干部论坛 2021.5

退社权假说、多重博弈和激励机制——集体化时期农民劳动积极性问题再考察（齐秀琳等）　财经问题研究 2021.10

陈云1962年提出分田到户探因（张金才）　晋阳学刊 2021.3

"变"与"不变"之间：现代中国农地制度改革的演进逻辑（赵泉民）　理论月刊 2021.3

我国农业现代化的发展进程与经验启示（王景利等）　农业经济 2021.10

小农经济条件下农业农村现代化：历史探索与经验启示（计晗等）　南京农业大学学报（社科版）2021.5

中国农产品贸易角色变迁：1949—2019（李新兴）　中国农业资源与区划 2021.1

我国农业科技园区发展演变、问题与发展路径（黄梁）　农业经济 2021.1

新中国成立以来粮食安全财政政策的演进及其当代启示（毛佳等）　江西财经大学学报 2021.4

三次产业增长和产业价格结构变化对中国经济增长的影响：1952—2019年（王弟海）　经济研究 2021.2

改革开放以来中国劳动生产率增长的结构效应与增长效应驱动力探究——基于九大行业国际比较的视角（胡晨沛等）　经济体制改革 2021.1

2006—2018年中国区域创新结构演变（周麟等）　经济地理 2021.5

共同富裕：演进历程、阶段目标与评价体系（杨宜勇等）　江海学刊 2021.5

从外向型到开放型的经济体制跃迁与实践进路（王春丽等）　江汉论坛 2021.10

地方政府招商引资政策的变迁历程与取向观察：1978—2021年（马相东等）　改革 2021.8

我国沿边开放战略思考：历史逻辑与推进方向（庄芮等）　国际贸易 2021.7

1978 年以来中国沿海与内陆经济格局的转折分析（娄帆等）　中国人口·资源与环境 2021.5

新中国初期铁路运输的安全形势与治理成效（黄华平）　北京交通大学学报（社科版）2021.3

苏联专家与新中国水运事业建设（王苗等）　河北学刊 2021.2

1956—1966 年外国游客来华旅游接待研究（王素君）　江苏大学学报（社科版）2021.1

四、文化与科技史

中国共产党百年来文化建设的主题、本质与道路（曹润青等）　党政研究 2021.1

建党百年来文化建设的基本经验（王玖姣）　科学社会主义 2021.3

中国共产党文化观的百年演进及经验启示（孙成武等）　北京交通大学学报（社科版）2021.3

中国共产党运用中华优秀传统文化凝心聚力的百年实践与经验（许慎）　思想教育研究 2021.1

改革开放以来中国文化治理的历程考察与经验启示（蔡晓倩）　理论导刊 2021.6

论当代中国文化治理的演进逻辑（盛显容）　学校党建与思想教育 2021.8

改革开放以来中国文化治理的历程考察与经验启示（蔡晓倩）　理论导刊 2021.6

改革开放以来中国文化建设的辉煌成就（左玉河）　北京党史 2021.1

改革开放以来我国完善文化政策的实践与历程（陈希颜等）　观察与思考 2021.8

一九七八至一九九二年中共对传统文化态度的调整（付吉佐）　党史研究与教学 2021.1

中国红色文化百年变革求真的历史演进与传承路径（徐功献）　湖南社会科学 2021.3

中国共产党教育方针的百年演进与时代精神的教育追求（王亚晶）　当代教育科学 2021.6

中国共产党教育思想发展的百年考察（王炳林等）　南开学报（哲社版）2021.3

我国教育督导制度的演进逻辑与改革路径（刘小鹏）　教学与管理 2021.9

改革开放以来我国教育援助的政治理念与实践策略（徐辉）　比较教育研究 2021.8

构建中国特色教育学的"三大体系"——基于改革开放后教育学发展的分析（冯建军）　社会科学战线 2021.9

我国高等教育发展方式的演进历程、逻辑及展望（赵庆年等）　现代教育管理2021.8

中国科学院高等教育办学历史回顾与评析（陈念宁）　中国科学院院刊2021.1

新中国成立七十多年来高校思想政治理论课课程体系的建构及其经验（田克勤）　中国青年社会科学2021.2

口述史在高校"四史"教学中的应用与实践（郑京辉等）　历史教学问题2021.2

基础教育改革顶层设计的进路与反思：1980—2020（阮成武）　南京师大学报（社科版）2021.1

加入WTO二十年来中国教育对外开放的发展（孙霄兵）　国家教育行政学院学报2021.1

中国共产党领导学校劳动教育的历史演进、基本经验及启示（李建国等）　学习与实践2021.2

20世纪五六十年代中国档案高等教育的肇始与应变（闫静）　档案学研究2021.2

毛泽东劳动育人思想及其当代发展（熊建生）　湖南科技大学学报（社科版）2021.2

新中国成立初期党的教育方针确立的历史回顾——以对旧公立大学的接管和改造为例（李晶）　思想理论教育导刊2021.6

新中国成立初期教科书中的国家形象叙述（杨琳等）　长白学刊2021.1

"三农教育"思想的发展与实践（郝文武）　北京师范大学学报（社科版）2021.5

乡村教育现代化进程中国家能力的历史演进与优化路径（赵鑫等）　当代教育与文化2021.1

新中国文学出版与阅读（1949—1966）（魏玉山）　编辑之友2021.4

新中国精神与文学经典的生成（蒋述卓等）　中国社会科学2021.2

中国共产党科技领导的百年历程及经验启示（尚明瑞）　甘肃社会科学2021.3

我国科技自立自强的历史沿革、现实路径与制度保障（王子晨等）　甘肃理论学刊2021.2

中国科技评价政策的变迁与演化：特征、主题与合作网络（宋娇娇等）　科研管理2021.10

中国科技成果转化政策变迁：制度驱动抑或市场导向（李胜会等）　中国科技论坛2021.10

新中国成立以来专利统计分析（高继平）　科技导报2021.17

一九七〇年代末期美国政府对华科技合作政策的形成（熊晨曦）　党史研究与教学2021.1

"数字中国"的由来、发展与未来（黄欣荣等）　北京航空航天大学学报（社科

版）2021.4

论邓小平对我国互联网早期发展的贡献（谢建东等）　兰州大学学报（社科版）2021.2

中国科技特派员政策变迁的演化逻辑与动力机制（李敬锁等）　科技管理研究 2021.18

2015—2019 年中国科技投入与产出概况（文彦杰）　中国科学院院刊 2021.1

新中国成立以来党领导疫情防控斗争的基本经验（肖光文）　山东社会科学 2021.2

新中国成立 17 年间农村医疗卫生事业研究（宋学勤等）　中国高校社会科学 2021.1

四川省十年新医改历程与成效研究（李烟然等）　现代预防医学 2021.8

新中国成立初期余江县根除血吸虫病"第一面红旗"符号的形成与发展（刘玉山）　毛泽东邓小平理论研究 2021.9

1949—1978 年农村公共文化生活的运行经验及历史启示（朱高林）　学术界 2021.5

中华人民共和国成立初期的戏曲艺人再教育（蔡红霞）　中州学刊 2021.5

改革开放以来我国义务教育管理体制之学术研究：历程、特征与展望（林美等）　现代教育管理 2021.6

多样并存一个声音：新中国成立初期党的新闻事业研究（冯帆等）　传媒 2021.18

论改革开放时期中国共产党新闻政策的改革与发展（郑保卫等）　传媒 2021.16

新中国成立以来劳模文化构建的回顾与展望（李妍妍）　党政研究 2021.3

新中国电影相关法律、法规、政策的历史发展脉络（程麒台）　中国电影市场 2021.7

当代中国出版社会监督的发展历程、演进逻辑及完善路径（杨石华）　科技与出版 2021.10

当代中国出版史中出版属性的变与不变（侯天保）　中国出版史研究 2021.3

我国出版业知识助农：源流、动力与路径拓展（于春生）　出版发行研究 2021.9

夯实共和国新闻史研究的基础："十七年新闻宣传"史料整理刍议（赵建国）　暨南学报（哲社版）2021.1

《中国共产党章程》的修订与出版传播百年史（邓绍根）　现代出版 2021.2

重塑新生：南京电影放映业的接收与改造（1949—1956）（睢人源）　电影新作 2021.3

"'送瘟神'的有力助手"：新中国"十七年"血防电影考察（黄勇军等）　北京电影学院学报 2021.7

书写历史与历史书写：电影与知识青年上山下乡述论（易海涛）　北京电影学院学报 2021.2

唯物史观与"十七年"时期戏曲史书写（黄静枫）　文化遗产 2021.5

改革开放以来的戏曲海外传播研究——以《人民日报》报道为例（刘珺）　戏曲艺术2021.3

中国戏曲艺人的身份转换与认同变迁（陈庚等）　戏曲艺术2021.1

"中国之声"的形塑：人民广播对外广播80年回望（高贵武）　西南民族大学学报（人社版）2021.9

新中国成立初期全党办"广播"、群众办"广播"的基层实践（付玉）　传媒2021.8

20世纪50年代中期清理有害书刊的广西地方实践（金晔）　档案与建设2021.7

口述史学与图书馆文献开发（全根先）　图书馆理论与实践2021.1

城市书房：2013—2020年——基层图书馆建设的突破与跨越（金武刚等）　图书馆理论实践2021.3

中国共产党建党百年来竞技体育的发展逻辑与历史经验（张震）　首都体育学院学报2021.3

新中国成立以来全运会改革：历程、经验及展望（冯加付等）　西安体育学院学报2021.1

从体育"强"国到体育强国：中国共产党体育"强"国观百年演进历程（张剑威等）　成都体育学院学报2021.3

改革开放以来中国特色体育思想变迁论析（崔乐泉等）　西安体育学院学报2021.2

改革开放四十年中国青少年体育政策演进述析（李强）　成都体育学院学报2021.1

新中国成立以来党领导我国体育产业发展的历史逻辑与经验启示（傅钢强等）　沈阳体育学院学报2021.2

1950—1966年博物馆出国展览与中国新形象表达（徐玲）　东南文化2021.4

新中国成立初期北京图书馆出版物的国际交换（李伟等）　河南师范大学学报（哲社版）2021.4

和平解放70年：西藏档案事业发展节点、特质与经验论要（侯希文）　档案学研究2021.5

五、社会史

中国共产党建党百年来的社会政策探索（李迎生）　学术月刊2021.6

中国共产党对美好社会制度的百年探索实践与原创性贡献（李包庚等）　浙江社会科学2021.6

党指引下的我国社会保障制度百年变迁（董克用）　行政管理改革2021.5

中国共产党带领人民创造幸福美好生活的百年经验（成龙）　求索 2021.3

中国共产党百年来领导民生建设的历史考察及基本经验（张远新等）　江汉论坛 2021.5

建党百年来中国民生事业的阶跃式发展及发生机理研究（范玉仙）　经济纵横 2021.5

中国共产党民生思想的实践逻辑与治理特征——以社会主要矛盾变化为视角的考察（戴卫东）　社会保障研究 2021.3

中国共产党领导贫困治理的百年历程与世界贡献（陈健）　江淮论坛 2021.3

中国精准扶贫的政策过程与实践经验（王亚华等）　清华大学学报（哲社版）2021.1

论脱贫攻坚的中国经验及其意义（张远新等）　浙江社会科学 2021.2

中国共产党农村治贫的百年探索：演进、经验与世界意义（刘海军）　求实 2021.2

中国农村 70 年扶贫历程中的政策变迁和治理创新（黄渊基）　山东社会科学 2021.1

中国农村扶贫的制度变迁、优化与创新（狄振鹏）　当代经济研究 2021.1

中国农村扶贫政策的减贫效应及其评价（李怡等）　华南农业大学学报（社科版）2021.1

中国扶贫进程中的社会政策变迁和政策学习（方倩等）　华东理工大学学报（社科版）2021.2

新中国成立以来我国教育扶贫的历程、经验及启示（刘晋如等）　广西社会科学 2021.1

改革开放以来的新闻扶贫：历史演进、研究旨归与价值指向（郑素侠等）　郑州大学学报（哲社版）2021.1

中国生态扶贫理论与实践研究（郑继承）　生态经济 2021.8

中国生态扶贫的理论创新、精准方略与实践经验（郎秀云）　江淮论坛 2021.4

政治经济视角下的中国社会保障：变迁逻辑与发展经验（林义等）　社会科学 2021.10

社会治理与公共生活：从连结到团结（冯仕政）　社会学研究 2021.1

新中国成立后周恩来关于防灾减灾救灾的思想（孙宏等）　党的文献 2021.1

新中国城乡关系发展与当下面临的问题（蔡禾）　社会学评论 2021.1

城乡关系变迁、工业扶贫变革与共同富裕道路的构建（邢成举等）　中国农业大学学报（社科版）2021.4

农民工城镇化转变：从"乡—城"到"乡—县—城"——以农民工落户城市层级选择意愿为视角（宋国恺）　西安交通大学学报（社科版）2021.5

当代中国的福利生产机制及其生成逻辑（徐进）　学术探索 2021.8

改革开放以来中国慈善事业的转型发展——以国家发展战略为分析视角（徐道稳）

社会科学 2021.1

  党的十八大以来我国养老服务政策新进展（林宝） 中共中央党校（国家行政学院）学报 2021.1

  中国家庭老年照料的功能变迁与价值转向（戴卫东） 安徽师范大学学报（人社版）2021.1

  家庭养老非正式制度演变及价值驱动（韩振燕等） 江淮论坛 2021.1

  农村互助养老：历史演变、实践困境和发展路径（文丰安） 西北农林科技大学学报（社科版）2021.1

  中国当代日常生活史研究的缘起、现状与展望（秦颖等） 齐鲁学刊 2021.2

  日常生活中的居住实践——以深圳 40 年住宅发展为例（孔晓青） 河北师范大学学报（哲社版）2021.1

  村民小组的历史变迁及其基本逻辑（吴理财） 社会学评论 2021.4

  新中国成立初期"爱国卫生运动"概念的形成及启示——以《人民日报》为中心的考察（张亮等） 安徽史学 2021.5

  2002—2018 年我国的公共卫生治理变迁（张刚鸣） 中国卫生事业管理 2021.7

  改革开放视野下拓展知青返城研究的四条路径（易海涛） 广东党史与文献研究 2021.1

  认同与信任：新中国初期中共对失业者政治文化训练评析（高中伟等） 江汉论坛 2021.2

  新中国初期中共应对突发公共卫生事件的举措与经验（高中伟等） 吉首大学学报（社科版）2021.3

  劳动作为出路——新中国成立初期动员中小学毕业生参加农业生产的问题史（常利兵） 上海大学学报（社科版）2021.2

  丹江口水库淅川库区远迁移民返迁与政府应对（1966—1985）（王瑞芳等） 湖南社会科学 2021.1

  集体化时代乡村社会中的土客关系——以山西省襄汾县东李村为例（行龙等） 山西大学学报（哲社版）2021.4

  政法传统背景下的妇联妇女权益维护（1980—2016）（陈伟杰） 社会学研究 2021.2

  集体化时期农村妇女的日常生活——基于延安柳林村的考察（于溪） 西安文理学院学报（社科版）2021.1

  中国共产党推进农村妇女解放的一个微观视角——以新中国成立初期泰兴女童教育为例（杨方等） 江海学刊 2021.3

知变又知常：观念是如何转型的？基于浙东屿村婚育观念的考察（张文军）　社会 2021.2

重大突发公共事件中妇女的日常生活、家庭关系与自我关怀——一项基于 75 位妇女叙述的研究（丁瑜等）　妇女研究论丛 2021.2

中国户籍制度改革：历程回顾、改革估价和趋势判断（赵军洁等）　宏观经济研究 2021.9

中国人口、经济、产业重心空间分布演变轨迹——基于 1978—2019 年省级数据的分析（张建武等）　中国人口科学 2021.1

人口结构变动对我国地方财政负担的影响（齐红倩等）　经济问题探索 2021.5

转型期人口流动与信任变迁（2005—2015）（韩彦超）　东南大学学报（哲社版）2021.3

从七普数据看中国劳动力人口的变动（童玉芬等）　人口研究 2021.3

从约束走向包容：中国生育政策转型研究（宋健）　华中科技大学学报（社科版）2021.3

改革开放以来我国人口较少民族人口结构变化与政策启示（耿新等）　中南民族大学学报（人社版）2021.8

"十三五"易地扶贫搬迁：伟大成就与实践经验（国家发展改革委）　宏观经济管理 2021.9

中国政府环境治理的注意力变迁——基于国务院《政府工作报告》（1978—2021）的文本分析（王琪等）　福建师范大学学报（哲社版）2021.4

新中国 70 年生态环境保护实践进展：由污染治理向生态补偿的演变（王思博等）　当代经济管理 2021.6

环保督察制度的渐进变迁及效力发挥（韩艺等）　江西社会科学 2021.3

新中国成立以来黄河流域治理开发及其经验启示（邓生菊等）　甘肃社会科学 2021.4

20 世纪六七十年代上海黄浦江水系污染问题研究（1963—1976）（金大陆）　中国经济史研究 2021.1

香港环境保护政策的实施、机制与启示（陈林等）　亚太经济 2021.4

新中国成立初期北京市复转军人就业安置工作研究（刘灿）　军事历史 2021.1

新中国退役军人就业安置制度的创建与初步运行（1949—1957）（王众）　济南大学学报（社科版）2021.3

基于简历分析方法的海外引进人才群体特征分析（赵㝬加等）　科技导报 2021.10

六、国防与军事史

中国共产党国家安全思想的百年演进(董春岭)　现代国际关系 2021.3

中国国家安全体系的演变历程、内在逻辑与战略选择(王妍妍)　社会主义研究 2021.4

毛泽东国家安全思想的历史贡献(吴克明)　湖湘论坛 2021.5

建国以来我军战略筹划国家利益观浅析(李太宇)　经济研究导刊 2021.13

改革开放以来中国军事战略方针调整探微(夏明星)　党史博采(上)2021.2

军委主席负责制是实现党对军队绝对领导的根本制度(刘仕平等)　中国领导科学 2021.5

人民军队加强党的政治建设的发展历程及经验启示(张海峰等)　文化软实力 2021.2

中国特色党军关系的成长逻辑分析——中国共产党成立100年来的伟大实践(周通等)　军事史林 2021.1

中国共产党政治建军的核心经验与成功密码(杨英等)　理论与现代化 2021.3

改革开放以来的"八一"纪念(恭琦等)　党史文苑 2021.9

初论国防经济学思想演进(孔昭君等)　北京理工大学学报(社科版)2021.1

国家治理视角下的军民融合演进逻辑研究(孟越等)　经济师 2021.10

边疆治理视域下中国沿边开发开放研究(初冬梅)　云南社会科学 2021.5

开国领袖的立国之战——再论毛泽东与抗美援朝战争(杨冬权)　军事历史研究 2021.1

周恩来与抗美援朝的"幕后"工作(潘敬国等)　百年潮 2021.1

抗美援朝出兵决策的出台及深远意义(吴璇)　文史天地 2021.2

抗美援朝战争与新中国防疫事业发展(薛金梓)　兰台世界 2021.8

抗美援朝军粮研究(周璇)　兰台世界 2021.2

保家与归心:华侨对抗美援朝运动的支援(任贵祥)　广东党史与文献研究 2021.3

多维视角下的三线建设研究(徐有威等)　华中师范大学学报(人社版)2021.1

小三线建设时期驻厂军事代表制度实践及其困境(周升起等)　史林 2021.3

人民军工为民族解放和新中国创建立下不朽功勋(姬文波)　国防科技工业 2021.4

武装力量与建国大业——首届全国政协中的军队代表及其政治影响(高民政)　理论与改革 2021.2

西藏和平解放前后随十八军进藏记者的新闻活动考察(廖云路)　西藏大学学报(社

科版）2021.2

毛泽东全民皆兵思想与甘肃省民兵队伍建设——以1965年甘肃省首届民兵大比武为例（苏勇等）　档案2021.4

20世纪50年代新疆进藏先遣连获胜的原因及历史意义（周翔）　中国藏学2021.2

南海"军事化"：谎言与真相（杜朝平）　南海学刊2021.2

20世纪20—70年代英国官方档案证实西沙群岛属于中国（胡德坤等）　边界与海洋研究2021.1

1956年台湾重返南沙及太平岛的再进驻（李理）　台湾研究2021.2

新世纪以来台湾地区防务政策历史演变（瞿定国）　统一论坛2021.1

美国情报视野中的1962年中印边界战争（张瑾）　中国社会科学院研究生院学报2021.1

中国军事技术考察团赴越南南方治天战场的考察经历（赵锐等）　军事历史研究2021.1

中美新闻界关于对越自卫还击作战的媒介集体记忆研究——以《人民日报》和《纽约时报》为例（冯小桐等）　对外传播2021.8

珍宝岛自卫反击战炮兵作战纪（张相良）　中国军转民2021.15

济源三大国防重点工程建设始末（济宣）　协商论坛2021.9

中国人民解放军陆军的发展和变革（陈辉）　湘潮2021.5

中国海军崛起及其对东亚安全秩序的影响（丁思齐等）　世界地理研究2021.4

中国海军"走出去"对外传播的优化策略（肖勇利）　对外传播2021.10

人民海军海上破袭游击战思想研究（吴铁民等）　军事历史2021.1

海权视域下的中苏海洋安全战略比较——以海军战略为视角（杨震）　亚太安全与海洋研究2021.3

中国地空导弹部队1959—1969年防空作战述略（汤卓越）　军事史林2021.8

口述史视域下的铁道兵转型研究（刘雪贝等）　西部学刊2021.9

国防科工委成立前后（姬文波）　党史博览2021.8

解放军87式服装装备部队的前前后后（罗元生）　党史博览2021.10

七、外交史

中国共产党与中国外交百年：一首辉煌的交响曲（罗燕明）　人民论坛·学术前沿2021.11

中国共产党百年外交路线述论（尚伟）　西南大学学报（社科版）2021.2

改革开放以来中国外交战略演变的内在逻辑（何奇芮）　公关世界 2021.10

中国特色大国外交话语体系建设的三维模式——以"和平崛起"为例（杨明星）　郑州大学学报（哲社版）2021.1

中国共产党国际秩序观的百年变迁（王宇航）　社会科学 2021.6

中国参与全球治理的政策主张与历史经验——基于党代会政治报告的分析（朱旭）　西安交通大学学报（社科版）2021.2

改革开放以来中国"全球化话语"的文本分析（伊丹丹）　南京邮电大学学报（社科版）2021.3

中国参与国际人权规范建设的主体性（1974—1990）（康华茹）　河南大学学报（社科版）2021.1

中国共产党的国际关系理论创新——从和平共处五项原则到人类命运共同体（徐坚）　外交评论（外交学院学报）2021.4

国际法秩序价值的中国话语——从"和平共处五项原则"到"构建人类命运共同体"（何田田）　法商研究 2021.5

关于"和平共处五项原则"的几个问题（孙泽学）　华中师范大学学报（人社版）2021.1

中国贫困治理国际合作的观念变迁与实践历程（章文光）　人民论坛 2021.11

中国抗疫国际合作的历史回顾与经验启示（刘芳）　学习与实践 2021.3

中国共产党领导下的边海外交经验与启示（宗海谊）　边界与海洋研究 2021.4

从分歧到理性：西方学界眼中的中国对非洲援助（叶成城）　当代世界与社会主义 2021.1

中国重返联合国五十年：发展历程与演进逻辑（张磊）　国际观察 2021.5

中国对联合国和平安全议程的参与和塑造（毛瑞鹏）　国际安全研究 2021.5

从"客场"到"主场"：中国参与联合国教科文组织实践的变化（谢喆平等）　外交评论（外交学院学报）2021.2

中国新安全观与上合组织二十年安全实践（许涛）　和平与发展 2021.3

上海合作组织与新时代中国多边外交（孙壮志）　世界经济与政治 2021.2

上海合作组织：发展的 20 年（弗拉基米尔·诺罗夫等）　俄罗斯研究 2021.4

论毛泽东的对美方略（1954—1970）（王悦之等）　延安大学学报（社科版）2021.2

毛泽东与中美关系论（薛庆超）　毛泽东思想研究 2021.3

毛泽东"三个世界划分"理论对构建人类命运共同体的方法论意义（毛林科等）　南

华大学学报（社科版）2021.2

当代中美关系的由来与症结（谢国明）　人民论坛2021.3

20世纪50年代美中之间禁运与反禁运的较量（尤建设）　史学月刊2021.8

冷战格局下美国政府对西藏和平解放谈判及协议签署过程的干扰与阻挠（张皓）　社会科学2021.3

1979年《中美贸易关系协定》与中美经贸关系正常化（刘磊等）　外国问题研究2021.3

经贸合作、府会政治与中美关系的张力——基于美国国会涉华提案数据库（2001—2019）的分析（王凯等）　外交评论（外交学院学报）2021.5

特朗普对中美关系的冲击与美国对华政策剖析（吴心伯）　复旦学报（社科版）2021.5

体育与中美关系的历史发展——纪念"乒乓外交"50周年（徐国琦）　美国研究2021.3

《中俄睦邻友好合作条约》与中俄关系发展（李永全）　俄罗斯学刊2021.4

中—俄—美战略三角与世界秩序（侯艾君）　深圳大学学报（人社版）2021.2

中国与俄罗斯太空合作分析（何奇松等）　俄罗斯研究2021.4

毛泽东"中间地带"论与中日邦交正常化（吕耀东）　东北亚学刊2021.4

从中日四个政治文件探析两国关系发展轨迹及未来趋势（梁云祥等）　日本学刊2021.S1

日侨归国考——20世纪50年代中日关系一瞥（徐志民）　中山大学学报（社科版）2021.1

1973—1975年中法就两国欧洲政策的磋商（李云逸）　首都师范大学学报（社科版）2021.2

1950—1975年中越两国政府在培训越南干部方面上的配合（刘文决）　南都学坛2021.1

中印伙伴关系复杂性的战略分析（门洪华等）　探索与争鸣2021.9

中国政府在中印领土争端中的危机管控策略——以"洞朗事件"为考察中心（张世均）　忻州师范学院学报2021.3

中南关系正常化的过程——基于南斯拉夫解密档案的分析（项佐涛等）　国际政治研究2021.2

中澳建交之前两国民间往来初析——以1949—1965年间来沪的澳方人士为例（谢晓啸）　史林2021.3

中国—东盟对话30年：携手共创合作文明（张蕴岭）　国际问题研究2021.3

媒介化公共外交与中国外交话语的对外传播——基于中国驻英大使馆新闻活动的考察（欧亚）　外交评论（外交学院学报）2021.3

20世纪60年代中国对中阿通航问题的处理与中阿交涉——基于中国外交部档案的考察（张安）　首都师范大学学报（社科版）2021.3

喜饶嘉措与新中国成立初期的佛教外交（尕藏扎西）　青海社会科学2021.4

双边关系、制度质量与中国技术引进（乔翠霞等）　中南财经政法大学学报2021.5

中国参与南极治理的历史进程与经验思考：以协商会议和养护会议为例（王婉潞）　极地研究2021.3

中国与太平洋岛国旅游外交：历史基础、现实动力与路径选择（王桂玉）　太平洋学报2021.2

（供稿：郑　珺）

学术动态

· 学术活动简讯 ·

深刻总结经验为全面推进乡村振兴提供历史借鉴

本报讯 3 月 29 日，乡村振兴暨《攻坚克难补短板：农村同步迈向全面小康社会之路》出版座谈会在京举行。活动由当代中国研究所原副所长、贫困地区持续增收致富调查研究课题组负责人武力主持。与会专家围绕《攻坚克难补短板：农村同步迈向全面小康社会之路》的出版和新中国"三农"发展历程进行了讨论。

与会专家指出，成功破解全面小康社会"三农"短板难题，农村同步迈向全面小康社会，是中国共产党团结带领全国人民在社会主义现代化建设征程中取得的历史性成就。《攻坚克难补短板：农村同步迈向全面小康社会之路》一书厘清了破解全面小康社会"三农"短板难题的历史进程、实现路径、历史性成就和经验。分析提出中国之所以能够在"三农"发展受弱质性困扰、乡村人口数量庞大条件下破解全面小康社会"三农"短板难题，原因在于中国共产党坚定促进全体人民共同富裕，发挥社会主义的制度优势，坚持"全国一盘棋"，在把握发展趋势和发展规律的基础上科学施策，突破了单纯从某一个体或局部资源配置效率出发而难以突破"三农"发展受弱质性困扰的路径锁定，探索形成促进农村同步迈向全面小康社会的中国方案，见解独到。

与会专家认为，该书在扎实史料基础上，呈现了中国共产党在农业农村发展道路上艰难探索，带领人民群众从贫困、温饱到小康再到全面小康的光辉历程，从理论高度创新性地概括了破解"三农"发展难题的中国方案。将历史逻辑与理论逻辑有机结合，在大历史观下将经济史、社会史、思想史融会贯通，从党的领导、经济实力支撑、产业融合、城乡融合、共享发展等维度呈现了农村同步迈向全面小康社会的奋斗之路，具有较高学术价值，是研究阐释新中国"三农"发展历程的佳作。进入"十四五"时期，中国踏上全面建设社会主义现代化国家新征程，"三农"工作重心实现向全面推进乡村振兴的历史性转移。该书的出版恰逢其时，相信能够为新时代全面推进乡村振兴与全面建设社会主义现代化国家提供历史借鉴。

会议由贫困地区持续增收致富调查研究课题组、安徽人民出版社、中国经济史学会中国现代经济史专业委员会主办。来自中国社会科学院、中共中央党校（国家行政学院）、农业农村部农村经济研究中心、北京市农林科学院、中国农业大学等单位的专家学者和安徽人民出版社负责人参加会议。

《中国社会科学报·社科院专刊》2021 年 4 月 2 日总第 553 期

（供稿：贾子尧）

24集大型文献专题片《敢教日月换新天》启播

6月17日,大型文献专题片《敢教日月换新天》启播仪式在北京举行。中宣部副部长、中央广播电视总台台长兼总编辑慎海雄,中宣部副部长孙业礼,中央党史和文献研究院副院长柴方国,国家广播电视总局副局长朱咏雷,中国社会科学院党组成员、当代中国所所长姜辉,以及国家发展和改革委员会、中央档案馆、中央军委政治工作部相关负责人等出席。

《敢教日月换新天》由中共中央宣传部、中央党史和文献研究院、国家发展和改革委员会、国家广播电视总局、中国社会科学院、中央广播电视总台、中央档案馆、中央军委政治工作部等单位联合摄制。节目以百年来中国共产党为实现民族独立、国家富强、人民幸福的不懈奋斗史和不断推进马克思主义中国化、时代化、大众化的历程为主线,全景展现了中国共产党以"敢教日月换新天"的志气、脚踏实地的苦干精神、始终不忘为人民谋幸福的初心,团结带领中国人民实现从站起来到富起来、再到强起来的历史伟业。

慎海雄在致辞中表示,欲知大道,必先为史。《敢教日月换新天》围绕我们党百年奋斗历程,既有宏大的历史视野,又有生动感人的历史细节,是我们党百年辉煌的一部影像"大传"。"为有牺牲多壮志",高度凝练了中国共产党人的初心和牺牲精神;"敢教日月换新天",充分彰显了中国共产党人的使命和英雄气概。

慎海雄强调,《敢教日月换新天》以大历史观,从历史长河、时代大潮、全球风云中分析演变机理、探究历史规律,生动诠释了我们党一百年来始终坚持一切为了人民、一切依靠人民,始终把人民放在心中最高位置、把人民对美好生活的向往作为奋斗目标。全片生动阐述的我们党的百年历史,就是一部践行党的初心使命的历史,就是一部党与人民心连心、同呼吸、共命运的历史。

姜辉在致辞中表示,中国共产党一百年的历史,是我们实现中华民族伟大复兴、为人类文明发展做出更大贡献的最好教科书。这部大型文献专题片用影视形式来展现党的百年历史,一定能够在全党和全国人民学习"四史"中发挥不可替代的作用。

据介绍,这部大型文献专题片运用宏大叙事与微观刻画结合的手法,努力做到"政论情怀、故事表达"。全片制作了长达126分钟的4K超高清三维动画,并首次在片中部分使用了8K超高清拍摄手段,引入了人工智能(AI)影像修复技术,是总台积极构建"5G + 4K/8K + AI"新格局的又一次创新实践。

中宣部理论局局长徐李孙，中央广播电视总台编务会议成员薛继军、王晓真，以及总台相关部门负责人参加了启播活动。

4集大型文献专题片《敢教日月换新天》将从6月20日开始，在中央广播电视总台央视综合频道20：00档连续播出，央视纪录频道以及央视新闻、央视频、央视网、云听客户端等新媒体平台同步推出。全国各地8K大屏也将播映。总台各语言节目中心还将推出44种语言的海外版。

央视新闻客户端2021年6月17日
http：//news.cctv.com/2021/06/17/ARTIg0dcMMB0DlMponLYv2Ng210617.shtml
（供稿：中央广播电视总台央视新闻）

用习近平总书记"七一"庆祝大会上的重要讲话精神指引新中国史编研事业的进一步发展

——国史学会学习习近平总书记在庆祝中国共产党成立100周年大会上的重要讲话座谈会在京召开

7月4日上午,中华人民共和国国史学会在京召开了学习习近平总书记在庆祝中国共产党成立100周年大会上的重要讲话座谈会。国史学会会长、中国社会科学院原副院长朱佳木,国史学会第一副会长、中国社会科学院党组成员、当代中国研究所所长姜辉,国史学会副会长、原中央文献研究室常务副主任杨胜群,国史学会原副会长、国防大学原副政委李殿仁,国史学会副会长、教育部高等学校社会科学发展研究中心主任王炳林,国史学会秘书长、当代中国研究所原副所长张星星,国史学会常务理事、中国社会科学院马克思主义研究院党委书记、副院长辛向阳,国史学会理事、北京大学中国经济研究中心教授李玲等8位学会第六届理事会成员和学会原领导,先后在会上发了言。座谈会由朱佳木主持。

会上发言的同志分别以《用习近平总书记"七一"重要讲话精神指引新中国史编研事业的进一步发展》《准确深刻掌握习近平总书记"七一"重要讲话的新思想新观点新论断》《全面建成小康社会的辉煌历程和重大意义》《永远把伟大建党精神传承下去并发扬光大》《伟大建党精神的基本特征》《加强中华儿女大团结汇聚民族复兴的磅礴力量》《如何理解马克思主义与中华优秀传统文化的第二个结合?》《中国共产党创造了人类文明新形态》为题,畅谈了学习总书记讲话精神的心得体会。大家一致认为,讲话是我们党以史为鉴、开辟未来的豪迈宣言,是全党全国人民踏上中华民族伟大复兴新征程的进军号角,是抵御任何妄想欺负、压迫、奴役中国人民的外来势力和粉碎任何"台独"图谋的动员令,也是科学总结党的百年奋斗史的马克思主义文献,是新中国史编研事业进一步发展的重要指针。

会议指出,讲话体现了深远的战略思维,强烈的历史担当,真挚的为民情怀,为全党全国各族人民向第二个百年奋斗目标迈进指明了前进方向、提供了根本遵循,激励和鼓舞了全党全军全国各族人民继往开来、奋勇前进;同时也对新中国史编研事业给予了新的更明晰的指导,对从事新中国史编研的广大工作者给予了新的更大的鞭策。

会议强调,国史学会的全体会员和广大新中国史编研工作者,要把这一讲话同习近平总书记在党史学习教育动员大会的讲话,以及有关党史国史的一系列论述结合起来学习,更加积极地助力党史学习教育和"四史"宣传教育活动,同时,在新中国史编研工作中进一步认清当代中国所处的历史方位,增强历史的自觉,把苦难辉煌的过去、日新月异的现在、光明宏大的未来贯通起来研究、宣传,在乱云飞渡中把牢正确方向,充分发挥新中国资政、育人、护国的功能,为实现中华民族伟大复兴、开创新时代历史伟业贡献自己的力量。

国史学会在京部分理事和各分会领导,当代中国研究所部分干部职工、中国社会科学院大学国史系部分研究生,以及媒体记者共 50 余人,参加了座谈会。

中华人民共和国国史网 2021 年 7 月 5 日

http://www.hprc.org.cn/gsyj/yjdt/tbtj/202107/t20210705_5345198.html

(供稿:国史评论)

建党百年与建设社会主义现代化国家成就和经验学术研讨会暨第二届中国当代政治史研究述评会在长沙召开

2021年9月10—12日,"建党百年与建设社会主义现代化国家成就和经验"学术研讨会暨第二届中国当代政治史研究述评会在湖南长沙召开。湖南师范大学党委副书记周俊武,当代中国研究所(以下简称当代所)副所长、《当代中国史研究》主编李正华代表主办方先后致辞。

李正华在致辞中表示,通过何种路径把中国建设成为一个现代化国家是近代以来先进的中国人必须始终直面的时代课题。中国共产党自成立以来,团结带领全国各族人民攻克了一道又一道难关,破除了一道又一道阻碍,实现了中国人民从站起来、富起来到强起来的伟大飞跃,走出了一条中国式现代化新道路。全面总结中国共产党追求现代化目标的成就和经验,研究开启全面建设社会主义现代化国家新征程的新特点、新趋势、新机遇、新挑战,是广大科研工作者义不容辞的责任。

大会主旨发言阶段,当代所原副所长张星星围绕决战决胜全面建成小康社会的历程与经验,重点就城乡和区域协调发展发表了观点。他认为,中共十八大以来,以习近平同志为核心的党中央决策和谋划京津冀协同发展,推动长江经济带发展、粤港澳大湾区建设、长江三角洲区域一体化发展、黄河流域生态保护和高质量发展等重大区域发展战略,对着力促进跨行政区划、跨经济单位、跨地理空间的整体发展具有重要意义。

当代所原副所长武力围绕中国共产党建立与发展新中国的历史经验,重点谈了解放思想、实事求是的重要意义。他认为,解放思想强调的是认识问题,实事求是强调的是实践问题。马克思主义之所以能够实现中国化并不断发展,就在于一代代中国共产党人敢于解放思想,勇于突破传统思想禁锢,并以实际有效的行动将解放思想的成果落到实处。

中国社会科学院马克思主义研究院(以下简称马研院)副院长龚云系统回顾了中国共产党的百年民主追求。他认为,百年来中国共产党始终以实现人民当家作主为己任,团结带领中国人民进行了长期不懈的奋斗,推进了全过程人民民主。百年党史,特别是中共十八大以来的历史证明,中国共产党领导的人民当家作主是最真实、最管用的民主,创造了人类发展史上的中国民主模式。

马研院马克思主义中国化研究部主任刘志明聚焦实现国家治理体系和治理能力现代化问题，从理论指导、制度建设、辩证思维、依法治国、人民利益、文化传承、吸收借鉴、治理能力建设八个方面，深刻总结了新时代推进国家治理体系和治理能力现代化必须遵循的原则和要求。

湖南工商大学副校长易棉阳就中国共产党百年来对基本经济制度的探索谈到，"三位一体"的基本经济制度是我国的基础性制度安排。在所有制结构方面，以公有制为主体是维护国家基本秩序的物质基础，多种所有制经济共同发展是国家社会稳定不可或缺的一环。分配制度是公平与效率的保证。正确处理政府与市场的关系，关系国家长治久安。

马研院马克思主义中国化研究部副主任贺新元认为，中华民族伟大复兴遵循着否定之否定的辩证运动规律。中华民族经历了由辉煌而衰落、由衰落而复兴、因复兴而辉煌的发展。这一辉煌不是原来辉煌的简单回归，而是更高意义上的一种辉煌，是在否定之否定中展开的，符合事物发展螺旋式上升规律的辉煌，是人类文明新形态的创造。

河南大学哲学与公共管理学院教授何云峰从百年党史的宏观视野，考察了毛泽东新民主主义理论的卓越贡献。他认为，毛泽东新民主主义理论是中国特色社会主义理论的重要源头，对指导新民主主义革命的胜利发挥了重要作用，也为新时代中国特色社会主义的发展提供了重要借鉴。中国社会科学院政治学研究所政治制度研究室主任韩旭就国家治理现代化的百年探索提出了自己的观点。他认为，中国共产党进行政权建设的历史是百年党史中的重要一环。我们党自成立起就对建立一个新型国家、推进国家制度体系的建构作了大量探索，这一过程的突出特点就是实现人民当家作主。

当代所社会史研究室主任李文、外交史与港澳台史研究室主任王巧荣等专家在大会发言中还分别就全面建成小康社会、人民当家作主、建党精神、国家治理现代化、中国特色社会主义制度、共同富裕、中国式现代化等主题发表了见解。

在随后的分组讨论中，参会代表围绕会议主题，结合自身研究成果进行了深入交流，分享了当代中国政治史研究的新进展。当代所政治史研究室主任张金才对会议进行了总结。

此次会议由当代所、湖南师范大学主办，当代所政治史研究室、《当代中国史研究》编辑部、政治与行政制度史研究中心以及湖南师范大学历史文化学院承办。

《当代中国史研究》2021年第6期

（供稿：王怀乐）

"建党百年与新中国史研究:第二十一届国史学术年会"在上海召开

为庆祝中国共产党成立100周年,深入学习习近平总书记"七一"重要讲话精神,扎实推进党史、新中国史、改革开放史、社会主义发展史的学习、教育与宣传,当代中国研究所、中共上海市委党校、中华人民共和国国史学会于2021年7月2日在上海举办了主题为"建党百年与新中国史研究"的第二十一届国史学术年会。110余人出席会议。

学术年会上,中国社会科学院原副院长、当代中国研究所原所长、中华人民共和国国史学会会长朱佳木作了题为《从新中国史看我们党对初心的不渝坚守》的主旨演讲。当代中国研究所研究员李文等14位学者作了大会发言。

中共上海市委党校副校长曾峻在致辞中指出,从世界政党发展史看,中国共产党领导社会革命实践之深入、思想之深邃、经验之丰富、成就之辉煌,在世界各国政党中无与伦比。在喜迎中国共产党建党百年之际,中共上海市委党校集中全校力量打出组合拳,以"百年大党正青春"为主题,全面推出"五个一"成果,即一档全新全媒体党课、一本理论读物、一系列论文、一个智库报告、一场高层次学术论坛。把深入开展党史学习教育贯穿于教育培训、科研咨询的全过程、各环节,锤炼党史学习教育研究精品力作,以教研咨一体化高质量发展提高主业主课质量。

当代中国研究所党组成员、副所长李正华在致辞中指出,近年来党中央对于哲学社会科学尤其是历史研究给予了高度关注,为我们扎实、深入地推进新中国历史研究提供了新的契机。作为从事新中国史研究的国家级专门机构,当代中国研究所成立以来推出了一系列标志性权威成果,如编撰修改《习近平新时代中国特色社会主义思想学习问答》《中国共产党简史》《中华人民共和国史简史》《改革开放简史》等党史学习教育指定材料和重要参考材料。当代中国研究所主持24集大型文献专题片《敢教日月换新天》脚本撰写工作。该片是中央指定庆祝中国共产党成立100周年唯一一部电视文献专题片。

朱佳木在主旨演讲中结合习近平总书记的"七一"重要讲话精神,深刻反思总结了中国共产党的执政历程,通过对新中国史的梳理和分析,讲述了中国共产党百年来对于初心的不渝坚守。朱佳木指出,我们党在新中国的执政时间已经超过了过去百年的三分之二。历经百年的中国共产党,依然生机勃勃、充满活力、不断发展壮大。究其原因,最根本的一条就在于我们党始终不渝地坚守着自己的初心。他分析指出,坚定理想信念、弘扬革命精神、增强斗争意志,是不忘初心的必然要求,为我们党在执政条件下坚守初心提供了坚强的思想保证。要全面建成社会主义现代化国家,实现中华民族伟大复兴,路途还很漫长,任务还很艰巨,绝不能有丝毫松懈,必须一如既往地坚守和践行党的初心。只有这样,我们才能从过去的胜利走向新的更大的胜利,完成"第二个百年"的奋斗目标,最终实现中华民族的伟大复兴。

本届研讨会通过向全国征文,并经专家评审,共入选80篇论文。会议期间,与会人员前往中国共产党发起组成立地和中国社会主义青年团机关旧址进行现场教学活动。

中华人民共和国国史网 2021 年 7 月 5 日
http://hprc.cssn.cn/zgqs/202109/t20210920_5361647.html
(供稿:石　佳)

当代中国研究所和国史学会在京联合举办学习党的十九届六中全会精神座谈会

11月27日上午，由当代中国研究所和中华人民共和国国史学会联合举办的学习党的十九届六中全会精神座谈会在京召开。国史学会第一副会长、中国社会科学院副院长、当代中国研究所所长姜辉，国史学会副会长、原中央文献研究室常务副主任杨胜群，国史学会原副会长、国防大学原副政委李殿仁，国史学会副会长、军事科学院副院长曲爱国，国史学会副会长、教育部高等学校社会科学发展研究中心主任王炳林，国史学会秘书长、当代中国研究所原副所长张星星，以及国史学会常务理事、当代中国研究所原副所长武力，当代中国研究所副所长李正华、宋月红等出席会议并发言。座谈会由国史学会会长、中国社会科学院原副院长朱佳木主持。

会上，姜辉、杨胜群、李殿仁、曲爱国、王炳林、张星星、武力、李正华、宋月红等同志，分别以《深刻领会习近平新时代中国特色社会主义思想实现了马克思主义中国化新的飞跃》《中国道路是党和人民在百年奋斗实践中探索形成的》《深得党心民心的历史决议》《深刻领悟〈决议〉对历史研究工作的历史意义》《党百年奋斗历史意义的内在逻辑》《坚持唯物史观和正确党史观的新境界》《承前启后：实现第二个百年目标的政治宣言》《在总结历史经验中开启新征程》《党在不断奋斗中坚持中国道路》为题，畅谈了学习党的十九届六中全会精神的心得体会。

大家一致认为，党的十九届六中全会，是我们党处在建党百年之际和"两个一百年"奋斗目标历史交汇点的重要关头所召开的一次具有重要里程碑意义的会议。会议通过的《中共中央关于党的百年奋斗重大成就和历史经验的决议》，围绕我们过去为什么会成功、未来怎样才能继续成功的问题，运用辩证唯物主义和历史唯物主义的方法论，坚持正确的党史观和大历史观，聚焦总结我们党百年奋斗的重大成就和历史经验，突出中国特色社会主义新时代，深刻概括了党的百年奋斗的历史意义，系统阐述了习近平新时代中国特色社会主义思想的核心内容，充分体现了党的十八大以来党中央关于党的历史的新认识，旗帜鲜明地反对了历史虚无主义，澄清了党史上一些重大问题的模糊认识和片面理解，同党的前两个历史决议既一脉相承又与时俱进，是马克思主义的纲领性文献，是新时代中国共产党人牢记初心使命、坚持和发展中国特色社会主义的政治宣言，是以史为鉴、开创未来、实现中华民族伟大复兴的行动指南,对推动全党进一步统一思想、统一意志、统一行动,团结带领全国各族人民夺取新时代中国特色社会主义新的伟大胜利具有重大现实意义和深远历史意义。

同志们表示,中华民族已迎来从站起来、富起来到强起来的伟大飞跃,正在开启全面建设社会主义现代化的新征程。我们比历史上任何时期都更加接近、更有信心和能力,实现中华民族伟大复兴的目标。只要我们按照六中全会的精神来做,牢记中国共产党是什么、要干什么这个根本问题,把握历史发展大势,坚定理想信念,牢记初心使命,始终谦虚谨慎、不骄不躁、艰苦奋斗,不为任何风险所惧,不为任何干扰所惑;始终铭记生于忧患、死于安乐,常怀远虑、居安思危,继续推进新时代党的建设新的伟大工程;立足新发展阶段,贯彻新发展理念,构建新发展格局,全面深化改革开放,促进共同富裕,推进科技自立自强,发展全过程人民民主,中华民族的伟大复兴就是任何敌对势力阻挡不了的,一定能够在中华人民共和国建国百年时如期实现。

会议号召国史学会的全体会员和广大新中国史编研工作者,更加紧密地团结在以习近平同志为核心的党中央周围,全面贯彻习近平新时代中国特色社会主义思想,运用党的十九届六中全会精神指导新中国史编研,为党史学习教育和包括新中国史在内的"四史"宣传教育,贡献国史工作者的一份力量。

国史学会在京部分理事和各分会领导,当代中国研究所部分干部职工、中国社会科学院大学国史系部分研究生,以及媒体记者也参加了座谈会。

中华人民共和国国史网 2021 年 11 月 29 日

http://www.hprc.org.cn/gsyj/yjdt/tbtj/202111/t20211129_5377668.html

(供稿:当代中国研究所)

毛泽东等党史人物与百年大党理论研讨会在长沙召开

6月16日,"毛泽东等党史人物与百年大党"理论研讨会在长沙召开。中央党史和文献研究院副院长王志民、湖南省委副书记乌兰出席开幕式并致辞。中国中共党史人物研究会会长张树军、副会长吕世光分别作主旨讲话和总结讲话。湖南省委常委、省委秘书长张剑飞,中国中共党史人物研究会副会长张迈曾分别主持开幕式和理论研讨会。

王志民在致辞中说,中国共产党的苦难辉煌历程锻造成就了以毛泽东等老一辈革命家为代表的优秀共产党人,他们始终走在时代前列,引领中国共产党和中国人民不断从胜利走向胜利。他们把马克思主义基本原理与中国革命具体实际相结合,创立了毛泽东思想,为中国共产党继续前进提供了旗帜、灯塔和航标。他们不仅成为中国共产党和中国人民的主心骨,团结带领全党全国各族人民完成了救国大业和兴国大业,也极大推动了国际共产主义运动和世界社会主义发展,使中国共产党为促进人类文明进步事业作出了重要贡献。我们要坚持运用马克思主义唯物史观,用全面、客观、历史、辩证的观点开展以毛泽东等老一辈革命家为代表的重要党史人物研究;坚持运用红色资源,传承红色基因,继承和发扬以毛泽东等老一辈革命家为代表的优秀共产党人的革命精神和崇高风范;坚持正本清源、固本培元,坚决反对历史虚无主义,引领党史人物研究工作不断开创新局面。

乌兰代表湖南省委向各位专家学者表示欢迎。她说,在党的百年奋斗史上,一代又一代的优秀共产党人,特别是以毛泽东同志为主要代表的湘籍老一辈革命家、军事家、政治家、理论家及英雄人物,以舍我其谁的担当、孜孜以求的奋斗和英勇无畏的牺牲,作出了彪炳史册的历史贡献,谱写了可歌可泣的壮丽诗篇,他们身上展现的"为有牺牲多壮志,敢教日月换新天"的豪迈英雄气概,秉持的"不为一己私立,而为天下苍生"的深厚爱民情怀,作出的"没有辜负马克思主义,没有辜负社会主义"的重大理论贡献,彰显的"如烟往事俱忘却,心底无私天地宽"的崇高精神风范,永远激励我们不忘本色、不懈进取、不负人民。我们将学习老一辈湘籍共产党人,始终筑牢坚如磐石的信仰信念、践行人民至上的根本宗旨、坚持实事求是的思想路线、坚守艰苦奋斗的精神底色,把他们开辟并为之奋斗的革命事业接续推进下去,大力实施"三高四新"战略,奋力建设现代化新湖南,努力将习近平总书记为湖南擘画的宏伟蓝图在三湘大地变为美好现实。

胡振荣、李佑新、马卫防、李艳杰、何伟志、赵国卿等专家学者作了发言。

《湖南日报》2021年6月17日

（供稿：记者贺威）

学习贯彻习近平总书记在庆祝中国共产党成立 100 周年大会上的重要讲话精神座谈会召开

为深入学习贯彻习近平总书记在庆祝中国共产党成立 100 周年大会上的重要讲话精神，深刻认识党团结带领人民在百年接续奋斗中开辟的伟大道路、创造的伟大事业、取得的伟大成就，深刻总结党在百年奋斗历程中积累的宝贵经验，以史为鉴、开辟未来，以习近平新时代中国特色社会主义思想为指导，进一步做好党史和文献工作，7 月 3 日，中央党史和文献研究院与中国中共党史学会、中国中共文献研究会、中国中共党史人物研究会、中国毛泽东诗词研究会、中国马克思恩格斯研究会、中国国际共产主义运动史学会在北京联合举办学习贯彻习近平总书记在庆祝中国共产党成立 100 周年大会上的重要讲话精神座谈会。

来自中央党史和文献研究院及院主管六家学会的领导专家结合习近平总书记关于中国共产党历史、关于党史和文献工作的重要论述，结合当下正在开展的党史学习教育，结合新时代党史和文献工作的实际，谈了学习习近平总书记在庆祝中国共产党成立 100 周年大会上的重要讲话的认识和体会。大家一致认为，习近平总书记的重要讲话，庄严宣告在中华大地上全面建成了小康社会，全面回顾了我们党团结带领中国人民进行不懈奋斗的光辉历程，高度概括了我们党的百年奋斗的鲜明主题，深刻总结了在百年奋斗中我们党领导人民创造的伟大成就，首次提出并阐述了伟大建党精神，明确提出了以史为鉴、开创未来的"九个必须"的具体要求，深刻阐明了中华民族伟大复兴的光明前景。总书记的重要讲话立意深远、内涵丰富、思想深刻，用历史映照现实、远观未来，立足中国、放眼世界，对看清楚过去我们为什么能够成功、弄明白未来我们怎样才能继续成功，扎实开展好党史学习教育，从历史中汲取前进的智慧和力量，进一步做好新时代党史和文献工作，具有重要指导意义。

中国中共文献研究会会长、中央党史和文献研究院原院长冷溶指出，习近平总书记的重要讲话是中国共产党面向世界、面向未来的宣言书，是一篇马克思主义的纲领性文献，为我们党以史鉴今、开创未来，完成第二个百年奋斗目标、实现中华民族伟大复兴指明了方向。其中关于坚持党的根本宗旨的重要论述，对于我们党始终牢记初心使命、坚守人民立场，紧紧依靠人民、一切为了人民、坚持以人民为中心具有重大指导意义。关于坚持党的根本宗旨问题，总书记在这次讲话中特别强调了以下几条：一是必须团结带领中国人民不断为美好生活而奋斗。二是必须贯彻党的群众路线，尊重人民首创精神。三是必须发展全过程人民民主，维护社会公平正义，着力解决发展不平衡不充分问题和人民群众急难愁盼问题。四是必须推动人的全面发展、全体人民共同富裕取得更为明显的实质性进展。文献研究会将认真深入学习习近平总书记重要讲话精神，进一步学深悟透习近平新时代中国特色社会主义思想，充分发挥各分会研究老一辈革命家的优势，在下一阶段的党史学习教育中继续发挥更大作用。

中国中共党史人物研究会会长、中央党史和文献研究院原院务委员张树军指出，习近平总书记的重要讲话系统概括了党史人物为中国革命、建设、改革，为中国共产党建立、巩固、发展作出的重大贡献。习近平总书记关于党史人物的重要论述，深刻揭示了他们身上所具有的坚定理想、对党忠诚、坚持真理、敢为人先、践行初心、不负人民、不怕牺牲、英勇奋斗的伟大精神。中国中共党史人物研究会，将把深入学习贯彻习近平总书记重要讲话精神作为第一位的重要政治任务抓紧抓好，进一步深刻认识和把握党史人物在百年党史中的重要地位和作用，切实担负起新时代党史人物研究的光荣使命，以推进新时代党史人物研究深入发展的实际行动把学习讲话精神进一步引向深入。

中国毛泽东诗词研究会会长、中央党史和文献研究院原院务委员陈晋从习近平总书记对毛泽东诗词的引用和新的阐释的角度作了发言。他指出，毛泽东诗词作为中国革命和建设实践的史诗，比较集中地反映了伟大建党精神和我们党在长期奋斗中积累形成的精神谱系中的一些重要内容。习近平总书记的引用和发挥，是在新时代历史条件下，对毛泽东诗词内涵作出的新的理解和新的表达，有助于我们在新时代中国的文化语境中，深化对毛泽东诗词的研究。习近平总书记引用和发挥毛泽东诗词彰显了新时代坚持和发展中国特色社会主义道路应有的精神气象："敢教日月换新天"的英雄气概、"乱云飞渡仍从容"的政治定力和"风景这边独好"的道路自信。

中国马克思恩格斯研究会会长、中央党史和文献研究院原副院长、中央编译局原局长贾高建强调，要充分认识马克思主义在党的事业发展中的根本指导作用。他指出，我们党自成立起，便十分明确地将马克思主义作为根本指导思想。100年来，我们党将这一科学理论运用于中国革命、建设、改革的实践，推动党的事业不断走向成功。今天，马克思主义的基本原理并没有过时，其科学思想体系仍具有普遍的真理性。在新的发展阶段上，必须继续坚持马克思主义的根本指导地位，同时应以新的实践为基础，不断深化马克思主义理论的创新研究，促进马克思主义的丰富和发展。要把马克思主义基本理论的研究同马克思主义中国化重大成果的研究有机结合起来，深刻理解和把握党的创新理论。

中国国际共产主义运动史学会会长、经济日报社副总编辑季正聚指出，100年来，中国共产党团结带领中国人民进行了艰苦卓绝、成就斐然的伟大斗争，谱写了国际共产主义运动的壮丽篇章。中国共产党的百年历史，是领导中国人民进行革命、建设和改革的奋斗史，是克服重重困难、不断创造辉煌的创业史，是赓续红色基因、不断开拓创新的开拓史，也是为国际共产主义运动和人类解放事业持续贡献力量和创造的斗争史。中国共产党在实践、理论、制度、文化等多个层面都为国际共产主义运动作出了重大贡献。

中央党史和文献研究院第一研究部副主任张贺福指出，习近平总书记的重要讲话从九个方面概括了中国共产党在百年奋斗中能够成功的根本所在，其中第一条就是必须坚持中国共产党坚强领导。深刻理解坚持中国共产党坚强领导是创造新时代中国特色社会主义伟大成就的根本所在，深入理解坚持中国共产党坚强领导的深刻内涵、重大意义和实践要求，对于我们在未来的征程上继续创造中国特色社会主义伟大成就，朝着实现中华民族伟大复兴的目标奋勇前进，具有重要意义。

中央党史和文献研究院第二研究部主任李颖指出，习近平总书记的重要讲话高屋建瓴、思想深刻，需要我们长期学习、深入领会。站在新的历史起点上，将中国特色社会主义伟大事业不断推向前进，必须继续弘扬光荣传统、赓续红色血脉，特别是要继续弘扬老一辈革命家的光荣传统和优良作风。弘扬老一辈革命家的光荣传统和优良作风，必须牢记初心使命，保持党同人民群众的血肉联系；必须坚定信仰信念，并为之奋斗终身；必须勇于自我革命，永葆党的先进性和纯洁性。

中央党史和文献研究院第三研究部主任姜淑萍指出，习近平总书记在讲话中强调，走自己的路，是党的全部理论和实践立足点，更是党百年奋斗得出的历史结论；中国特色社会主义是实现中华民族伟大复兴的正确道路。深入总结党为什么能成功开创中国特色社会主义，对于我们以史为鉴、开创未来，更好地坚持和发展中国特色社会主义具有重要意义。中国特色社会主义的成功开创首先归功于我们党勇于理论创新，靠的是解放思想、实事求是、改革开放，源于我们党始终坚持人民立场。

中央党史和文献研究院第四研究部主任张神根指出，100年来，我们党创造性地提出了"马克思主义中国化"的命题，坚持把马克思主义基本原理同中国具体实际相结合，创立了毛泽东思想、邓小平理论，形成了"三个代表"重要思想、科学发展观，创立了习近平新时代中国特色社会主义思想，为党和人民事业发展提供了科学理论指导。理论的生命力在于创新，要不断推进马克思主义中国化实现新的更大发展、谱写新的精彩篇章。

中央党史和文献研究院院长、中国中共党史学会会长曲青山作总结讲话。他指出，要深刻认识习近平总书记重要讲话的重大意义，增强开创百年大党新伟业的历史自信和历史自觉。习近平总书记的重要讲话，向世界郑重宣示了中国共产党能，深刻揭示了坚持党的全面领导、坚决做到"两个维护"是历史发展的必然选择；向世界郑重宣示了马克思主义行，深刻揭示了坚持习近平新时代中国特色社会主义思想的指导地位、不断推进马克思主义中国化时代化是历史发展的必然要求；向世界郑重宣示了中国特色社会主义好，深刻揭示了全面建成社会主义现代化强国、实现中华民族伟大复兴是历史发展的必然趋势。他强调，要准确把握习近平总书记重要讲话的思想精髓，汲取开创百年大党新伟业的历史智慧和伟大力量。特别是要深刻领会和把握习近平总书记关于中国共产党团结带领中国人民实现了第一个百年奋斗目标、关于中国共产党百年奋斗主题、关于中国共产党在百年奋斗光辉历程中取得"四个伟大成就"、关于中国共产党在百年奋斗光辉历程中向世界作出"四个庄严宣告"、关于伟大建党精神、关于中国共产党在百年奋斗光辉历程中形成的"九个必须"的成功经验的重要论述。他要求，要全面落实习近平总书记重要讲话的实践要求，开创新时代党史和文献工作新格局。要把学习好、宣传好习近平总书记重要讲话精神作为一项重大政治任务，持续推动党史学习教育深入开展；要把研究好、阐释好习近平总书记重要讲话精神作为一项重点业务工作，不断实现新时代党史和文献事业高质量发展；要把贯彻好、落实好习近平总书记重要讲话精神作为一项长期课题，努力打造与大党大国地位相称的党的历史和理论研究高端平台。

会议由中央党史和文献研究院副院长（正部长级）王志民主持。他指出，要把学习宣传、研究阐释、贯彻落实习近平总书记在庆祝中国共产党成立100周年大会上的重要讲话精神作为当前首要的政治任务抓紧抓实抓好，特别是要在党史学习教育第二阶段中精心组织、学深悟透，坚持以习近平新时代中国特色社会主义思想为指导，贯彻落实习近平总书记关于历史和理论研究、关于党史和文献工作的重要论述精神，增强"四个意识"、坚定"四个自信"、做到"两个维护"，牢记"国之大者"，以史为鉴、开辟未来，主动担当作为，积极开拓进取，努力推动党史和文献工作高质量发展，为走好实现第二个百年奋斗目标新的赶考之路，为全面建成社会主义现代化强国、实现中华民族伟大复兴的中国梦，作出党史和文献工作者应有的贡献。

党史学习教育中央第十五指导组、中央党史和文献研究院、中国中共党史学会、中国中共文献研究会、中国中共党史人物研究会、中国毛泽东诗词研究会、中国马克思恩格斯研究会、中国国际共产主义运动史学会有关领导、专家和代表共120余人参加了座谈会。

中共中央党史和文献研究院官网2021年7月3日
https://www.dswxyjy.org.cn/n1/2021/0703/c427138-32147755.html

（供稿：中央党史和文献研究院科研规划部）

"陈云与党的历史——庆祝中国共产党成立100周年"学术研讨会暨陈云思想生平研究会2021年年会在上海召开

为深入学习贯彻习近平总书记在庆祝中国共产党成立100周年大会上的重要讲话精神，深入研究和弘扬陈云等老一辈革命家的光辉业绩和崇高风范，进一步推动党史学习教育往深里走、往实里走，经报中共中央党史和文献研究院批准，2021年7月22日，陈云思想生平研究会、陈云纪念馆在上海联合举办"陈云与党的历史——庆祝中国共产党成立100周年"学术研讨会。来自全国各地的近百位专家学者参加会议。

中共中央党史和文献研究院第二研究部主任李颖，中共上海市委宣传部副部长、市文明办主任、陈云纪念馆管理委员会主任潘敏，中共上海市委党史研究室主任、陈云纪念馆管理委员会副主任严爱云，陈云纪念馆党委书记、馆长吴瑞虎致辞。中共中央党史和文献研究院科研规划部副主任、一级巡视员、《党的文献》杂志主编李琦出席。会议开幕式由中共中央党史和文献研究院第二研究部副主任、一级巡视员费虹寰主持。研讨会期间，召开了陈云思想生平研究会2021年年会，龙平平会长作了工作报告。

与会专家学者紧紧围绕习近平总书记"七一"重要讲话精神，对"七一"重要讲话的重大意义、一百年来党团结带领人民不懈奋斗的光辉历程和伟大成就、伟大建党精神的深刻内涵和时代价值、"九个必须"根本要求的历史经验和丰富内涵、陈云等老一辈革命家为党和人民事业发展作出的重大贡献和崇高风范、学习弘扬陈云等老一辈革命家的光荣传统和优良作风等话题进行了深入研讨。

与会专家学者认为，习近平总书记"七一"重要讲话贯穿辩证唯物主义和历史唯物主义的世界观方法论，提出了一系列新的重大思想、重大观点、重大论断，是一篇马克思主义纲领性文献，是激励全党全国各族人民向第二个百年奋斗目标进军的政治宣言和行动纲领。我们党史文献和理论工作者要把思想认识统一到讲话精神上来，以高度政治责任感和使命感做好讲话精神研究阐释工作，推动把讲话精神学习宣传贯彻引向深入，引导激励广大干部群众增强奋进新征程、建功新时代的思想和行动自觉。

与会专家学者认为，陈云在长达70年的革命生涯中，为新中国的建立、为社会主义基本经济制度和政治制度的确立、为改革开放和社会主义现代化建设事业建立了不朽功勋，党和人民将永远铭记。陈云作为共产党人的杰出代表，集中体现了党的领袖人物的精神风采和人格魅力，集中体现了党的光荣传统和优良作风，集中体现了中国共产党的伟大建党精神，将永远激励一代又一代共产党人不断开拓前进。在新时代新征程弘扬陈云等老一辈革命家光荣传统和优良作风，必须牢记初心使命，保持同人民群众的血肉联系；必须坚定信仰信念，并为之奋斗终身；必须坚持实事求是，继续推进马克思主义中国化；必须勇于自我革命，永葆党的先进性和纯洁性。

大家纷纷表示，在中国共产党成立100周年之际，我们学习弘扬陈云等老一辈革命家的光辉业绩和崇高风范，就要更加紧密地团结在以习近平同志为核心的党中央周围，全面贯彻习近平新时代中国特色社会主义思想，增强"四个意识"、坚定"四个自信"、做到"两个维护"，用实际行动响应习近平总书记代表党中央发出的伟大号召，为实现第二个百年奋斗目标、实现中华民族伟大复兴的中国梦不懈奋斗！

中央党史和文献研究院网 2021 年 7 月 27 日
https://www.dswxyjy.org.cn/n1/2021/0727/c427138-32171916.html

（供稿：唐国军、王光鑫）

庆祝中国共产党成立 100 周年中共创建史学术研讨会在上海召开

为庆祝中国共产党成立 100 周年，深入学习贯彻习近平总书记"七一"重要讲话精神，深化中共创建史研究与弘扬伟大建党精神，经中央党史和文献研究院批准，2021 年 7 月 23 日，在党的一大开幕整一百年的日子，由中央党史和文献研究院第二研究部、上海市委党史研究室、复旦大学、中共一大纪念馆主办，中共创建史研究中心、复旦大学马克思主义学院承办的"庆祝中国共产党成立 100 周年中共创建史"学术研讨会在上海召开。

中央党史和文献研究院第二研究部主任李颖，上海市委宣传部副部长、市文明办主任潘敏，上海市委党史研究室主任严爱云，复旦大学副校长陈志敏出席会议并致辞。中央党史和文献研究院第二研究部副主任费虹寰主持开幕式。

本次学术研讨会共收到学术论文 200 余篇，入选论文 77 篇，邵维正、肖甡等来自中央国家机关、中共党校、社科院、高校、地方宣传和党史文献部门、纪念馆等 100 余名嘉宾和论文作者代表参加会议。与会学者围绕"庆祝中国共产党成立 100 周年中共创建史"主题，从中国共产党的成立及创建初期的活动，伟大建党精神与中国共产党人的精神谱系，五四运动、马克思主义在中国传播、共产党早期组织、共产国际、党史人物与中共创建等方面进行了深入研讨。

大家一致认为，中国产生了共产党，这是开天辟地的大事变，深刻改变了近代以后中华民族发展的方向和进程，深刻改变了中国人民和中华民族的前途和命运，深刻改变了世界发展的趋势和格局。伟大建党精神是对中国共产党百年光辉历史的全面总结，是对中国共产党精神谱系的高度凝练，充分体现了中国共产党历史发展的主题主线，展示了中国共产党历史的主流本质，彰显了中国共产党的伟大历史性贡献，激励着中国共产党人不断开拓前行。

大家一致表示，作为党的历史和理论研究工作者，要以习近平新时代中国特色社会主义思想为指导，弘扬伟大建党精神，赓续红色血脉，牢记"国之大者"，以史为鉴、开辟未来，为走好实现第二个百年奋斗目标新的赶考之路，为全面建成社会主义现代化强国、实现中华民族伟大复兴的中国梦而不懈奋斗。

中央党史和文献研究院网 2021 年 7 月 28 日
https：//www.dswxyjy.org.cn/n1/2021/0728/c427138－32172415.html

（供稿：黄亚楠）

《当代中国史研究》召开七届二次编委会

2021年3月16日,《当代中国史研究》第七届编委会第二次会议在京召开。当代中国研究所副所长、《当代中国史研究》主编李正华,中国社会科学院近代史研究所原所长、中国社会科学院学部委员张海鹏,中国社会科学院世界历史所原所长于沛等20余名编委出席了会议。

李正华主持会议,他代表《当代中国史研究》编辑部向到会的编委表示热烈欢迎和衷心感谢。编辑部主任杨文利向编委汇报了面对突如其来的新冠疫情,编辑部克服各种困难保证期刊正常运转,不仅保质保量完成了全年工作,还获得了中国社会科学院优秀学术期刊奖和优秀编辑奖的情况以及2021年的工作安排。

编委们在发言中高度肯定了编辑部在2020年所取得的成绩,纷纷表示《当代中国史研究》自创刊以来就保持了这一领域的权威刊物地位,成绩斐然,具有不可替代的重要作用。《当代中国史研究》具有学科交叉性强、现实性强、政治把握能力强的特点,希望编辑部继续保持优良作风,同时强调办好刊物一定要树立正确的党史观,坚持正确的国家观、民族观、文化观、历史观、宗教观等,要加强对中共党史的学习和领悟,做到"学史明理、学史增信、学史崇德、学史力行,学党史、悟思想、办实事、开新局"。

各位编委还结合自身研究领域,对2021年重点选题进行了深入讨论并就如何提升办刊质量提出了建议。

《当代中国史研究》是新中国史研究的前沿阵地,2021年更要抓住中国共产党百年华诞这一重要主题,发挥好期刊的学术导向作用,加强对中央宣传精神的领会,将理论话语和学术话语有机结合起来;加强对新中国成立以来党领导人民开拓奋进的历史这一宏大问题的学术阐释;加强从历史中寻找现实理论问题的学术回答,为加强中国话语体系建设凝心聚力。

继续加大知名栏目的建设,要提高对新中国史的一些重大理论问题的关注度;要加强期刊的学术引导作用,刊发一些具有重要影响力的宏大选题;要大力开辟研究还不深入但又十分重要的领域。在栏目、选题等方面可以继续细化,做到精准施策,以科技史研究中的科学家研究为例,要挖掘人物研究的个性,为制度史研究提供更加丰富而多元的视角,为科技强国建设提供学术支撑和智力支持。总之,栏目的设置既要注意强调多学科融合,又要保持史学刊物的学科特色;既要保证对一些长时段、宏大问题的深入探讨,又要加强对一些具体问题的研究；同时也需要回应时代重大命题，发掘一些思想性强、有深度的研究文章。

此外，编辑部要制定中长期规划，以推动中国特色哲学社会科学"三大体系"建设为目标，组织召开学术会议、开展学术交流，尤其多组织小规模的座谈会和研讨会。例如，多召开一些灵活多样的编委会会议，请编委就具体议题提出意见和建议。同时，还应加强组稿的力度，保持作者多元化，通过组稿、约稿的方式提升文章的质量和影响力。在新媒体技术日益发达的今天，办好刊物需要加强新媒体的传播力度，注意传播媒介的及时性，增强刊物的传播时效性。

编辑部要注重编辑队伍建设问题。在人手紧任务重的情况下，既要保证刊物按时保质出版，又要提升编辑素养，努力使每个编辑都成为思想家、学问家、社会活动家和编辑家。同时，加强编辑与作者的沟通和交流，为繁荣党史、国史研究汇聚磅礴力量。

中国社会科学院科研局期刊与年鉴管理处处长刘普对如何提升编校质量、廉洁办刊、经费管理与使用等方面提出了建议。

李正华对会议进行了总结。他表示，听取编委们的发言后更加感到办好《当代中国史研究》使命光荣、责任艰巨，既需要编辑部同志的辛勤付出，更离不开广大编委的大力支持。他代表《当代中国史研究》编委会主任姜辉和编辑部再次感谢各位编委提出的宝贵意见和建议，希望广大编委一如既往支持刊物，继续为刊物的发展提供真知灼见。他要求编辑部将这些意见落实到具体工作中去，扎扎实实提升办刊水平，发挥好平台作用，为新中国史学科的学科体系、学术体系、话语体系建设贡献力量，为全面建设社会主义现代化国家奉献智慧和力量。

（《当代中国史研究》公众号）

https：//mp.weixin.qq.com/s/XZfilGxyfT9qMxaCRxy_dg

（供稿：张沐春）

中国共产党百年红色文化研究学术研讨会在郴州召开

为庆祝中国共产党百年华诞，弘扬红色文化精神，2021年9月16—18日，"中国共产党百年红色文化研究"学术研讨会在湖南郴州举行。此次会议由中共湖南省委宣传部指导，当代中国研究所（以下简称当代所）、湖南省社会科学院、中共郴州市委宣传部主办，当代所当代中国文化建设与发展史研究中心、《当代中国史研究》编辑部、湖南省湘学研究院、郴州市社会科学界联合会、中共郴州市委党史研究室承办。

开幕式由中共郴州市委常委、市委宣传部部长贺建湘主持。当代所副所长、《当代中国史研究》主编李正华研究员在致辞中表示，回顾百年奋斗，中国共产党团结带领全国人民以马克思主义为指导，吸收了中外优秀文化，在革命、建设、改革和新时代的伟大实践中创造了辉煌的红色文化。红色文化彰显了党的性质和宗旨，体现了人民和时代要求，凝聚了各方力量，代表了中国共产党人和广大民众的优良品格。它不仅是中国核心价值观念体系中的重要组成部分，更是凝聚国家力量和社会共识的重要精神动力，是中国共产党为什么能、马克思主义为什么行、中国特色社会主义为什么好的一个重要表征。红色文化既体现在理想信仰、价值追求和精神风貌上，也融注于物质遗存、机制行为和文化艺术形态当中。

郴州市委副书记、市委政法委书记黄进良、湖南省社科院院长曹普华与湖南省委宣传部副部长刘学分别在开幕式上致辞。他们表示，郴州红色底蕴深厚，是湘南起义策源地、"第一军规"颁布地、"半条被子"故事发生地、中国女排"五连冠"腾飞地，也是湖南自贸区南大门的建设热地。因此，我们要用好红色资源，讲好红色故事，搞好红色教育，让红色基因代代相传。此次会议深入研究中国共产党百年红色文化新在其题，正当其时，恰逢其地。

大会主题发言阶段，当代所文化史研究室主任欧阳雪梅研究员回顾了中国共产党红色资源保护与利用的历史。她认为，百年来，中国共产党在领导革命、建设、改革和新时代的治理中创造了形式多样、内容丰富、地域广泛的红色资源。红色资源以特有的方式见证了新中国的来之不易、中国特色社会主义的来之不易，承载着中国共产党和人民的理想信仰、价值追求、精神风貌等，是党史学习教育的重要依托。中国共产党虽然在不同的历史阶段对红色资源保护利用的程度不同，但百年来始终在努力保护和利用红色资源，秉承红色革命传统，弘扬红色文化，坚守初心使命、凝聚力量。中国人民也通过红色资源认知了党的红色历程，增进了政治认同并增强了文化自信。

来自中国社会科学院、中国国家博物馆、北京大学、国防科技大学、中央财经大学、河北师范大学、江西理工大学、中南大学、西安电子科技大学、湘潭大学、青岛大学、汕头大学、桂林理工大学、湘南学院、中共湖南省委党校、中共湖南省委党史研究院、中共安徽省委党史研究室、湖南省社会科学院、中共郴州市委党校、韶山干部学院等40多家科研院所、高等学校的80余名专家学者参加会议，围绕着中国共产党革命文化百年历程、传承创新红色革命文化发展路径、汲取科学理论滋养、构筑红色精神谱系等议题展开了深入研讨。

湖南省社科院党组成员、副院长贺培育研究员主持了会议闭幕式，欧阳雪梅研究员代表主办方对本次会议做了总结。此次会议充分探讨了中国共产党百年红色文化研究，为学科发展搭建了优秀且有深度的交流平台，有力地推动了中华人民共和国文化史学科体系、学术体系与话语体系建设。

《当代中国史研究》2021年第6期

（供稿：张沐春）

中国共产党百年奋斗的重大成就和历史经验学术研讨会召开

为庆祝中国共产党成立100周年和深入学习贯彻党的十九届六中全会精神，2021年11月21日，由教育部习近平新时代中国特色社会主义思想研究中心、教育部高等学校社会科学发展研究中心和《中国高校社会科学》编辑部以及北京师范大学马克思主义学院、北京师范大学中共党史党建研究院联合主办的"中国共产党百年奋斗的重大成就和历史经验"学术研讨会，以线上会议和线下会议相结合的方式在京召开。教育部高等学校社会科学发展研究中心副主任、《中国高校社会科学》副总编辑杨海英主持开幕式，教育部高等学校社会科学发展研究中心副主任储新宇出席会议。北京师范大学马克思主义学院院长张润枝代表学院向与会学者致辞并表示欢迎。

教育部高等学校社会科学发展研究中心主任、《中国高校社会科学》总编辑，北京师范大学中共党史党建研究院院长王炳林作主旨报告。他指出，《中共中央关于党的百年奋斗重大成就和历史经验的决议》（以下简称《决议》）是以史为鉴开创未来的纲领性文献。学习研究宣传党的十九届六中全会精神，要准确把握制定《决议》的必要性及其主要特点，正确认识党的百年奋斗在实现中华民族伟大复兴进程中的科学定位，深刻认识马克思主义中国化新的飞跃的重大意义，牢牢把握党百年奋斗历史意义的历史逻辑、理论逻辑、实践逻辑，深刻领会"十条历史经验"。他指出，制定《决议》是在建党百年开启新征程之际总结历史经验的需要，是增强"四个意识"、坚定"四个自信"、做到"两个维护"确保全党步调一致前进的需要，是推进党的自我革命的需要。《决议》聚焦总结党的百年奋斗重大成就和历史经验、突出中国特色社会主义新时代这个重点，对重大事件、重要会议、重要人物的评价注重同党中央已有结论相衔接。《决议》阐明了百年中共党史的主题主线、主流本质。习近平新时代中国特色社会主义思想实现了马克思主义中国化新的飞跃，表现在思想形成的基础有新扩展、思想主题有新发展、核心内容有新丰富、理论定位有新高度。中国共产党百年奋斗的历史意义从纵向上看，贯穿百年党史全过程；从横向上看，采用历史比较的方法，体现了大历史观。他还指出，《决议》中的"十条历史经验"是相互联系、相互贯通的有机整体，统一于中国共产党领导全国各族人民进行革命、建设和改革的伟大实践。

来自全国20所高校的数十位专家学者参加会议并发言，围绕党的十九届六中全会公报和《决议》内容进行阐释和研讨。

关于新时代背景下马克思主义中国化新的飞跃，东北大学田鹏颖教授从时代课题、内容体系、思想原载和时代意义等方面阐述习近平新时代中国特色社会主义思想是新时代马克思主义中国化新的飞跃；东北师范大学庞立生教授从理论成果、实践成果、文明成果的角度分析"人类文明新形态"概念的重大价值；东北师范大学段妍教授从实现"两个结合"的理论自觉和行动自觉方面分析党不断开辟中国马克思主义新境界；南开大学刘凤义教授从"两个结合"的视角阐述习近平新时代中国特色社会主义经济思想的创新性；南京师范大学王刚教授从无产阶级政党理论、中国共产党百年奋斗历史实践、新时代现实需要等方面阐述党的十九届六中全会提出的"两个确立"新论断；山东大学张士海教授从理论逻辑、历史逻辑、现实逻辑等方面解读如何认识马克思主义中国化新的飞跃这一重要命题；中山大学张浩教授从马克思主义中国化新的飞跃的实质、评价标准、实现路径等方面阐述新时代我们应该怎样坚持和践行党的创新理论；华南师范大学胡国胜教授从内涵话语的新概括、时代话语的新表述、路径话语的新表达等方面分析党的十九届六中全会对马克思主义中国化话语体系的创新。

关于党的建设和总结历史经验的优良传统，复旦大学刘红凛教授从党的自我革命、全面从严治党、党的建设的落脚点、坚持党的全面领导等方面谈党的建设的基本历程、时代主题与发展图景；郑州大学吴宏亮教授从党百年反腐的历史进程与启示、新时代反腐的各项成效等方面总结党领导反腐败斗争的历史经验与启示；武汉大学丁俊萍教授从理论逻辑、历史逻辑、实践逻辑三个角度论述中国共产党坚持自我革命的逻辑；北京大学周良书教授从历史经验原载于历史实践、历史经验的论证方式、历史经验的表现形态等方面对党总结历史经验的优良传统予以论证；清华大学肖贵清教授认为我们党百年来发扬在重要历史时刻制定历史决议的优良传统，不断推进马克思主义中国化新的飞跃。

关于党的历史决议的功能与价值，中国人民大学宋学勤教授认为《决议》发扬了党在重大历史关头对重大问题作出决议的优良传统，体现了大历史观、唯物史观与党史观的辩证统一，具有重要的历史价值和现实意义；天津大学张宇教授指出百年党史上三个重要历史决议都意在阐明历史演进的轨迹与意义，并对历史发展大势做出客观而权威的评价；中山大学沈成飞教授提出要以大历史观视野看待三个重要历史决议的形成；华南师范大学陈金龙教授谈到《决议》紧扣历史主题主线，彰显历史主流本质，以唯物史观、辩证法为指导，以大历史观总结党的百年奋斗重大成就和历史经验，将历史、现实、未来有机结合起来；广东外语外贸大学谢迪斌教授认为《决议》从中华民族复兴的逻辑、中国革命的逻辑、中国政党制度的逻辑阐释党百年奋斗的历史成就。

此外，与会学者还对其他相关问题进行了探讨。浙江工商大学李梦云教授指出中国共产党蕴藏的坚不可摧的信仰力量、引领航向的思想力量、顽强拼搏的奋斗力量是凝聚奋进第二个百年目标的精神力量；曲阜师范大学李安增教授解读"马克思主义行"包括卓越理论品格、百年重大成就、理论联系实际、推进"两个结合"等在内的多重逻辑意蕴；暨南大学程京武教授指出党的百年奋斗史是在挫折中奋起、在总结中提高的历史，对我们新时代应对风险挑战提供可以借鉴的经验；暨南大学陈联俊教授紧扣我们党"统一战线"的"法宝"探析网络空间统一战线也是筑牢中华民族共同体意识的有效途径之一；陕西师范大学任晓伟教授从中国共产党领导中国革命的胜利、对中国特色社会主义的探索、在和平环境中实现发展和崛起、推动中华优秀传统文化创造性转化与创新性发展等方面论证中国特色社会主义开创人类文明新形态的原创性贡献。

教育部习近平新时代中国特色社会主义思想研究中心、《中国高校社会科学》编辑部和教育部高等学校社会科学发展研究中心其他处室相关人员参加了会议。

《中国高校社会科学》2022年第1期

（供稿：戚裴诺）

学习党史传承红色文化研讨会暨中国共产党革命精神系列读本出版座谈会举行

为庆祝中国共产党成立100周年，学习贯彻习近平总书记在党史学习教育动员大会上的重要讲话精神，推动中国共产党革命精神谱系研究和红色文化育人工作，4月21日，由教育部高等学校社会科学发展研究中心、高等学校中国共产党革命精神与文化资源研究中心主办的"学习党史传承红色文化研讨会暨中国共产党革命精神系列读本出版座谈会"在北京图书大厦举行。教育部社科司司长徐青森，教育部高等学校社会科学发展研究中心主任王炳林等出席会议并讲话。会议由教育部高等学校社会科学发展研究中心副主任储新宇主持。

会上，解放军后勤指挥学院一级教授、少将邵维正等8位专家学者围绕"弘扬革命精神，传承红色基因"议题做主旨发言。来自北京大学、清华大学、中国人民大学、北京师范大学等高校的党史专家，复旦大学等8个"高等学校中国共产党革命精神与文化资源研究中心"负责同志，《红船精神》《井冈山精神》《焦裕禄精神》《改革开放精神》等32本"中国共产党革命精神系列读本"（以下简称"系列读本"）的作者或有关高校代表，以及《人民日报》《光明日报》《中国教育报》《中国新闻出版广电报》《北京日报》《新京报》《北京青年报》、中国教育电视台、北京广播电视台等媒体代表60余人参加座谈会。

2013年6月，为发挥高校人才和学科优势，加强党的历史、革命精神和红色文化资源的研究教育宣传，构建教育部门和党史研究部门协同创新机制，教育部与原中央党史研究室联合设立了"高等学校中国共产党革命精神与文化资源研究中心"（以下简称"研究中心"）。党的十八大以来，研究中心紧紧依靠复旦大学、嘉兴学院、井冈山大学、赣南师范大学、湘潭大学、遵义师范学院、延安大学、河北师范大学等8个高校研究基地，组织北京大学、西南大学等更多高校以习近平总书记关于中国共产党革命精神的重要论述为根本遵循，分四批组织编写了32本涵盖我国革命、建设、改革各个时期的系列读本。系列读本通过选取典型事例、感人故事，深入阐释革命精神的形成条件、科学内涵和时代意义，系统解读革命精神中蕴涵的品格、风范和价值追求，从中国共产党人精神谱系的视角展示百年大党的光辉历程、伟大成就和宝贵经验。

徐青森在致辞中指出，推出"中国共产党革命精神系列读本"，是教育部庆祝中国共产党成立100年行动理论研究专项的一项重大成果。近年来，研究中心充分发挥人才和学科的优势，注重研究、育人和资政协同发力，推出一大批具有影响力的成果，形成了红色文化传播合力。系列读本的出版，从中国共产党人精神谱系的视角展示了百年大党的光辉历程、伟大成就和宝贵经验。他希望广大高校专家学者深入挖掘党史和革命精神中孕育的丰富育人资源，在推动党的创新理论原创性、学理化、学科化研究展示上多出成果，在讲清中国奇迹背后的道理、学理、哲理上多出成果，在构建立德树人长效机制上多出成果。

王炳林介绍了"中国共产党革命精神系列读本"的组编和出版情况。他指出，编写系列读本是研究中心开展中共党史、革命精神与红色文化资源研究教育宣传的一项重要工作，为学校开展思政课教学、加强马克思主义理论学科建设等提供了参考。今后，研究中心将继续发挥高校优势，持续开展革命精神研究，推出高质量的研究成果，发挥示范作用，形成辐射效应，带动全国高校形成研究革命精神、用革命精神育人的良好氛围，也希望社会各界继续关心支持革命精神研究宣传。

解放军后勤指挥学院一级教授、少将邵维正认为，系列读本的出版是一项丰硕的成果，高校专家学者深入挖掘红色文化资源，用革命精神书写革命精神谱系，把党的历史上形成的光荣传统和优良作风展现了出来。在庆祝建党百年，全社会形成党史学习高潮之际，推出系列读本，集中展示党的精神谱系，正当其时，十分必要。革命精神是党百年奋斗的精华所在，是我们党独有的政治优势。革命精神具有很强的覆盖性，包含理想信念、政治觉悟、意志品德、思想道德、敬业姿态等多种因素。革命精神跨越时空、一以贯之，体现在党的工作的全过程、各方面。教育部高等学校社会科学发展研究中心把32本系列读本汇辑成套呈现给广大读者，从整体上为系统开展党史学习教育，特别是学习中国共产党的精神谱系提供了重要参考，为学校思政课教学提供了辅导读物。

北京大学马克思主义学院教授程美东认为，系列读本是高校党史学界奉献给建党百年的一份厚礼，表现出党史学人的政治自觉、思想自觉、行动自觉。教育部高等学校社会科学发展研究中心精心组织、无私奉献，引领全国数百名专家学者撰写出高质量的成果，是对习近平总书记有关革命精神重要讲话精神的贯彻，在国内外学术界产生了广泛影响，体现出了党史工作者、思想政治理论工作者的情怀。

中国人民大学马克思主义学院副院长、教授宋学勤认为，革命精神是确保中国共产党在前进道路上战胜各种困难和风险、不断夺取新胜利的强大精神力量和宝贵精神财富。弘扬红色文化，传承革命精神，能为伟大梦想、伟大斗争、伟大工程、伟大事业提供精神动力。弘扬红色文化，传承革命精神，要发掘和利用好红色资源，发挥好中共党史学的学理支撑作用。

西安交通大学马克思主义学院院长、教授燕连福认为，习近平总书记指出，革命精神凝聚着中国共产党人艰苦奋斗、牺牲奉献、开拓进取的伟大品格。"三个伟大品格"的内涵表现在三个方面：一是坚持艰苦奋斗，克服坐享其成；二是敢于牺牲奉献，克服苟且索取；三是勇于开拓进取，克服守旧落后。这些内涵在系列读本中都得到了鲜活的体现。

西南交通大学原党委副书记、教授何云庵认为，党的革命精神是在中国共产党领导人民进行革命、建设、改革开放的整个历史进程和伟大实践中产生和升华的，是开展党史学习教育的精髓。系列读本总计32本，虽然内容丰富多彩，千姿百态，但在体例上做到了一致，革命精神谱系的轮廓得到了清晰的呈现，活化了党史，细化了党史，形象化了党史，是进行党史学习教育的鲜活资料。

陕西师范大学马克思主义学院教授陈答才认为，"大手笔、高意境、深挖掘"是系列读本呈现的最大特点。系列读本基本涵盖了中国共产党发展壮大历程中所形成的主要精神，全面、系统、生动展现了中国共产党百年的精神样貌，其对精神谱系的层次划分科学全面，符合百年大党的历史实际。系列读本对精神内涵的概括克服了"移花接木""牵强附会""以近框史"等现象，是准确、恰当、令人信服的。

井冈山大学原校长、井冈山大学研究基地主任、教授张泰城认为，系列读本是中国共产党革命精神研究的标志性成果。图书按照历史形成过程阐释精神，资料丰富、语言鲜活，把讲故事与讲道理相结合，具有很强的可读性和学理性。系列读本的出版为下一阶段的革命精神研究打下了良好基础。今后的革命精神研究要把学术性和通俗性结合起来，把学理性和生动性结合起来，把革命精神融入思政课和专业课的教学中。

赣南师范大学副校长、赣南师范大学研究基地主任、教授邱小云认为，系列读本的编写早起步、勇争先、做示范、走前列，体现了教育部高等学校社会科学发展研究中心和高校专家学者的历史担当，带动了全国高校推动革命精神进教材、进课堂、进头脑，为旗帜鲜明反对历史虚无主义提供了有力武器，为开展党史学习教育活动提供了鲜活的材料。

大家表示，站在"两个一百年"奋斗目标的历史交汇点，开启全面建设社会主义现代化国家新征程的今天，高校广大理论工作者要在弘扬红色文化、传承革命精神上担当起应有的责任。革命精神研究是一项系统工程，要做好顶层设计，加强基本理论问题研究；要将红色资源融入思政课教学实践，实现革命精神铸魂育人的价值；要发挥革命精神的思想价值引领作用，以伟大革命精神激励党员干部坚守初心使命、增强斗争本领，汇聚实现中华民族伟大复兴的磅礴力量。

专家一致表示，系列读本呈现出三个方面的特点。

一是坚持学术性。坚持将革命精神作为一个专门的科学问题，全面、立体、深入、规范地开展研究。注重强化学理支撑，深入挖掘与革命精神相关的事件、人物，坚持论从史出，注重史料的真实与全面，注重论述的客观与严谨，注重表述的规范和准确。

二是突出时代性。把革命精神放置于实现中华民族伟大复兴中国梦的大背景中，深刻揭示革命精神在推进全面从严治党、培育和践行社会主义核心价值观、加强大学生理想信念教育等方面发挥的借鉴、鼓舞和激励作用，全面阐释革命精神的时代价值。

三是注重可读性。采用通俗化的语言，把讲故事与讲道理结合起来，有案例、有分析，说理透彻、深入浅出。形式活泼新颖、图文并茂，增强可读性和吸引力。努力做到学术的严谨性、史实的准确性、表达的通俗性三者的有机统一。

会上，还举行了"中国共产党革命精神系列读本"赠书仪式。徐青森、王炳林向北京大学马克思主义学院、清华大学马克思主义学院、中国人民大学马克思主义学院、北京师范大学马克思主义学院、北京市委宣传部等单位赠送了读本。

《中国高校社会科学》2021年第3期

（供稿：崔文龙）

全面阐释中国人的百年追梦历程

——"庆祝中国共产党成立 100 周年暨《奋斗与梦想：近代以来中国人的百年追梦历程》出版研讨会"在京举行

本报讯 （记者孙美娟）6 月 24 日，由中国史学会、中国社会科学出版社主办的"庆祝中国共产党成立 100 周年暨《奋斗与梦想：近代以来中国人的百年追梦历程》（以下简称《奋斗与梦想》）出版研讨会"在京举行。中国社会科学院副院长、党组副书记，中国历史研究院院长、党委书记（正部长级）高翔出席座谈会并讲话。

高翔指出，该书作者李捷同志长期从事国史、马克思主义中国化等重大理论问题研究，理论功底深厚。该书从清朝康乾盛世谈起，直至新时代中国特色社会主义建设，涵盖了党史、新中国史、改革开放史以及我国社会主义发展史，对习近平新时代中国特色社会主义思想进行了深刻而系统的阐释。

高翔强调，历史是一面镜子，我们要善于从学习历史特别是近代以来中国历史中得到启迪。历史和人民选择了中国共产党，选择了马克思主义，选择了社会主义道路。我们要坚持中国共产党的领导，坚持走中国特色社会主义道路，坚持以习近平新时代中国特色社会主义思想为指导，勇于担当，为实现中华民族伟大复兴的中国梦而努力。在中国共产党成立 100 周年之际，回顾 1840 年以来中华民族经历的奋斗与梦想、回顾中国人所经历的实现中华民族伟大复兴中国梦的追梦历程，对于中国未来发展意义重大。

中国人民政治协商会议吉林省委员会原主席黄燕明表示，《奋斗与梦想》以丰富的文献展现了近代以来中华民族的复兴史，展现了百年来中国共产党的历史。该书是学习和理解我们党重要路线、理论的参考书，对于我们学习"四史"非常有帮助。

中宣部出版局图书处处长王为衡认为，《奋斗与梦想》是中宣部出版局重点关注的主题出版重点项目，是建党百年的理论力作。该书能够坚持大历史观和正确党史观，主题鲜明，脉络清晰。作者用凝练的笔触生动展现了 1840 年以来中华民族从积贫积弱到走向复兴的光辉历程，系统描绘了中国人是如何一步步地找到中国特色社会主义这条光明大道的。

中国社会科学出版社党委书记、社长赵剑英表示，《奋斗与梦想》以深刻的思想、生动的语言，客观展现了近代以来中国人民为改变历史命运、实现中华民族伟大复兴的不懈奋斗史，并对习近平新时代中国特色社会主义思想进行了重点阐释，对于广大干部和群众坚定

"四个自信",坚决做到"两个维护"具有重要理论价值。

中国人民解放军后勤指挥学院教授、少将邵维正表示,《奋斗与梦想》一书以时间为经,以事件为纬,夹叙夹议地从不同的角度、不同的侧面全面而系统地反映了我国近现代走过的道路。

李捷谈道,《奋斗与梦想》这本书的完成得益于他多年来工作和研究经历的积累,他希望该书能对"四史"教育有所助益。同时,他认为,作为历史研究人员一定要有新闻人的敏感性,要善于从当下的一些重大事件、重要提法里透视历史。

此次会议由中国社会科学出版社副总编辑王茵主持。来自北京大学、中国人民大学、中国社会科学院等高校、科研机构的 10 余位专家学者参加会议。

《中国社会科学报·社科院专刊》2021 年 7 月 2 日总第 565 期

http://cass.cssn.cn/yuanlingdao/gao_xiang/lingdaohuodong/202107/t20210702_5344532.shtml

(供稿:张美娟)

·会议综述·

在世界百年未有之大变局中深刻理解中国共产党的百年奋斗历程

——"深入学习研讨党的十九届六中全会精神专家学者座谈会"会议综述

党的十九届六中全会是在党百年华诞的重要时刻,在"两个一百年"奋斗目标历史交汇关键节点上召开的一次重要会议。为深入学习研讨党的十九届六中全会精神,深入研究党百年历程的世界历史意义,扎实做好全会精神学习贯彻,尤其是在对外传播中汇聚各界智慧、夯实理论基础,当代中国与世界研究院联合清华大学国家治理研究院、中国人民大学当代中国政党研究中心,于2021年11月21日举办"深入学习党的十九届六中全会精神专家学者座谈会"。十三届全国政协委员、中共中央党校原副校长黄宪起,中国社会科学院马克思主义研究院党委书记、副院长辛向阳,北京师范大学政府管理研究院院长唐任伍,中国人民大学习近平新时代中国特色社会主义思想研究院院长秦宣,十三届全国政协委员、中共中央党校(国家行政学院)一级教授韩庆祥,中国社会科学院法学研究所所长、中国社会科学院大学法学院院长莫纪宏,华东师范大学终身教授、上海市习近平新时代中国特色社会主义思想研究中心特聘研究员齐卫平,复旦大学特聘教授、党建研究院院长刘红凛,天津大学马克思主义学院院长、马克思主义理论研究和建设工程咨询委员会委员颜晓峰,中央社会主义学院原副院长、北京市习近平新时代中国特色社会主义思想研究中心特聘专家张峰,中国社会科学院台港澳研究中心主任、香港中国学术研究院常务副院长黄平,清华大学社会科学学院副院长、全球共同发展研究院副院长、长聘教授赵可金,南京大学国际关系学院院长朱锋,中国国际经济交流中心总经济师陈文玲等相关领域权威专家学者与会研讨。清华大学国家治理研究院院长王振民,当代中国与世界研究院院长于运全致开幕词,中国人民大学当代政党研究中心主任、浙江(嘉兴)中外政党研究中心主任周淑真作研讨总结。会议由清华大学国家治理研究院副院长林来梵主持。座谈会分为"党的十九届六中全会的重大历史意义""《中共中央关于党的百年奋斗重大成就和历史经验的决议》与新时代""从百年历程看世界百年未有之大变局"等三个主题单元。与会专家学者一致认为,党的十八大以来我们党取得的最重大政治成果、最深刻历史经验,就是确立习近平同志党中央的核心、全党的核心地位，确立习近平新时代中国特色社会主义思想的指导地位（以下简称"两个确立"）。《中共中央关于党的百年奋斗重大成就和历史经验的决议》（以下简称《决议》）开创性地提出"两个确立"，反映了全党全军全国各族人民的共同心愿，对新时代党和国家事业发展、对推进中华民族伟大复兴历史进程具有决定性意义。与会专家学者表示，本次座谈会组织及时、成果丰硕，希望将这样的高质量研讨机制常态化，与当代中国与世界研究院等研究机构、智库平台加强交流、深化合作，共同推进多专业、多学科、多领域协同创新，共同深化十九届六中全会精神学习研讨、贯彻落实。以下为座谈会中各位专家主要观点的简要综述。

一、党的十九届六中全会的重大历史意义

（一）党百年奋斗重大成就和历史经验的科学总结

党的十九届六中全会是对党百年奋斗重大成就和历史经验的科学总结，全会审议通过的《决议》坚持辩证唯物主义和历史唯物主义方法论，坚持正确党史观，把握历史大势，科学总结党百年奋斗重大成就和历史经验，深刻揭示中国共产党百年奋斗主题的历史逻辑；坚持马克思主义世界观方法论，科学总结百年奋斗重大成就和历史经验，深刻揭示了蕴含其中的理论逻辑；坚持理论与实践相统一，坚持尊重历史规律性与发挥历史主动性相统一，科学总结党百年奋斗重大成就和历史经验，深刻揭示了蕴含其中的实践逻辑。

（二）《决议》的重大意义

《决议》在理论创新方面，首先强调马克思主义中国化的百年有三次历史性飞跃，特别强调提出习近平新时代中国特色社会主义思想带来的飞跃使马克思主义的发展进入新阶段。其次，《决议》对人类社会的发展也将产生巨大影响，其提出的胸怀天下思想，强调党百年奋斗深刻地影响了世界历史进程，强调中国共产党发展壮大与整个人类命运是休戚与共的关系。中国共产党从来不是狭隘的民族主义者，从来都有天下情怀，始终站在历史正确的一边、站在人类进步的一边。最后，《决议》对中国人民幸福生活将产生巨大影响。《决议》强调人民至上，人民的主体地位将不断提高，人民当家做主的渠道会更加畅通，根本政治制度和一系列基本政治制度将把人民的民主权利落实到位，人民美好生活会不断实现，人民物质生活会不断提高。

（三）党领导核心与指导思想的确立的重大意义

首先，党领导核心与指导思想的确立是马克思主义的内在属性和根本要求。马克思主义指导的无产阶级政党不仅仅是个人的组合，还是一个严密的统一的组织，以完成自身的历史使命为目标。发展无产阶级政党，建立无产阶级政权，必须要有一个坚强的领导核心和科学的理论指导。其次，"两个确立"也是中国共产党百年来已经被实践证明的优良传统。遵义

会议以前，党没有一个核心，导致革命工作走向了危险的边缘。遵义会议以后正式确立了以毛泽东同志为党领导集体的核心，特别是在党的七大确定毛泽东思想为党的指导思想后，中国革命从一个胜利走向一个胜利，最终取得了成功。将习近平总书记确立为党的领导核心，将习近平新时代中国特色社会主义思想确立为党的领导思想，是新时代党和国家事业发展以及推进中华民族伟大复兴历史进程的现实需要，对中国未来的发展具有深远的历史意义和现实意义。

（四）党的十九届六中全会的重大意义

当今世界正处于百年未有之大变局，人类社会充满着诸多的不确定性。在这种情况下，党的十九届六中全会用决议的形式向中国人民和世界人民转达了中国共产党的确定性、中华民族的确定性和中国的确定性。具体来说有指导思想的确定性、奋斗目标的确定性、发展道路的确定性、引导核心的确定性、社会制度的确定性、未来发展方向的确定性、路线方针政策的确定性，因此具有重要的世界意义。《决议》总结了中国共产党的伟大成就及历史经验，尤其对习近平新时代中国特色社会主义思想的内容进行了新的概括，对党的十八大以来所取得的历史成就进行了新的总结，回答了中国共产党到底是什么，中国共产党将来要干什么的问题。对于继续推进中国特色社会主义伟大事业以及实现中华民族伟大复兴具有重要意义。

二、《决议》与新时代

（一）《决议》的逻辑及精髓

《决议》的逻辑及精髓可以简要概括为六句话：用根本问题解释百年奋斗；用百年奋斗支撑重大成就；用重大成就确认历史意义；从历史意义提升历史经验；以历史经验支撑"两个确立"；用"两个确立"确保强国复兴。用根本问题解释百年奋斗中的根本问题是指党是什么？党要干什么？这个根本问题可以作为一种解释框架来解释党的百年奋斗历程。用百年奋斗支撑重大成就是指重大成就是奋斗出来的。《决议》紧紧围绕实现中华民族伟大复兴这个根本主题进行阐述，尤其是系统阐述了党的十八大以来取得的十三个方面的重大成就。用重大成就确认历史意义是指中国共产党百年奋斗的历史意义是以重大成就诠释和确认的，它主要从中国人民、中华民族、马克思主义、世界历史、中国共产党五个方面对党的百年奋斗的历史意义进行了阐述和概括。从历史意义提升历史经验是指要总结党百年奋斗的历史经验首先要坚持科学方法。《决议》强调以唯物史观和正确党史观为科学方法，具体包括大历史观、历史辩证法、历史比较法和系统观念。以历史经验支撑"两个确立"是指历史经验为"两个确立"提供了充分的根据。"两个确立"对新时代党和国家事业发展，对推进中华民族伟大复兴历史进程既具有决定意义，也具有战略意义，是实现中华民族伟大复兴战略全局的行动指南。用"两个确立"确保强国复兴是指党百年奋斗的重大成就带来的启示，是在根本问题上绝对不能出现颠覆性错误。而不出现颠覆性错误的根本保证就是《决议》中提出的"两个确立"。

（二）《决议》与全面依法治国

总结百年奋斗重大成就离不开对法治建设成就的梳理。据初步统计，《决议》文本中共有149个"法"字，去掉与法律法规不相关的10个"法"字，总计有139个"法"字具备形式和实际相统一的法律规范含义。139个"法"字可以归纳为四类：第一类是关于法治；第二类是关于法律体系；第三类是关于立法制度；第四类是关于依法。《决议》在总结党百年奋斗的历史经验和重大成就时对"法"字使用的频率及词语构成反映出《决议》对"法"的基本态度。通过大数据分析《决议》中"法"字出现的频率以及词语构成可以看出依法治国的发展历程以及未来依法治国的工作重点。《决议》指明了建设法治国家继续前进的方向，是社会各界进一步贯彻落实依法治国的指引。

（三）《决议》中明确"两个确立"的重大意义

在党的百年奋斗历程上，指导思想不断与时俱进，先后将毛泽东思想、邓小平理论、"三个代表"重要思想、科学发展观和习近平新时代中国特色社会主义思想确立为党的指导思想。党的指导思想不断与时俱进，体现马克思主义的理论品格，体现党理论创新的优良传统，也是推进党和国家事业不断前进的内在要求。党的十八届六中全会第一次明确提出了习近平总书记的核心地位，党的十九大确立了习近平新时代中国特色社会主义思想的指导地位。党的十九届六中全会把核心地位和指导地位相并列，明确提出"两个确立"的重大创新成果，开启了党的指导思想引领实践发展的新模式。

（四）《决议》中提出"三次飞跃"的理论创新

百年来党的理论创新有一个总命题和总要求。总命题就是不断推进马克思主义中国化、时代化，及时回答时代之问、人民之问。总要求就是四个坚持：坚持正确的思想路线；坚持把马克思主义基本理论同中国实践相结合；坚持实践是检验真理的唯一标准；坚持一切从实际出发。而党的理论创新的第一次飞跃、第二次飞跃、第三次飞跃，都是建立在总命题和总要求之下的与时俱进。在不同历史时期，党的理论创新面临的时代命题虽然不同，但从"三次飞跃"之间的关系可以看出，党的理论创新是在总命题不断推进马克思主义中国化、时代化基础之上的时代命题，也是在党的理论创新总要求下实现的。"三次飞跃"之间的关系不是孤立的，是继承与发展的关系，既发扬了党的指导思想，又体现了马克思主义与时俱进的理论品格。

（五）《决议》将新时代的历史性成就和历史性变革载入史册

《决议》一个十分鲜明的特色就是将新时代的历史性成就和历史性变革载入史册。首先，全会阐明了中国特色社会主义新时代的开创意义，表明了党和国家正在书写新时代中国发展的伟大历史。《决议》以开创中国特色社会主义新时代为题，对党的十八大以来的历史作出了全面、深入、客观、准确的叙述和评价，描绘出新时代"直挂云帆济沧海"的全景图，充分证明了新时代是在新的历史条件下继续夺取中国特色社会主义建设伟大胜利的时代。其次，全会明确新时代实现了马克思主义中国化新的飞跃，确定了习近平新时代中国特色社会主义思想的历史地位。全会以党的决议的形式确定了这一思想在马克思主义发展史上的地位，确定了这一思想是对中华文化和中国精神创造性转化、创新性发展的时代成果。再次，全会高度评价党的十八大以来的历史性成就，高度评价以习近平同志为核心的党中央的历史性贡献。《决议》重点总结党的十八大以来对发展马克思主义作出的原创性贡献；全面深化改革取得的重大成效；在多领域实现的历史性变革、系统性重塑、整体性重构、标志性成果。最后，全会强调了"两个确立"的决定性意义。"两个确立"保证了党的思想集中统一，增强了党在新时代新征程上的凝聚力、战斗力和战胜风险挑战的能力，保证了党的全面领导，强化全面建成社会主义现代化强国的政治优势、制度优势、组织优势、思想优势。

三、从百年历程看世界百年未有之大变局

（一）从世界百年未有之大变局看习近平总书记的领航掌舵作用

（1）世界处在百年未有之大变局的判断实际上是中国特色社会主义进入新时代的主要依据。党的十九届六中全会《决议》阐明了世界百年未有之大变局与中国特色社会主义新时代的关系。习近平总书记关于世界处在百年未有之大变局的战略判断意义重大而深远。党对世界形势的判断都是与国内的主要任务和工作方针有关联的。改革开放之初有了和平与发展是当今时代主题的判断，党和国家工作重心才能转移到经济建设上，一心一意谋发展，实行对外开放的基本国策。而今天世界处在百年未有之大变局，世界形势更为复杂。中国要实现中华民族伟大复兴，要发展成为社会主义现代化强国，必然会引起西方国家的警惕、防范甚至遏制。所以党中央提出要统筹把握中华民族伟大复兴战略全局和世界百年未有之大变局，要推进全球治理体系变革，打造人类命运共同体。世界百年未有之大变局的一个最大变化就是中国崛起。中国要实现的现代化是14亿多人口的现代化，必将改变世界现代化的总格局。

（2）百年未有之大变局与国际社会新秩序在《决议》中，"坚持胸怀天下"作为党的百年奋斗历史经验被郑重书写。中国共产党始终以世界眼光关注人类前途命运，从人类发展大潮流、世界变化大格局、中国发展大历史正确认识和处理同外部世界的关系，坚持开放、不搞封闭，坚持互利共赢、不搞零和博弈，坚持主持公道、伸张正义，站在历史正确的一

边,站在人类进步的一边。中国是维护世界和平最重要的力量、最一以贯之的力量、最大的力量。如果中国仍然是个极度贫困的国家,不但会造成内乱,还会对世界和平形成不安定因素。新中国成立后在百废待兴时通过抗美援朝战争确保了国家安全。在冷战环境下,中国提出的和平共处五项原则成为世界各国处理国与国关系的准则。改革开放后,中国不但倡导而且奉行互利、合作、共赢的方针,在经济贸易中不进行掠夺,更不会实行你输我赢的政策。只要坚持同世界一切进步力量携手,不依附别人,不掠夺别人,永远不称霸,中国就一定能够不断为人类文明进步贡献智慧和力量。

(3) 世界历史中的中国共产党要理解《决议》的重大意义,首先要坚持正确的党史观,树立大历史观。大历史观不仅是简单的时间概念,也有空间概念,是一个时空综合体。从时间上来讲,中国共产党经历了百年奋斗历程。从空间上来讲,中国共产党的百年奋斗历程是世界社会主义五百年发展史,中华民族五千年文明史,以及全人类进步史的一部分。如果用大历史观来分析就可以发现当今世界正处于百年未有之大变局,而中国共产党的百年奋斗是当今世界百年未有之大变局的一部分,中国是左右当今世界百年未有之大变局前进方向的最主要力量。中国共产党开创了中国式的现代化道路,为世界现代化提供了中国经验;拓展了发展中国家走向现代化的途径,为广大发展中国家提供了中国方案;创造了人类文明新形态,为全人类贡献了中国智慧。中国道路不是简单延续我国历史文化的模板,也不是简单套用马克思主义经典作家设想的模板,也不是苏东社会主义国家现代化实践的再版,也不是其他国家现代化道路的翻版,是一条具有中国特色的中国式现代化道路。

(四) 百年未有之大变局背景下《决议》的世界意义

百年未有之大变局是习近平外交思想中的一个非常重要的思想观念,不仅是对当今国际形势的判断,更是对我国面临的国际环境的准确定位。中国共产党的百年奋斗史不仅仅是党自身发展的历史,更是在中华民族遭遇百年屈辱后,在世界进入大航海时代、工业化时代后,在过去四百年西方中心主义主导的世界权力、利益和财富版图下,中国的发展史、复兴史、强大史。因此,在百年未有之大变局背景下《决议》体现了三方面的世界意义:第一,《决议》回答了在过去四百年西方主导的世界中,在百年未有之大变局背景下,发展中国家如何实现国家崛起的问题。第二,当今世界面临百年未有之大变局、新冠肺炎疫情、气候变化三重叠加效应对世界战略格局的新挑战。《决议》在国际战略格局充满不确定性的情况下向世界提供了中国方案。在当今世界仍在为如何摆脱疫情而挣扎,为如何尽快进入后疫情经济复苏时代而困惑时,《决议》为世界提供了中国智慧。第三,在当今西方国家极力维持西方中心主义,美国极力维护霸权优势,不惜对中国进行全面战略遏制的态势下,《决议》向世界展示了中国力量。其不仅强调了人类文明新形态,还向世界展示了中国精神、中国风采,以及中国在面对美国和西方打压情况下对和平发展道路的坚持。

（五）中国成为百年未有之大变局中的稳定之锚

《决议》指出百年来党团结带领人民在革命、建设、改革各个历史时期持续奋斗，创造了彪炳中华文明发展史、世界社会主义发展史、人类社会发展史的奇迹，彻底扭转了近代以来中华民族的历史进程，生动谱写了世界社会主义历史发展的壮丽篇章，成功开辟了马克思主义新境界，为实现中华民族伟大复兴建立了不朽功业，为促进人类进步作出了重大贡献。党的十八大以来，在以习近平同志为核心的党中央领航掌舵下，中国和平崛起成为引发世界百年未有之大变局的最大变量。在这个变局中，"两个确立"是我国在大国竞争博弈中最大的底气、最大的制度优势。只有坚持党的领导，确保党的领导核心的连续性、稳定性，才能在世界大国竞争博弈环境下，在世界不确定性增加的大趋势中，确保中国成为世界百年未有之大变局中的稳定之锚。

《当代中国与世界》2021年第4期

（供稿：季哲忱　陈　旸）

中国共产党与中华民族共同体建设学术会议综述

2021年11月13日,由中南民族大学马克思主义学院与《学校党建与思想教育》杂志社联合举办的"中国共产党与中华民族共同体建设"学术研讨会在汉举行。湖北省委宣传部副部长刘爱国,湖北省社会科学联合会党组书记喻立平,湖北省民族宗教事务委员会副主任吴红娅,《学校党建与思想教育》杂志社社长谢成宇,中南民族大学党委书记边境、副校长杨胜才等出席会议并致辞。来自全国40余所高校和科研机构的120余名专家学者,围绕学习贯彻习近平总书记"七一"重要讲话精神、中央民族工作会议精神和党的十九届六中全会精神,深度聚焦新时代中华民族共同体建设等重要理论与实践问题进行研讨。

一、深入学习贯彻党的十九届六中全会精神

刘爱国强调,深入学习习近平新时代中国特色社会主义思想的核心要义,深刻理解习近平总书记提出要铸牢中华民族共同体意识的伟大意义,是塑造各民族守望相助的共同精神家园和形成"天下一家亲"的共同体意识的必然要求。当前,要坚持问题导向,做好习近平总书记关于铸牢中华民族共同体意识论述的研究和宣传,为民族工作高质量发展贡献湖北力量。其中,尤其要做好面向广大青少年的宣传教育,于潜移默化中引领青少年铸牢中华民族共同体意识。

北京师范大学王炳林教授从六个方面深度解析十九届六中全会精神。他指出,一要充分认识制定《中共中央关于党的百年奋斗重大成就和历史经验的决议》(以下简称《决议》)的必要性,《决议》的制定关系到新时代坚持和发展中国特色社会主义理论的需要,关系到确保全党步调一致向前进的需要,关系到党的建设的需要。二要仔细领会党的历史在民族复兴中的定位,从这些定位出发,能使我们更好地把握党史发展的主题、主流和主线,为今后研究党史提供根据。三要正确看待习近平新时代中国特色社会主义思想与毛泽东思想以及中国特色社会主义理论体系之间的关系。《决议》指出,"习近平新时代中国特色社会主义思想是当代中国马克思主义、二十一世纪马克思主义,是中华文化和中国精神的时代精华,实现了马克思主义中国化新的飞跃"。这一重大论断是对新时代课题的有力回答,要求二十一世纪的马克思主义进一步研究如何与中华优秀传统文化相结合、相贯通的问题。四要认识到《决议》中对党的十八大以来重要成就的突出强调,启示我们当前要及时对其中的经验做法

进行总结升华,适当借鉴,加强研究。五要充分理解《决议》对中国共产党百年来历史意义的总结概括,可以从人民、道路、理论、实践、党建五方面进行掌握。六要结合党史,准确把握"十个坚持"的时代内涵与价值意蕴。

二、深入研究中国共产党建党百年历史经验

1. 伟大建党精神及其同中国共产党精神谱系的关系。关于伟大建党精神,中国人民大学杨德山教授从建党精神的主体、内涵以及怎样研究三方面进行了全面细致的阐述。武汉大学罗永宽教授从内涵、关联、价值等方面按图索骥,从历史中抽象出一系列汇聚成伟大建党精神的各种时代精神。湘潭大学李佑新教授聚焦中国共产党革命精神,指出中国共产党革命精神是我们的宝贵财富,深刻阐释中国共产党革命精神谱系的重大意义。还有专家学者从思政课教学、党史宣传教育、地区民族事业等实务工作层面,探究将伟大建党精神落到实处的问题。

2. 中国共产党领导意识形态建设的历史进程与基本经验。关于党领导意识形态建设的百年历史经验,山东大学张士海教授围绕"党意识形态领导权建设的百年历史经验",提出应从马克思主义关于无产阶级政党思想着手,科学运用大历史观合理应对党在意识形态领域面临的风险与挑战。中央民族大学孙英教授回顾百年党史,认为党在中华民族共同体建设中的凝聚力具体体现为坚定的领导力、理想的感召力、情感的向心力、使命的推动力、政策的执行力、理论的引领力、制度的保障力这七个重要方面。关于如何进行中共百年党史的科学研究,华南师范大学陈金龙教授结合习近平总书记"七一"重要讲话精神,指出应从中国共产党百年历史宏观把握包括历史时期、成就、地位、经验、与世界史关系等坐标,确立中国共产党百年历史研究如"现代化范式""革命史范式""中华民族复兴史"等新范式的参照,同时还要对历史主题进行一定程度的延展。也有专家学者探讨诸如党的"自我革命性"特征、以人民为中心发展思想、话语权建构等多样主题。

3. 中国共产党百年对马克思主义的整体性原创贡献。关于党对马克思主义的整体性原创贡献,中国社会科学院龚云教授从实践与理论两方面进行总括:从实践层面上看,党百年历史充分证明东方大国走马克思主义道路的正确性,充分凸显马克思主义的科学性、真理性和生命力;从理论层面上看,党在革命、建设、改革尤其是党的十八大以来的马克思主义理论创新,是对世界社会主义发展的引领,打破了资本主义一统天下的局面,突破了"现代化等同于西方化"的桎梏。湖北大学徐方平教授重点聚焦马克思主义民族革命理论在中国的早期传播与运用,提出早期中国共产党人以文献、报刊、著作等方式传播这一革命理论的同时,就已经开始运用马克思主义来分析和解决中国的革命问题。此外,还有专家学者从农村基层党组织建设、民族自治区团结工作等方面探讨党百年来的马克思主义理论创新。

三、深度聚焦新时代中华民族共同体建设

开幕式上,喻立平提出,中华民族共同体是中国人民的根本利益所在。中华民族共同体在伟大中国共产党的百年奋斗中得以成型,并不断加强。建设中华民族共同体与构建人类命运共同体紧密相连,中国共产党成功处理民族问题为世界各国做出了榜样。吴红娅指出,打造铸牢中华民族共同体意识的湖北样板,要以思想破冰来引领高质量发展。一要筑牢理论之"魂",二要把牢工作之"纲",三要担当政治之"责",为巩固和发展"中华民族一家亲、同心共筑中国梦"的良好局面贡献智慧与力量。谢成宇认为,《决议》为我们全景展示了中国共产党的百年奋斗历程,要深入挖掘好、开发好和利用好宝贵的历史资源,从中汲取中华民族共同体建设的智慧与力量,同时弘扬伟大团结精神,构筑中华民族共有精神家园。

在专题研讨中,与会专家学者们就中华民族共同体在现实与理论基础、多维内涵、经验总结、建设主体、培育路径等方面的主题进行了系统且深入的探讨。

1. 新时代中华民族共同体的现实与理论基础。关于新时代中华民族共同体的现实基础,复旦大学邹诗鹏教授提出,现代中国统一多民族国家和中华民族共同体的重构,既从属于马克思主义中国化的历史逻辑,也是中华民族传统现代转化的必然结果。关于新时代中华民族共同体的理论基础,武汉理工大学权宗田教授提出,学习习近平总书记关于铸牢中华民族命运共同体意识的重要论述,是深刻把握铸牢中华民族命运共同体意识的根本遵循。

2. 新时代中华民族共同体的多维内涵。关于新时代中华民族共同体的内涵,中央民族大学严庆教授从民族国家的构建、多民族国家建设的理念与路径、国家共同体和家国共同体的视角出发,指出中华民族共同体是利益、价值、情感、精神、认同的统一。华中科技大学董慧教授则分析阐释从"中华民族"到"中华民族共同体"再到"中华民族共同体意识"这一内涵演进路径的理论意蕴。

3. 新时代中华民族共同体的建设对策。关于新时代中华民族共同体建设的经验总结,中南民族大学李资源教授提出,要正确把握好共同性与差异性、中华民族共同体意识和各民族意识、中华文化和各民族文化、物质与精神这四对关系,坚定不移走中国特色社会主义解决民族问题的正确道路。詹全友教授聚焦"长征时期"中华民族共同体意识培育路径,这段时期的成功经验启示我们要坚持言传与身教相结合而以身教为主,坚持"漫灌"与"滴灌"培育相结合而以"滴灌"培育为主,坚持纵向培育与横向培育相结合而以横向培育为主。与此同时,专家学者们还具体探讨了关于统战工作、民族地区团结工作、高校思想政治工作、民族节庆传承等方面的重要内容。

中南民族大学杨金洲教授总结指出,会议既是对党的百岁华诞的献礼,也是贯彻中央民族工作会议精神、深入学习十九届六中全会精神的重要举措,对于我们推动马克思主义理论

学科发展和科学研究,推动和深化学界党史学习教育走深走实,加强党的创新理论研究阐释意义重大。总体来看,学术研讨视野宏阔、理论深刻、问题聚焦,真正体现了把文章写在祖国大地上、把学问做到人民心坎上的时代要求。

《学校党建与思想教育》2021 年第 23 期

(供稿:董梅昊)

中国共产党一百年乡村建设宝贵经验

——"庆祝中国共产党成立100周年暨乡村建设宝贵经验与
经典案例研讨会"会议综述

由湖州师范学院"两山"理念研究院、浙江大学土地与国家发展研究院、发展中国论坛乡村振兴专家委员会联合主办,湖州师范学院马克思主义学院、经济管理学院协办的庆祝中国共产党成立100周年暨乡村建设宝贵经验与经典案例研讨会于2021年5月13日在北京市力学宾馆召开。来自全国人民代表大会农业与农村委员会、中央农办、农业农村部、中共中央党校(国家行政学院)、中国社会科学院、中国农业大学、发展中国论坛、中国生态文明研究与促进会、浙江大学、浙江农林大学等单位的领导、专家学者共40余人出席了研讨会。

研讨会上,研究阐释党的十九届五中全会精神国家社会科学基金重点项目"中国共产党一百年乡村建设宝贵经验及经典案例研究"(编号:21AZD086)举行开题报告会,发布相关前期研究成果。与会专家学者分别围绕中国共产党一百年乡村建设的历史脉络、阶段特征、经典案例、与时俱进的理论和政策、巨大成就、宝贵经验及其学习运用方式等方面展开了深入研讨,肯定了开展此课题的重要意义,并从不同角度提出了中肯的建议和想法。

一、中国共产党一百年乡村建设的研究意义和价值定位

乡村建设的本质是农业农村现代化和农民全面发展,"三农"现代化是中华民族伟大复兴最关键、最繁重的任务,是中国共产党100年贯穿始终的工作重心。习近平总书记指出,"只有深刻理解了'三农'问题,才能更好理解我们这个党、这个国家、这个民族。必须看到,全面建设社会主义现代化国家,实现中华民族伟大复兴,最艰巨最繁重的任务依然在农村,最广泛最深厚的基础依然在农村"。与会代表一致认为,在建党100年之际研究中国共产党百年乡村建设具有重要战略地位,非常有意义。

第一,100年乡村建设经典纷呈,有支撑农村发展稳定的经典制度和政策,有功在当代惠及子孙的经典工程,有化解农村贫困、粮食安全、生态环境等经典问题的化解经验,有影响深远的经典人物,这些经典无不镌刻着中国共产党100年乡村建设的历史脉络和时代标记,蕴含着中国共产党"坚持理想、不忘初心、牢记使命、不懈奋斗"所囊括的精神要旨,

反映了中国共产党100年的巨大成就和宝贵经验。课题组认为在中国共产党成立100周年之际，深入研究、总结和学习运用中国共产党100年乡村建设的宝贵经验与经典案例，形成具有乡村现代化一般规律的中国话语体系，丰富中共党史、新中国史、改革开放史、社会主义发展史的教育内容，为"实施乡村建设行动"提供历史经验借鉴，意义重大。

第二，回顾党的百年历史，乡村建设贯穿于中国革命、建设、改革的历史进程。有专家认为，从乡村建设的角度深入总结和学习运用中国共产党100年的宝贵经验，用一条主线串联百年党史，一脉相承，有机统一，可以更清晰准确地阐释建党百年来中国建设与革命、改革的逻辑关系，进一步反映不同历史阶段乡村建设的时代内涵，选题精准清晰，具有重要的理论基础和现实依据。

第三，乡村建设是一项系统性工程，是人力、物力、财力的有机结合，是人才、资源、战略的有效统一。有专家认为乡村建设需要整合各方力量采取多项措施合力推进，党的政策思路融会贯通建设的全过程，从历史追溯的视角、以古论今的视角，总结归纳提炼出一些具有普遍适应性价值的经验或者发展理念，对于今天乃至今后一个阶段的乡村建设都具有重要的实践指导意义。

第四，以中国共产党成立100年来乡村建设各个历史时期涌现出来的先进典型为主要内容，梳理和总结乡村建设的伟大成就和宝贵经验，对于宣传建党百年巨大成就具有重要意义。目前各相关媒体的相关栏目尚未涉足"三农"经典，课题组认为本研究可为媒体开展乡村建设经典案例宣传准备"脚本"；有专家认为可以借助媒体的宣传力量以及各地科研机构的研究力量进一步挖掘典型案例的深层内涵，全面、系统、生动、立体地展示中国共产党乡村建设百年光辉历程、伟大成就和宝贵经验，将具有重大而深远的意义。

第五，中国共产党作为世界上最大的政党，其领导的中国已成为世界第二大经济体，正逐步走向世界舞台的中央，有专家认为在这样的国际背景下，总结建党百年来乡村建设所取得的成就和经验既有自身重要的意义，也为国际社会提供中国智慧和中国经验具有重要借鉴价值。中国作为为全球减贫作出最大贡献的国家，深入挖掘中国执政党在脱贫攻坚等领域的案例实践，为全球减贫事业提供可行性经验，将进一步提升课题研究的国际视野；课题组认为中国农村消除绝对贫困，为全球减贫和人类发展做出了重大贡献，"携手共建没有贫困共同发展的人类命运共同体"越来越自信。

二、中国共产党一百年乡村建设研究的指导思想

与会专家一致认为中国共产党100年乡村建设研究是一项复杂而艰巨的系统工程，需要深入探索乡村建设的发展脉络和理论逻辑，牢牢把握乡村建设的本质内涵，紧抓研究重点，实事求是，与时俱进，以初心使命撰写建党百年乡村建设史。

（一）核心在于如何理解和阐释乡村建设的内涵

中国共产党成立百年来乡村建设的内涵在不断变化、丰富和发展，在不同的历史阶段具有不同的时代特征。尹成杰研究员认为进一步完善、系统、完整地表述历届党的代表大会决议、历届中央全会决议以及历届中央"一号文件"决议等党中央对乡村建设作出的决策部署，清晰而鲜明地分析和表达各战略决策对乡村建设产生的影响力和推动力，不断认识和深化、丰富和完善各阶段乡村建设取得的成果，对于深入研究、理解和阐释建党百年来不同历史时期乡村建设的内涵具有重要价值；赵鲲研究员认为农业、农村、农民问题作为中国革命、建设和改革开放以及现代化建设的根本问题，深入挖掘和阐释建党百年来乡村建设的内涵可以正确地把握中国革命、建设和改革的逻辑关系和历史发展规律。

（二）重点在于加强思想引导和理论辨析，坚持理论与实践相结合

中国共产党在百年乡村建设的历史长河、时代大潮中不断进行着实践探索，在农业、农村、农民问题上用理论指导着实践，理论在实践中检验，又在实践中发展与创新。有专家认为应该从大历史观的角度来研究和分析中国共产党 100 年乡村建设宝贵经验，回顾和梳理中国共产党百年来在"三农"问题上一系列重要理论的发展脉络，在脉络框架的指导下开展乡村建设实践案例研究，进一步揭示"三农"问题的历史规律。在乡村建设百年的宝贵经验和经典案例研究中，要通过对比研究加强思想引导和理论辨析；吴晓佳研究员认为通过实践研究提炼出 100 年来中国乡村建设的发展规律，同样对于政策制定和实施有印证指导意义；有专家认为不同时期党对乡村建设有不同的理论政策，乡村建设的典型案例都要遵循一定历史阶段的政策指引，进而在总结归纳成就和经验基础上产生特定阶段的乡村建设理论。因此，在理论梳理的基础上开展乡村建设百年经典案例筛选和研究具有实践价值；宋洪远研究员认为研究中国共产党百年乡村建设同样要遵循历史、理论、实践三大逻辑，正确解读三大逻辑之间的内在关联是研究的重点和难点。

（三）关键在于尊重历史、捍卫真知，树立正确党史观

中国共产党百年乡村建设是一个不断开展实践探索和理论建设的过程，正确认识和科学评价建党百年来不同时期乡村建设的重大事件，从历史中汲取智慧和力量，树立科学的认识论和方法论是开展科学研究所秉持的基本原则。课题组主张运用扎根理论法开展定性研究，同时借鉴经济史、党史等史学方法，史论结合开展经验总结和成果编撰。有专家认为中国共产党乡村建设百年宝贵经验研究是一个不断丰富、完善和总结中国共产党"三农"工作史的过程，应该从写史的角度，以中央有关会议决议相关文件为依据，进行客观、真实的描述和表达。张晓山研究员强调要正视历史，旗帜鲜明地反对历史虚无主义，立足辩证唯物主义的根本立场，坚持真理、总结经验、汲取教训。郑有贵研究员认为历史上特定时期的乡村建设实践均符合特定的历史场景和历史逻辑，科学研究是还原历史，不是再造历史，要从实际

出发,回到历史场景中进行典型案例的分析和提炼,客观而深刻地总结经验和教训,彰显历史价值和时代意义;宋洪远研究员认为梳理建党百年乡村建设的历史脉络要兼顾经济思想史和社会发展史的发展脉络。

(四)根本在于运用科学的方法开展案例研究

有专家认为每一个典型都是特定时期具有特定作用或者历史地位的,是某一个方面或某一个时期先进性的代表,但在历史的进程中亦会遇到考验和挑战,因而要用前瞻性、历史性、发展的眼光看待特定历史时期的典型案例,正确把握普遍性与特殊性、共性与个性的关系,通过揭示一个规律,体现一种精神,或者创造一种可推广、可复制的经验模式,体现案例的重要参考价值;郑有贵研究员认为基于经典案例开展100年乡村建设经验研究,将宏观与微观研究相结合,具有重要的方法论意义。乡村建设研究百年贯通,需要将特定历史阶段的实践案例纳入百年历程中进行比较研究,将典型案例与一般案例进行比较,从政策适应性的角度总结经验,提出思想论点;赵鲲研究员指出改革开放以后创立统分结合的双层经营体制阶段的案例选择要有统有分,注意均衡;还有专家认为历史上乡村建设的党外探索为共产党成功开展实践增添注脚,进行实践案例党内外比较研究,有助于进一步丰富乡村建设的理论内涵。

三、中国共产党一百年乡村建设的历史脉络和阶段划分

中国共产党100年不同的历史时期,"乡村建设"的表述和侧重点各不相同,课题组以中央重大决议为根据,参照权威历史分期和相关领域的最新研究成果,将中国共产党一百年乡村建设划分为四个历史时期、九个阶段,分别是:(1)新民主主义革命时期(1921—1949年)的党创立至大革命阶段组织农民协会、领导农民运动(1921—1927年)、土地革命阶段苏区和革命根据地乡村建设(1927—1937年)、抗日战争和解放战争阶段边区和解放区乡村建设(1937—1949年)三个阶段;(2)社会主义革命和建设时期(1949—1978年)的国民经济恢复阶段农业农村经济全面恢复(1949—1953年)、社会主义改造阶段农业合作化与社会主义农村建设(1953—1958年)、人民公社阶段农业"四化"和社会主义农村建设(1958—1978年)三个阶段;(3)改革开放和社会主义现代化建设新时期(1978—2012年)的创立双层经营体制阶段中国特色社会主义新农村建设(1978—2002年)和统筹城乡经济社会发展阶段社会主义新农村建设(2002—2012年)两个阶段;(4)中国特色社会主义新时代(2012—2021年)美丽乡村建设、实施乡村振兴战略和乡村建设行动阶段。

与会代表强调了建党百年乡村建设历史脉络梳理的重要性,充分肯定了课题组阶段划分的科学性。有专家强调阶段划分要有科学合理的依据;也有专家认为高质量的课题关键在科学划段、突出重点,中国特色社会主义新时代阶段还在不断发展、深化、前进,对于更远的

目标可以做一些展望；郭占恒研究员将百年建党历程分四个时期和十五个问题，全景式概述中国共产党和中国农民的血肉关系，认为始终把农民作为革命和建设的主体，始终把"三农"工作放在重中之重的地位，始终把乡村振兴和中华民族伟大复兴紧密地联系在一起，这三个"始终"展现出中国共产党100年不断从农耕文明中汲取营养的清晰脉络。

四、中国共产党一百年乡村建设的宝贵经验

课题组认为可以沿着与时俱进的理论品质，人民至上的立场、方法和情怀，共同富裕和伟大复兴的坚定信念与坚实行动，乡村现代化的中国道路和特色，乡村善政善治的智慧和经验等主线研究和阐释中国共产党100年乡村建设的宝贵经验。与会专家学者亦对建党百年乡村建设取得的宝贵经验建言献策，从不同的角度阐述了各自的观点。具体论述如下：

（一）建党百年乡村建设宝贵经验的核心要旨有专家从党的理论政策角度概括了六个方面，一是加强党的领导是乡村建设的根本保障，二是改革创新是推进乡村建设的强大动力，三是加快农业农村现代化建设是乡村建设的根本目标，四是增加农民收入是乡村建设的中心任务，五是共同富裕是乡村建设的重要原则，六是从实际出发尊重农民意愿，是乡村建设的有利保证。课题组认为马克思主义的世界观、方法论，崇尚调查、实事求是，准确地认识国情和判断时局，始终保持与时俱进的理论品质是推进中国乡村现代化的理论基石，共同富裕是一代代共产党人的坚定信念并引领坚实行动，成功化解乡村建设中的经典问题。

（二）建党百年乡村建设宝贵经验的重要体现

1. 创新基层党组织自身建设。基层党组织是乡村建设的前沿阵地。徐小青研究员认为农村基层组织建设具有丰富的内涵，始终是乡村建设工作要抓的重点，可以从党的三大作风、实事求是、坚持真理等角度总结归纳出具有实践意义的宝贵经验；有专家认为从合作化运动到集体经济的组织建设，再到村民自治的组织建设以及农村的基层群团组织，都是党领导乡村建设的宝贵经验；杜志雄研究员指出基层党组织自身实践创新是乡村建设的宝贵经验，他在浙江楠溪江流域调研乡村旅游开发过程中发现不同村之间通过成立联合党委有效解决了流域旅游产品和服务重复及同质供应问题。

2. 坚持群众路线，强调农民的主体地位。在中国革命、建设、改革以及现代化建设过程中，农民往往发挥着最基础的推动作用，而乡村建设的根本目的是让农民有获得感和幸福感。有专家认为党领导乡村建设强调农民的主体地位，从这个意义上讲共同富裕在于赋予农民更多的经济权利和政治权利，因而共同富裕的内涵强调由单一收入表征的共同富裕，向既表现收入指征，又体现福祉或者福利的双重目标、双重指向、双重表征转变，亦是党领导乡村建设的宝贵经验；课题组认为群众路线，立党为公，执政为民，尊重人民主体地位和保障人民各项权利为乡村建设提供资源动力源泉；也有专家认为尊重和保障农民的基本权利是党在"三农"问题上一贯坚持的准则,刚出台的《乡村振兴促进法》就明确强调了坚持农民的主体地位,体现了党和人民群众的鱼水关系,也是我国确保乡村建设能够取得重大成就的历史源泉;有专家认为在中国共产党的领导下,中国农民成为新民主主义革命的主体、社会主义改造和建设的主体、改革开放和工业化、城市化的主体,成为全面摆脱贫困和走上乡村振兴的主体,体现了中国共产党的初心使命和辉煌伟大;李琳琳研究员通过研究浙江省建德市千鹤村村民复兴乡土家园的探索实践,得出村庄发展主体强烈的发展愿景是激活千鹤村发展的重要原因,她认为农民的发展意愿和探索实践是乡村发展的内生和主导动力。

3. 党的工作实践和保障机制。党在乡村的基层工作机制直接影响着党执政根基的巩固和农民群众利益的维护。有专家认为通过经典案例树典范以及党在不同历史时期向乡村持续选派驻村第一书记和工作队下沉到基层等工作机制都是乡村建设宝贵的实践经验;曾业松研究员也认为用典型推进乡村建设政策实施的工作机制体现了党的价值观和方法论;有专家就通过案例研究记录了新中国成立初期下派干部和千鹤村村民共同培育和树立"千鹤妇女典型"的经验;同时任大鹏研究员还认为建党百年来,乡村建设既注重政策工具作用,也注重法治保障作用,从《井冈山土地法》《兴国土地法》《减租减息条例》《中国土地法大纲》,再到新中国成立以后的《中华人民共和国土地改革法》《中华人民共和国土地管理法》以及现在的中央一号文件,中国共产党通过政策的引导性和法治的保障性灵活有效地推进乡村建设。课题组认为平均地权、耕地农有、集体所有家庭承包经营一脉相承以及乡村自治与法治、德治融合,是不同历史时期乡村经济社会持续发展和稳定的基础。

4. 城乡关系的发展路径。城乡关系是中国革命、建设、改革以及现代化进程中始终必须正确处理的重大关系。有专家从梳理城乡关系百年演变路径的角度,指出党在城乡关系的调适与发展过程中,始终坚持马克思主义城乡关系理论的指导,用国家战略及政策取向推动城乡关系的调整;也有专家提出乡村振兴的关键在城乡融合,而城乡融合的关键切入点在县域,县域范围内城乡融合的宝贵经验可以发挥政策引领作用。他认为可以从改革开放以来乡镇企业的异军突起、小城镇发展的巨大变化、脱贫攻坚对国际社会的借鉴意义等方面丰富乡村建设的经典案例,总结乡村建设宝贵经验;课题组认为在"脱贫攻坚"、"新型城镇化"和"乡村振兴"三大战略的有效衔接下,"四化同步推进""城乡融合发展"等乡村建设策略推动了中国农村地域空间的重构,为世界农业国处理工农业和城乡关系贡献出了中国经典。建党一百年来,互助组、合作社、乡镇企业和中心村镇建设渐次推进,产业集聚、人口集聚和文化集聚相统一,造就了星罗棋布的小型经济文化中心,展现出农业、农村和农民现代化最有价值的中国经验。

5. 传统文化传承和发展。乡村具有城市不可替代的价值和功能,是中华民族优秀传统文化的重要载体。有专家认为在保障粮食安全和农产品供应、生态环境保护以及承载优秀传统文化三大功能中，中国乡村传承中华民族优秀传统文化的功能具有独特性，是区别于其他国家的宝贵财富，有必要深入挖掘；有专家通过案例研究了乡村红色集体记忆激活的内在逻辑，从村庄层面纪录了共产党在不同时期探索乡村建设实践、传承红色文化的宝贵经验，认为通过研究挖掘中国乡村几千年来的农耕文化、传统手工技艺、村庄的布局和形态、农民的生活形态和文化习惯等丰富的集体记忆资源，有助于传统文化传承保护，激发乡村内源性发展。

五、结语

此次研讨会通过对百年乡村建设历史脉络、宝贵经验、研究内涵以及意义局限等方面的深入探讨，推进了党史研究与乡村建设研究力量的学术碰撞，以多重视角探寻百年乡村建设的实践逻辑和理论内涵，有助于学术思维创新，深化学术认识。研讨会上专家学者们交流的学术成果、达成的学术共识为课题组进一步讲好乡村建设的中国故事、传播乡村建设的中国经验开拓了思路，为引领和推动新时代乡村建设开展有效探索，切实巩固拓展脱贫攻坚成果同乡村振兴有效衔接贡献智慧、提供启示。

《农业经济问题》2021 年第 11 期
（撰稿：沈琪霞　刘亚迪　刘玉莉）

建党百年中国农村土地制度的嬗变规律、热点议题与未来展望

——"百年奋斗目标与农村土地问题高层研讨会"会议综述

2021年是中国共产党成立100周年,也是全面建设社会主义现代化国家、贯彻落实"十四五"规划开局之年。站在新的历史起点上,全面回顾总结建党以来农村土地政策变迁历程与基本经验,深入探讨新时代中国特色农村土地制度改革的理论逻辑与治理路径,对于深化农村土地制度改革,推动乡村全面振兴和乡村治理现代化具有重要意义。

现将与会专家和会议论文的主要观点予以综述。

一、建党百年农村土地制度的嬗变逻辑

党的百年发展史,也是一部农村土地制度变迁史。中国农业经济学会会长陈晓华总结到,100年来,中国共产党深刻意识到土地对农民的极端重要性,对中国革命事业的重要作用,在不同历史时期准确把握中国社会的基本矛盾,紧紧围绕党的目标任务,不断调整和完善土地政策,走出了一条中国特色农村土地制度变革之路,为中国革命、建设和发展提供了强有力支撑和重要保证。

(一)新民主主义革命时期建立农民土地所有制,团结各阶层人民以建立社会主义政权

中国共产党自成立起就把解决农民土地问题作为中国革命的核心问题。农业农村部政策与改革司司长赵鲲介绍到,早在国共合作的大革命时期,我党就意识到工农联盟的重要性,毛泽东同志在《湖南农民运动考察报告》中提出"农民是可以依靠的力量,而且我们应该主要依靠贫民,没有贫民的积极性,中国革命是不可胜利的"。大革命失败后,党确定了土地革命和武装反抗国民党反动派的总方针,1927—1937年,在根据地开展"打土豪、分田地",先后颁布《井冈山土地法》《兴国土地法》《中华苏维埃共和国土地法》,逐渐形成"依靠贫雇农,联合中农,限制富农,保护中小工商业者,消灭地主阶级"的土地革命路线。1935年10月,红军北上抗日胜利到达陕甘革命根据地,中共中央就此以陕北作为领导中国革命的大本营,领导中国人民进入纵跨革命战争最后一个党的土地政策转变时期。延安大学经济与管理学院宇贇教授将延安时期土地政策转变归纳为五个步骤:一是改"富农分

坏田"的政策为给富农以经济出路的政策,二是改"地主不分田"的政策为给地主以生活出路的政策,三是停止没收地主土地,四是提出"地主减租减息、农民交租交息"政策,五是实行没收地主土地、"耕者有其田"政策。随着1946年《中共中央关于土地问题的指示》发布和1947年《中国土地法大纲》实施,党在解放区全面推进土地改革,废除地主阶级封建剥削的土地所有制,建立农民土地所有制。土地问题的解决赢得了民心,获得了广大人民群众对中国共产党领导政权的坚定支持。

(二)社会主义改造与建设时期探索农村土地集体所有制,发展农民互助合作以保障工业化发展

新中国成立后,如何在落后农业国的基础上推进工业化,是社会主义改造和建设时期的重要任务,农村土地制度的适应性调整则是其必不可少的关键环节。南京农业大学公共管理学院冯淑怡教授指出,国民经济恢复初期,中国共产党颁布《中国人民政治协商会议共同纲领》、《土地改革法》以及《宪法》等法律法规解决了居于首要位置的土地所有权问题,在全国确立农民土地所有制,使3亿多农民无偿分得了约7亿亩土地和大批生产资料,巩固了新生的国家政权。与此同时,党意识到广大贫困农民难以在分散经营中致富,必须把农民组织起来,发展互助合作,建立公有制为基础的农业合作社。1956年底,全国各地基本完成农业合作化改造。至1958年,农业合作社进入高潮阶段,农村普遍建立了"政社合一"的人民公社管理体制。后续通过对冒进的集体化运动进行纠偏和调整,最终确立了"三级所有、队为基础"的人民公社所有制形式,农村集体经济制度全面建立。中国人民大学经济学院刘守英教授认为,这一时期的土地改革将亿万松散的农民组织到社会主义建设中,为国民经济恢复奠定了政权和社会稳定的基础。尤其是以合作化和集体化为核心的土地制度变革,连同城乡二元的户籍制度、农产品的统购统销制度共同形成工农业剪刀差,客观上有效地为工业化提供了原始积累,建立起了完整的工业体系,保障了重工业优先发展战略的实施。

(三)改革开放时期确立家庭联产承包责任制,形成二元土地制度以支持快速工业化城市化

1978年12月召开的党的十一届三中全会,在深刻总结我国社会主义建设正反两方面经验的基础上,作出实行改革开放的历史性决策,国家强控下的土地制度安排开始松动。与会专家一致认为,改革开放以来的土地制度变革,最重要的就是将家庭联产承包责任制作为一项基本经营制度长期稳定下来,创造性地实现集体所有权和农户承包经营权"两权分离"。其后,2002年颁布的《农村土地承包法》,正式将农村土地承包和土地承包经营权流转纳入依法管理轨道,大大促进了土地要素合理流动和优化配置,截至2011年底,家庭承包土地流转比例达17.8%。随着农村经济快速发展,宅基地制度也开始加强管理。冯淑怡教授指出，人民群众建房、改善居住条件需求的增加，使得以集体所有、房地分离、农民无偿取得、长期使用为特征的宅基地制度，遭遇无序扩张、乱占滥用耕地等诸多挑战，开始转向强调宅基地成员身份取得、非成员限制进入和强化审批管理阶段。与此同时，这一时期，农地转用制度出现了二元土地制度安排的分野。为保障工业化城市化用地需求，集体建设用地使用权被禁止流转，国家征地转用成为集体土地转为建设用地的唯一合法方式。刘守英教授进一步指出，这种二元所有、土地用途转换由政府独家垄断、非农建设用地由政府独家供应、土地增值收益由地方政府独享的用地制度，使得土地成为地方政府"以地谋发展"的主要工具，由此产生的制度租金成为推动国家经济结构快速转变的重要力量。

（四）新时代深化农村土地制度改革，推进土地要素市场化配置以建设社会主义现代化国家

党的十八大以来，以习近平同志为核心的党中央，立足调整理顺工农城乡关系，树立农业农村优先发展政策导向，全面深化农村各项改革，持续完善农村土地制度。新时期土地制度改革的根本方向是采取市场化方式推动转型时期城乡土地资源再配置，并通过扩权赋能，实现农民土地财产权益。一是完善土地承包经营制度。赵鲲司长指出，中央先后开展了农村土地承包经营权确权登记颁证、实行农村承包地"三权"分置、保持土地承包关系稳定并长久不变等改革，进一步巩固了农村基本经营制度。二是积极推进集体经营性建设用地入市改革。冯淑怡教授指出，为盘活存量建设用地和低效用地，取消了多年来集体建设用地不能直接入市流转的二元体制，允许集体经营性建设用地与国有建设用地同等入市、同权同价，为城乡一体化发展扫除了制度性障碍。三是稳慎开展宅基地制度改革。中国农业经济学会副会长黄延信指出，宅基地制度改革致力于探索宅基地所有权、资格权和使用权"三权"分置有效实现形式，构建开放、共享、公平的宅基地使用权流转交易制度，释放农村宅基地和农房的资源价值，吸引人才、资本回流农村。四是全面推开农村土地征收制度改革。进一步缩小征地范围，突出征收土地必须符合公共利益，强化征地程序公开民主，健全被征地农民合理、规范、多元的补偿保障机制。刘守英教授评价说，中国经济转入新常态，土地作为经济增长的发动机角色也在发生改变，推进土地要素市场化配置有利于摆脱土地依赖，实现发展动能转换，建设创新型国家。

二、农村土地制度百年变革的历史昭示

历史已经见证，中国共产党领导下的农村土地制度百年变革为国家富强和人民幸福提供了有力保障，其经验弥足珍贵，值得总结、发扬和继承。

（一）始终坚持以人民为中心的价值依归立党为公、执政为民，是中国共产党的宗旨所在

与会专家一致认为，党的百年土地政策在不同历史阶段各有主题、各有侧重，但坚持的主线始终是"以人民为中心"。党的土地政策的制定、调整和完善都是以实现和维护最广大人民的根本利益为出发点，都是在顺应民意、赢得民心的支持下落地生根：推翻压迫中国人民的封建半封建土地所有制，让人民成为土地的主人；建立家庭联产承包责任制，让一部分人先富起来；创新"三权分置"制度，推动土地扩权赋能及其在城乡间有序流动，促进共同富裕。历史反复证明，只要土地制度变革符合人民群众的利益，农业就发展，生活就改善，社会就进步。反之，农民利益若受到侵害，党的事业就会遭遇挫折。

（二）始终遵循生产关系适应生产力发展的客观规律

作为农业生产关系的基本安排，中国特色农村土地制度并不是一成不变的，而是根据农业生产力与生产关系的矛盾运动进行动态调整，以使农业生产关系更好地促进农业生产力发展水平的整体跃升。宇赟教授指出，从新民主主义时期"没收地主土地归农民私有"政策的确立过程来看，正是顺应了生产关系一定要适合生产力发展要求的客观规律，"没收地主土地"彻底铲除了农民贫穷愚昧、社会落后动荡的重要根源，"土地归农民私有"则是充分适应当时社会生产力和广大农民觉悟水平，史无前例地解决了发展农村生产力的动力问题，为农村社会带来了翻天覆地的变化。

（三）始终重视理论创新与实践探索紧密结合

中国共产党是以马克思主义理论为指导的政党，其农村土地政策的制定与完善遵循了马克思主义政治经济学原理，并充分结合中国具体农情民情。西南大学经济管理学院张应良教授认为，纵观农村土地政策演进历程，从基于马克思恩格斯集体经济理论和苏联农业合作社经验建立的集体所有制，到来自基层实践论证的家庭联产承包责任制，再到依据土地流转事实提出的承包地"三权分置"，全面体现了马克思主义土地产权理论与实践创新，为发展马克思主义土地思想作出重要的原创性贡献。

（四）始终带领农民走联合与合作的道路

与会专家一致认为，农村土地集体所有制符合马克思"公有制"理论及社会主义经济发展要求，保障了全体农民共同享有土地权益，是团结和组织农民的重要形式，对稳定国家整体大局有至关重要的意义。中国农业经济学会副会长杜志雄将中国共产党选择土地集体所有制的原因归结为三个方面：第一，集体所有制是实现工业化和现代化原始积累的重要工具。土地集体所有吸收了土地国有制和土地私有制的优点，利用土地集中控制权、差异化用地指标配置和土地低价供应，为工业化现代化提供了大量的内部积累；第二，集体所有制是保障"耕者有其田"的有效实现形式。农村土地归劳动人民集体所有，从土地所有制层面

保障了农民占有、使用和利用土地的公平公正，避免农村产生大量"三无农民"（无地、无业、无保障）。最后，集体所有制是打破"土地周期律"的有效手段。中国特色的农村集体经济，充分调动农民群众参与改革，改革成果由全体农民群众共享，避免了农村土地陷入封建社会"土地周期律"的怪圈。

（五）始终坚持解放思想、实事求是、与时俱进

与会专家一致认为，只有顺应时代发展的需要，坚持一切从实际出发的原则，适时调整并不断完善、创新党的农村土地政策，才能充分发挥理论和政策对实践的正确引领和助推作用。冯淑怡教授强调，党领导下的农村土地变革坚持了实事求是、与时俱进的思想路线，立足不同经济社会发展阶段和差异化资源禀赋条件，开展了符合实际的实践探索和制度创新，不搞"一刀切"，不搞"齐步走"，助力中国特色社会主义事业的长久兴旺。

三、当前农村土地制度改革关涉的热点议题

农村土地制度作为一项基础性的经济政治制度，关涉耕地保护、经济转型、协调发展、社会治理等多个领域，牵涉我们党与农民关系等重大问题，牵一发而动全身。与会学者围绕新时代农村土地制度中的一些热点议题展开深入研讨。

（一）正视耕地保护利用问题，健全土地管理制度体系

中国作为人口大国，耕地、农业和粮食问题是政府和社会最关心的重大问题之一。一直以来，为维护粮食安全，各级政府坚决遏制耕地抛荒行为。据山东大学经济研究院黄少安教授估算，2004—2017年，全国耕地完全抛荒面积大致在15万—20万平方公里，约占耕地总面积的15%。农户基于成本收益无奈的抛荒行为是市场机制作用下的"理性休耕"，而一些"占地大户"的抛荒行为则暴露了土地管理制度和政策的缺陷。对于恶意的抛荒行为，农业农村部政策与改革司处长刘涛建议，可借鉴欧美法系的逆权占有（Adverse Possession）制度，通过法律赋予发包方对耕地撂荒的处置权，促进资源合理利用。具体而言，针对通过家庭承包方式获得土地承包经营权但持续弃耕抛荒两年以上的农户，发包方可以将该土地的经营权收回，组织生产经营。后续土地承包经营权人进行主张时，根据权利人的具体情况与发包方对该土地的利用情况，决定将土地经营权返还给权利人以及是否需给予权利人合理补偿等。中国计量大学马克思主义学院邢栋博士进一步对增强土地管理制度在保障耕地安全中的实操性提出了建议：一是在法律层面，减少《土地管理法》中表态性表述，增加具体的权利义务表述；二是在制度执行层面，明确制度各环节具体执行人，注重保障执行效果；三是在责任追究层面，明确问责对象、问责部门和问责方式。

（二）稳定土地产权，推进乡村治理现代化

华南农业大学国家农业制度与发展研究院罗必良教授认为，中国历史上的乡村治理，走

的就是一条以地权制度为主线，由此实现"因地而治"，进而"因治而序"的道路模式。中国农村社会的"差序格局"与缺乏稳定性与安全性的地权结构，决定了传统村庄经济交易治理模式，往往呈现出由社会关系网络所维系的非正式治理形式及经济交易关系的本位特征。罗必良教授进而揭示了土地产权制度变革推进乡村治理现代化转型的作用机理，他指出，农村土地确权政策通过地权法制化以实现产权明晰界定并长期稳定地权，必然会诱导产权实施尤其是产权交易的重要转换，从而引发"关系型"的传统乡村治理秩序，向"契约型"的现代村庄治理体系转变，因此，有必要进一步强化农地确权及其产权界定的严肃性与稳定性，加速推进现代化乡村治理秩序重构。

（三）发挥村民自治作用，完善土地流转机制

现代农业必然是规模农业，土地流转的目的正是发展适度规模经营。南京林业大学经济管理学院蔡志坚教授提出，农地流转市场的规范运行不仅依赖于正式制度如法律法规的约束，同时以村庄内部秩序为表征的非正式制度也发挥着重要作用。村干部代表的村民自治组织是村庄秩序内生影响主体的重要组成部分，在农地流转中具有降低交易费用和违约风险上的优势，可促进流转契约的长期性、稳定性。因此，从村级层面构建嵌入农地流转治理中的交易费用和风险管控机制，强化村民自治组织在服务和交易咨询中心的参与程度，并以村民自治组织的"话语权"优势作为农地流转双方事后行为的监督，降低交易费用及违约风险，推动农业规模化经营持续稳定发展。

（四）激活农村土地资源，构建新型工农城乡关系

在城乡融合发展新格局下，土地制度改革的核心是盘活农村土地资产，实现农民土地资产的更多权能，将农村土地由"死资产"变成"活资本"，并依托农村土地制度的供给侧结构性改革来加强城乡功能连接，构建工农互促、城乡互补、全面融合的新型工农城乡关系。黄延信副会长指出，宅基地是农村最需要盘活的一份资产，其利用潜力巨大，在提高农村土地利用效率、增加农户财产性收入等方面能发挥重要作用。因此，他建议，在确权登记、承认现实、锁死总量的前提下，推进宅基地使用权有偿转让，既满足农户家庭人口变动对宅基地的需求，又实现宅基地集约节约使用；对进城落户农民长期闲置的宅基地，在产权归属不变的前提下，通过以奖代补、市场化的方式，鼓励予以复垦。复垦增加的耕地指标，可以同等数量增加当地建设用地指标。西南政法大学经济学院何微微博士结合重庆大足区集体经营性建设用地入市实践，提出要一方面，增加入市交易的土地供应，将增量集体建设用地纳入到入市范围；另一方面，制定差异化的入市范围认定，对"先占"形成的存量不均进行协调，缩小不同集体、不同区域在发展机会上的差异，从而更大程度显化集体土地资源资产价值，更充分地实现集体和农民的土地收益。

四、未来值得深入研究的若干问题

发现问题、研究问题、解决问题，是推动发展的不竭动力。迈入第二个百年奋斗目标新征程，国际国内形势发生深刻变化，土地资源的分配、保护、利用工作更加复杂，客观上对中国共产党深化农村土地制度改革提出了更高要求。中国农业经济学会副会长周应恒指出，下一步推进土地制度改革实践和理论研究，必须强化问题导向，着力解决土地领域存在的深层次矛盾和现实问题，以构建更科学、更精细、更综合的土地制度体系。对此，与会专家紧扣处理好农民与土地关系这一改革主线，梳理了以下六个方面值得在学理上研究的问题。

一是拓展国际化比较研究视野的问题。站在全球的视角，用历史的眼光，审视各种典型的土地制度安排，有助于科学、客观、全面地认识中国土地制度。土地私有农户经营与集体所有农户经营有何区别，这两种制度下土地利用面临的共性问题有哪些？欧美日韩等国土地变革历程的经验和教训有哪些？如何定义中国特色社会主义土地制度，并使其永葆活力？这些问题需要以一种更加开放的国际化视野来研究。

二是探索农村土地集体所有制新的实现形式问题。习近平总书记强调："农村土地集体所有制是农村经济的'魂'，不管怎么改，不能把集体所有制改垮了。"但不可否认的是，随着时间迁移和形势转变，当前实践中集体所有制面临一些新问题，需要本着实事求是、理论联系实际的原则，进行深入研究与思考。诸如，如何理解农村集体经济组织特别法人的"特"、新型农村集体经济的"新"？考虑到土地流转中随着集体经济组织成员自然消亡，如何防止土地过度集权化？如何推动承包地、宅基地与集体经营性建设用地不同地类土地打通使用，满足乡村新产业新业态用地需求？如何看待和正确引导土地股份合作制，等等。

三是农民市民化进程中进城落户农民土地退出问题。高质量发展阶段，"离农不离地"和"进城不弃地"表象下的人地关系扭曲和人地矛盾固化，有可能成为推进农业现代化和新型城镇化的严重阻碍。对此，中央明确提出要支持引导进城落户农民依法自愿有偿转让承包地、宅基地，但这项改革任务却在实践中遇冷。如何加强土地退出制度性供给，采取什么样的引导策略和配套措施等亟待进行系统性研究。

四是宅基地"三权分置"的法理问题。宅基地制度试点改革已然步入深水区，来自法律法规的障碍愈发显现，修订或出台一系列配套法律成为宅基地制度改革取得突破的关键所在。宅基地使用权流转期限该如何规定？宅基地有偿使用制度能否上升为法律规范？宅基地资格权的权能属性、认定办法、行使条件与重获方式等如何界定？这些实际问题必须从法理层面予以明确。

五是集体经营性建设用地入市配套制度的问题。农村集体经营性建设用地入市是突破现行二元土地制度关键，有利于促进农村集体土地资产价值的转化，提高农民土地财产收入，对农民土地财产收益的实现具有重要意义。因此，需不断探索和总结集体经营性建设性用地入市促进农民财产性收益增长的经验及困境，聚焦如何扩大建设用地入市范围，完善土地增值收益分配机制，明确入市规则和监管措施等关键问题。

六是增强农村改革系统性、整体性、协同性的问题。当前，农村各类土地权能不平衡、各项土地制度细碎，影响改革整体效应。未来，如何加强农村"三块地"改革、集体产权制度改革、农村金融改革等相关领域改革的系统性与集成性；如何协调平衡土地承包经营权、宅基地使用权、集体收益分配权等的权能配置，明晰农户相应的权利义务等，需要开展全面、深入、细致的研究。

《农业经济问题》2021年第10期

（撰稿：曲　颂　吕新业　胡向东　袁龙江）

廉政文化建设：百年探索与当代价值

——"廉政文化建设百年历程和高质量发展"会议综述

一以贯之地持续推进党风廉政建设和反腐败斗争，是永葆党的先进性和纯洁性、永葆党的生机与活力的重要密码。湖北省廉政文化建设研究会以庆祝中国共产党成立100周年为契机，以习近平总书记关于加强廉政文化建设的相关重要论述为指导，以立足开启全面建设社会主义现代化国家新征程为纲要，于2021年6月在武汉工程大学成功召开"湖北省廉政文化建设研究会年会暨廉政文化建设百年历程和高质量发展学术交流会"。来自全国各地的百余名相关领导、专家学者和代表济济一堂，系统回顾中国共产党廉政文化建设的百年历程，认真总结中国共产党廉政文化建设的经验价值，深入探讨中国共产党廉政文化高质量发展的现实路径，形成了一批高水平的理论成果，为廉政文化建设高质量发展提供了重要借鉴。

一、百年探索之一：永葆党的先进性和创新性

中国高等教育学会廉政建设研究分会理事长李胜利指出，党的百年廉政建设的历史启示我们，廉政文化建设关系着党的事业的延续，关系着中国特色社会主义的兴衰，是党拒腐防变的基础工程。党的廉政文化建设的历史凝聚着党持续不断推进自我革命、加强自身建设、保持自身先进性和纯洁性的智慧和经验。在中国共产党成立100周年之际，理论工作者更应提升对党史的认识，既要重视从历史中探寻和把握党进行廉政文化建设的规律和大势，提炼廉政文化建设的经验和智慧，又要着眼现实问题，结合反腐败斗争中的重点难点问题进行理论创新，并通过教育的途径影响到社会各个层面和角落。

（一）强化以人民为中心的思想政治教育

习近平总书记号召全体中国共产党员"牢记初心使命，坚定理想信念，践行党的宗旨"。[①] 历史经验表明，必须强化党员干部廉洁从政的思想教育，确保全体中国共产党员始终坚守初心和使命，永远保持同人民群众的血肉联系。腐败是政治之癌，也是危害马克思主义政党先进性和纯洁性的最大隐患。中国共产党自成立起就高度重视党风廉政建设和反腐败斗争。中共重庆市涪陵区委党校梁晓宇教授认为，中国共产党重视廉政建设，主要体现在自

---

① 习近平：《在庆祝中国共产党成立100周年大会上的讲话》，《人民日报》2021年7月2日。

毛泽东同志为第一代核心以来的历届中央领导集体极为重视反腐倡廉教育，加强思想建党，确保党的先进性和纯洁性。从七届二中全会提出"两个务必"，告诫全党要戒骄戒躁，继续发扬艰苦奋斗的作风，到改革开放期间的三讲教育、"三个代表"重要思想学习教育活动，再到保持共产党员先进性教育活动，特别是党的十八大以来陆续开展的系列学习教育，都体现了中国共产党对党员干部思想政治教育的高度重视。

加强思想政治教育是党的廉政文化建设的一项基础任务，不同时期对此的聚焦重点和教育内容有着差异。西南财经大学马克思主义学院冉柳春认为，党在不同时期强化思想教育的载体经历了从群众到个人再到家庭的演变。建党初期，中国共产党发表了众多与人民群众相关的重要论述，旨在强化党员干部为人民服务的思想意识。抗战时期，中国共产党在支部内部开展批评与自我批评，要求每个党员干部做到廉洁勤政。进入新时代以来，习近平总书记指出要从建设并维护清正廉洁的家风出发，强化党员干部的思想道德建设。党的廉政文化建设以家庭为依托，将建设清正廉洁的家风融入党的廉政建设中，是新时代党的廉政文化建设的理论创新与实践创新。

（二）完善法规制度建设

中国共产党是一个具有严密组织和铁一般纪律的政党，自建立以来就重视党内法规制度建设。党的十八大以来，党内法规制度逐渐完善，形成了习近平新时代中国特色社会主义思想中的党内法规制度思想。[①] 湖北省廉政文化建设研究会会长问青松认为，我们党加强廉政文化建设的历史经验中最重要的一点就是坚持惩防并举，释放出制度文化反腐防腐的强大威力。其一，高度重视、不断完善以《中国共产党章程》为主干的党内法规体系建设。建党初期聚焦于加强纪律约束和党内监督的党内法规建设，新中国成立后，党内法规制度建设经历了由规范化到体系化的完善过程。其中，2012年中共中央发布的《中国共产党党内法规制定条例》标志着党内法规制定工作的规范化，2013年至今是党内法规制定工作的体系化阶段。在党内法规制度体系建设中，直接涉及党风廉政建设、预防和惩治腐败的党内法规制度也从1988年制定的党的纪律处分条例开始不断发展。其二，高度重视、不断完善以《中华人民共和国宪法》为主干的国家法律法规体系建设，建立健全包括人民监督政府的制度和人民当家作主的制度在内的制度体系，探索民主的新路，为中国共产党跳出历史周期率提供制度保障。

（三）制度创新的多视域特征

中国共产党党内法规制度体系由中国共产党党内政治生活制度、廉洁自律制度、党内监

[①] 李斌雄：《扎紧制度的笼子——中国共产党党内法规制度的重大发展研究》，武汉出版社2017年版。

督制度、巡视工作制度、问责制度、纪律处分制度等共同构成，呈现出多视阈多元化的特征。

派驻监督是党和国家监督体系的重要组成部分，是落实全面从严治党、强化党内监督的组织制度创新。河南财经政法大学马克思主义学院张银霞博士认为，党内派驻监督领导体制大致经历从"领导和指导相结合"到"双重领导、一个为主"，再到"统一管理、直接领导"的发展历程。党的十八大以来，各级监委积极探索"四项监督"协同作战、派驻监督全覆盖的运行机制，发挥"派"的权威，强化"驻"的优势，凝聚监督合力，彰显"探头"和"前哨"监督效能，体现了党和国家法规制度的逐步完善。

党内监督和巡视工作是新时代从严管党治党的有效途径。江西省瑞金市文学院王卫斌教授论述了党在中央苏区开展的反贪污浪费巡视工作的发展过程和成绩。当年在中央苏区掀起的一场规模空前的节俭经济运动和反贪污浪费斗争，启动了工农检察机制，改进了巡视检查工作，首次规定了公职人员以权谋私、贪污浪费量刑定罪标准和惩罚办法。中央苏区加大巡视工作力度，以零容忍的态势整治贪污腐化、铺张浪费的歪风邪气，推动了苏维埃各项决策法令的贯彻落实，促进了党风廉政建设和反贪污浪费斗争落实到位，确保了中央苏区的发展和反"围剿"斗争的胜利。

党内问责是党内法规制度实施的关键一环。武汉工程大学马克思主义学院袁云结合工作实际，探讨了高校领导干部问责制的发展历程和法规依据，归纳出从制度体制机制建设和实际操作层面实施对高校领导干部问责的四个阶段。即在开展党风廉政建设责任制执行情况过程中以检查考核为特征的廉政问责阶段；与廉政问责有机结合，以促进高校规范化管理为重点的行政问责阶段；明确"党政领导干部"这一问责客体的问责规范化阶段；在全面从严治党进程中监督执纪问责聚焦阶段。逐步形成廉政问责、行政问责、党纪问责、监督问责为一体的问责体系，促进高校领导干部问责制日趋丰富和完善，确保高校在全面从严治党中"不掉队"。

（四）开创运动式治党路径

开展整风运动是中国共产党进行廉政文化建设的主要形式和重要手段，多位学者对党在历史上开展的历次整风运动及其效能经验进行了总结。苏州大学马克思主义学院博士后谭志坤认为，运动式治党是全面从严治党的重要路径之一，也是中国共产党从成立之初到改革开放初期较为通行的治党方式。从新民主主义革命时期，党依照战时需求开创了独具特色的党内整风运动、延安整风运动和土改整党，到新中国成立之初的整党整风运动，再到社会主义革命和建设时期，党内频繁开展高强度的整风运动，有效实现了党的自我净化、自我完善、自我革新与自我提高，为新时代保持党的先进性，增强党的战斗力提供历史借鉴。

改革开放时期，党的工作重心由革命转到社会主义现代化建设，经济的飞速发展和国外各种思潮的涌入，使得反腐倡廉面临着许多新问题，邓小平提出"一手抓改革开放，一手抓惩治腐败"。①湖北大学高等人文研究院副院长、马克思主义哲学研究所所长徐瑾教授论述了党在改革开放初期的复杂形势下所进行的廉政文化建设方面的内容。他提出，党中央把党风廉政建设的历史经验和国情相结合，坚持不懈地进行反腐败斗争，在党内以单位、部门为主分批次地开展整党运动，不仅没有破坏反而促进了经济发展和改革开放。进入新时代以来，从实施中央八项规定改进作风到构建行之有效的权力监督制度和执纪执法体系，从反腐败无禁区、全覆盖、零容忍到一体推进"三不"机制，从开展党的群众路线教育实践活动到建立不忘初心、牢记使命的制度，从严格规范党内政治生活到着力营造山清水秀的政治生态，②等等，全面从严治党不断向纵深发展。全面从严治党的各项措施是对建党初期和改革开放时期的运动式治党的创新性继承和发展，体现了党不断进行自我革命的精神，这是党区别于其他政党的显著标志。

二、百年探索之二：营造海晏河清的政治生态

中国共产党廉政文化建设百年历程历久弥新。党的廉政文化建设关系着党的事业的延续，决定着中国特色社会主义事业的兴衰。

（一）坚定理想信念是核心要义

党的十八大以来，以习近平同志为核心的党中央开展全方位、多层次的廉政文化教育，把"革命理想高于天"的理想信念教育贯穿廉政文化建设始终，告诫全党不忘初心、牢记使命。廉政文化是党员干部廉洁从政行为在文化和观念上的客观反映，体现了共产党人应有的价值理念和道德品质，是实现党员干部涵养自律品质、坚守初心使命的思想保障和精神支撑。

与会学者认为，巩固和发展反腐败斗争压倒性胜利要从思想上、源头上筑牢反对腐败的根基。廉政文化建设在党风廉政建设中处于基础性地位，在构建"不想腐"的体制机制过程中发挥着重要作用，是提高党和国家腐败治理能力现代化水平的根本路径，也为进一步巩固和发展反腐败斗争压倒性胜利夯实思想文化基础。习近平总书记指出："觉悟了，觉悟高了，就能找到自己行为的准星。"加强共产党员党性修养、坚定共产党员的理想信念是党的廉政文化建设的目的和要求。成都理工大学马克思主义学院杜佳认为，党的廉政文化建设的历程就是党不断加强党员干部思想道德修养、提高党员干部思想意识与作风的发展历程。随

---

① 《邓小平文选》第3卷，人民出版社1993年版。
② 中共中央宣传部：《习近平新时代中国特色社会主义思想学习问答》，学习出版社、人民出版社2021年版，第189页。

着党的廉政文化建设的逐渐完善和发展，党员干部的理想信念必将愈发坚定，进而筑牢党员干部"不想腐"的思想根基，实现从源头治理腐败。

（二）规范制度体系是重要保障

廉政文化建设的实质就是将我们党在党风廉政建设和反腐败斗争的长期实践中获得的经验提炼为理论和制度成果，进而提升到文化建设的高度。湖北省委巡视组组长、省党建研究会副会长李平指出，廉政文化建设中的制度建设就是有效推进"不想腐、不能腐、不敢腐"的"三不"机制。一体推进"三不"机制，不仅是反腐败斗争的基本方针，也是新时代全面从严治党的重要方略。新时代要加快形成"三不"机制，一方面要通过廉洁精神文化和廉洁行为文化建设，重点解决不想腐的问题，另一方面要通过制度文化建设，重点解决不敢腐和不能腐的问题。要继续完善并坚决执行对腐败行为的惩处制度，保持不敢腐的高压态势，同时继续完善各类管理制度和监督制度，形成不能腐的长效机制。

习近平总书记多次强调要让人民监督权力，让权力在阳光下运行，把权力关进制度的笼子里。成都理工大学马克思主义学院蒲越以新中国成立初期廉政文化建设的主要内容和内涵为线索，论述了惩治腐败的法规制度和监督腐败的监察制度对当前廉政文化建设的保障作用。他认为，廉政文化制度建设可以有效缓解内部矛盾，维持良好的社会秩序，是有效推进廉政文化建设的根本保证。新中国成立初期进行的廉政文化制度建设为经济建设稳步推进和顺利过渡到社会主义初级阶段提供了良好的社会环境。党的十八大以来，党中央以法治思维和法治方式反对腐败，建立结构完备、执行有力的党风廉政建设和反腐制度体系，为制度治党、依规治党提供法治保障。

（三）营造良好政治生态是目标指向

党的十九届五中全会进一步明确要求，坚持无禁区、全覆盖、零容忍，一体推进"不想腐、不能腐、不敢腐"的"三不"机制，营造风清气正的良好政治生态，推动全社会营造崇德尚廉的社会环境。湖北工业大学经济与管理学院吴建峰教授从政治生态的概念出发，分析了政治生态中的对称性和平衡性以及良好政治生态的形成条件。他认为，政治信仰靠言行的对称实现平衡，言与行对称即知行合一时，政治信仰中的生态就是平衡的。因此，要促进全党全社会形成知行合一的风气，营造良好从政环境，进一步加强廉政文化建设中的廉洁行为文化建设，促进知行合一，构建良好政治生态。

三、百年探索之三：加强党的政治建设

加强廉政文化建设，营造风清气正的政治生态，必须坚持中国共产党的领导。与会专家、学者和党建工作者分别从不同视角分享了坚持党的领导、加强党的政治建设，进而促进廉政文化建设的举措和路径。

（一）加强党的政治建设

习近平总书记在庆祝中国共产党成立100周年大会上的重要讲话中指出："以史为鉴，开创未来，必须坚持中国共产党的领导。办好中国的事情，关键在党。"新的征程上，要加强党的廉政文化建设必须发挥党的政治建设的统领作用，继续坚持并不断完善党的全面领导。

党的十八大以来，政治建设已然成为全面从严治党的核心主题。南通大学中国特色社会主义理论研究中心黄红平教授认为，新时代领导干部政治能力建设是增强执政本领的内在要求、汲取经验教训的智慧昭示、应对风险挑战的关键之举、履行初心使命的客观需要。要加强领导干部的政治能力既要靠激发内在动力，强化政治意识，提高政治觉悟，加强政治历练。又要优化党内政治监督管理机制、党内政治生态改进机制和政治能力考核机制，敦促领导干部把准政治方向，练就过硬政治本领，永葆共产党人的政治本色。还要通过政治建设加强党员干部思想道德修养，提高政治自觉。习近平总书记强调，"要牢记打铁必须自身硬的道理，增强全面从严治党永远在路上的政治自觉"。[①] 要以政治建设把舵，坚定信仰，提升共产党员"不想腐"的道德修养。合肥公交集团有限公司纪委书记张奎认为，廉政文化建设高质量发展路径之一就是突出政治引领，要坚持用习近平新时代中国特色社会主义思想武装头脑，经常性、多举措督促党员干部增强"四个意识"，坚定"四个自信"，做到"两个维护"。同时，要通过政治建设增强党员干部执政能力和治理效能，提高党员干部的政治执行力。通过增强党员干部的政治判断力、政治领悟力和政治执行力，加强党在廉政文化建设中的领导，进一步推进廉政文化建设。

（二）创新反腐倡廉教育方式

在"重拳反腐"和"重典治腐"的新时代背景下，制度反腐成为大党治理、大国治理的重要途径和内容。同时，教育反腐的基础作用不可忽视，对广大党员干部进行内在引导，是反腐倡廉的治本之道和根本之策。

要从中华传统文化中汲取力量，传承中华传统文化中的廉政思想。湖北师范大学马克思主义学院陈克娥教授认为，儒家思想中民本、克己自省和重视礼法德治等内容有助于在新时代锻造共产党人清正廉洁价值观。要重视传统文化的学习并进行理论创新，明确核心价值理念并构建同质文化，把握教育载体并找对教育方式，从而提高共产党员树立和践行廉政价值观的自觉性和坚定性。

西安建筑科技大学马克思主义学院硕士生导师宋阳在如何构建高校廉洁教育机制方面有

---

① 《全面贯彻落实党的十八届六中全会精神增强全面从严治党系统性创造性实效性》，《人民日报》2017年1月7日。

独到见解。他提出要构建廉洁教育领导机制并将廉洁教育的责任落到实处；完善廉洁教育监督机制并规范廉洁教育主体的行为方式；建立廉洁教育实施的评估体系并及时优化廉洁教育机制；建立廉洁教育奖惩激励机制，进而推进高校廉洁教育。武汉工程大学马克思主义学院操菊华教授则探究了将党史教育融入高校思政课堂的路径。她阐释了党史融入高校思政课堂教育可以引导青年反对历史虚无主义，帮助青年树立正确价值观的成因，并从强化理论阐释、培育文化自信、涵养道德素质、注重知行合一四个方面分析了将党史教育融入高校思政课教学的方法，从而引导学生学史明理、学史增信、学史崇德、学史力行，教育大学生成为传承红色基因的时代新人。高校要加强廉洁教育，助推高校廉政文化建设。

要在构建高校廉洁教育机制的基础上，科学完善高校党风廉政建设机制。西南大学马克思主义学院任雅楠认为，构建高校党风廉政建设机制要以强化高校纪委监督职权为抓手，着力构建腐败溯源问责机制；以发挥高校党委引领作用为目标，优化院系党政治理机制；以培育廉政文化氛围为重点，创新党员教育管理机制。在全面从严治党的大背景下，高校要持续探索党风廉政建设机制，加强高校思想建设，调整高校治理体系，完善高校监督机制。

（三）借鉴中外反腐倡廉经验

他山之石，可以攻玉。中华民族善于借鉴和吸收人类文明优秀成果，促使自身的进步与发展。推进新时代廉政文化建设不仅要总结自身的经验教训，还要对比其他社会主义国家以及其他国家的发展路径，在比较中借鉴吸收。

湖南大学马克思主义学院田湘波教授利用制度同构理论，比较分析了苏联党政监察机构合并办公和中国纪检监察合署办公的演变和效率价值追求。他认为，新中国历史上纪检监察机制深受苏联党政监察体制的影响，促进中国制度同构即中国共产党纪检和国家监察合署办公的主要原因是技术环境而非制度环境，是出于组织对反腐效率的追求，而非组织对社会地位和合法性的追求。因此，中国在今后必定会通过合署办公的方法提高打击腐败的效率，以增强政府的合法性。

越南是目前世界上5个社会主义国家之一，对比中越共产党反腐倡廉历史实践可以为当前社会主义执政党反腐倡廉建设提供借鉴。厦门大学南洋研究院罗燕霞博士指出，越南共产党反腐廉政建设经历了6个阶段，即仿照中国的摸索阶段、战时的曲折发展阶段、"左"倾思想的失误阶段、以市场经济为导向的建设阶段以及法制化阶段和有惩罚体系的立体化建设阶段。她认为，社会主义执政党反腐倡廉建设有两点共性经验：其一，从反腐败斗争的历程看，由于不同时期具有的特征不同，故反腐败斗争的过程是曲折的，要树立反腐败斗争的长期意识；其二，在反腐倡廉建设的过程中，科学定位和评价自己所处的时代，才能制定出有效反腐策略。要正确处理反腐败与党的中心任务之间的关系，坚持反腐败与发展相结合，坚持预防和惩治两手抓，为国家的稳定发展创造良好的政治环境。

武汉纺织大学马克思主义学院党委书记朱丽霞教授分析了西方反腐倡廉制度文化建设路径对中国反腐倡廉制度文化建设的借鉴意义。她认为，虽然中西方在反腐倡廉制度文化建设的方式方法上存在较大差异，但坚决反对公职人员的贪腐与违法行为是彼此的共同价值取向。纵观西方反腐倡廉制度文化建设历程，其遵循公正与程序并重、民主与法治并重、分权与制约并重这三个基本向度，反映了西方反腐倡廉制度文化建设的题中之义、内生动力及平衡因子，为新时代中国反腐倡廉制度文化建设的知识创新、理论创新和方法创新提供了参考借鉴。

百年大党风华正茂，千秋伟业再启新程。过去一百年，中国共产党向人民和历史交出了一份优异的答卷。现如今，中国共产党已经带领人民踏上实现第二个百年奋斗目标的复兴之路。在新的征程上，要进一步坚持和加强党的领导，完善中国特色社会主义制度体系，深化党的廉政文化建设，深入推进党风廉政建设和反腐败斗争，为实现中华民族伟大复兴的中国梦不懈奋斗。

《决策与信息》2021年第9期

（撰稿：兰　洁　袁　云）

如何推进乡村振兴战略的有效实施

——2021年百年巨变与乡村振兴高端论坛会议综述

国际社会工作者联盟（IFSW）与国际社会工作学院联盟（LASSW）联合议定社会工作立足平等、价值和尊严的价值观，其使命是倡导社会变革、促进有关人类关系的问题解决并推动人们的增权和解放以增进福祉[①]。社会工作和乡村建设具有较为悠久的历史渊源，追溯中国社会工作的发展历程可知，农村社会工作是社会工作自引入我国以来就开始实施、落地的重要方向和领域。及时反思当前我国乡村振兴面临的主要问题，回溯社会工作参与乡村振兴的历史渊源，探索新时代背景下社会工作参与乡村振兴的重点领域和可能路径，对促进我国乡村振兴的发展进程具有重要作用[②]。此次论坛聚焦乡村振兴战略如何在基层得到有效实施，并深入研讨了社会工作者如何发挥自己的专业优势，更好地参与乡村建设这一议题。

2021年5月7日至8日，由江西财经大学人文学院、生态文明与现代中国研究中心、社会工作与社会政策研究中心联合主办的百年巨变与乡村振兴高端论坛在南昌召开。来自国内15所知名高校、科研机构的30余名学者参加了本次论坛。论坛积极响应中共中央在党的十九大提出的实施乡村振兴战略的决策，围绕基层治理与乡村社会这一主线，以社会工作者参与乡村振兴战略发展为主题，展开了热烈讨论。讨论涉及乡村振兴战略的目标、重点与主题，内生发展的资本、自主性与逻辑，传统与变迁的体系、机制与创新，基层治理的关系、能力与技术，事在"人"为的角色、激励与流动，本土性与本土化的理论、实践与反思，社会工作与乡村社会治理等议题。

一、乡村振兴：战略目标、重点与主题

民族要复兴，乡村必振兴。按照"产业兴旺、生态宜居、乡风文明、治理有效、生活富裕"总要求做到"农业强、农村美、农民富"，是实现"两个一百年"奋斗目标和中华民

---

① 沈黎：《社会工作国际定义的文本诠释》，《社会福利》2009年第5期。
② 萧子扬、刘清斌、桑萌：《社会工作参与乡村振兴：何以可能和何以可为？》，《农林经济管理学报》2019年第18期。

族伟大复兴的必然要求。为此，需要加强农村基层工作，健全自治、法治、德治相结合的乡村治理体系。尹忠海在开幕式致辞中结合党史学习，引用毛泽东关于农村社会调查的相关史料，强调社会调查对研究乡村振兴的重要性。同时，分享其在脱贫攻坚与乡村振兴衔接得较好的典型村落开展调查所获得的经验与思考。他认为，作为社会学研究者、社会工作者，需要从宏大的时空角度来思考乡村振兴。乡村振兴是民生所需、民之梦想、民之所向，需要社会学的想象力，需要历史的想象力，也需要社会工作者的务实与坚持，更需要学科之间的合作与探究。从实践角度来看，江西省提出建设"产业兴旺之美、文明淳朴之美、共建共享之美、自然生态之美、和谐有效之美"的"五美"乡村建设目标。这一目标表明，在全国推动乡镇社会工作服务站建设的大背景下，农村社会工作者需要以多维视野思考如何在基层推动乡村振兴战略的落实。如，从文化的维度思考乡村振兴；从百姓的小情绪深入思考政策落实的最后一里路；从乡村小素材思考基层治理的大方略；从县域小地方思考全球大结构的转换。这些思考离不开跨学科视野，离不开深入的社会调查，精准施策需要以之为基础，需要强化风险防范意识。因而，作为农村社会工作者，需要深入学习马克思主义社会学，做深入基层的社会调查者、传统文化的继承者、民生需求的评估者、社会政策的推动者。也就是说，农村社会工作者需要综合性的赋能建设。

贺雪峰强调，在实施乡村振兴战略中要牢记习近平总书记提出的要关注发展不平衡不充分的一些突出问题。乡村振兴之所以是大国之基，是因为乡村是现代化的大后方。为建设好这个大后方，有必要以问题为导向，做好雪中送炭的工作，而非锦上添花，为资本下乡、富人下乡提供政策支持。为此，乡村社会调查要结合战略目标，切入基层治理的实际运行逻辑，充分思考资源配置的合理性、有效性。贺雪峰以问题为导向，结合自身在广西做社会调查的经验，针对乡镇干部"为何忙""心累"等现象，提出乡村治理的"22定律"。他认为，研究者在调研时不要一味追求完美，要敢于出错，避免肤浅，要真正深入一线中去。只有通过对实践过程的细致观察与探索，才能更有说服力地探讨如何完善乡村治理机制，如何更有效地建立健全城乡融合发展体制机制，以及如何加快推进农业农村现代化的问题。唯其如此，研究者才能为乡村振兴提供合乎国情的、合理且有效的研究成果，真正做到文化自信。

在他看来，乡村振兴战略的落实要重视资金使用的有效性，重视"吃饭财政"背景下投资饥渴现象对可持续发展的长远影响。为防止因资金浪费而导致县域财政整合能力下降，甚至引发财政金融风险，各地有必要在充分论证的基础上，选择恰当的振兴路径。

乡村振兴与脱贫攻坚在战略路径上的接续性、战略方向上的关联性以及战略价值上的协同性，构成了脱贫攻坚与乡村振兴交互作用的动力源泉，是实现乡村振兴和脱贫攻坚有机衔接的实践基础①。尹利民针对脱贫攻坚与乡村振兴衔接的政策共同体构建问题指出,政策网络可以依据自己的特性,形成相互之间的互动,进而达成共同的目标。构建政策共同体需要做到3点:(1)重构政府之间的关系,中央与地方政府之间应该是平等的,有明确的权责;(2)政策问题非政治化,限定在非政治领域,减少由上而下的传达压力;(3)充分发挥市场的作用,政府引导,市场主导。科学研判和把握脱贫攻坚与乡村振兴的内在逻辑关系,构建两者衔接耦合机制,让二者实现互促共进、长效发展,对于实现"两个一百年"奋斗目标具有重要意义②。

乡村振兴事业是一项时间久长而意义深远的系统性、整体性、全民性工程,既需要外在"授人以鱼"式的社会支持,更需要内生的"自我造血"式的主体动力③,需要信任农民的创造力。温锐回应了贺雪峰在"22条定律"中提出的基层工作者工作疲惫、职业倦态等现象,结合自己长期研究农民问题的经验,探讨了乡村建设为什么会出现达标对标政策、为什么要用70%的精力对付3%的事务等问题。他认为要防止对农民的污名化认知,以免错误地把平均主义等标签强加给农民。同时,要将财产权与组织权交给农民。只有这样,才能实现干部、农民、基层多方解放。

二、内生发展:资本、自主性与逻辑

乡村振兴战略的实施,始终要确保农民的主体地位,要以问题为导向解决乡村社会的实际困难。同样,面对资本下乡,特别是不同契约模式的工商资本,农户的合作行为、合作意愿存在异质性。有必要对农户的合作行为和合作意愿进行理论分析④。蒋国河以"资本下乡与乡村振兴"为题展开讲述,他以"精准扶贫、精准脱贫百村调研"项目中的L村作为观察案例,对资本下乡过程中,村企互动与关系形态做了详细的解读。他认为村企关系对乡村产权格局影响甚大。大略而言,村企关系可以分为四个阶段,分别是"恋爱期、蜜月期、分歧与博弈期以及僵持期"。他进一步分析了这种关系形态背后的逻辑,并从外在资本与村民两个角度解读村企合作、发展与持续性的困境。最后指出,二者之间可以建立良性的互动,前提是必须发挥农民的主体性,发展包容性的乡村治理以及鼓励企业的社会责任。

---

① 马喜梅:《乡村振兴与脱贫攻坚有效衔接路径研究——以滇黔桂石漠化片区为例》,《云南师范大学学报(哲学社会科学版)》2020年第52期。
② 王国丽、罗以洪:《打赢脱贫攻坚战与实施乡村振兴战略衔接耦合机制研究》,《农业经济》2021年第1期。
③ 王进文:《农民主体性在场的乡村振兴事业:经验局限与拓展进路》,《理论月刊》2020年第11期。
④ 石敏、李大胜、吴圣金:《资本下乡中农户的合作行为、合作意愿及契约选择意愿研究》,《贵州财经大学学报》2021年第2期。

随着改革的大力推进，我国基层社会治理模式发生了翻天覆地的变化。其特点主要由"乡政村治"模式转向"多元共治"模式，但作为基层社会治理的一次模式创新，"多元共治"目前尚缺乏科学的理论指导以及可供借鉴的实践经验。近年来，项目下乡引起了学界的广泛关注，项目制与乡村治理的绩效成为讨论的焦点。吕德文以"乡村工作共同体构建的逻辑"为主题切入这一问题，指出当下县域治理形成了项目化治理模式，项目思维已渗透基层治理体系。在此过程中，项目治理进一步扩大化，对项目流程的控制倒逼基层政府向兜底型转变，项目制的思维在一定程度上易导致形式主义的出现。监督的本质是服务于决策，而不是执行者。吕德文强调，项目思维不适用于私人领域，要坚决摆脱形式主义，发挥群众参与治理主体作用，共同推动乡村治理体系建设。

在乡村振兴中，基层干部是党和群众之间重要的衔接者。如何充分调动基层干部在工作上的积极性、主动性，成为基层社会治理的重要议题。欧阳静以"基层干部的自主性"为题进行分析研究，她认为现在的基层政府与几年前相比发生了很大的变化，整个机制也有巨大的转变。基层单位与其他单位有诸多不同，其工作的偶然性与不确定性因素过多。但上级检查"一刀切"的现象导致基层干部出现不愿变通、不敢变通的情况，基层治理决策权被严格限定。与此同时，在对基层干部提拔时要求有创新、有亮点，基层干部必须发挥自主创新能力。由此带来两者之间的冲突矛盾。因此，对待基层问题应关注实际情境，做到具体事情具体分析，防止打击基层干部工作的积极性，提高基层自主创新治理机制的能动性，增强自主性与灵活性。

乡村建设中地方政府的亮点打造现象在全国十分普遍，亮点在一定程度上代表了地方政府的成绩与政绩。何倩倩结合"亮点制造"讨论了三个核心问题：（1）乡村建设中亮点生成与运作的基本逻辑；（2）乡村干部制造亮点的动机；（3）以亮点打造为核心的经营村庄思路，成为乡村建设与乡村振兴的主流构建，是否符合村庄发展需要。对于乡村干部热衷亮点打造的原因，她认为是由外部的考核机制以及内部的激励机制所造成的。对于依靠高强度行政动员和大量财政投入的亮点建设是否能以点带面，尚需进一步探讨研究。尹忠海站在政策纠错机制的角度提出，从试点中总结经验是党和国家进行科学决策的重要方式，但经过多年发展，试点成了争取项目下沉、争取以锦上添花式业绩获得升迁机会的路子。因此，要防止把试点变成亮点，防止把刻意打造出来且并不具有普适性的亮点作为治理模式来推广，进而避免乡村振兴实施过程中出现以科层升迁为目标的非正常的行政性锦标赛，让试点失去了试错的功能。从这个角度来看，需要社会工作者从社会行政的角度思考乡村振兴中的社会政策实施效果。

三、传统与变迁：体系、机制与创新

在上述讨论中，学者们注意到政策演化的传统维度。这些维度包括既往的政策运行传统、生计传统、治理经验的传承等内容。周娟针对农业治理问题，分析认为县域和乡村都有大量的刚性任务需要完成，地区财政只能解决温饱问题，乡镇都通过创造政绩、包装项目争取政府的注意力。总结了农业项目具有以下特点：投入大；经济效益弱；乡镇干部等与农民的对接成本高；展示性效果差，不值得作为亮点展示。周娟结合其调研经历提出，如果在农业治理方面采用标准化、规范化、具体化等方式，会损害农民的主体性和责任主体性，进而造成基层政府责任的连带性。并且，在农业治理方面，要与农民处理好关系又不留下后续连带性责任，最低的成本是在持续性倒逼的背景下，用有限的资源把事情做好。

鄱阳湖是中国最大的淡水湖，是国际重要湿地、国家级自然保护区。鄱阳湖区的治理方式吸引了大量学者的注意。随着禁渔政策的推行，湖区传统渔村的转型颇受社会各界关注。王华带领民俗学团队对之进行跟踪调查，以鄱阳湖区域的捕鱼为例，阐述了生态环保政策的变迁以及在此背景下加强乡村治理的重要性。他依据调查成果提出了一系列现实问题，其中，如何实现渔民的生计赋能与有效退出是关键。他认为如果能够强化国家社会政策、地方政府引导、渔民积极选择三者之间的理性互动，并形成合力，政策效果会更佳。尹忠海指出，解决传统渔村的问题面临生态理想主义与现实主义的对立统一问题。因此，有必要引入绿色社会工作的视角来分析渔村生计赋能问题，如充分思考家庭资产风险意识对生态补偿性社会政策成效的影响。

鄱阳湖区周边的一些县市也是血吸虫病容易暴发的地区。胡宜从中国共产党百年来的卫生与防疫政策的角度，提出要关注公共卫生事件发生后农村应急系统比城市相对薄弱的现象。在大流动背景下，乡村卫生体系应进一步重构。他认为在乡村卫生体系的建构上还存在很大的问题。当下的卫生体系应吸取有益经验，将国家治理、技术模式和群体性行为三者有效结合，使三者之间形成良好的契合，完善我国乡村卫生体系建设。同时，从学科建设方面，有必要推动医务社会学、医务社会工作的快速发展。

部分学者针对民政部的乡镇社会工作服务站建设政策，提出乡镇社会工作服务站是创新性改革举措，以往乡村管理体制中的七站八所等基层机构应该得到有效改革。改革的方向之一是总结广东的"双百计划"实践经验，加强基层机构的职能优化，为农村社会工作的推进提供可嵌入空间，进而为乡镇社会工作服务的落实提供强有力的保障，通过农村社会工作人才队伍建设助力乡村振兴。在这一过程中，如何确保专业性而非过度行政化则有待解决。

四、基层治理：督查、关系与执行力

随着大量重大政策方针的实施，社会各界非常重视政策绩效对基层治理的影响。督查是国家治理体系中不可或缺的重要环节，可以打破政治权力的层级结构，缓解信息不对称的现象，打通基层信息向上传达的渠道。仇叶从督查的关键作用与功能出发，指出当前与过去督查相比发生了多方面的转变，督查进入乡村后改变了实践形态并对基层逻辑产生了重要影响。她认为督查逻辑与基层逻辑产生巨大碰撞主要体现在以下4个方面：（1）督查逻辑与地方差异的碰撞；（2）治理的总体性与督查的无瑕疵性偏好；（3）督查的确定性与治理的模糊性；（4）督查的可验证性与基层实践的灵活性。而基层在处理矛盾的激化与对立时，也有自己独特的策略：（1）提供证据；（2）自主去消除差异的模糊空间；（3）形式主义。仇叶总结了国家与基层双重视野在农村研究中的重要性，认为督查是基层群众向上沟通的重要渠道，一旦僵化则会造成基层民意无法传达的现象。

由此可见，信息博弈在贯彻落实乡村振兴决策中具有重要作用。也就是说，合理的督查有利于信息合理流动，在乡村社会治理中非常重要。同时，督查的过程也是利益调整的过程。杜娇同样重视督查与基层合理动员机制问题。她结合自身在江西的调研经验强调，在当下的乡村社会关系中，最重要的就是乡镇对村干部的动员问题。过往乡村治理主要是依靠利益共同体来实现，即给予村干部剩余利益索取权。而当下，村干部被纳入基层行政体系，成为行政共同体。在此背景下，乡镇对村干部的动员会出现一些限制，特别是中西部地区。因此，如何形成乡镇任务与村治任务的有效衔接是一个亟须解决的问题。基层治理中，村干部的选拔标准、村级组织形式化等现象依然需要社会各界人士的广泛关注。

杜娇的分享牵涉到一个重要的问题，即政策执行中的偏好问题。对此，郭亮围绕3个问题阐述了基层治理中的"讲政治"与政策执行的关系：（1）在基层治理中"讲政治"的内涵是什么；（2）"讲政治"与基层治理的关系；（3）"讲政治"给基层带来了哪些挑战。在他看来，任务来源的层级越高，任务的政治性就越强；政治性越强，地方政府对基层的控制强度就越高。"讲政治"可以克服治理中的消极理念，尤其是错误的执行偏好，增强政策执行推力的方向感。但不同于因地方自主性而推动政策的动力机制。

控制强度过高带来的结果之一便是因地制宜的空间会被压缩，进而弱化地方的反馈机制，甚至出现负面反馈效应。因此，讲政治与政策执行应是一种辩证的关系。一方面，讲政治是为了完成政策的执行任务；另一方面，地方在政策执行过程中，也需要一定的自主性。也就是说，讲政治与政策执行应该体现原则性与灵活性的统一。

五、事在"人"为：角色、激励与流动

行动者在系统当中具有能动性。政策的执行在人，人的主体性对系统运行影响甚大。具体而言，基层工作人员的角色选择、承压状态等因素对政策执行的效果影响甚大。随着人们越来越重视建设服务型政府，对基层工作人员的选拔就成为社会各界关注的重要议题之一。李婷以服务型政府背景下服务泛化的问题展开论述。她认为服务泛化主要表现为：服务主体的过度正规化、对服务满意度的过度强调、管理权力的过度剥离以及服务需求及其内容的泛化四个方面。她进一步阐述了服务泛化在村庄社会直接导致的后果，那就是钉子户治理的困境。由于人们的权益意识不断提高，维权行动也广受关注，政府开始采用资源、服务等方式解决钉子户问题，进而引发激励机制的倒挂。因此，推进脱贫攻坚与乡村振兴的有效衔接，需要构建服务与治理、动员之间的良性协调机制。

良好的政策执行也是资源有效配置的过程。在国家大量资源下乡的背景下，乡镇一级政府虽然承接了大量的治理任务，但由于缺乏财政权，如何调动乡镇人员工作的积极性便是迫在眉睫的问题。班涛以"压担子"为切入点分析了乡镇人事激励的制度问题。他认为压担子其实就是任务分解机制，不同的层级承担的担子有很大的差异。从一般的班子成员成为党委委员需要经历隐性层级，通过压担子形成一个稳定的流动预期，向上流动的预期进而会产生一定的社会影响。而当下由于用人导向的变迁，人事权逐渐上移，选拔人员逐渐偏向年轻化与学历化，这种偏好会压缩真正做事的人，打破向上流动的预期。班涛提出，国家用人机制下沉，选拔机制如何建立的问题本身具有战略性。乡镇社会工作服务站的建设过程也应深入考虑人员问题，如果乡镇社会工作服务站不能成为人才成长、人才流动的平台，"有站无人"就会成为制度有效运行的重大挑战。

人才流动是优化资源配置、开发人力资源的必然要求。县域社会治理同样需要体现这一要求。杨华认为，在县域内形成普遍的人事预期结构，在结构中提拔干部具有普遍的合法性。调研分析发现，人事流动在县域形成的条件分别是激励措施过少以及县域是熟人社会。在熟人社会信息对称的情况下，提拔干部必须有理由，当有跨级提拔时，通常会跨单位。当前，由于问责泛化等因素，往往会打破或者中断人事预期。因此，杨华反思了目前基层人事调动的规则体系，认为还应不断加强和完善，否则会降低一部分想干事、愿干事、能干事人的积极性。

人才的流动与一定的权责有关。刘成良以"赋权还是赋责：乡镇机构改革的实践与反思"为主题进行分析。他认为在放权话语的背景下，乡镇机构改革陷入了困境。在国家治理转型的视角中，对基层的规训与约束，确实有利于解决过去基层权力任性的问题，但同时也造成了乡镇治权的弱化。乡镇机构改革应是服务于治理能力的提升，纯粹向下赋权的模式

不仅没有解决问题,反而加大了基层行动的难度。其中权责不匹配是一个突出问题。在基层压力增大、干部任用年轻化的双重背景下,如何调动其他年龄段工作人员的积极性,进而实现放权有人担的良性循环则是改革的题中之义。可见,赋权还是赋责关键在于制度。良性的制度逻辑能有效塑造人与组织的关系,系统提升人的主体能动性,"物尽其用、人尽其用",打造推进乡村持续发展的人才队伍。

六、本土性与本土化:理论、实践与反思

落实乡村振兴战略,需要基于文化自觉进行知识生产。在社会建设体系中设置合理的上访途径,是适应中国国情的民主机制,有利于社会矛盾的解决。桂晓伟认为,在不同的理论视角下,会有不同的知识生产机制,例如:西方国家强调治理的有效性与法制、人权知识的生产有关。但在后发展中国家却很难实现上述要求。因而,做研究要从实际出发,基于本国国情,对于西方的理论经验,取其精华、去其糟粕,深入基层社会检验其适用性。他基于政治现实主义提出,政策落实的过程难免会牵涉到大量权益保护行动。因此,"上访研究"的本土化理论研究工作需结合我国国情,适应经济社会发展,进而找到合理的维权途径。

网络社会的到来并逐步发展到数字时代,使得乡村社会建设出现了大量新现象,乡村治理的本土化面临着新挑战。从实际情况看,数字乡村是建设数字中国的微观面向,数字中国战略的持续深化为数字农业、信息乡村的实现提供了宏观方向指引[①]。吴时辉从"数字乡村建设的发展现状存在哪些问题"出发,梳理了乡村建设的历史,认为数字乡村建设是百年乡村建设的最新阶段。

数字乡村建设的本质是技术下乡,因此,数字时代乡村建设的一个重要问题是现有的基层干部与农民是否有足够的组织能力,把新型技术与现有的社会需要相结合?他分析了城市与乡村最大的不同:农村是熟人社会(这一特征并未完全消失)。而网络社会的最大特点是匿名性,因此,基于熟人社会的交往模式能否和最先进的信息化无缝对接成为亟须考虑的问题。

陈辉进一步分析了基层行政管理技术化所遭遇的一系列问题。当前,为追求乡村治理的有效性,许多部门尝试用各种技术提高基层治理能力。例如:把在城市中为了解决市民各类诉求的市长热线运用到乡村。在这过程中,有关部门须关注技术手段的负功能。这些负功能带来的问题包括:诉求冗余;精准派单难题;解决率、满意率难题。在基层治理机制下,市长热线与农民的诉求表达内容、表达方式、村民的自治逻辑以及乡村工作的中心机制都很难有效匹配。陈辉认为,只有契合基层治理机制,才能达到乡村治理的有效目标。

---

① 陈潭、王鹏:《信息鸿沟与数字乡村建设的实践症候》,《电子政务》2020年第12期。

此次会议，反映出当前社会工作者参与乡村振兴战略还存在大量有待解决的难题。学者们积极建言献策，对其提出了具体的应对策略。本次会议中，各界学者非常重视继承马克思主义社会学的方法论，强调要坚持实事求是的原则，以扎实的调研成果，深入分析乡村振兴中的基层实际，探究乡村治理现代化的基本规律。通过该方式，推动社会工作者进行合理的需求分析，并投身于乡村振兴战略规划、政策制定与行动实施。

[参考文献]

贺雪峰：《大国之基：中国乡村振兴诸问题》，东方出版社 2019 年版。

［法］米歇尔·克罗齐耶、［法］费埃德·伯格著：《行动者与系统》，张月等译，上海人民出版社 2007 年版。

［法］帕特里夏·H.桑顿、［加］威廉·奥卡西奥、龙思博著：《制度逻辑：制度如何塑造人和组织》，汪少卿、杜运周、翟慎霄、张容榕译，浙江大学出版社 2020 年版。

《社会工作》2021 年第 4 期

（撰稿：申茹茹　方　潇　袁芳甜　谢　岚　付　颐　尹忠海）

毛泽东对实现中华民族复兴的伟大贡献

——"毛泽东与民族复兴"国际学术会议综述

为深入学习贯彻习近平总书记在庆祝中国共产党成立100周年大会上的讲话精神,深化毛泽东思想和生平的研究,由教育部人文社科重点研究基地湘潭大学毛泽东思想研究中心主办的"毛泽东与民族复兴"国际学术会议于2021年10月30日在湘潭大学召开。国内外百余名专家学者围绕"毛泽东与民族复兴"这一主题展开了多方面的深入交流与探讨。

一些学者从整体上揭示了毛泽东对实现中华民族伟大复兴的历史性贡献。李捷教授认为,毛泽东对中华民族伟大复兴的历史贡献具有开创性和奠基性,并从政党建设、革命道路开辟、人民军队建设、国家制度建构、工业体系和国民经济体系建设、爱国统一战线、各族人民的大团结、制度根基和实践基础、独立自主的和平外交、创立毛泽东思想十个方面阐述了这种开拓性和奠基性贡献。郭建宁教授从政党的创建、马克思主义中国化、实事求是思想路线、根本宗旨、道路探索、伟大精神的培育与铸就、话语体系的构建七个方面阐述了毛泽东对中华民族复兴的伟大贡献。李佑新教授认为,毛泽东作为中华人民共和国、中国共产党、中国人民军队的主要缔造者和马克思主义中国化的伟大开拓者,为中华民族伟大复兴做出了彪炳史册的伟大贡献,我们要树立正确的党史观,注意把握历史的主流和本质,反对以碎片化史料颠覆宏观历史结论的历史虚无主义观点。

一些学者具体讨论了毛泽东对实现中华民族伟大复兴的贡献。宋俭教授从毛泽东人民民主专政国体思想出发,认为人民全过程参与国家治理不仅包括选举,还包括协商、决策、管理、监督等环节,人民共和、人民共治对新时代发展社会主义民主政治的重大意义。徐俊忠教授认为毛泽东开创的人民政治是人类政治文明的新形态,包括四个基本特点:在非同质性存在的人民中寻找共同利益;高度重视统筹兼顾、合理安排;人民参与全过程;坚持党的领导。王永贵教授着重探讨了毛泽东对社会主义意识形态建设的重要贡献,认为毛泽东意识形态思想对中华民族伟大复兴具有重要意义。杨明伟研究员指出要深刻认识建党精神和复兴精神中的斗争内涵,强调实现民族复兴要具有忧患意识,居安思危,善于斗争,善于胜利。王岩教授基于毛泽东的人民观,分析以下六点:谁是毛泽东笔下的人民;毛泽东笔下的人民何以可能;毛泽东笔下的人民以何可能;公有制为主体才能真正走向共同富裕;党的价值关怀一脉相承的核心理念;人民主体意味党的群众路线何以可能。刘建武教授提出,创建新政党、建立新中国、开辟新道路、开创新时代是百年来中国共产党为实现民族复兴奋斗历程中具有里程碑意义的四件大事，革命、建设、改革、复兴是四个接力前进的历史阶段，由此迎来了中华民族从站起来、好起来、富起来到强起来的伟大飞跃，使中华民族伟大复兴进入了不可逆转的历史进程。

　　国外学者主要讨论了毛泽东对中华民族及世界的影响。美国学者 Thomas Lutze 基于新冠疫情时期美国发生的巨大政治和社会动乱，对毛泽东有关农民运动思想进行分析，借以考察美国的种族平等运动，进而肯定毛泽东对中国和世界的重要贡献。Kitty Kelly Epstein 认为中国革命的胜利代表了穷人斗争的胜利，被人们广泛地关注和研究。日本学者 Ka-zuoYamashita 从文学视角切入，从毛泽东诗词对日本的影响来看毛泽东思想的软实力。LIAN Shu 提到日本知识分子从"东方"与"西方"的角度来理解毛泽东与新中国。他们对毛泽东的认识在 1949 年到 1976 年之间随着中国一些政治事件的发生而产生了极大变化，但其中一部分人也始终没有中断对毛泽东思想的探求。俄罗斯学者 Alexander Lomanov 认为，毛泽东提出吸取苏联的经验和教训的思想具有重要价值，毛泽东在经济方面提出要发展适应人民群众需要的工农业，并试图突破苏联模式的弊端、探索中国自己的发展道路，为 20 世纪 80 年代中国共产党成功找到属于自己的现代化道路积累了宝贵的经验。

《湘潭大学学报（哲学社会科学版）》2021 年第 6 期

（撰稿：郭　琦）

"百年大党的初心与使命：历程、成就与经验"学术研讨会暨第二届"中国共产党与中国道路"论坛综述

2021年4月24日，为迎接中国共产党百年华诞，进一步深化党史学习教育成效，全面总结和深入研究中国共产党百年奋斗的不凡历程、辉煌成就、伟大精神和宝贵经验，由中国中共党史学会、中国人民大学联合主办，中国人民大学中共党史党建研究院、中国人民大学马克思主义学院、中国中共党史学会高校学科建设专业委员会、嘉兴学院红船精神研究中心承办的"百年大党的初心与使命：历程、成就与经验"学术研讨会暨第二届"中国共产党与中国道路"论坛在浙江嘉兴召开。中国人民大学党委书记、中共党史党建研究院院长靳诺教授，中国中共党史学会副会长、中央党史研究室原副主任李忠杰教授等出席大会。来自北京大学、中国人民大学、复旦大学、浙江大学、南京大学等66所高校以及研究机构的130余位专家学者参加了学术研讨会。会议从中国共产党百年奋斗历程与经验研究、百年理论创新史研究、百年自身建设史研究、百年党史学习教育与学科发展等方面进行了深入探讨，本文就此进行简要综述。

一、中国共产党百年奋斗历程与经验研究

李忠杰作了题为《初心、使命与中国道路》主题报告，回顾了中国共产党百年探索的非凡历程。他指出，中共一大反映了党最初的初心和使命，中共一大的纲领体现了马克思主义与中国实际的相结合。就如何正确认识初心、使命与中国道路的关系，他认为，不仅要认识和学习初心、使命，还要注意以此研究中国走什么道路、怎样走的问题，要从百年征程中汲取营养和智慧。对此：第一，要坚定不移地走中国特色社会主义道路，中国当今的成就是在新民主主义革命胜利后进入社会主义的探索基础上，通过改革开放实现的，这是总结长期历史经验得出的基本结论。万里长征，正是由于走错了路，才被迫开始，如果当初能够从实际出发，制定正确的路线，走上正确的道路，就能避免犯这样那样的错误，就可以减少牺牲，甚至不用走万里长征路。所以走什么样的道路至关重要，毛泽东同志的关键之处就在于走出了一条中国社会主义道路；邓小平同志的伟大之处就在于实行改革开放、走出了中国特色社会主义道路，这条道路被实践证明是正确的。第二，要坚定不移地加强中国特色社会主义建设。中国特色社会主义道路，可以说是新时期、新时代初心和使命的集中体现，为中国

人民谋幸福，为中华民族谋复兴，就要推进中国特色社会主义建设。第三，要坚定不移地处理好理论与实践的关系。理论来自于实践，理论又指导实践，要把实践作为检验真理的标准，要注意理论推动实践并丰富实践的内涵。过去取得的成就是辉煌的，但未来还有更多的挑战。要处理好理想与实践的关系，初心、使命是我们的崇高理想，这样一个理想必须建立在现实的基础之上，在现实的基础上，一步一步地向前推进，而且在推进过程中要检验初心和使命，初心和使命在100年的历程中，在不同时期都有不同的内容、不同的重点，考察一下当时的初心和使命是什么，比如抗日战争时期的初心和使命是什么，20世纪50年代的初心和使命是什么，60年代的初心和使命是什么，改革开放的初心和使命是什么，都有一些差别，都有不同的情况。更好地在实践当中坚持初心、使命，在实践当中丰富和发展初心、使命，是我们接下来要思考的问题。

当代中国研究所副所长李正华以《中国共产党政治建设的主要经验》作主题发言。他认为，中国共产党从一个带领人民为夺取全国政权而奋斗的党，到成为掌握全国政权并长期执政的党，始终重视自身的政治建设。从革命时期提出的"革命的政治工作是革命军队的生命线"，到建设时期提出的"政治工作是一切经济工作的生命线"，再到改革开放时期提出的"到什么时候都得讲政治""政治问题，任何时候都是根本性的大问题"，新时代以来，更是强调把党的政治建设摆在首位，提出"党的政治建设是一个永恒课题"。党旗帜鲜明地将政治建设贯穿于加强自身建设的全过程，这蕴含着政党政治的一般规律，是对马克思主义政党政治观的理论传承与创新发展，是党从小到大、由弱到强的独特优势和重要法宝。一百年来，中国共产党在加强和改进自身建设的过程中，在党的政治建设方面进行探索实践和创新发展，逐步建立起了党政治建设的理论形态与制度体系，为夺取、执掌、巩固政权和建党、执政、兴国提供了有效保障，积累了丰富经验。党在政治建设中积累的主要经验是：必须坚守正确的政治方向，必须坚定维护党中央权威和集中统一领导，必须尊崇党章、完善并严格执行各项制度，必须营造良好的政治生态，必须紧扣民心这个最大的政治。这些经验都是中国共产党从胜利走向胜利的重要法宝。

浙江大学段治文教授就中国共产党坚守人民立场发表看法。他认为，中国共产党人民立场的确立和坚守，贯穿了其百年历史进程的始终，是党领导革命、建设和改革不断取得胜利的根本保证。在中国共产党成立100周年之际，系统梳理党坚守人民立场的百年历程，全面把握党坚守人民立场的内在逻辑，深入揭示党坚守人民立场的价值蕴含，对于党在新的百年进程中秉持人民至上理念、全面领导和推进中国特色社会主义现代化事业取得新胜利，具有重要意义。

中国人民大学王续添教授就中国共产党国家重建战略的研究现状及研究意义作了发言。他认为，长期以来，无论是历史学还是政治学还是党史研究领域，对中国共产党国家重建大战略欠缺专门和明晰的研究。国家重建和民族复兴是中国共产党百年奋斗的核心主题和总体目标，在迎来中国共产党建党百年和阔步迈向民族伟大复兴的今天，全面深入地梳理和阐释中国共产党国家重建大战略的历史演进及当代启示，不仅使得推进和深化这一重大问题研究具有理论价值，而且对于当下开展的党史学习教育也会有所助益。

武汉理工大学郭国祥教授就中国共产党百年来在形象建设方面的经验作发言。他将经验总结为8个方面：一是坚持从严治党，为党的形象建设绘就健康底色；二是坚守人民立场，为党的形象建设筑牢价值支撑；三是始终与时俱进，为党的形象建设提供不竭动力；四是创新执政体制，为党的形象建设夯实制度保障；五是善用传媒阵地，为党的形象建设提供良好载体；六是开创辉煌伟业，为党的形象建设提供现实基础；七是开发历史形象，为党的形象建设提供历史资源；八是维护领袖形象，为党的形象建设树立"金字招牌"。

中国农业大学苏若群就中国共产党百年来遇到的巨大考验作了发言。她认为，中国共产党主要经历或将要面临以下考验：中华人民共和国成立初期怎样在内外挑战面前巩固新生的人民政权；在经济文化十分落后的基础上怎样建设社会主义；在"文革"结束后怎样确定党和国家的发展方向；在改革开放的过程中怎样突破姓"资"姓"社"束缚，确立社会主义市场经济体制的改革目标；在进入新世纪后怎样深化改革，促进经济社会和人的全面发展；在进入新时代后怎样正确判断我国社会的主要矛盾；在长期执政条件下怎样消除干部队伍中的腐败现象。

二、中国共产党百年理论创新史研究

中国人民大学何虎生教授以《中国共产党统一战线思想的核心和要义》为题作了交流。统一战线是夺取胜利的斗争策略。抗日战争时期，党在根据地依据统战原则实行的"三三制"作为中国局部政权建设实践，表明党开始向现代国家建构之道路转型。统一战线是巩固执政的整合方式。改革开放以后，统一战线逐步内化为中国共产党开展社会整合、稳固执政地位的有效方式，涉及并嵌入中国特色社会主义政治制度体系的各个层次和方面。他认为统一战线要有以"和合"为核心的价值导向。"和合"既是中华民族的优秀传统文化基因，也切合人类的文明进步需求。另外，统一战线还要有以"平衡"为核心的实践要求：平衡好"同"与"异"之间的关系，即坚持一致性与多样性相统一；平衡好"旧"与"新"之间的关系，即坚持既成性与生成性相统一；平衡好"定"与"变"之间的关系，即坚持原则性与灵活性相统一。

北京大学裴植就马克思主义中国化的历史发展发表了看法。他认为，马克思主义中国化的历史演进是一个包含理论进程、实践进程且两个进程之间交相互动的连续过程。在这一过程中，马克思主义中国化最主要的实现主体——中国共产党人，不断将马克思主义基本原理与变化着的中国实际相结合，推动实现理论创新、实践创新，实现马克思主义中国化的历史性飞跃。马克思主义中国化的历史性飞跃，是一定历史时期内马克思主义中国化的最高表现形式，是处于动态发展过程中的该历史进程的必然结果。

中国传媒大学张付教授就中国共产党传播马克思主义的百年经验与启示进行了交流。她回顾了百年来中国共产党的马克思主义传播实践历程，对未来马克思主义的传播提出了5点建议：（1）坚持"让有信仰的人传播信仰"的传播主体观，要高度重视对传播主体的信仰教育；（2）坚持"自上而下与自下而上相结合"的传播受众观，要高度重视发挥受众的主观能动性；（3）坚持"灌输与自省相结合"的传播方式，要高度重视马克思主义传播的组织渠道建设；（4）坚持理论联系实际发展马克思主义，要高度重视马克思主义传播内容的与时俱进；（5）坚持管好、用好马克思主义传播的大众传媒渠道，要高度重视发挥传播渠道的自身优势。

中国农业大学李桂华梳理了中国共产党成立以来政党协商理论与实践发展的历程。抗日战争爆发前后，中国共产党通过党外人士座谈会等形式广泛听取党外人士意见，中国共产党政党协商制度由此肇始。抗日战争结束后，中国共产党与各民主党派在重庆谈判、旧政协会议等场合进行协商，中国共产党政党协商制度进一步酝酿。1949年后，中国共产党与各民主党派的协商机制逐渐固定，中国共产党政党协商制度得以初建。改革开放后，中共中央恢复政党协商传统，并通过中共中央文件形式将政党协商制度确立下来。党的十八大以来，政党协商制度进一步发展完善。他认为，政党协商制度的发展历程，是中国共产党探索新型国家制度历程的重要组成部分，是中国共产党坚持和完善中国特色社会主义制度、推进国家治理体系和治理能力现代化的典型缩影。

华东师范大学王可园就中国共产党认识与探索社会主义的百年历程发言。他认为，百年历程中，中国共产党对科学社会主义理论的认识不断深化：一是由早期的过于注重从生产关系的角度认识社会主义；到改革开放后，突出强调社会主义要解放和发展生产力；再到进入新时代，将精神文明、政治文明、社会和谐等纳入到社会主义本质之中。二是对社会主义价值目标的认识越来越明晰——从早期一段时间不断提高生产关系的公有化程度、搞平均主义"大锅饭"来实现共同富裕；到改革开放后，明确了共同富裕不是同时、同步富裕，到进入新时代，共同富裕取得了实质性进展。三是对建设社会主义时间的长期性、任务的艰巨性认识越来越深刻——从早期认为可以快速建成社会主义；到改革开放后，形成了社会主义初级阶段的理论。四是对社会主义社会矛盾的认识越来越精准——从20世纪50年代后期开始一段时间误判社会主要矛盾，导致阶级斗争不断扩大化，给中国社会主义建设带来严重损害；到改革开放后，改变了对社会主要矛盾的看法，将满足人民群众日益增长的物质文化需求作为社会的主要矛盾。五是对计划与市场关系的认识越来越科学——从早期将社会主义等同于计划经济、公有制和按劳分配；到改革开放后，提出计划经济不等同于社会主义，并确定了建立社会主义市场经济的目标。

三、中国共产党百年自身建设史研究

南京大学王建华教授作了题为《中国共产党是如何自我革命的》的发言。勇于自我革命是中国共产党人标识身份的内在属性，两个"历史问题决议"是党自我革命的纲领性文件，从其形成历史和文件文本中可以看到中国共产党自我革命的实践逻辑。勇于承认错误是自我革命的逻辑起点。任何政党都会犯错误，列宁说过："公开承认错误，揭露犯错误的原因，分析产生错误的环境，仔细讨论改正错误的方法，是一个郑重的党的标志。"中国共产党把发现问题、改正错误看作自我革命的逻辑起点，两个"历史问题决议"是党勇于自我否定，超越自我，开展自我革命的实践缩影。回首百年党史，党之所以能够战胜困难，就在于其勇于承认错误、超越自我的组织自觉。对党而言，坚持团结全党，直面问题，坚持矛盾分析法，守正创新，就一定能够把党建设成为走在时代前列的、朝气蓬勃的马克思主义政党，实现中华民族伟大复兴。

华南农业大学张丰清教授就中国共产党为何和如何进行自我革命发表了看法。他认为，自我革命是由马克思主义政党的性质决定的，是由党和国家面临的风险和挑战决定的，是由党的自身深刻变化决定的。中国共产党自诞生之日起，就始终站在时代的最前列，以改变中国落后状态、促进中国社会发展为己任。毛泽东指出："按照实际情况决定工作方针，这是一切共产党员所必须牢牢记住的最基本的工作方法。"在百年革命、建设、改革的伟大奋斗历程中，中国共产党用实际行动坚守勇于自我革命的品格、践行勇于自我革命的誓言。从某种意义上说，中国共产党100年的发展史，就是勇于自我革命的历史，每个重要转折点之所以能成为推动党和党所领导的事业不断前进的新起点，正是因为党始终坚持自我革命。

广西民族大学唐贤秋教授以《中国共产党廉洁政治的百年探索》为题发言。他认为，中国共产党的一百年，也是坚持不懈进行廉洁政治探索的一百年。中国共产党之所以能够百年如一日地坚持廉洁政治探索，源于其强大的内生动力——为了实现中华民族伟大复兴目标、为了中国人民对美好生活的向往、为了跳出历史周期律的庄严承诺。实现中华民族伟大复兴，是中国共产党从成立开始就已有的初心和使命，这一初心和使命，是激励中国共产党人不断前进的根本动力，也是中国共产党高举反腐倡廉大旗、建设廉洁政治的巨大动力。为中国人民谋利益，是中国共产党从成立伊始就已明确的价值立场。一部中国共产党历史，就是中国共产党带领中国人民谋幸福的历史。

东北师范大学段妍教授就中国共产党党性教育百年探索的历程及其经验启示发言。她认

为，党性教育是为保持党的先进性与纯洁性提供根本保证的全面从严治党的基础性工程。党性教育是中国共产党百年党建历程的重要主题。深入总结建党百年来党性教育的发展历程与基本经验，对于加强新时代党性教育、推进全面从严治党向纵深发展具有重要意义。新时代党性教育要以增强"四个意识"、坚定"四个自信"、做到"两个维护"为内在要求，要紧紧围绕党的中心任务和工作大局，坚持理论教育与实践教育相统一，抓住党性教育中的重点难点问题，不断完善党性教育的相关制度。

华南农业大学王超就党内法规制度体系特别是党章建设发言。她认为，中国共产党百年历史中，党章是效力最高、最为重要、最为根本的党内法规，在党内法规制度体系中起着"母法"的作用，是制定其他党内法规的依据。1921年，中共一大通过了第一个党内规范性文件《中国共产党纲领》，对党的组织章程、组织原则、组织机构和发展党员作了明确规定，成为党的历史上第一部具有党章性质的党内法规。中共二大通过了中国共产党第一部比较完整的章程，设立党员、组织、会议、纪律、经费及附则六章，共二十九条，二大党章第一次详尽规定了党员条件和入党手续，对党的组织原则、组织机构、党的纪律和制度也都作了具体的规定。党章的诞生为管党、治党提供了根本依据，也拉开了党内法规制度建设的序幕。改革开放新时期，中国共产党确立了党章的根本地位，党内法规制度建设逐渐走上了体系化之路。党内法规也是中国共产党运用法治思维改进自身建设的重要成果。

四、中国共产党百年党史学习教育与学科发展

华南师范大学陈金龙教授以《中共建党纪念活动的情感意蕴》为题作了交流。他认为，中国共产党是富有情感的政党，党对人民、国家、民族、世界的情感，人民对党的情感，是中国共产党情感的两个重要面相。情感具有能动性，既影响中国共产党治国理政的方式，也影响人民对中国共产党的态度和认同。中国共产党之所以能赢得人民的支持，情感是其中的重要因素。从情感维度研究中国共产党的历史，是有待开拓的新领域。一方面，可以将中国共产党作为情感主题展开研究，阐释中国共产党的情感生成、情感构成、情感表达、情感标准、情感制度、情感特点与情感功能。另一方面，可以将中国共产党作为情感对象展开研究，诠释不同历史时期人民对于中国共产党的情感生成、情感内涵、情感表达。中国共产党历史上重要人物的个体情感，是中国共产党集体情感的体现，也应纳入中国共产党情感史研究的范围。从情感维度建构中国共产党历史研究的学术体系、话语体系，有利于拓宽中国共产党历史研究的视域、更新中国共产党历史研究的方法。

山东大学黄广友教授就中国共产党与马克思主义史学的百年历史发展作了发言。他认为，党自创立之初即有强烈的历史意识和高度的历史自觉，注重从历史中寻求资源，来阐说

革命斗争的正义性和巩固执政地位的合法性；这也给历史学以极深的影响。正确认识两者在历史上形成的多重关系，对于当下中国共产党领导意识形态工作和历史学本身的发展都具有重要意义。中国共产党历来高度重视哲学社会科学，在领导中国革命、建设和改革的同时，党也领导哲学社会科学工作者坚持以马克思主义为指导，促进哲学社会科学的繁荣发展。在党的领导和推动下，马克思主义史学从产生到发展，取得了巨大成就。分析中国共产党百年来引领马克思主义历史科学发展的进程，探究党推进历史科学发展的动力机制，总结其成功的经验和遭遇挫折的教训，可以为新形势下推进中国特色社会主义文化大发展、大繁荣提供历史镜鉴和学理支撑。

湖南师范大学胡映兰教授就新时代中共党史学科建设的创新发展发表看法。她认为，构建中共党史"三大体系"是做好中共党史研究的内在要求。百年党史历程蕴含着丰富的经验和智慧，这些经验和智慧是我们取之不尽、用之不竭的精神财富和力量源泉。一个拥有9500多万党员、高举马克思主义旗帜、不断开辟马克思主义新境界、自信成熟的伟大政党，没有系统完备、特色鲜明的中共党史研究体系是不可想象的。只有构建了完备的中共党史"三大体系"，才能培养出更多优秀的中共党史专业人才，才能更好地适应党和国家事业发展的需要，才能更好地向世界发出中国声音。加快构建中共党史"三大体系"是党和人民伟大事业与时代发展的需要。习近平总书记指出，我们党历来重视党史学习教育，注重用党的奋斗历程和伟大成就鼓舞斗志、明确方向，用党的光荣传统和优良作风坚定信念、凝聚力量，用党的实践创造和历史经验启迪智慧、砥砺品格。贯彻落实习近平总书记的重要指示精神，需要有党史科学理论的支撑，需要有中共党史专业人才队伍做保证，而一个独立完备的中共党史"三大体系"才是人才培育的基础条件和源头活水。

对外经济贸易大学高蕾从"大历史观"的角度就百年中国共产党思想政治教育史发表了看法。她认为，历史是最好的老师，党的历史是中国近现代以来最为可歌可泣的篇章，历史在人民探索和奋斗中造就了中国共产党，党团结带领人民又造就了中华文明的新的历史辉煌。一切向前走，不能忘记走过的路，走得再远、走到再光辉的未来，也不能忘记曾经走过的过去，不能忘记为什么出发。因此，思想政治教育工作的基本任务就是要明确初心和使命。思想政治教育工作的核心内容就是要在大历史观之下讲清楚"四史"，讲清楚党与人民心心相印、与人民同甘共苦、与人民团结奋斗的历史。思想政治教育工作绝不是单纯地靠红色故事来煽情，而是要坚持用唯物史观、实事求是的方法来找规律、讲规律，找经验、讲经验，找教训、讲教训。

中国人民大学中共党史党建研究院副院长杨德山认为，在建党百年之际，在红船起航地嘉兴集聚100多位党史党建方面的专家、学者共同探讨中国共产党百年发展历程，实属不易，这是一次高质量的论坛。与会的专家、学者围绕本次论坛的主题，紧紧围绕中共党史这个学科，涉及党的奋斗史、党的理论史、党的军事史等方面，大部分集中在百年党史发展的一些宏观问题，少部分谈到了一些微观问题。不仅对中国共产党百年历程、成就与经验做了总结、梳理，同时也为未来研究中国共产党提供很多思路与启示。

《嘉兴学院学报》2021年第4期

（撰稿：许　源）

传承红色基因弘扬龙江"四大精神"系列理论研讨会会议综述

习近平总书记在 2016 年 5 月 26 日视察黑龙江重要讲话中特别指出:"加强干部作风建设,黑龙江有不少有利条件,东北抗联精神、北大荒精神、大庆精神、铁人精神激励了几代人。今天,我们仍然要用这些精神来教育广大党员、干部,引导他们发扬优良传统,在全社会带头弘扬新风正气。""七一"前夕,中共黑龙江省委党校(黑龙江省行政学院)与中共黑龙江省委史志研究室、中共大庆市委、北大荒农垦集团有限公司等相关单位举办了"传承红色基因弘扬龙江'四大精神'"系列理论研讨会,中共黑龙江省委副书记、中共黑龙江省委党校(黑龙江省行政学院)校(院)长陈海波出席首期研讨会,省内外近 300 名专家学者参加了研讨会。

一、弘扬东北抗联精神要挖掘和抢救历史遗址和珍贵史料

东北抗日联军艰苦卓绝的斗争是中国人民抗日战争这部壮丽史诗中最惨烈、最令人动容的篇章之一。东北抗联精神是伟大抗战精神的重要组成部分,与"红船精神"、井冈山精神、长征精神、延安精神等革命精神一脉相承,共同组成了中国共产党人的精神谱系。东北抗联精神是我们党的初心和使命的生动展现,是我们不断夺取胜利的强大精神力量和宝贵精神财富。

东北三省最具代表性的红色资源当数东北抗联,东北抗联共有 11 路军,其中 9 路半在黑龙江,弘扬东北抗联精神对黑龙江意义尤为重大。

在"传承红色基因弘扬东北抗联精神"理论研讨会上,中共吉林省委党校(吉林省行政学院)党建教研部副主任仲海涛教授指出,黑龙江抗联遗址遗迹有近 400 处,挖掘和抢救东北抗联这些遗迹是当前最紧迫的任务。要将东北抗联精神融入新时代党性教育,要转变宣教思路,紧紧围绕增强感染力设计现场教学流程,充分利用遗址遗迹深入挖掘东北抗联资源中的感人事迹,积极采用现代化展示手段,提升宣教效果。要从以往被动地坐等参观者到遗址遗迹现场,变为主动地走出去,将遗址遗迹主要内容制成流动展板或各种形式的多媒体文件,由宣教人员携带,广泛走进党校、高校、部队、企事业单位以及社区、乡村等进行宣讲,要注重联系人们的思想实际将感性触动升华为理性思考。

东北抗日联军历史文化研究会会长张智深介绍，保存下来的抗联歌曲有105首，但广为传唱的只有《露营之歌》《革命人永远是年轻》等几首。将东北抗联精神融入新时代党性教育之中，首先必须抢救和挖掘这些遗址和史料，创造性开发东北抗联遗址遗迹观摩、学习线路，组织力量学唱、传唱抗联歌曲，将这些珍贵的遗址遗迹史料开发成弘扬东北抗联精神的新载体。

中共吉林省委党史研究室副主任王宜田指出，东北抗联精神形成于东北抗日战争时期，是东北抗联指战员在同日本侵略者浴血战斗的过程中形成的精神，是东北抗联指战员创造的价值观，同时也是他们的精神追求和道德标准，属于中国共产党精神谱系中的重要内容。

与会专家认为，东北抗联斗争的残酷与艰险超乎想象，以赵一曼等为代表的英雄的信仰信念之坚令人动容。"水到一百度就沸腾"，赵一曼却经受"金木水火土"等酷刑仍未折腰，让我们今天的每个人感悟到赵一曼英雄信仰信念的力量究竟有多大！

中共黑龙江省委党校（黑龙江省行政学院）党史党建教研部张磊副教授指出，东北抗联血沃关东14年，孕育形成了"勇赴国难，自觉担当，顽强苦斗，舍生取义，团结御侮"的东北抗联精神，体现了忠贞报国、勇赴国难的爱国主义精神，勇敢顽强、前仆后继的英勇战斗精神，坚贞不屈、勇于献身的不怕牺牲精神，不畏艰险、百折不挠的艰苦奋斗精神，休戚与共、团结御侮的国际主义精神。中国共产党的坚强领导是东北抗联精神产生的先决条件，东北抗联的优秀品质是东北抗联精神形成的内在因素，东北地区的特殊自然环境是东北抗联精神形成的客观原因。东北抗联在与日寇斗争中，形成了丰富的历史斗争经验：始终坚持中国共产党对东北抗日斗争的领导，"革命理想高于天"战胜了抗日中的艰难险阻，五湖四海的革命者共同致力于东北抗日斗争，党的群众路线贯穿于东北抗日斗争的始终。

中共黑龙江省委史志研究室主任何伟志就研究东北抗联精神要走出"几个误区"提出了建设性意见：一是坚持实事求是，防止和走出贪大求全、忽视特质的研究误区。总结和提炼东北抗联精神的本质内涵，必须坚持实事求是的思想路线，以历史事实为依据进行概括，既不能贪大求全，也不能人为拔高，更不能忽视自身的特质，没有了自身的特点。二是把握核心要义，防止和走出标新立异、因文害意的研究误区。把握东北抗联精神的核心要义，不能凭空想象和主观臆断，而要有相对权威的理论支撑、说法依据和立论基础。个别研究者凭个人主观感觉，用标新立异、因文害意的"新词""凑字"概括归纳出来的各种所谓"新说"是不能同过去经过长期检验、基本为大家所认同的东北抗联精神主要内涵的表述相提并论的。三是树立唯物史观，防止和走出虚无历史、盲目质疑的研究误区。对东北抗联精神的总结和提炼，必须遵循唯物史观。对各种虚无历史、盲目质疑的片面、偏颇、错误的观点，必须匡正史观，及时予以纠正，正本清源，固本培元，以确保东北抗联史和东北抗联精神研究沿着积极、科学、健康的方向发展。

中共黑龙江省委党校（黑龙江省行政学院）党史党建教研部麻秀荣教授强调，要以弘扬东北抗联精神推动龙江振兴发展。新时代新征程龙江要实现"十四五"开好局起好步，奋力抢抓机遇，推动全面振兴全方位振兴，既要从党的百年奋斗史中汲取继续前进的智慧力量，又要传承好、发扬好龙江的宝贵精神财富，凝聚起建设社会主义现代化新龙江的强大力量，为兴省富省强省提供深厚的精神滋养。要通过弘扬东北抗联精神激发龙江振兴发展的强大精神力量，奋起直追，以习近平总书记和党中央对龙江振兴把脉定向、开出的良方为指导，坚定发展信心，激发干部干事创业的精气神，奋力走出龙江全面振兴的新路子。要通过弘扬东北抗联精神增强勇于担当的政治自觉，新发展阶段龙江要在服务国家重大战略上体现新担当，必须扛起维护国家"五大安全"的重大政治责任，承担起筑牢国防安全的重大任务、稳定粮食安全的"压舱石"，作保障能源安全的坚强后盾、建设生态安全的绿色屏障，实现产业安全的有力支撑。要通过弘扬东北抗联精神汇聚起龙江振兴发展的强劲势头。落实中央提出的高质量发展要求，把创新作为第一动力、协调作为内生特点、绿色作为普遍形态、开放作为必由之路、共享作为根本目的，增强奋发有为的干劲，抢抓机遇迎接挑战，克服前进道路上的困难和挑战，探索实现龙江振兴发展的新路子。要通过弘扬抗联精神提振龙江振兴发展的内生动力。在党史学习教育中，在龙江振兴发展中，要把"我为群众办实事"作为贯穿始终的要求，用心用情、周到细致地解决群众"急难愁盼"的问题，聚焦解决人民群众的操心事、烦心事、揪心事，以为民服务的新成效增强人民群众的获得感、幸福感、安全感，以此凝聚起建设现代化新龙江的强大力量。

二、弘扬大庆精神铁人精神要将这一伟大精神从纸面"立起来"

习近平总书记在祝贺大庆油田发现60周年的贺信中指出："大庆油田的卓越贡献已经镌刻在伟大祖国的历史丰碑上，大庆精神、铁人精神已经成为中华民族伟大精神的重要组成部分。"《人民日报》曾刊文将大庆精神列为党的七个伟大精神之一，大庆精神作为社会主义革命和建设时期的开篇之作，在中国共产党的百年奋斗史中发挥了巨大作用。

在"传承红色基因弘扬大庆精神、铁人精神"理论研讨会上，中共黑龙江省委党校（黑龙江省行政学院）党史党建教研部副主任兰丽影副教授认为，大庆精神之所以被列为中国共产党的伟大精神，并在社会主义革命和建设时期形成的中国共产党的伟大精神中位列首位，主要体现为在中国共产党的领导下，依靠大庆精神的激励鼓舞，大庆不仅担起了保障国家能源安全重任，而且为全国树立了工业战线的标杆和旗帜，这一伟大精神亟须进一步深化研究。当前，继承和弘扬伟大的大庆精神需要在研究范围、研究对象、研究方法等方面进行深化和拓展。

大庆油田党委宣传部部长辛伟强指出，大庆精神是干出来的，不是鼓掌鼓出来的，也不是计划制订出来的。任何时候，我们都要清楚源与流的关系，大庆实践是源，大庆精神是流，要高度重视大庆精神研究工作的主流主脉。作为一种红色精神，大庆精神的成功源自大庆实践的成功，因此要结合实践弘扬和宣传大庆精神，既要重视历史价值也要重视现实价值，既要重视大庆精神的主流主干又要警惕简单理论化。

东北石油大学大庆精神研究基地主任李万鹰教授指出，大庆精神通过思想建设、组织建设、作风建设、廉洁建设、制度建设等方面的具体实践，进一步彰显了党组织的政治优势，丰富和发展了大庆精神。

2009年，习近平总书记在大庆油田发现50周年庆祝大会上指出："大庆的成长和辉煌，见证了中华人民共和国的成长和辉煌；大庆的探索和成功，体现了党领导人民进行社会主义建设、进行改革开放的探索和成功。"中共大庆市委党校（大庆市行政学院）副校（院）长肖铜教授认为，习近平总书记指出的"一个见证"和"一个体现"是对大庆贡献和大庆精神的两个定位。大庆精神具有党的直接领导的政治优势、全国"一盘棋"集中力量办大事的制度优势、马克思主义世界观和方法论的指导优势、精神内涵总结概括的权威优势、优良传统作风支撑的硬核优势、注重典型引路和广泛发动群众的思想政治工作优势等六个方面的优势。

大庆师范学院大庆精神研究基地执行主任陈立勇副教授指出，大庆精神、铁人精神植根于大庆沃土，贯穿于油田开发建设和城市兴起繁荣全过程，应时而生的实践性是其本质所在、顺势而变的创新性是其生命所在，要在历史性与时代性的统一中、在地域性与民族性的统一中、在标识性与感召性的统一中把握大庆精神、铁人精神新的时代内涵。

从铁人语录和诗歌的独特视角学习感悟铁人精神，是这次理论研讨会上专家给予参会人员的全新启迪。中共黑龙江省委党校（黑龙江省行政学院）二级教授孙艳春指出，铁人纪念馆收录的铁人语录和诗歌共有45句28首，体现了铁人为国分忧、艰苦奋斗、克服困难、严细作风、联系群众、谦虚谨慎的精神品质。这些语录和诗歌朴实、精辟、鲜活、生动，是铁人精神的形象化、具体化，具有深厚的研究价值。

铁人早年有很多原创的话，如"把地球倒过来让原油哗哗地淌"等，这些原创话语看似粗莽，实则是那个创业年代中国产业工人独有的英雄气概，不是随便哪个人都可以说出铁人那样的话来的。没有大胸怀，没有大气魄，没有一颗赤子之心和满腔家国情怀，是说不出铁人那些话来的。铁人精神也体现了毛泽东思想在产业工人中的传承，比如学习了毛泽东的"两论"（《实践论》《矛盾论》）后，铁人在原有的精辟论述上又道出这样精彩的语录："这困难那困难，国家没油是最大的困难；这矛盾那矛盾，国家建设等油是最主要矛盾。"梳理和学习铁人的语录能让铁人的形象跃然纸上，凝聚起新时代干事创业的热情。铁人语录是对铁人精神的生动诠释，是铁人坚定信仰的深刻写照、崇高价值的生动体现、高尚人格的真实反映，蕴含了苦学、乐观、谦虚等精神，需要从挖掘材料、研究思想内涵、增强影响力等方面深化对铁人语录的研究宣传。

三、弘扬北大荒精神要紧紧抓住如何"更了不起"

2018年9月25日，习近平总书记在黑龙江农垦建三江管理局七星农场北大荒精准农业农机中心考察。面对北大荒的沧桑巨变，习近平总书记强调，北大荒建设到这一步不容易。当年这里是"棒打狍子瓢舀鱼，野鸡飞到饭锅里"。共和国把这里作为战略基地、把农业作为战略产业发展起来。半个多世纪过去了，发生了沧桑巨变，机械化、信息化、智能化发展很了不起，令人感慨。北大荒为中国人真正解决温饱问题发挥了大作用。

"北大荒哪里了不起，如何更了不起"成为本次"传承红色基因弘扬北大荒精神"理论研讨会上中共黑龙江省委党校（黑龙江省行政学院）政治和法律教研部主任华雷教授、马克思主义学院副院长陈晨副教授两位专家讨论的热点。

哪里了不起呢？与会专家指出，一是北大荒解决了中国温饱问题，70年开垦出4000多万亩良田，累计生产粮食7411亿斤，向国家交售商品粮6060.2亿斤。二是北大荒一直是国家农业现代化的排头兵，率先发展农业机械化、信息化、智能化，农业生产率高居全国首位。三是北大荒是国家粮食安全的"压舱石"。截至2020年，北大荒粮食生产实现"十七连丰"，粮食产量连续十年稳定在400亿斤以上，粮食总产量占全省的29%、占全国的3.22%；粮食调出量405.5亿斤，占全省调出量的60%、占全国的20%，可以满足1.6亿城乡居民一年的口粮供应。

如何更了不起呢？与会专家认为，一是超越地域性，要让北大荒精神走出黑龙江，伴随北大荒农业航母跻身世界500强，还要让北大荒精神走向世界；二是实现差别性，要让北大荒精神的影响力与黑龙江其他三大精神媲美；三是增强时效性，将北大荒与时俱进的时代品质和内涵宣传出去，向世界介绍一个真实、立体、全面的北大荒。

北大荒农垦集团有限公司总经理助理向世华指出，北大荒精神中的"艰苦奋斗、勇于开拓"既是延安精神的直接传承，又是我国农业现代化艰难历程的真实写照；北大荒精神中的"顾全大局、无私奉献"则体现了北大荒人浓浓的家国情怀，为了国家利益可以毫不犹豫地牺牲小我、奉献自我。正是由于中国共产党人精神谱系之一北大荒篇章的哺育涵养，北大荒人这个英雄的群体平凡而又伟大、朴实而又高尚，在省委省政府坚强领导下攻克了一个又一个时代难题，闯过了一道又一道险滩暗礁，铸就了北大荒开发建设、体制改革、开启"三大一航母"（即建设现代农业大基地、大企业、大产业，努力形成农业领域的航母）新征程等一系列的时代辉煌。北大荒人在祖国北部边陲广袤的沃野上谱写了改革发展的壮丽史诗，生动阐释了中国共产党为什么能、马克思主义为什么行、中国特色社会主义为什么好。

黑龙江农垦管理干部学院党委副书记、院长高跃辉指出，北大荒精神继承了人民军队的光荣传统，中华民族的优秀美德，中国知识分子科学、求实、创新的优良品质和新中国青年追求理想、锐意进取的精神风貌，以独特性、时代性、先进性、团队性为特征，构成了提升北大荒文化的核心理念、助推垦区高质量发展的精神支撑，并在新时代创业实践中被赋予新的内涵，需要在不断强化初心使命、充分发挥综合优势中加以弘扬。

中共黑龙江省委党校（黑龙江省行政学院）马克思主义学院副院长陈晨副教授从信仰是北大荒精神的内核、忠诚是北大荒精神的本色、爱国是北大荒精神的主题、斗争是北大荒精神的主线、忘我是北大荒精神的基调等方面，创新性地阐释了北大荒精神与中国共产党人红色基因的内在联系，认为其传承了信仰、忠诚、爱国、斗争和忘我的共产党人的精神血脉，是红色基因的赓续。

中共黑龙江省委党校（黑龙江省行政学院）领导科学教研部副主任孙宏副教授指出，新时代讲好"北大荒故事"，要讲开拓者的艰辛历程、改革者的奋斗进程；要让北大荒亲历者来讲，以"在场"的真实感还原故事场景，感动人心；要综合运用多种载体，用老照片、文艺作品、电影电视作品来讲好故事。

伟大实践产生伟大精神，伟大精神推动伟大事业。传承和弘扬东北抗联精神、大庆精神、铁人精神、北大荒精神是龙江理论工作者义不容辞的责任。"传承红色基因弘扬龙江'四大精神'"系列理论研讨会是一次寻根溯源的历程，是一场深刻的思想教育，采用了宏观与微观相结合、理论与实践相结合、学术理路与实际需求相结合的理念和方法，无论是在深度上还是在广度上，都把龙江"四大精神"研究推向了一个新的高度。

《理论探讨》2021 年第 4 期

（撰稿：惠国琴）

百年恰是风华正茂

——"庆祝中国共产党成立100周年"学术研讨会综述

为庆祝中国共产党百年华诞,由湖北省社会科学界联合会学术部、三峡大学马克思主义学院、《江汉论坛》杂志社联合主办,三峡大学期刊社和湖北省人文社科重点研究基地"区域社会管理创新与发展研究中心"联合协办的"庆祝中国共产党成立100周年"学术研讨会于6月5—6日在三峡大学召开。来自中国社会科学院、南开大学、武汉大学、西南大学、武汉理工大学、华中师范大学、中南财经政法大学、湘潭大学、上海师范大学、湖南师范大学等60余家高等院校与科研院所,《高等学校文科学术文摘》《江汉论坛》《思想理论教育导刊》《湖北大学学报》《贵州社会科学》《中南民族大学学报》《理论月刊》《湖北社会科学》《社会科学动态》《三峡大学学报》等期刊,湖北省社科联、宜昌市社科联等社会团体领导以及三峡大学师生等近150人参加了此次会议。

三峡大学党委常委、宣传部部长李敏昌,湖北省社科联党组成员、副主席安向荣等领导出席开幕式并先后致辞,开幕式由三峡大学马克思主义学院党委书记、院长胡孝红主持。会议主题报告阶段由《江汉论坛》杂志社社长陈金清研究员主持,中国社会科学院政治学研究所党委书记樊建新、中国社会科学院世界历史研究所党委书记罗文东,南开大学党委常委、副校长王新生,教育部人文社科重点基地湘潭大学毛泽东思想研究中心主任李佑新,《高等学校文科学术文摘》主编何云峰,华中师范大学桂岳卓越教授李良明以及三峡大学马克思主义学院教授阎颖等依次作大会主题报告。

本次会议共收到全国各地学术论文近300篇,经过专家匿名评选,最终遴选出75篇参会论文,根据研究主旨分为10个小组进行探讨。会议闭幕式由三峡大学马克思主义学院潘大礼教授主持。在研讨会上,专家学者重点围绕中国共产党百年历史的主题以及中国共产党百年历史的主流和本质,探讨中国共产党百年来的光辉历程与经验启示,论证中国共产党领导革命、建设、改革、复兴事业的丰富内涵与时代意蕴,认清中国共产党百年历史的庄严使命是实现救国、兴国、富国、强国的奋斗目标。此次会议不仅规模大、层次高,而且研究内容比较契合学界前沿动态,体现了与会学者深厚的理论素养、开阔的学术视野以及扎实的史料功底。

一、中国共产党百年辉煌与经验启示

百年恰是风华正茂。中国共产党的 100 年，是矢志践行初心使命的 100 年，是筚路蓝缕奠基立业的 100 年，是创造辉煌开辟未来的 100 年。对于中国共产党百年辉煌与经验启示研究成为本次会议关注的重点。

中国共产党百年自身建设。中国社会科学院樊建新研究员从长时段视野论证了从党的创立到新时代确立党中央权威的重要性。中国社会科学院罗文东研究员指出中国共产党的 100 年是马克思主义唯物史观在中国有组织地传播和实践、坚持和发展的 100 年。上海师范大学何云峰教授指出，善于调动劳动积极性是中国共产党的重要执政法宝。湖南科技大学杨松菊副教授指出以党内集中教育加强自身建设是我们党奋斗百年的重要法宝，更是推进理论武装走深、走实的重要途径。湘潭大学硕士生刘思思考察了百年来中国共产党的制度建设的成就、经验及启示。

中国共产党百年自我革命。湖北大学何克祥教授认为，中国共产党自我革命精神的百年积累是党在领导中国社会革命同时进行自我革命的 100 年历史进程中不断积累而成的一系列精神的总称。浙江理工大学硕士生刘怡云考察了百年来中国共产党自我革命的奠基和开启、前进发展和不断丰富的历程，总结自我革命的基本经验，在新时代仍要以自我革命精神不断向前。

中国共产党百年党性纯洁。百色干部学院卢世楠助理研究员考察了建党百年来中国共产党保持先进性和纯洁性不断增强生机活力的基本经验。湖北师范大学杨邓红教授考察了中国共产党百年廉洁文化建设的历史进程，揭示出新时期廉洁文化建设需要牢记完善法治体系建设，提供制度保证等历史启示。兰州大学硕士生毛峰回顾了中国共产党党性修养的发展过程，通过考察中国共产党党性修养取得的主要成效，进而总结百年来党性修养的基本经验。

中国共产党百年思想建设。西南大学章瀚丹博士论述了中国共产党加强思想建设百年发展历程，总结了毫不动摇地坚持思想建党的重要原则等基本经验。陕西交通职业技术学院王军福教授考察了中国共产党百年解放思想的历史进程，认为解放思想是发展中国特色社会主义的一大法宝。三峡大学硕士生张莉以百年来中国共产党指导思想的演变路径为研究主题，认为党的指导思想与时俱进不断开拓，给我国社会主义发展提供诸多启示。

中国共产党百年组织建设。九江学院龚喜林副教授认为，中国共产党的成立及其在重建中国革命领导力量、信仰体系和动员方式上理论与实践探索，不仅开创了近代中国革命的新方向，也促进了近代中国革命的转型。三峡大学硕士生邓创意论述了百年来中国共产党群众路线的历程，在新时代发展中国特色社会主义要继续巩固党群关系。三峡大学硕士生刘凌杰考察了百年来青年入党动机的概况，认为要纯净当代青年入党动机的策略，加强学校思想政治教育的引导，严格完善入党制度建设，推进青年的价值观教育。

中国共产党百年社会发展。南开大学王新生教授详细且生动地探讨了百年来中国共产党领导推动社会变迁的历史进程。三峡大学阎颖教授依据详细的中共中央文件和各类档案，深入论述了赶超战略与中国共产党百年现代化目标的互动关系。湘潭大学丁馨妍博士阐述了中国共产党发展观百年演进的价值逻辑，认为中国共产党以"怎样的发展""为谁发展""发展将走向何处"建构发展，坚持从站起来、富起来、强起来的发展逻辑思维。辽宁大学漆昌彬博士阐述了中国共产党领导经济工作的伟大成就和基本经验。山东大学硕士生谭壮通过回顾百年来中国共产党应对突发事件与风险挑战的历程，指出其历史依据既是现实需要，又是斗争传统，更是初心使命。兰州大学硕士生黎淑雪考察了中国共产党经济发展战略在革命、建设、改革不同历史时期，发展成为独具中国特色经济发展内在逻辑的理论体系。

中国共产党百年形象建构。华中师范大学郭志奔助理研究员考察了中国共产党形象建设的百年探索，认为中国共产党的百年发展史证明，建设党的形象，必须正确认识和把握共产党执政规律、社会主义建设规律、人类社会发展规律。新疆师范大学孙万君博士以中国共产党百年形象建设的时代展望为中心，认为要在系统总结党的形象建设宝贵经验的基础上，结合新时代的特点，进一步推进和完善党在长期执政条件下保持和优化党的形象建设。

二、"四史"学习教育

自中共中央要求在全社会开展党史、新中国史、改革开放史、社会主义发展史宣传教育以来，对于引导广大人民群众特别是青少年弄清楚中国共产党为什么能、马克思主义为什么行、中国特色社会主义为什么好等基本道理，加深对党的历史的理解和把握，加深对党的理论的理解和认识，具有十分重要的意义，也日益成为学界关注的热点问题。本次会议围绕"四史"学习教育的内涵、路径以及与思政课教学的关系等方面展开了广泛探讨。

"四史"学习教育与高校思政课建设。将"四史"教育融入思政课教学体系，是高校有效开展"四史"教育、推进思政课改革创新、落实立德树人根本任务的需要。鲁东大学邢亮教授认为，"四史"教育要融入思政课课程体系，开设选择性必修课程；融入思政课内容体系，有机渗透到思政课必修课程教学内容；开展"四史"教育专题培训，发挥思政课教师的关键作用；开展专题教学研究，以教学研究的高水平促进"四史"教育的高质量提升。重庆医科大学伍林生教授提倡将党史学习教育融入思政课，一定要用好红色资源，传承好红色基因，培养出大批优秀的社会主义建设者和接班人。湖北经济学院谭绍江副教授认为，应遵循习近平总书记对思政课教师提出的"六要"要求，通过党史学习教育从政治向度、情感向度、智识向度和道德向度等四个方面来引领思政课教师的人格培育。长安大学硕士生邓琳琳认为,"四史"融入思政课程主要在于其逻辑关系和内在价值的理解和把握,通过实现对二者融合路径的创新,提高思政课堂活力,促进思政课程的改革和发展。

"四史"学习教育的内涵。湖北师范大学李想讲师主张将习近平网络意识形态安全思想融入"四史"教育,既是意识形态建设的发展要求,也是丰富"四史"教育的内在需要。基于习近平网络意识形态安全思想,从发挥"四史"教育的政治性、实践性、专业性、时代性等方面实现习近平网络意识形态安全思想与"四史"教育的有机融合。重庆文化艺术职业学院曾进讲师探讨了提升高校基层党员党史学习教育效果的路径,从而使党史学习教育更好地实现育人的目的。四川师范大学硕士生刘林认为,学习党史要突出其"英雄"的主题,学习新中国史要突出其"复兴"主题,学习改革开放史要突出其"创新"主题,学习社会主义发展史要突出其"信仰"主题。

"四史"学习教育的路径。四川外国语大学硕士生刘扬认为,学习"四史"要把培育、树立和铸牢中华民族共同体意识作为逻辑指向。西南大学硕士生唐磊考察了学习"四史"必须厘清四者之间的生成逻辑和内涵关系,知晓四者何以成为体系,才能掌握学习"四史"的原则和方法。福建师范大学硕士生康红莉探讨了党史学习要从马克思主义唯物论视角出发,以认识论为着眼点,以唯物辩证法为指导,以辩证的否定观为自我革命的武器,以唯物史观为"透视镜"开展新时期的党史学习。华中师范大学硕士生曹珍梳理了学界关于"四史"教育的研究成果,认为对于"四史"教育的理论体系、话语体系、大众化等方面需要进一步完善与细化。

三、中国共产党百年专题

党的历史是最生动、最有说服力的教科书。百年来中国共产党有着世界上其他政党难以企及的丰厚历史资源,用唯物史观认识和研究党史十分必要、意义深远。习近平总书记在党史学习教育动员大会上的讲话已明确指出:"回望过往的奋斗路,眺望前方的奋进路,我们必须把党的历史学习好、总结好,把党的成功经验传承好、发扬好。"对中共党史进行专题研究,成为本次会议的重要内容。

(一)中共党史

1. 革命精神。中国共产党历史上形成的革命精神,是党和国家的宝贵精神财富。如,红岩精神前承红船精神、井冈山精神、长征精神、延安精神等革命精神,后启中华人民共和国成立后新的革命精神,是中国共产党革命精神谱系中的一篇精彩华章。西南大学赵国壮教授论述了红岩精神培育的主体,指出其培育主体主要集中于三个方面:以周恩来为首的中共中央南方局培育了红岩精神;以毛泽东为首的重庆代表团发展了红岩精神;中共川东地下党歌乐英烈践行和丰富了红岩精神。西南大学硕士生刘涛着重研究红岩精神融入党员初心使命教育的内在逻辑、时代价值及实现路径,主张红岩精神要真正融入党员初心使命教育并切实发挥作用。

新时代弘扬"两弹一星"精神是学习践行习近平新时代中国特色社会主义思想的需要,是传承红色基因和弘扬红色文化的需要,是国家实施创新驱动发展战略的需要,也是实现建设社会主义现代化强国的需要。青海省社会科学院崔耀鹏助理研究员认为,新时代弘扬"两弹一星"精神,要遵循历史性与时代性相融合、理论研究与社会实践相结合、个性与共性相统一、协同创新与宣传教育相契合的原则,讲好"两弹一星"故事,传播好"两弹一星"声音,使"两弹一星"精神成为实现中华民族伟大复兴的强大精神力量。河北建筑工程学院王华彪教授考察了抗美援朝精神的力量,认为我们要牢牢把握抗美援朝精神的时代意义,将精神洗礼化为前行动力,把灵魂触动变成实际行动,定能无坚不可摧、无往而不胜,为实现中华民族伟大复兴作出更大贡献。

王家坝精神是中国共产党人先进文化的重要组成部分,内涵丰富、底蕴深厚,其精神的构成蕴含着中国共产党人的大局意识、自强不息意识、人民至上意识以及求是、务实、创新意识。阜阳师范大学于文善教授认为,弘扬与践行王家坝精神,对于全面建成小康社会,推进中国特色社会主义建设的伟大事业,实现中华民族复兴的中国梦意义重大。当年发端于安徽凤阳小岗的"大包干"孕育了"改革创新、敢为人先"的"小岗精神"。滁州学院张家智副教授分析了新时代"小岗精神"与乡村振兴的关系,认为必须持续创新弘扬小岗精神,坚持全面深化农村改革,大力推进乡村全面振兴,努力实现亿万农民对美好生活的向往。

2. 土地改革。中国共产党领导的土地改革运动,"剥削话语"试图成为政治理论和实践层面界定中国农村主要问题和矛盾的工具,借以推动农村社会关系的变革。湘潭大学邓燕讲师研究了近代中国农村土改运动中的"剥削话语"与实践的关系,认为在各时期农村土改中,中共"剥削话语"的作用并非仅仅明确或打倒斗争对象,而是在查找剥削者的过程中,建立一种基于阶级意识的新的革命同盟关系和与之相偕同的乡村革命伦理价值体系。作为民国时期"学院派"的代表人物,吴景超与托尼从中国人均土地面积不足、农村土地分配不均以及农村金融匮乏等方面探寻了中国农村普遍破产的原因。中国历史研究院王毓伟博士认为,"学院派"无法认识到中国对西方国家以及农村对城市经济的"依附",提倡农村建设成为时局中"不合时宜"的理想。中国共产党借助革命与土改,实现了国家独立与民族解放,使得"耕者有其田",有效地缓解了国家追求现代化过程中形成的"依附"问题。

3. 军事体系。"三湾改编"是中国共产党最早成功探索创建新型人民军队的重要节点,保证了党对军队的绝对领导。四川美术学院毛小杨博士讨论了"三湾改编"的精神实质与现实价值,审视"三湾改编"的现实价值,启迪新时代走群众化的社会治理路向、培育与践行核心价值观的精神导向、始终保持改革创新的动力方向。

中国工农红军第二十五军在长征过程中先后召开过三次重大会议，在红二十五军发展的三次重要时刻作出三次正确决策。大别山干部学院杨冯讲师认为，这三次重大会议作出的关键顶层设计，是红二十五军长征的行动指南，确保了红二十五军始终走在正确的发展道路上，为红二十五军长征胜利奠定了坚实基础，同时具有深远的历史价值与时代启示。

解放上海体现了解放战争不仅是一场军事斗争而且是一场政治斗争。中国共产党策反国民党军起义，不仅有力地促进了上海解放，也为加速全国解放的进程发挥了重要作用。中国浦东干部学院闫明副教授考察了上海国民党军起义成功的因素，除了中共地下党的组织实施外，更在于起义领导者的机智决断与果敢行动，策反工作者大无畏的革命精神和崇高的革命气节以及广大起义官兵所具有的强烈爱国思想和坚持不懈的革命精神。

福曼日记和《北行漫记》都是美国著名旅行作家和摄影记者哈里森·福曼的作品。南开大学张发青博士采取史料考证和比较的方式，通过与福曼日记、同行者著作、当事人回忆录等材料进行多方考证比对，通过对肯尼斯·休梅克在《美国人与中国共产党人》一书中所引材料的查证，最终证明《北行漫记》不仅是西方记者报道红色中国的一部佳作，而且是研究中国共产党党史和中国共产党抗战史的重要文献，具有重要的历史价值和学术价值。

4. 重要人物。中国共产党百年来在革命、建设和改革过程中取得的辉煌成就，是在以毛泽东、邓小平等为代表的中共党人领导全国各族人民前仆后继、英勇奋斗而不断取得的。西南大学硕士生郑芙蛟撰文指出毛泽东的英雄观可以从历史、理论、实践、价值这四个维度加以理解，这四重维度既相互区别，又深层互构，为新时代英雄文化建构、英雄精神培育提供宝贵的精神财富和重要借鉴。

李汉俊是中国共产党的创立人之一，华中农业大学唐尚书详细考察了李汉俊在武昌高等师范学校任教期间通过开设唯物史观、社会学等新课程并专门编写配套教材，李汉俊首次将马克思主义教育引入高校课堂，开创了高校马克思主义大众化教育新局面。李汉俊在鄂执教实践为马克思主义大众化在湖北地区的传播做出了重要贡献，也为后来的革命与建设事业培养出了一批优秀人才。武汉纺织大学硕士生李宇飞也注意到李汉俊对湖北早期党组织建设的贡献，认为李汉俊在湖北早期党组织建设过程中夯实了早期党组织的思想基础，培养了湖北早期党组织的骨干力量，指导了湖北早期党组织的共产主义运动，作出了独特而重要的贡献。

恽代英是中国青年热爱的领袖，恽代英的精神依然激励着当代人。华中师范大学李良明教授长期致力于恽代英研究，李教授从"恽代英精神是什么、影响谁、怎样学"三个方面展开论述，指出恽代英具有勤奋刻苦学习、注重道德修养、明辨是非以及踏实务实的四个宝贵品质，恽代英的精神内涵主要体现在他高度的爱国主义精神和为共产主义理想奋斗英勇牺牲的斗争精神。

林伯渠作为无产阶级革命家、政治家,中国共产党的卓越领导人之一,在担任陕甘宁边区政府主席期间,对加强党的纪律建设进行了深入的思考和宝贵的探索,提出了许多关于党的纪律建设的思想。中共常德市委党校唐颖文讲师认为,在陕甘宁边区党的纪律建设过程中,林伯渠重视纪律教育,培育守纪意识;完善规章制度,严格执行纪律;建立监督机制,巩固守纪实效等,倾注了大量心血,作出了重要贡献。

中国共产党的党史观萌发于早期领导人的党史论著中。湖南师范大学历史文化学院郭辉教授研究了蔡和森、瞿秋白、李立三、张闻天等党的早期领导人坚持马克思主义立场,在研究党的历史过程中所形成的基本原则、基本观点与基本方法,成为中国共产党党史观的最初形态,为后世党史研究奠定基础,并推动党内重史传统的形成以及马克思主义的中国化。河北师范大学硕士生赵鑫考察了邵力子在中国共产党诞生前,以《觉悟》杂志为阵地对社会主义思想宣传的工作,积极传播无产阶级革命思想。

5. 纪念活动。在全面抗战的复杂局势下,基于民族矛盾和国共合作的政治形势,中共纪念话语充分发掘和吸收近代中国的革命资源,以增强自身的政治合法性。中南大学秦勤博士研究了全面抗战时期中共纪念话语中的"总理遗教"问题,认为"总理遗教"在全面抗战时期的不同阶段有着不同的现实指向,全面抗战时期的"总理遗教"成为中共运用文化资源应对政治形势的反映,其不仅有助于适应全面抗战的发展,也服务于民族解放事业。

由在沪美国人创办的《密勒氏评论报》(简称《密报》)创刊于1917年6月,终刊于1953年7月。该报曾记录了中共建党早期的小部分新闻,后又报道中共利用建党纪念活动与国民党争夺话语权并赢得执政合法性最后建立新中国的辉煌历史过程。海科技管理干部学院王建军讲师以《密报》的中共建党纪念报道为中心,探讨外国媒体是如何见证中国共产党带领中国人民建立新中国的,其认为美媒报道中共建党纪念活动,有助于重塑世界对中共执政的美好印象,还可强化共产主义理想信念,提振民族士气,为中华民族伟大复兴注入活力。

6、地方党史。本次会议也有学者关注到地方党史的一些不同面相。三峡大学硕士生艾德星、段丽平探讨了宜昌地区中共党组织在早期创建过程中形成了滞后性、不平衡性、民族性的特点,呈现了带有地域色彩的中共党组织创建的独特之处。三峡大学硕士生刘梦杰考察了宜昌地区的中共党组织经历了一个从无到有、从点到面的发展过程。三峡大学硕士生胡阿飞论述了红军长征经过贵州时,中国共产党围绕民族平等、团结、尊重和保护少数民族文化、民族救济等对中华民族共同体的现代构建。兰州大学硕士生卢照琳以中国共产党人在陕甘宁边区革命根据地军事斗争为视角,揭示出其人民性、政治性、创新性的特征。西安工程大学硕士生丁苗考察了党在延安时期的政治建设,积累了丰富的经验,给新时代党的政治建设提供了借鉴。

（二）新中国史

深入学习、研究新中国史，科学认识和把握中国共产党为实现国家繁荣富强和人民共同富裕而不懈奋斗的初心和使命，是我们坚持和发展中国特色社会主义的必修课。

中国共产党作为马克思主义理论武装的无产阶级政党，成立之初就将自身命运与中华民族的命运紧紧的联系在一起，在领导全国各族人民进行社会主义现代化建设的历史进程中，根据中国国情编制和实施发展计（规）划进行经济社会建设，并在实施的过程中积累了丰富的现代化建设经验。武汉大学吴学磊博士认为，编制和实施发展计（规）划是中国共产党治国理政的重要方式，也是践行党的"初心"和"使命"的具体途径，对党编制和实施发展计（规）划历史经验的总结，是社会主义现代化建设事业继续取得胜利的保障。

邮政网路是改进通信质盈、提高社会经济效益的根本保证。南京邮电大学李沛霖副教授考察了新中国成立初期我国邮政网路运营及其影响，认为新中国成立至"一五"计划末，随着我国邮政网路的恢复和发展，邮政局所、邮路和邮运工具得以持续扩建，从而对函件、包件、汇兑及报刊发行等邮政主要业务的影响至深至巨，进而发挥邮政网路在国民经济恢复和建设时期的重大作用。

（三）改革开放史

"中央一号文件"原指中共中央每年发的第一份文件，它在国家全年工作中具有纲领性和指导性的地位，现在已经成为中共中央重视"三农"问题的专有名词，包含着丰富的乡村治理思想。临沂大学孔繁金教授指出，在当前推进国家治理体系和治理能力现代化的过程中，学习和研究中央一号文件所蕴含的乡村治理思想，厘清改革开放以来党关于乡村治理思想的变革轮廓和创新举措，对于培养和提高农村基层社会治理主体的治理能力，构建和完善高效便捷的乡村治理结构及运行机制，更好地调动农村社会各阶层、各群体的积极性，加快乡村振兴战略实施，具有重要的现实意义。

高等教育是教育工作的重要组成部分，高校党建在整个党的建设中具有特殊地位，进一步加强和改进党的政治建设是高校办学治校的思想源泉和动力源泉。浙江开放大学张枝实副研究员认为，抓好高校政治建设要把准政治方向、坚持党的政治领导、夯实政治根基、涵养政治生态、防范政治风险、永葆政治本色、提高政治能力，抓好四项建设，提升五种能力，推动高校更好地肩负着为党育人、为国育才的重大职责使命，使高校成为坚持党的领导的坚强阵地。

（四）社会主义发展史

中国共产党人为探索适合自己的社会主义建设道路付出了艰苦卓绝的努力。山东师范大学包爱芹副教授关注到社会主义建设道路探索问题，认为社会主义建设必须从我国国情出发量力而行。调查研究是客观全面地把握国情的基本方法，是保证党的科学决策和正确领导，防止和减少工作失误的一个法宝，是掌握国情的一个法宝。中国特色社会主义最本质的特征是中国共产党领导，党政军民学，东西南北中，党是领导一切的。榆林学院马宇飞讲师论述了中国共产党领导的三重属性，即引领型领导、民本型领导以及整合型领导。

新时代中国共产党政党文化在思想文化、制度文化、行为文化、心理文化上取得巨大成就。湖北师范大学陈克娥教授论述了新时代中国共产党政党文化建设的成就、问题与因应之策，指出中国共产党的文化建设对于巩固党的领导权、增强党的生命力，特别是对提高党的治理能力现代化，全面建成社会主义现代强国、实现中华民族伟大复兴都具有重大的理论和现实意义。

20世纪40—70年代发生在费正清与徐复观之间关于德治的论争、抗日根据地中国共产党内部围绕民主教育问题的论争，是其中容易被人们忽视而又值得关注的两次涉及中国共产党与传统道德、道德建构中的传统性与现代性关系的讨论。中央民族大学王文东教授指出，共产主义思想在中国的传播发展与马克思主义中国化同步，新时代中国特色社会主义思想提出中国共产党是"中华优秀传统文化的忠实继承者和弘扬者"，实现"中华优秀传统文化的创造性转化和创新性发展"，在某种意义上标志着20世纪相关论争的终结和新的道德价值体系的建立。

自党的十九大提出"习近平新时代中国特色社会主义思想"以来，学界围绕这一思想展开了多学科、多视角、多领域、多层次的研究。温州大学张海波讲师总结了近年来国内关于习近平新时代中国特色社会主义思想逻辑阐释的研究成果，指出研究者主要立足理论逻辑、现实逻辑、历史逻辑、实践逻辑、逻辑体系建构以及其他多重逻辑展开广泛论证，研究成果丰硕，这对学者们进一步强化对理论的研究广度和深度具有重要意义，为进一步学懂、弄通、做实习近平新时代中国特色社会主义思想提供了重要启发。

在本次会议上还有不少学者论述了中国共产党百年辉煌历程中的其他方面，限于篇幅不再逐一介绍。综上所述，不论是对中国共产党百年辉煌及历史启示的宏观考察，还是对"四史"学习教育的详细探讨，或者对中国共产党百年来各类专题的微观研究，与会学者们通过翔实的史料、独特的视角和严密的思路，得出了令人信服的见解，将学界对中国共产党百年研究这个十分重要的时代主题推向深入。

《社会科学动态》2021年第7期

（撰稿：潘大礼　张金玉）

坚持党的建设理论、制度与实践的有机统一

——"中国共产党百年党的建设：理论、制度与实践"学术研讨会综述

2021年5月8日，由复旦大学党建研究院、复旦大学马克思主义学院、中国浦东干部学院中国特色社会主义研究院、教育部高等学校社会科学发展研究中心、上海高校新时代党的建设与党内法规研究中心联合举办的第四届党建论坛暨"中国共产党百年党的建设：理论、制度与实践"学术研讨会在复旦大学举行。来自全国高校、科研院所的80余位专家学者与会，就中国共产党百年历史沿革、属性特征、制度设计、实践路径等进行了深入交流，着重从理论层面、法规制度层面、实践层面来分析探讨党的建设热点难点问题。

一、百年党建的历史沿革与时代特性

与会学者认为，应站在关键的时间节点回望历史，总结党的建设经验。复旦大学郭定平教授指出，中国共产党在领导中国革命、建设和改革过程中，自身不断经历重大变革，从局部执政到全面执政，从革命战争年代以军事与政治斗争为主到和平发展时期以经济建设为中心，组织规模日益壮大，领导制度不断完善，执政能力显著提升。随着党的目标任务、地位作用、组织体制、领导方式等的不断变化，必须从新的视角出发推进党史党建研究，揭示百年大党依然风华正茂的成功奥秘。

纵观中国革命、建设和改革各个历史时期，党的领导是我们各项事业取得胜利的根本保证。中国浦东干部学院刘靖北教授从维护党中央权威和集中统一领导的角度出发，系统梳理了百年党的历史，指出维护党中央权威和集中统一领导是党的重要历史经验，更是一个成熟的马克思主义执政党的建党原则。坚持党的领导，首要的就是维护党中央权威和集中统一领导。遵义会议前，党内并未形成集中统一领导，这是当时党遭受重大挫折的主要原因。遵义会议后，党内逐步形成了以毛泽东为核心的中央领导集体，领导党的事业不断走向胜利。"两个维护"是十八大以来党取得的重大政治成果，是党对马克思主义党的建设理论的重大创新和贡献。要充分认识维护核心对于维护党中央权威和集中统一领导的极端重要性，从而增强维护核心、维护党中央权威和集中统一领导的理性自觉。

一百年来，中国共产党的先进性这一本质属性从未改变。山东师范大学商志晓教授指出，中国共产党最根本、最关键的品质是先进性。党之所以能够创造百年辉煌，从根本上来

讲，就是因为始终保持了先进性。党的先进性内在地蕴含着党的人民性、代表性、时代性等。党的先进性对于功能层面的学习型、创新型、服务型、使命型、担当型等要素，以及行为层面的号召力、组织力、凝聚力、战斗力、向心力等要素，起到了显著的支配和统摄作用。复旦大学刘红凛教授认为，先进性是马克思主义政党的本质属性，是研究党的建设的逻辑原点。

上海交通大学陈锡喜教授认为，中国共产党的性质决定了其具有革命党、执政党和领导党"三位一体"的功能。中国共产党是中国工人阶级的先锋队，同时是中国人民和中华民族的先锋队。作为革命党，中国共产党的"目的因"是实现共产主义，"动力因"是进行社会革命；作为执政党，党的最终目的不是执政，而是以执政作为推进社会革命的手段；作为领导党，党既要领导社会革命，又要领导人民执政，从而实现革命党与执政党功能的统一。

二、百年治党模式演变与党内法规制度完善

与会学者从中国共产党管党治党的历史实践出发，总结了百年治党模式演变历程。刘红凛教授认为，百年党建理论与实践充分证明，中国共产党是以马克思主义为指导的代表型、使命型、责任型、先进型、现代大众型无产阶级政党；一百年来，党的建设和治党模式呈现出不同的阶段性特征。从以章治党、政策治党到制度治党、依规治党，勾画出中国共产党百年来治党模式发展演变的历史轨迹。但四类治党模式并非彼此对立，而是相辅相成与彼此交融的。无论哪个时期，党章作为党内"根本大法"，始终是管党治党的总依据，始终体现中国共产党治党模式的本质特征。

吉林大学王立峰教授指出，"依规治党"概念蕴含于中国共产党百年发展历程之中，但作为一个正式的规范用语，则生成于党的制度治党实践。考察依规治党的百年历程，可以得出三点经验：第一，依规治党的制度宗旨在于坚持党的领导。第二，依规治党是全面从严治党的制度保障。第三，民主集中制是依规治党的制度原则。西南财经大学任志江教授认为，依规治党是党的制度建设发展到现代治理阶段的产物，是对传统管党治党理念方法的重大改良和升级，对于国家治理体系和治理能力现代化而言具有十分重要的意义。

党的十八大以来，党中央高度重视党内法规制度建设，明确提出并着力推进依规治党。与会学者认为，在新时代背景下，要探索管党治党的有效路径，必须积极完善党内法规制度体系，实现党内法规制度体系化与科学化。刘红凛教授认为，党的建设制度化规范化科学化是中国共产党治党模式发展演变的基本趋势；发挥以章治党的重要作用是新时代加强党的建设的重大课题。王立峰教授认为，在新时代完善依规治党的实践进路需要做到三点：第一，完善依规治党的制度体系，不断提高党的执政能力和领导水平；第二，推进依规治党的法治化建设；第三，坚持依规治党和依法治国统筹推进与有机统一。中国政法大学王建芹教授认

为，党内法规制度建设必须沿着科学化道路前进；解决党内法规科学化问题，要破除迷信，既要破除对西方"法治"的迷信，又要摆脱封闭僵化的思维方式；走中国化法治道路，不仅仅是要实现法律之治，还要实现党规之治。任志江教授认为，推进依规治党的关键环节是强化监督制约，通过建立监督制约机制完善依规治党实践形式，使治理过程顺应现代化治理体系，做好同国家法律的衔接和协调，推进依法治国迈向新阶段。与会学者也指出了当前党内法规制度建设研究领域存在的不足之处。任志江教授认为，就目前的党内法规研究而言，在研究内容上缺乏深度与创新性，在研究思路上缺少整体性、实践性、系统性，缺少对依规治党与国家治理关系的主题研究，还存在大量概念误用和概念混淆问题。

三、百年党建的理论提升与实践推进

中国共产党在百年建设过程中积累了许多成功经验。与会学者认为，应从这些经验出发，进一步研究如何提升党的建设理论水平和推进党的建设实践发展。商志晓教授提出，党的建设的目的在于保持党的先进性，中国共产党始终保持并发挥先进性，才能彰显人民性、时代性，才能称得上是创新型政党、担当型政党，才能拥有显著的组织力与强大的战斗力。刘红凛教授强调，切实执行党章党规对于落实全面从严治党具有重要作用。从实践角度来看，以党章为管党治党根本遵循，树立"法纪分明、纪在法前"新理念，聚焦全面从严治党与依规治党，大力加强党内法规制度建设，建立与完善党内法规体系，是新时代治党模式的显著特点。刘靖北教授指出，在新时代维护党中央权威和集中统一领导，第一，要坚决维护党的领导核心；第二，要健全和维护民主集中制；第三，要发挥地方基层的创造性与积极性；第四，要反对搞任何形式的"低级红""高级黑"，不能乱提政治口号、政治术语。陈锡喜教授指出，要充分发挥党总揽全局、协调各方的作用，提高党科学执政、民主执政、依法执政的水平，不断提升党的领导水平和领导能力，切实防止"一盘散沙"现象的出现。华东师范大学丁晓强教授认为，如何围绕党的路线进一步推进党的建设，是值得思考的重要现实问题。党的十九大报告提出了"新时代党的建设总要求"，明确指出要以加强党的长期执政能力建设、先进性和纯洁性建设为主线。这一提法具有鲜明的时代特性。从现实视角看，党的路线以政治路线、思想路线、组织路线和群众路线四条路线为主。政治路线是党的领导、党的执政及党的建设之间的连接点，也是党的路线之核心。思想路线和群众路线是党的路线之根本，思想路线是政治路线的前提，是党的生命线；群众路线是根本的工作路线，为各个路线提供价值取向及工作方法。政治路线决定组织路线，组织路线保证政治路线的执行。要着重将党的领导与党的政治路线、思想路线、组织路线、群众路线联系在一起，进一步拓展党的建设理论与实践。

与会学者就党的建设学科发展问题展开了讨论。党的建设学科是一个实践性学科，学科

整体规范建设非常必要。上海大学高立伟教授认为，目前党的建设学科发展存在种种困惑，主要表现在学科认同方面。引起困惑的原因主要在于学科发展繁而未荣，内在学理有所欠缺。应通过大力加强学科内在学理建制，积极优化学科现存外在社会建制来消解认同危机。同时，与会学者也关注到信息化时代政党网站的建设问题。复旦大学张春满副研究员认为，政党离不开传播媒介，当今政党竞争已在网络空间兴起。就类型来看，国内外政党网站有政党领导人展示型、政党纲领展示型、政党领导团队展示型和全面展示型等几类。西方政党网站注重美学设计、善于突出内容、奉行沟通至上等特点值得我们借鉴。我们应加强对政党网站的研究，在建设中国共产党相关网站时，吸收西方政党网站的积极因素，更好地适应信息化和数字化潮流。

除了上述问题，与会学者还对中共早期党员管理、干部选拔任用标准演进、党内政治生活相关制度演变、"不忘初心、牢记使命"制度的提出和构建、自我革命的思想进路、党内法规与国家法律的衔接协调、百年政治纪律演进等进行了探讨。

《中国浦东干部学院学报》2021年第4期

（撰稿：刘　莹）

在深入开展党史学习教育中加强新中国史研究

——第二十一届国史学术年会综述

中国共产党的100年,是矢志践行初心使命的100年,是筚路蓝缕奠基立业的100年,是创造辉煌开辟未来的100年。没有中国共产党,就没有新中国;只有社会主义才能救中国,只有中国特色社会主义才能发展中国。为庆祝中国共产党成立100周年,同时在党史学习教育中推进新中国史研究繁荣发展,当代中国研究所(以下简称当代中国研究所)、中共上海市委党校、中华人民共和国国史学会于2021年7月3—4日在上海联合举办了主题为"建党百年与新中国史研究"的第二十一届国史学术年会。中国社会科学院副院长、当代中国研究所所长姜辉对会议高度重视,研究确定了会议主题和选题指南;当代中国研究所副所长李正华在开幕式上致辞,中共上海市委党校副校长曾峻主持开幕式并致辞;中国社会科学院原副院长、中华人民共和国国史学会会长朱佳木在开幕式上做主旨报告,中共上海市委党校教育长罗峰主持闭幕式,当代中国研究所副所长宋月红做了学术总结。来自中央国家机关、科研院所、高等院校、党校系统、军队系统等单位的80多位专家学者,围绕会议主题进行了广泛而深入地研讨,取得了多方面的学术研究成果。

深入学习贯彻习近平总书记在庆祝中国共产党成立100周年大会上的重要讲话精神

习近平总书记在庆祝中国共产党成立100周年大会上指出,中国共产党"这一百年来开辟的伟大道路、创造的伟大事业、取得的伟大成就,必将载入中华民族发展史册、人类文明发展史册"。[①] 在本届学术年会上,姜辉认为,党的百年发展史是世界社会主义运动的有机组成部分。中国革命的胜利是继十月革命后国际共产主义运动的又一成功范例。中国社会主义革命、建设和改革道路是马克思主义基本原理同中国实际相结合的伟大创造。新时代中国特色社会主义成为21世纪科学社会主义的引领旗帜和世界社会主义发展的中流砥柱。朱佳木在《从新中国史看我们党对初心的不渝坚守》的主旨报告中认为,中国共产党百年来生机勃勃、发展壮大,最根本的原因在于始终不渝地坚守初心和使命。坚定理想信念、弘扬革

---

① 习近平:《在庆祝中国共产党成立100周年大会上的讲话》,《人民日报》2021年7月2日。

命精神、增强斗争意志，为党在长期执政条件下坚守初心提供了坚强的思想保证。李正华就"没有共产党，就没有新中国，就没有新中国的繁荣富强"，"只有社会主义才能救中国，只有中国特色社会主义才能发展中国"，"江山就是人民，人民就是江山，人心向背关系党的生死存亡"进行了研究阐释。

当代中国研究所的李文认为，中国共产党的百年历史是不断追求社会主义现代化的接力赛，使现代化的内涵不断丰富、系统和完善。山西大学马克思主义学院的张瑜从《中国共产党章程》演进的视角，梳理了社会主义现代化理论的形成和发展。当代中国研究所的冷兆松分析了中共十九届五中全会对"四个全面"战略布局的新发展、新创新及其内在逻辑。中国社会科学院大学国史系的阳宏润考察了中国改革的理论逻辑、历史逻辑和实践逻辑及其价值意义。中国社会科学院马克思主义研究院的刘志明认为，中国共产党百年来之所以能够应对各种风险挑战，其原因在于坚持马克思主义的指导地位，坚持党中央权威和党的领导核心，牢记党的初心和使命，坚持党和群众的血肉联系，善于运用制度优势战胜风险挑战。当代中国研究所的吴超认为，新中国迎来从站起来、富起来到强起来的伟大飞跃，最根本的原因在于中国共产党领导人民建立和完善了中国特色社会主义制度。当代中国研究所的钟瑛研究分析了社会主义初级阶段理论是中国特色社会主义理论体系的重要组成部分和立论依据。当代中国研究所的刘仓考察了1949—1978年中国共产党对社会主义发展阶段的思考。

习近平总书记在庆祝中国共产党成立100周年大会上指出："历史和人民选择了中国共产党。中国共产党领导是中国特色社会主义最本质的特征，是中国特色社会主义制度的最大优势，是党和国家的根本所在、命脉所在，是全国各族人民的利益所系、命运所系。"① 在本届学术年会上，北京师范大学马克思主义学院的张伟、赵朝峰分析了中国共产党作为使命型政党的理论、价值、实践和政治因素。山东大学马克思主义学院的刘蓉以抗击新冠肺炎重大疫情为案例，分析了中国共产党的社会号召力。中共上海市委党校的周敬青考察了党领导制度体系建设演进的内在逻辑。北京大学马克思主义学院的高晓晨阐述了新中国成立以来党维护中央权威思想的发展历程及其启示。中共上海市委党校的杨俊考证了"党内政治生活"概念的形成和发展的历程。华南师范大学马克思主义学院的姜丹溪梳理了中国共产党成立100年来关于建党纪念话语建构的演进、范式、特点和功能。当代中国研究所的王怀乐考察了从西柏坡至中共八大这一阶段党内的政治生态建设。中共上海市普陀区委党校的郭璐考察了新中国成立到社会主义改造时期中国共产党开展批评与自我批评的重要事件和主要方式。

习近平总书记在党史学习教育动员大会上指出："要坚持以我们党关于历史问题的两个决议和党中央有关精神为依据，准确把握党的历史发展的主题主线、主流本质，正确认识和

---

① 习近平：《在庆祝中国共产党成立100周年大会上的讲话》，《人民日报》2021年7月2日。

科学评价党史上的重大事件、重要会议、重要人物。"① 在本届学术年会上，宋月红认为，《关于建国以来党的若干历史问题的决议》总结了新中国成立以来中国革命、建设和改革的历史及其经验，正确评价毛泽东的历史地位和毛泽东思想的科学体系，把改革开放前后两个历史时期辩证统一起来，彰显了党和国家前进的方向与道路、进程与前景、成就与经验，蕴涵着普遍联系、实事求是、辩证分析等国史研究的认识论和方法论。邯郸学院的鲁书月考察了党史百年视域下两个《历史决议》对中国社会历史进程和马克思主义中国化两次飞跃的意义与作用。中共浙江省委党校的王涛认为，《关于建国以来党的若干历史问题的决议》是全党共同研究党史的政治成果，是党史学习教育的根本遵循。华中师范大学中国近代史研究所的徐子杰探讨了深化"四史"研究服务于"四史"的学习、教育和宣传的着力点。当代中国研究所的易海涛考察了中共中央党史领导小组的成立过程、人员组成、主要工作及其对党史、新中国史研究的主要贡献。

深入研究新中国建设和发展的历史经验

本届学术年会围绕新中国成立 70 多年的历史进程、成就和经验进行了研讨。

（一）关于新中国政治和法治建设

河北省社会科学院的郭强考察了西柏坡时期毛泽东关于人民代表大会制、以国营经济为领导的多种所有制结构、维护党中央集中领导等制度的构想；当代中国研究所的张金才从坚持党对全面依法治国的领导、实现中华民族伟大复兴、坚持以人民为中心等方面，分析阐述了习近平法治思想的显著特征；当代中国研究所的马艳从加快少数民族地区经济社会发展、弘扬各民族优秀文化、建设中华民族共有精神家园、反对民族分裂和暴力恐怖势力斗争等方面，考察了中共十六大至十八大期间民族工作的成就；等等。

（二）关于新中国经济建设

当代中国研究所的郑有贵认为，以家庭承包经营为基础、统分结合的双层经营体制，丰富和发展了马克思主义农业合作经济理论；当代中国研究所的龚浩将新中国财政史划分为高度集中财政、公共财政、现代财政三个阶段；扬州大学商学院的朱高林把新中国居民消费史划分为计划经济时期消费不足阶段、双轨制时期消费扩张阶段、市场经济完善时期消费提质阶段；国防科技大学文理学院的杨兴山梳理了1978—1992年商品流通体制改革的历程；当代中国研究所的王瑞芳考察了新中国成立 70 余年治理黄河、根治黄河水患问题；西南交通大学马克思主义学院的刁成林探讨了新中国成立以来从进藏公路到青藏铁路、再到新时代川藏铁路的建设历程；南京邮电大学马克思主义学院的李沛霖分析了新中国成立至"一五"

---

① 习近平：《在党史学习教育动员大会上的讲话》，《求是》2021年第7期。

计划末中国邮政网路的恢复、发展及其影响；当代中国研究所的段娟认为，新中国成立以来中国探索出一条生态建设与经济发展并重、治沙与治穷共赢的中国特色荒漠化防治道路；洛阳理工学院马克思主义学院的牛建立考察了20世纪60年代洛阳地区"三线"建设项目及其积极作用；等等。

（三）关于新中国文化建设

当代中国研究所的张星星梳理了中国特色社会主义文化发展道路的历程，提出要正确认识和处理文化与政治、文化与经济、文化与市场、文化与大众、文化与科技、文化繁荣与政府监管、当代文化与传统文化、中华文化与世界文化等关系；当代中国研究所的欧阳雪梅总结了中国共产党领导文化建设的基本经验，主要是坚持以马克思主义为指导引领中国文化的前进方向，通过制定文化发展战略来实现文化使命，坚持以人民为中心的根本立场，以社会主义核心价值观为核心，遵循文化发展规律推动文化创新发展；唐山师范学院的李阎考察了1978—2012年中国共产党领导文化建设的社会思想背景；当代中国研究所的苏熹梳理了1949—1986年中国高技术研究发展战略的演变；当代中国研究所的石佳考察了改革开放新时期中国女性文学的历程；当代中国研究所的孙丹认为，习近平总书记关于文艺工作的系列重要讲话，回答了繁荣网络文艺的根本性、方向性、战略性重大命题，为网络文艺的发展提供了指导方针；《六盘水师范学院学报》的张俊英考察了西柏坡精神的提出过程、思想基础、科学内涵和当代价值；当代中国研究所的王慧斌梳理了科学家精神提出的过程；等等。

（四）关于新中国社会建设

中国社会科学院大学国史系的胡小冬把改革开放以来社会治安综合治理划分为提出和发展、加强和提升、深入推进、全面推进四个阶段；广东科技学院马克思主义学院的李永芳总结了中国共产党领导乡村社会治理的基本经验，认为乡村社会治理的根本前提是坚持党的集中统一领导，基本目的是保障和发展民生，价值理念是坚持公平正义，科学方法是循序渐进，重要保障是依法治理；当代中国研究所的王蕾从政策、资源、人力、项目、质量、保障等方面考察了新中国脱贫攻坚的历程；中央财经大学绿色金融国际研究院的任国征通过梳理《人民日报》省委书记专栏文章，分析了各地扶贫攻坚的实践和经验；当代中国研究所的章舜粤考察了1950年党和政府领导的寒衣劝募运动的经过、成就及其意义；当代中国研究所的孙钦梅分析了1949—1950年在旱、冻、虫、风、雹、水等灾害背景下党和政府开展节约救灾运动的历程；当代中国研究所的李二苓对2020年中国当代社会史研究中的小康社会、脱贫攻坚、疫情防控等问题做了述评；等等。

（五）关于新中国外交事业和国防军队现代化建设

当代中国研究所的王巧荣认为，新中国成立以来，中国共产党带领中国人民始终做世界和平的维护者、全球发展的贡献者和公正合理的国际新秩序的建设者；当代中国研究所的周进分析认为，党始终为人类进步事业做贡献，捍卫世界和平正义事业，倡导国际秩序新理念，致力于构建人类命运共同体；河南师范大学世界和平与发展研究院的席来旺认为，中国共产党对世界和平与发展事业的历史贡献表现在许多方面，集中体现为三大突出特点，即维护世界和平的内在原动力、促进合作共赢发展的巨大推动力、发展模式及中国道路的积极影响力；中国人民大学马克思主义学院的林凡力分析了中国共产党的外交政策和新中国国际身份的变化；当代中国研究所的陈秋霖考察了新中国成立70余年医疗援外事业的历史发展脉络及其价值逻辑；当代中国研究所的胡荣荣分析了1964年中国政府就联合国非殖民化特别委员会有关香港、澳门地位问题的宣传解释等工作和政策；空军预警学院的徐光顺考察了毛泽东、邓小平的国家安全观和习近平新时代国家安全战略思想的形成与发展；航天工程大学的陆云峰探讨了中共中央关于发展导弹事业的战略决策、实施和成效；等等。

以史为鉴、开创未来。面向"两个大局"，深入开展党史学习教育和"四史"宣传教育，新中国史研究需要更加深入地研究中国道路，阐释中国理论，总结中国制度，创造中国文化，宣传中国价值、中国理念和中国主张，为全面建设社会主义现代化国家、实现中华民族伟大复兴，推动构建新中国史研究"三大体系"和学理支撑，修史、资政、育人、护国。

《当代中国史研究》2021年第5期

（撰稿：果　实）

中国共产党百年历程的红色血脉、历史经验与未来启示

——"红色基因传承与中国共产党百年历程"学术研讨会综述

为准确把握习近平总书记在庆祝中国共产党成立 100 周年大会上的重要讲话（以下简称"七一"重要讲话）精神，梳理总结中国共产党百年历程中的伟大理论与实践成就以及红色基因传承的主要内容与基本经验，2021 年 7 月 24 日，由《思想理论教育导刊》编辑部和江西财经大学主办的"红色基因传承与中国共产党百年历程"学术研讨会在江西南昌召开。来自北京师范大学、华南师范大学、湘潭大学、中国社会科学院等 70 余位专家学者参加会议。与会学者围绕习近平"七一"重要讲话重大新论断，围绕伟大建党精神与中国共产党人的精神谱系、红色基因传承和中国共产党百年历程的实践探索与经验启示等方面展开深入研讨。

一、伟大建党精神与精神谱系的源流和百年赓续

习近平"七一"重要讲话首次提出并深刻阐述了伟大建党精神，明确指出伟大建党精神是中国共产党的精神之源，引发了强烈共鸣。与会专家学者对伟大建党精神与精神谱系的关系进行了深入阐发。北京师范大学王炳林提出，伟大建党精神是中国共产党的精神之源，也是精神谱系的精神之源，是理论的源头、历史的源头，也是政党本色的源头。伟大建党精神与精神谱系都是中国共产党领导人民在革命、建设和改革的伟大实践中孕育形成的，都来源于马克思主义理论的科学指导，都是对中华优秀传统文化的继承和弘扬，都吸收和借鉴了人类文明优秀成果，具有坚实的实践基础和厚重的理论根基。赣南师范大学邱小云提出，"精神坐标"是伟大建党精神与精神谱系之间的重要环节，中国共产党人的精神谱系由一个个精神坐标组成，在不同历史时期形成且在时空维度都产生重大影响的伟大精神就是一个个精神坐标。与会学者普遍认为，中国共产党人的精神谱系是伟大建党精神的丰富和发展，百年来形成了一系列涵盖领域极为广泛、承载主体丰富多样的精神谱系，伟大建党精神作为一条红线贯穿其中，揭示了中国共产党伟大精神的"源"和"流"。

历史是最好的教科书，概括并提出伟大建党精神和精神谱系是为了更好地赓续红色血脉，使一代代中国共产党人不断砥砺奋进，续写新的辉煌。江西财经大学陈始发认为，"赓

续红色血脉"可从主体、内容、举措三个维度来思考。第一个层面的主体是党员和党组织，第二个层面的主体是军人和军队，第三个层面的主体是青少年。赓续红色血脉对于革命精神、革命传统、红色文化、红色基因的内容起到统摄和连通的作用。北京理工大学陈洪玲指出，"不怕牺牲，英勇斗争"是伟大建党精神之基，是中国共产党不断发展壮大的成功密码。在革命、建设、改革、复兴的历史进程当中，"不怕牺牲、英勇斗争"始终是中国共产党人及其领导的中国人民不断前行的强大精神支撑和巨大精神动力，是百年来共产党人奋斗历程的主基调，是始终对党忠诚不负人民的英雄赞歌，是伟大建党精神的百年赓续，也是新的征程上实现中华民族伟大复兴的力量源泉。

二、红色基因传承的机制路径与时代思考

"用好红色资源，传承好红色基因，把红色江山世世代代传下去"是习近平对全党提出的要求。与会专家学者结合传承红色基因的理论与实践探索，分享了建立红色文化资源保护利用和传承红色基因长效机制等方面的成果。江西省社会科学院吴晓荣指出，红色基因的传承要做好"六个结合"：革命文物保护与利用相结合，把革命文物保护好，让革命文物活起来；有形物质资源保护与无形精神形态资源传承相结合，加强对革命精神的宣传和阐释；全员覆盖和突出重点相结合，用红色文化滋养精神家园；守好夯实红色文化主阵地与开辟利用新渠道相结合，创新传播载体，让正能量发出最强声；红色文化内涵挖掘和产业发展相结合，大力发展红色旅游和红色培训；加强顶层设计与基层探索相结合，形成统筹联动发展模式。浙江工业大学石东坡认为，具有科学性、前瞻性、持续性的红色文化保护法治化对红色文化的传承弘扬具有重要意义。针对部分红色文化资源面临的保护和开发难度大、基础设施落后、缺乏科学规划、损毁灭失不可逆等问题，红色文化立法是红色文化资源保护的有效途径和必然产物，是红色文化资源保护的底线与护身符。

建党百年来，我们党无论面对什么样的危局困境都能成功应对，这其中蕴含的重要"秘诀"就包括红色基因。红色基因是中国共产党人在革命斗争过程中形成和发展而来的优良革命传统，包括信念坚定、矢志不渝的革命信仰，坚忍不拔、求真务实的精神风貌，公而忘私、无怨无悔的奉献精神，纪律严明、清正廉洁的为民情怀，等等。有学者认为，红色基因是红色文化的独特标识，无产阶级领导、革命性和共产主义是红色文化构成中不可或缺的三大要素。这些精神内核为担当民族复兴大任提供了精神动力，能够从内心深处激发新时代青年爱党爱国的情怀，能够在面临危局困境时提供勇往直前的信心和勇气。有学者指出，工科大学生工匠精神培育是实现现代工业强国的重要基础、工科大学生红色基因传承是培养工匠精神的必要条件；传承红色基因应以思想引领为龙头，以党史学习为重点，以主题教育活动为载体，以促进学生爱国爱党、成长成才为目标，在学生教育与管理、指导与服务、校园

文化及活动建设等各方面工作中展开。红色基因中蕴含着培养时代新人所必需的丰富精神要素，在统筹世界百年未有之大变局和中华民族伟大复兴战略全局的当下，红色基因与时代新人的培养要求高度契合。同时，民族复兴的伟大实践可以激活红色基因并不断丰富新内涵、焕发新生机。

三、中国共产党百年历程的实践探索与经验启示

习近平在"七一"重要讲话中指出，一百年来，中国共产党团结带领中国人民，以"为有牺牲多壮志，敢教日月换新天"的大无畏气概，书写了中华民族几千年历史上最恢宏的史诗。与会专家学者一致认为，一百年来，党领导人民开辟了伟大道路、创造了伟大事业、取得了伟大成就，需要从不同领域进行系统梳理和总结。中国社会科学院李晓华认为，中国共产党领导下的百年工业发展的重要经验包括：始终坚持以人民为中心，始终重视工业的发展，正确处理自力更生和对外开放的关系，始终实事求是，能够根据当时的经济发展条件和所面临的外部环境适时调整。浙江财经大学朱海城指出，在中国共产党百年货币政策实践中，探索形成了坚持党的领导是货币政策正确方向的保证，坚持按照实事求是、与时俱进的原则制定货币政策，坚持把稳定货币、发展经济作为货币政策的重要目标，坚持底线思维、防范化解重大金融风险，坚持货币金融政策服务实体经济的原则等宝贵经验，为今后党的重大货币金融决策提供了历史镜鉴。江西财经大学张定鑫认为，改革开放40多年来，中国共产党之所以成为中国特色社会主义事业的坚强领导核心，推动中国经济持续健康快速发展，重要原因之一是深刻认识和科学把握了政府与市场的关系，能够始终坚持一切从实际出发的原则，坚持中国特色社会主义的价值目标，坚持毫不动摇巩固和发展公有制经济，毫不动摇鼓励、支持、引导非公有制经济发展。

以史为鉴、开创未来。与会专家认为，我们要按照习近平总书记所要求的，要用历史映照现实、远观未来，从中国共产党的百年奋斗中看清楚过去我们为什么能够成功、弄明白未来我们怎样才能继续成功，从而在新的征程上更加坚定、更加自觉地牢记初心使命、开创美好未来。上海财经大学刘光峰就此指出，中国共产党今后的对外宣传需要创新理念，深刻认识新形势下做好对外宣传的时代价值，从实现中华民族伟大复兴的高度去认识；需要构架中国话语和叙事体系的建设，重点加强对中国共产党、中国特色社会主义、中国人民奋斗历程的宣传和阐释；需要积极构建和完善全媒体时代下国际传播工作新格局，扩大辐射面和影响力；需要加强对外宣传队伍和宣传阵地建设，积极"走出去"。

海南师范大学谢君君认为，从世界社会主义青年运动到中国革命、建设和改革开放的伟大实践，中国共产党把马克思主义青年思想观与中国传统、中国国情、中国实际结合起来，形成了"什么是青年、培养什么样的青年、如何培养青年、怎样引领青年"的青年思想观体系，

为培养堪当民族复兴重任的时代新人、培养社会主义建设者和接班人提供了宝贵经验。

四、走好实现第二个百年奋斗目标新的赶考之路

习近平"七一"重要讲话回望光辉历史、擘画光明未来、发出庄严号召，为奋进新时代、走好新征程指明了前进方向，为走好第二个百年奋斗目标新的赶考之路提供了根本遵循。与会专家对习近平在"七一"重要讲话中提出的"人类文明新形态""两个结合"等重大新论断进行了深入阐释。华南师范大学陈金龙认为，中国共产党的百年历史是谋求人类文明新形态的历史，建构人类文明新形态是中国共产党百年的奋斗目标。人类文明新形态是以人民为中心的文明形态，是和平发展的文明形态，是协调发展的文明形态，是基于人类文明成果的新形态。创造人类文明新形态具有三个方面的意义：一是回答了实现中华民族伟大复兴的目标，我们的"复兴"就是要建构人类文明新形态。因为中华民族历史上的辉煌，就是建构了中华文明。二是人类文明新形态回应了西方文明中心论的种种质疑，在人类文明层面能够很大程度上解决我们"挨骂"的问题。三是人类文明新形态能够发挥引领时代的作用，从人类文明和全人类的高度思考人类未来发展。湘潭大学李佑新指出，继续推进马克思主义中国化，必须把马克思主义与中国具体实际结合起来，面对新的时代背景和发展环境，需要我们坚持问题导向，创造性解决当代社会发展实践中的重大问题。继续推进马克思主义中国化，必须把马克思主义与中华优秀传统文化结合起来，反对历史虚无主义，坚持文化自信，把握传统文化的正确发展方向，创造性转化和创新性发展传统文化。学者们普遍认为，"两个结合"阐明了新时代继续推进马克思主义中国化的重大任务及其路径。

在"两个一百年"奋斗目标的历史交汇点上，总结党的百年光辉历史，吹响全面建成社会主义现代化强国新征程的号角，具有全局性、历史性的意义，对动员和激励全党全国各族人民战胜前进道路上各种风险挑战，为全面建设社会主义现代化国家开好局、起好步，为实现中华民族伟大复兴的战略全局接续奋斗，具有十分重要的意义。对此，闽江学院杨艳春认为，应厘清社会主义革命和建设的发展逻辑、马克思关于社会主义的理论设想同现实的反差，科学分析和把握世界社会主义运动的前景和发展规律，加强和改进党的领导，坚定中国特色社会主义道路自信、理论自信、制度自信、文化自信。总而言之，牢牢把握百年主题才能科学认识近代以来中国发展的历史规律，才能科学总结百年党史蕴含的宝贵历史经验，才能科学掌握开创新征程的历史主动。

《思想理论教育导刊》2021年第9期

（撰稿：夏贤明）

中国共产党的百年历程与中华民族伟大复兴

——"建党百年:道路探索与理论创新学术研讨会"综述

2021年4月24—25日,由安徽大学马克思主义学院、中国社会科学院马克思主义研究院习近平新时代中国特色社会主义思想研究部、安徽红色文化研究中心、安徽大学红色文化研究中心、安徽大学社会科学界联合会联合主办的"建党百年:道路探索与理论创新学术研讨会"在合肥召开。安徽大学党委常委、副校长程雁雷,中国社会科学院马克思主义研究院习近平新时代中国特色社会主义思想研究部主任陈志刚,安徽金寨干部学院副院长、金寨县委党史和地方志研究室主任胡遵远在开幕式上先后致辞,开幕式由安徽大学马克思主义学院执行院长吴学琴主持。来自中国社会科学院、北京大学、南开大学、华中师范大学、西北师范大学、扬州大学、黑龙江大学等高等学校及科研机构的100余位专家学者围绕"中国共产党百年奋斗史、中国共产党百年历程与中华民族伟大复兴、中国共产党百年历程与中国现代化、红色文化与中国道路"等问题进行了深入研讨。

一、百年来中国共产党的道路探索

与会专家学者一致认为,近代以来,中国仁人志士对中国救亡图存的道路进行了探索,尤其是中国共产党成立以来,中国共产党人开始了新民主主义革命道路和社会主义现代化建设道路探索。站在新的历史起点上,中国开启全面建设社会主义现代化国家新征程。

关于延安时期民族区域自治道路探索。有学者指出,中国共产党在延安时期便开始探索民族区域自治工作,该时期的民族区域自治探索经历了长征时期、西征时期、抗日战争时期和解放战争时期四个阶段。在探索民族区域自治道路过程中,中国共产党经历了照搬苏联的邦联制、陕甘宁边区小范围民族自治探索、自治区建设的发展过程,这些民族区域自治的探索为新中国建立民族区域自治制度积累了有益经验。

关于新中国合作化道路探索。合作化道路是中国共产党将马克思主义基本原理与中国具体实际相结合而建立社会主义制度的战略选择。有学者认为,中国合作化道路经历了新民主主义革命时期的开创与奠定、社会主义革命和建设时期的曲折与前进、改革开放时期的创新与发展及新时代的推进与深化四个阶段。中国共产党探索合作化道路的历史经验为新时代合作化发展提供现实指引:必须遵循生产力与生产关系辩证运动的规律,注重合作化发展与土地制度的变革相联系，坚持和完善统分结合的双层经营体制，坚持以保护农民利益、增进农民福祉为根本导向。

关于中国式现代化新路探索。陈志刚认为，新中国成立以来，中国共产党始终坚持把马克思主义基本原理同中国具体实际相结合，在经济文化落后的基础上成功走出一条中国特色的社会主义现代化新路，取得举世瞩目的伟大成就，为其他经济文化落后国家实现现代化提供了中国方案。与会专家认为，中国式现代化新路既突破了马克思对社会主义的设想，也超越了西方的现代化道路，体现了规律性和多样性、普遍性和特殊性的统一。中国式现代化覆盖范围广、辐射人口多、持续时间长、经济社会效果佳，新时代必须保持战略定力，深刻把握我国现代化发展新规律，迎接新挑战，开拓新局面，取得新胜利。

二、百年来中国共产党的理论创新

与会专家一致认为，理论创新为中国共产党百年发展提供不竭动力，理论工作者要深化中国化马克思主义成果研究，避免研究成果的低水平同质化现象。

关于理论创新的哲学基础。唯物史观是马克思两大发现之一，为马克思主义者认识社会发展规律提供了世界观和方法论，也是中国共产党理论创新的哲学基础。有学者指出，唯物史观指导我们党准确判断历史方位。在革命、建设、改革的不同历史时期，唯物史观为中国共产党判定中国所处的历史方位提供哲学基础，在不同历史方位不断进行理论创新：唯物史观指导我们党正确选择发展道路；唯物史观指导我们党科学构建发展模式；唯物史观启迪我们党不断理论自觉。习近平关于全面从严治党重要论述丰富了马克思主义党建学说。

关于理论创新的科学方法。实践是理论的来源，中国共产党百年奋斗史也是实践创新和理论创新的发展史。关于理论创新的方法，有学者提出，用马克思主义的态度即科学的态度学习和对待马克思主义，解决"真学真信真用"的问题，这是理论创新的基础和关键。理论联系实际是实现马克思主义中国化的正确态度和科学方法，在同各种错误思潮的斗争中进行理论创新，在学习宣传马克思主义理论的过程中推进理论创新。主动学习掌握马克思主义理论是我们党理论创新的前提和基础，宣传马克思主义是我们党团结和领导群众的重要手段。

三、百年来中国共产党的自身建设

2013年1月，习近平总书记在《求是》发表的《全面贯彻落实党的十八大精神要突出抓好六个方面工作》中明确指出："我们必须以更大的决心和勇气抓好党的自身建设，确保党在世界形势深刻变化的历史进程中始终走在时代前列，在应对国内外各种风险和考验的历史进程中始终成为全国人民的主心骨,在发展中国特色社会主义的历史进程中始终成为坚强的领导核心。"党的自身建设成为本次研讨会的重要内容。

关于百年来党的作风强党规律。中国共产党百年作风建设有其内在规律性,有学者认为,百年来中国共产党作风强党规律就是要坚持以马克思主义世界观和方法论为指导,坚持实事求是原则。研究作风强党规律既是为了厘清中国共产党作风建设脉络,总结规律性内容,也是确保中国共产党长期执政的需要。作风强党规律主要表现为:以马克思主义统领中国共产党作风建设的规律;党风政风好转能带动社风民风向上向善的规律;始终坚持我们党密切联系群众的规律;批评与自我批评、遵循"两个务必"的规律;"作风建设永远在路上",必须久久为功的规律;发挥头雁效应与制度化作风建设的规律,不断实现党风净化、政风优化、社风淳化、民风德化。

关于百年来党的纪律建设。中国共产党自成立之日起便高度重视纪律建设,有学者认为,百年党的纪律建设取得了历史性成就,具体表现在:纪律建设有力地维护了党的团结统一;纪律建设筑牢了拒腐防变堤坝;纪律建设增强了党与人民群众血肉联系;纪律建设是党始终保持先进性、纯洁性的重要保障;纪律建设保障了党的路线方针政策的贯彻落实。

关于百年来党的制度建设。党的十八届三中全会把深化党的制度建设改革作为全面深化改革的六大任务之一。全面梳理建党百年制度建设可以总结党的制度建设基本经验,发挥制度的衔接呼应、互联互动,整体推进党的制度建设。有学者认为,在党的制度建设发展进程中,形成了具有方法论借鉴意义的党的制度建设历史经验:坚持以制度建设实现管党治党常态化、长效化;坚持以党章为根本,以民主集中制为核心完善党内法规制度体系;坚持目标引领与问题导向的有机统一。百年来党的制度建设历史经验,体现了党的制度建设的逻辑机理,对新时代进一步深化党的制度建设改革具有重要启示:新发展阶段深化党的制度建设改革要坚持问题导向,着眼长远、立足现实统筹完善党的制度建设改革各项机制,全面提高管党治党科学化水平。

四、百年来中国共产党的其他领域建设经验

2021年2月20日,习近平总书记在党史学习教育动员大会上的讲话中明确指出:"在百年接续奋斗中,党团结带领人民开辟了伟大道路,建立了伟大功业,铸就了伟大精神,积累了宝贵经验,创造了中华民族发展史、人类社会进步史上令人刮目相看的奇迹。回望过往的奋斗路,眺望前方的奋进路,我们必须把党的历史学习好、总结好,把党的成功经验传承好、发扬好。"与会学者研讨了百年来党在处理党群关系、意识形态建设、理论发展方面的成功经验。

关于处理党群关系的百年经验。中国共产党始终是代表最广大人民群众根本利益的政

党，党群关系关系党的事业兴衰成败和能否长期执政。中国社会科学院马克思主义研究院习近平新时代中国特色社会主义思想研究部副主任戴立兴认为，中国共产党百年奋斗史积累了丰富的处理党群关系的历史经验：坚持党的领导，尊重群众历史地位，是加强党群关系建设的重要前提；全心全意为人民服务，代表好最广大人民的根本利益，是加强党群关系建设的核心要义；坚持群众观点，贯彻好群众路线，是加强党群关系建设的基本途径；全面从严治党，大力反腐倡廉，是加强党群关系建设的根本要求；拓宽联系群众的渠道，努力做好群众工作，是加强党群关系建设的重要环节。新时代需要构建密切的党群关系，引领群众听党话跟党走，把14亿中国人民凝聚成推动中华民族伟大复兴的磅礴力量。

关于意识形态工作的百年经验。意识形态工作关乎党的前途命运，中国共产党自成立之日起，就把意识形态建设工作放在极端重要位置。西北师范大学马克思主义学院副院长史小宁认为，中国共产党意识形态工作的百年历程，形成了党的意识形态工作的基本经验，即理论遵循：坚持马克思主义的指导地位；政治保障：坚决捍卫中国共产党的核心领导地位；文化源泉：发挥中华优秀传统文化凝心聚力的作用；思想根基：坚持党性与人民性相统一的价值取向；方法指引：遵循意识形态发展规律的思维逻辑。

关于理论发展工作的百年经验。中国共产党的百年奋斗史也是马克思主义中国化的发展史，中国化马克思主义积累了宝贵的理论发展工作经验。有学者认为，马克思主义中国化基本经验从逻辑起点、现实基础、坚强核心和价值旨归上展开，即逻辑起点：马克思主义中国化必须科学对待马克思主义；现实基础：马克思主义中国化必须立足中国实际；坚强核心：马克思主义中国化必须始终坚持党的领导；价值旨归：马克思主义中国化必须坚持以人民为中心。也有学者认为，宝贵经验可以总结为：始终坚持中国共产党领导，把握社会主义的主要矛盾和根本任务，紧密团结广大人民群众。

《马克思主义研究》2021年第4期

（撰稿：朱玉利）

赓续红色血脉深入阐释伟大建党精神

——首届高校中国共产党伟大建党精神学术研讨会综述

为深入学习贯彻习近平总书记"七一"重要讲话精神，系统研究阐释中国共产党伟大建党精神，由教育部社会科学司指导、中共上海市教育卫生工作委员会和上海市教育委员会主办、上海交通大学承办的"高校中国共产党伟大建党精神研究中心成立仪式暨首届高校中国共产党伟大建党精神学术研讨会"于 2021 年 10 月 9 日在中共一大纪念馆和上海交通大学举行。来自清华大学、北京大学、中国人民大学、武汉大学、南开大学、东北师范大学、复旦大学等全国重点马院的 60 余名专家学者，围绕中国共产党伟大建党精神的丰富内涵、生成逻辑和时代价值等议题展开深入研讨，提出了许多具有重要理论价值和现实意义的观点。

一、中国共产党伟大建党精神的丰富内涵

在 2021 年 7 月 1 日举行的庆祝中国共产党成立 100 周年大会上，习近平提出了"坚持真理、坚守理想，践行初心、担当使命，不怕牺牲、英勇斗争，对党忠诚、不负人民"[①]的伟大建党精神。2021 年 9 月，伟大建党精神被纳入中国共产党人精神谱系，成为中华民族的丰富滋养。与会学者一致认为中国共产党伟大建党精神是一个极具深厚底蕴和延展意义的重大命题，因此对伟大建党精神的丰富内涵和重大意义进行了深入阐发。

在宏观层面上，多位学者围绕"从整体上理解和把握伟大建党精神的科学内涵"这一核心问题，从本质、体系和方法等角度提出许多重要观点。清华大学吴潜涛指出，伟大建党精神的概念是将党的建设作为一个整体来看待，其中包含着共同的价值理念、精神品格和道德情操，反映了党的建设的指导思想、宗旨、最终目标和行动纲领。中国人民大学王易强调从整体上把握包含伟大建党精神在内的中国共产党人精神谱系：纵向来看，在建党百年的每一个具体历史阶段，中国共产党人的精神谱系都以聚焦本阶段的时代主题和历史使命作为自身发展的根本要求，呈现出阶段性和连续性相统一的发展脉络；横向来看，中国共产党人的精神谱系作为有机统一的整体，以建党精神为原点，同时呈现出不同精神要义多维延展的特

[①] 习近平：《在庆祝中国共产党成立 100 周年大会上的讲话》，《人民日报》2021 年 7 月 2 日。

点。北京师范大学王炳林提出由三个"统一"出发，把握好伟大建党精神基本特征：一是理论性与实践性相统一，二是典型性和广泛性相统一，三是民族性和世界性相统一。武汉大学沈壮海则重点阐述了研究伟大建党精神的三个要点："观其大"，放到大历史、大格局、大的时代进程当中来探索；"察其细"，下足功夫考察历史细节、研究相关领域、反对历史虚无主义；"致其用"，促使伟大建党精神研究在赓续红色血脉、培育时代新人、推动实践活动中发挥更大更好的作用。

在具体层面上，与会学者表示习近平对伟大建党精神的首次凝练，是党基于时代需要对建党历史实践的集中凝练和深刻总结，体现了我们党对自身历史的理论自觉和政治清醒。北京大学顾海良认为，习近平对伟大建党精神的凝练生动地体现了马克思"从后思索"的思维方法。按照马克思的方法论，我们对事物的认识只有在事物达到比较完善的程度时才能得出。因此，凝练伟大建党精神是中国共产党经过百年奋斗在理论自觉和历史自觉上取得的升华和收获，也是习近平新时代中国特色社会主义思想的一个重要理论成果。北京大学仰海峰从历史主体的角度指出，伟大建党精神在哲学意义上涉及历史主体自我认识和自我建设的问题，习近平关于伟大建党精神的概括，体现了中国共产党对自己的理性自识和自身意志的展现，标志着我们党在自我反思、自我革命的征程上达到了一个更为理性、更为成熟的阶段。清华大学艾四林则强调从世界无产阶级政党的发展历程中来看待中国共产党的诞生，指出伟大建党精神集中体现了马克思主义的科学性、人民性、斗争性、实践性，生动体现了知、情、意、行的有机统一。

二、中国共产党百年历程与伟大建党精神的生成逻辑

百年党史，既是一部中国共产党团结带领人民从站起来、富起来到强起来的奋斗史，也是一部中国共产党革命精神的锻造史。伟大建党精神诞生于革命先驱们酝酿、筹备和建立中国共产党的建党实践中，一脉相承于革命、建设、改革和新时代历程中，展现了中国共产党的理想和追求、情怀和品格、担当和牺牲、奉献和忠诚，奠定了中国共产党永葆先进性和纯洁性的精神原点。与会学者结合党的百年历程，从多重视角、多个维度对伟大建党精神的生成逻辑进行了诠释。

中国共产党自诞生之日起，就矢志不渝地高举马克思主义的科学旗帜，不断走向马克思主义精神信仰的纵深处。多位学者指出，马克思主义为中国共产党的革命实践和伟大建党精神提供了理论支撑。上海大学忻平从大历史观的角度，梳理了伟大建党精神的四个来源：马克思主义理论是伟大建党精神的理论来源；中华优秀传统文化是伟大建党精神的文化来源；建党先驱们的理想信念是伟大建党精神的理想来源；伟大建党历程是伟大建党精神的实践来源。西安交通大学燕连福总结了伟大建党精神的三个形成基础：一是伟大建党精神是对马克

思主义建党理论的继承发展；二是伟大建党精神是马克思主义基本原理同中国具体实际相结合的产物；三是伟大建党精神是马克思主义基本原理同中华优秀传统文化相结合的产物。吉林大学吴宏政认为，伟大建党精神作为一种"精神"是通过建党的行动体现出来的，创建中国共产党是马克思主义指导中国新民主主义革命的实践起点，它表明马克思主义已经不仅仅是理论形态和思想观念的传播，而且表明马克思主义第一次落实到了中国革命的实践当中。北京师范大学张润枝梳理了理解伟大建党精神的三个维度：伟大建党精神的历史起源是实现中华民族伟大复兴的使命自觉；伟大建党精神的理论来源是马克思主义真理的坚持与坚守；伟大建党精神的实践根源是践行初心使命的百年奋斗历程。

作为中国共产党赓续百年延绵不绝的精神原点和思想基点，伟大建党精神以无产阶级政党的感召力和先进性，指引中国共产党从50多名党员发展为当今世界第一大政党。与会学者普遍认为，伟大建党精神的生成和提炼不是偶然的，它孕育和升华于真实而具体的建党实践逻辑中，昭示着我们党对共产党执政规律认识深化发展的历史必然。上海交通大学邢云文从物质和意识辩证关系的角度指出，建党精神不仅仅局限于建党实践所反映的一个精神现象，它经过了头脑加工和意识推进的过程，最终作为一个精神形态得以呈现。在这个意义上，伟大建党精神不仅是建党实践的精准概括，而且意指价值理念、行为规范、道德情操等方面集合而成的一种气概。因此，当代学者应当从建党的历史性实践、建党实践的主体政治品质和建党形态的自身发展这三个方面深刻理解伟大建党精神。山东大学张士海认为，中国共产党伟大建党精神的生成并不是单向机械的，而是在理论与实践、历史与现实、主观与客观各种因素交互作用过程中锻造出来的。

兰州大学蔡文成提出要从两个"实践"深化认识建党精神的逻辑生成：一是建党实践，二是党的百年实践。伟大建党精神在中国共产党人寻求救国救民真理的建党实践中生根发芽，在马克思列宁主义同中国工人运动相结合的百年实践中茁壮成长，在中国共产党领导中国人民进行革命、建设、改革的伟大实践中发展成熟，在中国特色社会主义进入新时代的伟大进程中焕发时代光芒。

三、伟大建党精神与中国共产党人精神谱系的内在关联

中国共产党经过百年锤炼、薪火相传，不仅铸就了伟大建党精神，还在长期求索中涵育了中国共产党人精神谱系，并使之成为指引新时代中华民族奋斗前行的精神火炬。党的十九大以来，习近平对中国共产党人精神谱系做了多方面系统而深刻的论述和凝练，这些重要论述高屋建瓴、内涵丰富，对于开辟和推进党的建设伟大工程的新境界具有深远意义。与会学者就如何将伟大建党精神和中国共产党人的精神谱系结合起来的话题，展开了深入探讨。

作为中国共产党人精神谱系的开篇，伟大建党精神集中体现了党的性质宗旨、初心使命，在起点意义上铸就了中国共产党人的红色基因，与其他精神构成一个前后相继、内在贯通的有机整体。与会学者一致认为，伟大建党精神和中国共产党人精神谱系是源与流、根与叶的关系。上海大学忻平指出，从历史逻辑来看，伟大建党精神在百年传承发展过程中通过回应不同的时代主题和历史任务，构筑起了中国共产党人的精神谱系，它们的共性主题一致，但是具体性质特点有所不同；从理论逻辑来看，伟大建党精神是贯穿党的百年历史、贯通中国共产党人精神谱系的精神之源，能将党在革命、建设、改革、新时代的伟大实践中形成的一系列精神包罗其中。东北师范大学庞立生认为，伟大建党精神构成了中国共产党人精神谱系的始基和源头，构筑了中国共产党人精神谱系的底色。此后的各种具体精神是伟大建党精神的赓续和发展，赋予伟大建党精神以新的时代内涵。东北师范大学杨晓慧则提出，伟大建党精神以其开创性和奠基性的地位居于中国共产党人精神谱系之首，其他精神都是伟大建党精神的延续和展开，伟大建党精神正是那条贯穿中国共产党人精神谱系的红线，是中国共产党人的各种精神的高度概括和凝练。

以伟大建党精神为开篇的中国共产党人精神谱系，始终具有一脉相承的共同旨趣，融入一代又一代中国共产党人的政治灵魂和基因血脉，成为激励我们党在实现第二个百年奋斗目标新的赶考之路上践行初心使命、矢志民族复兴的精神旗帜。与会学者从凝聚民族精神之魂的高度，阐发了伟大建党精神和中国共产党人精神谱系的内在关联。北京师范大学韩震指出，作为精神之源的伟大建党精神构筑了百年来中国共产党人精神谱系的四重基因结构：一是坚持真理、坚守理想，奠定了以坚定的理想信念为特征的思想维度；二是践行初心、担当使命，奠定了以持之以恒的责任担当为特征的政治维度；三是不怕牺牲、英勇斗争，奠定了以大无畏的奋斗精神为特征的实践维度；四是对党忠诚、不负人民，奠定了以为人民服务的高尚品格为特征的道德维度。武汉大学罗永宽认为，中国共产党人精神谱系中诸多具体形态的精神不是孤立存在的，因此既要关注伟大建党精神的源头生发作用，又要强调伟大建党精神的贯穿特质，在伟大建党精神与各种具体精神形态的内在联系上把握其精神内涵，在整体精神谱系中对其进行解读，以便从精神成长史和衍生史的角度理解把握百年党史的主题和主线、主流和本质。上海交通大学邢云文认为，正是伟大建党精神这根红线和主线，使不同历史时期形成的中国共产党人精神谱系构成了一整块"钢板"。正因如此，包括伟大建党精神在内的中国共产党人精神谱系，具有超越时空的深刻价值，成为中华民族的宝贵精神财富。

四、新时代赓续弘扬伟大建党精神的价值意蕴

习近平指出，我们要继续弘扬光荣传统、赓续红色血脉，永远把伟大建党精神继承下去、发扬光大。与会学者认为，在新的发展阶段赓续和弘扬伟大建党精神，对于锚定中华民

族伟大复兴前进方向和推进全面建设社会主义现代化国家新征程具有深远意义。

当前，中华民族伟大复兴战略全局与世界百年未有之大变局相互交织，世界格局不同力量此消彼长，世界历史的发展呈现出前所未有的复杂性，这些都对全面建设社会主义现代化国家新征程带来许多新挑战。基于此，学者们十分关注在新的历史征程上如何弘扬伟大建党精神、如何发挥伟大建党精神的价值意蕴。南开大学付洪指出，伟大建党精神孕育了中国共产党创造历史成就的精神密码，深刻揭示了中国共产党从哪里来的历史基因，标定了到哪里去的目标指向，呈现了怎么做的实践品格，为我们共产党人注入了信仰的力量、实践的力量和奋进的力量。上海交通大学陈锡喜提出赓续伟大建党精神需要强化建设马克思主义学习型政党，从理论逻辑来看，学习是创建马克思主义政党的题中之义和基本要求；从历史逻辑来看，中国共产党正是依靠学习创造了百年辉煌；从实践逻辑来看，加强学习是中国共产党走向未来的必然要求。山东大学张士海从人民性的角度提出，站在"两个一百年"历史交汇点上，我们必须弘扬伟大建党精神，秉承人民立场，在党群关系的处理中谨防命令主义和尾巴主义这两种错误倾向，只有这样才能汇聚起实现民族复兴的磅礴伟力。

"永远把伟大建党精神继承下去、发扬光大"，习近平的这一论断既是理论概括，也是实践指南；既是对中国共产党人的实践要求，也是对社会成员的实践倡导。与会学者认为，将伟大建党精神融入思政课教学实践，是丰富教学内容、传承理想信念、提升学生政治素养的需要。据此，华东师范大学齐卫平提出，深入推进伟大建党精神研究和宣传工作的一个重要着力点，就是要加强伟大建党精神的实践力量转化。对高校来说，要把伟大建党精神研究宣传和实现社会主义大学立德树人的目标紧密地结合起来，用伟大建党精神教育、感化、激励大学生，这是推动伟大建党精神向实践力量转化的一项重要任务。复旦大学董兵从马克思主义新闻观角度指出，中国共产党建党实践是和我们党办党报的实践联系在一起的，因此学习伟大建党精神，就要在学懂弄通马克思主义新闻观上下功夫，不断提升应用马克思主义新闻观解决问题的能力，认清和抵制西方资产阶级新闻观的本质特性，以更好地引领社会舆论。

《思想理论教育导刊》2021年第12期

（撰稿：鲍　金）

党的百年历程探索与理论创新

——"庆祝中国共产党成立100周年"高峰论坛综述

为庆祝中国共产党百年华诞,推动中共党史和革命史的研究与交流,中国历史研究院近代史研究所与延安大学于2021年5月29—30日在延安联合主办"庆祝中国共产党成立100周年"高峰论坛。会议由近代史研究杂志社、中共党史与延安学研究中心承办。来自中国社会科学院、中共中央党校(国家行政学院)、北京大学、清华大学、复旦大学、南开大学、南京大学、上海社会科学院、武汉大学、陕西师范大学、山东大学、中央民族大学、上海大学、华中师范大学、湖北大学、山西大学、重庆大学、江南大学、延安大学等高校和科研机构的近百名学者参加了会议。

中国历史研究院近代史研究所党委书记、副所长金民卿致开幕辞,延安大学党委副书记、纪委书记苏醒仁致欢迎辞,中国史学会原会长、中国社会科学院学部委员张海鹏和中国社会科学院科研局期刊与年鉴处处长刘普也先后致辞。与会学者围绕建党百年主题,从中国共产党的历史经验、马克思主义中国化的进程、中国共产党创建史、革命根据地的建设与治理、中共军事战略、概念史视域下的中共革命、延安十三年党史、党史研究与党史学科体系构建等多方面展开研讨。现将讨论情况择要介绍如下。

一、百年大党的历史经验

中国共产党团结带领人民创造了辉煌的历史,研究和总结中国共产党百年历史经验,意义重大而深远。金民卿指出,中国共产党登上历史舞台,深刻改变了近代以后中华民族发展的方向和进程,深刻改变了世界发展的趋势和格局。100年来,中国共产党紧紧依靠人民,筚路蓝缕,开拓前进,不懈奋斗,跨过一道又一道沟坎,取得一个又一个胜利,为中华民族做出了伟大的历史贡献,是实现中华民族伟大复兴的中流砥柱。作为党史研究者,我们有责任也有条件从历史逻辑上阐明中国选择马克思主义、社会主义和中国共产党的历史必然性,从现实逻辑上阐明中国共产党为什么能、马克思主义为什么行、中国特色社会主义为什么好。中国社会科学院学部委员张海鹏认为,中国共产党的成立改变了中国历史的发展道路,毛泽东基于从事农民运动的经验,从实际出发,作出了在敌人统治力量薄弱的井冈山建立革命根据地的重大战略决策,提出了工农武装割据、建立红色政权和根据地的思想,确立

"农村包围城市，武装夺取政权"的革命道路，这是马克思主义中国化的一次飞跃，是对中国历史发展道路的正确选择。延安大学政法与公共管理学院高尚斌教授力求把握历史本真，从攻坚克难、创造辉煌的视野梳理了百年党史，从历史逻辑角度总结了党百年奋斗历史积淀的宝贵经验，并在面向现实的思考中，阐释了我们今天应怎样传承党百年攻坚克难创造辉煌的经验及其意义。

南开大学历史学院暨中国社会史研究中心江沛教授对20世纪二三十年代中国共产党的成长史进行考察，指出中国共产党的发展既有时代背景，又有历史推力，在它身上烙刻着中西、新旧的印记，具有多重特性。因此，必须要从长时段来考察中国革命的发展历程及其内外动因，从更广大的国际视野思考中国共产党成长这一重大历史现象的产生及其影响的内在逻辑和重大价值。延安大学政法与公共管理学院刘常喜教授、田丰硕士考察了中国共产党百年历史中不同历史时期中国外交发展呈现的不同内容，指出：中国共产党领导下的中国外交，是经历了中国共产党成立后的革命战争时期、新中国成立后的曲折探索时期、改革开放后融入全球化的时期以及当前百年未有之大变局下的中国特色大国外交。

二、马克思主义中国化历程

中国共产党是一贯重视理论指导和勇于进行理论创新的马克思主义政党。中国共产党走过辉煌百年，取得举世瞩目的成就，在团结带领人民进行革命、建设和改革的伟大历程中，始终坚持把马克思主义基本原理同中国具体实际和时代特征相结合，不断推进马克思主义中国化，不断开辟马克思主义发展的新境界。马克思主义是在中国传统文化特别是正统思想备受批判、西方文化备受崇信的语境中传播到中国的。中共中央党校（国家行政学院）张太原教授以宏观的历史视野，从思想史意义上分析了五四时期马克思主义在涌入中国的各种思潮中脱颖而出、入地生根的深层次原因，即马克思主义与中国传统文化的亲和性，诸如唯物主义、群众革命、治世路径和理想社会等，由此理解马克思主义何以能"中国化"。延安大学政法与公共管理学院常改香副教授对建党百年来中国马克思主义哲学的历史演变与发展轨迹进行梳理后指出，探寻它与实践同行的发展历程，有利于加深对马克思主义哲学实践本质的理解，加深对中国马克思主义哲学发展历程与发展特质的把握，并可以推动新时代中国特色社会主义哲学的形成与繁荣。

延安时期是毛泽东建党思想走向成熟完备的重要阶段，也是中国共产党自身建设的辉煌时期，中国社会科学院马克思主义研究院戴立兴研究员在报告中总结了毛泽东建党学说实践中的内容：核心要义是政治建党，首要任务是思想建党，鲜明特色是抓好干部，显著标志是党风建设，鲜明主题是从严治党，好的方法是民主集中，有效载体是教育活动。他提出，毛泽东建党学说作为博大精深的科学理论体系，以独创性的经验和理论概括丰富和发展了马克思主义党的学说，以《实践论》和《矛盾论》为主要标志的延安时期毛泽东建党学说，已经上升到了哲学的高度。

三、中国共产党创建史

中国共产党创建史研究是中共党史研究的重要组成部分。在中国共产党百年华诞之际，寻根探源的研究愈加重要。中共中央党校（国家行政学院）王毅教授分析指出，中国共产党在成立之初便表现出不同于其他政治力量的特质与优越性：因"信仰化"主义而结合，有"强固精密的组织"，"到群众中去，与群众密切联系在一起"等与生俱来的特质，最终形成了"将毕也钜"的历史逻辑，酿就了"开天辟地的大事变"。中国邮政文史中心（中国邮政邮票博物馆）馆员张坷按照时间发展脉络，以1921年中国共产党创建到1933年中共中央领导机关向中央苏区转移为研究时段，通过系统梳理党内交通的发展脉络，分析其在工作方法、队伍建设与制度保障方面的特点，展现这一时期党内交通工作的清晰面向，进而揭示其在中国共产党发展历程中不可替代的重要作用。天津师范大学李里副教授对1927—1935年中国共产党白区机关进行了考察，包括外在形势及内在资源、机关设置的技术张力以及中国共产党机关政策的实际状态，指出，中国共产党对组织目标、策略与规模进行调整，以适应其组织运作体系在公开革命与地下革命之间的复杂转型中面临的"以往工作方式惯性、政治理念与技术要求纠合、新环境下组织逻辑重构"等问题，并在这一过程中逐渐形成了卓越的组织调适能力。

中国共产党早期的制度与地方党组织创建史的研究，是中共党史研究的重要组成部分。复旦大学马克思主义学院博士研究生许良进行了跨学科研究尝试，把"组织的有限理性"与"制度环境"这两个组织社会学概念融入中国共产党制度史研究，指出地方错综复杂的"制度环境"与地方革命者的"非理性行为"应当纳入训练制度形成的因果链条之中，在人与制度、环境与制度不断磨合的动态关系中去看待和理解青年团训练制度的形成逻辑。华中师范大学中国近代史研究所博士研究生靳茜追述了中共山西汾阳早期党组织创建历程，并梳理总结汾阳早期党组织"三起两落"的发展史，通过对汾阳早期党组织发展中借助学缘、地缘纽带发展党员的嵌入型路径和主要依靠外来势力的外援型路径，以及吸取前两种路径经验教训的内生型路径的分析，解释了地方党组织的断裂和延续，为党组织的扎根提供了历史经验和教训。

江南大学马克思主义学院刘大禹教授考察了中国共产党建党初期对工人阶级的革命动员，认为中国共产党在一大后将开展工人运动作为中心任务，通过积极联合工人阶级、组建工会、成立工人学校、宣传阶级斗争等实践，与工人阶级关系日渐紧密，使工人阶级的革命意识由"自发"转变为"自觉"，不仅奠定了革命的阶级基础，也为此后建立工农联盟奠定了理论基础与实践准备。南方医科大学朱文哲副教授以中国共产党成立初期的八小时工作制为切入点展开论析,指出:中国共产党对争取八小时工作制运动的推动,是运用马克思主义关于剩余价值理论指导工人运动并借鉴苏俄劳动法令的结果,1921—1927年党对八小时工作制的主张及推行,与中国共产党的早期革命动员有着密切关系。

史料是开展历史研究工作的基础,新史料的发现和新考证的结果可以为党史的深入研究提供条件和新的认识视角。上海大学文学院历史学系杨阳博士以1920年中国早期共产主义者在上海发起成立的马克思主义研究会为研究对象,利用5份旁证材料对其来龙去脉进行考辨,并确证其存在。他认为,马克思主义研究会作为中国共产党发起组的重要前身,在既有档案文献不足的情况下对其存疑释证,可为中国共产党创建史研究辨析源流提供助益。上海大学文学院历史学系侯庆斌讲师利用会审公廨判决书和法国驻沪领事馆档案等资料,探赜1921年陈独秀在上海被捕事件,梳理陈独秀案的两个重要背景,即法租界出版监管制度的出现以及法国领事对布尔什维克主义在华影响力的认知;继而考察1921年陈独秀被捕原因、庭审过程、法官推理和定罪法源;通过勾连相关史事,揭示建党前后中国共产党在上海面临的机遇与挑战。

四、革命根据地的建设与治理

根据地建设对中国革命有重大而深远的影响,学界一直把它视为研究中国近现代革命的重要课题,也把它视作党史研究的重要组成部分。与会专家就这一问题展开了深入探讨。北京大学马克思主义学院助理教授赵诺以1940年晋冀豫根据地整党为对象,对整风运动实践形态源流做局部考察,认为晋冀豫根据地"1940年整党"是对前期组织大发展的回应与调适,对地方党的发展界限、党员干部去留、党政关系、干部政策走向等方面均产生重要影响。中共中央党校(国家行政学院)李国芳教授分析了陕甘宁边区参议会体制与中国共产党革命理念之间的关系,认为苏维埃、参议会、人民代表大会三者之间存在承继关系。山东大学当代社会主义研究所杨发源副教授梳理了山东抗日根据地领导人更替的历程,分析了背后的原因,指出在身份、人脉、业绩等因素的共同作用下,山东抗日根据地完成了领导层的人事代谢。南昌航空大学黄伟英副教授探讨了土地革命时期"前苏区"土改运动的特殊性及其对新政权的意义,指出"前苏区"土改中民众的心态、土改动员的策略、民众的诉求,及新政权对民众诉求的回应并满足其诉求的过程,使得新政权迅速树立权威并获得民众支持。中央民族大学历史文化学院安劭凡讲师从微观史视角探讨中国共产党在城市接管过程中如何掌控城郊地区。他以燕京大学社会系本科生撰写的社会调查作为基本材料,以京郊"树村"为考察对象,通过对树村新领导班子产生的全过程以及村政权与农会和其他组织之间关系的梳理,展现了1949年北平郊区新生政权内部的冲突与合作,有助于对基层政治生态与基层政权建立的过程形成更细致的微观认识。

关于根据地社会建设的探讨。井冈山大学中国共产党革命精神与文化资源研究中心张玉莲副教授通过研读在江西遂川县搜集的重要水利文献《四修虎潭北澳陂志（1925）》《续修南澳灵陂志（1949）》，以及遂川文献与赣南文书，从中探索苏维埃革命前赣南乡村公田的构成与运行，并与毛泽东对寻乌公共地主的历史观察对比，认为《寻乌调查》中呈现的社会结构与经济运行在赣南乡村社会极具代表性；毛泽东发现问题的能力，面对事实的态度，可以为思考当前乡村治理现代化问题提供启示。复旦大学历史系博士研究生史行洋利用河南省西华县档案馆所藏档案以及其他相关史料，对1938年黄河花园口决堤与豫东地域社会变革的关系展开讨论。他提出，黄河南泛后，灾区不同社会阶层民众逃荒空间与灾后返乡时间的不同，导致灾后地权纠纷频发，共产党在泛区的土地政策解决了土地严重不均的问题，提高了返乡民众开种土地的积极性，赢得了民心。山西大学历史文化学院晏雪莲讲师利用孔家峪文献中存留下来的抗战史料，梳理了太行抗日根据地乡村灾荒的直接救助措施，探讨了抗日根据地的基层救灾实践。

关于根据地科教文卫建设的探讨。西安理工大学马克思主义学院梁严冰教授考察了抗战时期陕甘宁边区的医疗卫生教育事业，指出边区形成了较为完善的新型医疗卫生教育体系与教育制度，培养了大批优秀医务人才，有力地支持、配合了抗日战争；边区形成的新型医疗卫生教育体系与制度，既为新中国的医疗卫生事业提供了智力支持、人才资源，又为日后建立具有中国特色的社会主义医疗卫生教育体系、教育制度、人才培养模式积累了丰富经验。华东理工大学马克思主义学院卫春回教授追溯延安时期小学教材的编写历程，分别从陕甘宁边区小学教育概况、小学教材的三次重要编写、小学教材的编写特色、小学教材编写的重要影响和意义四个方面做了细致研究。湘潭大学毛泽东思想研究中心张海燕教授和湘潭大学马克思主义学院博士研究生谢观音考察了"党务广播"在延安整风运动期间的状况，认为"党务广播"实质上是一种党内宣传方式与联系方式。在宣传内容上侧重中国共产党党务；在联系方式上，它是帮助各地党组织了解党的动向、掌握党的政策、交换各地工作经验、推广党内教育而设立的党内讯息传播工具；它也是中共中央了解各根据地和下级组织情况的重要方式之一，同时有中共中央指示的作用，是党内教育干部的一种方式。

关于根据地军事方面的探讨。北京大学历史学系臧运祜教授运用中共党史与军史文献及各根据地资料，梳理了中国共产党在抗日根据地的"精兵简政"政策，指出陕甘宁及华北、华中各抗日根据地在贯彻精兵简政政策的同时，大力进行主力部队精兵建设，积极发展地方武装与人民武装的军事建设，使根据地渡过难关并得以恢复与发展，成为人民抗日力量"再上升"的关键性因素。抗日根据地军政系统的精兵简政与军事建设，不但适应了战争对经济支持的需求，也是对根据地生产力的极大解放与促进。南京大学历史学院岳谦厚教授和山西大学近代中国研究所博士研究生李瑞峰围绕太行根据地的党军关系，从党军关系的地方模式、根据地党军关系的困境以及根据地党军关系的同频调适三个层面展开探讨，揭示了中国共产党在特殊时期及地域内实践"党指挥枪"原则的曲折，丰富了中共党史与抗日战争史的研究。

五、中国共产党军事战略研究

与会专家从不同角度对中国共产党不同时期的军事战略展开了讨论。华东师范大学马克思主义学院张仰亮讲师围绕1927年"四·一二"反革命政变，考察了中国共产党应对政变的策略以及共产国际、武汉国民政府的态度，展示了中国共产党对这一事件的认知变化，厘清了变动时期各方政治力量错综复杂的关系，揭示了这一事件的深远影响。中国历史研究院近代史研究所吴敏超研究员从"新四军捉放韩德勤"事件切入，分析了新四军在军事上采攻势、在政治上采守势的历史事实及策略，对1942—1943年的国共关系进行梳理，明晰了该事件的时代大背景及产生的影响。延安大学中国共产党革命精神与文化资源研究中心杨利文副教授对1943年中国共产党应对第三次反共高潮而提出"团结则存，分裂则亡"的口号进行考察，并对为何一开始提出这一口号而后来又放弃这一口号的历史过程展开分析，认为它标志着中国共产党切实把握"中国之命运"的开端。

抗日根据地的军事战略是中国共产党领导敌后军民抗日并指导全国人民抗日理论和实践的重要组成部分。天津商业大学杨东教授通过考察八路军由陕入晋开赴华北前线作战的战略决策，就八路军的出动方案与行军交通深入探究，认为这一举动展示了中国共产党的长远战略眼光。中国历史研究院近代史研究所王士花研究员结合中国共产党派兵入山东这一决策的由来与部署过程、对山东战略地位的认识、山东地方军政负责人的意愿等，考察了八路军主力入鲁的经过，探讨了其目的、任务以及对山东根据地发展带来的影响。延安大学历史文化学院王保存副教授利用陕西省档案馆、亚洲历史资料中心等地所藏史料，对日军空袭延安与中国共产党领导的反空袭进行探讨，他提出，中国共产党和陕甘宁边区政府积极构建防空体系以奠定反空袭的组织基础，广泛开展防空宣教以增强民众的防空意识，加紧完善防空设施以规范民众的防空行为，紧急救护与疏散以减少民众的生命财产损失。这些卓有成效的反空袭措施，挫败了日军的企图，保卫了中共中央和陕甘宁边区军民的生命财产安全，激发了民众的抗战热情，树立了中华民族顽强不屈的形象，在我国防空建设史上具有重要的历史地位。山西大学近代中国研究所博士研究生李瑞峰对抗战时期太行根据地的反特务斗争进行考察，认为太行根据地的反特工作延续了以往做法，如推动群众性反特运动，宣传与教育激发干部群众"抓特务"，进行宽大与镇压结合的"坦白运动"惩罚特务，铺设群众"管特务"网络，从而有效地打击了根据地的特务活动。浙江工商大学马克思主义学院游海华教授考察抗战中期（1941—1943 年）第二次反共高潮时中国共产党华南党组织的应对和生存，在华南各地工会相继遭到破坏、太平洋战争爆发后香港沦陷的背景下，华南党组织灵活应对、多元化生存，充分展现了战时环境下中国共产党地方组织灵活应变和顽强生存的能力。陕西师范大学历史文化学院黄正林教授对中共中央"向南发展"战略与三五九旅主力南征的决策过程、南征过程中面临的各种问题展开讨论，从中探求抗日战争胜利前后中国共产党战略方针的演变及其原因，展现了八路军三五九旅南下支队南征全过程。

关于国际视野下中共军事战略的展开，延长石油集团学者张重伟通过回顾中国共产党1935—1941 年开辟红色国际交通线的历史，指出中国共产党在开辟红色国际交通线上所做的努力，使得党在政治、经济以及军事上都得到了苏联的直接帮助，在一定程度上改善了陕甘宁革命根据地的困境，鼓舞了中国共产党和中国人民的抗日决心，促进了抗日民族统一战线的稳定。武汉大学历史学院博士生卢晓娜和北京建筑大学继续教育学院郭岩助理研究员以政党外交为视角，基于美国国家档案馆、中央档案馆的相关文献，对抗战时期美军向延安派出的观察组——迪克西使团的观察及中国共产党与美方军事合作展开研究，深入探讨了迪克西使团的筹划与创建、该使团对延安与中国共产党抗战的观察、中国共产党和美军的初期军事合作三个方面的内容。

六、概念史视域下的中共革命

本次会议中，多位学者以概念考察为重点，从不同角度对中共党史中的"领导权""革命""苏维埃""组织"等概念进行了解读。重庆大学人文社会科学高等研究院特聘研究员李放春梳理了"领导权"这一词语在中国革命话语中的确定过程。1923 年，瞿秋白最早在《新青年》（季刊）上译介领导权思想，把"领导"一词引入革命政治领域，并新造了术语"领导权"；1925 年，中共"四大"政治议决案正式提出领导权问题，但尚未采用"领导权"这一表述；直到 1927 年，中共"五大"上"领导权"一词最终成为政治议决案中的显著关键词。瞿秋白在这一跨语际革命思想传播过程中发挥了关键作用。湖北大学马克思主义学院徐信华教授统计了"革命"一词在《新青年》杂志上出现的次数，分析了中国人对"革命"一词的接受程度与"革命"内涵的变化过程。他认为，在《新青年》革命话语的演进中，"革命"话语从"文学革命"逐步转向"社会革命"，并落实于"国民革命"的实践。在这一历史进程中，以马克思列宁主义为指导的中国共产党在中国社会思想演进和实践斗争中成长起来，革命意识随之建构成型，从而成为现代中国意识形态的历史渊源之一，深刻影响了现代中国的历史叙述。上海社会科学院历史研究所蒋凌楠助理研究员认为，俄国的"苏维埃"概念在中国共产党早期历史上带来的新观念是多层次的，只有部分历史内涵最终落实到了"苏区"革命或"人民代表大会"制度上，而民国知识分子所理解的"苏维埃"

是以职业代表制形式传入中国的。

学界目前对"苏维埃"与"职业代表制"的讨论研究分别从革命史与民国政治制度史两个视角展开，应当还原到同一背景下探讨二者在中国革命与现代制度转型过程中相互交融的影响。上海社会科学院历史研究所王鸿助理研究员考察了"组织"观念的生成与演变过程，他提出，"组织"从无到有的过程，也是近代中国面临剧烈现代转型的过程。在内忧外患的时局面前，"组织"帮助了近代中国人实现改造社会、救亡图存的时代任务，锻造了近代中国人的心灵与思想，改变了他们对于世界和自我的认知。"组织"观念构成了理解近代中国的历史变迁特别是革命与建设历程不可或缺的面向。

有学者从心灵史、情感史与政治史相结合的角度对相关问题展开了讨论。扬州大学马克思主义学院李军全副教授以抗战时期陕北秧歌改造者的心理变化过程作为切入点，深入分析延安整风运动时期文艺知识分子创作理念的变化过程，指出陕北秧歌的"华丽转身"也是秧歌改造者政治心理的成熟过程。山东大学历史文化学院助理研究员宋弘以1937—1949年华北根据地为时空范围，考察了士兵的思乡之情，探讨了中国共产党为保证军队战斗力采取的家属工作和士兵教育等应对之措，展现了战时情感与革命、个体与群体等多方面的复杂情境及其反映的中国共产党独特的政治文化。

七、党史研究与党史学科体系构建

如何在新时代进一步推进中共党史学科建设与中共党史研究，是与会学者共同关注的话题。南开大学历史学院李金铮教授认为，对于"大党史"，现有的表述主要是中央和省级党史研究室所谓的"大党史工作格局"，而就其基本涵义而言，"大党史"似可解释为：提升为独立的历史学一级学科，研究党的历史的所有方面，运用一切有效的理论和方法，形成一个相互支撑的学术共同体。学界需要强化"大党史"的自觉意识并内化为自觉的实践，才能真正将党史研究推向一个新的高度。江西师范大学苏区振兴研究院黎志辉副教授认为，"苏区学"是构成中共党史知识体系的重要内容，与中共党史学科体系的发展存在密切关系，若能将"苏区学"的研究范畴从党在历史上的活动延伸到现实中的活动，从历史学领域延伸到其他社会科学领域，就能够推动中共党史从通史研究向专史研究深入，并凸显其现实性特点。清华大学社会学系应星教授认为，最近二十多年中共党史研究越来越具有实证的取向，这种做法的长处在于直面历史的复杂性，深入历史的细微处去探究真相；其缺点则在于理论关怀的淡化、总体问题感的丧失和研究的碎片化。他呼吁努力克服"碎片化"取向，推进党史研究的整体性；应找到宏观研究与微观研究的结合点，既不要忽略一以贯之的特点，也要重视历史的多变性，要寓变于常，仔细琢磨和辨析常中之变与变中之常。

中国历史研究院近代史研究所金民卿研究员结合自身的研究经验,提出了党史研究的四个标尺:一是做有方向的研究,牢记政治意识、阵地意识,努力坚守和建设马克思主义史学阵地,把学术研究与政治立场有机结合起来,坚决反对历史虚无主义的错误思潮;二是做有灵魂的研究,坚持唯物史观这一中国近代史研究的"道统",赓续和发扬老一辈史学家的治学精神和优良传统,把学习、运用唯物史观同深入总结中国共产党理论创新的历史经验结合起来,从而铸牢自身的理论根基;三是做有立场的研究,牢牢站稳人民立场,做服务党和国家事业发展、服务人民利益需要的学问,努力提高科研工作的时代关怀、民族关怀和人文关怀;四是做有分量的研究,以有分量的学术成果服务党和国家事业发展大局,不断追求理论创新,打造中共党史研究新的学术生长点。

本次论坛从2020年底开始筹备,历经半年多时间,得到各方面的大力支持,经过两天热烈讨论,于5月30日圆满落幕。会议主办方代表、《近代史研究》主编葛夫平研究员表示,此次论坛在举国上下深入开展党史学习教育、共迎党的百年华诞之际在革命圣地延安召开,具有特殊的意义。参会嘉宾既有著名专家,又有青年才俊,大家围绕百年党史与党史研究各抒己见。专家们的精彩点评与发言,不仅有助于会议论文的修改完善,而且对青年学者的学术成长有极大的帮助,发挥了学术引领与指导作用。这次会议对于推动党史研究和党史学科建设具有积极的意义。延安大学中共党史与延安学研究中心主任王东维教授在作会议总结时指出,这次会议有六个特点:一是规格高,二是范围广,三是视角新,四是学术性强,五是有特色,六是时代感强。他认为,中国共产党百年历史是近代以来中国历史的最大主题。党史姓"党",党史研究应树立正确的党史观,时刻服务党和国家大局;党史名"史",党史研究要充分挖掘史实、遵循历史研究的一般规律。希望通过本次高峰论坛,进一步增强大家的责任意识、使命意识,共同推进中共党史研究迈向新的台阶。

《近代史研究》2021年第6期

(撰稿:杨　阳　杨文军　王东维)

庆祝中国共产党成立 100 周年中共创建史学术研讨会综述

今年 7 月 23 日,在中共一大开幕 100 年的日子,为深入学习贯彻习近平在庆祝中国共产党成立 100 周年大会上的重要讲话精神,深化中共创建史研究和弘扬伟大建党精神,中共中央党史和文献研究院第二研究部、中共上海市委党史研究室、复旦大学、中共一大纪念馆在上海联合举办"庆祝中国共产党成立 100 周年中共创建史学术研讨会"。研讨会共收到学术论文 200 余篇,入选论文近 80 篇,来自全国各地的近百位专家学者参会。与会学者围绕马克思主义在中国的传播、共产党早期组织、共产国际与中共创建、中国共产党的成立及创建初期党的建设、党史人物、社会群体与中共创建、伟大建党精神与中国共产党人的精神谱系等专题进行了比较全面深入的研讨。

一、关于中国共产党从孕育到诞生的背景和过程

马克思主义在中国的早期传播是中国共产党诞生的思想基础,这个问题长期受到学术界的关注。北京、上海是公认的马克思主义在中国早期传播的两个主要地区。有学者提出,除北京、上海外,武汉也是马克思主义在中国早期传播的重镇之一。武汉地区出版发行的马克思主义经典著述,如《劳农政府与中国》《阶级争斗》《共产主义与智识阶级》等,在马克思主义早期传播中具有重要价值。特别是《共产主义与智识阶级》一书,对当时中国的社会性质进行了分析,提出,中国是半殖民地社会;革命的知识分子必须与工人、农民携起手来,改造世界;中国革命"第一步是要组织无产阶级的先锋队,就是共产党。这个党就是指挥革命运动的中心机关","第二步是要由无产阶级夺得政权,建立劳农专政的国家"。这些论点对于正确认识中国社会性质,正确认识革命者和工人、农民的关系等重大问题具有极其重要的意义。还有学者采用不同以往的视角探讨马克思主义经典文本译介问题,以《共产党宣言》三个具有代表性的英译本作为对照,围绕引言和"消灭私有制"等几处关系重大的思想理论问题的翻译方式进行了分析。

共产党早期组织的建立,为党的创建奠定了组织和干部基础。关于党的早期组织及其成员的研究是中共创建史研究的重要组成部分。有学者指出,北京大学马克思学说研究会是五四新文化运动时期马克思主义从众多救国救民社会思潮中脱颖而出的产物和见证,培养了一

大批早期共产主义者，为中共创建奠定了理论和组织基础，有力推动了各地党团组织的创建。有学者论证了北大红楼与中共创建的关系，认为北大红楼在中国革命的思想孕育、诸多干部骨干的培养输出、强固组织基础的奠定等方面贡献颇多，在促进中共创建上发挥了不可替代的作用。有学者对山东早期党组织进行了重点研究，认为王尽美在山东早期党组织的创建和发展过程中起到奠基作用，为山东早期革命工作作出了突出贡献。还有学者对川渝留法勤工俭学青年与旅欧党团组织的创建进行探讨，指出川渝地区赴法勤工俭学人数居全国之冠，为旅欧党团组织创建作出了重要贡献。有学者引入社会网络分析法，分析了党的早期组织成员确立马列主义信仰的过程和特点。

俄共（布）、共产国际在中共创建过程中曾起过重要作用，其与中共创建的关系是学者比较关注的问题。有学者利用俄罗斯原始档案对中共创建时期苏俄参与中国革命的主要机构和情况进行梳理，指出这些机构分属俄共（布）、共产国际、外交人民委员部等不同系统，都从事对华工作并派出代表，对推动中国的共产主义运动起到积极作用。但由于机构众多、主管领导不同，也曾出现混乱，对中国革命产生了消极影响。

中国共产党的诞生，是近代中国历史发展、中国人民在救亡图存斗争中顽强求索、实现中华民族伟大复兴的必然产物。有学者指出，中共的建党路径有着独特的历史面貌，既有俄共（布）、共产国际的策略选择和调适，更是在早期中国共产党人立足中国社会现实、积极学习马克思主义真理、勇于承担历史使命的实践求索中应运而生，中共经此过程走出了具有自身特色的建党之路。与会学者们从历史逻辑、理论逻辑和实践逻辑上探讨了中共从酝酿到筹备、再到成立的历史背景和发展过程，揭示了中国共产党的成立是历史的必然和人民的选择。

二、关于中国共产党的成立及创建初期党的建设

中共一大的召开标志着中国共产党正式成立。关于中共成立及创建初期的活动是中共创建史上的重大研究课题，至今仍有一些悬而未解的问题，也成为备受社会关注的热点。

党的两位主要创始人李大钊、陈独秀为什么都没有出席中共一大，原因究竟是什么，这个问题长期以来是党史界关注的热点。有学者经过多年积累，对此问题进行了深入思考和研究，结合对刘仁静、包惠僧等当事人的采访，从主客观条件和当时的历史环境进行考证分析，指出李大钊未出席中共一大的原因主要是，他当时正在北京领导八所国立院校展开反对北洋军阀政府的"索薪斗争"。这场斗争表面上是为解决高等院校教职员工十分迫切的生活问题，实质上是反对北洋军阀政府的黑暗统治，意义十分重大，作为领导者的李大钊自然无法离开北京。而陈独秀则应邀到广东主持教育工作，同时传播马克思主义、整顿早期党组织，同样有着身不由己的特殊处境和具体情况。

关于中共一大的召开对党的成立的"宣告"作用，有学者从组织形态、组织成员等方面进行分析，认为中共一大的成功召开对宣告中国共产党正式成立具有标志性意义。还有学者对中共一大前后广东党组织领导模式、工作重心、组织规模进行比较研究，认为中共一大后广东党组织走出难以争取到群众、组织得不到发展的困境，实现了从"地方性家长式领导"向民主集中制、从注重上层工作向注重群众工作的转变，组织得到蓬勃发展，说明了中共一大对广东党组织的积极影响，证明了党的正式成立对于推动地方党组织发展进步的重要意义。

关于近代上海与中共创建的关系研究，是研讨会关注的又一问题。有学者分析指出，上海是汇总建党的所有因素的集聚之地，在马克思主义早期传播、工人运动和具有初步共产主义觉悟的知识分子这三个方面，上海是当时最具代表性的城市，这使得中共一大在上海召开。有学者从现代化的角度分析指出，现代化是近代中国不可逆转的发展趋势，中国共产党是现代化过程的产物，近代上海是中国现代化的典型代表城市，从阶级基础、理论基础、活动空间等方面为中国共产党的产生提供了一系列有利条件。有学者通过对马林相关档案等的剖析，提出上海国际大都市的特殊地位是中共一大在此召开的重要原因，上海公共租界、法租界以及华界独特的三界行政系统和警务系统客观上为共产党人的建党活动提供了空间；同时，上海拥有中国其他城市所不具备的发达的水路交通、通讯信息、出版印刷和语言翻译系统，是中共在上海召开一大并将党的中央设在上海的重要原因。

党的建设作为中共创建史研究中的相对薄弱环节，受到与会学者们的重视。有学者从党的建设理论角度出发对中共创建的精神内核和基本逻辑进行了分析，认为中共一大确定了党的名称、纲领、目标、任务、党员发展和组织结构，符合现代政党诞生的基本要素，是党的建设的开端。

有学者探讨了中共早期的组织建设问题，指出从1920年到1925年，中共确立了民主集中制的组织原则，设计了较为严密的组织结构，并通过思想论争、组织训练、派驻中央特派员等措施统一了思想，提高了党组织的执行力。虽还存在制度与实践上的落差，但整体而言，中共早期的组织建设已初见成效。

三、关于党史人物、社会群体与中共创建

党史人物、社会群体与中共创建是本次研讨会上学者关注较多、讨论广泛的问题，研究成果丰硕。与会学者对李大钊、陈独秀、张太雷等建党时期的重要人物进行深入研讨，提出若干新的思考。

有学者阐述了李大钊建党思想与中国共产党成立的历史逻辑，指出李大钊建党思想将马克思主义与中国工人运动相结合，为中共的建立奠定了坚实基础。有学者挖掘了李大钊介绍

报人秦墨哂赴共产国际工作的新史料，指出李大钊借秦墨哂担任上海《申报》驻北京办事处主任之机订阅各国报纸，利用北京中外报章类纂社的合法地位秘密建立各国左翼人士通信机关，收集重要情报，为中国革命和世界革命作出了贡献。还有学者以维经斯基、马林等早期书函为依据，分析了维经斯基、马林等人与陈独秀的关系和对陈独秀的评价，详述了陈独秀对创建中国共产党的特殊贡献。还有学者通过考察李大钊、陈独秀对"劳心劳力"问题认知转变的逻辑与路径，展现了中国早期共产主义者如何从所谓资产阶级民主的假象中走进劳工群体，并在这一过程中找寻到社会改造的新方案，在践行知识分子向劳动者靠拢的时代理念的同时，借鉴和运用马克思主义观点与苏俄革命经验，在知识分子与劳动者之间搭建起了桥梁，为中国社会革命造就了领导力量——中国共产党，使马克思主义在中国的实践有了理论阐释和现实依托。

关于陈望道与中共创建的关系问题，有学者指出，陈望道是中共创建的重要见证者和参与者，特别是在推动马克思主义在中国的广泛传播，唤起广大工人阶级意识的觉醒，催化马克思主义同中国工人运动的结合等方面发挥了重要作用。

与会学者还对张太雷、林伯渠、恽代英等早期共产党人对中共创建的贡献或建党时期的革命活动进行了探讨。有学者对张太雷首次赴俄身份进行了考辨，指出张太雷在准备参加共产国际三大的过程中，排除其他冒牌的"共产党"组织及代表，为中共在国际舞台上公开亮相作出重要贡献；张太雷首次赴俄无论以何种身份在伊尔库茨克和莫斯科出现，都与共产党北京支部（尤其是负责人李大钊）关系密切，加上共产国际的认可，无疑是能够代表中共的。有学者认为，林伯渠作为中国同盟会最早会员之一，他由三民主义者转变成为马克思主义者，用自己的革命行动为中共创建作出了重要贡献。还有学者总结了中共成立前恽代英的主要历史贡献、杨匏安在中共创建史上的重要作用，以及中共第一位女党员缪伯英为中共早期革命事业和妇女解放作出的重要贡献等。

与会学者还对过去研究不多的一些历史人物进行了研究，论述了邓恩铭、朱务善、陈为人、李启汉等人为中共创建所作出的历史贡献。

除了对中共创建时期人物的个体研究外，群体研究也是本次研讨的一个方面。关于工人群体，有学者总结了《劳动界》《劳动者》《劳动音》对中国无产阶级革命的重要意义，认为这三份刊物唤醒了工人的阶级意识和革命意识，为工人学习马克思主义提供了便捷有效的途径，对工人阶级队伍的建设、工人运动的发展、中国共产党的成立起到了推动作用。还有学者聚焦中共东北党组织成立前后的工人运动进行考察，提出中共东北党组织成立后，该地区的工人运动在党组织的领导下展现出新的面貌，如工会的组建、政治与民族意识的激发、传统观念的改造等。

关于学生群体，学者们重点对少年中国学会和工读互助团开展了研究。有学者认为，少年中国学会成立后,随着形势的不断变化,内部出现的种种意见分歧令学会的松散状态难以改变,促使学会内部的共产主义者在学会外部另创组织,对中国共产党的创建在客观上起了一定推动作用。还有学者指出,工读互助团是青年知识分子关于空想社会主义的试验,是中国共产党创建前的一次必要探索。它的最终失败事实上宣告了空想社会主义的破产,廓清了先进分子对于革命和发展道路认识上的迷雾,坚定了他们对马克思主义和科学社会主义的选择。

四、新的研究领域:伟大建党精神与中国共产党人的精神谱系

习近平在庆祝中国共产党成立100周年大会上的讲话中首次提出并阐述了伟大建党精神,为中共创建史研究提供了新的指导和遵循。关于伟大建党精神的研究,是本次研讨会的一大亮点。

关于伟大建党精神的具体内涵,有学者指出,坚持真理、坚守理想体现了中国共产党先驱们对真理的向往和为了改造中国寻求真理、坚持真理、传播真理的信念;践行初心、担当使命体现了中国共产党先驱们以救国救民为己任,实现民族复兴的迫切愿望与行动;不怕牺牲、英勇斗争体现了中国共产党的光辉斗争史,体现了中国共产党先驱们敢于亮剑、勇于献身的革命品质;对党忠诚、不负人民体现了中国共产党先驱们恪守党章要求,维护党中央集中统一领导,全身心投入党和人民革命事业的政治品格。有学者分析指出,坚持真理、坚守理想是伟大建党精神的"根"和"魂",从思想层面揭示了中国共产党信仰坚定的先进性和鲜明特质,是首要内容,在伟大建党精神中处于统领地位。

关于伟大建党精神的重要意义,有学者认为,伟大建党精神是对中国共产党百年光辉历史的全面总结,是对中国共产党人精神谱系的高度凝练,充分体现了中国共产党历史发展的主题主线,展示了中国共产党历史的主流本质。在弘扬伟大建党精神方面,有学者指出,要实现党的初心与使命,开拓创新是根本动力,艰苦奋斗是基本途径,自我革命是重要环节。

关于中国共产党人的精神谱系,有学者认为,党和人民在百年奋进征程中形成的一系列伟大精神,既因其时代化延展、多元化拓展和大众化发展而"变"得多姿多彩,同时也体现了精神追求的先进性、精神来源的实践性、精神内涵的系统性的"常"态特征,要从"变"与"常"的有机统一中把握中国共产党人精神谱系的绵延发展和赓续传承。

除上述议题外,与会学者还对习近平关于党的创建史的重要论述,中共百年视域下的精神家园建设,马克思主义认识论观照下中共百年目标的历史演进,近年来中共创建史研究述评以及日本早期对中共创建史的研究等问题进行探讨,提出了若干真知灼见。

本次研讨会研究议题丰富、涵盖面广,视角新颖、路径多样,考据扎实、严谨深入,从

不同方面、多个维度对中共创建进行了全面审视，注重将宏大的历史进程与微观的历史细节充分结合，挖掘了新材料，采用了新方法，提出了新观点，体现了当下对中共创建史深化研究的问题意识，反映了中共创建史研究的最新成果。

《党的文献》2021 年第 5 期

（撰稿：徐玉凤　黄亚楠）

学习贯彻习近平总书记在庆祝中国共产党成立一百周年大会上的重要讲话精神座谈会综述

为深入学习贯彻习近平总书记在庆祝中国共产党成立一百周年大会上的重要讲话精神，深刻认识党团结带领人民在百年接续奋斗中开辟的伟大道路、创造的伟大事业、取得的伟大成就，深刻总结党在百年奋斗历程中积累的宝贵经验，以史为鉴、开创未来，以习近平新时代中国特色社会主义思想为指导，进一步做好党史和文献工作，2021年7月3日，中央党史和文献研究院与中国中共党史学会、中国中共文献研究会、中国中共党史人物研究会、中国毛泽东诗词研究会、中国马克思恩格斯研究会、中国国际共产主义运动史学会在北京联合举办"学习贯彻习近平总书记在庆祝中国共产党成立一百周年大会上的重要讲话精神座谈会"。座谈会由中央党史和文献研究院副院长（正部长级）王志民主持。

中央党史和文献研究院院长、中国中共党史学会会长曲青山指出，要深刻认识习近平总书记重要讲话的重大意义，增强开创百年大党新伟业的历史自信和历史自觉。习近平总书记的重要讲话，向世界郑重宣示了中国共产党能，深刻揭示了坚持党的全面领导、坚决做到"两个维护"是历史发展的必然选择；向世界郑重宣示了马克思主义行，深刻揭示了坚持习近平新时代中国特色社会主义思想的指导地位、不断推进马克思主义中国化时代化是历史发展的必然要求；向世界郑重宣示了中国特色社会主义好，深刻揭示了全面建成社会主义现代化强国、实现中华民族伟大复兴是历史发展的必然趋势。要准确把握习近平总书记重要讲话的思想精髓，汲取开创百年大党新伟业的历史智慧和伟大力量。特别是要深刻领会和把握习近平总书记关于中国共产党团结带领中国人民实现了第一个百年奋斗目标、关于中国共产党百年奋斗主题、关于中国共产党在百年奋斗光辉历程中取得"四个伟大成就"、关于中国共产党在百年奋斗光辉历程中向世界作出"四个庄严宣告"、关于伟大建党精神、关于中国共产党在百年奋斗光辉历程中形成的"九个必须"的成功经验的重要论述。要全面落实习近平总书记重要讲话的实践要求，开创新时代党史和文献工作新格局。要把学习好、宣传好习近平总书记重要讲话精神作为一项重大政治任务，持续推动党史学习教育深入开展；要把研究好、阐释好习近平总书记重要讲话精神作为一项重点业务工作，不断实现新时代党史和文献事业高质量发展；要把贯彻好、落实好习近平总书记重要讲话精神作为一项长期课题，努力打造与大党大国地位相称的党的历史和理论研究高端平台。

关于牢记党的根本宗旨，中国中共文献研究会会长、中央党史和文献研究院原院长冷溶指出，习近平总书记的重要讲话中关于坚持党的根本宗旨的重要论述，对于我们党始终牢记初心使命、坚守人民立场，紧紧依靠人民、一切为了人民、坚持以人民为中心具有重大指导意义。关于坚持党的根本宗旨问题，总书记讲话中特别强调：必须团结带领中国人民不断为美好生活而奋斗；必须贯彻党的群众路线，尊重人民首创精神；必须发展全过程人民民主，维护社会公平正义，着力解决发展不平衡不充分问题和人民群众急难愁盼问题；必须推动人的全面发展、全体人民共同富裕取得更为明显的实质性进展。文献研究会将认真深入学习习近平总书记重要讲话精神，进一步学深悟透习近平新时代中国特色社会主义思想，充分发挥各分会研究老一辈革命家的优势，在下一阶段的党史学习教育中继续发挥更大作用。

关于学习研究党史人物，中国中共党史人物研究会会长、中央党史和文献研究院原院务委员张树军指出，习近平总书记关于党史人物的重要论述，深刻揭示了他们身上所具有的坚定理想、对党忠诚，坚持真理、敢为人先，践行初心、不负人民，不怕牺牲、英勇奋斗的伟大精神。人物研究会将把深入学习贯彻习近平总书记重要讲话精神作为第一位的重要政治任务抓紧抓好，切实担负起新时代党史人物研究的光荣使命，以推进新时代党史人物研究深入发展的实际行动把学习讲话精神进一步引向深入。

关于对毛泽东诗词的理解和运用，中国毛泽东诗词研究会会长、中央党史和文献研究院原院务委员陈晋指出，毛泽东诗词作为中国革命和建设实践的史诗，比较集中地反映了伟大建党精神和我们党在长期奋斗中积累形成的精神谱系中的一些重要内容。习近平总书记的引用和发挥，是在新时代历史条件下对毛泽东诗词内涵作出的新的理解和表达，彰显了新时代坚持和发展中国特色社会主义道路应有的精神气象："敢教日月换新天"的英雄气概、"乱云飞渡仍从容"的政治定力和"风景这边独好"的道路自信。

关于党的根本指导思想，中国马克思恩格斯研究会会长、中央党史和文献研究院原副院长、中央编译局原局长贾高建指出，我们党自成立起，便十分明确地将马克思主义作为根本指导思想。100年来，我们党将这一科学理论运用于中国革命、建设、改革的实践，推动党的事业不断走向成功。今天，马克思主义的基本原理并没有过时，其科学思想体系仍具有普遍的真理性。在新的发展阶段，必须继续坚持马克思主义的根本指导地位，同时应以新的实践为基础，不断深化马克思主义理论的创新研究，促进马克思主义的丰富和发展。要把马克思主义基本理论的研究同马克思主义中国化重大成果的研究有机结合起来，深刻理解和把握党的创新理论。

关于中国共产党对国际共产主义运动的贡献，中国国际共产主义运动史学会会长、经济日报社副总编辑季正聚指出，中国共产党的百年历史也是为国际共产主义运动和人类解放事业持续贡献力量和创造的斗争史。中国共产党在实践中形成和发展的中国特色社会主义道路、一系列马克思主义中国化理论成果、中国特色社会主义制度体系、中国特色社会主义文化在实践、理论、制度、文化层面为国际共产主义运动作出了重大贡献。

关于坚持中国共产党的坚强领导，中央党史和文献研究院第一研究部副主任张贺福指出，要深刻理解坚持中国共产党坚强领导是创造新时代中国特色社会主义伟大成就的根本所在。党的十八大以来，以习近平同志为核心的党中央旗帜鲜明强调坚持和加强党的领导，在理论上有了新认识，在实践中有了新探索，为创造新时代中国特色社会主义的伟大成就提供了根本保证。

关于弘扬老一辈革命家光荣传统和优良作风，中央党史和文献研究院第二研究部主任李颖指出，站在新的历史起点上，将中国特色社会主义伟大事业不断推向前进，必须继续弘扬光荣传统、赓续红色血脉，特别是要继续弘扬老一辈革命家的光荣传统和优良作风。必须牢记初心使命，保持党同人民群众的血肉联系；必须坚定信仰信念，并为之奋斗终身；必须勇于自我革命，永葆党的先进性和纯洁性。

关于中国共产党与中国特色社会主义，中央党史和文献研究院第三研究部主任姜淑萍指出，在建党百年的重要节点，深入总结党为什么能成功开创中国特色社会主义，对于我们以史为鉴、开创未来，更好地坚持和发展中国特色社会主义具有重要意义。中国特色社会主义的成功开创首先归功于我们党勇于理论创新，靠的是解放思想、实事求是、改革开放，源于我们党始终坚持人民立场。

关于马克思主义中国化的提出和发展，中央党史和文献研究院第四研究部主任张神根指出，我们党创造性地提出了"马克思主义中国化"的命题，坚持把马克思主义基本原理同中国具体实际相结合，创立了毛泽东思想、邓小平理论，形成了"三个代表"重要思想、科学发展观，创立了习近平新时代中国特色社会主义思想。实现中华民族伟大复兴，必须继续推进马克思主义中国化实现新的发展。

《中共党史研究》2021 年第 4 期

（撰稿：袁　昕）

百年中共思想史研究的学术展望座谈会综述

作为中共党史研究的一个传统论域，思想史研究在梳理中国共产党的思想发展脉络和结构以及整合具体党史问题研究和推动学术创新等诸多方面，发挥着不可替代的积极作用，具有非常显著的学术地位。20世纪80年代以来，中共思想史研究历经多个发展阶段，进入新世纪后取得了新的学术进展。在纪念中共成立一百周年的特殊语境下，为继续推动中共思想史研究及其理论、方法和体系建设，由《中共党史研究》编辑部和杭州师范大学人文学院联合主办的"百年中共思想史研究的学术展望"学术座谈会于5月29日至30日在杭州举行，来自中共中央党史和文献研究院、中国社会科学院、北京大学、清华大学、中国人民大学、北京师范大学、中国政法大学、复旦大学、浙江大学、中山大学、厦门大学、山东大学、四川大学、华东师范大学、华南师范大学、上海大学、上海师范大学、山东师范大学、国防大学、河南大学、湖南工商大学、中共福建省委党校和杭州师范大学等单位的50余名专家学者与会。

座谈会首先由五位学者从不同角度回顾和评析了新世纪以来中共思想史研究所取得的学术进展，认为经过多年积累，中共思想史研究在通史通论、专题研究、党史人物思想研究、基本理论与方法以及一些具有跨学科性质的学术探索等方面取得了较为明显的进步，逐步成长为党史研究领域不可或缺的重要组成部分。也有很多学者不约而同地指出，由于思想史研究的天然性难度以及中共思想史研究的特殊性，这一研究领域在整体上还不发达，研究数量和质量都不高，不同程度上存在着诸如学术史评析不足、史料基础不牢、研究范围狭窄、文本解读能力不高、经典文献和核心概念研究不够、现行政治理论和历史研究形态混居、理论与方法探讨不足、思想功底贫弱、理论自觉弱化、发展思路模糊、学术创新缓慢等一系列问题，限制了中共思想史研究的学术水准以及学术体系的建设进程。思想史研究的不发达在较大程度上导致整个党史研究出现诸如思想解释和理论总结不足以及"问题意识"淡薄等根本性弊端，目前已成为党史研究实现深度学术化发展的制约性因素之一。同时，既有的很多研究成果是以中共人物为轴线连接起来的，中共思想史约等于中共人物思想的历史，主导性的力量是人物而不是思想。与此相关，目前在中共思想史研究中将"思想"和"实践""行动"结合起来的高质量成果还不够多，很多年轻研究者仅仅偏好于思想文本内容的梳理和复述，对中共历史的整体发展脉络观照不够，尤其在如何处理思想"延续性"和"断裂性"

的关系方面，还有很多问题需要探讨和解决。有学者指出，长期以来，学界对于当代中国政治思想史的研究，更多地关注宏观的政治转型和社会发展对思想文化的直接制约与影响，因而偏好对主导性政治思潮的史学建构和书写，这固然有利于从宏观层面理解当代中国政治思想史的基本轮廓和学术内蕴，但这种研究理念和写作结构显然将思想史理解为政治社会史的一种附属物和产出物，低估了思想（史）自身的某种独立性和自足性。在上述讨论基础上，有学者特别强调了中共思想史研究的困难所在，包括中共思想史相较于一般思想史的定位，特别是研究者如何选择那些具有原创性、挑战性、独特性、超前性、原典性且富有时代精华的思想而不是一些流行的观念，如何处理档案史料、人物的基本思想文本和具有回忆性质的史料之间的关系，如何科学解读中共历史上的不同思想以及彼此之间的结构性问题，等等。也有学者认为，目前党史学界在"思想史""心灵史""心态史"等概念方面还存在混用现象，彼此之间的内涵尚未厘清，因此要充分估计此类新型研究形态的困难程度。

针对上述问题或弊端，与会学者进行了广泛而深入的讨论，努力重塑中共思想史研究的学术理念。有学者指出，中共思想史应具有"同时代史意识"，即将中共思想史"开放"给同时代的一般思想状况，将特定时代的思想状况看作由多个人群、多种派别、多方倾向共同碰撞和汇聚的场域，研究思路的重心在思想史而非人物思想史，这就需要研究者从中共思想与其他思想的论争、中共思想与其他思想对于重大时代议题的同步思考、中共方面的基础性思想对于其他方面思想的影响、中共思想人物在一般学术史和思想史领域的知识性探求以及中共思想史研究的"中间地带"等多个方面，在中共思想史和一般思想史之间建立起密切联系。有学者指出，中共革命不是典范意义上的革命，以思想文化改造社会的路径具有非常特殊的历史意涵，充溢着思想史研究的难题和悖论，比如现代革命价值与中国传统文化之间的矛盾与协调、对于"道德新人"的丰富想象、对于"科学"的高度重视以及由知识论推导出的革命信仰问题、关于中共革命的三重正当性（历史、道德、意识形态）问题、关于中共革命的神圣性和世俗性之关系问题等，都有待深入探讨。因此，思想史研究者今后要加强"内在理路"的治学范式，超越传统的"史料—结论"思路，推促中共思想史研究真正形成一批可以共同讨论的"共通性议题"，提炼出一批具有历史穿透力的观念和价值，将中共思想史研究打造为一种真正开放的"学术场域"。还有学者通过对雷锋日记的深入解读，认为应该在六七十年代的中共思想史研究中培养一种特别的文献解读意识，研究者切不可看到那些主要由政治标准化语言叙述的历史文献，便想当然地判断其没有思想史研究的学术价值。这实际上再次强调了"易见文献""基础文献"在党史研究中的学术价值。无独有偶，有学者强调中共思想史研究一定要高度重视最为常见的报刊史料，通过对公开发行的报刊史料的系统翻阅和细致解读，可以发现在主导性政治思潮的表层之下，往往潜流着一系列与之相关的"亚类型政治思潮"，借此可以真正深入中共历史和思想脉络的"毛细血管"，并彰显思想理论界及其生产的学术或文化文本在中共思想结构中的重要性和独特性，这也许可以成为中共思想史研究的一个重要学术成长点。在史料问题上，也有学者提醒要注意思想史的高度复杂性，这种复杂性将决定史料形态的选择以及后续的解读效力，比如心灵史研究就应该主要选择那些具有个体自主性的史料，这样才能呈现更多历史的真实面相。此外，很多与会学者还强调中共思想史本身的特殊性，认为需要更好地处理中共思想史与宏观中共党史之间的关系，如中共思想史的历史分期就不可能与整体中共党史的分期是完全一致的，思想与实践之间不可能完全同步；中共经济思想史研究就要突出经济领域的特殊性，彰显中共在经济思想方面的某种"原创性"，突出当代中国特别是改革开放以来中国为世界经济思想发展所作出的突破性贡献；等等。唯有突出中共思想史研究的特殊性，才能进一步凸显其独立的学术价值。

与此同时，与会学者一致认为，中共思想史研究要进一步强化历史学的思维和规范，将中共思想史置于整个中国现当代思想史以及世界共产主义传播史的序列中加以定位和理解，重视思想史内在的文本结构及其内含的世界观，进而破除潜藏在研究者思维深处的线性思维，凸显思想的变动性和动态性以及历史的丰富性和复杂性，毕竟思想发展的主流与支流、正统和异端不是一成不变的；需要进一步强调立体化的历史呈现，思想史不仅仅是思想观念本身的历史，更不是抽象概念的推演，研究者应该努力探索和还原思想的具体历史语境，"给思想以生命"，从政治、经济、社会、文化、心态等诸多方面重建思想发展的历史脉络，既要考察思想的内容和表现，更要追问思想是如何形成的、为何会形成、产生了何种结果，从而将其置放于纵横交错的历史和思想网络里进行理解与阐释；中共思想史不等于每一个共产党人的思想总和，也不应该是中共领导人思想的平均值，因此研究者要努力厘清中共思想的整体状态及其内部关系，不能仅仅拘囿于党的指导思想研究或历史文献的表面化梳理。由此可见，如同历史研究的其他领域和形态，中共思想史研究同样需要贯彻"整体性"思想，中共思想史的分期、主线、主题、研究重点等一系列问题的科学推进均与此密切相关。有学者就此明确指出，中共革命与历代农民起义有所不同或有所推进的地方，就在于它形成了整体性的社会改造思想，成功探索出从非常态转化为新常态的社会重构方案，在政治、经济、文化和社会等诸多方面产生了深刻而长远的历史影响，中共思想史不可能孤立存在，这就要求思想史研究者具备总体性的社会想象或至少形成"思想—制度—人"三位一体的阐释框架，才能将中共革命的经验和思想总结出来。因此，能否重构"整体性"的历史想象力以及对于未来的想象力，就成为制约中共思想史研究科学性及其程度的一大瓶颈性问题。在此基础上，很多与会学者从不同角度指出，若要切实推动中共思想史的"整体性"研究，就要处理好思想史与社会史、系统化的思想与非系统化的社会心理之间的关系，需要处理好正确思想和错误思想、成体系的思想和不成体系的思想之间的关系，需要处理好中共思想史与经济史、文化史等其他研究形态的关系，需要处理好中共思想史研究中各个门类比如经济思想史、统一战线思想史之间的关系，等等。此外，还有两位学者集中论述了五四时期的"主义"建构及其思想论争、"五四"前后"社会主义"的多重面相，从具体问题层次彰显了中共思想史起源时期的特殊复杂性、多元性和重要性。

秉持"整体史"的研究理念，就需要扩大中共思想史研究的对象和内容，座谈会在覆盖中共思想史的各个领域、层面和维度等方面作出了较为自觉和全面的努力。有三位学者分别从概念史、中国外交调整的身份观念以及美国报刊史料的独特学术价值等角度，阐述了中共外交思想研究的新观念、新视角和新方法，中共外交思想研究有望成为一个新的学术增长点；有学者以"阶级、政治与革命"为题，深入解读了新中国成立前中共医疗卫生政策的思想史意涵，认为今后学界应加强中共医疗卫生思想的学术研究，这无疑具有相当程度的现实意义；有学者以"从'人文社会科学'到'哲学社会科学'"为题，分析了中共学术思想的源流和向度等一系列问题，并由此指出今后应加强从思想史角度探索中共革命与近现代中国的知识论转向这一核心议题，亦即从"思想"向"知识"的还原；有学者则以"立足于实践"为核心论旨，着重探讨了推进中共军事思想研究的可能方法及路径，有望重新启动这一传统研究领域的学术化进程。有学者通过对"新四书"（即《论共产党员的修养》《纪念白求恩》《为人民服务》《愚公移山》）的思想史解读，阐述了抗战时期中共党人精神世界的再构造以及革命文化与传统文化之间的深度关联；有学者指出，中共革命要取得成功，就必须同时具有"智识"和"情感"两个维度，"智识"只有具备了"情感"，中共的思想体系才能被劳苦大众理解和接受，因此研究者要注意寻找"无形感情"的"有形载体"（如图像和诗词等），认识中共思想谱系中"普遍性智识"和"时代性情感"的结合与冲突，这将成为今后创新中共思想史研究的可能性脉络；有学者由此引申探讨了"中共心灵史"研究的可能性与可行性，特别注重考察社会政治背后的精神世界，试图从人类精神的角度解读历史流变的脉络，而中共是一个具有强烈意识形态取向的现代政党，"一切党史都是心灵史"的论断在一定程度上也可以成立；有学者在评论中国社会史论战研究进展之际，认为心态和情感影响着论战参与者的思想发展与表达形式，确实应当进一步深化20世纪30年代心态和情感的历史研究。有学者指出，马克思主义史学史是广义中共思想史的一个分支，二者在研究对象、研究方法和研究进展等方面存在诸多交集，今后应该加强马克思主义史学史与中共思想史的融合研究。有几位学者共同指出，应当加强从制度史层面拓展思想史研究的范畴，有效整合制度史研究和思想史研究，毕竟中共的制度体系具有强大的组织力和执行力，既是思想的载体，又是生产思想的机器，对全党思想的流传和形塑的影响极大，因此加强对于制度及其与思想的关系研究，具有显著的方法论意义。有学者则指出，中共思想结构可能存在对内与对外、理论建构与群众传播、向上与向下的复式结构，今后需要着力探讨社会史视野下的思想史研究如何可能的问题,特别从"大众叙事"的角度视之,包括20世纪三四十年代出版的以"大众"命名的各类经典文本以及具有明确受众且以宣传教育动员学习为目标的政治文献的思想史解读等在内的历史内容,都有可能推动中共思想史研究范畴的扩展。值得注意的是,有年轻学者尝试性地提出了中共海洋思想研究的问题,认为中共海洋思想史能够逐步成长为一个专门研究方向,因为中共的意识形态及其相适应的制度与意识形态化的"海洋"符号、海洋社会的流动性及产生于其上的各种制度要素之间的张力,是海洋思想史研究区别于中共其他领域思想史研究的特殊之处,而中共海洋思想的历史演进也是中共对中国特色社会主义理论和外交思想不断完善的过程。此外,面对中共思想史研究存在的各种问题和困难,还有学者强调要切实贯彻"解放思想、实事求是"的根本理念,并在此基础上"放眼世界",积极汲取世界范围内各种思想史研究形态的学术成就,努力拓展中共思想史研究的学术空间。

　　由上可见,座谈会的大部分学者都高度认同中共思想史研究的多学科和跨学科特征,主张打造多部门的复合型研究团体,认为中共思想史研究者需要重建领域与领域、知识与知识、问题与问题、学科与学科之间的关联,积极引入更多学科的"变量",需要处理制度与思想、上层与下层、中国和西方、表层与实质、理想与实践、目标与手段等一系列重要关系并将其纳入更大的观察结构之中,尤其需要不同学科或不同的知识范畴共同聚焦或集体攻关诸如阶级思想的形成、合作化思想的重新激活等一系列具有挑战性的议题,借此恢复或重建人文学科的总体想象能力以及整体性意义上的历史建构能力,这是未来提升中共思想史研究学术化水准的关键一环,单独学科的知识体系无法胜任这种创造性的工作。如有与会学者就主张将"整体性社会事实"这一历史社会学视角导入中共政治思想史研究,在"政治思想史"之外加入"社会思潮史"维度,从而突出政党与社会大众之间的关系这一核心议题,并在对于关键历史"担纲者"的研究、地方史与社会史的"实质化"研究以及对于中共中央关键文件的深入解读等方面取得突破性进展,而这一切的实现又取决于研究者对于包括经典社会学理论传统在内的学术资源的熟稔和运用。有学者则从中国革命及其思想与现当代文学研究的创新这一角度,彰显了文学与政治(思想)之间的深度关联,表明今后有必要也有可能从文学史的知识体系、学术历程和研究路径等方面推动中共思想史研究,这无疑将打开现当代思想史和文学研究的双重空间,比如近年来"北京·当代中国史读书会"这一学术平台就在努力探求文学研究、历史研究、思想研究、社会研究、政治研究相互借鉴和促进的通道以及呈现现当代文学、思想、精神、政治、社会、生活的感觉构成逻辑与经验构成方式。① 正因如此,有学者认为无须纠结中共思想史的学科界限,多学科融合已经成为一种学

---

①　何浩:《"北京·当代中国史读书会"简介》,《中共党史研究》2019年第4期。

术潮流和发展趋势，中共思想史研究要充分借鉴整个人文社会科学的理念和方法，包括"新史学""新文化史""新社会史"等在内的研究范式同样适合中共思想史研究，在中共思想史研究重新起步之际，没有必要过于强调清晰的学科边界，只要遵守学术规范、明确研究对象、运用科学方法，就可以促进这一研究领域的学术发展。

有学者则从中共思想史研究的"整体史""总体史"取向角度指出，目前的学科分类体系非常不利于跨学科研究的实现，中共思想史研究者必须对此保持足够的清醒和认识，自觉刻苦学习政治学、社会学、经济学、国际关系学、文学等学科的基本理论和方法。也有几位学者强调指出，相对于以"讲故事"为主要形式的历史叙事，思想史分析更侧重于"讲道理"，无法离开一系列概念、范畴、命题以及预设和理论，理论功底对于思想史研究的成败具有根本性意义，譬如不懂得经济学理论，就无法从事中共经济思想史研究；若欲准确解读中共思想史的文本内涵和文献意蕴，语言学理论将发挥非常重要的作用。正是在这种跨学科和多学科研究的讨论氛围推促下，有学者认为，未来的中共思想史研究理应养成一种世界视域和全球视野，努力在世界学术范围内加强对话和包容性，为提升中国学术的影响力作出贡献。

与此同时，几位学者特别强调狭义范畴的"中共思想史"概念，认为"中共思想史"是中共因应中国社会的政治意识的反映史，关注的是政治观念以及相应的政治现象，因此应以政治思想为主体，经济、文化、学术等领域的思想是中共政治思想的延伸。有学者进而指出，中共政治思想是以"国家建设"为核心内涵的一整套知识系统和理论体系，包括价值、制度、法规、政策等诸多方面，今后需要着力探究相关知识和理论的历史与思想内涵、提出和形成的历史条件、成立或不成立的逻辑依据以及相关的认知、情感、关系等多重论题；从现有的整体思想史著述的构造来看，至少包括政治思想家的系统论述、政治思想流派、政治思潮、政治观念和概念等四种形式，今后中共思想史研究可望在这些方面打造自身的基本范畴。有学者进一步指出，阶级分析是中共政治思想的根基之一，离开阶级分析，中共成立以来的那些核心政治思想和理念就无从形成与发展，以此为指导的革命历史将难以得到理解，整体认知和把握中共历史也不免沦为空话，但改革开放以来，出于对阶级斗争理论和阶级分析法的简单化理解，学术界对如何在党史研究中坚持和发展阶级分析的理论探讨不足，对于中共党史尤其是思想史中具有基础性、极为重要、长期存在的阶级分析的历史本身，也一直缺乏全面系统和深入细致的学术考察，今后应重新加强这方面的历史和思想研究。有学者据此认为，今后党史学界应该主要在"政治思想"这一层级上逐步完成"中共思想史"概念界定的清晰化，加快推动中共政治思想史的学术研究，可以不定期组织专门的学术讨论会，以推进相关研究进展，形成学术共同体。由此，有学者从中共思想史固有的政治学属性出发，强调未来要注重政党学说在中共思想史研究中的运用，以对思想史的现象和本质作出有效解释;更有学者鲜明地提出中共思想史研究乃至整个中共党史研究都需要重新考虑"回到政治"这一核心议题,党史研究者理应自觉补习政治学理论,为更好地研究中共思想史提供基本的思想和理论资源。由是观之,把"政治思想"作为中共思想史研究的核心并借此培育具有长远意义的政治关怀,无疑将成为中共思想史研究"问题意识"的基本维度。

座谈会在加强中共思想史研究的"问题意识"方面还给予了更多层面的探讨,恰如有与会学者指出的那样,"问题意识"以及相应的格局和立场,将从根本上决定思想史书写的形态与精神。也有学者从一般意义上指出,思想史研究强调的是张力和悖论,没有悖论的思想史研究是没有意义的,思想史研究发现和张扬的正是人性本身固有的那种持续性张力,将这种张力提取出来,就是思想史研究的意义和价值所在。同样,中共思想史研究不能局限在历史过程或具体事实的考证中,还要养成强烈而鲜明的"问题意识";研究者不仅仅需要及时回应时代提出的重大问题,坚持问题导向,更要培育宽广的历史视野,使特定思想史问题具有纵深的发展性和扩展的可能性。有学者则指出,思想史不是对整体历史过程中思想部分的简单切割,而是关涉思想者对"理想社会"(good-society)的强烈"应然"预期及其与"实然"之历史后果之间内在张力的把握,因此思想史研究更多涉及特定历史命题所以成立或不能成立的学理论证,故而特别需要注重发掘政治思想家追求和建构的"理想社会"的多重维度。申而论之,"知识分子问题"在中共思想史逻辑脉络中就始终作为一个"内生性"问题而存在,它甚至是体现中共思想史本质的一个问题,由此可以生发出诸多核心议题。有学者进一步指出,今后有必要将中共思想史放在更为长远的知识视野特别是启蒙运动以来的历史视域下加以审视,确实需要考量诸如中共思想的普遍性和特殊性、中共思想的特色论述如何实现普遍意义、如何使中共思想反映人类的处境和人类的关怀等一系列深度问题。显而易见,上述学者的思考和论述都触及中共思想史研究的"问题意识",也体现了这次学术座谈会本身的一种"问题意识"。

在最后的综合讨论环节,多位与会学者再次强调了中共思想史研究的重要性,指出很长时间以来,学术界较为重视中共历史的"事件"研究,但对其间蕴涵着的思想性内容及其意义和价值尚重视不够,但如果思想史研究不充分,正常的历史书写就会缺乏充分前提,"一切历史都是思想史"在此意义上是成立的。高水准的中共思想史研究,既有利于科学解释中共百年的思想传统及其对于世界社会主义发展的思想性贡献,又能持续不断地回应贯穿于现当代中国历史脉络中的核心议题和重大问题,对于理解当下的中国及其与外部世界的关联,不可谓不重要。即使从历史研究者的个体角度观之,思想史研究还可以教人"提问",可以促使研究者带着疑问去研究问题,从而达到较好的学术效果;具有思想史背景的研究和论文尤富生命力,历史研究者有必要在生命的某个阶段进入思想史,并使自己的研究获得穿透时代的学术力量。另外,很多学者特别是与会的学术期刊编辑还探讨了如何科学办刊的问题，肯定了《中共党史研究》近年来以问题导向为核心理念的办刊思路和组稿方向，讨论了如何加强学术论文的思想性、争鸣性和创新性，探讨了学术笔谈栏目在加强党史研究的多学科和跨学科对话方面应继续努力的方向，强调了学术刊物对于中共思想史研究健康发展的引导作用。

综上所述，这次学术座谈会以整整两天的时间，初步探讨了中共思想史研究的基本理论问题以及未来的努力方向，取得了很多学术共识，但也在一些问题上展开了学术争鸣，这恰恰表明中共思想史研究拥有相当大的学术空间，值得学术界给予更多关注和支持。《中共党史研究》也将通过各种组稿方式继续推动中共思想史研究的学术发展，为构建中国特色哲学社会科学及知识体系作出应有的学术贡献。

《中共党史研究》2021 年第 5 期

（撰稿：王婧倩）

传承南梁精神培育时代新人学术研讨会综述

为庆祝中国共产党成立 100 周年，学习贯彻习近平总书记"七一"重要讲话精神，大力发挥红色基因育人作用，认真落实立德树人根本任务，由教育部高等学校社会科学发展研究中心、高等学校中国共产党革命精神与文化资源研究中心、陇东学院共同主办的"传承南梁精神培育时代新人"学术研讨会于 2021 年 7 月 23 日在庆阳召开。来自教育部、中央党史和文献研究院、中共中央党校、甘肃省政协、省委党史研究室、北京大学、北京师范大学、兰州大学、陕西师范大学等单位的领导嘉宾、专家学者近 50 人参加会议。

甘肃省政协副主席、庆阳市委书记贠建民指出，源于庆阳、根植人民的南梁精神，是中国共产党人把马克思主义普遍原理同陕甘边革命具体实践相结合的产物，是伟大建党精神的传承、发扬，是中国共产党精神谱系和中华民族精神的重要组成部分，饱含着我们党为中国人民谋幸福、为中华民族谋复兴的初心和使命。各位专家学者莅临庆阳，深入研究南梁精神，一定能够从更高站位、更新视野、更大范围、更深层次挖掘南梁精神的丰富内涵，为我们提供更多的精神滋养和力量源泉。

教育部高等学校社会科学发展研究中心主任王炳林以线上方式致辞并作主旨报告。他指出，1921 年 7 月 23 日，中国共产党第一次全国代表大会召开，在百年后的今天这个特殊的日子，我们主办"传承南梁精神培育时代新人"学术研讨会，具有重要的纪念意义。他阐释了南梁精神的内涵、特质以及传承南梁精神对培育时代新人的重大意义，希望与会专家学者以习近平新时代中国特色社会主义思想为指导，持续深入研究、传承好南梁精神，挖掘和发挥好红色文化资源的重要作用，培育担当民族复兴大任的时代新人。他强调，习近平总书记在庆祝中国共产党成立 100 周年大会上的重要讲话，是马克思主义的纲领性文献，是中国共产党领导中国人民迈向新征程的政治宣言书，是全党全国各族人民奋进第二个百年发展目标的行动指南。他从整体把握"七一"重要讲话主要内容、讲话中体现的新思想新观点新要求、坚持以讲话精神指导实践推动发展等方面，深入解读了习近平总书记"七一"重要讲话，阐明了准确把握讲话精神精髓要义以及认真学习宣传贯彻讲话精神的方法途径。

深入研究陕甘革命历史，大力传承和弘扬南梁精神。甘肃省委党史研究室主任刘正平结合史实，深入阐释了南梁精神蕴含的强大的信仰力量、人民力量、人格力量和实践力量，强调无论是过去、现在还是将来，南梁精神都是推进党和人民伟大事业的精神支柱和力量源泉。北京大学仝华从基本内涵着手,解读了南梁精神对伟大建党精神的继承和弘扬。中央党史和文献研究院李蓉从历史、现实两个角度,揭示了传承南梁精神的意义。陕西师范大学陈答才认为,陇东学院研究阐释南梁精神的工作起到了"为历史注释,为时代赋能"的作用,他还对进一步弘扬南梁精神提供了重要建议。西北师范大学王宗礼阐释了南梁精神的深刻内涵和育人价值,并对如何实现育人价值提出了宝贵建议。陇东学院曹复兴在解读南梁精神丰碑的树立及时代价值基础上,阐释了南梁精神在引领学校奋进之路、学生成才之路方面的重要作用。陇东学院辛刚国从南梁精神与教学实践活动、校园文化建设入手,介绍了陇东学院将南梁精神融入学校教育的相关工作。陇东学院刘治立从分析马克思主义在陕甘地区的传播入手,解读了南梁精神是马克思主义中国化在西北地区具体实践的结晶。

不断深化红色文化研究,积极推动红色基因融入思政教育。北京师范大学徐斌围绕学习贯彻习近平总书记"七一"重要讲话精神,深入解析了"归根到底是因为马克思主义行"。山东大学刘明芝从以"革命理想高于天"的崇高信念补精神之"钙"、在"铭记光辉历史,传承红色基因"中推进党的事业等六个方面,解析了习近平总书记关于红色文化的重要论述。榆林学院马举魁对中共陕北特委的发展历程进行了系统梳理,强调中共陕北特委所探索出的适合当地特点的革命道路为中国革命作出了突出贡献。西安科技大学裴恒涛强调革命文化为思政课建设提供了深厚力量,应该使其多途径融入思政课建设。武汉音乐学院胡艺华从解读红色经典歌曲入手,探索用音乐为党史学习教育赋能的有效途径。西安美术学院沈宝莲教授着眼"丹青写精神、经典育新人",力图再认识红色美术作品的价值。南京工业大学赖继年解析了中国共产党精神的内涵、谱系及时空构建,建议在新时代进行转型重构、赓续红色基因。牡丹江师范学院李洪光结合新时代要求,对如何弘扬东北抗联精神提出了重要建议。上海立信会计金融学院徐光寿从"一年酝酿""两年三会""三个空间"论述了伟大建党精神产生的时空范畴以及过程。东北石油大学李万鹰阐释了红色基因的时代内涵、时代价值以及新时代传承红色基因的必要性、有效途径。信阳师范学院门献敏阐释了如何从大别山精神中汲取高校思政课改革创新的源头活水。兰州大学孙世博、许周菲从主体、生成、价值、践行四方面解析了习近平总书记关于英雄的重要论述。

南梁精神研究和弘扬。兰州大学刘继华阐释了南梁精神在中国共产党精神谱系中的重要意义。庆阳市委党史办杨彦林论述了南梁革命根据地党内政治生态建设的经验与启示。陇东学院石强解读了《南梁精神概论》国家级一流本科课程的建设经验。中央党校董艳芳对南梁精神研究现状进行了全面梳理和分析。陇东学院谢学旗阐释了南梁精神的人民情怀及其现实启示。庆阳市委党校赵远兴解读了党的群众路线在陕甘边革命根据地的实践及时代启示。天津师范大学班锦结合自身体会解读了南梁精神的时代意义。

经过探讨交流,各位领导专家在深入学习贯彻习近平总书记系列重要讲话精神、大力传承弘扬南梁精神、积极推动红色基因融入思政教育、加强协作创新以更好完成时代重任等方面达成了诸多共识。大家一致认为，这次研讨会在庆祝中国共产党成立100周年背景下，聚焦深化红色文化研究、推进红色基因传承，为全面学习领会习近平总书记"七一"重要讲话精神、深入研究中国革命历史、大力传承红色基因、落实立德树人根本任务等奉献了一场高水平的学术盛宴。

《中国高校社会科学》2021年第5期

（撰稿：侯普慧　刘治立）

百年大党的现代化求索

——"中国共产党与中国现代化"理论研讨会综述

为庆祝中国共产党成立100周年，进一步加强对习近平总书记在党史学习教育动员大会上的重要讲话精神学习和"四史"的研究宣传，由教育部习近平新时代中国特色社会主义思想研究中心、教育部高等学校社会科学发展研究中心主办，北京师范大学马克思主义学院承办的"中国共产党与中国现代化"理论研讨会，于2021年5月28日在北京举行。会议开幕式上，北京师范大学副校长涂清云、北京市社科联党组书记张淼、教育部社科中心主任王炳林分别致辞。北京大学博雅讲席教授顾海良作题为"中国共产党的百年辉煌与中国现代化的卓越成就"的主题报告。清华大学郭建宁教授、武汉大学丁俊萍教授、华东师范大学齐卫平教授、华南师范大学陈金龙教授、北京大学程美东教授、中国人民大学宋学勤教授、苏州大学田芝健教授、北京师范大学王树荫教授等学者作主题发言。来自全国高校的百余名学者和研究生参加了本次会议。

与会者一致认为，中国共产党对中国现代化做出了巨大贡献。有学者从历史自觉的角度提出，中国共产党的领导，实现了中国现代化探索由被动效仿向主动追赶的历史转变。有学者从理论自觉的角度认为，早在中国共产党成立之初，中共二大纲领提出的两大历史任务就包括争取民族独立、人民解放和实现国家繁荣富强、人民共同富裕。即使在革命时期，中国共产党也从来没有放弃过对第二个历史任务的思考，李大钊、瞿秋白、恽代英等都对这个问题做了探讨。有学者指出，中国现代化理论是中国共产党对中国发展独立探索的成果。改革开放以来，中国共产党探索中国式的现代化道路，提出了"三步走"、翻两番、小康社会、建设全面小康、建成全面小康、建设社会主义强国等战略目标，充分体现了现代化理念的递进性、实践性和可检验性。有学者从实践成效的角度解释，中国共产党确立了社会主义基本制度，完成了中华民族有史以来最为广泛而深刻的社会变革，为现代化奠定了根本政治前提和制度基础；改革开放推动中国逐步实现从追赶时代到与时代并行、再到引领时代开创未来的现代化进程。有学者将中国共产党对于中国现代化的历史贡献归纳为确立现代化目标、明确现代化道路、设计现代化步骤、推进现代化进程四个方面。与会者一致认为，认识中国共产党在中国现代化历史进程中的地位和作用，既是一个重要的理论问题，也有助于增强"四个意识"、坚定"四个自信"。

党的十九大报告作出"开启全面建设社会主义现代化国家新征程"的重大部署,这是当前学界研究的热点议题。与会者探讨了全面建设社会主义现代化国家的深刻内涵、历史方位、功能意义以及实践路径等问题。关于深刻内涵,有学者指出,中国共产党从过去的建设现代化国家,到现在的建设现代化强国,目标从"富强民主文明和谐"进一步拓展为"富强民主文明和谐美丽",实现了与"五位一体"总体布局的更好对接,体现了现代化奋斗目标在实践中的不断深化。关于历史方位,一些学者指出,全面建设社会主义现代化国家是谋求国家现代化的新阶段,是全面建成小康社会之后的新征程,是进一步提升中国国际地位和影响力的内在要求。关于功能意义,有学者表示,开启全面建设社会主义现代化国家新征程,既有利于凝聚各方面力量,也有利于建构国家形象和政党形象;既促进了"四个全面"战略布局的内涵更新,也能为发展中国家走向现代化提供经验和借鉴。有学者强调,以建设社会主义强国作为现代化的奋斗目标,将中华民族伟大复兴的追求提升到了新的历史高度。关于实践路径,与会者从党的领导、深化改革、以人为本、文化传承发展等方面发表了看法。

中国共产党领导下的中国现代化是人类发展史上的奇迹,特别是全球金融危机以及近期新冠肺炎疫情下资本主义国家的颓势,与社会主义中国"风景这边独好"形成强烈对比,探求中国共产党领导现代化的历史经验和成功之道,成为21世纪以来国内外学者理论创新的重要突破点。有学者指出,中国现代化成功的关键是找到了一条正确的中国特色社会主义道路,这条道路既立足中国国情、扎根本土,又博采众长、兼收并蓄,保证把握时代潮流;既坚持以经济建设为中心,又推进政治建设、文化建设、社会建设、生态文明建设以及其他各方面建设,保证全面协调发展;既坚持改革开放,又坚持四项基本原则,保证正确发展方向;既解放和发展社会生产力,又逐步实现全体人民共同富裕、促进人的全面发展,保证凝聚人心、汇聚民力。有学者认为,精神谱系是中国共产党领导现代化的强大动力。有学者总结了中国共产党领导现代化的主要经验:建设社会主义现代化国家,必须坚持中国共产党的全面领导;取得社会主义现代化建设的胜利,必须走自己的道路;创造社会主义现代化国家的崭新模式,是中国共产党的神圣使命;实现中华民族伟大复兴,必须以实现社会主义现代化国家建设的目标为前提;实现现代化,必须紧紧依靠人民。

现代化是近代以来人类发展的大势,各国现代化道路多种多样、模式千差万别,必须把中国的现代化放在整个世界的大格局中去思考和定位。与会者一致认为,现代化不等于西方化。有学者指出,各国独特的历史传承、文化传统、基本国情和政治结构决定了没有一种适用于全球的普世现代化模式。有学者通过对失败案例的梳理阐释了照抄西方现代化模式的严重后果和深刻教训。一些学者认为,中国共产党探索出一条符合中国国情的现代化道路具有世界吸引力,给世界上那些既希望加快发展又希望保持独立的国家和民族提供了全新选择,开拓了世界社会主义的新境界,为人类美好追求提供了中国智慧和中国方案。有学者认为,马克思主义深刻改变了中国,中国的现代化实践也极大地丰富了马克思主义。还有学者围绕我国现代化话语体系构建和国际传播问题发表了看法。

现代化研究是一个多维度的学术问题,必须展开多角度的探讨,才能更好地获得规律性的认识。与会者不仅从宏观上探讨了百年来中国共产党领导现代化的历史进程、基本经验、理论成果及世界意义,还从微观上分析了中国现代化的诸多具体现实问题,如领袖人物与中国现代化、城市现代化建设、党史学科建设现代化、党的建设现代化、思想政治教育现代化、协商民主现代化、反腐治理现代化、中西方现代化思想互鉴、健康中国与现代化、党内法规建设现代化、中国共产党国际形象构建现代化等,拓展了中国现代化研究的视野和方法。

在中国共产党百年华诞之际,探讨中国共产党与中国现代化的关系,从党的光辉历史中汲取砥砺奋进的智慧和力量,正当其时,意义重大。与会者的热烈讨论体现了扎实的历史功底以及强烈的时代意识和问题意识,展现了当代学者的责任感、使命感,进一步促进了学界对中国现代化的认识。

《中国高校社会科学》2021 年第 4 期

(撰稿:李 娟)

中国共产党精神谱系与红色文化资源育人研讨会综述

为庆祝中国共产党成立100周年，学习贯彻习近平总书记在党史学习教育动员大会上的重要讲话精神，推动中国共产党精神谱系研究和红色文化资源育人研究，6月11日，教育部高等学校社会科学发展研究中心、高等学校中国共产党革命精神与文化资源研究中心在复旦大学举办"中国共产党精神谱系与红色文化资源育人"研讨会。教育部高等学校社会科学发展研究中心主任、《中国高校社会科学》杂志总编辑王炳林，教育部社科司副司长谭方正，复旦大学党委副书记许征等出席研讨会并讲话。会议由教育部高等学校社会科学发展研究中心副主任储新宇主持。来自复旦大学、中国人民大学、北京师范大学、南开大学、浙江大学、山东大学、上海交通大学等50余所高校和研究机构的百余位专家学者参会。

许征代表复旦大学向与会专家学者表示热烈欢迎。她指出，1920年，复旦大学的老校长陈望道翻译了《共产党宣言》中文全译本，在当时的先进分子中产生强烈反响。2020年6月，习近平总书记给复旦大学《共产党宣言》展示馆党员志愿服务队全体队员的回信，为复旦大学推进以党史教育为重点的"四史"教育提供了根本遵循。在两个一百年的历史交汇期，发挥好中国共产党精神谱系与红色文化资源育人功能，对于高校学术研究和立德树人具有重要意义。

谭方正在致辞中指出，我们党即将迎来百年华诞，在中国共产党诞生地相聚，研究精神谱系和红色文化，具有十分重要的意义。中国共产党人的精神谱系是中华优秀传统文化的集中体现，是民族复兴的思想源泉，是培养社会主义建设者和接班人的天然营养剂。开展红色文化育人关键是要浸润心灵，润物无声。近年来，教育部社科司、社科中心搭建了很多平台，希望能与各位专家学者手拉手、心连心，在推动精神谱系和红色文化育人方面推出更多高水平研究成果。

王炳林在致辞中指出，在中国共产党百年华诞之际，在党的诞生地上海，在《共产党宣言》翻译者长期任职的复旦大学，召开"中国共产党精神谱系与红色文化资源育人"研讨会意义十分重大。高等学校中国共产党革命精神与文化资源研究中心成立8年来，在教育部社科司的指导下，各研究基地共同努力，形成了研究、育人、资政三足鼎立的发展态势。他指出，学习"四史"是实现思政课目标的重要基础，要准确把握"四史"的科学内涵、学习"四史"的基本原则、学习"四史"的途径和方法等。学习"四史",要坚持大历史观,坚持正确的党史观,坚持整体性原则;要处理好讲道理与讲故事的关系,处理好历史知识与历史经验的关系,处理好课堂讲授与实践教学的关系,处理好历史性与现实性的关系。

华东师范大学政治学系齐卫平教授发言认为,高校承担着人才培养的使命,适应新时代的要求,必须进一步回答和解决好培养什么样的人、怎样培养人的历史性课题。革命精神是中国共产党红色基因的标识性符号,发挥党史以史鉴今、资政育人的作用,很重要的一点就是要系统研究中国共产党革命精神,让红色基因在青年一代中赓续传承。

河北师范大学党委书记戴建兵教授发言认为,必须把党史学习与"四史"学习相结合,与高校思政课深度融合,与校史、全方位育人有机结合。党史是最生动、最有说服力的教科书,是应对各种社会思潮、批判历史虚无主义的有力武器,党史学习教育需要常态化。

嘉兴学院吕延勤教授发言认为,党的先进性来源于本质属性、理论指导、政治建设、组织优势。以马克思主义理论武装全党,以坚定的理想信念战胜艰难险阻,以创新精神永葆生机活力,以民族大义和人民群众根本利益为出发点践行初心使命,以保持党的纯洁性为目标进行制度治党等是中国共产党保持先进性的基本经验。

湘潭大学李佑新教授发言认为,精神谱系是中国共产党百年辉煌历史进程铸就的永恒精神丰碑,给我们留下了永恒的英雄榜样。精神谱系蕴含着理想、为民、奉献、奋斗、创新等中国共产党永恒的精神品质,是激励我们永远前进的精神动力。我们要深入挖掘精神谱系蕴藏的精神品质和精神力量,研究、弘扬好中国共产党精神谱系。

井冈山大学张泰城教授运用文献统计学的方法对中国共产党革命精神的总体研究状况进行分析,提出下一步革命精神研究的重点应该是加强学术性和学理性研究,构建科学规范的学术概念及学术范畴体系,把地域性和谱系结合起来研究。

赣南师范大学副校长邱小云教授发言认为,对于精神谱系的梳理要进行分层分类,重点是要对伟大精神历史坐标进行准确定位,而时间与空间、共性与个性是精神坐标划分的重要标准。

遵义师范学院杨永福教授发言介绍了遵义师范学院开展红色文化育人的经验和做法,认为传承红色基因要加强顶层设计、挖掘特色要素、拓展实施路径,多措并举加强爱国主义革命精神教育工作。

延安大学谭虎娃教授认为,延安大学打造"一体两翼"模式,为革命精神育人积累了经验。这些经验主要包括:发挥资源优势,推进延安精神融入课堂;打造特色项目,实现全过程体验教学;积极开展多种服务活动,多维度践行延安精神。

黄冈师范学院党委书记王立兵发言认为,中国共产党精神谱系蕴含着相融相通、一脉相承的红色基因。高校作为红色基因传承的主阵地,要大力弘扬红色传统,用好红色资源,在传承中国共产党伟大精神中赓续精神血脉。

北京理工大学马克思主义学院教师李佳金发言认为，要实现革命精神的代际传递，一方面要研究革命精神本身的内涵体系特征，另一方面要研究如何融入年轻人的话语体系和思维方式。

与会专家学者还围绕与建党百年、党史学习教育、中国共产党精神谱系和红色文化资源育人等相关的其他议题积极发言、广泛交流。大家一致表示，要以习近平总书记在党史学习教育动员大会上的重要讲话精神为根本遵循，系统研究宣传中国共产党人的精神谱系，助力高校立德树人。

王炳林在会议总结中指出，本次会议呈现主题鲜明、研讨深入、交流广泛等特点。深化精神谱系研究，关键是要坚持理论性与实践性的统一、典型性与广泛性的统一、党性与人民性的统一、民族性与世界性的统一、历史性与现实性的统一。只有把精神谱系的现实意义、时代价值挖掘出来，才能真正实现伟大精神的历久弥新。

《中国高校社会科学》2021 年第 4 期

（撰稿：崔文龙）

学科大事记

1月6日

全国宣传部长会议在北京召开。中共中央政治局常委、中央书记处书记王沪宁出席会议并讲话。他表示，要坚持以习近平新时代中国特色社会主义思想为指导，增强"四个意识"、坚定"四个自信"、做到"两个维护"，围绕开局"十四五"、开启新征程，突出庆祝中国共产党成立100周年，扎实做好宣传思想工作，为全面建设社会主义现代化国家开好局起好步提供坚强思想保证和强大精神力量。中国社会科学院党组成员、当代中国研究所所长姜辉参加会议。

1月8日

由中国社会科学院主办的"庆祝中国共产党成立100周年暨首届党建高层论坛"在北京举行。论坛主题为"百年大党与中国巨变"。中国社会科学院院长、党组书记谢伏瞻出席论坛并致辞。论坛由中国社会科学院副院长、党组副书记、新时代党建研究中心理事长王京清主持。中共中央党校（国家行政学院）副校（院）长谢春涛，军事科学院副院长曲爱国，中国社会科学院党组成员、当代中国研究所所长姜辉，中央党史和文献研究院院务委员会委员徐永军，北京大学国际关系学院教授、北京大学中国与世界研究中心主任潘维，中国人民大学习近平新时代中国特色社会主义思想研究院院长秦宣，中国社会科学院马克思主义研究院党委书记、副院长辛向阳等领导和专家学者出席会议并作主旨发言。来自中国社会科学院、中共中央党校（国家行政学院）、军事科学院、中共中央党史和文献研究院、北京大学、中国人民大学等单位的专家学者共60余人参加论坛。

1月11日

2021年第1期《红旗文稿》发表了中国社会科学院党组成员、当代中国研究所所长姜辉的文章《创造性运用马克思主义世界观方法论认识解决中国发展问题》。文章指出，党的十九届五中全会规划了今后五年以及更长一个时期我国经济社会发展目标，集中反映了我们党实践创新和理论创新的成果，也是我们党运用马克思主义世界观方法论认识和解决当代中国发展问题的集中体现。习近平总书记指出："我们党要团结带领人民实现'两个一百年'奋斗目标、实现中华民族伟大复兴的中国梦，必须不断接受马克思主义哲学智慧的滋养，更加自觉地坚持和运用辩证唯物主义世界观和方法论，更好在实际工作中把握现象和本质、形式和内容、原因和结果、偶然和必然、可能和现实、内因和外因、共性和个性的关系，增强辩证思维、战略思维能力，把各项工作做得更好。"十九届五中全会以习近平新时代中国特色社会主义思想为指导，立足时代特征和中国发展实际，坚持历史与现实、理论与实践、国际和国内相结合，运用辩证唯物主义和历史唯物主义立场观点方法，科学认识和有效解决当代中国发展的重大理论和现实问题，是彻底贯彻和创造性运用马克思主义世界观方法论的典范。

1月19日

中国社会科学院党组成员、当代中国研究所所长、马克思主义研究院院长姜辉会见到访的古巴驻华大使卡洛斯·米格尔·佩雷拉·埃尔南德斯一行。姜辉介绍了中国社会科学院对古学术交流情况，并表示希望进一步密切与古巴的交流合作，搭建更多沟通平台，共同发掘具有现实意义的议题，开展合作研究，产出高质量研究成果，推动中古学术交流走深走实。他指出，在新发展阶段，中共十九届五中全会统筹"两个大局"，明确了我国社会主义现代化的路径选择，对构建新发展格局作出了战略部署。在此大背景下，中国与古巴两国学者可就党的建设、共产党长期执政的经验与规律、发展中国家实现现代化道路等问题开展深入交流。

同日

中国社会科学院党组成员、当代中国研究所所长姜辉在当代中国研究所主持召开《习近平新时代中国特色社会主义思想研究丛书》工作会议。

1月20日

当代中国研究所召开《（新编）中国通史》之《中华人民共和国卷》专题会议。会议由中国社会科学院党组成员、当代中国研究所所长、本卷主编姜辉主持。在框架设计上，他提出要注意章节内容的平衡，并根据大家讨论的意见，敲定了诸如"两年徘徊"时期的阶段界定、党的会议的章节呈现以及党的建设内容取舍等相关写作细节，特别强调了本卷写作国史语言风格创新的问题。

1月22日

当代中国研究所召开《中华人民共和国史》（多卷本）启动会。中国社会科学院党组成员、当代中国研究所所长姜辉主持会议，副所长李正华、宋月红，原副所长张星星、武力参加会议。姜辉指出，当代中国研究所作为党中央批准的专事研究、编撰和出版新中国史的机构，建所30年来，推出了以《中华人民共和国史稿》多卷本和《新中国70年》等为代表的高质量研究成果，国史学科"三大体系"建设取得重大进展，为启动和编纂多卷本《中华人民共和国史》奠定了坚实基础。希望大家要以对党、国家、人民和历史负责的态度来对待这项工作，在积极推进项目的过程中，一定要做到高质量组织、高标准推进。

1月25日

由中央广播电视总台联合中国国家博物馆、中央美术学院等部门制作的百集特别节目《美术经典中的党史》开播活动举办。中宣部副部长、中央广播电视总台台长慎海雄出席。来自中共中央党校、中国人民革命军事博物馆、中央美术学院、中国美术学院、清华大学美术学院、鲁迅美术学院、中国国家画院、北京画院、上海画院、广东画院、陕西画院等领导、专家参加开播活动。《美术经典中的党史》用"以画为体，以史为魂"的结构方式，从中国共产党成立以来各个历史时期、特别是党的十八大以来的美术作品中，遴选出100件最具代表性的美术经典作品，生动再现了中国共产党100年来波澜壮阔的光辉历程，通过将党史内容和美术经典巧妙结合，融党史题材和艺术之美于一体，创新拓展重大主题表达空间。多位党史和美术专家做客演播室，为观众讲述一部部美术经典作品背后感人肺腑的党史故事，带领观众从美术经典中领略信仰之美，礼赞中国共产党带领人民筚路蓝缕、艰苦奋斗，开辟中国特色社会主义道路，创造人类发展史上奇迹的光辉历程。

1月28日

中共中央政治局就做好"十四五"时期我国发展开好局、起好步的重点工作进行第二十七次集体学习。习近平强调，完整、准确、全面贯彻新发展理念，是经济社会发展的工作要求，也是十分重要的政治要求。越是形势复杂、任务艰巨，越要坚持党的全面领导和党中央集中统一领导，越要把党中央关于贯彻新发展理念的要求落实到工作中去。只有站在政治的高度，对党中央的大政方针和决策部署才能领会更透彻，工作起来才能更有预见性和主动性。各级领导干部特别是高级干部要不断提高政治判断力、政治领悟力、政治执行力，对"国之大者"了然于胸，把贯彻党中央精神体现到谋划重大战略、制定重大政策、部署重大任务、推进重大工作的实践中去，经常对表对标，及时校准偏差。

1月

《中共党史知识问答》一书由人民出版社出版，在全国发行。该书由中共中央党校中共党史教研部编写，以问答的形式对中国共产党领导人民进行革命、建设和改革发展的光辉历程作了系统回顾，解答了许多读者关心的党史热点难点问题。《中共党史知识问答》的出版，有助于广大干部群众学习中共党史和党的基本知识，深入了解中国共产党在长期奋斗中所形成的特质、取得的光辉成就以及积累的丰富历史经验。

2月1日

中共中央总书记、国家主席、中央军委主席习近平在人民大会堂同各民主党派中央、全国工商联负责人和无党派人士代表欢聚一堂，共迎佳节。习近平发表重要讲话指出，中共中央决定，今年在全党开展中共党史学习教育，激励全党不忘初心、牢记使命，在新时代不断加强党的建设。各民主党派和无党派人士要结合庆祝中国共产党成立100周年，全面回顾同中国共产党团结合作的奋斗历程，发扬光荣传统，坚守合作初心，加强自身建设。要继续贯彻中共中央关于中国特色社会主义参政党建设的一系列决策部署，把思想政治建设摆在更加突出的位置，持续强化理论武装。要加强工商联自身建设和无党派代表人士队伍建设，在服务大局中更好履职尽责。

2月5日

中国社会科学院党组成员、当代中国研究所所长姜辉到中南海王沪宁同志处参加《中国共产党简史》修改讨论会议。

2月7日

全国党史和文献部门主要负责人会议召开。中共中央政治局委员、中央办公厅主任丁薛祥出席会议并讲话。丁薛祥指出，党的十九大以来，全国党史和文献部门认真贯彻落实党中央决策部署，深化机构改革，聚焦主责主业，主动担当作为，为推动用党的创新理论武装全党、教育人民发挥了重要作用。丁薛祥强调，今年是中国共产党成立100周年。百年大党继往开来再出发，党史和文献工作任重道远、大有可为。要深入学习贯彻习近平新时代中国特色社会主义思想，准确把握党史和文献工作的政治属性、重要作用、主要任务、正确方向、科学方法，更好发挥以史鉴今、资政育人作用，更好为党和国家工作大局服务，不断开创党史和文献工作新局面。要把完成建党100周年庆祝活动筹办任务作为今年工作的重中之重，积极发挥职能作用，推动党史学习教育扎实深入开展，引导广大党员干部不断增强"四个意识"、坚定"四个自信"、做到"两个维护"。要进一步深化对习近平新时代中国特色社会主义思想的研究阐释，加强党的历史和理论研究，统筹做好宣传教育、资料征集、信息化建设等工作，不断提升党史和文献工作科学化水平。中国社会科学院党组成员、当代中国研究所所长姜辉参加会议。

2月7—10日

中国社会科学院党组成员、当代中国研究所所长姜辉在中国职工之家参加《中国共产党简史》修改讨论会。

2月13—18日

中国社会科学院党组成员、当代中国研究所所长姜辉在中国职工之家参加《中国共产党简史》修改讨论会。

2月15日

中共中央印发《关于在全党开展党史学习教育的通知》（以下简称《通知》），就党史学习教育作出部署安排。

《通知》指出，2021年是中国共产党成立100周年。为从党的百年伟大奋斗历程中汲取继续前进的智慧和力量，深入学习贯彻习近平新时代中国特色社会主义思想，巩固深化"不忘初心、牢记使命"主题教育成果，激励全党全国各族人民满怀信心迈进全面建设社会主义现代化国家新征程，党中央决定，在全党开展党史学习教育。

《通知》指出，中国共产党领导中国人民走过的百年历程，是光荣辉煌的一百年，也是艰苦卓绝的一百年；是奠基立业的一百年，也是开辟未来的一百年。在一百年的接续奋斗中，党领导人民创造了伟大历史，铸就了伟大精神，形成了宝贵经验，使中华民族迎来了从站起来、富起来到强起来的伟大飞跃，创造了中华民族发展史、人类社会进步史上的伟大奇迹。我们党作为世界上长期执政的最大政党，最有资格也最有底气向世人讲清楚党的过去、现在、未来，引导干部群众把党的历史学习好、总结好、传承好、发扬好。

《通知》指出，学习历史是为了更好走向未来。当前，我国正处于实现中华民族伟大复兴关键时期，世界正经历百年未有之大变局。在这一重大历史时刻，组织开展党史学习教育，对于总结历史经验、认识历史规律、掌握历史主动，对于传承红色基因、牢记初心使命、坚持正确方向，对于深入学习领会习近平新时代中国特色社会主义思想，进一步统一思想、统一意志、统一行动，建设更加强大的马克思主义执政党，在新的历史起点上奋力夺取新时代中国特色社会主义伟大胜利，具有重大而深远的意义。

《通知》指出，开展党史学习教育，要深入学习领会习近平总书记关于党史的重要论述，紧紧围绕学懂弄通做实党的创新理论，做到学史明理、学史增信、学史崇德、学史力行，引导广大党员干部增强"四个意识"、坚定"四个自信"、做到"两个维护"，不断提高政治判断力、政治领悟力、政治执行力，为全面建设社会主义现代化国家、实现中华民族伟大复兴中国梦而不懈奋斗。

《通知》指出，开展党史学习教育，要引导广大党员深刻铭记中国共产党百年奋斗的光辉历程，深刻认识中国共产党为国家和民族作出的伟大贡献，深刻感悟中国共产党始终不渝为人民的初心宗旨，系统掌握中国共产党推进马克思主义中国化形成的重大理论成果，学习传承中国共产党在长期奋斗中铸就的伟大精神，深刻领会中国共产党成功推进革命、建设、改革的宝贵经验。

《通知》强调，各级党委（党组）要把开展党史学习教育作为一项重大政治任务，高度重视、精心组织。要突出学党史、悟思想、办实事、开新局，注重融入日常、抓在经常，面向全体党员，以县处级以上领导干部为重点开展学习教育实践。要发扬马克思主义优良学风，把握正确导向，加强督促指导，营造浓厚舆论氛围，确保党史学习教育取得扎实成效。

2月18日

中共中央总书记、国家主席、中央军委主席习近平给上海市新四军历史研究会的百岁老战士们回信，向他们致以诚挚问候和美好祝福。习近平在回信中说，你们青年时代就投身革命，为党和人民事业英勇奋斗，期颐之年仍心系党史宣传教育，深厚的爱党之情令人感佩。习近平强调，对中国共产党人来说，中国革命历史是最好的教科书，常读常新。你们亲历了中华民族迎来从站起来、富起来到强起来伟大飞跃的历史进程，更懂得我们党的初心和使命。全党即将开展党史学习教育，希望老同志们继续发光发热，结合自身革命经历多讲讲中国共产党的故事、党的光荣传统和优良作风，引导广大党员特别是青年一代不忘初心、牢记使命、坚定信仰、勇敢斗争，为新时代全面建设社会主义现代化国家而不懈奋斗。

2月20日

党史学习教育动员大会召开。中共中央总书记、国家主席、中央军委主席习近平出席会议并发表重要讲话。他强调，在全党开展党史学习教育，是党中央立足党的百年历史新起点、统筹中华民族伟大复兴战略全局和世界百年未有之大变局、为动员全党全国满怀信心投身全面建设社会主义现代化国家而作出的重大决策。全党同志要做到学史明理、学史增信、学史崇德、学史力行，学党史、悟思想、办实事、开新局，以昂扬姿态奋力开启全面建设社会主义现代化国家新征程，以优异成绩迎接建党一百周年。中国社会科学院党组成员、当代中国研究所所长姜辉出席会议。

2月21日

中国社会科学院党组成员、当代中国研究所所长姜辉出席由光明日报社主办的"理论名家与新媒体总编辑学习"研讨会，作了题为"新时代中国共产党人品格风貌和实践要求"的发言。姜辉在发言中认为，学史明理、学史增信、学史崇德、学史力行，关键是要对"国之大者"心中有数。要扭住大要，善于从政治上观察和处理问题，保持政治定力和驾驭政治局面、防范政治风险的能力。胸怀大局，就是胸怀中华民族伟大复兴战略全局和世界百年未有之大变局。把握大势，即用好时与势，这是我们的定力和底气、决心和信心所在。干好大事，即建设社会主义现代化强国，为人类对更好社会制度的探索提供中国方案。心有大爱，即"无我为民"，全面落实以人民为中心的发展思想，在更高水平上实现人民美好生活。

2月23日

中国社会科学院党组成员、当代中国研究所所长姜辉在当代中国研究所主持召开《中华人民共和国史简明读本》课题组会议。

同日

中国社会科学院党组成员、当代中国研究所党组书记姜辉主持召开中共当代中国研究所党组2021年第5次会议。党组理论学习中心组传达学习了习近平总书记在党史学习教育动员大会上的重要讲话精神。会议认为，习近平总书记的重要讲话，对开展好党史学习教育，推动全党深入学习领会习近平新时代中国特色社会主义思想，更好总结历史经验、认识历史规律、掌握历史主动，建设更加强大的马克思主义执政党，奋力夺取新时代中国特色社会主义伟大胜利具有重大指导意义。会议指出，习近平总书记重要讲话强调在全党开展党史学习教育，要树立正确党史观、切实为群众办实事解难题、注重方式方法创新，高标准高质量完成学习教育各项任务。作为新中国史研究机构，要坚持以我们党关于历史问题的两个决议和党中央有关精神为依据，准确把握党的历史发展的主题主线、主流本质，履行好"修史、资政、育人、护国"职责，旗帜鲜明反对历史虚无主义，更好正本清源、固本培元，以优异成绩迎接建党一百周年。

2月24日

中共中央党史和文献研究院编辑的《毛泽东邓小平江泽民胡锦涛关于中国共产党历史

论述摘编》（以下简称《论述摘编》）一书，近日由中央文献出版社出版。重视学习和总结历史，善于借鉴和运用历史经验，是我们党的优良传统。在领导中国革命、建设、改革过程中，毛泽东同志、邓小平同志、江泽民同志、胡锦涛同志围绕中国共产党历史发表了一系列重要论述，深刻阐释了党在各个历史时期的光辉历程、理论成果、宝贵经验和伟大精神。我们党即将迎来百年华诞，全党正在开展党史学习教育。这本书的出版发行，对于我们学习和了解党的历史，从中汲取智慧和力量，增强"四个意识"、坚定"四个自信"、做到"两个维护"，全面建设社会主义现代化国家、实现中华民族伟大复兴的中国梦，具有十分重要的指导意义。《论述摘编》共计141段论述，分别摘自毛泽东同志、邓小平同志、江泽民同志、胡锦涛同志的讲话、报告、谈话、批示和书信等重要文献。其中部分论述是第一次公开发表。

同日

党史学习教育领导小组印发《关于认真学习贯彻习近平总书记在党史学习教育动员大会上的重要讲话的通知》（以下简称《通知》）。

《通知》指出，2月20日，习近平总书记出席党史学习教育动员大会并发表重要讲话。习近平总书记的重要讲话，对开展好党史学习教育，推动全党深入学习领会习近平新时代中国特色社会主义思想，更好总结历史经验、认识历史规律、掌握历史主动，建设更加强大的马克思主义执政党，奋力夺取新时代中国特色社会主义伟大胜利具有重大指导意义。

《通知》要求，要把思想和行动统一到习近平总书记重要讲话精神上来。习近平总书记立足中国共产党百年华诞的重大时刻和"两个一百年"历史交汇的关键节点，站在统筹中华民族伟大复兴战略全局和世界百年未有之大变局的时代高度，深刻阐述开展党史学习教育的重大意义和重点工作要求，对新时代学习党的历史、弘扬党的传统、开启新的征程、创造新的伟业作出重要部署。习近平总书记的重要讲话高屋建瓴、视野宏大、思想深邃，为开展好党史学习教育指明了方向、提供了根本遵循。各级党委（党组）要把学习贯彻习近平总书记重要讲话精神作为当前的一项重要政治任务抓紧抓好，领导班子要安排专门时间集中学习讨论，组织广大党员干部专题学习，全面领会讲话的丰富内涵、精神实质和实践要求。要做到学史明理、学史增信、学史崇德、学史力行，教育引导党员干部学党史、悟思想、办实事、开新局，进一步学懂弄通做实习近平新时代中国特色社会主义思想，不断增强"四个意识"、坚定"四个自信"、做到"两个维护"。

《通知》要求，要进一步感悟思想伟力，增强用党的创新理论武装全党的政治自觉。习近平总书记强调，马克思主义深刻改变了中国，中国也极大丰富了马克思主义。中国共产党人坚持把马克思列宁主义同中国实际相结合，用马克思主义真理的力量激活了中华民族历经几千年创造的伟大文明，使中华文明再次迸发出强大精神力量。各地区各部门各单位要教育引导党员干部从党的非凡历程中感悟马克思主义的真理力量和实践力量，深化对中国化马克思主义既一脉相承又与时俱进的理论品质的认识，深刻学习领会新时代党的创新理论，坚持不懈用习近平新时代中国特色社会主义思想武装头脑、指导实践、推动工作。

《通知》要求，要进一步把握历史发展规律和大势，始终掌握党和国家事业发展的历史主动。习近平总书记强调，了解历史才能看得远，理解历史才能走得远。只要把握住历史发展规律和大势，抓住历史变革时机，顺势而为，奋发有为，我们就能够更好前进。各地区各部门各单位要教育引导党员干部树立大历史观，认清当代中国所处的历史方位，增强历史自觉，心怀"国之大者"，切实增强工作的系统性、预见性、创造性，激发为实现中华民族伟大复兴而奋斗的信心和动力。

《通知》要求，要进一步深化对党的性质宗旨的认识，始终保持马克思主义政党的鲜明本色。习近平总书记强调，为人民而生，因人民而兴，始终同人民在一起，为人民利益而奋斗，是我们党立党兴党强党的根本出发点和落脚点。各地区各部门各单位要教育引导党员干部深刻认识党的性质宗旨，把人民对美好生活的向往作为奋斗目标，推动共同富裕取得更为明显的实质性进展，增强人民群众的获得感、幸福感、安全感。

《通知》要求，要进一步总结党的历史经验，不断提高应对风险挑战的能力水平。习近平总书记强调，我们党一步步走过来，很重要的一条就是不断总结经验、提高本领，不断提高应对风险、迎接挑战、化险为夷的能力水平。各地区各部门各单位要教育引导党员干部从具有许多新的历史特点的伟大斗争出发，不断增强斗争意识、丰富斗争经验、提升斗争本领，确保我们党在世界形势深刻变化的历史进程中始终走在时代前列，在应对国内外各种风险挑战的历史进程中始终成为全国人民的主心骨，在坚持和发展中国特色社会主义的历史进程中始终成为坚强领导核心。

《通知》要求，要进一步发扬革命精神，始终保持艰苦奋斗的昂扬精神。习近平总书记强调，我们党之所以历经百年而风华正茂、饱经磨难而生生不息，就是凭着那么一股革命加拼命的强大精神。各地区各部门各单位要教育引导党员干部大力发扬红色传统、传承红色基因，赓续共产党人精神血脉，鼓起迈进新征程、奋进新时代的精气神。

《通知》要求，要进一步增强党的团结和集中统一，确保全党步调一致向前进。习近平总书记强调，旗帜鲜明讲政治、保证党的团结和集中统一是党的生命，也是我们党能成为百年大党、创造世纪伟业的关键所在。各地区各部门各单位要坚决维护习近平总书记党中央的核心、全党的核心地位，坚决维护党中央权威和集中统一领导，教育引导党员干部从党史中汲取正反两方面历史经验，不断提高政治判断力、政治领悟力、政治执行力，自觉在思想上政治上行动上同以习近平同志为核心的党中央保持高度一致。

《通知》要求，要联系实际抓好重要讲话精神贯彻落实。习近平总书记重要讲话明确提出，在全党开展党史学习教育，要加强组织领导、树立正确党史观、切实为群众办实事解难题、注重方式方法创新，高标准高质量完成学习教育各项任务。各地区各部门各单位要高度重视，提高思想站位，成立领导机构，切实把党中央部署和要求落到实处。要坚持以我们党关于历史问题的两个决议和党中央有关精神为依据，准确把握党的历史发展的主题主线、主流本质，旗帜鲜明反对历史虚无主义，更好正本清源、固本培元。要把学习重要讲话同学习党中央《关于在全党开展党史学习教育的通知》结合起来，做到一体领会、一体贯彻。要联系实际、突出特色、务求实效，以好的学风开展党史学习教育，抓好专题学习、专题党课、专题民主生活会、专题培训，坚决克服形式主义、官僚主义，把党史学习教育同为群众办实事解难题结合起来，切实把学习成效转化为工作动力和发展成就，以优异成绩迎接建党一百周年。

2月25日

中共中央总书记、国家主席、中央军委主席习近平出席全国脱贫攻坚总结表彰大会发表重要讲话强调，经过全党全国各族人民共同努力，在迎来中国共产党成立一百周年的重要时刻，我国脱贫攻坚战取得了全面胜利，现行标准下9899万农村贫困人口全部脱贫，832个贫困县全部摘帽，12.8万个贫困村全部出列，区域性整体贫困得到解决，完成了消除绝对贫困的艰巨任务，创造了又一个彪炳史册的人间奇迹！这是中国人民的伟大光荣，是中国共产党的伟大光荣，是中华民族的伟大光荣。习近平强调，伟大事业孕育伟大精神，伟大精神引领伟大事业。脱贫攻坚伟大斗争，锻造形成了"上下同心、尽锐出战、精准务实、开拓创新、攻坚克难、不负人民"的脱贫攻坚精神。脱贫攻坚精神，是中国共产党性质宗旨、中国人民意志品质、中华民族精神的生动写照，是爱国主义、集体主义、社会主义思想的集中体现，是中国精神、中国价值、中国力量的充分彰显，赓续传承了伟大民族精神和时代精神。全党全国全社会都要大力弘扬脱贫攻坚精神，团结一心，英勇奋斗，坚决战胜前进道路上的一切困难和风险，不断夺取坚持和发展中国特色社会主义新的更大的胜利。

同日

党史学习教育领导小组在北京召开学习贯彻习近平总书记党史学习教育动员大会重要讲话精神座谈会。中共中央政治局委员、中宣部部长、党史学习教育领导小组组长黄坤明出席并讲话，强调要认真学习领会习近平总书记重要讲话精神，深刻理解丰富内涵和精髓要义，牢牢把握学党史、悟思想、办实事、开新局的要求，扎扎实实、高质高效组织开展党史学习教育。黄坤明指出，习近平总书记重要讲话深刻阐明了开展党史学习教育的重大意义、重点任务和工作要求，是开宗明义、催人奋进的"开学"第一课，是知史鉴今、观照未来的历史教育课，是砥砺初心、牢记使命的党性修养课，为开展学习教育提供了根本遵循。黄坤明强调，要聚焦党史学习教育重点，突出学史明理、学史增信、学史崇德、学史力行，引导党员干部深刻领会习近平新时代中国特色社会主义思想，牢记初心使命，弘扬革命精神，提高政治意识和政治能力。要把为群众办实事、解难题贯穿始终，在强化党性修养和人民立场中展现共产党人时代风貌。领导小组要加强组织协调、分类指导、宣传引导，力戒形式主义、官僚主义，确保学习教育取得实效。党史学习教育领导小组成员，中央宣讲团成员，中央宣传文化单位、有关部门和地方负责同志参加会议。

2月26日

中国社会科学院召开党史学习教育动员大会。会议传达学习了习近平总书记在党史学习教育动员大会上的重要讲话。中国社会科学院院长、党组书记谢伏瞻作动员讲话。中国社会科学院副院长、党组副书记王京清主持会议。中国社会科学院副院长、党组成员高翔、高培勇，中央纪委国家监委驻中国社会科学院纪检监察组组长、党组成员杨笑山，党组成员、当代中国研究所所长姜辉，副院长、党组成员王灵桂，秘书长、党组成员赵奇，中国社会科学院副秘书长，院党组党史学习教育领导小组及办公室成员，院属各单位主要负责同志出席会议。

2月

中共中央党史和文献研究院编辑的习近平同志《论中国共产党历史》一书，近日由中央文献出版社出版，在全国发行。这部专题文集，收入习近平同志关于中国共产党历史的重要文稿40篇。其中部分文稿是首次公开发表。历史是最好的教科书。党的十八大以来，习近平同志围绕中国共产党历史发表了一系列重要论述，系统回顾我们党团结带领中国人民不懈奋斗的光辉历程，深入总结党在各个历史时期创造的理论成果、积累的宝贵经验、铸就的伟大精神，深刻阐明党为中华民族作出的伟大贡献、为解决人类问题提供的中国智慧中国方案，展望党和人民事业发展的光明前景。这些重要论述立意高远，内涵丰富，思想深刻，是习近平新时代中国特色社会主义思想的重要组成部分。习近平同志《论中国共产党历史》的出版发行，对于广大干部群众学好党的历史，增强"四个意识"、坚定"四个自信"、做到"两个维护"，决胜全面建成小康社会、开启全面建设社会主义现代化国家新征程、实现中华民族伟大复兴的中国梦，具有十分重要的指导意义。

同月

在中国共产党成立 100 周年之际，经党中央批准，由中央宣传部组织，中央党史和文献研究院等单位编写的《中国共产党简史》（以下简称《简史》）由人民出版社、中共党史出版社联合出版。这部《简史》是按照党中央部署，为配合全党开展党史学习教育编写的党史简明读本。在书稿编写过程中，中央领导同志多次就起草和修改工作提出明确要求，中央组织部等中央有关部门和科研单位提供了大力支持和帮助。《简史》共 10 章，70 节，约 28 万字，充分吸收党史研究最新成果，以史论结合的形式，重点叙述和评价重大历史事件和重要历史人物、重大方针政策和重要战略部署、重大理论创新成果及其发展历程；深入阐释中国共产党为什么"能"、马克思主义为什么"行"、中国特色社会主义为什么"好"的道理；着力弘扬中国共产党人的崇高革命精神和风范；深刻解读历史性变革中蕴藏的内在逻辑，历史性成就背后的道路、理论、制度、文化优势，文风朴实、通俗易懂，是全党特别是基层党员干部学习党的历史的重要读物。

同月

由中央宣传部组织编写的《习近平新时代中国特色社会主义思想学习问答》（以下简称《问答》）一书，已由学习出版社、人民出版社联合出版。《问答》紧跟实践发展步伐，聚焦理论热点难点，回应干部群众关切，以问答体的形式全面系统、深入浅出阐述了习近平新时代中国特色社会主义思想的基本精神、基本内容、基本要求，有助于广大党员干部群众更加深入学习领会党的创新理论，更加自觉用以武装头脑、指导实践、推动工作。《问答》共分 7 个板块、100 个问题，内容丰富、形式新颖，图文并茂、通俗易懂，是深入学习贯彻习近平新时代中国特色社会主义思想的重要辅助读物。

3 月 1 日

2021 年春季学期中央党校（国家行政学院）中青年干部培训班在中央党校开班。中共中央总书记、国家主席、中央军委主席习近平在开班式上发表重要讲话强调，不论过去、现在还是将来，党的光荣传统和优良作风都是激励我们不畏艰难、勇往直前的宝贵精神财富。年轻干部是党和国家事业的接班人，必须立志做党的光荣传统和优良作风的忠实传人，不断增强意志力、坚忍力、自制力，在新时代全面建设社会主义现代化国家新征程中奋勇争先、建功立业，努力创造无愧于党、无愧于人民、无愧于时代的业绩！陈希主持开班式，表示要深入学习习近平新时代中国特色社会主义思想，同学习党史、新中国史、改革开放史、社会主义发展史贯通起来,深刻感悟党的创新理论的真理力量、实践力量、人格力量,不断提高政治判断力、政治领悟力、政治执行力,切实增强学习和发扬党的光荣传统和优良作风的政治自觉、思想自觉、行动自觉,为全面建设社会主义现代化国家、实现中华民族伟大复兴的中国梦而不懈奋斗,以优异成绩迎接建党一百周年。

3月3日

中国社会科学院党组成员、当代中国研究所所长姜辉到全国宣传干部学院为培训班学员作报告。

3月4日

当代中国研究所召开党史学习教育动员大会。会议传达学习了习近平总书记在党史学习教育动员大会上的重要讲话精神、谢伏瞻院长在院党史学习教育动员大会上的讲话,对全所党史学习教育实施方案进行了部署。中国社会科学院党组成员、当代中国研究所所长、所党组书记姜辉作动员讲话,对当代所开展党史学习教育提出明确要求。会议由所党组成员、副所长、机关党委书记管明军主持,所党组成员、副所长李正华、宋月红出席会议,全所职工及出版社中层以上人员参加会议。

3月5日

中共中央总书记、国家主席、中央军委主席习近平参加他所在的十三届全国人大四次会议内蒙古代表团审议时指出,党中央已经对党史学习教育作出全面部署,要不折不扣抓好落实。一切向前走,都不能忘记走过的路,走得再远、走到再光辉的未来,也不能忘记走过的过去,不能忘记为什么出发。早在建党之初,我们党就十分关注民族问题。李大钊同志直接领导和参与在蒙古族群众中传播马克思主义、培养共产主义先进分子的工作。1923年,内蒙古产生了包括乌兰夫在内的第一批共产党人。1947年5月,党领导的内蒙古自治区宣告成立,成为我们党运用马克思主义解决国内民族问题的成功实践。新中国成立后,内蒙古创造了"齐心协力建包钢""三千孤儿入内蒙"等历史佳话。在党史学习教育中要用好这些红色资源,组织广大党员、干部重点学习党史,同时学习新中国史、改革开放史、社会主义发展史,做到学史明理、学史增信、学史崇德、学史力行,做到学党史、悟思想、办实事、开新局,特别是要在坚持走中国特色解决民族问题正确道路、维护各民族大团结、铸牢中华民族共同体意识等重大问题上不断提高思想认识和工作水平。

3月7日

中共中央总书记、国家主席、中央军委主席习近平在参加十三届全国人大四次会议青海代表团审议时指出，在全党开展党史学习教育，是巩固发展"不忘初心、牢记使命"主题教育成果的重大举措。党史学习教育的一个重要任务就是教育引导全党同志坚定理想信念、筑牢初心使命。党中央已经作出部署，各级党组织要认真贯彻落实，切实抓出成效。在党史学习教育中，要充分运用红色资源，教育引导广大党员、干部坚定理想信念、筑牢初心使命，不断增强斗争精神、提高斗争本领，做到在复杂形势面前不迷航、在艰巨斗争面前不退缩。要通过在全社会开展党史、新中国史、改革开放史、社会主义发展史教育，引导广大人民群众特别是青少年弄清楚中国共产党为什么"能"、马克思主义为什么"行"、中国特色社会主义为什么"好"等基本道理，坚定不移听党话、跟党走，在全面建设社会主义现代化国家伟大实践中建功立业。

3月8日

中国社会科学院党组成员、当代中国研究所所长姜辉到中央电视台参加《人民的小康》电视专题片的录制。

同日

为深入推动"四史"教育入脑入心、走深走实，让红色基因、革命薪火代代传承，教育部启动开展"网上重走长征路"党史故事百所高校接力讲述活动，指导高校用好用活学校党史资源，鼓励师生讲述党史人物故事与自身感悟，拍摄录制微视频，开展全网接力推送。充分调动激发高校师生的爱党爱国热情，为纵深推进党史学习教育注入强大动力。

3月15日

党史学习教育用书出版座谈会暨专题宣讲动员会召开，中共中央政治局常委、中央书记处书记王沪宁出席会议并讲话。他表示，要深入学习贯彻习近平总书记在党史学习教育动员大会上重要讲话精神，增强"四个意识"、坚定"四个自信"、做到"两个维护"，紧紧围绕学党史、悟思想、办实事、开新局，学好用好学习材料，深入开展专题宣讲，推动党史学习教育取得扎扎实实成效，以优异成绩庆祝建党一百周年。会上，四本党史学习教育"指定书目"亮相——习近平《论中国共产党历史》、《毛泽东邓小平江泽民胡锦涛关于中国共产党历史论述摘编》、《习近平新时代中国特色社会主义思想学习问答》、《中国共产党简史》。中国社会科学院党组成员、当代中国研究所所长姜辉参加会议。

3月16日

中央宣传部、中央组织部、中央党史和文献研究院、中央和国家机关工委、教育部、中央军委政治工作部、中共北京市委在北京举办党史学习教育中央宣讲团首场报告会。中央宣讲团成员、中央党史和文献研究院院长曲青山作宣讲报告。曲青山在报告中系统归纳了习近平总书记关于党的历史的重要论述,深刻阐述了认真组织开展好党史学习教育,对于总结历史经验、认识历史规律、掌握历史主动,在新的历史起点上奋力夺取新时代中国特色社会主义伟大胜利的重大意义,同时围绕中国共产党百年奋斗的光辉历程和历史性贡献、开展党史学习教育的重点等方面进行讲解,并对在党史学习教育中进一步学懂弄通做实习近平新时代中国特色社会主义思想、增强"四个意识"、坚定"四个自信"、做到"两个维护"等方面进行了系统解读。中国社会科学院党组成员、当代中国研究所所长姜辉参加会议。

3月16—31日

为推动党史学习教育深入群众、深入人心,中央宣讲团奔赴全国各地展开系列宣讲活动。中央宣讲团在各地作报告30多场,举办各种形式互动交流活动70多场,到相关领域系统、中央有关部门和单位、部分高校作报告110余场,直接听众5万多人,通过电视、网络等渠道收听收看2200多万人。

3月17日

"讲好百年党史 上好'大思政课'——学校思想政治理论课教师座谈会两周年研讨会"在华东师范大学举行。研讨会上,华东师大党史学习教育系列课程正式发布,14位专家受聘华东师范大学"大思政课"党史学习教育专家。座谈交流环节,来自市教卫工作党委、市教委及直属单位,教育部大中小学思政课一体化建设专家指导组,红色场馆,各区县教育局、大专院校和中小学以及华东师大的党史研究、思政课专家以及一线思政课教师深入探讨,为在大中小学各学段一体化联动式推进百年党史"大思政课"建设集思广益。

3月18日

党史学习教育中央宣讲团成员,中国社会科学院党组成员、当代中国研究所所长姜辉在重庆作宣讲报告。姜辉结合理论阐释与案例剖析,从党史学习教育的重大意义、科学理论、政治要求等方面系统深入解读了"为什么学""学什么""做什么"和"怎么学"等四个基础性问题，全面回顾了中国共产党百年奋斗的光辉历程和历史性贡献，兼具历史纵深感与现实针对性。他强调，在开展党史学习教育中，要学懂弄通做实习近平新时代中国特色社会主义思想，增强"四个意识"、坚定"四个自信"、做到"两个维护"，立足新起点，迈上新征程，把握新时代中国共产党肩负的历史使命、中国发展的历史方位，坚持学思用贯通、知信行统一，勇于担当、善于作为。重庆市党政机关干部、部分高校师生代表、基层群众代表分别在主会场和分会场参加了报告会。

同日

《中国社会科学报》发表了中国社会科学院党组成员、当代中国研究所所长姜辉的文章《百年来中国共产党对世界社会主义运动的重大贡献》。文章指出，中国共产党的百年发展史，是国际共产主义运动和世界社会主义运动的有机组成部分。历史雄辩证明，中国共产党是马克思主义和科学社会主义的坚定信仰者、忠实实践者，是国际共产主义运动和世界社会主义运动的积极推动者、自觉开拓者，也是21世纪马克思主义和世界社会主义创新发展的有力引领者、重大贡献者。中国共产党领导中国人民百年奋斗的进程，让马克思主义和科学社会主义不断焕发出新的蓬勃生机，书写了国际共产主义运动和世界社会主义运动中壮美的中国篇章。

3月19日

党史学习教育中央宣讲团在渝高校宣讲座谈会在西南政法大学举行。中央宣讲团成员，中国社会科学院党组成员、当代中国研究所所长姜辉，围绕中国共产党百年奋斗的光辉历程和历史性贡献、开展党史学习教育的重点等内容与师生代表交流互动。座谈会上，8名师生代表结合自身教学工作、学习经历，详细阐述了自己在党史学习中的所思所悟。姜辉对师生代表的发言进行了解答。他表示，党史学习教育，第一步是要扎扎实实地学。要聚焦重点、学深悟透，注重读原著、学原文、悟原理，原原本本学习习近平《论中国共产党历史》、《毛泽东邓小平江泽民胡锦涛关于中国共产党历史论述摘编》、《习近平新时代中国特色社会主义思想学习问答》、《中国共产党简史》等著作，特别是要在学懂弄通做实习近平新时代中国特色社会主义思想上下功夫，深刻领悟这一党的创新理论的真理力量和实践力量，做到学有所思、学有所悟、学有所得。同时，要树立正确党史观，坚持马克思主义唯物史观，旗帜鲜明反对历史虚无主义，加强思想引导和理论辨析，更好正本清源、固本培元。在与师生们交流时，姜辉表示，青年一代要做担当民族复兴大任的时代新人，要把开展党史学习教育与正在做的事贯通起来，把学习教育成效体现在学习和工作的方方面面，以昂扬姿态奋力开启全面建设社会主义现代化国家新征程,以优异成绩庆祝建党100周年。

3月20日

党史学习教育中央宣讲团宣讲报告会在浙江省杭州市举行。中央宣讲团成员,中国社会科学院党组成员、当代中国研究所所长姜辉作宣讲报告。姜辉围绕"学习百年史、践悟新思想、奋进新征程"的主题,从深入学习领会习近平总书记关于党的历史的重要论述,充分认识开展党史学习教育的重大意义;认真研读党史基本著作,全面了解中国共产党百年奋斗的光辉历程和历史性贡献;深刻把握开展党史学习教育的六个重点;开展党史学习教育,要学懂弄通做实习近平新时代中国特色社会主义思想,增强"四个意识"、坚定"四个自信"、做到"两个维护"等四个方面进行了系统宣讲。

3月22日

《人民日报》发表了中国社会科学院党组成员、当代中国研究所所长姜辉的文章《推动马克思主义不断发展》。文章指出,习近平总书记指出:"理论的生命力在于不断创新,推动马克思主义不断发展是中国共产党人的神圣职责。"马克思主义理论研究和建设工程是我们党思想理论建设的基础工程、战略工程。党的十八大以来,以习近平同志为核心的党中央把深入实施马克思主义理论研究和建设工程作为一项重要制度安排,把坚持以马克思主义为指导全面落实到思想理论建设、哲学社会科学研究、教育教学等方面。面向未来,我们要牢牢把握工程职责使命,以我们正在做的事情为中心,立足新时代中国特色社会主义伟大实践,不断推动工程深入发展。

3月23日

中国社会科学院召开党史学习教育宣讲培训会议。党史学习教育中央宣讲团成员,院党组成员、当代中国研究所所长姜辉对中国社会科学院党史学习教育宣讲团成员进行培训。姜辉对宣讲内容作了全面系统、深入细致的梳理,明确了在中国社会科学院开展党史学习教育宣讲活动"讲什么""怎么讲""重点是什么",并对宣讲工作提出了要求。他指出,宣讲团成员都是各领域的专家,在中国社会科学院开展宣讲工作,要结合自己的研究专长,结合各单位实际情况,通过生动鲜活的案例,把中国共产党百年奋斗的光辉历程和历史性贡献讲好讲深讲透,引导全院干部职工学史明理、学史增信、学史崇德、学史力行,切实增强宣讲活动的针对性和实效性。

3月24日

中共中央总书记、国家主席、中央军委主席习近平在视察武警第二机动总队时强调，要坚持党对军队绝对领导，加强党的创新理论武装，狠抓全面从严治党、全面从严治军，做好意识形态工作，确保部队绝对忠诚、绝对纯洁、绝对可靠，永远做党和人民的忠诚卫士。要落实党中央和中央军委部署要求，结合实际抓好党史学习教育，突出学党史、悟思想、办实事、开新局，教育引导官兵牢记初心使命、传承红色基因、担当强军重任。要坚持强基固本，持之以恒抓基层打基础，严格部队教育管理，满腔热忱为官兵排忧解难，全面建设过硬基层。

同日

中共中央办公厅印发《关于庆祝中国共产党成立100周年组织开展"永远跟党走"群众性主题宣传教育活动的通知》（以下简称《通知》），对庆祝中国共产党成立100周年群众性主题宣传教育活动作出安排部署。

《通知》强调，要高举中国特色社会主义伟大旗帜，以马克思列宁主义、毛泽东思想、邓小平理论、"三个代表"重要思想、科学发展观、习近平新时代中国特色社会主义思想为指导，全面贯彻落实党的十九大和十九届二中、三中、四中、五中全会精神，以"永远跟党走"为主题，组织开展形式多样、内容丰富的群众性主题宣传教育活动，大力唱响共产党好、社会主义好、改革开放好、伟大祖国好、各族人民好的时代主旋律，激励和动员全党全军全国各族人民更加紧密地团结在以习近平同志为核心的党中央周围，不忘初心、牢记使命，开拓奋进、攻坚克难，立足本职岗位作贡献，把爱党爱国爱社会主义热情转化为实际行动，为确保"十四五"开好局、起好步，为全面建设社会主义现代化国家、夺取新时代中国特色社会主义伟大胜利、实现中华民族伟大复兴的中国梦而继续奋斗。

《通知》明确，主题宣传教育活动分两个阶段实施。第一阶段为2021年5月前，深入学习宣传贯彻党的十九届五中全会、全国两会和全国脱贫攻坚总结表彰大会精神，展示"十三五"时期发展的辉煌成就，宣传"十四五"时期发展的美好前景。第二阶段为2021年5月至年底，六七月间形成高潮。围绕学习宣传贯彻习近平总书记在庆祝中国共产党成立100周年大会上的重要讲话精神、党中央正式宣布我国全面建成小康社会等，组织开展主题突出、特色鲜明的群众性主题活动。

《通知》指出，要广泛开展各类群众性主题宣传教育活动。一是党旗在基层一线高高飘扬活动。引导各领域基层党组织紧紧围绕党和国家工作大局、围绕完成本地区本部门本单位中心任务，奋发进取、建功立业。二是入党宣誓活动。利用革命旧址、革命纪念馆、烈士陵园等红色资源，组织开展新党员入党宣誓活动，开展党员重温入党誓词活动。三是讲党课和优秀党课展播活动。广泛开展"党课开讲啦"活动，组织各级党组织书记、党员领导干部、优秀共产党员、老党员等讲党课。各级电视台等新闻媒体和党员教育平台开设专题专栏，集中展播一批精品党课。四是学习体验活动。聚焦建党百年、巩固拓展脱贫攻坚成果、全面建成小康社会等，精心设计推出一批学习体验线路和精品红色旅游线路，引导干部群众就近就便开展实地考察、国情调研。五是主题宣讲活动。广泛组织开展百姓宣讲活动，邀请重要事件亲历者和见证者、理论工作者、实际工作者，特别是时代楷模、最美人物等深入基层开展巡回宣讲。六是青少年心向党教育活动。制作播出"开学第一课"电视专题节目，组织全国大中小学开展专题党团队活动等，引导广大青少年加强政治理论学习，加强党史、新中国史、改革开放史、社会主义发展史学习，自觉做中国特色社会主义的坚定信仰者、忠实实践者。七是各类群众性文化活动。组织开展主题作品征集和展示展播活动，开展微电影、微视频等融媒体宣传活动，开展红色题材影视剧展播。巩固深化国庆新民俗，广泛开展全民国防教育活动，深化"我们的节日"活动，在城乡社区举办邻居节，推动形成良好风尚。

《通知》强调，各地区各部门要坚持正确方向，注重思想内涵，把主题宣传教育活动与深入学习宣传贯彻习近平新时代中国特色社会主义思想和党的十九大精神结合起来，营造"党的盛典、人民的节日"浓厚社会氛围。要紧密结合实际，创新方式方法，多用群众喜欢听、听得进的语言，多建群众爱参与、能参与的平台，组织开展各类特色鲜明的活动，增强宣传教育的实效性和感染力。要精心组织安排，加强组织领导，务求取得实效。严格执行中央八项规定及其实施细则精神，力戒铺张浪费。牢固树立安全意识，做好新冠肺炎疫情防控工作，确保各项活动安全有序。

《通知》还同时发布了庆祝中国共产党成立100周年宣传标语口号。

同日

由党史学习教育领导小组办公室指导，人民网·中国共产党新闻网承办的"党史学习教育官网"正式上线，官方微信公众号"党史学习教育"也同步推出。党史学习教育官网、官方微信公众号聚焦党中央关于开展党史学习教育的重要精神和决策部署，展现党史学习教育进展情况和典型经验，及时反映党史学习教育的成效反响和感人故事，引导广大党员干部学史明理、学史增信、学史崇德、学史力行，不断提高政治判断力、政治领悟力、政治执行力，做到学党史、悟思想、办实事、开新局。

同日

《"四史"故事丛书》沪上专家与媒体论证会在上海举办。本次会议由上海市中共党史学会主办,上海交通大学马克思主义学院、上海交通大学建党精神研究中心承办。在开幕式后举办的两个阶段的专题论证会中,与会专家学者围绕《"四史"故事丛书》的编纂出版开展了深入的研讨,在学术交流中加深了对"四史"学习的认识。与会学者表示,学习党史、新中国史、改革开放史、社会主义发展史这"四史",是党员干部的一门必修课。

3月25日

中共中央总书记、国家主席、中央军委主席习近平在福建考察时指出,要在党史学习教育中做到学史明理,明理是增信、崇德、力行的前提。要从党的辉煌成就、艰辛历程、历史经验、优良传统中深刻领悟中国共产党为什么能、马克思主义为什么行、中国特色社会主义为什么好等道理,弄清楚其中的历史逻辑、理论逻辑、实践逻辑。要深刻领悟坚持中国共产党领导的历史必然性,坚定对党的领导的自信。要深刻领悟马克思主义及其中国化创新理论的真理性,增强自觉贯彻落实党的创新理论的坚定性。要深刻领悟中国特色社会主义道路的正确性,坚定不移走中国特色社会主义这条唯一正确的道路。

同日

中国社会科学院党史学习教育宣讲团成员、当代中国研究所副所长李正华到中国社科院人口与劳动经济研究所做党史学习教育宣讲。李正华对党史进行了细致全面又深入浅出地梳理和讲解,明确指出我们应该牢记习近平总书记"一切向前走都不能忘记走过的路"的指示;结合生动鲜活的历史事迹,重点强调了中国共产党在历史进程中的伟大贡献,将党百年奋斗的光辉历程在全所职工面前徐徐展开;深刻讲解了坚持中国共产党领导的历史必然性、马克思主义及其中国化创新理论的真理性、中国特色社会主义道路的正确性,引导全所干部职工学史明理、学史增信、学史崇德、学史力行,提高政治判断力、政治领悟力和政治执行力。

同日

当代中国研究所副所长宋月红为河南省开封市委党校主体班学员作了题为《新中国的成立和社会主义建设道路的开辟》的专题报告。宋月红从"新中国的成立、新中国建国历史进程、社会主义建设道路的开辟、《关于建国以来党的若干历史问题的决议》的核心要义和重大意义"四个方面，回顾了我国社会主义建设道路的艰辛探索历程。

3月26日

中国社会科学院党组成员、当代中国研究所所长、马克思主义研究院院长、《马克思主义研究》编委会主任、主编姜辉出席2021年《马克思主义研究》编委会议并讲话。姜辉对《马克思主义研究》的工作给予肯定。他表示，在历届编委会的大力支持和帮助下，在几代编辑部同志的辛勤努力下，《马克思主义研究》始终坚持以马克思主义为指导，认真贯彻落实党中央精神和中国社会科学院党组决策部署，在建设马克思主义坚强阵地、推进马克思主义理论"三大体系"建设等方面发挥了重要作用，刊物的权威性和在理论界的地位也得到了国内同行的认可。姜辉指出，2021年是中国共产党成立100周年，也是开启全面建设社会主义现代化国家新征程的第一年，中华民族伟大复兴进入关键时期。姜辉强调，当今世界正处于百年未有之大变局，面对中华民族伟大复兴的光明前景，加强马克思主义研究是党的思想理论建设的基础工程、战略工程。《马克思主义研究》要始终坚持政治性、理论性、学术性、创新性相统一；实现高质量办刊，继续充分发挥学术影响和理论引领作用；加强办刊与学术研究联动，深入推进马克思主义理论"三大体系"建设；坚持开门办刊，充分吸收借鉴优秀期刊办刊经验，团结凝聚马克思主义研究力量；提高刊物编校质量，严格执行相关规定，建立相应的激励机制。

同日

中国社会科学院党组成员、当代中国研究所所长姜辉到中共中央宣传部为部机关处级以上干部作党史宣讲报告。

3月27日

《写给青少年的党史》出版座谈会在北京中国国家图书馆举行，来自相关领域的专家、学者、出版人及首都读者、媒体代表近百人参加座谈活动。《写给青少年的党史》由我国著名党史专家邵维正教授担纲主编，中国史学会会长李捷，原中央党史研究室副主任、研究员张启华担任学术顾问。丛书围绕"中华民族是怎样站起来、富起来、强起来的"这一主旨，梳理归纳了当代青少年最应掌握的60个问题，按党史发展脉络分成6卷，以问答形式系统论述了中国共产党历史的概貌及中国特色社会主义道路的必然性。座谈会上，与会专家学者围绕"红色基因，薪火相传"这一主题进行了深入研讨。

同日

党史百年与"大思政课"专题研讨会在武汉纺织大学举行。本次研讨会由湖北省高校马克思主义理论教育研究会、武汉纺织大学主办,武汉纺织大学马克思主义学院承办。来自湖北省高校马克思主义学院的近20名与会学者围绕如何结合百年党史、"大思政课"展开深入研讨。研讨期间,与会专家学者交流介绍了各校思政课教学改革创新经验、落实"四史"教育融入思政课教学体系的做法,以及全面推进党史学习教育的系列举措。

同日

中国共产党百年历程与中华民族伟大复兴高峰论坛在西安召开。本次论坛由西安理工大学、陕西省中共党史学会主办。来自中国社会科学院、中国人民大学、北京师范大学、武汉大学、华南师范大学、陕西省中共党史学会、西安交通大学、陕西师范大学、西北大学、中国社会科学网等省内外知名高校、科研院所和相关学术期刊社的专家学者、媒体代表以及西安理工大学马克思主义学院师生代表近200人参加了论坛。本次论坛设主题报告和主题发言两个环节,专家学者通过线上线下结合的方式,围绕党和国家领导人的民族复兴思想与实践,党的政治建设、思想建设、组织建设、作风建设、纪律建设、制度建设历程与实现中华民族伟大复兴研究,学习"四史"与实现中华民族伟大复兴研究,中华民族伟大复兴战略全局和世界百年未有之大变局研究等议题,回顾中国共产党百年历程,共议中华民族伟大复兴。

3月28日

"庆祝建党100周年:中国特色社会主义文化制度建构历程、经验和启示"学术研讨会在中央党校(国家行政学院)举办。来自中央党校(国家行政学院)、北京大学、北京师范大学、山东大学、武汉大学等单位的20余位专家学者参加了此次会议。与会专家学者从中国共产党建党百年的视角,着眼于坚持和完善中国特色社会主义制度,推进国家治理体系和治理能力现代化,梳理了中国特色社会主义文化制度建设历程,总结了中国特色社会主义文化制度建设的成功经验和启示,探讨了新形势下完善中国特色社会主义文化制度的思路。与会者还探讨了乡村文化建设在文化制度建设中的价值和地位,文化制度建设与国家现代化建设的关系,更好发挥中国特色社会主义文化在构建人类命运共同体和文明互鉴中的作用等议题。

3月29日

党史学习教育领导小组在京召开各省区市党史学习教育领导小组负责同志座谈会。中共中央政治局委员、中宣部部长、党史学习教育领导小组组长黄坤明出席会议并讲话，强调要深入学习贯彻习近平总书记重要讲话和指示精神，全面落实党史学习教育总要求，坚持守正创新，突出工作重点，不断巩固和发展党史学习教育良好态势。黄坤明指出，党史学习教育基础在学习、目的在教育。要引导党员干部深入系统学习党的历史和党的创新理论，坚守为人民谋幸福、为民族谋复兴的初心使命，抓住推进马克思主义中国化、开拓和发展中国特色社会主义道路这条红线，始终高举习近平新时代中国特色社会主义思想这面思想之旗、精神之旗。要广泛开展面向基层的宣讲活动，在全社会精心组织"四史"宣传教育，充分运用红色资源、网络渠道讲好红色故事，以优良作风为群众办实事解难事。黄坤明强调，要强化领导责任，加强精准指导，注重总结提升，充分发挥基层积极性主动性创造性，统筹抓好党史学习教育和经济社会发展工作，切实把学习教育各项任务要求落到实处。党史学习教育领导小组及办公室负责同志，各省区市和新疆生产建设兵团党史学习教育领导小组负责同志参加会议。部分省区市代表在会上作了发言。

3月30日

中共中央总书记、国家主席、中央军委主席习近平对革命文物工作作出重要指示指出，革命文物承载党和人民英勇奋斗的光荣历史，记载中国革命的伟大历程和感人事迹，是党和国家的宝贵财富，是弘扬革命传统和革命文化、加强社会主义精神文明建设、激发爱国热情、振奋民族精神的生动教材。习近平强调，加强革命文物保护利用，弘扬革命文化，传承红色基因，是全党全社会的共同责任。各级党委和政府要把革命文物保护利用工作列入重要议事日程，加大工作力度，切实把革命文物保护好、管理好、运用好，发挥好革命文物在党史学习教育、革命传统教育、爱国主义教育等方面的重要作用，激发广大干部群众的精神力量，信心百倍为全面建设社会主义现代化国家、实现中华民族伟大复兴中国梦而奋斗。

3月31日

当代中国研究所副所长李正华到中国社科院亚太与全球战略研究院进行党史学习教育宣讲。李正华介绍了中国共产党的百年光辉历程和主要历史贡献，讲述了中国从站起来、富起来、强起来的艰苦过程，证明了是中国共产党人带领中国人民的百年奋斗扭转了中华民族的命运，谱写了中国的新篇章。

同日

"首都百万师生同上一堂党史课"网络公开课启动仪式暨首场报告会在中国人民大学举行。中央党校(国家行政学院)副校(院)长谢春涛应邀担任首讲嘉宾,聚焦"中国共产党为什么能"为首都师生授课。此次活动以"现场教学+网络直播"的形式开展,200余名首都高校师生代表现场参加活动,全市各级各类学校近百万师生通过北京高校思想政治理论课高精尖创新中心直播平台和北京市学校"学习思政课"APP参与线上学习。

3月

中共中央办公厅印发了《关于做好"光荣在党50年"纪念章颁发工作的通知》(以下简称《通知》)。《通知》指出,党中央决定,2021年首次颁发"光荣在党50年"纪念章。这项工作是中国共产党成立100周年庆祝活动的重要组成部分,对于增强党员的荣誉感、归属感、使命感,汇聚全党为实现"十四五"规划和2035年远景目标持续奋斗的磅礴力量,具有十分重要的意义。《通知》明确了"光荣在党50年"纪念章首次颁发对象,即颁发给健在的截至2021年7月1日党龄达到50周年、一贯表现良好的党员。要求各级党组织高度重视,结合本地区本部门本单位实际,认真做好统计、组织颁发等工作,确保每名符合条件的党员在7月1日前获颁纪念章,深切感受到以习近平同志为核心的党中央的关怀和温暖。"光荣在党50年"纪念章首次颁发以后,将作为一项经常性工作,一般每年"七一"集中颁发一次。

同月

中央军委印发《关于在全军开展党史学习教育的通知》,对全军开展党史学习教育作出部署。通知强调,要认真学习贯彻习主席在党史学习教育动员大会上的重要讲话精神,突出学党史、悟思想、办实事、开新局,以团级以上领导干部为重点,面向全体官兵开展,贯穿2021年全年。通知要求,各级要把开展党史学习教育作为一项重大政治任务,强化政治责任、把好政治关导向关、注重增强实效、营造浓厚氛围,加强统筹指导,搞好与年度大项任务、主题教育等结合融合,科学安排教育内容、时间和组织方式,以强有力的组织领导确保学习教育取得实效。

同月

中央党史和文献研究院院长曲青山所著的《中国共产党百年辉煌》由人民出版社出版。

全书收入了曲青山同志的十篇相关理论文章。这些理论文章围绕学习领会习近平新时代中国特色社会主义思想和习近平总书记关于学习党的历史的重要论述，围绕学习党史、新中国史、改革开放史、社会主义发展史展开。

4月1日

2021年第7期《求是》杂志发表了中共中央总书记、国家主席、中央军委主席习近平的重要文章《在党史学习教育动员大会上的讲话》。文章强调，在全党开展党史学习教育，是党中央立足党的百年历史新起点、统筹中华民族伟大复兴战略全局和世界百年未有之大变局、为动员全党全国满怀信心投身全面建设社会主义现代化国家而作出的重大决策。全党同志要做到学史明理、学史增信、学史崇德、学史力行，学党史、悟思想、办实事、开新局，以昂扬姿态奋力开启全面建设社会主义现代化国家新征程，以优异成绩迎接建党一百周年！

文章指出，开展党史学习教育意义重大。我们党历来重视党史学习教育。在庆祝我们党百年华诞的重大时刻，在"两个一百年"奋斗目标历史交汇的关键节点，在全党集中开展党史学习教育，正当其时，十分必要。在全党开展党史学习教育，是牢记初心使命、推进中华民族伟大复兴历史伟业的必然要求，是坚定信仰信念、在新时代坚持和发展中国特色社会主义的必然要求，是推进党的自我革命、永葆党的生机活力的必然要求。

文章指出，开展党史学习教育要突出重点。第一，进一步感悟思想伟力，增强用党的创新理论武装全党的政治自觉。第二，进一步把握历史发展规律和大势，始终掌握党和国家事业发展的历史主动。第三，进一步深化对党的性质宗旨的认识，始终保持马克思主义政党的鲜明本色。第四，进一步总结党的历史经验，不断提高应对风险挑战的能力水平。第五，进一步发扬革命精神，始终保持艰苦奋斗的昂扬精神。第六，进一步增强党的团结和集中统一，确保全党步调一致向前进。

文章指出，在全党开展党史学习教育要务求实效。全党要高度重视，提高思想站位，立足实际、守正创新，高标准高质量完成学习教育各项任务。一是要加强组织领导。二是要树立正确党史观。三是要切实为群众办实事解难题。四是要注重方式方法创新。要在全社会广泛开展党史、新中国史、改革开放史、社会主义发展史宣传教育，普及党史知识，推动党史学习教育深入群众、深入基层、深入人心。

同日

当代中国研究所副所长宋月红以"学史明理崇德，知史爱党爱国"为题为当代中国研究所全体同志作报告。宋月红从深入学习习近平总书记关于党史的重要论述、党关于创建新中国的思想发展、新中国建立历程与社会主义革命和建设道路的开辟、第二个历史决议的核心要义和重大意义等四个方面进行讲解，阐述了在全党开展党史学习教育的重大意义，回顾了百年来我们党团结带领人民走过的光辉历程，介绍了开展党史学习教育的主要内容和必须深刻把握的重点内容。

4月6日

中共中央总书记、国家主席、中央军委主席习近平致信祝贺厦门大学建校100周年，向全体师生员工和海内外校友致以热烈的祝贺和诚挚的问候。习近平在贺信中指出，厦门大学是一所具有光荣传统的大学。100年来，学校秉持爱国华侨领袖陈嘉庚先生的立校志向，形成了"爱国、革命、自强、科学"的优良校风，打造了鲜明的办学特色，培养了大批优秀人才，为国家富强、人民幸福和中华文化海外传播作出了积极贡献。习近平强调，我国已开启全面建设社会主义现代化国家新征程。希望厦门大学全面贯彻党的教育方针，切实落实立德树人根本任务，为党育人、为国育才，与时俱进建设世界一流大学，全面提升服务区域发展和国家战略能力，为增强中华民族凝聚力和向心力，为全面建设社会主义现代化国家、实现中华民族伟大复兴的中国梦作出新的更大贡献。

同日

"高校社科界庆祝中国共产党成立100周年系列座谈会"首场在中国人民大学召开。本次座谈会由教育部社科司指导，中国人民大学主办。座谈会以"党的建设百年：历程、成就与经验"为主题。中国人民大学党委书记靳诺，教育部社科司副司长谭方正，中国人民大学中共党史党建研究院名誉院长、原中共中央党史研究室主任欧阳淞出席开幕式。在主题发言环节，来自中国科学院大学、国防大学、天津大学、中央党校、教育部高等学校社会科学发展研究中心、中国社会科学院、清华大学、北京师范大学、北京大学、中国人民大学的专家学者分别围绕会议进行发言。

4月8日

《光明日报》发表了中国社会科学院党组成员、当代中国研究所所长姜辉的文章《坚持和运用马克思主义世界观方法论的光辉典范》。文章指出，《习近平新时代中国特色社会主义思想学习问答》的出版，为广大干部群众深入学习贯彻习近平新时代中国特色社会主义思想提供了一部通俗鲜活的重要辅助读物。这本书不仅系统展现了这一思想的重大意义、科学体系、丰富内涵和实践要求，而且深刻诠释了贯穿其中的马克思主义立场观点方法，以及指导新时代伟大实践的科学思想方法和工作方法，充分体现了习近平新时代中国特色社会主义思想是坚持和运用马克思主义世界观方法论的光辉典范。

同日

中国社会科学院党组成员、当代中国研究所所长姜辉为中央军民融合办公室全体干部作党史宣讲报告。

4月14日

中国社会科学院党史学习教育所局级领导干部读书班在北京举办。中国社会科学院院长、党组书记谢伏瞻，副院长、党组副书记高翔，副院长、党组成员高培勇，中央纪委国家监委驻中国社会科学院纪检监察组组长、党组成员杨笑山，党组成员、当代中国研究所所长姜辉，秘书长、党组成员赵奇出席会议。谢伏瞻作动员报告，高培勇主持会议，党史学习教育中央宣讲团成员姜辉作辅导报告。姜辉围绕全面深入学习习近平总书记关于党的历史的重要论述，就"为什么学""学什么""做什么""怎么学"四个方面深刻阐述了开展党史学习教育的重大意义、重点任务和工作要求，从历史与现实、理论与实际、国内与国际相结合上，全面深刻讲解了中国共产党百年奋斗的光辉历程和历史性贡献，并就学懂弄通做实习近平新时代中国特色社会主义思想作了深入解读。他表示，习近平新时代中国特色社会主义思想，是从新时代中国特色社会主义全部实践中产生的科学理论，也是我们党一百年理论与实践发展的思想结晶，是推动新时代党和国家事业不断向前发展的科学指南，是引领中国、影响世界的当代中国马克思主义、二十一世纪马克思主义。广大党员要进一步学懂弄通做实习近平新时代中国特色社会主义思想，从百年党史中汲取智慧和力量，在新征程上创造新的历史伟业。

4月16日

中国社会科学院党史学习教育所局级领导干部读书班圆满结束。中国社会科学院院长、党组书记谢伏瞻，副院长、党组副书记高翔，副院长、党组成员高培勇，中央纪委国家监委驻中国社会科学院纪检监察组组长、党组成员杨笑山，党组成员、当代中国研究所所长姜辉，秘书长、党组成员赵奇出席会议，高翔作总结讲话。读书班期间，谢伏瞻同志作了动员讲话，对党史学习教育进行再动员再部署，站位很高，思想深刻，针对性、指导性都很强。党史学习教育开展以来，全院深入学习贯彻习近平总书记在党史学习教育动员大会上的重要讲话精神，积极发挥学科和人才优势，把党史学习教育同以科研为中心的各项工作紧密结合起来，从讲政治的高度一体推进学党史、悟思想、办实事、开新局，党史学习教育开局良好。高翔要求，要以此次读书班为新的起点，继续以高标准严要求完成学习教育各项任务，以党史学习教育的实际成效推动全院各项工作再上新台阶。

同日

"高校社科界庆祝中国共产党成立100周年系列座谈会——复旦大学专场"在上海召开。本次座谈会由教育部社科司指导，复旦大学马克思主义学院、复旦大学马克思主义研究院、复旦大学望道研究院、《共产党宣言》展示馆、复旦大学中国共产党革命精神与文化资源研究中心、"《共产党宣言》精神的丰富内涵与育人价值研究"课题组共同承办。复旦大学副校长陈志敏主持会议。复旦大学相关部门代表、马克思主义学院教师代表、兄弟高校马院教师代表等参加座谈会。复旦大学讲座教授、原中共中央党史研究室主任欧阳淞，复旦大学党委书记焦扬，教育部社科司副司长谭方正以及马克思主义理论和党史领域专家学者，围绕"建党伟业与使命传承"这一主题展开研讨。

4月17日

"学习习近平总书记关于党的历史重要论述"第一届中共党史高端论坛在北京举行。本次论坛由中央党校（国家行政学院）中共党史教研部主办。来自中央党校（国家行政学院）、中央党史和文献研究院、教育部、中国社会科学院、中国井冈山干部学院、中国延安干部学院、中国人民大学、武汉大学、华南师范大学以及党校（行政学院）系统的50多名专家学者参加了论坛。与会专家学者一致认为，习近平总书记关于党的历史重要论述，视野宏大、立意高远、思想深邃、内涵丰富，是习近平新时代中国特色社会主义思想的重要组成部分，为学习和研究中国共产党的历史提供了根本遵循和行动指南。学者们表示，习近平总书记关于党的历史重要论述为树立正确党史观提供了科学指引，极大推动了党史研究走向深入。与会专家学者还围绕百年马克思主义中国化、中国共产党伟大精神的精髓要义、比较历史学视野下的大历史观、如何通过总结和运用经验来汲取前进的智慧和力量、进一步提升党史学科教学科研水平等方面进行了研讨交流。

同日

党史教育融入大中小学思政课教学集体备课会举办。本次会议由山东师范大学马克思主义学院依托山东省大中小学思政课一体化建设指导中心主办。来自山东大学、齐鲁工业大学、鲁东大学、山东中医药大学、山东政法学院、山东省实验中学、山东师范大学附属中学、济南燕山中学、山东师范大学附属小学等省内大中小学200多名思政课教师,马克思主义学院学科教学(思政)专业30多名研究生观摩学习。会议采取线上线下相结合的方式进行。本次集体备课会为大中小学各学段思政课教师提供了良好的沟通交流机会,为推动党史教育融入大中小学思政课教学提供了新思路新方法。

同日

以"百年大党:重整行装 从古田再出发"为主题的古田会议精神研讨会在福建省龙岩市古田干部学院举行。本次研讨会由国防大学政治学院、中央党史和文献研究院第七研究部、《光明日报》编辑部、军事科学院《军事历史》编辑部、福建省委宣传部、福建省委党校、福建省委党史研究和地方志编纂办公室、龙岩市委共同主办,龙岩市委宣传部等8家单位共同承办。来自全国各地的专家学者、龙岩干部学院学员代表等200多人出席会议。研讨会上,专家学者从百年党史的视角,阐述古田会议精神这一跨越时空、历久弥新的宝贵精神财富,阐述了古田会议精神对新时代加强政治建设、强化理论武装、坚定理想信念、坚持实事求是、践行群众路线、勇于自我革命、做到"两个维护"等方面的重要意义。大家表示,两次古田会议都是党史教育的好教材,理论工作者有责任深入挖掘古田会议精神,探讨新时代传承红色基因的有效路径,汇聚起在新时代新征程上砥砺前行的磅礴力量,让古田会议精神绽放出新的时代光芒。

同日

中国共产党安全观的百年考察研讨会在同济大学举行。本次研讨会由上海市教卫工作党委、上海市教委指导,同济大学主办、同济大学马克思主义学院承办。来自复旦大学、上海交通大学、西安交通大学、华中科技大学、山东大学、吉林大学、兰州大学、华东师范大学、东北林业大学、河海大学、南京航空航天大学、暨南大学、中国矿业大学、郑州大学、上海市委党校、同济大学等全国近30所著名高校马克思主义学院的专家学者参加会议。研讨会上,与会学者从不同视角围绕会议主题发表见解。大家表示,此次研讨会着重探讨从党的百年历程中汲取应对各种危机和风险的历史经验与启示,从而更好防范和化解当前和今后我国面临的各种风险和挑战,确保国家长治久安,具有重要意义。

4月19日

中共中央总书记、国家主席、中央军委主席习近平在清华大学考察时指出,当代中国青年是与新时代同向同行、共同前进的一代,生逢盛世,肩负重任。广大青年要爱国爱民,从党史学习中激发信仰、获得启发、汲取力量，不断坚定"四个自信"，不断增强做中国人的志气、骨气、底气，树立为祖国为人民永久奋斗、赤诚奉献的坚定理想。要锤炼品德，自觉树立和践行社会主义核心价值观，自觉用中华优秀传统文化、革命文化、社会主义先进文化培根铸魂、启智润心，加强道德修养，明辨是非曲直，增强自我定力，矢志追求更有高度、更有境界、更有品位的人生。要勇于创新，深刻理解把握时代潮流和国家需要，敢为人先、敢于突破，以聪明才智贡献国家，以开拓进取服务社会。要实学实干，脚踏实地、埋头苦干，孜孜不倦、如饥似渴，在攀登知识高峰中追求卓越，在肩负时代重任时行胜于言，在真刀真枪的实干中成就一番事业。

4月19—23日

为深入学习宣传贯彻习近平总书记在党史学习教育动员大会上的重要讲话精神，落实《中共中央关于在全党开展党史学习教育的通知》要求，根据中央组织部、中央党校（国家行政学院）《关于在党史学习教育中发挥好党校（行政学院）、干部学院和党性教育基地作用的通知》精神，中央组织部干部教育局和中央党校（国家行政学院）教务部、全国党校（行政学院）教师进修学院、信息技术部，共同组织开设了"中共党史公开课"网络直播课程，面向全国省、市、县三级党校（行政学院）和中央党校（国家行政学院）各分校主体班次学员和教研人员直播。全国近3000家党校、超过50万人次同时在线收看，取得了较好效果。

4月20日

中国社会科学院党组成员、当代中国研究所所长姜辉在中宣部参加庆祝中国共产党成立100周年电视专题片会议。

4月21日

中国社会科学院党组成员、当代中国研究所所长姜辉出席中国社科院党校第45期处室干部进修班暨全院党史学习教育处室干部培训班开班式，并作动员讲话和辅导报告。姜辉指出，新时代新阶段，中国社会科学院广大党员干部要履行好党中央赋予的职责任务，承担起哲学社会科学工作者的崇高使命，必须进一步旗帜鲜明讲政治。旗帜鲜明讲政治是马克思主义政党的鲜明特征和中国共产党一以贯之的政治优势，是我们党统揽推进"四个伟大"、践行初心使命的必然要求，是加强党对哲学社会科学全面领导、实现党中央赋予我院职责使命的必然要求。要准确把握旗帜鲜明讲政治的深刻内涵，不断提高政治判断力、政治领悟力、政治执行力和严以律己能力，深入推进旗帜鲜明讲政治落实落地。要全身心投入党史学习教育，树立正确党史观。院党校要坚持党校姓党原则，严明校纪校风，把党性锻炼贯穿学习培训全过程。

4月23日

党史学习教育中央宣讲团成员，中国社会科学院党组成员、当代中国研究所所长姜辉应邀到外交部，围绕"学习社会主义发展史，坚定'四个自信'"作专题讲座。姜辉同志在报告中深入阐述习近平总书记关于开展党史学习教育的重要讲话精神和党中央决策部署，系统介绍世界社会主义发展脉络、现状、格局和走向，世界大变局中的资本主义与社会主义之争，中国特色社会主义与世界社会主义的关系，强调要抓住建党百年重要节点，胸怀"两个大局"，总结运用党百年奋斗光辉历程中积累的宝贵经验，形成应对风险挑战、克敌制胜的法宝，不断为中国特色社会主义伟大事业作出贡献。

4月24日

"百年大党的初心使命：历程、成就与经验学术研讨会暨第二届中国共产党与中国道路论坛"在浙江嘉兴召开。本次研讨会由中国中共党史学会、中国人民大学联合主办，嘉兴学院红船精神研究中心和中国人民大学中共党史党建研究院、中国人民大学马克思主义学院、中国中共党史学会高校学科建设专业委员会承办。来自中国中共党史学会、北京大学、中国人民大学、复旦大学、浙江大学、南京大学等66余所高校和研究机构的130余位专家学者参加学术研讨会。当代中国研究所副所长李正华出席会议，围绕中国共产党政治建设的主要经验作主题发言。他提出，百年来，中国共产党在加强和改进自身建设的过程中，对党的政治建设进行探索实践和创新发展，逐步建立起了党的政治建设的理论形态与制度体系，为夺取、执掌、巩固政权和建党、执政、兴国提供了有效的保障，积累了丰富经验。党在政治建设中积累的主要经验是：必须坚守正确政治方向；必须坚定维护党中央权威和集中统一领导；必须尊崇党章、完善并严格执行各项制度；必须营造良好政治生态；必须紧扣民心这个最大的政治。这些经验是中国共产党从胜利走向胜利的重要法宝。

同日

中国共产党百年辉煌与广州使命担当理论研讨会召开。本次研讨会由中央党校（国家行政学院）报刊社、广州市社会科学联合会、广州市委党校（广州行政学院）在广州市委党校共同举办。来自北京、广东、广州党校系统的近百名专家学者进行了研讨。与会专家一致表示，从百年党史来看，广州既是一段历史见证，又是一种精神的标签，因其举足轻重的历史地位而在中国共产党的历史上熠熠生辉。新时代，要增强"四个意识"、坚定"四个自信"、做到"两个维护"，做到学史明理、学史增信、学史崇德、学史力行，学党史、悟思想、办实事、开新局，奋力谱写广州发展新篇章，以优异成绩迎接建党100周年。

同日

第三届马克思主义与中华文化论坛暨庆祝中国共产党成立100周年全国学术研讨会在武汉理工大学举办。来自全国近百所高校、研究机构的专家学者120余人参会。本次论坛围绕百年来中国共产党与中华文化创新发展进行研讨，对进一步深刻认识百年来中国共产党在文化建设领域取得的辉煌成就，推进中国特色社会主义文化强国建设具有重要理论意义。论坛分主旨报告和主题发言两部分。来自武汉大学、湖北省社会科学界联合会、北京师范大学、西安理工大学、上海交通大学等高校和院所的专家学者分别从不同角度，以线上线下相结合的方式，分享真知灼见，交流所思所感，共同研讨百年来中国共产党与中华文化的创新发展。

同日

中国共产党建党基地暨大别山精神学术研讨会在河南信阳召开。本次研讨会由信阳师范学院主办，大别山精神研究院、大别山红色资源与文化发展研究院、河南省文化资源研究中心承办。来自国防大学、武汉大学、四川大学、中南财经政法大学、西柏坡纪念馆等50余个高等院校、研究院所和党史研究部门的80余位专家学者参加了研讨会。与会专家学者围绕中国共产党建党基地、大别山精神以及红色育人等问题分组进行了深入的研讨交流。大家一致认为，此次研讨交流，有利于进一步深化中国共产党历史和中国共产党革命精神研究，有利于进一步弘扬大别山精神、传承红色基因。

4月25日

正在广西考察调研的中共中央总书记、国家主席、中央军委主席习近平，来到位于桂林市全州县才湾镇的红军长征湘江战役纪念园，向湘江战役红军烈士敬献花篮，并参观红军长征湘江战役纪念馆。他指出，湘江战役是红军长征的壮烈一战，是决定中国革命生死存亡的重要历史事件。红军将士视死如归、向死而生、一往无前，靠的是理想信念。为什么中国革命能成功？奥秘就是革命理想高于天，在最困难的时候坚持下去，这样才能不断取得奇迹般的胜利。我们对实现下一个百年奋斗目标、实现中华民族伟大复兴就应该抱有这样的必胜信念。困难再大，想想红军长征，想想湘江血战。

同日

中国网与清华大学社科学院联合主办民族复兴与中国共产党论坛，邀请20余位专家学者共同研讨实现中华民族复兴就必须坚持中国共产党的内在逻辑。当代中国研究所副所长宋月红参加会议并发言。宋月红表示，中国共产党的治理是自我革命和社会革命的统一，是管党治党、治国理政的统一。内涵非常丰富，包含着中国共产党自身的建设、发展，也包括中国共产党领导和执政。不光包括中国共产党自身，还包括党的初心使命。宋月红指出，自我革命和社会革命是广泛意义的，不是狭义的概念，是社会发展、社会运动、社会矛盾的一个表现。管党、治党、治国理政相辅相成，其中管党治党是党建，是治国理政的前提和基础。从历史、实践、理论、政治上都是相辅相成、相得益彰的。

同日

中国共产党领导力暨建党百年学术研讨会在北京召开。本次研讨会由中国社会科学院政治学研究所、中国社会科学院大学政府管理学院主办，《管理世界》、《政治学研究》、《中国社会科学院研究生院学报》、《甘肃社会科学》、中国社会科学院大学品牌领导力研究中心协办。来自中国社会科学院、中共中央党校、北京大学、清华大学、中山大学等全国高校和科研院所的60余位专家学者参加会议。与会专家学者围绕中国共产党领导力的历史经验、理论考察、作用领域和领导者研究四个单元进行了深入研讨，对中国共产党的政治领导力、思想领导力、组织领导力、制度领导力、文化领导力等研究问题进行了系统阐述。

4月26日

党史学习教育领导小组办公室在京召开部分中央和国家机关党史学习教育领导小组办公室负责同志座谈会，深入学习贯彻习近平总书记关于党史学习教育的重要讲话和重要指示精神，贯彻落实党中央有关部署要求，交流党史学习教育进展情况，研究推进下一步党史学习教育工作。党史学习教育领导小组副组长兼办公室主任王晓晖主持会议并讲话。中央和国家机关工委、教育部、国家卫生健康委、国务院国资委、海关总署、共青团中央、全国妇联、全国总工会党史学习教育领导小组办公室负责同志出席会议，介绍了本部门本单位党史学习教育总体情况、创新做法、学习效果，对下一步开展好党史学习教育工作提出了意见建议。

4月27日

中共中央总书记、国家主席、中央军委主席习近平在广西考察时指出，广西红色资源丰富，在党史学习教育中要用好这些红色资源，做到学史增信。学史增信，就是要增强信仰、信念、信心，这是我们战胜一切强敌、克服一切困难、夺取一切胜利的强大精神力量。要增强对马克思主义、共产主义的信仰，增强对中国特色社会主义的信念，增强对实现中华民族伟大复兴的信心。

同日

中共中央办公厅印发《关于在全社会开展党史、新中国史、改革开放史、社会主义发展史宣传教育的通知》（以下简称《通知》），对在中国共产党成立100周年之际开展"四史"宣传教育作出安排部署。

《通知》强调，要高举中国特色社会主义伟大旗帜，以马克思列宁主义、毛泽东思想、邓小平理论、"三个代表"重要思想、科学发展观、习近平新时代中国特色社会主义思想为指导，深入贯彻落实党的十九大和十九届二中、三中、四中、五中全会精神，增强"四个意识"、坚定"四个自信"、做到"两个维护"，围绕庆祝中国共产党成立100周年，在全社会广泛开展党史、新中国史、改革开放史、社会主义发展史宣传教育，普及党史知识，推动党史学习教育深入群众、深入基层、深入人心，引导广大人民群众深刻认识中国共产党为国家和民族作出的伟大贡献，深刻感悟中国共产党始终不渝为人民的初心宗旨，学习中国共产党推进马克思主义中国化形成的重大理论成果，传承中国共产党在长期奋斗中铸就的伟大精神，坚定不移听党话、跟党走，在全面建设社会主义现代化国家伟大实践中建功立业。

《通知》明确，要以学习宣传贯彻习近平新时代中国特色社会主义思想为主线，准确把握这一重要思想的理论逻辑、历史逻辑、实践逻辑，深入领会这一重要思想的历史地位和重大意义，不断增进政治认同、思想认同、理论认同、情感认同。深入学习领会习近平总书记关于党史、新中国史、改革开放史、社会主义发展史的重要论述，特别是在党史学习教育动员大会、庆祝中国共产党成立100周年大会上的重要讲话精神，及时跟进学、前后贯通学、联系实际学。要把握"四史"宣传教育内涵，注重内容上融会贯通、逻辑上环环相扣，引导广大人民群众特别是青少年弄清楚中国共产党为什么能、马克思主义为什么行、中国特色社会主义为什么好等基本道理，加深对党的历史的理解和把握，加深对党的理论的理解和认识。

《通知》指出，要组织好各项宣传教育活动。一是开展读书学史活动。开展"书映百年伟业"好书荐读活动，举办"红色经典·献礼百年"阅读活动，组织"强素质·作表率"读书活动，开展党建文献专题阅读学习活动。二是组织基层宣讲活动。广泛开展百姓宣讲，深入基层开展巡回宣讲，用小故事讲透大道理。举办形势报告会、"四史"专题宣讲等，邀请领导干部带头作报告。三是开展学习体验活动。深入挖掘红色文化内涵，精心设计推出一批精品展览、红色旅游精品线路、学习体验线路。组织有庄严感和教育意义的仪式活动，开展文化科技卫生"三下乡"等社会实践活动。四是开展致敬革命先烈活动。结合烈士纪念日等重要纪念日及其他传统节日，组织开展祭扫烈士墓、敬献花篮、宣读祭文、瞻仰遗物等活动。开展"为烈士寻亲"专项行动，组织"心中的旗帜"等红色讲解员大赛，弘扬英雄精神。五是开展学习先进模范活动。集中宣传发布"3个100杰出人物"，开展党和国家功勋荣誉获得者、时代楷模等先进模范学习宣传活动。深入走访慰问老战士、老同志、老支前模范、烈士遗属等，帮助解决实际困难。六是开展红色家风传承活动。发挥文明家庭、五好家庭、最美家庭的示范带动作用，通过巡讲、主题展、快闪、家庭故事汇等方式讲述感人家风故事。七是开展全民国防教育活动。组织开展"迈向强国新征程·军民共筑强军梦"巡讲，组织军营开放活动，抓好高校和高中学生军训，依托国防教育基地进行红色研学，强化全民国防观念。八是组织群众性文化活动。组织美术展、优秀影视剧展播、优秀网络文艺作品展示等活动，开展知识竞赛、演讲比赛等活动。创新实施文化惠民工程，开展"唱支山歌给党听"群众歌咏、广场舞展演、"村晚"等活动。

《通知》强调，各地区各部门要始终把握正确导向，树立正确历史观，准确把握党史、新中国史、改革开放史、社会主义发展史的主题主线、主流本质，旗帜鲜明反对历史虚无主义。要突出青少年群体，把握青少年群体的特点和习惯，组织好青少年学习教育，厚植爱党爱国爱社会主义的情感，让红色基因、革命薪火代代传承。要丰富活动载体，发挥爱国主义教育基地作用，着力打造精品陈列，精心设计活动内容和载体，增强教育感染力。要用好网络平台，发挥融媒体优势，制作播出一批接地气、易传播、群众爱听爱看的网络文化产品和文艺作品。要加强统筹协调，把"四史"宣传教育同党史学习教育、"永远跟党走"群众性主题宣传教育活动等有机结合起来，相互促进、相得益彰。严格执行中央八项规定及其实施细则精神，坚决克服形式主义、官僚主义。加强安全管理，做好新冠肺炎疫情防控工作，确保宣传教育各项工作安全有序。

同日

中国社会科学院党史学习教育宣讲团成员、当代中国研究所副所长宋月红到中国社科院人事教育局作党史学习教育宣讲报告。宋月红以"学史明理崇德 知史爱党爱国"为题，从深入学习习近平总书记关于党史的重要论述、党关于创建新中国的思想发展、新中国建立历程与社会主义革命和建设道路的开辟、第二个历史决议的核心要义和重大意义等四个方面进行讲解，阐述了在全党开展党史学习教育的重大意义，回顾了百年来我们党团结带领人民走过的光辉历程，介绍了开展党史学习教育的主要内容和必须深刻把握的重点内容。

4月28日

中国社会科学院党组成员、当代中国研究所所长姜辉到社保基金会为处级以上干部作党史学习教育宣讲报告。

4月29日

"高校社科界庆祝中国共产党成立100周年系列座谈会——清华大学专场"召开。教育部党组成员、副部长翁铁慧出席会议并讲话。会议介绍了教育部庆祝建党百年行动理论研究专项重大成果《马克思主义经典文献传播通考》丛书100卷编辑出版有关情况。与会专家围绕"中国共产党与马克思主义传播史"主题作了深入交流发言。

同日

中国共产党与国家治理：历史、理论与实践研讨会在南京召开。本次研讨会由教育部高等学校社会科学发展研究中心与江苏省中国特色社会主义理论体系研究中心省社科院基地联合举办。来自教育部高等学校社会科学发展研究中心、江苏省委宣传部、江苏省委组织部、江苏省党建学会等有关部门，中央党校（国家行政学院）、复旦大学、南京大学、东南大学、武汉大学、中央财经大学、南京师范大学、河海大学、华东政法大学、江苏省委党校、上海社科院、浙江省社科院、湖南大学、南京邮电大学、南京信息工程大学、苏州大学、杭州电子科技大学、西北农林科技大学、天津师范大学、延安大学等高校及科研院所的专家学者170余人参加会议。与会专家学者围绕百年中国共产党与国家治理的历史、理论与实践展开了深入而又热烈的研讨交流。

同日

田连元《话说党史》评书创作研讨会在中国文艺家之家举办。此次研讨会由中国文艺评论家协会、中国曲艺家协会、中国文联文艺评论中心主办，"学习强国"学习平台给予支持指导。《话说党史》精选中国共产党历史上100个经典故事，以评书艺术的方式，运用通俗易懂的大众化语言，生动再现了中国共产党在不同历史时期发生的鲜活故事。与会专家围绕艺术创作、媒介平台、学术研究等进行交流。与会专家认为，《话说党史》是一部把真实历史、生动故事、评书艺术熔铸一炉的精品力作。作品既有宏阔的历史勾画，又有生动的故事情节，同时充分运用语言艺术表现形式，描绘了中国共产党波澜壮阔的百年征程，书写了中国共产党带领人民浴火重生走上康庄大道、从饱经沧桑到复兴梦想的历史进程，树立了以评书艺术表现党史题材的典范。

5月4日

北京大学中共党史研究中心成立仪式暨中共党史研究与党史教育理论研讨会在北京大学举行。北京大学中共党史研究中心是北京大学校内第一个中共党史专门研究机构。来自中共中央党史和文献研究院、中共中央党校（国家行政学院）、中国社会科学院、教育部、北京市委党史研究室、北京大学、清华大学、中国人民大学等院校和研究机构的专家学者参加会议，并为研究中心揭牌。在学术研讨会上，专家学者围绕"中共党史研究与党史教育理论"的主题进行交流分享。中国社会科学院党组成员、当代中国研究所所长姜辉参加研讨会。

5月7日

在教育部有关司局指导下，中国人民大学主办的中共党史学科建设高层论坛在北京举办。本次高层论坛的主题是：中国共产党百年历程与中共党史学科建设。来自国内高校、党校、社科院系统的专家学者共一百余人，以及关心中共党史学科建设的广大师生、学术机构、新闻媒体等参加会议。与会专家学者围绕习近平总书记关于加强党史研究和党史学科建设的重要论述，对中共党史研究的前沿问题和重要成果，中共党史的学科体系、学术体系和话语体系建设，中共党史学科布局、人才培养和师资队伍建设等议题展开深入研讨。

5月8日

党史学习教育中央宣讲团成员，中国社科院党组成员、当代中国研究所所长姜辉应邀到中国外文局，围绕"百年党史与中国新时代"作专题讲座。姜辉着重从深刻领会中国特色社会主义历史性成就和历史性变革、深刻领会统筹"两个大局"：世界大变局和中国发展、深刻领会习近平新时代中国特色社会主义思想的科学体系和理论贡献三个方面进行深入解读，回顾了中国共产党的百年光辉历程，阐述了新时代是百年党史精彩华章的鲜明观点。

同日

第四届党建论坛暨"中国共产党百年党的建设：理论、制度与实践"学术研讨会在复旦大学举行。本次研讨会由复旦大学党建研究院、复旦大学马克思主义学院、中国浦东干部学院中国特色社会主义研究院、教育部高等学校社会科学发展研究中心、上海高校新时代党的建设与党内法规研究中心联合举办。来自全国高校、科研院所的80余位专家学者出席会议。与会专家学者就中国共产党百年历史沿革、属性特征、制度设计、实践路径等进行了深入交流，着重从理论层面、法规制度层面、实践层面来分析探讨党的建设热点难点问题。

同日

"高校社科界庆祝中国共产党成立100周年系列座谈会——湘潭大学专场"召开。本次座谈会由教育部社会科学司指导。座谈会以"习近平新时代中国特色社会主义思想对毛泽东思想的继承与发展"为主题。顾海良、李捷、王炳林、张国祚、黄蓉生、骆郁廷等18位专家学者围绕会议主题线上线下同步展开研讨。大家认为，中国共产党百年思想史，是马克思主义中国化、大众化、实践化的历史。开展党史学习教育，就要关注马克思主义中国化百年史中的"双向互动问题"以及马克思主义中国化研究中的"一脉贯通问题"，力求从历史、理论、现实的结合上，对百年来以马克思主义中国化为主轴的各方面思想的历史发展、内涵和体系作出全面和系统的阐释。

同日

建党百年与中华民族伟大复兴高层论坛在西北大学举行。本次论坛由西北大学马克思主义学院、西北大学延安精神与党的建设研究院、陕西省重点中国特色社会主义理论体系研究中心等单位共同主办。来自中共中央党校（国家行政学院）、中共中央党史和文献研究院、北京大学、华中师范大学、人民出版社等研究单位和高校的学者，同西北大学马克思主义学院师生代表70余人出席论坛。论坛主题发言阶段，8位专家分别以"党报党刊的百年发展""百年中国共产党攻坚克难创造辉煌基本经验""中国共产党走自己的路的理论与中华民族的伟大复兴""延安时期推进马克思主义中国化的基本经验"等为题作了发言。

5月9日

中共中央总书记、国家主席、中央军委主席习近平给《文史哲》编辑部全体编辑人员回信，对办好哲学社会科学期刊提出殷切期望。习近平在回信中说，《文史哲》创刊70年来，在党的领导下，几代编辑人员守正创新、薪火相传，在弘扬中华文明、繁荣学术研究等方面做了大量工作，在国内外赢得一定声誉，你们付出的努力值得肯定。

习近平指出，增强做中国人的骨气和底气，让世界更好认识中国、了解中国，需要深入理解中华文明，从历史和现实、理论和实践相结合的角度深入阐释如何更好坚持中国道路、弘扬中国精神、凝聚中国力量。回答好这一重大课题，需要广大哲学社会科学工作者共同努力，在新的时代条件下推动中华优秀传统文化创造性转化、创新性发展。高品质的学术期刊就是要坚守初心、引领创新，展示高水平研究成果，支持优秀学术人才成长，促进中外学术交流。希望你们再接再厉，把刊物办得更好。

同日

中国共产党建党百年与党的建设学科发展理论研讨会暨马克思主义学院院长论坛在西南财经大学举行。会议由西南财经大学主办，西南财经大学习近平新时代中国特色社会主义思想研究中心、马克思主义学院承办，来自北京大学、北京师范大学、山东大学、同济大学、中央财经大学、上海财经大学、中国农业大学等全国二十余所知名高校的马克思主义学院负责人和专家学者、期刊主编以线上线下相结合的方式参加了研讨会。研讨会上，18位专家学者围绕会议主题就党的建设学科发展、大学生"四史"教育、近代中国道路选择、全面从严治党等方面内容进行深入交流研讨。大家一致认为，中国共产党成立100年来，始终坚持为中国人民谋幸福、为中华民族谋复兴的初心使命，在领导中国人民站起来、富起来、强起来的伟大征程中谱写了壮丽的历史篇章。党的百年华诞之际，我们要以党史学习教育为契机，聚焦党史党建的重点、热点和难点问题，为推动党的建设与学科繁荣发展贡献力量。

5月11日

中国社会科学院党组成员、当代中国研究所所长姜辉参加"学习强国"学习平台党史学习教育专家在线问答交流。

同日

中国社会科学院党组成员、当代中国研究所所长、马克思主义研究院院长姜辉出席由中国辩证唯物主义研究会、中国社会科学院哲学研究所和社会科学文献出版社等单位共同举办的《马克思主义哲学》创刊发布会暨中国辩证唯物主义研究会高层论坛并发表讲话。姜辉在会上表示，刊物始终坚持政治性与学术性、思想性与现实性相结合，紧沿时代的步伐、紧跟学术前沿、紧扣读者需求，深化马克思主义哲学基本理念研究，为促进马克思主义哲学创新发展做出了不可替代的重要实践。

同日

当代中国研究所副所长李正华在重庆市委理论学习中心组党史学习教育读书班举行的第三场活动中以"改天换地——党探索社会主义革命和建设道路的历程与经验"为主题作辅导报告。李正华围绕学习贯彻习近平总书记关于党史的重要论述，从新中国的成立和社会主义制度的建立、探索适合中国情况的社会主义建设道路、社会主义建设在曲折中发展、成就与经验等方面对社会主义革命和建设时期党的历史作了解读。报告内容丰富、脉络清晰，既有理论阐释又有案例剖析，既有历史纵深感又有时代现实感，既有严密的历史逻辑又有独到的见解，进一步加深了大家对党的奋斗历程和伟大贡献的认识，让人深受教育和启迪。

5月13日

中共中央总书记、国家主席、中央军委主席习近平在河南南阳实地了解南水北调中线工程建设管理运行和库区移民安置等情况时指出：人民就是江山，共产党打江山、守江山，守的是人民的心，为的是让人民过上好日子。我们党的百年奋斗史就是为人民谋幸福的历史。

同日

学习宣传贯彻习近平新时代中国特色社会主义思想研讨会暨党史学习教育高端论坛在上海举行。中共中央政治局委员、中宣部部长、党史学习教育领导小组组长黄坤明出席并讲话，强调要坚持从党的历史深处吸收养分、从党的理论创造中汲取力量，不断加深对习近平新时代中国特色社会主义思想的理解领悟，增强奋斗新时代、奋进新征程的理论自觉和道路自信。黄坤明指出，新时代党的理论创造源自党的百年奋斗、凝结着党的百年求索。在新起点上创造新的历史伟业，要深刻把握这一思想标定的历史方位、指明的方向道路，坚持党的全面领导，坚持以人民为中心，充分认识中国式现代化的主体性、时代性、创新性，发扬自立自强、创新创造精神，在顺应大势中引领时代潮流，在担当作为中把握历史主动，以昂扬的精神风貌书写中国特色社会主义的时代篇章。中国社会科学院党组成员、当代中国研究所所长姜辉参加会议，并围绕"马克思主义在中国的早期传播与重大意义"作发言。

5月14日

党史学习教育中央宣讲团成员，中国社会科学院党组成员、当代中国研究所所长姜辉到上海交通大学，以《中国共产党一百年与中国新时代》为题作学习辅导报告。姜辉从历史与实践、中国与世界、思想与理论三个层面，围绕深刻领会中国特色社会主义历史性成就和历史性变革，深刻领会统筹世界大变局与中国发展"两个大局"，深刻领会习近平新时代中国特色社会主义思想的科学体系和理论贡献，阐释了自己的观点和思考。

同日

党史学习教育领导小组办公室在浙江嘉兴召开部分省市党史学习教育领导小组办公室负责同志座谈会，深入学习贯彻习近平总书记关于党史学习教育的重要讲话和重要指示精神，贯彻落实党中央有关部署要求，交流党史学习教育进展情况和经验做法，研究推进下一步党史学习教育工作。党史学习教育领导小组副组长兼办公室主任王晓晖主持会议并讲话。上海市、江苏省、浙江省、安徽省、福建省、江西省、山东省以及浙江省嘉兴市、余姚市党史学习教育领导小组办公室负责同志参加会议并发言。

5月15日

由中央党校（国家行政学院）科研部、党的建设教研部主办的"第一届党建高端论坛"在北京举行。本届论坛的主题为"百年大党建设的历史经验"。来自中央党校（国家行政学院）、中国社科院、中国人民大学、天津大学、华东师范大学、中国浦东干部学院、江苏省委党校等单位的十一位专家学者，从政治建设、思想建设、理论建设、组织建设、作风建设、纪律建设和反腐败斗争、制度建设以及维护党中央权威和集中统一领导、锻造党的领导力、坚持和加强党的领导、加快推进党建学科建设等方面，系统总结了百年大党建设的历史经验。与会专家一致认为，重视和加强党的建设，是我们这个百年大党永葆蓬勃生机活力的关键所在。系统梳理总结党的建设历史经验，是进一步深化党建研究、推动党建学科建设的需要，对于在新征程上持续推进党的自我革命具有重要意义。党的建设经验已经成为党的伟大历史的一部分，已经并将继续对党的建设实践发挥指导作用。

同日

庆祝中国共产党成立100周年暨新时代"赶考"精神的熔铸与弘扬学术研讨会在石家庄举行。本次研讨会由河北省社会科学院、河北省社会科学界联合会主办，河北经贸大学马克思主义学院、河北省伦理学会承办。来自中共中央党校（国家行政学院）、中国社会科学院、求是杂志社《红旗文稿》、北京工商大学、中共河北省委党校（河北行政学院）、河北省社会科学院、河北经贸大学、石家庄市社会科学院、西柏坡纪念馆等高校和科研院所近50位专家学者参加会议。与会专家学者围绕习近平总书记关于中共党史、新中国史、改革开放史、社会主义发展史的重要论述，中国共产党百年历程与中华民族伟大复兴，中国共产党精神谱系的河北篇章等开展交流研讨。

同日

"庆祝中国共产党百年华诞"暨"四史"学习理论研讨会在重庆大学召开。本次会议由重庆大学主办、重庆大学马克思主义学院承办。来自中国人民大学、中国社会科学院、四川大学、重庆大学、西南大学、国防大学、西南财经大学、西南政法大学、重庆邮电大学、湘潭大学、陕西师范大学、宁波大学、重庆医科大学、重庆工商大学、重庆理工大学等高校及《探索》《重庆社会科学》《重庆大学学报（社会科学版）》负责人等40余名马克思主义研究专家、学者参加会议。研讨会采取大会报告形式，共分为五场报告，与会专家学者围绕会议主题进行研究分享和深入的探讨交流。大家一致认为，此次"庆祝中国共产党百年华诞"暨"四史"学习理论研讨会主题鲜明、意蕴深远，势必助力推动中国共产党党史研究迈向新的台阶。

5月15—18日

中国社会科学院党组成员、当代中国研究所所长姜辉在中央电视台参加庆祝中国共产党成立100周年电视专题片《敢教日月换新天》讨论会。

5月16日

2021年第10期《求是》杂志发表了中共中央总书记、国家主席、中央军委主席习近平的重要文章《用好红色资源，传承好红色基因，把红色江山世世代代传下去》。文章强调，革命博物馆、纪念馆、党史馆、烈士陵园等是党和国家的红色基因库。要把红色资源作为坚定理想信念、加强党性修养的生动教材，讲好党的故事、革命的故事、根据地的故事、英雄和烈士的故事，加强革命传统教育、爱国主义教育、青少年思想道德教育，把红色基因传承好，确保红色江山永不变色。文章指出，我每次到革命老区考察调研，都去瞻仰革命历史纪念场所，就是要告诫全党同志不能忘记红色政权是怎么来的、新中国是怎么来的、今天的幸福生活是怎么来的，就是要宣示中国共产党将始终高举红色的旗帜，坚定走中国特色社会主义道路，把先辈们开创的事业不断推向前进。文章指出，一寸山河一寸血，一抔热土一抔魂。新中国是无数革命先烈用鲜血和生命铸就的。要深刻认识红色政权来之不易，新中国来之不易，中国特色社会主义来之不易。我们要向革命先烈表示崇高的敬意，我们永远怀念他们、牢记他们，传承好他们的红色基因。事业发展永无止境，共产党人的初心永远不能改变。唯有不忘初心，方可告慰历史、告慰先辈，方可赢得民心、赢得时代，方可善作善成、一往无前。文章指出，要在党史学习教育中做到学史明理，明理是增信、崇德、力行的前提。要从党的辉煌成就、艰辛历程、历史经验、优良传统中深刻领悟中国共产党为什么能、马克思主义为什么行、中国特色社会主义为什么好等道理，弄清楚其中的历史逻辑、理论逻辑、实践逻辑。要运用红色资源，教育引导广大党员、干部坚定理想信仰，增强"四个意识"、坚定"四个自信"、做到"两个维护"。

同日

中国共产党的百年历程与马克思主义中国化暨《马克思主义中国化思想史》出版座谈会在中央党校（国家行政学院）召开。座谈会由中国现代史学会、国家创新与发展战略研究会、福建省新闻出版局联合主办，海峡出版发行集团承办。中央党校（国家行政学院）副校（院）长谢春涛，福建省委常委、宣传部部长邢善萍，原中央党校副校长、《马克思主义中国化思想史》作者李君如，原中央党校副校长徐伟新，求是杂志社原社长李捷，原国家新闻出版广电总局副局长邬书林，中央党校（国家行政学院）原校（院）委委员黄宪起，中央党史和文献研究院原院务委员冯俊等参加座谈会。专家指出，中国共产党的百年历史就是一部马克思主义中国化的历史，该书内容系统全面，覆盖一百年马克思主义中国化的光辉历史和丰富成果，是马克思主义中国化研究领域的重要成果，为党史学习教育提供了生动教材。座谈会上，福建人民出版社向长安街读书会赠送了部分本版党史党建图书。

5月18日

当代中国研究所副所长宋月红到中国社会科院西亚非洲研究所以题为"树立正确党史观，明理增信崇德力行"作专题报告。宋月红围绕树立正确党史观、开天辟地的大事变、创建新中国的思想发展、《关于建国以来党的若干历史问题的决议》的核心要义和重大意义，以及反对历史虚无主义等五个方面为同志们上了一堂生动的党课。通过学习使同志们领悟到，坚持正确的党史观，就是要坚持以马克思主义唯物史观为指导，回顾和总结党领导人民从新民主主义革命到新中国成立，从社会主义革命和建设到开创和发展中国特色社会主义、再到中国特色社会主义进入新时代的光辉历程，准确把握党的历史发展的主题主线、主流本质，深刻揭示党不断推进马克思主义中国化的科学伟力，深刻阐明党矢志践行初心使命、筚路蓝缕奠基立业和创造辉煌开辟未来的伟大实践。

5月19日

中国社会科学院党组成员、当代中国研究所所长姜辉为福建省管领导干部学习贯彻习近平总书记来闽考察重要讲话精神专题研讨班暨省级领导班子党史学习教育专题读书班，作题为"中国共产党一百年与中国新时代"的专题辅导报告。

5月19—20日

"建党百年：现代化探索及中国崛起"学术研讨会在贵州遵义召开。本次研讨会由中央社会主义学院与贵州省社会主义学院、遵义市社会主义学院联合举办。研讨会上，来自中央社会主义学院及各地社会主义学院、北京大学、浙江大学等的近百名专家学者围绕主题，就中国共产党对社会主义现代化的百年探索及各时期统战思想、国家治理现代化、中国经济现代化进程等内容进行了发言讨论。此外，本次研讨会举办地点遵义在红军长征史中有特殊意义，多位学者还在发言与论文中对红军长征期间的统战工作及当代启示作了梳理。

5月20日

党史学习教育中央宣讲团成员、中国社会科学院党组成员、当代中国研究所所长姜辉应邀到福建华侨大学，作题为"中国共产党一百年与中国新时代"的专题辅导报告。姜辉围绕深刻领会中国特色社会主义历史性成就和变革，深刻领会世界大变局与中国发展，深刻领会习近平新时代中国特色社会主义思想的科学体系和理论贡献三个方面进行详细解读。

5月21日

"民族复兴的百年旗帜——中国历史研究院征集海外中共珍稀文献展"在中国历史研究院开幕。中央党史和文献研究院副院长王志民，中国社会科学院副院长、党组副书记兼中国历史研究院院长、党委书记高翔，中央纪委国家监委驻中国社会科学院纪检监察组组长、党组成员杨笑山，中国社会科学院党组成员、当代中国研究所所长姜辉，中国社会科学院副院长、党组成员王灵桂，中国社会科学院秘书长、党组成员赵奇等出席开幕仪式。此次展览从海量档案中精选出近500张文献图片，以时间为脉络，设立"中国共产党的成立""第一次国共合作""土地革命""抗日战争""解放战争"五个版块，汇集了从俄国、美国、荷兰、日本等国家和地区收集、复制的珍贵资料。绝大部分档案、照片是首次公开展出，具有重要的史料价值、学术价值和现实价值。

5月22日

中国共产党百年与新发展阶段学术研讨会暨《2020—2021世界社会主义黄皮书》发布会举行。本次研讨会由中国社会科学院世界社会主义研究中心、马克思主义研究院、习近平新时代中国特色社会主义思想研究中心等单位主办。会议开幕式由中国社会科学院党组成员、当代中国研究所所长、马克思主义研究院院长姜辉主持，大会发言由中国社会科学院马克思主义研究院党委书记、副院长辛向阳主持。来自中共中央对外联络部、中央党校（国家行政学院）、北京大学、清华大学、中国人民大学以及中国社会科学院有关部门、当代中国研究所、中国社会科学院大学（研究生院）的负责同志、专家和学者参加会议。与会者紧扣会议主题"中国共产党百年与新发展阶段",深入探讨了中国共产党百年奋斗历程、伟大贡献及历史经验;"两个一百年"历史交汇点与新发展阶段;世界百年未有之大变局与中华民族伟大复兴战略全局;学好党史、新中国史、改革开放史、社会主义发展史四大议题。会议同时发布了世界社会主义黄皮书:《世界社会主义跟踪研究报告(2020—2021)——且听低谷新潮声》,由李慎明和姜辉主编,当代中国出版社出版。

同日

党报党刊和百年中国共产党学术研讨会在北京举行。本次研讨会由北京大学马克思主义学院、北京市哲学社会科学中国化马克思主义发展研究基地和国家社科基金重大项目"百年中共党报党刊史(多卷本)"课题组联合举办。来自中国社会科学院、中共中央党史和文献研究院、北京大学、清华大学等30余家科研院所、高校及学术期刊等单位的50余位专家学者及博士生参会。研讨会上,专家学者分享了各自在党报党刊研究方面的最新成果。研讨会还设了四个分论坛,28位青年学者及博士生分享了研究成果,研究了不同时期共20多种党报党刊的相关内容,体现了浓厚的学术研讨氛围。

同日

由教育部社会科学司与人民网联合打造的同上一堂"四史"思政大课活动圆满结束。活动邀请来自北京大学、中国人民大学、南开大学、复旦大学等11所全国重点马克思主义学院所在高校的12名主讲教师,对党史、新中国史、改革开放史、社会主义发展史进行深入浅出的讲解。同上一堂"四史"思政大课活动为探索以党史学习教育为重点的"四史"教育融入思政课的教学模式、推动思政课程质量提升探索了新路径。通过对"四史"思政大课的学习,广大师生更加深刻认识到红色政权来之不易、中国特色社会主义来之不易,纷纷表示将以更加昂扬的姿态为全面建设社会主义现代化国家而努力奋斗,争做担当民族复兴大任的时代新人。

同日

庆祝中国共产党成立100周年党史高峰论坛在中国政法大学召开。论坛系统回顾了中国共产党团结带领中国人民不懈奋斗的光辉历程,梳理总结了建党百年的历史经验,为高质量高标准推进党史学习教育凝聚磅礴力量。中央党史宣讲团成员、原中共中央党校副校长李君如教授应邀作主题报告。来自中共中央党校、北京大学、北京师范大学、复旦大学等30余所高校的专家学者出席论坛。本次高峰论坛设置两个分论坛,与会嘉宾分别围绕"中国共产党百年奋斗历程的经验与成就"和"中国共产党党的建设（党内法规建设）的百年历程与经验"主题做主旨发言，并就建党百年历程、成就与经验进行深入探讨。

同日

"高校社科界庆祝中国共产党成立100周年系列座谈会——上海大学专场"在上海大学举行。本次座谈会由教育部社会科学司指导，上海大学主办，上海大学社会学院承办，中国社会科学院—上海市人民政府上海研究院协办。教育部社会科学司副司长谭方正、上海市教委副主任毛丽娟、上海大学党委书记成旦红等出席并致辞，全国人大常委，全国人大社会建设委员会副主任，中国社会科学院原副院长、学部委员、社会政法学部主任，中国社会科学院—上海市人民政府上海研究院院长李培林等专家学者，以及来自上海大学社会学院、马克思主义学院教师代表、上海研究院相关负责同志参加会议。与会专家学者聚焦中国共产党领导改革开放伟大社会革命的生动实践，作了深入交流发言。

同日

第十六届中国特色社会主义论坛暨"建党百年与中国特色社会主义"理论座谈会在复旦大学开幕。本届论坛由红旗文稿杂志社、高等教育出版社《思想理论教育导刊》编辑部、复旦大学共同主办，复旦大学马克思主义学院和马克思主义研究院承办。在主旨报告阶段，专家学者先后以《再论党的领导是历史和人民的选择》《中国共产党社会主义现代化思想在新时代的新进展》《社会革命、自我革命、理论创新："三史合一"的百年辉煌》《注重研究社会主要矛盾的具体表现形式、运动方式、冲突力度、破解对策》为题发言。在分论坛阶段，来自全国各地十余所高校以及四川省委组织部、山东省滨州市委的数十名专家学者围绕"百年征程的历史经验""贯彻新发展理念""全面建设社会主义现代化国家"等主题进行了深入交流。

同日

"学史崇德　学史力行——红色基因传承与中国共产党革命精神研究"学术研讨会在西安举行。本次研讨会以红色基因传承与中国共产党革命精神研究为主要议题，由西安电子科技大学马克思主义学院主办，陕西省科学社会主义学会和陕西省政治学会协办。来自中国人民大学、中国社会科学院、上海交通大学、南开大学、吉林大学、华南农业大学、西安交通大学、武汉理工大学、西北工业大学、云南大学、北京邮电大学、华南理工大学、青海大学、河南科技大学、重庆理工大学、桂林电子科技大学、广东外语外贸大学、武汉轻工大学、西安电子科技大学、西北大学、西安科技大学、陕西科技大学、西安理工大学、西安石油大学、西北政法大学等80余家高校及科研机构的100余名专家学者，围绕"红色基因传承与中国共产党革命精神研究"的相关学术议题进行了深入研讨。

5月22—23日

全国党校（行政学院）系统22日在上海、23日在浙江嘉兴接续举行庆祝中国共产党成立100周年学术研讨会。本次研讨会由中央党校（国家行政学院）习近平新时代中国特色社会主义思想研究中心、科研部、中共党史教研部和上海市委党校（上海行政学院）、浙江省委党校（浙江行政学院）、嘉兴市委共同主办，嘉兴市委党校（浙江红船干部学院）协办。来自各省级、副省级城市党委党校（行政学院），新疆生产建设兵团党校（行政学院）、铁道党校等的负责同志和党史教研人员近150人参加研讨会。与会专家学者围绕总结百年党史的成就和经验、加强党史学科建设、弘扬伟大革命精神、提高党史教学质量水平进行深入交流研讨。与会代表一致认为，党校（行政学院）为党而立、因党而兴，应当在党史学习教育中发挥生力军作用，也要抓住机遇深化党史学术研究、强化党史学科建设，把党史这门党校（行政学院）的必修课讲好讲精彩，更好发挥党史以史鉴今、资政育人作用，引导党员干部牢记党的初心使命、性质宗旨、理想信念，在全面建设社会主义现代化国家新征程上为党续写辉煌。

5月23日

中华人民共和国国史学会在京举办纪念西藏和平解放70周年学术报告会，邀请中国藏学研究中心原党组书记朱晓明，该中心党组成员、副总干事、国史学会常务理事廉湘民，中央党校（国家行政学院）民族与宗教研究室教授王小彬分别作题为《为什么中国共产党能够治理好西藏》《西藏和平解放的伟大意义》《西藏和平解放的历史进程》的报告。国史学会会长、中国社会科学院原副院长朱佳木主持了报告会。国史学会副会长、中央档案馆副馆长、国家档案局副局长魏洪涛，国史学会秘书长、当代中国研究所原副所长张星星，当代中国研究所副所长宋月红，中国边疆研究所副所长孙宏年，以及国史学会在京部分理事和各分会的领导，在京党政部门、科研机构、高等院校的干部、学者、研究生和媒体记者等，共70余人出席了报告会。

5月24日

中国共产党百年和中国发展研讨会在首尔举行。本次研讨会由中国驻韩国大使馆和韩国成均馆大学成均中国研究所共同主办。中国驻韩国大使邢海明、韩国前国务总理李寿成、成均中国研究所所长李熙玉、韩中交流协会会长金容德出席。韩国共同民主党党首宋永吉、国民力量党国际委员长赵太庸发来贺词。来自韩国国家安保战略研究院、统一研究院等权威智库和成均馆大学、世宗大学等的专家学者在研讨会上共同回顾了中国共产党的建党百年历程，共同回忆了中国共产党带领中国人民实现国家发展的历史，并对韩中两国政党交流进行了点评，为两国关系发展面临的机遇与挑战出谋划策。

5月25日

当代中国研究所举办旌勇里大讲堂第97讲，中国社会科学院原副院长、当代中国研究所原所长朱佳木同志以"中国当代史编研的若干基本理论问题"为题向当代所全体同志作报告。

5月26日

党史学习教育领导小组在京召开党史学习教育中央指导组培训会议。中共中央政治局委员、中宣部部长、党史学习教育领导小组组长黄坤明出席会议并讲话，强调要深入学习领会习近平总书记关于党史学习教育的重要论述，增强做好指导工作的责任感使命感，认真履行职责，展现过硬作风，高质量高标准完成指导工作任务。黄坤明强调，中央指导组要深刻领会开展党史学习教育的重大意义和目标重点，坚持分类指导，注重方式方法创新，增强指导工作针对性实效性。要立足职责定位，严格指导把关，在推动深化习近平新时代中国特色社会主义思想学习、抓好党史专题学习培训上下功夫，加强对县处级以上领导班子、领导干部督导，指导开好专题民主生活会、组织生活会，推动"我为群众办实事"实践活动深入开展，促进党史学习教育和中心工作相得益彰。要紧紧依靠党委（党组）开展工作，严守政治纪律，深入掌握实情，加强团结协作，以良好作风推动学习教育取得实效。党史学习教育领导小组及办公室负责同志，中央指导组全体成员，银保监会、国务院国资委、教育部党史学习教育领导小组主要负责同志参加会议。中管金融企业、中管企业、中管高校党史学习教育指导组组长、副组长列席会议。

5月27日

当代中国研究所副所长李正华应邀到江西财经大学马克思主义学院，以"改天换地——党探索社会主义革命和建设道路的历程与经验"为题，为学院师生作辅导报告。李正华围绕学习贯彻习近平总书记关于党史的重要论述，从新中国的成立和社会主义制度的建立、探索适合中国情况的社会主义建设道路、社会主义建设在曲折中发展、成就与经验等方面对社会主义革命和建设时期党的历史作了解读。

同日

中国社会科学院党史学习教育宣讲团成员、当代中国研究所副所长宋月红为中国社科院俄欧亚研究所离退休干部作党史学习教育辅导报告。宋月红从树立正确党史观、开天辟地的大事件、创建新中国的思想发展、关于第二个历史决议和反对历史虚无主义等五个方面阐述了中国共产党的历史贡献和学习党史的意义方法。他指出，习近平总书记强调："要认真学习党史、国史，知史爱党，知史爱国。"正确党史观就是要坚持和发展马克思主义唯物史观的基本立场、观点和方法，是马克思主义中国化理论成果。共产党员要坚定理想信念，必须努力学习和掌握辩证唯物主义。人民是历史的创造者和真正主人，是党的力量源泉。历史是过去的现实，中国共产党的历史是一部不断推进马克思主义中国化的历史。

5月28日

党史学习教育中央宣讲团来到澳门特别行政区，中央宣讲团成员，中国社会科学院党组成员、当代中国研究所所长、马克思主义研究院院长姜辉为中央驻澳机构和中资企业作宣讲报告。报告会上，姜辉围绕全面学习贯彻习近平总书记在党史学习教育动员大会上的重要讲话精神，重点从深刻领会中国特色社会主义历史性成就和历史性变革，深刻领会世界大变局和中国大发展的历史性交汇，深刻领会习近平新时代中国特色社会主义思想的科学体系和理论贡献三个方面进行了深入讲解，阐释了开展党史学习教育活动的重大意义，论述了开展党史学习教育的主要内容和必须深刻把握的重点。

同日

"百年恰是风华正茂——中国共产党百年奋斗与历史巨变"学术研讨会在江西省鹰潭市召开。本次研讨会由当代中国研究所、中共鹰潭市委、鹰潭市人民政府、江西省社会科学院共同主办。当代中国研究所副所长李正华致辞并作主题报告。鹰潭市委书记黄喜忠、江西省社会科学院院长蒋金法出席会议并致辞，江西省社会科学院副院长龚剑飞主持开幕式。来自中国社会科学院、中国井冈山干部学院、复旦大学、武汉大学、江西省社会科学院、南昌大学、江西农业大学、江西财经大学、井冈山大学、赣南师范大学等高校和科研机构的100余位专家学者参加此次研讨会。与会专家回顾总结了中国共产党百年奋斗的光辉历程、辉煌成就和宝贵经验，多角度探究苏区时期中国共产党在局部执政条件下治国理政的早期试验，并围绕党的创新理论的科学内涵与现实意义，接续推进新时代治国理政实践等议题进行了深度研讨交流。

同日

当代中国研究所副所长李正华为江西省鹰潭市委中心组作辅导报告。报告以"改革开放——当代中国最鲜明的特色"为题，围绕改革开放的缘起和发展阶段、前所未有的大发展大繁荣、改革开放的主要经验、改革开放是新时期的新的伟大革命等四个方面，用丰富的史料、生动的事例、详实的数据，全面梳理和系统阐述了我国改革开放的光辉历程、伟大成就、发展经验和历史意义。

5月29日

当代中国研究所副所长李正华为江西省贵溪市委理论学习中心组党史学习教育集体学习（扩大）会暨专题读书班作专题辅导报告。报告会上，李正华以"改革开放——当代中国最鲜明的特色"为题，从改革开放的缘起和发展阶段、前所未有的大发展大繁荣、改革开放的主要经验、改革开放是新时期的新的伟大革命等四个方面，以丰富的史料、生动的事例、详实的数据，对我国改革开放的光辉历程、伟大成就、发展经验和历史意义进行了全面梳理和系统阐述，让全市领导干部对改革开放史的主流和本质有了更加深刻的认识。

同日

中国共产党领导力论坛（2021）在北京举行。本次论坛以"百年大党卓越领导力"为主题，着重总结中国共产党百年领导经验，研究中国共产党卓越领导力形成的历史轨迹、实践路径、理论逻辑，探讨新时代应对百年未有之大变局的对策和思路。论坛由中央党校（国家行政学院）习近平新时代中国特色社会主义思想研究中心、党的建设教研部、中国领导科学研究会共同主办。来自全国党校（行政学院）、高校、社科院、军队院校的150余位专家学者和领导干部参加了论坛活动。20余位专家学者先后作主旨演讲和发言。与会专家学者围绕党的领导力、军事领导力、改革领导力、国企领导力以及党的领导与国家现代化、中国共产党领导力因何而强、中国共产党领导力的特征与优势、中国共产党领导力的范畴体系与逻辑构建等问题进行了深入研讨。

同日

"高校社科界庆祝中国共产党成立100周年系列座谈会——武汉大学专场"召开。本次座谈会由教育部社会科学司指导，武汉大学和湖北省中国特色社会主义理论体系研究中心共同主办。座谈会以"伟大抗疫精神与中国共产党精神谱系"为主题，采取线上线下相结合、主会场与分会场并行的形式进行。来自中国社会科学院、清华大学、复旦大学、华中师范大学、湘潭大学、南京师范大学、武汉大学等科研机构和高校的专家学者，全国重点马克思主义学院、湖北省重点马克思主义学院、湖北省中国特色社会主义理论体系研究中心及分中心的代表，武汉大学相关职能部门负责人和师生代表等约200人出席会议。本次会议上，武汉大学中共党史党建系揭牌成立。

同日

第八届执政党建设理论与实践论坛在湖北襄阳召开。本次论坛由中国社会科学院马克思主义研究院、中国科学院大学主办，襄阳市委党校承办。来自中国科学院、中国社会科学院、中央党校、《光明日报》、相关高校、学术研究机构等党建领域的专家学者，以及从事党建实践的工作者等近150人参加论坛活动。论坛系统回顾党的百年光辉历程，深入探寻百年大党的建设和执政规律，以实际行动庆祝中国共产党成立100周年。论坛提出，要站在党和人民的立场上学习宣传党史，坚持用唯物史观认识党史，正确评价党史上的重要会议、重大事件、重要人物，旗帜鲜明地反对历史唯心主义和历史虚无主义，以我们党关于历史问题的"两个决议"和党中央有关精神为依据等五个方面树立正确党史观。

5月30日

中共中央总书记、国家主席、中央军委主席习近平在给江苏省淮安市新安小学的少先队员们回信中说，你们学校是"新安旅行团"的母校，你们在信中表达了对学校红色历史的自豪之情，也说到了你们学习党史的收获。习近平指出，当年，在党的关怀和领导下，"新安旅行团"不怕艰苦，足迹遍及大半个中国，以文艺为武器，唤起民众抗日救亡，宣传党的主张，展现了爱国奋进的精神风貌。希望你们结合自身成长实际学好党史，以英雄模范人物为榜样，从小坚定听党话、跟党走的决心，刻苦学习，树立理想，砥砺品格，增长本领，努力实现德智体美劳全面发展。

同日

中国共产党反贫困思想百年发展史理论研讨会在南京大学举行。本次会议由南京大学主办，南京大学马克思主义学院、《南京大学学报（哲学·人文科学·社会科学版）》编辑部、南京大学中国特色社会主义理论体系研究中心、国家社科基金重大项目"中国共产党反贫困思想百年发展史研究（1921—2021）"课题组共同承办。来自北京大学、南京大学、复旦大学、武汉大学、西安交通大学等全国多所高校的专家学者围绕"中国共产党反贫困思想百年发展史"相关研究成果，进行了广泛深入的交流研讨。与会专家认为，党的十八大以来，以习近平同志为核心的党中央立足我国国情，把握减贫规律，团结带领人民进行了人类历史上规模空前、力度最大、惠及人口最多的反贫困斗争，完成了消除绝对贫困的艰巨任务，取得脱贫攻坚的全面胜利，走出了一条中国特色减贫道路，形成了中国特色反贫困理论。解读中国大地上的反贫困斗争，所有的维度指向一个高度，这就是：中国共产党领导是最核心的力量，新中国成立提供了坚实的政治制度保障，改革开放厚培了脱贫的物质土壤。中国的反贫困斗争，谱写了人类反贫困历史新篇章，为世界减贫事业的发展做出了历史性贡献，具有重大而深远的历史意义、政治意义、理论意义和世界意义。

5月

2021年第3期《百年潮》杂志发表了中国社会科学院党组成员、当代中国研究所所长姜辉的文章《把坚持马克思主义在意识形态领域指导地位的根本制度落到实处》。文章指出，坚持马克思主义在意识形态领域指导地位的根本制度，是我们党重大的思想文化制度创新，关系到党和国家事业长远发展，关系到我国文化的前进方向和发展道路。坚持马克思主义在意识形态领域指导地位的根本制度落到实处，需要做到以下几点：学懂弄通做实习近平新时代中国特色社会主义思想。建立健全落实用党的创新理论武装全党、教育人民的工作体系。建立健全落实"不忘初心、牢记使命"的制度。谋划部署落实新时代马克思主义理论研究和建设工程。建立健全落实意识形态工作责任制。

6月1日

2021年第11期《求是》杂志发表了中共中央总书记、国家主席、中央军委主席习近平的重要文章《学好"四史"，永葆初心、永担使命》。

文章强调，广大党员、干部要重点学习党史，同时学习新中国史、改革开放史、社会主义发展史，在学思践悟中坚定理想信念，在奋发有为中践行初心使命，让初心薪火相传，把使命永担在肩，做到学史明理、学史增信、学史崇德、学史力行，做到学党史、悟思想、办实事、开新局，切实在实现"两个一百年"奋斗目标、实现中华民族伟大复兴的中国梦进程中奋勇争先、走在前列。

文章指出，要通过在全社会开展党史、新中国史、改革开放史、社会主义发展史教育，引导广大人民群众特别是青少年弄清楚中国共产党为什么"能"、马克思主义为什么"行"、中国特色社会主义为什么"好"等基本道理，坚定不移听党话、跟党走，自觉做中国特色社会主义的坚定信仰者、忠实实践者，在全面建设社会主义现代化国家伟大实践中建功立业。

文章指出，要深入开展党史、新中国史、改革开放史、社会主义发展史教育，引导各族群众树立正确的国家观、历史观、民族观、文化观、宗教观，培育和践行社会主义核心价值观，不断增强各族群众对伟大祖国、中华民族、中华文化、中国共产党、中国特色社会主义的认同。

文章指出，要抓好青少年学习教育，着力讲好党的故事、革命的故事、英雄的故事，厚植爱党、爱国、爱社会主义的情感，让红色基因、革命薪火代代传承。

同日

2021年第11期《求是》杂志发表了中国社会科学院党组成员、当代中国研究所所长姜辉的文章《从新中国史中汲取继续前进的智慧和力量》。文章指出，70多年的新中国史，是一部中国共产党在一个社会主义大国长期执政和治国理政，持续推进伟大社会革命的壮阔史诗，也是一部党团结带领人民筚路蓝缕，奠基立业，艰苦奋斗，改天换地，创造中华民族发展史、人类社会进步史上令人刮目相看的奇迹的壮阔史诗。深入学习新中国史，是坚持和发展中国特色社会主义，把党和国家各项事业继续推向前进的必修课，是从中汲取无穷智慧和力量、在新时代新发展阶段创造新的历史伟业的必然要求。

同日

北京教育系统党史学习教育系列可视化教材发布仪式在中国人民大学举行。本次发布仪式由北京市委教育工委主办。此次上线发布的可视化教材包括《名师大家讲党史》《党史百年：人物·文献·事件》《跟着总书记学党史》三个专栏，由北京市委教育工委指导支持和统筹协调，北京高校思政课高精尖创新中心、中国人民大学马克思主义学院、中国人民大学中共党史党建研究院、中国人民大学习近平新时代中国特色社会主义思想研究院共同联合打造，主讲人包括知名专家、教学名师和青年学生等多类群体，内容涵盖了专题讲座、主题微课和党史故事等不同类型，能够满足不同单位多样化学习需求。

6月2日

中国社会科学院党组成员、当代中国研究所所长姜辉出席中国社科院第36期入党积极分子培训班、新党员培训班、马克思主义经典著作青年读书班开班式，并作动员讲话和辅导报告。姜辉指出，新时代新阶段，中国社会科学院广大入党积极分子、新党员和青年干部要在党史学习教育中，坚定理想信念，勇于担当作为，为加快构建中国特色哲学社会科学贡献智慧和力量，努力创造无愧于党、无愧于人民、无愧于时代的业绩。他要求学员：一要牢固树立政治机关意识，不断提高政治判断力、政治领悟力、政治执行力，坚决做到"两个维护"；二要坚定理想信念，深入学习贯彻习近平新时代中国特色社会主义思想，掌握蕴含其中的马克思主义立场观点方法，并指导哲学社会科学研究工作；三要深刻认识党的性质宗旨，牢固树立为人民做学问的理念；四要发扬艰苦奋斗的实干精神，自觉担负起时代赋予的历史重任，在新时代新征程中留下许党报国的奋斗足迹。

6月3日

中国社会科学院党组成员、当代中国研究所所长姜辉到北京石油科技交流中心为中建一局集团班子成员、中层以上干部作报告。

同日

当代中国研究所副所长宋月红参加由中宣部宣教局、光明日报社共同主办的第111场"核心价值观百场讲坛"活动，并作题为《在中国特色社会主义道路上共同团结奋斗、共同繁荣发展》的演讲。在演讲中，宋月红深入分析党的民族工作的主题与主线、成就与重要经验，引导广大网友加强中华民族共同体意识。他表示，要牢牢把握民族团结这一各族人民的生命线，牢固树立马克思主义祖国观、民族观、文化观、历史观，坚定不移走中国特色解决民族问题的正确道路。

同日

中国社会科学院党组成员、当代中国研究所所长、马克思主义研究院院长姜辉出席"百年党史视野中的马克思主义中国化理论研讨会"开幕式并作书面致辞。姜辉在致辞中从深化对共产党执政规律、社会主义建设规律、人类社会发展规律的认识的角度，系统阐述了习近平新时代中国特色社会主义思想为发展21世纪马克思主义作出的原创性贡献。他指出，马克思主义中国化只有进行时，没有完成时，要从百年党史中感悟马克思主义中国化的真理力量和实践伟力，在新征程上继续践行初心使命，为人民谋幸福、为民族谋复兴、为世界谋大同，让马克思主义闪耀更加灿烂的真理光芒。

6月4日

党史学习教育中央第二十五指导组到中国社会科学院指导工作，并与中国社会科学院党史学习教育领导小组座谈交流。中央第二十五指导组组长段余应传达中央有关精神并讲话，中国社会科学院院长、党组书记、院党史学习教育领导小组组长谢伏瞻主持会议并作汇报。中国社会科学院党组成员、当代中国研究所所长、院党史学习教育领导小组副组长姜辉出席会议。

同日

中国共产党的百年征途国际研讨会在线举行。本次研讨会由阿根廷国会大学主办。来自阿根廷国会大学、中国社会科学院、武汉大学、湖南大学、吉首大学、北京语言大学及拉美其他国家的近30名学者应邀出席研讨会。此次研讨会包含"中国共产党的历史与发展""中国共产党在中国脱贫攻坚工作中发挥的作用""中国共产党对中国人民基本权利的影响"和"如何借鉴中国共产党的执政经验——以抗击新冠疫情为例"四个专题。与会嘉宾进行了深入讨论并期待线下实地调研和更多的学术对话。

6月5日

国际视野中的百年中国共产党学术研讨会在北京联合大学召开。本次研讨会由北京联合大学马克思主义学院、北京联合大学海外中国学研究中心和中国社会科学院国际中国学研究中心联合主办。来自中央党史和文献研究院、中国人民大学、北京师范大学、中央党校、清华大学、浙江大学、中国外文局当代中国与世界研究院传播中心等专家学者，围绕中心议题"国际视野中的百年中国共产党"进行了广泛深入的交流，提供了富有建设性的观点和前沿的研究成果。专家学者们认为，新时代海外中国学研究要把中国精神、中国价值、中国方案阐释好，讲好中国故事和传播好中国声音；坚守中国立场、拓宽世界视野、坚持守正创新，力争多出自主性、独创性、集成性和原创性的学术成果，为人民做好学问，为社会奉献时代精品，为中国话语权争夺一席之地。

同日

"第十届中国政党研究论坛暨中国共产党百年建设的理论与实践学术研讨会"在山东济南举行。会议全面回顾中国共产党百年来的发展历程，深入总结党的建设的历史经验，进一步推动新时代党的建设科学发展。来自北京大学、中国人民大学、复旦大学、武汉大学、南开大学等诸多高校、研究机构的百余名学者出席会议。与会专家学者围绕"中国共产党百年建设的理论与实践"的论坛主题，就中国共产党百年奋斗史、中国共产党百年建设的历史经验、新时代党的建设的创新发展、中国共产党与社会主义现代化强国建设、百年未有之大变局与世界政党责任、21世纪马克思主义与世界社会主义运动等与论坛主题相关的重大理论与现实问题展开了研讨。

同日

高校社科界庆祝中国共产党成立100周年系列座谈会——延安大学专场"延安道路与当代中国"在延安大学召开。本次座谈会由教育部社会科学司指导，延安大学主办，延安大学中国共产党革命精神与文化资源研究中心和延安大学马克思主义学院承办。会议通过线上线下相结合的方式举行。来自全国各大高校的马克思主义理论和党史领域的专家学者出席会议。座谈会上，专家学者围绕会议主题，线上线下同步展开热烈研讨。大家表示，将深入贯彻落实习近平总书记关于教育工作的重要论述，深刻领悟新发展阶段、新发展理念、新发展格局，牢记立德树人初心，牢记为党育人、为国育才使命，深入研究、大力宣传、认真践行延安精神，为推动"十四五"时期高质量发展作出新的更大贡献，以优异成绩庆祝中国共产党成立100周年。

6月5—6日

庆祝中国共产党成立100周年学术研讨会在三峡大学召开。本次研讨会由湖北省社会科学界联合会学术部、三峡大学马克思主义学院、《江汉论坛》期刊社联合主办，三峡大学期刊社和湖北省人文社科重点研究基地"区域社会管理创新与发展研究中心"联合协办。来自中国社会科学院、南开大学、武汉大学、西南大学、武汉理工大学、华中师范大学、中南财经政法大学、湘潭大学、上海师范大学、湖南师范大学等60余家高等院校与科研院所，《高等学校文科学术文摘》《思想理论教育导刊》《江汉论坛》《湖北大学学报》等期刊，湖北省社科联、宜昌市社科联等社会团体的领导以及三峡大学师生等近150人参加了此次会议。研讨会上，专家学者重点围绕中国共产党百年历史的主题、主线、主流和本质，深入探讨了中国共产党百年来的重大事件、重要会议、重大决策、重要文件、重要人物、重要精神以及"四史"学习教育等内容。经过学者们既充满学理又不乏实证的充分交流，进一步认识到中国共产党百年历史的鲜明特征，是把革命、建设、改革、复兴事业不断推向前进；进一步认清了中国共产党百年历史的庄严使命，是逐步实现救国、兴国、富国、强国的奋斗目标。

同日

"建党百年与陈云——第十五届陈云与当代中国学术研讨会"在甘肃省玉门市举行。本次研讨会由当代中国研究所"陈云与当代中国"研究中心、中华人民共和国国史学会、陈云纪念馆和兰州大学主办，兰州大学马克思主义学院承办。甘肃省政协副主席康国玺，中国社会科学院原副院长、"陈云与当代中国"研究中心理事长、国史学会会长朱佳木，当代中国研究所副所长李正华，酒泉市委副书记、市长王立奇等，兰州大学党委书记马小洁、副校长沙勇忠，以及有关部门负责人、论文作者、媒体记者共80余人出席开幕式。在主题发言及分论坛中，与会学者围绕陈云党的政治建设思想及启示、陈云与党的制度建设、陈云与中国共产党人政治品格等方面展开学术研讨与观点交流。

6月6日

由中央广播电视总台策划发起，联合中央党史和文献研究院、教育部、国家语言文字工作委员会、共青团中央宣传部、全国学联秘书处共同推出建党百年特别节目《全国大学生党史知识竞答大会》。《全国大学生党史知识竞答大会》以习近平新时代中国特色社会主义思想为指导，坚持"学史明理、学史增信、学史崇德、学史力行"的创作宗旨，突出"百年恰风华　世纪正青春"的风格气质，面向青年，立足新时代，以党史知识竞答为主线，生动展现中国共产党带领中国人民筚路蓝缕、浴血奋战、百折不挠的辉煌历程，着力打造青春靓丽、充满朝气、活力四射、别开生面的年轻态党史公开课，引导大众，特别是广大青少年进一步领悟"中国共产党为什么'能'、马克思主义为什么'行'、中国特色社会主义为什么'好'"的深刻含义。

同日

纪念中国共产党成立100周年暨中共党史专题研讨会在北京召开。本次研讨会由首都师范大学马克思主义学院主办。来自中共中央党史和文献研究院、中国社会科学院、清华大学、北京大学、中国人民大学、北京师范大学等数十家北京高校和科研院所的80余位专家学者出席会议。与会专家学者围绕学习贯彻习近平总书记和中央有关加强党史教育的重要讲话和指示精神，就党史研究和教学的历史沿革与现状、党史研究和教学的具体实施建议及其他相关问题展开探讨。

6月8日

当代中国研究所举办旌勇里大讲堂第98讲，《求是》杂志社原社长、中国社会科学院原副院长、当代中国研究所原所长李捷同志以"从五条脉络看百年党史"为题向全所同志作报告。报告中，李捷紧紧围绕习近平总书记关于党史的重要论述，从道路探索史、思想发展史、自身建设史、民族复兴史、走向世界史五条脉络，重温了一百年来我们党团结带领人民走过的光辉历程、取得的辉煌成就，指出百年党史、一以贯之，五条脉络相互交织，绘就了以党的初心使命为核心的同心圆。

同日

"辉煌百年与崭新征程：中国共产党对外工作100年"研讨会在北京大学举行。本次研讨会由中共中央对外联络部、《人民日报》、北京大学共同主办。中共中央对外联络部部长宋涛，人民日报社副总编辑方江山，中国侨联党组成员、副主席程学源，中国社会科学院副院长王灵桂等专家学者、外事工作者共150余人出席开幕式。论坛上，多名来自中央和地方有关单位及国内知名智库的学者与外事工作者发表主旨演讲。研讨会设置了3场平行分论坛，分别是"光辉历程：党的对外工作在不同历史时期的作用""经典重现：党的对外工作百年历程中的鲜活案例""时代使命：讲好中国共产党的故事"，来自中央部委、地方外办、重点高校与研究机构的专家学者在三场平行分论坛上交流研讨。

6月9日

中共中央总书记、国家主席、中央军委主席习近平在青海考察时指出，我们党在百年奋斗中，培育形成了一系列各有特点的革命精神，集中体现了党的坚定信念、根本宗旨、优良作风，是激励我们不懈奋斗的宝贵精神财富。在党史学习教育中做到学史崇德，就是要引导广大党员、干部传承红色基因，涵养高尚的道德品质。一要崇尚对党忠诚的大德，二要崇尚造福人民的公德，三要崇尚严于律己的品德。

6月10日

纪念中国共产党建党100周年党的教育理论与实践学术研讨会在中国人民大学召开。本次研讨会由中国人民大学教育学院、中国人民大学习近平新时代中国特色社会主义思想研究院、中国人民大学党委宣传部、中国人民大学出版社联合主办。与会领导、专家学者分别就我们党百年来的干部教育、思想政治教育、农村教育、教育理论与方针政策、妇女教育等作了专题发言。大家一致认为，中国共产党人的初心和使命，就是为中国人民谋幸福，为中华民族谋复兴；中国共产党教育的百年历程就是助力实现党的初心和使命的历程；我们党自成立起，就把教育作为党的事业，用教育助力救国大业、兴国大业、富国大业、强国大业。

同日

中国驻法国使馆在巴黎举办"傲立潮头话百年——庆祝中国共产党建党百年研讨会"。

中国驻法国大使卢沙野、法国共产党全国书记卢塞尔、法国电力集团前执行副总裁马识路现场出席研讨会，法国前外长韦德里纳、上海社科院原副院长何建华通过视频会议系统远程参会。来自中法两国政府、学术、经济、教育、文化、媒体，以及旅法侨界的100多位各界人士在线参加了研讨会。与会嘉宾就中国共产党的百年奋斗历程和辉煌成就、中国共产党的人民观和执政成功秘诀、中国共产党经历的主要变革和面临的风险挑战，以及中国共产党对世界和平发展的贡献和倡议等问题进行深入交流探讨，并在线回答了观众提问。

6月10—11日

京津冀党校（行政学院）系统庆祝中国共产党成立100周年理论研讨会在天津市委党校召开。本次研讨会由中央党校（国家行政学院）报刊社、北京市委党校（行政学院）、天津市委党校（行政学院、市委党史研究室）、河北省委党校（行政学院）共同主办。来自中央党校、京津冀党校及天津市各区级党校的210余人参加会议。与会专家深情回顾我们党的百年历史，围绕党走过的光辉历程、取得的伟大成就、积累的宝贵经验等进行了深入的交流研讨。大家一致认为，中国共产党在一百年的历史进程中，始终坚守初心和使命，团结带领人民经受风险考验、战胜困难挫折，书写了波澜壮阔的历史画卷，创造了彪炳史册的人间奇迹。特别是党的十八大以来所取得的历史性成就、发生的历史性变革，为实现第二个百年奋斗目标奠定了坚实基础。我们走得再远、走到再光辉的未来，也不能忘记走过的过去，不能忘记为什么出发，要始终牢记初心使命，努力在新时代新征程上交出新的更加优异的答卷。

6月11日

《人民日报》发表了中国社会科学院党组成员、当代中国研究所所长姜辉的文章《推进党的自我革命　永葆党的生机活力》。文章指出，保持党的先进性和纯洁性，是马克思主义政党建设的永恒课题。在革命、建设、改革的历史进程中，我们党对加强自身建设进行了长期探索。党的十八大以来，以习近平同志为核心的党中央勇于自我革命、全面从严治党，为保证党和国家长治久安指明了正确方向。奋斗新时代、奋进新征程，我们要继续推进自我革命，推动全面从严治党向纵深发展。今年是中国共产党成立100周年。百年历史让我们深刻认识到，只有社会主义才能救中国，只有中国特色社会主义才能发展中国，只有坚持和发展中国特色社会主义才能实现中华民族伟大复兴。作为中国特色社会主义事业的坚强领导核心，如何永葆先进性和纯洁性、永葆生机活力，始终得到人民的拥护和支持，是摆在我们党面前的重大课题。进入新时代，我们党以自我革命精神推进全面从严治党，探索出一条长期执政条件下解决自身问题、跳出历史周期率的成功道路。这一成功探索，不仅在中国共产党历史上、新中国历史上具有重大意义,在世界社会主义发展史上也具有重大意义。

同日

"百年党史与现代国家建设学术研讨会:中国共产党与现代国家建设"在北京大学举行。本次研讨会由北京大学习近平新时代中国特色社会主义思想研究院、政府管理学院、国家治理研究院、政党研究中心、公共治理研究所共同主办。来自北京大学、复旦大学、中山大学、吉林大学、中共中央党校(国家行政学院)、重庆大学、山东大学、华中师范大学、天津师范大学、南京大学、中央民族大学、中国传媒大学、中国社会科学院大学、云南大学、兰州大学、浙江财经大学、集美大学、重庆市档案馆和中国人事科学研究院等18所高校和科研机构的50余位专家学者参加会议。开幕式结束后,与会专家学者分别以"中国共产党取得成功的历史经验与关键启示""构建新型现代国家——中国共产党百年道路的政治学诠释""国家治理现代化进程中的政党治理""百年历程:走向现代国家的特色途径""学习型政党的学习优势:一种治理势能——以18届、19届中央政治局集体学习为例"为题作主旨报告。在分论坛讨论阶段,与会学者就中国共产党的制度建设、现代国家的政治认同、中国共产党执政特征与发展理念等议题进行了讨论。

同日

中国共产党革命精神谱系与红色文化资源育人研讨会在上海召开。会议由教育部高等学校社会科学发展研究中心、高等学校中国共产党革命精神与文化资源研究中心、复旦大学联合举办。来自复旦大学等8所高等学校的中国共产党革命精神与文化资源研究中心及全国其他高校的以文参会代表共80余人参加会议。研讨会上,与会专家学者围绕中国共产党百年光辉历史及思政课建设等话题,进行了交流与研讨。

同日

"中国共产党教育思想百年演进与当代发展论坛——上海市社会科学界第十九届学术年会系列论坛"在华东师范大学举行。本次论坛由华东师范大学教育学部党委、中国浦东干部学院领导研究院共同主办,教育部人文社会科学重点研究基地华东师范大学基础教育改革与发展研究所承办、中国教育学学术话语体系与创新研究基地协办。来自中国浦东干部学院、北京师范大学、东北师范大学、上海立信会计金融学院和华东师范大学的专家学者从不同角度出发,深刻剖析"中国共产党教育思想百年演进与当代发展"。与会专家认为,要感悟思想的伟力,践行习近平总书记关于教育的重要论述,是推动教育高质量发展的关键。站在"两个一百年"的伟大历史交汇点,回望中国共产党教育方针与指导思想的发展历程,交流中国特色社会主义教育道路的成功经验,展望新时代中国教育高质量发展的未来蓝图,既是为建党一百周年献礼,同时也期待通过此次论坛,能够为深化中国共产党教育思想的理论研究,推动新时代中国特色社会主义教育高质量发展作出新的理论贡献。

6月12日

"中国共产党百年党内法规制度建设:历史、成就与经验"学术研讨会在北京举行。本次研讨会由清华大学国家治理研究院、清华大学法学院党内法规研究中心主办。来自清华大学、北京大学、南开大学、中国政法大学等高校和科研机构的五十余位专家学者参加研讨会。学术研讨一共分四个单元,26位专家和学者发表了自己的观点。与会人员一致认为,在中国共产党百年华诞之时举办本次研讨会恰逢其时,既能更好地了解党的历史,特别是党内法规的历史,又能更好地立足现实,面向未来,为实现党的领导、人民当家作主和依法治国的有机统一做出贡献。

同日

"百年奠基新征程——中国共产党成立100周年学术年会"在上海对外经贸大学召开。本次会议由上海科学社会主义学会、上海对外经贸大学、上海市习近平新时代中国特色社会主义思想研究中心共同主办,上海对外经贸大学马克思主义学院和上海对外经贸大学中国特色社会主义理论体系研究中心承办。来自上海交通大学、华东师范大学、中共上海市委党校、国防大学、华东理工大学、上海师范大学、广西师范大学及上海对外经贸大学等近20所高校和单位的70余名马克思主义理论与党史党建领域专家学者出席会议。与会专家学者围绕中国特色社会主义理论作为全党的指导思想,是马克思主义基本原理同中国实际与国情相结合的成果;中国共产党的执政建设中经济、政治、文化、社会包括外交领域如何实施党的全面领导;党的人民至上思想等三个重点,得出以下结论:其一是中国共产党通过百年实践成为世界上规模和力量最大的执政党,实践将会证明有科学社会主义指导,中华民族伟大复兴不是空想。其二是遵循马克思主义执政党建设规律,始终代表最广大人民根本利益,坚持以人民为中心的发展思想,是马克思主义执政党党性的根本要求。坚持党的全面领导地位,这是人民和历史的选择。历史将会证明有中国共产党的全面领导,中华民族的伟大复兴不是空想。

同日

中国共产党百年党性教育的历程与经验学术研讨会暨2020年国家社科基金重大项目

"中国共产党百年党性教育的文献资料整理与研究"开题报告会在武汉大学举行。此次会议由马克思主义理论与中国实践中心、武汉大学马克思主义学院、武汉大学政党研究所、"中国共产党百年党性教育的文献资料整理与研究"课题组共同举办。在会议主题发言环节，与会专家学者围绕党性教育的内涵与边界、党性教育的理论形态和实践形态、文献整理、课题成果的呈现等，分享自己的思考，并对课题组工作提出了建议。与会专家一致认为，要全面、系统地收集和挖掘中国共产党百年党性教育的文献资料，并在此基础上考察中国共产党百年来党性教育的历史历程，总结中国共产党百年党性教育的基本经验，揭示中国共产党百年党性教育的特点和规律等。

6月15日

中国社会科学院党组成员、当代中国研究所党组书记姜辉主持召开中共当代中国研究所党组2021年第13次会议暨所党组理论学习中心组（扩大会）第4次集中学习。会议传达学习了党中央及院党组关于党史学习教育、"四史"宣传教育的重要部署及有关精神。会议指出，要以学习宣传贯彻习近平新时代中国特色社会主义思想为主线，准确把握这一重要思想的理论逻辑、历史逻辑、实践逻辑，深入领会这一重要思想的历史地位和重大意义，不断增进政治认同、思想认同、理论认同、情感认同。会议强调，要深入学习领会习近平总书记关于党史、新中国史、改革开放史、社会主义发展史的系列重要论述，准确把握党史、新中国史、改革开放史、社会主义发展史的主题主线、主流本质，旗帜鲜明反对历史虚无主义。会议要求，要始终把握正确导向，把党史学习教育与以科研为中心的各项工作紧密结合，不断将党史学习教育成果转化为开创新中国史研究新局面的强大动力，高效推进《中华人民共和国史》多卷本、新编中国通史《中华人民共和国卷》编写工作。

6月16日

2021年第12期《求是》杂志发表了中共中央总书记、国家主席、中央军委主席习近平的重要文章《以史为镜、以史明志，知史爱党、知史爱国》。

文章强调，历史是最好的教科书。要了解我们党和国家事业的来龙去脉，汲取我们党和国家的历史经验，正确了解党和国家历史上的重大事件和重要人物。这对正确认识党情、国情十分必要，对开创未来也十分必要。要围绕中国共产党为什么"能"、马克思主义为什么"行"、中国特色社会主义为什么"好"等重大问题，广泛开展宣传教育，加强思想舆论引导，坚定广大干部群众对中国特色社会主义的道路自信、理论自信、制度自信、文化自信，进一步激发全体人民爱党、爱国、爱社会主义的巨大热情。

文章指出，中国有了中国共产党执政，是中国、中国人民、中华民族的一大幸事。只要我们深入了解中国近代史、中国现代史、中国革命史，就不难发现，如果没有中国共产党领导，我们的国家、我们的民族不可能取得今天这样的成就，也不可能具有今天这样的国际地位。要努力从党走过的风云激荡的历史中、从党开创和不断推进的伟大事业中、从党全心全意为人民服务的根本宗旨和长期实践中，深化对党的信赖，坚定对党的领导的信念。在坚持党的领导这个重大原则问题上，我们脑子要特别清醒、眼睛要特别明亮、立场要特别坚定，绝不能有任何含糊和动摇。

文章指出，要广泛开展爱国主义教育，让人们深入理解为什么历史和人民选择了中国共产党，为什么必须坚持走中国特色社会主义道路、实现中华民族伟大复兴。广大党员、干部和人民群众要很好地学习了解党史、新中国史，守住党领导人民创立的社会主义伟大事业，世世代代传承下去。

同日

毛泽东等党史人物与百年大党理论研讨会在长沙召开。本次理论研讨会以"毛泽东等党史人物与百年大党"为主题，围绕毛泽东同志的生平业绩进行了全方位的研究。来自中共中央党史和文献研究院、中国中共党史人物研究会理事会、中共湖南省委党史学习教育领导小组办公室、中共湖南省委党史研究院的有关同志，以及入选论文作者代表、其他方面代表共约80人出席会议。本次会议在重点研究毛泽东同志的同时，对党的其他领导人的生平业绩也进行了研究。

同日

"中国共产党建党百年：治理与经验"理论研讨会在肯尼亚内罗毕大学举行。本次研讨会由肯尼亚内罗毕大学政治系主办。中国驻肯尼亚大使周平剑、肯尼亚执政党朱比利党外事主任穆提索、内罗毕大学政治系主任乔恩约在研讨会上致辞。研讨会通过线下线上相结合的方式举行。来自肯尼亚外交部、智库、高校及媒体代表等出席会议。与会者就中国共产党的执政理念和中国的发展经验进行深入交流。

6月17日

大型文献专题片《敢教日月换新天》启播仪式在北京举行。《敢教日月换新天》由中共中央宣传部、中央党史和文献研究院、国家发展和改革委员会、国家广播电视总局、中国社会科学院、中央广播电视总台、中央档案馆、中央军委政治工作部等单位联合摄制。节目以百年来中国共产党为实现民族独立、国家富强、人民幸福的不懈奋斗史，和不断推进马克思主义中国化、时代化、大众化的历程为主线，全景展现了中国共产党以"敢教日月换新天"的志气、脚踏实地的苦干精神、始终不忘为人民谋幸福的初心，团结带领中国人民实现从站起来到富起来、再到强起来的历史伟业。中国社会科学院党组成员、当代中国研究所所长姜辉出席启播仪式并致辞。姜辉在致辞中表示，中国共产党一百年的历史，是我们实现中华民族伟大复兴、为人类文明发展做出更大贡献的最好教科书。这部大型文献专题片用影视形式来展现党的百年历史，一定能够在全党和全国人民学习"四史"中发挥不可替代的作用。

同日

由中国驻巴基斯坦大使馆和巴基斯坦智库巴中学会共同举办的中国共产党建党百年研讨会以线上方式举行。中国驻巴基斯坦大使农融和巴基斯坦多个政党的参议员出席。研讨会围绕"中国共产党一百年：以人民为中心"这一主题，就中共执政理念、执政成就和中巴两国政党合作与交流等话题展开深入探讨。在研讨会上，为庆祝中国共产党成立一百周年，巴基斯坦参议院国防委员会主席、穆斯林联盟（谢里夫派）参议员穆沙希德·侯赛因宣读了巴基斯坦参议院9个政党领导人联署的贺信。农融对巴基斯坦各政党联署的贺信表示感谢。

6月18日

在庆祝中国共产党成立100周年之际，中共中央总书记、国家主席、中央军委主席习近平前往中国共产党历史展览馆，参观"'不忘初心、牢记使命'中国共产党历史展览"。他强调，党的历史是最生动、最有说服力的教科书。我们党的一百年，是矢志践行初心使命的一百年，是筚路蓝缕奠基立业的一百年，是创造辉煌开辟未来的一百年。回望过往的奋斗路，眺望前方的奋进路，必须把党的历史学习好、总结好，把党的宝贵经验传承好、发扬好，铭记奋斗历程，担当历史使命，从党的奋斗历史中汲取前进力量。要教育引导广大党员、干部通过参观学习，更加自觉地不忘初心、牢记使命，增强"四个意识"，坚定"四个自信"，始终在思想上政治上行动上同党中央保持高度一致，坚定理想信念，学好用好党的创新理论，赓续红色血脉，发扬光荣传统，发挥先锋模范作用，团结带领全国各族人民，更好地立足新发展阶段、贯彻新发展理念、构建新发展格局，全面做好改革发展稳定的各项工作，汇聚起全面建设社会主义现代化国家、实现中华民族伟大复兴中国梦的磅礴力量。参观结束后，习近平等党员领导同志来到党史展览馆红色大厅。面向鲜红的中国共产党党旗，习近平举起右拳，带领领导同志重温入党誓词。

同日

"'不忘初心、牢记使命'中国共产党历史展览"开幕式在中国共产党历史展览馆举行。中共中央政治局常委、中央书记处书记王沪宁发表讲话并宣布展览开幕。中国共产党成立100周年庆祝活动领导小组成员、主题展览领导小组成员,有关方面负责同志,老党员、老干部代表,基层党员和首都各界群众代表,驻京部队官兵代表等约1000人参加开幕式。

同日

庆祝中国共产党成立一百周年暨《中国脱贫攻坚精神》出版座谈会在当代中国研究所举行。中国社会科学院党组成员、当代中国研究所所长姜辉,农业农村部农村经济研究中心原主任宋洪远,国务院发展研究中心农村经济研究部原部长徐小青等出席座谈会并发言。座谈会由当代中国研究所原副所长武力主持。与会专家认为,《中国脱贫攻坚精神》的出版正值中国共产党成立一百周年之际,可谓恰逢其时。中国共产党历来重视对精神的总结弘扬,如期取得脱贫攻坚战的全面胜利是中国共产党载入史册的壮举,也是理论与实际相统一的探索,为世界贫困问题的解决提供了标杆式的经验,其间形成的精神意义重大,值得总结研究。

同日

"高校社科界庆祝中国共产党成立100周年系列座谈会——北京师范大学"专场召开。教育部社会科学司副司长谭方正,北京师范大学党委书记程建平、党委副书记李晓兵出席会议。北京师范大学专场座谈会以"百年历程 百年教育"为主题,是教育部社科司指导的十三场高校社科界庆祝中国共产党成立100周年系列座谈会中唯一以教育为主题的会议,研讨中国共产党百年领导教育事业发展的成就和经验,为党的百年华诞献礼。会上,专家学者围绕主题结合各自研究分别进行精彩的主旨发言。

6月19日

党的建设百年历程与国家治理现代化学术研讨会在北京理工大学举行。本次研讨会由北京理工大学党委主办,北京理工大学党建研究中心、马克思主义学院、党建研究会、党委组织部承办。来自国家工信部、清华大学、北京师范大学、北京理工大学、延安大学、中国铝业集团、中国葛洲坝集团、中核战略规划总院等单位的60余名专家学者与会。论坛分为"中国共产党党的建设历程与经验""新时代高校党的建设""新时代企业党的建设"三大主题。专家学者对中国共产党推进国家治理体系和治理能力现代化的光辉历程进行了研讨，总结了中国共产党百年来管党治党、治国理政的基本经验，为深入总结宣传党的建设经验，全面坚持和加强党的领导，丰富拓展马克思主义中国化的党建理论体系提供了有益指导。

同日

庆祝中国共产党百年华诞暨中共党史研究与教学学术研讨会在北京交通大学举行。本次研讨会由北京交通大学马克思主义学院、北京市习近平新时代中国特色社会主义思想研究中心北京交通大学研究基地、《党史研究与教学》编辑部、《北京教育（德育）》编辑部联合主办。来自中国社会科学院、清华大学、北京大学、中国人民大学、中共中央党校、北京师范大学、中国农业大学、中央财经大学、中国政法大学、武汉大学、首都师范大学、山东师范大学和中国软实力研究中心等高校学校、研究机构的近百名学者，以及多家期刊和媒体代表参加会议。与会专家学者一致认为，本次研讨会以中国共产党成立100周年为契机，围绕"中共党史研究与教学"的主题，把党史研究与党史教学两大问题相联结，在深入探讨党史研究、党史学习教育、党史人才培养的意义、方法和原则，以及中国共产党政治、思想、组织、作风和制度建设的伟大成就及经验教训等方面取得了丰硕成果。

同日

毛泽东与中国共产党的100年学术研讨会暨毛泽东思想生平研究会2021年年会在湖南韶山召开。本次研讨会由毛泽东思想生平研究会、中共湖南省委党史学习教育领导小组办公室、湖南省韶山管理局、湘潭大学主办。来自全国各地的近百位专家学者参加会议。与会学者围绕"毛泽东与中国共产党的100年"主题展开深入研讨。大家一致认为，毛泽东为中国新民主主义革命的胜利、社会主义革命的成功、社会主义建设的全面展开，为实现中华民族独立和振兴、中国人民解放和幸福，作出了彪炳史册的贡献。毛泽东毕生最突出最伟大的贡献，就是领导我们党和人民找到了新民主主义革命的正确道路，完成了反帝反封建的任务，建立了中华人民共和国，确立了社会主义基本制度，取得了社会主义建设的基础性成就，并为我们探索建设中国特色社会主义的道路积累了经验和提供了条件，为我们党和人民事业胜利发展、为中华民族阔步赶上时代发展潮流创造了根本前提，奠定了坚实的理论和实践基础。

同日

建党百年思想政治教育学科建设回顾与展望学术研讨会在长春召开。本次研讨会由中国高等教育学会思想政治教育分会主办、吉林大学马克思主义学院和北京师范大学高校思想政治工作队伍培训研修中心共同承办。教育部相关司局领导，中国高等教育学会相关领导，中国高等教育学会思想政治教育分会理事会及学术委员会成员，各级负责思想政治教育学科建设与工作的领导，北京大学、清华大学、中国人民大学、北京师范大学、武汉大学、中山大学、华中师范大学等全国各高校的百余名专家学者，马克思主义理论与思想政治教育学科相关学术期刊负责人和数十名博士研究生共同出席会议。部分在思想政治教育学科建设与发展过程中作出重要贡献的老领导、老专家以书面发言的方式或以录制视频发言的方式参加会议。大会以建党100周年思想政治教育学科建设的回顾与展望为主题，就中国共产党百年思想政治教育的历史与经验、思想政治教育学科建设历程的回顾与展望、思想政治工作领导和管理经验的回顾与展望、思想政治教育重大理论问题研究的回顾与展望、加强思想政治教育中的党史教育、思想政治教育在建设中国特色社会主义现代化国家中的重要作用等主题进行了深入的讨论。

同日

中国共产党创办新型高等教育100年高峰论坛在武汉举行。本次论坛由中南财经政法大学主办，中国高等教育学会校史研究分会协办，中南财经政法大学发规部、学科办、高教研究中心承办。来自南京大学、中国人民大学、复旦大学、上海交通大学、厦门大学、华中科技大学、华中师范大学、中国地质大学等多所高校的专家学者以及《高等学校文科学术文摘》《当代教育论坛》《教育发展研究》等期刊的主编近百人参加会议。论坛主题发言阶段，来自北京师范大学、上海交通大学、华东师范大学、上海大学、延安大学、中南财经政法大学的专家学者作了发言。在分论坛研讨环节，与会学者围绕"红色基因传承创新与高等教育发展"的主题开展深入交流研讨，从不同视角对高等教育红色基因的传承、高等教育的治理创新提出了独到的见解。

同日

中国共产党百年经济思想暨中国经济学创新发展研讨会在南京大学举行。本次研讨会由南京大学全国中国特色社会主义政治经济学研究中心、经济学院、长江产业经济研究院主办。江苏省委常委、宣传部部长张爱军，南京大学党委书记胡金波出席开幕式并讲话。在大会主题发言环节，来自南京大学、中国社会科学院、中国人民大学、山西大学、辽宁大学、西安交通大学、上海财经大学、浙江大学的专家学者，聚焦中国共产党百年来的经济思想，研讨新时代中国经济学的创新发展。

6月20日

为庆祝中国共产党成立100周年，受中宣部委托，由当代中国研究所与马克思主义研究院共同承担脚本撰写的文献专题片《敢教日月换新天》，在中央电视台综合频道黄金时间连续播出。该片全景展现了中国共产党以"敢教日月换新天"的志气、脚踏实地的苦干精神、始终不忘为人民谋幸福的初心，团结带领中国人民实现从站起来到富起来、再到强起来的历史伟业。

同日

第五届中国共产党的创建与上海学术研讨会在上海召开。本次研讨会由中央党史和文献研究院第七研究部、上海市委党史研究室等主办。来自中共中央党史和文献研究院、上海市委党史研究室、上海市委党校、国防大学政治学院和复旦大学、上海交通大学、华东师范大学、同济大学、上海大学、上海师范大学等高校的专家学者，以及长三角党史研究系统、高校马克思主义学院的代表等120余人参加了会议。与会专家学者围绕党的早期组织、共产国际与建党、红色刊物与马克思主义传播、建党初期人物与史实、革命精神与红色文化等研究主题作了发言，从不同角度对"中国共产党的创建与上海"主题进行了深入探讨。

同日

毛泽东与建党百年学术研讨会在湖南第一师范学院召开。本次研讨会由中共湖南省委党史研究院、湖南第一师范学院联合举办。与会专家学者围绕"毛泽东的哲学人生与一师范的潜移默化""共同富裕目标的百年探索与深刻启示""毛泽东对实现中国梦的伟大贡献""毛泽东等新民学会中的一师学人对湖南建党的贡献""认真学习和领会毛泽东思想的中国特色、岳麓书院与党的思想路线""毛泽东、李大钊是建党的伟大导师""青年毛泽东与一师的故事对当代青年成才的启示"等主题进行了探讨、阐发。

6月21日

中共中央总书记、国家主席习近平给北京大学的留学生们回信，鼓励他们更加深入地了解真实的中国，把想法和体会介绍给更多的人，为促进各国人民民心相通发挥积极作用。习近平在回信中说，你们主动了解中国国情和中国共产党历史，这对了解中国的过去、现在、将来十分有益。习近平指出，读懂今天的中国，必须读懂中国共产党。你们提到中国共产党致力于发展经济、消除贫困，积极援助其他国家抗击新冠肺炎疫情。中国共产党做这些事情，是因为中国共产党是为中国人民谋幸福的政党，也是为促进人类进步事业而奋斗的政党。习近平表示，中国有句俗语：百闻不如一见。欢迎你们多到中国各地走走看看，更加深入地了解真实的中国，同时把你们的想法和体会介绍给更多的人，为促进各国人民民心相通发挥积极作用。

同日

当代中国研究所举行"光荣在党50年"纪念章颁发仪式。中国社会科学院党组成员、当代中国研究所所长姜辉主持颁发仪式，副所长李正华、管明军、宋月红等出席。向老党员颁发"光荣在党50年"纪念章是中共中央庆祝建党100周年系列活动的重要组成部分。纪念章颁发仪式使老党员们深切感受到以习近平同志为核心的党中央的关怀和温暖，同时也增强了年轻党员的荣誉感、归属感和使命感，激励着年轻党员时刻牢记初心使命，主动肩负起实现中华伟大复兴的光荣使命。

同日

"高校社科界庆祝中国共产党成立100周年系列座谈会——北京大学专场"召开。本次座谈会由教育部社会科学司指导。会议以"百年辉煌：中国共产党思想历程"为主题。来自中共中央党校（国家行政学院）、北京大学、清华大学、中国人民大学、北京师范大学、武汉大学、南开大学、山东大学、湘潭大学等高校和科研机构的专家学者共100余人，结合"中国共产党百年思想进程与马克思主义中国化历史性飞跃"教育部哲学社会科学研究重大专项课题，围绕中国共产党百年思想的实践逻辑、理论逻辑和历史逻辑，以及马克思主义中国化的思想内涵、理论境界和时代意蕴等主题进行座谈和理论研讨。

6月22日

当代中国研究所举办党史学习教育专题党课，由中国社会科学院党组成员、当代中国研究所所长、马克思主义研究院院长姜辉以《中国共产党一百年与中国新时代》为题作专题辅导。来自当代中国研究所、马克思主义研究院的全体工作人员共200余人参加了党课学习。当代中国研究所党组成员、副所长管明军主持了专题党课。姜辉在专题党课中，围绕全面深入学习习近平总书记关于党的历史的重要论述，从历史与实践、中国与世界、思想与理论相结合上，全面深刻讲解了中国共产党百年奋斗的光辉历程和历史性贡献，并就学懂弄通做实习近平新时代中国特色社会主义思想做了深入解读。

同日

当代中国研究所副所长李正华到中国戏曲学院,以《中国共产党在社会主义革命和建设时期的奋斗历程与启示》为题作专题讲座。李正华从新中国的成立和社会主义制度的建立、探索适合中国情况的社会主义建设道路、社会主义建设在曲折中发展、成就与经验四个方面作了全面系统、高屋建瓴、深入浅出的讲授,内容丰富、史料翔实、论述深刻,从理论层面分析了党领导人民改天换地探索社会主义革命和新建设道路的历程与经验。

同日

为庆祝中国共产党成立100周年,由中央广播电视总台、中国国家博物馆联合举办的《无声诗里颂千秋——美术经典中的党史主题展》在中国国家博物馆开幕。主题展以中央广播电视总台百集特别节目《美术经典中的党史》为依托,以百年党史发展的重大事件为时间线索,在中国国家博物馆、中国人民革命军事博物馆、中国美术馆、中央美术学院美术馆、广东美术馆五家单位的馆藏中,遴选出一百件反映中国共产党成立以来各个历史时期的最具代表性的美术经典作品,以生动的艺术形式让大众更加深刻地了解党史、新中国史、改革开放史和社会主义发展史,发挥美术作品以美育人、以美化人的独特作用。

同日

庆祝中国共产党成立100周年暨广西北部湾地区党史理论研讨会在北部湾大学召开。本次研讨会由北部湾大学,钦州、北海、防城港三市社科联和党史研究室共同举办。来自北部湾地区的有关部门领导、专家学者和特邀嘉宾,以及本次研讨会论文征集的作者回顾了中国共产党带领中国各族人民从站起来、富起来到强起来的百年光辉历程,为进一步加强中国共产党在广西北部湾地区的伟大成就和宝贵经验研究,传承红色基因,牢记初心使命,扎实推进党史学习教育打下了基础。与会代表表示要用党的奋斗历程和伟大成就鼓舞斗志、明确方向,用党的光荣传统和优良作风坚定信念、凝聚力量,用党的实践创造和历史经验启迪智慧、砥砺品格,推动北部湾地区党史学习教育高质量开展,以优异成绩庆祝中国共产党成立100周年!

同日

中国驻塞内加尔使馆举办中国共产党建党百年主题研讨会,肖晗大使围绕"奋斗百年路:中国共产党的发展历程和成功经验"给外宾"上党课"。塞内加尔执政联盟各主要党派负责人和代表，多位政府部长和总统府顾问，国民议会、智库、媒体等各界友好人士共30余人参会。肖大使在致辞中表示，中国共产党的诞生深刻改变了中国前途和命运，深刻改变了世界发展趋势和格局。百年来，中国共产党领导中国人民实现了从"站起来"到"富起来"，再到"强起来"的伟大飞跃。回顾历史，中国共产党人始终坚持自力更生、艰苦奋斗，不断摸索和总结经验，成功走出了一条符合中国国情、有中国特色的社会主义发展道路。与会代表在致辞中热烈祝贺中国共产党成立100周年，盛赞百年来中国共产党带领中国人民走过的不平凡历程，认为中国共产党不仅重塑了中国面貌，也改变了世界格局。

6月24日

党史学习教育领导小组在中国共产党历史展览馆召开会议，深入学习贯彻习近平总书记在参观"不忘初心、牢记使命"中国共产党历史展览时的重要讲话精神，并在会前参观了主题展览。中共中央政治局委员、中宣部部长、党史学习教育领导小组组长黄坤明出席会议并讲话，强调要深入学习领会习近平总书记重要讲话精神，深刻把握精髓要义和实践要求，进一步聚焦学党史、悟思想、办实事、开新局，以党史学习教育新成效庆祝党的百年华诞。党史学习教育中央指导组部分负责同志作了会议发言。党史学习教育领导小组成员，中央宣讲团成员，各中央指导组组长、副组长等参加会议。

同日

国务院新闻办发表《中国共产党尊重和保障人权的伟大实践》白皮书，本书由人民出版社出版。白皮书系统回顾了中国共产党与中国人民风雨同舟、生死与共，从苦难走向辉煌的历程，全面介绍了中国共产党百年来争取人权、尊重人权、保障人权、促进人权的理论和实践，充分展现了中国共产党在更高水平上保障人权、促进人的全面发展、推动人权事业发展进步的坚定决心和务实行动。

同日

"中国共产党建党百年：辉煌历程与历史贡献"中俄专家视频研讨会举行。本次研讨会由中信改革发展研究基金会、中国俄罗斯东欧中亚学会、中国政治学学会、中国社会科学院大学中俄关系高等研究院等共同主办，采取线上线下相结合的方式举行。研讨会上，中俄权威专家深入解读中国共产党发展壮大、与时俱进的成功经验，详细讨论中国共产党对中国乃至世界发展所做出的历史性贡献，并以此向即将迎来百年华诞的中国共产党致敬。与会专家认为，中国共产党在建立、成长与发展过程中始终与俄罗斯保持密切联系，俄罗斯为中国的革命和建设事业提供了重要借鉴和宝贵支持。当前,中俄关系正处于历史最好时期,中俄也同时面临来自外部的压力。中俄学者应携起手来,在共同应对单边主义和逆全球化思潮,维护欧亚稳定和世界和平方面发挥更大作用。

同日

由中国史学会、中国社会科学出版社主办的《奋斗与梦想:近代以来中国人的百年追梦历程》出版研讨会在北京举行。中国社会科学院副院长、党组副书记,中国历史研究院院长、党委书记高翔出席座谈会并讲话。《奋斗与梦想》作者、中国史学会会长、《求是》杂志社原社长李捷,吉林省政协原主席黄燕明,中国人民解放军后勤指挥学院少将、教授邵维正,中宣部出版局图书处处长王为衡,中国社会科学出版社党委书记、社长赵剑英,中国社会科学院近代历史研究所党委书记、副所长、研究员金民卿,当代中国研究所副所长、研究员李正华,中国人民大学马克思主义学院教授、中共党史党建研究院副院长杨德山,北京大学马克思主义学院教授、博士生导师仝华参加研讨会。与会专家学者结合新书并围绕主题进行了深入研讨。《奋斗与梦想:近代以来中国人的百年追梦历程》在中国共产党成立100周年之际,在中华民族伟大复兴第一个百年奋斗目标已经实现、开始向第二个百年奋斗目标继续前进之际,以翔实的史料和宏大的历史视角,追溯1840年以来中国人民为实现中华民族伟大复兴所经历的奋斗与梦想历程,展示跨越近200年的沧桑巨变,展示横贯其中的不朽民族精神与和平发展理想,为国际社会和友好人士深入了解当代中国和中国人的精神世界提供一把历史锁钥。

6月25日

在庆祝中国共产党成立100周年之际,中共中央政治局就用好红色资源、赓续红色血脉进行第三十一次集体学习。中共中央总书记习近平在主持学习时强调,红色资源是我们党艰辛而辉煌奋斗历程的见证,是最宝贵的精神财富。红色血脉是中国共产党政治本色的集中体现,是新时代中国共产党人的精神力量源泉。回望过往历程,眺望前方征途,我们必须始终赓续红色血脉,用党的奋斗历程和伟大成就鼓舞斗志、指引方向,用党的光荣传统和优良作风坚定信念、凝聚力量,用党的历史经验和实践创造启迪智慧、砥砺品格,继往开来,开拓前进,把革命先烈流血牺牲打下的红色江山守护好、建设好,努力创造不负革命先辈期望、无愧于历史和人民的新业绩。这次集体学习是中央政治局带头开展党史学习教育的一项重要安排,采取参观和讨论相结合的形式进行。习近平带领中央政治局同志参观了北大红楼和丰泽园毛泽东同志故居,习近平强调,北大红楼和丰泽园在党的历史上都具有标志性意义,生动诠释了中国共产党是怎么来的、中华人民共和国是怎么来的，给我们上了一堂鲜活而又生动的党史课。参观结束后，习近平等回到中南海怀仁堂，围绕主题进一步开展学习。

同日

《百年风华——中国共产党理论与实践研究丛书》发布会暨中国共产党理论与实践百年历程研讨会在天津举行。本次研讨会由中共天津市委宣传部、南开大学、中央文献出版社、中共党史出版社和天津市中国特色社会主义理论体系研究中心主办。来自中国社科院、中央党校（国家行政学院）、北京大学、中国社科院大学、南开大学、天津市委党校（行政学院）、中央文献出版社、中共党史出版社的专家学者围绕"中国共产党理论与实践百年历程"进行了深入研讨交流。与会专家认为丛书主题鲜明，文风清新，全景式展现中国共产党波澜壮阔的百年奋斗历程，多角度描绘中国共产党的不懈奋斗史、不怕牺牲史、理论探索史、为民造福史、自身建设史，全方位阐述中国共产党的伟大贡献，多层面总结中国共产党的宝贵历史经验，以坚定的"四个自信"和透彻的学理分析，深刻阐明中国共产党为什么"能"、马克思主义为什么"行"、中国特色社会主义为什么"好"的大道理、大逻辑。

同日

高校社科界庆祝中国共产党成立100周年系列座谈会第13场，也是最后一场座谈会——四川大学专场活动在成都举行。本次会议由教育部社会科学司指导，以"研究阐释中国共产党革命精神，弘扬红色文化，传承红色基因"为主题。来自教育部、四川省社会科学界联合会、中国社会科学院、武汉大学、重庆大学、湖南大学、四川省委党校等高校和科研机构的专家学者参加座谈会。座谈会上，与会专家学者围绕深入开展"四史"教育、传承红色基因、培育时代新人、助推"两个大局"等进行座谈和理论研讨。

6月26日

中国社会科学院党组成员、当代中国研究所所长、马克思主义研究院院长姜辉出席《汝信文集》出版座谈会并发表讲话。姜辉说，汝信先生不仅是成就卓著的学者，他还是一名杰出的管理者。1982—1998年，汝信先生担任中国社会科学院副院长一职，为改革开放初期社会科学院科研管理制度的恢复和建设，为恢复和推动国内外学术交流做出了重要贡献。在汝信先生任副院长的16年间，社会科学院研究所的数量由1977年的10余个发展至30余个，由社科院直接管理的学术社团达到百余个，有效地推动了社科院的学科建设。尤其需要提及的是，自2006年起，汝信先生跟爱人夏森同志一起投身到脱贫攻坚的事业之中。

就在 2021 年 2 月 25 日全国脱贫攻坚表彰大会上，习近平总书记亲自将"全国脱贫攻坚楷模"奖章授予夏森同志，还为她整理绶带，目光亲切，这一幕感动了无数中国人。这枚奖章也是授予汝信同志的，是对两位老共产党员不忘初心、淡泊名利、矢志不渝地服务于民的奋斗精神的表彰。

6 月 27 日

中华人民共和国国史学会在北京召开主题为《第二个〈历史决议〉与新中国史编研》的学术座谈会。全国人大常委会原副委员长顾秀莲，国史学会副会长、原中央文献研究室常务副主任杨胜群，国史学会原副会长、国防大学原副政委李殿仁，以及国史学会秘书长、当代中国研究所原副所长张星星，国史学会常务理事、当代中国研究所副所长李正华、宋月红等出席了会议。座谈会由国史学会会长、中国社会科学院原副院长朱佳木主持。国史学会部分理事和各分会领导，当代中国研究所部分干部职工、中国社会科学院大学国史系部分研究生，以及媒体记者共 60 余人参加了座谈会。

同日

"中国共产党百年学术研讨会"在北京大学举行。本次研讨会由北京大学马克思主义学院、北京大学中共党史研究中心、北京市哲学社会科学中国化马克思主义发展研究基地联合主办。来自中央党史和文献研究院、中央党校（国家行政学院）、北京大学、中国社会科学院、中国人民大学等科研机构、首都高校的代表及媒体嘉宾共 90 余人参加会议。开幕式由北京大学中共党史研究中心常务副主任程美东主持。北京大学马克思主义学院院长仰海峰代表主办方致开幕辞。中共党史和文献研究院原院务委员陈晋在开幕式上致辞并围绕"毛泽东与中国共产党的精神建设"作报告。开幕式阶段，陈占安、章百家、冯俊、徐维凡、倪邦文、杨凤城等专家学者作了报告。在开幕式后举行的学术研讨会上，20 余位专家学者及优秀论文的五位博士研究生代表，围绕中国共产党百年来的发展历程展开学术研讨。

6 月 28 日

据新华社北京 6 月 28 日电，党史学习教育四种指定学习材料习近平《论中国共产党历史》、《毛泽东邓小平江泽民胡锦涛关于中国共产党历史论述摘编》、《习近平新时代中国特色社会主义思想学习问答》、《中国共产党简史》少数民族文字版近日已完成翻译审定工作，由民族出版社等出版单位在全国出版发行。

同日

由中国社会科学院主办的"中国共产党百年光辉历程和伟大成就——庆祝建党100周年中国社会科学院党史党建成果展示暨发布会"举行。中国社会科学院院长、党组书记谢伏瞻出席会议并讲话。中国社会科学院副院长、党组成员高培勇主持会议。中国社会科学院党组成员、当代中国研究所所长、马克思主义研究院院长姜辉出席会议。中国社会科学院面向社会重点发布了今年出版的《新时代新思想标识性概念丛书》《中国改革开放：实践历程与理论探索》《中国共产党伟大精神丛书》《百年风华：中国共产党百年故事新编》《共同见证百年大党——百位国外共产党人的述说》5种党史党建类优秀研究成果，并遴选出50种党的十八大以来推出的党史党建领域优秀学术著作和文章进行集中展示。

同日

中国社会科学院举行党史学习教育专题党课报告会。中国社会科学院院长、党组书记谢伏瞻以"坚持马克思主义立场观点方法　深化党史学习教育　以更强使命担当加快构建中国特色哲学社会科学"为题，为全院党员干部讲党课。中国社会科学院副院长、党组副书记高翔主持会议。党史学习教育中央第二十五指导组组长段余应，中国社会科学院副院长、党组成员高培勇，中央纪委国家监委驻中国社会科学院纪检监察组组长、党组成员杨笑山，中国社会科学院党组成员、当代中国研究所所长姜辉，中国社会科学院副院长、党组成员王灵桂，中国社会科学院秘书长、党组成员赵奇出席会议。

6月29日

庆祝中国共产党成立100周年"七一勋章"颁授仪式在北京人民大会堂金色大厅隆重举行。中共中央总书记、国家主席、中央军委主席习近平向"七一勋章"获得者颁授勋章并发表重要讲话。习近平强调，一百年来，一代又一代中国共产党人，为赢得民族独立和人民解放、实现国家富强和人民幸福，前仆后继、浴血奋战、艰苦奋斗、无私奉献，谱写了气吞山河的英雄壮歌。在庆祝中国共产党成立一百周年之际，我们在这里隆重举行仪式，将党内最高荣誉授予为党和人民作出杰出贡献的共产党员。习近平指出，"七一勋章"获得者都来自人民、植根人民，是立足本职、默默奉献的平凡英雄。他们的事迹可学可做，他们的精神可追可及。他们用行动证明，只要坚定理想信念、坚定奋斗意志、坚定恒心韧劲，平常时候看得出来、关键时刻站得出来、危难关头豁得出来，每名党员都能够在民族复兴的伟业中为党和人民建功立业。

同日

中国共产党百年经济思想与实践学术研讨会在上海财经大学举行。本次研讨会由上海财经大学中国经济思想发展研究院、上海财经大学科研处、上海财经大学经济学院、上海财经大学高等研究院、中国经济思想史学会主办。来自北京大学、复旦大学、南京大学、武汉大学、厦门大学、山东大学、北京师范大学、中南财经政法大学、中国社会科学院、上海社会科学院等高校和科研机构的专家学者参加研讨会。本次研讨会共设置4个主题论坛，专家学者聚焦中国共产党成立百年来的丰富经济思想与实践，分别作了题为《全球视野下的中国共产党百年经济思想史》《中国共产党百年民生发展思想》《马克思主义经典著作及其总体性研究方法》《经济特区与中国共产党的改革智慧——"中国特色渐进式改革"的特征与绩效》《全面深化改革加快完善社会主义市场经济体制改革阶段（2012—2019）经济思想发展转型》的主旨演讲。

6月

在中央党的建设工作领导小组领导下，中共中央党史和文献研究院、中央党的建设工作领导小组秘书组合作编辑的《习近平关于全面从严治党论述摘编》（2021年版）一书，由中央文献出版社出版，在全国发行。全面从严治党是新时代党治国理政的一个鲜明特征。党的十八大以来，以习近平同志为核心的党中央把全面从严治党纳入"四个全面"战略布局，勇于面对党面临的重大风险考验和党内存在的突出问题，以顽强意志品质正风肃纪、反腐惩恶，消除了党和国家内部存在的严重隐患，党内政治生活气象更新，党内政治生态明显好转，党的创造力、凝聚力、战斗力显著增强，党的团结统一更加巩固，党群关系明显改善，党在革命性锻造中更加坚强，焕发出新的强大生机活力，为党和国家事业发展提供了坚强政治保证。习近平同志围绕全面从严治党发表的一系列重要论述，立意高远，内涵丰富，思想深刻，对于我们不忘初心、牢记使命，增强"四个意识"、坚定"四个自信"、做到"两个维护"，坚定不移全面从严治党，以新时代党的自我革命引领新的伟大社会革命，全面建设社会主义现代化国家、实现中华民族伟大复兴的中国梦，具有十分重要的意义。《论述摘编》分12个专题，共计788段论述，摘自习近平同志2012年11月15日至2021年4月27日期间的报告、讲话、文章、指示等220多篇重要文献。其中部分论述是第一次公开发表。

同月

为庆祝中国共产党成立100周年，经党中央批准，中央党史和文献研究院编写的《中国共产党一百年大事记》一书，由人民出版社出版。

7月1日

庆祝中国共产党成立100周年大会在北京天安门广场隆重举行，各界代表7万余人以盛大仪式欢庆中国共产党百年华诞。中共中央总书记、国家主席、中央军委主席习近平发表重要讲话。他强调，过去一百年，中国共产党向人民、向历史交出了一份优异的答卷。现在，中国共产党团结带领中国人民又踏上了实现第二个百年奋斗目标新的赶考之路。中国共产党立志于中华民族千秋伟业，百年恰是风华正茂。回首过去，展望未来，有中国共产党的坚强领导，有全国各族人民的紧密团结，全面建成社会主义现代化强国的目标一定能够实现，中华民族伟大复兴的中国梦一定能够实现。习近平代表党和人民庄严宣告，经过全党全国各族人民持续奋斗，我们实现了第一个百年奋斗目标，在中华大地上全面建成了小康社会，历史性地解决了绝对贫困问题，正在意气风发向着全面建成社会主义现代化强国的第二个百年奋斗目标迈进。这是中华民族的伟大光荣，这是中国人民的伟大光荣，这是中国共产党的伟大光荣。中国社会科学院党组成员、当代中国研究所所长姜辉参加庆祝仪式。

同日

2021年第13期《求是》杂志发表了中共中央总书记、国家主席、中央军委主席习近平的重要文章《学史明理、学史增信、学史崇德、学史力行》。

文章强调，在党史学习教育中要做到学史明理、学史增信、学史崇德、学史力行，做到学党史、悟思想、办实事、开新局。

文章指出，明理是增信、崇德、力行的前提。要从党的辉煌成就、艰辛历程、历史经验、优良传统中深刻领悟中国共产党为什么能、马克思主义为什么行、中国特色社会主义为什么好等道理。要深刻领悟坚持中国共产党领导的历史必然性，坚定对党的领导的自信。要深刻领悟马克思主义及其中国化创新理论的真理性，增强自觉贯彻落实党的创新理论的坚定性。要深刻领悟中国特色社会主义道路的正确性，坚定不移走中国特色社会主义这条唯一正确的道路。

文章指出，信仰、信念、信心，任何时候都至关重要。学史增信，就是要增强信仰、信念、信心，这是我们战胜一切强敌、克服一切困难、夺取一切胜利的强大精神力量。要增强对马克思主义、共产主义的信仰，增强对中国特色社会主义的信念，增强对实现中华民族伟大复兴的信心。

文章指出，我们党在百年奋斗中，培育形成了一系列各有特点的革命精神，集中体现了党的坚定信念、根本宗旨、优良作风，是激励我们不懈奋斗的宝贵精神财富。学史崇德，就是要引导广大党员、干部传承红色基因，涵养高尚的道德品质，崇尚对党忠诚的大德，崇尚造福人民的公德，崇尚严于律己的品德。

文章指出，要教育引导广大党员、干部更加自觉地不忘初心、牢记使命，增强"四个意识"，坚定"四个自信"，始终在思想上政治上行动上同党中央保持高度一致，坚定理想信念，学好用好党的创新理论，赓续红色血脉，发扬光荣传统，发挥先锋模范作用，团结带领全国各族人民，更好立足新发展阶段、贯彻新发展理念、构建新发展格局，全面做好改革发展稳定各项工作，汇聚起全面建设社会主义现代化国家、实现中华民族伟大复兴中国梦的磅礴力量。

同日

经中央批准，中宣部统筹指导、中央党史和文献研究院组织翻译的《中国共产党简史》英文版，由中央编译出版社出版发行。该书在内容上与《中国共产党简史》中文版保持一致，旨在为外国读者了解中国共产党的百年历史提供权威阅读资源。

7月2日

中央宣传部、中央组织部、中央党校（国家行政学院）、中央党史和文献研究院、教育部、中国社会科学院、中央军委政治工作部在北京召开庆祝中国共产党成立100周年理论研讨会。中共中央政治局常委、中央书记处书记王沪宁出席研讨会并讲话。他表示，要认真学习贯彻习近平总书记在庆祝中国共产党成立100周年大会上的重要讲话精神，推动把党史学习研究宣传引向深入，更好激发全党全国各族人民为全面建成社会主义现代化强国而奋斗的信心和力量。这次理论研讨会，是中国共产党成立100周年庆祝活动的一项重要内容。中国社会科学院党组成员、当代中国研究所所长姜辉参加会议。

同日

第二十一届国史学术年会在上海举行。本次会议主题为"建党百年与新中国史研究"，由当代中国研究所、中共上海市委党校、中华人民共和国国史学会联合举办。开幕式上，中国社会科学院原副院长、当代中国研究所原所长、中华人民共和国国史学会会长朱佳木作了题为《从新中国史看我们党对初心的不渝坚守》的主旨演讲，当代中国研究所党组成员、副所长李正华致辞，中共上海市委党校副校长曾峻致欢迎辞并主持开幕式。论文作者以及相关媒体记者共110余人出席开幕式。研讨会上，当代中国研究所研究员李文等14位学者作了大会发言，与会者采取分组形式交流研究心得。当代中国研究所党组成员、副所长宋月红作大会学术总结，中共上海市委党校教育长罗峰主持闭幕式。

7月3日

中共中央办公厅发出通知，要求各地区各部门认真学习贯彻习近平总书记在庆祝中国共产党成立100周年大会上的重要讲话精神。

通知指出，习近平总书记"七一"重要讲话，以马克思列宁主义、毛泽东思想、邓小平理论、"三个代表"重要思想、科学发展观为指导，全面回顾了我们党95年来团结带领全国各族人民不懈奋斗走过的光辉历程和作出的伟大历史贡献，深刻阐明了近代以来我国社会发展的规律性认识，深刻阐明了我们党的执政理念和执政方略，深刻阐明了我们党对重大国内外问题的原则立场，以不忘初心、继续前进为主题，明确提出了面向未来、面对挑战，做好改革发展稳定各项工作、加强和改善党的领导、加强自身建设的要求，科学展望了党和人民事业发展的光明前景，是全党在新的历史条件下进行具有许多新的历史特点的伟大斗争的政治宣言，是指引我们党奋力推进中国特色社会主义伟大事业和全面推进党的建设新的伟大工程的纲领性文献。认真学习贯彻习近平总书记"七一"重要讲话精神，对团结动员全党全国各族人民在以习近平同志为总书记的党中央领导下，满怀信心为实现"两个一百年"奋斗目标、实现中华民族伟大复兴的中国梦而奋斗具有重大理论意义和现实意义。

通知强调，要把学习讲话同学习党的理论特别是习近平总书记系列重要讲话精神结合起来，深刻理解精髓要义，尤其要深刻理解不忘初心、继续前进的重大意义，进一步增强政治意识、大局意识、核心意识、看齐意识；同学习中国近代以来的历史，学习党史、中华人民共和国史、改革开放史结合起来，进一步坚定中国特色社会主义道路自信、理论自信、制度自信、文化自信；同破解改革发展稳定的实践难题结合起来，统筹推进"五位一体"总体布局，协调推进"四个全面"战略布局；同加强和改进党的建设结合起来，确保党始终成为中国特色社会主义事业的坚强领导核心；同各地区各部门的具体实际结合起来，贯穿"两学一做"学习教育全过程，增强学习效果。

通知要求，各级党委（党组）中心组要把讲话作为学习的重要内容，及时组织开展专题研讨，力求学深学透、融会贯通。要把讲话精神融入各级党校、行政学院、干部学院培训教学的相关内容，融入大、中、小学校思想政治教育的相关内容，推动讲话精神进教材、进课堂、进头脑。各级党委讲师团要围绕讲话精神，组织好面向基层党员、干部、群众的宣讲活动。基层党组织要结合各自实际，组织好广大党员、干部的学习。对干部群众在学习中提出的思想认识问题和理论问题，要深入做好阐释引导工作，析事明理，解疑释惑，帮助干部群众全面准确理解和把握讲话精神。各级党报、党刊、电台、电视台要深入阐释解读讲话精神，宣传讲话在广大干部群众中引起的热烈反响，反映各地区各部门学习贯彻讲话精神、解决实际问题的具体实践和工作成效。

同日

"庆祝中国共产党成立一百周年学术研讨会——深入学习贯彻习近平总书记'七一'重要讲话精神"在北京大学举行。本次研讨会由北京大学习近平新时代中国特色社会主义思想研究院主办。来自北京大学、教育部高校发展社会科学研究中心、中共中央党校（国家行政学院）、教育部、中国社会科学院、北京大学、清华大学、中国人民大学、北京师范大学、北京市社会科学界联合会、上海市委党校等多家习近平新时代中国特色社会主义思想研究院（研究中心）的负责人和专家学者，围绕习近平总书记"七一"重要讲话精神进行了深入学习研讨。中国社会科学院党组成员、当代中国研究所所长姜辉参加会议。

同日

"'探精神之源 论百年风华'——学习习近平总书记在庆祝中国共产党成立100周年大会上重要讲话学术研讨会"在南京召开。本次研讨会由中华人民共和国国史学会高校教学与研究专业委员会、江苏省中共党史学会、新华日报社和南京航空航天大学共同主办。中国社科院学部委员程恩富、中央党校原副教育长柳建辉以及来自北京大学、中国人民大学、武汉大学、华东师范大学、华南师范大学等全国多所高校和科研院所的百余名专家学者参加会议。与会专家认为，习近平总书记在庆祝中国共产党成立100周年大会上的重要讲话，站在政治和战略高度，统揽全局、纵贯百年、远眺未来，深刻阐发了一系列重要思想、重要论断、重要要求，彰显了中国共产党的政治品格、精神谱系、光荣传统、红色血脉，展现了中国共产党的政治担当、历史自觉、人民立场、复兴使命，具有很强的政治动员力、历史穿透力、理论说服力、心灵震撼力，是指引全党全国人民立足百年大党新起点、置身百年未有大变局、接力百年奋斗新征程的马克思主义纲领性文献。

7月4日

由当代中国出版社主办的《百年风华：中国共产党百年故事新编》新书发布会在上海举办。当代中国研究所党组成员、副所长，当代中国出版社社长李正华向大家隆重推荐了由当代中国研究所编写组编著、当代中国出版社出版的学"四史"丛书：《百年风华：中国共产党百年故事新编》。李正华说，讲好中国故事、讲好中国共产党的故事是我们的重要历史使命，这套丛书是对党史国史大众化传播的一次尝试。这套丛书分为4辑，每一辑包含50

个故事，撷取一百年来中国共产党带领中国人民从站起来、富起来到强起来这一非凡奋斗历程中的重要事件和重要人物的故事，讲好讲透故事背后蕴含的中国共产党为什么能、马克思主义为什么行、中国特色社会主义为什么好的道理，冀以增强全党和全国人民，特别是青少年对中国特色社会主义的道路自信、理论自信、制度自信、文化自信。

同日

中华人民共和国国史学会在北京召开学习习近平总书记在庆祝中国共产党成立100周年大会上的重要讲话座谈会。国史学会会长、中国社会科学院原副院长朱佳木，国史学会第一副会长、中国社会科学院党组成员、当代中国研究所所长姜辉等8位同志发言。座谈会由朱佳木主持。会上发言的同志纷纷畅谈了学习总书记讲话精神的心得体会。大家一致认为，讲话是我们党以史为鉴、开辟未来的豪迈宣言，是全党全国人民踏上中华民族伟大复兴新征程的进军号角，是抵御任何妄想欺负、压迫、奴役中国人民的外来势力和粉碎任何"台独"图谋的动员令，也是科学总结党的百年奋斗史的马克思主义文献，是新中国史编研事业进一步发展的重要指针。

7月5日

中央宣传部、中央党史和文献研究院、中央和国家机关工委、教育部、中央军委政治工作部、中共北京市委在北京联合举办学习贯彻习近平总书记"七一"重要讲话精神专题宣讲报告会。党史学习教育中央宣讲团成员、中央党史和文献研究院院长曲青山作宣讲报告。曲青山在报告中深刻阐述了习近平总书记"七一"重要讲话的重大意义、主要内容和丰富内涵，深入解读中国共产党百年奋斗的光辉历程、伟大成就、宝贵经验和实践启示，解读伟大建党精神的深刻内涵和时代价值，解读在新征程上以史为鉴、开创未来的根本要求，同时围绕讲话中提出的一系列新思想新观点新要求进行了系统讲解。中国社会科学院党组成员、当代中国研究所所长姜辉参加报告会。

7月7日

《光明日报》发表了中国社会科学院党组成员、当代中国研究所所长姜辉的文章《在英勇顽强奋斗中创造新的历史伟业》。文章指出，在庆祝中国共产党成立100周年大会上，习近平总书记发表重要讲话，回顾中国共产党百年奋斗的光辉历程，展望中华民族伟大复兴的光明前景。一百年来，我们党团结带领人民在顽强奋斗、艰苦奋斗、不懈奋斗中，开辟伟大道路，建立伟大功业，取得举世瞩目成就，创造人间奇迹，推动民族复兴进入不可逆转的历史进程。回望过往奋斗路，眺望前方奋进路，从党的奋斗历史中汲取前进的智慧和力量，旨在永远保持建党时中国共产党人的奋斗精神，在实现第二个百年奋斗目标新的赶考之路上，在英勇顽强奋斗中创造新的历史伟业。

7月8日

中国社会科学院党组成员、当代中国研究所所长姜辉参加中国社科院党组理论学习中心组召开学习（扩大）会议，深入学习贯彻习近平总书记在庆祝中国共产党成立100周年大会上的重要讲话精神，并作重点发言。姜辉对习近平总书记"七一"重要讲话中提出的新思想新观点新论断进行了系统梳理。他表示，习近平总书记重要讲话内容丰富且高度凝练、思想深刻且表达鲜明、全面总结且重点突出，既重申了既有的理论观点战略，又有许多创新点和新概括，是需要我们下大功夫认真学习领悟的极为重要的文献，也需要我们下大功夫认真研究，更需要我们结合新时代伟大实践贯彻到各领域、各方面工作中去。

同日

中国社会科学院党组成员、当代中国研究所党组书记姜辉主持召开中共当代中国研究所党组理论学习中心组（扩大会）第5次集中学习。会议传达学习习近平总书记在庆祝中国共产党成立100周年大会上的重要讲话，并就学习研究宣传阐释工作作出部署。会议指出，习近平总书记"七一"重要讲话，系统回顾了我们党百年奋斗的光辉历程和伟大成就，庄严宣告"我们实现了第一个百年奋斗目标，在中华大地上全面建成了小康社会"，科学概括了伟大建党精神，深刻阐述了以史为鉴、开创未来的根本要求，号召全体党员在新的赶考之路上努力为党和人民争取更大光荣。讲话立意高远、视野宏阔、思想深刻、内涵丰富，通篇闪耀着马克思主义真理光芒，是习近平新时代中国特色社会主义思想的最新篇章，是新时代中国共产党人不忘初心、牢记使命的政治宣言，是我们党团结带领人民以史为鉴、开创未来的行动指南，是指引我们党奋力推进中国特色社会主义伟大事业，实现中华民族伟大复兴中国梦的纲领性文献。会议强调，要准确把握习近平总书记"七一"重要讲话精神的核心要义，从中不断汲取砥砺奋进的智慧和力量。要准确把握中国共产党百年征程的伟大成就，进一步坚定对马克思主义的信仰、对共产主义的信念、对实现中华民族伟大复兴的信心。要准确把握中国共产党百年奋斗的伟大精神，不断用伟大建党精神滋养和激励奋斗前行，永葆共产党人的先进性、纯洁性。要准确把握中国共产党百年探索的历史经验和实践要求，确保党和国家事业始终沿着正确方向前进。会议要求，把学习研究宣传阐释习近平总书记重要讲话精神作为当前和今后一个时期的首要政治任务。

同日

福建省委党史学习教育领导小组办公室、省委宣传部、省委组织部、省委党校（行政学院）、省委党史方志办、省委教育工委、福建社科院、省社科联在福州召开福建省庆祝中国共产党成立100周年理论研讨会。当代中国研究所副所长宋月红参加研讨会，围绕"马克思主义中国化发展与中华民族伟大复兴道路开辟"作大会发言。

同日

中国共产党与中华民族伟大复兴理论研讨会在兰州举行。本次研讨会由西北师范大学党委宣传部、西北师范大学党史党建研究中心、西北师范大学社科联主办，西北师范大学马克思主义学院承办。来自兰州大学、西北师范大学、西北民族大学、甘肃政法大学等高校的马克思主义学院院长，甘肃省委党校等机构党史党建研究方面的专家和甘肃省内各革命纪念馆馆长等100余人参加会议。专家学者围绕习近平总书记"七一"重要讲话的丰富内涵、中国共产党百年的历史贡献、伟大的建党精神等主题展开深入研讨。

7月8—9日

"继承百年传统，赓续红色血脉——红色文献整理与研究学术研讨会"在上海外国语大学举行。本次研讨会由《图书馆杂志》社、国家图书馆出版社和上海外国语大学共同主办，上海外国语大学党委宣传部、上海外国语大学图书馆共同承办，广州大典研究中心协办。开幕式上，"中国历史文献总库·红色文献数据库"正式上线。来自全国各地的红色文献研究专家学者及全国各类图书馆、档案馆、纪念馆及党校、党史机构、文献学界、历史学界等相关领域的专业人员共同探讨红色文献的收藏与整理、研究和传承。与会者认为，数据库的上线又为各界开展红色文献研究提供了一个极佳的资源宝库。

7月9日

党史学习教育领导小组召开会议。中共中央政治局委员、中宣部部长、党史学习教育领导小组组长黄坤明出席会议并讲话，强调要把学习贯彻习近平总书记"七一"重要讲话精神作为一项重大政治任务，精心安排部署，周密组织实施，引导广大党员干部学深悟透笃行，推动党史学习教育取得新进展新成效。党史学习教育领导小组部分成员单位负责同志作了会议发言。党史学习教育领导小组成员，中央宣讲团成员，各中央指导组组长、副组长等参加会议。

同日

根据党中央安排，中共中央组织部、全国党建研究会在北京召开庆祝中国共产党成立100周年党的建设历史经验研讨会。中共中央政治局委员、中组部部长陈希出席会议并讲话，强调要深入学习贯彻习近平总书记"七一"重要讲话精神，深入总结和运用100年来特别是党的十八大以来党的建设历史经验，不断推进新时代党的建设新的伟大工程，确保党在新时代坚持和发展中国特色社会主义的历史进程中始终成为坚强领导核心。陈希指出，习近平总书记"七一"重要讲话站在历史和全局的高度，系统回答了党和国家事业发展的一系列重大问题，是充满着马克思主义真理力量的光辉文献，是党团结带领人民奋斗新时代、奋进新征程的政治宣言，是学史明理、学史增信、学史崇德、学史力行的最好教材，是激励全党踏上新的赶考之路的出征动员。要切实把思想和行动统一到讲话精神上来，总结好、坚持好、运用好党的建设历史经验，立足新的时代条件，把党的建设思路举措搞得更加科学、更加严密、更加有效，不断开辟管党治党新境界，为把我们党建设好建设强，为实现第二个百年奋斗目标、实现中华民族伟大复兴的中国梦作出新的更大贡献。研讨会主办单位负责同志，各省区市和新疆生产建设兵团党委组织部、部分中央单位组织人事部门负责同志以及特邀专家，约200人参加会议。

同日

党史学习教育中央宣讲团成员，中国社会科学院党组成员、当代中国研究所所长姜辉在学习贯彻习近平总书记"七一"重要讲话精神系列专题宣讲第三场报告会上作宣讲报告。姜辉以"以史为鉴开创未来夺取全面建成社会主义现代化强国新胜利"为题，从深入把握习近平总书记"七一"重要讲话精神的新思想、新观点、新要求，深入把握中国共产党百年奋斗主题和伟大成就，深入把握全面建成社会主义现代化强国的根本要求三个方面，作了一场深刻精彩的报告。

同日

"中国共产党人的精神谱系与中华民族伟大复兴——庆祝中国共产党成立100周年理论研讨会"召开。本次研讨会由上海市习近平新时代中国特色社会主义思想研究中心、中共一大纪念馆和国防大学政治学院联合主办。来自中央党校（国家行政学院）、复旦大学、同济大学、上海师范大学、各军兵种部队等专家学者70余人出席会议。研讨会上，专家学者回顾了中国共产党人精神谱系的来源与生成、构筑与赓续、精髓与实质，深入探析了中国共产党人精神谱系的理论与实践、传承与弘扬、方法与路径及其时代价值，进一步加深了对中国共产党人精神谱系的理解和把握。

7月10日

中国共产党巡视理论研究中心成立大会暨第一届巡视理论与实践研讨会在北京召开。中国社会科学院院长、党组书记谢伏瞻出席会议并致辞。中央纪委国家监委驻中国社会科学院纪检监察组组长、党组成员杨笑山，中国社会科学院党组成员、当代中国研究所所长、中国共产党巡视理论研究中心理事长姜辉，中央巡视工作领导小组办公室副主任罗礼平出席会议。谢伏瞻、杨笑山为中国共产党巡视理论研究中心揭牌。姜辉主持会议开幕式。来自中央巡视办、中央有关部委、中国社会科学院、高校、部分省市巡视办等单位的相关人员和专家学者共80余人参加会议。围绕政治巡视的经验与成效、政治巡视的发展方向等重要议题，理论研究者和实践工作者进行了深度交流与探讨。

同日

学习习近平总书记在庆祝中国共产党成立100周年大会上的重要讲话精神理论研讨会在中央团校举行。本次研讨会由中央团校、共青团中央中国特色社会主义理论体系研究中心、共青团与青年工作高端智库主办，中央团校科研部、马克思主义学院、《中国青年社会科学》编辑部承办。来自全国各地科研机构、高校、团属院校的专家学者，围绕学习习近平总书记"七一"重要讲话精神，从不同视角进行了交流研讨。

7月11日

中国社会科学院组织参观"'不忘初心、牢记使命'中国共产党历史展览"，深情回望党的百年奋斗之路，从党的奋斗历史中汲取前进力量。中国社会科学院院长、党组书记谢伏瞻参观展览并带领党员领导干部重温入党誓词。副院长、党组副书记高翔，副院长、党组成员高培勇，中央纪委国家监委驻院纪检监察组组长、党组成员杨笑山，党组成员、当代中国研究所所长姜辉，秘书长、党组成员赵奇出席活动。参观结束后，在展览馆三层大厅，谢伏瞻带领党员同志，面向鲜红的中国共产党党旗，举起右拳，重温入党誓词，用铿锵有力的誓言表达对党的无限忠诚和为共产主义奋斗终身的坚定决心。

7月12日

中国社会科学院习近平新时代中国特色社会主义思想研究中心在北京召开学习贯彻习近

平总书记"七一"重要讲话精神理论研讨会。中国社会科学院党组成员、当代中国研究所所长、习近平新时代中国特色社会主义思想研究中心执行主任姜辉出席会议并致辞。来自中央党校（国家行政学院）习近平新时代中国特色社会主义思想研究中心、教育部习近平新时代中国特色社会主义思想研究中心、国防大学习近平新时代中国特色社会主义思想研究中心、北京市习近平新时代中国特色社会主义思想研究中心等10家在京研究中心（院）以及中国社会科学院经济研究所、国际法研究所、生态文明研究所、世界经济与政治研究所、马克思主义研究院的主要负责同志和代表参加会议。与会专家围绕实现中华民族伟大复兴、伟大建党精神、马克思主义中国化、全过程人民民主、中国式现代化新道路、人类文明新形态、中国特色大国外交等方面内容，对习近平总书记"七一"重要讲话体现的新思想、新观点、新论断，进行了广泛而深入的交流和探讨。

同日

"搜集与甄别：百年中国共产党新闻工作史料研讨会"在北京举行。本次研讨会由中国社会科学院新闻与传播研究所主办。与会学者围绕新闻工作史料搜集汇编、理论研究及重要意义展开深入研讨。当代中国研究所副所长宋月红参加研讨会，作题为《胡乔木新闻工作思想研究》的发言。宋月红指出，胡乔木新闻出版思想是与其思想政治理论、历史理论分不开的。胡乔木在指导党史研究和编纂工作中，形成了一系列具有认识论和方法论意义的重要论述。研究胡乔木新闻出版思想要以此为历史背景、思想基础，分析其对新闻出版思想形成和发展的作用与影响。他指出，胡乔木新闻工作思想内涵丰富，与各个时期的形势与任务相结合。研究胡乔木新闻出版思想，既要依据基本史料如文献史料、回忆口述，传记、活动遗迹等，更需要采用多重证据法相互印证。

7月13日

党史学习教育中央宣讲团成员，中国社会科学院党组成员、当代中国研究所所长姜辉为湖北省委理论学习中心组作《以史为鉴、开创未来，夺取全面建成社会主义现代化强国新胜利》的专题宣讲报告。

7月14日

中国社会科学院学习贯彻习近平总书记"七一"重要讲话精神专题研讨会在北京举行。中国社会科学院院长、党组书记谢伏瞻出席会议并讲话。中国社会科学院副院长、党组成员高培勇主持会议。中国社会科学院马克思主义研究院党委书记辛向阳、当代中国研究所副所长宋月红、哲学研究所所长张志强、中国历史研究院副院长李国强、经济研究所所长黄群慧、政治学研究所所长张树华、世界经济与政治研究所党委书记姚枝仲作交流发言。发言者分别从马克思主义、哲学、史学、经济学、政治学、国际研究等学科角度，对习近平总书记"七一"重要讲话精神进行深入研究阐释。党史学习教育中央第二十五指导组有关同志到会指导。中国社会科学院有关职能部门负责同志及相关研究人员参加会议。

同日

广西壮族自治区学习贯彻习近平总书记在庆祝中国共产党成立 100 周年大会上的重要讲话精神专题辅导报告会举行。中国社会科学院党组成员、当代中国研究所所长姜辉作《以史为鉴、开创未来，夺取全面建成社会主义现代化强国新胜利——深入学习习近平总书记"七一"重要讲话精神》专题辅导报告。姜辉从深入把握习近平总书记"七一"重要讲话精神的新思想新观点新要求、深入把握中国共产党百年奋斗主题和伟大成就、深入把握全面建成社会主义现代化强国的根本要求等三个方面作了辅导报告。他指出，习近平总书记"七一"重要讲话，高屋建瓴、视野宏阔、内涵丰富、思想深刻，站在历史和全局的高度，全面回顾了中国共产党一百年走过的峥嵘岁月和光辉历程，高度评价了百年来我们党团结带领人民为实现中华民族伟大复兴创造的伟大历史成就，系统总结了党在百年奋斗中积累的宝贵经验和实践启示，深刻阐明了在新征程上推进党和国家事业的一系列重大问题，是新时代中国共产党的政治宣言，是激励全党全国各族人民同心同德、满怀豪情向全面建成社会主义现代化强国进军的动员令和行动指南。

同日

由中共北京市委教育工作委员会、北京市教育委员会主办的"知史爱党、知史爱国"北京市学生"四史"学习知识竞赛总决赛举行。学习知识竞赛于 2021 年 4 月 27 日正式启动，面向全市大中小学在校学生开展线上活动。在此次活动中，全市大中小学生线上学习党史参与量已突破 720 万人次，累计党史答题数超过 3800 万，提交各类主题作品近 17 万件。此外，近千支学校、院系代表队参与了此次活动的现场团队竞赛。

同日

中国共产党百年历程与中国道路新征程学术研讨会在大连理工大学召开。本次研讨会由大连理工大学马克思主义学院、辽宁省社科学术活动基地"马克思主义理论与中国道路学术活动基地""辽宁省高校新型智库""高校网络意识形态安全建设与评价研究中心"共同主办。来自南开大学、吉林大学、北京师范大学、中央财经大学、辽宁大学、山东省委党校（行政学院）、国防大学政治学院等30余所高校、社科院、党校、军校单位的百余名专家学者及研究生参加会议。研讨会紧紧围绕"庆祝中国共产党成立100周年"这一主题，立足学界前沿、重大课题，对中国共产党100年来的光辉历程、伟大成就和宝贵经验，中国特色社会主义道路、制度、理论等问题展开充分研讨，丰富拓展了对"中国共产党百年历程与中国道路新征程"的认识，对于学界深入学习习近平总书记在庆祝中国共产党成立100周年大会上的重要讲话精神具有重要引领示范作用。

7月15日

中国社会科学院党组成员、当代中国研究所所长姜辉为中央军委办公厅作学习"七一"重要讲话精神辅导报告。

同日

中国驻韩国使馆和韩国《亚洲日报》共同在线上主办"中国共产党建党百年和中韩关系研讨会"。中国驻韩国大使邢海明、韩国国会议员金汉正致辞，中央党校（国家行政学院）副校（院）长谢春涛和成均中国研究所所长李熙玉发表主旨演讲。韩国亚洲新闻集团会长郭永吉，以及中韩两国学界、媒体界人士在线出席。与会嘉宾热烈祝贺中国共产党成立100周年，高度评价中国共产党取得的伟大成就，并从外交、舆论等角度为中韩关系发展建言献策，期待中韩关系取得更大发展。

7月16日

"百年中国共产党与21世纪世界社会主义——《共同见证百年大党——百位国外共产党人的述说》新书发布会暨国际研讨会"举行。本次会议由中国社会科学院马克思主义研究院、国际合作局、世界社会主义研究中心、习近平新时代中国特色社会主义思想研究中心、当代中国出版社共同主办。中国社会科学院院长、党组书记谢伏瞻出席会议并致辞。中国社会科学院副院长、党组副书记，兼中国历史研究院院长、党委书记高翔出席会议并讲话。中国社会科学院党组成员、当代中国研究所所长、马克思主义研究院院长姜辉在开幕式上作主旨报告，并介绍《共同见证百年大党——百位国外共产党人的述说》情况。中国社会科学院副院长、党组成员王灵桂出席开幕式并发言。大会开幕式由中国社会科学院马克思主义研究院党委书记、副院长辛向阳主持。中共中央党校（国家行政学院）副校（院）长李毅，中共中央对外联络部原副部长周力以及俄罗斯联邦共产党中央委员会主席根·安·久加诺夫、西班牙共产党主席何塞·路易斯·森特利亚·戈麦斯等中外嘉宾通过线上线下相结合的方式出席会议，就中国共产党百年发展历程与经验、中国特色社会主义的世界意义、21世纪世界社会主义的发展现状与前景等议题展开了广泛深入的交流和研讨。

7月17日

中国社会科学院党组成员、当代中国研究所所长姜辉出席第三届世界马克思主义大会并致辞。姜辉在致辞中表示，中国共产党是马克思主义的坚定信仰者和忠实实践者，是世界社会主义运动的积极开拓者，是21世纪马克思主义和世界社会主义新发展的有力引领者和重大贡献者。习近平新时代中国特色社会主义思想是21世纪马克思主义的科学理论形态，新时代中国特色社会主义是21世纪世界社会主义的中流砥柱。新时代中国特色社会主义以独特制度成果丰富了人类政治文明的宝库，中国式现代化新道路为解决人类问题贡献了中国智慧、中国方案。

7月18日

"第一届全国高校'四史'教育学术研讨会"在沈阳航空航天大学召开。本次研讨会由辽宁省"四史"学习教育研究中心、辽宁省社会科学界联合会、辽宁省思政课名师工作室、沈阳市"四史"教育研究中心主办，沈阳航空航天大学马克思主义学院承办。中宣部马克思主义理论研究和建设工程专家、全国高校思想政治理论课教师影响力标兵人物、全国各高校马克思主义中国化方向、思想政治教育方向以及党史研究方向的优秀学者参加会议。会议采取线上方式进行，分为主题报告和分论坛两个环节。陈金龙、曲洪波等学者紧扣"党史、新中国史、改革开放史、社会主义发展史"教育主题，分别作主题报告。分论坛研讨设三个会场，分别围绕"马克思主义中国化与四史教育""高校思想政治教育工作与四史教育""中国共产党百年发展历程与四史教育"三个主题进行了研讨。

7月20日

学习宣传贯彻习近平新时代中国特色社会主义思想研讨会暨党史学习教育高端论坛在宁夏银川举行。中共中央政治局委员、中宣部部长、党史学习教育领导小组组长黄坤明出席并讲话，强调要深入学习贯彻习近平总书记"七一"重要讲话精神，提高思想自觉，增强历史担当，牢记和践行"社会主义是干出来的"，以奋发奋斗、苦干实干走好新的赶考之路。中央有关部门负责同志、部分专家学者、宁夏有关方面代表作了研讨发言。习近平新时代中国特色社会主义思想研究中心（院）、全国重点马克思主义学院、地方党委宣传部及党史学习教育中央第十指导组负责同志等参加会议。

同日

"中共百年华诞　世界百年变局——中国共产党治国理政的经验与启示国际学术研讨会"在上海举办。本次研讨会由中共中央对外联络部、中国外文局和复旦大学联合主办，复旦大学马克思主义学院、复旦大学海外中共学研究中心、中国外文局当代中国与世界研究院、中联部世界政党研究所承办。来自中共中央对外联络部、中央党史和文献研究院、中共中央党校（国家行政学院）、中国社会科学院、中国外文局、北京大学、中国人民大学、复旦大学、上海交通大学、同济大学、南京大学、武汉大学、浙江大学、山东大学、中山大学、华东师范大学、东华大学、国防大学、上海市委党校、浦东干部学院、上海社会科学院以及英国皇家社会科学院、澳大利亚社会科学院、英国剑桥大学、英国伦敦大学、澳大利亚悉尼大学、日本爱知大学现代中国学部等海内外近百位领导和专家学者以线上线下形式参加会议，畅谈中国共产党治国理政的成就、经验与启示，研讨如何向世界讲好中国共产党治国理政的故事。本次研讨会下设四个平行分论坛，专家学者们分别围绕"学习习近平总书记'七一'重要讲话精神""中国共产党与世界新型关系""中国共产党治国理政的探索""海外中国共产党研究"等主题展开学术研讨。

7月22日

"陈云与党的历史——庆祝中国共产党成立100周年"学术研讨会在上海召开。本次研讨会由陈云思想生平研究会、陈云纪念馆联合举办。来自华东师范大学、陈云思想生平研究会、陈云纪念馆、上海市中共党史学会、中央党史和文献研究院等单位和组织的专家学者先后发言，紧紧围绕习近平总书记"七一"重要讲话精神，以《加强陈云研究对光大建党精神具有重要意义》《建党百年论陈云——以陈云在党的革命时期的历史贡献为研究中心》《从"三立"谈陈云对中国共产党的历史贡献》《陈云与江苏地区的农民运动（1927—1929年）》《陈云与学史明理、增信、崇德、力行》等为题，对陈云同志的历史贡献、经济思想、党建思想和精神风范等进行了交流。大家认为，在陈云同志70年的革命生涯中，他始终"坚持真理、坚守理想；践行初心、担当使命；不怕牺牲、英勇斗争；对党忠诚、不负人民"，是伟大建党精神的卓越践行者。

同日

安徽省委举行党史学习教育专题读书班开班式暨习近平总书记"七一"重要讲话精神

辅导报告会。党史学习教育中央宣讲团成员，中国社会科学院党组成员、当代中国研究所所长姜辉作专题辅导报告。姜辉在报告中详细解读了习近平总书记"七一"重要讲话的新思想新观点新要求，系统回顾了中国共产党百年奋斗主题和伟大成就，对全面建成社会主义现代化强国的根本要求进行了深入分析。与会人员一致认为，这是一堂深刻的党史教育课、专业的理论阐释课、生动的实践教学课，对于我们更加准确把握习近平总书记"七一"重要讲话精神，以史为鉴、开创未来，走好实现第二个百年奋斗目标新的赶考之路，必将起到重要的指导和推动作用。

7月23日

甘肃省委理论学习中心组举行2021年第十一次学习会，专题学习习近平总书记在庆祝中国共产党成立100周年大会上的重要讲话精神。党史学习教育中央宣讲团成员，中国社会科学院党组成员、当代中国研究所所长姜辉应邀作专题辅导报告。

同日

庆祝中国共产党成立100周年中共创建史学术研讨会在上海召开。本次研讨会由中央党史和文献研究院第二研究部、上海市委党史研究室、复旦大学、中共一大纪念馆主办，中共创建史研究中心、复旦大学马克思主义学院承办。来自中央国家机关、党校系统、社科院系统、高校、地方宣传和党史文献部门、纪念馆等100余名嘉宾和论文作者代表参加会议。与会学者围绕"庆祝中国共产党成立100周年中共创建史"主题，从中国共产党的成立及创建初期的活动，伟大建党精神与中国共产党人的精神谱系，五四运动、马克思主义在中国传播、共产党早期组织、共产国际、党史人物与中共创建等方面进行了深入研讨。

同日

"回溯百年党建　解码中国之治——庆祝建党100周年学术研讨会"在陕西渭南举办。本次研讨会由陕西省马克思主义研究会主办，陕西省马克思主义大众化基地、渭南师范学院马克思主义学院和渭南师范学院科研处共同承办。来自国内相关领域的90余位专家学者，围绕中国共产党如何强化自身建设以践行党的初心和使命，如何不断探索发展中国之治，如何推进高校党建与思想政治工作等问题开展研讨。

同日

福建省社会科学界2021年学术年会"百年大党与组织的伟力——庆祝中国共产党成立

100 周年"理论研讨会在福州举办。本次研讨会由福建省社会科学界联合会主办,福建省中共党史学会、福建省新四军研究会、福建省闽粤赣边区革命史研究会、福建省中国人民解放军长江支队历史研究会、福建省南下服务团团史研究会、福建省山东南下干部历史研究会、福建省爱国主义教育基地研究会联合承办。来自承办单位的会员代表和福建省内高校、党校系统、社科院系统和党史工作部门的研究人员共50人参加会议。会议围绕中国共产党百年奋斗史所蕴含的巨大组织力主题征集论文,旨在从党领导事业和党自身组织成长史视角,多维度总结党的各级组织领导各方面工作的经验智慧,多时段考察党在百年奋斗过程中自身建设方面的调适创新。与会专家认为,讲好党的故事、展示党的组织伟力,要以史实为依据,秉持实事求是精神。党的历史和中国革命、建设、改革事业的伟大成就,充分证明了习近平总书记有关党的组织力的科学论断,"党的力量来自组织,组织能使力量倍增"。

7 月 24 日

"中国共产党百年:传承伟大精神 创造伟大事业学术研讨会"在武汉大学举行。本次研讨会由湖北省中国特色社会主义理论体系研究中心和武汉大学主办,武汉大学马克思主义学院、马克思主义理论与中国实践湖北省协同创新中心承办。来自湖北省重点马克思主义学院和湖北省中国特色社会主义理论体系研究中心各分中心的代表,省内外高校、社会科学院的知名专家学者,武汉大学马克思主义学院师生共100余人,采取线上线下相结合的方式参加研讨会。在第一阶段发言中,与会专家学者分别围绕"深刻把握实现中华民族伟大复兴""抗战时期外国档案文献对中国共产党马克思主义中国化的认知""学'七一'讲话 坚持两个相结合走自己的路""伟大建党精神的理论解读""马克思主义基本原理与中华优秀传统文化相结合的基本路径"等主题作了深入交流。在第二阶段发言中,与会专家学者围绕"新时代中国共产党对世界的伟大贡献""从公平正义看中国特色社会主义的制度自信""中国革命的成功密码""伟大建党精神的传承与弘扬"等主题作了交流与分享。

7 月 24—25 日

百年中国共产党推进政治建设法治建设的伟大成就与宝贵经验理论研讨会在嘉兴浙江红船干部学院召开。本次研讨会由中共中央党校(国家行政学院)政治与法律教研部和中共嘉兴市委主办。来自全国各省级、副省级城市党委党校等负责同志及政法教研人员150余人出席会议。开幕式后,大会安排了20名学者分三个阶段进行了大会发言,围绕建党百年以来的中国政治发展和国家治理、政治制度与治理能力建设、社会治理创新和经验、百年法治建设历程与成就、习近平法治思想的深刻内涵与重大意义、依法治国中的重大实践等问题,开展了分组研讨。在党的思想政治建设、伟大建党精神、新型政党制度、党内法规、国家治理、民主集中制、国家监察体制改革、基层治理、良法善治等诸多议题上，与会代表进行了讨论，发表了各自的真知灼见，在政治建设法治建设等领域基础理论研究和若干热点问题上，撞出了思想火花、深化了理论认识；在党校政治学法学教学科研工作的力量整合、加强协作等方面形成了诸多共识。

同日

"以人民为中心光照百年大党奋斗历程——庆祝中国共产党成立100周年全国学术研讨会"在青海民族大学举办。本次研讨会由青海民族大学、天津师范大学、中国历史唯物主义学会人的发展研究会联合主办，天津师范大学马克思主义学院、青海民族大学马克思主义学院、天津市大中小学思政课教师培训与研究中心、青海红色文化研究院承办。研讨会上，30余位专家学者作主旨报告，25位专家学者作大会报告。与会专家学者一致认为，在庆祝中国共产党成立100周年之际，学习研讨党百年奋斗的光辉历程，深入总结百年大党风华正茂的精神密码，认真学习贯彻习近平新时代中国特色社会主义思想，对推进马克思主义中国化时代化大众化具有重大意义。当前，我们要全面总结中国共产党不断发展壮大的基本经验和历史启示，擎旗铸魂，做到学史明理，学史增信，学史崇德，学史力行，坚持"以人民为中心"的发展思想，牢记为中国人民谋幸福，为中华民族谋复兴的初心使命，与人民一起守好守住守稳红色江山，赓续传承好党的红色精神和红色基因，为全面建设社会主义现代化国家而努力奋斗。

7月25日

"弘扬伟大建党精神，用好红色资源"研讨会在承德市举行。本次研讨会由河北师范大学、河北民族师范学院主办。来自教育部高等学校社会科学发展研究中心、复旦大学、嘉兴学院、湘潭大学、井冈山大学等全国各地十几所单位的40多位专家学者参加会议。与会专家深入阐述了习近平总书记"七一"重要讲话精神的创新性观点，指出伟大建党精神对于深化党史研究的重要意义，并围绕弘扬伟大建党精神、用好红色资源、培育时代新人等议题进行了研讨交流。与会学者认为，要推动红色文化育人实践，加快红色文化进教材、进课堂、进头脑，要在史料整理上下功夫，在深化精神内涵上下功夫，在红色文化育人上下功夫，积极将红色文化资源融入思政课程和课程思政。

7月26日

2021年第14期《红旗文稿》发表了中国社会科学院党组成员、当代中国研究所所长姜辉的文章《实现中华民族伟大复兴的马克思主义纲领性文献》。文章指出，习近平总书记在庆祝中国共产党成立100周年大会上的重要讲话，紧紧围绕"实现中华民族伟大复兴"这一主题，站在实现第一个百年奋斗目标、向着全面建成社会主义现代化强国第二个百年奋斗目标迈进的历史交汇点上，回顾了中国共产党百年奋斗的光辉历程、开辟的伟大道路、创造的伟大事业、取得的伟大成就，展望了中华民族伟大复兴的光明前景，事实上回答了"为什么要实现中华民族伟大复兴，如何实现中华民族伟大复兴"这一重大理论和实践问题，是实现第一个百年奋斗目标的宣言书，是向着全面建成社会主义现代化强国第二个百年奋斗目标迈进的动员令，是实现中华民族伟大复兴的马克思主义纲领性文献。在这一重要讲话中，习近平总书记代表党和人民庄严宣告，经过全党全国各族人民持续奋斗，我们实现了第一个百年奋斗目标，在中华大地上全面建成了小康社会，历史性地解决了绝对贫困问题，正在意气风发向着全面建成社会主义现代化强国的第二个百年奋斗目标迈进。他指出："我们要用历史映照现实、远观未来，从中国共产党的百年奋斗中看清楚过去我们为什么能够成功、弄明白未来我们怎样才能继续成功，从而在新的征程上更加坚定、更加自觉地牢记初心使命、开创美好未来。"我们要认真学习深刻领会习近平总书记这一重要讲话精神，深刻理解实现"两个一百年"奋斗目标是我们党团结带领中国人民实现中华民族伟大复兴的战略安排，深刻理解实现第一个百年奋斗目标的宝贵经验特别是党的十八大以来的宝贵经验，开启全面建设社会主义现代化国家新征程，走好实现第二个百年奋斗目标新的赶考之路。

7月30日

中共中央政治局就坚持党对人民军队绝对领导、奋力实现建军一百年奋斗目标举行第三十二次集体学习。中共中央总书记习近平在主持学习时强调，实现建军一百年奋斗目标，是党中央和中央军委把握强国强军时代要求作出的重大决策，是关系国家安全和发展全局的重大任务，是国防和军队现代化新"三步走"十分紧要的一步。要坚定决心意志，增强紧迫意识，埋头苦干实干，确保如期实现既定目标。习近平指出，回顾党的百年奋斗历程，坚持党指挥枪、建设自己的人民军队，是党在血与火的斗争中得出的重大结论。在革命、建设、改革各个历史时期，党领导人民军队牢记初心使命，永葆性质宗旨，一路披荆斩棘，取得一个又一个辉煌胜利，为党和人民建立了不朽功勋。坚持党对人民军队绝对领导，朝着党指引的方向奋勇前进，人民军队就能不断发展壮大，党和人民事业就有了坚强力量支撑。

同日

由中国社会科学院主办的"弘扬脱贫攻坚精神　全面推进乡村振兴"理论与实践研讨

会在北京举行。中国社会科学院院长、党组书记、院定点帮扶工作领导小组组长谢伏瞻致辞。国家乡村振兴局中国扶贫发展中心主任、研究员黄承伟讲话。大会由中国社会科学院党组成员、当代中国研究所所长、院定点帮扶工作领导小组副组长姜辉主持。专家们指出，在全面推进乡村振兴的过程中，要始终重视巩固脱贫攻坚成果，做好动态监控、评估和应对；要充分激发广大农民自身的积极性、更好激活广大农村地区发展的内生动力；针对不同人群的发展特点和需求做好精准施策、区域统筹。

同日

"辉煌百年史，奋进新征程"暨学习贯彻习近平总书记"七一"重要讲话精神高端论坛在哈尔滨举行。本次论坛由中共中央党校（国家行政学院）中共党史教研部与中共黑龙江省委党校（黑龙江省行政学院）联合举办。中共中央党校（国家行政学院）中共党史教研部领导，陕西、河北、辽宁等省级党校领导，是黑龙江省委党校（黑龙江省行政学院）校委班子成员，以及来自省内外相关领域专家学者和媒体代表，共计200余人参加了此次论坛。开幕式后，中共中央党校（国家行政学院）中共党史教研部主任罗平汉教授等7位专家，分别围绕"中国式现代化新道路的开创""走自己的路是党的全部理论和实践的立足点""新时代人才强国战略的新使命""伟大建党精神和精神谱系的关系""从党的百年奋斗看中华民族复兴进入不可逆转的历史进程""张桂梅精神及现实启示""党的政治建设的历程及经验启示"等主题作了专家主旨报告。本次高端论坛采用了主论坛与分论坛相结合的形式举行。在三场平行分论坛上，与会代表分别围绕"传承红色基因，弘扬伟大精神""回顾百年奋斗历程，总结党的历史经验""续写时代华章，砥砺奋进新征程"等三个主题进行了深入研讨交流。

7月

在中国共产党成立100周年之际，经党中央批准，由中共中央组织部组织编写的《中国共产党组织建设一百年》一书，已由党建读物出版社出版。该书坚持以习近平新时代中国特色社会主义思想为指导，突出党的组织路线为政治路线服务主线，全面回顾党的组织建设发展历程，深入总结党的组织建设的历史性成就和宝贵经验，翔实记述党的组织建设的重要思想、重要事件、重要活动，生动展现一代又一代共产党人为党和人民事业不懈奋斗的高尚情操和精神风貌，充分彰显了中国共产党独特的组织优势和强大的组织力量。该书史料丰富、视野宏大、文风朴实、生动鲜活，是广大党员干部特别是组工干部开展党史学习教育的重要读物，是学习研究党的组织建设史的基本教材。

8月1日

2021年第15期《求是》杂志发表了中共中央总书记、国家主席、中央军委主席习近平的重要文章《加强党史军史和光荣传统教育，确保官兵永远听党话、跟党走》。

文章强调，我军之所以能够战胜各种艰难困苦、不断从胜利走向胜利，最根本的就是坚定不移听党话、跟党走。党对军队的绝对领导是人民军队永远不能变的军魂、永远不能丢的命根子。要加强党的创新理论武装，做好用新时代中国特色社会主义思想和新时代党的强军思想武装官兵工作，确保部队绝对忠诚、绝对纯洁、绝对可靠。要铭记光辉历史、传承红色基因，在新的起点上把革命先辈开创的伟大事业不断推向前进，努力为实现中华民族伟大复兴的中国梦、为把人民军队建设成为世界一流军队而不懈奋斗。

文章指出，党对军队绝对领导的根本原则和制度，是人民军队完全区别于一切旧军队的政治特质和根本优势。任何时候任何情况下，我军都必须铸牢听党指挥这个强军之魂，坚持党对军队绝对领导的根本原则和人民军队的根本宗旨不动摇，贯彻执行党的理论和路线方针政策不动摇，始终忠于党、忠于社会主义、忠于祖国、忠于人民，做到一切行动听从党中央和中央军委指挥。

文章指出，在长期实践中，我军政治工作形成了一整套优良传统，主要包括：坚持党指挥枪的根本原则和制度，坚持全心全意为人民服务的根本宗旨，坚持实事求是的思想路线，坚持群众路线的根本作风，坚持用科学理论武装官兵，坚持围绕党和军队中心任务发挥服务保证作用，坚持公道正派选拔使用干部，坚持官兵一致、发扬民主，坚持实行自觉的严格的纪律，坚持艰苦奋斗、牺牲奉献的革命精神，坚持党员干部带头、以身作则，等等。这些优良传统是我军政治工作的根本原则和内容。我们一定要深刻认识我军政治工作的重要地位和重大作用，结合实际抓好党史学习教育，突出学党史、悟思想、办实事、开新局，教育引导官兵牢记初心使命、传承红色基因、担当强军重任，把先辈们用鲜血和生命铸就的优良传统一代代传下去。

8月2日

学习贯彻习近平总书记在庆祝中国共产党成立100周年大会上的重要讲话精神理论研讨会在贵阳举行。本次研讨会由中共贵州省委与《求是》杂志社共同举办。来自全国各地的130余名理论工作者、相关部门负责同志参加会议。当代中国研究所副所长宋月红参加研讨会并发言。宋月红说，习近平总书记在庆祝中国共产党成立100周年大会上的重要讲话，是一篇马克思主义的光辉文献，是奋进新征程的科学纲领和行动指南，深刻蕴含着正确党史观。正确党史观根源于马克思主义唯物史观，以马克思主义中国化的历史发展为根本依据和思想基础，准确把握党的历史发展的主题主线、主流本质，科学揭示党的历史发展规律，是党关于党的历史发展的世界观和方法论的集中体现，是党性和科学性的统一。

8月4日

24集大型文献专题片《敢教日月换新天》创作座谈会在北京举行。中宣部副部长、中央广播电视总台台长兼总编辑慎海雄出席并与专家学者、主创代表座谈。中国社会科学院副院长、党组成员、当代中国研究所所长姜辉出席并致辞。姜辉表示，专题片《敢教日月换新天》集思想性、学术性、艺术性为一体，既有思想深度、精神高度，又有现实温度，可以说打造了文献专题片的新典范。该片创作了一部人民满意的党史影像大传，也积累了丰富的党史史料文献，形成了宝贵的创作经验，必将更好地推动党史学习教育的深入开展。

8月8日

中国社会科学院副院长、党组成员、当代中国研究所所长姜辉为中航科工集团理论学习中心组作学习"七一"重要讲话精神辅导报告。

8月16日

2021年第16期《求是》杂志发表了中共中央总书记、国家主席、中央军委主席习近平的重要文章《总结党的历史经验，加强党的政治建设》。

文章强调，党的政治建设是一个永恒课题。党的十九大旗帜鲜明把党的政治建设摆在首位，并强调要以党的政治建设为统领。从政治上建设党是我们党不断发展壮大、从胜利走向胜利的重要保证。历史经验表明，我们党作为马克思主义政党，必须旗帜鲜明讲政治，严肃认真开展党内政治生活。讲政治，是我们党补钙壮骨、强身健体的根本保证，是我们党培养自我革命勇气、增强自我净化能力、提高排毒杀菌政治免疫力的根本途径。

文章指出，党的政治建设的首要任务，就是保证全党服从中央，坚持党中央权威和集中统一领导，绝不能有丝毫含糊和动摇，必须常抓不懈。要教育引导全党从党史中汲取正反两方面历史经验，坚定不移向党中央看齐，切实增强"四个意识"、坚定"四个自信"、做到"两个维护"，自觉在思想上政治上行动上同党中央保持高度一致，确保全党上下拧成一股绳，心往一处想、劲往一处使。

文章指出，要注重提高政治能力，牢固树立政治理想，正确把握政治方向，坚定站稳政治立场，严格遵守政治纪律，加强政治历练，积累政治经验，自觉把讲政治贯穿于党性锻炼全过程。提高政治能力，首先要把握正确政治方向，坚持中国共产党领导和我国社会主义制度。在这个问题上，决不能有任何迷糊和动摇！这次抗击新冠肺炎疫情斗争的实践再次证明，中国共产党是风雨来袭时中国人民最可靠的主心骨，我国社会主义制度是抵御风险挑战的最有力制度保证。政治上的主动是最有利的主动，政治上的被动是最危险的被动。必须增强政治意识，善于从政治上看问题，善于把握政治大局，使讲政治的要求从外部要求转化为内在主动，不断提高政治判断力、政治领悟力、政治执行力。

文章指出，讲政治是具体的，"两个维护"要体现在坚决贯彻党中央决策部署的行动上，体现在履职尽责、做好本职工作的实效上，体现在党员、干部的日常言行上。要从红色基因中汲取强大的信仰力量，自觉做共产主义远大理想和中国特色社会主义共同理想的坚定信仰者和忠实实践者，真正成为百折不挠、终生不悔的马克思主义战士。

同日

中共中央党史和文献研究院编辑的习近平同志《论把握新发展阶段、贯彻新发展理念、构建新发展格局》一书，近日由中央文献出版社出版，在全国发行。这部专题文集，收入习近平同志关于把握新发展阶段、贯彻新发展理念、构建新发展格局的重要文稿72篇。其中部分文稿是首次公开发表。把握新发展阶段、贯彻新发展理念、构建新发展格局，是以习近平同志为核心的党中央统筹中华民族伟大复兴战略全局和世界百年未有之大变局，与时俱进提升我国经济发展水平、塑造我国国际经济合作和竞争新优势作出的重大战略判断和战略抉择。习近平同志对把握新发展阶段、贯彻新发展理念、构建新发展格局的重大意义、丰富内涵和实践要求等进行了深刻阐述，明确了我国发展的历史方位、现代化建设的指导原则、经济现代化的路径选择，反映了我们党对我国经济发展规律的新认识，丰富和发展了中国特色社会主义政治经济学。习近平同志关于把握新发展阶段、贯彻新发展理念、构建新发展格局的重要论述，是习近平新时代中国特色社会主义思想的重要组成部分，对于推动我国经济社会高质量发展，全面建设社会主义现代化国家、实现中华民族伟大复兴的中国梦，具有十分重要的指导意义。

同日

中国社会科学院副院长、党组成员、当代中国研究所所长姜辉出席由中国社会科学院世界宗教研究所和中国宗教学会联合主办的"马克思主义宗教学研讨会（2021）"开幕式并讲话。姜辉首先肯定了本次会议召开的意义，他说，今年7月，我们隆重庆祝了中国共产党成立100周年，开启了全面建成社会主义现代化强国的新征程，举办马克思主义宗教学论坛，对中国共产党百年来的宗教理论与宗教工作实践进行梳理和总结，对全面建成社会主义现代化强国过程中宗教学科的定位和发展进行研讨规划，恰逢其时，有重要意义。他强调要认真贯彻落实习近平总书记的重要讲话精神，同时对如何加强马克思主义宗教学研究提出三点要求：要加强对马克思主义经典著作和基本原理的学习研究；要加强对中国化的马克思主义宗教观的研究；要在马克思主义的指导下，开展宗教学理论和现实问题研究，积极推动中国宗教学"三大体系"建设。

8月19日

中国社会科学院学习贯彻习近平总书记"七一"重要讲话精神宣讲报告会在北京举行。中央宣讲团成员，中国社会科学院副院长、党组成员、当代中国研究所所长姜辉作了题为"以史为鉴、开创未来，夺取全面建成社会主义现代化强国新胜利"的报告。报告会上，姜辉从深入把握习近平总书记"七一"重要讲话中的新思想新观点新要求、深入把握中国共产党百年奋斗主题和伟大成就、深入把握全面建成社会主义现代化强国的根本要求三个方面对讲话进行了深入解读。姜辉指出，要花大功夫认真学习领悟习近平总书记"七一"重要讲话，紧密结合新时代伟大实践，把习近平总书记"七一"重要讲话精神贯彻到各领域、各方面、各环节的工作中去，将学习宣传贯彻落实习近平总书记"七一"重要讲话精神不断引向深入。尤其重要的是，要把学习习近平总书记"七一"重要讲话同学习习近平新时代中国特色社会主义思想结合起来，进一步学懂弄通做实习近平新时代中国特色社会主义思想。

同日

中国社会科学院副院长、党组成员、当代中国研究所所长姜辉为院党校培训班学员作学习贯彻习近平总书记"七一"重要讲话精神辅导报告。

8月20日

中国社会科学院副院长、党组成员、当代中国研究所所长姜辉为国家审计署理论学习中心组作学习贯彻习近平总书记"七一"重要讲话精神专题宣讲。

8月23日

全国检察机关党史学习教育系列讲座第四场报告会举行。党史教育中央宣讲团成员，中国社会科学院副院长、党组成员、当代中国研究所所长姜辉作辅导报告。姜辉以"以史为鉴、开创未来，夺取全面建成社会主义现代化强国新胜利——深入学习习近平总书记'七一'重要讲话精神"为题，围绕深入把握习近平总书记"七一"重要讲话的新思想新观点新要求、深入把握中国共产党百年奋斗主题和伟大成就、深入把握全面建成社会主义现代化强国的根本要求，作了一场视野开阔、内涵丰富的辅导报告。

同日

"庆祝中国共产党成立一百周年党史学习教育学术研讨会——中国高等教育学会马克思主义研究分会成立30周年纪念大会暨2021年年会"在郑州大学开幕。本次会议由郑州大学马克思主义学院承办。会议以线上线下相结合的方式举行，来自亚洲、欧洲、美洲的多位国际学者和150多位中国学者与会发言，会议规模超过2000人。本次会议设4个主论坛、7个分论坛，共有147场专家报告。与会学者围绕"21世纪的马克思主义""伟大建党精神""学习习近平总书记'七一'重要讲话精神""中华民族伟大复兴""马克思主义中国化""习近平关于批判历史虚无主义的重要论述""共同富裕""全面建成小康社会""党的廉政建设""中国特色社会主义道路"等议题展开研讨。与会学者表示，本次大会云集国内外知名专家学者，融合中国立场与世界眼光，贯穿学术热情与学理分析，营造了党史学习和马克思主义理论研究的浓厚学术氛围。

8月25—27日

中国社会科学院2021年度暑期专题研讨班在北京举行。中国社会科学院院长、党组书记谢伏瞻出席会议并讲话。中国社会科学院副院长、党组副书记高翔，副院长、党组成员高培勇，中央纪委国家监委驻中国社会科学院纪检监察组组长、党组成员杨笑山，副院长、党组成员、当代中国研究所所长姜辉，副院长、党组成员王灵桂，秘书长、党组成员赵奇出席会议。党史学习教育中央第二十五指导组组长段余应到会指导。此次专题研讨班的主题是：高举习近平新时代中国特色社会主义思想伟大旗帜，深入学习贯彻习近平总书记"七一"重要讲话精神，全面贯彻习近平总书记在哲学社会科学工作座谈会上的重要讲话、三次致中国社会科学院贺信精神，紧紧围绕党史学习教育要求，以史为鉴、开创未来，交流研讨新时代推动中国社会科学院基础理论研究与应用对策研究融合发展的思路和举措。

8月26日

中宣部召开新闻发布会，发布文献《中国共产党的历史使命与行动价值》。文献以习近平总书记"七一"重要讲话精神为指导，全面介绍中国共产党的百年奋斗历程，深刻阐释党的治国理政理念、实践和成就。文献指出，实现中华民族伟大复兴是中国共产党的历史使命；让人民过上好日子，是中国共产党矢志不移的奋斗目标。100 年来，中国共产党团结带领中国人民开辟的伟大道路、创造的伟大事业、取得的伟大成就，必将载入中华民族发展史册、人类文明发展史册！

8 月

经党中央批准，中央宣传部组织有关单位编写的《中华人民共和国简史》《改革开放简史》《社会主义发展简史》已正式出版。《中华人民共和国简史》《改革开放简史》《社会主义发展简史》是党史学习教育的重要参考材料，是面向全社会开展"四史"宣传教育的重要用书。《中华人民共和国简史》共 7 章 40 节，31 万字，由人民出版社、当代中国出版社联合出版。《改革开放简史》共 7 章 44 节，约 26 万字，由人民出版社、中国社会科学出版社联合出版。《社会主义发展简史》共 8 章 39 节，约 22 万字，由人民出版社、学习出版社联合出版。

9 月 1 日

2021 年秋季学期中央党校（国家行政学院）中青年干部培训班在中央党校开班。中共中央总书记、国家主席、中央军委主席习近平在开班式上发表重要讲话强调，年轻干部生逢伟大时代，是党和国家事业发展的生力军，必须练好内功、提升修养，做到信念坚定、对党忠诚，注重实际、实事求是，勇于担当、善于作为，坚持原则、敢于斗争，严守规矩、不逾底线，勤学苦练、增强本领，努力成为可堪大用、能担重任的栋梁之才，不辜负党和人民的期望和重托。

9 月 5 日

党史学习教育领导小组印发《关于深入推进"我为群众办实事"实践活动的通知》，就深入推进"我为群众办实事"实践活动提出明确要求。

通知指出，党史学习教育活动开展以来，各地区各部门各单位以习近平新时代中国特色社会主义思想为指导，认真贯彻落实中央部署要求，把学习党史同总结经验、观照现实、推动工作结合起来，深入了解群众需求，集中解决突出问题，人民群众的获得感、幸福感、安全感不断增强，"我为群众办实事"实践活动取得了重要阶段性成果。

通知强调，要以更加有力的举措解决群众身边各类急难愁盼问题，推动"我为群众办实事"实践活动取得新进展新成效。要学讲话、悟思想，在深入贯彻落实习近平总书记

"七一"重要讲话精神上下功夫，对照"九个必须"根本要求，充实完善重点民生项目清单，确保问题准、措施实、效果好，进一步提升为群众办实事的质量水平。要守初心、担使命，在持续推动解决群众身边急难愁盼问题上下功夫，聚焦助力乡村振兴、服务"一老一小"、帮扶生活困难群众、推动革命老区高质量发展，抓住用好国庆节等重要时间节点，集中推出一批惠民利民的政策措施，让广大群众切身感受到实践活动效果。要敢担当、勇作为，在着力破解"硬骨头"问题上下功夫。对群众反映集中的共性需求和存在的普遍性问题、发展亟待解决的痛点难点问题、长期未能解决的民生历史遗留问题，各级领导班子成员要带头领办，拿出实招硬招，争取在今年有所突破。要强组织、重合力，在推动实践活动出成果见实效上下功夫。机关和企事业单位党支部与村（社区）党支部结对共建要真帮、真建、真解决问题，广大党员要结合自身实际积极参加志愿服务，更好解决基层困难事、群众烦心事。

通知要求，要尽力而为、量力而行，力戒形式主义、官僚主义，注意给基层减负，通过实践活动建强组织、锻炼党员、凝聚群众，不断密切党同人民群众的血肉联系；要加强宣传引导，及时反映基层经验做法和实际成效，在全社会积极营造凝心聚力解决人民群众急难愁盼问题的良好氛围。

9月10—12日

建党百年与建设社会主义现代化国家成就和经验学术研讨会暨第二届中国当代政治史研究述评会在湖南长沙召开。本次研讨会由当代中国研究所、湖南师范大学主办，当代中国研究所政治史研究室、《当代中国史研究》编辑部等承办。来自中国社会科学院、北京大学、中国人民大学、国防科技大学、中国海洋大学、河南大学、湖南师范大学、湖南中医药大学、山东师范大学、山东财经大学、南华大学、鲁东大学、湖南工业大学、湖南省社会科学院、江苏省社会科学院等近30家科研院所、高等学校的70余名专家学者参加会议。开幕式上，湖南师范大学党委副书记周俊武，当代中国研究所副所长、《当代中国史研究》主编李正华代表主办方先后致辞。大会主旨发言后，进入分组讨论阶段，参会代表围绕"建党百年与建设社会主义现代化国家成就和经验"会议主题，结合自身研究成果进行了深入交流，充分展现了当代中国政治史研究的新进展。

9月13日

正在陕西榆林考察的中共中央总书记、国家主席、中央军委主席习近平走进杨家沟革命旧址，参观中共中央"十二月会议"旧址、毛泽东旧居、周恩来旧居等，追忆革命历史，缅怀革命先辈丰功伟绩。习近平强调，政策和策略是党的生命。一百年来，我们党之所以能够统一思想、统一步调、团结一致向前进，之所以能够取得革命、建设、改革的伟大胜利和辉煌成就，就在于我们党坚持马克思主义指导，高瞻远瞩、见微知著，既解决现实问题，又解决战略问题，准确判断和把握形势，制定切合实际的目标任务、政策策略。要始终坚持和完善党的领导，不断提高党科学执政、民主执政、依法执政水平，充分发挥党总揽全局、协调各方的领导核心作用。要坚持马克思主义基本原理，用马克思主义观察时代、把握时代、引领时代，同时坚持实事求是，从我国实际出发，不断推进马克思主义中国化、时代化。习近平指出，要充分运用红色资源，深化党史学习教育，赓续红色血脉。

9月16日

2021年第18期《求是》杂志发表了中共中央总书记、国家主席、中央军委主席习近平的重要文章《毫不动摇坚持和加强党的全面领导》。

文章强调，中国最大的国情就是中国共产党的领导。中华民族近代以来180多年的历史、中国共产党成立以来100年的历史、中华人民共和国成立以来70多年的历史都充分证明，没有中国共产党，就没有新中国，就没有中华民族伟大复兴。历史和人民选择了中国共产党。中国共产党领导是中国特色社会主义最本质的特征，是中国特色社会主义制度的最大优势，是党和国家的根本所在、命脉所在，是全国各族人民的利益所系、命运所系。我们治国理政的本根，就是中国共产党的领导和我国社会主义制度。在这一点上，必须理直气壮、旗帜鲜明。

文章指出，中国共产党是执政党，是中国特色社会主义事业的领导核心，处在总揽全局、协调各方的地位。党政军民学，东西南北中，党是领导一切的，是最高的政治领导力量。坚持中国共产党这一坚强领导核心，是中华民族的命运所系。坚持和加强党的全面领导，关系党和国家前途命运，我们的全部事业都建立在这个基础之上，都根植于这个最本质特征和最大优势。为什么我国能保持长期稳定，没有乱？根本的一条就是我们始终坚持共产党领导。党的领导是党和国家事业不断发展的"定海神针"。

文章指出，党的领导制度是我国的根本领导制度。党的领导是做好党和国家各项工作的根本保证，是我国政治稳定、经济发展、民族团结、社会稳定的根本点，绝对不能有丝毫动摇。

文章指出，加强党对一切工作的领导的要求不是空洞的、抽象的，要在各方面各环节落实和体现。党的领导必须是全面的、系统的、整体的，必须体现到经济建设、政治建设、文化建设、社会建设、生态文明建设和国防军队、祖国统一、外交工作、党的建设等各方面。哪个领域、哪个方面、哪个环节缺失了弱化了，都会削弱党的力量，损害党和国家事业。

文章指出，中国共产党的领导，就是支持和保证人民实现当家作主。党领导人民治国理政，最重要的就是处理好各种复杂的政治关系，始终保持党和国家事业发展的正确政治方向。新的征程上，我们必须坚持党的全面领导，不断完善党的领导，增强"四个意识"、坚定"四个自信"、做到"两个维护"，牢记"国之大者"，不断提高党科学执政、民主执政、依法执政水平，充分发挥党总揽全局、协调各方的领导核心作用！

9月16—18日

中国共产党百年红色文化研究学术研讨会在湖南郴州举行。本次会议由中共湖南省委宣传部指导，当代中国研究所、湖南省社会科学院、中共郴州市委宣传部主办，当代中国研究所当代中国文化建设与发展史研究中心、《当代中国史研究》编辑部、湖南省湘学研究院、郴州市社会科学界联合会、中共郴州市委党史研究室承办。来自中国社会科学院、中国国家博物馆、北京大学、国防科技大学、中央财经大学、河北师范大学、江西理工大学、中南大学、西安电子科技大学、湘潭大学、青岛大学、汕头大学、桂林理工大学、湘南学院、中共湖南省委党校、中共湖南省委党史研究院、中共安徽省委党史研究室、湖南省社会科学院、中共郴州市委党校、韶山干部学院等40多家科研院所、高等学校的80余名专家学者参加会议。专家学者围绕着中国共产党革命文化百年历程、传承创新红色革命文化发展路径、汲取科学理论滋养、构筑红色精神谱系等议题展开了深入研讨。

9月17日

党史学习教育中央宣讲团成员，中国社会科学院副院长、党组成员、当代中国研究所所长姜辉为山西省委理论学习中心组（扩大）党史学习教育专题读书班，以《中国共产党一百年与中国新时代》为题，重点就深刻领会习近平总书记"七一"重要讲话精神，全面把握我们党百年奋斗历程和历史性贡献，进一步增强学懂弄通做实习近平新时代中国特色社会主义思想的政治自觉、思想自觉和行动自觉作专题报告。

9月19日

中国社会科学院副院长、党组成员、当代中国研究所所长姜辉出席《马克思主义大辞典》（增订版）条目研讨会，并主持讨论、确定条目收录原则，力求全面、充分反映习近平新时代中国特色社会主义思想的理论创新、理论贡献。

9月22日

党史学习教育中央指导组座谈会在北京召开。中共中央政治局委员、中宣部部长、党史学习教育领导小组组长黄坤明出席会议并讲话，强调要深入学习贯彻习近平总书记"七一"重要讲话精神，高标准高质量抓好指导督导工作，推动党史学习教育深入开展，努力取得党和人民满意的效果。党史学习教育中央指导组有关同志作了发言。党史学习教育领导小组成员，中央指导组全体成员，银保监会、国资委、教育部党史学习教育领导小组负责同志，中管金融企业、中管企业、中管高校党史学习教育指导组组长参加会议。

9月23日

当代中国研究所召开"讲好新中国故事"对外传播研讨会。

9月24日

中国社会科学院副院长、党组成员、当代中国研究所所长姜辉为中央纪委国家监委机关作学习贯彻习近平总书记"七一"重要讲话精神辅导报告。

9月25日

中国社会科学院副院长、党组成员、当代中国研究所所长、中国廉政研究中心学术和咨询指导委员会副主任姜辉出席第十四届中国廉政研究论坛并致辞。姜辉在致辞中指出，中国共产党党风廉政建设和反腐败斗争走过了百年辉煌的历程，取得了历史性、开创性的成就，其中蕴含了许多宝贵的经验。站在"两个一百年"奋斗目标的历史交汇点上，胸怀中华民族伟大复兴战略全局和世界百年未有之大变局，我们需要全面系统地总结百年来党风廉政建设和反腐败斗争的成功经验，推动纪检监察工作高质量发展，更好发挥监督保障执行、促进完善发展作用，为全面建成社会主义现代化强国提供坚强保障。要以建党百年为契机，坚持以习近平新时代中国特色社会主义思想为指导，全面系统总结百年来党风廉政建设和反腐败斗争的伟大成就和宝贵经验，不断深化对习近平总书记关于全面从严治党、党风廉政建设和反腐败斗争重要论述的研究阐释，聚焦聚力新时代党的建设新的伟大工程，为加快构建中国特色廉政学学科体系、学术体系、话语体系贡献智慧和成果，携手推动廉政研究和廉政建设事业高质量发展。

9月26日

国家教材委员会印发《"党的领导"相关内容进大中小学课程教材指南》，这是首次就"党的领导"相关内容一体化融入大中小学课程教材作出的整体设计，是在大中小学进一步加强"党的领导"教育的重要举措，对于深入推进习近平新时代中国特色社会主义思想进教材进课堂进头脑具有重大意义。

9月27日

中国社会科学院副院长、党组成员、当代中国研究所党组书记姜辉主持召开中共当代中国研究所党组2021年第18次会议暨所党组理论学习中心组（扩大会）第6次集中学习。党组理论学习中心组学习贯彻习近平总书记在中央党校（国家行政学院）中青年干部培训班开班式上的重要讲话精神。会议认为，习近平总书记的重要讲话立意高远、语重心长，既是对中青年干部的殷切期望，也是对广大党员干部的谆谆教导，对新时代党员干部成长成才提出了新的更高要求，具有很强的现实针对性。当前和今后一个时期，要把学习研究宣传贯彻习近平总书记重要讲话精神作为首要政治任务，先学一步、深学一层，领会实质、抓好落实。会议指出，要充分发挥新中国史研究和意识形态主阵地作用，把习近平总书记重要讲话精神研究好、宣讲好、阐释好，推出高质量成果。要认真研究中青年干部成长规律，按照习近平总书记强调的"刀要在石上磨、人要在事上练"，加大年轻干部培养锻炼力度，为党和国家培养更多可堪大用、能担重任的栋梁之才。会议强调，各室社、机关党委、团委和中青年干部要认真学习马克思主义理论特别是新时代党的创新理论，学习习近平总书记在庆祝中国共产党成立100周年大会上的重要讲话和中青年干部培训班开班式上的重要讲话精神，学习党史、新中国史、改革开放史、社会主义发展史，学习经济、政治、法律、文化、社会、管理、生态、国际等各方面基础性知识，学习同做好本职工作相关的新知识新技能，不断完善履职尽责必备的知识体系，砥砺政治品格，锤炼过硬本领，以忠诚干净担当的实际行动，在全面建设社会主义现代化国家新征程中奋勇争先、建功立业。

同日

东北"三省一区"社会科学院庆祝中国共产党成立100周年理论研讨会在黑龙江省社会科学院召开。本次研讨会由黑龙江省委宣传部、黑龙江省社会科学院主办，黑龙江社会发展与地方治理研究院承办。来自中国社会科学院、黑龙江省委宣传部、黑龙江省社会科学院、辽宁省社会科学院、吉林省社会科学院、内蒙古自治区社会科学院的领导和专家学者通过线上线下方式参加会议。本次研讨会以"百年党史与中国特色社会主义理论及实践"为主题，聚焦中国共产党百年发展历程和习近平总书记"七一"重要讲话精神，探讨中国共产党在马克思主义中国化创新理论指导下，开创全面建设社会主义现代化国家新局面，奋力书写中华民族伟大复兴新篇章的历史贡献与宝贵经验。当代中国研究所副所长李正华出席研讨会，并以"百年党史与中华民族伟大复兴"为题，着重从实现中华民族伟大复兴何以成为近代以来中国人民的伟大梦想，实现中华民族伟大复兴成为党的百年奋斗史的主题，实现中华民族伟大复兴进入了不可逆转的历史进程三个方面深刻阐述了中国共产党带领全国人民砥砺前行，不断开创全面建设社会主义现代化国家新局面，书写中华民族伟大复兴新篇章。

同日

全国党史知识竞赛总决赛在武汉举行。本次总决赛由党史学习教育官网主办，人民网·中国共产党新闻网、湖北省党史学习教育办公室承办，"学习强国"学习平台支持。决赛分"奋勇争先""砥砺前行""不忘初心"三个环节，通过必答题、抢答题、选答题等题型，采取音乐、视频、情景剧、专家点评相结合的形式呈现，展现党的百年奋斗历程。全国党史知识竞赛旨在通过以赛促学，引导广大党员干部群众重温百年党史，铭记光辉历史，传承红色基因，汲取前行力量。全国党史知识竞赛活动自5月启动以来，线上答题累计参与人数超过3.2亿人次。

9月28日

中国社会科学院副院长、党组成员、当代中国研究所所长姜辉出席由中国社会科学评价研究院主办的"第四届中国智库建设与评价高峰论坛"并致开幕词。姜辉强调，建设中国特色新型智库，是以习近平同志为核心的党中央立足党和国家事业全局作出的重要部署，是全面深化改革的重要举措。中国社会科学院是首批国家高端智库建设试点单位之一，以习近平总书记建设中国特色新型智库系列重要指示精神、在哲学社会科学工作座谈会上的讲话和三次致我院贺信精神为遵循，积极推进中国特色新型智库建设，坚持高质量发展，推进基础理论研究与应用对策研究融合发展，更好地服务党和国家工作大局。姜辉副院长充分肯定了中国社会科学评价研究院历年的成果和《中国智库AMI综合评价研究报告（2021）》，并呼吁智库界广大同仁在传承与创新中，凝聚共识、增进合作，共同努力促进中国特色决策支撑体系建设，为推进国家治理体系和治理能力现代化、推动新时代中国特色社会主义事业发展作出更大贡献。

同日

中国共产党百年发展暨中越两党治党治国经验交流专题研讨会在线举行。本次研讨会由中共中央对外联络部、中央党校（国家行政学院）与越共中央对外部、胡志明国家政治学院联合举办。中共中央政治局委员、中央党校（国家行政学院）校长（院长）陈希通过视频方式出席并作主旨报告。越共中央政治局委员、胡志明国家政治学院院长、中央理论委员会主席阮春胜以视频方式作主旨报告。中越双方约200位代表参加。

9月29日

今年是中国共产党成立100周年。习近平总书记强调，一百年来，中国共产党弘扬伟大建党精神，在长期奋斗中构建起中国共产党人的精神谱系，锤炼出鲜明的政治品格。近日，党中央批准了中央宣传部梳理的第一批纳入中国共产党人精神谱系的伟大精神，在中华人民共和国成立72周年之际予以发布。

第一批纳入中国共产党人精神谱系的伟大精神是：建党精神；井冈山精神、苏区精神、长征精神、遵义会议精神、延安精神、抗战精神、红岩精神、西柏坡精神、照金精神、东北抗联精神、南泥湾精神、太行精神（吕梁精神）、大别山精神、沂蒙精神、老区精神、张思德精神；抗美援朝精神、"两弹一星"精神、雷锋精神、焦裕禄精神、大庆精神（铁人精神）、红旗渠精神、北大荒精神、塞罕坝精神、"两路"精神、老西藏精神（孔繁森精神）、西迁精神、王杰精神；改革开放精神、特区精神、抗洪精神、抗击"非典"精神、抗震救灾精神、载人航天精神、劳模精神（劳动精神、工匠精神）、青藏铁路精神、女排精神；脱贫攻坚精神、抗疫精神、"三牛"精神、科学家精神、企业家精神、探月精神、新时代北斗精神、丝路精神。这些精神，集中彰显了中华民族和中国人民长期以来形成的伟大创造精神、伟大奋斗精神、伟大团结精神、伟大梦想精神，彰显了一代又一代中国共产党人"为有牺牲多壮志，敢教日月换新天"的奋斗精神。

同日

当代中国研究所、当代中国出版社向香山革命纪念馆联合捐赠《中华人民共和国史编年》等大型权威国史丛书仪式举办。《中华人民共和国简史（1949—2019）》《新中国70年》《中华人民共和国史稿》《中华人民共和国史编年》等21个主题类别的217本（套）权威国史丛书入藏香山革命纪念馆。当代中国研究所党组成员、副所长管明军，香山革命纪念馆党总支书记、馆长徐中煜出席捐赠仪式并分别致辞。

9月30日

烈士纪念日向人民英雄敬献花篮仪式在北京天安门广场隆重举行。党和国家领导人习近平、李克强、栗战书、汪洋、王沪宁、赵乐际、韩正、王岐山等，同各界代表一起出席仪式。

10月3日

当代中国研究所副所长李正华为江西赣南医学院师生作党史学习教育专题报告。李正华以《百年党史与中华民族伟大复兴》为题,从"实现中华民族伟大复兴何以成为近代以来中国人民的伟大梦想""实现中华民族伟大复兴是党的奋斗史的主题""实现中华民族伟大复兴进入不可逆转的历史进程"等三个方面,全面解读了波澜壮阔的百年党史,深刻回顾了百年来中国共产党为实现中华民族伟大复兴作出的巨大贡献以及取得的伟大成就。报告内涵丰富、旁征博引、深入浅出,具有很强理论指导意义。

10月8日

近日,党史学习教育领导小组印发《关于充分发挥基层党组织战斗堡垒作用和党员先锋模范作用 进一步深化党史学习教育"我为群众办实事"实践活动的通知》,就充分发挥基层党组织战斗堡垒作用和党员先锋模范作用,进一步深化党史学习教育"我为群众办实事"实践活动提出明确要求。

通知指出,为进一步贯彻落实习近平总书记关于以人民为中心重要论述和党中央关于开展党史学习教育的重大决策部署,深入推进党史学习教育"我为群众办实事"实践活动,要充分发挥好基层党组织战斗堡垒作用和党员先锋模范作用,激励基层党组织和广大党员不忘初心、牢记使命,用心用情用力解决基层困难事、群众烦心事,密切党同人民群众的血肉联系,切实在办实事、开新局上取得明显成效。

通知强调,要紧密结合"党旗在基层一线高高飘扬"活动,推动基层党组织充分发挥宣传党的主张、贯彻党的决定、领导基层治理、团结动员群众、推动改革发展的坚强战斗堡垒作用,从最困难的群众入手、最突出的问题抓起、最现实的利益出发,扎实开展"我为群众办实事"实践活动,切实增强人民群众的获得感、幸福感、安全感。要进一步发挥党员先锋模范作用,坚持先进引领、典型引路,教育引导广大党员特别是党员领导干部践行初心使命,强化公仆意识和为民情怀,把自己摆进去、把工作摆进去,察访民情民意,找准查实基层和群众的急难愁盼问题,采取更加精准有效的措施,满腔热情解决好人民群众的操心事、烦心事、揪心事。要立足本职岗位建功,关注身边人身边事,积极为群众办实事、解难题,让群众感受到党的温暖和关怀。提倡戴党员徽章、亮党员身份、当先锋模范,引导党员围绕疫情防控、抢险救灾、社会救助、扶危帮困等需求,结合自身实际参与志愿服务活动。各级党员领导干部要担起责任走在前、作表率,带头深入基层搞调研、听民声,带头帮助群众解难题、做好事。

通知要求，要深入贯彻落实习近平总书记在庆祝中国共产党成立100周年大会上的重要讲话精神，围绕发展大局、突出重点群体、聚焦民生领域，从群众的急难愁盼出发，不断提升为群众办实事的质量水平，逐步探索建立"我为群众办实事"长效机制，让人民群众的获得感成色更足。要进一步加强组织领导，夯实工作责任，层层传导压力、环环压实责任，真正把"我为群众办实事"实践活动的各项任务和要求贯彻到基层、落到实处。要把"我为群众办实事"实践活动作为锻炼培养、考察识别干部的重要途径，把"我为群众办实事"实践活动成效作为基层党组织发挥作用情况的重要标准。要加强宣传引导，在全社会积极营造各级党组织聚力解决群众急难愁盼问题、广大党员积极为民服务的生动局面。要力戒形式主义、官僚主义，不搞形式、不走过场。

10月9日

中国社会科学院副院长、党组成员、当代中国研究所所长姜辉到全国宣传干部学院作专题报告。

同日

高校中国共产党伟大建党精神研究中心成立仪式暨首届高校中国共产党伟大建党精神学术研讨会在中共一大纪念馆和上海交通大学举行。本次研讨会在教育部指导和支持下，由上海市教卫工作党委、上海市教委主办。来自教育部、上海市教委、上海市高校研究中心首批10家分中心负责同志以及来自全国红色场馆、高校重点马院、学术期刊等单位代表参加会议。研究中心现设若干分中心和协同单位。首批分中心设在复旦大学、上海交通大学、同济大学、华东师范大学、上海外国语大学、上海财经大学、华东政法大学、上海大学、上海师范大学、上海立信会计金融学院等10所高校。首批协同单位包括：中共一大纪念馆、南湖革命纪念馆、中共二大会址纪念馆、中共四大纪念馆等红色场馆；北京大学、清华大学、中国人民大学、南开大学、吉林大学、山东大学、武汉大学、兰州大学8所第一批全国重点马院；《马克思主义研究》《中国高等教育》《思想理论教育导刊》《毛泽东邓小平理论研究》《思想理论教育》《光明日报》《解放日报》等学术报刊。在学术研讨会环节，著名专家学者、马克思主义学院院长就伟大建党精神理论和实践探索、研究中心开展研究阐释、成果转化进行了热烈交流。

10月15日

中国社会科学院副院长、党组成员、当代中国研究所所长姜辉在中国历史研究院参加

《（新编）中国通史》纂修工程指导小组第二次工作会议。

同日

中国社会科学院副院长、党组成员、当代中国研究所所长姜辉到中央宣传部全国宣传干部学院为培训班学员作学习贯彻习近平"七一"重要讲话精神辅导报告。

同日

全国高校中国共产党历史专业建设研讨会暨全国高校中国共产党历史专业骨干教师培训班（第一期）开班式在中国人民大学举行。本次研讨会和培训班，由教育部高教司指导，教育部高等学校马克思主义理论类专业教学指导委员会主办，中国人民大学马克思主义学院承办。来自全国47所院校的近百名专家学者参加会议。研讨会上，多位与会专家进行了主题报告，同时，数十家高校党史本科专业建设点所在学院代表进行了发言。他们结合本单位在党史专业建设方面的现状、特点、方向、计划进行介绍，形成了具有建设性的意见和建议。

10月16日

第二届科学家精神论坛在四川绵阳梓潼县"两弹一星"干部学院开幕。本届论坛由中国工程物理研究院、当代中国研究所、中国科学院直属机关党委、中国科协创新战略研究院、四川省社会科学院、中共绵阳市委、绵阳市人民政府主办，当代中国文化建设与发展研究中心、中共梓潼县委、梓潼县人民政府、"两弹一星"干部学院、邓稼先干部学院承办。来自中央、省、市有关单位、科研院所、干部学院、高校等56个单位，300余名领导、专家学者齐聚"两弹一星"干部学院，以"弘扬科学家精神，推动科技自立自强"为主题，为助推科技强国建设开展深入研讨。

10月18日

中共中央政治局召开会议，研究全面总结党的百年奋斗重大成就和历史经验问题。中共中央总书记习近平主持会议。会议决定，中国共产党第十九届中央委员会第六次全体会议于11月8日至11日在北京召开。中共中央政治局听取了《中共中央关于党的百年奋斗重大成就和历史经验的决议》稿在党内外一定范围征求意见的情况报告，决定根据这次会议讨论的意见进行修改后将决议稿提请十九届六中全会审议。会议认为，这次征求意见发扬民主、集思广益，广泛听取了党内外各方面的意见和建议。习近平总书记主持召开党外人士座谈会，当面听取各民主党派中央、全国工商联负责人和无党派人士代表的意见。各地区各部门各方面和党的十九大代表对决议稿给予充分肯定，一致赞成决议稿的框架结构和主要内容，认为决议稿实事求是、尊重历史、主题鲜明、总结全面，同时提出许多很好的意见和建议。决议稿吸收了各地区各部门各方面的意见和建议。会议指出，一百年来，中国共产党忠实践行初心使命，团结带领全国各族人民在中国这片广袤的土地上绘就了人类发展史上波澜壮阔的壮美画卷，使近代一百多年饱受奴役和欺凌的中国人民站立起来，使具有五千多年文明历史的中华民族全面迈向现代化，使具有五百多年历史的社会主义思想在世界上人口最多的国家开辟出成功道路，使新中国大踏步赶上时代，中华民族伟大复兴展现出光明前景。会议强调，在党的长期奋斗历程中，以毛泽东、邓小平、江泽民、胡锦涛同志为主要代表的中国共产党人，团结带领全党全国各族人民推动革命、建设、改革取得了重大成就、积累了宝贵经验。党的十八大以来，以习近平同志为核心的党中央团结带领全党全国各族人民取得新的重大成就、积累了新的宝贵经验，彰显了中国特色社会主义的强大生机活力，党心军心民心空前凝聚振奋，我国国际地位日益巩固，为实现中华民族伟大复兴提供了更为完善的制度保证、更为坚实的物质基础、更为主动的精神力量。中国共产党和中国人民以英勇顽强的奋斗向世界庄严宣告，中华民族迎来了从站起来、富起来到强起来的伟大飞跃，实现中华民族伟大复兴进入了不可逆转的历史进程。会议指出，全党必须铭记生于忧患、死于安乐，常怀远虑、居安思危，继续推进新时代党的建设新的伟大工程，坚持全面从严治党，永远保持同人民群众的血肉联系，践行以人民为中心的发展思想，不断实现好、维护好、发展好最广大人民根本利益，团结带领全国各族人民不断为美好生活而奋斗。

同日

中国社会科学院加强思想道德教育专题会议在北京举行。中国社会科学院副院长、党组副书记，中国历史研究院院长、党委书记高翔出席会议并讲话。高翔指出，习近平总书记关于加强思想道德教育的系列重要论述，为全社会培育和践行社会主义核心价值观、加强党员干部思想道德建设和哲学社会科学工作者坚持用明德引领风尚，指明了前进方向，提供了根本遵循。要深入学习领会习近平总书记关于加强思想道德教育的系列重要论述，深刻领会加强思想道德教育工作的重要性和必要性。中国社会科学院副院长、党组成员、当代中国研究所所长姜辉主持会议。

10月19日

中国社会科学院副院长、党组成员、当代中国研究所所长姜辉出席2021欧亚经济论坛智库分会国际研讨会,并在开幕式上致辞。姜辉指出,欧亚经济论坛自2005年创办以来,对欧亚各国加强经济合作,推动"一带一路"走深走实发挥了重要作用。2021欧亚经济论坛框架内首次举办智库分会,旨在充分发挥智库服务政府、服务社会的功能,为政府和企业间对话搭建高端平台,为促进欧亚地区实现繁荣发展积极提供智力支持。当前,新冠肺炎疫情对全球经济和欧亚各国发展带来挑战和不确定性。受单边主义和缺少新动能影响,全球经济发展将长期呈现出"K"型发展特征,即一些国家实现增长,另外一些国家将长期处于停滞和衰退中。新形势下,欧亚国家经济复苏和增长具有一定脆弱性,加强欧亚地区经济合作具有必要性和紧迫性。建立开放包容的欧亚区域合作机制,将推动区域市场持续开放和深度融合、促进生产要素在地区层面实现有效配置,为欧亚地区在全球经济发展中获得自主性和提升影响力创造积极条件。

同日

当代中国研究所召开《(新编)中国通史》之《中华人民共和国卷》写作组成员工作会议。中国社会科学院副院长、党组成员、当代中国研究所所长姜辉,当代中国研究所副所长李正华、宋月红,以及各章撰写负责人参加会议。会议由本卷主编姜辉主持。

10月20日

中国社会科学院副院长、党组成员、当代中国研究所所长姜辉为国家保密局全体人员作题为《深刻领会习近平新时代中国特色社会主义思想科学体系和实践要求》的专题报告。

10月22日

"知史爱党 知史爱国"全国党史故事短视频展播北京片区展演活动举行。本次活动由中央党史和文献研究院指导,中央党史和文献研究院第七研究部主办、人民网承办。来自中央党史和文献研究院、中央网信办、国务院国有资产监督管理委员会、中国宋庆龄基金会、中国网络社会组织联合会、北京市委党史研究室、人民网、中国华电集团发电运营有限公司、北京天宁华韵文化科技有限公司等单位的代表参加了此次活动。全国党史故事短视频展播活动以习近平新时代中国特色社会主义思想为指导,通过拍摄短视频方式,从党史角度,多形式、多层次、多题材生动地展示中国共产党带领全国各族儿女进行革命、建设、改革、奋进新时代的辉煌历程。

10月26日

中国社会科学院副院长、党组成员、当代中国研究所所长姜辉出席院2021年所局级干部任职能力培训班开班式，主持开班式并作动员讲话。

10月27日

中国社会科学院"社会主义民主研究中心"成立大会暨"发展全过程人民民主"学术研讨会召开。中国社会科学院党组书记、院长谢伏瞻，中宣部副部长孙业礼出席会议并致辞，中国社会科学院副院长、党组成员、当代中国研究所所长姜辉主持会议。研究中心的主要任务是：以习近平新时代中国特色社会主义思想为指导，深入研究习近平总书记关于社会主义民主的系列重要论述，聚焦民主理论领域的重大理论和实践问题，团结和发挥境内外相关研究力量，形成高质量研究成果，为党中央决策服务，为中国特色社会主义民主理论创新和实践发展贡献智慧和力量。

10月28日

伟大建党精神与中国共产党精神谱系研讨会在广州举行。本次研讨会由中共广州市委宣传部、广州市社科联主办，广州市青年马克思主义理论人才培养研究重点基地（广州大学马克思主义学院）承办。来自中山大学、华南理工大学、暨南大学、广东省社会科学院、广州大学等单位专家学者，以及广州大学马克思主义学院学生及媒体记者参加会议。与会专家学者从不同学科、不同视角对中国共产党伟大建党精神与中国共产党人精神谱系进行了多层次、多维度阐释，探讨了文化渊源，明晰了时代价值，提出了践行路径，为新时代中国共产党伟大精神的弘扬提供了有益启示。

10月30日

第三届"政党治理·申城论坛"在上海大学举行。本次论坛以"百年大党与中国式现代化新道路"为主题，由上海大学马克思主义学院、中共中央党校（国家行政学院）马克思主义学院马克思主义中国化研究所、中国马克思主义研究基金会《理论视野》杂志社、上海大学政党治理研究中心联合主办，光明网理论部、《毛泽东邓小平理论研究》杂志提供媒体支持。来自中共中央党校（国家行政学院）、中国社会科学院、中国人民大学、复旦大学、华东师范大学、上海大学、武汉大学、中国政法大学、南京师范大学等单位的100余位专家学者，以线上线下相结合的方式参加会议。专家学者从百年党史的视角，回顾了中国共产党百年奋斗历程，分析了中国式现代化新道路的鲜明特点，梳理了中国式现代化新道路的演进历程、历史经验、发展逻辑、本质特征、世界意义等理论和现实问题，为深入开展相关领域研究提供了重要思路。

同日

中国共产党百年历史与以人民为中心的理论实践探索研讨会在华中农业大学举办。本次研讨会由华中农业大学马克思主义学院、湖北省中国特色社会主义理论体系研究中心华中农业大学分中心主办。会议以线上线下相结合的方式进行。来自50余家单位的160余名专家学者参加会议。在开幕式后进行的主旨报告环节，来自中国人民大学、浙江大学等高校的8位专家围绕会议主题分别进行主旨发言。在研讨会分组讨论环节，28位学者在两个分会场围绕以人民为中心的教育发展观、高质量发展的人民性、经济发展坚持以人民为中心的逻辑理路、习近平总书记的人民观、以人民为中心与共同富裕等主题进行了交流发言。

10月31日

第五届上海渔阳里与中国共产党的创建论坛在上海大学召开。本次论坛以"上海渔阳里与伟大建党精神"为主题，由中共上海市委党史研究室、上海市中共党史学会指导，上海大学马克思主义学院、上海市中共党史学会渔阳里历史文化研究会、上海市历史博物馆（上海革命历史博物馆）、中共四大纪念馆、俞秀松研究中心、中国社会主义青年团中央机关旧址纪念馆、上海青少年国际交流中心、上海高校思想政治理论课教学改革协作组、《开天辟地》课程组主办。来自上海交通大学、同济大学、国防大学、上海师范大学等校的学者，中共二大会址纪念馆、中共四大纪念馆、上海市历史博物馆（上海革命历史博物馆）、上海淞沪抗战纪念馆、中国社会主义青年团中央机关旧址纪念馆等文化场馆领导以及60多名专家学者参加会议。专家学者围绕会议主题，从渔阳里与伟大建党精神、渔阳里与中国共产党的创建、渔阳里的史料发掘以及渔阳里的宣传保护等几个方面，进行了深入探讨研究。

10月

经中共中央批准，中共中央党史和文献研究院编辑的《十九大以来重要文献选编》中册，已由中央文献出版社出版。《十九大以来重要文献选编》中册，收入自2019年3月十三届全国人大二次会议后，至2020年10月党的十九届五中全会这段时间内的重要文献，共79篇，约51万字。其中，习近平总书记的文稿39篇，其他中央领导同志的文稿15篇，中共中央、全国人大、国务院、中央军委的有关文件25篇。有15篇重要文献是第一次公开发表。

11月1日

2021年第21期《求是》杂志发表了中共中央总书记、国家主席、中央军委主席习近平的重要文章《坚定理想信念　补足精神之钙》。

文章强调，革命理想高于天。中国共产党成立一百年来，始终是有崇高理想和坚定信念的党。这个理想信念，就是马克思主义信仰、共产主义远大理想、中国特色社会主义共同理想。理想信念是中国共产党人的精神支柱和政治灵魂，也是保持党的团结统一的思想基础。理想信念就是共产党人精神上的"钙"，没有理想信念，理想信念不坚定，精神上就会"缺钙"，就会得"软骨病"。

文章指出，坚定理想信念，坚守共产党人精神追求，始终是共产党人安身立命的根本。理想信念的坚定，来自思想理论的坚定。认识真理，掌握真理，信仰真理，捍卫真理，是坚定理想信念的精神前提。中国共产党人的理想信念坚定，是因为我们追求的是真理，是因为我们遵循的是规律，是因为我们代表的是最广大人民根本利益。我们党取名为"共产党"，就是认定了共产主义这个远大理想。为了实现这个远大理想，就必须坚定中国特色社会主义信念。

文章指出，衡量一名共产党员、一名领导干部是否具有共产主义远大理想，是有客观标准的，那就要看他能否坚持全心全意为人民服务的根本宗旨，能否吃苦在前、享受在后，能否勤奋工作、廉洁奉公，能否为理想而奋不顾身去拼搏、去奋斗、去献出自己的全部精力乃至生命。一切迷惘迟疑的观点，一切及时行乐的思想，一切贪图私利的行为，一切无所作为的作风，都是与此格格不入的。

文章指出，和平建设时期，检验一个干部理想信念是否坚定，主要看干部是否能在重大政治考验面前有政治定力，是否能树立牢固的宗旨意识，是否能对工作极端负责，是否能做到吃苦在前、享受在后，是否能在急难险重任务面前勇挑重担，是否能经得起权力、金钱、美色的诱惑。

文章指出，形成坚定理想信念，既不是一蹴而就的，也不是一劳永逸的，而是要在斗争实践中不断砥砺、经受考验。坚定理想信念是终身课题，需要常修常炼，要信一辈子、守一辈子。

11月2日

纪念中央革命根据地创建暨中华苏维埃共和国成立90周年座谈会在北京举行。中共中央政治局常委、中央书记处书记王沪宁出席会议并讲话。他表示，纪念中央革命根据地创建暨中华苏维埃共和国成立90周年，回顾党团结带领中国人民为实现新民主主义革命任务顽强奋斗的光辉历程，缅怀革命先辈和英烈的不朽业绩，就是要坚持以习近平新时代中国特色社会主义思想为指导，以史为鉴、开创未来，走好实现第二个百年奋斗目标新的赶考之路，把中华民族伟大复兴的历史伟业推向前进。中国社会科学院副院长、党组成员、当代中国研究所所长姜辉参加会议。

11月3日

中国社会科学院习近平新时代中国特色社会主义思想文库数据库上线仪式在北京举行。中国社会科学院院长、党组书记谢伏瞻，副院长、党组副书记高翔出席活动并讲话。中央纪委国家监委驻中国社会科学院纪检监察组组长、党组成员杨笑山，副院长、党组成员、当代中国研究所所长姜辉，副院长、党组成员王灵桂，秘书长、党组成员赵奇出席活动。党史学习教育中央第二十五指导组组长段余应到会指导。姜辉主持会议。谢伏瞻强调，习近平新时代中国特色社会主义思想是马克思主义中国化的最新成果，是当代中国马克思主义、21世纪马克思主义，是全国人民的思想旗帜和精神旗帜。中国社会科学院始终坚持把学习研究阐释习近平新时代中国特色社会主义思想作为首要政治任务和理论任务，在思想理论界发挥引领作用。建设习近平新时代中国特色社会主义思想文库及其数据库，是学习研究阐释这一重要思想的有力举措。要提高政治站位，坚持高质量办库，积极运用各种新技术手段加强哲学社会科学文献网络、数据库等基础设施和信息化建设，推动研究阐释工作取得新突破。

11月6日

《共产党宣言》与中共百年研讨会在复旦大学召开。本次研讨会由复旦大学中国共产党革命精神与文化资源研究中心、《共产党宣言》展示馆（陈望道旧居）和复旦大学望道研究院共同主办。来自全国各地的高校教师、在读研究生以及党史办系统、党校系统、档案馆系统等近三十位论文作者参加了研讨会。研讨会设主旨报告环节、论文报告环节和论文讨论环节。与会专家从"《共产党宣言》翻译与中国共产党的创建""陈望道的心路历程""陈望道教书育人思想理念"三个角度进行了广泛讨论。与会学者指出，1920年陈望道翻译的《共产党宣言》首个中文全译本出版，为中国共产党的创立和发展奠定了坚实的思想理论基础，成为中国共产党人的信仰之源。要更好地传承这份"红色基因"，将"这些珍贵的史料研究好、保护好"，加强对中国共产党与《共产党宣言》的理论阐释和学术研究，进一步深化对陈望道老校长生平事迹和心路历程的解读，积极促进马克思主义理论的宣传和普及。

同日

由陕西省社会科学界联合会主办的陕西省社科界第十五届（2021）学术年会分会场——"中国共产党百年历程与马克思主义中国化"学术研讨会在西安财经大学举行。本次研讨会由陕西省社会科学联合会主办，陕西省中共党史人物研究会、西安财经大学马克思主义学院、西北大学延安精神与党的建设研究院、西安邮电大学马克思主义学院承办。来自西北工业大学、西北农林科技大学、西北大学、陕西师范大学、西安建筑科技大学、西安财经大学等高校以及陕西人民出版社的70多位专家学者，通过线上线下相结合的方式参加了研讨会。与会专家学者分别围绕马克思主义中国化百年历史及宝贵经验、一百年来中国共产党应对重大危机的经验和启示、自我革命：延安整风运动的历史创造与时代价值等方面进行了研讨交流。

11月8—11日

中国共产党第十九届中央委员会第六次全体会议在北京举行。全会由中央政治局主持。中央委员会总书记习近平作了重要讲话。全会听取和讨论了习近平受中央政治局委托作的工作报告，审议通过了《中共中央关于党的百年奋斗重大成就和历史经验的决议》，审议通过了《关于召开党的第二十次全国代表大会的决议》。习近平就《中共中央关于党的百年奋斗重大成就和历史经验的决议（讨论稿）》向全会作了说明。全会充分肯定党的十九届五中全会以来中央政治局的工作。决定中国共产党第二十次全国代表大会于2022年下半年在北京召开。

11月13日

"党的百年奋斗重大成就和历史经验——学习党的十九届六中全会精神座谈会"在中国人民大学举办。本次会议由中国人民大学主办，中国人民大学当代政党研究平台、马克思主义学院承办，中国人民大学习近平新时代中国特色社会主义思想研究院、中共党史党建研究院协办。会议以线上线下相结合的方式进行。来自中央党史和文献研究院、中央党校（国家行政学院）、清华大学、北京大学、北京师范大学以及中国人民大学的多位党史党建领域专家学者，分享了关于党的十九届六中全会精神和《中共中央关于党的百年奋斗重大成就和历史经验的决议》的学理解读。

同日

"中国共产党百年与中国式现代化新道路——认真学习深刻把握党的十九届六中全会精神理论研讨会"在上海举行。本次研讨会由中国马克思主义哲学史学会中国特色社会主义理论研究分会、中国浦东干部学院、中共上海市委党校联合举办。来自中共中央党校（国家行政学院）、中国社科院、北京大学、中国人民大学、中国浦东干部学院、中共上海市委党校等理论界、学术界的专家学者共160余人参加会议。与会专家围绕"中国式现代化新道路的重大意义""中国式现代化新道路的深层逻辑""中国式现代化新道路的丰富内涵"等方面展开了深入探讨。

同日

中国共产党与中华民族共同体建设学术研讨会在中南民族大学举行。本次研讨会由中南民族大学马克思主义学院和《学校党建与思想教育》杂志社联合主办。来自全国40余所高校和科研机构的120余名专家学者、10余家媒体编辑记者，以及中南民族大学党委宣传部、科学研究发展院等单位负责人参加会议，另有400余人通过网络在线参加会议。在主旨报告环节，来自北京师范大学、复旦大学、山东大学、华中科技大学、湘潭大学、中南民族大学等高校的专家学者围绕"中国共产党革命精神是我们的宝贵财富""马克思主义中国化与中华民族共同体的现代重构""中国共产党意识形态领导权建设的百年历史经验"等分别进行主题发言。研讨会还设立全国党史党建分论坛、民族（地区）高校分论坛和湖北省高校分论坛3个分会场，聚焦中国共产党与中华民族共同体建设，深入总结了中国共产党民族工作的成功经验，就加强和改进民族工作的重要思想研究进行了深入交流。

11月15日

中国社会科学院副院长、党组成员、当代中国研究所党组书记姜辉主持召开中共当代中国研究所党组2021年第21次会议暨所党组理论学习中心组第8次集中学习。会议传达学习习近平总书记在党的十九届六中全会上的重要讲话，传达学习《中共中央关于党的百年奋斗重大成就和历史经验的决议》《关于召开党的第二十次全国代表大会的决议》，就贯彻落实习近平总书记重要讲话和全会精神作出部署。会议指出，党的十九届六中全会是在我们党成立一百年的重要历史时刻，在党和人民胜利实现第一个百年奋斗目标、全面建成小康社会，正在向着全面建成社会主义现代化强国的第二个百年奋斗目标迈进的重大历史关头召开的一次重要会议。习近平总书记在全会上的重要讲话，回望历史、面向未来、思想深刻、内涵丰富，充分体现了党牢记初心使命、永葆生机活力的坚强意志和坚定决心，充分体现了党深刻把握历史发展规律、始终掌握党和国家事业发展的历史主动和使命担当，充分体现了党立足当下、着眼未来、注重总结和运用历史经验的高瞻远瞩和深谋远虑，对推动全党进一步统一思想、统一意志、统一行动，团结带领全国各族人民夺取新时代中国特色社会主义新的伟大胜利，具有重大现实意义和深远历史意义。会议认为，全会通过的《中共中央关于党的百年奋斗重大成就和历史经验的决议》，总结党的百年奋斗重大成就和历史经验，对实现第二个百年奋斗目标提出明确要求，是一篇马克思主义的纲领性文献，是新时代中国共产党人牢记初心使命、坚持和发展中国特色社会主义的政治宣言，是以史为鉴、开创未来、实现中华民族伟大复兴的行动指南。《决议》强调确立习近平同志党中央的核心、全党的核心地位，确立习近平新时代中国特色社会主义思想的指导地位，反映了全党全军全国各族人民共同心愿，对新时代党和国家事业发展、对推进中华民族伟大复兴历史进程具有决定性意义。会议强调，学习贯彻党的十九届六中全会精神是当前和今后一个时期的首要政治任务，是我们必须担负起的重大政治责任，也是新中国史研究工作者的重要职责所在。

11月16日

2021年第22期《求是》杂志发表了中共中央总书记、国家主席、中央军委主席习近平的重要文章《坚持用马克思主义及其中国化创新理论武装全党》。

文章强调，马克思主义科学揭示了人类社会发展规律，指明了人类寻求自身解放的道路，推进了人类文明进程。马克思主义是我们立党立国的根本指导思想，是我们党的灵魂和旗帜。中国共产党从诞生之日起，就把马克思主义鲜明地写在自己的旗帜上。我们党一路走来，无论是处于顺境还是逆境，从未动摇对马克思主义的坚定信仰。中国共产党为什么能，中国特色社会主义为什么好，归根到底是因为马克思主义行！在坚持以马克思主义为指导这一根本问题上，我们必须坚定不移，任何时候任何情况下都不能动摇。

文章指出，我们党的历史，是一部推进马克思主义中国化、不断丰富和发展马克思主义的历史，也是一部运用马克思主义理论认识和改造中国的历史。一百年来，我们党坚持把马克思主义基本原理同中国具体实际相结合，创立了毛泽东思想、邓小平理论，形成了"三个代表"重要思想、科学发展观，创立了新时代中国特色社会主义思想，指导党和人民事业不断开创新局。理论的生命力在于不断创新，推动马克思主义不断发展是中国共产党人的神圣职责。我们要坚持把马克思主义基本原理同中国具体实际相结合、同中华优秀传统文化相结合，用马克思主义观察时代、把握时代、引领时代，继续发展当代中国马克思主义、21世纪马克思主义！

文章指出，理论创新每前进一步，理论武装就要跟进一步。理论修养是干部综合素质的核心，理论上的成熟是政治上成熟的基础，政治上的坚定源于理论上的清醒。从一定意义上说，掌握马克思主义理论的深度，决定着政治敏感的程度、思维视野的广度、思想境界的高度。对领导干部特别是高级干部来说，要把系统掌握马克思主义基本理论作为看家本领。

同日

中国社会科学院习近平新时代中国特色社会主义思想研究中心在北京召开"学习贯彻

党的十九届六中全会精神研讨会"。中国社会科学院副院长、党组成员、当代中国研究所所长，习近平新时代中国特色社会主义思想研究中心执行主任姜辉出席会议并讲话。中国社会科学院马克思主义研究院党委书记辛向阳主持会议。来自中共中央党校（国家行政学院）、中国社会科学院、北京大学、清华大学、中国人民大学等机构的专家学者围绕中国共产党百年奋斗的辉煌历程、重大成就、历史意义、宝贵经验，马克思主义中国化新的飞跃，习近平新时代中国特色社会主义思想的重要历史地位，"两个确立"的决定性意义，三个历史决议的地位和意义等方面，进行了广泛而深入的交流和探讨。

11月17日

"中国共产党百年奋斗的重大成就和历史经验：深入学习贯彻党的十九届六中全会精神研讨会"在中共上海市委党校召开。本次研讨会由上海市习近平新时代中国特色社会主义思想研究中心、中共上海市党校、上海市党建研究会共同主办，上海市委党校马克思主义基本原理与中国化创新团队、马克思主义学院、校院工作处共同承办。来自上海市有关高校、科研院所、党校系统、学术团体的有关代表近100人参加研讨。会议围绕党的三个历史决议与马克思主义中国化、百年奋斗的全面总结和深刻把握、中国共产党与三个世纪的马克思主义等议题进行了研讨。与会专家一致认为，党的十九届六中全会全面总结党的百年奋斗重大成就和历史经验，深刻揭示了"过去我们为什么能够成功、未来我们怎样才能继续成功"，充分宣示了中国共产党人继往开来的自信和担当。我们要着力从党的重大成就和历史经验特别是中国特色社会主义进入新时代的重大成就中鼓舞斗志、明确方向、凝聚力量、坚定信心，牢牢把握"十个坚持"，以更加朝气蓬勃的姿态续写中华民族伟大复兴的新篇章。

11月18日

学习贯彻党的十九届六中全会精神中央宣讲团动员会在中国共产党历史展览馆红色大厅召开，中共中央政治局常委、中央书记处书记王沪宁出席会议并讲话。他表示，要以习近平新时代中国特色社会主义思想为指导，广泛深入开展全会精神宣讲，引导广大干部群众增强"四个意识"、坚定"四个自信"、做到"两个维护"，用全会精神统一思想、凝聚共识、坚定信心、增强斗志。王沪宁表示，做好宣讲工作，要全面准确领会全会精神，注重同习近平总书记关于党史研究的重要论述、在一系列重大庆祝纪念活动上的重要讲话精神、在党史学习教育中提出的一系列学史研史要求和关于开好六中全会、起草好全会决议的重要指示精神结合起来。要通过深入宣讲，把过去一年来党和国家事业发展取得的重大成就讲清楚讲透彻，把党百年奋斗的光辉历程、辉煌成就、历史意义讲清楚讲透彻，把党坚守初心使命的执着奋斗讲清楚讲透彻，把坚持党的全面领导、全面从严治党的要求讲清楚讲透彻，把新时代的历史性成就和历史性变革讲清楚讲透彻，把党百年奋斗的历史经验讲清楚讲透彻，把以史为鉴、开创未来的重要要求讲清楚讲透彻，推动广大干部群众把思想和行动统一到党中央重大决策部署上来，以优异成绩迎接党的二十大召开。参加宣讲的同志要增强政治责任感和使命感，扎扎实实备课，把握正确导向，回应群众关切，讲好党史故事，确保宣讲取得实实在在的效果。中国社会科学院副院长、党组成员、当代中国研究所所长姜辉参加会议。

11月19日

中央宣传部、中央和国家机关工委、教育部、中央军委政治工作部、中共北京市委在中国共产党历史展览馆举办学习贯彻党的十九届六中全会精神中央宣讲团首场报告会。中央宣讲团成员、中共中央政治局委员、中宣部部长黄坤明作报告。黄坤明在报告中介绍了党的十九届五中全会以来党和国家事业发展新的重大成就，阐明了召开全会、作出决议的重大意义，阐释了党的百年奋斗的初心使命和重大成就，重点讲解了中国特色社会主义新时代的历史性成就和历史性变革，阐述了党的百年奋斗的历史意义和历史经验，对坚定历史自信、走好新的赶考之路谈了认识体会。他指出，要深入领会全会提出的重要思想和重大论断，特别是"两个确立"对新时代党和国家事业发展、对推进中华民族伟大复兴历史进程的决定性意义，切实把思想和行动统一到全会精神上来。

11月21日

"中国共产党的百年奋斗重大成就和历史经验——学习宣传党的十九届六中全会精神研讨会"举行。本次研讨会由中国高等教育学会马克思主义研究分会、北京大学马克思主义学院主办，合肥工业大学马克思主义学院承办、《毛泽东邓小平理论研究》编辑部协办。本次会议采取线下线上相结合的方式举行，线下会场设在合肥工业大学。来自全国高校的数十位专家学者参加会议，线上参会听众累计达8000人次。研讨会设主旨发言环节和分论坛研讨环节。与会专家学者围绕党的十九届六中全会精神、百年中国共产党与马克思主义中国化的历史经验和21世纪马克思主义研究等议题进行了深入的研讨交流。

同日

"中国共产党的百年奋斗与中华民族伟大复兴——学习党的十九届六中全会精神高端论坛"在北京举行。本次论坛由北京大学马克思主义学院、北京大学中共党史研究中心、中国青年报社联合主办。来自国内中共党史党建研究领域的有关专家学者以及北京大学有关职能部门和院系负责人，北京大学马克思主义学院、北京大学中共党史研究中心师生代表参加会议，13000余人在线上参加了会议。北京大学党委书记邱水平，中国中共文献研究会副会长陈晋，中国青年报社党委书记张坤分别在开幕式上致辞。原中央党史研究室主任欧阳淞教授，教育部社会科学委员会副主任、北京大学博雅讲席教授顾海良分别在开幕式上作主旨发言。开幕式后，与会专家展开学术讨论。金民卿、杨凤城分别从传统文化、文化自信等角度，对习近平新时代中国特色社会主义思想进行了深刻论述。张太原、关海庭、黄道炫、史春风分别围绕党的历史经验、党的政治生态建设、党史上前两个历史决议的出台背景、党的政治信仰等问题畅谈了学习第三个历史决议的认识和体会。

同日

中国共产党百年奋斗的重大成就和历史经验理论研讨会召开。本次研讨会由北京师范大学马克思主义学院、中共党史党建研究院与教育部习近平新时代中国特色社会主义思想研究中心秘书处、教育部社科中心《中国高校社会科学》编辑部联合举办。来自清华大学、北京大学、中国人民大学、北京师范大学、复旦大学等18所国内高校的专家学者和师生、中央报刊记者等共计100余人参加了会议。与会专家围绕会议主题进行深入研讨，取得了积极成果。专家们认为，作为马克思主义中国化的最新成果，习近平新时代中国特色社会主义思想对马克思主义哲学、政治经济学、科学社会主义等领域都提出了许多标志性、引领性的新观点，深化了对共产党执政规律、社会主义建设规律、人类社会发展规律的认识，为新时代坚持和发展中国特色社会主义提供了科学理论指导。

11月23日

中央宣传部、中央文明办在北京召开拓展新时代文明实践中心建设工作电视电话会议。中共中央政治局委员、中宣部部长黄坤明出席会议并讲话，强调要坚持以习近平新时代中国特色社会主义思想为指导，深入学习贯彻党的十九届六中全会精神，认真总结试点经验，准确把握时代要求，全面深化拓展新时代文明实践中心建设，更好激励动员人民群众奋进新征程。中国社会科学院副院长、党组成员、当代中国研究所所长姜辉参加会议。

11月23—25日

中国社会科学院学习贯彻党的十九届六中全会精神所局级领导干部读书班在北京举行。中央宣讲团成员、中国社会科学院院长、党组书记谢伏瞻作宣讲报告。副院长、党组副书记高翔作动员讲话。副院长、党组成员高培勇，中央纪委国家监委驻中国社会科学院纪检监察组组长、党组成员杨笑山，副院长、党组成员、当代中国研究所所长姜辉，秘书长、党组成员赵奇出席会议。党史学习教育中央第二十五指导组组长段余应到会指导。读书班期间，高翔、高培勇、杨笑山、姜辉、赵奇分别围绕学习贯彻党的十九届六中全会精神进行重点发言。姜辉作读书班总结讲话。此次读书班的主要任务是：深入学习贯彻习近平总书记在党的十九届六中全会上的重要讲话精神和全会审议通过的《中共中央关于党的百年奋斗重大成就和历史经验的决议》，统一思想、凝聚力量，坚定信心、开拓奋进，把学习贯彻成效转化为加快构建中国特色哲学社会科学的强大动力，以优异成绩迎接党的二十大召开。

11月24日

党史学习教育领导小组会议在京召开。中共中央政治局委员、中宣部部长、党史学习教育领导小组组长黄坤明出席会议并讲话，强调要以深入学习贯彻党的十九届六中全会精神为重点，深化拓展党史学习教育，引导党员干部增强政治自觉、坚定历史自信，做到学党史、悟思想、办实事、开新局。黄坤明指出，全会回望历史、面向未来，取得的重大成果、提出的重要思想、作出的重大论断，为党员干部进一步树立正确党史观、深入学习党的历史提供了根本指引，为更好做到学史明理、学史增信、学史崇德、学史力行提供了根本遵循。黄坤明强调，深化拓展党史学习教育，要把深刻认识党的百年奋斗重大成就和历史经验作为中心内容，把系统理解新时代的原创性思想、变革性实践、突破性进展、标志性成果作为重中之重，把深刻领悟"两个确立"的决定性意义作为根本要求。要采取扎实有效的举措，抓好专题学习研讨、宣传宣讲，深入开展"我为群众办实事"实践活动，把学习成果转化为做好工作、开创新局的动力，确保党史学习教育取得新成效。党史学习教育领导小组成员单位有关同志作了发言。中国社会科学院副院长、党组成员、当代中国研究所所长姜辉参加会议。

11月26日

高校"中共党史党建英才"学术冬令营（2021）在中国人民大学举办。本次学术研习营由中国人民大学中共党史党建研究院倡议发起，并联合浙江嘉兴学院红船精神研究中心、中国中共党史学会高校学科建设专业委员会共同举办。本届冬令营从学科建设、学科历史、学科前沿、学科方法论四个模块开展研习，设有本科生论坛、研究生论坛两场研讨活动，涵盖了党史、党建、国史、科学社会主义与国际共产主义运动史等传统学科，还关注历史政治学、政治社会学、党内法规学、数字党建等新兴交叉学科（方向），关注口述史学、历史文献学、定性研究、计量研究等研究方法的介绍和应用。其目的是从学科自立和学科交叉的互动角度，推动中共党史党建学科共同体的建设。本届冬令营遴选入营本科生论文35篇、入营研究生论文67篇，遴选展示论文营员10人，采取线上和线下相结合的方式，实行系列专家讲座为主、营员论坛为辅的方式进行。

同日

以"政党政治与国家现代化：中国共产党的百年奋斗经验"为主题的北大公共治理论坛在线上举行。本次论坛由北京大学公共治理研究所、北京大学政府管理学院主办。来自北京大学、中国人民大学、清华大学、复旦大学和中共中央党校（国家行政学院）、天津师范大学、中国农业大学、首都师范大学、中国人民公安大学的15位专家学者发表了主旨演讲，近300位师生参加会议。开幕式上，北京大学政府管理学院院长、北京大学公共治理研究所所长燕继荣教授致辞。论坛第一场，来自清华大学、中国人民大学、复旦大学、中国人民公安大学、北京大学等学者分别就中国共产党的治理经验进行了演讲。论坛第二场，分别邀请来自北京大学、天津师范大学、复旦大学、中国农业大学、首都师范大学、中共中央党校（国家行政学院）等学者进行主旨发言。本次论坛嘉宾发言的内容涵盖了中国共产党发展过程中的一系列经验，对中国共产党建党百年间的发展历史中的经验进行了探讨。内容包括内外关系的处理、道路选择、党的领导与司法独立的关系、减贫治理、政党发展与经济增长的关系，等等。

11月27日

学习党的十九届六中全会精神座谈会在北京召开。本次会议由当代中国研究所和中华人民共和国国史学会联合举办。国史学会第一副会长，中国社会科学院副院长、党组成员、当代中国研究所所长姜辉，国史学会副会长、原中央文献研究室常务副主任杨胜群，国史学会原副会长、国防大学原副政委李殿仁，国史学会副会长、军事科学院副院长曲爱国，国史学会副会长、教育部高等学校社会科学发展研究中心主任王炳林，国史学会秘书长、当代中国研究所原副所长张星星，以及国史学会常务理事、当代中国研究所原副所长武力，当代中国研究所副所长李正华、宋月红等出席会议并发言。座谈会由国史学会会长、中国社会科学院原副院长朱佳木主持。座谈中大家一致认为，党的十九届六中全会通过的《中共中央关于党的百年奋斗重大成就和历史经验的决议》，同党的前两个历史决议既一脉相承又与时俱进，是马克思主义的纲领性文献，是新时代中国共产党人牢记初心使命、坚持和发展中国特色社会主义的政治宣言，是以史为鉴、开创未来、实现中华民族伟大复兴的行动指南，对团结带领全国各族人民夺取新时代中国特色社会主义新的伟大胜利具有重大现实意义和深远历史意义。国史学会要认真学习贯彻全会精神，并以决议精神指导新中国史研究事业深入发展。

同日

党的百年奋斗与"十个坚持"历史经验理论研讨会在天津大学举办。本次研讨会由天津市中国特色社会主义理论体系研究中心与天津大学联合主办，天津大学马克思主义学院承办。研讨会采取线上线下相结合的方式进行。来自中共中央党校（国家行政学院）、中央党史和文献研究院、武汉大学、南开大学、中共天津市委党校等全国知名高校、科研院所的专家学者，以及天津市及全国高校马克思主义学院等一千余名师生代表参加会议。专家学者围绕新时代历史性变革、党的百年奋斗的世界意义等作了精彩的主旨发言，并和与会师生进行了深入的交流与研讨。

同日

学习贯彻党的十九届六中全会精神暨习近平新时代中国特色社会主义经济思想体系研究学术研讨会在上海对外经贸大学举行。本次研讨会由上海对外经贸大学马克思主义学院主办，上海对外经贸大学《资本论》与中国政治经济学研究中心承办。来自中国人民大学、北京大学、中共中央党校（国家行政学院）、中国社会科学院、复旦大学、北京师范大学、南开大学、武汉大学、上海交通大学、南京大学、上海财经大学、上海社会科学院等全国40余所高校和研究机构的专家学者，以及上海对外经贸大学马克思主义学院师生参加会议。在大会主旨发言阶段，与会嘉宾结合自己学习《中共中央关于党的百年奋斗重大成就和历史经验的决议》的体会，紧扣本次会议主题，从不同层面分享了他们关于习近平新时代中国特色社会主义经济思想的研究成果。

11月28日

学习贯彻党的十九届六中全会精神暨党的百年奋斗重大成就与理论创新学术研讨会在北方工业大学举行。本次研讨会由北方工业大学主办。来自北京大学、北京师范大学、北京航空航天大学、北京理工大学、北京科技大学等单位的专家学者参加会议。研讨会同步通过腾讯会议和智慧课堂线上直播，近3000人在线学习。在会议主旨发言环节，来自中国人民大学、北京大学、中国社会科学院、中央社会主义学院、中央党校（国家行政学院）、北京市社会科学院的专家学者分别在会议上作发言。在专家交流发言环节，来自北京师范大学、北京航空航天大学、北京理工大学、中国农业大学、北京科技大学、外交学院、北京工业大学、北京语言大学、首都师范大学、北方工业大学的专家学者在研讨会上进行了交流发言。

11月

中共中央党史和文献研究院编辑的习近平同志《论坚持人民当家作主》一书，由中央文献出版社出版。这部专题文集，收入习近平同志关于坚持人民当家作主的重要文稿50篇。其中部分文稿是首次公开发表。

同月

为帮助广大党员、干部、群众深入学习贯彻党的十九届六中全会精神，中央有关部门组织编写了《〈中共中央关于党的百年奋斗重大成就和历史经验的决议〉辅导读本》《党的十九届六中全会〈决议〉学习辅导百问》，对全会《决议》进行了全面阐释，是学习领会全会精神的权威辅导材料。书中收录了习近平总书记在全会上所作的《关于〈中共中央关于党的百年奋斗重大成就和历史经验的决议〉的说明》。《〈中共中央关于党的百年奋斗重大成就和历史经验的决议〉辅导读本》由人民出版社出版发行，《党的十九届六中全会〈决议〉学习辅导百问》由党建读物出版社、学习出版社出版发行。

12月1日

12月1日出版的第23期《求是》杂志发表中共中央总书记、国家主席、中央军委主席习近平《关于〈中共中央关于党的百年奋斗重大成就和历史经验的决议〉的说明》。习近平指出，我们党历来高度注重总结历史经验。党中央认为，在党成立一百周年的重要历史时刻，在党和人民胜利实现第一个百年奋斗目标、全面建成小康社会，正在向着全面建成社会主义现代化强国的第二个百年奋斗目标迈进的重大历史关头，全面总结党的百年奋斗重大成就和历史经验，对推动全党进一步统一思想、统一意志、统一行动，团结带领全国各族人民夺取新时代中国特色社会主义新的伟大胜利，具有重大现实意义和深远历史意义。习近平指出，党中央认为，党的百年奋斗历程波澜壮阔，时间跨度长，涉及范围广，需要研究的问题多。总的是要按照总结历史、把握规律、坚定信心、走向未来的要求，把党走过的光辉历程总结好，把党团结带领人民取得的辉煌成就总结好，把党推进革命、建设、改革的宝贵经验总结好，把党的十八大以来党和国家事业砥砺奋进的理论和实践总结好。习近平指出，党中央认为，总结党的百年奋斗重大成就和历史经验，要坚持辩证唯物主义和历史唯物主义的方法论，坚持正确党史观、树立大历史观，旗帜鲜明反对历史虚无主义。习近平指出，对这次全会决议起草，党中央明确要求着重把握好以下几点。第一，聚焦总结党的百年奋斗重大成就和历史经验,以推动全党增长智慧、增进团结、增加信心、增强斗志。第二,突出中国特色社会主义新时代这个重点,引导全党进一步坚定信心,聚焦我们正在做的事情,以更加昂扬的姿态迈进新征程、建功新时代。第三,对重大事件、重要会议、重要人物的评价注重同党中央已有结论相衔接,体现党中央对党的百年奋斗的新认识。习近平还对决议稿起草过程、基本框架和主要内容作了说明。

12月3—4日

全国宗教工作会议在北京召开。中共中央总书记、国家主席、中央军委主席习近平出席会议并发表重要讲话,强调要全面贯彻新时代党的宗教工作理论,全面贯彻党的宗教工作基本方针,全面贯彻党的宗教信仰自由政策,坚持我国宗教中国化方向,积极引导宗教与社会主义社会相适应,提高宗教界自我管理水平,提高宗教事务治理法治化水平,努力开创宗教工作新局面,更好组织和引导信教群众同广大人民群众一道为全面建成社会主义现代化强国、实现中华民族伟大复兴的中国梦而团结奋斗。中国社会科学院副院长、党组成员、当代中国研究所所长姜辉参加会议。

12月5日

"百年追梦——庆祝中国共产党成立100周年博士生论坛"在上海举行。本次论坛由复旦大学主办,中共上海市教卫工作党委、上海市教育委员会、上海市教育系统网络文化发展研究中心支持。300余名硕士、博士研究生通过线上线下相结合的形式参加论坛。此次论坛共收到来自全国90余所高校和科研机构的硕士、博士研究生的280余篇稿件,文章选题涉及马克思主义理论、法学、哲学、历史学、政治学、新闻学、经济学等多个学科。在论坛获奖论文代表汇报环节,5位一等奖获得者先后作了交流发言。论坛还聚焦"学习'七一'重要讲话精神与党的十九届六中全会精神""百年大党伟大成就与新时代治国理政""马克思主义与思想政治教育"三大议题,展开了分论坛讨论交流。24位论文获奖代表分享了论文的核心观点和总体框架。

12月6日

《光明日报》发表了中国社会科学院副院长、党组成员、当代中国研究所所长姜辉的文章《守正创新 以现代视野接续中华文脉》。文章指出,习近平总书记提出的"坚持把马克思主义基本原理同中国具体实际相结合、同中华优秀传统文化相结合",集中反映了新时代中国共产党人对马克思主义发展规律的深刻把握,深刻阐明了马克思主义在中国创新发展的内在机理，在广度和深度上提升了我们对马克思主义中国化的规律性认识。

同日

中国社会科学院副院长、党组成员、当代中国研究所所长姜辉出席福建省习近平新时代中国特色社会主义思想研究中心揭牌仪式和座谈会，并介绍了有关情况。

12月9日

国际共产主义运动发展新态势暨国际共运黄皮书（2021—2022）专家评议会通过腾讯会议形式召开。来自中国社会科学院、中共中央党校（国家行政学院）、中央党史文献研究院、中共中央对外联络部、北京大学、山东大学、厦门大学、云南大学、苏州大学、温州大学、上海社会科学院等十余家单位的40多名研究人员围绕2021年国际共产主义运动发展新态势展开热烈讨论。国际共运黄皮书主编，中国社会科学院副院长、当代中国研究所所长、马克思主义研究院院长姜辉研究员出席会议并致辞。姜辉首先对来自国内各研究机构的国际共运权威专家和课题组成员表示感谢。姜辉表示，得益于各位专家们的指导，国际共运黄皮书的质量得到保证，出版三年来质量不断提高，一年比一年更好。希望在专家们的帮助下，把国际共运黄皮书办成本学科的精品文献，并通过皮书的撰写，带动国际共运学科人才培养和学科的发展。姜辉还结合学习党的十九届六中全会决议精神，发表了他对国际共运与世界社会主义形势的看法，并对国际共运黄皮书的撰写提出了指导意见。

12月10日

"中国共产党与人类文明新形态——十九届六中全会精神研讨会"在中国人民大学举办。本次研讨会由中共中央对外联络部与中国人民大学联合主办，中共中央对外联络部世界政党研究所、中国人民大学当代政党研究平台承办。来自北京大学、清华大学、国家创新与发展战略研究会中国文明和中国道路研究会、中国艺术研究院、当代中国与世界研究院、全球化智库（CCG）以及中国人民大学的专家学者参加会议。会议以"中国共产党与人类文明新形态"为主题展开研讨，包括主旨演讲和"结合之道""弘扬之道""创新之道"专题演讲单元。在主旨演讲单元，中国社会科学院副院长、党组成员、当代中国研究所所长姜辉，以《守正创新　以现代视野接续中华文脉》为题进行发言。

12月11日

由北京市社会科学界联合会、北京市哲学社会科学规划办公室主办的2021学术前沿论坛专场举行。本次论坛以"中共百年与中国特色社会主义——学习贯彻党的十九届六中全会精神"为主题。来自北京大学、中国人民大学、中国社会科学院等本学会领域内知名专家学者，结合学习贯彻党的十九届六中全会精神，围绕中国共产党百年奋斗的重大成就与经验启示，从不同角度进行了深度研讨。与会学者认为，还需要加强持续的跟踪和研究，需要关注中国式现代化新道路、人类文明新形态、全过程人民民主等问题。学会要以习近平新时代中国特色社会主义思想为指导，立足于中国特色社会主义的伟大实践，坚持理论联系实际，对科学社会主义重大理论和实践问题进行创造性的研究。这是北京市科学社会主义学会，也是从事科学社会主义教学、研究者的责任和义务。

12月12日

中国社会科学院副院长、党组成员、当代中国研究所所长、马克思主义研究院院长姜辉出席全国马克思主义院长论坛专题研讨会开幕式并致辞。姜辉在致辞中指出，全国马克思主义院长论坛专题研讨会是中国社会科学院携手高校战线举办的一次重要学术活动，旨在深入学习领会和研究阐释党的十九届六中全会精神，深入探讨全会《决议》中提出的重大理论和现实问题，为推动党的理论创新，继续发展当代中国马克思主义、21世纪马克思主义积极努力、贡献智慧。姜辉指出，本次论坛聚焦"中国共产党百年辉煌"和"中国现代化"两大议题，意蕴深厚，立足高远，必将有助于我们以十九届六中全会精神为指引，从百年历史辉煌中总结经验，汲取力量和智慧，凝聚思想共识，推动理论创新。姜辉要求专家学者，一要深入研究我们党百年奋斗的重大成就和历史经验，汲取历史智慧，增强历史自信，充满前进力量；二要深入研究习近平新时代中国特色社会主义思想实现马克思主义中国化新的历史飞跃的重要意义，在马克思主义发展史上的重要地位，为发展21世纪马克思主义作出的原创性贡献；三要深入研究中国共产党创造中国式现代化道路、创造人类文明新形态的重大意义，在人类社会发展史、人类文明进步史上的巨大贡献。

同日

中国共产党百年农村基层党建高端论坛在中国农业大学举行。本次论坛由中国农业大学马克思主义学院、农村基层党建研究中心主办。论坛以线上线下相结合的方式举行，近百所高校的专家学者参加了会议。中央组织部原副部长、原中央党史研究室主任、中国中共党史学会原会长、中国农大农村基层党建研究中心名誉主任欧阳淞作主题报告。在论坛主旨发言环节，来自中共中央党校（国家行政学院）、北京大学、天津大学、西北农林科技大学、北京外国语大学、南京农业大学、中南民族大学、中国农业大学马克思主义学院等10位专家学者，紧紧围绕中国共产党百年农村基层党建的重大成就、成功经验和新时代农村基层党建高质量发展研究、农村基层党建引领乡村振兴等，从理论与实践等方面分享了研究论断，提出了真知灼见。

同日

学习贯彻党的十九届六中全会精神学术研讨会在吉林长春召开。本次会议以"党的十八大以来的原创思想与马克思主义中国化的新飞跃"为主题，由吉林大学、《思想理论教育导刊》杂志社共同主办。来自北京大学、清华大学、武汉大学、中山大学、天津大学、西安交通大学等国内知名高校的专家学者，通过线上线下相结合的方式参加会议。与会专家学者围绕会议主题，从各自学科领域与研究视域出发，深入阐释对于学习贯彻十九届六中全会精神的理解和认识，提出一系列有价值、有深度、有影响的见解和观点。

12月13日

《经济日报》发表了中国社会科学院副院长、党组成员、当代中国研究所所长姜辉的文章《实现共同富裕的方向原则和现实途径》。文章指出，党的十九届六中全会审议通过的《中共中央关于党的百年奋斗重大成就和历史经验的决议》（以下简称《决议》），重申中国特色社会主义新时代是"逐步实现全体人民共同富裕的时代"，在对习近平新时代中国特色社会主义思想的核心内容作进一步概括的"十个明确"中写入了"推动人的全面发展、全体人民共同富裕取得更为明显的实质性进展"的内容，并把"坚定不移走全体人民共同富裕道路"纳入"坚持人民至上"这条历史经验中。《决议》中的这些表述，集中体现了以习近平同志为核心的党中央带领全体人民实现共同富裕的重大部署、战略举措、实践成就和宝贵经验。我们要按照相关部署要求，从理论与实践的结合上全面正确认识"共同富裕是社会主义的本质要求"，在新发展阶段通过高质量发展扎实推进共同富裕。

12月14日

中国社会科学院副院长、党组成员、当代中国研究所党组书记姜辉主持召开中共当代中国研究所党组2021年第23次会议。会议审议并原则通过了当代所学习宣传贯彻党的十九届六中全会精神工作方案，责成机关党委根据会议精神进一步修改完善。会议要求，要深入学习领会《中共中央关于党的百年奋斗重大成就和历史经验的决议》精神，原原本本系统学好文件，真正做到学深学透，学以致用。要坚持唯物史观和正确党史观，深入辨析批驳历史虚无主义等错误思潮，坚决反对和抵制关于党史、新中国史问题的错误观点、错误倾向。

12月16日

中国社会科学院副院长、党组成员、宗教研究智库理事长姜辉出席"学习贯彻全国宗教工作会议精神理论研讨会暨中国社会科学院宗教研究智库揭牌活动"并致辞。姜辉指出，习近平总书记在全国宗教工作会议上的重要讲话，系统阐述了新时代宗教工作的新思想、新理念、新战略，为我们做好宗教工作指明了前进方向、提供了根本遵循。中国社会科学院宗教研究智库将以服务党和国家有关宗教问题的科学决策为宗旨，为党和国家开展宗教工作提供高效有力的理论支撑。致辞环节后，姜辉等共同为中国社会科学院宗教研究智库揭牌，并为宗教研究智库理事代表以及智库学术委员会委员代表颁发了聘书。

同日

"中国共产党政治建设的历程与经验——庆祝中国共产党成立100周年学术研讨会"召开。本次研讨会由中国井冈山干部学院主办。来自中共中央党校（国家行政学院）、海南省社科院和有关高校、干部教育培训机构的50余位专家学者参加会议。研讨会收到学术论文100余篇，收录47篇，在会交流17篇。在论文交流环节，与会学者分别从政治信仰、政治纪律、政治能力、伟大实践、宝贵经验等不同角度，对中国共产党百年政治建设的历程与经验展开深入研讨。与会专家学者一致认为，党的政治建设是一个永恒课题，从建党的开天辟地，到新中国成立的改天换地，到改革开放的翻天覆地，再到中国特色社会主义新时代取得的历史性成就、发生的历史性变革，贯穿其中的一条重要主线就是我们党始终旗帜鲜明讲政治；我们党要永葆先进性纯洁性，始终成为全国人民应对国内外各种风险挑战的主心骨，牢记打铁必须自身硬的道理，增强全面从严治党永远在路上的政治自觉；要从党的政治建设历史中汲取智慧力量，坚定把党的政治建设摆在首位，以党的政治建设为统领，继续推进新时代党的建设新的伟大工程。

12月17日

庆祝《思想政治课教学》创刊40周年暨"学党史讲思政"一体化教学研讨会在北京师范大学召开。本次研讨会由北京师范大学主办，思想政治课教学杂志社、北京师范大学哲学学院、大中小学德育一体化国家教材建设重点研究基地、教育部人文社会科学重点研究基地价值与文化研究中心和北京师范大学教材研究院承办。大中小学德育一体化国家教材建设重点研究基地研究员代表、全国各省市教研员和优秀作者代表，以及来自中央电视台、中国教育电视台、《中国教育报》和教研网等媒体记者近一百人通过线上线下方式参加会议。研讨会上，30余名专家学者、一线教师和教研员围绕党史教育如何有机融入思想政治课教学进行专题研讨，总结研究大中小学思政课一体化建设经验和规律。

同日

中国共产党为什么能够成功理论研讨会在国防大学政治学院举办。来自天津大学、中共上海市委党校、上海大学、海军军医大学等单位的军内外专家学者以及媒体和教员、学员代表等70余人参加会议。研讨会上，9名专家分别从"《中共中央关于党的百年奋斗重大成就和历史经验的决议》是对中国共产党成功之道的科学总结""马克思主义中国化在新时代新飞跃的几个重点""十个明确的理论创新""中国共产党重大历史观和凝心聚力的特殊形式""在把握时代问题中彰显中国共产党为什么能""中国共产党为什么能够成功——一个发展人民健康事业的视角""把党的建设作为我军全部工作的关键""实现中华民族伟大复兴的思维呈现和话语表达""着力把握未来继续成功的根本"等方面，对党的十九届六中全会精神进行了理论阐发和深入交流。与会代表一致表示，要通过全面系统的研究探讨，深入学习领会十九届六中全会精神的丰富内涵与核心要义，进一步深刻认识中国共产党如何赢得了历史的选择，进一步深刻认识中国共产党如何掌握了马克思主义，进一步深刻认识中国共产党如何创造了人间奇迹，从而在新的征程上更加坚定、更加自觉地牢记初心使命、开创美好未来。

12月19日

中国社会科学院副院长、党组成员、当代中国研究所所长姜辉出席北京党建引领接诉即办改革论坛。姜辉在致辞中指出，北京市以习近平新时代中国特色社会主义思想为指导，坚持以人民为中心的发展思想，着眼首都改革发展大局，坚持民有所呼、我有所应，坚持党建引领、接诉即办，形成了以市民诉求驱动超大城市治理的有效路径，值得各方面认真学习研究。接诉即办改革是北京市深入贯彻落实习近平总书记对北京重要讲话精神的具体举措，是探索国家治理体系和治理能力现代化的深刻体现，是实践和发展全过程人民民主理念的重要内容。他强调，要以北京市接诉即办改革为契机，发挥好中国特色新型智库作用，一要开展国家治理问题研究工作，始终心怀"国之大者"，二要关注首都的改革发展动态，加强相关研究的前瞻性、战略性和储备性，三要强化国际视野和战略思维，要善于借鉴国际大城市治理的优秀经验，同时讲好中国故事、传播好中国声音。

12月20日

中国社会科学院副院长、党组成员、当代中国研究所所长、马克思主义研究院院长姜辉出席第八届社会主义国际论坛并致辞。本次论坛由中国社会科学院、老挝社会经济科学院和越南社会科学翰林院联合主办，以视频会议方式在北京、万象与河内同期举行。姜辉在致辞中指出，社会主义国际论坛自2013年创立以来，聚焦社会主义国家马克思主义本土化的历史经验、社会主义建设与改革的时代进程、马克思主义执政党建设规律等重大历史与现实问题，为社会主义国家马克思主义理论界与社科学界开展多层次、多领域的思想交流、理论互鉴提供了重要的学术平台和宝贵的学术资源。新冠肺炎疫情发生以来，社会主义国家执政党始终坚持以人民为中心的发展理念，克服重重困难，保稳定、促发展、谋未来，充分体现了社会主义国家马克思主义执政党的使命担当和社会主义显著的制度优势。在新的历史时期，社会主义国家把符合本国人民根本利益和发展需要视为社会主义现代化的根本价值遵循，并在此基础上不断探索和完善社会主义现代化的理论与实践。在百年未有之大变局背景下，社会主义国家唯有团结互信、同舟共济，才能实现21世纪世界社会主义的发展振兴和人类命运共同体的美好愿景。

12月21日

全国老干部工作先进集体和先进个人表彰大会在京召开。中共中央总书记、国家主席、中央军委主席习近平作出重要指示，代表党中央向大会的召开致以热烈的祝贺，向全国广大老干部致以崇高的敬意，向全国老干部工作者致以诚挚的问候。习近平指出，回顾党的百年奋斗历程，广大老干部亲历了中华民族迎来从站起来、富起来到强起来的伟大飞跃，对初心使命矢志不渝、对理想信念坚定执着、对党和人民事业无比忠诚，作出了重要贡献。希望广大老干部不忘初心、牢记使命，坚持老有所为、继续发光发热，弘扬党的优良传统、赓续红色血脉，讲好党百年奋斗重大成就和历史经验的故事，积极为实现第二个百年奋斗目标和中华民族伟大复兴贡献智慧和力量。

同日

中国社会科学院副院长、党组成员、当代中国研究所所长、马克思主义研究院院长姜辉出席第十二届世界社会主义论坛并致辞。姜辉指出，进入21世纪第三个十年的时候，人们越来越认同的一个具有标志性的重要事实和发展趋势是：世界处于百年未有之大变局，而中国则成为世界大变局的主要推动力量。中国特色社会主义新时代的发展奇迹和巨大贡献，是中国历史进程中的精彩篇章，也是人类社会发展史上的伟大创造。中国特色社会主义打破了所谓"普世价值"的神话和"唯一选择"，为人类社会发展和对更好社会制度的探索提供了中国智慧和中国方案，提供了一个崭新的方向，一种全新的选择，一个光明的前途。

12月22日

《习近平讲党史故事》一书由人民出版社出版发行。该书精选习近平总书记讲述过的80余个党史故事,进行深入浅出的解读和阐释。习近平总书记高度重视党史的学习宣传,强调要讲好党的故事、革命的故事、根据地的故事、英雄和烈士的故事,加强革命传统教育、爱国主义教育、青少年思想道德教育,把红色基因传承好,确保红色江山永不变色。《习近平讲党史故事》收录的故事内容感人至深、思想丰富深刻、语言通俗易懂,紧扣党为中国人民谋幸福、为中华民族谋复兴的奋斗足迹,体现了中国共产党人独特的价值追求,帮助读者从理论与实践的结合上深刻理解中国共产党为什么能、马克思主义为什么行、中国特色社会主义为什么好。

12月24日

中共中央总书记、国家主席、中央军委主席习近平近日作出重要指示指出,在全党开展党史学习教育,是党中央立足百年党史新起点、着眼开创事业发展新局面作出的一项重大战略决策。一年来,各级党组织认真贯彻党中央部署,按照学史明理、学史增信、学史崇德、学史力行的要求,精心组织实施、有力有序推进,整个党史学习教育求实、务实、扎实,广大党员、干部受到了一次全面深刻的政治教育、思想淬炼、精神洗礼,全党历史自觉、历史自信大大增强,党的创造力、凝聚力、战斗力大大提升,达到了学党史、悟思想、办实事、开新局的目的。习近平强调,要认真总结这次党史学习教育的成功经验,建立常态化、长效化制度机制,不断巩固拓展党史学习教育成果。要聚焦学习贯彻党的十九届六中全会精神,推动全党学深悟透党的创新理论,弘扬伟大建党精神,坚定走好中国道路、实现中华民族伟大复兴的信心和决心,团结带领全国各族人民满怀信心奋进新征程、建功新时代,以实际行动迎接党的二十大胜利召开。

党史学习教育总结会议12月24日在京召开。会议指出,习近平总书记的重要指示,从政治和全局的高度,深刻阐明开展党史学习教育的重大意义,充分肯定党史学习教育的显著成效和重大成果,对深入学习贯彻党的十九届六中全会精神、推动党史学习教育常态化长效化提出明确要求,为总结好、巩固好、拓展好党史学习教育提供了重要遵循。我们要深入学习领会、坚决贯彻落实。黄坤明在会上传达了习近平的重要指示并主持会议。

12月25日

中国社会科学院副院长、党组成员、当代中国研究所所长、马克思主义研究院院长姜辉出席"学习贯彻党的十九届六中全会精神暨习近平总书记在庆祝中国共产党成立100周年大会上的重要讲话精神理论研讨会"并致辞。本次会议在北京和江西南昌采用线上线下相结合的方式举行。姜辉在致辞中指出，本次论坛聚焦"十九届六中全会"和"习近平总书记在庆祝中国共产党成立100周年大会上的重要讲话"两大议题，旨在为深入研究习近平新时代中国特色社会主义思想，为研究阐释和推动发展当代中国马克思主义、21世纪马克思主义贡献智慧，是中国社会科学院与高校战线又一次重要学术盛典。姜辉指出，研究党的百年历史，一是深入研究我们党百年奋斗的重大成就和历史经验，把准历史脉络、洞悉历史规律、增强历史自信，凝聚思想共识，激发奋进力量；二是深入研究习近平新时代中国特色社会主义思想的创立与实现马克思主义中国化新的历史飞跃的重要意义；三是深刻认识两个确立对新时代党和国家事业发展、对推进中华民族伟大复兴历史进程具有的决定性意义。

12月27—28日

中共中央政治局召开党史学习教育专题民主生活会，以弘扬伟大建党精神，坚持党的百年奋斗历史经验，坚定历史自信，不忘初心使命，勇于担当作为，走好新的赶考之路为主题，联系中央政治局工作，联系带头严格执行中央政治局关于加强和维护党中央集中统一领导的若干规定，联系带头贯彻落实习近平总书记重要指示批示和党中央决策部署的实际，联系带头学党史、悟思想、办实事、开新局的实际，联系带头严格执行中央八项规定及其实施细则和解决形式主义突出问题、为基层减负的实际，回顾一年来中央政治局加强自身建设情况，总结成绩，查摆不足，进行党性分析，开展批评和自我批评。中共中央总书记习近平主持会议并发表重要讲话。习近平在讲话中对中央政治局各位同志的对照检查发言进行了总结，并就中央政治局贯彻落实中央八项规定及其实施细则提出了要求，认为这次专题民主生活会开得很好、很有成效，交流了思想，检视了问题，明确了方向，是中央政治局的同志开展党史学习教育的成果检验，对迎接党的二十大胜利召开具有重要意义。大家的意见和建议对改进中央政治局的工作很有帮助。

12月28日

中国社会科学院召开创新工程2021年度重大科研成果发布会，发布23项重大科研成果。由当代中国研究所承担编写、当代中国出版社联合出版的《中华人民共和国简史》入选。当代中国研究所副所长、当代中国出版社社长李正华在会上作了成果汇报。

12月29日

以"中国共产党和老挝人革党领导各自国家探索建设社会主义的重大成就和历史经验"

为主题的第九次中老两党理论研讨会通过视频方式举行。中共中央政治局委员、中央书记处书记、中宣部部长黄坤明和老挝人革党中央政治局委员、中央书记处书记、中央纪委书记、国家监察总署署长坎潘·蓬马塔出席并作主旨报告，老挝人革党中央书记处书记、中宣部部长、中央理论委员会主席坎潘·培亚冯出席。中国社会科学院副院长、党组成员、当代中国研究所所长姜辉参加会议并作交流发言。

同日

以"中国共产党和越南共产党领导各自国家探索建设社会主义的重大成就和历史经验"为主题的第十六次中越两党理论研讨会通过视频方式举行。中共中央政治局委员、中央书记处书记、中宣部部长黄坤明和越共中央政治局委员、中央理论委员会主席、胡志明国家政治学院院长阮春胜出席并作主旨报告。中国社会科学院副院长、党组成员、当代中国研究所所长姜辉参加会议并作交流发言。

12月30日

北京师范大学马克思主义学院、中共党史党建研究院联合举办"中共党史党建一级学科建设研讨会"。来自清华大学、北京大学、中国人民大学、中共中央党校（国家行政学院）、武汉大学、华东师范大学、北京市委党校（北京行政学院）、华南师范大学、复旦大学、南京大学、东北师范大学等知名专家学者，以及学院师生共300余人参加研讨会。在专家发言环节，11位中共党史党建专家学者围绕新时代中共党史党建一级学科建设的主要内容、目标定位、学科体系、学术体系、话语体系等主题进行了深入探讨。专家学者一致认为，成立中共党史党建一级学科，既是继承发扬中国共产党重视党史党建工作的优良传统和全面从严治党的现实要求，更是紧密围绕党和国家工作大局，坚持把以史为鉴、资政育人作为根本任务，积极发挥高校作为党史党建工作重要阵地作用，培养造就一支政治素质强、专业水平高的党史党建人才队伍的迫切要求。

12月

为推动党的十九届六中全会精神学习宣传贯彻，进一步把党史学习教育引向深入，中央宣传部组织编写了《中国共产党历史学习百问》。目前该书已由学习出版社出版发行。这本书紧紧围绕中国共产党百年奋斗的重大成就和历史经验，梳理出130多个关于党的历史的重大问题，邀请多位知名专家学者线上与广大网友面对面交流，在此基础上组织进行集中的回答和解读。该书以习近平新时代中国特色社会主义思想为指导，坚持唯物史观和正确党史观，从历史逻辑、理论逻辑、实践逻辑的结合上，以问答体的形式对党史上的重大事件、重要会议、重要人物作了深入浅出的阐释和科学正确的评价，观点权威准确，语言通俗易懂，文风清新朴实，可作为干部群众、青年学生进行理论学习和开展党史学习教育的重要辅助读物。

同月

《中华人民共和国政治史》由当代中国出版社出版，它是中华人民共和国史系列教材之一，从中华人民共和国史的大背景出发，根据新中国政治发展的客观实践，借鉴国史、党史等相关研究的最新成果，系统反映从1949年新中国成立到2020年，70多年来中华人民共和国社会主义民主政治建设产生、发展的全过程。

（供稿：吴文红）

附　录

研究机构和学会

一、当代中国研究所

(一) 基本情况

1990年6月，中共中央批准成立当代中国研究所。当代中国研究所的主要任务是研究、编纂和出版新中国史，搜集和编辑有关新中国史资料，参与新中国史宣传教育，联系与协调各地区、各部门的新中国史研究工作。当代中国研究所成立之初，由中央党史领导小组负责政治上指导，行政上由中国社会科学院代管。

1993年春，原中央顾问委员会秘书长李力安同志担任当代中国研究所所长。2001年1月，朱佳木同志被任命为中国社会科学院党组成员、副院长兼当代中国研究所所长。2003年10月，中央明确由刘云山同志代表中央书记处负责联系当代中国研究所。2011年5月12日，当代中国研究所变更隶属关系，成为中国社会科学院直接管理的研究所。2012年4月，李捷同志被任命为中国社会科学院党组成员、副院长、当代中国研究所所长。2014年5月，荆惠民同志被任命为中国社会科学院党组成员、当代中国研究所所长。2018年12月，姜辉同志被任命为中国社会科学院党组成员、当代中国研究所所长；2021年7月，姜辉同志被任命为中国社会科学院副院长。

当代中国研究所成立以来，始终围绕党和国家工作大局，履行"修史、资政、育人、护国"职责。经中共中央批准，组织完成《当代中国》丛书编修，至1999年共出版154卷213册，总发行量为491万余册。2003年，启动国家编年史性质的《中华人民共和国史编年》修撰工作，已完成25卷。2012年9月23日，经中央批准，当代中国研究所编写的多卷本《中华人民共和国史稿》，由人民出版社、当代中国出版社出版，在全国发行。

党的十八大以来，以习近平同志为核心的党中央高度重视党史新中国史。为深入贯彻习近平总书记系列重要讲话精神，充分发挥新中国史研究以史鉴今、修史护国、资政育人的作用，在庆祝新中国成立70周年之际，编写出版《新中国70年》；在中国共产党成立100周年之际，配合全党开展党史学习教育和"四史"宣传教育，完成中央指定教材《中华人民共和国简史》编写，参与《中国共产党简史》《改革开放简史》撰写修改。承担并参与完成中宣部交办的大型文献专题片《敢教日月换新天》脚本撰写。参加编写《中国共产党历史学习百问》。心系"国之大者"，聚焦重大理论和现实问题，强化信息对策研究的专业性、针对性、战略性，取得显著成效，连续8年荣获中国社会科学院优秀对策信息组织奖。扎实组织开展思想理论写作，设立"国史研究中的历史虚无主义问题及对策建议"等项目，在中央主流媒体和重要学术刊物发表《历史虚无主义问题的实质是历史观问题》《改革开放以来中国共产党领导反对历史虚无主义的实践与经验》等理论文章80余篇，深刻批驳和抵制历史虚无主义等错误思潮，坚决捍卫新中国史研究主流意识形态阵地。

中国特色社会主义进入新时代，当代中国研究所以习近平新时代中国特色社会主义思想为指导，认真落实党中央和院党组决策部署，推动基础理论研究与应用对策研究融合发展，扎实开展以重大理论问题、重大现实问题、重大历史经验研究为重点的应用对策研究，统筹推进《中华人民共和国史》多卷本、《新编中国通史·中华人民共和国》卷、《新编中国通史纲要》、《中华人民共和国史稿》（第五至七卷）、《中华人民共和国史编年》、《中华思想通史》等研究项目，强化意识形态阵地和高端智库建设，全面提升科研管理和行政后勤保障水平，以高质量党建引领促进内涵式、可持续长远发展，以新中国史研究的丰硕成果和优异成绩为实现中华民族伟大复兴中国梦提供理论支撑和智力支持。

当代中国研究所致力于中华人民共和国史学科建设。建有面向全国征文的国史学术年会制度和每五年举办一次的当代中国史国际高级论坛制度，设有中华人民共和国史博士后流动站，接收国内外国史研究访问学者。定期举办旌勇里国史讲座和国史专题研讨会，积极搭建国史研究交流平台。与俄罗斯科学院远东研究所签订了长期科研合作交流协议，每年进行学者交流活动。

联系地址：北京市地安门西大街旌勇里8号，网址：http://www.iccs.cn。

（二）2021年主要工作

全力以赴开展创新工程项目研究。一是有序推进《中华人民共和国史》多卷本项目。制定编写工作方案，完成大纲编制和基本资料收集工作。二是高效推进《新编中国通史·中华人民共和国》卷编写工作。三是扎实推进《中华人民共和国史稿》（第五至七卷）修撰，完成修订工作。该项目获得国家出版基金项目资助。四是稳步推进《中国大百科全书（第三版）》（国史卷）编纂。五是《国史编年》项目进展顺利。1979年卷、1980年卷进入统稿定稿阶段。1981年卷完成初稿。1977年卷15万字、1978年卷30万字定稿。六是《中华思想通史》项目完成《中华思想通史绪论》。第十五卷资料长编已提交约600万字电子版，正本写作完成59.5万字。第十六卷展开大纲讨论，开展初稿撰写工作。

信息报送工作取得新突破。心系"国之大者"，围绕"两个大局"，聚焦重大理论和现实问题，强化信息对策研究的专业性、针对性、战略性，取得显著成效。截至2021年12月底，共报送信息稿件222篇，刊发201篇。荣获中国社会科学院2020年度优秀对策信息组织奖。有关个人奖项35项，其中一等奖2项、二等奖3项、三等奖30项。

新中国史研究成绩显著。完成中央和省部级交办的委托任务31项。发表权威期刊论文10篇，专著13部，核心期刊论文82篇，一般期刊论文53篇。《新中国70年》荣获第五届中国出版政府奖，入选第五届全国党员教育培训教材展示交流活动"精品教材"。《中华人民共和国简史（1949—2019）》入选第五届全国党员教育培训教材展示交流活动"优秀教材"。

围绕重大主题开展学术交流。以"建党百年与新中国史研究""全面建成小康社会的成就与经验""中国共产党百年奋斗与历史巨变"等为主题召开第二十一届国史学术年会、学习党的十九届六中全会精神座谈会等5场学术研讨会，举办旌勇里大讲堂2次。

编撰完善中央党史学习教育指定书目《中华人民共和国简史》，撰写大型文献专题片《敢教日月换新天》脚本。

（三）下设机构

当代中国研究所下设办公室、科研办公室和政治史研究室、经济史研究室、文化史研究室、社会史研究室、外交史与港澳台史研究室、理论研究室。主办《当代中国史研究》（双月刊）（网址：http：//ddzgs.ajcass.org）、中华人民共和国国史网（网址：www.hprc.org.cn）、中华人民共和国国史学会（网址：www.hprc.org.cn/gsyj/yjjg/zggsyjxh/）；主管当代中国出版社（网址：www.ddzg.net）；在中国社会科学院大学设有中华人民共和国国史系。所内设有学术委员会和高级专业技术资格评审委员会，以及政治与行政制度史研究中心、文化建设与发展史研究中心、"一国两制"史研究中心、新中国历史经验研究中心、中国社会科学院"陈云与当代中国"研究中心等5个非实体研究中心。

1. 《当代中国史研究》杂志

《当代中国史研究》（陈云题写刊名）是关于中华人民共和国史的唯一专业学术期刊，1994年1月创刊，国内外公开发行，现任主编李正华。该刊是国家哲学社会科学学术期刊数据库收录期刊、国家哲学社会科学文献中心收录期刊、国家社会科学基金资助期刊、中国人文社会科学期刊AMI综合评价（A刊）核心期刊、中文社会科学引文索引（CSSCI）来源期刊、全国最佳史学刊物和中国社会科学院优秀期刊。该刊一贯重视学术规范和学风建设，由国史学界知名专家担任编委，实行编辑部三审制与专家匿名审稿制相结合的编审制度，主要栏目包括：政治史研究、经济史研究、文化与科技史研究、社会史研究、外交史研究、国防与军事史研究、中国特色社会主义制度研究、改革开放史研究、国家社会科学基金研究成果、人物研究、地方史研究、海外观察、调查与研究、图书评介、学术动态、论点摘编、篇目索引等。

2021年，该刊开设了"学习贯彻中共十九届五中全会精神笔谈""庆祝中国共产党成立100周年""中国特色社会主义制度研究"三个专栏，并围绕西藏和平解放70周年、揭露和批驳历史虚无主义等错误思潮和错误观点等刊发了一系列主题宣传文章，与相关单位联合举办了"百年恰是风华正茂——中国共产党百年奋斗与历史巨变""建党百年与建设社会主义现代化国家成就和经验""中国共产党百年红色文化研究"三场学术研讨会。该刊2020年第5期刊发了"纪念中国人民志愿军抗美援朝出国作战70周年"专题文章《英明的决策、胜利的结果、伟大的意义》《敢于斗争、善于斗争的光辉典范》《十年来抗美援朝史研究述评》，该组文章2021年11月被中宣部出版局评为"第五届期刊主题宣传好文章"。该刊2020年第4期刊发的《新中国成立初期传统农业改造研究》一文2021年6月被评为山西省社会科学联合会2020年度"百部（篇）工程"三等奖。该刊2021年共有19篇（次）文章被《新华文摘》《中国社会科学文摘》《人大复印报刊资料》《高校社会科学文摘》等转载，其中有8篇被《新华文摘》《中国社会科学文摘》全文转载或作论点摘编。该刊被评为中国社会科学院（2020）"优秀学术期刊"；被国家哲学社会科学文献中心评为"2016—2020年最受欢迎期刊"。编辑部郑珺被评为中国社会科学院（2020）"优秀期刊编辑"。

2. 当代中国出版社

当代中国出版社（当代中国音像电子出版社）成立于1991年，是全国唯一专业出版新中国史研究成果以及记录当代中国发展成就的中央级出版社，是以国史文献资料、研究著作和国史、党史大众读物为特色的专业出版机构，主要出版反映中华人民共和国史研究成果的图书、音像和电子读物，出版当代中国哲学社会科学学术成果和重要研究著作。近年来，出版了《中华人民共和国史稿》《新中国70年》《中华人民共和国史编年》、"中华人民共和国史研究丛书"（第二版）、"当代中国历史经验研究丛书"和《中华人民共和国简史（1949—2019）》等一批中宣部主题出版重点图书、"十三五"规划重点图书、国家出版基金项目和"走出去"图书。推出了当代中国口述史系列。出版了全面、权威反映新中国发展成就并享誉全球的《当代中国》丛书、以中央军委授权编写的共和国元帅传为代表的《当代中国人物传记》丛书以及《当代中国城市发展》丛书等由中央宣传部布置各省市自治区、各部委、各行业、解放军各总部组织编写的大型丛书。其中，1999年《当代中国》丛书获第四届国家图书奖荣誉奖，2000年《当代中国》丛书电子版获首届国家电子图书奖荣誉奖。

2021年，该社出版了"四史"学习教材《中华人民共和国简史》，《中华人民共和国史编年》（2018年卷），"当代中国"系列之《当代中国的经济特区》《当代中国的铁道事业》《当代中国的人民政协》《当代中国的经济体制改革》等，"中华人民共和国史系列教材"之《中华人民共和国政治史》《中华人民共和国经济史》《中华人民共和国外交史》《中华人民共和国史研究的理论与方法》，还出版了《当代上海的民生建设研究》等。2021年该社出版的多种图书获得重要奖项，并入选国家级出版规划、重点工程、国家资助项目。《新中国70年》荣获第五届中国出版政府奖。《中华人民共和国简史》被列入中宣部2021年主题出版重点出版物。《中华人民共和国史稿》（五至七卷）获得国家出版基金项目资助。《新中国70年》入选第五届全国党员教育培训教材展示交流活动"精品教材"。《中华人民共和国简史（1949—2019）》入选第五届全国党员教育培训教材展示交流活动"优秀教材"。《中华人民共和国史稿》（五至七卷）、《世界马克思主义与左翼研究论丛》、《当代中国丛书》（续编）入选"十四五"图书出版规划。《中华人民共和国简史（1949—2019)》（有声读物）、当代中国人物传记·共和国开国将帅传（有声读物）入选"十四五"音像电子出版规划。

3. 中华人民共和国国史系

中华人民共和国国史系（简称国史系）以当代中国研究所为依托，成立于2001年。国史系现有中国史、中共党史两个专业的博士学位授予点和硕士学位授予点；设有中国当代政治史、经济史、文化史、社会史、外交史和中华人民共和国史、中国共产党执政史等研究方向；开设中国当代史研究、中国特色社会主义理论发展史、中国当代史史料学等专业基础课，中国当代政治史、经济史、文化史、社会史、外交史和中国共产党执政史等专业方向课，中国改革开放史、中国特色反腐倡廉道路、当代中国农村经济与乡村社会、当代中国社会主义意识形态建设历史经验、"一国两制"及港澳台史、中国当代国防史等选修课。现任系主任为当代中国研究所副所长、当代中国出版社社长、《当代中国史研究》主编李正华研究员。

4. 非实体研究中心

当代中国政治与行政制度史研究中心成立于2010年，行政上隶属当代中国研究所。中心主任为当代中国研究所副所长李正华研究员，副主任兼秘书长为政治史研究室主任张金才研究员。中心日常工作依托当代所政治史研究室组织和开展，现有成员10人。中心以习近平新时代中国特色社会主义思想为指导，以组织协调所内外研究力量推进当代中国政治与行政制度史研究，开展相关学术交流与合作为宗旨。中心2021年参与举办了"建党百年与建设社会主义现代化国家成就和经验"学术研讨会暨第二届中国当代政治史研究述评会。

当代中国文化建设与发展史研究中心成立于2009年，是以当代中国文化建设与发展史为研究对象的非实体性学术研究组织，在当代中国研究所所务委员会领导下，按照中国社会科学院及当代中国研究所有关规定开展学术活动，中心受当代中国研究所所务委员会领导，日常工作由文化史研究室负责，重大事项须报经所务委员会审定。第一届主任由文化史研究室主任刘国新担任。2015年换届，中心现任主任为欧阳雪梅。中心成立以来，组织编纂了《中华人民共和国文化史》，以及国史中涉及文化建设与发展的部分，并从事相关课题的调研。2021年，中心参与举办了"中国共产党百年红色文化研究"学术研讨会和第二届"科学家精神论坛"，中心负责人发表了《坚持不懈地推进社会主义文化强国建设》（《当代中国史研究》2021 年第 1 期）；完成了《中国共产党重要文献汇编》第 5、6 卷，党和国家功勋荣誉馆上展文本及《中国共产党宣传工作简史》上卷审稿任务。

"一国两制"史研究中心成立于 2009 年 8 月。中心以马列主义、毛泽东思想、邓小平理论、"三个代表"重要思想和科学发展观、习近平新时代中国特色社会主义思想为指导，组织协调所内外力量推进"一国两制"史研究、开展相关学术交流与合作。中心首任主任为张星星，首任副主任为丁明、罗燕明（兼秘书长），现任主任是张星星，现任副主任是王巧荣，现任秘书长是孙翠萍。中心自成立以来，成员罗燕明、王巧荣、张勉励、孙翠萍等多次赴台湾、香港、澳门等地访学、调研，不断推进"一国两制"史研究工作。2019 年度，中心获中国社会科学院非实体研究中心 A 级中心评价。2021 年，中心完成的主要工作：一是推进台港澳思想史研究，该项目为院重大课题中华思想通史社会主义社会（初级阶段）编的子课题。写作组已基本完成台港澳思想史研究初稿。二是推进"一国两制"史研究工作，当代所重点课题中华人民共和国"一国两制"史已经完成并通过评审，新增"一国两制"史大事记部分。三是持续推进"一国两制"史中心数据库建设工作，为深化"一国两制"史研究积累了一定的宝贵海内外学术档案资料。四是召开"当前海峡两岸关系及瞻望座谈会"。

新中国历史经验研究中心成立于 2009 年 10 月 29 日，主要依托当代中国研究所理论研究室开展业务工作。宋月红担任中心主任，王爱云、王瑞芳、姚力担任副主任。2021 年，中心开展了"《中华人民共和国史》新时代两卷研讨会""当代中国史理论学科新进展研讨会"，中心主任宋月红发表了《铸牢中华民族共同体意识推进新时代西藏长治久安和高质量发展》（《西藏民族大学学报》2021 年第 6 期）和《中国共产党百年来对建设社会主义现代化强国的探求和发展》（《马克思主义研究》2021 年第 11 期），中心主任宋月红主持、新中国历史经验研究中心主要人员参加了阐释十九届五中全会精神国家社科基金重大项目"加强党史、新中国史、改革开放史、社会主义发展史教育研究"，立项时间为 2021 年 4 月。

中国社会科学院"陈云与当代中国"研究中心前身为 2010 年中国社会科学院批准成立的当代中国研究所"陈云与当代中国"研究中心，2015 年经中国社会科学院批准升格为院非实体研究中心。主管单位为当代中国研究所。中心理事长为朱佳木，副理事长为张启华、董志凯，秘书长为张星星；中心主任为武力，副主任为宋月红、陈东林、徐建平。中心网站为"陈云研究网"（http：//cyyj. cssn. cn/），内设文论摘编、研讨与纪念、著述与资料、重点推介、学术成果、回忆与轶闻、图片与影视等栏目。2021 年，中心参与举办了主题为"建党百年与陈云"的第十五届"陈云与当代中国"学术研讨会和"陈云与东北解放战争中的'七七'决议"座谈会，中心理事长朱佳木应邀到中央社会主义学院作题为《陈云的生平、贡献、思想和风格》的报告，应邀前往吉林省白山市出席重大革命题材文献记录片

《东北战场的抉择——七道江会议》开机仪式，并为白山市委理论学习中心组（扩大）学习会作题为《陈云在东北解放战争中的贡献与"四保临江"战役胜利的原因及启示》的专题辅导报告，中心理事长朱佳木主持、中心副主任陈东林具体负责，将第八届至第十三届"陈云与当代中国"学术研讨会入选论文中的优秀论文，编辑了《"陈云与当代中国"学术研讨会论文集》第三辑，经送审后，将于2022年由当代中国出版社出版。

（供稿：当代中国研究所）

二、北京大学中华人民共和国史研究中心

（一）基本情况

北京大学中华人民共和国史研究中心（简称"北大国史中心"）成立于2020年10月，是北京大学深化共和国史研究、践行"四史"教育国家战略而设立的实体学术机构。

当代中国处于信息媒介多元化发展的时代，其时代特色的鲜明，更是前所未有。相较其他历史时期，文物文献的数量更为浩繁，类型更加丰富。无论革命还是建设，均累积了极为纷繁丰厚的历史资源，值得深入记述、探讨与总结。然因民间史料保存意识淡漠，且随着历史亲历者的逝去，当代中国的史料文献散佚、历史记忆消失相当严重。北大国史中心致力于当代史料文献的征集、典藏与共享，搭建国史研究文献数据交流平台。

北大国史中心是北京大学为推动共和国史的跨学科交叉研究而建立的实体学术机构。中心旨在从全球视野、文明传统、学科交叉等多个维度为共和国史研究提供一个跨学科合作与成果互鉴的学术中心，依托并深度整合北大相关学术资源，凝聚、延揽、培育国史研究高端人才，努力打造具有国际一流水平和鲜明北大特色的国史研究重镇。

北大国史中心成立以来，组建了国际评鉴委员会、学术委员会及行政团队，聘请当代中国历史研究领域的资深学者担任中心研究员。2021年中心设立当代中国史料馆。北大国史中心位于北京大学燕园校区内，联系电话：62750045，中心邮箱：ggszxbgs@pku.edu.cn。

（二）2021年主要工作

2021年配合中国共产党建党百年，开展了一系列以"四史"为主题的科研、教学工作，并取得显著成绩。

1. 科研成果

（1）学术资政：北大国史中心副主任黄道炫于1月向党办校办报送的决策咨询信息《海外中共研究的新趋向》，上报中央办公厅，被中央办公厅有关刊物采用。3月，中宣部、教育部等筹备建党百年理论研讨会，北大国史中心有5篇论文应征。

（2）研究项目：北大国史中心博雅博士后赵旭铎成功申请国家社科基金青年项目"英

中心架构

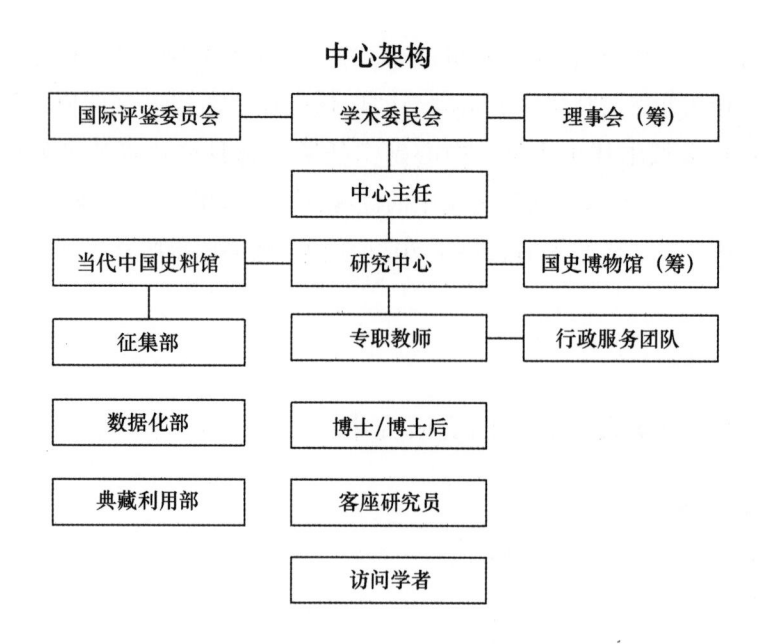

```
国际评鉴委员会 —— 学术委民会 —— 理事会（筹）
                    |
                  中心主任
                    |
当代中国史料馆 —— 研究中心 —— 国史博物馆（筹）
      |             |
   征集部         专职教师 —— 行政服务团队
      
   数据化部      博士/博士后

   典藏利用部    客座研究员

                 访问学者
```

式社会主义在近代中国的传播（1919—1949）"；北大国史中心博雅博士后黄江军接受委托，主持国家社科基金"抗日战争研究专项工程"课题"毛泽东著作全文数据库建设"。

（3）为配合"四史"教育，北大国史中心新开设了三门课程，深受学生欢迎。

①北大国史中心主任王奇生开设的研究生课程：中华人民共和国史专题；

②北大国史中心副主任黄道炫开设的本科生课程：中共党史专题；

③北大国史中心副主任张静开设的本科生课程：改革开放史专题。

2. 学术活动

（1）学术会议

2021年8月，北大国史中心与文研院联合举办了"跨学科对话：百年中国与世界"论坛。共有85位海内外学者参会，与会专家分别来自历史学、文学、哲学、政治学、经济学、社会学、教育学、民族学和法学等九个学科，是一次真正的跨学科对话，是北京大学纪念中共建党百年举办的高端学术研讨会。

（2）学术论坛

2021年5月，北大国史中心与文研院联合举办了"中共革命研究的新视野"系列论坛。论坛选取中共革命研究领域近些年较为学界注意且形成一定研究基础的新视角逐场讨论。论坛呈现地域、概念史、政治文化等党史国史研究新视野的同时，亦引起对中共革命的特殊性、中共革命与20世纪中国史的关联、中共革命研究的方法论等议题的反思。

（3）学术讲座

2021年3月至6月，北大国史中心面向全校师生举办"党史、国史系列讲座"，共计12

讲，讲题涉及中共早期革命与早期社会主义道路、中共根据地、抗日战争、群众动员、建国初期政治文化、工业建设、科技交流等众多领域，是北京大学2021年最具影响力的党史国史学术讲座。

2021年4月至11月，北大国史中心还与校工会联合举办"纪念建党百年系列讲座"，受到全校师生的欢迎。该系列讲座计入北大干部培训学时。

（4）学术交流

为促进海内外学界在中华人民共和国史领域内的交流与合作，北大国史中心微信公众号特别设立"海外研究动态"栏目，向国内同仁介绍海外学者的最新研究，以期在更广阔的学术视野中理解、回应乃至超越西方学界的既有范式。

（5）工作坊

开展中共革命研究的新视野系列工作坊。

（供稿：张　静）

三、当代上海研究所

（一）基本情况

当代上海研究所前身为《当代中国·上海卷》编辑部，1986年成立，为财政全额拨款事业单位，隶属上海市委宣传部直接管辖。1992年，转由上海市地方志办公室代管，1997年8月，更名为当代上海研究所。

2011年3月上海市人力资源和社会保障局复函确定当代上海研究所是以专业技术岗位为主的事业单位，设置岗位总量10个，其中，管理岗位3个，专业技术岗位7个。2011年12月市机构编制委员会同意当代上海研究所整建制划归上海市地方志办公室管理。现在编6人，单位级别为正处级，系公益一类事业单位。

当代上海研究所主要承担编写当代上海历史文献资料、书籍，组织研究当代上海政治、经济、文化和社会发展重大问题，举办国际、国内学术交流活动等职能，联系方式为021-64181098，电子邮箱：ddshyjs@shtong.gov.cn。

（二）2021年主要工作

2021年，当代上海研究所一如既往推进长三角当代史研究工作，以所传统研究项目《长江三角洲发展报告》和《21世纪上海纪事》工作为主，另外积极开拓新的研究领域，推进"长三角城市宜居指数报告"等项目撰写。

《长江三角洲发展报告》是当代上海研究所长期以来坚持的方向，自2007年以来坚持以一年一版的出版频率，在长三角一体化成为国家战略后，《长江三角洲发展报告》的撰写工作意义高度体现。2021年，经过长期努力，《2020长江三角洲发展报告·生态环境建设研究》于4月按期出版面世。《2021长江三角洲发展报告·传统村落空间保护研究》完成撰写，交付出版社准备出版，《2022长江三角洲发展报告·媒体合作研究》完成选题、资料收集等前期工作，进展顺利。

此外，《21世纪上海纪事2019—2020》完成编写工作，由于新闻出版社相关要求，出版时间延迟，未能于年内出版。

组织和参与学术活动。一方面，当代上海研究所积极加强横向联系，在全国性会议中增强自身研究水准。9月下旬，一如既往地赴广州出席"第22届中国皮书年会"。10月下旬，与上海市地方志办公室、复旦大学等单位协办"2021年地方志理论研讨会"。另一方面，针对本所特色工作，借鉴"他山之石"，9月召开"长三角发展报告"选题策划会，邀请上海社科院、市一大会址纪念馆、上海开放大学、上海市教委所属的上海教育报刊总社、崇明生态发展研究院等方面的专家、学者汇聚一堂，畅所欲言、各抒己见，取得了一定的收获。12月，邀请专家对"长三角城市宜居指数报告"提供建议，初步开题成功。

同时，当代上海研究所结合自身实际、发挥自身特色、考虑防疫形势，自9月初便筹备"考察上海'四至'活动"，在理论知识的指导下，进一步加深对上海行政区域的感性认识，印证理论联系实际这一学术研究方法。10月26日组织第一次，赴浦东新区（南汇）新城镇圆坨口岸世纪塘路考察上海"东至"，此后又陆续考察"北至"（崇明区新村乡新庄村长江口）、"南至"（金山区杭州湾金山卫镇裴家弄南滨海、浙沪交界处，即大金山岛）和"西至"（青浦区商榻镇陆家湾涨水盂，毗邻江苏周庄）。此外，10月，当代上海研究所展开"长三角传统村落考察活动"，赴浙江绍兴、丽水等地实地考察传统村落保存现状，取得了一定的收获。

（供稿：张　莉）

四、当代安徽研究所

（一）基本情况

当代安徽研究所前身为1985年设立的《当代中国》丛书安徽卷编辑部。1992年，经安徽省编委批准成立当代安徽研究所，为安徽省社会科学院直属研究所之一。当代安徽研究所历任所长朱文根研究员、朱来常研究员、沈葵研究员，历任副所长胡卫星研究员、徐本纯副研究员。现任当代安徽研究所所长、党支部书记邢军研究员，副所长赵胜研究员，党支部副书记童地轴。全所现有科研人员9人，其中研究员2人，副研究员3人，助理研究员3人，研究实习员1人。

当代安徽研究所成立以来，主持完成国家社会科学基金项目重大项目"农民工与城市公共文化服务体系研究"1项、国家社会科学基金项目"中国社会阶层结构变迁研究""扩大中等收入者比重研究""中国百县市经济社会跟踪调查——马鞍山卷""村委会'组合竞选法'的经验研究""农业生产合作社制度与农村社会变迁研究"等6项、安徽省哲学社会科学重大规划项目2项、重点项目3项、一般项目6项、安徽省软科学项目3项、安徽省领导圈定课题6项、安徽省社会科学创新课题3项，主持完成国家、省、市、县（市、区）各级组织及企事业单位招标或委托课题40余项，先后编纂出版学术著作50余部，发表学术论文300余篇，完成研究报告60余篇。

当代安徽研究所建所以来，主编和参编的代表性著作有：《当代安徽纪年》《中国发展全书·安徽卷》《当代安徽简史》《安徽历史名人词典》《安徽通史·新中国卷（1949—1952）》《当代安徽概览》《安徽六十年》《起点——中国农村改革发端纪实》《皖江开发史》《安徽农村税费改革：实践与探索》《皖台交往史略》《改革开放的"安徽样板"》《中国改革开放全景录·安徽卷》《安徽文化发展报告》《安徽城市发展报告》《安徽信用发展报告》《安徽文化年鉴》《安徽省开发区年鉴》《城市社区建设研究》《走进徽商》《工业文化纵论》《全民创业读本》《安徽历史》《安徽民俗》《安徽诗歌》《与高尚同行——中国青年志愿者行动纪实》《中国中部省会城市社会结构变迁——合肥市社会阶层分析》《大社区治理的合肥模式》《合肥通史》《新中国的福利房制度》《技术创新与工业结构升级——基于安徽的实证研究》《我的庐剧人生——丁玉兰口述史》《新中国70年文化建设成就与经验研究》《影像中国70年·安徽卷》《安徽70年》《合肥文化转型升级研究》等。

当代安徽研究所建所以来，研究人员先后发表代表性的学术论文有：《近代中国乡绅阶层及其地位》《安徽六十年代初期的工业调整述论》《税费改革后乡村社会治理的新探索：谯城模式——亳州市谯城区为民服务全程代理制的调查》《积极搭建农民工城市融入的文化平台》《自由职业者的生存镜像与阶层培育》《中国城市公共文化领域的历史形态及其演变》《城市化背景下农民工参与城市文化生态构建的路径选择》《当代中国文化转型的内在逻辑与路径选择》《推进文化创意产业与相关产业融合发展研究》《推进长三角地区文化市场一体化》《1953—1960年安徽农业"三改"研究》《上海城市私房的社会主义改造》《新中国"以租养房"政策困境化的历史考察》《新中国的"除四害"运动》《揩油：农业合作化时期农村生产资料的公有化》《1955—1956年人民司法对农业合作化运动的保障》《危机与调适：农业集体化时期的耕畜问题》《从紧张到融合：改革开放初期海南农村土地纠纷的化解》《新中国的农村扶贫开发》《轮船招商局人才策略的转变》《品牌营销：房地产营销新境界》《新型农业经营体系建设中存在的问题及发展路径研究》《在高质量发展中实现共同富裕》等。

当代安徽研究所建所以来，有多项研究成果获得省级以上奖项。其中，《安徽历史名人词典》获安徽省社会科学奖一等奖；《当代安徽简史》《技术创新与工业结构升级——基于安徽的实证研究》获安徽省社会科学奖二等奖；《企业软管理》《中国中部省会城市社会结构变迁——合肥市社会阶层分析》《全民创业读本》《合肥通史》获安徽省社会科学奖三等奖；《起点——中国农村改革发端纪实》获中国第十一届图书奖和中宣部第七届"五个一工程"图书奖；《邓小平的现代化理论研究》获国家图书奖和安徽省第七届"五个一工程"奖；《与高尚同行——中国青年志愿者行动纪实》获安徽省第九届"五个一工程"奖；《安徽文化年鉴（2012）》获中国出版协会年鉴质量特等奖；《安徽文化年鉴（2017）》获中国出版协会优秀年鉴一等奖。

当代安徽研究所坚持开门办所，加强对外学术交流，先后与当代中国研究所、安徽大学、合肥学院、安徽省情研究会等单位建立学术研究合作关系，先后主办或承办了中华人民共和国地方史学术研讨会、民营文化企业发展高端论坛、特色小镇高质量发展论坛、安徽文化论坛、新时代大运河文化发展高端论坛、新中国成立70年文化建设成就与经验高端论坛等学术活动。先后参与组织成立安徽省炎黄文化研究会、当代安徽研究会、安徽文化产业发展研究会、安徽信用研究中心等一批社会组织和机构，协调全省当代史研究多方力量，为当代安徽科学发展提供理论支撑、智力支持和决策咨询。

（二）2021年主要工作

2021年，当代安徽研究所坚持以习近平新时代中国特色社会主义思想为指导，围绕安徽省委、省政府中心工作，开展特色学术活动，加快推进院骨干学科项目建设，较好完成全年科研任务。

创新开展学术活动。坚持以学术讲政治，结合党史学习教育，承担省领导圈阅课题研究，开展安徽省党史文化资源调研，组织科研人员先后赴中共安徽省委党史研究院、安徽省档案馆、合肥渡江战役纪念馆、庐江县新四军江北指挥部纪念馆、宿松县白崖寨红27军诞生地纪念馆、金寨烈士陵园等地进行调研考察。通过专业学术研究活动，隆重庆祝中国共产党成立100周年。积极组织科研人员参加国家、省、院等机构庆祝建党百年理论研讨会征文活动，《让利于民：改革开放初期习仲勋与海南发展》一文入选中共中央宣传部等单位主办的庆祝中国共产党成立100周年理论研讨会，《建党百年安徽文化发展辉煌历程及历史启示》一文入选安徽省委宣传部等单位主办的安徽省庆祝中国共产党成立100周年理论研讨会。发挥当代安徽史学科优势，联合中共安徽省委宣传部、安徽省网信办、安徽省教育厅等单位联合开展"同心向党　百年辉煌再启程——安徽省献礼建党100周年网络文化季"系列主题活动，7亿多人次参与"8个E"活动，下载量1000万次，影响力位居全国同类活动前列。

推出高质量科研成果。2021年,当代安徽研究所共获得各类立项课题6项(其中,安徽省社科规划重点项目"安徽省全面小康的历程及经验研究"1项,安徽省社会科学创新发展研究重大委托课题"安徽小康史"1项,安徽省领导圈定课题1项,安徽省人力资源和社会保障厅、中共安庆市委宣传部、中共宁国市委宣传部等招标课题3项)。发表学术论文22篇,编纂《江淮大地的小康之路》《安徽文化年鉴2020》《滁水物语:滁河流域历史文化探究》著作3部,完成研究报告4篇,其中获省领导肯定性批示1篇。完成安徽省社会科学院骨干学科项目建设任务,出版著作《安徽特色小镇模式优化研究》1部。专著《安徽70年》获安徽省社科院2020年度科研精品奖。招聘1名博士、1名硕士。1人当选安徽省青少年研究会青少年发展政策研究专业委员会主任。全所科研人员参加国家、长三角地区、安徽省等专业学术会议共10人次,提交学术论文8篇。

(供稿:邢　军)

五、西藏自治区社会科学院当代西藏研究所

(一)基本情况

西藏自治区社会科学院当代西藏研究所成立于1996年9月,主要在社会学、人类学、法学、教育、生态、边境、新闻传播等学科领域研究当代西藏发展中的热点问题。多学科和跨学科研究是当代所的一大特点,理论与实践结合的研究方法使得其研究成果兼具理论与现实意义,能够与时俱进地发现、提出和分析西藏经济社会发展中的一些重大问题,并为政府提供决策咨询服务。

现有9名科研人员,包括1名正高,2名副高,6名助理研究员。其中,1名享受国务院专家津贴专家,1名中宣部宣传思想文化青年英才;民族比例为5名汉族,4名藏族。

达瓦次仁,男,藏族,1969年12月出生,西藏白朗县人,国务院特殊津贴专家、西藏自治区政协委员,中国青藏高原研究会理事、国家社科基金专家库成员、西藏自治区学术技术带头人、西藏大学客座教授,硕士生导师,现任西藏社会科学院当代西藏研究所所长、研究员。主要研究方向:西藏历史和生态。

郑丽梅,女,汉族,1978年8月出生,四川自贡人,毕业于四川大学道教与宗教文化研究所,中国国际共产主义运动史学会第十届理事会会员,现任西藏社会科学院当代西藏研究所副所长、副研究员。主要研究方向:西藏现实问题研究、尼泊尔政党政局研究。

廖云路,男,汉族,1986年7月出生,重庆市人,四川大学新闻学博士,华东师范大学社会学博士后,中宣部宣传思想文化青年英才,西藏民族大学新闻与传播专硕校外实践导师,原西藏日报社主任记者,现为西藏社会科学院当代西藏研究所副研究员。主要研究方

向：民族新闻学、传播社会学。

历任领导：

所长：

姓名	民族	任职时间
阿旺次仁	藏族	1995.12—2007.12
仲布·次仁多杰	藏族	2008.12—2011.12
孙伶伶（援藏）	汉族	2015.11—2016.8
达瓦次仁	藏族	2017.4 至今

副所长：

姓名	民族	任职时间
陶长松	汉族	1995.7—2002.11
郭克范	汉族	2004.4—2014.1
班觉	藏族	2004.4—2008.5
徐志民（援藏）	汉族	2009.10—2010.7
刘清涛（援藏）	汉族	2012.3—2013.7
孙伶伶（援藏）	汉族	2014.6—2015.12
边巴拉姆	藏族	2014.1—2017.4
郑丽梅	汉族	2017.4 至今

联系方式：西藏拉萨市色拉路4号西藏社科院当代西藏研究所。

（二）历年来取得的工作成就

多年来，经过全所科研人员的共同努力，取得了一系列成绩。

1. 完成一批重点课题

《喜马拉雅南麓藏文化区民族历史研究》（国家社科基金重点项目）2021年结项。

《治理媒介化视野下藏区县级融媒体中心建设与发展研究》（国家社科基金青年项目）2021年结项。

《提升西藏边境地区国家安全能力建设研究》（2020年西藏重大理论和现实问题研究课题）2020年结项。

《消除十四世达赖利用宗教所产生的负面影响研究》（2019年西藏重大理论和现实问题研究课题）2019年结项。

《城镇化背景下藏区寺院与社区的关系研究》（国家社科基金西部项目）2018年结项。

《西藏乡村社会现代化转型调查》（中国博士后科学基金面上资助）2018年结项。

《藏区生态移民与生产生活转型研究》（国家社科基金项目）2013年结项，阶段性成果《藏区生态移民与生产生活转型研究：日喀则市生态移民案例研究报告》于2015由社会科学文献出版社出版。

《新形势下提升舆论引导力对策研究》（国家社科基金重大项目）2013年结项。

2011年承接国务院新闻办委托的课题《西藏的生态建设与环境保护》，并于2013年结项。

2011年完成《西藏自然保护区补偿办法》课题，该课题是西藏自治区建立野生动物肇事补偿制度的基础性研究。

2011年完成《喜马拉雅南麓藏文区民族历史研究》（西藏自治区社科基金项目），由于该项目的重要性，2016年再次以同名课题获得国家社科基金重点项目资助。

2011年，承接中国城市规划设计研究院委托的《拉萨市尼木县吞巴乡吞达村村庄规划》项目之子项目《吞巴家族历史文化专题研究》课题，该课题获得2013年度"全国优秀城乡规划设计奖（城乡规划类）"一等奖，西藏社科院当代西藏研究所承担的子课题最终转化为《图巴家族考》藏、汉两篇论文，发表于《西藏研究》（汉）2012年第4期和《西藏研究》（藏）2013年第1期。

《当代社会政治稳定问题研究》1996年11月结项，1997年2月14日，全国哲学社会科学规划办公室以《成果要报》（增刊第1期，总第6期）的形式摘要发表了该成果的核心内容，报送中央有关部门和西藏自治区党委。

当代所科研人员还主持或参与了"'西藏流亡政府'的非法性研究""藏传佛教与藏族和其他民族交往交流交融的关系""西藏自治区各寺院活佛转世现状调研""西藏历史通俗读本""铸牢中华民族共同体意识群众教育读本"等课题研究，并结项。"西藏民族地区'兴边富民'与边疆安全问题研究"，于2007年11月结项。"西藏主要城镇贫困群体与帮困救助研究"（调研报告），2004年1月结项。"西藏寺庙爱国主义教育社会效益分析"（内部调研报告），2004年1月结项。"西藏小城镇建设问题研究"（调研报告），2003年9月结项。"西藏反分裂斗争面临的现实环境及对策研究"，已结项。

2. 著作、文章等出版、发表情况

完成专著15本：《藏区生态移民与生产生活转型研究：日喀则市生态移民案例研究报告》、《生态西藏 和谐高原——西藏的生态建设与环境保护》、《藏村日常：民族共同体社会的传播学研究》、《话语"互构"：民族新闻的跨文化之维》、《拉萨法治发展报告》（2019）、《城市现代与村落传统的融合——城市化视域下西藏拉萨市柳梧村追踪调查研究》、

《雪域沉思录》、《当代西藏兄弟共妻复兴的社会经济和文化因素》（英文）、《藏族服饰史》、《甲玛沟的变迁》、《藏族哲学的理智》、《西方哲学词典》、《新思维浪潮——探求藏传佛教的思考》、《藏族文化与知识经济》、《藏传佛教中弘期有关问题考》。

6本合著：《藏族传统文化与当代环境保护》《冲突与和谐——羌塘地区人与野生动物生存研究》《西方藏学名著与名家提要》《西藏佛教史》《十一世纪至十二世纪寺庙调查研究》《舆擎中国：新形势下舆论引导力提升方略研究》。

3本译著：《松赞干布传略》《琼布朗觉传》《"阿巴"之法规》，均为藏译英。

9本编著：《西藏门隅地区的人文历史与现状》、《西藏人民对伟大祖国的贡献》、《西藏社科院农村经济研究所论文集》、《西藏农村发展报告：生态专题》、《西藏寺院建筑》、《恰白·次旦平措学术论文集》（藏文上下册）、《恰白·次旦平措学术论文汉译集》、《恰白·次旦平措学术思想研究评论集》、《探索西藏历史的现代人——恰白·次旦平措学术思想评论集》。

此外还参与撰写有关西藏白皮书《西藏的主权归属与人权状况》等8本；西藏社科院当代西藏研究所科研人员撰写的《藏羚羊》被选为五省区中学教材课文；《三尺讲台坚守初心5000米上书写人生——记那曲市双湖县中心小学教师杜安东、曹晓花夫妇》刊发在《西藏日报》2019年9月10日头版，并获得西藏自治区中华民族共同体意识主题新闻作品优秀新闻奖；撰写和提交近30篇内参报告和要情文章；完成和参与西藏自治区政府和自治区有关部门的课题20余项；参与编撰书籍26部；参与撰写外文书刊及调研报告36项；已发表的个人撰写论文近200篇；参与翻译出版书籍和文章15项。

3. 获奖成果

《吞巴家族历史文化专题研究》（为《拉萨市尼木县吞巴乡吞达村村庄规划》之子课题）获得2013年全国优秀城乡规划设计一等奖（城乡规划类）。

《〈西藏日报〉："蹲点"采访对田野调查方法的借鉴》获得"中国新闻奖"新闻论文二等奖。

《话语"互构"：民族新闻的跨文化之维》获得2019年度西藏自治区哲学社会科学优秀成果奖。

《大吉岭历史归属问题研究——兼论锡金与中国西藏的关系》获得2020年度西藏自治区社科联优秀论文二等奖。

《尼泊尔与我国南亚战略、印度洋战略之分析（一）》获时任西藏自治区常委、宣传部部长董云虎肯定批示，获2013年度西藏社科院优秀咨询服务奖。

《论新媒体环境中民族新闻"多元一体"再现》获得全国省级党报记者工作会议好新闻优秀论文奖。

《民族地区党媒社论隐喻背后的时代变迁》获得中国新闻奖新闻论文三等奖。

《新闻时空观下的"新闻淡季"刍议》获得全国省级党报总编辑新闻出版工作研讨会二等奖。

《略论西藏传统文化的继承与演变》一文获中宣部精神文明建设"五个一工程"第七届"入选作品奖"。

《统一战线在西藏的光辉实践》一文获"东升杯"有奖征文二等奖。

《西藏城镇劳动就业问题研究》一文获西藏自治区政府调研二等奖。

（三）2021年主要工作

2021年西藏社会科学院当代西藏研究所围绕自治区党委、政府的中心工作，开展重大理论和现实问题研究，按年初安排扎实有序地开展并取得了新的成效。

1. 课题开展方面

（1）达瓦次仁继续完成国家社科基金重大项目"喜马拉雅南麓藏文化区民族历史研究"，字数约35万字，于2021年底结项。

（2）郑丽梅主持编写献礼丛书《西藏和平解放70年光辉成就　生态文明建设篇》，并送交出版社。

（3）顿珠旦增主持院级一般课题"西藏乡村振兴与人的现代化研究"，字数约4万字，于2021年12月结项。

（4）更藏卓玛参与《铸牢中华民族共同体意识群众教育读本》编写工作，完成第六章的一、二节的写作任务。

（5）于志坤主持院级青年课题"新时代党的治藏方略理论体系研究"，于2021年12月结项；继续2020年度国家社科基金青年项目"各民族人民当家作主与民族区域自治制度研究"。

（6）陈锋主持院级青年课题"完善野生动物肇事补偿机制，促进生态保护与民生改善相结合——以林芝市为例"，于2021年12月结项。

（7）弓进梅参与院级重大课题"森布日极高海拔生态搬迁社会治理研究"，形成调研报告约3万字；参与院级重大课题献礼丛书生态卷第三、第四章撰写工作，已形成近五万字的书稿提交终稿至负责人；申报2021年度国家社科基金西部项目"青藏高原地区新型城镇化与乡村振兴融合发展研究"并获批。

2. 著作、论文

（1）廖云路，《舆擎中国：新形势下舆论引导力提升方略研究》，（合著），中国社会科学出版社2021年版。

（2）达瓦次仁，《洛门塘和久姆拉地方政权与我国西藏地方政府的历史关系》，《西藏研究》（藏文版）2021 年第 4 期。

（3）达瓦次仁，《尼泊尔努日地区历史文化研究》，《西藏研究》2021 年第 1 期。

（4）郑丽梅，《和平解放时期人民解放军进驻西藏边防的进程和历史意义》，《西藏研究》2021 年第 3 期。

（5）廖云路，《西藏和平解放前后随十八军进藏记者的新闻活动考察》，《西藏大学学报》2021 年第 2 期。

（6）余志坤，《边疆治理视野下新时代党的治藏方略研究》，《中国藏学》2021 年第 2 期。

3. 其他

（1）郑丽梅撰写上报舆情分析报告《警惕印度学者提出的中印边界永久驻扎建议》；参加西藏自治区社科联组织的中国共产党建党 100 周年、西藏和平解放 70 周年学术研讨会，在会上作"和平解放时期西藏边防巩固的进程和历史意义"的发言；参加中国国际共产主义运动史学会换届大会暨 2021 年年会（线上），当选为该学会第十届理事。

（2）顿珠旦增两次参加西藏自治区党委宣传部有关外交部主办的外宣展的项目设计评审会；担任第十七届全国"挑战杯"竞赛西藏自治区选拔赛评委和拉萨市城关区团委第六届创新创业大赛海选评委。

（3）陈锋解读《西藏自治区国家生态文明高地建设条例》于 1 月 27 日在《西藏日报》刊发，解读《西藏自治区国家生态文明高地建设条例》于 5 月 3 日在《西藏新闻联播》播出。

（供稿：郑丽梅）

六、中华人民共和国国史学会

（一）基本情况

中华人民共和国国史学会（简称国史学会），是经中共中央和国务院批准，于 1992 年 12 月在国家民政部注册成立的全国学术性社会组织。学会宗旨是团结从事国史研究的专家、学者和热心国史工作的人士，共同推进国史研究、宣传和教育事业。学会业务主管单位是中国社会科学院，主办单位是当代中国研究所。学会第一届理事会名誉会长是王震，会长是邓力群；第二届理事会名誉会长是邓力群，会长是袁木；第三届、第四届理事会会长是陈奎元，常务副会长是朱佳木；第五届理事会会长是朱佳木。

2020 年 12 月 19 日，国史学会召开第六次会员代表大会，选举产生了第六届理事会的理事、常务理事和领导机构。第六届理事会会长仍为中国社会科学院原副院长、当代中国研究所原所长朱佳木，第一副会长为时任中国社会科学院党组成员、当代中国研究所所长的姜辉，副会长为原中共中央文献研究室常务副主任杨胜群、时任军事科学院副院长曲爱国、中央档案馆副馆长和国家档案局副局长魏洪涛、时任教育部高等学校社会科学发展研究中心主任的王炳林（现任北京师范大学党史党建研究院院长），秘书长为当代中国研究所原副所长张星星。

国史学会内设办公室和学术委员会、宣传教育中心、"陈云与当代中国"研究中心；下设一个直属机构当代中国电视艺术制作中心，以及7个分支机构，分别为：高等院校教学与研究专业委员会、"两弹一星"历史研究分会、农垦史研究分会、"三线"建设研究分会、当代科技史研究分会、"两弹一星"历史研究专项基金管理委员会、中国当代史研究专项基金管理委员会；另外办有两个互联网网站，分别为："中华人民共和国国史网"和"陈云研究网"，两个微信公众号，分别为："国史研究"和"唯实网"，以及一个内部交流刊物：《国史参阅》。

国史学会于2010年2月被民政部授予"全国先进社会组织"称号，在民政部2011年开展的首次全国性学术类社团组织评估活动中被评为4A等级。

（二）2021年主要工作

1. 学术活动的情况

5月23日上午，本学会在京举办了纪念西藏和平解放70周年学术报告会，邀请中国藏学研究中心党组原书记朱晓明，该中心党组成员、副总干事、学会常务理事廉湘民，中央党校（国家行政学院）民族与宗教研究室教授王小彬作报告。会长朱佳木主持了报告会。

6月5—6日，学会与中国社会科学院"陈云与当代中国"研究中心、当代中国研究所、陈云纪念馆、兰州大学在甘肃玉门联合主办了主题为"建党百年与陈云"的"第十五届陈云与当代中国学术研讨会"。

6月13日，学会"陈云与当代中国"研究中心在京召开了"纪念陈云同志诞辰116周年座谈会"。

6月27日上午，学会在京召开了纪念第二个历史决议通过40周年的学术座谈会。全国人大常委会原副委员长顾秀莲，学会副会长、原中央文献研究室常务副主任杨胜群，学会原副会长、国防大学原副政委李殿仁，以及学会秘书长张星星，学会常务理事、当代中国研究所副所长李正华、宋月红等出席了会议。座谈会由学会会长朱佳木主持。

7月2—3日，学会与当代中国研究所、上海市委党校在上海联合主办了主题为"建党百年与新中国史研究"的第20届国史学术年会。朱佳木会长到会作主旨发言。

7月4日上午，学会在京召开了学习习近平总书记在庆祝中国共产党成立100周年大会上重要讲话的座谈会。学会第一副会长，中国社会科学院党组成员、副院长，当代中国研究所所长姜辉；副会长、原中央文献研究室常务副主任杨胜群；原副会长、国防大学原副政委李殿仁；副会长、教育部高等学校社会科学发展研究中心主任王炳林；学会秘书长张星星；学会常务理事、中国社会科学院马克思主义研究院党委书记、副院长辛向阳；学会理事、北京大学中国经济研究中心教授李玲等八位同志先后在会上发言。座谈会由朱佳木会长主持。

7月10日上午，为纪念"七七决议"通过75周年，学会"陈云与当代中国"研究中心与陈云纪念馆、上海唯实文化研究所在京联合召开了主题为"陈云与东北解放战争中的'七七'决议"的座谈会。陈云同志长子、第十二届全国政协副主席、"陈云与当代中国"研究中心顾问陈元出席会议并讲话。会议由朱佳木会长主持。

11月11日下午，由学会主办、德艺双馨公益基金会承办的"建党百年庆典天安门广场百面红旗赠授仪式"在京举行，会长朱佳木向中国一汽集团党委副书记王国强赠授了第57号红旗，张星星秘书长、王晓伟副秘书长等参加了赠授仪式。

2. 学会领导为庆祝建党百年作党史、国史辅导报告的情况

（1）学会会长朱佳木作的报告。

4月8日，应中国社会科学院马克思主义研究院邀请，在"21世纪马克思主义大讲堂"作了题为《中国共产党对初心的坚守与它的百年历史》的专题报告。报告会由马研院党委书记辛向阳主持，该院研究人员50余人到会听取了报告。

4月13日，受邀到中央社会主义学院，作题为《陈云的生平、贡献、思想和风格》的报告。

4月21日，应中国人民大学马研院邀请向在京高校大学生作视频公开课，题为《中国共产党的百年奋斗与对初心的不渝坚守》。

5月12日，受天津经开区党委和天津港（集团）有限公司邀请，作关于党史的专题报告。

5月25日，受当代中国研究所之邀，在旌勇里大讲堂作题为《中国当代史编研的若干基本理论问题》的学术报告。

9月3日，受我驻英使馆邀请，用视频方式为使馆全体同志作关于学习习近平总书记"七一"讲话的辅导报告。

10月15日，应全国农业展览馆之邀，为该馆作党史学习专题报告。

10月21日，利用到吉林白山参加纪念陈云同志活动的机会，应邀为白山市委中心学习组作有关陈云同志在东北解放战争时期贡献的报告。

10月26日，利用到四川绵阳出席三线建设研讨会的机会，受四川省社会科学院之邀，在天府智库大家论坛作题为《我们党历经百年依然朝气蓬勃的主要表现、原因和经验》的报告。

（2）据统计，我会各位副会长和秘书长，为庆祝建党百年共作讲座、报告46场，发表

文章 30 篇。

3. 学会调研活动的情况

7月16日至23日，为结合实际学习习近平总书记在庆祝中国共产党成立100周年大会上重要讲话的精神，由学会会长朱佳木率领，部分学会理事、常务理事和当代中国研究所、国务院发展研究中心、上海复旦大学等单位的十多位学者组成的调研组，赴山东省烟台市调研市委组织部在全市推行农村党支部领办合作社、走共同富裕道路的情况。调研组用一周时间考察了烟台市辖6个县级区（市）的11个村合作社、2个乡镇合作联社、2个党建融合发展区、1个党支部领办合作社实践训练基地，同烟台市委组织部负责同志进行了2次座谈，同5个区（市）的党委书记和组织部长以及15个乡镇和村的党组织负责人进行了广泛交流，并参观了部分村庄的村容村貌、生产设施、农田果园，走访了部分农民家庭。

4. 学会宣传教育工作情况

（1）完成了百集微纪录片《百年求索》的拍摄和播出。

由国史学会、华润集团公司与中央新影集团出品，当代中国电视艺术制作中心、人民日报数字传播有限公司和新影厂联合摄制的百集微纪录片《百年求索》已摄制完成，于7月1日中国共产党百年华诞之际，在中宣部"学习强国"APP、新华网、中国网和人民日报数字全媒体平台等新媒体上线推出，于10月8日完成百集播放。截至10月25日，"学习强国"总播放量约128万次，单集最高播放量约20万次；新华网50集播放量约310万次，单集最高播放量约205万次。很多地方政府、企事业单位官方网站和公众号都进行了转发和连载。作为纪念中国共产党百年华诞的献礼片，《百年求索》是唯一一部百集全版推出的微纪录片，社会反响强烈，受到有关单位、业内专家和社会的一致好评。

（2）组建了融媒体中心。

2020年年底以来，与有关单位合作，陆续在中宣部"学习强国"、新华网客户端、人民日报全媒体数字平台、中国网、中国报道等媒体开办了《当代中国》板块，并在此基础上组建了融媒体中心。该中心主要承担在新媒体传播国史知识，推送有关国史、党史和军史内容的数字节目的工作；同时，与有关单位合作，开展了国史讲座（国史大讲堂）、党建学习和四史学习教育辅导、党史学习教育展览等方面的工作。

（3）开发了"四史"学习的数字产品。

与中国图片社等单位合作，开发完成了《学习宝典》"四史"融媒体学习系统，并在此基础上与航天科技公司所属企业合作，建立了"四史"学习全媒体数字示范课堂，成立"四史"学习教育数字中心。为国资委中国大连高级经理学院建立了数字党建课堂和四史展览，为退伍军人事务部和全国妇联所属单位、辽宁陕西安徽部分高校、河北广电、河南云南监狱系统等单位提供了"四史"学习教育数字产品和党建教育数字平台。中心开发的《学习宝典》"四史"融媒体学习系统先后参加了2021年上海进博文化艺术周、2021中国国际数字经济博览会、中国（深圳）国际文化产业博览交易会和第四届中国国际进口博览会，并参加了中宣部红色基因库试点成果展。

（4）与中国图片社、中央党校出版集团和深圳市委宣传部合作，成功举办以"永远跟党走"为主题的第五届中国图片大赛。

（5）与有关单位合作，完成了政论片《苏联亡党与历史虚无主义》（五集）的摄制，该片已经被确定作为全党进行党员教育的教材。

（供稿：尤利娟）

七、中国现代史学会

（一）基本情况

中国现代史学会成立于1980年，是经民政部批准的国家一级学会，成立初期联络单位先为郑州大学，后为中国革命博物馆，现业务主管单位为中共中央党校（国家行政学院）。本会是由热爱和从事中国现代史研究和教学的工作人员自愿结成的全国性、学术性、非营利性社会组织。目前本会的业务范围主要包括理论研究、学术交流、专业展览、国际合作、学术前沿报告、咨询服务等。

中国现代史学会会员分单位会员和个人会员。申请加入本会的会员，除遵纪守法并拥护本会的章程、有加入本会参加活动的意愿之外，还必须在中国现代史的业务领域有一定的影响。目前，学会汇集了高校系统、党校系统、社科院系统的一批知名专家学者，相关学者在中国现代史研究领域、中共党史研究领域颇具声望。学会目前共有个人会员800多人。

中国现代史学会暂无分支机构，暂无网站和微信公众号。

（二）2021年主要工作

2021年，中国现代史学会主要围绕思想政治学习、国家社科基金申报、联合相关单位举办学术会议及完成与民政部对接的业务展开工作，具体内容如下。

第一，加强思想政治学习。

2021年度，中国现代史学会始终重视思想政治学习，大力推动学习习近平新时代中国特色社会主义思想。特别是推动学习习近平总书记关于党的历史重要论述、习近平总书记在中国共产党成立一百周年的讲话、《中共中央关于党的百年奋斗重大成就和历史经验的决议》。将理论学习和政治学习作为提高思想政治水平与业务能力的重要内容。

第二，申报并获国家社会科学基金重大项目立项。

5月，学会开始筹备申请国家社科基金资助。6月28日，学会获得国家社科基金社会学术社团主题学术活动立项（重大项目），项目名称为《大历史观下的中国共产党百年史》。该课题聚焦于中国共产党百年史中的若干重要问题，而非一般意义的中国共产党百年通史研究，有助于从党的百年历史中汲取继续前进的智慧和力量。本课题研究周期为5年，课题组拟每半年召开一次专题研讨会，以及时解决研究中出现的新情况与新问题。与此同时，学会获得了国家社科基金对主题学术活动"'中国共产党与百年中国'学术研讨会暨2021年中国现代史学会年会"的资助。因疫情原因，原定于2021年8月26日召开的年会决定延期至下一年度。

第三，联合相关单位举办学术会议。

2021年4月，中国现代史学会与中共中央党校（国家行政学院）中共党史教研部联合举办"第一届中共党史高端论坛：学习习近平总书记关于党的历史重要论述"。来自中央党校（国家行政学院）、中央党史和文献研究院、中国社科院、中国人民大学等科研机构和院校的50多名专家学者参加了论坛。论坛邀请原中央党史研究室主任欧阳淞、中央党史和文献研究院学术和编审委员会主任陈理、当代中国研究所副所长李正华、中国人民大学中共党史党建研究院执行院长杨凤城等16名专家学者作了专题学术报告。《人民日报》、新华社、《光明日报》、《学习时报》、央视网、新华网等主流媒体对本次论坛进行了全面报道，产生了广泛社会影响。

2021年5月，中国现代史学会与国家创新与发展战略研究会、福建省新闻出版局联合主办，海峡出版发行集团承办"中国共产党的百年历程与马克思主义中国化暨《马克思主义中国化思想史》出版座谈会"。来自中共中央党校（国家行政学院）、中央党史和文献研究院、求是杂志社、国家新闻出版广电总局、国家创新与发展战略研究会等党政机关和科研机构的数十名专家学者与会。中央党校（国家行政学院）副校（院）长、中国现代史学会会长谢春涛，福建省委常委、宣传部部长邢善萍，原中央党校副校长、国家创新与发展战略研究会常务副会长、《马克思主义中国化思想史》作者李君如，原中央党校副校长、国家创新与发展战略研究会副会长徐伟新等14名专家学者作了主题发言。会议被中国新闻网、福建卫视等主流媒体广泛报道。

2021年7月，中国现代史学会与中共中央党校（国家行政学院）中共党史教研部、中共黑龙江省委党校（黑龙江省行政学院）联合主办"辉煌百年史，奋进新征程——暨学习贯彻习近平总书记'七一'重要讲话精神"高端论坛。来自中共中央党校（国家行政学院）、中共黑龙江省委党校（省行政学院）、中国人民大学等科研机构和院校的150余名专家学者参加了论坛。论坛邀请中共中央党校（国家行政学院）中共党史教研部主任罗平汉、教育部高等学校社会科学发展研究中心主任王炳林、中国人民大学中共党史党建研究院执行院长杨凤城、中共黑龙江省委党校（黑龙江省行政学院）副校（院）长周英东等7位专家学者作了专题学术报告。论坛被《人民日报》、人民网等主流媒体报道,产生广泛的社会影响。

2021年10月,为庆祝中国共产党成立100周年,深入学习习近平新时代中国特色社会主义思想,深入学习习近平总书记在庆祝中国共产党成立一百周年大会上的重要讲话精神,中国现代史学会依托中共中央党校(国家行政学院)中共党史教研部,组织30余名师生赴中国共产党历史展览馆参观。其间,学会及党史部教研人员充分利用专业知识,对同行学生、家属及其他参观者展开党史知识普及性宣传活动,取得了良好效果。

第四,学会成员科研成果丰硕。

2021年,学会成员的代表性成果有:谢春涛:《全面从严治党何以成效卓著》,《人民日报》2021年4月12日;谢春涛:《党和国家的根本所在命脉所在》,《人民日报》2021年8月10日;谢春涛:《中国共产党卓越领导力来自何处》,《中国领导科学》2021年第4期;张太原:《百年来中国共产党对理想社会的追求》,《历史研究》2021年第2期;张太原:《从蒋介石日记看中国共产党的优胜之处》,《近代史研究》2021年第3期;金民卿:《历史和人民选择了马克思主义》,《马克思主义与现实》2021年第4期;金民卿:《中华民族复兴史上具有根本转折意义的大事变》,《近代史研究》2021年第3期;王续添、辛松峰:《中心主义国家现代化的历史逻辑——以近代中国社会中心力量转换为中心的考察》,《政治学研究》2021年第6期;黄正林:《中国共产党的战略选择与八路军三五九旅南征问题研究》,《近代史研究》2021年第5期;陈先初:《李石岑与尼采思想的中国之行》,《中国文化研究》2021年第1期;江沛:《转型与塑型——20世纪二三十年代中国共产党成长的启示》,《史林》2021年第1期;潘洵:《抗战大后方无差别轰炸研究的进展及思考》,《史学月刊》2021年第8期;谢晓鹏:《抗战时期日伪的烟毒政策及其影响——以河南沦陷区为例》,《安徽史学》2021年第2期;刘贵福:《审查史料的真伪——钱玄同晚年对今古文经问题的讨论》,《近代史学刊》2021年第2期;成功伟、冯俊:《乾隆年间重庆商贸移民群体与城市房屋租佃》,《江汉论坛》2021年第12期。

(供稿:王 毅)

期　　刊

一、2018年中国人文社会科学期刊评价结果（历史学与马克思主义理论）[*]

2018年11月16日，中国社会科学院中国社会科学评价研究院在第五届全国人文社会科学评价高峰论坛暨期刊评价峰会上发布《中国人文社会科学期刊AMI综合评价报告（2018年）》。

历史学

在该报告中，历史学学科共收录44种期刊，其中：顶级期刊1种，权威期刊2种，核心期刊18种，扩展期刊23种。同等级内期刊按照期刊名称的音序排列。

序号	刊名	主办单位	等级
1	历史研究	中国社会科学院	顶级
2	近代史研究	中国社会科学院近代史研究所	权威
3	中国史研究	中国社会科学院历史研究所	权威
4	安徽史学	安徽省社会科学院	核心
5	当代中国史研究	当代中国研究所	核心
6	华侨华人历史研究	中国华侨华人研究所	核心
7	抗日战争研究	中国社会科学院近代史研究所；中国抗日战争史学会	核心
8	历史档案	中国第一历史档案馆	核心
9	民国档案	中国第二历史档案馆	核心
10	清史研究	中国人民大学	核心
11	史学集刊	吉林大学	核心
12	史学理论研究	中国社会科学院世界历史研究所	核心
13	史学史研究	北京师范大学	核心
14	史学月刊	河南大学；河南省历史学会	核心

---

[*] 本部分内容引自荆林波、苏金燕、耿海英《中国人文社会科学期刊AMI综合评价报告（2018年）》，中国社会科学出版社2020年版。

续表

序号	刊名	主办单位	等级
15	世界历史	中国社会科学院世界历史研究所	核心
16	文献	国家图书馆	核心
17	中国边疆史地研究	中国社会科学院中国边疆史地研究中心	核心
18	中国经济史研究	中国社会科学院经济研究所	核心
19	中国农史	中国农业历史学会；中国农业科学院；南京农业大学；中国农业遗产研究室	核心
20	中国社会经济史研究	厦门大学历史研究所	核心
21	中国史研究动态	中国社会科学院历史研究所	核心
22	党史研究与教学	中共福建省委党校	扩展
23	福建史志	福建省地方志编纂委员会；福建省地方志学会	扩展
24	古代文明	东北师范大学世界古典文明研究所；东北师范大学亚洲文明研究院；东北师范大学世界文明史研究中心；东北师范大学出版社	扩展
25	古籍整理研究学刊	东北师范大学文学院古籍整理研究所	扩展
26	古今农业	全国农业展览馆	扩展
27	贵州文史丛刊	贵州省文史研究馆	扩展
28	海交史研究	中国海外交通史研究会；泉州海外交通史博物馆	扩展
29	军事历史	军事医学科学院军队政治工作研究院	扩展
30	军事历史研究（暂时停刊）	解放军南京政治学院	扩展
31	历史教学	历史教学社（天津）有限公司	扩展
32	历史教学问题	华东师范大学	扩展
33	史林	上海社会科学院历史研究所	扩展
34	文史	中华书局有限公司	扩展
35	文史杂志	四川省人民政府文史研究馆；四川省人民政府参事室	扩展
36	西夏研究	宁夏社会科学院	扩展
37	西域研究	新疆社会科学院	扩展
38	盐业史研究	自贡市盐业历史博物馆；中国盐业协会	扩展
39	中共党史研究	中共中央党史和文献研究院	扩展
40	中国地方志	中国地方志指导小组办公室	扩展
41	中国典籍与文化	全国高等院校古籍整理研究工作委员会	扩展
42	中国科技史杂志	中国科学技术史学会；中国科学院自然科学史研究所	扩展
43	中国历史地理论丛	陕西师范大学	扩展
44	中华文史论丛	上海古籍出版社有限公司	扩展

马克思主义理论

在该报告中，马克思主义理论学科共收录 21 种期刊，其中：顶级期刊 1 种，权威期刊 2 种，核心期刊 10 种，扩展期刊 8 种。该学科类中包括学术期刊（如《马克思主义研究》）和时政理论期刊（如《求是》）。同等级内期刊按照期刊名称的音序排列。

序号	刊名	主办单位	等级
1	求是	中国共产党中央委员会	顶级
2	马克思主义研究	中国社会科学院马克思主义研究院	权威
3	中国特色社会主义研究	北京市社会科学界联合会；北京市中国特色社会主义理论体系研究中心；北京市科学社会主义学会	权威
4	当代世界与社会主义	中央党史和文献研究院；中国国际共运史学会	核心
5	党的文献	中共中央党史和文献研究院；中央档案馆	核心
6	红旗文稿	求是杂志社	核心
7	教学与研究	中国人民大学	核心
8	理论视野	中国马克思主义研究基金会	核心
9	马克思主义与现实	中央党史和文献研究院	核心
10	毛泽东邓小平理论研究	上海市社会科学院	核心
11	社会主义研究	华中师范大学	核心
12	思想理论教育	上海市高等学校思想理论教育研究会；上海市教育科学研究院	核心
13	思想理论教育导刊	高等教育出版社	核心
14	当代世界社会主义问题	山东大学当代社会主义研究所	扩展
15	党建	中共中央宣传部	扩展
16	国外理论动态	中共中央编译局	扩展
17	科学社会主义	中国科学社会主义学会	扩展
18	毛泽东思想研究	四川省社会科学院；四川省社会科学界联合会等	扩展
19	南京政治学院学报	解放军南京政治学院	扩展
20	思想教育研究	中国高等教育学会；思想政治教育分会；北京科技大学	扩展
21	思想政治教育研究	哈尔滨理工大学	扩展

二、2021—2022 中文社会科学引文索引（CSSCI）来源期刊目录（历史学与马克思主义理论）

2021 年 4 月 26 日，南京大学中国社会科学研究评价中心正式发布 2021—2022 年度的

CSSCI 来源期刊目录。其中，历史学学科来源期刊共 30 种，马克思主义理论学科来源期刊共 21 种。

历史学学科来源期刊

序号	期刊名称	CN 号/ISSN
1	安徽史学	34－1008/K
2	当代中国史研究	11－3200/K
3	东南文化	32－1096/K
4	古代文明	22－1428/K
5	华侨华人历史研究	11－1158/K
6	近代史研究	11－1215/K
7	经济社会史评论	12－1443/K
8	抗日战争研究	11－2890/K
9	历史档案	11－1265/G2
10	历史研究	11－1213/K
11	历史语言研究所集刊	1012－4195
12	民国档案	32－1012/G2
13	清史研究	11－2765/K
14	史林	31－1105/K
15	史学集刊	22－1064/K
16	史学理论研究	11－2934/K
17	史学史研究	11－1667/K
18	史学月刊	41－1016/K
19	世界历史	11－1046/K
20	台大历史学报	1012－8514
21	文史	11－1678/K
22	文献	11－1588/G2
23	西域研究	65－1121/C
24	中国经济史研究	11－1082/F
25	中国农史	32－1061/S
26	中国社会经济史研究	35－1023/F
27	中国史研究	11－1039/K
28	中国史研究动态	11－1040/K
29	中华文史论丛	31－1984/K
30	自然科学史研究	11－1810/N

马克思主义理论学科来源期刊

序号	期刊名称	CN 号/ISSN
1	中共党史研究	11-1675/D
2	中国特色社会主义研究	11-3527/D
3	当代世界社会主义问题	37-1065/D
4	当代世界与社会主义	11-3404/D
5	党的文献	11-1359/D
6	党建	11-1612/D
7	党史研究与教学	35-1059/A
8	国外理论动态	11-4507/D
9	红旗文稿	11-4904/D
10	教学与研究	11-1454/G4
11	科学社会主义	11-2797/D
12	理论视野	11-3953/A
13	马克思主义理论学科研究	10-1351/A
14	马克思主义研究	11-3591/A
15	马克思主义与现实	11-3040/A
16	毛泽东邓小平理论研究	31-1672/A
17	求是	11-1000/D
18	社会主义研究	42-1093/D
19	思想教育研究	11-2549/D
20	思想理论教育	31-1220/G4
21	思想理论教育导刊	11-4062/G4

数据来源：https://cssrac.nju.edu.cn/cpzx/zwshkxywsy/20210425/i198393.html。

（供稿：吴秀云）

高校"中国史"学科建设

一、"双一流"建设高校及学科名单(中国史)

2017年9月20日,教育部、财政部、国家发展改革委联合下发《教育部 财政部 国家发展改革委关于公布世界一流大学和一流学科建设高校及建设学科名单的通知》(教研函〔2017〕2号),指出:根据国务院《统筹推进世界一流大学和一流学科建设总体方案》以及教育部等三部委《统筹推进世界一流大学和一流学科建设实施办法(暂行)》,经专家委员会遴选认定,教育部、财政部、国家发展改革委研究并报国务院批准,现公布世界一流大学和一流学科(简称"双一流")建设高校及建设学科名单。

其中,在《"双一流"建设学科名单》中,"中国史"学科有以下四所学校入选[①]:
(按学校代码排序)
北京大学
中国人民大学
北京师范大学
复旦大学

二、全国高校学科评估结果(中国史)

2017年12月28日,教育部学位与研究生教育发展中心发布全国第四轮学科评估结果。此次评估坚持"自愿申请、免费参评"原则,各单位具有博士或硕士学位授予权的一级学科(含一级学科和二级学科授权),均可申请参评。此次评估在95个一级学科范围内开展(不含军事学门类等16个学科),共有513个单位的7449个学科参评,全国高校具有博士学位授予权的学科有94%申请参评。以下是"中国史"学科的评估结果。

一级学科代码及名称:0602 中国史

本一级学科中,全国具有"博士授权"的高校共48所,本次参评48所;部分具有"硕士授权"的高校也参加了评估;参评高校共计82所(注:评估结果相同的高校排序不

[①] 引自 http://www.moe.gov.cn/srcsite/A22/moe_843/201709/t20170921_314942.html。

分先后，按学校代码排列）。

评估结果	学校代码及名称
A+	10027 北京师范大学
	10246 复旦大学
A	10001 北京大学
	10284 南京大学
A-	10002 中国人民大学
	10055 南开大学
	10511 华中师范大学
	10558 中山大学
B+	10003 清华大学
	10028 首都师范大学
	10269 华东师范大学
	10384 厦门大学
	10422 山东大学
	10486 武汉大学
	10610 四川大学
	10718 陕西师范大学
B	10183 吉林大学
	10200 东北师范大学
	10270 上海师范大学
	10559 暨南大学
	10635 西南大学
	10673 云南大学
	10697 西北大学
	10730 兰州大学
B-	10052 中央民族大学
	10075 河北大学
	10319 南京师范大学
	10335 浙江大学
	10459 郑州大学
	10475 河南大学
	10532 湖南大学
	10542 湖南师范大学

续表

评估结果	学校代码及名称
C+	10065 天津师范大学
	10094 河北师范大学
	10108 山西大学
	10126 内蒙古大学
	10280 上海大学
	10285 苏州大学
	10394 福建师范大学
	10446 曲阜师范大学
	10736 西北师范大学
C	10165 辽宁师范大学
	10248 上海交通大学
	10357 安徽大学
	10370 安徽师范大学
	10414 江西师范大学
	10512 湖北大学
	10574 华南师范大学
	11117 扬州大学
C-	10140 辽宁大学
	10203 吉林师范大学
	10345 浙江师范大学
	10346 杭州师范大学
	10403 南昌大学
	10445 山东师范大学
	10636 四川师范大学
	10681 云南师范大学

数据来源：①http：//www.moe.gov.cn/jyb_xwfb/s5147/201712/t20171229_323332.html。

②http：//www.moe.gov.cn/jyb_xwfb/gzdt_gzdt/s5987/201712/P020171228506450281540.pdf。

（供稿：吴秀云）

海外中国学研究

一、2020年海外中国学学科新进展综述[*]

2020年，海外中国学研究成为甚为活跃的研究领域。国内外学者出版发表了一系列的研究成果，进一步推动了该学科的发展。为此，本文将从海外中国学研究的研究趋向与理论方法探讨、海外中国学的实证研究、海外中国学研究译著介绍等三方面进行概括论述，并对关于海外中国历史研究的代表性论著进行重点介绍。

（一）海外中国学研究的研究趋向与理论方法探讨

近年来，随着海外中国学的研究内容的深入，海外中国学研究对学科性质、研究内核与理论、方法的探讨的著述日趋增多。王小穹《汉学与汉学研究的历史成就及主体隐现》从语言学角度，梳理了"汉学与海外汉学、西方汉学、国际汉学""汉学与中国学"概念的区别，探讨"汉学"与"汉学研究"的研究主体和研究对象的不同之处。认为，"'汉学'与'汉学研究'的研究主体不同。'汉学'的研究者一般是外国人，主要来自东亚、东南亚等中国周边国家和欧洲国家的学者，而'汉学研究'的研究者一般是中国人……'汉学'的研究对象是中国，'汉学研究'的研究对象是外国人对中国的认知。"该文指出，从研究内核和学科本质来说，在"汉学""汉学研究"前加上"海外""西方"，给理解汉学和汉学研究学术概念带来了困扰。

沈卫荣《何为汉学？如何汉学？》对曾任美国东方研究协会主席、美国加州大学伯克利分校东方语言系教授薛爱华（Edward H. Schafer）于1982年在美国科罗拉多大学东方语言文学系成立大会的主题报告"When and How is Sinology"进行了整理与翻译。薛文回顾了欧美汉学学科形成和发展的历史，对法国汉学和美国汉学进行了精彩的点评，尤其对当时以美国主导的汉学研究的缺陷和问题进行了深刻剖析。沈卫荣认为，尽管薛文这篇文章发表在近四十年前，但它旨在阐明汉学作为一门语文学研究的学科性质，对我们今天理解西方汉学的历史、发展和成败具有启发意义。

2020年，建立一种批评的中国学成为国内海外中国学研究者们的共识之一。张西平在文章《建立一种批评的中国学》中指出，中国的海外中国学研究者需要以文化自觉和学术

---

[*] 本部分内容引自黄畅《2020年海外中国学学科新进展综述》，载《地域文化研究》2021年第3期。

自觉为研究出发点,"站在中国学术自身的立场研究海外中国学,以一种开放的态度与海外中国学界展开对话,从跨文化的角度对海外中国学的历史展开研究。批评的中国学不仅包括纠正西方汉学家知识上的错误,更要走出西方汉学研究的范式,重建中国学术的叙述方式。"他在另一篇文章《改革开放以来中国海外汉学(中国学)研究的进展与展望(1978—2019)》中则提出"要以跨学科的研究方法评判海外研究成果,并且要坚持一个完整的中国观,而不是汉学和中国学分离的中国观。"褚艳红《他山之石与中国故事——我国海外中国学研究的历史演进和理论探索》基于文献群梳理探索了国内海外中国学研究的历史演进和学理发展,提出探索国内海外中国学体系建设的可能路径,要坚定中国文化的主体性,加强学科体系和话语体系建设。徐志啸《关于汉学研究的思考》认为,随着汉学研究本身深度与广度的深入开掘,汉学研究需要注意两个问题:一是要客观看待国外的汉学家与汉学成果的问题,二是对汉学成果本身的特色或价值,需要有判断力。

《中国社会科学报》2020年9月22日头版特设海外中国学研究新趋向和理论方法探讨的专栏研究,刊发三篇文章。其中,吴原元的《新世纪以来海外中国学呈现新趋向》指出,受中国发展、全球化及学术思潮等因素的影响,21世纪以来的海外中国学出现了四个新趋向:第一,中国知识的生产日趋"世界化";第二,华裔学人成为海外中国研究的重要生力军;第三,海外中国研究重心更趋于当代中国;第四,"中国学"为学科研究所"瓜分"。唐磊的《中国学的核心课题:从韦伯之问到谭中之问》通过梳理从"韦伯之问""孔飞力之问""李约瑟之问"到"谭中之问""张光直之问"的内涵与外延的发展与变化,体现了海外学界对中国研究的知识内容、研究范式、价值内涵的转变,需要国内学界的反思。任大援的《理解汉学的三个维度》则指出,汉学研究有三个维度:知识、方法和理念。需要从学术史角度厘清这三个维度,才能更好地进行汉学研究。

中国学界还对海外学者的研究做出积极回应,体现了中国学者的学术自信与敏锐,尤以汪荣祖《海外中国史研究值得警惕的六大问题》影响之深。该文结合具体研究,犀利地指出目前海外中国史研究中存在"离谱的误读""严重的曲解""荒唐的扭曲""不自觉的偏差""颠倒黑白的传记""居心叵测的翻案"六大问题。该文发表后,基于学术的对话火热展开。杨天石首先对汪文的批评作出回应,认为汪文断章取义其观点,从而误导读者,并引文提出自己并未拔高陶涵的成就。汪荣祖接着发文认为,陶涵的《蒋介石与现代中国的奋斗》反映的是美国极右派反共势力重启的大气候,陶涵褒扬蒋介石是为美国反共背书。陈民镇《对于海外中国学,我们所知有限:由汪荣祖教授新文引发的思考》则肯定了汪文的贡献,提出要客观看待汉学研究者及其成果。

从上述文章可以看出,近年来国内海外中国学研究的理论探索有三个趋向:其一,研究内涵的扩大。中国学的研究内涵应该从地方性知识通往全球性知识。其二,打破单向思维的局限。从中国审视世界,也以世界观照中国,匡正单向视角下的思维局限。其三,海外中国学研究的话语主导权的回归。海外中国学的研究对象是中国的政治、经济、历史、文化等一切,亟需加强国内海外中国学研究的学科体系、话语体系和学术体系建设。

(二) 海外中国学的实证研究

2020年,海外学者从中美关系、中西文化交流、中国历史等角度对中国进行了大量的实证研究。本年是中美关系紧张复杂的一年,美国《时代》周刊资深记者迈克尔·舒曼(Michael Schuman)推出了《被打断的超级大国:世界中的中国历史》(*Superpower Interrupted: The Chinese History of the World*),该书从中国的视角探讨了世界历史如何影响中国的经济政策,认为中国历史及中国的世界观对于西方世界理解中国在当今世界的角色至关重要。美国波士顿大学的奥丽莉亚·坎贝尔(Aurelia Campbell)的《皇帝建造了什么:明初的帝国与建筑》(*What the Emperor Built: Architecture and Empire in the Early Ming*),展示了明代永乐时期建筑的位置、设计风格和使用情况,阐明永乐帝如何将自己与天联系在一起,如何与臣民沟通,又如何将自己的思想渗透到所有的建筑里,并从艺术史的角度,阐明永乐帝的思想如何渗透到建筑甚至人民意志之中。

在学界颇有声誉的美国哈佛大学出版社和哥伦比亚大学出版社,在2020年也围绕中国历史出版了相关著作。哈佛大学出版社有三本:分别是美国布朗大学比较文学与东亚研究系助理教授塔玛拉·钦(Tamara T. Chin)的《野蛮的交流:汉朝帝国主义、中国文学风格与经济想象力》(*Savage Exchange: Han Imperialism, Chinese Literary Style, and the Economic Imagination*)、美国乔治敦大学历史系助理教授格里高利·阿菲诺格诺夫(Gregory Afinogenov)的《间谍与学者:中国的秘密结社与俄国对世界大国的探索》(*Spies and Scholars: Chinese Secrets and Imperial Russia's Quest for World Power*)、新加坡国立大学历史系助理教授王锦萍《蒙古人之后:华北新秩序的形成1200—1600》(*In the Wake of the Mongols: The Making of a New Social Order in North China, 1200-1600*)。这三本著作关注古代中国的经济、政治秩序的形成与中外关系,第一本着力断代史研究,后两本是从长时段研究中国历史的变化,在研究内容及视角上都颇有新意。值得一提的是,在哈佛大学有着"中国先生"美誉的美国中国学界重要人物傅高义(Ezra F. Vogel)2020年12月不幸去世,他对中国问题的观察和写作持续了整整40年,著有《邓小平时代》等名作。哥伦比亚大学出版社有两本著作值得一提:乔治·华盛顿大学历史系助理教授许临君(Eric T. Schluessel)《陌生人的土地:清属中亚的文明化工程》(*Land of Strangers: The Civilizing Project in Qing Central Asia*),研究1877—1933年间新疆的日常政治。该书反映了美国新清史研究的新进展,运用多语种史料对清代新疆史领域的关注,重新评估新疆的历史发展;耶路撒冷希伯来大学汉学教授尤锐(Yuri Pines)《出土的周朝历史:竹简〈系年〉及中国早期史学》(*Zhou History Un-*

earthed：The Bamboo Manuscript Xinian and Early Chinese Historiography），以清华简《系年》为例，通过对新出土的资料和传世文献的综合研究，说明竹简对于理解中国周朝史学风格变化以及重大历史事件和重要议题的重要性。

由于新冠肺炎疫情，德国本年关于中国历史研究的著述不多，以中西交流史问题为主，有两本值得一提：第一本是德国学者魏汉茂（Hartmut Walravens）的《中国传教团研究（1550—1800）：中西文化研究期刊：一种研究工具》（China Mission Studies（1550 - 1800）：Sino-Western Cultural Relations Journal：A Research Tool），该书作为一本工具书，提供了中西文化交流视角下中国教会及传教事业的相关史料。第二本是论文集《东西方的现代性经验：五四运动与中德思想交流》（Ost-westliche Erfahrungen der Modernität：Der chinesisch-deutsche Ideenaustausch und die Bewegung des 4. Mai 1919），由柏林自由大学德国与尼德兰语文学研究所的米歇尔·耶格（Michael Jaeger）博士与北京大学德国研究中心的毛明超博士合作编辑。收录了来自中德11位作者关于五四运动时期中国与西方思想的碰撞的文章，以此纪念五四运动一百周年。

法国中国问题研究重镇近代和现代中国研究中心（Centre d'études sur la Chine moderne et contemporaine）客座研究员约翰·芬利（John Finlay）《亨利·贝尔坦与十八世纪法国的中国图像》（Henri Bertin and the Representation of China in Eighteenth-Century France）以路易十五和路易十六时期的国务大臣贝尔坦为个案，深度研究18世纪末中国与法国在知识、科技和艺术的相遇，对早期近代中国和欧洲跨文化交流提供了丰富的史料，为当今中法文化交流提供借鉴。

日本历来是海外中国学的研究重镇，2020年也有多部著作出版，皆延续日本汉学传统，运用丰富的史料，提出了一些新见解。如日本岩波书局"中国历史系列"丛书本年出版了四本，分别是：丸桥充拓的《南宋以来中国江南地区的发展》、古松崇志的《征服草原——大蒙古发展史》、檀上宽的《穿越陆地和海洋——明朝的兴亡》、冈本隆史的《"中国"的形成：对当代的展望》等；汲古书院则在本年出版了大木康的《明清江南社会文化史研究》、久保亨的《20世纪中国经济史论》及土肥义和的《敦煌文书研究》等书。此外，在中国历史重要事件的研究上，2020年推出了菊迟秀明的《太平天国：中国皇权的受挫》及日本第47任首相芦田均的《九一八事变及其前史》。

国内学界对海外对中国历史的研究关注颇多，从不同方面进行了梳理。如在中国通史研究上，江天岳等介绍了18世纪法国来华耶稣会士冯秉正《中国通史》的编纂过程及其影响，肯定了其学术价值：对中国史学进行了系统梳理，认为其是"第一部由西方人借助中文文献写成的编年体中国通史"。在近代史研究上，谭玉华《庚子年间法国军官欧仁·凤撒吉利非对易州清西陵的调查》以1900年法军指挥官欧仁·凤撒吉利非对易州清西陵的调查报告为基础,结合法国国防部档案馆藏相关文献、法国公开出版的远征军回忆录、清西陵守护大臣的奏折等,明确凤撒吉利非调查报告的特点。梁山《日本视野下的近代中外关系史研究的嬗变与述评(2010—2015)》认为,2010—2015 年间,日本视野下的近代中外关系史(1840—1919)研究出现了高潮。研究内容集中在中国近代外交思想与政策、中国外交制度近代化、中日关系的变化等,研究方法上出现了概念史、社会史、文化史等跨学科的研究趋势。徐志民《近代日本的中国留日政策史》围绕近代中国留日学生群体,以中日"互视"的观察视角,将近代中国留日学生作为管窥中日关系史的突破口。他认为:"近代中国留日学生人数多、规模大、影响深远,与中日关系极为密切","近代日本对中国留日学生的政策,体现其侵华扩张政策的策略与目的。"他在《日本的近代中国留日学生研究》一文中以自 1896 年始的近代中国留日研究为例,指出在对近代中国留日学生群体的研究上呈现"宏观选题微观化"和"微观选题精细化"的趋向,需要充分利用中日史料,拓宽研究视野。在民国史研究上,顾钧、胡婷婷主编的《民国学者论英美汉学》收录了民国学者对英美史学、地理、文学、艺术等的追踪和评介文章。该书指出,作为西方汉学重要组成部分的英美汉学在民国时期受到了学者广泛关注,尤其史学在经学解体后逐渐成为中国学术正宗,民国学者对域外的史学研究成果分外关注。在抗战史研究上,马军等著《海外与港台地区中国抗战史研究理论前沿》对 2000—2015 年海外与港台地区中国抗战史研究中的新理论、新观点与新资料进行了总体考察,力求突破海外抗战史研究中的"欧洲中心论",唤醒海外学界对中国战场作用的重视,争取中国学者在抗日战争研究的国际话语权本文具有十分重要的学术意义与现实意义。张德明《费正清对抗战时期国统区的认识》根据费正清的回忆录及著作,总结了费正清对国民党战时政策、对国共两党党员的评价,梳理了费正清对国统区的社会生活的描写,为抗战史研究提供新视角、新内容。徐志民《留学、战争与善后:近代中日关系史研究》将中国留日学生作为管窥抗日战争史的突破口。他指出,"抗日战争史研究既包含战前的留学交流与文化合作的历史追溯,也包括战后日本人的战争责任认识与中日关系相互影响的历史纠葛"。在专题史上,国内学界关注了海外中国研究中的中外文化交流史、文化史、舆图史、环境史、性别史等问题。任大援《〈华裔学志〉研究》梳理了《华裔学志》自 1935 年创立以来的历史和学术成果,结合与之相关的《华裔丛书》《华裔选集》,论述了《华裔学志》创办者鲍润生生平及其成就、《华裔学志》在北平时期的历史、《华裔学志》及其研究对西方汉学的贡献、中国学者对《华裔学志》的影响与贡献等。钱盛华《朝贡体系在中南半岛的变异与实践——以越南阮氏政权与暹罗曼谷王朝同盟为中心(1784—1833)》聚焦 1784 至 1833 年间越南阮朝与暹罗曼谷王朝的关系,探讨东亚地区曾长期存在的以中国为中心的朝贡贸易体系对中南半岛外交的影响。杨玉平《法国外交部档案馆藏中法关系史文献整理研究新进展》从史料学、校勘学和辑佚学角度肯定了法国外交部档案馆藏自17世纪以来的涉及中法两国联系和交往的一手材料的学术价值，呼吁学界要进行系统整理和有效利用。

在海外对中国文化史的研究方面，钱灵杰《英国东印度公司汉学家典籍英译研究》以德庇时、马礼逊、小斯当东、汤姆斯等侨居中国的英国东印度公司职员所译介的中国文化典籍展开个案研究，探讨上述汉学家典籍英译行为动机合理程度、汉学家作为语言人与社会人的双重身份关系等问题，客观评价这一汉学群体在中国典籍英译史和中西文化交流史中的地位和作用。郭来美《18—19世纪圣彼得堡艺术科学院的汉学研究》梳理俄国科学院的前身圣彼得堡艺术科学院在18—19世纪汉学引进、汉学教育、汉籍收藏、国际交流等方面的汉学成就，指出：圣彼得堡艺术科学院自成立以来就具有双重职能，"一方面作为科研机构，是为各学科研究提供服务的科学中心，具有服务学术的职能；另一方面，作为国家机构，其研究以国家政策为导向，具有服务政治的职能"。柳若梅《俄罗斯档案馆藏北堂西文书目考》以俄联邦外交部沙俄对外政策档案馆北堂图书馆西文藏书目录为例，指出："俄藏北堂西文藏书目录揭示了19世纪天主教传教士在北京被驱逐时的藏书情况，折射出天主教入华传教士在华近三百年间传播西方思想文化和科学技术的知识基础。"牛海洋《美国汉学家巴托尔德·劳费尔的首次中国考察》通过对芝加哥菲尔德自然史博物馆所藏美国东方学家、汉学家巴托尔德·劳费尔书信的分析，对劳费尔于1901—1904年间中国考察的细节进行细致梳理，旨在以此为个案，为美国汉学的研究提供史料。苏浩《罗振玉、王国维与日本书法家山本竟山交游考——以新发现的信笺资料为中心》对罗振玉、王国维与山本竟山的交游为个案，以罗振玉给山本的三封信及王国维为山本润色的信笺为基础，关注书法在近代日本汉学分化中的轨迹。叶公平《德国人艾克民国时期在华交游考》以德国对中国传统物质文化研究先驱德国来华艺术史家艾克在中国与中国文化名人的交游为研究对象，通过梳理中国近现代文化名人如冯至、徐悲鸿、邓以蛰、季羡林、王世襄、容庚等人的书信、日记和著述中与艾克相关的史料，认为艾克是近代中外文化交流史中值得注意的人物之一。徐志民《近代日本的中国留日学生政策史》通过梳理从明治末期、大正时期、昭和初期到日本发动侵华战争中日围绕留日学生的交涉，指出："原本以传播科学化知识与促进世界和平发展为主旨的留学教育，掺杂了太多的政治阴谋和侵略野心，结果适得其反、事与愿违。"陈敏《弗·施莱格尔的中国观与18—19世纪之交的欧洲汉学》以德国早期浪漫主义文学重要奠基人弗·施莱格尔的中国观为研究对象，梳理其1802—1828年间关于中国的论述，提出："施莱格尔持有总体积极且肯定的中国观，其研究目的在于从东方精神中汲取力量，实现整个欧洲精神世界的复兴。"张敏芬《徐日昇的中国佛教观》以葡萄牙耶稣会士徐日昇的《中国佛教论》为个案研究，考察和探讨徐日昇对中国佛教的认识。孙越《葛兰言汉学研究中的中国古代婚俗与祭礼》以法国汉学家葛兰言的两篇博士论文为例，探讨其对中国原始婚姻形式和媵嫁制度的特点及其与祭祀活动的关系。

在舆图史、环境史、性别史方面，姚继德、乌苏吉（M. B. Vosooghi）、白志所合作的《中东地理学家印象中的"中国海"》一文对9—20世纪初期中东地理学家的经典地理学著作中的中国和"中国海"（中国南海）的记述进行了细致梳理，指出："阿拉伯、波斯和奥斯曼土耳其的穆斯林地理学家根据与中国广州等地的海上旅行和贸易往来中的记述，一直将自印度洋东端至中国东南沿海之间的今南海海域记载为'中国海'，这为我们今天维护中国南海传统海疆的主权，提供了极好的第三方历史地理学证据。"崔华杰《本土史学与中国话语：〈清代山东经营地主的社会性质〉的对外传播及其影响》以1959年山东大学青年教师景甦和罗仑出版的探讨中国农业资本主义萌芽的《清代山东经营地主的社会性质》一书外译英文为个案，讨论该书对西方学者产生的"涵容互摄"的学术影响，指出"该书所体现出的立足本土史学并形成中国学术话语的治学风格，在中外学术交流频仍的当今富有借鉴意义"。刘晓玉《环境史视角下的中国政治——海外中国环境史研究初探》关注了海外中国环境史视角下的中国政治研究，指出"核心主题与贯穿线索是国家与社会、中央与地方的关系"。李颖《海外汉学的性别视域及其新维度》关注了海外汉学中的性别史研究，指出，"受西方女性主义思潮的影响，女性研究已成为海外汉学研究的一个重要领域。该研究打破了女性为受害者的传统观点，解构了西方女性主义的'差异观'。与此同时，其将中国古代女性置于特定历史和文化语境中加以评论，重构了中国古代女性的家庭地位和社会地位，对中国文化研究和西方性别研究做出了一定的贡献"。

在有关党史、新中国史、改革开放史和社会主义发展史的"四史"研究上，国内学界也对国外的相关研究进行了梳理。成龙、姚立兴《海外对中国梦的多向度解读》系统梳理和分析了海外对中国梦的不同理解，对于深入理解中国特色社会主义思想具有重要借鉴意义。龚韵洁《拉美学者眼中的周恩来与中拉关系》总结和梳理了拉美学者眼中的周恩来与中拉关系发展历程及特点，为中拉关系进一步深化和拓展提供启示与借鉴。冯莉《问题与趋势：当代美国中共学研究追踪》指出，在"新时期中美关系复杂转进的背景下，美国中共学研究集中呈现出'冲突型''倾斜性''单向度''预设性'研究的问题表征，并随着资本主义和社会主义竞争性共存中张力的日益增强而难以在短期内有效消解"。高维谦《西班牙社会各界对"中国梦"的解读及中国应对之策》系统梳理了西班牙各界对"中国梦"的解读视角、观点及认知，并对其进行了总体评价，进而提出中国的应对之策。徐锋华《美国加拿大当代中国研究的主要面向和未来趋势》从美国、加拿大关于中国治国理政的研究、关于中共领导人施政风格的研究、对于中国对外交往的研究、关于中国经济变革的研究四方面着手，探讨美国、加拿大关于中国研究的方法、特点与未来趋势。他认为："美国的当代中国研究根据中美两国外交关系的发展变化而变化，有着很强的时势性、政策性和目的性。"吴原元《美国中国学家对中国特色发展道路的解读与启示》认为，美国中国学家高度关注当代中国发展之路，对中国发展道路的性质的解读主要有"国家资本主义之路""类似东亚威权主义模式""有中国特色的新自由主义发展之路""走向资本主义的复辟之路"等代表性观点。他指出，对于美国中国学家存在的解读偏差与歪曲，中国学者必须予以驳斥，并且需要"在批判之中基于中国的伟大实践，致力构建能够有效解释中国实践、富有中国特色的理论和话语体系"。王洪树、郭玲丽《回顾与展望：新时代中国政党制度国外研究述评》探讨国外学者对中国政党制度及其运行的研究，指出：国外学者对中国政党制度的研究主要有两方面，一方面是"学理探索逐步走向深入"，另一方面是"研究中存在认知困惑"，"这些困惑主要源于狭隘意识形态和固有学术话语的束缚，以及对实际情况深度了解的匮乏"。

在海外中国学的国别史研究上，国内学者对拉丁美洲，对印度、日本、德国等国的中国学研究进行了总结梳理。郭存海《拉丁美洲的中国研究：回顾与展望》梳理了拉丁美洲中国学研究历史进程，指出：拉丁美洲关于中国研究的主题自1949年至今经历了从革命和意识形态向经济和国际关系的历史性转变。呈现研究机构虚体化、研究力量年轻化、研究议题从相对集中到日趋多元、研究成果形式多元化、研究初步网络化的特点。尹锡南《当代印度汉学家的中国历史研究》介绍了当代印度汉学家对中国历史研究的概况，并对当代印度重要汉学家的中国历史研究进行重点分析。该文关注欧美国家之外的印度对中国历史的研究，丰富了海外汉学的国别研究成果，以历史研究为主题，也极具问题意识，值得借鉴。李少鹏《近代日本汉学意义之再生成及其异化——以那珂通世倡立"东洋史学"为中心》关注了日本汉学中的"东洋史学"，指出：明治维新以后，在元朝史学家那珂通世的倡导下，用"东洋史"取代"中国史"，消解了中国正史的叙事脉络，并为战时日本扩张需要所接受，对世界历史研究产生了深刻而持久的影响。王向远《白鸟库吉与日本汉学向东洋学的转变》指出白鸟库吉是最为自觉地将"东洋学"与"汉学"对抗、决裂，从而构建"东洋学"理论的代表性学者，成为"日本传统'汉学'的颠覆者和'汉学'向'东洋学'转变的推动者"。该文认为，白鸟库吉提倡"汉学"向"东洋学"转变的动机是"东亚各民族的历史研究与比较研究中，宣扬日本国体特殊论和日本民族优越论，并在这个意义上认同儒教的忠君观念，表现出日本东洋学顺应现世、服务国策的性质"。王婀娜《70年来德国对中国文化及中国国民特性的研究》以"中国文化"为主题，梳理70年来中国文化在德国学术界的传播情况，旨在揭示其研究内容的变化，并对中德商务沟通中的核心关注"中国国民特性"进行集中分析，为中国文化的对外传播提供借鉴。

在学术会议方面，2020年因受新冠肺炎疫情的影响，举办的海外中国学会议相对较少。2020年11月，中国比较文学学会海外汉学研究会2020年年会在成都举行。与会专家以

"全球化背景下的国际汉学与中国经典翻译"为主题,围绕汉学家与国别汉学史研究、海外汉学家口述史研究、传教士汉学研究等议题,尝试打破汉学研究的壁垒,思考中国和世界的互动及全球化背景下海外中国的研究。2020年12月,"海外汉学与中国学研究的反思与重构"研讨会在武汉举行,与会学者总结了百年来海外汉学与中国学研究的成果,反思了理论方法的不足。

综观海外中国学的实证性研究论著,研究成果主要集中在欧美国家,拉美、非洲的研究成果不多。从研究内容上看,海外学者对古代中国历史的研究尤多,但是海外学者对中国历史的研究也存在运用史料不多、解读史料错误等一些问题。而国内学者对海外中国学的介绍也是对第三世界的成果介绍较少,集中关注西方大国的中国学研究,这也是需要以后重视、纠正的问题。

(三)海外中国学研究译著介绍

2020年,国内学者关于海外中国学译著数量颇丰,内容涉及中国的宗教信仰、历史、文化、文学等内容,为国内人文社会学科研究提供了海外研究的对照和参考,产生了一定影响。

近年来,西方人眼中的近代中国史料被不断挖掘出版。如"西洋镜"系列本年在广东人民出版社出版了三本中译本:《中国屋脊兽》《〈远东〉杂志记录的晚清1876—1878》《意大利彩色画报记录的中国1899—1938》。"遗失在西方的中国史"系列本年则出版了五本中译本:《英国画报看甲午战争》《英国画报看庚子事变》《太平天国》《中国服饰与艺术》《中国祠堂》等,都具有较高的史料价值。此外,尼克尔斯(Francis H. Nichols)著的《龙旗下的长安:一位美国记者眼中的晚清中华帝国》在陕西人民出版社出版。

国内2020年还出版一批高质量的海外中国学研究译著。江苏人民出版社凤凰文库的"海外中国研究丛书"在2020年推出了海外中国研究著作的七本中译本。分别是:日本汉学家岩井茂树的《中国近世财政史研究》,日本汉学家浅野裕一的《古代中国的宇宙论》,日本汉学家大岛正二的《唐人如何吟诗:带你走进汉语音韵学》,韩国汉学家李镇汉、李廷青的《高丽时代宋商往来研究》,美国汉学家陈汉生(Chad Hansen)的《中国思想的道家之论:一种哲学解释》,德国汉学家顾有信(Joachim Kurtz)的《中国逻辑的发现》,加拿大汉学家孟留喜的《诗歌之力:袁枚女弟子屈秉筠(1767—1810)》。这些著作从财政史、宗教史、文学史、哲学史等角度对中国的经济、文化、文学、历史等做了细致描述和深入研究。此外,凤凰出版社"学衡现代知识研究丛书"出版了日本学者仓田明子《十九世纪口岸知识分子与中国近代化——洪仁玕眼中的"洋"场》,该书以香港和上海为舞台,以洪仁玕、王韬为研究对象,利用教会档案"重建"史实,论述近代早期中国人的新知识接受史。

中国人民大学出版社"海外中国研究文库"2020年出版了四本美国学者关于清代历史

研究的中译本。第一本是美国哥伦比亚大学历史系教授曾小萍（Madeleine Zelin）的《州县官银两：18世纪中国的合理化财政改革》的增补修订版，该书梳理了雍正时期的财政改革历史，对18世纪的"耗羡归公"的研究极为细致。第二本是曾任美国亚洲协会主席安熙龙（Robert B. Oxnam）的《马上治天下：鳌拜辅政时期的满人政治》，该书英文版出版于1975年，在新史料层出不穷的今天来看，此书的材料、内容和研究方法都略显陈旧，但作为英文书写的第一部相关专著，也是海内外清史学界迄今唯一一部全面研究鳌拜辅政时期的专著，对于深入理解顺康之际的政治转折及"满人政治"的复杂性仍有重要的参考价值。第三本是美国纽约大学卫周安（Joanna W. Cohen）的《清代战争文化》。卫周安是美国著名的中国军事与文化史专家，该书有力地证实了军事文化在满人统治下的清朝所拥有的主导地位。第四本是美国加州大学伯克利分校詹姆斯·波拉切克（James M. Polachek）的《清朝内政与鸦片战争》，涉及清朝政治、战争及文化等重大问题。

后浪"汗青堂丛书"在九州出版社则推出了简又文《太平天国革命运动史》、美国汉学家薛爱华（Edward Hetzel Schafer）《珠崖：12世纪之前的海南岛》、日本东洋史学者谷川道雄《隋唐世界帝国的形成》、英国学者彼得·霍普柯克（Peter Hopkirk）《劫掠丝绸之路：从斯文·赫定到斯坦因的中国寻宝历程》等著作的中译本。这些著作观点新颖，视野开阔，对国内学者启发颇多。

此外，还有一些国外历史研究著作中译本于2020年也相继翻译出版，如法国耶稣会士聂仲迁（Adrien Greslon）《鞑靼人统治下的中国历史：自1651年鞑靼人完全占领至1669年间发生在这个巨大帝国的重要事件》（暨南大学澳门研究院、文化公所）、美国清史研究学者罗友枝《最后的皇族：清代宫廷社会史》（上海人民出版社）、美国学者尤金妮·巴肯（Eugenie Buchan）《少数给中国的飞机：飞虎队的诞生》（社会科学文献出版社）、美国学者司昆仑（Kristin Stapleton）《新政之后：警察、军阀与文明进程中的成都（1895—1937）》（四川文艺出版社）、澳大利亚学者魏舒歌《战场之外：租界英文报刊与中国的国际宣传（1928—1941）》（社会科学文献出版社）等。美国学者鲁大维（David M. Robinson）的《神武军容耀天威——明代皇室的尚武活动》（社会科学文献出版社），提出了"新明史"的概念，将明代历史放置欧亚大陆的历史框架中加以考察。

2020年，海外中国学译著数量颇丰，选取了当代世界著名汉学家的经典著述进行译介，涉及主题越来越广泛，内容涉及中国的宗教信仰、历史、文化、文学等，为国内人文社会学科研究提供了海外研究的对照和参考，在学界产生了一定影响。但总体而言，暴露出三个问题：第一，关注的对象国有限，选择翻译的海外研究著作的国别集中在美国、日韩等，极少辐射其他国家；第二，选择翻译的著作年代久远，极少反映海外中国学研究的最新成果、国际研究前沿。在关注历史上的经典研究的同时，对国外最新成果的把握不够；第三，翻译的著作以实证研究为主，探讨海外中国学理论的著作极少。实证研究中虽也可以体现汉学家的研究方法和研究理论，但目前国内海外中国学研究的瓶颈之一就是对海外中国学研究的理论、方法把握不够。

结语

综观2020年学界对于海外中国学的研究，成果颇丰，新意迭出。研究队伍成分趋向多元，学术交流范围扩大。国内学者在不断推进实证研究的深度和广度的同时，注重探索海外中国学的研究理论和方法，加强与海外中国学学者的对话与交流，积极发声，勇于发声，体现了中国学者的学术自觉、文化自觉。

虽然学界海外中国学研究的硕果累累，但仍存在一些问题。第一，不加区别地看待国外学者的成果。实际上不同国家的不同研究者关注点不同、研究内容与研究范式也不尽相同，应该根据当时的语境，具体问题具体分析。第二，看待海外中国学的学者及其成果不够理性。自利玛窦入华至今，研究中国的学者不计其数，因此留有巨大的研究空白，但不是每一位学者或其成果都有研究价值，要摒弃因为没有人做过就大书特书，认为有填补学术空白的贡献的思维，更不要因为对某位学者有深入的研究，就认为其研究无懈可击。需要客观看待海外学者的研究成果，充分考虑其是否具有学术价值。第三，研究过于碎片化。由于海外中国学没有"学科"意识，涉及宗教、历史、文化等诸多方面，国内研究呈现东一榔头西一棒子的碎片化趋势。近年来提出的批判性海外中国学研究实际上是要求把研究建立在全面的系统的研究之上，而目前国内的研究过于碎片化，导致根本无从批判。第四，研究过于集中。这又体现在两方面：一是国别集中，二是研究内容集中。国别集中在欧美国家；内容扎堆在几位重要的汉学家的成果中。第五，复合型人才的稀缺。国内海外中国学界的研究主体目前仍是外语类院校的师生，虽然有着良好的外语功底，但历史学、民族学、人类学、宗教学等专业知识薄弱，因此只能作为知识的传递者，而不具备深入的研究能力。另外历史系等专业的师生外语方面知识又显薄弱。这就导致了目前具备海外中国学研究的复合型人才稀缺，因此需要加快人才培养。第六，国内海外中国学研究真正体现中国自身学术自信的理论和方法较少，基于学术的平等的对话并未全面展开，急需加强国内海外中国学研究的学科体系、话语体系和学术体系建设。

二、海外中国学研究大事记[*]

1978年，中国社会科学院情报研究所成立国外中国学研究室，是中国大陆最早开展相

---

[*] 海外中国学研究大事记有关内容引自中国社会科学网：http://www.cssn.cn/zt/zt_zh/hwzgxyj/hwg-gxyjdsj/201909/t20190919_4974261.shtml；上海社会科学院世界中国学研究所网站：https://ics.sass.org.cn/2021/0709/c1632a116767/page.htm。

关研究的实体机构，主要负责人为孙越生。

1980年，中国社会科学院近代史所开始编辑出版《国外中国近代史研究》，该刊共出版27辑。

1985年，北京大学古文献研究所正式建立"国际中国学研究室"，并开始招收国际中国学方向的硕士研究生。

1988年，由刘东主编的《海外中国研究丛书》由江苏人民出版社出版，截至2018年底，该译丛已出图书185种，是国内最大规模的海外中国学译介丛书。

1990年，中共中央党史研究室主办的《国外中共党史研究动态》创刊，至1996年停刊，共出刊42期。

1992年，清华大学成立汉学研究所，两年后改称国际汉学研究所，中国社会科学院历史研究所所长李学勤兼任所长。

1994年，北京大学比较文学研究所开始招收国际中国学方向的博士研究生。

1995年，《国际汉学》集刊在北京正式出版，主编任继愈。2014年，该刊成为正式学术期刊，由北京外国语大学主办，主编张西平。

1996年9月，全国高校第一个研究海外汉学的实体机构北京外国语大学海外汉学研究中心成立，2015年5月该机构更名为北京外国语大学国际中国文化研究院。同年，华东师范大学成立海外中国学研究中心，朱政惠任主任，同年，该中心开始招收海外中国学史研究方向的研究生。

1996年11月，北京语言文化大学汉学研究所成立，阎纯德任所长。

1998年5月，第一份海外汉学（中国学）研究领域的正式学术期刊《世界汉学》正式出版，由中国艺术研究院中国文化研究所主办，主编刘梦溪。

2004年1月，中国外文局对外传播研究中心成立，2018年，该中心扩大更名为中国外文局当代中国与世界研究院。

2004年2月，中国社会科学院国外中国学研究中心成立。2013年，中心更名为中国社会科学院国际中国学研究中心。

2004年8月，首届"世界中国学论坛"在上海成功举办，至今已成功举办八届。

2009年9月，国家图书馆海外中国学文献研究中心成立。

2012年3月，上海社会科学院世界中国学研究所正式成立。同年9月，北京联合大学海外中国学研究中心成立。

2016年5月17日，习近平主持召开"哲学社会科学工作座谈会"并发表重要讲话，其中专门提到"支持国外学会、基金会研究中国问题，加强国内外智库交流，推动海外中国学研究"。

2019年1月，中国社会科学院中国历史研究院在北京成立，下设新成立的历史理论研究所，所内设海外中国学研究室。同年6月，中国历史研究院成立非实体研究中心"海外中国历史文献研究中心"。

2021年7月5日，上海社会科学院世界中国学研究所与国家图书馆合作签约，共同推进海外中国问题研究。

（供稿：王　宇）

索　引

"156项"工程　86

"八九政治风波"　544

"八项规定"　312，592

"百花齐放、百家争鸣"　410，413，434

"不忘初心、牢记使命"　3，27，28，194，302，770，831，840，878，897

"不忘初心、牢记使命"主题教育　3，27，28，194，302，831，840

"打土豪、分田地"　717

"大仁政"　368，377

"大跃进"　19，261，291，354，359，361，369，378，379，383，469，471，472，588，600

"大跃进"运动　19，359，379，383，469，471，472

"地区行署"　252

"东方红一号"　603

"非典"　603，934

"关键少数"　297

"华为事件"　93

"化中国"　96

"黄逸峰事件"　72

"金砖国家"　545

"经济基础—上层建筑"　97

"精准扶贫"　91

"九·一三"指示　340

"九二共识"　252，253，639

"历史合力论"　378

"两弹一艇一星"项目　94

"两弹一星"精神　267，603，605，762，934

"两个结合"　46，48，102，103，108，109，159，185，217，410，691，692，779

"两个确立"　596，691，700-703，705，947，948，950

"两个维护"　3，5，43，265，281，552，681，682，684，690，698，730，749，767，804，827，830，831，834，837，840-843，855，858，860，868，880，902，923，924，930，947

"两个一百年"　88，267，288，358，439，552，625，675，695，699，733，735，779，788，834，851，871，878，886，905，920，931

"两个一百年"奋斗目标　88，267，288，358，552，625，675，695，699，733，735，779，851，878，905，920，931

"两会制"　62

"两学一做"　905

"两学一做"学习教育　905

"农业六十条"　380

索引

"乒乓外交"　141，142，555 - 557，560，562，564，565，568，661

"普世价值"　960

"七一"重要讲话　46，74，159，160，181，242，277，280，669，673，683，685，706，707，776，778，779，784，815 - 817，905 - 917，919，921，923，925 - 927，930 - 932，937

"去学科"　134，135

"全国一盘棋"　626，632，665

"三步走"发展战略　47

"三大差别"　508 - 511，514，523

"三大体系"建设　45，54，99，171，172，687，829，847，925

"三反""五反"运动　309，310

"三反"运动　26，307 - 312

"三废"　485 - 487，490 - 499

"三个代表"重要思想　5，247，248，265，290，426，528，606，681，702，726，806，844，860，905，946，972

"三个世界"划分　140

"三农"　33，61，81，87 - 89，98，100，181，195，253，360，367，373，624，627，649，665，710 - 712，714，765

"三农"现代化　360，367，710

"三农教育"思想　652

"三湾改编"　762

"三形态"论　156

"社会史热"　133，134

"社会学化"　456

"生产力—生产关系"　97

"十二五"规划　355

"十七年"时期　114，435，653

"十三五"时期　114，287，844

"十四五"规划　102，112，358，717，850

"双百"方针　434

"四八社论"　500，501，503 - 505，507，509 - 511，515，521，522

"四个全面"　39，161，195，225，247，274，440，592，598，772，819，902，905

"四个全面"战略布局　39，161，195，225，247，274，440，592，598，772，819，902，905

"四个意识"　3，5，265，281，298，552，682，684，690，730，749，818，827，830，831，834，837，840 - 843，858，860，868，890，902，904，923，930，947

"四个自信"　3，5，167，217，248，264，265，281，552，590，682，684，690，697，730，749，818，827，830，831，834，837，840 - 843，856，858，860，868，890，899，902，904，923，930，947

"四人帮"　28，84，161，180

"四史"　5，6，9，30，36，38，39，56，57，70，76，82，98，99，161，167，169，171，222，227，229，236，248，444，599，652，667，670，676，697，698，750，760，761，766，773，775，818，821，822，840，845，846，848，849，860，861，865，867，868，871，

— 1013 —

878，882，888，890，899，906，913，915，927，967，970，973，974，987，988，1005

"四史"宣传教育 5，6，9，36，38，56，57，70，98，171，670，676，775，849，860，861，888，927，967

"苏东剧变" 70

"文革" 97，126，164，369，370，541，580，581，584，586-588，590，746

"文化大革命" 19，20，23，28，32，84，206，291，352，378，380，384，469，472，473，584，600，608

"文明新形态" 105

"五反"运动 26，72，127，309，310

"五个一批" 91

"五位一体" 39，161，224，247，274，592，598，819，905

"五位一体"总体布局 39，161，247，274，592，598，819，905

"五形态"论 156，170

"小仁政" 377

"新三反"运动 72

"一带一路" 93，149-151，194，216，227，231，232，244，364，366，525，526，536，545，546，548，549，552，593，630，635，636，939

"一带一路"倡议 93，149，151，545，546，549，630，635

"一国两制" 31，38，160，188，237，241，242，275，279，280，598，648，969，971，972

"一化三改造" 84

"一五"计划 27，130，319，320，351，354，359，363，368，383，397，405，406，471，472，585，624，765，773

"在徘徊中前进"的两年 584，586，588，590

"责任田" 89，167

"政府—市场"二分法 99

"中国化" 96，599，790

"中间地带"理论 140

"中兴事件" 93

"自贸试验区" 93

《关于建国以来党的若干历史问题的决议》 9，20，23，122，162，241，246，275，352，596，608，773，846，869

《关于若干历史问题的决议》 162，246，275，607

《论十大关系》 179，271，354，359，368，383，586，588，646

《宪法》 10，316，317，326，646，718

《中共中央关于党的百年奋斗重大成就和历史经验的决议》 43，50，57，98，100，102，103，157，161，170，269，596，675，690，699，700，706，937，944，945，950-952，957，959，988

APEC 551

GDP 355，359，372，374，383，416，525

WTO 372，652

爱国公约 126

爱国统一战线 160，277，278，324，742

爱国卫生运动 129，656

安置制度 70，657

索 引

按劳分配　83－85，283，288，380，474，591，748

按生产要素分配　591

奥林匹克运动　558，559，565

澳门特别行政区　280，875

八项规定　6，728，845，861，962

百年反贫困　91

板门店谈判　641

半殖民地半封建社会　16，270，271，291

包产到户　54，283，380

包干到户　54，283

包干制　371，389

北京奥运会　567

比较视角　81，82

边疆治理　641，658，984

辩证唯物主义　13，158，170，419－421，530，552，594，599，675，683，700，712，827，828，865，875，953

拨乱反正　19，20，261，277，278，383，473，607，608，612

财政分权　54，87

财政体制　86

长江经济带　287，477，671

长三角一体化　287，975

长征　20，197，222，332，436，605，708，744，752，761，763，764，780，858，859，870，934

长征精神　605，752，761，934

成果民主　62

城市管理　61，361，474，494，647

城市规划　261，465，466，468，472，981

城市化分期　464－466

城市建设　209，395，465，470－474，481

城市治理　61，123，125，126，222，227，959

城乡发展一体化　66，360，361

城乡一体化　253，719

程序民主　62

抽象经济学　377

出口加工工业　372

初心使命　3，29，36，37，43，98，118，160，267，269，270，451，600，624，628，667，675，676，679，681，684，688，695，711，715，725，728，730，757，759－762，771，778，786，787，805，806，822，831，837，840，844，849，851，856，857，859，865，869，873，878，880，884，885，890，895，896，919，920，922，935，938，945，947，948，951，959，960，962

村庄治理　61，75，722

大国外交　136，137，139，141，146，153，154，194，244，247，527，528，530，532，535，537，593，636，660，790，912

大数据　154，215，222，620，702

单一公有制　368，369，380

当代中国外交史　136－139，141，146，153，154

当代中国文化史　102，103，106－108，110，113，114，117，119，120

党的八大　271，291，351，352，354，357

党的百年历史新起点　832，851

党的初心和使命　27，282，752，772，832，884，917

党的第一代中央领导集体　262

党的二大　270，291，292，295，296

党的历史　3，5，16，20，22，36，37，43，68，95，98，103，118，160，218，241，265，267，278，289，291，293，301，306，309，310，312，473，596，600，602，608，610，613，615-617，620，621，675，682，683，685，691，693-695，697，706，749，750，760，761，764，767，768，772，782，786，789，796，805，830，831，833-838，841，843，849，851，853，854，858，860，866，869，875，881，887，890，895，898，916，918，921，923，926，927，946，949，950，963，988，989

党的领导　14，15，58，59，63，64，91，98，99，105，124，166，246，267，274，292，293，295-297，299，300，311，324，354，437，463，470，529，552，592，598，601，603，612，619，621，625，627，629，633，635，647，665，697，701，705，714，715，729，730，732，742，750，754，765-769，772，778，779，783，806，818，819，846，864，867，872，876，887，889，892，903，905，929-931，951

党的全面领导　42，161，275，681，691，703，730，804，819，829，866，887，929，930，948

党的十九大　5，157，254，274，292，296，300，302，353，358，359，363，438，441，464，524，531，552，702，733，766，769，786，819，830，844，845，860，923，938

党的十七大　355，360，364

党的十五大　364，540

党管媒体　237，592，630，631

党管意识形态　166

党史　3-6，9，12，13，16，19，21-24，27-32，36，37，40，43-47，49，50，54，56，62，68，70，74-76，80，95，96，98，99，102，106，110，117-119，122，133，134，137，138，155，158-160，163，169-171，175-177，183，185，186，192，194-198，200，201，203-206，213，214，218，222，227，229，230，233-237，241，242，245，251，253，262，304，305，313，326，350，391，408，430，435，436，583，588，597，599-601，605，607-619，636，638，641，642，645，646，648，651，652，656，658，659，667，669-673，675-677，679-691，693-695，697，700，701，704，706，707，709，711，712，716，725，731，734，742，744-746，748-751，753，754，760，761，763，764，767，771-773，775，777，779，780，782，785，787，789-800，804-810，812-816，818，820-823，827，829-871，873-890，892-910，912，913，915-919，

921－927，929－935，937，939－941，943－945，947－953，955－964，967，969－972，974，975，978，985－990，992，993，995，1005，1010

党史学习教育　3－6，28，36，37，56，98，99，102，106，110，155，158，169，171，241，408，669，670，673，676，679，680，682，683，688，693－695，709，744，746，749，750，754，760，761，771－773，775，782，797，804，805，816，818，821－823，830－834，836－846，848－854，856，857，859－861，863－871，873－876，879－881，884，888，889，892，895－898，900，901，903，907－910，912，913，915－917，921－923，925－927，929－931，933－935，943，947，950，961－964，967，969，978，987

党史研究　9，13，16，21，22，24，31，32，74，76，138，185，186，196，203，205，206，213，214，229，241，304，326，350，391，607－614，616，618，641，645，646，651，652，683，685，688，689，693，716，744，745，750，753，764，789，791，792，796－798，806－808，812－815，838，841，847，852，854，855，858，863，868，883，885，889，892，894，896，900，912，915，917，919，930，939，941，947－949，956，978，988，989，992，995，1010

道路自信　246，265，606，680，779，805，866，888，905，907

邓小平　5，14，24，26，47，67－69，97，111，118，140，141，175，180，181，183，192－194，199，200，207，213，247，248，262，265，272，283，284，290，293，294，296，304，327－329，334－336，340，346，348，352，353，357，379，380，383，384，386－388，390，426，429，434，474，528，542，543，565，576，586，587，589，591，606，610，621，642，647，649，653，681，702，728，744，763，775，806，833，834，840，842，844，860，900，905，936，938，940，946，948，972，978，993，995，1001

邓小平理论　5，180，213，247，248，265，290，426，528，606，610，647，649，653，681，702，806，844，860，905，936，940，946，948，972，993，995

邓小平外交思想　140，141

地方财政　371，649，657

地方史　17，34，50，57，77－79，132，133，258，261，595，642，811，969，978

帝国主义　10，270，279，291，293，317，328，330，334－336，346，359，385，386，392，409，426，515，1001

第18军　65，327－348，350

第二个百年奋斗目标　38，42，44，241，242，274，275，596，602，620，623，669，679，682－685，722，732，779，

— 1017 —

787，885，898，903，908，910，917，920，942，945，953，960

第二个历史决议　43，44，68，645，852，861，875，985

第三个历史决议　36，43，44，98，949

第十四个五年规划　282

第一次工业革命　392

第一个百年奋斗目标　38，42，43，50，241，242，247，274，281，682，804，898，903，908，920，945，953

电影产业　413，633，634

钓鱼岛问题　544

东盟　138，149，231，542，544－547，549，551，554，662

东欧剧变　587，602

渡江战役　978

对外经济　98，208，221，750

对外经济交往　98

对外贸易　85，93，202，203，208，322，325，570，572

对外援助　232，526

多边外交　136，138，139，151－154，660

多党合作　64，250，277，326，621，622

俄罗斯学界　58，77

二级学科　45，46，163，171，414，610，611，615－617，996

二元经济结构　253，469

发展中国家　46，47，93，136，138，139，150，153，154，244，358，367，381，427，525－528，530－532，536，537，548，552，614，627，704，740，819，828

发展中国家外交　136，139，150，153，154

法治建设　67，75，252，373，447，621，702，773，918，919

法治经济　97

法治经济思想　97

反对官僚主义　60，72，305，307－312，322

反贫困思想　97，877，878

防科技工业　69，82，658

房地产业　92，370，372，474

非公有制经济　778

非物质文化遗产　112，233，631

分配制度　84，85，182，374，649，672

分税制　372，474

封建主义　270，291，515

妇女解放　124，379，409，656，801

妇女史　124

妇女政策　124

改革开放　9，15，19，20，24－27，29－32，38，39，42，45，47，49，50，55，56，58，60，62，63，65，66，70，71，76，80，82－84，86，90，92，93，97，100，104，106，107，111－114，125，127，131，132，140，143，152，153，155，156，158，160－163，166，169－171，178，182，183，198，201，206，224，233，235，241，243，245－248，250－256，259，264－267，272，273，275，277－280，283－286，290，291，294，297，353，355－357，362－364，370，373，375，380，381，383，384，

386，387，389，390，396，398，400，401，406，407，410，412－416，420－424，426－428，432，436，437，443，444，450，459，461，463－467，469，470，472－474，476，542，548，553，584，587，588，590，592－594，597，600－602，605－609，612，614，616，617，619，621，622，624－626，628－630，633－636，638－641，647－651，653－658，660，676，681，683，693，695，703，704，712，713，715，718，726－728，744－749，755，765，773，774，778，780，790，806，809，812，818，819，844，872，876，878，899，901，934，958，968，977，978，1000

改革开放精神　114，267，605，693，934

改革开放前后历史时期关系　161

改革开放史　5，6，28，30－32，54，57，70，71，76，77，98，158，162，163，169，171，182，206，222，242，248，250，263，377，435，616，645，648，673，697，711，760，761，765，838－840，845，846，851，860，861，867，871，876，878，879，888，896，905，915，932，969，971，972，974，1005

干部担当　61

干部教育培训　958

干部研究　57，70－72，77

赶超意识　377，379，381

高等教育　26，28，115，116，206，231，250，394，501，521，598，610，652，725，765，872，892，893，926，936，948，993

高积累政策　92，368，370

高校　6，30，54，80，81，83，133，138，168，169，187，228，237，257，452，592，607－611，615，617，618，622，640，645，646，652，653，685，690，692－696，698，706，708，727，730，731，733，744，752，760，761，763，765，767，784，788，789，816－818，820－823，840－842，847，848，850，852，854，855，857－859，861－865，867，868，871－879，881－884，886，887，889，891－895，899，900，902，906，909，911，913－915，917，918，931，936，937，941，943－945，947－950，952，954，956－958，962，963，970，986－988，996，1010

高校思想政治工作　610，708，893

高校思想政治教育　640，915

个人所得税　286，373

根本政治制度　24，63，313，319，326，622，700

根本宗旨　267，295，301，303，305，531，677，679，742，805，884，889，904，922，942

工匠精神　117，220，606，777，934

工农兵代表大会制度　270

工农关系　52，65，78，88，133，218，249

工农联盟　65，78，621，717，791

工人阶级　13，40，51，65，72，76，78，207，280，301，305，351，352，450，487，621，768，791，801

工业　11，16，24，26，27，51，52，65，69，80－83，85－89，92，93，95，98－100，125，127，129－131，133，161，165，180，184，202，203，209，210，213，221，225，230－233，235，244，249，253，255，265，270－272，285，287，312，314，319－321，323－325，333，351，354，355，357－361，366，368－370，372，374，375，377－379，381－385，388－390，392－408，450，455，460，463，468，470－472，475，479－484，486－499，502，503，506，511－514，517，518，585，587，589，623－628，639，640，645，646，649，650，655，658，704，715，718－720，729，742，754，777，778，816，854，872，928，944，948，952，953，975，977，978

工业化　11，16，24，27，51，52，82，83，86－89，92，125，127，130，131，133，161，180，221，232，244，253，255，265，270，271，285，320，351，354，355，358－360，366，368，370，372，374，377－379，381－385，388，392，393，395－398，400，401，403，405，407，455，463，468，470－472，475，503，506，511，518，585，589，623－628，639，649，650，704，715，718－720

工业基地　86，287，395，396，404－407，490

工业技术　86，87，95，98，99，235，394，398，400，407，495

工业排放　127，480，486，487，495，498

工业体系　27，86，92，93，230，271，351，359，369，370，382，383，392－394，396，399－405，407，470，472，623，650，718，742

工业污染　497－499

工业现代化　357，393，402

公安部队领导体制　70

公共服务　88，91，276，286，288，361

公共外交　136－138，152，153，662

公共卫生防疫体系　631，632

公共政治理论课　609，611，617，618

供给侧结构性改革　92，221，362，363，373，374，401，722

供给制　379，380

共产主义　47，67，70，104，235，269，270，289，290，301，352，378－380，420，435，519，522，528，529，534，583，585，588，589，592，677，679－682，763，764，766，768，771，777，792，798－802，804－806，809，839，842，860，903，908，911，924，942，950，955，979，984

共同富裕　84，85，87，88，91，112，128，220，224，226，228，237，258，274－276，282－284，286，288，291，

303，358，376，380，443，475，628，629，650，655，665，672，676，680，714，720，742，747，764，805，818，819，835，894，926，941，957，977，987

构建人类命运共同体　109，194，227，244，247，356，440，448，529，532，593，660，708，775，848

古田会议　299，855

关键核心技术　87，93，94，116，365

关键时间节点　126，469，470，473，474

官僚主义　6，60，72，300，303，305，307－312，321，322，564，592，836，837，861，928，936

官僚资本主义　291，515

国防工业　86，95，209，312，369，375，382，383，388，393，394，396，402，404，405

国防工业体系　86，394，402，404

国防和军队建设　25，31，193，275

国防和军队现代化　920

国防尖端武器　370

国防建设　341，354，516，623

国防科技　82，212，224，689，773，928，930

国防现代化　357

国防与军事史　57，69，259，641，658，969

国际大循环　92，365

国际金融危机　365，637

国际战略思想　138，139，141，230

国家安全　69，82，86，149，195，215，236，275，280，369，370，375，382，388，390，396，407，533，540，561，581，592，593，598，602，623，658，704，775，920，980

国家创新体系　95

国家战略科技力量　632，633

国家治理现代化　60，61，68，123，224，231，250，466，639，672，870，886，891

国民党蒋介石反动统治　313

国内大循环　92，220，288，365，374，650

国内国际双循环　92，93，220，288，365，366，374，375

国内经济循环　92

国内生产总值　358，525

国史编研　30，40，74，155，157，159－161，164－166，170，175，178，184，583，669，670，676，900，907

国史分期　48，50，161，170，185，469，583，584，594－596

国营企业　51，85，87，131，180，255，384

过程民主　62

海外研究　77，975，1000，1007，1008

海洋经济发展　101

海洋科技　633

海洋生态保护　101

航天精神　267，603，606，934

合作化　16，52，75，89，90，125，207，320，321，378，436，455，503，506，

519－522，649，713，714，718，780，811，977

和平发展道路　266，275，525，532，549，550，552，704

和平共处五项原则　529，540，541，547，549，550，553，636，660，704

和平解放西藏　328，333，335，346

和平外交　275，529，537，542，550，636，742

核安全　184，527

核能事业　527

红船精神　693，744，752，761，857，950

红军　332，347，436，717，763，764，858，859，870

红旗渠精神　604，934

红色基因　3，6，106，107，267，430，431，437，592，606，677，681，688，693，731，752，754，756，757，760，762，776－778，787，815－817，822，831，835，840，844，847，849，855，858，861，868，872，873，879，884，893，896，899，904，919，921，922，924，933，943，961，988

红色文化　6，102，103，106，107，228，236，640，651，688，689，693－695，716，762，777，780，815－817，821－823，860，886，894，899，919，930，970，971

红色血脉　102，103，106，681，685，776，777，784，785，787，806，890，898，904，906，909，929，960

红色政权　436，789，868，871

红岩精神　761，762，934

宏观经济　101，221，253，361，371，657

宏观政治　250

后小三线建设　76

华侨　25，63，70，138，152，232，235，313－326，541，646，658，852，870，991，994

环境污染　355，479，492，494，495

黄帝陵　73

黄河流域　222，287，657，671

黄河流域生态保护　222，287，671

黄浦江水系污染　493，657

混合所有制　84，221

伙伴关系外交　144，636，637

机构改革　66，74，412，647，739，830

积累率　368－371

基本政治制度　63，64，277，278，326，622，700

基层减负　61，928，962

基层普选　646

基层群众自治制度　64，65，250，621

基层秩序　61

基础工业体系　86，394，403

基础设施建设　132，255，257，372，374，416，470－472，475，624

基尼系数　132，283－287

集体化　16，52，90，124，125，131，378，380，382，454，455，461，506，508，650，656，718，977

集中力量办大事　86，91，94，95，116，127，755

索　引

集中统一领导　44，59，60，68，227，278，292－294，296，298，369，412，530，552，626，632，745，767，769，774，802，829，835，857，867，923，962

计划经济　52，69，84，85，87，92，95，255，273，283，355，361，362，368－371，375，377－379，384，388，391，398，465－467，469，471，586，588，590，591，623，625，747，748，773

计划经济体制　69，85，87，255，273，283，355，361，368，378，379，384，471，586，590

技术引进　387，394，396，398，639，662

家庭联产承包责任制　89，90，370，718，720

坚持"一国两制"　275

间接民主　62

减贫　41，42，90－92，97，98，100，125，128，257，627－629，655，711，878，951

建党百年　75，103，106－108，123，157，226，231，236，248，289，303，410，413－415，417，623，640，647，651，654，655，671，673，675，690，694，697，707，711－715，717，746，749，750，759，771，777，780，782，784，789，790，806，823，845，848，857，859，862，864，865，869，871，872，874，882－884，889，890，892，894，896，897，904，914，916，918，928，931，951，969－975，978，985，986

建设道路　49，96，104，105，108，264，271，282，289，291，354，444，584，586，588，590，591，599，600，765，780，846，847，852，861，865，874，875，896

建设世界科技强国　256

焦裕禄精神　267，605，606，693，934

教材　18，21，26，28－30，32，80，82，83，99，100，161，164，171，175，177，178，187，251，517，518，592，695，763，793，849，855，868，869，879，905，910，919，921，931，958，964，967，969－971，982，988

教育史　25，115，134，644，750

解放生产力　283，353，355

解放西藏　327，328，330－335，344－346

金融体系　649

金融危机　365，372，373，532，548，637，819

经济发展　30，39，45，49，83，85，86，91－101，130，143，148，181，221，235，254，351，352，354－357，361－363，366，367，371，372，375，384，395，396，424，457，465，468，473－477，513，517，521，525，534，548，553，623，629，635，637，639，648，649，720，728，760，774，778，924，929，939，941

经济发展思想　96，351，366，367

经济改革　92，93，95，98，131，184，197，370，639

经济工作　42，81，83，95，98－100，227，254，304，310，354，362，368，476，589，622，623，745，760

经济建设　11，12，21，23，42，58，82，95，96，98，100，131，182，192，195，247，273－275，309，310，312，319，320，330，341，352－354，357，367，368，370，377，382，389，393，403，407，455，517，521，522，542，572，585，587－589，591，592，602，624，633，703，729，767，773，819，929

经济决策　83，95，255，377，381，384，388，391

经济史　20，24，26，28，30，31，34，75，80－83，94，95，97－100，132，175，179，181，206，213，249，253，351，406，407，499，639，648，650，657，665，712，809，969－971，992，994，1002

经济特区　93，99，208，364，473，902，970

经济体制改革　21，22，39，208，221，283，464，473，474，590，591，623，648－650，902，970

经贸关系　141，143－147，553，637，661

精准脱贫　90，128，274，629，735

井冈山精神　605，693，752，761，934

九年制义务教育　416

旧公立大学　115，652

居民消费　132，360，373，635，641，773

举国体制　53，87，93－95，116，231，235，647

绝对贫困　38，41，46，90，241，242，258，265，274，286，367，373，598，627，711，836，878，903，920

军工业　249

军民融合　274，390，658，853

军民协同创新　259，641

军事战略方针　658

开创中国特色社会主义新时代　9，243，274，703

抗洪精神　110，267，605，606，934

抗美援朝　22，25，51，55，69，70，122，129，136，147，156，184，212，267，307，309，311，322，385，470，516，551，605，641，642，658，704，762，934，970

抗美援朝战争　25，51，69，70，129，156，212，267，311，470，658，704

抗日战争　16，330，347，359，431，432，436，472，515，584，625，713，745－747，752，753，780，793－795，870，974，975，991，994，1003

抗疫精神　110，267，443，605，606，877，934

科技创新　94，95，116，144，195，250，255－257，356，365，374，528，633

科技发展史　116

科技管理　95，256，653

科技体制改革　220，256，640

索引

科教兴国　87，274

科学发展观　5，49，247，248，265，290，355，426，528，591，606，681，702，806，844，860，905，946，972

科学技术现代化　272，357

科学家精神　116，117，606，774，934，937，971

科学社会主义　42，83，160，178，184，217，225，226，243-245，248，265，353，450，614，617，625，651，747，771，802，842，872，887，949，950，956，993，995

可持续发展　35，67，128，145，150，227，274，355，367，395，396，525，526，598，632，734

口述史　25，33，34，55，65，76，165，231，232，234，560，620，642，645，652，654，659，950，970，977，1007

跨学科　32，33，53，56，76，119，134，135，163-165，251，414，452-457，459，461，555，734，791，807，811，812，814，973，974，979，1000，1003

劳动教育　116，501-503，510-514，518-520，522，523，652

劳模　127，606，653，934

劳模精神　606，934

老龄化社会　356

雷锋精神　267，605，606，934

理论自信　246，265，606，779，888，905，907

历史编撰　48，583

历史人物　16，27，122，155，156，158，166，241，263，435，450，599，801，838

历史唯物主义　13，15，32，33，156，158，169，170，225，226，419-421，530，552，594，599，601，675，683，700，828，919，953

历史唯心主义　877

历史虚无主义　6，14，27，31，32，37，54，156，166-171，184，234，246，267，410，588，601，646，675，677，695，712，731，742，779，785，797，822，833，836，842，861，869，875，877，888，926，953，957，968，969，988

联合国维和行动　537

联合国宪章　533，535

廉政文化　725-732

粮棉油计划收购　368

粮食安全　88，390，626，627，650，710，715，721，754，756

粮食统购　371

六届六中全会　108，292，296

六届七中全会　162

绿水青山就是金山银山　356，426，436

洛杉矶夏季奥运会　565

马克思列宁主义　5，13，21，270，306，408，409，430，586，587，606，786，795，834，844，860，905

马克思主义　3-5，10，12-15，19-21，26，28，29，31-33，35，36，38，39，

— 1025 —

43-45,47,48,50,58,68,75,80,83,85,91,96-99,102-105,107-111,115,119,126,133,134,139-141,155,157-160,163,166-171,175,178,180,185,186,213,217-219,224-228,230,232-234,237,241,243,245,247,249-251,253,254,263,265,266,269,271,272,276,278,289-292,296-298,301,303,304,306,313,353,359,408-411,413-415,418-430,433,435,442,444-447,450-452,473,502,503,510,528-531,534,569,586,589,592,596,599-601,604,606,607,609-619,623,627,630,631,644,645,648,649,667,669,671,672,675,677,679-681,683-685,688,690-692,694-697,699-708,710,714,715,720,721,725-732,734,741,742,744-750,755-761,763-768,771-776,778-783,785,786,788-802,804-806,810,815,816,818,820,822,823,827,828,831-835,838-840,842,843,846-849,851-858,860,862-872,874,875,877-883,885,887,888,890-895,898-903,906-920,922-926,929,930,932,936,937,940-949,951,952,954-957,959-963,971,972,986,989-991,993-995

马克思主义经济学 96,254,617

马克思主义唯物史观 29,36,38,155,157,166,170,171,245,644,677,759,842,869,875,923

马克思主义哲学 107,219,265,418-429,599,617,728,790,827,865,944,949

马克思主义哲学话语体系 107,418,420-429

马克思主义政党 269,292,297,298,301,304,306,601,725,745,748,768,788,790,835,851,856,885,923

马克思主义政治经济学中国化 83,96,648

马克思主义执政党 3,303,767,831,833,834,887,960

马克思主义中国化 3,5,14,20,36,44,45,48,58,96,102-104,108-111,160,178,185,217,225,226,237,247,265,269,289,290,408-410,415,427,444,528,599,609-612,614-619,667,672,675,680,681,684,690,691,697,700,702,703,706,708,742,746,747,766,773,779,781,783,789,790,804-806,816,832,849,854,860,864,868,869,875,880,890,892,895,909,912,915,918,919,923,926,929,932,940,943-949,955-957,959,962,989

毛泽东思想 5,19-21,32,67,68,96,180,200,214,247,248,262,265,289,409,414,528,606,609,610,612,617,660,677,681,701,

702，706，742，743，755，758，773，
793，806，844，860，864，892，894，
905，946，972，993
毛泽东外交思想　140
毛泽东哲学思想　68
贸易战　141，390
美国学界　59，77
美好生活　34，61，123，242，243，246，
258，266，274，275，287，301－303，
353，354，356，358，362，367，424，
440，445，476，594，621，623，628，
629，655，667，679，700，748，762，
805，833，835，938
密切联系群众　267，302，782
民航事业　209，634，635
民生　21，94，126，130，131，219，
228，230，243，247，254，258，274，
285，322，323，325，355，358，363，
371－374，378，384，513，526，585，
602，621，623，626，627，629，641，
655，734，774，902，928，936，970，
983
民生保障　94，130，219，258，274，
378，641
民生建设　126，258，323，372，621，
641，655，970
民主党派　207，313，326，385，747，
830，938
民主集中制　59，60，74，292，293，
295，299，312，318，645，768，769，
782，800，919
民族地区　17，124，223，226，228，

236，278，279，329，336，622，632，
708，773，981，983
民族区域自治　17，53，64，65，71，
179，250，278，329，335，336，341，
350，621，622，780，983
民族区域自治制度　64，71，179，250，
278，621，622，780，983
南方讲话　353
南方谈话　474，591
南梁精神　815－817
农产品贸易　650
农村包围城市　88，270，789
农村妇女　454，656
农村工业　87，624
农村信用合作化　649
农民土地问题　88，98，99，717
农业　11，16，17，27，52，71，75，80，
88－90，96，125，129，197，202，
203，207，209，210，213，221，222，
228，231，234－236，253，270－272，
282，283，312，318，320－325，341，
348，351，353－355，357－361，366，
368，369，371－373，375，378，380，
382，393，394，396－399，401，403，
455，463，467，468，471，475，484，
492，493，500－504，506－515，518－
523，585，623－628，639，646，650，
655，656，665，666，710，712－724，
733，734，737，740，743，746－749，
756，763，773，865，872，875，891，
892，940，941，951，952，956，970，
977，986，992，1005

农业合作化　16

农业农村现代化　52，253，650，710，714，734

农业生产合作社干部　71

农业税　17，88，373

农业现代化　89，353，357－360，396，650，723，756

女排精神　566，605，934

批评与自我批评　299，300，309，322，726，772，782

贫富差距　284，286，287，373，629

评价制度　257

普通教育　129，504，517，519，522，523

七大　270，289，293，295，299，701

七届二中全会　271，306，307，359，470，726

企业史　13，81

强党史　98，222，845，873，883，922，972

区域经济　86，395，548，623，626

全国人民代表大会组织法　63，646

全国脱贫攻坚总结表彰大会　41，90，91，836，844

全过程人民民主　59，62，63，74－76，158，217，671，676，680，805，912，940，956，959

全面从严治党　31，40，46，60，194，195，274，275，305，311，312，440，446，598，610，615，691，696，727－731，749，768，769，781，783，844，865，885，902，931，938，948，958，963，990

全面建成小康社会　36，38，39，41，42，121，124，128，161，195，220，237，244，246－248，253，254，258，269，274，275，279，281，288，353，374，535，598，623，627，642，646，669，671，672，762，819，837，844，845，926，945，953，969

全面建设社会主义现代化国家　3，5，39，50，70，100，157，175，220，237，268，269，274，275，288，303，358，606，665，671，687，695，710，717，725，775，779，780，788，819，827，831，832，834，837－840，842，844，847，849，851，852，860，871－873，879，890，902，904，919，920，924，932，933

全面深化改革开放　100，275，676

全面小康　89，228，242，253，265，273，359，665，818，979

全面依法治国　67，194，195，274，275，598，702，773

全球安全治理　527，528

全球产业链　365，373

全球金融危机　373，819

全球治理体系改革和建设　247

全心全意为人民服务　123，301，302，305，783，889，922，942

群众路线　59，196，302，303，312，631，680，714，728，742，753，759，769，783，805，816，855，922

群众路线教育实践活动　196，302，728

— 1028 —

人才强国　220，274，921

人大制度　63，250，251，638

人均国民生产总值　273，357

人均国内生产总值　358

人口结构　657

人口流动　219，657

人类命运共同体　109，141，194，218，227，228，230，237，244，247，260，356，364，426，440，443，448，463，529，532，538，593，627，636，660，703，708，711，775，848，960

人力资本培育　82

人民代表大会制度　62－64，78，250，314，326，621，622

人民公社化运动　354，378，379

人民民主专政　15，64，65，74，78，621，742

人民武装警察部队　70

软性历史虚无主义　167

塞罕坝精神　606，934

三大体系建设　81，115，119

三个世界　140，636，660

三民主义　801

三线建设　24，51，55，65，69，75，82，86，122，132，133，187，236，259，383，388－390，472，642，650，658，986

三线精神　82，236

三线遗产　82

扫盲运动　52，128，129，415，515

商品经济　85，90，352，370，591

上海合作组织　151，260，544－546，641，660

上海历史　126，479，975

少数民族干部　71

社会保险制度　286

社会保障　127，130，134，231，257，258，285－287，303，361，372－375，474，476，598，629，640，654，655，975，979

社会变迁　30，50，460，461，468，631，760，977

社会建设　30，100，123，195，224，227，228，247，258，263，274，275，357，646，740，765，774，793，819，872，929

社会结构　123，165，258，280，419，454，455，460，469，793，977，978

社会科学　14，16，17，19，21，25－27，31，32，36，39，47，48，56，69，74，80－83，98，99，105，106，108，111，119，120，123，133－135，138，151，164，165，170，171，175，176，186，187，201－203，205－214，217，218，220－224，226，227，229－232，236，248，251，252，255，260，264，269，277，286，289，382，392，411，413，414，429，438，452－455，457－459，478，479，523，582，583，592，606，612，613，620，621，626，638－641，644－647，649，651－662，665－667，669－673，675，676，686－690，692－699，706，707，710，743，750，758，759，762，766，767，771－774，776－

778,780,783,784,789,790,795,796,807,810,812,814,815,817,818,820,821,823,827,828,830-833,837,839-843,846-848,852-854,856-859,861-875,877-886,888-893,895,897-904,906-908,910-921,923-928,930-933,936-940,942,943,946-952,954-963,967-972,976-979,981-986,988,989,991-993,1000,1008-1011

社会流动　231,457,459-461

社会生产力　15,83,273,352,353,362,471,720,819

社会生活　10,21,28,102,123,131,134,145,249,258,352,446,451,455,460,1003

社会史　28,30-32,34,50,51,121-125,130,132-135,164,165,176,206,257,452-462,500,640,644,654,665,672,774,790,808-812,969,971,994,1003,1008

社会思潮　123,166,226,258,445,798,811,822

社会性质　18,96,156,246,270,359,468,798,1005

社会治理　72,77,91,123,125,134,225,229,233,247,258,275,276,438,447,629,647,655,721,733,736,738,739,762,765,774,918,977,983

社会主要矛盾　15,48,49,96,160,258,270,274,287,351-353,367,443,594,598,622,655,747,872

社会主义　3,5,6,9-16,19-21,23,24,26-29,31-34,36,38-43,45-52,55-65,67,68,70,71,73-78,82-111,113,114,117,120,123,124,126,129,130,139,141,156-163,166-171,175,178,179,182-184,187,195,205,206,213,214,217-222,224-228,230,233-237,241-255,257-259,261-277,279-284,287-292,294,296,300,303,309,310,312,315,318-324,338,351-358,360,364,367,368,370,371,373,375,377-382,384,385,392,397,405,409,410,412-414,421,422,424-430,432-435,437-446,448-451,454,455,463,468-474,476,500-506,508,509,511-515,518-521,523-526,528,529,531,534,535,539,540,542,547,552,553,583-607,610,612-625,627-630,632,634,636,638,644-649,651,658,660,665,671-677,679-685,687,688,690-692,695-697,699-708,710,711,713,715,717-721,723,725-732,742,744-748,750,754-756,759-762,764-767,771,772,774,775,778-783,785,786,788-790,792,793,802,804-806,810,811,813,815,818-821,827-849,851-854,856-858,860-890,892,893,895-

897，899，900，902－908，910－915，917－922，924－933，938－964，968－972，974，975，977，978，986，988，990，993，995，1005

社会主义发展史　5，6，28，31，70，71，76，98，163，169，222，242，262，450，673，697，705，711，760，761，765，838－840，845，846，851，857，860，861，867，871，878，879，886，888，896，915，932，972，1005

社会主义改造　11－13，16，28，71，85，89，90，96，126，130，179，213，271，280，282，289，291，319，351，397，471，500，502－505，520，585，600，623，634，647，649，713，715，718，772，977

社会主义革命　19，24，29，32，49，50，55，73，83，84，93，104，161，162，241－243，245，246，253，254，257，264，265，271，272，368，422，432，437，469，470，540，585，597，600，601，605，614，619，621，623，636，713，727，754，771，779，780，852，861，865，866，869，874，875，892，895，896

社会主义革命和建设时期　32，50，83，84，93，104，161，243，253，254，257，265，271，368，432，540，597，605，621，623，713，727，754，780，866，875，895

社会主义核心价值观　105，167，168，187，225，226，236，300，424，438，441－446，448－451，534，696，774，856，879，938

社会主义核心价值体系　438，442，449－451，629

社会主义民主政治　57，62，74，78，235，247，621，742

社会主义市场经济体制　38，39，83，85，101，246，273，283，355，474，591，622，623，648，746

社会主义文化强国　27，104，105，107，111，222，247，413，438，858，972

社会主义现代化　3，5，14，19，28，29，32，34，38，39，41，42，49，50，60，70，93，96，100，101，157，160－162，175，220，221，227，228，237，241－246，248，254，259，266，268，269，272－277，279，281，288，290，292，303，357，358，367，405，422，439，446，450，473，535，542，547，552，597，599，602，606，620，621，623，625，627，628，646，665，671，674，676，682，683，685，687，695，703，710，713，717，719，725，727，745，754，762，765，772，775，779－781，788，804，819，827，828，831－834，837－840，843，844，847，849，851，852，860，870－873，879，881，890，893，902－904，910，912，913，917，919，920，924－926，928，931－933，945，953，954，960，970－972

社会主义现代化国家　3，5，39，50，70，100，157，175，220，228，237，268，

269，273－275，279，288，303，358，547，599，606，646，665，671，674，687，695，710，717，719，725，775，779，780，788，819，827，831，832，834，837－840，843，844，847，849，851，852，860，871－873，879，890，893，902，904，919，920，924，928，932，933，970，971

社会主义现代化强国　29，38，41，42，96，157，160，241－244，246，269，272－277，281，358，439，446，535，620，682，685，703，762，779，804，833，881，903，904，910，912，913，917，920，924－926，931，945，953，954，972

生产关系　23，87，88，97，156，352，362，630，720，747，780

生产力　15，23，27，83，88，93，97，156，254，269，273，283，352，353，355，356，362，368，372，374，375，380，419，451，471，472，475，589，626，628，630，720，747，780，793，819

生态文明　31，38，46，195，223，225，227，241－243，247，255，274－276，356，358，477，628，640，710，733，819，912，929，983，984

生态文明建设　31，38，195，227，241，242，247，255，274，275，819，929，983

生物医药产业　94

十八大　27－29，31，38－40，43，82－85，90，91，93，100，109，111，112，114，115，120，123，127，153，158，161，175，184，198，241，242，244，247，256，257，264，265，274，278－280，285，290，293，294，296－298，300－302，310－312，348，358，368，373，396，401，410，413，436，450，451，470，476，477，524，525，529，531－533，545，548，550，591－595，598，612，614，620，621，628，631，635，656，671，675，693，699，701，703，705－707，719，726－730，747，767，768，773，781，806，829，837，843，878，885，901，902，910，920，938，953，957，967

十八届五中全会　356

十九大　5，40，123，157，161，184，198，254，274，292，296，300，302，353，358，359，363，438，441，464，524，531，552，594，623，631，702，733，766，769，786，819，830，844，845，860，923，938，941

十九届六中全会　40，43，50，57，74，98，100，102，103，157，675，676，690，691，699－703，706，708，937，944－957，959，961－963，969

十九届五中全会　40，116，217，220，282，288，358，363，710，729，772，827，828，844，941，944，948，969，972

十七届五中全会　355

十三个五年规划（计划）　100

十四届五中全会　355

十一届六中全会　9，20，162，352

十一届三中全会　9，19，27，28，49，97，145，156，161，164，182，272，289，291，352，470，473，601，602，606，621，634，718

十一届五中全会　293

十月革命　585，771

时代话语体系　418，421－423，428，429

实事求是　18，29，38，42，68，111，126，169，182，248，267，300，409，535，599，600，607，608，612，620，671，677，681，684，711，714，721，723，741，742，750，753，773，778，782，806，811，855，918，922，927，929，938

实质民主　62

世界百年未有之大变局　225，244，274，281，365，545，552，602，620，621，699，703－705，778，788，832－834，848，851，871，924，931

世界社会主义发展史　70，71，76，163，705，886

世贸组织　92，475

市场调节　85，590，591

市场化改革　85，221，257，355，361，609，626

收入差距　284，286，287，355，649

收入分配　84，85，98，203，286，287，359，649

数字化　56，111，112，222，416，620，770

数字经济　219，221，223，649，988

双边关系　144，146，154，546，637，662

水污染问题　127

水运　209，255，640，651

税制改革　93，372，474

司法建设　67，647

丝路精神　605，934

思政课　694，695，707，731，760，761，788，816，821，822，841，847，848，850，854，855，871，879，886，915，919，959

四个现代化　47，272，357，358，386，589

四项基本原则　273，602，819

苏联解体　444，543，587，588，602

苏联模式　70，379，384，396，400，586，743

苏联社会主义建设　49，584

苏区精神　605，934

台湾问题　137，138，143，235，260，279，641，646

特区精神　605，606，934

特殊政治训练　327，330，331

体育史　25，117，558，566

铁道事业　209，970

铁人精神　267，604，606，752，754，755，757，934

通航问题　149，569，570，572－575，578－581，662

统购统销　361，455，623，626，718

统一财经　86，255，639

统一战线　53，65，73，78，140，160，191，193，207，277，278，324，326，329，335－337，341，350，411，431，434，494，584，636，647，692，742，746，795，810，983

土地承包经营权　370，718，719，721，724

土地改革　11，16，22，73，75，89，124，125，206，212，307，309，378，455，457，585，628，629，715，718，762

土地革命　89，411，425，584，713，717，792，870

土地革命战争　411，584

推进祖国统一　275

退役军人　70，130，131，223，231，657

脱贫　36，41，43，47，61，90－92，97，99，101，110，121－123，127，128，130，134，222，226，228，231，236，237，247，248，257，258，267，274，279，286，302，374，436，525，598，605，606，627－629，640，642，646，655，711，715，716，734，735，739，774，836，844，845，878，881，891，899，900，920，921，934

脱贫攻坚　36，41，43，61，90－92，99，101，110，121－123，128，222，226，228，236，237，247，248，257，258，267，279，286，302，374，436，598，605，606，627－629，640，642，655，711，715，716，734，735，739，774，836，844，845，878，881，891，899，900，920，921，934

脱贫攻坚精神　41，92，110，128，237，257，267，605，606，640，836，891，920，934

外交官　260，557，561，622

外交理念　152，153，548

外交思想　40，136－141，153，524，528－530，532，534，535，537，538，545，704，810，811，1003

王家坝精神　762

网络空间　168，171，440，533，692，770

网络文学　415

唯物辩证法　169，419，420，593，761

唯物史观　15，19，29，31，33，35－38，83，85，88，99，155－157，166－171，181，227，245，246，267，419－421，424，427，428，451，583，598，599，619，644，653，675，677，691，701，750，753，759，761，763，781，797，842，869，875，877，923，957，963

维护国家安全　149，275，280，581，593

伟大建党精神　110，159，218，237，243，603－605，669，679，680，682－685，707，776，777，784－788，798，802，804，805，815，816，907，908，912，916－919，921，926，934，936，940，941，961，962

文化产业　104，111，112，222，255，412，413，416，417，978，988

文化建设　18，102－108，111－115，119，120，188，195，236，247，255，257，259，274，275，409－411，417，

441，443，651，688，725－732，759，766，774，816，819，848，858，929，930，937，969，971，977，978

文化生产力　630

文化体制改革　412，413，415，416

文化外交　137，147，153，612

文化治理　413，640，651

文化自信　107，109，114，169，236，246，259，265，410，426，439，443，448，606，630，631，689，731，734，779，888，905，907，949

文件政治　66，67，76

文献史料　114，117－119，189，912

文学艺术　104，105，114，255，414，431，434，435

汶川大地震　603

五年规划　59，74，75，87，100，251，254，282，477，624，646

五年计划　11，16，17，27，309，320，323，325，354，382，388，397，470，475，585，600，624

五年计划（规划）　624

五年计划（规划）　624

五四新文化运动　408，409，430，798

五四运动　9，12，16，96，104，685，917，1002

西柏坡精神　774，934

西部大开发战略　254，390，475

西藏和平解放　53，54，64，236，327，337，634，648，658，661，873，969，983－985

西藏建设　341

习近平法治思想　40，67，219，228，237，773，918

习近平经济思想　85，99，100

习近平外交思想　40，138－140，524，528－530，532，534，535，537，538，545，704

习近平新时代中国特色社会主义思想　3，5，38－40，48，57，74，82，99，100，103，109，110，120，139，157，159，166，170，175，214，217，224，225，241，245，247，248，264，265，268，269，290，296，310，410，426，438，528，597，606，613，617，618，673，675，676，679－682，684，685，690－692，697，699－703，706，726，730，762，766，780，783，785，804－806，815，818，827，828，830，831，833－835，837，838，840－845，849，851－854，860，863－866，870，873－876，878－880，883，884，886－888，892，895，900，906，908，910－912，914，915，919，921，924－927，930，931，939，940，942－944，946，947，949，955－957，959，962，963，968，971，972，978，988，990

下岗　285，372

先进性教育活动　302，726

现代化　3，5，14，19，28－30，32，34，38，39，41－43，46，47，49，50，52，58－61，63，68，70，83，88－91，93，96，100，101，105，106，108，109，115，116，121－123，131，157，160－

162，169，170，175，181，186，217，219－222，224，227，228，231，237，241－246，248－251，253－255，259，261，264，266，268，269，271－277，279，281，288，290，292，303，353，354，357－360，365，367，381，383，386，387，392，393，395，396，402，403，405，408－410，413，414，422，423，426，427，436，439，446，447，450，463，466，468，470，473，477，508，525，526，535，542，547，552，566，589，592，595，597－599，602，603，605，606，612，614，620，621，623－625，627－629，632，639，646，650，652，658，665，671，672，674，676，677，682，683，685，687，695，703，704，707，710－715，717，719－723，725，727，728，734，741，743，745，747，752，754，756，760，762，765，766，768，769，772，774，775，779－781，788，793，800，804，818－820，827，828，831－834，837－840，843，844，847－849，851，852，860，866，869－873，876，879，881，886，890－893，902－904，910，912，913，915，917，919－921，924－926，928，931－933，938，940，944，945，951，953，954，956，959，960，970－972，978，981，983，990

宪法　10，67，295，313，314，316－318，326，379，405，416，529，646，718，726

乡村社会　125，457，458，461，656，733－735，738，793，971，981

乡村文化　52，112，113，131，233

乡村振兴　41，81，88，89，99，101，113，128，222，226，228，231，237，257，274，360，628，631，665，710，713－716，733－741，762，765，920，921，928，957，983

乡村振兴战略　41，81，113，226，228，237，274，713，733－735，740，741，765

乡村治理　61，88，183，228，231，647，721，722，734－738，740，765

香港特别行政区　280，593

消费　52，92，128，132，221，222，230，282，283，286，360－363，365，368，370－378，384，397，469－471，635，641，773

小康社会　28，33，36，38，39，41，42，89，100，121，124，128，161，184，195，220，237，241，242，244，246－248，253，254，258，269，272－275，279，281，283，288，353，357，358，370，374，448，476，535，598，602，622，623，627，639，642，646，665，669，671，672，679，762，774，818，819，837，844，845，903，908，920，926，945，953，969

小三线　54，69，76，82，133，249，250，259，389，641，642，658

小三线建设　54，69，76，133，249，250，259，641，642，658

辛亥革命　181

新发展　22，40，42，58，59，81，92，99，101，145，194，219－221，223－227，258，264，273，275，288，356，363，365，366，368，375，448，477，544，606，623，630，633，676，690，754，772，782，828，829，870－872，879，882，890，904，915，924，957

新发展格局　40，92，99，101，194，219－221，227，275，288，363，365，366，368，375，623，630，676，828，882，890，904，924

新冠肺炎疫情　6，224，247，286，363，436，526，527，532，536，546，598，603，604，704，819，845，861，894，924，939，960，1002，1006

新冠疫苗　94

新疆建设　261，642

新民主主义革命　14，16－18，23，32，49，50，83，84，93，98，104，124，145，245，253，254，270，271，279，280，289，291，294，302，306，409，410，412，422，432，435，437，450，460，540，585，605，614，621，625，628，672，713，715，717，727，744，780，786，869，892，942

新民主主义革命时期　16，18，32，49，50，83，84，93，98，104，124，145，253，254，270，289，291，302，410，432，435，450，540，605，621，625，628，713，717，727，780

新时代　3，5，9，27－29，31，32，36，38－41，43，48－50，54－57，61－63，65，67，68，73，74，82，84，85，90，93，95－97，99，100，102－111，114，115，117，118，120，127，128，139，141，145，152－154，157－159，161，162，166，167，170，175，184，186，214，217，220，222－231，233－237，241－243，245－250，253－255，257－259，263－269，273，274，278，279，286，287，290，292，296，303，304，310，351，353－356，358－362，364，366，367，373，390，410，424，426，427，430，432，435，437，438，441－444，448，449，451，468，470，476，477，524，528，531，545，549，552，560，594－598，602，604－607，611－614，617－623，625，629，633，634，636，639，641，643，644，660，665，670，672，673，675，676，679－685，688，690－692，697，699－703，706－708，713，716，717，719，721，726－733，742－747，749，750，752－755，757，759，760，762－764，766－769，771，773，775，777，779－783，785－787，790，796，804－806，815，816，818，822，827，828，830－835，837，838，840－845，849，851－856，858，860，863－867，869，870，872－876，878－881，883－888，891－893，895，898，900－902，906，908，910－915，918，919，921，922，924－927，930－934，938－940，942－963，968，971，

972，978，983，984，988，990，
1006
新时代中国经济　100，893
新时代中国特色社会主义思想　3，5，38－
40，48，57，74，82，99，100，103，
109，110，120，139，157，159，166，
170，175，214，217，224，225，241，
245，247，248，264，265，268，269，
290，296，310，410，426，438，528，
597，606，613，617，618，673，675，
676，679－682，684，685，690－692，
697，699－703，706，726，730，762，
766，780，783，785，804－806，815，
818，827，828，830，831，833－835，
837，838，840－845，849，851－854，
860，863－866，870，873－876，878－
880，883，884，886－888，892，895，
900，906，908，910－912，914，915，
919，921，924－927，930，931，939，
940，942－944，946，947，949，955－
957，959，962，963，968，971，972，
978，988，990
新文学运动　430，431，433
新闻出版史　114
新型工业化道路　355
新型国际关系　139，140，144，527，
529，538，549，636
新政协　64，313，316，326，646
新中国财政史　100，773
新中国产业结构演变过程　100
新中国成立70周年　29，38，97，121，
134，171，967

新中国城市历史　463－470，478，645
新中国对外经贸发展史　100
新中国工业史　86，100
新中国宏观调控史　100
新中国金融史　100
新中国区域经济史　100
新中国史　5，6，9，27－31，33，37，
44，54，56，70，74，98，155，156，
158－160，162，163，169，170，175，
177，178，185－187，222，241，242，
245，246，249，264－267，596－601，
603－606，619，644，645，648，669，
670，673，676，686，687，697，711，
760，761，764，771，773，775，828，
833，838－840，845，846，851，860，
861，867，871，878，879，888，889，
896，900，904，907，915，932，946，
952，957，967－970，972，985，1005
新中国史编研　74，159，160，669，670，
676，900，907
信息化　116，118，154，167，355，358，
396，412，533，549，552，593，620，
640，740，756，770，830，943
信息化时代　533，770
信息技术　223，856
行政与司法制度　57，66
行政制度　66，75，188，250，252，672，
969，971
形式主义　6，300，303，305，310，409，
592，736，738，836，837，861，928，
936，962
选举　63，250，280，313－316，319，

索 引

646,742,984

学科边界　119,121,165,452,453,455-457,459,461,812

学科的交叉融合　459

学科建设　31,33,35,45,46,80,98,119,163-165,171,175,452,607,610-616,618,644,694,737,744,750,796,797,820,857,863,867,873,892,893,899,950,963,968,996

学位制度　256,640

学习苏联　585,586

鸦片战争　21,270,532,1008

延安精神　92,752,756,761,822,864,882,934,944

延安时期　299,411-413,427,607,612,717,764,780,790,791,793,864

沿边开放　629,630,651

洋务运动　392

一个中国原则　252,279

一级学科　45,46,134,163,171,414,610,611,614-618,796,963,996

一届全国人大　10,11,63,313,315-317,319-326,357,646

医疗卫生史　129,130,218

医疗卫生事业　121,632,653,793

仪式政治　70,73

以人民为中心　42,47,53,59,65,91,105,109,112,124,227,231,243,258,266,281,301,302,353,373,375,426,435,531,592,598,623,

627,629-631,641,645,679,707,720,725,773,774,778,779,783,805,833,866,887,890,919,935,938,940,941,959,960

义务教育　416,519,653

意识形态　45,97,104,107,112,113,115,124,134,166-169,178,218,223,225,226,228,230,234,260,296,300,377-380,385,388,411,412,424,427,430,440,441,445,447,510,514,523,541,542,559,589,592,602,630,707,742,750,761,782,783,795,808,810,811,844,878,913,932,945,968,971,1006

原初话语体系　418,419,421-423,426,428,429

粤港澳大湾区　287,477,671

再就业　372

增产节约运动　85,127,307,308,310,649

张思德精神　605,934

哲学社会科学　14,16,17,19,21,27,36,48,74,99,105,106,111,119,120,123,151,170,171,218,255,411,413,414,592,612,613,673,687,743,750,810,814,843,856,864,871,880,895,900,901,926,933,938,943,950,955,969,970,977,981,982,1010

哲学社会科学工作座谈会　74,612,926,933,1010

珍宝岛自卫反击战 659

真理标准问题 645

政府工作报告 10, 318, 319, 321, 357, 539, 540, 657

政治建设 44, 60, 158, 182, 195, 247, 274, 275, 289, 290, 292－294, 296, 297, 299, 301－304, 316, 326, 621, 658, 729, 730, 745, 764, 765, 819, 822, 830, 848, 855, 857, 867, 883, 918, 919, 921, 923, 929, 958, 964

政治经济学 83, 96, 99, 219, 224, 226, 265, 354, 411, 420, 424, 510, 515, 517, 589, 648, 649, 720, 893, 924, 949, 952

政治人物 57, 67, 69

政治生态 44, 60, 66, 229, 297－300, 440, 728－730, 745, 765, 772, 792, 816, 857, 902, 949

政治史研究 57, 72, 74－79, 175, 671, 672, 928, 969, 971

政治体制 47, 62, 63, 78, 434, 592, 638

政治体制改革 63, 592, 638

政治文明建设 62

政治协商 9, 11, 12, 62, 64, 250, 277, 313, 315, 316, 326, 585, 621, 622, 697, 718

政治运动 52, 57, 70, 72, 77, 352, 384, 460, 461, 470, 587, 588, 634

政治运动与事件 57, 70, 72, 77

政治制度 24, 62－64, 74, 224, 250－252, 277, 278, 313, 316, 319, 326, 592, 621, 622, 638, 672, 683, 700, 721, 746, 796, 878, 918

知青返城 71, 132, 656

知青研究 77

直接民主 62

制度自信 246, 265, 606, 779, 888, 905, 907, 918

治国理政 31, 38, 57－61, 66, 75, 77, 109, 157, 170, 186, 193, 264, 279, 302－304, 438, 441, 449, 528, 591, 596, 598, 606, 610, 624, 631, 646, 749, 765, 859, 875, 876, 879, 892, 902, 916, 927, 929, 930, 954, 1005

治理现代化 30, 60, 61, 68, 123, 224, 231, 250, 466, 639, 672, 717, 721, 722, 741, 793, 820, 870, 886, 891

中阿关系 149, 150, 569, 581, 582

中巴关系 148, 571, 577, 581

中俄关系 138, 141, 144, 235, 543, 545, 637, 661, 897, 898

中俄科技合作 144

中非关系 137, 150, 260, 261, 641

中共党史 328

中共党史党建学科 163, 171, 951

中共纪念史 73

中共十八 38－40, 43, 82－85, 90, 91, 93, 100, 123, 127, 161, 175, 184, 278－280, 285, 396, 401, 470, 476, 591－595, 621, 628, 631, 635, 671

中共十八大 38－40, 43, 82－85, 90, 91, 93, 100, 123, 127, 161, 175,

— 1040 —

184，278 - 280，285，396，401，470，476，591 - 595，621，628，631，635，671

中共十九届四中全会　61，83，595

中共十四大　371，474，590，591，634

中共十四届三中全会　84

中国百年　81

中国城市史　463，467

中国道路　30，48，58，88，89，99，120，123，351，358，366，410，417，427，428，442，450，616，675，704，714，744，775，780，857，864，865，913，914，955，961

中国电影　211，633，634，653

中国革命历史　817，832

中国革命史　430，435，609，889

中国工业史　80

中国共产党百年　3，44，48，53，80，81，88，96，102 - 107，123，124，150，155，157 - 159，218，224，230，233，235，236，269，377，408，528，607，612，645，647 - 649，651，655，660，672，673，682，685，686，688 - 691，695，700，701，707，710，712，737，744，746，748 - 751，758 - 761，763，766 - 768，771，772，776，778 - 783，785，789 - 791，797，802，804，820 - 822，832，834，841 - 843，848，850，853，857，863，864，867，868，870，871，873，875，876，881，882，886 - 888，891 - 893，895，897，900 - 903，906 - 910，913 - 915，917，918，920，924 - 926，930，932，933，940，943，944，947，949，956 - 958，963，969 - 972，987，989

中国共产党成立一百周年　804，836，890，891，901，906，926，988，990

中国共产党精神谱系　102，103，110，111，218，604，685，707，753，815，816，821 - 823，867，877，940

中国共产党领导的多党合作和政治协商制度　64，250，277，326

中国共产党人精神谱系　110，605，693，694，756，784，786，787，802，910，911，934，940

中国共产党治国理政　38，57 - 59，66，75，77，186，303，624，646，749，765，916

中国话语体系　418，424 - 429，686，711

中国价值　120，775，836，881

中国减贫事业　41

中国近现代史专业　608，609

中国经济学教材　82

中国精神　103，110，114，120，217，437，603，652，703，704，706，836，864，881

中国力量　110，120，704，836，864

中国历史　9 - 11，14，16，19，20，26，27，30，63，114，117，119，122，156，157，160，178，188，232，235，236，245，246，262，269，270，290，326，378，384，400，409，413，424，442，444，458，463，467，469，470，473，476，535，572，584，588，599，

603，604，606，614，619，673，697，721，731，762，789，790，794，797，799，813，870，886，898，909，913，914，919，936，938，960，969，970，972，973，992，999，1001，1002，1006－1008，1011

中国立法体制　67

中国联合国外交　137，151

中国马克思主义史学　155，157，170，619，644

中国模式　66，74，75，622

中国人民政治协商会议　9，11，12，62，64，313，316，326，585，697，718

中国人民政治协商会议制度　62

中国式现代化道路　47，100，157，170，704，956

中国特色　3，5，9，10，14，15，21，24，27－29，31－33，38－43，45，46，48－50，55－59，61－63，66，68，70，71，74，75，77，81－85，87，88，90，91，96，97，99－101，103－111，114，119，120，123，124，131，135，139，141，154，157－159，161，162，166，168，170，171，175，178，179，182－184，186，187，194，213，214，217－220，224，225，227，229，231，233－235，237，241－251，254－259，261，263－269，272－275，278，279，287，290－292，294，296，310，312，351，353，357，360，364，367，373，375，381，410，413，414，422，424－430，432，437－439，441－445，447－450，

470，476，477，524－532，535，537，590－598，602－604，606，607，610，612－615，617－621，626－630，632，634，636，638，639，651，654，658，660，672，673，675，676，679－682，684，685，687，688，690－692，697，699－704，706，708，713，717，720，721，723，725，726，728，730，732，744－747，750，756，759，760，762，765－767，771，772，774，778－783，785，786，789，790，793，804－806，811，814，815，818，819，827－831，833－849，851－854，857，858，860，862－866，868－880，883－889，892－895，897，899－903，905－908，910－912，914，915，918，919，921，922，924－927，929－933，938－963，968，969，971，972，978，988，990，993，995，1005，1006

中国特色减贫道路　90，878

中国特色军事变革　593

中国特色社会主义　3，5，9，10，14，15，21，24，27－29，31－33，38－40，42，43，45，46，48－50，55－58，61－63，68，70，71，74，75，77，82－85，87，88，91，96，97，99－101，103－111，120，123，124，139，141，157－159，161，162，166，168，170，171，175，178，179，182－184，187，213，214，217－219，224，225，227，233－235，237，241－251，254，255，257－259，261，263－269，272－275，279，287，

索 引

290－292，294，296，310，312，351，353，367，373，375，381，410，413，414，422，424，426－430，432，437－439，441－445，448－450，470，476，524－526，528，529，531，590－598，602－604，606，607，610，612－615，617－621，627－630，632，634，636，638，672，673，675，676，679－682，684，685，688，690－692，697，699－703，706，708，713，721，723，725，726，728，730，732，744－747，750，756，759，760，762，765－767，771，772，774，778－780，782，783，785，786，789，790，804－806，811，815，818，819，827－831，833－838，840－849，851－854，857，858，860，862－866，868－880，883－889，892，893，895，899，900，903，905－908，910－912，914，915，918，919，921，922，924－927，929－933，938－949，951－963，968，969，971，972，978，988，990，993，995，1005

中国特色社会主义道路　10，28，45，49，56－58，70，74，123，179，182，183，217，227，243－245，263，264，266，269，273，279，381，410，414，442，525，526，529，591，595，604，606，621，629，680，697，744，805，806，819，829，846，847，849，868，880，889，903，914，926

中国特色社会主义基本经济制度　83，84，101

中国特色社会主义新时代　9，32，39，40，50，55，56，85，100，161，243，248，249，254，257，267，274，373，432，437，449，596，602，607，612，619，621，636，675，690，703，713，948，954，957，958，960

中国外交　136－139，148，152－154，208，229，232，524－526，528，529，531，532，535，537，539－545，547，552，569，570，572－576，578－581，636，659，660，662，790，810，1003

中国现代经济史　80，81，181，665

中华儿女大团结　160，277，669

中华民族　3，9，10，14，23，28，29，34，36－39，43，44，49，50，54，82，88，90，98，109，110，118，123，157，159－163，175，183，196，218，224，225，230，231，234，235，241－247，253，254，262，264－267，269－271，273－281，290，291，302，303，305，327，336，381，408－410，424，428，432，433，436，439，440，443，446，448，449，475－478，529，531，534，536，545，547－549，552，566，567，596－598，600，602－606，614，619－621，627，628，632，667，669，670，672，674－676，679，681，682，684，685，690－692，695，697，700，701，703－708，710，714－716，731－733，742，743，745，746，748，754，757，761，762，764－766，768，771，

773，775，777－780，782－784，786－789，794，799，804，806，815，818，819，827，831－837，839，844，847－849，851，852，858－860，864，865，867，871，878－880，884，885，887，889，890，892，898，902－905，907－910，912，913，918－922，924，926，927，929，931－935，938，942，945－948，951，954，959－962，968，972，981－983，990

中华民族伟大复兴　3，9，10，28，38，39，43，44，49，50，82，109，123，157，159－161，175，196，225，241－247，253，262，264，265，269，271，274，275，278，280，281，290，291，303，424，432，449，475－478，531，545，548，549，552，567，596，598，602－604，606，620，621，667，669，670，672，674－676，679，681，682，684，685，690，695，697，700，701，703，705，710，714，732，733，742，743，748，762，764，766，773，775，777－780，783，786－789，799，804，806，819，827，831－835，837，839，844，847－849，851，852，858，860，864，867，871，878，885，887，889，890，898，902－905，907－910，912，913，918，920，922，924，926，927，929，931－933，935，938，942，946－948，951，954，959－962，968

中华民族伟大复兴战略全局　225，244，274，620，701，703，778，788，832－834，848，851，871，924，931

中华民族伟大复兴中国梦　3，175，243，290，531，548，604，606，695，697，832，849，890，904，908，968

中华人民共和国经济史　24，26，30，82，83，95，99，100，206，970

中华人民共和国社会史　30，206，454

中华人民共和国史　9，12，14，17－19，21，22，24－26，28，30，38，83，136，161－164，170，171，175－178，183－187，206，207，583，584，600，616，638，673，828，829，833，888，905，934，964，967－975

中华人民共和国外交史　30，136，206，970

中华人民共和国文化史　30，206，438，689，971

中华人民共和国政治史　30，57，206，964，970

中华优秀传统文化　48，58，102－104，108－111，119，139，159，226，236，237，265，410，414，425，441，443－445，448，528，631，651，669，692，706，766，776，779，783，785，786，821，856，864，918，946，954

中美关系　137，138，141－144，232，260，386，387，526，530，542，551，555，556，561，565－568，637，660，661，1001，1005

中美关系史　142－144，260，555，556，565，566

中美经贸关系　143，144，661

中欧关系　141，145

中日关系　137，140，147，260，543－545，661，1003

中小学教育事业　515，520，522

中央财政　256，371，372

中央和国家机关　841，859，907，948

中印关系　148，540，543，544，571

重工业　26，27，51，52，85，86，312，320，321，354，359，368，369，378，381－385，388，394－398，400－402，405，407，487，503，585，623－625，628，718

周边外交　136－139，146－148，150，153，154，535，539－548，550－553

主要矛盾　15，48，49，53，65，96，160，258，270，271，274，280，287，303，351－353，367，425，426，443，530，594，598，622，623，655，746，747，755，783，872

著作权　67，252，638

资本主义　11，16，41，45，47，85，156，213，271，282，291，351，352，382，385，386，392，408，421，427，428，443，444，468，515，540，583，585－588，590，591，629，707，819，857，1005，1006

自我革命　36，43，44，60，269，298，299，598，681，684，690，691，707，725，728，748，759，761，770，785，802，806，851，855，859，867，872，885，902，923，944

自由贸易　93，223，364，390，545，547

自由贸易港　93，364

自由贸易区　545，547

自由贸易试验区　223，364

宗教　53，65，124，207，237，255，278，279，327，329，330，333－335，341，350，440，598，686，706，873，879，924，925，954，957，958，979，980，985，1007－1009

遵义会议　291，293，605，700，701，767，934

遵义会议精神　605，934

左翼作家联盟　431

作风建设　296，305，311，312，752，755，782，848，867

（供稿：祝　佳）